HALÉVY
ŒUVRES COMPLÈTES
III

ÉDITION CRITIQUE *IN EXTENSO*
DES ŒUVRES COMPLÈTES DE ÉLIE HALÉVY

Liste des volumes

Les œuvres complètes d'Élie Halévy sont publiées aux Belles Lettres, sous les auspices de la Fondation nationale des sciences politiques et de son président, M. Jean-Claude Casanova.

Parus

I. *Correspondance et écrits de guerre (1914-1919)*
II. *L'Ère des tyrannies. Études sur le Socialisme et la Guerre.*
III. *Histoire du socialisme européen.*

À paraître

IV. *Métaphysique et morale.*
V. *Textes de jeunesse.*
VI. *Études anglaises.*
VII. *L'Europe libérale au XIXe siècle.*
VIII. *Politique et République.*
IX. *Nouvelle correspondance générale.*
X. *Histoire du peuple anglais.*
XI. *Radicalisme philosophique.*

Élie Halévy et L'Ère des tyrannies (Actes du colloque de novembre 2016).
Histoire, politique et philosophie. Lire Élie Halévy.

ÉLIE HALÉVY *ŒUVRES COMPLÈTES*

Édition critique *in extenso* sous la direction de Vincent Duclert et de Marie Scot

——————————— III ———————————

HISTOIRE DU SOCIALISME EUROPÉEN

Édition critique *in extenso*
par Marie Scot

Préface de Marc Lazar

Introduction et présentations de Marie Scot

LES BELLES LETTRES

2016

*Pour consulter notre catalogue
et être informé de nos nouveautés :
www.lesbelleslettres.com*

*Tous droits de traduction, de reproduction et d'adaptation
réservés pour tous les pays.*

© 2016, *Société d'édition Les Belles Lettres,
avec le soutien de Sciences Po*

95, *boulevard Raspail, 75006 Paris.*
ISBN : 978-2-251-44613-4

PRÉFACE

Élie Halévy et sa lecture du socialisme européen

Marc Lazar

Il est des cours qui laissent une empreinte indélébile sur leurs auditoires. Ce fut à l'évidence le cas de ceux du professeur Élie Halévy comme en témoignèrent ses étudiants, dont certains devinrent de célèbres esprits et de fortes personnalités. Qu'est-ce donc qui fait un grand enseignement ? Un sujet topique, une érudition sans faille, une clarté pédagogique. Trois qualités réunies dans cet ouvrage.

Le socialisme forme l'un des courants politiques majeurs qui a marqué l'Europe et continue bon an mal an de le faire. Élie Halévy, après en avoir proposé une définition, entreprend d'en restituer la genèse, son développement, ses évolutions et ses contradictions. Il combine de manière continue deux approches, intrinsèquement mêlées au fil de ses enseignements devenus donc des chapitres de livre. La première est fondamentalement théorique ou conceptuelle. Le philosophe livre une analyse des idées socialistes, s'attachant à montrer leurs diversités, avec les antagonismes et les controverses de leurs théoriciens, mais également leur unité fondamentale puisque, selon lui, le socialisme moderne « affirme qu'il est possible de remplacer la libre initiative des individus par l'action concertée de la collectivité et dans la production des richesses » (p. 49)[1]. À ce socialisme, il attribue deux filiations, l'une avec la révolution industrielle qui a engendré le paupérisme, de là ses dimensions économiques et sociales que l'auteur semble au fond privilégier, l'autre avec la Révolution française qui lui aurait légué un quadruple héritage : l'égalitarisme, l'esprit révolutionnaire, le rationalisme et l'internationalisme. La seconde approche est davantage de facture historique et de science politique telle qu'on la concevait alors. L'auteur remonte jusqu'aux débuts du XIXe siècle et il prolonge son propos jusqu'à cette

---

1. Les citations d'Élie Halévy empruntées à l'*Histoire du socialisme européen* renvoient à cette présente édition.

année 1936 où il professe son cours à l'École libre des sciences politiques, alors même que le Front populaire vient de l'emporter en France, ce qui l'amène à exprimer son inquiétude : « La France risque de connaître une période d'anarchie ou de fascisme » (p. 311). Halévy pratique ainsi une histoire du temps présent, comme d'ailleurs le faisaient au même moment Marc Bloch et Lucien Febvre dans leur jeune revue des *Annales* promise à un si bel avenir. Élie Halévy nous entraîne donc dans une chevauchée sur plus d'un siècle au cours de laquelle, en scrutant au plus près le socialisme, il éclaire aussi les transformations des sociétés européennes et des formes qu'y emprunte la politique. Car, et ce point est essentiel, Élie Halévy est un comparatiste, ce qui suppose une excellente connaissance de différentes sociétés. Il accorde de l'importance à la France bien sûr, à la Grande-Bretagne, son autre pays de prédilection, à l'Allemagne, à l'Italie surtout quand elle devient fasciste et à la Russie, les autres pays étant de temps à autre plus ou moins brièvement mentionnés. Davantage. Halévy innove. En effet, il ne se contente pas de juxtaposer pays par pays les données tirées de ses innombrables lectures, comme en attestent les remarquables annexes mises ici à disposition, et de sa maîtrise de plusieurs langues. Il cherche à restituer les influences réciproques ou, à l'inverse, les oppositions entre socialistes d'un pays à l'autre, sans pour autant établir, comme on le ferait de nos jours, une véritable cartographie de la circulation ou des blocages des idées et des expériences. Il identifie aussi les violents chocs qui ébranlent le socialisme, comme, par exemple, dans des genres très différents, l'impact considérable du marxisme, le tournant historique instauré par la Grande Guerre ou encore l'effet de souffle de la révolution russe sur l'ensemble du vieux continent européen. Comme tout grand professeur, Élie Halévy ne tenait pas seulement son public en haleine par son ampleur de vue, la rigueur de son raisonnement et la somme des informations qu'il transmettait. Il maîtrisait cet art de la formule propre aux plus illustres pédagogues. Et l'on peut imaginer que certaines phrases à peine énoncées restaient aussitôt gravées dans la tête de ses élèves. En voilà quelques exemples édifiants mais aussi discutables : « Le *Capital* [de Marx] n'est pas un point de départ mais un point d'arrivée. L'histoire idéologique du socialisme s'achève avec lui. Il n'y aura plus désormais qu'une histoire politique du socialisme » (p. 152) ; « De même que le marxisme prolonge la tradition du positivisme scientifique, le syndicalisme révolutionnaire prolonge celle du romantisme : les deux grandes forces du XIXe siècle sont à l'œuvre dans le mouvement ouvrier » (p. 312) ; « Le véritable inspirateur du socialisme français n'est pas Marx, mais l'individualiste Proudhon » (p. 308). Ou encore, cette sentence sur le fascisme, « fondé sur la tyrannie, né de la guerre, il est conçu pour la guerre » (p. 292), énoncée certes alors que se déroulait la guerre d'Éthiopie mais qui s'avère néanmoins prémonitoire des drames à venir quatre ans plus tard.

Nous laisserons le soin au lecteur de découvrir ou de relire cette foisonnante *Histoire du socialisme européen* dans son édition critique, si précieuse et riche, établie par Marie Scot. Il faut néanmoins restituer dans son contexte le cours d'Élie Halévy. En premier lieu au sein de l'École libre des sciences politiques. Or cet enseignement, comme celui qu'il assurait également sur l'Angleterre, tranche dans l'offre pédagogique de l'époque car la place occupée par l'histoire des idées y était alors très faible au profit de cours à vocation plus directement professionnelle[1]. Toutefois, avant lui, d'autres enseignants s'étaient penchés sur le socialisme, à l'instar de Paul Janet (1823-1899), de Paul Leroy-Beaulieu (1843-1916) et d'Eugène d'Eichthal (1844-1936)[2]. Mais si le thème avait été préalablement abordé, la manière de le traiter par Halévy s'avère originale. Car, on l'a dit, ce cours porte sur un thème inscrit dans le passé mais qui se perpétue dans l'actualité et il est résolument comparatiste. Il porte ainsi la double marque de fabrique de l'institution où il est professé et qui constitue l'ADN de l'École libre de sciences politiques. Cela s'avère suffisamment rare à l'époque, au regard de ce qui se passe dans l'Université française, pour être souligné avec force.

L'entreprise d'Élie Halévy doit être aussi évaluée par rapport à la production générale sur le socialisme, et là réside le second élément de contextualisation. La progression de celui-ci en Europe depuis le XIXe siècle suscitait partout, en France, en Angleterre, en Allemagne, l'intérêt de ses adeptes, décidés à justifier son existence et à en proposer une interprétation souvent apologétique, comme de ses adversaires, attachés à l'inverse à le dénigrer et à dénoncer le péril qu'il représenterait. Dans le même temps, de premières études scientifiques apparurent. Celle d'Halévy en fait bien évidemment partie.

Son cours, si sérieusement et méticuleusement élaboré comme en attestent les annexes fournies dans cette édition, ressort pleinement de l'histoire des idées telle qu'on la pratiquait dans son temps, c'est-à-dire en se focalisant sur les grands penseurs et en restituant leurs interactions réciproques. Toutefois, sa singularité consiste à rapporter les théories avancées par les socialistes qu'il prend en considération aux réalités des pays dont ils sont originaires et où ils résident, qu'il reconstitue grâce à une vaste documentation. À cet égard, on peut penser qu'Halévy a été intéressé par un autre grand cours

---

1. Je remercie Marie Scot de m'avoir éclairé sur ce point.
2. Paul Janet, *Les Origines du socialisme contemporain*, Paris, Alcan, 1882 ; Paul Leroy-Beaulieu, *Le Collectivisme. Examen critique du nouveau socialisme*, Paris, Guillaumin, 1884 ; Eugène d'Eichthal, *Socialisme, communisme et collectivisme. Aperçu de l'histoire et des doctrines jusqu'à nos jours*, Paris, Guillaumin, 1891. Qu'Emmanuel Jousse soit remercié pour m'avoir signalé ces ouvrages.

consacré en 1896 au socialisme, lui aussi inachevé et lui aussi devenu un classique, celui d'Émile Durkheim. Publié sous forme de livre en 1928, Halévy le lit l'année suivante. Il estime qu'il s'agit là d'un « *effort original pour définir le socialisme par l'application de la méthode sociologique, non comme une doctrine abstraite que l'on considère comme hors du temps et de l'espace pour la confronter ensuite avec les faits, mais comme étant elle-même un fait dont on veut retrouver la genèse, un fait plus difficile d'ailleurs à étudier que bien d'autres parce qu'il est tout récent, et n'a pas encore pris tout son développement* » (p. 876). Le fondateur de l'école sociologique française s'intéressait en effet à la naissance d'une idéologie et aux faits sociaux qui avaient permis son éclosion mais également à la charge morale qu'à son avis elle contenait. On pourrait presque avancer qu'Halévy approfondit et infléchit cette démarche en mettant systématiquement en relation les idées socialistes d'abord et avant tout avec les faits économiques et sociaux, l'industrialisation et ses effets, ensuite avec les faits politiques, du fait du développement des organisations partisanes aussi bien au niveau national qu'international. Son attention extrême aux facteurs économiques et sociaux présents dans le socialisme tient également aux fabiens qui ont constitué une autre source d'inspiration, fondamentale même. Halévy les a rencontrés lors de ses nombreux séjours en Grande-Bretagne depuis la fin du XIXe siècle et les connaît suffisamment pour que Sidney Webb lui écrive pour lui demander sa participation à la revue *The New Statesman*[1], et pour que lui et son épouse accueillent les Halévy, par exemple, en 1921[2]. Grâce à eux, il s'intéresse de près aux syndicats et aux mouvements coopératifs dont il estime que l'action a comporté une portée positive car elle a permis l'essor de politiques sociales sans pour autant que les socialistes accèdent au pouvoir.

C'est, entre autres, parce qu'il a adopté cette focale qu'Élie Halévy accorde une place essentielle à Marx. La deuxième partie du livre est entièrement consacrée au marxisme. Mais la première représente un moyen de l'historiciser en indiquant ce qu'il doit au socialisme utopique qui le précède. La troisième et la quatrième partie analysent à la fois la façon dont Marx et Engels s'emploient à prendre le contrôle de la Première et de la Deuxième Internationale et à la forme d'hégémonie acquise par le marxisme en leur sein, quand bien même celle-ci sera contestée par l'anarchisme et le syndicalisme révolutionnaire. Enfin, la cinquième partie examine l'accaparement du

---

1. Lettre de Sidney Webb à Élie Halévy, 18 décembre 1912, in *The Letters of Sidney and Beatrice Webb*, edited by Norman MacKenzie, vol. III, Pilgrimage, 1912-1947, Cambridge, Cambridge University Press, 1978, p. 12.
2. Lettre de Beatrice Webb à Élie Halévy, 27 juin 1921, in *ibid.*, p. 153. Je remercie Emmanuel Jousse de m'avoir indiqué ces références.

marxisme par les bolcheviks qui cherchent à l'ériger en Russie comme en Europe et dans le monde en une orthodoxie dont ils seraient les meilleurs prêtres, disqualifiant toute autre interprétation. L'histoire des idées socialistes par Élie Halévy gravite ainsi constamment autour de l'œuvre de Marx, dont la lecture l'a profondément marqué, de ses limites et de ses ambitions. Cette insistance témoigne de l'influence progressive prise par les idées de Marx en Europe. Que celles-ci soient favorablement accueillies et approfondies, ou qu'elles soient discutées et récusées, à l'instar de ce que, outre-Manche ont entrepris de faire divers responsables, dont les Webb[1]. Mais il en va de même en France où les socialistes réformistes, on pense à Benoît Malon et aux socialistes normaliens, s'emploient à combattre l'emprise du marxisme sur le socialisme[2]. Avec ce cours, Élie Halévy participe donc à la grande confrontation intellectuelle provoquée par le marxisme.

Halévy pointe les multiples dilemmes du socialisme, comme par exemple, celui qui concerne le couple antagonique, révolution ou réforme. Mais il en est un qui constitue le fil rouge de sa pensée, presque obsédant en l'occurrence, celui qui concerne le rapport ambivalent du socialisme avec l'État. Un État dont il ne nous dit pas tant ce qu'il est que ce qu'il fait et devient au fil du temps. Élie Halévy tourne autour de cette question, l'aborde sous différents angles et avance des interprétations particulièrement éclairantes. Après avoir rappelé que le socialisme comporte deux tendances principales, l'une critique de l'État, l'autre pro-étatique, il tend à conclure au succès de la seconde. Succès qui se décline de multiples façons. Par le déploiement en Grande-Bretagne de politiques sociales à l'instigation du parti libéral et par l'absorption des travaillistes dans l'appareil administratif. Par l'essor du « socialisme d'État » en Allemagne bismarckienne et conservatrice qu'il qualifie aussi de « bureaucratique » et auquel il consacre bien plus de pages qu'au SPD, qui rayonnait pourtant de tous ses feux dans la galaxie des socialistes européens par sa puissance, son enracinement ouvrier et la vigueur de ses débats idéologiques. Et surtout, par la mutation décisive qui s'opère pendant la Première Guerre mondiale : « avec la guerre, écrit-il, une certaine dose de socialisme pénétra la politique de toutes les nations belligérantes » (p. 272). Il précise : « ce capitalisme d'État ressemblait d'autant plus au socialisme que les gouvernants, conscients de la force des

---

1. Emmanuel Jousse, « Chronique d'un non-lieu. Le marxisme en Grande-Bretagne », *Cahiers d'histoire. Revue critique*, n° 114, 2011, p. 73-97.
2. Voir Emmanuel Jousse, *La construction intellectuelle du socialisme réformiste en France de la Commune à la Grande Guerre*, thèse d'histoire, Sciences Po, décembre 2013. Son livre tiré de sa thèse, *Les Hommes révoltés. Les origines intellectuelles du socialisme réformiste en France (1871-1917)*, sera publié en 2017 chez Fayard.

organisations ouvrières, avaient fait appel avec succès aux chefs syndicaux pour organiser et intensifier le travail dans les usines de guerre » (p. 272). En quelque sorte, le socialisme gagnerait culturellement et pratiquement sans avoir eu besoin de conquérir le pouvoir. Il a été assimilé, englouti par l'État selon des modalités qui varient d'un pays l'autre. D'ailleurs, note-t-il à propos de l'Allemagne de Weimar, les sociaux-démocrates allemands « pour réformer la société [ils] ne comptaient plus sur les prolétaires, mais sur l'État » (p. 294). Et à propos du Labour des années d'après la Première Guerre mondiale, il s'interroge : « Mais alors pourquoi les socialistes ne sont-ils pas au pouvoir, puisque leur thèse est juste ? Puissance croissante dans l'idée et impuissance dans l'action, tel, semble-t-il, le lot du socialisme ; *il y a là tout un problème qui reste encore à résoudre*[1]. » Bref, le socialisme a contribué à l'épanouissement de l'étatisme. Le libéral Halévy le constate, le déplore sans doute, mais surtout, en tire toutes les conséquences.

Car son intelligence du socialisme est indissociable de sa réflexion sur l'émergence de régimes politiques inédits qui ne rentrent dans aucune des catégories élaborées jusqu'alors par la pensée politique et auquel il donne, lui, le nom de tyrannie. Avec trois cas d'étude à la fois comparables et différents : le fascisme, le nazisme et le bolchevisme. À le suivre, ce dernier est profondément russe, car il poursuit la tradition tyrannique de Pierre le Grand et son ambition de modernisation autoritaire et d'occidentalisation. Le fascisme, « de conception totalitaire » (p. 290) se caractérise par la domination du Parti-État. Quant à l'hitlérisme, il invente une nouvelle religion. Les trois régimes organisent l'enthousiasme, une formule frappante qu'il réutilise dans sa fameuse conférence de « l'ère des tyrannies » du 28 novembre 1936, mais affichent également des différences qu'il relève avec minutie. Pourtant, au regard de son propos, demeurent des questions dont la réponse est difficile à trouver dans ce cours. Quels rapports entretiennent ces trois régimes avec le socialisme ? Sont-ils le simple prolongement de l'inclination de certains de ses adeptes à l'étatisme ? Ou constituent-ils une rupture épistémologique et radicale d'avec le socialisme ? Halévy, à notre sens, laisse ouvertes les deux dernières hypothèses.

De cette œuvre séduisante et même magistrale, le lecteur contemporain a quelque scrupule à remarquer quelques troublants silences et à formuler des questionnements. On s'y emploiera néanmoins en prenant quelques exemples. Étrange la non-prise en considération des premières réalisations que les sociaux-démocrates suédois commençaient de promouvoir alors que,

---

1. Souligné par Élie Halévy, dans le polycopié de 1932 sur *L'Histoire du socialisme anglais de 1815 à nos jours*, dans la présente édition, p. 543.

par ailleurs, dans son cours non reproduit ici, il s'attardait sur l'expérience Roosevelt aux États-Unis. Pourquoi, dans le cas du socialisme français, Élie Halévy accorde-t-il si peu de place et d'importance à deux de ses figures majeures, Jaurès, dont il mentionne son combat pour unir le socialisme tout en se montrant sceptique sur son ambition de concilier socialisme et République, et à Blum ? Comment expliquer qu'Halévy néglige les rapports complexes mais néanmoins réels qui se tissent progressivement dès la fin du XIXe siècle et plus encore au siècle suivant, entre le socialisme et la démocratie libérale et représentative, surtout en réponse au défi communiste ? De même, il est frappant de constater qu'alors qu'il interprète, au temps de la Première Internationale, l'opposition entre Marx, Proudhon et Bakounine en termes de cultures nationales (l'Allemand contre le Français et le Russe), il ne pointe pas sur le long terme la tension fondamentale qui parcourt l'histoire du socialisme entre son internationalisme idéologique et son rapport à la nation, divers d'un pays européen l'autre, résultant de son insertion au cœur des réalités sociétales. Enfin, découlant de son approche qui accorde une prééminence à l'idéologie, à l'économie et aux réalités sociales, il ne prend peut-être pas toute la mesure de la caractéristique fondamentalement politique du socialisme. Or celui-ci a revêtu un aspect religieux, bien perçu par exemple par Roberto Michels qui évoquait à la veille de la Première Guerre mondiale « le besoin de vénération chez les masses » pour les chefs des partis socialistes et plus tard, en 1942, par Joseph Schumpeter qui écrivait : « la croyance socialiste constitue également un succédané de la foi chrétienne à l'usage des nombreux athées et un complément de cette fois à l'usage de ses membres croyants[1] ». Politique, le socialisme le fut aussi, du moins durant nombre d'années, comme porteur d'un projet utopique, sur lequel Halévy est peu prolixe. Politique enfin il l'est sur un autre plan, plus prosaïque, comme parti. Halévy parle, et même assez longuement, de la nouveauté que représente l'émergence du parti de masse ; il donne cependant l'impression qu'étant devenu organisation bureaucratique, au sens wébérien du terme, le socialisme s'appauvrit quelque peu, y perdant de sa profonde substance et de son aura qui résidaient plutôt, selon lui, dans son ambitieuse réponse doctrinale aux défis économiques et sociaux. Cela ne signifie pas qu'Élie Halévy se désintéresse de l'actualité politique, comme le démontrent bien évidemment ses propos sur la montée en puissance des tyrannies et sa correspondance privée[2]. N'oublions pas non plus que sa mort soudaine interrompt brutalement sa réflexion sur ce qu'il observait *de visu*.

---

1. Roberto Michels, *Sociologie du parti dans la démocratie moderne*, Paris, Gallimard, coll. « Folio », 2015, p. 114 ; Joseph Schumpeter, *Capitalisme, socialisme et démocratie*, Paris, Payot, 1990, p. 361.
2. Élie Halévy, *Correspondance 1891-1937*, Paris, de Fallois, 1996.

En revanche, lire au XXIe siècle cet ouvrage revêt une immense utilité par rapport au débat amorcé au moins depuis trente ans et qui consiste à s'interroger sur ce qu'est le socialisme aujourd'hui[1]. Ce qui est certain c'est que quatre-vingts ans après qu'Halévy eut enseigné ce cours, il ne correspond plus à la définition qu'il en proposait et que nous avons rappelée, à savoir « l'action concertée de la collectivité dans la production et la répartition des richesses » supposée se substituer à « la libre initiative des individus ». Le socialisme sous sa forme communiste, devenue au pouvoir une utopie le plus souvent criminelle, s'est révélé être un désastre et a failli. Le socialisme dans son acception ouest-européenne s'est adapté et a modifié une partie de son logiciel en intégrant entre autres le processus d'individualisation qu'avait déjà souligné Alexis de Tocqueville et en s'interrogeant à nouveaux frais sur son étatisme ; d'où des polémiques sans fin, dans ses rangs comme de la part de ses adversaires, sur sa signification actuelle et sa consistance. Dans le même temps, l'aspiration à l'égalité dont parlait le philosophe italien Norberto Bobbio, qui justifiait selon lui la pérennité du clivage entre droite et gauche, comme « le cri de douleur et, parfois de colère, poussé par les hommes qui sentent le plus vivement notre malaise collectif », qui était pour Émile Durkheim, la vraie et au fond la seule définition du socialisme, travaille toujours, plus que jamais pourrait-on dire, nos sociétés[2]. Autrement dit, d'autres chapitres de l'Histoire du socialisme européen restent à écrire.

---

1. Voir par exemple Alain Touraine, *L'Après-socialisme*, Paris, Grasset, 1980, 283 p.
2. Norberto Bobbio, *Droite et gauche : essai sur une distinction politique*, Paris, Seuil, 1996, 153 p. et Émile Durkheim, *Le Socialisme*, Paris, Retz, 1978, p. 27.

INTRODUCTION

Élie Halévy et l'*Histoire du socialisme européen*
Une histoire comparée et en longue durée des théories et de expériences socialistes

Marie Scot

Le cours sur *Le Socialisme en Europe au XIXᵉ siècle*

De 1898 jusqu'en 1937, Élie Halévy enseigne alternativement deux cours à l'École libre des sciences politiques. Le premier porte sur l'*Histoire des idées politiques et de l'esprit public en Angleterre au XIXᵉ siècle* et est professé en alternance avec Lucien Lévy-Bruhl avant-guerre, puis avec Albert Rivaud, en charge du même enseignement sur l'Allemagne. Le second, consacré au *Socialisme en Europe au XIXᵉ siècle*, est proposé à partir de 1902 sous l'intitulé neutre d'*Évolution des doctrines économiques et sociales en Angleterre et en Allemagne dans la deuxième moitié du XIXᵉ siècle*, puis rebaptisé en 1904 de son titre définitif[1]. Si le cours sur les *Idées politiques et l'esprit public en Angleterre* est réservé aux étudiants des sections Diplomatique et Générale, l'enseignement sur *Le Socialisme en Europe* est proposé prioritairement aux élèves des sections Économique et financière et Économique et sociale, dont il devient un cours régulier dès 1907. En 1931, il est également ouvert au choix des étudiants des sections Diplomatique et Générale[2].

L'activité professorale déployée à l'École libre des sciences politiques – superflue du point de vue financier[3] et peu valorisante sur le plan

---

1. Voir lettre d'Élie Halévy à Célestin Bouglé, 22/03/1901 : « Boutmy me parle de son projet de réorganiser, à son école, l'enseignement de l'économie politique. Il me propose de traiter des doctrines socialistes contemporaines », *in* Élie Halévy, *Correspondance, op. cit.*, p. 297 et lettre à Célestin Bouglé, 09/05/1903 : « Quel sera le sujet de ton cours l'hiver prochain ? Moi, j'embrasse d'un seul coup d'œil le socialisme universel du XIXᵉ siècle », p. 333.
2. Archives d'histoire contemporaine, Centre d'histoire de Sciences Po, Fonds de l'École libre des sciences politiques, Collection des Livrets de l'étudiant.
3. Fils de Ludovic Halévy, librettiste d'opéra célèbre et de Louise Breguet, issue d'une grande famille de la bourgeoisie industrielle protestante, Élie Halévy est un rentier qui n'a pas besoin de travailler pour vivre.

professionnel[1] – représente pour Élie Halévy à la fois une contrainte, par l'incitation à la lecture et par l'impératif d'un travail préparatoire, un exercice intellectuel de mise en forme de la pensée, par la production de plans de cours sans cesse retravaillés, enfin un formidable banc d'essai, par le dialogue initié avec les étudiants. L'École libre des sciences politiques s'avère paradoxalement[2] le cadre propice à l'épanouissement du philosophe historien, contraint par son public et par son environnement à dépasser sa formation et ses réflexes philosophiques pour se confronter à l'histoire, à l'économie, à la sociologie et à ce que l'on ne nomme pas encore la science politique. L'histoire intellectuelle et politique telle que la pratique Élie Halévy, historien des doctrines, philosophe de l'histoire et observateur des faits, est en partie issue de ce terreau professoral. « Contemporain par son objet [...], européen, voire universel, par son cadre », l'enseignement proposé aux Sciences politiques impose également à Élie Halévy des choix intellectuels osés. Ainsi l'histoire du temps présent promue par l'École l'incite à traiter du « socialisme et [de] la Grande Guerre » dès 1918, de « l'expérience soviétique » dès les années 1920. Ainsi également Élie Halévy peut développer l'approche résolument européenne, comparative et connectée, de l'objet « socialisme », qui convient à son ethos polyglotte et cosmopolite et lui permet de déployer sa connaissance des contextes étrangers et de mettre en valeur les circulations d'hommes, de théories et de pratiques dans l'Europe révolutionnaire du XIXe siècle.

Cours-matrice autant que cours-prétexte, la matière des enseignements, accumulée au fil des années, mise à jour régulièrement et déclinée en variantes, a servi de trame et a fourni le contenu à deux de ses grands ouvrages : *L'histoire des idées politiques et de l'esprit public en Angleterre* a nourri la monumentale *Histoire du peuple anglais*[3] publiée en 1912, 1923, 1926 et 1932 ; tandis que le cours sur *Le Socialisme en Europe au XIXe siècle*

---

1. Normalien, agrégé et docteur en philosophie, Élie Halévy aurait pu, s'il l'avait souhaité, mener une carrière universitaire de premier plan et a refusé de candidater en 1905 à la succession d'Henry Michel à la Sorbonne. Voir lettre à Xavier Léon, 12/01/1905 : « Avec mes deux cours à l'École des sciences politiques, je paie, d'une façon que je crois suffisamment utile et efficace, ma dette à la société [...] mon plan de travail est arrêté : il est combiné de telle sorte que mes travaux professoraux se concilient passablement avec mes travaux personnels », in Élie Halévy, *Correspondance, op. cit.*, p. 359.

2. Ses enseignements à l'École libre lui seront reprochés par Alain et par Xavier Léon, comme le détournant de sa vocation philosophique en étant par trop économiques et historiques : voir lettre à Xavier Léon, 12 et 19/11/1902, in Élie Halévy, *Correspondance, op. cit.*, p. 328 et lettre à Célestin Bouglé, 14/09/1905, p. 370.

3. Élie Halévy, *Histoire du peuple anglais au XIXe siècle*, Paris, Hachette, t. 1 : *L'Angleterre en 1815*, 1912 ; t. 2 : *Du lendemain de Waterloo à la veille du Reform Bill (1815-1830)*, 1923 ; t. 3 : *De la crise du Reform Bill à l'avènement de Sir Robert Peel (1830-1841)*, 1923 ; t. 5 : *Épilogue. Les impérialistes au pouvoir (1895-1905)*, 1926 ; t. 6 : *Épilogue. Vers la démocratie sociale et vers la guerre (1905-1914)*, 1932 ; t. 4 : *Le Milieu du siècle (1841-1852)*, 1946, par Paul Vaucher.

a été transformé en *Histoire du socialisme européen* paru en 1948. De l'amphithéâtre au manuscrit puis à l'ouvrage, il n'y a qu'un pas qu'Élie Halévy franchit pour l'Angleterre, mais qu'il ne peut effectuer pour *Le Socialisme européen*, en raison de sa mort prématurée.

L'entreprise éditoriale de l'*Histoire du socialisme européen*

Tout le défi de l'entreprise éditoriale de l'*Histoire du socialisme européen* réside dans ce double paradoxe d'un ouvrage sans auteur et sans manuscrit. Sans auteur, car Élie Halévy est décédé brutalement en août 1937 ; sans manuscrit, car, s'il s'était rangé à l'idée de transformer son cours en ouvrage, Élie Halévy n'avait pas mis son projet à exécution. Aussi est-ce à un travail particulièrement difficile, voire quasi impossible[1], que se sont attelés, dès l'automne 1937 et durant l'année 1938, Florence Halévy, son épouse, et Célestin Bouglé, son collègue et ami, enfin plus tardivement Raymond Aron, son élève. Prenant contact avec d'anciens étudiants ayant suivi le cours sur *Le Socialisme en Europe* à l'École libre des sciences politiques, ils se sont efforcés d'en récupérer les notes et cahiers – ce dont témoignent la correspondance et les archives[2]. Dans les dossiers conservés dans le bureau d'Élie Halévy, ils ont également pu récupérer des notes de lecture et de documentation, des plans de cours et des conférences entièrement ou semi-rédigées par Élie Halévy. Enfin, l'École libre des sciences politiques leur a fourni l'introduction et le plan de cours remis par Élie pour préparer la rentrée 1938. Interrompue par la guerre et la disparition de Célestin Bouglé en 1940, la parution de l'ouvrage chez Gallimard n'intervient qu'en 1948, sous la supervision de Raymond Aron. Dans son « Avant-propos[3] », ce dernier retrace assez brièvement l'opération d'établissement du manuscrit et laisse bien des questions en suspens.

Qui a participé à l'établissement du texte ? La chose reste floue : Florence Halévy et Célestin Bouglé sans aucun doute ; Étienne Mantoux, spécialiste de l'Angleterre, est remercié pour son travail sur les chapitres anglais ; les

---

1. De l'avis même de ses promoteurs : lettre de Paul Vaucher à Célestin Bouglé, 20/12/1937 : « Le texte des leçons sur le socialisme, que vous m'avez communiqué, me laisse perplexe. Sous cette forme, je ne vois pas qu'il puisse être publié. Il faudrait le réécrire. Peut-être peut-on se le permettre pour une publication qui sera faite par ses élèves. » ENS-Ulm, fonds Élie Halévy, carton 8.
2. *Ibid.*
3. Raymond Aron, « Avant-propos », *in* Élie Halévy, *Histoire du socialisme européen*, Paris, Gallimard, 1948, p. 7-10, ici p. 39-41.

anciens élèves Jean-Marcel Jeanneney, Pierre Laroque et Robert Marjolin sont également nommés – sans que l'on sache exactement qui a fait quoi, et comment. Une note retrouvée dans les archives Halévy précise la répartition théorique du travail : à Bouglé, l'introduction et le socialisme français ; à Mantoux, les chapitres anglais ; à Aron, Marx et le marxisme, ainsi que le socialisme allemand et la renaissance de l'extrêmisme ; à Laroque, les partis ouvriers en Europe et la querelle Bernstein-Kautsky sur la théorie de la concentration ; à Jeanneney, la guerre et l'après-guerre.

Quelles ont été les sources mobilisées pour composer le texte ? Le sous-titre de l'*Histoire du socialisme européen* et son « Avant-propos » insistent sur l'apport essentiel des « notes de cours » fournies par les étudiants pour palier l'absence de manuscrit[1]. Mais leur utilisation, malaisée, et leur place dans l'établissement du texte sont surestimées. Trois autres sources ont été très largement exploitées, sans que l'« Avant-propos » et les rares notes de bas de page indiquant la provenance du texte ne le mentionnent toujours explicitement. Ainsi les dossiers de préparation de cours conservés dans le bureau d'Élie Halévy renferment des plans de cours, des notes et surtout des conférences intégralement rédigées datant des années 1900[2]. Deux chapitres et trois annexes de l'*Histoire du socialisme européen* reproduisent, de manière fidèle et assumée, cinq de ces conférences. Restent onze autres leçons rédigées, jamais mentionnées et qui ont pourtant été amplement utilisées pour fournir la matière aux chapitres des deuxième et troisième parties, sans que ces emprunts soient explicités. Autre source précieuse, les plans de cours, assortis d'exemples et de courts textes d'introduction, de conclusion et de transition, ont également été mobilisés, là encore sans que mention en soit faite. Enfin, l'École libre des sciences politiques a édité un polycopié à destination des étudiants pour accompagner le cours qu'Élie Halévy a consacré à l'*Histoire du socialisme anglais* en 1932. Ce texte, sténographié et relié, a servi de trame aux chapitres anglais qui reproduisent son plan, ses développements, ses exemples, et parfois jusqu'à son « mot-à-mot », sans que cela soit signalé dans l'« Avant-propos » et les notes de bas de page. Sans doute faut-il attribuer le silence relatif aux sources à l'époque mouvementée de production du manuscrit et à la multiplicité des acteurs qui

---

1. *Ibid*. Les archives conservent les notes d'environ sept à huit étudiants différents, identifiés ou anonymes (Jeanneney, Millet, Portolano, Jacques Lang, Robert Durremin).
2. Ludovic Frobert, le premier, a exhumé du fonds Élie Halévy conservé à la bibliothèque de l'ENS-Ulm et signalé ces conférences rédigées dans plusieurs articles : « Le jeune Élie Halévy et Karl Marx », *op. cit.* ; « Élie Halévy's First Lectures on the History of European Socialism », *op. cit.* Il a en partie surestimé leur « caractère inédit », ces dernières ayant été largement (et anonymement) reproduites dans l'*Histoire du socialisme européen*.

ont travaillé successivement, sur plus de dix ans, à l'établissement du texte (dont deux, et pas des moindres, Célestin Bouglé et Étienne Mantoux, sont décédés avant l'achèvement du projet). D'autres raisons – qui tiennent à la méthode assez peu scientifique de composition du texte, et à des enjeux mémoriels et politiques – peuvent expliquer la relative opacité entourant les sources. Nous y reviendrons.

Dans la présente édition, nous avons tenté de remédier, dans la mesure du possible, à ces défauts : le polycopié de 1932 sur l'*Histoire du socialisme anglais* et les *Conférences rédigées des années 1900* sont ici reproduits et mis à la disposition du lecteur, en tant que textes originaux et non remaniés constituant la matière du manuscrit ; des renvois internes entre textes, ainsi qu'un *Tableau des sources* (p. 27), permettent d'identifier les emprunts de chaque partie et de chaque chapitre.

Quelle a été la méthode de composition du texte et d'exposition de la démonstration halévyennes ? L'« Avant-propos » évoque le paradoxe de l'*Histoire du socialisme européen*, restitution artificielle d'un cours qui n'a jamais été prononcé comme tel. En effet, l'ouvrage couvre un matériau dont l'amplitude chronologique et géographique excède largement les 20 séances imparties par l'École libre en vue de son traitement. Aussi fallait-il à Élie Halévy deux années pour couvrir le plan de cours panoramique et généraliste proposé à partir de 1910, et plus encore à partir des années 1920 (voir le *Tableau du cours*, p. 30). D'autant qu'Élie Halévy ne s'interdisait pas des variantes et consacrait certains semestres à l'approfondissement de thèmes (« Marx et le marxisme » ; « Les trois Internationales ») et à des études monographiques nationales (« L'histoire du socialisme anglais »). Aussi n'est-ce pas « un », mais « des » cours qui sont présentés dans l'*Histoire du socialisme européen*, sous une forme artificiellement unifiée. D'autre part, les éditeurs ont réuni des textes écrits à des époques différentes sur une amplitude de quarante ans : les conférences rédigées l'ont été dans les années 1900 ; les chapitres anglais sont extraits du cours de 1932 ; tandis que les notes de cours qui forment les chapitres sur le socialisme utopique français et sur la période de l'après-guerre ont été prises par les étudiants en scolarité dans les années 1930. L'*Histoire du socialisme européen* est donc la reconstitution « irréaliste » d'un cours « idéal » et « exhaustif », prononcé *a minima* sur deux ans, en quarante séances, et résumant quarante ans de réflexion.

Techniquement, le manuscrit compile donc différentes sources, réunies par une opération d'amalgamation dans un plan élaboré par Élie Halévy. Ainsi recomposé, le texte se présente comme un puzzle constitué de pièces tirées de contenus différents et d'époques éloignées, sans que le procédé soit exposé, ni les raccords mentionnés au fil du texte. Ce parti pris éditorial – réunir en un texte unique et homogène des cours de sujets, de formats et de dates différents – a le mérite de l'ambition et de la lisibilité ; il entendait également respecter le projet formé par Élie Halévy avant sa mort de livrer la synthèse de ses enseignements. Il présente néanmoins de sérieuses difficultés. Ainsi les cours originaux sont démembrés, privés de leur complétude et de leur cohérence intellectuelle d'origine, amputés de leur introduction et de leur conclusion (*Conférences des années 1900* et l'*Histoire du socialisme anglais* de 1932[1]). Le lecteur n'est informé ni de leur existence autonome (l'*HSA* et les onze leçons rédigées, non officiellement reproduites), ni invité à se reporter aux originaux. Quant au cours recomposé dans l'*Histoire du socialisme européen*, il juxtapose dans une même partie (Partie I, III et IV notamment), parfois au sein d'un même chapitre (chapitres 1 et 2 de la quatrième partie), des « morceaux » écrits à trente ans d'écart, sans avertissement au lecteur ; les « pièces rapportées » fleurissent pour ainsi dire « hors sol », privées de leur terreau d'origine et sont cousues d'un fil démonstratif exogène. Si certains chapitres reproduisent avec fidélité une source unique, d'autres – dans les troisième et quatrième parties notamment – forment de véritables patchworks qui cumulent des « télescopages temporels » et du « coupé-collé ». Outre la « cuisine » du montage, les éditeurs sont intervenus pour réécrire le texte lorsque cela s'est avéré nécessaire : le polycopié de 1932 consacré au socialisme anglais, rédigé dans un style semi-télégraphique et allusif, a fait l'objet d'une mise en forme stylistique ; les notes de cours prises par les étudiants, reflets de l'oralité et de la sténographie, ont également été retravaillées ; les conférences rédigées par Élie Halévy ont, quant à elles, été très marginalement adaptées. De manière générale, les titres des parties, des chapitres et des paragraphes ont souvent été rajoutés par les éditeurs, là encore sans signalement, alors que ce titrage est producteur de véritables effets de sens[2]. L'appareil critique, assez léger, mêle de rares indications de provenance des textes, des annotations de la main d'Élie Halévy et des notes complémentaires produites par les éditeurs.

Un choix éditorial tout autre aurait consisté à présenter les différents textes non remaniés et à laisser le lecteur faire lui-même la synthèse – mais il convenait moins à la stratégie mémorielle et éditoriale des amis d'Élie Halévy.

---

1. Ainsi l'introduction remarquable des *Conférences des années 1900* et la conclusion cinglante de l'*Histoire du socialisme anglais*, qui attribue aux libéraux et aux conservateurs tout le mérite des réformes socialistes en Angleterre, et insiste *a contrario* sur « l'impuissance dans l'action » du parti travailliste, pour terminer sur ces mots appliqué au réformisme : « Il y a là tout un problème qui reste encore à résoudre. » Voir p. 543.

2. Par exemple : l'annexe consacrée à deux présocialistes anglais, Carlyle et Ruskin, reprend un texte qui en présentait originellement et témérairement un triptyque Disraeli – Carlyle et Ruskin, réduit à un duo ; ou la création de titres dans les leçons reproduites, notamment « La théorie de la valeur ».

Élie Halévy, précurseur d'une histoire intellectuelle et politique transnationale des socialismes

Au risque de tomber dans la surinterprétation, nous livrons ici quelques hypothèses sur les logiques qui ont présidé à la sélection des textes et à leur montage dans l'*Histoire du socialisme européen* et nous analysons les effets induits, volontairement et involontairement, par ces opérations. Ce travail quelque peu aride de génétique du texte permet de mettre en lumière, en creux et par défaut, la grande originalité de l'écriture et de la démonstration halévyennes.

Les éditeurs ont assumé un premier parti pris, celui de mettre à distance – pour ainsi dire, « en quarantaine » – les textes des conférences rédigées par Élie Halévy dans les années 1900. Trop datées, correspondant au plan de cours des années 1901-1904, jamais réutilisées pour certaines d'entre elles dans les cours ultérieurs, les *Conférences* sont doublement tenues à distance dans l'*Histoire du socialisme européen*, par leur mise en annexe et par un signalement dépréciatif[1], lorsqu'elles sont intégrées dans le manuscrit (chapitres 2 et 3 de la deuxième partie). Cette relégation est justifiée au motif de la péremption et de l'anachronisme, mais également par l'évolution supposée de la méthode et de la pensée halévyennes – de la philosophie à l'histoire, du socialisme au libéralisme. Cette interprétation est à discuter : les *Conférences de 1900* mêlent déjà histoire des doctrines et contextualisation historique ; les travaux des années 1930 continuent à entrecroiser les deux cordes de l'arc philosophe historien. L'opposition entre un jeune Élie Halévy et un Élie Halévy de la maturité est à la fois bien naturelle[2], mais en partie exagérée. Surtout, le choix officiel de se

---

1. Note de bas de page introductive du chapitre 2 de la Première partie, « La conception matérialiste de l'histoire » : « bien qu'il date de 1900 environ, bien qu'il ne corresponde peut-être pas au dernier état de la pensée de Halévy, bien qu'il soit certainement très différent du chapitre qu'Élie Halévy aurait écrit en 1937... ». Note de bas de page introductive du chapitre 3 de la Première partie, « Le capital. La théorie de la valeur » : « nous le reproduisons ici pour les mêmes raisons et sous les mêmes réserves. Plus encore que le précédent, ce chapitre est caractéristique de la *première manière*, si l'on peut dire, d'É. H. Cet exposé abstrait est d'un historien des doctrines philosophiques. Dans les dernières années, É. H. traitait le sujet d'une tout autre façon. »

2. Élie Halévy lui-même la met abondamment en scène, par exemple : « J'ai procédé [...] non pas en doctrinaire, mais en historien. C'est de même en historien, – en historien philosophe, si vous voulez, et en me tenant autant que possible, et j'espère que vous suivrez mon exemple, au-dessus du niveau de la politique – que j'ai procédé pour définir cette "ère des tyrannies" », *in* Élie Halévy, « L'ère des tyrannies », in *L'Ère des tyrannies* [1938], Paris, Les Belles Lettres, 2016, p. 285).

limiter aux textes de maturité est absolument contredit par la composition officieuse du manuscrit, qui mobilise amplement les onze leçons rédigées des années 1900, sans l'assumer ni le signaler, qui plus est en morcelant et désarticulant les textes originaux.

Toujours au motif de l'anachronisme[1], les éditeurs de la seconde édition de 1974 ont également amputé le manuscrit de la première édition de 1948 de sa dernière et cinquième partie, portant sur l'après-guerre – refusant d'assumer le pari audacieux pris par l'École libre et tenu par Élie Halévy de tenter une « histoire du temps présent ».

Cette frilosité éditoriale a eu pour principal effet – de manière flagrante dans l'édition de 1974, mais déjà à l'œuvre dans l'édition de 1948 – de gommer l'une des originalités de l'approche halévienne, à savoir le choix assumé et heuristique de la longue durée. En débusquant les origines intellectuelles du socialisme dans les Lumières et dans les doctrines égalitaristes de la Révolution en France, dans le dialogue avec l'économie politique et avec le radicalisme philosophique benthamien en Angleterre, dans la pensée philosophique d'Hegel et de Fichte, nationale de Rodbertus et de List en Allemagne, Élie Halévy remonte aux sources plurielles de la doctrine. Le choix d'exclure du manuscrit les leçons portant sur List et sur l'historisme est alors à la limite du contresens. De même, en tentant d'analyser à chaud les expériences politiques contemporaines – russe, italienne, allemande – au prisme d'un socialisme à la fois théorique et historique, Élie Halévy livre des commentaires fulgurants sur les effets de la guerre sur la démocratie et le socialisme en Europe, sur l'État corporatiste, sur la « terreur enthousiaste » qui caractérise les nouveaux régimes. Certes, l'analyse est par essence incomplète et datée au regard de la suite de l'Histoire, mais elle présente le mérite rare de l'authenticité.

Les éditeurs ont également pris le parti de proposer au lecteur une version « généraliste » du cours d'Élie Halévy – telle qu'elle figure dans le *Livret de l'étudiant* de l'École libre des sciences politiques et dans le dernier plan de cours envoyé par Élie Halévy. Ce choix – dont le principal effet est de

---

1. Note de l'éditeur, in Élie Halévy, *Histoire du socialisme européen*, Paris, Gallimard, 1974, « Introduction à la deuxième édition », p. 29 : « Alors que la grande étude d'ensemble, par Élie Halévy, des doctrines socialistes et des mouvements ouvriers garde tout son intérêt, de nombreux travaux ont été consacrés à cette période depuis notre précédente édition (1948) et ont bénéficié d'une abondante documentation qu'Élie Halévy n'avait pu connaître, notamment en ce qui concerne l'Italie fasciste et l'Allemagne hitlérienne. De plus, ses observations ont été interrompues par sa mort en 1937, et les conséquences, pour les différents pays engagés, de cette guerre, que, certes, il savait imminente, n'étaient guère prévisibles alors ; et elles limitent l'intérêt d'une étude politique et sociale interrompue à cette époque. »

minorer la place du marxisme[1], noyé dans une présentation panoramique du socialisme européen – serait conforme à l'évolution du traitement de la question par Élie Halévy, qui aurait de lui-même renoncé à une approche philosophique et théorique, centrée autour de la figure de Marx[2], pour s'en tenir à une analyse historique et contextuelle. De nombreux indices laissent à penser que l'évolution était moins tranchée et moins irréversible que supposée. Ainsi la version généraliste du cours s'est toujours déclinée, au gré des années et des inclinaisons du maître, en variantes : les *Livrets* de 1927 et de 1928 mentionnent : « NB : *Le professeur a l'intention d'insister principalement, cette année, sur Karl Marx et sa doctrine, sur les origines et l'influence du marxisme.* » De même, François-Albert Angers, étudiant d'Élie Halévy en 1935-1937 à l'École libre des sciences politiques, sollicité par les éditeurs pour remettre ses notes de cours, témoigne dans une lettre envoyée à Florence Halévy :

> « Si vous comparez la présente partie avec les notes d'élèves des années précédentes ou certains cours polycopiés, vous trouverez sans doute une différence considérable de conception et de présentation du cours. Si ma mémoire est fidèle, Monsieur Halévy m'avait expliqué que, soit cette année-là, soit depuis peu, il avait modifié sensiblement l'ordonnance général du cours. Son cours précédent, si j'ai bien compris, se conformait à peu près à l'analyse schématique ou sommaire qu'en donne la brochure de l'École des sciences politiques. Il s'agissait en somme d'étudier successivement, dans l'ordre chronologique les divers « socialismes », pour employer une expression chère à M. Bouglé : Révolution française avec Babœuf, Saint-Simonisme, Fouriérisme, Blanquisme, etc.
> Le cours que j'ai entendu approche le problème d'une façon différente. Il aborde aussi Babœuf, le Saint-Simonisme, le fouriérisme, etc. mais indirectement, comme incidemment, je dirais, à mesure qu'ils se présentent, dans l'étude du phénomène capital dans l'histoire du socialisme : Karl Marx et son *Capital*. On pourrait en somme intituler cette première partie : « La genèse du *Capital* », et c'est dans l'explication de la conception de cette œuvre par son auteur que rentrent toutes les autres formes de socialisme antérieures au *Capital*.

---

1. Sur le marxisme d'Élie Halévy, voir Ludovic Frobert, « Le jeune Élie Halévy et Karl Marx », *op. cit.* et « Élie Halévy's First Lectures on the History of European Socialism », *op. cit.*, ainsi que *Élie Halévy, République et économie 1896-1914, op. cit.*
2. Voir lettre d'Élie Halévy à Célestin Bouglé, 09/11/1901 : « Ni Schmoller, ni Wagner, ni tous les professeurs, ni tous les éclectiques ne m'intéressent. J'appartiens tout entier à Karl Marx (dont assurément tu as lu les chapitres sur la division du travail). Le marxisme sera le pivot de mon cours, cet hiver ; ce cours, s'il devient régulier, pourra être intitulé : « Critique ou appréciation critique du socialisme moderne », *in* Élie Halévy, *Correspondance, op. cit.*, p. 313.

Si je ne m'abuse, c'est bien sous cette forme que votre mari avait l'intention de continuer son cours, réparti cependant sur les deux ans au lieu d'une année. Mais je n'insiste pas. Vous êtes sûrement plus au courant que moi-même sur ce point[1]. »

Si l'exposition de la doctrine marxiste n'est pas passée sous silence dans l'*Histoire du socialisme européen*, elle reste cantonnée à la deuxième partie du livre et est généralement coupée des autres développements. Le témoignage de François-Albert Angers, les conférences rédigées et les plans de cours conservés dans les archives, enfin les bibliographies accompagnant le cours, témoignent combien le marxisme était un phénomène central et un principe organisateur dans la démonstration d'Élie Halévy. Dans son exposition des divers socialismes, ce dernier confronte systématiquement – par un système de mise en comparaison, en généalogie, en dialogue et en opposition – la pensée de Karl Marx à celles des autres acteurs de son *Histoire* (Ricardo : *voir leçon sur la théorie de la valeur* ; Sismondi et Pecqueur : *voir la leçon sur la concentration des capitaux*, Bernstein : *voir les leçons sur l'agriculture, l'industrie, les cartels* ; Proudhon : *voir les leçons sur la théorie de la valeur et sur l'Internationale* ; Bakounine : *voir leçon sur l'Internationale*). Pour Élie Halévy, Marx représente le grand synthétiseur de tous les socialismes nationaux précédents et le grand catalyseur de tous les socialismes nationaux à venir, le point de rencontre de la pluralité des socialismes passés et futurs, la référence centrale du socialisme doctrinaire et politique – non en raison de son originalité, qu'Élie Halévy récuse ; non en raison de sa supériorité doctrinaire qu'il relativise ; mais parce que Marx a su en même temps moderniser et disqualifier les premiers socialismes et parce qu'il s'est imposé comme la référence incontournable des socialismes postérieurs, qui n'ont eu de cesse de s'en inspirer ou de s'en démarquer[2].

En minorant la centralité de Karl Marx et du marxisme dans le manuscrit de l'*Histoire du socialisme européen*, les éditeurs ont de fait minoré le rôle qu'Élie Halévy a joué, en France, dans la découverte et le commentaire

---

1. ENS-LSH Ulm, fonds Élie Halévy, carton 8, lettre de François-Albert Angers à Florence Halévy du 09/03/1938.
2. Voir la lettre d'Élie Halévy à Célestin Bouglé, 01/11/1908 : « Tout Marx, dirait Andler, est dans tous les rapports et dans toutes les brochures qui ont été publiés, en Angleterre, sur le régime des manufactures de coton. Tout Marx est aussi dans la philosophie de la gauche hégélienne. Tout Marx est aussi chez Sismondi et chez les Saint-Simoniens. Dans tous les autres pays, ce sont les inventeurs, les ignorants qui passent grands hommes. En Allemagne, ce sont les érudits et les encyclopédistes. C'est sans doute parce qu'il a su concentrer dans un seul système tant d'expériences diverses, c'est sans doute grâce à son cosmopolitisme intellectuel que Marx a exercé, et continue d'exercer, tant d'influence sur les milieux révolutionnaires de tous les pays », *in* Élie Halévy, *Correspondance, op. cit.*, p. 398.

de l'œuvre de Karl Marx[1]. Grand lecteur de Marx, dans le texte original allemand et anglais, fin analyste de la doctrine marxiste, de par sa formation philosophique et sa connaissance des théories de l'économie politique, Élie Halévy est un passeur méconnu du marxisme en France, qu'il expose inlassablement, avec une distance admirative et critique, aux étudiants des Sciences politiques de 1902 à 1937 et dans de nombreux écrits[2].

Si l'édition de 1948 de l'*Histoire du socialisme européen* témoigne de l'ambition européenne du cours, si elle met en valeur la définition plurielle et large – voire tentaculaire – du socialisme proposée par Élie Halévy, elle ne rend pas entièrement justice à l'originalité de l'approche circulatoire et transnationale adoptée par l'historien philosophe.

Ainsi la composition de l'ouvrage en chapitres nationaux est hautement tributaire des sources – l'*Histoire du socialisme anglais* est une monographie nationale – et contrevient aux plans développés, qui traitent soit de problématiques strictement nationales[3], soit de thématiques résolument transnationales, où sont comparés et confrontés les exemples nationaux au sein de sous-parties partagées. Aussi, l'approche « européenne » d'Élie Halévy n'est-elle pas réductible à l'approche « européenne » présentée dans l'*Histoire du socialisme européen*, qui se contente le plus souvent d'accoler des monographies nationales, là où Élie Halévy se livrait à un travail comparatif[4] et connecté précurseur, par la mise en lumière des jeux d'influence, des circulations, des réceptions complexes d'objets théoriques, souvent différées ou inversées en fonction des contextes nationaux.

De la même manière, les sommaires du *Livret de l'étudiant*, qui ont inspiré l'ordonnancement du livre, sont excessivement schématiques, au regard des plans de cours qui les déclinent. Ainsi les listes de noms propres qu'ils égrènent en de quasi généalogies bibliques ne rendent pas compte de

---

1. Voir la lettre pleine d'humour d'Élie Halévy à Daniel Halévy, 22/11/1901 : « Je me mets à lire les volumes II et III du *Capital* de Marx ; ce qui va faire de moi, d'ici une quinzaine, un spécialiste du marxisme », *in* Élie Halévy, *Correspondance, op. cit.*, p. 314.
2. Élie Halévy, introducteur du marxisme en France, voir le *Vocabulaire technique et critique de philosophie*, p. 739, ses articles sur Pareto, « L'individuel et le social », p. 665 et « Les principes de la distribution des richesses », p. 689.
3. Les notes de cours prises par les étudiants (ENS-Ulm, fonds Élie Halévy, carton 8) et les dossiers de cours (ENS-Ulm, fonds Halévy, carton 2-2) d'Élie Halévy témoignent de développements systématiques consacrés à l'expérience rooseveltienne, développements exclus de l'*Histoire du socialisme européen* par définition, mais néanmoins révélateurs de l'approche « mondiale » d'Élie Halévy.
4. Par exemple, n'a pas été reproduite l'analyse comparée du socialisme d'État, façon Napoléon III et façon Bismarck, développée dans les notes d'un étudiant (ENS-Ulm, fonds Halévy, carton 8, cahier orange) et reproduite ici en note p. 170.

l'originalité du traitement biographique proposé par Élie Halévy[1]. Loin de faire l'histoire des « hommes et des œuvres » les uns à la suite des autres, ce dernier prend prétexte de la biographie, à la fois pour contextualiser son histoire des doctrines en les personnifiant et en les inscrivant dans des lieux et dans des moments, pour clarifier les généalogies intellectuelles en mettant en scène des phénomènes générationnels et des interactions interpersonnelles et psychologiques (le rôle des amitiés, des rivalités, des aversions), enfin et surtout pour incarner son approche circulatoire. Exclus et persécutés, exilés et réfugiés, les héros du socialisme européen sont des hommes mobiles, à l'instar de Karl Marx dont l'errance géographique, de Berlin, Bonn et Cologne à Londres en passant par Bruxelles et Paris, symbolise le parcours intellectuel synthétique : philosophie allemande + pensée démocratique française + économie politique anglaise = marxisme. Surtout les « héros » d'Élie Halévy ne sortent jamais seuls, mais vont toujours par deux, en paire ou en bande : Élie Halévy scrute la confrontation et la controverse – entre Disraeli, Carlyle et Ruskin ; entre Bentham, Mill et Ricardo ou Hodgskin ; entre Proudhon et Marx ; entre Marx et Bakounine, etc. – pour identifier les inflexions, les lignes de rupture et les novations doctrinaires et politiques. Cette histoire intellectuelle et politique transnationale n'est pas ignorante des traditions et des contextes nationaux, souvent à l'origine de désaccords et d'incompréhensions (Marx, l'Allemand contre Bakounine, le Russe) et producteurs de la pluralité des socialismes anglais, allemands et français : car, si les idées, les hommes et les pratiques politiques circulent, le poids statique de l'histoire et des cultures politiques nationales n'est jamais minoré. Objet transnational s'il en est – ce n'est d'ailleurs pas un hasard si Élie Halévy y accorde tant d'intérêt – les Internationales socialistes elles-mêmes sont l'arène où tentent de s'apprivoiser, à défaut de se fondre, ou tout du moins de se neutraliser, les différents socialismes. Transnationale donc dans sa méthode d'analyse et son écriture, l'histoire européenne d'Élie Halévy reste largement nationale dans ses conclusions interprétatives.

L'écriture halévyenne présente une autre spécificité, dont témoigne imparfaitement l'*Histoire du socialisme européen* : celle d'entrecroiser

---

1. Voir en 1902, le compte rendu de l'ouvrage de Gaston Isambert, *Les Idées socialistes en France de 1815 à 1848*, p. 847, dont la méthode, fortement critiquée, est à l'opposé de celle qu'Élie Halévy préconise : « Chaque partie se compose d'une série de chapitres consacrés chacun à un auteur, sans que M. Isambert se préoccupe suffisamment peut-être de marquer la filiation historique des doctrines. » *A contrario*, voir lettre d'Élie Halévy à Célestin Bouglé, 04/10/1897 : « Le problème que je me pose est d'ailleurs, je crois te l'avoir déjà dit, un problème de philosophie de l'histoire : quelle est l'importance historique d'une doctrine ? », *in*, Élie Halévy, *Correspondance, op. cit.*, p. 201.

les registres d'administration de la preuve et les dispositifs d'enquête. Le double travail de mise à distance éditoriale du « jeune Halévy philosophe » et de mise en forme stylistique de certains écrits bruts (*Histoire du socialisme anglais* et les notes de cours) ont contribué à « lisser » le texte final de l'*HSE* et à accentuer son aspect narratif et descriptif pour un rendu un peu plat.

Comme en témoignent les *Conférences rédigées des années 1900* et les dossiers de cours, Élie Halévy est un grand lecteur, et, corollairement, un « citateur » compulsif : familier des sources, il opère en permanence une forme de « commentaire de texte » et de retour à l'original, à partir desquels se déploie sa propre analyse. Les *Conférences des années 1900* déroulent de longues citations (souvent en langue originale) entrelardées à la démonstration et figurant dans le corps du cours ; les feuilles volantes des dossiers de cours comportent également de nombreuses citations « prêtes à l'emploi » pour nourrir le cours. Ce dialogue étroit et érudit avec les auteurs et les œuvres qu'Élie entreprend systématiquement – qu'il s'agisse de textes philosophiques, de manifestes politiques ou de motions partisanes présentées en congrès – est très largement évacué du manuscrit de l'*Histoire du socialisme européen* – faute de place sans doute, pour des raisons de lisibilité sans doute, mais également peut-être parce que les citations seraient la trace de l'approche philosophique des débuts.

De même qu'Élie Halévy accorde une grande importance aux sources textuelles, de même il se plaît à mobiliser statistiques et chiffres à l'appui de sa démonstration. L'énumération aride de statistiques économiques et électorales, parfois présentées en tableau, parfois simplement hiérarchisées, est rarement du goût des éditeurs : si l'*Histoire du socialisme européen* intègre quelques données chiffrées, c'est sans commune mesure avec celles disponibles dans les écrits bruts, par exemple dans l'*Histoire du socialisme anglais*. Noyée dans le flot du récit, l'érudition statistique est ici quelque peu tenue en lisière alors qu'elle n'était pas épargnée aux étudiants.

Enfin, le genre biographique – caractéristique de l'écriture halévienne, déjà évoqué et dont l'originalité tient à sa mise en relation avec d'autres personnalités, selon des dispositifs de « dualisation », de « triangulation », etc. – est très mobilisé dans l'*Histoire du socialisme européen*, mais sa mise en œuvre s'apparente trop souvent à une galerie de portraits, juxtaposés et statiques, là où Élie Halévy privilégiait une scénographie plus interactive et dynamique : le découpage du texte en paragraphes courts et les titrages sont pour beaucoup dans l'effet énumératif et privent souvent le texte de sa fluidité originelle. Il suffit de comparer la Conférence rédigée sur « La théorie marxiste de la concentration des capitaux » qui met d'abord en scène le duo Sismondi/Pecqueur, rejoint dans un trio signifiant par Karl Marx, et le même texte partiellement repris et adapté dans le chapitre 2 de la première partie, pour constater l'inflexion.

* * *

Dans le panthéon des œuvres politiques d'Élie Halévy, l'*Histoire du socialisme européen* figure en bonne place, au côté de *L'Ère des tyrannies*, titre avec lequel elle forme un dytique, de par son objet – le socialisme – et de par son destin éditorial – deux textes posthumes, publiés chez Gallimard, en 1938 et 1948, sous les auspices de Célestin Bouglé et de Raymond Aron. Pourtant la réputation de l'*Histoire du socialisme européen* est partiellement éclipsée par celle de son binôme, pour des raisons tenant au genre des deux ouvrages – les articles réunis dans *L'Ère des tyrannies* sont plus accessibles, lisibles et séduisants que le lourd et ardu dispositif du cours rédigé – mais également pour des raisons tenant à son origine « impure » : *L'Ère des tyrannies* paraît certes de façon posthume, mais les textes rassemblés par Célestin Bouglé ont été rédigés et publiés du vivant d'Élie Halévy ; *a contrario*, l'*Histoire du socialisme européen* a pâti de son statut d'ouvrage sans auteur ni manuscrit, et des défauts rédactionnels qui découlent de cette naissance contrariée.

Relativement méconnue, car moins facile à appréhender et à apprécier, l'*Histoire du socialisme européen* n'en reste pas moins la trace d'une entreprise exceptionnellement ambitieuse et pionnière, à la fois sur le plan méthodologique – parce qu'elle manie la longue durée et l'histoire du temps présent, propose une histoire comparée, connectée et transnationale, marie histoire intellectuelle et histoire politique – et sur le plan interprétatif parce qu'elle dilate jusqu'à la rupture, dans le temps et dans ses acceptions, les frontières du socialisme. Ricardo et Hegel, socialistes ? List et Bismarck, socialistes ? Disraeli et Carlyle – Lloyd George et Keynes, socialistes ? Saint-Simon et Napoléon III, socialistes ? Roosevelt, socialiste ? Mussolini, Hitler, Staline, socialistes ? Le parti travailliste anglais et les partis socialistes français et allemand, socialistes ? Les courants anarchistes et les expériences corporatistes, socialistes ? International, européen et/ou irréductiblement national, le socialisme ? C'est en testant des hypothèses-limites qu'Élie Halévy tente de tracer en pointillé les lignes, mouvantes, qui délimitent la galaxie du socialisme. En adoptant une démarche ouverte et en postulant la pluralité des socialismes européens, Élie Halévy interroge le label, pour mieux le définir et le recentrer… sur Karl Marx… ? Une chose est sûre : c'est dans le rapport au libéralisme – celui de l'économie politique – que le socialisme s'avère le plus simple à appréhender : les introductions (non reproduites dans l'*Histoire du socialisme européen* de 1948) de son cours de 1902-1904 comme de celui de 1932 ouvrent sur la critique de l'école orthodoxe d'économie libérale. N'en déplaise aux thuriféraires d'un Élie Halévy libéral, dans son exposition du « choc des doctrines », le jeune Élie Halévy est – et le Élie Halévy de la maturité demeure – un inlassable critique de l'école orthodoxe libérale, accordant l'avantage, tant philosophique que politique, aux socialismes.

L'*Histoire du socialisme européen* vaut également et paradoxalement pour ses défauts. La confrontation entre l'original et la copie, entre le texte posthume et imparfait et les traces authentiques et brutes laissées par Élie Halévy, met en lumière l'inimitable originalité de sa pensée et les immenses qualités de sa méthode d'exposition et de son écriture. La lecture comparée des deux ensembles de textes rend appréhendable ce qu'il manque de typiquement halévyen dans l'*Histoire du socialisme européen*. Cette petite musique non reproductible, faite de notes incomparables que nous avons essayé d'inventorier et de caractériser dans cette introduction, est, grâce paradoxalement à l'inévitable imperfection du manuscrit de l'*Histoire du socialisme européen*, rendue plus aisément identifiable. C'est donc à un parcours de lecture exigeant et ambitieux que nous convions le lecteur : empruntant des détours et des déviations à travers les multiples versions du texte *princeps*, il permet de toucher au cœur de ce « je ne sais quoi » qu'est l'halévysme.

NOTE SUR LA PRÉSENTE ÉDITION

En 1948, dix ans environ après la disparition d'Élie Halévy, l'*Histoire du socialisme européen* paraissait chez Gallimard, second volet d'un diptyque inauguré par *L'Ère des tyrannies* publiée en 1938 par le même éditeur. Les deux ouvrages présentent de nombreuses similitudes : édités de façon posthume par les amis et élèves d'Élie Halévy – Célestin Bouglé et Raymond Aron principalement – ils réunissent les études du maître portant sur le socialisme européen et participent d'une première entreprise de canonisation éditoriale et mémorielle. Pourtant leur destin éditorial sera contrasté. *L'Ère des tyrannies* présente un ensemble cohérent d'articles et de conférences publiés du vivant d'Élie Halévy, dont la lecture idéologique est orientée par les deux textes conclusifs de la Rhodes Lecture de 1929, « Une interprétation de la crise mondiale, 1914-18 » et de la conférence de « l'Ère des tyrannies » prononcée devant la Société de philosophie en 1936. *A contrario*, l'*Histoire du socialisme européen* est un objet éditorial imparfait, reconstitution artificielle de divers cours prononcés pendant près de trente-cinq ans à l'École libre des sciences politiques. Rien d'étonnant dès lors à ce que *L'Ère des tyrannies* soit devenue le recueil de référence de la pensée halévienne sur le socialisme et ait en partie éclipsé son binôme éditorial[1], en dépit de rééditions croisées, dont la dernière remonte, pour l'*Histoire du socialisme européen*, à 2006. Ce tome, le troisième des œuvres complètes de Élie Halévy, qui succède immédiatement à la réédition par les Belles Lettres de *L'Ère des tyrannies* sous la direction de Vincent Duclert[2], s'est fixé trois objectifs principaux.

---

1. Comme en témoignent les nombreuses rééditions françaises (1938, 1990) et anglaises (1941-1965) de *L'Ère des tyrannies* et la liste des publications et des colloques consacrés à ce texte, contrastant avec le relatif désintérêt éditorial et critique entourant l'*Histoire du socialisme européen*, trois fois réédité certes (1948, 1974, 2006) mais jamais traduit en anglais.
2. Élie Halévy, *L'Ère des tyrannies*, Paris, Les Belles Lettres, 2016, édition critique *in extenso* par Vincent Duclert, avec la collaboration de Marie Scot, préface de Nicolas Baverez.

Établir une édition scientifique d'un manuscrit introuvable

Publiée dix ans après la mort d'Élie Halévy, l'*Histoire du socialisme européen* constitue, de l'aveu même de ses éditeurs, un formidable défi éditorial, faute de disposer d'un manuscrit à proprement parler et en raison du matériau lui-même, un cours prononcé oralement sur près de 35 ans (1901-1937) à l'École libre des sciences politiques. L'« Avant-propos » rédigé par Raymond Aron décrit la fabrique de l'entreprise éditoriale sans en dissimuler toute la difficulté, mais de façon aussi brève (3 pages) qu'allusive. La présente édition entend revenir sur les principes de composition qui ont présidé à l'élaboration de l'édition de référence de l'*Histoire du socialisme européen* (1948, Gallimard), mesurer la distance qui sépare inévitablement les cours tels que conçus et prononcés par Élie Halévy et le texte recomposé ultérieurement par les éditeurs, et en dégager les effets de sens. C'est donc à un travail de génétique du texte, d'établissement et de mise à disposition de sources, enfin d'analyse critique que nous nous livrons dans la première partie de ce volume.

Des *Tableaux* permettent ainsi de confronter le plan des cours professés de 1902 à 1937 et celui retenu par l'édition Gallimard de 1948, et proposent d'identifier les multiples matériaux utilisés pour composer le manuscrit. Deux sources, fortement mobilisées dans l'établissement du texte final (les *Conférences rédigées des années 1900* et le polycopié *L'Histoire du socialisme anglais* de 1932) ont été reproduites *in extenso* dans le présent volume, offrant la possibilité au lecteur d'accéder aux écrits bruts rédigés par Élie Halévy lui-même. Des renvois entre les trois textes (l'édition Gallimard de 1948, le polycopié de *L'Histoire du socialisme anglais* de 1932 et les *Conférences rédigées des années 1900*) permettent de les comparer et d'apprécier les opérations de composition effectuées. Une *Introduction* s'interroge sur les présupposés ayant présidé à l'entreprise éditoriale et en évalue les effets. Ce faisant, elle entend restituer toute son originalité à la démarche halévyenne, imparfaitement rendue par le texte de 1948.

Mettre en perspective et en longue durée la pensée d'Élie Halévy sur le socialisme

L'œuvre de canonisation éditoriale entreprise par Florence Halévy, Célestin Bouglé puis Raymond Aron immédiatement après le décès d'Élie Halévy survenu en août 1937, a été inaugurée par la publication de *L'Ère des tyrannies* en 1938, poursuivie par la parution en 1946 du tome IV inachevé de l'*Histoire du peuple anglais* confié à Paul Vaucher, et s'est achevée avec l'édition de l'*Histoire du socialisme européen* en 1948[1]. Toutes les publications et rééditions ultérieures seront tributaires des choix de textes et des découpages effectués par les premiers « gardiens » de la mémoire halévyenne, en dépit de leurs imperfections.

Ainsi l'édition Galllimard de *L'Ère des tyrannies* (1938) ne réunit-elle que quelques-uns des nombreux écrits qu'Élie Halévy a consacrés au socialisme, et ne rassemble-t-elle que des textes rédigés après 1918 (à une exception près). La nouvelle édition (2016), proposée par les éditions Les Belles Lettres sous la direction de Vincent Duclert, s'est enrichie d'une conséquente partie documentaire : elle met à la disposition du lecteur à la fois des éléments contextuels permettant d'éclairer l'élaboration des textes publiés en 1938 (notamment des extraits de correspondance) et entend réparer certaines « injustices » en mettant « dans la lumière » des articles et écrits importants qui n'avaient pas été sélectionnés[2]. Néanmoins le choix original de privilégier la production halévyenne d'après guerre a été respecté dans la composition de ce nouveau volume.

La nouvelle édition de l'*Histoire du socialisme européen* s'est appliquée à remonter aux sources de la pensée halévyenne sur le socialisme, à savoir les années 1900. Cet *opus* réunit donc les premiers écrits de qu'Élie Halévy a consacrés au socialisme, à savoir les *Conférences rédigées des années 1900* correspondant aux premières versions du cours sur *Le Socialisme en Europe au XIXe siècle*, l'ouvrage consacré en 1903 à un penseur présocialiste anglais, Thomas Hodgskin, la controverse entre Élie Halévy et Vilfredo Pareto engagée lors du Congrès international de philosophie de 1904, l'important article sur *Les principes de la distribution des richesses* paru en 1906, enfin les contributions d'Élie au *Vocabulaire technique et critique de la philosophie* édité par André Lalande, qui s'étalent de 1906 aux années 1920.

Par-delà la Première Guerre mondiale, nous proposons également trois textes portant sur la période de l'après-guerre, qui auraient pu figurer en bonne place dans *L'Ère des tyrannies*[3] : une enquête sociale et ethnographique menée

---

1. Elle sera complétée, la veille de la mort de Florence Halévy, par la publication de la correspondance entre Élie Halévy et Alain [Alain, *Correspondance avec Élie et Florence Halévy*, Paris, Gallimard, 1958]. Les années 1990 constituent un second « moment » de redécouverte éditoriale, impulsé par la nièce d'Élie Halévy, Henriette Guy-Loë et illustré par la réédition par Gallimard de *L'Ère des tyrannies* en format poche en 1990, la réédition de la *Formation du radicalisme philosophique* aux PUF sous la direction de Monique Canto-Sperber en 1995, et la publication de la *Correspondance 1891-1937* chez de Fallois en 1996 sous la direction d'Henriette Guy-Loë, assistée de Monique Canto-Sperber et de Vincent Duclert.
2. Vincent Duclert, « Note sur la version présente », *in* Élie Halévy, *L'Ère des tyrannies*, 2016, *op. cit.*, p. 43-46.
3. Nous avons choisi d'un commun accord avec Vincent Duclert de les réserver à ce volume.

par Élie Halévy en 1919 sur le syndicalisme anglais, préparatoire de son article sur les « Whitley Councils et la paix sociale en Angleterre[1] » ; un article sur le chartisme, ses interprétations et ses usages ; enfin une notice tardive sur Jeremy Bentham, qui clôt la boucle par un retour aux premières amours utilitaires. Ces textes d'après guerre font écho au polycopié de 1932 accompagnant le cours sur *L'Histoire du socialisme anglais* et aux notes de cours des étudiants des années 1930, ayant servi à établir l'*Histoire du socialisme européen*.

Une dernière partie de ce volume rassemble les comptes rendus d'ouvrages traitant du socialisme qu'Élie Halévy a rédigés des années 1900 à 1937. Ces recensions composent en creux un discours de la méthode sur les « bonnes pratiques scientifiques » et les « bonnes méthodes d'exposition et de démonstration » qu'Élie Halévy entend faire appliquer aux autres et à lui-même pour étudier le socialisme ; elles informent également des lectures et des sources dont Élie Halévy disposait pour analyser les doctrines et les expériences socialistes. À ce titre, les bibliographies polycopiées accompagnant le cours sur *Le Socialisme européen*, distribuées annuellement par l'École libre des sciences politiques, témoignent également de l'immense érudition bibliographique et de la veille vigilante dont faisait preuve Élie Halévy dans les lectures préparatoires de son cours. Conservées dans les archives Élie Halévy par la bibliothèque de Lettres et Sciences humaines de l'École normale supérieure[2], elles n'ont pu être reproduites ici.

La sélection et la réunion de textes est un exercice imparfait qui oriente inévitablement la lecture des œuvres présentées. Les principes directeurs adoptés dans ces deux nouveaux volumes consacrés aux études socialistes obéissent au souhait d'être à la fois plus exhaustif que les éditions Gallimard de 1938 et 1948 et plus explicite sur les choix de composition, mais également de présenter le déploiement des études halévyennes sur le socialisme dans la longue durée.

Ce parti pris éditorial permet de remonter aux sources de l'intérêt halévyen pour le socialisme, nourri de la fréquentation de l'économie politique anglaise, de l'intérêt pour l'historisme et le socialisme de la Chaire allemands, puis de la découverte fondatrice des écrits de Karl Marx. Minorée, quand elle n'est pas passée sous silence[3], cette genèse des études socialistes halévyennes

---

1. Élie Halévy, « La politique de paix sociale en Angleterre. Les "Whitley Councils" », *Revue d'économie politique*, 33, 1919, p. 385-431, reproduite dans *L'Ère des tyrannies*, Les Belles Lettres, 2016, p. 150-191.

2. Les bibliographies des cours d'Élie Halévy sont conservées dans les cartons 6/1 et 11/1 du fonds Élie Halévy, bibliothèque LSH de l'ENS Ulm.

3. Ludovic Frobert, le premier, s'était interrogé sur l'invisibilité et l'invisibilisation des textes de jeunesse d'Élie Halévy [« Le jeune Élie Halévy et Karl Marx », *Mil neuf cent*,

est restituée dans ce volume dans toute sa densité. Elle correspond à un véritable « moment 1900 »[1] qui s'ouvre au lendemain de la parution de la *Théorie platonicienne des sciences* en 1896. Élie Halévy va désormais consacrer ses travaux à l'utilitarisme, entamant d'une double réorientation intellectuelle vers l'horizon anglais d'une part, et vers la science politique, l'économie, et l'histoire, d'autre part. À cette date également, Élie Halévy se voit confier des conférences sur Bentham à l'École libre des sciences politiques (1896-1897), puis un cours sur « l'évolution des idées politiques en Angleterre » (1898) qu'il poursuivra jusqu'à sa mort, enfin un second enseignement, d'abord intitulé « L'évolution des doctrines économiques et sociales en Angleterre et en Allemagne » (1901-1902) et rebaptisé en 1904 *Le Socialisme en Europe au XIXe siècle*, qu'il professera également jusqu'à sa mort, en alternance avec le premier. C'est durant cette même période, particulièrement féconde, que paraissent les trois volumes de la *Formation du radicalisme philosophique* (1901 et 1904), le *Thomas Hodgskin* (1903) et l'article consacré à la *Distribution des richesses* (1906), tandis qu'Élie Halévy confronte sa pensée à celle des économistes (Pareto, 1904) et la distille dans le *Vocabulaire technique et critique de la philosophie* (1906-1914 notamment). Il convenait de redonner toute sa place et sa cohérence à ce moment inaugural et fondateur.

Le choix de la longue durée permet également de scruter les évolutions tant de la méthode que de la pensée halévyennes appliquées à l'étude du socialisme. Élie Halévy a accrédité lui-même la thèse de sa « conversion » de la philosophie à l'histoire[2], qui coïnciderait avec son intérêt pour l'utilitarisme et le socialisme. De philosophique dans les *Conférences des années 1900*, le dialogue avec V. Pareto, *Les principes de la distribution des richesses* de 1906 et les contributions au *Vocabulaire technique et critique*, la plume halévyenne se fait effectivement politiste et sociologue dans l'enquête sur le syndicalisme anglais, historienne dans son article sur le chartisme de 1921 et dans le polycopié sur *L'histoire du socialisme anglais* de 1932. La comparaison des textes des années 1900, présentés dans ce volume III

---

n° 17, 1999, p. 45-65 ; « Élie Halévy's First Lectures on the History of European Socialism », *Journal of the History of Ideas*, 68-2, April 2007, p. 329-353] et a tenté d'y remédier en publiant « Les principes de la distribution des richesses », dans *Élie Halévy, République et économie 1896-1914*, Lille, Presses universitaire du Septentrion, 2003.

1. Frédéric Worms (dir.), *Le moment 1900 en philosophie*, Lille, Presses universitaires du Septentrion, 2004.

2. Voir lettre à Célestin Bouglé, 14/09/1905 : « Encore de l'histoire ? Oui, puisque c'est malheureusement ma seule manière de faire de la science. Mieux vaudrait faire de la physique ou de l'astronomie. Mais je ne puis, et je cherche où je puis des rapports explicatifs », *in* Élie Halévy, *Correspondance 1891-1937*, Paris, de Fallois, 1996, p. 370, et Élie Halévy sur la figure de « l'historien philosophe », in *L'Ère des tyrannies*, 2016, *op. cit.*, p. 285.

des œuvres complètes, et des textes des années 1920-1930, proposés dans le volume II, est également parlante. Mais l'originalité de l'historien philosophe est de ne jamais renoncer à l'ambition pluridisciplinaire qui fonde sa démarche. Si le commentaire de l'histoire immédiate – qu'il s'agisse de l'actualité ou des conséquences politiques et sociales de la Grande Guerre – s'invite plus systématiquement qu'auparavant dans le travail halévien après 1918, l'intérêt d'Élie pour l'histoire des doctrines (Sismondi, 1933) ne tarit pas, pas plus que son attention pour l'histoire (*Histoire du peuple anglais* 1922, 1926, 1932) et pour ses usages présentistes (article sur le chartisme de 1921), tandis que la philosophie éclaire toujours l'interprétation d'une actualité chaotique, comme l'illustre la conférence sur *L'Ère des tyrannies*.

Élie Halévy et le socialisme

La composition de ce volume obéit donc à une double ambition : redécouvrir, d'une part, le texte *princeps* de l'*Histoire du socialisme européen*, déclinée en plusieurs manuscrits qui, se compilant, la composent, mais qui, pris individuellement, l'enrichissent et en complexifient la lecture ; et accompagner, d'autre part, cette *Histoire du socialisme européen* d'une partie documentaire qui réunit en annexe des ouvrages, des articles, des conférences qui n'avaient pas été retenus dans *L'Ère des tyrannies* – parce que rédigés avant la Grande Guerre et ne correspondant pas au parti pris des éditeurs – et qui ont toute légitimité à figurer en bonne place dans les études socialistes halévyennes.

Cependant cette double réédition de *L'Ère des tyrannies* et de l'*Histoire du socialisme européen*, augmentée de textes inédits ou jamais republiés, présente un autre intérêt. Elle offre la possibilité au lecteur de (re)découvrir Élie Halévy, passeur et commentateur français des théories et des expériences socialistes. Alors que ce dernier était reconnu en son temps, par ses collègues et amis, universitaires et intellectuels, comme l'un des principaux et des plus légitimes spécialistes français du socialisme européen, la mémoire d'Élie Halévy a été principalement associée soit à ses travaux britanniques, soit à son rôle prophétique d'intellectuel libéral, pourfendeur des tyrannies et des totalitarismes. Cette déformation mémorielle, en partie orchestrée par les « héritiers » de la pensée halévyenne et à l'œuvre dès la composition des deux volumes de *L'Ère des tyrannies* et de l'*Histoire du socialisme européen* en 1938, a partiellement occulté l'originalité de l'approche halévyenne des socialismes européens – dont nous tentons de rendre compte dans notre Introduction à l'*Histoire du socialisme européen* et dans nos présentations. La réception des études socialistes d'Élie Halévy a ainsi été politisée et idéologisée à travers le prisme quasi exclusif de *L'Ère des tyrannies*.

Prenant au sérieux la bibliothèque socialiste, « s'enfonçant » au cœur des textes, Élie Halévy s'impose d'abord comme un maître-lecteur, érudit polyglotte et philologue, commentateur critique, capable de cheminer dans le dédale complexe de la littérature socialiste et de s'orienter dans la galaxie polycentrée de ses auteurs européens, capable d'en mettre au jour les circulations, de débusquer les emprunts invisibles et inavoués, de reconstituer des généalogies méconnues, capable enfin de tenir le présentisme en lisière et de rendre justice à des auteurs oubliés et à des possibles non réalisés. Soucieux également d'étudier par lui-même, à partir de sources brutes (statistiques et littérature grise, terrains et entretiens) les expériences du socialisme réel, Élie Halévy ne s'embarrasse pas de présupposés ou d'idées préconçues : il traque trop ce biais dans les œuvres des autres, pour ne pas être sur ses gardes quant à sa propre démonstration. La minutie de ses recherches, l'attention accordée aux sources ainsi qu'aux méthodologies et dispositifs d'enquête, sa vigilance quant l'objectivation des conditions de production des savoirs et des positions des *social scientists*, en font bien plus qu'un intellectuel idéologue, un authentique savant. Surtout, son approche globale – tant par la mobilisation de la longue durée, que par l'horizon européen, voire mondial de ses travaux – et son ouverture et sa liberté d'esprit, déliées de toute contrainte professionnelle et de toute prescription idéologique, l'autorisent à poser des questions hétérodoxes, à oser des rapprochements interdits, à ressusciter des figures marginales, à livrer des hypothèses de travail limites, pas forcément vérifiées *in fine*, mais toujours utiles à la progression de la réflexion et à l'orientation de la pensée.

Le propos n'est donc pas tant, dans les présentations qui accompagnent ce volume, de statuer sur le socialisme ou le marxisme de jeunesse d'Élie Halévy ou sur le libéralisme de l'intellectuel démocratique des années 1930, mais de considérer à sa juste mesure l'apport intellectuel et scientifique d'Élie Halévy à la connaissance et à l'interprétation des doctrines et des expériences socialistes. Une analyse en bonne et due forme de la place et de l'originalité de l'œuvre halévyienne dans la bibliothèque des « études socialistes » reste à mener ; ces volumes ébauchent quelques pistes et entendent en fournir l'instrument.

Par convention, les présentations de l'éditeur (ici, Marie Scot) apparaissent en italique dans ce volume.

REMERCIEMENTS

Nos remerciements s'adressent en premier lieu à la Fondation nationale des sciences politiques et à ses présidents, Jean-Claude Casanova et Olivier Duhamel, qui ont accordé et accordent un soutien décisif à l'entreprise d'édition des œuvres complètes d'Élie Halévy. Merci également à Jean-Luc Parodi, exécuteur testamentaire d'Élie Halévy, pour son soutien constant et son accueil bienveillant.

Nous adressons également tous nos remerciements à Frédéric Mion, directeur de Sciences Po, pour son ferme soutien, ainsi qu'à Christine Musselin et à toute la direction scientifique de Sciences Po, pour leur accompagnement et leur aide, afin qu'aboutisse au plus vite cet important travail d'édition des *Œuvres complètes* d'Élie Halévy. Que soit remercié en particulier Michel Gardette, directeur adjoint de Sciences Po, qui veille avec une attention et un soin particuliers sur ce programme scientifique de longue portée.

Nous remercions vivement Sandrine Iraci et toute l'équipe de la bibliothèque de l'École normale supérieure, rue d'Ulm, qui ont facilité notre accès aux archives d'Élie Halévy, classées avec un soin tout particulier par Françoise Dauphragne.

Que soit également remercié Bernard de Fallois qui a autorisé très libéralement la reprise des lettres et des annotations du volume de la *Correspondance d'Elie Halévy* publié en 1996.

L'engagement sans faille des éditions des Belles Lettres et de leur présidente Caroline Noirot a permis d'assurer ce programme de publication scientifique de l'ensemble de l'œuvre d'Elie Halévy et ainsi d'éditer un vaste corpus qui manquait jusque-là à la science politique, à la philosophie et à l'histoire. Ses équipes techniques ont travaillé avec un grand professionnalisme sur le manuscrit et sa mise en page. Qu'elles soient ici très vivement remerciées.

Nicolas Patin a assuré la traduction des citations en allemand de ce volume, ce dont nous lui sommes très reconnaissants.

Le grand intérêt de Vincent Duclert pour l'œuvre d'Élie Halévy et l'entreprise commune qui nous lie depuis octobre 2011 ont rendu possible cette édition critique *in extenso* de l'*Histoire du socialisme européen*.

Livret de l'étudiant de l'École libre des sciences politiques : tableau des sommaires évolutifs du cours sur le Socialisme en Europe au XIXᵉ siècle

Années	Intitulé du cours	Syllabus
1901-1902 1903-1904	L'évolution des doctrines économiques et sociales en Angleterre et en Allemagne dans la deuxième moitié du XIXᵉ siècle	List : l'économie nationale – Roscher : l'historicisme – En Angleterre : modifications apportées par Stuart Mill à l'économie politique de Richardo. Comment le socialisme emploie les abstractions de l'école de Ricardo. Le marxisme – la doctrine de Henry George La réforme de la théorie de la valeur – l'École de Vienne : Carl Menger, V. Böhm-Bawerk – Stanley Jevons Le socialisme de la Chaire : Schmoller, Wagner – nouvelles formes de l'enseignement économique en Angleterre : Ashley, Marshall Le socialisme fabien – Évolution du marxisme allemand : Bernstein
1904-1905 1906-1907	Le socialisme en Europe au XIXᵉ siècle	*Introduction* – définitions, division du cours *I- Le socialisme jusqu'en 1848* : les précurseurs (Babœuf, Godwin) – les fondateurs : Owen, Fourier, Saint-Simon – Le socialisme en Angleterre et en France jusqu'en 1948 : les chartistes, les Saint-Simoniens, Proudhon et Louis Blanc – Échec du socialisme en 1848 *II- Le nouveau socialisme* – pourquoi le nouveau socialisme a pris naissance en Allemagne : la philosophie hégélienne de l'histoire et Karl Marx ; le socialisme d'État : Rodbertus et Lassalle. Histoire du socialisme allemand : socialisme de la Chaire ; socialisme révolutionnaire ; évolution du parti social-démocrate. – Évolution du socialisme en France, en Belgique, en Angleterre, en Italie. Conclusion

Années	Intitulé du cours	Syllabus
1909-1910 Jusqu'en 1914	Le socialisme en Europe au XIXe siècle	*Introduction* – définitions, division du cours *I- Le socialisme jusqu'en 1848* : les précurseurs (Babœuf, Godwin) – Le socialisme anglais : a) les ricardiens égalitaires (Thompson, Hodgskin, Gray), b) Robert Owen et l'Owenisme, c) le chartisme – Le socialisme français : a) Saint-Simon et l'école saint-simonienne, b) Fourier et l'école phalanstérienne, c) le communisme (Cabet, Blanqui, Louis Blanc), d) Proudhon. – La révolution de 1848 *II- De 1848 à la fin de l'Internationale.* – Renaissance du mouvement ouvrier vers 1860, a) en Angleterre (syndicats, coopératives), b) en France (le mutuellisme), c) en Allemagne (Ferdinand Lassalle et le socialisme d'État démocratique). – Formation et histoire de l'Internationale. Le *Capital* de Karl Marx. – Bakounine. – La Commune de Paris. *III- Le nouveau socialisme* – Le parti social démocratique allemand depuis le congrès de Gotha et le socialisme d'État depuis Bismarck ; le socialisme de la chaire. – Socialisme syndical, socialisme coopératif, socialisme municipal, socialisme d'État en Angleterre ; la théorie fabienne. – Le socialisme anarchiste et le syndicalisme révolutionnaire. Conclusion
1918-1919 1921-1922	Le socialisme en Europe au XIXe siècle	Pareil que précédent, mais ajout *IV- Le socialisme et la Grande Guerre*
1922-1923 Jusqu'en 1926	Le socialisme en Europe au XIXe siècle	Pareil que précédent, mais ajout *IV- Le socialisme et la Grande Guerre.* – L'étatisme de guerre et la révolte socialiste contre la guerre – La révolution russe de 1917 – Le retour à la paix : attitude des partis socialistes dans les divers pays d'Europe. **NB** – *Le professeur insistera particulièrement sur l'histoire des trois Internationales depuis 1864 jusqu'à nos jours.*

Années	Intitulé du cours	Syllabus
1925-1926 1927-1928	Le socialisme en Europe au XIXe siècle	Pareil que précédent, mais ajout *IV- Le socialisme et la Grande Guerre*. – L'étatisme de guerre et la révolte socialiste contre la guerre – La révolution russe de 1917 – Le retour à la paix : **action exercée par** les partis socialistes **et communistes** dans les divers pays d'Europe. **N. B.** – *Le professeur a l'intention d'insister principalement, cette année, sur Karl Marx et sa doctrine, sur les origines et l'influence du marxisme.*
1927-1928	Le socialisme en Europe au XIXe siècle	Pareil que précédent, mais ajout : *IV- **De 1914 à nos jours**.* – L'étatisme de guerre et la révolte socialiste contre la guerre – La révolution russe de 1917 – Le retour à la paix : action exercée par les partis socialistes et communistes dans les divers pays d'Europe
1933-1934 1935-1936	Le socialisme en Europe au XIXe siècle	Pareil que précédent, mais ajout *IV- De 1914 à nos jours*. – L'étatisme de guerre et la révolte socialiste contre la guerre – **Le communisme** et révolution russe de 1917 – **Les années d'après-guerre : histoire de la Russie soviétique et de l'action exercée par les partis socialistes et communistes dans les divers pays d'Europe.**
1936	Le socialisme en Europe au XIXe siècle	Pareil que précédent, mais ajout *IV- De 1914 à nos jours*. – L'étatisme de guerre et la révolte socialiste contre la guerre – Le communisme et révolution russe de 1917 – **Triomphe du marxisme en Russie ; partout ailleurs, décadence et progrès de l'État corporatif.**

Les mentions en gras marquent les modifications apportées au descriptif précédent.
Source : Archives d'histoire contemporaine, Centre d'histoire de Sciences Po - Livret de l'étudiant.

Tableau des sources utilisées dans le manuscrit L'histoire du socialisme européen au XIXe siècle

HSE, édition 1948	SOURCES identifiées		Commentaires
Introduction			
Première partie – Le socialisme européen de 1815 à 1848			
Chap. I Le socialisme anglais 1815-1848	Polycopié *Histoire du socialisme anglais (HSA)*, 1932	Fascicule I : Owen, radicalisme, chartisme et libre-échangisme	Source *non* mentionnée par les éditeurs
Chap. II Le socialisme en France 1815-1848	Fonds Halévy, Notes étudiants (carton 8) + Conférences rédigées 1900s	Carton 8 + « La théorie marxiste de la concentration des capitaux »	Source *non* mentionnée par les éditeurs
Deuxième partie – Marx et le marxisme			
Chap. I La jeunesse de Marx et la formation du marxisme 1836-1848	Conférences rédigées 1900s + Fonds Halévy, Notes étudiants	« Théorie de la valeur » Carton 8	Source *non* mentionnée par les éditeurs
Chap. II La conception matérialiste de l'histoire	Conférences rédigées 1900s	« La conception matérialiste de l'histoire »	Source mentionnée par les éditeurs
Chap. III Le capital, la théorie de la valeur	Conférences rédigées 1900s	« Le marxisme et la théorie de la valeur »	Source mentionnée par les éditeurs

Chap. IV La lutte des classes et l'évolution du capitalisme		Conférences rédigées 1900s	« La théorie marxiste de la concentration des capitaux »	Source non mentionnée par les éditeurs
Troisième partie - La Ire Internationale				
Chap. I Les débuts du socialisme anglais		Polycopié *HSA*, 1932		Source *non* mentionnée par les éditeurs
Chap. II Le mouvement ouvrier en Allemagne et en France		Conférences rédigées 1900s + Fonds Halévy, Notes étudiants	« La formation du parti socialiste »	Source *non* mentionnée par les éditeurs
Chap. III La 1re Internationale		Conférences rédigées 1900s	« La formation du parti socialiste » + « Karl Marx et l'Internationale »	Source *non* mentionnée par les éditeurs
Quatrième partie - La IIe Internationale				
Chap. I La formation des partis socialistes en Europe	En Allemagne : la social-démocratie et le socialisme bismarckien	Conférences rédigées 1900s	« Friedrich List » + « Origines du socialisme gouvernemental allemand » + « Formation du parti socialiste » + « Fragment sur le socialisme allemand »	Source *non* mentionnée par les éditeurs
	La formation des partis socialistes en Angleterre	Polycopié *HSA*, 1932 Conférences rédigées 1900s	Fascicule II, Le néosocialisme de 1880 II - Le socialisme industriel « Syndicalisme »	Source *non* mentionnée par les éditeurs
	En Europe occidentale et méridionale	Fonds Halévy, Notes étudiants	Carton 8	Source *non* mentionnée par les éditeurs

Chap. II Le socialisme et l'évolution économique	Le socialisme et la concentration capitaliste	Conférences rédigées 1900s	« La théorie marxiste de la concentration des capitaux »	Source *non* mentionnée par les éditeurs
	Agriculture	Conférences rédigées 1900s + Polycopié *HSA*, 1932	« Agriculture », tronquée + Fascicule II, Le néosocialisme de 1880 I- Le socialisme agraire	Source *non* mentionnée par les éditeurs
	Industrielle	Conférences rédigées 1900s	« Concentration industrielle et cartels » + « Industrie »	Source *non* mentionnée par les éditeurs
	Socialisme et la coopération	Conférences rédigées 1900s	« Le coopératisme »	Source *non* mentionnée par les éditeurs
Chap. III La renaissance de l'extrémisme	Anarchisme et syndicalisme révolutionnaire	Polycopié *HSA*, 1932 Fonds Halévy, Notes étudiants	Fascicule II, « L'action syndicale à la veille de la guerre », « Le mouvement socialiste en Angleterre de 1912 à 1915 »	Source *non* mentionnée par les éditeurs
	Agitation révolutionnaire russe et parti bolchévique	Fonds Halévy, Notes étudiants	Carton 8	Source *non* mentionnée par les éditeurs
Cinquième partie - L'après-guerre			
Chap. I Le socialisme pendant la guerre		Polycopié *HSA*, 1932 Fonds Halévy, Plan et notes de cours et d'étudiants	Carton 8 Carton 6/1	Source *non* mentionnée par les éditeurs
Chap. I L'expérience socialiste en Russie soviétique		Fonds Halévy, Plan et notes de cours et d'étudiants	Carton 8 Carton 6/1	Source *non* mentionnée par les éditeurs

Chap. III Le socialisme et l'Italie fasciste	Fonds Halévy, Plan et notes de cours et d'étudiants	Carton 8 Carton 9/4	Source *non* mentionnée par les éditeurs
Chap. IV Le socialisme allemand et l'Hitlérisme	Fonds Halévy, Plan et notes de cours et d'étudiants	Carton 8 Carton 7/3	Source *non* mentionnée par les éditeurs
Chap. V L'évolution du socialisme en Angleterre	Polycopié *HSA*, 1932	Fascicule III, « Le socialisme et l'après-guerre »	Source *non* mentionnée par les éditeurs
Chap. VI L'évolution du parti socialiste en France	Fonds Halévy, Plan et notes de cours et d'étudiants	Carton 8 Carton 9-3	Source *non* mentionnée par les éditeurs
Annexes			
Friedrich List et l'économie politique nationale	Conférences rédigées 1900s	« Friedrich List et l'économie nationale »	Source mentionnée par les éditeurs
L'historicisme allemand	Conférences rédigées 1900s	« L'historisme »	Source mentionnée par les éditeurs
Deux théoriciens anglais du socialisme	Polycopié *HSA*, 1932	Fascicule I : Disraeli, Carlyle, Ruskin	Source *non* mentionnée par les éditeurs et coupée : le cours présente trois penseurs. Disraeli est exclu du titre.
Le marxisme et le syndicalisme	Conférences rédigées 1900s	« Le syndicalisme »	Source mentionnée par les éditeurs

HISTOIRE DU SOCIALISME EUROPÉEN

L'ÉDITION GALLIMARD DE 1948

PRÉSENTATION

*Éditée chez Gallimard en 1948, l'*Histoire du socialisme européen *est « la trace » du grand cours qu'Élie Halévy a professé de 1902 à 1937 à l'École libre des sciences politiques. Destiné à être transformé en ouvrage par Élie Halévy lui-même, le cours est finalement paru de façon posthume, onze ans après la mort du maître, et l'établissement de son manuscrit est finalement revenu à « un groupe d'amis et d'élèves », réunis au sein de la Société des amis d'Élie, sous la direction éditoriale de Florence Halévy et de Célestin Bouglé, puis de Raymond Aron. L'*Histoire du socialisme européen *est donc un texte au statu ambigu, « sans auteur ni manuscrit », établi selon des modalités succinctement exposées par Raymond Aron dans son « Avant-propos ».*

La correspondance échangée fin 1937-début 1938 entre les deux maîtres d'œuvre du projet, Célestin Bouglé et Florence Halévy, et les étudiants ayant suivi les enseignements d'Élie Halévy à l'École libre dans les années 1930, ainsi que les cahiers et notes de cours collectés à cette occasion, accréditent la thèse d'une source unique, telle que mentionnée dans le sous-titre de L'histoire *« rédigée d'après des notes de cours ». Mais le texte final repose principalement sur deux sources complémentaires : des plans, des notes de cours et des conférences rédigées de la main d'Élie Halévy dans les années 1900, conservés aujourd'hui dans ses archives, ont été fortement mobilisés pour établir le manuscrit définitif ; de plus, un polycopié de cours, édité par l'École libre et distribué par la Librairie des Facultés en 1932, consacré à* L'Histoire du socialisme anglais, *a également servi de trame à la rédaction des chapitres traitant du socialisme anglais. Ces deux sources – dont les emprunts ont été minorés par les éditeurs du texte – ainsi que les notes de cours d'Élie Halévy et des étudiants composent la version définitive du manuscrit présenté en 1948 sous le titre de l'*Histoire du socialisme européen. *Nous les reproduisons intégralement dans cette édition critique, car la confrontation des différents éléments composant le texte final permet de mettre à jour le complexe travail de construction,* *de montage et de réécriture entrepris par les éditeurs – travail dont nous analysons les effets dans l'introduction générale à ce volume. Des renvois internes entre les différents textes et un* Tableau des sources *permettent de se repérer dans cette composition en patchwork.*

L'établissement du manuscrit, décidément fort problématique, connut un ultime rebondissement en 1974, lorsque la première édition de 1948 est remplacée par une seconde (rééditée en 2006) qui propose un texte fortement remanié, privé de toute sa cinquième partie (chapitres 2 à 6) consacrée à l'après-guerre, et amputé de deux annexes (leçons sur « Friedrich List et l'économie politique nationale » et sur « l'historisme allemand »). Nous avons maintenu ici en texte princeps *l'édition complète de 1948, dont nous avons conservé la mise en page et les notes de bas de page. Les notes de bas de page de la présente édition 2016 figurent entre crochets et indiquent des renvois entre textes et avec la correspondance.*

HISTOIRE DU SOCIALISME EUROPÉEN

rédigée d'après des notes de cours par un groupe d'amis et d'élèves de Élie Halévy, Préface de Raymond Aron – Paris, Gallimard, NRF-Bibliothèque des idées, 1948.

AVANT-PROPOS

*Élie Halévy a été chargé d'un enseignement à l'École des sciences politiques en 1898. Depuis cette date jusqu'en 1936, il a fait chaque année, sauf pendant la guerre 1914-1918, un cours, soit sur l'histoire du socialisme, soit sur l'esprit public en Angleterre. En juillet 1937, cédant aux instances de ses amis et de ses élèves, il avait pris la décision de rédiger son cours sur l'*Histoire du socialisme européen au XIXe siècle, *que tant de générations d'étudiants avaient écouté avec enthousiasme. Avant les vacances, il envoya à l'École le plan définitif du cours, c'est-à-dire du livre. Pour se consacrer à cette tâche, il s'était résigné à interrompre pendant deux ans l'achèvement du tome de l'*Histoire du peuple anglais *qu'il avait sur le chantier. Élie Halévy est mort au mois d'août 1937, sans avoir pu réaliser son dernier projet.*

La Société des amis d'Élie Halévy, constituée au lendemain de sa mort, et présidée par C. Bouglé, s'est immédiatement proposé d'écrire et de publier une Histoire du socialisme européen *d'après le cours d'Élie Halévy.*

Au premier abord les difficultés apparaissaient extrêmes. Élie Halévy parlait librement en utilisant des notes très brèves, simple schéma de la leçon, avec parfois quelques rappels de faits ou dates essentiels. Il n'était pas question de rédiger les cours d'après ces résumés. Quant aux matériaux accumulés par Élie Halévy, nous les avons retrouvés dans de nombreux et épais dossiers que nous avons dépouillés : ils étaient à l'état brut. Élie Halévy n'aurait eu qu'à les mettre en œuvre pour écrire son livre. Mais nous étions incapables de nous substituer à lui. Ces matériaux nous ont servi à compléter, à contrôler, à corriger les notes prises par les étudiants : ce sont ces notes, qui, en dépit de leurs imperfections, ont été à la base de notre travail.

Là encore, des difficultés s'élevaient. Élie Halévy n'avait pas toujours conçu son cours de la même manière. Comme il l'a dit en décembre 1936 à la Société française de philosophie, s'il avait été d'abord historien des doctrines, peu à peu il était devenu historien des réalités socialistes. Quelle aurait été la part respective des idées et des faits dans la version définitive ? Nous n'avions pas autorité pour le dire. Nous n'avons donc pas cherché à faire ce qu'Élie Halévy aurait fait. Nous nous sommes tenus aux données dont nous disposions. Le livre que nous publions est à la fois histoire des théories et histoire du mouvement socialiste. Dans la première partie, celle-là domine, dans la seconde, celle-ci. Et peut-être, ainsi, n'avons-nous pas été trop infidèles à l'intention d'Élie Halévy, puisque d'après lui l'histoire idéologique du socialisme s'achève avec le Capital.

Ce n'est pas tout. Jamais Élie Halévy n'a traité en une année l'ensemble du sujet : le cours final devait occuper deux ans. Tantôt il étudiait le socialisme anglais, tantôt le marxisme, tantôt certaines époques du socialisme européen. L'importance donnée à une même question variait selon les années, selon le plan de chaque cours. Nous devions, dans la mesure du possible, équilibrer les différents chapitres, restituer à chacun la place qu'il aurait occupée dans l'histoire du socialisme européen. Cette tâche, il nous était malheureusement impossible de l'accomplir entièrement. Le lecteur ne manquera pas d'observer des disproportions entre les développements. Nous nous sommes résignés à ces défauts qui nous ont paru inévitables. Y a-t-il lieu d'ailleurs de le déplorer ? Est-il si regrettable que le socialisme anglais soit étudié plus longuement ? Si l'on songe à l'ouvrage qu'aurait rédigé Élie Halévy, sans doute. Mais nous n'avons pas visé si haut. Nous n'avons d'autre prétention, encore une fois, que de sauver ce qui pouvait être sauvé. Les imperfections du livre, non ses mérites, nous sont imputables.

Enfin, il nous a fallu « rédiger » ces notes de cours. Chaque collaborateur a écrit à sa manière. Tel est resté proche de la forme parlée, tel autre a tenté une mise en forme plus élaborée. Les deux conceptions pouvaient se justifier.

Nous avons retrouvé, dans les dossiers, quelques chapitres entièrement écrits de la main d'Élie Halévy. Nous avons reproduit la plupart d'entre eux, sans modifications ou presque. Certes, ces rédactions sont presque toutes antérieures à la guerre de 1914, certaines d'entre elles datent de plus de quarante ans. Aucune ne représente le dernier état de la pensée d'Élie Halévy. Elles n'en avaient pas moins, à nos yeux, une valeur inappréciable : elles donnaient la parole à l'auteur lui-même. Certains de ces chapitres qui ne trouvaient pas place dans le plan communiqué à l'École des sciences politiques en 1937 (plan que nous avons fidèlement suivi) ont été renvoyés en appendice.

Pour la période postérieure à la guerre de 1914, les difficultés prenaient un caractère nouveau. La matière est immense, mal défrichée. Les leçons d'Élie Halévy conservaient volontairement l'allure d'esquisses. Nous n'en possédions guère que les idées directrices. Nous n'avons pas cherché à combler les lacunes ou à étoffer les exposés, principalement dans la dernière partie. Nous prions donc le lecteur de considérer celle-ci comme une ébauche.

En 1939, au moment où éclata la guerre dont le pressentiment avait assombri les dernières années d'Élie Halévy, nous approchions du but. Certains des rédacteurs profitèrent de leurs loisirs militaires pendant la

« *drôle de guerre* » *pour réviser et compléter cette première version.* Quand la débâcle survint, Mme Élie Halévy put emporter un manuscrit imparfait de l'ensemble du Cours. Une copie en fut faite. Et si l'original disparut, brûlé, avec tout un village, et la maison de l'ami auquel il avait été confié, la copie fut sauvée.

Au lendemain de la victoire, les amis d'Élie Halévy, convaincus que les événements n'avaient pas entamé mais bien plutôt accru la signification de l'Histoire du socialisme, *décidèrent d'achever enfin leur travail.* Mlle Émilienne Demougeot consentit à se charger de la tâche ingrate des corrections et des vérifications finales[1].

*La rédaction de l'*Histoire du socialisme *a été un travail collectif.* Hélas ! Célestin Bouglé mort en 1940, Étienne Mantoux, tombé au champ d'honneur à la veille de la victoire, ont disparu avant l'achèvement de cette œuvre à laquelle l'un et l'autre, liés d'une profonde amitié à Élie Halévy et dévoués à sa mémoire, avaient pris une part décisive. C'est Célestin Bouglé qui avait suscité, animé, dirigé notre effort. C'est grâce à la connaissance unique qu'Étienne Mantoux avait des choses britanniques que les chapitres sur le socialisme anglais sont parmi les plus satisfaisants de tout le livre.

Qu'il nous soit donc permis, en témoignage de fidélité et de reconnaissance, de dédier cet ouvrage à la mémoire de l'ami et du disciple d'Élie Halévy, de Célestin Bouglé et d'Étienne Mantoux.

RAYMOND ARON.

---

1. Ont collaboré à la rédaction, sous la direction de M. C. Bouglé, MM. Raymond Aron, J.-M. Jeanneney, Pierre Laroque, Étienne Mantoux et Robert Marjolin.

L'HISTORIEN DU SOCIALISME

Lorsque la mort inopinée d'Élie Halévy fut annoncée par les journaux, la tristesse fut grande parmi tous ceux qui, à l'École des sciences politiques, avaient eu le privilège d'entendre ses leçons du mardi. Évoquant son souvenir, ils n'ont pu manquer de revoir ce maître prestigieux tel qu'il était devant eux, en chaire.

Il s'y tenait, soit debout, les deux mains au dossier de sa chaise, soit assis très droit, solide et grand, la tête haute, la barbe drue et courte, appuyant son regard sur l'auditoire dominé. L'amphithéâtre écoutait passionnément la voix égale, forte, parfois ironique ou bourrue. Les phrases, ni précieuses, ni balancées, atteignaient à l'éloquence par la seule pureté d'un style dépouillé, où les mots étaient lancés avec leur sens plein et où se succédaient les formules qui frappent et se gravent.

Tous les deux ans, de 1902 à 1936, Élie Halévy a enseigné l'histoire du socialisme depuis la Révolution française. Il n'avait pas choisi arbitrairement ce point de départ. S'il excluait de son étude les jacqueries, les révoltes, les utopies et les rêves des siècles passés, c'est que le terme de socialisme, forgé aux environs de 1835, désigne selon lui un courant d'idées alors nouvelles, issues de deux révolutions : la Révolution française, faite pour rénover l'homme, la révolution industrielle qui renouvela les formes et déplaça les foyers de la misère humaine.

Certaines années le cours était centré sur l'étude du marxisme, en d'autres sur celle du socialisme français ou des socialismes d'après guerre, mais toujours une vision d'ensemble du socialisme était donnée. Classiques anglais, socialistes français et anglais, philosophes allemands, révolutionnaires russes, étaient évoqués tour à tour pour faire bien apparaître la complexité des origines du socialisme contemporain, Élie Halévy n'omettait pas non plus d'esquisser les transformations et les déformations que, depuis la guerre, l'ouverture de l'« ère des tyrannies » a imposées aux conceptions socialistes.

Pour un tel sujet, vingt leçons étaient peu. Les grands traits pouvaient seuls être marqués. Le risque était de se cantonner dans des généralités ou de se perdre dans une énumération hâtive d'événements et de noms.

Mais Élie Halévy avait au suprême degré l'art de choisir quelques faits, quelques dates, qui, rapprochés, évoquaient l'atmosphère d'une époque, faisaient apparaître les événements et les doctrines dans leurs dépendances et leurs enchaînements.

Philosophe, Élie Halévy n'entendait nullement professer une philosophie de l'histoire ; maître en méthode historique, il ne s'attardait jamais aux discussions scolastiques. Mais quel magnifique aliment son cours offrait à la philosophie et quel merveilleux exemple il donnait à la méthode historique !

Devant Sismondi, conservateur timoré et inspirateur de Karl Marx, devant les saint-simoniens, adversaires de l'intérêt et promoteurs du capitalisme, ou encore devant Bismarck, prêtant l'oreille à Lassalle et Mussolini à Georges Sorel, il y a de quoi méditer sur les détours mystérieux de la destinée. Il y a aussi matière à indulgence pour les erreurs doctrinales et les variations intellectuelles. Nul mieux qu'Élie Halévy n'a montré une indulgence aussi raisonnée, mais faite d'autre chose que de scepticisme, nul n'a montré moins de répugnance pour l'effort ou le risque d'une pensée libre.

Il abordait le socialisme « comme un grand fait qui ne pourra manquer de laisser des traces dans l'histoire de l'humanité ». C'était affirmer son indifférence aux préjugés des auditeurs, rejeter d'emblée l'apologie et le réquisitoire, pour s'employer complètement à faire connaître et comprendre.

Il faisait sa tâche d'historien, selon la règle d'indépendance, qui était un des impératifs de sa vie. Il était affranchi de toutes les servitudes, même les plus subtiles, de celles dont le goût du succès ou le désir des honneurs menacent les intègres.

Ses auditeurs sentaient s'exprimer devant eux une pensée libre et sereine comme il en est peu. Ceux de ses élèves qu'il accueillait chez lui, le dimanche, avec ses amis, ont pu mesurer à quel travail obstiné et à quelle discipline dans l'effort son œuvre était due ; ils ont deviné aussi la collaboration incessante de celle qui fut la compagne indispensable de son travail et de sa vie.

À Sucy-en-Brie, dans sa maison claire, qu'entoure un vaste parc, Élie Halévy était à l'abri des importuns et des bavards ; il restait pourtant proche de Paris, de ses bibliothèques, des foyers de vie intellectuelle où il aimait à fréquenter. Tout auprès, des lambeaux de campagne subsistaient encore où dégourdir en de longues promenades son corps vigoureux.

Cette existence où tout était ordonné pour un bon rendement de l'intelligence, n'était pas telle par mépris de l'action, mais par un choix délibéré de faire œuvre de pensée grave. Car jamais Élie Halévy n'a considéré le maniement public des idées comme un jeu de dilettante. Il voulait qu'une information sûre, une réflexion longue précédassent leur mise au jour. Cette prudence nous a privés d'un grand nombre de ses pensées qu'il jugeait insuffisamment mûries pour être livrées. Nous n'avons le droit, ni de la regretter, puisqu'elle commandait la valeur exceptionnelle de l'œuvre, ni de la méconnaître, car elle dicte la conduite à observer dans la tâche dès maintenant entreprise, qui est de publier les inédits.

Un immense regret étreint amis et élèves devant ces travaux magnifiques à jamais inachevés. Mais l'œuvre d'Élie Halévy déborde largement ses écrits ; elle est gravée en tous ceux qui, l'écoutant ou le lisant, ont pris une plus claire conscience de ce qu'est la dignité de l'esprit.

JEAN-MARCEL JEANNENEY.

INTRODUCTION

DÉFINITION DU SOCIALISME

PLAN DU COURS

Le mot socialisme est moderne. Il est né à peu près simultanément en France et en Angleterre, entre 1830 et 1840[1]. Mot nouveau, il répond à des réalités nouvelles. En effet, le socialisme *moderne* est un phénomène historiquement original. Il diffère profondément des conceptions anciennes qui nous semblent aujourd'hui plus ou moins socialistes. Doctrine économique avant tout, le socialisme moderne affirme *qu'il est possible de remplacer la libre initiative des individus par l'action concertée de la collectivité dans la production et la répartition des richesses.* Or cette doctrine ne surgit pas accidentellement au début du XIXe siècle. Elle a eu pour origine immédiate la révolution industrielle et la misère qui accompagna celle-ci. Le socialisme prétend résoudre le paradoxe du monde moderne : le paupérisme qui naît du machinisme.

---

1. *Historique. Socialisme.* Le terme paraît avoir été créé d'une manière indépendante par deux écoles différentes, et d'ailleurs en deux sens différents ; 1° En France chez les saint-simoniens, parmi lesquels Pierre Leroux semble avoir été le premier à lui donner un sens précis et à en faire le nom d'une doctrine : il entendait par là l'excès opposé à l'individualisme, la théorie qui subordonne entièrement l'individu à la société (*Revue encyclopédique*, nov. 1833, t. LX, p. 116-117). G. Deville signale le mot dans une petite revue philosophique, *Le Semeur*, 23 nov. 1831, qui oppose le socialisme catholique à l'individualisme protestant. G. Weill signale le mot dans *Le Globe*, 13 février 1832. Art. de Joncières sur les *Feuilles d'automne* de Victor Hugo : « Nous ne voulons pas sacrifier la *personnalité au socialisme*, pas plus que ce dernier à la personnalité » ; 2° En Angleterre, dans l'école de Robert Owen. Il y devint usuel au cours des discussions de l'*Association of all classes of all nations*, fondée par Owen en 1835. Il servait alors, nous écrit M. Élie Halévy, à désigner une tendance extrêmement populaire de Robert Owen, suivant laquelle, par un libre essaimage d'associations coopératives, on pouvait arriver sans le secours de l'État, et même en révolte contre l'État, à constituer un nouveau monde économique et moral. En août 1836, novembre 1837 et avril 1838, Louis Reybaud publia dans la *Revue des deux mondes*, trois études intitulées *Socialistes modernes*. (Les saint-simoniens ; Ch. Fourier ; Robert Owen). Ces articles étaient écrits sur un ton de sympathie croissante ; l'auteur opposait à la stérilité de la doctrine jacobine, républicaine (écrasée en 1834 à Paris au cloître Saint-Méry et à Lyon), la fécondité de ces doctrines qui soulevaient des problèmes nouveaux, non plus politiques mais économiques et moraux. Ces articles furent réunis en un volume intitulé *Études sur les réformateurs ou socialistes modernes* (1841). Repris dans l'intervalle par Blanqui (l'économiste) dans un cours professé au Conservatoire des arts et métiers, le mot, vers 1840, se trouve être devenu classique. (*Bulletin de la Société française de philosophie*, janvier, février 1917, article revu et complété d'après les observations de MM. Élie Halévy et Ch. Andler.) Le mot devint surtout célèbre avec le pamphlet qu'Owen fit paraître en 1841. *What is Socialism ?* [Pour l'établissement de cette note, voir *Vocabulaire technique et critique de la philosophie*, entrée « socialisme » et *supplément*, reproduit p. 755.]

1. *Socialisme et Révolution française.* — On pourrait être tenté de remonter plus haut et d'établir une sorte de filiation entre Révolution française et socialisme. Mais une pareille thèse ne saurait être admise sans de multiples réserves.

Tout d'abord, la Révolution française correspond à l'avènement de la bourgeoisie et non du prolétariat. Elle protège la propriété et non les travailleurs. Victoire de la bourgeoisie sur une aristocratie déchue, elle n'est pas une révolution socialiste au vrai sens du mot.

Les socialistes, il est vrai, peuvent se réclamer de certains révolutionnaires, en particulier de Babœuf qui voulait instaurer une dictature populaire pour abolir la propriété individuelle. Babœuf ne put gagner les troupes parisiennes ; ses projets furent connus de la police et il fut arrêté le 10 mai 1796, puis exécuté l'année suivante. Ses idées se développèrent malgré l'échec, et, après sa mort, un parti prit corps que l'on peut aujourd'hui qualifier de socialiste.

D'ailleurs, dès l'époque de la Constituante, l'influence de Rousseau s'exerçait dans le sens de l'égalitarisme. La Déclaration des droits de la Constitution de 1793 marquait une évolution sur celle de la Constitution de 1791 : l'égalité y était au premier rang des *droits naturels et imprescriptibles*, la propriété n'y était plus qualifiée de *droit inviolable et sacré*. La notion de propriété se transformait avec la formation des biens nationaux et l'abolition, sans indemnité, des droits féodaux du clergé et de la noblesse. La terre devenait « le bien de tous et non d'un petit nombre ». Robespierre et Saint-Just, poussés par les besoins militaires autant que par leurs idées humanitaires, essayèrent de nationaliser une partie de l'économie du pays : ils créèrent des manufactures d'État surtout pour l'armement, ou contrôlèrent la production en fournissant les matières premières et la main-d'œuvre, en réquisitionnant les produits et principalement en les taxant. Mais cet essai de socialisme fut éphémère et s'écroula après le 9 Thermidor.

En dépit de ces rapprochements, le socialisme de la Révolution française reste très éloigné du socialisme moderne. Il est surtout agraire, il ne cherche guère qu'à assurer le retour du paysan à la terre ou le maintien du paysan sur la terre. Inspiré par Rousseau, il vante la vie simple, saine et vertueuse de l'homme des champs. Ces idées sont justifiées par une certaine conception de l'Antiquité, tirée de Tite Live, Virgile et Plutarque. Les révolutionnaires prennent des Romains idéalisés pour modèles de civisme et de mœurs pures. Babœuf s'appelle Caïus Gracchus, et son journal, le *Tribun du peuple*.

Le socialisme moderne appartient à un autre univers historique, celui de la révolution industrielle. Les conditions industrielles sont profondément modifiées par les inventeurs, les organisateurs. Des grandes entreprises naissent, qui centuplent la production et bouleversent le commerce.

2. *Socialisme et révolution industrielle.* — Cette révolution se produit d'abord en Angleterre dans les tissages de laine du Yorkshire et dans les tissages de coton du Lancashire, par l'établissement de machines actionnées par les rivières, puis par la vapeur. L'invention de la vapeur transforme l'extraction minière du charbon ; la métallurgie se développe grâce à la houille et au coke. Dans le nord de l'Angleterre, le fer, la machine, l'usine, ont remplacé le bois, le métier, l'industrie domestique. Aussitôt, le besoin de marchés plus ou moins lointains se fait sentir pour absorber les résultats de la production accrue. La production ne cesse de s'accroître au fur et à mesure des découvertes : locomotion par terre et par mer, électricité, TSF, etc. Depuis 3 000 ans, les changements dans l'ordre de la vie matérielle avaient été relativement lents. De 1830 à nos jours, les changements ont été, au point de vue industriel, beaucoup plus grands que d'Alexandre à Napoléon.

Ces faits nouveaux, dus à la révolution industrielle, ont été envisagés de deux manières différentes, par les libéraux d'une part, par les socialistes de l'autre.

3. *Les premiers théoriciens libéraux.* — Les représentants les plus notoires de l'école des économistes libéraux sont Adam Smith (*Enquêtes sur la nature et les causes de la richesse des Nations*, 1776), et David Ricardo (*Principes de l'Économie politique et de l'impôt*, 1817). Frappés de l'extension mondiale de l'échange, ils conçoivent le monde transformé par l'industrie et le commerce comme une « République mercantile » (Adam Smith).

La société n'est pour eux autre chose qu'une foule d'individus qui doivent respecter la propriété et les contrats dans leurs échanges ; les échanges intéressent d'ailleurs également les deux parties, le vendeur et l'acheteur ; personne n'y perd, car l'argent a une valeur correspondant à la marchandise ; tout le monde y gagne, car chacun acquiert ce dont il a besoin au moyen de ce dont il a un surplus. Il est légitime, il est recommandé de rechercher *le plus grand bonheur du plus grand nombre* (Bentham). Or ce bonheur, cette prospérité supposent que l'on sache :

1° Éviter les guerres ; ce qui exige que la nation soit suffisamment armée pour pouvoir se défendre ;

2° Supprimer les barrières douanières qui ferment la nation au commerce ; avant tout l'échange doit être libre ;

3° Ne pas céder à la fausse philanthropie ; l'État ne doit pas chercher à protéger les habitants d'un même pays les uns contre les autres (débiteurs contre créanciers, ouvriers contre patrons, etc.). Une telle protection amollit, efféminé.

Comme on le voit, cette doctrine est hostile à la guerre, au protectionnisme, à l'Étatisme. La République mercantile ne demande au gouvernement que la paix, la garantie de la propriété et la liberté de l'échange.

4. *Les premiers théoriciens socialistes.* — Les socialistes prennent une attitude toute différente. Ils ont justifié leurs critiques, au début de l'industrialisme, par le spectacle qu'offrait à ce moment la partie industrielle du nord de l'Angleterre. Le machinisme, qui multiplie la production, devait augmenter le *plus grand bonheur du plus grand nombre* ; l'aisance, ou une demi-aisance, devait régner dans toutes les familles ; les heures de travail devaient être moindres, les machines travaillant de plus en plus vite. Bien au contraire l'on voit ici quelques riches pour des milliers de pauvres ; les heures de travail augmentent (10, 12, 14, parfois 16 heures) ; la production intensive, irréfléchie, entraîne la surproduction, le chômage, la crise économique.

Le socialisme analyse la structure du capitalisme et les conditions économiques de son développement ; il propose les réformes qui empêcheront que le genre humain ne soit la victime d'un progrès qui aurait dû, au contraire, le combler de bienfaits. C'est là tout le problème du socialisme moderne, problème économique et non politique. Ainsi certains socialistes, Owen en Angleterre, Fourier et Saint-Simon en France, n'hésiteront-ils pas à se déclarer hostiles aux principes purement politiques de la Révolution française.

Le socialisme doit cependant à la Révolution française un certain nombre de traits caractéristiques qu'il conservera longtemps

1° *L'égalitarisme* : Robespierre, les Jacobins, Babœuf étaient pénétrés par l'idéal égalitaire, qui se retrouve dans la Déclaration des droits de 1793. Cet égalitarisme a servi en fait de stimulant au socialisme.

2° *L'esprit révolutionnaire* : la Révolution a montré qu'avec de l'énergie, le genre humain pouvait, par un saut, passer d'un régime, si ancien soit-il, à un régime différent.

3° *Le rationalisme* : le socialisme s'en inspire beaucoup ; l'ère des religions pour lui aussi est passée, l'ère de la raison commence.

4° *L'internationalisme* : cet internationalisme de la Révolution de 1789 laisse sa marque sur le socialisme moderne. Le prosélytisme qui existait, il ne faut pas l'oublier, chez les chrétiens, retrouve une force nouvelle dans la doctrine et la propagande socialistes. On ne pense plus seulement pour la cité, pour la nation, mais aussi pour le genre humain.

Lorsque Platon parle de la « division du travail », il ne pense qu'à la cité ; Adam Smith, lui, pense à la « République mercantile ». Le marxisme annonce qu'un socialisme intégral, valable pour toutes les nations, succédera à l'anarchie capitaliste ; une ère nouvelle s'ouvre pour tout le genre humain et tend à faire du monde une fédération de républiques communistes.

Mais là encore il faut se garder d'aller trop loin. Ces caractères, dans le socialisme, ne sont pas universels ; il y a en effet plusieurs doctrines socialistes, et certaines ne possèdent pas les caractères énoncés ci-dessus.

S'agit-il de l'*égalitarisme* ? L'idéal des socialistes tels que Fourier et Saint-Simon n'est pas, loin de là, un égalitarisme absolu.

S'agit-il du *rationalisme* ? Il existe un socialisme chrétien qui soutient que les abus dans l'ordre économique ne sont pas imputables à la religion. Tout au contraire, la religion deviendrait un principe de salut terrestre, puisqu'elle apporterait un fondement religieux et moral aux revendications humaines du socialisme. Le socialisme chrétien prêche un corporatisme plus ou moins analogue à celui du Moyen Âge.

S'agit-il de l'*internationalisme* ? Il existe un socialisme dit d'État, strictement national et qui réagit contre l'internationalisme dérivé de la révolution de 1789. Il se rencontre sur certains points avec le socialisme chrétien.

En résumé, si l'on veut s'en tenir à une définition qui s'applique aux diverses branches du socialisme, l'on peut dire que *toutes ces doctrines constituent une réaction contre les abus et les excès de l'industrialisme livré à lui-même*. Elles supposent toutes qu'il est possible de remplacer la libre initiative des individus par l'action concertée de la collectivité, tant pour la production que pour la répartition des richesses.

5. *Les deux tendances du socialisme.* — Deux tendances différentes, pour ne pas dire opposées, se font jour d'ailleurs dans les doctrines qui s'attachent à réaliser ces progrès : l'une allant vers l'anarchisme, l'autre vers l'étatisme. *Il y a peut-être là le germe d'une contradiction essentielle.*

Réfléchissons aux deux accusations, en apparence contradictoires, que l'on lance contre le socialisme : ici on lui reproche d'être un fauteur d'anarchie, de développer dans l'armée, dans la famille, dans l'État, des formes dangereuses de protestation et de résistance ; là au contraire, on l'accuse de méconnaître la valeur de l'individualisme, on le représente comme travaillant à faire de l'État une vaste prison.

Sous le premier aspect, la doctrine peut être présentée comme une suite du mouvement d'affranchissement mené par le XVIIIe puis par le XIXe siècle. On a libéré les hommes de la pression de l'Église, on a brisé les vieilles entraves médiévales, mais laisser subsister la domination des riches sur les pauvres, n'est-ce pas arrêter cette évolution ? Cette domination a pour origine la puissance de l'argent, elle-même liée de plus en plus étroitement aux progrès de l'industrie, d'où des protestations, des rébellions, qui vont parfois jusqu'à l'anarchie. Anarchisme modéré chez Proudhon, extrême chez Bakounine.

L'autre aspect se découvre dans les critiques que beaucoup de socialistes adressent au capitalisme, présenté comme une des formes du libéralisme, lui-même exaspéré par la Révolution. On a réclamé pour l'homme, le droit de penser ce qu'il veut, on a obtenu pour lui le droit de faire ce qu'il veut de sa richesse, d'où une concurrence désordonnée. Le socialisme réagissant contre ce désordre devient avant tout une doctrine d'organisation, comme on le verra, non plus chez Bakounine, mais chez Marx.

6. *Les grandes étapes du socialisme au XIXe siècle.* — Dans l'histoire du socialisme au XIXe siècle, plusieurs périodes seraient à distinguer.

Entre 1815 et 1848, les principales idées socialistes sont exprimées et répandues en France et en Angleterre, centres du mouvement socialiste comme de la grande industrie. C'est à cette époque qu'écrivent Owen, Fourier, Saint-Simon. Tout d'abord, ces doctrines se développent en marge de la pensée politique. Les fondateurs du socialisme ne reconnaissent pas à la question politique le même intérêt que les républicains. Mais vers 1840, en France comme en Angleterre, socialisme et démocratie tendent à se rapprocher. En Angleterre, cette réconciliation est marquée par le chartisme ; en France, des hommes comme Blanqui et Louis Blanc suivent une orientation analogue.

Dès le milieu du siècle, l'échec du mouvement est patent ; il perd peu à peu sa force en Angleterre, il est brutalement arrêté en France au lendemain de la Révolution de 1848. Une longue période de silence s'ouvre, qui dure de 1850 à 1865 environ.

Vers 1864, toutefois, un penseur commence à rallier les ouvriers de divers pays et développe la doctrine qui va servir de centre à leurs efforts : le marxisme se constitue. Il va dominer jusqu'en 1914. À la fin du siècle dernier et au début de celui-ci, c'est l'Allemagne qui devient le foyer du socialisme. L'*Association internationale des travailleurs*, la Ire Internationale, se dissout, à vrai dire, après la chute de la Commune, mais en Allemagne, plus prestigieuse encore par sa victoire, un parti social-démocrate s'organise. Il créera en 1889 une IIe Internationale. D'ailleurs le pouvoir politique, entre les mains de Bismarck, essaie d'une espèce de socialisme ; il organise des assurances sociales contre la maladie et la vieillesse, et s'efforce de donner à la classe ouvrière des garanties ; ainsi le socialisme, sous ses deux formes, tant par l'action des ouvriers que par celle des pouvoirs publics, s'installe en Allemagne ; il en gardera désormais la marque.

Il était difficile de voir clairement au lendemain de la guerre 1914-1918 comment évoluerait le socialisme. L'Allemagne, reconstituant ses forces, offrirait-elle encore une fois au monde le modèle de son organisation ? Ou bien au contraire la formule bolcheviste était-elle destinée à triompher ?

Des idées révolutionnaires progressaient aussi en Angleterre et même aux États-Unis ; les pays anglo-saxons allaient-ils devenir les dirigeants d'un mouvement socialiste transformé ? En tout cas, dans tous les pays, sous l'influence directe ou indirecte de la guerre, on a vu se développer, entre 1919 et 1935, des nationalismes tantôt rivaux, tantôt alliés du socialisme.

PREMIÈRE PARTIE

LE SOCIALISME EUROPÉEN DE 1815 À 1848

CHAPITRE PREMIER

LE SOCIALISME ANGLAIS DE 1815 À 1848[1]

I. — *LE LIBÉRALISME ÉCONOMIQUE ET LA CRITIQUE SOCIALISTE ; OWEN*

La meilleure manière d'éclairer la notion de socialisme, c'est de la définir par opposition à la doctrine économique libérale. Avant d'exposer les remèdes que proposent les socialistes aux maux causés par la révolution industrielle, nous rappellerons donc les critiques adressées au libéralisme économique par des hommes comme Owen et Sismondi.

1. *La crise anglaise de 1815.* — C'est en Angleterre que se manifesta le plus tôt et le plus nettement l'opposition à la doctrine libérale : réaction naturelle, puisque la révolution industrielle fit sentir ses effets d'abord en Angleterre. Dès la fin du XVIIIe siècle, celle-ci était couverte de machines, alors que la France ne possédait encore que deux machines à vapeur. Or si le machinisme accroissait la richesse nationale, il aggravait aussi les problèmes économiques et sociaux (paupérisme, crises, etc.).

En 1815, immédiatement après les traités de paix, ces problèmes présentaient un caractère particulièrement aigu. Entre 1792 et 1815, la guerre avait appauvri le continent, industriellement en retard, et enrichi l'Angleterre. Mais elle avait aussi laissé à celle-ci une dette publique énorme, qui exigeait des impôts écrasants. L'Angleterre comptait, avec le retour de la paix, sur une période de prospérité qui lui permettrait de payer les intérêts de sa dette et d'amortir peu à peu celle-ci. Le contraire se produisit. On imita l'industrie anglaise sur le continent et on la concurrença. De plus, en 1817 et 1819, éclatèrent les premières crises dont la nature déconcertait les contemporains : il n'y avait ni disette ni manque de subsistance, mais le pays semblait incapable de consommer la totalité de sa production.

---

1. [Voir le polycopié de 1932, *L'Histoire du socialisme anglais*, introduction et fascicule I, reproduit ici p. 469.]

De cette sous-consommation, on rendit le système capitaliste responsable. Les accusations lancées par les socialistes contre le régime économique apparaissaient ainsi comme une réaction spontanée à certains effets et certains résultats de la grande industrie. Les libéraux, au contraire, étaient par excellence les défenseurs du régime, encore que, comme nous allons le voir, ils ne fussent pas sans en apercevoir les points faibles. À l'origine du pessimisme socialiste, on trouve certaines conceptions des théoriciens libéraux.

2. *Les libéraux optimistes.* — La doctrine libérale fut fondée par l'école économique anglaise dont les travaux classiques, commencés en 1776, avec le livre célèbre d'Adam Smith, s'achèvent en 1817, avec celui de Ricardo. Cette science toute neuve a comme base la description et la glorification de l'échange. Ce monde de l'échange libre sera celui du bonheur, de l'égalité et de la justice.

C'est sur le tard seulement qu'Adam Smith incorporera à sa doctrine les problèmes posés par la répartition des richesses. Jusqu'en 1784, il n'enseigne que les principes « commercialistes ». Plutôt que la répartition, c'est l'échange qui l'intéresse. À cette époque, il vient en France et y connaît les physiocrates qui commençaient à attirer l'attention sur la distribution des richesses entre les classes productrices d'une nation (Quesnay, Turgot esquissaient une division naturelle de la société en plusieurs classes, dont la principale était basée sur la culture de la terre) ; c'est par les physiocrates que le mot de « classe » fut introduit dans le langage économique. Adam Smith transforme et simplifie leur division ; il distingue trois classes : propriétaires, capitalistes, ouvriers ; il analyse les notions de « rente foncière », « salaire », « profit ». Il reconnaît que la répartition des richesses n'obéit à aucun facteur d'égalité ou de justice, et qu'elle n'est pas proportionnelle à la quantité de travail et d'effort fourni. Adam Smith demeure pourtant, dans l'ensemble, un adepte convaincu de l'optimisme humanitaire du XVIIIe siècle.

La théorie la plus résolument optimiste est celle de J.-B. Say, dite théorie des débouchés. Selon cette théorie, les encombrements du marché, les phénomènes de mévente sont des faits sans gravité profonde, des désordres fugitifs et partiels destinés à s'effacer rapidement dans l'ordre restauré. Car les produits s'échangent contre les produits, tous les produits contre tous les produits. Chaque produit apporté sur le marché constitue par lui-même la demande d'un autre produit. Si parfois il y a surproduction générale, ce ne saurait jamais être surproduction générale d'une même marchandise. C'est en ce sens que sur un point du globe certains produits ne trouvent pas d'acheteurs, pendant que sur un autre point d'autres n'en trouvent pas non plus, parce que les droits de douane constituent des obstacles artificiels à la rencontre des uns avec les autres. Supprimez ces obstacles, laissez toutes choses obéir à la loi naturelle des échanges. La liberté, c'est l'abondance, l'égalité, ou plutôt l'égalité dans l'abondance.

3. *Les libéraux pessimistes.* — C'est avec Malthus que s'introduit dans l'économie politique un élément de pessimisme. Son livre, *Essai sur le principe de population*, paraît en 1798, au moment où s'achève la première période de la Révolution française. Réagissant contre le principe dont celle-ci s'était inspirée, et contre les conclusions optimistes qu'en avait voulu tirer Godwin (*Political Justice*, 1793), Malthus s'attache à prouver que la nature elle-même dément l'optimisme du XVIIIe siècle. Sa formule, d'un mathématisme âpre et absolu, est devenue célèbre. Il met face à face l'accroissement de richesse dû à l'exploitation humaine et l'augmentation de la population. Pour le sol, l'accroissement est représenté par une progression arithmétique, 1, 2, 3, 4, 5, 6. Pour la population, l'accroissement est représenté par une progression géométrique, 1, 4, 8, 16, 32, 64 ; ainsi la population double tous les 25 ans. Le sort de l'humanité, d'après Malthus, est donc de voir son nombre naturellement et nécessairement limité par la misère (insuffisance des subsistances par rapport à la population) ou le vice (comprenant sous ce terme les pratiques anticonceptionnelles).

Ricardo révisa les conclusions d'Adam Smith d'après le pessimisme malthusien. Sa théorie de la *rente foncière*[1] est justifiée par l'idée d'infécondité croissante du sol et non par la croyance en une nature opulente faisant produire à la terre plus qu'elle ne reçoit : le propriétaire du sol le plus riche touche un revenu d'autant plus élevé, une *rente foncière* d'autant plus forte, que les nouvelles terres exploitées sont moins fertiles et que l'augmentation de la population exige davantage l'exploitation de celle-ci[2]. Des théories identiques sont émises sur le salaire : le salaire devient la somme d'argent minima nécessaire à la vie de famille de l'ouvrier. Quant au profit, c'est la différence entre le prix de vente et le coût de production additionné au salaire ; le profit varie donc en sens inverse du salaire. Il en résulte la division de la société en trois classes qui sont en lutte les unes avec les autres, et dont la lutte, sous certains rapports, s'aggrave à mesure que le genre humain progresse et se multiplie ; propriétaires, capitalistes et ouvriers.

L'œuvre de Ricardo est assez paradoxale : certains de ses disciples en ont tiré une leçon d'optimisme et même de quiétisme ; mais sa doctrine, pour

---

1. Il s'agit du revenu foncier car *rent* en anglais signifie fermage.
2. Ainsi Ricardo montre que la *rente* d'une bonne terre à blé se mesure au travail nécessaire pour produire le blé sur de mauvais terrains : si, sur un bon sol, l'hectolitre de blé exige dix heures de travail et se vend 10 francs, il se vendra 15 francs le jour où, sur un mauvais sol, l'hectolitre de blé exigera quinze heures de travail.

l'essentiel, est foncièrement pessimiste, elle constate un manque complet d'harmonie dans le monde. En 1848, l'économiste américain réactionnaire Carey appelle le livre de Ricardo le *manuel du démagogue*.

Ricardo est avec Adam Smith le père du libéralisme économique, mais il est aussi celui du socialisme agraire et du socialisme industriel.

4. Le début du socialisme : R. Owen. — Le socialisme agraire ne devait se développer qu'en 1880. Le socialisme industriel eut une évolution plus rapide. Il se forme avec l'œuvre pratique et théorique du grand initiateur qui se dresse, vers 1815, pour opposer à l'économie politique libérale une nouvelle économie : Robert Owen, le fondateur du mouvement coopératif en Angleterre.

Né en 1771 dans le pays de Galles, septième fils d'un sellier, d'abord petit employé, il fit sa fortune dans le Lancashire, puis à Glasgow, où il épousa la fille de son patron et devint, grâce à ses usines de New Lanark, un des plus grands industriels anglais du coton.

En 1812, il publia un premier ouvrage, *Vues nouvelles sur la Société* ou *Essai sur la formation de l'esprit humain*, où il prétendait que, pour améliorer la condition humaine, il faut d'abord se rendre compte que l'homme n'est pas libre, qu'il est le produit absolu de son milieu. Pour améliorer l'homme, il convient donc de changer d'abord son milieu : on instaurera ainsi à la fois le règne du bonheur et celui de la vertu.

Robert Owen était d'ailleurs, à cette époque, conservateur ; c'est un grand patron qui veut que les autres patrons l'imitent : il ne paraît pas demander autre chose que l'amélioration de ces machines vivantes que sont les ouvriers.

Dans les usines de New Lanark, il monta une vaste expérience sociale ; il fonda un économat, établit une journée de 10 h. ½, la fixité des salaires, et organisa des écoles et des jeux pour les enfants, auxquels il donna le temps et la possibilité de s'instruire. C'était le grand philanthrope du Nord, bien vu, malgré son athéisme, dans les milieux conservateurs. Alexandre Ier vint lui rendre visite.

En 1817 et 1819 se constitua un parti nouveau, le parti radical, qui demanda une réforme *radicale* de la constitution, l'établissement du suffrage universel, la réduction des impôts, la suppression du protectionnisme et des lois d'exception de 1799 contre les coalitions ouvrières. Il provoqua une véritable agitation ouvrière, qui remplit les années 1815-1819 ; tout se termina par le triomphe du gouvernement *tory* qui fit voter les « 6 lois » aggravant les lois de 1799[1].

---

1. *The Combination Acts*, qui défendaient toute association de travailleurs ayant pour but une amélioration de leurs conditions de travail (salaires, heures de travail, entente avec d'autres travailleurs).

À ce moment Owen est encore seul et, dédaignant les radicaux, dresse un nouveau programme quasi socialiste. Homme d'action plutôt que doctrinaire, il oppose pourtant à l'optimisme libéral une double critique.

Tout d'abord, de 1818 à 1819, dans deux brochures, il critique le malthusianisme ; par des chiffres et des statistiques, où sont étudiés les effets de la révolution industrielle, il constate qu'en réalité il y a surproduction, la population augmentant de 20 % et la production de 1 500 %.

Il fait remarquer, comparant en Angleterre la puissance de production, avant et après la guerre, qu'il y avait :

Avant : 3 750 000 ouvriers hommes.
+ 11 250 000 ouvriers représentés par des machines.
Total : 15 000 000 ouvriers de puissance totale.
Après 1817 : 6 000 000 ouvriers (hommes, femmes, enfants).
+ 111 000 000 ouvriers représentés par des machines.
Total : 117 000 000 travailleurs pour un pays

comprenant 18 000 000 hommes actifs. Il faut donc, pour atteindre le chiffre total de puissance, multiplier la population réelle par un formidable coefficient.

Il propose une explication des crises auxquelles aboutit cette surproduction due au machinisme : les industriels font travailler les usines en vue de la vente de produits fabriqués, produits qui, en grande majorité, ne sont pas des produits de luxe. Or, pour les acheter, les riches sont trop peu nombreux, les ouvriers trop pauvres : *les ouvriers ne peuvent mathématiquement racheter avec leur salaire le produit de leur travail.*

Pour remédier à cet état de crise, Owen se propose d'agir sur le plan national et sur le plan international.

Sur le plan international, lors du congrès d'Aix-la-Chapelle, où siégeaient les anciens alliés de l'Angleterre, Owen demanda aux puissances réunies d'organiser une législation internationale pour protéger le travail et en limiter la durée. Il critique l'éloge de l'échange fait par les libéraux, car il constate la surproduction, qui découle du fait que la rémunération accordée aux ouvriers est insuffisante au rachat de toute la production.

D'autre part, sur le plan national, Owen parvint à faire déposer par le père de Robert Peel un projet de loi limitant le travail des enfants dans les manufactures de coton (1819). L'Angleterre était à ce moment sous le régime de la loi des pauvres, qui obligeait les indigents à travailler dans des *workhouses*. Owen intervint et demanda qu'on fît dans ces *workhouses* des expériences socialistes ; on pourrait organiser des colonies agricoles où les colons travailleraient pour satisfaire leurs propres besoins. Il établit tout un plan chimérique de ce qu'il appela *les villages de coopération et d'amitié.*

Robert Owen fut ainsi le promoteur d'une sorte de socialisme étatiste. Jusque-là, les classes dirigeantes avaient été bien disposées en sa faveur parce qu'il semblait hostile à la démocratie. Mais en 1820, Owen, déçu par le silence des souverains, lança un appel aux ouvriers. Il leur dit qu'ils ne devaient compter sur personne pour améliorer leur condition. Hostile à l'État, il voulait désormais que les ouvriers créent eux-mêmes des colonies.

Il partit pour l'Amérique et fonda des colonies d'expérience à New Harmony dans l'Indiana, puis au Texas ; il jouit d'une liberté complète, car il s'établit dans une zone désertique ; dans ces colonies il ne devait y avoir ni propriété individuelle, ni religion, ni liens légaux en matière sexuelle. Il revint ensuite en Angleterre au moment où la prospérité renaissait et prévint ses amis que cette prospérité était factice.

En effet, à l'expansion indéfinie des exportations succéda bientôt un engorgement des marchés. Une crise violente s'ensuivit en 1825, qui n'eut toutefois pas les effets politiques des crises précédentes. Les radicaux n'y jouèrent aucun rôle, car les *tories*, devenus modérés, évoluaient vers un certain libre-échangisme ; en 1824, une loi avait rendu aux ouvriers la liberté de coalition ; l'atmosphère se trouva alors détendue et l'agitation ouvrière, de *radicale* et politique devint oweniste et sociale.

Certains disciples de Robert Owen aboutirent au socialisme en s'appuyant sur la doctrine de Ricardo. Ils traitent de mythe la productivité de la terre et du capital, dont les profits ne sont que des tributs prélevés sur les salaires des ouvriers. Ricardo disait : « Le travail, comme toute marchandise, a son prix naturel... C'est ce qui est strictement nécessaire à la subsistance de l'ouvrier et de sa famille. » Les disciples d'Owen proclament le scandale juridico-moral de semblables affirmations.

Pour lutter contre le profit capitaliste, ils fondèrent des coopératives (la première à Brighton en 1826) tout d'abord de consommation, puis de production. Les associés payaient 5 % de plus que les prix de gros, ces 5 % fournissaient un pécule, grâce auquel on ouvrait des ateliers. Ces petites coopératives se multiplièrent, et bientôt se posa le problème de l'écoulement de leurs produits. On créa alors le « bazar coopératif » où les produits s'échangeaient.

Owen s'était d'abord méfié de ce mouvement qui lui semblait mesquin, mais bientôt il l'adopta, et, en 1832, à Londres se constituait le « National Equitable Labour Exchange » où les produits s'*échangeaient* en effet, selon le nombre d'heures de travail contenu dans chacun d'eux ; la monnaie était supprimée et remplacée par des bons indiquant le nombre des heures de travail, les « Labour notes ». Le bonheur et la justice devaient régner grâce à ce mouvement coopératif, qui fut, d'ailleurs, bien accueilli par les classes dirigeantes : elles y voyaient un dérivatif au radicalisme. En 1830, il y avait en Angleterre 170 boutiques coopératives, en 1832, de 400 à 500. Puis elles disparurent assez rapidement, pour reparaître plus tard, vers 1840, avec des magasins coopératifs, « Stores », où le bénéfice était aboli, où les producteurs vendaient directement aux consommateurs, mais en conservant l'usage de la monnaie.

Ce mouvement développa les idées économiques chez les ouvriers, et fut appelé par Owen *mouvement social*, puis *socialisme*. Il s'effondra pour des raisons techniques et parce que l'intérêt se reporta bientôt vers les questions politiques. Quand il réapparut vers 1840, il s'orienta, avec le chartisme, vers un socialisme démocratique. Mais, avant cette reprise de l'action, des théoriciens sans influence immédiate sur l'opinion développèrent une critique du régime économique qui allait plus loin encore que la critique d'un Owen. Ils mettaient en question les principes mêmes de ce régime et préparaient ainsi la doctrine décisive du socialisme européen : le marxisme.

II. — *LES RICARDIENS ÉGALITAIRES*

1. *Thomas Hodgskin et la critique de Ricardo.* — « Le *disciple illustre de Thomas Hodgskin, Karl Marx*[1] » : ainsi s'expriment Mr. et Mrs. Webb dans leur histoire du trade-unionisme. Il semble que les idées de ce penseur aujourd'hui oublié, ainsi que celles de William Thompson, aient eu sur la formation de la doctrine marxiste une certaine influence. C'est à travers elles qu'on peut suivre la filiation de Ricardo à Marx. Le livre de Thompson, l'*Enquête sur les principes de la distribution des richesses* (1824) et celui de Hodgskin, *Défense du travail contre les prétentions du capital* (1825)[2], seront quinze ou vingt ans plus tard exhumés par Marx et Engels des archives du British Museum.

Hodgskin, qui avait commencé par rejeter les théories ricardiennes de la rente différentielle, du salaire, et de la décroissance naturelle du profit[3], était avant tout *un ennemi des lois*, opposant l'injustice des interventions artificielles du gouvernement à la bienfaisance de la société naturelle. D'abord cadet de marine, mis en demi-solde après une incartade disciplinaire, les circonstances avaient fait de lui un homme mécontent et désappointé, qui ne devait pas tarder à rejeter sur l'absurdité des lois et coutumes de la Marine les causes de son premier échec. Distinguer entre *lois naturelles* et règlements sociaux était selon lui la tâche qui

---

1. *History of Trade Unionism*, 1896, p. 147.
2. *Labour defended against the claims of capital, or the improductiveness of capital, proved with référence to the présent combinations amongst journeymen, by a labourer.* (London, 1825).
3. V. Élie Halévy, *Thomas Hodgskin*, [Paris, Les Belles Lettres, 2016 (1903), p. 545.]

restait encore, après Ricardo, à accomplir. L'économie politique vulgaire confondait, avec l'ordre social naturel, un état de civilisation qui était artificiel et profondément trouble ; du fait que, dans la société actuelle, le propriétaire foncier tire de sa terre une rente, et le capitaliste de son capital un profit, elle concluait que la rente était le produit naturel de la terre, et le profit le produit naturel du capital. « *Détournant les yeux de l'homme lui-même, en vue de justifier l'ordre actuel de la société, fondé sur la propriété ou la possession, et sur l'oppression actuelle du travailleur, qui forme malheureusement une partie de ces possessions, tous les effets glorieux (qui sont dus au travail) ont été attribués au capital fixe et circulant ; l'habileté et l'art du travailleur sont restés inaperçus, et on l'a avili pendant que l'œuvre de ses mains devenait l'objet d'un culte*[1]. » La destruction de cette illusion, de ce *fétichisme*, comme dira Marx, constitue la thèse fondamentale de la doctrine économique de Hodgskin.

Ricardo, dit Hodgskin, reproche à Adam Smith d'avoir tour à tour défini la valeur par la quantité de travail nécessaire à produire la marchandise, et par la quantité de travail que la marchandise, une fois produite, est capable de commander sur le marché ; or il est évident que l'on ne saurait, sans contradiction logique, considérer la quantité de travail comme mesurant la valeur des marchandises lorsqu'elles s'échangent les unes contre les autres, et le travail comme s'échangeant lui-même contre une marchandise ; car *le travail n'est pas une marchandise* ; mais dans la seconde définition d'Adam Smith, *substituez le mot travailleurs au mot travail*, et alors peut-être exprime-t-elle mieux que la première définition, reprise par Ricardo, la réalité des phénomènes de l'échange dans une société où plusieurs classes économiques existent, et où le capitaliste est une personne distincte du travailleur, auquel il commande. Si le capital produit un profit, c'est parce que certaines lois, mal faites, donnent à certains individus le droit de prélever un profit sur le produit du travail. *Il n'y a plus rien que nous puissions appeler la rémunération naturelle du travail individuel. Chaque travailleur ne produit qu'une partie du tout, et chaque partie n'ayant en elle-même ni valeur ni utilité, il n'y a rien que le travailleur puisse s'approprier et dire :* « *Ceci est mon produit, ceci est ce que je garde pour moi*[2]. »

2. *L'anarchisme de T. Hodgskin.* — L'anticapitalisme de Hodgskin est subordonné, dans son système, à son anarchisme : qu'il existe un droit naturel, et que, s'il existe un droit naturel, la notion de droit positif est

---

1. *Labour defended*, p. 19.
2. *Ibid.*, p. 25, cité dans Marx, *Capital*, t. I, 4ᵉ partie, chap. XII, § 4.

absurde. Voilà, sa vie durant, le thème fondamental, on serait tenté de dire, le thème unique, de toutes ses spéculations. Sa critique du capitalisme n'a été qu'un incident, un épisode, dans la campagne qu'il mène contre tous les privilèges gouvernementaux, contre toutes les fictions légales. C'est dans la mesure où il croit qu'il existe des lois naturelles et justes de la distribution qu'il conteste les fausses lois naturelles admises par l'école de Ricardo, causes d'injustice et de misère. Qu'est-ce donc que le capitalisme, véritable cause de l'injustice et de la misère ? Un accident historique, le résultat d'une conquête, qui ne peut déranger, ni d'une manière très profonde ni d'une manière très durable, l'équilibre naturel des phénomènes économiques. Les lois positives ne peuvent avoir qu'une action mauvaise, insignifiante sur les lois permanentes de la nature : voilà les deux thèses de l'anarchisme de Hodgskin.

Sans doute, entre la philosophie marxiste de l'histoire, pour laquelle il n'y a rien de permanent dans la nature, dont la loi fondamentale est une loi de changement, et l'optimisme naturaliste et individualiste de Hodgskin, existe-t-il bien des différences ; des analogies profondes se laissent pourtant découvrir, soit que l'on considère la théorie marxiste de la valeur, soit que l'on considère la théorie marxiste du progrès, soit que l'on considère la manière dont Karl Marx se représente le but final vers lequel ce progrès nous achemine.

3. *Les origines anglaises du marxisme.* — Comme le fera plus tard Karl Marx, Hodgskin et les ricardiens égalitaires empruntent telle quelle la théorie de la valeur travail à Ricardo : ces premiers doctrinaires du prolétariat, au lieu de s'attaquer à la théorie ricardienne de la valeur, s'emparèrent du principe pour en tirer des conséquences nouvelles et réfuter, en quelque sorte, par l'absurde, l'économie politique de Ricardo. De là une sorte d'obsession générale, dont Karl Marx, une vingtaine d'années plus tard, ne pouvait pas ne pas être la victime. De la doctrine de Hodgskin, il ressort que la théorie classique de la valeur en échange est le reflet, non pas de la réalité économique actuelle, mais d'un idéal juridique préconçu. Pour réfuter l'économie politique de Ricardo, Marx se croira tenu, d'abord, d'établir qu'elle est vraie du monde de l'échange, qu'elle est *l'expression scientifique des rapports économiques de la société actuelle*. Cette loi de l'échange, que Karl Marx emprunte à Ricardo et à ses disciples, hétérodoxes ou orthodoxes, aura d'ailleurs cessé pour lui d'être une loi éternelle ; la philosophie sociale de Marx est une philosophie de l'histoire : mais si nous cherchons quel est, dans son hypothèse, le facteur explicatif de l'histoire, il semble que nous voyons reparaître, chez Karl Marx, l'opposition, anglaise par son origine, entre la réalité naturelle et les artifices de l'esprit. Seule nous dira Karl Marx,

l'évolution économique est autonome ; elle commande l'évolution morale, l'évolution juridique, que les philosophes idéalistes avaient considérées comme indépendantes, comme suffisantes à leur propre explication et qui ne sont, en réalité, que le reflet de l'évolution économique. Or, l'école anglaise avait appris à Karl Marx à isoler ainsi l'évolution économique d'avec toutes les autres ; à définir un monde de la richesse où des mobiles simples souffrent une évaluation quantitative, se matérialisent en quelque sorte sous forme de numéraire et de marchandises, monde à demi physique et qui obéit à des sortes de « lois de la nature » ; et Hodgskin, sur cette conception du monde économique, avait fondé, avant Karl Marx, une interprétation économique ou matérialiste de l'histoire. Marx aura beau exprimer en termes hégéliens son matérialisme historique, c'est Hume, maître de tous les économistes anglais et en particulier de Hodgskin, qui avait défini *l'idée comme la copie d'une impression*. L'origine de la philosophie marxiste de l'histoire est dans cet anarchisme économique qui est un des préjugés fondamentaux de Hodgskin.

L'évolution économique aura un terme ; et ce terme, Karl Marx, dans le même langage et pour les mêmes raisons que Hodgskin, refusera de le définir : car l'esprit ne peut pas devancer la marche des choses, dont il n'est que le reflet. Il est donc difficile de conjecturer si, dans le régime collectiviste, l'État finira par absorber toutes les fonctions sociales, ou bien si nous assisterons à l'annihilation complète de l'État ; le plus exact serait peut-être de dire, en termes hégéliens, que nous assisterons à l'identification absolue de ces deux termes, et par suite, à la suppression simultanée de l'un et de l'autre. Cependant Marx, lorsqu'il parle de la chute, prochaine ou éloignée, du capitalisme, préfère indéniablement parler un langage anarchiste. Alors on ne demandera plus à l'individu, comme faisait Hegel, de se sacrifier ou de se subordonner à l'entité de l'État ; alors l'individu cessera d'être mystifié par les formes substantielles de l'économie politique bourgeoise, et de croire que la terre ou le capital reçoivent une part du produit du travail par l'opération fatale des lois de la nature. Or, tout cela, c'est du Hodgskin. Quelque influence qu'ait pu exercer sur l'esprit de Karl Marx l'anarchisme néohégélien de Bruno Bauer, et, sur l'esprit d'Engels, le réalisme de Feuerbach, comment nier que cette influence ait été confirmée et fortifiée par celle des économistes anarchistes de Londres, de Hodgskin et de son disciple Thompson ?

* * *

Les ricardiens égalitaires sont restés sans influence immédiate. Mal connus des ouvriers et des hommes politiques contemporains, ils s'estompent à côté du rayonnement d'un Owen fondateur d'usines modèles, de colonies et de coopératives, à côté aussi de l'éclat des grandes manifestations publicitaires des chartistes. Leur seule action efficace est d'avoir préparé, provoqué même, la critique future d'un Karl Marx. Ils ont donc joué un rôle politique beaucoup plus tard et seulement par l'intermédiaire du socialisme marxiste. En attendant, ils laissent la scène historique à d'autres doctrinaires qui vont s'inspirer à la fois des radicaux et des owenites.

III. – *L'ÉVOLUTION SOCIALE APRÈS 1830 ET LE CHARTISME*

1. *La réforme électorale de 1832.* — Le mouvement *radical* n'avait rien de socialiste ; les radicaux voulaient d'abord conquérir les pouvoirs publics par le suffrage universel, et après les avoir conquis, réduire leur importance en diminuant les dépenses militaires et en abaissant les droits sur les blés : programme tout politique et négatif, par opposition au socialisme économique et constructif. C'est, nous l'avons vu, vers 1830 que le mot *socialiste* apparaît : le socialiste est celui qui se désintéresse de la politique et ne cherche à résoudre que la question sociale ; celui qui se préoccupe uniquement de réorganiser la société pour en éliminer la misère, sans rien demander à l'État. Au moment où naissait le mouvement socialiste, les radicaux commençaient à prendre de l'importance : après la mort de Canning, le parti *tory*, dirigé par un homme sans prestige, avait lassé l'opinion ; l'émancipation des catholiques (1829) avait été faite par le gouvernement contre les vœux secrets de son propre parti. C'est alors que les radicaux virent venir à eux des *tories* extrémistes, favorables au suffrage universel qui, dans leur pensée, n'eût jamais permis une pareille réforme. La campagne pour la réforme parlementaire prit une impulsion nouvelle après la révolution française de 1830 et l'avènement de Guillaume IV, qui passait pour libéral. Le *Reform Bill* fut voté, après la retraite des *tories*, en 1832, par un ministère de coalition formé de *whigs*, radicaux et *tories* extrémistes. Louis-Philippe avait abaissé le cens d'électorat de 300 à 200 francs, et la France compta alors à peu près 190 000 électeurs pour 32 000 000 d'habitants, soit 1 électeur pour 170 habitants. La réforme anglaise accorda le droit de vote à 800 000 hommes pour 24 000 000 d'habitants, soit 1 électeur pour 30 habitants. Lorsque Bentham mourut, au lendemain de la Réforme, les radicaux voyaient leurs espérances dépassées.

2. *La doctrine des radicaux.* — Le parti radical avait alors deux aspects contradictoires. Sans doute les disciples de Bentham qui le composaient en majorité étaient tous des *radicaux philosophiques*, irréligieux et même antireligieux ; *le plus grand bonheur du plus grand nombre ici-bas*, telle était

leur morale. La contradiction apparaissait dans les moyens : d'une part, l'idée héritée du XVIIIe siècle, du droit naturel, les poussait à réduire au minimum les fonctions du gouvernement. *Laissez faire, laissez passer*, était leur première formule. Mais on rencontre aussi chez Bentham, qui était un juriste et non un économiste, une tendance opposée : la nécessité pour l'État d'intervenir, par la réforme du droit civil et du droit pénal, afin que l'individu soit amené à bien agir par crainte du châtiment : La défiance originelle des *whigs* à l'égard de l'État tenait à sa forme aristocratique et oligarchique ; dès le moment où le suffrage universel l'enlevait d'entre les mains d'une caste, les radicaux pensaient qu'il pourrait pourvoir à l'intérêt du plus grand nombre.

On aurait tort aujourd'hui de croire que la doctrine de Bentham fût exclusivement économique. De 1822 à 1834, il élabora un *code constitutionnel* établissant un État centralisé sur le modèle français, sans Chambre Haute, avec des sublégislatures dans chaque collectivité locale pour éviter l'influence de l'aristocratie, et comportant des ministères nombreux : Éducation nationale, avec gratuité de l'enseignement, Hygiène, Voies de communications, Assistance publique. La contradiction générale des théories économiques du début du siècle : bienfaisance de la concurrence, dangers de la concentration industrielle née de la concurrence, se retrouve donc aussi chez Bentham.

3. *L'œuvre législative des radicaux.* — L'influence des radicaux sur le nouveau Parlement se fit sentir dans deux lois principales : la législation des fabriques et la nouvelle loi d'assistance publique de 1834.

Marx, pourtant sévère pour le capitalisme anglais, rend hommage à la législation protectrice du travail de l'Angleterre ; le pays industriellement le plus développé montrait aux autres les étapes de leur avenir. Dès avant 1832, cette législation avait deux sources. En premier lieu certains grands patrons, comme Owen, qui marchait sur les traces de son beau-père, David Dale, et comme le premier Sir Robert Peel : ces industriels se piquaient de tirer leurs bénéfices, non de l'exploitation de leurs ouvriers, mais de la parfaite organisation de leurs usines, d'où leur irritation devant la concurrence d'autres entreprises où la proportion de la main-d'œuvre était beaucoup plus considérable. En second lieu, le mouvement wesleyen, dont les adeptes, de pieux chrétiens, étaient scandalisés des conditions de vie imposées aux femmes et aux enfants dans les usines, et, surtout, des effets moraux de la promiscuité. La première loi sur la durée du travail (1802) limitait à 12 heures la journée des apprentis de l'Assistance publique loués par l'État aux industriels du coton : elle ne fut pas appliquée. Robert Peel, poussé par Owen, fit voter en 1819 une loi plus complète, portant sur tous les enfants assistés employés dans les filatures de coton, et imposant un maximum de 12 heures de travail ; elle ne fut pas appliquée davantage.

L'abolition de l'esclavage dans les Antilles anglaises (1830-1831) souleva la question : pourquoi ne pas abolir l'esclavage des enfants ? Le Yorkshire réclama l'extension aux industriels du drap du régime dont bénéficiaient les apprentis du coton du Lancashire. On ne songeait pas encore à protéger le travail des adultes ; c'eût été une injure à la dignité de la personne humaine ; mais étant donné l'importance du travail des enfants dans l'atelier, voter une loi de 10 heures pour ces derniers équivalait à fixer la journée de travail à dix heures pour tous les ouvriers, mêmes adultes. Le premier projet, déposé par un évangéliste, Sadler, pendant la discussion du *Reform Bill*, fut repris par Lord Ashley, autre évangéliste : il interdisait tout travail de nuit aux enfants âgés de moins de quinze ans, et fixait à 10 heures la journée de travail des enfants âgés de moins de neuf ans.

L'idée de limiter le travail des adultes était inacceptable, en soi, pour les disciples de Bentham ; mais ils pensaient que des lois philanthropiques dans le genre de celles dont nous venons de parler pourraient faciliter la réalisation de leur programme d'instruction obligatoire d'État. En 1833, la journée de 8 heures devint le maximum pour tous les enfants âgés de moins de treize ans dans le textile. L'inspection fut confiée non aux juges de paix, d'origine aristocratique et suspects de collusion avec les manufacturiers, mais à des commissaires répartis en quatre districts administratifs : la centralisation apparaissait.

En 1834, les patrons essayèrent de tirer parti de la journée de 8 heures pour les enfants en instaurant dans leurs usines deux relais de 8 heures : les ouvriers adultes, qui faisaient souvent partie des deux équipes, devaient donc travailler 16 heures. Il s'ensuivit une assez violente agitation ouvrière, dirigée par Owen, qui venait alors de fonder les premières bourses de travail (*Labour Exchanges*). Les ouvriers firent grève, comme on le leur recommandait, et ils obtinrent la réduction de la journée de travail à 8 heures.

La situation devait bientôt s'aggraver dans les campagnes. Il y avait déjà eu, pendant la crise de 1817-1819, de nombreux incendies de meules. La guerre rurale recommença. Mais la *gentry* réagit avec vigueur. C'est à cette époque, en mars 1834, que six ouvriers du Dorsetshire, d'inoffensifs méthodistes dont deux étaient des prédicateurs locaux, furent condamnés, pour prestation de serments illégaux, à 7 ans de déportation ; dès le 15 avril on les embarquait pour l'Australie. Inquiet, le gouvernement pensa que le mécontentement venait de la loi des pauvres.

Le mouvement qui avait abouti à la loi sur la durée du travail était absolument nouveau. La loi des pauvres, au contraire, remontait à 1601. L'État avait alors remplacé, dans leur rôle charitable, les monastères catholiques, fermés par ordre d'Élisabeth, c'est-à-dire fourni l'assistance aux malades et aux infirmes ; puis, à partir de 1722, aux chômeurs, à condition qu'ils fussent astreints à venir chercher du travail au *workhouse* (droit au travail) : on accorda ensuite l'assistance à la porte du *workkouse, l'outdoor relief* (droit à l'existence). La célèbre décision des juges de paix de Speenhamland (1795) accordait aux ouvriers, par une sorte d'échelle mobile, une gratification au cas où le salaire tomberait au-dessous du minimum d'existence, proclamant pour la première fois le droit au salaire normal. Les industriels et les propriétaires s'étaient imposés ces charges par crainte de l'émeute et de la révolution : en France, la Révolution avait commencé dans les campagnes.

Bentham, Ricardo, Malthus surtout (*Premier Essai sur le principe de population*, 1798), avaient condamné le droit à l'assistance : assister les pauvres, c'était les condamner à surpeupler le monde et à accroître encore leur misère. Cette théorie prit une rigueur nouvelle sous la plume de Nassau Senior qui mit l'économie politique en formule et approfondit la théorie ricardienne de la rente : il démontra, dans la théorie du fonds des salaires, que le niveau des salaires était nécessairement déterminé par le rapport du capital à la population : tout secours d'assistance ne pouvait donc qu'amputer ce fonds général.

La *New Poor Law* fut votée en 1834 ; sur le rapport d'une commission chargée en 1832 d'étudier le problème du paupérisme : Nassau Senior y siégea. Le secours à domicile était supprimé ; la loi posait le principe de l'assistance obligatoire au *workhouse*, et le salaire donné était calculé de manière à être plus bas que le salaire minimum de l'ouvrier le plus mal payé de la localité (*Less eligibility*). En outre, le principe du *domicile de secours* fut profondément modifié. Les anciennes lois d'établissement mettaient à la charge de la localité tout indigent résidant sur son territoire : de sorte que la résistance des localités à l'arrivée de nouveaux ouvriers empêchait toute mobilité de travail. La loi établit le domicile de secours au lieu de naissance.

Une pareille loi demandait une administration considérable : les anciennes paroisses furent regroupées ; chaque circonscription disposa d'un *workhouse* central administré par un *board of Guardians* élu par l'ensemble des contribuables, et doté de pouvoirs absolus pour l'organisation et la répartition interrégionale de la main-d'œuvre et de son émigration outre-mer. Trois commissaires, à Londres, siégeant à Somerset House, coordonnaient le système. C'était une étape vers la société rêvée par les radicaux benthamiques : les conditions d'assistance et d'hygiène réglées par une administration élue.

C'était aussi une loi destinée à soulager le budget des paroisses : effectivement, dès 1837 la taxe sur les pauvres diminua beaucoup, ce qui, avec la conversion en une redevance variable, en espèces, de l'archaïque dîme en nature, allégea les charges des agriculteurs.

4. *Échec des radicaux.* — Cependant la loi, à peine discutée au Parlement, était si impopulaire, qu'elle souleva aussitôt la réprobation des *tories* et

l'agitation des masses ouvrières. On dénonça *les bastilles des pauvres* (*les workhouses*) et les trois *pachas* de Somerset House. Sous prétexte de libéralisme, déclarait-on partout, on avait universalisé le régime de la prison. L'agitation était dirigée aussi bien par l'extrême gauche radicale que par les *tories* évangélistes, tels Oastler et Stephens, qui s'en prenaient au régime industriel et demandaient le retour à la vie rurale : beaucoup de journaliers agricoles, qui ne trouvaient pas de travail aux champs, s'embauchèrent comme manœuvres dans les usines et sur les chantiers des voies ferrées, par haine des *workhouses*. Les radicaux, qui s'étaient crus populaires, se virent ainsi dépassés par un vaste mouvement réactionnaire et révolutionnaire à la fois. Pour regagner leur influence, ils cherchèrent à ramener les ouvriers vers la politique, et décidèrent de reprendre le mouvement en faveur de l'extension du droit de suffrage.

5. *Le chartisme*. — En mai 1838, le nouveau programme politique fut donc arrêté : c'était la *Charte du peuple* en six points : suffrage universel, scrutin secret, indemnité parlementaire, suppression du cens d'éligibilité, égalité des circonscriptions électorales, élections annuelles. Les radicaux voulaient ainsi, en concentrant d'abord l'attention des ouvriers sur le suffrage universel, les soustraire à l'influence des partis *socialisants* ; mais le mouvement tourna rapidement à la confusion des radicaux qui l'avaient fait naître.

À Leeds, en effet, Feargus O'Connor fondait un journal *The Northern Star*, où il réclamait le suffrage universel. Mais il le réclamait comme instrument nécessaire de lutte contre la loi de 1834, et pour l'établissement de réformes sociales, de la journée de 10 heures, par exemple. La tentative de diversion à la lutte contre la loi des pauvres échouait ; un phénomène politique nouveau apparaissait : alors qu'Owen, comme socialiste, se désintéressait de la politique, et que les radicaux, tournés vers le Parlement, négligeaient les questions sociales, la synthèse venait de se faire. Le socialisme politique ou démocratique était né.

Cependant les agitateurs n'avaient pas inclus dans leur programme un plan de vastes réformes sociales. Ils étaient alors dominés par l'idéologie proprement *réactionnaire* de la protestation contre le machinisme et du retour à la terre. Feargus O'Connor devait bientôt lancer une grande souscription publique pour acheter des terres, pour créer l'*individualisme agraire*, et pour refaire de l'Angleterre urbanisée un pays de petite propriété paysanne. La doctrine sociale du mouvement était donc flottante. D'autre part, les ouvriers syndiqués, déjà embourgeoisés, se désintéressaient du chartisme. Les adhérents se recrutaient parmi les non-syndiqués, mineurs, tisseurs, ouvriers des industries anciennes et encore incomplètement mécanisées, où l'introduction progressive des machines jetait à la rue les travailleurs manuels ou les travailleurs du métier.

Le mouvement chartiste, qui s'étendit sur dix années, de 1838 à 1848, se signala à l'attention publique par trois grandes manifestations, au cours desquelles les chartistes adressèrent au Parlement des pétitions pour la réforme électorale et pour d'autres réformes. En 1839, les pétitions furent portées à Londres par des délégués élus en province au cours de meetings simultanés, dont certains avaient réuni plus de 100 000 personnes. De là à se dire qu'ils constituaient un corps plus représentatif que le Parlement, il n'y avait qu'un pas. Mais alors qu'en France, depuis 1789, de petits groupes décidés avaient réussi à s'emparer du pouvoir, l'Angleterre était peu faite pour ce genre de révolution. Une tentative d'expulsion des membres du Parlement échoua devant la mobilisation de forces de police. Les insurgés, ou plutôt les manifestants, se replièrent sur Birmingham, et tentèrent de couvrir leur insuccès par une grève générale qui avorta. Le mouvement se dissipa rapidement.

6. *Échec du chartisme.* — La pétition de 1842, qui portait 3 300 000 signatures, fut également rejetée. Six ans plus tard, en 1848, une minorité socialiste s'emparait du pouvoir à Paris. Le mouvement chartiste, alors en déclin, crut voir luire de nouvelles espérances. Il y eut des émeutes en Écosse, où la troupe tira sur la foule, puis à Manchester. La panique régna à Londres lorsqu'on apprit que les chartistes avaient décidé de présenter une nouvelle pétition. L'Angleterre craignait la contagion révolutionnaire continentale. Le 10 avril 1848, les chartistes se réunissaient au sud de la Tamise et marchaient sur le Parlement. Le vieux Wellington, qui commandait la troupe et les policiers volontaires (*spécial constables*) enrôlés pour l'occasion, enjoignit à la foule de rester derrière la Tamise : la foule obéit passivement. L'audace insurrectionnelle des socialistes parisiens n'avait pas traversé la Manche. O'Connor porta la pétition au Parlement, dans un fiacre, et annonça plus de cinq millions de signatures. Le comité des pétitions en compta moins de deux millions ; et, lorsqu'on en fit la lecture, l'aventure tourna à la bouffonnerie, car entre autres plaisanteries, y figuraient les noms de la reine Victoria, de Sir Robert Peel, de Wellington, Le chartisme sombra dans le ridicule. Mais son effondrement était dû moins à l'imprécision de son programme, et à l'échec de ses manifestations publiques, qu'à la naissance, avec des racines plus vives et plus profondes, d'un mouvement nouveau qui avait déjà détourné du chartisme l'attention de la grande masse du peuple britannique : l'agitation pour le libre-échange.

7. *Le mouvement libre-échangiste.* — Le programme des libéraux et des radicaux avancés était celui des économistes orthodoxes : ils réclamaient la

liberté des échanges et l'abaissement des droits sur les céréales. L'*Anti-Corn-Law Association*, créée à Londres en 1836, était dirigée, comme le mouvement socialiste de l'*Anti-Poor-Law*, contre une institution existante, qui paraissait établie au détriment des classes les plus nombreuses et les plus pauvres. Mais Londres n'était pas un centre de propagande économique suffisant. En 1838, Cobden fondait à Manchester l'*Anti-Corn-Law League* ; il s'était fait connaître en 1837 par deux brochures, où il exposait la théorie du libre-échange et du pacifisme intégral : si, au lieu de se parquer volontairement en nations fermées, les hommes reconnaissaient comme Smith le leur avait enseigné, qu'ils étaient membres d'une grande République mercantile, mondiale, les principales sources de guerre et de misère disparaîtraient d'elles-mêmes. La *League*, usant systématiquement de la tactique des meetings et des pétitions, devait vite connaître un succès prodigieux.

Les radicaux avaient donc échoué en essayant d'attirer l'attention des ouvriers sur le suffrage universel, puisque aussitôt on avait abouti au socialisme politique. Pour barrer la route au chartisme, ils détournaient maintenant cette attention sur la loi sur les blés. On luttait contre une agitation par une autre agitation. La lutte menée par les chartistes de 1839 à 1848 fut ainsi dirigée non contre l'État, mais contre le mouvement libre-échangiste sans cesse grandissant. La polémique de cette époque entre le socialisme démocratique et le libéralisme économique résume la grande controverse socialiste libérale.

Les libre-échangistes disaient aux ouvriers : « *Vous souffrez de ne pouvoir racheter le produit de votre travail avec les salaires qui vous sont alloués : le mal vient de ce que les prix des marchandises sont trop élevés. Pour les faire baisser, il faut laisser entrer les marchandises étrangères à bon marché. Il faut adopter la formule "laissez faire, laissez passer."* « *Ne vous laissez pas mystifier par le libre-échange*, répliquaient les chartistes en s'adressant aux ouvriers ; *si le prix de la vie baisse, vos salaires baisseront d'autant car on ne vous donnera que juste ce qu'il faut pour ne pas mourir de faim.* » Avant que Lassalle eût formulé la *loi d'airain*, les rapports établis par l'École de Ricardo entre les profits du capital et le niveau de subsistance des salariés servaient ainsi d'argument aux chartistes pour repousser toute réforme économique qui eût laissé subsister le profit capitaliste. Engels était alors en Angleterre, à l'école des chartistes. Il ne devait pas l'oublier.

Après 1840, Cobden se rendit compte que l'argument du pain à bon marché pourrait le desservir ; il l'abandonna et en chercha d'autres en faveur du *laissez passer*. « *Voyez*, dit-il, *comme l'Angleterre regorge de produits manufacturés qu'elle ne peut écouler. La raison de cet état de choses, il faut la chercher dans les barrières douanières dressées par les autres pays en représaille contre les droits de douane anglais qui frappent les céréales étrangères. La seule façon d'écouler nos produits manufacturés, c'est de renverser la muraille douanière anglaise.* »

8. *Succès final des libre-échangistes.* — Le libre-échange devait triompher en 1846 avec l'abrogation des *Corn-Law* par Sir Robert Peel et le chartisme ne survécut guère que deux ans. En 1848, il sombra définitivement. Ce ne fut pas, cependant, sans avoir remporté plusieurs victoires. En effet, bien que la *New-Poor-Law* eût interdit le secours à domicile, et forcé l'ouvrier assisté d'aller au *workhouse*, bien souvent ces dispositions restèrent lettre morte. Le secours à domicile, s'il fut refusé à l'ouvrier adulte pourvu de travail comme supplément à un salaire insuffisant, fut cependant accordé aux infirmes, aux vieillards et aux chômeurs. Il y avait donc, dans la faillite partielle de la loi de 1834, un succès partiel des chartistes. Seconde victoire : la législation des fabriques ne disait pas à quelle heure le travail devait commencer et s'arrêter, de sorte qu'en le faisant commencer à des heures variables, certains industriels rendaient tout contrôle impossible, Des manufacturiers qui appliquaient honnêtement là loi protestèrent ; une loi de 1836 décida que le travail commencerait au moment où le premier enfant employé dans l'usine commencerait à travailler. En 1844, on fit entrer dans le champ d'application de la loi toutes les femmes, désormais protégées au même titre que les mineurs. En 1847 enfin, la journée de travail fut ramenée de 12 heures à 10 heures.

Malgré ces grands succès chartistes, la victoire finale devait rester aux libre-échangistes. Converti au libre-échange, le parti libéral était battu aux élections de 1836 par une coalition où les *tories* s'appuyaient sur les extrémistes mécontents et même sur les chartistes. Robert Peel, le nouveau chef du gouvernement, était un conservateur par excellence. On sait cependant qu'il devait introduire le libre-échange en 1846, contre le vœu de la majorité de son parti.

Le libre-échange avait été soutenu par un mouvement de masse qui fut la cause réelle de l'échec des chartistes. En 1848, l'Angleterre crut un moment que la France allait être gouvernée par les socialistes. Mais le socialisme, exécré par la majorité des Français, ne devait pas tarder à périr révolutionnairement. En Angleterre, il périt sans révolution. Comme dans le reste de l'Europe, l'histoire du mouvement socialiste anglais compte, après 1848, une quinzaine d'années blanches.

CHAPITRE II

LE SOCIALISME EN FRANCE DE 1815 À 1848

I. — *LES PREMIÈRES CRITIQUES DE L'ÉCONOMIE LIBÉRALE*[1]

I. *Sismondi et la critique pessimiste*. — Bon nombre de remarques de Robert Owen ont été reprises ou retrouvées par Sismondi, qui s'efforce de leur donner une forme plus précise ; et, d'autre part, les termes du langage économique qu'il rendra courant : *accumulation capitaliste, concentration des fortunes, surproduction* et *crises*, seront également repris dans la théorie marxiste de la concentration des capitaux.

Les origines de Sismondi sont tout à fait différentes de celles de Robert Owen. Ce n'est pas un industriel mais un économiste et un historien. Né et élevé à Genève, il fréquente dans sa jeunesse le milieu de Mme de Staël ; il s'appelle d'abord Simonde, puis, après avoir découvert ses origines italiennes, Simonde de Sismondi, enfin, Sismondi. Il publie en 1803 un traité *De la richesse commerciale ou principes d'économie politique appliquée à la législation du commerce*, ouvrage dépourvu d'originalité, simple vulgarisation des idées d'Adam Smith, mais qui fut alors très remarqué.

En 1818, l'*Encyclopaedia Britannica*, rédigée par les libéraux, lui demande d'écrire l'article *Économie politique*. À cet effet, il se rend en Angleterre, et y arrive en pleine crise économique. Il y constate une contradiction flagrante entre la théorie et les faits. Les faits, c'est la grande industrie et la surproduction ; greniers pleins de blé, magasins remplis de cotonnades. Mais devant ces greniers et ces magasins, le peuple meurt de faim, dans son exaspération il incendie les meules, brise les machines ; or celles-ci, dans un équilibre mieux établi de la production et de la consommation devraient assurer le bien-être et la prospérité de tous. Cependant la théorie économique, chez Ricardo, qui adopte la thèse de J.-B. Say, démontre, mathématiquement, que l'offre doit toujours être égale à la demande, que toute surproduction est impossible. Pour mettre la théorie d'accord avec les faits, Sismondi écrit,

---

1. [Voir *Conférences rédigées dans les années 1900*, « La théorie marxiste de la concentration des capitaux », reproduite p. 381.]

en 1820, *Les Nouveaux Principes d'économie politique ou la richesse dans ses rapports avec la population*. Ses idées directrices peuvent se grouper sous trois chefs : concentration, surproduction, misère ouvrière.

Il affirme d'abord que la libre concurrence a produit, non pas, comme le voudraient les ricardiens, l'harmonie des intérêts et l'égalité des conditions, mais la *concentration des fortunes*. Supposons qu'un producteur, un fabricant de coton par exemple, ait inventé un procédé lui permettant de fabriquer à moins grands frais le produit habituel ; qu'arrivera-t-il selon les ricardiens ? Il ne retirera, de cette économie sur ses frais de production, qu'un bénéfice temporaire. Bien vite, le procédé se divulguera : d'autres producteurs l'imiteront, adopteront son procédé ; et pour tous, indistinctement, le coût de production d'une part, d'autre part le prix de la marchandise, s'abaissera. Suivant Sismondi, les choses se passeront autrement. Adopter le nouveau procédé, cela implique pour les fabricants, le sacrifice d'une masse de capital fixe, et aussi d'habitudes acquises (chez eux-mêmes et chez leurs ouvriers), sacrifices auxquels ils ne se résigneront qu'à la dernière extrémité. Il sera beaucoup plus facile, au contraire, à l'inventeur du procédé d'agrandir son usine : c'est lui qui abaissera le prix de la marchandise, et, en offrant une quantité capable de satisfaire à une demande toujours plus étendue, ruinera ses concurrents. La concurrence, au lieu donc de rétablir finalement l'égalité entre lui et ses concurrents, finira par le rendre maître du marché ; elle aboutira à la *concentration des fortunes* entre un nombre de mains de plus en plus petit, et à la *concentration des travaux* dans un nombre de manufactures de moins en moins nombreuses et de plus en plus étendues. Production en grand, division du travail, machines, autant de procédés inventés par l'industrie pour rendre le travail productif.

Sismondi affirme en second lieu que la concentration entraîne la surproduction et les crises. Diminuant le nombre des petits producteurs, des représentants de la classe moyenne, il ne laisse subsister dans la société qu'un nombre très petit d'individus très riches, et un nombre toujours croissant d'ouvriers vivant au jour le jour de leurs salaires. Mais, par la production en grand, ces ouvriers produisent, à travail égal, une quantité toujours plus considérable de produits. Qui les absorbera ? Les ouvriers ? Mais, par l'effet de la nouvelle distribution de la richesse sociale, ils sont de plus en plus pauvres, leur pouvoir d'achat diminue. Les patrons ? Mais si les objets produits sont des objets de première nécessité, ils ne peuvent les consommer sans limites, étant très peu nombreux. Les objets de luxe seuls peuvent alimenter une consommation illimitée. Or la caractéristique de la grande industrie, c'est justement de ne pas produire des objets de luxe, mais des objets de qualité commune, et d'utilité générale. Bref, l'effet de la grande industrie, c'est à la fois d'augmenter, dans la société, la faculté de production, et de restreindre la faculté de consommation. La seule ressource des fabricants, pour écouler leurs produits, c'est de chercher des marchés étrangers, que n'ait pas encore envahis le régime de la grande industrie. Quand un premier marché aura été saturé, ou bien quand le régime de la grande industrie s'y étant implanté, il aura cessé de devenir un débouché pour l'exportation, une nouvelle crise de surproduction se manifestera, en attendant la découverte d'un nouveau marché. Et ainsi de suite, jusqu'au jour où, le monde entier se trouvant envahi par les produits de la grande industrie, l'absurdité radicale de tout le système apparaîtra comme évidente, de même que le caractère tout provisoire du remède qui consiste dans la recherche des marchés étrangers.

Le chef d'industrie a commencé par développer dans ses ateliers la production en grand et la division du travail, à installer des machines, non pour appauvrir les ouvriers, mais seulement pour ruiner ses rivaux en augmentant la force productive de sa main-d'œuvre. La rivalité est d'abord, pendant la période de prospérité, entre le patron et les ouvriers d'une usine, pris solidairement, et les patrons et les ouvriers des autres usines, pris encore solidairement. Dès que surgit une période de dépression industrielle, le capitaliste, obligé de réduire à la fois ses frais de production et sa production, découvre dans les procédés de la grande industrie, dans les machines en particulier, un moyen d'économiser sur la main-d'œuvre, de moins payer ou de congédier ses ouvriers, d'exploiter ceux-ci. Imagine-t-on ce qui arriverait si toute l'industrie pouvait être alimentée par une machine dont le roi d'Angleterre tournerait seul la manivelle ?

Sismondi a donc formellement prévu la *prolétarisation* et la misère ouvrière ; mais il ne sait trop comment y remédier. Autant Owen est pauvre en théories et riche en remèdes, autant Sismondi est riche en théories et pauvre en remèdes.

Faut-il donc laisser ainsi le régime de la grande industrie développer toutes ses conséquences et aboutir à la banqueroute, à la misère universelle ? Mieux vaut prévenir cette banqueroute finale, revenir en arrière, au régime de la petite production, limiter la production. Les économistes ont démontré excellemment que toutes les tentatives faites par l'État pour intervenir dans les phénomènes économiques devaient avorter si l'État, en intervenant, se proposait d'accélérer la production. Mais s'il se proposait, par son intervention, de ralentir la production, de faire obstacle à une production déréglée qui précède la demande au lieu de la suivre, toutes les démonstrations des économistes ne se retourneraient-elles pas contre leur thèse ? La théorie sismondiste de la concentration des capitaux est pessimiste et réactionnaire.

2. *Pecqueur et la critique optimiste.* — Dix-huit ans plus tard, l'Académie des sciences morales et politiques propose un prix sur la question. « *Quelle peut être, sur l'économie matérielle, sur la vie civile, sur l'état social et la puissance des nations, l'influence des forces motrices et des moyens de transport qui se propagent actuellement dans tes deux mondes ?* » C'est le moment où la grande industrie gagne l'Europe tout entière, où se pose, en particulier pour l'Allemagne et pour la France, le problème de la construction des chemins de fer. Le prix est attribué à C. Pecqueur[1], qui publie, en 1839, le mémoire couronné sous ce titre : *Économie sociale des intérêts du commerce, de l'industrie et de l'agriculture, et de la civilisation en général, sous l'influence des applications de la vapeur (machines fixes, chemins de fer, bateaux à vapeur, etc.)* avec cette épigraphe : « *La vapeur est, à elle seule, une révolution mémorable.* »

C'est par les machines que Pecqueur explique, comme par leur cause profonde, ce qu'il appelle alternativement la *concentration* ou la *centralisation industrielle*. « *Les machines font qu'une même quantité de richesses se crée avec infiniment moins de temps, de capitaux, de forces d'homme ou d'animaux.* » D'où leur infaillible succès. Et encore : « *Réunir, enrichir, éclairer les hommes, tels sont les trois résultats les plus saillants et les plus immédiats de l'application des forces et des moyens économiques dont nous avons maintenant ici à étudier les influences morales et sociales proprement dites*[2]. »

« *Dans ces trois grands résultats est comprise la presque totalité des influences morales et sociales de l'ordre le plus élevé, mais nous allons voir, en les analysant, qu'à leur tour deux de ces trois faits sont réellement impliqués dans l'un d'eux, dans l'*association*, dans la réunion, la proximité incessante des hommes et des intérêts*[3]. » Considérées comme moyens de transports, ces machines à vapeur diminuent les distances. Un seul centre industriel suffit à fournir une zone qui réclamait auparavant 10, 20, 30 centres distincts. Considérées comme machines fixes, elles entraînent la réunion d'un nombre d'ouvriers toujours plus grand dans la même entreprise.

> « *Quand le célèbre Watt*, écrit Pecqueur, *se proposa l'invention d'une machine économique dont l'emploi serait d'autant plus avantageux qu'elle opérerait sur une masse plus grande de matières premières, c'est*

---

1. *Lettre d'Élie Halévy à C. Bouglé, 5 janvier 1902* : « J'ai repris la préparation de mon cours… Je commence samedi prochain, 11 janvier. Je lis Pecqueur, As-tu lu Pecqueur ? Tout ce que Marx a écrit sur la concentration capitaliste est copié chez Pecqueur, Le succès est un mystère. Car pourquoi le mérite de la théorie reviendra-t-il toujours à Marx ? »
2. *Économie sociale des intérêts du commerce…*, par C. Pecqueur. 1839, vol. I, p. 297.
3. *Idid.*, vol. I, p. 299.

comme s'il s'était dit : Les hommes, pour l'utiliser, devront associer leurs capitaux et leur travail ; combiner leurs efforts, se réunir en grand nombre sous le même toit *: et ils voudront l'utiliser ; car il y va de leur intérêt positif : et il suffit qu'une seule soit appliquée et fonctionne pour qu'aussitôt tous les producteurs suivent forcément l'exemple ; car je vais tuer le* morcellement *; car la diminution des frais de production que je réalise permet de vendre à infiniment plus bas prix les objets manufacturés ou produits par l'intermédiaire de ma machine, et de faire une concurrence fatale aux petits producteurs qui la dédaigneraient ou qui ne voudraient pas se réunir pour l'employer.*

« *C'est encore comme s'il s'était dit ; je vais montrer aux hommes tous les avantages économiques de la production en grand ; de l'unité de la direction ; de l'exploitation simultanée et sous un même toit ou dans un même ensemble de bâtiments, de plusieurs industries analogues, et principalement de toutes les branches d'une même industrie ; de sorte que là où mon mécanisme ne sera pas de rigueur, l'économie résultant de cette gestion et de cette production unitaire n'en soit pas moins infiniment supérieure au rendement du travail morcelé et solidaire et des capitaux minimes de la petite industrie*[1] *?* »

Les machines sont essentiellement *associantes, socialisantes, agglomérantes*. Elles sont destinées à triompher sur toute la face du globe, en raison de l'économie qu'elles réalisent sur les frais de production. « *Donc l'association, la réunion, la condensation des hommes dans la demeure la plus condensée elle-même, la plus commode et en même temps la plus saine, celle des industries, des ateliers, sont l'état de choses vers lequel nous gravitons presque fatalement. C'est d'ailleurs celui vers lequel l'humanité s'avance depuis ses temps historiques*[2]. »

Pecqueur est donc aussi optimiste que Sismondi était pessimiste. Sans doute il a trop étudié Sismondi, il parle trop souvent son langage pour méconnaître la réalité, la gravité des crises qui bouleversent le monde moderne. Mais ce n'est là selon lui qu'un côté accidentel du monde de la grande industrie ; essentiellement, ce monde tend vers le bien.

« *Si*, écrit-il, *l'émancipation intellectuelle et politique conquise définitivement par les masses rendait impossible cette dépréciation de leurs bras, si les besoins nouveaux que cette émancipation a nécessairement occasionnés en elles se manifestaient avec toute l'universalité d'un fait providentiel et l'énergie qui caractérise tout ce qui a de l'avenir ;*

---

1. *Économie sociale des intérêts du commerce...*, par C. Pecqueur, vol. I, p. 55-56.
2. *Ibid.* vol. I, p. 174.

> *si des mouvements irréguliers venaient, sur toute la scène du monde européen, présager une série de perturbations périodiques dont nul ne sache l'issue et que tous redoutent, n'est-il pas flagrant que le nouveau développement donné à l'industrie par l'application générale des forces à vapeur, et l'agglomération, de jour en jour plus nombreuse, des populations laborieuses dans un même établissement, et toutes les sympathiques communications qu'instaure le contact des sentiments, des idées, des passions, ne feraient qu'accélérer un dénouement quelconque, ou des désordres affreux, ou des accommodements, c'est-à-dire quelque combinaison qui assure à l'ouvrier une amélioration de son sort*[1]. »

Et Pecqueur aboutit à une sorte de socialisme éclectique. C'est d'abord la reprise par l'État de tous les moyens de communication, des chemins de fer comme des routes et des canaux.

> Car, dit-il, « *s'il arrivait que les particuliers fussent propriétaires des chemins de fer, ils seraient la* grande maison de roulage *de la contrée que les lignes traverseraient, et des lieux où elles aboutiraient : on ne peut pas supposer qu'on souffre qu'ils spéculent sur les produits, qu'ils achètent bon marché et qu'ils vendent cher, car il y aurait monopole flagrant... Les chemins de fer vulgarisés ne pourraient rester propriété privée de grosses compagnies sans qu'il y ait dans l'avenir une féodalité agricole et industrielle bien caractérisée, sans que l'appropriation individuelle du sol devienne plus arbitraire et plus exceptionnelle encore que de nos jours ; or tout le reste de cet écrit dira combien cette féodalité a de chances contre elle ; combien, à l'inverse, la tendance générale pousse à la* socialisation *des instruments de travail et des sources ou des conditions de toute richesse, à la moindre inégalité des ressources, et à une liberté plus réelle pour la multitude*[2] ».

D'autre part, Pecqueur prévoit la reconstitution d'une classe moyenne, sous le régime même de la concentration industrielle, par le développement, l'extension à l'industrie tout entière, des compagnies par actions et par petites actions.

Resterait à résoudre, en dernier lieu, le problème des salaires : Pecqueur reconnaît que c'est là le plus grave ; mais il a confiance dans le progrès des mœurs, surtout dans les pays à civilisation démocratique et libérale, pour réaliser une hausse progressive des salaires, pour réaliser aussi divers systèmes de coopération, de participation aux bénéfices, qui relèveront

---

1. *Ibid.*, vol. II, p. 106-107.
2. *Économie sociale des intérêts du commerce...*, par C. Pecqueur, vol. I, p. 145-146.

constamment, au point de vue économique et moral, la classe ouvrière. En résumé, Pecqueur considère que la concentration industrielle tend normalement à rétablir l'équilibre entre l'État, les associations libres de petits capitalistes, et les ouvriers salariés. Il reste donc optimiste, profondément convaincu que la révolution économique apportée par la machine à vapeur contribuera au bonheur de l'humanité. En cela, il annonce Saint-Simon.

II. – *LA DOCTRINE DE SAINT-SIMON*[1]

Elle est une des sources principales du socialisme. Comme Pecqueur, et à l'inverse de Sismondi, Saint-Simon est optimiste devant la concentration industrielle. Il présente l'industrialisme comme une préface nécessaire du socialisme.

1. *Ses débuts : Saint-Simon disciple des libéraux.* — Le comte de Saint-Simon, petit-cousin du duc des *Mémoires*, est un grand seigneur qui se croit appelé à une mission. Il est parmi les gentilshommes qui, à l'exemple de La Fayette, ont été combattre en Amérique. Il est allé, dira-t-il plus tard, défendre la *liberté industrielle*. Il se montre déjà préoccupé des progrès techniques, il élabore un projet pour le percement de l'isthme de Panama ; pendant la Révolution, il se contente d'exercer des activités d'ordre économique ; des spéculations sur les biens nationaux l'enrichissent ; il reçoit des savants pour s'instruire par leur conversation. Bientôt ruiné, soutenu par un de ses anciens serviteurs, puis de nouveau misérable, au point qu'il tente de se suicider, il finit par être à l'abri de tout besoin grâce au banquier Olinde Rodrigues ; il voit peu à peu venir à lui, à la fin de sa vie surtout, une élite de jeunes gens qui développeront ses idées.

Dès 1803, il avait écrit les *Lettres d'un habitant de Genève*, où il proposait, autour d'un mausolée consacré à Newton, l'organisation d'une sorte de coopérative intellectuelle internationale qui devait libérer les savants de la tutelle des princes et leur permettre de guider les peuples.

En 1808, il publie des lettres destinées à orienter le progrès des sciences en coordonnant leurs résultats (il fallait leur faire faire, disait-il, un *pas napoléonien*) ; puis c'est l'*Introduction aux travaux scientifiques du XIXe siècle* et un ouvrage sur la gravitation.

Il prit successivement comme secrétaires deux jeunes gens de grand avenir : Augustin Thierry entre 1814 et 1818, Auguste Comte, entre 1818 et 1822. Le livre qu'il a écrit en collaboration avec Augustin Thierry

---

1. [Voir ENS-Ulm, fonds Élie Halévy, carton 8, notes d'étudiants.]

en 1814, *De la réorganisation de la société européenne*[1], est destiné surtout à faire cesser *l'état violent* dans lequel se trouve l'Europe depuis des années. Il souhaite qu'à l'instar de l'Angleterre les pays européens arrivent au régime parlementaire. On pourra alors installer, dans une Europe devenue politiquement homogène, au-dessus des parlements particuliers, un parlement général, qui rendra des arrêts internationaux, organisera des travaux d'intérêt public international, agira même sur l'éducation, afin de faire cesser ou d'empêcher de naître les conflits guerriers. Le système de paix internationale sera comparable à celui qui existait au Moyen Âge, lorsque l'opinion publique tenait pour légitime l'arbitrage exercé par le pape entre les souverains, mais il reposera sur des principes nouveaux, adaptés aux temps nouveaux. Le système sera parlementaire, car aux yeux de Saint-Simon, et d'Augustin Thierry à cette époque, la politique positive, c'est la politique parlementaire.

Du libéralisme politique, Saint-Simon passe bientôt au libéralisme économique. Dès la publication de son livre en 1814, il formulait le principe de l'économie classique, celui de l'identité des intérêts. Mais c'est de 1817 seulement que l'on doit dater sa conversion formelle et explicite aux doctrines du libéralisme économique. Il se désintéresse alors des problèmes du droit constitutionnel et s'intéresse aux questions sociales, qui lui paraissent présenter un caractère plus positif. « *Un régime constitutionnel, un régime libéral, dans le vrai sens moderne du mot*, écrit à ce moment Augustin Thierry, *n'est autre chose qu'un régime fondé sur l'industrie, commercial government, comme l'appelle un auteur anglais*[2]. » Saint-Simon oppose au régime militaire et gouvernemental et aux abus de la contrainte, un régime industriel et administratif qui applique à l'ensemble de la société les méthodes familières à l'industrie. « *Il est un ordre d'intérêt senti par tous les hommes, les intérêts qui appartiennent à l'entretien de la vie et au bien-être. Cet ordre d'intérêt est le seul sur lequel tous les hommes s'entendent et aient besoin de s'accorder... La politique est donc, pour me résumer en deux mots, la science de la production*[3]. »

Saint-Simon rompit avec Augustin Thierry probablement vers la fin de juillet 1817. Celui-ci s'inquiétait de voir reparaître, dans la doctrine de son maître, une conception autoritaire de l'organisation sociale. « *Je ne conçois pas*, déclara un jour Saint-Simon, *d'association sans le gouvernement de*

---

[1]. Le titre complet est : *De la réorganisation de la Société européenne ou de la nécessité et des moyens de rassembler les peuples de l'Europe en un seul corps politique en conservant à chacun son indépendance nationale*.

[2]. *Œuvres de Saint-Simon*, publiées par les membres du Conseil institué par Enfantin, vol. II, Paris, 1868, p. 188.

[3]. *Ibid.*, vol. II, p. 108.

quelqu'un. » « *Et moi*, répond Thierry, *je ne conçois pas d'association sans liberté.* » Pour remplacer Thierry, Saint-Simon choisit Auguste Comte.

2. *Évolution vers une doctrine autoritaire.* — Pendant la période où il collabore avec Auguste Comte, Saint-Simon est fortement influencé par les penseurs théocrates, de Maistre et surtout de Bonald. Cette influence contribue à accentuer son sens de l'autorité et de la hiérarchie. La société individuelle de l'avenir sera, comme la société féodale, positive et organique. Le savant doit jouer dans la société un rôle analogue à celui que jouaient les théologiens. La capacité scientifique remplacera l'ancien pouvoir ecclésiastique. Quant à l'organisation du pouvoir temporel, elle sera calquée sur l'organisation du pouvoir spirituel. Ici encore il y aura des chefs : ceux qui auront pris la direction effective de l'industrie, prouveront, par ce fait même, leur capacité *administrative*, qui, à notre époque, est la première capacité politique. « *De la part des chefs militaires, il y avait commandement, de la part des chefs industriels, il n'y a plus que direction. Dans le premier cas, le peuple était sujet, dans le second, il est sociétaire*[1]. »

À mesure que s'accentue l'orientation *organique* de sa pensée, Saint-Simon s'en prend non plus seulement aux nobles et aux militaires, mais aussi aux juristes, maîtres de l'administration de la justice, tout-puissants au Parlement. Certes, dans la phase de transition les magistrats ont été utiles, ils ont collaboré à la destruction du despotisme militaire comme les métaphysiciens à la destruction des croyances théologiques. Mais leur rôle est aujourd'hui achevé. On ne saurait fonder une société stable sur le principe des légistes, ou sur celui de la souveraineté du peuple, pas plus qu'une foi nouvelle sur le principe métaphysique de la liberté illimitée des consciences. La science expérimentale rejette dans le passé la métaphysique, les principes d'économie politique supplantent ceux du droit civil.

Ainsi, de plus en plus, Saint-Simon s'éloigne de l'économie libérale. Alors que celle-ci se place au point de vue des consommateurs et proclame l'identité des intérêts de tous et de chacun, Saint-Simon se place au point de vue des producteurs. Il considère le genre humain comme composé en très grande majorité de producteurs, associés en vue d'accroître la richesse sociale et rémunérés chacun selon sa *mise sociale*, capital avancé et travail fourni. Il réserve la dénomination de consommateurs à ceux qui, sans produire, consomment le travail des autres, ou, en tout cas, consomment plus qu'ils ne produisent. L'intérêt général est lésé lorsque les non-producteurs prélèvent une dîme sur le produit du travail des producteurs. Qu'est-ce donc, au point

---

1. *Œuvres de Saint-Simon, publiées par les membres du Conseil institué par Enfantin*, vol. IV, Paris, 1868, p. 150.

de vue économique, que le régime gouvernemental ou militaire ? C'est un régime où les consommateurs exploitent les producteurs. Qu'est-ce au contraire que le régime industriel ? C'est un régime où les producteurs ont secoué le joug des consommateurs et repris, pour leur compte, l'administration de la société industrielle.

En vertu de quel principe s'effectuera, dans cette administration, la distribution des rangs ? Ni l'élection, ni la concurrence, au sens où l'entendent les économistes, ne devront être décisives. Saint-Simon souhaite une sorte de cooptation administrative, concurrence encore, si l'on veut, mais comparable non à la concurrence des commerçants, soucieux d'attirer la clientèle, mais à celle des employés désireux d'attirer l'attention des employeurs. Dans la société industrielle dont rêvait Saint-Simon, ceux qui occupent les rangs inférieurs se font concurrence pour obtenir que leur chef les distingue et leur donne de l'avancement ; au sommet de la hiérarchie se trouvent les banquiers : les industriels réussissent dans la mesure où ils savent obtenir la *confiance des banques*.

3. *Esquisse d'une religion nouvelle.* — Une telle société réalise, elle aussi, comme la cité des libéraux la conciliation des intérêts de tous avec l'intérêt de chacun. Mais le principe de l'identification des intérêts n'est pas ici celui de la concurrence commerciale, mais celui de l'émulation professionnelle. De plus Saint-Simon, surtout à la fin de sa vie, ne compte plus seulement sur l'égoïsme bien entendu. Il affirme avec insistance, dans ses derniers ouvrages, en particulier dans son *Nouveau Christianisme*, que la politique doit s'achever par une morale, par une religion. Entre le catholicisme réactionnaire et l'individualisme protestant, Saint-Simon s'érige en arbitre. C'est à la morale positive et industrielle, et à elle seule, qu'il appartient dorénavant de réaliser le précepte chrétien : Aimez-vous les uns les autres.

Il meurt au moment où commencent à se rassembler autour de lui des hommes d'esprit distingué et de cœur enthousiaste, comme Saint-Amand Bazard, ancien conspirateur carbonariste, heureux de se rallier à des principes organisateurs, Prosper Enfantin, polytechnicien employé de banque, Olinde Rodrigues, les frères Pereire. Les revues qu'ils fondent, *Le Producteur* et *L'Organisateur*, révèlent l'esprit qui les anime.

4. *Les disciples de Saint-Simon : fixation de la doctrine.* — L'essentiel de la doctrine qu'ils prêchent dans des conférences publiques est condensé dans un livre intitulé *L'Exposition de la doctrine de Saint-Simon*. Ils y développent une vaste philosophie de l'histoire qui va leur permettre d'imprimer une nouvelle orientation à l'économie. Aux économistes classiques ils reprochent, non pas seulement de manquer de sens social, mais aussi de manquer de

sens historique et de ne pas comprendre les transformations que l'évolution des sociétés impose à la vie économique.

Le genre humain part de la pluralité pour aboutir à l'unité. L'antagonisme décline, l'association progresse. Au début, l'exploitation de l'homme par l'homme était la règle, on verra s'y substituer peu à peu l'exploitation du globe par le genre humain associé. Ainsi s'ouvrira une période organique nouvelle qui mettra fin à l'alternance des *périodes critiques*, où tout est remis en question, et des *périodes organiques*, où s'instaure l'unité par une autorité devant laquelle on s'incline. Les institutions qui doivent être réformées pour que cette organisation nouvelle puisse se développer sont le prêt à l'intérêt et l'héritage. En fait le taux de l'intérêt tend constamment à décroître. Ce mouvement continuera grâce à l'intervention de banquiers d'un type nouveau, qui seront comme les syndics des travailleurs et qui prépareront la voie au crédit gratuit.

L'héritage est, lui aussi, condamné par le mouvement de l'histoire ; il est une survivance du temps où toutes les fonctions sociales étaient héréditaires. Il n'y a pas de raison pour que le droit de propriété conserve ses privilèges. Ce droit a revêtu des formes diverses. Il a rencontré des limites ; on ne possède plus les personnes ; les successions sont réglementées, la propriété peut et doit subir d'autres limitations dans l'intérêt de la production générale. Celle-ci veut que, dans l'État transformé par les méthodes de l'industrie, on puisse donner *à chacun selon sa capacité, à chaque capacité selon ses œuvres*. Les deux formules paraissent se répéter, en réalité la première veut dire que les chefs auront mission de déléguer la propriété aux méritants, aux gens capables de bien la gérer. Quant à la rémunération, les saint-simoniens ne sont pas égalitaires : elle sera proportionnelle aux œuvres. Or, ce principe de la rétribution selon les œuvres, ce n'est que la transposition, ou si on veut, la transfiguration industrielle du droit du plus fort. Le plus rémunéré dans la société à laquelle les vœux des saint-simoniens aspirent sera toujours *le plus fin et le plus fort*, mais à condition qu'il emploie son intelligence et sa puissance à exploiter la nature et non son semblable. La société sera comme une armée constructive et non plus destructive : la solde y sera graduée suivant les fonctions.

À ce programme économique, les saint-simoniens vont bientôt ajouter un *credo*, une théorie religieuse. Enfantin et Bazard se disputent la direction de l'école transformée en Église. Enfantin voudrait soumettre les rapports entre les sexes à une loi nouvelle qui donnerait toute liberté au grand prêtre. Une scission se produit : un groupe de saint-simoniens part pour l'Orient, se réfugie au Caire ; il élabore des projets de grands travaux, entre autres celui du canal de Suez. Au retour la plupart des adeptes exerceront d'importantes fonctions dans les banques et l'industrie. L'originalité des saint-simoniens est d'avoir ajouté à l'industrialisme tout un programme de réorganisation économique, dont le socialisme démocratique s'inspirera, comme il s'inspirera aussi des critiques de Sismondi. Pour Sismondi, la concentration industrielle conduit à la ruine, au désordre, à la misère ; pour les saint-simoniens, elle doit conduire à la richesse, à l'ordre, à l'harmonie.

Il pouvait sembler impossible de fondre ces deux thèses, l'une pessimiste, l'autre optimiste ; c'est cette fusion pourtant qui va s'opérer après 1830 et qui préparera le socialisme démocratique[1].

III. — *LE SOCIALISME DÉMOCRATIQUE*[2]

Sous Louis-Philippe, le socialisme en France apparaît comme une synthèse du sismondisme et du saint-simonisme. Il admet avec Saint-Simon que la concentration industrielle est un bien, mais il n'admet pas qu'elle s'opère sous la directive des grands capitaines d'industrie, même s'ils devaient être convertis au programme saint-simonien. Pour que la concentration reste un bien il importe qu'elle s'opère sous le contrôle, sous la direction de l'État lui-même, au service du peuple.

La fusion de l'idée démocratique et de l'idée socialiste ne s'accomplit pas tout de suite. La révolution de 1830, si elle fut un mouvement d'inspiration républicaine et anticléricale, n'est nullement socialiste. Mais deux ans plus tard éclatèrent des révoltes d'ouvriers sans caractère politique. Elles posaient nettement les questions sociales. Les émeutes conjuguées de Paris et de Lyon en avril 1834 révèlent que le rapprochement est en train de s'opérer entre socialisme et républicanisme. C'est par solidarité avec les grévistes de Lyon que les républicains de Paris dressent des barricades. Les souvenirs de la Révolution française contribuent à ce rapprochement. La *Société des droits de l'homme*, qui groupait les Républicains de Paris et de province et dont les chefs furent arrêtés après les journées d'avril, avait choisi comme programme la Déclaration des droits présentée à la Convention par Robespierre en 1793.

Parmi les livres qui ont à ce point de vue exercé la plus large action

---

1. Cf. É. Halévy, *L'Ère des tyrannies*, 1938, le chapitre sur la doctrine de Saint-Simon, p. 30-90. [Reproduit dans l'édition Les Belles Lettres de 2016, p. 83-149.]
2. [Voir lettre d'Élie Halévy à Daniel Halévy, 31/12/1908 : « Avant 1848, il s'est fait en France et en Angleterre une tentative « jaurésiste » pour créer une doctrine à la fois socialiste et démocratique. Mais la vraie tradition socialiste, oweniste, saint-simonienne, fouriériste était autre. Tous, en révolte contre la tradition jacobine, déclaraient que l'évolution des formes de la production était indépendante des révolutions politiques, et d'importance supérieure », *in* Élie Halévy, *Correspondance, op. cit.*, p. 400.]

il faut citer l'*Histoire de la conspiration pour l'Égalité, dite de Babœuf*, publiée par Buonarroti en 1828, à Bruxelles.

1. **Les origines du communisme : Babœuf et Blanqui.** — Babœuf avait organisé en 1796, sous le Directoire, une société secrète d'environ 2 000 membres. Il préparait une insurrection qui devait s'efforcer d'appliquer un programme communiste. La conjuration fut paralysée, les conspirateurs arrêtés, Babœuf et plusieurs de ses collaborateurs condamnés à mort après un procès retentissant. L'un de ceux qui furent déportés était justement Buonarroti, qui rapporta du bagne le programme des babouvistes. Parmi les systèmes économiques, il en distingue deux : le système égoïste et le système de l'égalité. Le système égoïste implique l'individualisme, le laissez-faire, la concurrence sans frein ni mesure. Le système de l'égalité s'inspire des principes de Jean-Jacques Rousseau. Il y avait donc, aux yeux de Buonarroti, dans la Révolution française et dans la philosophie qui l'a préparée, des germes de socialisme. Il retient que la nature a donné à tous les hommes un droit égal à tous les biens ; la mission de la société est justement de refréner les tendances à l'inégalité.

Pour atteindre ce but, elle devait abolir : 1° l'hérédité, 2° l'aliénabilité (la capacité de vendre les produits du travail), 3° l'inégalité des salaires attachés aux différents travaux. La doctrine, nettement communiste, prend pour formule *à chacun selon ses besoins*. Comment réaliser ce programme ? Par un coup de main qui materait toute résistance. L'établissement du communisme résulterait d'une insurrection victorieuse.

Blanqui conserve beaucoup de ce programme : exalté, fils d'un conventionnel girondin et étudiant en droit, il brûle de l'appliquer. Il cherche à le répandre dans des groupements à la fois républicains et socialistes comme la *Société des droits de l'homme* avant 1834 ; quand celle-ci fut dissoute en 1834, dans des sociétés secrètes et nettement communistes comme celle des *Saisons* ou des *Familles*. Cette dernière était divisée en trois *années* dont les trois directeurs étaient Blanqui et deux anciens saint-simoniens, l'ouvrier imprimeur Martini Bernard et le créole Barbès, riche et chevaleresque, surnommé le *Bayard de la démocratie* par Proudhon. Aidé par Barbès, peu s'en fallut que Blanqui ne réussît à conquérir le pouvoir en 1839 : des insurgés s'emparèrent de l'Hôtel de Ville et de la préfecture de police, mais le mouvement fut bientôt réprimé et les chefs jetés en prison et expédiés au Mont-Saint-Michel, où on les garda jusqu'en 1848. Ce mouvement, purement communiste, devait rester dans l'ombre pendant toute cette période. Très vite cependant des sociétés secrètes communistes se reformèrent, telles *Les Égalitaires*, *Les Unitaires*, la *Société des Bastilles* surtout, organisée militairement ; toutes préparaient un coup d'État, ou à défaut, des attentats, comme celui dirigé contre le duc d'Aumale en 1841. Vers la même époque le socialisme se répand parmi certains intellectuels, d'abord peu nombreux.

2. *Buchez : le socialisme chrétien.* — L'un des premiers à citer est Buchez, né en 1796, étudiant en médecine, qui devait s'efforcer de concilier les traditions catholiques, saint-simoniennes et révolutionnaires. Dégoûté du républicanisme, ayant appartenu comme Bazard aux Carbonari, il se persuade bientôt qu'il a tort de rester attaché à une conception qui n'accorde d'importance qu'aux formes politiques, Il est attiré par la philosophie sociale des saint-simoniens, mais il se sépare d'eux, effrayé par leurs excentricités mystiques et leurs tendances panthéistes. Il gardera beaucoup du saint-simonisme, mais en le démocratisant, sous l'influence des souvenirs de la Révolution française, qu'il évoque dans un ouvrage qui ne comprend pas moins de 40 volumes, publié avec la collaboration de M. Roux-Lavergne : *Histoire parlementaire de la Révolution française*[1].

Selon Buchez, le catholicisme serait susceptible de mener au socialisme, car il apporte un principe d'unité, en même temps qu'un souffle de fraternité. Buchez est de ceux qui pensent que l'esprit révolutionnaire n'est pas en contradiction avec l'esprit chrétien et que la révolution peut même nous aider à réaliser le christianisme. Il nie que la Révolution française ait été purement critique et destructive. Ce qui importe c'est de corriger le système de Voltaire, insistant sur la liberté, par celui de Rousseau, insistant sur l'égalité. La mémoire de Rousseau, à ce moment, vers 1840, connaît un renouveau de popularité, redevient une force. Pour faire progresser les hommes vers l'égalité, il faut remédier à l'anarchie de la concurrence, il faut organiser l'association.

Buchez distingue dans l'industrie deux cas : celui où l'essentiel est l'habileté de l'ouvrier, celui où l'essentiel est le capital mis à la disposition de l'entrepreneur. Dans le premier cas, une part des bénéfices égale à celle de l'entrepreneur serait réservée, dont les 4/5 constitueraient une caisse de secours ; le reste serait distribué entre les ouvriers formant des sortes de coopératives.

Les coopératives de production ont été essayées d'abord par des ouvriers disciples de Buchez. Il avait su en grouper un certain nombre, surtout des artisans austères, dont le journal l'*Atelier* s'intéressa autant aux questions économiques que politiques. Sous son inspiration, des bijoutiers en doré formèrent une coopérative de production dès 1834 : en 1831 il avait étudié

---

1. Il avait publié auparavant, en 1822, une *Introduction à la science de l'histoire, ou science du développement de l'humanité*, et collaboré à l'*Européen*.

ce genre de coopérative dans le *Journal des sciences morales et politiques* (décembre 1831). Buchez estimait que pour les industries dont l'importance tient aux machines, et au capital que celles-ci supposent, l'action d'un directeur était indispensable ; du moins les salaires devraient-ils être fixés par des groupements composites où se rencontreraient, à côté des élus des ouvriers, les délégués des patrons.

D'ailleurs une banque centrale s'imposait pour encourager l'industrie et l'aider à employer des méthodes d'association. Buchez, par cette partie de son programme, allait exercer une puissante influence sur Louis Blanc qui, né en 1811 à Madrid de parents royalistes, devint le représentant typique des démocrates qui voulaient, au-delà de la république bourgeoise, aller jusqu'au socialisme.

3. *Louis Blanc : le socialisme étatiste.* — Louis Blanc distingue, comme Buchez et les saint-simoniens, trois périodes dans l'histoire : la première est celle de l'autorité, de la contrainte et de l'inégalité ; la deuxième celle de l'individualisme, du laissez-faire, du voltairianisme ; dans la troisième période, l'esprit de fraternité organisera la société de façon à la fois chrétienne et démocratique.

Dans le livre l'*Organisation du travail*, qu'il publie en 1841 et qui, s'il n'est pas profondément original, constitue une synthèse très précieuse en vue de l'action qui se prépare, on retrouve des éléments sismondistes et des éléments saint-simoniens[1]. Dans la première partie critique, Louis Blanc dénonce à son tour la concurrence comme une source de misère non seulement pour l'ouvrier mais pour la bourgeoisie. La lutte des entreprises s'écroulant les unes après les autres ruine le pays entier. Dans la partie constructive de son ouvrage, Louis Blanc admet que la concentration industrielle est un bien, à condition qu'elle soit contrôlée par les forces populaires. C'est ici qu'on le voit faire effort pour démocratiser le saint-simonisme. Il veut le suffrage universel, il compte sur un Parlement élu pour organiser la réforme sociale. Celle-ci implique : 1° la constitution d'un ministère du Progrès avec un budget supposant le remplacement de la Banque de France par une Banque nationale, la réorganisation des chemins de fer et des assurances ; 2° la formation d'ateliers sociaux, qui seront agricoles et industriels, la gestion restant toujours soumise à l'élection. Sur les gains, un quart serait consacré à l'amortissement du capital avancé par l'État, un quart à l'organisation des

---

1. Le livre parut pour la première fois en 1819 dans la *Revue du progrès*, et ses dimensions sont celles d'un article. Mais sa brièveté, sa clarté et le prestige de l'auteur, que son *Histoire de dix ans* et son activité de journaliste rendirent vite célèbre, expliquent le grand succès de ce manifeste des principales idées socialistes.

secours en cas d'accidents, un quart à l'assistance pour les vieillards et les enfants, un quart au salaire des travailleurs.

Le principe de distribution est égalitaire, les salaires doivent être proportionnés à la quantité de travail, non à la qualité. Louis Blanc se sépare ici nettement du saint-simonisme ; sa formule est : *de chacun* – et non plus à chacun – *selon sa capacité, à chacun suivant ses besoins*.

Pour propager ses idées, Louis Blanc fonde en 1843, avec Arago, Flocon et Ledru-Rollin, le journal *La Réforme*. Ils y développent une propagande socialiste et démocratique. Ledru-Rollin revendique le suffrage universel, Flocon le monopole de l'enseignement par l'État – ce qui déplaît à Ledru-Rollin – et même le *droit au travail*, selon une formule empruntée à Fourier, seul moyen pratique, pense-t-il d'établir l'égalité. Ils forment une équipe de républicains avancés, par rapport aux républicains modérés du *National*. De 1841 à 1844, Louis Blanc écrit l'*Histoire de dix ans* ; en 1847, il fait paraître le premier volume d'une *Histoire de la Révolution française*.

En 1840, le suffrage universel, que désire Louis Blanc, est impossible. Une révolution est donc inévitable pour la réalisation de son plan. La révolution permettra de reconstruire sur de nouvelles bases. L'évolution en France rappelle celle qui se produisait à la même époque en Angleterre lorsqu'on passait du corporatisme économique de Robert Owen au chartisme revendiquant le suffrage universel, moyen indispensable de transformation économique.

IV. — *LES SOCIALISTES ANTI-ÉTATISTES*[1]

Vers la même date s'élaborent en France des formes de socialisme anti-étatiste.

1. *Fourier*. — Fourier, né à Besançon, en Franche-Comté, ancien représentant de commerce en drap, a vu fonctionner des *fruitières*, associations de paysans pour la confection et la vente des fromages, qui ont pu lui donner l'idée de l'excellence de la coopération. Mais il est avant tout un grand imaginatif, un maniaque à traits de génie, un autodidacte qui se plaît à dépeindre, dans ses livres, un monde de rêves. Il publie dès 1804 un abrégé de ses théories, qu'il développe en 1808 dans la *Théorie des quatre*

---

1. [Voir lettre d'Élie Halévy à Célestin Bouglé, 02/11/1903 : « Je lis Fourier, aux divagations duquel je finis par me laisser prendre. C'est fou, mille fois fou ; mais je réussis à comprendre l'état d'esprit fouriériste. Espérons que je réussirai aussi bien, dans quelques jours, avec Proudhon, qui m'a rebuté il y a quinze jours, et non pour la première fois », *in* Élie Halévy, *Correspondance, op. cit.*, p. 341.]

mouvements et des destinées générales, purement cosmogonique, puis en 1822 dans un *Traité de l'association domestique agricole, attraction industrielle*, enfin en 1829, dans *Le Nouveau Monde industriel*.

Fourier est sévère pour la morale, qu'il accuse de mutiler inutilement l'humanité ; la morale dit qu'il y a des passions mauvaises ; or elles sont toutes bonnes, voulues par Dieu ; il suffit pour les utiliser de bien organiser la société. Les trois passions principales *distributives et mécanisantes* sont : la *cabaliste*, mère des intrigues et des dissidences ; la *papillonne*, qui correspond au besoin de changement dans l'activité comme dans les plaisirs, et la *composite*, qui incite les hommes à s'incorporer dans des groupes rivalisant eux-mêmes les uns avec les autres.

Une théorie du progrès autorise à penser que le moment est venu où toutes les passions peuvent trouver satisfaction. Dans l'histoire du genre humain, les *vibrations* ascendantes et descendantes se succèdent. Nous sommes actuellement devant une phase de vibrations ascendantes qu'on appelle la civilisation. Elle est caractérisée par le *morcellisme*, impliquant l'absence d'entente dans la production comme dans la consommation, ce qui permet la prédominance de l'intermédiaire, du petit commerçant, qui ruinent la société aux dépens de laquelle ils vivent. Le moment est venu d'organiser le *garantisme* : le principal instrument en sera le *phalanstère* que Fourier préconise en 1822 ; c'est un petit groupe de familles, 425 familles environ, 2 000 individus, qui s'isoleront volontairement du genre humain pour démontrer la possibilité d'instituer une vie harmonieuse ; le travail y sera en majeure partie agricole. Fourier accorde beaucoup moins que les saint-simoniens à l'industrie ; Dieu ne réserve à celle-ci, pense-t-il, que le quart du temps fixé pour le travail. Des séries *passionnées* seront constituées par les individus ayant les mêmes goûts, ce qui donnera satisfaction à la *cabaliste* ; les séances de travail seront courtes, les travaux seront variés, ce qui donnera satisfaction à la *papillonne* ; les produits à distribuer seront divisés en 1 200 parts ; 600 réservées au travail, 400 au capital, 200 aux lumières et aux talents.

Pour fonder le premier phalanstère, Fourier attendait un capitaliste qui mettrait seulement 300 000 francs à sa disposition. L'imitation aidant, les obstacles s'aplaniraient, le monde entier vivrait en phalanstères, obéissant à un *omniaque* qui régnerait à Constantinople. Les déserts seraient fertilisés, l'eau des mers deviendrait potable et aurait un goût de violette, un éternel printemps régnerait sur la terre adaptée aux besoins de l'homme.

2. *Les disciples de Fourier : Victor Considérant*. — Des rêves de ce grand utopiste, les disciples vont s'efforcer de retenir des arguments et des théories qui, tant pour la partie critique que pour la partie constructive, ouvrent les voies au socialisme.

Ce fut principalement le rôle de Victor Considérant, ancien élève de Polytechnique, de mettre en lumière tout ce qu'il peut y avoir de positif et de scientifique dans la doctrine de Fourier. Plusieurs disciples du saint-simonisme, dégoûtés des allures mystiques que celui-ci avait prises, se rallièrent autour du souvenir de Fourier. Ils aimaient à se poser en ingénieurs sociaux, prêts à utiliser les forces immanentes à la société. Ils commencèrent, comme l'avait voulu Fourier lui-même, par se tenir à l'écart de la politique ; ils ne prirent point part aux conspirations, si fréquentes entre 1830 et 1840.

Considérant publie en 1832 la *Débâcle de la politique* ; il y établit que les idées politiques s'en vont, les idées sociales les remplacent. Pour faire passer ces idées sociales à l'acte, ce n'est pas sur la puissance de l'État que les fouriéristes comptent : c'est sur l'exemple des petits groupes constructeurs : « *Venez et fondez une religion* », disaient les saint-simoniens ; « *Venez et faisons la révolution* », disaient les babouvistes ; « *Venez et fondez des phalanstères* », disaient les fouriéristes.

Plusieurs expériences furent faites en France, en Amérique, au Mexique[1] ; presque partout elles échouèrent. Il n'y a guère en France que dans les institutions de Godin (*le Familistère*)[2] ou dans les statuts de la maison Leclaire (maison de peinture) qu'il subsiste quelque chose de l'inspiration fouriériste. Mais les coopératives de consommation, devenues très nombreuses, croient, elles aussi, avoir réalisé une grande partie de l'idéal cher à l'auteur du *Nouveau Monde industriel*, que Charles Gide saluait volontiers comme son maître. Charles Gide en effet caractérisait la doctrine fouriériste comme un intermédiaire entre le libéralisme et le socialisme anti-étatiste.

3. *Proudhon*. — Anti-étatiste aussi est Proudhon, mais à sa manière, qui diffère beaucoup de celle de Fourier. Il est un des rares auteurs socialistes qui sorte des couches populaires. Fils d'une cuisinière et d'un tonnelier de Besançon, il garde les bêtes aux champs en même temps qu'il poursuit ses études. Obligé de prendre du travail dans une imprimerie, il concourt pour la pension Suard et obtient une bourse de l'Académie de Besançon. Il se rend à Paris, y dévore des livres, y suit des cours, mais refuse toute sa vie d'être considéré comme un intellectuel. Il tient à être le représentant de ceux qui furent *ses frères de travail et de misère* et reste ouvrier, correcteur d'imprimerie.

Dans son premier livre (1838), consacré à la *Célébration du dimanche*, il s'efforce de démontrer qu'il y a des vérités éternelles, morales, religieuses

---

1. Les colonies fouriéristes furent nombreuses aux États-Unis surtout : 40 environ y furent fondées vers 1841-1844.
2. Fabrique d'appareils de chauffage fondée à Guise en 1859 : les ouvriers en sont les propriétaires et participent aux bénéfices.

et scientifiques. Il se réjouit qu'une fois par semaine le loisir soit accordé à l'homme, non pour se distraire, mais pour s'instruire. Il apparaît ainsi dans ses idées une nuance de protestantisme, sinon de jansénisme.

Proudhon ne rêve pas comme Fourier l'extension indéfinie de jouissances variées ; plutôt accepterait-il l'idée d'une société où tout le monde serait pauvre, pourvu qu'on fût également pauvre. Entre 1840 et 1842, il développe ses idées en trois mémoires qui, du jour au lendemain, le rendent célèbre : *Qu'est-ce que la propriété ? Lettres à Blanqui sur la propriété, Lettres à Victor Considérant.*

C'est dans le premier mémoire, paru en 1840, qu'il lance l'affirmation fameuse qui devait l'amener devant la justice : *la propriété c'est le vol.* Il va démontrer péremptoirement, non seulement que la propriété est injuste, mais qu'elle est impossible. Il démolit un à un les arguments des juristes la fondant soit sur l'occupation, soit sur le travail. Suivant lui, il n'y a pas d'objet qui soit produit uniquement par le travail de son possesseur ; dans tout objet produit, la société a sa part ; l'érection de l'obélisque par l'effort de deux cents grenadiers aurait été impossible par l'effort d'un seul, même s'il disposait d'un temps deux cents fois plus grand. Il y a donc une force collective supérieure aux forces individuelles avec laquelle il faut toujours compter. La coopération des travailleurs, la simultanéité et la convergence de leurs gestes, sont créatrices de valeur. Si donc la propriété peut être représentée comme une espèce de vol, c'est d'abord qu'elle implique une appropriation individuelle des bénéfices d'un travail en commun. Il se découvre entre maîtres et ouvriers une erreur de compte : l'employeur n'a pas payé tout le travail dont il tire profit ; toute production étant nécessairement collective, tout capital accumulé est une propriété sociale. Cela suffit pour qu'il soit inadmissible que quelqu'un conserve la propriété exclusive de ce capital. Tant que ce régime subsiste, le rachat total de la production par les travailleurs est impossible.

La pensée de Proudhon voisine ici avec celle de Saint-Simon et de Sismondi. Mais malgré cette introduction de la notion de force collective, il se défend énergiquement d'aboutir au communisme, où il voit une forme d'esclavage. C'est à un équilibre de justice, respectueux des individualités, qu'il aspire ; dès 1842 il admet que le régime de la communauté est caractéristique d'une première phase de l'histoire ; le régime de la propriété en serait l'antithèse ; il faut préparer la synthèse. Il ignorait cependant la philosophie de Hegel, qu'il ne connut qu'en 1844.

Entre 1842 et 1848, Proudhon publie *La Création de l'ordre dans l'humanité*, et prépare les *Contradictions économiques ou Philosophie de la misère*. En même temps qu'il continue de s'instruire auprès des économistes, il s'intéresse à la philosophie allemande. Il entre en rapport avec des réfugiés politiques allemands comme Karl Grün, Arnold Ruge, qui veulent faire collaborer Révolution française et philosophie allemande dans les *Annales franco-allemandes*. C'est dans ce milieu que Proudhon rencontre le jeune Karl Marx, lequel l'initie à la dialectique de Hegel, dialectique qui avait exercé une grande influence sur un certain nombre de jeunes Allemands révolutionnaires délivrés de la tradition idéaliste par la philosophie de Feuerbach.

Proudhon se vante de penser en hégélien dans ses *Contradictions économiques*, qui paraissent en 1846, où il montre que les principales notions économiques : valeur, travail, concurrence, etc., aboutissent à des oppositions que la société s'efforce de surmonter. Il invente un système de crédit capable, pense-t-il, de concilier la liberté et l'égalité. Il lance, en octobre 1847, le prospectus d'un journal qui devait s'appeler *Le Peuple*. Il prétend y montrer que la clef de la révolution est dans la *science économique* permettant d'organiser le crédit gratuit et l'échange égal. Mais la Révolution de 1848 devait éclater avant que le programme, soit de Proudhon, soit de Marx, ne fût mûr pour l'application.

V. — *LA RÉVOLUTION DE FÉVRIER 1848*

Un bon nombre des idées élaborées par les penseurs socialistes devaient trouver en 1848 l'occasion de s'essayer, mais dans des conditions fâcheuses et sans grande chance de succès. Le peuple parisien n'avait pas pardonné qu'on lui eût volé la Révolution de 1830. Dans les sociétés secrètes, depuis 1834, le socialisme avait endoctriné des militants, dont plusieurs devinrent des meneurs au moment des mouvements de rue. L'opposition parlementaire, entretenant l'agitation par une campagne de banquets, demandait avant tout l'extension du suffrage : le ministère Guizot dut démissionner dès le 22 février, ce qui ne calma pas l'agitation de la foule parisienne. Après un incident qui mit aux prises, le 23, des bandes d'ouvriers et un cordon de police, la foule s'empare de l'Hôtel de Ville et des Tuileries, contraint le roi à abdiquer et envahit la Chambre des députés ; elle réclamait l'élection de sept membres pour la formation d'un gouvernement provisoire ; ensuite, à l'Hôtel de Ville, les manifestants firent ajouter aux sept membres en question quatre membres nouveaux, parmi lesquels Louis Blanc et l'ouvrier Albert, chef d'une petite société secrète.

1. *Les socialistes au pouvoir.* — Le 28 février, le peuple demanda la création d'un ministère du Progrès, l'organisation du travail (projet Louis Blanc), la proclamation du droit au travail (formule lancée par les fouriéristes).

Le gouvernement provisoire, dès le 25, s'engage à *garantir l'existence de l'ouvrier par le travail* et établit un Conseil économique, où se rencontraient les patrons et les ouvriers, conseillés par Jean Reynaud, Victor Considérant, Vidal et Pecqueur. Vidal et Pecqueur proposèrent le monopole des assurances et des banques pour alimenter le budget de l'organisation du travail et permettre la fondation des ateliers sociaux dont Louis Blanc avait fait le plan. Le 28, les républicains modérés du gouvernement se débarrassèrent de Louis Blanc en lui donnant la présidence d'une Commission pour les travailleurs *avec mission expresse et spéciale de s'occuper de leur sort* : elle siégea au Luxembourg et on la surnomma *Commission du Luxembourg*. Mais les ateliers nationaux, nom donné aux ateliers sociaux de Louis Blanc, furent organisés par un modéré, antisocialiste, Marie, ministre des Travaux publics.

Les ouvriers, dans leurs manifestations, secondaient l'effort socialiste du gouvernement provisoire. Le 17 avril, au Luxembourg, reprenant la formule saint-simonienne, ils demandaient l'abolition de l'*exploitation de l'homme par l'homme* et une république démocratique. Mais bientôt un mouvement de réaction commença ; le gouvernement cherchait à s'appuyer sur des forces d'ordre. Pour résister aux pressions de la rue, il escomptait l'action des ateliers nationaux, qui ne firent rien, en effet, pour réaliser le plan de Louis Blanc ; les promoteurs de ces prétendus ateliers nationaux désiraient surtout transformer les chômeurs, qu'on occupait à des travaux de terrassement, en une armée séparée des ouvriers blanquistes et de la Commission du Luxembourg. Au mois de mars, l'effectif de ces ateliers atteignait 100 000 hommes et le gouvernement comptait sur eux pour voter aux élections contre le socialisme. Les élections furent effectivement une défaite pour les socialistes et une victoire pour les modérés. Mais bientôt les modérés décidèrent de dissoudre une organisation qui coûtait cher et ne leur donnait aucune garantie. On décréta que de 18 à 25 ans les ouvriers devraient s'engager dans l'armée ou aller en province défricher par exemple les marais de Sologne. Alors, les 24, 25 et 26 juin éclata à Paris une révolution ouvrière sans chef ; les morts sont difficiles à estimer : l'armée et la garde mobile en comptèrent plus de trois mille, les insurgés, selon la préfecture de police, quinze cents, mais ces chiffres sont certainement incomplets : il y eut aussi quinze mille arrestations, quatre mille déportations en Algérie.

2. *Échec des socialistes*. — D'autres tentatives d'ateliers nationaux furent faites. On reprit les idées de Buchez sur les coopératives de production (en 1834, il avait fondé un atelier de bijouterie). Lorsque Buchez devint, en 1849, président de la Constituante, son disciple Corbon demanda un crédit de trois millions pour les associations ouvrières. Louis Blanc était favorable à la formation de coopératives de ce genre. Il demandait que l'État

leur fournît des fonds pour débuter et contrôlât leurs règlements. Un certain nombre de coopératives (ferblantiers, lampistes) furent ainsi fondées, et quelques-unes survécurent à la Révolution.

Proudhon ne croyait guère au succès de ces associations, et encore moins à celui des interventions de l'État. Il protestait avec vigueur contre la multiplication des lois et décrets, œuvres d'un socialisme soi-disant démocratique, en réalité étatiste. Pour sa part, c'était sur l'organisation du crédit et de la circulation qu'il comptait pour résoudre pacifiquement le problème du paupérisme. Devant l'Assemblée législative, il préconisa un projet d'impôt sur les revenus qui fut combattu par Thiers. En 1849, il lança le projet d'une banque du peuple, au capital de 5 millions en actions de 5 francs. Elle permettrait de fournir gratuitement du crédit aux groupements de travailleurs. La banque échoua. Proudhon, pour outrage au prince-président, fut mis en prison. Il devint très sévère pour la Montagne. Il estimait que le socialisme, en abondant dans le sens de l'étatisme, tendait à créer un régime incapable de durer : ce régime était voué à la disparition avant qu'on en pût venir à un régime plus conforme à des aspirations anarchistes. Si le socialisme étatiste avait échoué, par contre les républicains avaient obtenu, pour un temps au moins, quelques victoires : le gouvernement provisoire avait proclamé le suffrage universel, les libertés de presse et de réunion, conquêtes politiques qui furent un peu plus durables que les conquêtes sociales, puisqu'elles se maintinrent jusqu'en 1850.

Des inquiétudes que les tentatives socialistes avaient suscitées et des échecs qu'elles avaient essuyés, Louis-Napoléon profita. Il fut soutenu par le monde paysan retourné contre les *rouges*. Élu président par 5 400 000 voix contre 1 400 000 à Cavaignac, 370 000 à Ledru-Rollin, 36 000 à Raspail, 8 000 à Lamartine, il se fit acclamer par la troupe au camp de Satory, sans attendre sa réélection. La deuxième République mourut le 2 décembre 1851.

« *Du coup, c'en est fini du socialisme* », déclare Louis Reybaud, l'économiste républicain. Au contraire : « *C'est le socialisme qui triomphe* », s'exclame Guizot au moment du coup d'État. Napoléon III va en effet s'efforcer bientôt d'attirer à lui les ouvriers ; il veut leur accorder des avantages, leur donner des garanties et les détacher des républicains. Il fait disparaître pour des années le socialisme révolutionnaire ; il s'efforce d'installer à sa place un socialisme à la fois étatiste et humanitaire, tout différent de celui qui s'était élaboré entre 1830 et 1848 et qui devait reparaître, transformé, revigoré par le marxisme, après 1862.

DEUXIÈME PARTIE

MARX ET LE MARXISME

CHAPITRE PREMIER

LA JEUNESSE DE MARX ET LA FORMATION DU MARXISME

1836-1848

La période que nous venons d'étudier, des premières années du XIXe siècle à la Révolution de 1848, est celle où le socialisme a été le plus fécond dans l'ordre des idées. Toutes celles qui aujourd'hui encore constituent l'essentiel de la doctrine datent de cette époque.

Il est vrai que les théories de Marx ne se sont développées et répandues qu'après 1848. Mais Marx, esprit puissamment systématique, n'est pas un grand créateur d'idées. Il a étudié économistes, historiens, socialistes français et anglais, et il a synthétisé leurs résultats en utilisant une philosophie dérivée de l'hégélianisme. Ce n'est pas à son originalité mais à son rôle historique que le marxisme doit son importance ; en effet, il a servi d'armature idéologique, pour ainsi dire, à tous les partis socialistes d'Europe. Le prestige du marxisme a été tel que tous les partis révolutionnaires se sont réclamés de lui, même ceux qui, comme les syndicalistes révolutionnaires, étaient très éloignés de sa pensée.

Dans la première moitié du siècle, France et Angleterre avaient été les foyers du socialisme. Dans la deuxième moitié du siècle, à mesure que le marxisme élargit son influence, la pensée allemande apparaît au centre du mouvement idéologique. Après la guerre de 1870, le Reich domine l'Europe, et la social-démocratie, forte de ses succès électoraux, semble susceptible de s'étendre de l'Allemagne à l'Europe.

Nous consacrerons les chapitres suivants à l'étude du marxisme, doctrine officielle du socialisme européen dans le dernier quart du XIXe siècle.

1. *Adolescence*[1]. — Karl Marx naquit à Trèves (Rhénanie) en 1818. Son père, fils de rabbin, fut avocat et devint *Jutiz rath*. Il avait épousé Henriette Presbourg, elle aussi fille de rabbin. Le père de Karl Marx s'était

---

1. [Voir *Conférences rédigées dans les années 1900*, reproduite ici Partie II, chap. 3, « Le capital, la théorie de la valeur », p. 125 et notes d'étudiants, carton 8.]

converti au protestantisme pour des raisons probablement plus politiques que religieuses. Il avait pour ami un baron rhénan, von Westphalen, marié à une noble écossaise. Le milieu dans lequel s'écoula la jeunesse de Karl Marx était donc de haute bourgeoisie liée à l'aristocratie, milieu de culture, d'activité intellectuelle.

On pourrait être tenté de croire et on a dit que le fait d'être juif incline au socialisme. Un jeune homme israélite, dans la mesure où le monde environnant est antisémite, est poussé vers les partis de gauche qui seuls l'accueilleront. De plus, on prétend que les juifs sont naturellement, ethniquement pour ainsi dire, enclins au messianisme révolutionnaire. Ni l'une ni l'autre raison ne valent dans le cas de Marx. Celui-ci aurait pu sans difficulté devenir un membre du parti libéral ; quant au messianisme révolutionnaire, le ghetto peut-être y prédispose, mais non la race. Au reste, les premiers socialistes, juifs ou non, sont tous hantés par l'idée d'un messianisme social. Le marxisme s'explique, en vérité, par les influences historiques qui se sont exercées sur le jeune Marx.

Après des études au gymnase de Trèves, Marx entra à l'université de Bonn, où il travailla peu mais où il passa une année joyeuse. À dix-neuf ans, il se fiança à Jenny von Westphalen dont le grand-père Philip, ministre du duc de Brunswick, au temps de la guerre de Sept Ans, avait été anobli, et dont la mère, anglaise, se rattachait à la famille des ducs d'Argyll. En 1836, Karl Marx fut envoyé à Berlin par son père, mécontent de son travail à Bonn et désireux de retarder son mariage.

2. *Rencontre avec Hegel et la gauche hégélienne.* — Lorsque Marx arriva à l'université de Berlin celle-ci était toute pleine encore du souvenir de Hegel[1] qui y avait enseigné de 1819 à 1831. La philosophie de Hegel présente un double caractère : c'est une philosophie de l'absolu et en même temps une philosophie du devenir perpétuel. Hegel a prétendu réconcilier Platon et Héraclite. Chaque effort pour se donner une idée de Dieu échoue parce que chaque idée, imparfaite, est contradictoire. La définition essayée est détruite, on passe à une autre, et ainsi indéfiniment. Thèse, antithèse, synthèse, tel est le rythme du système ; méthode dialectique qui aboutit finalement à une définition parfaite.

Hegel commençait son cours par la formule *l'Être est* ; mais dire l'*Être est*, c'est dire tout aussi bien l'*Être n'est rien*, puisqu'il est sans caractéristiques

---

1. *Lettre d'Élie Halévy à C. Bouglé*, 21 *novembre 1907* : « ... Lis *La Philosophie du Droit* de Hegel. Cela te fortifiera. Bien des choses sont contenues là-dedans : toute la civilisation allemande contemporaine s'y trouve fondée. J'ai eu des occasions de constater que cela était plus vrai encore que ne le croient beaucoup de ceux qui le disent. »

particulières. *Être* et *ne pas être* pris à la fois signifient devenir, idée qui surmonte et unit les deux idées contradictoires. On cherche ainsi dans chaque terme une contradiction qui se résout dans un terme supérieur.

La progression dialectique permet de retenir tous les termes dans l'unité d'un système qui se confond avec le devenir lui-même. Philosophie qui, en dernière analyse, est essentiellement conservatrice et conciliatrice : elle concilie dans l'absolu les idées qui, dans leur particularité, se contredisent.

Appliquée à la philosophie du droit, la méthode dialectique enchaîne la famille, la société civile (*Bürgerliche Gesellschaft*) et l'État. La famille dans laquelle l'individu est absorbé est la négation de l'individu. La société civile, celle du XVIIIe siècle, est purement individualiste, conforme à l'individualisme de Rousseau ou des économistes libéraux. Mais cet individualisme détruit la société : la synthèse sera l'État, qui a pour objet d'établir une véritable conciliation entre la famille et la société civile. Hegel n'est pas un absolutiste, ce n'est pas un partisan du système patriarcal imaginant l'État sur le modèle de la famille : c'est un conservateur modéré, partisan de la monarchie constitutionnelle, telle que l'aurait conçue un conservateur anglais.

La philosophie de Hegel était populaire auprès de l'État comme auprès des jeunes gens. Mais la Révolution de 1830 ébranla profondément l'Allemagne et la mort de Hegel en 1831 libéra les tendances contradictoires que sa philosophie avait su réunir. Certains intellectuels cherchèrent alors à tirer de la philosophie hégélienne des conséquences révolutionnaires. Cette philosophie est une philosophie de devenir en même temps que de l'absolu, nous l'avons vu. Si le changement est la loi du monde, on n'a pas le droit de soustraire l'État à cette loi. D'où une philosophie disant que l'homme doit toujours nier le passé au profit de l'avenir.

D'autre part, ces mêmes milieux se demandèrent si cette philosophie s'accordait bien, en matière religieuse, avec l'orthodoxie. Elle aboutit moins à un christianisme orthodoxe qu'à un panthéisme. Au-dessus de la religion, Hegel place la philosophie, ce qui marque le caractère rationaliste de sa doctrine. Dans cette direction, à la fois révolutionnaire et rationaliste, se développa une gauche hégélienne.

En 1835, David Frédéric Strauss publiait sa *Vie de Jésus*, dont le retentissement fut énorme. Il ne nie pas l'existence de Dieu : pasteur protestant, il conserve la religion ; mais à ses yeux la création *ex nihilo*, de même que les dogmes chrétiens, doivent être considérés comme des mythes émanant des premières collectivités chrétiennes. Ce n'est pas le Christ qui a fondé le christianisme, mais la conscience collective dans son développement. Nous sommes à l'époque où l'on conteste l'existence d'Homère : en admire-t-on moins les poèmes homériques ? Dans ce dieu-homme, Strauss voit simplement l'idée que le genre humain entier est divin et évolue. C'est le vrai panhumanisme.

Bruno Bauer va plus loin encore. Passant par l'individualisme anarchiste de Max Stirner, il aboutit à Nietzsche. En 1840, il écrit une *Critique de l'histoire évangélique* et la *Trompette du Jugement dernier contre Hegel l'athée et l'antéchrist*. Dans ce dernier ouvrage, il dénonce Hegel comme ayant caché sa pensée véritable, qui est l'athéisme. L'histoire de la philosophie de Hegel est à ses yeux une étape, celle de la philosophie, de la conscience de soi. Bauer explique le christianisme comme un moment historique : l'homme, devenu chrétien, renonce à lui-même pour adorer la personne divine projetée en dehors de l'homme. Le moment du christianisme est à dépasser : le christianisme est une forme de matérialisme. L'homme doit secouer le joug de Dieu s'il veut se libérer, libérer l'esprit de la matière. Bauer prétend revenir à l'ancienne conception : réintégrer Dieu en l'homme.

En 1841, Ludwig Feuerbach publiait l'*Essence du christianisme*, thèse analogue au point de départ à celle de Bauer. La religion est une extériorisation de l'homme : il faut revenir de la théologie à l'anthropologie. Mais Feuerbach allait jusqu'à rompre avec l'hégélianisme auquel Bauer restait attaché. Il prétendait, non pas comme Bauer libérer l'esprit de la matière, mais libérer l'homme de l'esprit, c'est-à-dire de tout ce qui n'est qu'idéal. L'homme fait la religion ; qu'il se débarrasse donc de l'idée que c'est elle qui le fait.

3. *Premières publications de Marx.* — À Berlin, Karl Marx se lie avec les hégéliens ; il suit peu de cours mais il s'intoxique de lectures. Il fréquente le club des docteurs, *Doktorklub*, celui de Bruno Bauer et Karl Köppen ; il mène une vie de bohème et mécontente vivement son père, attaché aux traditions bourgeoises. Il commence de multiples travaux qu'il ne termine pas. En 1841, il passe sa thèse de doctorat à Iéna avec une étude intitulée *Différence entre la philosophie de la nature de Démocrite et celle d'Épicure*. Épicure n'aurait pas eu d'ambition théorique : son but aurait été une émancipation de l'individu. L'épicurisme serait une philosophie pratique. Une telle affirmation, à cette époque, n'avait aucun caractère démocratique ou socialiste. Les jeunes hégéliens veulent la liberté pour eux-mêmes et non pour le peuple : ce sont des individualistes.

En 1840, Köppen dédie à Karl Marx un ouvrage panégyrique de Frédéric II et de la monarchie constitutionnelle, en manière d'opposition au nouveau souverain. Celui-ci, Frédéric-Guillaume IV, avait appelé à l'université de Berlin Schelling, un mystique qui humiliait la raison devant l'intuition. Il voulait ainsi lutter contre l'influence de la philosophie hégélienne, dont les conséquences politiques lui paraissaient dangereuses. Frédéric-Guillaume IV s'était glorifié tout d'abord d'être le protecteur des intellectuels, des artistes.

Mais après deux ans d'une politique de tendance libérale, il revenait aux principes et aux méthodes d'autorité. Cette politique réactionnaire modifia l'attitude des jeunes hégéliens ; ceux-ci, Ruge en particulier, estimèrent que le dialecticien ne devait pas rester tel seulement dans le domaine de la pensée. Le monde est en perpétuel mouvement, le philosophe devient homme d'action : dès l'hiver 1840-1841, le *Doktorklub* s'intitula *Les Amis du peuple*, Köppen écrivit des essais sur la Terreur et on parla de passer à l'action révolutionnaire. Ainsi se transforma le groupe de Bauer, le groupe des *hommes libres*, des anarchisants, qui nient la famille et l'État. Et c'est ainsi que Marx évolua dans la direction du communisme.

En 1842, à Cologne, Arnold Ruge fonda la *Gazette rhénane*, avec l'encouragement du gouvernement prussien. La Rhénanie était en effet purement catholique et le clergé y montrait des tendances ultramontaines. D'autre part, elle avait subi l'influence du libéralisme français et du Code civil. Le gouvernement soutenait le journal libéral destiné à la lutte contre l'autonomisme rhénan catholique, en faveur de l'unification allemande. Deux rédacteurs néohégéliens appelèrent Marx qui devint rédacteur en chef de la *Gazette*. Ses articles sont fortement marqués de libéralisme, radicaux si l'on veut, mais nullement socialistes. Il y a, à ce point de vue, des textes intéressants.

Le journal eut maille à partir avec la censure. Marx rédigea une lettre pour la rassurer : lettre essentiellement opportuniste (le seul écrit opportuniste peut-être de la main de Marx), dans laquelle il promettait que le journal se modérerait et affirmait qu'il était bon prussien. Citons également la lettre à Bruno Bauer où il se plaignait de l'individualisme outrancier des articles de celui-ci. Marx regardait la philosophie de Bauer comme purement idéologique. Lui, au contraire voulait entrer en contact avec le réel ; faire de la politique, « *lutter pied à pied pour la liberté, tout en restant dans les limites constitutionnelles* » (lettre à Oppenheim).

La *Gazette rhénane* eut également une polémique avec la *Gazette d'Augsburg*, qui l'accusa de trop incliner au communisme. Marx, alors rédacteur en chef, répondit que la *Gazette d'Augsburg*, qui avait pour correspondant Henri Heine, n'était pas non plus exempte de tout socialisme. Il ajoutait qu'on ne saurait ignorer la situation sociale qui se manifestait en France par les troubles de Lyon, en Angleterre par le chartisme. Les idées communistes n'avaient encore en Allemagne aucune réalité, ni théorique ni pratique. Il serait absurde de s'en déclarer partisan sans avoir étudié à fond l'œuvre des socialistes français.

Parmi les autres articles, indiquons encore celui que Marx consacre au cas de l'archevêque de Cologne, emprisonné pour une question de mariage mixte ; celui où il prend la défense des petites gens qui réclamaient le droit de ramasser leur bois ou de faire paître leurs troupeaux sur les terrains des grands propriétaires. Mais, encore une fois, aucun de ces textes ne relève du socialisme ou du communisme. Marx visait seulement à défendre les petits propriétaires contre les grands : simple radicalisme.

Bientôt – en mars 1843 – Marx fut renvoyé du journal ; on lui reprochait d'avoir donné à celui-ci un caractère trop antigouvernemental, mais la *Gazette rhénane* ne lui survécut pas et son dernier numéro parut le 31 mars. En juin 1843, après huit ans de fiançailles, il épousait son amie d'enfance, Jenny de Westphalen. Le ménage fut un modèle d'union et de constance ; Marx, violent, intolérant dans ses idées, fut bon mari : toute sa vie il garda deux fidélités, à sa femme et à son ami Engels.

4. *Marx à Paris.* — Marx quitta l'Allemagne ; il se rendit à Zurich, puis à Paris, qui exerçait alors une sorte d'attraction sur les révolutionnaires de tous les pays. Feuerbach avait dit : « *Allemagne et France se complètent. Si l'on veut que la Révolution réussisse, il faut marier les idées, la philosophie allemande et la tendance révolutionnaire française.* » Marx et son ami, Arnold Ruge, convaincus de la nécessité d'une telle alliance, décidèrent de fonder une revue dont le premier et unique numéro parut en février 1844 sous le titre d'*Annales franco-allemandes*. Les *Annales* s'ouvrent par une correspondance fictive entre Marx, Ruge, Feuerbach et un Russe, le prince Bakounine, qui date sa lettre de l'île de J.-J. Rousseau. Tous étaient animés d'une ardeur révolutionnaire intense.

La pensée de Marx, à son arrivée à Paris, apparaît nettement dans l'article des *Annales franco-allemandes*, « Introduction à la critique de la philosophie du droit de Hegel » (février 1844). Les néohégéliens ont dit que l'homme doit s'adorer lui-même. Mais leur critique de la religion doit se prolonger en une critique de l'État. En adorant l'État, on adore une projection de la société humaine, une *aliénation* de l'homme. Il faut s'affranchir de l'État. Or, l'Allemagne est en retard sur la France, elle est encore encombrée de survivances féodales. Sa bourgeoisie est incapable de faire une révolution semblable à celle de 1789. Mais, par les idées néohégéliennes, l'Allemagne est à la tête du mouvement historique : elle a pensé ce que les autres ont vécu, elle est, idéologiquement, en avance. Pour *réaliser la philosophie*, il faut enflammer le prolétariat. La révolution a besoin d'une tête : la philosophie néohégélienne, et d'un cœur : le prolétariat.

Voilà donc ce que Marx venait chercher à Paris. Or, en 1844, Louis-Philippe et Guizot gouvernaient despotiquement, donnant une impression de stabilité. Le corps électoral ne comprenait que 200 000 membres, la bourgeoisie exerçait sur la France une vraie dictature. Guizot n'hésitait pas à recourir à la corruption et à la force pour réprimer toute velléité d'opposition.

D'autre part, si l'armée était bonapartiste et la campagne légitimiste, les classes inférieures des villes commençaient à se dire socialistes et même communistes : en 1847, un rapport du préfet de police Delessert s'effraie du progrès des idées communistes chez les ouvriers parisiens.

C'est alors que Marx prit véritablement contact avec le socialisme et le communisme, qui étaient à ce moment-là des produits français. Sans revenir sur les doctrines que nous avons étudiées dans la partie précédente, rappelons que le communisme, aux environs de 1840, était la plus égalitaire des formes du socialisme. Les communistes sont partisans d'une rétribution fondée sur les besoins, c'est-à-dire, en somme, égale pour tous. Marx ne connaît pas personnellement Blanqui, mais, lié avec les communistes de son groupe, il fut séduit par l'*athéisme* et le *goût de l'action* de cet homme sans idées qui ne songeait qu'à s'emparer du pouvoir. Marx réunit des documents en vue d'une histoire de la Convention, afin d'étudier la manière dont la bourgeoisie s'était emparée du pouvoir.

Il a aussi beaucoup appris des premiers penseurs socialistes qu'il a lus et médités pendant son séjour à Paris. Il a également emprunté aux pessimistes comme Sismondi et aux optimistes comme les saint-simoniens. Les contradictions que dénonçait Sismondi à l'intérieur du régime économique actuel, Marx les a intégrées dans son système ; il les a interprétées comme les moments dialectiques de l'évolution historique. Il a retenu du saint-simonisme l'annonce que le genre humain évolue vers un état d'association où l'administration des choses se substituera au gouvernement des personnes. Il a également connu l'ouvrage de Lorenz von Stein sur *Le Socialisme et le communisme en France.* Von Stein, agent du gouvernement prussien, payé pour espionner les révolutionnaires allemands à Paris, répandait, par son ouvrage même, les doctrines qu'il était chargé de surveiller. Non seulement ce livre a pu aider Marx à approfondir les doctrines socialistes françaises, mais il lui a donné l'exemple d'une interprétation, à l'aide de la dialectique hégélienne, de la crise sociale contemporaine. Enfin il a rencontré à Paris Proudhon, autodidacte auquel il a donné des leçons de philosophie hégélienne et qui voulait, comme lui, transformer la métaphysique en doctrine, en action sociale. Bien que Marx, par la suite, ait violemment attaqué Proudhon, bien qu'il ait nié toute influence de Proudhon sur la formation de sa pensée, il faut faire une place à Proudhon quand on étudie les origines du marxisme.

Lorsque Marx avait quitté l'Allemagne, il était radical, il participait même, peut-on dire, aux tendances anarchistes de la gauche hégélienne. En tout cas, il devait à la philosophie allemande ses idées directrices. Nous venons d'indiquer l'action qu'exercèrent sur lui les socialistes français. Avant 1848, avant l'étude approfondie des économistes anglais, qu'il poursuivit à Londres pendant les années de la préparation du *Capital*, il subit une autre influence encore, celle de Friedrich Engels, qui lui apporta une expérience personnelle et directe des idées anglaises.

5. *Rencontre avec Friedrich Engels.* — Engels est né à Barmen, le 28 novembre 1820. Son père était un riche fabricant, filateur de coton, très conservateur et protestant piétiste. Après avoir suivi les cours du gymnase d'Elberfeld, le jeune Engels entra dans le négoce de son père. Sous l'influence des spéculations néohégéliennes, il perdit la foi chrétienne. D'octobre 1841 à octobre 1842, pendant son volontariat à Berlin, il envoya secrètement des articles à la *Gazette rhénane*. En 1842, il écrivit : *Schelling et la Révélation*, défense de Hegel contre le mysticisme de Schelling. Il rencontra Marx à Cologne à la fin de 1842 ; l'entrevue fut assez froide parce que Marx se détachait de la gauche hégélienne à laquelle Engels était encore profondément attaché. Après son service militaire, il fut envoyé en Angleterre, à Manchester, par son père : ce voyage eut sur lui une action décisive.

Il publia dans les *Annales franco-allemandes* un article intitulé « Ébauche d'une critique de l'économie politique », tentative pour appliquer la méthode dialectique à l'Économie de Ricardo. Marx qualifia cette tentative de géniale.

Il y critiquait la notion de concurrence qui, selon les libéraux, devrait assurer l'égalité de l'offre et de la demande. Mais, en fait, l'équilibre ne se réalise qu'au bout d'un certain temps et au prix de crises périodiques dont Engels a été le spectateur au Lancashire. Or, si la prospérité doit se payer par une crise tous les cinq ans, osera-t-on encore parler d'équilibre ? De plus, chaque crise est plus grave que la précédente. Et les crises entraînent la liquidation des petites entreprises, de telle sorte que le régime tend à la concentration. L'économie capitaliste, comme la religion qui lui sert de fondement, le protestantisme, reste à mi-chemin. On détruit les entraves anciennes mais on en crée de nouvelles. On se réclame de la liberté, mais on maintient la propriété individuelle, monopole qui va s'aggravant.

Engels vécut à Manchester à l'époque où faisait rage la propagande libre-échangiste. Au même moment paraissait en Allemagne un livre de Frédéric List : *Système national d'économie politique*, livre favorable au protectionnisme. Engels, au contraire, resta hostile au mercantilisme ; il reconnaissait les mérites du libre-échange, qui a réfuté le mercantilisme et rétabli la paix entre les nations. Mais en revanche, à ses yeux, le libéralisme, à l'intérieur des nations, a fait naître la guerre entre les individus.

Engels s'en prenait d'autre part à Ricardo. D'après celui-ci, le travail est la source de la valeur, la valeur n'est que du travail extériorisé, elle est mesurée par la durée du travail nécessaire à produire les marchandises. Comment cette valeur pourrait-elle se partager entre terre, capital et travail ?

Si on ne donne pas tout au travail, c'est en raison d'une organisation défectueuse, et il y a nécessairement antagonisme entre salariés, capitalistes et propriétaires fonciers.

Engels avait aussi été témoin du mouvement chartiste, mouvement révolutionnaire des masses. Il en parla dans un autre article des *Annales franco-allemandes,* « La situation en Angleterre ». Puis, en 1845, il publiait un volume : *La Situation des classes laborieuses en Angleterre.* Après avoir étudié le prolétariat, il déclarait que l'industrie mène l'Angleterre à la révolution. Le mouvement révolutionnaire est industriel en Angleterre, il a été politique en France, il est philosophique en Allemagne. Les crises qui se succèdent en Angleterre vont croissant d'intensité. La dernière (1842) a été la plus violente. La prochaine le sera davantage encore, et vers 1847, il y aura révolution. (Engels a eu raison et tort ; 1847 a été une année de forte crise, mais il n'y eut pas le moindre mouvement insurrectionnel, les propriétaires fonciers ayant cédé, ce qui donna le pain à bon marché et conduisit au libre-échange.) Engels concluait que la Révolution ne sera pas le fait d'un pouvoir conscient, mais d'un mouvement inconscient venant des entrailles du prolétariat lui-même.

6. *Collaboration de Mars et Engels.* — Engels, comme Marx, restait imprégné de philosophie hégélienne. Marx y ajoutait l'idée de la révolution jacobine en faveur du prolétariat, Engels, les idées économiques anglaises. Avec l'Angleterre, Marx devait découvrir le monde économique. Collaborateur des *Annales*, il lut l'article d'Engels et se jeta dans l'économie politique, impatient d'y appliquer, lui aussi, la méthode dialectique. Il voulait « *remettre sur ses pieds* » la dialectique hégélienne. Depuis le printemps 1844, il était rédacteur à un journal révolutionnaire allemand, le *Vorwärts.* Le gouvernement prussien porta plainte. Le gouvernement français proposa de traduire les coupables devant la cour d'assises. Le gouvernement allemand refusa, en demandant leur expulsion. Marx, Bakounine et trois autres furent expulsés de France (11 janvier 1845), seul Heine fut respecté. Marx partit pour Bruxelles, où il devait, mis à part deux courts voyages à Londres, résider jusqu'en mars 1848. En raison des tracasseries du gouvernement prussien, il répudia sa qualité de citoyen allemand et resta toute sa vie un sans-patrie, car il ne se fit jamais naturaliser. Dès avril 1845, Engels alla le rejoindre à Bruxelles.

À Paris déjà, en février 1845, il avait projeté avec Engels de publier un livre sur la gauche hégélienne, contre Bruno Bauer. Ce volume, *La Sainte Famille ou Critique de la Critique* (il s'agit des trois frères, Bruno, Edgar et Egbert Bauer), est une série de polémiques contre des ouvrages de l'époque oubliés aujourd'hui, écrit en un jargon effroyable. Marx y défend Proudhon contre les attaques des néohégéliens. Par ailleurs on y trouve l'idée que la critique purement abstraite, la *critique critique* des néohégéliens ne peut être féconde, si elle ne s'allie aux revendications des travailleurs. Marx et Engels y sont d'accord pour accepter le matérialisme de Feuerbach. Mais ce dernier professe un matérialisme essentiellement statique, il conçoit une nature fixée une fois pour toutes. Marx et Engels refusent cette philosophie dont ils approuvent l'humanisme mais non la négation de l'histoire. Le devenir est la loi suprême de l'univers. Engels, en outre, apporte à Marx la notion de l'*homo œconomicus*. L'idéaliste imagine que l'histoire se déroule conformément à une doctrine idéale, mais ce qui est premier, ce qui est seul décisif en réalité, c'est l'homme naturel qui travaille, qui a des outils. Il faut aller, non de la philosophie à l'homme, mais de l'homme à la philosophie. Non que l'homme soit esclave de la technique ou de la race. Au contraire, il est capable de transformer toutes ses conditions d'existence. Il importe aujourd'hui non de comprendre le monde, mais de le *changer*.

7. *Offensive de Marx contre Proudhon.* — À Bruxelles, Marx prit contact avec les Allemands révolutionnaires qui s'y trouvaient, et songea à établir des relations entre eux et leurs compatriotes de Londres et de Paris. Il demanda l'aide de Proudhon, mais celui-ci déclara qu'il n'était plus révolutionnaire et qu'il préférait consumer la propriété à petit feu. Engels, envoyé à Paris par Marx, constata que les Allemands y avaient été endoctrinés par Proudhon et son disciple K. Grün, et avaient cessé d'être communistes. Ils espéraient éliminer progressivement les intermédiaires et les capitalistes et aboutir ainsi à la libération des ouvriers.

En octobre 1846 parut le grand ouvrage de Proudhon : *Système des contradictions économiques ou Philosophie de la misère*. Proudhon avait été enthousiasmé par la philosophie néohégélienne. Le monde économique, pensait-il, tend vers l'équilibre par une série de contradictions. La division du travail, par exemple, entraîne la dégradation de l'ouvrier, condamné à une seule tâche monotone ; on a inventé la machine qui libère l'homme, mais fait de celui-ci un salarié. La concurrence produit le monopole et ainsi on va de contradiction en contradiction jusqu'à la grande contradiction finale, celle de la valeur utile et de la valeur échangeable. Chez les économistes la valeur avait, en effet, deux sens : *Utilité* (valeur d'usage), sans commune mesure avec la valeur d'échange. L'air est ce qu'il y a de plus utile mais n'a pas de valeur (inverse, le diamant). Cette contradiction ne peut être résolue que par la théorie de la *valeur constituée* qui détermine la valeur par le temps de travail. Mais il s'agit là d'un idéal juridique et non, comme chez Ricardo, d'un fait d'observation. Si un individu échange un produit contre un produit de valeur supérieure, il y a vol : il faut que les produits échangés correspondent à une quantité de travail égale. Pour atteindre ce but, Proudhon imaginait une *banque d'échange*, ou crédit du peuple, qui assurerait l'échange des produits contre les produits sans intervention du numéraire, à leur juste valeur. Ainsi Proudhon espérait supprimer tout à la fois l'inégalité et les monopoles sans attenter à la liberté.

Le livre de Proudhon obtint un vif et immédiat succès, en particulier dans les milieux d'émigrés allemands. Il fut traduit par K. Grün. Marx en fut vivement irrité. Il attribuait le succès de Proudhon à l'ignorance des Français en fait de métaphysique et à celle des Allemands en fait d'économie. Peut-être, étant donné qu'il projetait d'élaborer, métaphysiquement, l'économie politique, tenait-il à démontrer que si Proudhon avait fait avant lui la dialectique de l'économie, il l'avait mal faite.

La réponse de Marx à Proudhon, *Misère de la Philosophie, réponse à la Philosophie de la misère de Proudhon*, parut en juillet 1847. En bref, Marx adressait à Proudhon trois reproches essentiels : il critiquait son idéalisme, son moralisme, son utopisme.

1° *Idéalisme*. — L'erreur fondamentale de Proudhon serait de croire que les difficultés dans lesquelles se débat le genre humain sont d'ordre logique. Les difficultés sont réelles ; elles correspondent à des conflits déclarés et la logique est impuissante à les résoudre. Et Marx développe l'idée essentielle du marxisme : le mode technique et social du travail est la donnée première de l'histoire humaine. Les systèmes d'idées reflètent la structure de la société : les philosophies idéalistes commettent l'erreur de renverser cette relation et de chercher dans l'histoire le reflet de leurs systèmes.

2° *Moralisme*. — Proudhon est obsédé par l'idée de justice, il regarde la valeur travail comme une sorte d'impératif éthique et non comme une théorie économique traduisant les faits. Marx rejette avec dédain ces préjugés petit-bourgeois et il ramène la conception de Ricardo à une signification strictement économique. De plus, Proudhon utilise la dialectique dans une intention morale : la synthèse conserve le bon et écarte le mauvais. Aux yeux de Marx, la dialectique est la loi même de la réalité, de telle sorte qu'il est absurde de prétendre éliminer le mauvais à l'intérieur du régime existant. Thèse et antithèse sont liées : on n'éliminera pas un des deux termes, mais du conflit sortira historiquement un terme supérieur. Proudhon, comme tous les idéalistes, méconnaît la nécessité, la fécondité des contradictions, des conflits, du mal. Et du même coup il méconnaît la condition du progrès : la Révolution. Marx, sur ce point, reste disciple fidèle de Hegel.

3° *Utopisme*. — Proudhon imagine un procédé nouveau, la Banque du Peuple, et il se figure qu'une telle invention est susceptible, de proche en proche, de transformer la société. La Banque du Peuple ne vaut guère mieux que le phalanstère de Fourier ou les coopératives de Owen. Ce n'est pas ainsi qu'une classe améliore sa condition, c'est par la lutte révolutionnaire. La misère du prolétariat est le mal qui, en suscitant la révolte, permettra d'accéder à une société supérieure.

Proudhon ne répondit même pas : il dédaigna cet opuscule obscur d'un polémiste inconnu. On a retrouvé cependant une copie du livre annoté par Proudhon. Il écrit : « *M. Marx me plagie... il prend mes idées et les retourne contre moi.* » Ce qui est partiellement vrai : en effet Marx a emprunté à Proudhon, en particulier aux *Contradictions* ; il a voulu réaliser, dans le *Capital*, ce que, à ses yeux, Proudhon avait vainement tenté.

8. *L'action révolutionnaire : Le Manifeste communiste, 1848.* — En février 1848, parut le fameux *Manifeste du parti communiste*, chef-d'œuvre littéraire de Marx, chef-d'œuvre de la littérature de propagande. Dans quelles conditions Marx fut-il amené à l'écrire ?

Il conviendrait ici de retracer l'histoire des sociétés secrètes révolutionnaires : nous nous bornerons à quelques indications[1]. À Paris, en 1834, existait la *Ligue des Bannis* réunissant des émigrés intellectuels, puis des artisans y entrèrent et bientôt se séparèrent des intellectuels par méfiance des écrivains radicaux et *humanistes* : ils formèrent alors la *Ligue des Justes*, ensemble de petites sociétés secrètes organisées par groupes d'une dizaine d'hommes qui se réunissaient à leur tour par dix, et ainsi de dix en dix, jusqu'à un directoire de dix. Marx et Engels, sollicités par des Allemands suspects, réfugiés à Bruxelles, se refusèrent à entrer dans le groupement. Mais, dans l'été de 1847, ils acceptèrent d'adhérer au groupe de Londres et ils envoyèrent des feuilles lithographiées à ces groupes pour les convertir au communisme révolutionnaire. À cette époque, la Ligue prit le nom de *Ligue des communistes*. Par l'entremise de Engels, Marx fit adopter à la Ligue un mot d'ordre nouveau : après avoir observé qu'il y avait beaucoup d'hommes dont il ne voulait pas être le frère, il fit substituer à l'ancienne devise *Tous les hommes sont frères* celle-ci plus agressive : *Prolétaires de tous les pays, unissez-vous*. Puis Marx et Engels s'en allèrent à Londres et se chargèrent de publier un programme d'action. Engels rédigea d'abord le *Manifeste* sous forme d'un catéchisme par demandes et réponses. Marx corrigea le projet d'Engels et lui donna sa forme définitive.

Le *Manifeste* s'ouvre par la formule « *Toute l'histoire de la société humaine jusqu'à ce jour est l'histoire de la lutte des classes.* » Lutte qui se poursuivra jusqu'à l'avènement de la société sans classes. Comment est apparu l'oppresseur d'aujourd'hui, le bourgeois ?

---

1. On trouvera les renseignements essentiels dans l'introduction de Ch. Andler, à la traduction du *Manifeste communiste*.

> « *Nous avons vu naître de la société féodale les moyens de production et de consommation qui rendirent possible la formation de la bourgeoisie. Nous avons vu ces modes de production et ces moyens de communication, à un certain point de leur développement et de leur croissance, devenir incompatibles avec les conditions de production et d'échange de la société féodale, avec l'organisation féodale de l'agriculture et de la manufacture, en un mot, avec le système féodal de la propriété. Tout ce système entrave la production au lieu de l'aider. Ce furent autant de chaînes. Il fallut que ces chaînes fussent brisées. Elles furent brisées*[1]. »

Marx et Engels chantent la gloire de la bourgeoisie qui a su accroître dans des proportions prodigieuses la production du genre humain :

> « *La bourgeoisie a montré au grand jour... comme personne ne l'avait fait avant elle... de quoi est capable l'activité humaine. Elle a réalisé de tout autres merveilles que les pyramides d'Égypte, les acqueducs romains et les cathédrales gothiques ; elle a accompli de tout autres campagnes qu'invasions et que croisades*[2]... *Il y a cent ans à peine que la bourgeoisie est la classe souveraine, et déjà elle a créé des forces productrices dont le nombre prodigieux et la colossale puissance dépassent tout ce qu'ont su faire toutes les générations antérieures réunies. Les forces naturelles subjuguées, les machines, la chimie appliquée à l'industrie et à la culture, la navigation à vapeur, les chemins de fer, les télégraphes électriques, des continents entiers ouverts, les fleuves rendus navigables, des populations entières jaillies du sol, quel âge eût osé pressentir jadis que des forces productives aussi immenses dormaient au sein du travail social*[3] *?* »

Mais en même temps elle a fait œuvre révolutionnaire, elle a détruit toutes les autres classes, artisanat, corporations, etc., détruit la morale chevaleresque et sentimentale, ne laissant entre les hommes d'autres liens que celui de l'intérêt, détruit la famille en entraînant hommes, femmes, enfants dans les usines, détruit le sentiment national par le libre-échange. Elle a ainsi créé le prolétariat, dans lequel l'homme, affranchi de toute solidarité n'est plus que l'homme en tant qu'homme, celui auquel songeaient les néohégéliens. « *Les prolétaires n'ont rien à perdre que leurs chaînes. Et c'est un monde qu'ils ont à gagner. Prolétaires de tous les pays, unissez-vous*[4]. » En vertu de la loi de contradiction, c'est par le prolétariat, négation de la société

---

1. *Le Manifeste communiste*, trad. Ch. Andler, 1901, p. 28.
2. *Ibid.*, p. 24.
3. *Ibid.*, p. 28.
4. Fin du *Manifeste communiste*, p. 74.

capitaliste, que se réalisera la Révolution et la société nouvelle, libération définitive du genre humain.

Dans le *Manifeste*, Marx réfute toutes les doctrines des radicaux et des démocrates de son temps. On retiendra en particulier la critique du socialisme utopique qui dénonce les abus du capitalisme, mais qui est incapable d'apercevoir les remèdes : par exemple, des saint-simoniens, qui attendent de la religion nouvelle une révélation par la réconciliation de tous, capitalistes et prolétaires – ou encore de Cabet et d'Owen qui espèrent que des petites sociétés communistes, par leur vertu exemplaire, se répandront progressivement. En réalité, on ne peut construire la société future d'après un plan préconçu. Marx reconnaît qu'à un certain moment il faudra agir et s'emparer du pouvoir. Maître du pouvoir, le prolétariat luttera contre la bourgeoisie par des impôts progressifs, par la suppression de l'héritage, etc. Mais ce pouvoir politique n'est qu'une étape intermédiaire, une période inévitable d'oppression. Une fois la bourgeoisie supprimée, il n'y aura plus de pouvoir politique, plus d'État, puisqu'il n'y aura plus de lutte de classes : l'état final sera une sorte d'anarchie en même temps que de socialisme.

Chassé de Bruxelles, Marx revint à Paris en 1848. En 1849, il s'établit en Angleterre, à Londres, où il vécut des subsides d'Engels. Dégoûté par la Révolution de 1848, conduite autant en France qu'en Allemagne par des hommes trop idéalistes, qui n'ont pas attendu que le capitalisme fût mûr, il se détourna de l'action et se consacra à la préparation du *Capital*.

CHAPITRE II

LA CONCEPTION MATÉRIALISTE DE L'HISTOIRE[1]

[« L'étude de la philosophie marxiste de l'histoire nous serait rendue plus facile, si nous possédions l'ouvrage en deux volumes, intitulé *Kritik der nachhegelschen Philosophie* que Marx et Engels écrivirent en 1848, amis récents, pour se mettre définitivement d'accord sur les questions de principes. Mais l'ouvrage est resté inédit : nous avons comme sources des passages épars dans les divers ouvrages économiques de Marx ; et aussi l'exposé de la doctrine de Marx, opposé en 1848 par Engels aux théories d'Engen Dühring, le *Herrn Eugen Dührings Umwälzung der Wissenschaft*, plus connu sous le titre abrégé de l'*Anti-Dühring*. C'est dans cet ouvrage, écrit sous les yeux et parfois avec l'assistance de Marx, qu'Engels a créé l'expression depuis lors couramment employée pour désigner la philosophie marxiste de l'histoire « la conception matérialiste de l'histoire ». Or, jusqu'ici nous avons vu dans les théories marxistes autant d'applications de la méthode dialectique propre à l'idéalisme de Hegel : pourquoi alors cette désignation de matérialisme ?][2]

Dans sa préface à la deuxième édition du *Capital* (1877), Marx nous explique que lorsqu'il écrivit le *Capital* il avait rompu avec l'hégélianisme ; sa philosophie, loin de constituer une forme de l'hégélianisme, en était bien plutôt l'inverse. Mais il s'irrite de voir la jeune génération philosophique allemande s'acharner sur le cadavre de Hegel, mépriser, insulter de parti pris le grand homme mort. Pour justifier Hegel, auquel il attribuait malgré tout un grand rôle dans la formation

---

1. Nous avons trouvé ce chapitre rédigé dans les papiers d'Élie Halévy. Bien qu'il date de 1900 environ, bien qu'il ne corresponde peut-être pas au dernier état de la pensée de Halévy, bien qu'il soit certainement très différent du chapitre qu'Élie Halévy aurait écrit en 1937, nous avons cru préférable de reproduire ces pages qui ont au moins le mérite d'être écrites par l'auteur lui-même. Ajoutons seulement qu'E. H., dans quelques lignes que nous avons supprimées, déplorait qu'on ne disposât pas de *L'Idéologie allemande*, ouvrage écrit par Engels et Marx en 1846. On sait que cet ouvrage a été depuis, grâce aux recherches de D. Rjazanov, publié intégralement en 1932. *L'Idéologie allemande* n'avait pu trouver d'éditeur en 1846.
2. [L'introduction de ce chapitre ne correspond pas à celle de la conférence originale manuscrite, que nous reproduisons ici entre crochets.]

de la pensée moderne, il adopte les formes de la dialectique hégélienne lorsqu'il expose ses théories économiques. Mais comment la chose aurait-elle été possible si vraiment il avait totalement rompu avec Hegel ? Pour définir la philosophie marxiste de l'histoire, cherchons à déterminer par où elle dérive et par où elle se sépare de la philosophie hégélienne.

1. [*La dialectique de l'histoire.*] — Un trait fondamental caractérise les penseurs du XVIe siècle par opposition à ceux du XIXe. Ceux-là se placent au point de vue statique ; ceux-ci au point de vue dynamique. Ceux-là conçoivent le monde comme soumis à des lois éternelles, ceux-ci comme un progrès dont les différents états sont soumis respectivement à des lois différentes. Le XVIIe siècle est le siècle de Newton : la loi de gravitation fait perpétuellement se mouvoir les planètes à égale distance du soleil. Le XIXe siècle est le siècle de Laplace : le système solaire a son histoire : il a commencé d'être, il cessera d'être. Le XVIIe siècle est le siècle de Linné : classification des genres et des espèces, genres immuables, espèces immuables, éternellement séparés les uns des autres par des barrières infranchissables. Le XIXe siècle, c'est le siècle de Darwin : les genres, les espèces se transforment les unes dans les autres ; leur classification en constitue le tableau généalogique. À ces théories statiques correspond une pratique révolutionnaire. Par essence, c'est l'ordre qui devrait régner dans la société : le contrat social en politique, l'échange en économie politique, garantissant par définition l'intérêt général. S'il y a dans la société désordre et souffrance, c'est par accident ; la faute en est aux actions perturbatrices des gouvernements. Supprimez par un coup d'État les droits de douane, le budget des cours, l'entretien des armées, et le règne de l'ordre sera subitement établi. Le XIXe siècle ne croit pas pouvoir négliger, en politique, les leçons de l'histoire : les despotismes, les guerres, les systèmes erronés des philosophes ont leur sens lorsqu'on les place à leur date dans le tableau des progrès de l'humanité. Cette conception historique et évolutionniste de la vérité, c'est le mérite de Hegel d'en avoir fait l'idée centrale de sa philosophie : sur ce point Marx dérive de Hegel.

Mais cela est encore bien vague : s'il suffit d'être évolutionniste pour être hégélien, à ce compte Spencer et Darwin sont hégéliens. Un trait nouveau caractérise l'évolutionnisme marxiste et le rapproche de Hegel : c'est un évolutionnisme *dialectique*. Pourquoi un individu, une société, au lieu d'être éternels, sont-ils soumis à la loi du changement, du devenir ? C'est qu'ils renferment une contradiction. Si les forces qui les constituent étaient parfaitement équilibrées, ces êtres dureraient ou pourraient durer toujours : la raison de leur mortalité, c'est qu'il y a conflit, contradiction entre ces forces. La raison du progrès, c'est le caractère perpétuellement contradictoire des choses. Telle est l'opinion commune de Hegel et de Marx : et par là tous deux sont dialecticiens. Que l'on se souvienne de la façon dont Marx emploie, ou exploite, les contradictions de la doctrine de Ricardo. Ricardo présente son système comme un système parfaitement logique, image d'un univers parfaitement stable. Marx fait voir le caractère contradictoire de l'économie politique de Ricardo ; ce qui ne veut pas dire qu'elle soit fausse : elle est l'image d'un monde contradictoire. Chez lui, la logique de Ricardo devient une dialectique, et l'univers économique, d'immobile qu'il était chez Ricardo, devient un univers mobile, changeant et progressif.

La philosophie marxiste dérive donc de Hegel dans la mesure où elle est évolutionniste et dialectique. Mais alors pourquoi l'appeler un matérialisme ? Le matérialisme n'est-il pas essentiellement constitué par la croyance à une substance fixe, douée de propriétés immuables, obéissant à des lois éternelles ? Et lorsque Marx critique ce qu'il appelle le « fétichisme » de l'économie politique ricardienne, n'est-ce pas en dernière instance le matérialisme de cette école auquel il s'attaque ? Dupe du présent, matérialisant les formes actuelles de la distribution des richesses, l'école finit par croire que le travail produit le salaire, la terre la rente foncière, et le capital le profit ; tout cela est faux ; il n'est pas même vrai que le travail produise la valeur. Le salaire, la rente, le profit, la valeur même sont l'expression de relations sociales changeantes, transitoires, qui ont commencé et qui ont cessé d'être. Au point où nous en sommes, on serait tenté de définir le système de Marx un *immatérialisme* économique. Pour comprendre comment Marx a pu accepter pour sa doctrine l'épithète de matérialiste, il nous faut comprendre par où sa doctrine, maintenant, se sépare de celle de Hegel.

2. [*La fin de l'histoire.*] — En termes grossiers, que nous nous réservons de définir plus exactement, la dialectique de Hegel part de l'absolu pour aboutir à l'absolu, de Dieu pour aboutir à Dieu – celle de Marx du relatif pour aboutir au relatif, de l'homme pour aboutir à l'homme. Elle voit, dans l'homme réel et agissant, à la fois la cause finale et la cause motrice du progrès dialectique.

La cause finale d'abord : et par là, la pensée de Marx, au moment où elle se constitue, se rattache aux plus récents mouvements de la pensée allemande. En 1841 ont paru en Allemagne deux ouvrages retentissants : la *Kritik der evangelischen Geschichte*, de Bruno Bauer (*Critique de l'histoire évangélique*) et le *Wesen des Christenthums*, de Feuerbach, (*L'Essentiel du Christianisme*). Ces deux ouvrages, différents à beaucoup d'égards par leurs tendances, ont exercé une grande influence sur la pensée des deux fondateurs du nouveau socialisme. [...]

Bauer retient de Hegel la méthode dialectique, Feuerbach la repousse et se déclare expressément matérialiste ; mais tous deux sont d'accord pour critiquer la théologie, la philosophie religieuse par où s'achève le système de Hegel. Le procès dialectique, selon Bauer, l'univers, selon Feuerbach, finit à l'homme, qui est, et qui doit être un Dieu pour l'homme. Tous deux sont antireligieux, antichrétiens, visent à émanciper l'homme du joug de Dieu – Dieu n'étant que la conscience humaine projetée au-dehors de la conscience humaine elle-même, l'*aliénation* de celle-ci, dit Feuerbach, la dernière idole. Elle n'est pas la dernière cependant, selon Marx ; et le sens de l'« Introduction à la critique de la philosophie hégélienne du droit », l'article qu'il donne en 1844 aux *Annales franco-allemandes*, c'est qu'il faut compléter la critique de la philosophie religieuse de Hegel par une critique de sa philosophie politique. L'idéalisme de Hegel qui subordonne le monde à Dieu, subordonne aussi l'homme à l'État, sacrifie la liberté de l'individu à l'idée transcendante de l'État, par rapport à laquelle l'individu n'est qu'un instrument, un moyen. Il faut que la critique de Dieu s'achève par une critique de l'État, afin que la liberté se réalise, non plus au-delà de l'homme mais en lui et par lui. Marx a tracé à grands traits un tableau général du progrès moral de l'humanité, où l'on reconnaît l'influence de la pensée de Bauer. Avant l'apparition de l'échange, au temps du communisme primitif, l'individu est l'esclave des forces naturelles, l'esclave de la race et de la famille. C'est cette dépendance par rapport aux influences physiques et extérieures qu'exprime le naturalisme des religions primitives. Puis les forces productives de l'homme s'accroissant, le groupe primitif produisant au-delà de ses besoins, l'échange apparaît et développe son mécanisme selon des lois nécessaires. Il arrive cependant que ces lois nécessaires, résultant des progrès de l'activité humaine, finissent par apparaître à l'homme comme de nouvelles *lois naturelles* qui s'imposent à lui comme du dehors ; l'homme devient la victime du mécanisme de l'échange qu'il a créé. Les religions morales, en particulier le christianisme, expriment cette nouvelle phase du progrès humain : l'homme projetant hors de lui-même sa propre puissance, et devenant l'esclave de ses idoles. Mais un jour viendra où l'homme sera *complètement* affranchi de toute sujétion, maître de ses instruments de production, maître de la nature, libre de tout fétichisme religieux ou politique. Si Marx était un Français du temps de Proudhon, il parlerait, pour annoncer les temps nouveaux, un langage juridique, prédirait le règne de la justice ; s'il était Anglais, il parlerait le langage de l'utilitarisme, annoncerait l'harmonie future des intérêts. Mais il est Allemand, parle encore la langue des philosophes de la liberté, annonce « *le développement intégral de l'individu*[1] », « *le libre développement de chacun avec le libre développement de tous*[2] ».

---

1. *Misère de la Philosophie*, Paris. V. Giard, 1896, p. 200.
2. *Manifeste Communiste*, trad. Ch. Andler, 1901. p. 55.

Ce jour-là l'histoire de l'humanité ne sera pas close ; mais, de cette histoire future, nous sommes hors d'état de rien dire. Toute lutte de classe y aura disparu et « *ce n'est que dans un ordre de choses, où il n'y aura plus de classes et plus d'antagonisme de classes, que les évolutions sociales cesseront d'être des révolutions politiques* ». Jusque-là, à la veille de chaque remaniement général de la société, le dernier mot de la science sociale sera toujours : « *le combat ou la mort, la lutte sanguinaire ou le néant*[1] ». Mais alors, quelle forme prendra la dialectique du progrès ? On peut démontrer pourquoi nous ne saurions le prédire.

> « *De nouveaux rapports de production supérieurs aux anciens ne prennent pas leur place avant que leurs raisons d'être matérielles ne se soient développées au sein de la vieille société. L'humanité ne se pose jamais que des énigmes qu'elle peut résoudre ; car, à mieux considérer les choses, on s'apercevra que l'énigme n'est proposée que quand les conditions matérielles de la solution existent déjà, ou tout au moins se trouvent en cours de formation. En thèse générale, on peut considérer les modes de production asiatique, antique, féodal et bourgeois comme les époques progressives de la formation économique de la société. Les rapports de production bourgeois constituent la dernière forme antagonique du progrès de production de la société... Mais les forces productives qui se développent au sein de la société bourgeoise créent en même temps les conditions matérielles indispensables pour résoudre cet antagonisme. Avec cet état social, se clôt la pré-histoire de la société humaine*[2]. »

À la critique de la société présente doit se borner la tâche de la dialectique. Par où la dialectique *humaine* de Marx se distingue nettement de la dialectique *théologique* de Hegel. La pensée divine, chez Hegel, condamne à la fois et justifie, à titre de formes subalternes d'elle-même, toutes les formes de l'être, de la vie, de la société ; elle aboutit à un optimisme spéculatif, à une philosophie de l'indifférence pratique. Marx se place au point de vue de l'homme ; la dialectique lui sert surtout à démontrer le caractère absurde, instable, transitoire du présent, à donner raison à l'avenir contre le présent, comme au présent contre le passé. La dialectique de Hegel est justificatrice et conservatrice ; la dialectique de Marx critique et révolutionnaire.

[3. *L'homme, nécessité de l'histoire.*] — Mais quelle est la nature de cette nécessité qui, progressivement, réalise la liberté humaine, pousse l'homme à la liberté ? L'Esprit, l'Idée divine, chez Hegel, est le moteur

---

1. *Misère de la Philosophie*, 1896, p. 244.
2. *Critique de l'économie politique*, 1899, préface p. VI-VII.

du procès dialectique ; chez Marx, c'est l'homme, force individuelle et concrète au sein de la nature. Il y a chez l'homme deux facultés distinctes qui font comme deux natures : la pensée abstraite et l'action. La première est celle qui intéresse les philosophes ; ils l'isolent et la considèrent comme pouvant se suffire à elle-même. Hegel divinise, élève à l'absolu la pensée abstraite. Elle devient chez lui le moteur de la pensée dialectique en ce sens que, à la recherche de la stabilité logique, elle rejette tour à tour les notions contradictoires qu'elle forme à la suite les unes des autres jusqu'au moment où elle retrouve en soi la fixité et la stabilité logiques. Ce mécontentement logique explique tout le mouvement de l'univers. Le contradictoire est instable parce qu'il choque les exigences de la pensée. Mais, réplique Marx, la pensée abstraite ne se suffit pas à elle-même comme le voudraient les philosophes. Elle est réflexion sur un objet donné par ailleurs, arrangement logique d'une manière extérieure. Cet objet, cette matière, c'est l'activité humaine qui la lui fournit. La faculté qui, chez l'homme, se suffit à elle-même, ce n'est pas la pensée, c'est l'action, la productivité. Mais l'homme qui agit, produit, travaille, crée, ce ne sont pas les philosophes qui nous le font connaître, ce sont les économistes ; et c'est aux économistes que Marx va demander le secret du procès dialectique. « *Les matériaux des économistes c'est la vie, active et agissante des hommes*[1]. » La critique ne crée rien, « *l'ouvrier crée tout, et à tel point que, par les créations de son esprit, il fait honte à toute la critique ; les ouvriers français et anglais peuvent en témoigner*[2] ». L'histoire du progrès de l'humanité ramène à l'histoire du progrès de la productivité du travail humain, du progrès de la technique et des formes de la production. De même, les dialecticiens ont raison de dire que le progrès s'effectue dans une série de contradictions incessamment résolues et incessamment renaissantes ; mais ils ne comprennent pas la nature de ces contradictions. Ils leur attribuent un caractère logique ; ce sont, à les en croire, des contradictions d'idées. En vérité, les contradictions présentent un caractère concret, réel, économique ; ce sont des conflits d'intérêts individuels ou de classes, c'est-à-dire des luttes historiques entre des individus ou des groupes d'individus. Les économistes ont défini ces contradictions : Sismondi en 1820 dans ses *Nouveaux Principes d'économie politique* a dénoncé les contradictions réelles que dissimule l'optimisme des libéraux disciples d'Adam Smith. Les producteurs produisent non pour leur usage, mais pour l'échange ; par suite, ils produisent constamment, plus que la consommation actuelle du marché n'est capable d'absorber ; d'où les crises. Mais ces contradictions du monde de l'échange, Sismondi

---

1. *Misère de la philosophie*, 1896, I, p. 145.
2. *La Sainte Famille*. Publié par. F. Mehring *(Literarischer Nachlass)*, I, p. 153.

demande qu'on les résolve par un retour au passé, au régime de la petite industrie domestique et de la petite propriété paysanne. Il voit en elles un signe de désordre, mais non pas, en même temps, une cause de progrès. List, au contraire, dans son *Système national d'économie politique*, de 1841, explique l'apparition de chaque état économique supérieur par la nécessité de résoudre les contradictions inhérentes à l'état économique immédiatement inférieur. L'homme consomme plus que l'état actuel de la production ne le lui permet ; il est donc forcé d'imaginer des forces productives supérieures, sous peine de misère et de mort. Marx emprunte à List sa définition du progrès économique et rejette sa définition des contradictions économiques ; il emprunte à Sismondi sa définition des contradictions économiques, mais repousse son réactionnarisme. Suivant Marx, chaque état économique est supérieur à l'état économique immédiatement antérieur en ce qu'il en résout les contradictions ; mais ces contradictions consistent normalement, non pas dans une insuffisance de production, mais bien au contraire dans une pléthore de force productive.

On voit dès lors en quel sens la conception marxiste de l'histoire peut être considérée comme constituant un matérialisme historique[1]. Pour l'idéaliste, il se forme d'abord dans la tête d'un individu ou d'un groupe d'individus, un idéal philosophique, religieux, moral. Puis cet idéal se traduit sous la forme plus concrète d'un ensemble de règles juridiques. Ces prescriptions une fois appliquées, produisent une société réelle qui, pour se nourrir et se vêtir, se donne enfin des institutions économiques et des instruments techniques. C'est ainsi que la réflexion économique se représente la marche des choses.

---

1. [Voir lettre d'Élie Halévy à Célestin Bouglé, 04/12/1901 : « Je pense qu'une critique du matérialisme historique devrait se fonder sur une théorie strictement spéculative de la connaissance ; sur une réfutation de la doctrine selon laquelle la connaissance est un accident de la lutte pour la vie, la persistance dans le temps, d'une idée. Et, d'ailleurs, pour prendre à la lettre le matérialisme historique (l'évolution de la pensée humaine liée aux modifications des formes de production), le cercle vicieux est évident : c'est la science humaine qui crée ces formes de production. Un peuple pénétré de l'idée qu'il est impie d'entreprendre sur la ntaure extérieure, n'inventera ni la charrue, ni l'art du *feu*, ni la navigation. Si les formes du monde économique exercent une incontestable action sur les façons de penser de l'homme, en matière scientifique, philosophique, religieuse, il ne faut voir là qu'une réaction, sur l'esprit humain, d'un milieu que l'esprit humain lui-même a créé », *in* Élie Halévy, *Correspondance*, *op. cit.*, p. 316 ; lettre d'Élie Halévy à Célestin Bouglé, 19/12/1901, p. 318 : « Pour le matérialisme historique, je m'arrête à cette formule. L'idée, par essence, précède l'acte, mais elle ne peut prévoir ce qu'elle deviendra, une fois passé à l'acte, entrée dans le domaine des faits. L'idée du machinisme a précédé, de plus d'un siècle, le machinisme moderne ; mais le machinime nous offre le spectacle d'une division des classes sociales non prévue par Bacon ou Descartes. L'idée chrétienne a produit l'église chrétienne : mais Jésus-Christ ne prévoyait ni le pape, ni la hiérarchie catholique et cette organisation romaine a réagi sur l'essence du christianisme primitif. La sociologie, entendue, selon ta définition, comme une étude de formes sociales, devrait être accompagnée d'une étude sur les relations réciproques des croyances (philosophiques, religieuses, scientifiques et morales) et des formes sociales. »]

Mais « *quand nous réfléchissons aux formes de la vie humaine et que nous essayons d'en faire l'analyse scientifique, nous prenons en réalité une route opposée au développement véritable de cette vie*[1]. » La marche réelle des choses est inverse. D'abord l'homme produit, crée, travaille ; ces formes de production impliquent des formes d'échange, et celles-ci, immédiatement, des relations sociales définies. Le droit traduit ces relations sociales sous forme abstraite et systématique. Les philosophies, les religions érigent en principe les notions fondamentales une fois constituées : l'idéal n'est que le produit logique, l'arrangement abstrait du réel. La conception marxiste de l'histoire, par opposition à une conception *juridique* ou *idéaliste*, est une conception *économique* ou *réaliste*.

Bref, une *évolution dialectique*[2] qui assigne pour fin au progrès l'*activité humaine* et pour cause du progrès, l'*activité humaine*, sous son aspect concret et comme matériel, ainsi peut se définir le marxisme considéré comme philosophie de l'histoire. Marx part de la philosophie hégélienne de l'histoire et aboutit à l'économie politique. L'homme économique est l'homme concret, l'homme réel, l'homme actif qui explique l'homme social tout entier, juridique, moral, religieux.

[« Quelle que soit la valeur de l'explication marxiste, on voit la différence entre un historisme et une philosophie de l'histoire : une philosophie de l'histoire explique, là où l'historisme finit par se borner à raconter.

Faut-il résumer l'application que fait Marx et sa méthode à la société capitaliste ? Sommairement, la société capitaliste est minée par deux contradictions, contradiction entre l'organisation de la production à l'intérieur de chaque entreprise, et l'anarchie de la production dans l'ensemble de la société. À l'intérieur de chaque entreprise, le travail est réglé, mesuré, distribué, conformément à un plan rationnel ; dans l'ensemble de la société, c'est la concurrence aveugle et incohérente qui, à la longue, tant bien que mal, équilibre l'offre et la demande, parce que les producteurs qui produisent au-delà de la demande ou qui ont de trop gros frais de production sont ruinés et éliminés par la lutte. Dans chaque atelier, contradiction entre les intérêts du capitaliste et ceux des travailleurs salariés, et opposition de deux mondes dont les différences morales correspondent aux différences de condition matérielle : le capitaliste a une religion, une patrie, une famille, il possède ; l'ouvrier, le prolétaire est sans religion, sans famille, sans patrie, sans propriété, *libre* de tout lien avec la société capitaliste. Lequel des deux mondes doit triompher de l'autre ? Le second, non parce qu'il représente la

---

1. *Le Capital*, tr. fr. Molitor, 1924, tome I, p. 61.
2. Le texte original porte : « un évolutionnisme dialectique ».

justice, le droit, l'idéal, mais parce que la première contradiction que nous avons signalée condamne la société capitaliste à se détruire elle-même. Dans la concurrence, les petits sont constamment vaincus, supprimés, expropriés par les gros, par la concentration des capitaux, le régime de l'organisation industrielle tend insensiblement à supplanter le régime de l'anarchie de la production. Mais est-ce au bénéfice des capitalistes ? Nullement, car, à mesure que les capitalistes deviennent plus riches, ils deviennent moins nombreux en face d'une classe ouvrière toujours plus nombreuse et plus unie. Le prolétaire, œuvre du capitaliste est l'homme libre, « l'homme en tant qu'homme » du « collectivisme futur ».

Pour finir,

1/ la discussion de la thèse du matérialisme historique présentait un caractère philosophique trop marqué pour être engagé ici (elle devrait porter sur les rapports de la pensée et de l'action),

2/ c'est un fait qu'au XIXe siècle, les causes économiques ont exercé une action prépondérante sur la marche de l'histoire ; et que, par suite, pour cette époque déterminée, le matérialisme historique offre un caractère de vérité relative. Enfin

3/ La concentration des capitaux est certainement un fait important dans l'histoire économique du siècle, relativement indépendant de la définition de la plus-value (Marx en a emprunté la théorie à des auteurs qui ignoraient sa théorie du profit). Nous passons à l'étude de la concentration capitaliste, et, nous nous demandons 1/ dans quelle mesure, si elle est vraie, elle implique, comme le voudrait K. Marx, le bouleversement de la société capitaliste et l'avènement révolutionnaire du collectivisme intégral... 2/ dans quelle mesure elle est vraie.][1]

---

1. [La conclusion de ce chapitre ne correspond pas à celle de la conférence originale manuscrite, que nous reproduisons ici entre crochets.]

CHAPITRE III

LE CAPITAL. LA THÉORIE DE LA VALEUR[1]

[« Après avoir étudié la réaction nationaliste et historiste contre l'internationalisme et le rationalisme de l'École orthodoxe, j'étudie la réaction interventionniste contre le non-interventionnisme de l'École. En d'autres termes, j'étudie le socialisme. J'ai expliqué, dans ma première leçon, pourquoi j'attacherai, à cette troisième partie de mon cours, beaucoup plus d'importance qu'aux deux premières, et aussi pour quelles raisons (pédagogiques, historiques, logiques), je donnerai pour centre à mon étude du socialisme contemporain l'étude du marxisme, que nous abordons aujourd'hui.

Karl Marx naquit en 1818, dans une famille bourgeoise de Trèves, juive mais qui allait, six ans après sa naissance, se convertir en bloc au christianisme. Entré à l'université de Bonn en 1835, il étudie encore à Berlin, et devient docteur en 1841, avec une thèse d'histoire de la philosophie sur *Démocrite et Épicure*. Il deviendrait professeur de philosophie, si les persécutions dont sont victimes, à cette époque, dans l'université prussienne, les penseurs indépendants, ne le dégoûtaient du métier. Il se fait journaliste, devient, à Cologne, en 1842, le collaborateur, puis le rédacteur en chef, de la *Rheinische Zeitung*, jusqu'au moment où la *Gazette* est supprimée par la censure. Il n'est pas encore socialiste : radical, appartenant au groupe de la gauche hégélienne, il ne connaît que par ouï-dire les socialistes français – Considerant, Leroux, Proudhon – il avoue son ignorance, se bornant à ajouter que le socialisme français constitue un mouvement intellectuel trop important pour être rejeté sans examen. Une fois la *Gazette rhénane* supprimée, il passe à Paris, où, avec Max Ruge,

---

1. Ce chapitre, comme le chapitre précédent, a été retrouvé dans les papiers d'Élie Halévy. Nous le reproduisons ici pour les mêmes raisons et sous les mêmes réserves. Plus encore que le précédent, ce chapitre est caractéristique de la *première manière*, si l'on peut dire, d'E. H. Cet exposé très abstrait est d'un historien des doctrines philosophiques. Dans les dernières années, E. H. traitait le sujet d'une toute autre façon. [Cette leçon est amputée de son incipit biographique, reproduit ici entre crochets, qui a été déplacé et réutilisé dans le chapitre I précédent sur « La jeunesse de Marx et la formation du marxisme », p. 101.]

il fonde les *Deutsch-Franzosische Jahrbucher*, publication qui compte, avec une rédaction mi-française, mi-allemande, opérer la synthèse de l'hégélianisme allemand et du libéralisme français. Les collaborateurs français font défaut. Les principaux collaborateurs allemands sont Marx et Engels : Marx, avec ses essais sur *La philosophie du droit* de Hegel et sur la *Question juive*, est encore un philosophe hégélien, quoique le second essai marque déjà une préoccupation assez vive de se placer, en philosophie de l'histoire, au point de vue économique. Engels, né en 1820, fils d'industriel, commis dans la maison de commerce de son père à Manchester, est essentiellement un économiste, qui connaît les doctrines anglaises et le milieu anglais : ses articles (*Unwisse zu einer Kritik der National Oekonomie – Die Lage des Englands*, une étude sur Carlyle) en témoignent. En septembre 1844, Engels rend visite à Marx à Paris ; de là date leur immuable amitié. En 1845, ils écrivent en collaboration *Die Heilige Familie. Oder Kritik der Kritischen Kritik gegen Bruno Bauer und Konsorten*, une critique du radicalisme idéologique, idéaliste et mystique du groupe des « Libres » de Berlin. C'est l'année où Engels publie son important ouvrage *Die Lage der arbeitenden Klassen in England*. C'est l'année où Marx, expulsé de Paris par Guizot à la demande du ministère allemand, se réfugie à Bruxelles. Marx et Engels y demeurent ensemble, et pour se mettre définitivement d'accord sur les questions philosophiques fondamentales, rédigent une *Kritik der nachhegelschen Philosophie* en deux volumes qui ne trouve pas d'éditeur. À cette date, la période d'élaboration de la pensée de Marx est close. Remarquer l'importance de la date. En 1842, List publie son *Système national d'économie politique* ; en 1843, Roscher son *Abrégé d'une économie politique conçue d'"après la méthode historique* ; en 1844, Marx et Engels se rencontrent. C'est la date de naissance de la nouvelle économie politique allemande. Remarquer aussi l'importance des circonstances de la vie de K. Marx : en lui viennent confluer des éléments empruntés aux trois grandes civilisations occidentale, allemande, française et, par l'intermédiaire d'Engels, en attendant le jour où Marx habitera Londres, anglaise.

Avec l'année 1845, commence la vie laborieuse et sédentaire de Karl Marx. En 1847, il publie, en réponse à la *Philosophie de la misère* de Proudhon, et pour protester contre le mauvais profit que Proudhon a retiré de ses leçons de philosophie hégélienne, sa *Misère de la philosophie*, où sont déjà développés tous les principes de sa doctrine. La même année, Marx et Engels sont déjà assez fameux dans les groupes révolutionnaires, pour qu'à la demande de l'association révolutionnaire le « Bund der Gerechten », ils rédigent, au congrès de Londres, le fameux *Manifeste du parti communiste*, resté le programme de ralliement des partis socialistes européens. Après l'échec du mouvement révolutionnaire de 1848, Marx, exilé toujours, qui ne croit pas à la possibilité d'une réalisation prochaine du socialisme, laisse à Lassalle la direction du mouvement prolétarien allemand, travaille, pour vivre, à des journaux d'Angleterre et d'Amérique, et prépare lentement à la préparation de son grand ouvrage économique. La première partie paraît en 1859, sous le titre de *Kritik der politischen Oekonomie* ; puis, nouvelle interruption de huit années : Marx est fréquemment et longuement malade, épuisé par le surmenage intellectuel. En 1869, paraît le première livre du *Kapital*. Les livres II et III ne seront publiés respectivement en 1885 et 1894, après la mort de Marx, par les soins de Engels.][1]

Le premier livre du *Capital* parut en 1867. Les livres II et III furent publiés, respectivement, en 1885 et 1894, après la mort de Marx, par les soins de Engels. Marx a travaillé à l'élaboration du *Capital* depuis 1850. En 1859, il avait publié le premier fascicule d'une *Critique de l'économie politique* qui n'avait eu aucun succès.

Marx, dans cet écrit, prenait plaisir à exprimer sa pensée en jargon hégélien et il la rendait ainsi difficile et obscure : l'introduction exposait le matérialisme dialectique. De plus, il semblait traiter l'économie classique anglaise comme une science achevée. À l'en croire, depuis Adam Smith et Ricardo, aucun progrès n'aurait été accompli. Et pourtant il laissait sans réponse les deux questions que pose l'économie classique. Elle affirme que le travail est la mesure de la valeur : mais le travail, à son tour, quelle valeur a-t-il ? D'autre part, si tout se paie à sa valeur, d'où vient que l'entrepreneur ait un profit ?

Le *Capital* est très différent du livre de 1859. Au *British Museum*, Marx n'avait pas seulement étudié les théories économiques, il avait aussi lu les historiens, accumulé les matériaux en vue d'une histoire des classes populaires en Angleterre. Il a ainsi enrichi d'érudition historique les analyses théoriques du *Capital*. Celui-ci est à la fois traité d'économie politique et d'histoire.

Enfin, si Marx reprend l'économie classique, c'est pour la réfuter. Il la tient pour une idéologie, pour l'expression d'un état de société essentiellement passager. Afin de démontrer cette thèse, Marx devait récrire l'œuvre de Ricardo, résoudre dialectiquement les contradictions qu'elle comportait : c'est-à-dire montrer que celles-ci correspondaient à des contradictions réelles. Grâce à la dialectique hégélienne il devenait possible de dépasser l'économie théorique anglaise.

« *J'apprends*, écrivait Lassalle à Marx au printemps 1851, *que ton économie politique va enfin voir la lumière du jour. Trois tomes épais d'un*

---

1. [L'introduction de ce chapitre ne correspond pas à celle de la conférence originale manuscrite, que nous reproduisons ici entre crochets.]

coup. Je l'attends avec un appétit passionné, on ne peut plus... Et c'est précisément pourquoi il me tarde tant d'avoir sur ma table de travail le colosse en trois lames, Ricardo devenu socialiste, Hegel devenu économiste ! »

C'est là excellemment définir le caractère des influences maîtresses subies par Marx (sous réserve des influences françaises). Dans notre étude de la philosophie économique de Marx, nous chercherons toujours à isoler l'élément ricardien et l'élément hégélien, et nous examinerons successivement les deux points qui se laissent à la rigueur isoler pour la commodité de l'exposition : la théorie de la valeur, l'[interprétation][1] de l'histoire.

1. *Les contradictions de Ricardo*[2]. — Marx emprunte tous les éléments de sa théorie de la valeur à la doctrine de Ricardo[3]. Celle-ci impliquait un certain nombre de contradictions ; Marx se propose de les résoudre. Mais on peut concevoir deux manières de résoudre une contradiction : une méthode *dialectique* (Hegel), une méthode *logique* (Ricardo). Au point de vue logique, de deux propositions : *A est B*, et *A est non B*, il faut que toutes deux soient fausses, ou que l'une soit vraie et l'autre fausse : elles ne peuvent être vraies en même temps. Résoudre une contradiction, c'est donc, ou rejeter les deux propositions contradictoires, ou n'en conserver qu'une. Au point de vue dialectique il est admissible que deux propositions : *A est B, A est non B* soient vraies en même temps : la réalité est contradictoire, la contradiction est la loi même de son progrès : résoudre une contradiction, c'est en constater la réalité et montrer comment elle s'absorbe dans une réalité, qui concilie les deux termes contradictoires. Marx, pour résoudre les contradictions de l'économie de Ricardo, emploie tour à tour la méthode dialectique de Hegel et la méthode logique de Ricardo.

Pour plus de précision, disons que l'économie politique de Ricardo implique deux contradictions fondamentales.

La contradiction de la valeur d'usage et de la valeur d'échange est constatée dès les premières lignes des *Principes d'économie politique :* « *Les choses qui ont la plus grande valeur d'usage n'ont fréquemment que peu ou point de valeur d'échange ; au contraire, celles qui ont la plus grande valeur d'échange n'ont que peu ou point de valeur d'usage*[4]. » L'eau et l'air ont une valeur utile immense, et une valeur d'échange presque nulle ; l'or et les métaux précieux une utilité presque nulle et une valeur immense

---

1. [Le texte original porte : « la philosophie de l'histoire ».]
2. [Ceci n'est pas le titre originel, sobrement intitulé « La théorie de la valeur » ; il en va de même des titres suivants.]
3. Lassalle écrivait encore à Marx : « *Je tiens en fait Ricardo pour notre ancêtre immédiat.* »
4. Ces lignes d'Adam Smith sont citées par Ricardo au début du chap. I des *Principes*.

dans l'échange. Ricardo résout la contradiction (si c'est la résoudre), en négligeant le premier terme ; les valeurs d'usage sont incommensurables. « *Une sorte d'objets nécessaires, de marchandises, ne comporte pas de comparaison avec une autre sorte ; la valeur d'usage ne peut être mesurée par aucun critère commun ; elle est différemment estimée par différentes personnes.* » L'économie politique néglige la valeur en usage pour ne s'occuper que de la valeur en échange, quoique la valeur d'usage soit une condition nécessaire de la valeur d'échange. Marx, au lieu de négliger cette contradiction, comme faisait Ricardo, la relève et essaie, dans sa théorie de l'échange, d'en donner une solution *dialectique*.

En second lieu, Ricardo mesure la valeur en échange par la quantité de travail : deux objets ont la même valeur, s'échangent l'un contre l'autre, quand ils ont coûté la même quantité de travail (mesuré par la durée). Mais dans le rapport de capitaliste à ouvrier salarié, le capitaliste est considéré par Ricardo comme achetant du travail, plus ou moins cher, selon que le travail s'offre sur le marché en quantité plus ou moins petite : il admet que des variations de valeur de deux marchandises, il y a une autre cause « *à côté de la quantité plus ou moins grande de travail nécessaire pour produire des marchandises, cette cause est la hausse ou la baisse de la valeur du travail* ». Le travail, mesure de la valeur, a cependant une valeur : cercle vicieux évident. De cette contradiction, Marx essaie de donner une solution *logique*.

2. [*La solution marxiste : la valeur d'usage et la valeur d'échange.*] — A. *Premier point* : contradiction de la valeur d'usage et de la valeur d'échange, constatée par Ricardo ; mais la valeur d'usage est ensuite négligée et traitée comme non existante. Karl Marx insiste sur le caractère radical de cette contradiction, qui rend contradictoire tout le mécanisme de l'échange. La preuve en est fournie par Ricardo lui-même. Il distingue entre la qualité et la quantité du travail. Il écrit (chap. I, sec. II) :

> « *On ne doit pas supposer que je suis inattentif aux différentes qualités du travail, et à la difficulté de comparer une heure, ou un jour, de travail, dans un emploi, avec la même durée de travail dans un autre. L'estime dans laquelle différentes qualités de travail sont tenues, tend bientôt à être fixée sur le marché avec une précision suffisante pour tous les besoins pratiques.et dépend beaucoup de l'habileté relative des travailleurs et de l'intensité du travail accompli. L'échelle, une fois établie, est sujette à de petites variations. Si un jour de travail d'un ouvrier en bijouterie a plus de valeur que la journée d'un cultivateur ordinaire, depuis longtemps il a été ajusté et mis à sa place dans l'échelle des valeurs.* »

Or, selon Marx, cette distinction établie entre le caractère qualitatif et le caractère quantitatif du travail n'est, sous un nouveau nom, que la distinction, antérieurement établie, entre la valeur d'usage et la valeur d'échange. Le travail qualitatif, spécifiquement distinct des autres travaux, c'est celui qui crée de la valeur d'usage : il me faut fournir des travaux qualitativement distincts si je veux me faire du pain, des chaussures, une maison. Sur la distinction *qualitative* des travaux se fonde la division du travail, qui n'implique pas, quoiqu'en ait dit Adam Smith, l'échange. L'échange, qui implique, au contraire, une équivalence entre les marchandises échangées, ne peut réaliser cette équivalence qu'en affirmant la possibilité d'une comparaison quantitative des travaux. Selon l'expression de Marx, « *le processus social établit violemment* » une « *égalité objective* » entre « *les travaux inégaux*[1] ». Ou encore « *les marchandises ont entre elles une existence double, réelle comme valeur d'usage, idéale connue valeur d'échange. La double forme du travail qu'elles contiennent se traduit en elles. En effet, le travail réel et spécial existe réellement dans la valeur d'usage, tandis que le temps de travail général et abstrait obtient une existence de représentation dans leur prix. Elles ne sont que la matérialisation uniforme, et différant seulement en quantité, de la même substance de valeur*[2]. » Dans l'échange chaque valeur d'usage ne se réalise comme telle que pour celui qui ne l'a pas produite directement par son travail ; elle se réalise en s'aliénant. « *L'échange des marchandises renferme des rapports contradictoires, exclusifs les uns des autres. Le développement de la marchandise ne fait pas disparaître ces contradictions, mais crée la forme où elles peuvent se mouvoir. C'est du reste la seule méthode pour résoudre les contradictions. Il est contradictoire, par exemple, qu'un corps soit constamment attiré et repoussé par un autre. L'ellipse est une des formes du mouvement, qui pose et résout à la fois cette contradiction*[3]. » Il s'agit de suivre, à travers les formes diverses, les tentatives successives de conciliation de cette contradiction initiale. Formes simples ou isolées de la valeur – forme générale ou développée –, enfin, forme universelle, où une marchandise déterminée est choisie pour servir d'unité de mesure des valeurs de toutes les autres marchandises : c'est l'argent – en d'autres termes une valeur d'usage dont le seul usage est de mesurer la valeur d'échange. « *L'évolution et le développement historique de l'échange ne font que donner plus d'importance à ce qui sommeille dans la nature des marchandises, c'est-à-dire à l'opposition entre la valeur d'usage et la valeur. Le besoin de donner à cette opposition une représentation extérieure*

---

1. *Critique de l'économie politique*, par K. Marx. Trad. Léon Rémy, p. 58.
2. *Ibid.*, p. 72.
3. *Cf. Le Capital*, trad. Molitor, 1924 (Paris, A. Costes), t. I, p. 101.

appelle une forme autonome de la valeur des marchandises ; il n'y a ni cesse, ni trêve jusqu'à ce que cette forme soit atteinte par le dédoublement de la marchandise en marchandise et en argent[1]. »

Bref, Marx résout la contradiction de la valeur d'usage et de la valeur d'échange *dialectiquement* non *logiquement* en ce sens qu'il constate, dans la réalité de cette contradiction, la raison secrète du progrès de l'échange, de la dialectique de l'échange.

3. [*La solution marxiste : la valeur travail.*] — B. *Deuxième point* : Contradiction où tombe Ricardo lorsque après avoir défini la valeur par le travail, il donne ensuite au travail des valeurs variables, qui réagissent sur la valeur du produit : de cette contradiction, on trouve chez Marx une solution *logique*.

Une difficulté *dialectique* est soulevée d'abord par l'apparition même de la notion de *Capital*. L'échange implique et contredit à la fois la notion de profit.

1° *Il la contredit*. Chaque fois effectivement que nous échangeons une marchandise W contre une marchandise W^σ avec ou sans intermédiaire de l'argent ($-W-W-''$ ou $W-G-W'$) nous échangeons une marchandise *différente* contre une marchandise *différente* (nous cédons une marchandise qui, utile à un autre, nous est inutile contre une marchandise qui, inutile à un autre nous est utile) ; mais les deux marchandises, pour être l'objet d'un échange normal, doivent posséder des valeurs égales (cette égalité de valeur est exprimée, mesurée par le G intermédiaire). Au contraire l'échange produisant intérêt ou profit s'énonce sous la forme $G-G''$ ou $G-W-G''$. Les deux termes extrêmes sont une marchandise de même nature ; pour que nous ayons un intérêt quelconque à l'échange, une raison d'échanger, il faut que nous obtenions en fin de compte une *quantité* de cet objet supérieure à celle que nous avions cédée en commençant. Mais étant donné l'essence

---

1. *Ibid.*, p. 78. Dans le manuscrit, les lignes suivantes d'É. Halévy continuaient cet exposé : « *Montrer comment, dans l'argent, la contradiction primitive se reproduit* », il se fonde là-dessus pour résoudre dialectiquement les contradictions logiques des théories monétaires de Ricardo (*l'argent comme mesure de la valeur ; la quantité de l'argent en circulation indifférente, l'argent connue moyen de circulation : une certaine quantité d'argent nécessaire, mais variable suivant le nombre des marchandises qui circulent et la rapidité de la circulation). Montrer comment le mécanisme de l'échange prépare la formation du capital. Le cycle W-G-W, ou la décomposition de l'acte W-W'' en deux actes W-G, G-W' séparés en deux temps. La monnaie suspendue. La thésaurisation. L'argent comme moyen d'achat, comme moyen de payement ; et la nécessité de constituer un fonds de réserve. Cela devient une fonction normale dans la société, non plus de vendre pour acheter (pour obtenir un excédent d'utilité -W-G-W') mais d'acheter pour revendre (pour obtenir un excédent de valeur d'échange -G-W-G') : passage au capitalisme.* » Ces lignes indiquaient probablement des développements que E. H. se proposait d'ajouter à l'exposé précédent.

de l'échange, cela est absurde.

2° *La notion d'échange implique la notion de capital et de profit.* Le mécanisme de l'échange se complique par l'intervention de la monnaie entre les deux marchandises échangées ; et nous en venons à employer la monnaie, selon l'expression de Marx, comme *moyen d'achat* ou *moyen de paiement*. J'achète une maison, je n'en tirerai de revenu qu'à l'avenir ; je ne puis donc l'acheter avec le produit de ses revenus, non encore existants. Le propriétaire actuel veut être payé tout de suite. Il faut donc, pour que fonctionne le mécanisme de l'échange, que j'aie, pour acheter, accumulé de l'argent.

Ou bien, voici deux négociants, en affaires l'un avec l'autre ; ils ne se paient pas l'un l'autre à chaque échange : à la fin de l'année seulement, après deux additions et une soustraction, ils règlent la différence. Il faut, au 31 décembre, qu'ils aient un fonds de réserve, un capital accumulé, pour faire face aux exigences du créancier. Au point de vue de l'échange, le profit est à la fois absurde et nécessaire.

Pour résoudre *dialectiquement* cette difficulté, Marx résout *logiquement* une contradiction de Ricardo. Les coûts de production du capitaliste comprennent, selon Ricardo, d'une part le capital fixe consommé dans la production et dont la valeur est mesurée elle-même par la quantité de travail que sa production a coûté et, d'autre part, les salaires des ouvriers : ces salaires sont le prix auquel le capitaliste achète du travail, prix haut ou bas selon que les capitaux sont rares ou abondants pour une offre fixe de travail, selon que le nombre des ouvriers est faible ou considérable pour un capital donné. Mais c'est là d'après Marx une façon incorrecte de s'exprimer, d'où la contradiction où tombe la théorie ricardienne de la valeur. Ce que le capitaliste achète, ce n'est pas du travail, c'est la force de travail – aussi différente du travail qu'une machine des opérations productives qu'elle accomplit. La théorie de Ricardo ainsi rectifiée *logiquement*, la contradiction *dialectique* est résolue par la théorie même de Ricardo.

Puisque, au point de vue de l'échange, le profit est une *absurdité nécessaire*, il faut qu'il se produise à la fois dans l'échange et hors de l'échange. Supposons donc que dans le cycle G''-W-G'', le capitaliste découvre une marchandise W telle qu'entre le moment de l'achat et le moment de la vente (c'est-à-dire dans le processus d'échange et en dehors de ce processus) elle produise de la valeur ; le capitaliste pourra retirer, à la fin du cycle, une quantité G' plus grande que la quantité G. Or, cette marchandise existe ; c'est la force de travail – c'est le prolétaire ; homme ; marchandise ; machine vivante. Son salaire, c'est purement et simplement le coût de production – ou de reproduction – de la machine, la somme nécessaire pour que l'ouvrier puisse continuer à travailler, apprendre à travailler et perpétuer sa race. La différence entre ces frais et la valeur totale du produit est prélevée par le capitaliste[1]. C'est la plus-value (*Mehrwert*). Mettons la théorie marxiste de la plus-value en formules ; nous avons au point de départ le capital composé de deux parties : le capital constant et le capital variable[2], soit $C = c + v$, capital constant + capital variable ; au point d'arrivée nous avons un capital G'' plus grand que C, car il s'est accru d'un surplus M, donné par le capital variable et la force de travail qu'il a incomplètement payée soit $C'' = c + v = m$; m, comme quantité absolue, exprime le profit. Mais la notion vulgaire du profit est la notion d'une proportion, d'un tant pour cent. Il importe alors de distinguer entre le taux de la plus-value (de l'exploitation de l'ouvrier par le capitaliste), c'est-à-dire de la force de travail non rémunérée, du surtravail, et le taux du profit. Le taux de la plus-value est égal à $\frac{m}{v}$; le taux du profit, estimé par le capitaliste, est égal au rapport de la plus-value à la totalité du capital avancé par lui $\frac{C+V}{M}$. Cette distinction permet à Karl Marx de concilier le fait, admis par tous les économistes, de la baisse des profits, avec sa thèse de l'accumulation progressive du capital. Pour que la fraction $\frac{M}{C}$ diminue, il n'est pas nécessaire que le numérateur M diminue, ni par suite, l'exploitation patronale ; il suffit que le dénominateur augmente, en d'autres termes, qu'il y ait aggravation constante du capitalisme par augmentation des capitaux investis. La solution de la contradiction *dialectique* qui existait entre la notion de profit et la notion d'échange ne supprime donc pas la contradiction ; elle en change seulement la forme. La contradiction devient lutte de classes entre les capitalistes d'une part, et, de l'autre, la force de travail les prolétaires. C'est la contradiction initiale entre la valeur d'usage et la valeur d'échange qui reparaît : le capitaliste travaille pour produire de la valeur d'échange, pour s'enrichir, le salarié pour produire de la valeur d'usage, pour vivre. Contradiction qui s'aggrave sans cesse par l'accumulation des capitaux, par leur concentration en un petit nombre de mains. Suivant Marx, avec le progrès de cette concentration, les crises de surproduction doivent s'aggraver toujours, jusqu'à la crise finale, *crise mondiale* qui supprimera les contradictions du monde de l'échange en supprimant le monde de l'échange lui-même.

---

1. Les frais de production, correspondant au salaire de l'ouvrier, paient le *travail nécessaire* de celui-ci, c'est-à-dire nécessaire pour le faire vivre, sa famille et lui ; le travail qu'il fait en plus de ce travail nécessaire, le *surtravail* ne lui est pas payé car il est prélevé par le capitaliste.
2. Marx appelle constant le capital engagé dans des machines, ou des matières premières, et qui se retrouve, sans modification, dans le produit. Il appelle variable le capital engagé dans les salaires, qui produit de la plus-value, car il représente la force de travail et non comme le capital constant les moyens de production inonde de l'échange en supprimant le monde de l'échange lui-même.

4. [*Le taux moyen de profit.*] — On pourrait pousser plus loin l'analyse de la doctrine marxiste et y faire voir l'emploi alternatif des deux modes de solution, dialectique et logique, pour résoudre les contradictions que renferme la doctrine de Ricardo. Et, par exemple, la théorie de la valeur travail se heurte chez Ricardo à deux contradictions nouvelles.

1° En ce qui concerne les marchandises dont la production implique le concours des forces productives de la nature, elles ne s'échangent pas proportionnellement aux quantités respectives de travail qu'il a fallu dépenser pour les produire, mais proportionnellement à la quantité de travail nécessaire pour les produire sur le sol le plus ingrat, proportionnellement à la plus grande quantité de travail actuellement nécessaire pour les produire ;

2° Dans la production capitaliste, lorsque d'égales quantités de travail collaborent avec des quantités inégales de capital à la fabrication de deux produits, puisque les quantités inégales de capital exigent des profits inégaux, proportionnés à leur quantité, les deux produits ne se vendront pas au même prix, quoiqu'ils aient coûté le même travail.

Comment résoudre ces deux difficultés ?

D'abord, elles peuvent se résoudre chacune séparément, par la solution logique de l'une ou de l'autre, indifféremment. On peut d'une part, considérer que la rente différentielle, l'excédent du rendement du sol sur les terres les plus fertiles, constitue l'essence même de la plus-value, du profit ; et que toutes les autres formes que prend la plus-value dans la société réelle, le profit industriel, le profit commercial, l'intérêt, sont autant de prélèvements qui s'opèrent selon des lois plus complexes sur la rente différentielle. Telle est la tendance du socialisme anglo-saxon, déjà naissante chez James Mill, disciple orthodoxe de Ricardo, et développée sous sa forme la plus radicale chez Henry George. Mais telle n'est pas la solution de Karl Marx. Il considère, tout au contraire, la rente différentielle comme un prélèvement fait sur le profit, ou plus exactement sur la plus-value, définie comme précédemment. La difficulté relative à l'élément rente différentielle reçoit de la sorte, chez lui, une solution, ou un essai de solution logique. Reste le problème de savoir comment concilier le principe de l'égalité des profits avec le principe de la valeur-travail.

Nous nous trouvons ici en face d'une difficulté dialectique que Marx définit expressément dans les termes suivants :

> « *Ainsi, d'après ce que nous venons de démontrer, il y a des taux inégaux de profit dans des branches différentes d'industrie, conformément à la composition organique différente des capitaux*[1]*, et dans des limites*

---

1. Selon les industries, la part du capital variable est plus ou moins grande dans le capital total, qui se compose organiquement de capital constant et de capital variable.

> *données, conformément aux temps différents de rotation ; par conséquent, la loi d'après laquelle les profits sont entre eux comme les grandeurs des capitaux et d'après laquelle des capitaux égaux donnent dans des temps égaux des profits égaux, ne s'applique, le taux de la plus-value et le temps de rotation étant supposés constants, qu'avec des capitaux de même composition organique. Mais il faut pour cela que les marchandises se vendent à leur valeur. Il est certain, d'autre part, qu'en réalité, si nous négligeons les différences secondaires et accidentelles qui se composent réciproquement, la différence des taux moyens de profit n'existe et ne pourrait exister pour les branches d'industrie différentes, sans renverser tout le système de la production capitaliste. Il semble donc que la théorie de la valeur soit incompatible ici avec le mouvement réel, incompatible avec les phénomènes effectifs de la production et qu'il faille même renoncer à comprendre ces derniers*[1]. »
>
> Et encore : « *Toute la difficulté vient de ce que les marchandises ne sont pas simplement échangées comme marchandises, mais comme produits de capitaux, qui, à grandeur égale ou proportionnellement à leur grandeur, demandent une part égale dans la masse totale de la plus-value. Et c'est le prix total des marchandises produites par un capital donné dans un temps donné qui doit satisfaire à cette demande. Mais le prix total de ces marchandises n'est que la somme des prix des marchandises isolées formant le produit du capital*[2]. »

Et dans cette dernière phase se trouve indiquée la solution de la difficulté proposée par Marx. La valeur *totale* des produits dont la production a coûté des quantités variables de capital et de travail, se règle sur la quantité de travail ; mais la valeur *particulière* de chacun de ces produits sera telle qu'elle assure à tous les capitaux le profit *moyen* calculé sur la moyenne des profits inégaux que donneraient les différents produits, s'ils se vendaient à leur valeur mesurée par la quantité de travail. Le tableau suivant, simplification du tableau que Marx nous donne dans cet ouvrage, rend l'ensemble de la théorie saisissable : [soit 3 sphères de production distinctes, I, II, III, où les capitaux engagés ont des compositions organiques différentes, différences qui n'empêchent pas que le taux de la plus-value ou travail non payé soit le même dans chacune de ces sphères, soit 100 % ; mais la proportion différente du capital variable dans I, II, III, entraînera une plus-value différente, soit 20, 30, 40. Si l'on admet que ces trois industries n'en forment qu'une, que les capitaux I, II, III, soient les différentes parties d'un capital unique (par

---

1. *Le Capital*, trad. Molitor, 1928, t. X p. 58-59.
2. *Ibid.*, p. 59-60. Dans *Le Capital*, 3ᵉ édition, 1894, Karl Marx envisage un capital total formé de cinq sphères de production distinctes.

exemple : ateliers de filature, carderie, étirage dans une même usine de coton), la composition moyenne du capital total 300 sera 210 C + 90 V et chaque capital partiel aura cette composition moyenne 210 C + 90 V, étant seulement considéré comme le tiers du capital total.]

Capital	Taux de la plus-value	Plus value	Valeur du produit	Taux du profit
I. 80 C + 20 V	100 %	20	120	20 %
II. 70 C + 30 V	100 %	30	130	30 %
III. <u>60 C + 40 V</u>	100 %	<u>40</u>	<u>140</u>	<u>40 %</u>
300		90	300	30 %

Nous faisons de la sorte un pas de plus dans la dialectique de l'échange et du capital. La théorie de la valeur travail cesse d'être vraie à un certain degré de la production capitaliste, et fait place à la théorie de la valeur prix de production : les marchandises se vendront proportionnellement à leur coût de production, parce que la concurrence entre les différentes productions ramène les marchandises non à leur valeur mais à leur prix de production.

Notre exposition de la théorie marxiste de la valeur peut avoir pour résultat de mettre en garde contre certaines critiques qui reposent sur une interprétation trop aisée du système.

5. *Conclusion.* — Il est faux de dire que Karl Marx ait négligé la différence du travail qualité et du travail quantité. Il relève le passage où Ricardo la mentionne en passant, et ramène cette différence à la différence, fondamentale dans son système, de la valeur d'usage et de la valeur d'échange. Le travail quantitatif produit la valeur d'usage, le travail quantitatif la valeur d'échange. Or, l'opposition de la valeur d'usage et de la valeur d'échange est, selon Marx, une opposition irréductible, dont jamais le monde de l'échange ne pourra s'affranchir, qui est la base de toute la dialectique de l'échange : base première de toutes les crises du monde capitaliste, jusqu'à la crise dernière, la crise universelle, qui emportera le monde de l'échange.

Il est faux que dans la théorie de la valeur travail, Marx ait vu une expression économique de la formule juridique : *à chacun selon son travail*, ou encore le principe d'une répartition équitable des produits du travail social. Dans cette interprétation, l'apparition du capital dans le monde de l'échange, l'accaparement par le capitalisme du surtravail correspondant à la plus-value serait un crime social de lèse-justice, que la tâche du socialisme serait de réparer. Rien de plus contraire à l'esprit du marxisme. Il vaudrait mieux dire que le monde où la valeur se mesure sur la quantité de travail n'est pas un monde éternel, qu'il est une forme transitoire de la société humaine, transitoire parce qu'instable, instable parce que contradictoire (l'opposition de la valeur d'usage et de la valeur d'échange vicie toujours la théorie de valeur travail). Avant l'échange, les petites communautés familiales avaient un régime économique où la répartition se faisait sans considération possible de la quantité de travail. Puis l'échange produit nécessairement le capitalisme, forme sociale postérieure et supérieure à l'échange simple, qui finit par contredire ou du moins modifier la théorie de la valeur travail, pour y substituer la théorie du coût de production. Enfin le capitalisme reproduit l'opposition de la valeur d'usage et de la valeur d'échange, sous la forme aggravée de la lutte des classes, en attendant le jour où l'échange sera supprimé, se supprimera lui-même, où l'humanité reviendra au point de vue exclusif de la valeur d'usage, et réglera la distribution des produits sur le besoin, non le travail. Au fond, la formule juridique *à chacun selon son travail*, malgré son aspect d'axiome, de vérité *a priori*, n'est que la traduction abstraite, métaphysique, du mécanisme de l'échange. L'humanité avait une autre idée de la justice avant l'échange. Elle en aura une autre après l'échange[1].

Or, cette confusion de la théorie de la valeur travail avec des idées de justice et d'équité, elle est commune, avant Karl Marx, aux disciples socialistes et aux disciples orthodoxes de Ricardo. Marquer l'attitude de Marx par rapport aux uns et aux autres, ce sera la meilleure manière, pour finir, de déterminer en quoi consiste son attitude dialectique. Proudhon et un grand nombre de socialistes anglais, partant de ce double principe que, dans l'échange, sauf des perturbations accidentelles, les marchandises s'échangent proportionnellement aux quantités de travail, et que cette règle est juste, imaginent une socialisation de l'échange, telle que chaque citoyen apportant le produit d'une heure de travail, aura le droit d'exiger en retour le produit d'une autre heure de travail. C'est oublier que la théorie de la valeur travail, nous dit Karl Marx, implique la libre concurrence, se réalise en elle. Supprimer la libre concurrence, et la théorie de la valeur travail aboutit au bouleversement de la société ; pour une heure de travail, le malhabile obtient autant que l'habile : c'est une prime à la paresse, et la décadence de la production assurée.

---

1. [Voir lettre d'Élie Halévy à Célestin Bouglé, 26/03/1903 : « Je ne crois pas, effectivement, comme tu dis, que l'on puisse fonder une société rationnelle sur le principe "à chacun selon ses œuvres". Veut-on dire par là : à chacun selon son effort ? Tu verras, en y regardant de près, que c'est comme si l'on disait : "à chacun selon ses besoins". À moins de juger l'effort par le succès. Il faudrait dire alors "à chacun selon le résultat obtenu par son travail" ; mais c'est une façon bien grossière de procéder. En tout cas le principe "à chacun selon son travail" n'est pas le principe du socialisme, rigoureusement défini : il ne peut se justifier que si l'on admet la nécessité de pousser à l'accroissement de la production, sans tenir compte de la manière dont le produit se distribue entre les producteurs : nous voilà donc hors du socialisme », *in* Élie Halévy, *Correspondance, op. cit.*, p. 233.]

> « *Proudhon puise son idéal de la justice éternelle, dans les rapports juridiques correspondant à la production des marchandises, ce qui, soit dit en passant, fournira du même coup la démonstration. Il permet ainsi à tous les bourgeois la constatation consolante que la forme de production des marchandises est éternelle, au même titre que la justice. Ensuite il veut remanier la véritable production des marchandises, et le véritable droit qui en découle, en les adaptant à cet idéal*[1]. »

L'erreur de Gray, de Bray, de Proudhon est de ne pas comprendre l'histoire, de ne pas être des dialecticiens. Les crises sont dues à l'interposition de l'argent dans l'échange des marchandises, et ils veulent les supprimer par le retour au troc, à l'échange immédiat. Mais c'est ne pas comprendre que l'argent a été une invention nécessaire pour lever les contradictions inhérentes à l'échange immédiat. L'argent devient ensuite le capital, et produit des crises nouvelles, par la transformation des rapports de production ; de ces contradictions il faut chercher la solution non pas en deçà de l'argent, dans l'échange mais au-delà du capital et de l'échange lui-même.

Les ricardiens orthodoxes, Say, Mill, McCulloch, commettent une erreur du même genre lorsque, dans leur optimisme ils nient la possibilité logique de la surproduction, affirment que nécessairement l'offre doit toujours égaler la demande. Cela est vrai dans le monde de l'échange immédiat, du troc, mais non pas dans le monde de l'argent et du capital. Pour les commodités de l'exposition théorique, négliger l'interposition de l'argent entre les marchandises échangées, c'est négliger précisément la cause du phénomène de surproduction.

Si les hommes surproduisent, c'est bien parce qu'ils travaillent pour produire de la valeur d'échange, non de la valeur d'usage, pour accumuler, non pour vivre. D'ailleurs l'argent et la capitalisation sont les résultats nécessaires de l'échange une fois posé. On n'a le droit ni de les supprimer pratiquement comme font les proudhoniens, ni de les supprimer par abstraction comme font les ricardiens, et de conserver cependant l'échange. Le tort des ricardiens, comme des proudhoniens, est de n'être pas des dialecticiens[2].

---

1. *Le Capital*, trad. Molitor, 1924 (Paris, A. Costes), t. I., note p. 74-75.
2. Le manuscrit d'Élie Halévy se terminait par les lignes suivantes que nous mettons en note parce qu'elles ne correspondent plus au plan du cours que nous publions.

« *Maintenant deux questions se posent :*

1° Des contradictions de l'économie politique de Ricardo auxquelles Marx veut donner une solution dialectique, une solution logique n'est-elle pas possible ? L'école autrichienne essayera de trouver cette solution logique, et précisément, comme nous le verrons, sous l'impulsion de la critique socialiste ;

2° Une fois accordé que la théorie autrichienne de la valeur réfute la théorie ricardienne, et par suite la théorie marxiste de la valeur, suffit-il d'avoir critiqué le formalisme dialectique du marxisme pour avoir réfuté le marxisme ? Nous aurons à définir le vrai sens de la dialectique marxiste, la philosophie marxiste de l'histoire qui se dissimule sous cet appareil abstrait : c'est ce que nous avons étudié dans le chapitre 2 avec le matérialisme historique, substrat véritable de l'économie marxiste. »

CHAPITRE IV

LA LUTTE DES CLASSES ET

L'ÉVOLUTION DU CAPITALISME[1]

La théorie historique et économique de Marx suppose aussi que la société se divise en deux classes opposées, l'une qui détient tous les moyens de production, l'autre qui ne possède que sa force de travail. L'une et l'autre sont composées d'individus libres. Les ouvriers qui viennent conclure des accords sur le marché du travail sont libres, au moins juridiquement. Ils ne sont jamais contraints, sinon par la nécessité, d'accepter les conditions que leur offrent les employeurs. Mais une telle liberté équivaut à l'impuissance. La liberté des ouvriers est celle d'êtres dépourvus de tout, *vogelfrei*, ou *hors-la-loi*.

Interpréter historiquement le capitalisme c'est expliquer d'abord la formation de ces classes opposées, c'est analyser ensuite leur lutte à l'intérieur de notre société ; c'est suivre enfin la transformation progressive de la structure sociale au fur et à mesure que le conflit des classes se déroule et s'aggrave.

1. *Origines du capital : l'accumulation primitive.* — Il s'agit de comprendre comment un petit nombre d'individus sont parvenus à monopoliser les richesses collectives. Les libéraux, nous dit Karl Marx, expliquent le fait d'une manière absurde. Au début tous les hommes étaient pauvres : les bons ont épargné, les mauvais ont dépensé. La récompense des uns est de vivre sans travailler, la punition des autres de peiner durement. L'histoire réelle ne correspond nullement à ce schéma des moralistes, qui *n'est qu'une fable comme le péché originel*. C'est la force, *accoucheuse des sociétés*, que l'on retrouve à l'origine du capitalisme. En Angleterre, cette histoire commença au XVe siècle lorsque la monarchie des Tudor imposa aux grands vassaux de licencier leur suite féodale. Les grands seigneurs avaient tous

---

1. [Voir *Conférences rédigées dans les années 1900*, « La théorie marxiste de la concentration des capitaux », recomposée, reproduite p. 381.]

leur armée recrutée parmi ceux qui vivaient sur leurs terres : obligés de la licencier, ils n'avaient plus intérêt à nourrir leurs anciens soldats et ils les ont chassés. D'autre part, à l'époque de la Réforme, intervint la saisie des biens de l'Église catholique. Celle-ci, avec une patriarcale indolence, laissait vivre sur ses terres, en une demi-mendicité, de nombreuses gens. Les nouveaux propriétaires expulsèrent ces gens qui allèrent ainsi grossir dans les villes l'armée des malheureux sans ressources. Enfin, et c'est là le facteur décisif, beaucoup de nobles remplacèrent la culture par le pâturage, afin de vendre la laine que réclamaient les tisserands flamands. La substitution des pâturages aux champs, en diminuant les besoins de main-d'œuvre, entraîna inévitablement l'expulsion de nombreux paysans.

Cependant, au XVIIe siècle, la base du pouvoir de Cromwell était encore le *yeoman*, c'est-à-dire le paysan libre. Mais ensuite le mouvement reprit et s'accentua. Sous Charles II, les propriétaires terriens furent déchargés des redevances. Après la révolution de 1688, le capitalisme agraire obtint de Guillaume III les domaines de l'État. Au XVIIIe siècle intervinrent les *laws of enclosure*. Les biens communaux que les petites gens cultivaient ou sur lesquels ils faisaient paître leurs troupeaux, furent englobés dans de vastes domaines. Le nombre des paysans diminua. Au XIXe siècle, l'Écosse, elle aussi, débarrassa le pays des hommes pour y mettre des moutons. Le capitalisme agraire avait définitivement triomphé et rejeté vers les villes des foules de paysans.

À l'origine, les hommes refoulés vers les villes ne parvenaient pas à trouver du travail en raison du système corporatif. Aussi les lois contre le vagabondage et la mendicité se multiplièrent-elles au cours des XVIe et XVIIe siècles. Au XVIIIe siècle, les lois sont moins sévères ; en revanche, la loi qui fixait un salaire minimum déclencha des crises nombreuses. Puis les lois disparurent subitement ; on était parvenu à inculquer à tous l'idée qu'il y a deux classes, l'une très étendue composée de gens qui ne possèdent rien que leurs bras, l'autre, très réduite, qui détient les richesses.

Marx décrit le développement du capitalisme industriel en même temps que celui du capitalisme agraire. Il montre que le capitalisme industriel s'est installé dans les agglomérations nouvelles, ignorantes des réglementations corporatistes ; que les villes corporatives à leur tour se sont insurgées contre les réglementations anciennes. À partir de 1688, la sympathie du nouveau gouvernement pour le monde des finances accéléra le mouvement (système colonial, système de la dette publique, système du protectionnisme). Tous les gouvernements du XVIIIe siècle ont eu pour but d'assurer l'exploitation de la classe ouvrière et la prospérité du capitalisme. Puis l'expansion coloniale, en Europe occidentale, comme en Angleterre, vint favoriser le capitalisme industriel.

Capitalisme agraire aussi bien que capitalisme industriel aboutissent au régime de la liberté : liberté du paysan chassé de ses terres qui va chercher du travail dans les villes, liberté de l'employeur qui fixe les conditions de production et la rétribution de l'ouvrier, liberté du capitaliste qui dispose souverainement de son argent. Mais cette liberté, quel recours laisse-t-elle au prolétaire ? Ne le condamne-t-elle pas à être exploité par celui qui loue sa force de travail ?

2. *Théorie des salaires : L'exploitation des ouvriers par les capitalistes.* — C'est la conséquence des origines même du capital. Nous avons indiqué dans le chapitre précédent la théorie marxiste des salaires[1]. Le capitaliste loue la force de travail de l'ouvrier, et il la loue à un juste prix : la valeur de cette force de travail, comme celle de toutes les marchandises, est mesurée par le travail nécessaire pour la produire ou la reproduire, autrement dit, par la valeur des marchandises nécessaires à la vie de l'ouvrier et de sa famille. Marx n'affirme pas d'ailleurs que le salaire soit réduit à un strict minimum physiologique, il reconnaît au contraire que le salaire varie avec les époques et les pays suivant les exigences ouvrières et les coutumes historiques. À partir de cette théorie des salaires, l'exploitation des ouvriers devient une vérité démontrée.

En effet, on peut diviser la journée de travail en deux parties ; dans la première, l'ouvrier travaille pour lui-même, c'est-à-dire pour produire la valeur correspondant à son salaire, aux marchandises à l'aide desquelles il entretient sa famille. Mais, à notre époque, la productivité du travail humain est devenue telle que ce *travail nécessaire* n'exige pas toute la journée. Celle-ci comporte donc une deuxième partie dans laquelle le surtravail de l'ouvrier profite au seul patron, qui le recueille sous forme de plus-value. La lutte des classes est une donnée essentielle de notre structure sociale, puisque prolétaires et capitalistes luttent, ceux-ci pour accroître, ceux-là pour réduire surtravail et plus-value.

Le premier enjeu de cette lutte sera la durée du travail. Le capitaliste, en effet, a toujours tendance à allonger la journée de travail, puisque, dans les dernières heures, l'ouvrier produit de la plus-value. Marx appelle *absolue* la plus-value obtenue par l'allongement de la durée quotidienne du travail.

Marx illustre par des faits historiques la théorie de la plus-value absolue. Il retrouve dans le passé les lois multiples, *statutes of labourers* de 1349, 1496, 1562 qui ont eu pour objet de fixer une durée *minima* de travail[2],

---

1. Cf. *supra*, p. 125.
2. Marx remarque que ces divers statuts imposaient à l'ouvrier agricole une journée de douze heures, durée qui fut largement dépassée dans les premiers établissements industriels :

d'imposer aux ouvriers une plus grande intensité d'effort. Marx cite William Petty qui déplorait la mollesse des ouvriers et proposait de mettre pour condition à l'assistance une journée de 12 heures : tous les ouvriers pauvres à charge de la bienfaisance publique devaient travailler 12 heures par jour dans une *maison de terreur*. Et les philanthropes, du début du XIXe siècle, ont célébré comme un triomphe la réduction à 12 heures de la journée de travail des enfants !

L'augmentation de la plus-value absolue se heurta vite à des obstacles. L'ouvrier acceptait le salariat, mais il demandait au patron de ne pas épuiser sa force de travail. À partir de 1812, et surtout de 1832, des lois relatives au travail des femmes et des enfants furent mises en vigueur, mais femmes et enfants étaient si nombreux dans les usines, qu'il fallut réduire aussi le travail des hommes. D'ailleurs, jusqu'en 1833, ces lois ne furent pas appliquées, car le gouvernement n'avait pas institué des fonctionnaires pour les rendre exécutoires.

Au-delà de ces premiers résultats, le mouvement de revendications ouvrières continua, et, au terme d'une véritable guerre civile, le prolétaire obtint la limitation de la journée de travail à 12 heures, puis à 11 et 10 heures, jusqu'au jour où les ouvriers des États-Unis, après la guerre de Sécession, réclamèrent la journée de 8 heures.

3. *La plus-value relative : accroissement de la productivité.* — Faute d'accroître la plus-value absolue, les capitalistes s'efforcèrent d'accroître la plus-value *relative*. Marx appelle ainsi la plus-value due à la réduction du travail nécessaire. Si l'ouvrier produit en 5 heures au lieu de 6 la valeur nécessaire pour l'entretenir, lui, sa femme et ses enfants, il travaillera une heure de moins pour lui, une heure de plus pour son patron. Celui-ci cherche donc, *dans son propre intérêt*, à accroître la productivité du travail. Là apparaît le caractère propre du régime capitaliste. Dans ce régime, l'amélioration de la productivité, c'est-à-dire le progrès technique, profite d'abord et immédiatement au détenteur des moyens de production. Marx insiste sur ce fait, moins pour dénoncer l'injustice que pour analyser le mécanisme et l'évolution du capitalisme. En effet, la mission historique du capitalisme est de multiplier, et d'améliorer sans cesse les moyens de production. Le capitalisme accomplit sa mission parce que les capitalistes visent toujours à accroître la plus-value relative, et, à cette fin, renouvellent leur outillage, élargissent leur entreprise. Mais, dans cette marche au profit, les capitalistes, sensibles à leurs seuls intérêts, et inconscients de l'ensemble, finissent

---

il observe que, quand la IIe République en France limita à douze heures la journée de travail, on protesta.

par créer les conditions de leur propre perte : la diminution du profit et le développement d'un prolétariat révolutionnaire.

Quels sont les procédés à l'aide desquels les capitalistes ont accru la plus-value relative ? On en compte trois principaux :

1° *la coopération* ;
2° *la division du travail* dans le régime de la manufacture ;
3° *la machine* ou *le machinisme*.

1° Marx entend par *coopération* le travail de plusieurs individus à une même tâche, travail collectif sous une même direction. La coopération a d'abord l'avantage de permettre l'économie de multiples faux frais. Marx s'inspire ici des critiques de Fourier contre le gaspillage de l'industrie domestique. Ensuite plusieurs individus travaillant ensemble produisent plus qu'ils ne produiraient en travaillant séparément. Dix ouvriers enlèvent facilement un arbre qu'ils ébranleraient à peine s'ils tiraient l'un après l'autre. Cette théorie de la force collective est empruntée à Proudhon. Inévitablement, le patron retient le bénéfice de cette force collective, puisqu'il ne paie que dix ouvriers et non le travail résultant de la coopération de dix ouvriers. Avec le travail coopératif, la valeur moyenne du travail commence à devenir une mesure réelle, et cette valeur moyenne augmente. Par l'intermédiaire du grand nombre, on passe du qualificatif au quantitatif. En même temps apparaît le despotisme capitaliste : face aux ouvriers, nombreux, le capitaliste, investi d'une fonction de contrôle, d'autorité, est comparable à un chef féodal.

La coopération d'ailleurs ne doit pas être conçue comme une phase historique : c'est la base même de tout capitalisme. En effet, celui-ci se défendit par la production d'une valeur d'échange, ou encore la production pour le marché. Or, une telle production implique presque nécessairement le rassemblement de plusieurs ouvriers. Le travail en coopération existe hors du capitalisme, mais celui-ci ne saurait guère exister sans coopération.

2° *La division du travail*, qui correspond à l'ère de la manufacture aux XVIIe et XVIIIe siècles, marque une étape, au-delà de la simple coopération. D'abord le capitalisme rassemble sous une direction unique tous les artisans qui interviennent successivement dans la production d'un seul objet. Cette méthode de *composition* assure un gain de temps, puisque tous les ouvriers travaillent dans un même local. La *décomposition* du travail marque un échelon supérieur : l'ouvrage, réalisé auparavant par un seul spécialiste, est divisé en travaux multiples, accompli par des hommes différents[1]. Ainsi divisé, le travail est plus rapide, plus facile. Le temps nécessaire à

---

1. Marx dit que l'ouvrier devient « parcellaire » à mesure qu'il est assujetti à des travaux de plus en plus décomposés, de plus en plus simples et courts.

la fabrication d'un objet est mieux connu, plus stable. La productivité du travail augmente, donc, la plus-value augmente.

Marx distingue la manufacture *hétérogène* et la manufacture *homogène*. La première est celle où une série d'ouvriers se passent de main en main l'objet jusqu'à ce qu'il soit achevé (aiguille). La seconde, ou manufacture sérielle, est celle où dans un même atelier, au même moment, tous les ouvriers fabriquent la même pièce (horlogerie).

La théorie de la division du travail a une grande importance chez les économistes classiques (Adam Smith). À l'origine, chaque groupe produit ce dont il a besoin. Bientôt ces petits groupes s'aperçoivent qu'ils auraient intérêt à produire une seule chose et à échanger une partie de leur production contre les autres objets dont ils ont besoin. Ainsi se séparent les agriculteurs, les tailleurs, etc. Dans cette théorie la division du travail est spontanée, libre ; d'autre part elle se réalise dans l'échange. Pour Marx au contraire, la division du travail s'effectue *en dehors de l'échange*, non entre individus libres, mais entre individus soumis à une même autorité. Le capitaliste adopte un plan préconçu selon lequel plusieurs individus travaillant ensemble arrivent à produire davantage : il préfigure la société capitaliste dans laquelle tout sera organisé selon un plan[1].

Là encore s'élève la lutte des classes : d'un côté nous avons le capitaliste qui commande, de l'autre, une foule d'ouvriers qui obéissent au patron.

Lorsque l'ouvrier travaillait pour lui-même, il travaillait avec plusieurs outils, il était peu spécialisé. Aujourd'hui, au contraire, chaque ouvrier tend à ne se servir que d'un seul outil, il ignore le but, le rôle de son geste dans la tâche totale. De plus, une nouvelle distinction se crée, entre les ouvriers qualifiés et les non-qualifiés. Certaines tâches impliquent un long apprentissage, mais il subsiste des tâches assez simples qui n'exigent pas d'apprentissage. D'où l'apparition d'une aristocratie et d'une plèbe parmi les ouvriers.

Mais la division du travail a des limites. On ne peut supprimer totalement le temps que coûte le passage de l'objet d'un ouvrier à un autre, d'où l'intervention de nouveaux outils, l'intervention des machines.

3° *Il y a machine* lorsque, au lieu d'un seul métier mis en mouvement par un seul ouvrier, un ensemble de métiers est mis en mouvement par un seul automatisme. La machine se compose de trois éléments : la force motrice, les appareils de transmission, la machine-outil, qui fait mécaniquement ce que

---

1. Le plan est rendu nécessaire parce que, comme le remarque Marx, la division du travail dans la société aboutit à ce que chacun produise une marchandise (pain, vêtement, etc.), tandis que la division du travail dans la manufacture aboutit à ce que seul le produit collectif soit une marchandise : or, la production d'un tel produit suppose une organisation, un plan.

faisait autrefois le travail conscient de l'ouvrier. Dans les régimes antérieurs – manufacture ou artisanat – l'ouvrier *se sert* de l'outil ; maintenant, l'ouvrier *sert* la machine, parce que c'est la machine qui manie l'outil.

Par définition, la machine semble économiser le travail humain, elle devrait donc créer un droit à l'oisiveté, au repos. Marx cite le passage où Aristote dit que, si les métiers pouvaient se mettre en mouvement tout seuls, il n'y aurait plus besoin d'esclaves. Lorsqu'au temps de César et de Cicéron, le moulin à eau a été inventé en Asie Mineure, un poète alexandrin se félicite de l'heureux résultat qu'aura la création de cette machine pour le genre humain.

Et pourtant la machine a aggravé la peine des hommes, elle a abouti au salariat, qui est une espèce d'esclavage nouveau. C'est que, au point de vue économique et social, une machine est un capital, donc elle a pour objet de produire de la plus-value en faisant travailler le plus d'hommes possible avec le plus d'intensité possible. Rien d'étonnant que les ouvriers se soient révoltés contre les machines qui, au lieu d'être des instruments, apparaissent comme des maîtres qui font la loi.

C'est la machine, considérée comme source de plus-value, qui a embauché les forces supplémentaires et amené le travail des femmes et des enfants aux usines, dans des conditions contraires à la moralité et à l'hygiène. C'est la machine qui a entraîné l'allongement de la journée de travail, l'intensification de l'effort, la déspécialisation et par suite la dépréciation du travail. C'est elle aussi qui a précipité le déséquilibre entre l'offre et la demande.

En effet, les capitalistes produisent sur une échelle de plus en plus large, et ils appellent dans les usines un nombre croissant d'ouvriers. Mais d'autre part, grâce aux machines nouvelles, on réussit à fabriquer, dans un même temps, de plus en plus d'objets. Les inventions entraînent donc le licenciement d'ouvriers devenus inutiles[1]. Entre ces divers phénomènes il n'existe jamais d'équilibre stable ; les crises marquent des déséquilibres violents que suivent des réajustements progressifs jusqu'au moment où une nouvelle crise surviendra. Le machinisme dans le cadre du capitalisme est à l'origine de crises qui finiront par la ruine du régime lui-même.

4. *Ruine du capitalisme : la marche vers la Révolution.* — La tendance du machinisme est de diminuer le nombre des ouvriers nécessaires. Beaucoup d'ouvriers sont donc jetés sur le pavé. Indirectement la machine a donc pour résultat de permettre la survie des manufactures, du travail à domicile, puisque les travailleurs chassés de la grande industrie sont

---

[1]. Marx dit que dans ces conditions *le moyen de travail tue l'ouvrier.*

contraints d'accepter n'importe quelle condition : d'où le *sweating system*. L'existence d'une masse de prolétaires demandant vainement du travail est un phénomène inséparable du capitalisme. *L'armée de réserve de l'industrie* garantit au capitaliste la possibilité de trouver de la main-d'œuvre en cas de besoin et elle tend à faire baisser les salaires des travailleurs occupés.

L'économie classique avait aussi une théorie de la surpopulation, celle de Malthus, selon laquelle la population progresse plus vite que les moyens de subsistance. Il n'y a, disait Malthus, que deux remèdes : la mort de faim d'un certain nombre d'hommes ou la limitation raisonnée du nombre des naissances. D'autre part, d'après l'économie classique, il existe à chaque instant une certaine somme d'argent, *wage fund* (fonds des salaires) qui, divisée entre le nombre des ouvriers existants, donne le salaire de chacun. La multiplication des ouvriers ramène toujours le salaire au niveau du strict minimun.

Marx critique cette doctrine du *wage fund*. Le capital se compose en réalité, nous l'avons vu[1], de deux parties, le *capital constant* : celui qui est investi dans les machines et les matières premières, et le *capital variable* : celui qui est dépensé par les entrepreneurs en salaires, et qui seul donne la plus-value. Le capitalisme tend à accroître sans cesse le capital constant, de manière à diminuer le fonds des salaires. Les ouvriers de leur côté luttent pour obtenir l'augmentation de ce fonds ; cette lutte aboutira un jour à une victoire. La loi de Malthus n'a donc aucun caractère éternel. C'est le régime capitaliste qui implique que le fonds de salaire soit toujours insuffisant. C'est lui qui entretient une armée de réserve aux portes des usines ; mais le régime capitaliste est destiné à disparaître un jour[2].

Comment se réalisera la Révolution ? Le capitalisme, en une première phase, procède par l'expropriation des petits producteurs. Mais les gros capitalistes, à leur tour, entrent en lutte les uns contre les autres. Ils commencent à s'exproprier les uns les autres. Cette expropriation est opérée par des crises successives qui éclatent à peu près périodiquement. Un jour viendra où il y aura une grande crise mondiale : un petit nombre de grandes entreprises jetteront sur le marché des richesses qui ne s'écouleront pas, les masses d'ouvriers syndiqués auxquels était refusée leur part de richesse, exproprieront les grandes entreprises, mais, tandis que les expropriations

---

1. Cf. *supra*, 2ᵉ partie, chap. 3, p. 129.
2. [Voir la lettre d'Élie Halévy à Graham Wallas, rédigée en pleine crise économique où Élie Halévy s'interroge, 06/10/1931 : « What is your answer to Karl Marx's theory, according to which a day is to come – perhaps is coming – when a society based on capitalism will be unable to absorb its produce ? I ask everybody, and nobody answers me », *in* Élie Halévy, *Correspondance, op. cit.,* p. 709]

capitalistes s'opéraient aux dépens du peuple, l'expropriation finale sera faite aux dépens de quelques usurpateurs, pour le profit de l'immense majorité.

Il serait vain et criminel de retourner en arrière vers la petite propriété, et « *vouloir l'éterniser ce serait,* comme Pecqueur le fait remarquer à juste titre, *décréter la médiocrité universelle*[1] ». Il faut passer par la concentration, la centralisation et les crises pour atteindre, au-delà du capitalisme, le règne de la liberté.

Déjà la société réagit contre le despotisme capitaliste : des lois limitent la durée et contrôlent l'hygiène du travail. En Angleterre, l'instruction publique est obligatoire, ce qui diminue le nombre d'enfants qui travaillent. On tend ainsi à instruire, à civiliser la classe ouvrière.

D'autre part, réunis dans de vastes usines, les ouvriers ont acquis une puissance nouvelle. Dépouillés par le progrès technique d'une spécialisation qui les fixait en un lieu unique, ils ne sont pas attachés à une seule entreprise, ils sont susceptibles d'aller d'usine en usine. Ainsi ils prendront conscience de la destinée inhumaine, commune à tous les prolétaires et ils apprendront la révolte. Le capitalisme a pris d'anciens serfs pour en faire des salariés, mais le chemin de la libération passe par le salariat.

5. *Comparaison entre Marx et Sismondi* — Tâchons, pour terminer et pour dégager les idées essentielles, de confronter la doctrine de Sismondi et celle de Marx. Sur le point de départ de l'accumulation capitaliste, Marx se sépare de Sismondi. Nous avons vu déjà que, pour Marx, la formation du premier capital ne pouvait s'expliquer, comme pour Sismondi, par le jeu pur et simple de l'échange. Car, dans l'échange, une valeur équivalente s'échange toujours contre une valeur équivalente. Le capital s'explique à la condition seule qu'il existe une marchandise qui, après son achat, produise une valeur supérieure à son prix d'achat, ou encore, pendant le temps de sa location, produise une valeur supérieure à son prix de location. Cette marchandise, c'est la force du travail, l'énergie nerveuse et musculaire de l'ouvrier, dont le salaire représente les frais d'entretien pendant le temps qu'il travaille, et dont la manifestation, le travail effectivement dépensé, donne une valeur qui constitue le profit du capitaliste, après défalcation du salaire. La formation de la première accumulation capitaliste implique qu'il existe des individus, ne possédant pas d'instruments de travail, et obligés pour vivre de louer leur corps, leur force de travail : elle suppose la séparation violente de l'ouvrier d'avec son instrument de travail, séparation dont nous avons résumé l'histoire en Angleterre.

---

1. Marx. *Le Capital*, trad. fr. Molitor, t. IV, p. 271-272.

Reste maintenant à suivre les étapes de l'accumulation capitaliste. Sismondi avait analysé la complexité des phénomènes de l'accumulation capitaliste lorsqu'il écrivait :

> « *L'accumulation des capitaux et la réduction du taux de l'intérêt déterminent presque toujours le fabricant à employer deux expédients qui marchent ordinairement ensemble, la division du travail et les machines. Toutes deux tendent à réduire son prix de fabrique, et par conséquent à étendre son débit. La division du travail suppose que l'entreprise est faite sur une beaucoup plus grande échelle, puisque chaque ouvrier, réduit à une seule opération, trouve moyen de s'en occuper constamment ; elle exige donc plus de capital circulant ; d'autre part la multiplication des machines qui remplacent et abrègent le travail de l'homme demande toujours un premier établissement coûteux, une première avance qui ne rentre qu'en détail : elle suppose donc aussi la possession de capitaux oisifs, qu'on peut ôter au besoin présent pour en fonder une sorte de rente perpétuelle*[1]. »

Production sur une grande échelle, ou encore *production en grand*, division du travail, machines, tels sont donc, selon Sismondi, les procédés qu'emploie l'industriel pour *concentrer* l'industrie. Mais ces trois procédés, Sismondi les énumère simplement sans étudier leur origine ni leur rôle, il les considère presque comme trois inventions simultanées. Marx les distingue comme trois moments, trois étapes successives de l'histoire du capitalisme, et fonde sur une documentation abondante, recueillie en Angleterre, au *pays classique* de l'économie politique et du capitalisme, cette histoire en trois phases de l'exploitation bourgeoise. La *coopération* simple, ou réunion sous un même toit d'un grand nombre d'ouvriers, augmente déjà le rendement du travail ; elle établit déjà le *despotisme* du capital sur les ouvriers, dont le travail devient, par essence, obéissant et discipliné. La *division du travail*, dans la *manufacture* aggrave la séparation des deux facteurs, par la dégradation morale qui résulte de la *spécialisation* de l'ouvrier. L'ouvrier cesse d'être un homme total, pour devenir un *Teilarbeiter*, ou *ouvrier parcellaire*, simple outil, inconscient de la fin de ses actes, dans la grande machine vivante que constitue l'ensemble des ouvriers de la manufacture. Vient enfin l'ère de *grande industrie*, caractérisée par l'invention des *machines*. La spécialisation passe de l'ouvrier à la machine et l'ouvrier n'est plus que l'appendice de la machine, chargé de la surveillance des machines, sensiblement le même, quel que soit le caractère de la machine. La machine permet au patron

---

1. Sismondi. *Nouveaux Principes d'économie politique*, livre IV, chap. VII, 2ᵉ éd., 1827, vol. I, p. 394 *sq*.

d'économiser constamment sur la main-d'œuvre, de diminuer constamment le nombre des ouvriers ; les ouvriers, ainsi congédiés, constituent l'armée des sans-travail, qui par leur concurrence, avilissent le salaire des ouvriers employés ; c'est *l'armée de réserve industrielle*, utile au capitaliste, parce qu'elle est toujours sous sa main, pour le cas d'un subit accroissement de la demande : avec le machinisme, la *surpopulation* devient un phénomène normal de la société capitaliste.

Jusqu'ici, c'est par l'exploitation, toujours plus intense et plus savante, des ouvriers, que le capitaliste s'est enrichi. Son enrichissement est donc toujours limité par l'accroissement du capital total de la société ; et l'on conçoit que, si ce capital social augmente suffisamment, le nombre des capitalistes puisse croître avec l'accroissement des capitaux. Mais un moment vient où le capitaliste désire un accroissement de son capital plus rapide que l'accroissement du capital total de la société. Il faut pour cela qu'il s'enrichisse aux dépens des autres capitalistes. Marx reprend ici textuellement la théorie sismondiste de l'absorption des petits capitaux par les gros capitaux, de la surproduction, des marchés étrangers et des crises. Mais à cette absorption des petits capitaux par les gros, à cette *concentration des fortunes*, il ne faut pas donner le nom de *concentration* déjà employé par lui pour désigner la *concentration des travaux* ; il emprunte à Pecqueur le terme de *centralisation*.

Tous les grands traits de ce tableau de l'accumulation capitaliste, Marx les emprunte à Sismondi, mais il renverse en quelque sorte l'ordre du récit de Sismondi. Le récit de Sismondi commence à la concurrence des capitalistes entre eux, continue par la description de la production en grand, s'achève par la théorie de l'exploitation de l'ouvrier par le machinisme. Marx calque Sismondi, mais le calque à l'envers. Le premier moteur de tout le mouvement, c'est l'exploitation, par le capitaliste, de l'ouvrier. La production en grand, la division du travail, les machines, ne sont que les procédés toujours plus raffinés de cette exploitation. La lutte engagée par les capitalistes pour se détruire les uns les autres n'est que la dernière période de la fièvre de l'accumulation capitaliste. Quel est, enfin, le dernier terme, le point d'arrivée de cette évolution ? Marx adoptera-t-il l'optimisme de Pecqueur ou le pessimisme de Sismondi ? C'est ici le lieu d'appliquer la méthode dialectique. Marx est à la fois aussi pessimiste que Sismondi et plus optimiste que Pecqueur.

Chaque moment de l'accumulation a son actif et son passif, son bon côté et son mauvais côté, son *côté positif* et son *côté négatif*, contradiction qui se renouvelle et s'aggrave sans cesse jusqu'au jour de la catastrophe finale. La *coopération* inaugure le despotisme du capital dans l'atelier ; mais elle crée aussi la *réunion*, l'*agglomération* des ouvriers. Le capital imagine alors la *division du travail*, qui avilit l'ouvrier, le réduit au niveau d'un outil sans intelligence ; mais la division du travail a ce côté positif de constituer, dans la manufacture, l'*organisation de la production*, conforme à un plan systématique et rationnel par opposition à l'anarchie de la production dans la société artisanale. L'invention des machines crée une nouvelle anarchie, par l'*élimination* progressive de *l'ouvrier* au profit de l'instrument mécanique, mais elle a cet avantage de *déspécialiser* l'ouvrier, de lui rendre de nouveau la possibilité de devenir un homme intégral. D'une façon plus générale, le capitalisme supprime d'une part, pour un nombre d'hommes toujours plus grand, la notion de propriété individuelle, d'autre part, chez un nombre d'hommes toujours plus petit, mais toujours plus riches, il pousse à son dernier degré d'intensité cette notion de propriété individuelle. Enfin la contradiction devient trop grande ; les forces productives que le capitalisme a suscitées sont trop considérables pour être contenues dans les cadres qu'il leur impose : le capitalisme aboutit à la catastrophe finale prédite par Sismondi : mais par un dernier mouvement de la dialectique de l'échange, dans cette destruction de la société capitaliste, tout le côté négatif disparaît ; le côté positif subsiste : le communisme.

6. *Appréciation du marxisme*[1]. — Nous ne chercherons pas à juger en détail la doctrine marxiste ; nous nous bornerons pour conclure à quelques remarques.

Considéré comme une théorie économique, le marxisme présente la singularité de ne reconnaître la spécificité ni de la rente foncière (analysée par Ricardo) ni du profit commercial, ni du profit bancaire. Marx n'admet qu'une seule source de profit, la plus-value tirée du travail des ouvriers et partagée ensuite entre différents bénéficiaires. Les marxistes ont dû, plus ou moins, réviser cette conception trop simple.

---

1. [Voir notes de cours de Pierre Millet (ENS-Ulm, fonds Élie Halévy, carton 8) : « Conclusions sur le marxisme : 1/ Quelques critiques : a) ignorance complète de la rente foncière, des profits commercial et bancaire : on les considère comme dérivés du profit industriel ; b) la petite propriété a parfois résisté beaucoup plus que ne le pensait KM. ; c) la petite bourgeoisie reste tout à fait ignorée de KM. Les socialistes actuels ont confondu son hostilité contre les banquiers avec l'hostilité contre les industriels. 2/ Ses succès. Tient à ce que dans certaines régions les prophéties de KM se sont réalisées : capitalistes en face d'une foule de prolétaires. Tient aussi à son fatalisme. Le matérialisme historique laisse à l'homme une certaine liberté. Mais il lui indique le progrès inévitable de l'évolution humaine. C'est un grand encouragement à agir dans ce sens. Les doctrines d'action sont fatalistes (islamisme, augustinianisme). D'autre part, la méthode de KM est très scientifique : toute une école de savants l'a suivie. Les œuvres sont très difficiles à lire, mais cela asseoit leur prestige. KM use d'une méthode comique qui consiste à retourner contre le capitalisme les arguments « morale, famille, propriété ». Les socialistes allemands, à force de traiter les capitalistes de perturbateurs sont réellement devenus conservateurs eux-mêmes. Le marxime répondait d'ailleurs aux besoins psychologiques des trois grandes nations ; il a concentré les idées en cours ; c'est un point d'arrivé, non un point de départ. »]

Philosophie de l'histoire, système de prévision historique, le marxisme a été soumis à l'épreuve des événements, et, sur plus d'un point, démenti.

La petite propriété, tant industrielle qu'agricole, a mieux résisté que ne l'avait annoncé Marx. Aussi bien des socialistes, comme nous le verrons plus tard, ont-ils été tentés de modifier la doctrine. Ils ont mis en lumière d'autres formes d'exploitation capitaliste que celle des ouvriers par les employeurs : par exemple celle des industriels par les banquiers ou celle des producteurs par les commerçants.

Au reste, pour apprécier la signification et l'influence historique du marxisme, il importe peu de préciser les insuffisances et les erreurs du *Capital*. L'indiscutable valeur scientifique de la théorie n'est pas davantage en question. Le marxisme a puissamment agi sur le mouvement socialiste, parce qu'il répondait à un besoin historique, parce qu'il correspondait à certaines réalités essentielles, parce que, considéré comme une idéologie destinée à la propagande, il était incomparable.

Il existe dans le monde de vastes régions, où, véritablement deux classes s'affrontent, celle des patrons et celle des ouvriers : Lancashire, nord de la France, Belgique, Rhénanie. Le marxisme convient immédiatement à la situation sociale de telles régions.

Pour d'autres régions le marxisme ne représente qu'une simplification. Mais partout il a frappé l'imagination par sa philosophie historique, à la fois fataliste et ironique.

Marx enseigne que l'histoire tend d'elle-même, par une inéluctable nécessité, vers la révolution socialiste. Le marxisme serait donc, comme toutes les philosophies d'action, imprégné de fatalisme. Le fatalisme risque peut-être de justifier l'attente passive, mais il peut aussi exalter la volonté de la classe appelée à bouleverser le monde, confirmer la foi de ceux auxquels le socialisme prédit une victoire certaine. De plus ce fatalisme se donne pour fondé sur la science expérimentale. Marx prétendait faire pour la sociologie ce que Darwin faisait pour la biologie. Qualifié de *scientifique*, le socialisme gagne une autorité nouvelle. Il n'est plus une simple protestation morale, il est élevé au niveau des vérités universelles. Ouvrage obscur, abstrait, incompréhensible aux ouvriers, le *Capital* ajoute encore, par son mystère même, au prestige de la doctrine.

Enfin le marxisme est plein d'une ironie implicite. Les révolutionnaires, ce sont les capitalistes eux-mêmes, modernes apprentis sorciers. Ce sont les entrepreneurs qui, dans leur course effrénée vers plus de profit, renouvellent incessamment leur outillage, accumulent le capital, élargissent leurs usines, et deviennent ainsi les fossoyeurs du régime capitaliste.

Dans l'histoire du socialisme européen, le marxisme occupe une place exceptionnelle. Marx devait son inspiration philosophique à la philosophie classique de l'Allemagne. Il avait tiré sa culture économique de l'économie anglaise (de Smith à Ricardo). Il avait lu les historiens et les socialistes français, et ceux-ci retrouvaient en lui l'influence de leurs critiques et de leurs aspirations. La pensée des trois grands pays d'Europe avait donc contribué à former la doctrine qui est devenue la doctrine officielle des partis socialistes.

Le Capital *n'est pas un point de départ, mais un point d'arrivée. L'histoire idéologique du socialisme s'achève avec lui. Il n'y aura plus désormais qu'une histoire politique du socialisme.*

TROISIÈME PARTIE

LA Ire INTERNATIONALE

CHAPITRE PREMIER

LES DÉBUTS DU SOCIALISME ANGLAIS[1]

La grande espérance de 1848, l'année folle comme disaient les Allemands, avait abouti à un échec complet. La décade qui suivit cet échec marqua, pour le développement du socialisme et même pour la diffusion des idées libérales, un temps d'arrêt, une période d'éclipse.

Dans l'ordre international, le premier événement d'importance qui ouvre une phase nouvelle d'activité socialiste est la rencontre entre ouvriers français et anglais en 1862, et la décision prise par eux d'organiser des rencontres entre des ouvriers de tous les pays réunis en corporation. Cette rencontre est à l'origine de la Ire Internationale, qui dura de 1864 à 1872 et que Marx domina de toute sa puissante personnalité.

Cependant, au cours des années de calme relatif qui précédèrent la création de la Ire Internationale, dans les principaux pays, des partis, groupes ou mouvements, de caractère plus ou moins socialiste, s'étaient constitués ou reconstitués, qui différaient beaucoup selon les pays ; ils avaient subi des influences idéologiques diverses, ils répondaient à des situations autres. La Ire Internationale souffrit, et finit par mourir des divergences inévitables entre des hommes ou des partis qu'elle prétendait soumettre à une doctrine et à une discipline uniques.

Aussi commencerons-nous par étudier la formation des mouvements socialistes en Angleterre, en Allemagne et en France, avant de suivre l'histoire de la Ire Internationale.

I. *LE MOUVEMENT SOCIALISTE EN ANGLETERRE APRÈS 1848*

Coopératisme et syndicalisme existaient déjà en Angleterre avant l'avènement du chartisme. Robert Owen avait été l'auteur et le promoteur

---

1. [Voir le polycopié de 1932, *L'Histoire du socialisme anglais*, fascicule II, reproduit ici p. 491.]

de la coopération[1]. Le syndicalisme avait commencé à se développer surtout parmi les ouvriers qualifiés du textile et généralement dans le nord de l'Angleterre. Tous les efforts d'Owen furent vains et n'empêchèrent pas le premier mouvement coopératiste de disparaître rapidement. Le mouvement syndicaliste eut plus de chance et prit une part assez active aux débuts du chartisme, mouvement essentiellement politique, qui tira pourtant sa force principale des masses ouvrières inorganisées : le chartisme s'effondra définitivement en 1848. Mais pendant les années de son déclin, un mouvement nouveau et puissant était né et avait prospéré dans l'ombre.

1. *Essor du mouvement coopératif.* — Un soir de décembre 1844, dans la misérable rue du Crapaud, à Rochdale, vingt-huit ouvriers se réunissaient pour créer la première coopérative de consommation : c'était d'anciens chartistes, dégoûtés de la politique et réunis après l'échec d'une grève de tissage[2]. Ils résolurent de revenir au coopératisme purement économique de Robert Owen. Leur coopérative ouvrit à ses débuts deux fois par semaine, le soir seulement : le service – un vendeur, un secrétaire et un caissier – était assuré par roulement. Les vingt-huit membres participaient à la coopération en qualité d'associés, de commanditaires, de directeurs, enfin et surtout, de clients. Le but de la coopérative était déjà ambitieux puisque l'argent ainsi réuni devait servir à fonder une manufacture, afin de passer à la véritable coopérative de production owenienne : les *Équitables Pionniers de Rochdale* achèteraient ensuite des terres. « *Aussitôt que la chose serait praticable, cette société se mettrait en mesure d'arranger les pouvoirs de la production, de la distribution, de l'éducation et du gouvernement ;* en d'autres termes d'établir une *colonie domestique autonome (self-supporting home colony) d'union des intérêts et d'aider d'autres sociétés à établir des colonies de ce genre.* »

Certains traits, cependant, séparaient déjà la coopérative de Rochdale du modèle d'Owen. Celui-ci était obsédé par l'idée de ne pas faire de bénéfices ; ses coopératives devaient vendre leurs produits au prix de revient. Au contraire, les pionniers de Rochdale vendaient leurs marchandises au prix courant et redistribuaient en fin d'année les bénéfices aux membres affiliés : les règles de fonctionnement de la société furent enregistrées en 1845, sous le régime du *Friendly Society Act* (loi sur les sociétés de secours mutuel) de 1836. Une fois payé l'intérêt du capital, ce qui restait de profits était

---

[1]. Cf. *supra*, p. 59.
[2]. Six cependant étaient des disciples d'Owen, dont les deux animateurs, Charles Howarth et William Cooper. L'initiateur de ce groupement, Holyoake, écrivit en 1857 l'*Histoire du Mouvement* qui rendit très populaires les Pionniers.

distribué tous les trimestres entre les membres au *prorata* de leurs achats : le système de la ristourne venait de naître[1]. Les bénéfices ainsi répartis représentaient l'économie obtenue du fait que les coopératives se passaient d'un commerçant intermédiaire.

À l'origine, la coopérative de consommation avait pour but de préparer l'avènement de la coopérative de production, mais les résultats immédiats furent si fructueux que les coopérateurs s'en tinrent là, et que le mouvement prît rapidement une grande ampleur. En 1848, les coopératives de Rochdale commençaient à essaimer dans le voisinage ; en 1851, cent trente coopératives s'étaient fondées dans le nord de l'Angleterre et le sud de l'Écosse. Bientôt se réunit dans le Lancashire une conférence des membres des coopératives pour établir un moulin fédéral ; puis on adjoignit aux coopératives des boulangeries. En 1863, la fédération fondait un magasin de gros, dans l'Angleterre du Nord, *la Coopérative Wholesale Industrial and Providend Society* qui devait devenir dix ans plus tard la *English Wholesale Society*, groupant quarante-cinq branches. En 1863, une *Wholesale Society* était établie en Écosse. C'est ainsi que se créa un vaste monde coopératif, sorti par essaimage de la ruche unique de Rochdale : dès 1867 une législation nouvelle dut intervenir pour permettre aux diverses *branches* de s'interpénétrer.

2. *Essor du mouvement syndical.* — Robert Owen voulait que le développement des *Trade-Unions* surprît le capitalisme comme *un voleur dans la nuit*. Son rêve de syndicat unique ne devait pas se réaliser[2]. La renaissance des syndicats commença après les mauvaises années de 1837 à 1842, années des grandes agitations chartistes. En 1844 apparut la première organisation stable des ouvriers mineurs, qui compta bientôt plus de 100 000 membres – chiffre qui fit sensation à l'époque. *L'Association des mineurs de Grande-Bretagne et d'Irlande* était déjà assez riche pour s'attacher les services d'un avocat-conseil qu'elle payait 1 000 livres par an. Mais après les quelques grèves malheureuses de 1844, elle devait rapidement disparaître de la scène.

En 1845 fut fondée la *National Association of United Trades for the Protection of Labour*, avec deux branches, l'une pour la protection du travail, l'autre pour l'organisation de l'embauche. La première branche devait surveiller les conflits du travail, et conseiller la modération et la diplomatie dans la lutte contre le patronat : elle suivait en même temps les

---

1. Une autre différence avec des projets d'Owen est que ce genre de coopérative n'élimine pas la monnaie comme on avait voulu le faire au *Labour Exchange* londonien de 1832.

2. Il rêvait surtout d'un Cartel des métiers et il s'enthousiasma pour l'*Association nationale pour la protection du travail* et l'*Union générale des métiers* de 1834, quand coopératives owenites et associations unirent leurs forces. Mais ces ébauches disparurent dans l'échec du charisme.

travaux du Parlement sur la législation des fabriques, afin de s'assurer que les lois votées fussent bien conformes à la volonté ouvrière. S'opposant sur ce point aux chartistes, elle était peu favorable à la grève systématisée, et s'efforçait d'établir des organes de conciliation. Toute cette activité, qui visait des résultats au jour le jour, était donc terre à terre, à la différence des utopies doctrinales qui l'avaient précédée.

Mais le rêve socialiste de Robert Owen hantait toujours les ouvriers. Aussi la deuxième branche de l'Association se proposait-elle de profiter des grèves pour fonder la société sur la coopération ouvrière. Ce mouvement, pourtant, ne devait pas tarder à se dissiper. Une série de syndicats nouveaux apparaissait, tenant un langage de moins en moins *socialiste et chartiste*. Syndicats *d'hommes d'affaires*, qui se souciaient de protéger le salaire ouvrier, non de supprimer le salariat.

Les deux plus importants parmi ces syndicats *nouveau modèle (new model)* – *l'Amalgamated Society of Engineers*, créée en 1851 et la *Federation of Builders (bâtiment)* – devaient leur popularité à deux conflits malheureux avec le patronat : en 1852, un *lock-out* patronal de trois mois, à la suite d'une grève, se termina par l'échec du syndicat, mais attira pour la première fois l'attention du public. La grève, en 1859, des ouvriers du bâtiment de Londres, pour l'obtention de la journée de 9 heures, fut également suivie de *lock-out*, et si, à la fin, les 9 heures ne furent pas obtenues, les patrons durent consentir à embaucher des syndiqués, et ceux-ci, devenus très populaires, reçurent du public des subventions importantes.

Ces nouveaux syndicats n'étaient inspirés d'aucune doctrine socialiste : ils acceptaient au contraire les formules de l'économie politique libérale, reconnaissant que la loi de l'offre et de la demande, qui règle le prix du marché, s'appliquait au marché du travail. Aussi, pour élever ce prix, il fallait agir sur l'offre ; d'abord en favorisant l'émigration, vers les États-Unis ou les colonies d'Australasie, des ouvriers en surnombre ; ensuite et surtout, en réduisant, dans la corporation, le nombre des ouvriers qualifiés, par la limitation du recrutement des apprentis. Une cotisation très forte – un shilling par semaine – devait rendre cette limitation effective, et, avec les sommes ainsi obtenues, le syndicat organisait un vaste système de mutualité contre les risques de chômage, de maladie et d'invalidité. Les grands syndicats avaient des écoles, des bibliothèques, des journaux, ils lançaient des enquêtes économiques, faisaient de la propagande et leurs secrétaires étaient des fonctionnaires appointés et permanents. Le patronat n'aimait pas ces *Fédérations nouveau modèle* avec leur administration et leurs gros effectifs : en fait, dès 1867, l'intervention des *Engineers* força les industriels à renoncer au *document*, un engagement écrit par l'ouvrier de ne pas adhérer à un syndicat.

À la tête de ces syndicats se trouvait un état-major d'hommes capables, acharnés à défendre les intérêts ouvriers, sans doctrine politique socialiste. Pour la première fois depuis le début du siècle, le mouvement ouvrier fut sous la direction, non des sympathisants recrutés dans les classes supérieures ou moyennes, comme Place, Owen, Roberts ou O'Connor, mais de véritables ouvriers entraînés spécialement à leur fonction[1]. La plupart étaient démocrates radicaux, partisans de l'extension du suffrage universel, et ils prirent une part importante à l'agitation qui précéda la réforme électorale de 1867. En politique extérieure, ils sympathisaient, comme les libéraux, avec la cause des nationalités opprimées. C'est sur eux que Karl Marx s'appuiera quand il fondera la I*re* Internationale. Pourtant, leurs préoccupations restaient purement économiques, et loin de professer une solidarité ouvrière internationale, ils cherchaient avant tout à s'assurer des privilèges sur le marché du travail et à lutter contre la concurrence des ouvriers étrangers. Après 1858 furent fondés des *Trade-Councils* permanents, centres des fédérations syndicales. Le premier congrès général des *Trade-Unions* fut convoqué en 1868 par les *Trade-Councils* de Manchester et de Birmingham. En 1871, le *Trade-Union Congress* devint une institution permanente, siégeant annuellement et exerçant peu à peu une influence profonde sur le Parlement et l'opinion publique ; de nos jours c'est une véritable puissance.

II. — *LE PROBLÈME DU DROIT SYNDICAL*

Le *Trade-Union-Congress* de 1871 avait été convoqué à la suite des craintes soulevées chez les chefs syndicaux par la résistance patronale au mouvement syndical. Cet antisyndicalisme s'était exercé dès le début du siècle par l'organe des lois des tribunaux.

1. *Le droit de coalition et la reconnaissance légale des syndicats.* — En 1800 déjà, le *Combination Act*, en réaction contre l'agitation ouvrière naissante, avait interdit toute coalition sous peine d'emprisonnement de trois mois, sur décision d'un juge de paix unique, et sans appel. Mais la loi eut pour seul effet de rendre les coalitions secrètes, et de leur donner ainsi un caractère révolutionnaire. En 1824, époque du torysme libéral, une nouvelle loi vint adoucir la précédente : la liberté de coalition était accordée d'une part pour fixer le taux des salaires, la durée quotidienne du travail et la quantité de travail fournie ; d'autre part, pour pousser, par voie de persuasion, d'autres ouvriers à rompre le contrat de travail ou à n'en pas conclure de nouveau.

---

[1]. Le cas le plus exemplaire de ces militants ouvriers est W. Allan.

Il n'y avait délit que dans le cas où les ouvriers, agissant individuellement ou en corps, useraient « *de violences envers les personnes ou les choses par voie de menace ou d'intimidation* ». Encore, la peine devrait-elle être édictée par deux magistrats au lieu d'un seul, et le maximum serait de deux mois de prison au lieu de trois. Mais le Parlement prit peur en 1825 et revint sur sa décision ; aux délits de *violence, de menace* ou *d'intimidation*, la loi ajouta le délit vague de *molestation* ou *d'obstruction*. La peine était portée à trois mois de prison avec la faculté de faire appel moyennant le versement d'une caution. Mais le fait de se réunir, *dans le seul but de fixer le taux des salaires et des prix* ne constituait pas un délit.

L'Angleterre, avec une immense avance sur les autres pays, avait ainsi rendu effective la liberté de coalition. Mais cette liberté, qui permettait les grèves, ne donnait aux syndicats permanents aucun statut légal. Avec le temps, ceux-ci avaient accumulé d'énormes réserves, les unes affectées aux services de mutualité, les autres au fonds de grève. Si quelque difficulté – comme la fuite d'un caissier voleur – se présentait, il paraissait difficile à ces organisations de soutenir leur cause en justice, puisqu'elles étaient encore dépourvues de personnalité civile.

La loi de 1855, qui donnait un statut aux sociétés de secours mutuel (*Friendly Societies*) n'affectait pas directement les syndicats ; mais ceux-ci, profitant d'une clause de la loi qui permettait à toute société non reconnue de se faire enregistrer comme *Friendly Society* s'en étaient largement prévalus. Aussi, devant leur puissance croissante, les patrons s'inquiétèrent. Tout d'abord, les *lock-out* se multiplièrent, les patrons déclarant qu'ils refuseraient de réembaucher les ouvriers affiliés aux *Trade-Unions – lockout* qui tournèrent presque toujours à leur confusion grâce à la popularité croissante des *Trade-Unions*. En 1867, la presse conservatrice dénonça les violences commises à Sheffield contre les ouvriers non syndiqués, et accusa les syndicats d'attentats terroristes par bombes et de manœuvres de sabotage dans les ateliers. Les secrétaires des grands syndicats, confiants dans la modération de leurs organisations, demandèrent une enquête qui fut accordée par le gouvernement.

Mais une troisième offensive vint, la même année, du pouvoir judiciaire : un syndicat avait intenté des poursuites contre le trésorier d'une de ses branches, accusé de soustraction des deniers syndicaux : les juges déclarèrent que le syndicat était illégal et ne pouvait se prévaloir de la loi de 1855. En appel[1], le jugement fut confirmé et le syndicat déclaré illégal parce qu'agissant pour restreindre la concurrence commerciale (*in restraint of trade*). L'existence tout entière du mouvement syndical se trouvait ébranlée.

---

1. Hornby v. Close. 1867. L. H, 2 Q. B. 153.

2. *L'enquête de 1867.* — À la Commission royale d'enquête, les syndicats avaient été représentés par deux intellectuels, Hughes, socialiste chrétien, et Harrison, positiviste, disciple de Comte, fondateur de l'école de la *paix sociale*. On vit rapidement que les violences attribuées aux syndicats étaient des pratiques ouvrières très anciennes et avaient même été en diminuant avec le développement des syndicats *embourgeoisés* du nouveau type. Les patrons critiquèrent alors les méthodes mutualistes, accusant les chefs syndicalistes d'affecter les réserves des caisses au soutien des grèves. Mais le rapport de la majorité des membres de la Commission abandonna l'idée d'une législation hostile aux syndicats. Le rapport de la minorité inspiré par Hughes et Harrison aboutit à la recommandation de deux principes : 1° la grève ne devait pas être considérée comme un délit spécial, mais devait rentrer dans le droit commun ; 2° nul acte commis par un groupe ne devait être considéré comme délictueux, si, commis par une personne isolée, il n'était pas considéré comme tel. Quant au problème de la personnalité civile, les syndicats demandaient leur reconnaissance légale complète. Mais si un tel statut leur eût permis de poursuivre leur caissier et leurs membres, il les exposait également à des poursuites en responsabilité pour délits commis par leurs membres. Aussi Hughes et Harrison recommandaient-ils une solution intermédiaire de *non-illégalité*, assurant aux syndicats l'irresponsabilité délictuelle en cas de grève.

3. *La victoire des syndicats : lois de 1871 et 1875-76.* — Cette dernière solution de non-illégalité corporative fut adoptée dans la loi de 1871. Par la loi du 29 juin 1871, le Parlement décida que les faits de grève ne seraient plus considérés comme *conspiracy* ; les ouvriers pourraient se concerter pour discuter le chiffre des cotisations et l'emploi des fonds syndicaux, ainsi que pour obtenir des conditions meilleures de travail. Enfin on donna la personnalité civile aux *Unions* groupant plus de sept personnes. Mais la même année, le *Criminal Law Amendment Act* venait restreindre sensiblement le droit de grève, en rendant punissable, en période de grève, le fait de suivre une personne avec persistance, et le fait de surveiller ou d'assiéger un immeuble ou ses approches ; en même temps la *persuasion pacifique*, expressément déclarée légale en 1859, était désormais illégale. Il s'ensuivit une ère de condamnations judiciaires très dures, et une recrudescence d'agitation ouvrière : les ouvriers affluèrent vers les syndicats. En 1874, les conservateurs, exploitant le mécontentement ouvrier contre le gouvernement libéral, furent victorieux aux élections générales. Disraeli, toujours fidèle à ses vieux rêves d'impérialisme et de socialisme d'État, prit le pouvoir, et, de 1875 à 1876, fit voter trois grandes lois ouvrières : le délit de *molestation* disparaissait ; le magistrat pouvait, en cas de coalition illégale, condamner à l'amende au lieu de la prison ; la *persuasion pacifique* était de nouveau rendue légale ; enfin selon les vœux de Harrison et de Hughes, aucun acte ne pourrait être réprimé dans un conflit collectif du travail, si, commis par un seul individu, il ne tombait pas sous le coup de la loi. Les syndicats avaient obtenu une charte à peu près complète, et l'irresponsabilité financière dont ils jouissaient en marge de la loi leur assurait une situation très favorable.

C'est dans ce nouveau cadre que les nouvelles tendances socialistes allaient pouvoir manifester leur influence après 1880. Mais, dès à présent, le mouvement syndical avait acquis une place importante dans la vie de la nation. Alors qu'en 1867 les secrétaires des *Trade-Unions* étaient considérés comme des agitateurs sans scrupules, vivant à ne rien faire sur les cotisations de leurs adhérents et propageant un régime de terreur par le meurtre et la violence, dès 1875, ces mêmes secrétaires se trouvaient élus aux conseils d'administration de l'enseignement dans les collectivités locales, ou déjà même à la Chambre des communes. Le syndicalisme britannique devenait l'objet de l'admiration des conservateurs du continent et Karl Marx devait s'appuyer sur eux au moment de la formation de la Ire Internationale. Leur programme était encore purement professionnel et nullement socialiste : le socialisme ne réapparaît dans les milieux ouvriers anglais qu'après la grande dépression économique de 1873 à 1880 ; et avant la réapparition du socialisme industriel, on devait assister à la renaissance du socialisme sous la forme agraire.

CHAPITRE II

LE MOUVEMENT OUVRIER

EN ALLEMAGNE ET EN FRANCE

I. — *LASSALLE ET LA FORMATION DU PREMIER PARTI SOCIALISTE ALLEMAND*[1]

1. *Les débuts de Lassalle.* — Ferdinand Lassalle, né en 1825, à Breslau, aux confins de la Pologne, était comme Marx d'origine juive mais il venait d'un milieu social très différent. Son père, riche commerçant en soieries, voulait lui faire faire des études commerciales. Il s'y refusa, rompit avec sa famille, fit de brillantes études de philosophie à Berlin, puis vint à Paris en 1845 pour étudier la philosophie hégélienne. Heine disait de lui qu'il voulait *jouir et dominer*. Lassalle était surtout un homme d'action.

Une affaire le rendit célèbre. En 1845, la comtesse de Hatzfeld, aristocrate allemande, était en instance de divorce. Lassalle fit son droit et devint l'avocat et le défenseur chevaleresque de la comtesse. Celle-ci croyait qu'une cassette, qui se trouvait aux mains de la maîtresse de son mari, contenait des documents intéressants pour sa cause. Lassalle organisa un vol avec effraction ; il fut acquitté. Finalement il fit gagner son procès à la comtesse (1854) qui resta pendant longtemps son égérie et peut-être sa maîtresse.

Lassalle était en 1848 l'un des membres de la *Ligue des communistes* qui participa aux émeutes populaires et pour laquelle Marx et Engels bataillèrent : il resta en prison jusqu'en août puis fut acquitté aux assises après six mois de détention préventive ; arrêté à nouveau en octobre pour *appel aux armes contre la souveraineté du roi*, il fut condamné à six mois de prison, qu'il purgea en 1850. C'est entre ces deux emprisonnements qu'il se lia avec Marx et avec ses amis communistes de la *Nouvelle Gazette rhénane* ; mais quand il fut libre, la *Nouvelle Gazette rhénane* avait disparu et on faisait le procès des communistes de Cologne : il s'éloigna de la vie

---

1. [Voir *Conférences rédigées dans les années 1900*, « La formation du parti socialiste 1864-1891 », reproduite p. 447.]

politique. Après les années révolutionnaires, il reprit ses travaux littéraires, et publia un drame en vers, *Franz von Sickingen* en 1859. Quelque temps après, il rédigea un ouvrage sur le *Système des droits acquis*.

Son drame de 1859, dont le thème est la révolte des paysans, est intéressant en raison de la philosophie de l'histoire qui y est développée : c'est une *philosophie de la force*. La supériorité va à la force. L'ouvrage sur les *Droits acquis* porte surtout sur l'héritage et Lassalle y développe des idées franchement socialistes[1].

À l'occasion de la guerre d'Italie (1859), Lassalle rentra dans l'arène politique. Il écrivit une brochure sur *la Guerre d'Italie et la mission de la Prusse*, où il développait une thèse opposée à celle d'Engels. Il affirmait que Napoléon III était le missionnaire du principe des nationalités et que l'unité allemande ne pouvait manquer de suivre l'unité italienne. Il fallait donc prendre parti pour Napoléon III.

Lassalle s'opposait sur ce point à Marx. Depuis 1849, ils étaient en relations épistolaires. En 1851, Lassalle saluait Marx : *Ricardo devenu socialiste, Hegel devenu économiste*. En 1859, il se donna beaucoup de peine pour trouver un éditeur à la *Critique de l'économie politique :* presque seul en Allemagne, il restait fidèle à Marx.

Mais Marx avait peu d'estime pour Lassalle, vulgarisateur, homme d'action. La rencontre entre les deux hommes, qui eut lieu à Londres, en juillet 1861, quoique longtemps attendue par eux, ne donna pas de bons résultats. Marx était irrité, en raison de ses besoins financiers ; il emprunta de l'argent à Lassalle. Celui-ci heurta Marx par son projet de révolution européenne. Lassalle blâmait Garibaldi de son entente avec la cour de Piémont : Garibaldi aurait dû, assurait-il, faire une révolution républicaine en Italie ; lui se serait chargé de la révolution allemande, et, à eux deux, ils auraient régné sur l'Europe républicaine. Enfin il croyait le moment venu de créer en Allemagne un grand parti socialiste révolutionnaire. Marx refusa de collaborer activement à une revue que Lassalle voulait créer pour faire connaître ses projets[2].

En 1862, Guillaume Ier devint roi de Prusse après avoir été régent pendant la maladie de Frédéric-Guillaume II. C'était un absolutiste convaincu.

---

1. Sa philosophie de l'histoire s'inspire des idées marxistes : il affirme que toute l'évolution historique montre la limitation croissante du droit de propriété et que ce dernier disparaîtra tout à fait dans un siècle ou deux.

2. Il y avait surtout entre les deux hommes des différences de tempérament : Lassalle, individualiste et romantique, écrivait en 1845 : « *Je suis le serviteur et le maître d'une idée, le prêtre d'un Dieu : moi-même.* » Et Marx écrivait à son tour à Engels en 1862 : « *À présent Lassalle n'est plus seulement le plus grand érudit, le plus profond penseur, le plus génial chercheur, mais encore Don Juan et le cardinal Richelieu.* » La sympathie entre eux était impossible.

On l'appelait le « prince Mitraille », à cause de son attitude envers les révolutionnaires berlinois de 1848.

Peu après se produisit en Prusse un grand conflit entre le roi et le *Landtag* à propos de la durée du service militaire que le roi voulait porter de deux à trois ans, pour s'opposer à l'influence de l'Autriche en Allemagne et renforcer l'armée prussienne. En 1850, le suffrage universel avait été aboli et remplacé par le régime des trois classes, critiqué par les libéraux allemands. On divisait les contribuables en trois catégories d'après la masse des impôts payés : la première catégorie comportait les électeurs les plus imposés, en nombre suffisant pour que la somme de leurs impôts fût égale au tiers de la contribution générale (dans tel quartier de Berlin, cette première catégorie n'avait qu'un électeur) ; la seconde catégorie se composait, selon le même principe, des électeurs moins imposés ; la troisième constituait la grande majorité des électeurs, 83 %. Ainsi se trouvait seule représentée au *Landtag* la grande bourgeoisie allemande. Le *Landtag*, malgré sa composition, vota contre la prolongation du service militaire en septembre 1862. Bismarck, appelé au pouvoir, entra en lutte avec le *Landtag*, après avoir tenté de l'amadouer. Le *Landtag* refusa de voter le budget, que Bismarck fit alors voter à la chambre haute, en déclarant qu'en cas de conflit entre les deux assemblées « *celui qui a la force en main agit selon son sentiment* ».

À ce moment, la classe ouvrière commença à s'organiser et prit parti dans la lutte entre le militarisme et le libéralisme. Étant donné la situation politique, le parti progressiste et bourgeois du *Landtag* chercha et gagna l'appui des masses populaires. Des sociétés coopératives se formaient, coopératives de consommation et coopératives de crédit, auxquelles l'économiste libéral Schulze-Delitzch donna son appui. Schulze-Delitzch, qui devait devenir la tête de Turc de Lassalle, travaillait depuis 1848 à développer le système des coopératives et fonda des sociétés d'éducation ouvrière en dehors de l'intervention de l'État. À la suite de l'Exposition universelle de Londres en 1862, les membres de la délégation allemande, de retour en Allemagne, prirent la décision de créer un comité de vingt-sept membres en vue de l'organisation d'un congrès ouvrier. Ils demandèrent la liberté de déplacement, la formation libre de caisses de secours, une exposition universelle.

Bismarck jugeait dangereuse cette alliance des progressistes et des ouvriers et, de son côté, cherchait à obtenir l'appui populaire en promettant des coopératives de production, puis le suffrage universel. Les progressistes ayant refusé d'inscrire le suffrage universel parmi leurs revendications, les ouvriers se tournèrent vers Ferdinand Lassalle et lui demandèrent un programme : celui-ci saisit l'occasion de former un parti socialiste sous sa direction.

2. *Lassalle et le socialisme d'État.* — Lassalle publia en 1863-1864 une série de petits ouvrages : *Manifeste aux ouvriers*, *Lettre ouverte aux ouvriers* qui l'avaient invité à convoquer un congrès de travailleurs allemands, *Critique de l'économie bourgeoise*. Il existe, disait-il, une question sociale ; et il accuse les progressistes bourgeois de la méconnaître. Ceux-ci conseillaient aux ouvriers de se sauver eux-mêmes en créant des coopératives, surtout des coopératives de crédit. Ces coopératives s'adressent aux petits producteurs et non aux ouvriers. Or, dans la lutte économique, les petites entreprises sont condamnées à être éliminées par les grosses. Les libéraux progressistes ne peuvent donc lutter contre cette tendance ; ils ne font que prolonger l'agonie de la petite production indépendante.

Les progressistes conseillaient aussi aux ouvriers de fonder des coopératives de consommation, de manière à acheter au prix de gros les marchandises nécessaires à l'existence. Selon Lassalle ces coopératives s'adressent bien aux ouvriers, mais elles ne leur seront d'aucun secours. En effet, quelle est la loi des salaires ? La population ouvrière a tendance à croître d'une façon continue ; si le salaire s'élève, elle augmentera plus vite. Par l'effet de la concurrence entre ouvriers, le salaire baissera et ne pourra donc dépasser le minimum vital. Une *loi d'airain* (*Ehernes Gesetz*), veut que les salaires se fixent à ce niveau. Par les coopératives, les ouvriers parviendront sans doute à abaisser le prix des objets, mais comme ils achèteront désormais ces objets à meilleur compte, le salaire nominal baissera jusqu'à ce que le salaire réel redevienne ce qu'il était auparavant.

Le programme de Lassalle comportait les revendications suivantes : 1° le suffrage universel ; 2° des subventions de l'État pour permettre le développement des coopératives de production. À l'aide des intérêts fournis par ces subventions, on créera de nouvelles coopératives et on arrivera ainsi à transformer tout le système économique en un système coopératif[1]. Pour y arriver, il faut que les ouvriers s'organisent en un vaste parti de propagande. En 1863, Lassalle créait ce parti en fondant à Leipzig l'*Association générale des travailleurs allemands* (*Allgemeiner Deutscher Arbeiterverein*). Il en était le chef autocratique : il l'appelait son *empire*.

Le système de Lassalle n'avait rien d'original. La théorie de la disparition des petites entreprises était empruntée à Marx ; à Ricardo, la loi des salaires. Le projet de réformes sociales et de coopératives de production était la copie textuelle du programme de Louis Blanc. La tactique de Lassalle était celle

---

1. Marx lui reprochait d'affaiblir la lutte prolétarienne, qui ne faisait que débuter, en se bornant à réclamer ces coopératives de production, qui ne seraient que des îlots dans le système capitaliste.

que provisoirement Marx, en 1848, avait conseillée aux communistes de pratiquer. Tel est le socialisme de Lassalle.

À ce socialisme se joignait, dans la pensée de Lassalle, l'étatisme. Sur ce point il était le disciple des philosophes allemands, Fichte, Hegel, qui exaltent la valeur supérieure de l'État ; de Louis Blanc aussi, qui lui a donné l'idée d'un État qui organiserait la société selon les principes de solidarité et de rétribution intégrale du travail ; de Rodbertus Jagetzov enfin[1] qui se dit *social et conservateur*, partisan de la substitution d'une économie d'État à l'économie privée.

Lassalle glorifiait sans cesse l'État. Il travaillait à creuser un fossé entre libéraux et ouvriers, et voulait se rapprocher des féodaux. Poursuivi en justice pour délits de presse, il prononce une longue diatribe contre les bourgeois libéraux et contre l'économie politique libérale. En 1863, lors d'une manifestation organisée à Solingen en l'honneur d'une tournée de conférences de Lassalle, des libéraux perturbateurs furent expulsés bruyamment. Le maire libéral intervint ; Lassalle envoya avec ostentation une dépêche à Bismarck lui demandant de sévir contre ce maire libéral.

À cette époque – 1863 –, Bismarck voulait combattre l'Autriche, en quoi il était d'accord avec Lassalle. Plusieurs entrevues eurent lieu entre les deux hommes[2]. Lassalle, comme Bismarck, comptait sur la force pour réaliser l'unité allemande. Bismarck pensait qu'il avait besoin d'appuis dans le peuple, il n'était pas hostile à une forme démocratique de césarisme, ni au programme de Lassalle, dirigé essentiellement contre la bourgeoisie libérale. La misère régnait alors chez les ouvriers. Ceux-ci envoyèrent une délégation à Bismarck qui leur confia un petit capital pour fonder une coopérative de production. Remarquons que Bismarck s'est toujours défendu d'avoir passé un pacte avec Lassalle.

La collusion entre Bismarck et Lassalle devint apparente en 1863. L'Allemagne cherchait alors son unité et la Diète de Francfort avait été convoquée par l'Autriche. Le roi de Prusse refusa d'entrer dans une fédération avec l'Autriche ; cependant des progressistes se rendirent à la Diète. Bismarck prononça la dissolution du *Landtag* pour en chasser les progressistes. Lassalle se lança dans la lutte électorale qui suivit cette dissolution et déclara aux ouvriers que Bismarck avait raison et que les libéraux avaient tort. Cependant les progressistes triomphèrent.

---

1. Nous reviendrons plus loin (4ᵉ partie, chap. I. p. 191, *sq.*), sur Rodbertus, dans le chapitre sur les origines du socialisme d'État allemand.
2. Ils entrèrent en contact sans doute par Adolf Lothar Bucher, ancien démocrate de 1848 devenu le confident de Bismarck et qui avait déjà mis en rapport Lassalle et Rodbertus, l'un et l'autre ses amis : correspondance régulière entre Lassalle et Rodbertus de 1862 à 1864.

Bismarck et Lassalle restèrent en rapport l'un avec l'autre[1]. Celui-ci s'efforça toujours de dresser les ouvriers contre les libéraux. Au cours du procès qu'il eut à soutenir en 1863, il n'attaqua, comme nous l'avons vu, que les libéraux, en se mettant d'accord avec ses juges. Dans la guerre des Trois Duchés, en 1864, s'opposant aux progressistes, Lassalle approuva ouvertement Bismarck et sa politique de conquêtes.

Au fond de son cœur, il était monarchiste. Il rêvait d'un Empire allemand : le culte nationaliste qui l'entourait au cours de ses grandes tournées de conférences tend à le prouver. En Rhénanie, il était soutenu par le clergé catholique, notamment par Mgr Von Ketteler, évêque de Mayence.

Lassalle fut condamné, en 1863, à neuf mois de prison pour délit de presse. Il obtint une réduction de peine et, avant de faire sa prison, il voulut se reposer en Suisse. Il y rencontra une jeune aristocrate bavaroise, Mlle von Dönnigen. La famille von Dönningen refusa son consentement au mariage, que désiraient également Lassalle et la jeune fille. Lassalle ne voulut pas enlever la jeune fille qui se laissa fiancer à un noble polonais. Lassalle tenta vainement de fléchir la famille. Il envoya alors ses témoins au frère de la jeune fille ; en fait, il doit se battre avec Rokovitz, le fiancé. Blessé, il mourut à 39 ans, le 31 août 1864.

Après sa mort l'*Allgemeiner Deutscher Arbeiterverein* tomba aux mains de von Schweitzer, aventurier suspect, en collusion avec Bismarck. Dissout en Saxe, le *Verein* fut transporté à Berlin. Sous l'influence de Marx, la politique de Bismarck y fut vivement attaquée ; dans le sud de l'Allemagne, des partis démocratiques se constituèrent, hostiles aux lassalliens prussiens. En 1869, en Saxe, Eisenach, Liebknecht et Bebel finirent par organiser un nouveau parti, le *Socialdemocratische Arbeiterpartei* (*parti social-démocrate des travailleurs*), qui devint vite, en abrégeant, la *Social-Démocratie*. C'était un parti antiprussien et de doctrine collectiviste, qui adhéra à l'Internationale, alors que Schweitzer refusait de s'y affilier.

Il semblait donc que les sympathies de Marx et d'Engels dussent aller à ce nouveau parti. Mais après Sadowa, ils se réjouirent de l'unité allemande, qui rendait possible un grand parti national[2] ; au parti de Liebknecht, ils reprochèrent donc son attachement au vieux fédéralisme allemand. Sans vouloir se rapprocher de Bismarck, Marx désapprouvait le fédéralisme

---

1. Correspondance assez fréquente, comme le prouve la découverte, en 1927, dans une armoire ayant appartenu à Bismarck, d'une bonne partie des lettres échangées.

2. Cette conviction de Marx est bien exprimée dans une lettre, postérieure, de Engels à Kautsky : « *Pour un grand peuple il est historiquement impossible de discuter sérieusement des questions intérieures, quelles qu'elles soient, tant que son indépendance nationale n'est pas réalisée. Un mouvement international du prolétariat n'est possible qu'entre nations indépendantes, entre pairs.* »

saxon. Dans une lettre à Engels, datée du 11 septembre 1867, il critique violemment ceux qui veulent faire appel à la France contre les Prussiens. Le 2 novembre 1867, il dit que les bourgeois n'ayant pu faire l'unité, celle-ci doit se réaliser par la force.

Principales divergences entre Marx et Lassalle. — Marx avait cessé toute relation avec Lassalle dès 1862, lors d'une seconde rencontre à Londres avec le chef socialiste. Il fut cependant ému de sa mort, comme le prouve une lettre qu'il écrivit à Engels. Il louait la lutte de Lassalle contre les progressistes et le comparait à Achille, mort jeune, dans la bataille.

Cependant les raisons de dissentiment entre les deux hommes étaient nombreuses. En premier lieu Marx n'aimait pas celui qui prenait, à sa place, la tête du mouvement socialiste, en simplifiant à l'excès les théories marxistes : Lassalle n'était pas un homme de science et il se parait des plumes du paon. Par ailleurs, Marx se méfiait du coopératisme de Lassalle, qui lui rappelait l'ancien utopisme français.

Mais la véritable cause du dissentiment n'était pas là : Marx sentait qu'il y avait collusion entre le parti de Lassalle et les militaristes allemands. Sur ce point, la divergence de doctrine entre les deux hommes était complète. Il est absolument inexact de parler du caporalisme marxiste. Pour Marx, la philosophie de l'État de Hegel est aussi fausse que sa philosophie de la religion. L'État, c'est simplement la domination d'une classe sur une autre. Le jour où toutes les distinctions de classe auront disparu, il n'y aura plus d'État. Au contraire, Lassalle croit à l'État militaire et autocratique. Et cette conception lassallienne de l'État militaire s'est maintenue dans le parti social-démocrate allemand.

D'où l'attitude opposée de Marx et des lassalliens au moment de Sadowa. Marx se montrait partisan de l'Autriche, les lassalliens de la Prusse. Mais la victoire de Sadowa convertit Marx et Engels, qui voulurent tirer parti de la situation. Implicitement, Marx approuva ainsi Lassalle : il montra que Lassalle avait eu raison d'organiser en Allemagne un grand parti de classe, dont l'existence n'était pas concevable en dehors de l'unité de l'Allemagne.

Mais, jusqu'en 1870-1871, Marx ne se soucia que médiocrement d'un socialisme politique, démocratique ou étatiste, limité à une seule Allemagne : il préférait dégager les thèses et préparer l'action d'un socialisme international, plus purement révolutionnaire qu'un grand parti national.

Au cours des années qui suivirent immédiatement la mort de Lassalle, deux grands événements se produisirent. Le 28 septembre 1864, se forma l'Association internationale des travailleurs, la Ire Internationale. En 1867, parut le premier volume du *Capital*.

II. — *PROUDHON ET LES ORGANISATIONS OUVRIÈRES EN FRANCE*[1]

Mis à part quelques blanquistes, le mouvement ouvrier français, dans les années 1860, était tout entier sous l'influence de Proudhon. Méfiants à l'égard de la politique et des politiciens, les proudhoniens mettaient leurs espoirs dans l'organisation spontanée de la classe ouvrière elle-même. Dans sa brochure de 1863, *Quelques vérités sur les élections de Paris*, Tolain réclamait la liberté syndicale. (« Il n'y a qu'un seul moyen, c'est de nous dire : vous êtes libres, organisez-vous, faites vos affaires vous-mêmes, nous n'y mettrons pas d'entraves. ») Il écrivait encore que « la Chambre syndicale ouvrière serait, dans l'ordre économique, l'institution-mère de tous les progrès futurs ».

L'Empereur n'était pas systématiquement opposé au mouvement ouvrier. Combattu par les légitimistes et la bourgeoisie républicaine, il rêvait de s'appuyer sur les travailleurs en même temps que sur l'oligarchie financière. En 1863, il accorda une subvention de 500 600 francs pour la Caisse centrale des coopératives. La liberté de coalition fut reconnue en 1864.

---

1. [Voir les notes d'étudiants (ENS-Ulm, fonds Élie Halévy, carton 8) : les développements consacrés à Proudhon sont bien plus longs ; on trouve également tout un développement comparatif non reproduit dans l'*Histoire du socialisme européen* entre le « socialisme d'État » de Napoléon III et celui de Bismarck que nous reproduisons ici pour témoigner de l'approche comparative adoptée par Élie Halévy dans sa démonstration :

« Quoi qu'il en soit d'ailleurs, on voit comment ce qui aurait pu être le socialisme d'État napoléonien ne dépassa guère le simple libéralisme et ne fut pas une tentative de socialisme économique au sens véritable du mot.

Il y a à cela deux grandes raisons, dont l'une peut être rattachée à l'influence du moment et l'autre à l'influence du milieu.

1/ Tout d'abord, une des raisons pour lesquelles aucun essai sérieux de socialisme conservateur ne fut tenté par Napoléon III, c'est l'influence des idées qui régnaient à cette époque et étaient courantes dans toute l'Europe. Or ces idées étaient essentiellement libérales. Elles remontaient la plupart à la Révolution de 1789, qui avait été faite par des bourgeois et par des paysans, las du despotisme royal et impatients de lever le lourd poids des impôts : la Révolution de 1789 a été faite exclusivement contre le fisc, et plus généralement contre l'oppression de l'État. D'où cette idée, qui s'est enracinée dans tous les esprits et qui y est restée depuis – à savoir que l'État, c'est l'ennemi, et qu'un État vaut d'autant mieux qu'il gouverne moins. Sans doute, en 1793, étaient venus les Jacobins, imprégnés d'idées plus révolutionnaires et plus sociales ; mais le jacobinisme resta toujours très impopulaire et discrédité. En 1848, avait éclaté une révolution toute différente, et qui avait, elle, un caractère essentiellement social. Mais si cette révolution eut l'avantage de ne pas verser le sang, comme celle de 1789, elle laissa intacte la défiance contre l'État. Les socialistes eux-mêmes, lorsqu'ils furent victimes des répressions de Juin, ne virent plus dans l'État qu'un instrument de police. Quand, après le coup d'État, le socialisme commence à se réorganiser 1851-1860 (Proudhon), il resta hostile à l'intervention de l'État ; l'État demeura l'ennemi, même pour les fondateurs de l'Internationale. Et cette défiance qui était générale en France, au milieu du siècle, fut encore fortifiée par le spectacle de l'Angleterre.

Le prince Napoléon, cousin de l'Empereur, avait même réuni autour de lui quelques ouvriers typographes que l'on appela *le groupe du Palais-Royal*. Dès 1861, ils avaient commencé leur campagne dans les *Cahiers populaires* et dans un journal, *L'Opinion nationale*, protégé par le prince Napoléon. C'est dans ce dernier journal que Tolain, qui était ciseleur en bronze, se fit remarquer par ses articles où il mettait sur le même plan les revendications sociales des ouvriers et les revendications politiques de l'opposition. Les républicains, en revanche, se méfiaient de ces ouvriers qui semblaient avoir de bonnes relations avec le pouvoir impérial. Napoléon III souhaitait profiter de cette division et la loi qui accordait le droit de grève, en 1864, était en partie dictée par de telles considérations tactiques. Tolain, cependant, ne se contenta pas de cette concession plus sociale que politique, et il fit

En Angleterre aussi, les tendances anti-étatistes étaient très développées ; et l'industrie y avait pris un essor rapide sans aucun appui, sans aucun contrôle de l'État. Dès 1820, les industriels anglais avaient demandé à l'État de cesser de les protéger et de s'occuper d'eux ; ils étaient devenus profondément libres-échangistes. Aussi s'était constituée en Angleterre, après 1850, une doctrine d'après laquelle l'État doit s'abstenir – et les progrès de l'industrie anglaise venaient appuyer cette thèse.

Ainsi en 1860 le libéralisme économique était à la mode, et ce fut un des grands obstacles à toute tentative de socialisme d'État.

Quand Bismarck commencera à en faire en Allemagne, les idées auront profondément changé ; mais lui-même, avant 1870, était bien loin d'y songer ; il gouvernait alors avec les nationaux libéraux, et, loin de faire du socialisme, marchait pleinement dans la voie du libéralisme (liberté d'établissement, liberté du taux de l'intérêt, liberté de l'industrie, liberté de coalition...).

2/ À côté de ce premier motif, il faut faire entrer en ligne de compte le milieu, la structure sociale de la France à cette époque.

Vers 1880, après la constitution de l'Empire allemand, quand Guillaume avec Bismarck se mit à faire du socialisme d'État, la situation du pouvoir impérial vis-à-vis de la nation n'était pas du tout celle du pouvoir impérial en France en 1860. En Allemagne, nous avons une monarchie essentiellement légitime et presque unanimement reconnue comme telle ; l'aristocratie, qui occupe des fonctions politiques, lui est toute dévouée. Dès lors, la monarchie a compris que, pour se perpétuer, il fallait céder quelque chose au peuple, et elle a imposé des mesures socialistes et de lourdes charges à l'aristocratie. En France, au contraire, le pouvoir impérial était rien moins que solide, et ne pouvait compter sur les hautes classes. L'ancienne aristocratie restait légitimiste ; la nouvelle issue de la Révolution demeurait orléaniste. Par suite, jamais l'Empire n'a pu imposer aucune charge à une aristocratie qui lui était hostile ; il n'a jamais pu lui faire accepter certaines nécessités sous prétexte de conserver le pouvoir.

D'autre part, en ce qui concerne le peuple, le pouvoir impérial se heurtait à une opposition beaucoup plus irréductible qu'en Allemagne. En Allemagne, la monarchie représente l'unité allemande, l'idée nationale nouvellement constituée. En France, le pouvoir impérial se heurtait à tout un parti démocratique et républicain qui ne pensait qu'à le renverser.

Par suite, quand le pouvoir central a fait en Allemagne des concessions au peuple, quand il a fait peser l'impôt sur les classes riches, personne ne pouvait songer qu'il fît tout cela par peur ; en France, au contraire, on aurait considéré toute mesure sociale venant de l'Empereur comme un signe de révolution prochaine, comme une concession arrachée par la crainte. Voilà quelques-unes des raisons pour lesquelles le socialisme d'État ne s'est pas développé en France sous Napoléon III, comme il se développera plus tard dans les universités d'Allemagne.]

présenter des candidats ouvriers aux élections complémentaires de Paris, en mars 1864. C'est à l'occasion de ces élections que soixante ouvriers signèrent le *Manifeste des 60*, paru dans *L'Opinion nationale*, sorte de profession de foi du mouvement ouvrier français. Accusé par les républicains de faire le jeu du gouvernement, Tolain rompit avec le Palais-Royal et *L'Opinion nationale*. Tolain ne fut d'ailleurs pas élu, mais le manifeste, en dépit d'un contre-manifeste paru quelques jours après, dans *Le Siècle*, resta comme la première expression de la conscience de classe des ouvriers.

Tolain et ses amis apportèrent à Proudhon le *Manifeste des* 60. Proudhon le lut avec joie et, tout en blâmant l'intervention des Soixante dans la politique, tout en préconisant l'abstention absolue à l'égard de celle-ci, il écrivit son dernier livre, *La Capacité politique des classes ouvrières*, dans lequel il opposait le *Socialisme du Manifeste* au *Socialisme du Luxembourg*, c'est-à-dire du gouvernement. La doctrine de Proudhon était, au fond, d'inspiration individualiste, hostile à l'étatisme de Louis Blanc autant qu'au catholicisme et au dirigisme. Proudhon conçoit une société fédéraliste, faite de communautés de travailleurs qui échangeraient librement, selon les règles d'équité, en utilisant les services de la banque d'échanges : c'est là le *mutuellisme*. Dans certains cas seulement (chemins de fer, canaux, mines), on pourrait recourir à de vastes associations. Dans l'ordre international aussi, il est hostile aux grandes puissances et il rêve d'un ordre européen fédéral.

1. *Associations ouvrières*. — Au cours des années 1860-1870, de nombreuses associations ouvrières d'inspiration proudhonienne se formèrent à Paris et en province. En 1860, les deux sociétés entre lesquelles se partageaient les typographes avaient mis fin à leur conflit et la Société typographique, avec son double objectif, secours mutuel et résistance en cas de conflit avec les entrepreneurs, était devenue une force. On commença à grouper les sociétés de typographes de province.

À partir de 1863, se créèrent aussi des sociétés ouvrières de production (1863 : boulonniers, fondeurs en fer, tailleurs d'habits ; 1864 : copistes, traducteurs, comptables, etc.). De 1864 à 1866, douze associations parisiennes de consommation surgirent. La vitalité du mouvement ouvrier se manifesta aussi par une recrudescence de grèves.

Cette agitation, les progrès de l'Internationale, le développement des Chambres syndicales (tolérées avant d'être autorisées), des associations de secours mutuel et de résistance, les manifestations de solidarité agissante dans les cas de grève, inquiétèrent le gouvernement. En 1867, Tolain, Chemalé, Héligon et les membres de la première commission de l'Internationale furent poursuivis pour participation à une association non autorisée de plus de vingt personnes. Ils furent condamnés à 100 francs d'amende. Une deuxième commission, reconstituée avec d'autres éléments, fut poursuivie, elle aussi, l'année suivante et condamnée plus durement.

Entre-temps, Napoléon III prenait des mesures d'inspiration libérale. En 1865, un rapport du ministre assura aux Chambres syndicales ouvrières une tolérance égale à celle dont jouissaient depuis longtemps les Chambres patronales. Une loi rendit plus libéral le régime de la presse et des réunions privées. Jusqu'à la guerre, le mouvement ouvrier français continua à se développer : 67 Chambres syndicales furent fondées entre 1868 et 1870.

CHAPITRE III

LA Ire INTERNATIONALE (1864-1873)[1]

En 1868, un congrès ouvrier, l'*Association internationale des travailleurs* vota une ovation à Karl Marx, dont le rôle a été fondamental dans l'élaboration du socialisme international et révolutionnaire. C'est de cette association, fondée en 1864, et qui disparut en 1872, que nous allons à présent étudier l'histoire. Elle aurait pu jouer un grand rôle dans une révolution sociale aux environs de 1870, si la guerre franco-allemande n'était venue à la traverse et n'avait changé le cours des événements.

I. — *LA FORMATION DE LA Ire INTERNATIONALE*

1. *Sa fondation en* 1864. — Nous sommes en 1862. La politique ouvrière de Napoléon III est, comme nous l'avons vu, semblable à celle de Bismarck. Il veut se servir de l'agitation socialiste contre les libéraux bourgeois. Quand une exposition universelle doit avoir lieu à Londres, le gouvernement projette d'y envoyer une délégation ouvrière sous la direction de patrons. Les ouvriers protestent contre cette tutelle patronale. C'est alors que Napoléon III intervient : par l'intermédiaire d'une association philanthropique protégée par le prince Napoléon, cousin de l'Empereur, deux cents ouvriers partent pour Londres. Le 5 août 1862, les ouvriers français rencontrent des ouvriers anglais qui manifestent le vœu que de nouvelles réunions aient lieu. Une seconde rencontre se produisit en juillet 1863, sous prétexte de protester contre la politique russe en Pologne. Cette fois tous s'accordèrent sur le principe d'une association ouvrière internationale : une commission fut élue pour les travaux préliminaires qui durèrent un an : enfin la séance inaugurale de la future association se tint le 28 septembre 1864 à Saint-Martin's Hall, Long Acre. En 1865, une conférence de préparation eut lieu à Londres, mais le congrès projeté à Bruxelles fut annulé, en raison d'une loi d'exception et

---

1. [Voir *Conférences rédigées dans les années 1900*, « Karl Marx et l'Internationale », reproduite p. 441.]

d'une préparation insuffisante. Mais ensuite les Congrès de l'*Association internationale des travailleurs* se succédèrent : en 1866 à Genève, en 1867 à Lausanne, en 1868 à Bruxelles, en 1869, à Bâle.

2. *Ses divers éléments.* — Les éléments dont devait se composer la Ire Internationale étaient extrêmement disparates.

1° *Les Trade-Unionistes anglais.* Nous avons vu que le socialisme anglais avait passé par plusieurs phases : Robert Owen, avec sa tentative pour établir un régime d'entreprise géré par les travailleurs ; grèves pour la journée de huit heures ; mouvement chartiste en vue d'obtenir des réformes sociales par le suffrage universel. De tout cela, il restait, en 1865, un mouvement coopératiste indépendant de tout utopisme, et les *Trade-Unions*[1].

Les *Trade-Unions* anglais étaient des syndicats d'affaires organisant des systèmes de mutualité et des fonds de grève : ils voulaient, non supprimer le capitalisme, mais traiter avec lui d'égal à égal pour obliger les patrons à améliorer les conditions de travail. Mais les patrons répondaient souvent aux menaces de grève en invoquant les exigences de la concurrence internationale. Les ouvriers anglais visaient donc, par la réalisation d'une association internationale des travailleurs, à l'égalisation des salaires et des conditions de travail entre l'Angleterre et les pays du continent, afin d'éviter que les ouvriers du continent ne leur fassent concurrence par leurs faibles salaires[2]. En même temps, les ouvriers anglais désiraient une réforme électorale.

2° *Les patriotes réfugiés hongrois, polonais, italiens.* Un second élément important dans la formation de la Ire Internationale était constitué par des réfugiés politiques, Kossuth, Mazzini, et bien d'autres, qui réclamaient l'unité de l'Italie et de l'Allemagne par la démocratie, ou l'indépendance de la Hongrie ou de la Pologne. Pour ces bourgeois, dont les préoccupations n'étaient pas spécifiquement socialistes, la question nationale passait avant la question sociale. Ils croyaient que le jour où tous les peuples seraient libres, ils seraient frères. Des meetings eurent lieu à Londres sur la question de la Hongrie, de l'Allemagne, du Schleswig-Holstein, de la Pologne. Mazzini, qui vivait à Londres, essaya de prendre la direction de la Ire Internationale : quand on voulut des statuts pour la nouvelle organisation, il proposa ceux qu'il avait rédigés pour les associations ouvrières italiennes.

3° *Les proudhoniens.* Les dirigeants ouvriers qui se réclamaient de Proudhon, Tolain, Murat, Fribourg, étaient eux-mêmes des ouvriers ou des artisans. Méfiants à l'égard de la politique, ils mettaient leur espoir dans le

---

1. Cf. *supra*, 3e partie, chap. I, p. 155.
2. Il arrivait que, pour mater les grévistes anglais, les patrons fissent venir de France des briseurs de grève.

mouvement ouvrier, dans les syndicats et coopératives, sociétés de secours mutuel, organisations de résistance dans lesquelles s'exprimait la capacité politique de la classe ouvrière.

4° *Les théoriciens allemands du communisme.* Il s'agit de Marx, d'Engels et de leur groupe. Marx s'intéressa tout de suite au projet de création d'une association internationale des travailleurs. Il avait été dégoûté par les projets insensés et utopiques des réfugiés politiques de Londres : il n'y trouvait pas la conception d'une organisation des masses, condition nécessaire d'un mouvement efficace. Mais, en 1864, il vit que les militants ouvriers français étaient des hommes sérieux avec qui l'on pouvait travailler, et que le parti anglais constituait un parti de classe, conscient des intérêts du prolétariat international.

3. *Prépondérance de Marx.* — C'est par l'intermédiaire d'un émigré français que Marx connut l'*Association*, où il entra comme représentant des ouvriers allemands. Il fit partie du comité de cinquante-cinq membres, élu pour établir un programme et des statuts. Il connaissait toutes les doctrines et avait une expérience de tous les milieux et de tous les mouvements ouvriers.

Dès l'origine le conflit éclata entre Marx d'une part et les républicains nationalistes, et en particulier Mazzini, d'autre part. Ce dernier voulait établir à Londres une dictature toute-puissante, une espèce de société de conspirateurs, secrète et autocratique, pouvant fomenter une révolution. Marx cherchait à donner au prolétariat européen une organisation dans laquelle celui-ci s'exprimerait librement et publiquement. Marx l'emporta ; il fit repousser le projet du Major Wolf, secrétaire de Mazzini, qui avait été chargé de traduire les statuts des organisations ouvrières italiennes, dont le Comité voulait s'inspirer. Le remaniement de ce projet fut confié à un Français qui y apporta le « *sentimentalisme* » et la « *phraséologie horrible* » des socialistes français, disait Marx. Le Comité, mécontent, chargea alors Marx de la rédaction définitive. Dans l'*Adresse à la classe ouvrière*, Marx mit l'Internationale au service de ce but : « *l'émancipation de la classe ouvrière doit être l'œuvre de la classe ouvrière elle-même* ». Dans les statuts, il fit triompher la conception d'une assemblée décentralisée (composée de sections par villes et de fédérations par nations). Des congrès internationaux se succéderaient, fixant la date du congrès suivant et nommant un conseil qui siégerait dans l'intervalle. En un mot, Marx se proposait d'organiser la classe ouvrière en parti. Il en résulterait naturellement des conséquences révolutionnaires, puisque, disait-il, « *la conquête du pouvoir politique est devenue la tâche principale de la classe ouvrière* ».

Les républicains démocrates n'étaient pas les seuls obstacles à la création d'un tel mouvement de masse : il y avait aussi les proudhoniens français qui avaient une théorie très arrêtée, montrant le genre humain en marche vers l'individualisme absolu par la suppression des phénomènes d'action collective. L'idéal des proudhoniens était de travailler en chambre. Ils ignoraient la grande industrie.

Dans sa lutte contre les proudhoniens, Marx chercha à obtenir l'appui des syndiqués anglais. Il eut recours – contre leurs projets abstraits – à l'esprit pratique des Anglais. Il utilisa aussi l'hostilité existant en France parmi les *blanquistes* contre les *mutuellistes* de Proudhon. Les sympathies impériales rendaient ceux-ci suspects. Marx se rapprocha des blanquistes, partisans de l'action révolutionnaire violente et se servit d'eux pour discréditer les gens trop modérés et trop prudents qu'étaient les mutuellistes. Au congrès de Genève (1866), quatre blanquistes firent leur apparition ; les proudhoniens protestèrent ; les blanquistes finirent par se faire expulser. Enfin Marx utilisa contre les mutuellistes les socialistes belges, notamment César de Paepe, disciple de Collins et de Potter, qui avaient été mutuellistes, mais qui reconnaissaient que le proudhomisme était insuffisant, surtout en ce qui concerne les monopoles. Paepe réclamait l'intervention de l'État et la reprise par la collectivité publique des entreprises monopolisées, des mines et de la terre. Le socialisme belge est un socialisme mixte, à la fois mutuelliste et marxiste, qu'on appelle collectivisme. C'est une doctrine plus individualiste que le marxisme, mais moins individualiste que le mutuellisme.

II. — *L'HISTOIRE DE LA Ire INTERNATIONALE*

1. *Conflit entre Marx et Proudhon*. — Le premier différend entre Marx et les proudhoniens éclata en 1866 à Genève. Les proudhoniens étaient prépondérants dans le congrès, peut-être parce que les délégués de la Suisse romande, venus nombreux, suivaient Proudhon comme les Français. C'est ainsi que l'on peut expliquer la modération du programme qui ne contient pas de déclarations anticapitalistes et qui demande essentiellement la limitation des heures de travail et la réglementation du travail des enfants[1]. Une proposition de blâme contre le tsar fut laissée de côté. Cependant les proudhoniens subirent un premier échec quand le Congrès décida de ne pas fermer l'association aux intellectuels : les intellectuels, en l'occurrence,

---

1. Les proudhoniens voulaient faire ces conquêtes *pacifiquement, légalement et moralement*, rejetant la grève à laquelle les Anglais étaient par expérience très attachés : en 1868, Varlin, un chef parisien de la section française de l'Internationale, déclara qu'il fallait condamner les grèves comme nuisibles.

c'était Marx[1]. Les Français réclamaient cette exclusion. Marx protesta et obtint gain de cause. Tolain, au nom des proudhoniens, demanda alors que les délégués des sections, au moins, fussent des ouvriers. Il fut encore battu.

Si les proudhoniens étaient les maîtres au congrès de Genève, il n'en fut plus de même au congrès de Lausanne l'année suivante. Ils étaient débordés en France même, gênés par le soupçon qui planait sur eux d'être utilisés par l'Empereur contre le parti républicain. À Lausanne, ils eurent le dessous sur la question de l'action politique. Les statuts donnaient comme but à l'Association internationale l'émancipation des travailleurs, avec l'action politique comme moyen. Les proudhoniens voulaient éliminer toutes les questions politiques ; mais à Lausanne il fut décidé que l'émancipation sociale ne saurait aller sans émancipation politique. Une motion étatiste fut adoptée ; on repoussa cependant un vœu demandant la mise en commun de la terre ; quoique les proudhoniens aient proposé la socialisation des transports, ils n'avaient pas voulu accepter, malgré César de Paepe, la nationalisation du sol.

Aux congrès de Bruxelles de 1868 et de Bâle de 1869, la lutte du mutualisme et du collectivisme se développa : ces deux Congrès furent marqués par la victoire du collectivisme. Le congrès de Lausanne avait déjà déclaré que les efforts des nations devaient tendre à rendre l'État propriétaire des moyens de transport et de circulation, afin d'anéantir le puissant monopole des grandes compagnies, comme celles des chemins de fer en France, honnies des artisans proudhoniens parce qu'en soumettant la classe ouvrière à des tarifs arbitraires, elles attaquaient à la fois la dignité de l'homme et la liberté individuelle. Le Congrès réclamait pour la collectivité sociale : 1° les carrières, houillères et autres mines ; 2° le sol arable ; 3° les canaux, routes et voies télégraphiques ; 4° les forêts. Pour les machines, les déclarations ne sont pas aussi catégoriques :

> « *Le Congrès déclare :* 1° *que ce n'est pas par les Associations coopératives et par une organisation du crédit mutuel que les producteurs peuvent arriver à la possession des machines ;* 2° *que néanmoins, dans l'état actuel, il y a lieu pour les travailleurs constitués en sociétés, d'intervenir en ce qui concerne l'introduction des machines dans les ateliers pour que cette introduction n'ait lieu qu'avec certaines garanties ou compensations pour l'ouvrier.* »

---

1. Dès le manifeste de 1848, Marx jugeait la Russie le *pivot de la réaction en Europe* ; en 1866, il réclama la « *destruction de l'influence despotique de la Russie sur l'Europe* », phrase que les membres du congrès de Genève transformèrent en « *la destruction de tout despotisme* ».

Le congrès de Lausanne était cependant encore assez timide pour ne pas admettre le principe de l'instruction publique obligatoire et gratuite. « *Le Congrès n'accorde à l'État que le droit de se substituer au père de famille alors que celui-ci est impuissant à remplir ses devoirs.* »

Le congrès de Bâle déclara « *que la société a le droit d'abolir la propriété individuelle du sol et de la faire rentrer dans la communauté* » (54 oui, 4 non). La question de l'héritage ne fut pas tranchée. Bakounine en demanda l'abolition. Paepe fit remarquer que dans la société collectiviste, elle ne se poserait pas. Finalement, elle fut renvoyée à un congrès ultérieur.

2. *Conflit entre Marx et Bakounine*[1]. — Marx, à ce moment, (1867), croyait que la France était à la veille d'une révolution. La formidable puissance accumulée par la Prusse, grâce aux victoires sur le Danemark et l'Autriche, empêchait Napoléon III de risquer une guerre. Contraint de reculer, l'empereur perdrait son prestige devant son peuple, et s'écroulerait.

Or, si la révolution éclatait en France, la situation générale serait très différente de celle de 1848. En Allemagne, le régime prussien ne résisterait pas à l'épreuve. L'Angleterre, elle aussi, serait entraînée. Dans toute l'Europe, la question sociale serait posée : l'Internationale paraissait à Marx un instrument d'action capable d'exercer sur la crise qu'il prévoyait une influence considérable.

Sur la puissance de l'Internationale, Marx se faisait de grandes illusions. Faible par le nombre, elle était de plus dévorée par des divisions intérieures. En 1869, parut une nouvelle opposition, celle de Bakounine. Le conflit de Marx et de Bakounine devait se prolonger pendant toute la durée de la Ire Internationale, déchirer et paralyser celle-ci, et finalement en provoquer la désagrégation. Bakounine avait collaboré aux *Annales franco-allemandes*. Expulsé de Paris en 1847, il avait pris part à la révolution allemande de Dresde, en Saxe. Condamné à mort, il fut réclamé par l'Autriche. Condamné de nouveau à mort, il fut cette fois réclamé par la Russie, où on l'emprisonna à vie dans la terrible forteresse des saints Pierre et Paul à Pétersbourg ; atteint du scorbut, qui fit tomber toutes ses dents, il adressa une supplique au tsar et sa peine fut commuée en exil en Sibérie. En 1860, il s'évada par le Japon et les États-Unis, et revint en Europe fomenter un mouvement révolutionnaire. En 1864, il créa en Italie un groupement socialiste : l'*Alliance*

---

1. [Voir Lettre à Xavier Léon, 14/09/1913 : « Cela me divertit [...], en tant qu'historien du socialisme, de voir se réveiller la vieille querelle de Marx et de Bakounine, et les patriotes du socialisme français s'allier encore aux anarchistes jurasiens, en haine du germanisme marxiste. Mais quelle nouvelle erreur ne commet pas ton pauvre ami [Andler] [...] Marx était un homme de génie, au sens le plus clair du mot ; Bakounine, un bohème moscovite. Marx aurait toujours raison contre lui, philosophiquement et historiquement. », *in* Élie Halévy, *Correspondance, op. cit.,* p. 441.]

internationale de la démocratie sociale et surtout une société secrète extrémiste, *La Fraternité internationale*. En 1867 et 1868 apparut à Genève et à Berne une *Ligue de la paix et de la liberté*, essentiellement républicaine, politique plus qu'économique ; Hugo, Garibaldi, Louis Blanc, John Stuart Mill en faisaient partie. Bakounine voulut y adhérer mais proposa qu'on ajoutât au programme de la Ligue l'égalisation sociale et économique des classes. Il essuya un refus et partit bruyamment avec ses amis ; il fonda l'*Alliance internationale de la démocratie sociale*, et demanda d'adhérer à l'Internationale. Le Conseil général de l'Internationale refusa l'adhésion de ce groupe en tant que groupe, car il se méfiait de la violence de Bakounine, mais il admit l'entrée individuelle des sections : ce qui fut fait. Marx approuva la décision du Conseil général mais ne l'avait pas inspirée.

Le conflit commença à Bâle en 1869. Bakounine réclamait, comme nous l'avons déjà dit, l'abolition complète de l'héritage. Les marxistes s'y opposaient ; puisque selon eux, l'évolution économique tend spontanément et naturellement à supprimer la propriété, vouloir abolir d'avance l'héritage, c'est prendre la question sociale à rebours ; l'héritage renaîtra. La proposition de Bakounine obtint 32 voix contre 23 et 19 abstentions. Sur ce point précis, Bakounine avait mis Marx en échec.

Par ailleurs, les divergences entre Marx et Bakounine portaient essentiellement sur trois points : 1° sur le but à viser ; 2° sur les moyens à développer pour l'atteindre ; 3° sur l'organisation de l'Internationale.

1° *Le but*. Bakounine reproche aux marxistes leur autoritarisme. Il ne veut pas d'État et préconise un régime d'anarchie. Il reprend le mot de *collectivisme*, qui s'opposera désormais au *communisme* de Marx. Les collectivistes, ce sont les partisans de Bakounine, Marx reprochait à Lassalle de trop tenir à l'autorité de l'État. Bakounine retourne ce reproche contre Marx. Mais la question du but est purement idéologique. Ce n'est pas sur elle que portent les dissensions les plus vives.

2° *Les moyens à employer*. En ce qui concerne les moyens à employer pour atteindre le but fixé, pour préparer la révolution future, Marx compte sur l'État démocratique, sur l'action politique. Bakounine est hostile à l'étatisme provisoire de Marx. Celui-ci est partisan des grands États et des grandes nations à l'intérieur desquelles l'action politique peut se déployer. Bakounine affirme que l'État est toujours mauvais. Les moyens d'action que préconise Bakounine sont d'abord la grève générale, qui oppose les ouvriers et les patrons à l'intérieur de l'usine elle-même ; il recommande aussi l'insurrection des communes : il faut que chaque petit groupe humain se proclame indépendant. Il y aura, à la place de l'État, des fédérations de petites communes. C'est en ce sens seulement que les amis de Bakounine consentent à se dire « communistes ».

3° *L'organisation de l'Internationale.* En ce qui concerne l'organisation de l'Internationale, Bakounine est, pour des raisons analogues, hostile à la centralisation. Marx avait lutté contre les mazzinietis qui voulaient une organisation très centralisée. Les positions se renversent. C'est Bakounine qui réclame maintenant la complète autonomie des sections – et le droit pour celles-ci d'agir isolément par le terrorisme –, les bakouninistes seront appelés autonomistes tandis que Marx désire au contraire que l'organisation de l'Internationale soit centralisée. Il veut faire de celle-ci un instrument de lutte puissant contre les efforts coalisés des classes conservatrices.

L'idéologie de Bakounine n'est pas différente de celle de Marx ; il a adopté la théorie du matérialisme historique et il respecte en Marx le fondateur du socialisme scientifique, comme il le dit lui-même. Il traduit en russe le *Manifeste du parti communiste* et il entreprend, en 1869, de traduire le *Capital*. Mais, dans la pratique, il tire des théories marxistes des conclusions qui lui sont propres et il se rapproche ainsi de Proudhon, sauf en ce qui peut rappeler le conservatisme de celui-ci. Bakounine, c'est Proudhon devenu vraiment révolutionnaire.

Le tempérament national opposait profondément Marx et Bakounine. Le conflit entre Marx et Proudhon avait déjà été une sorte de guerre idéologique franco-allemande[1]. Marx l'avait gagnée. Maintenant, la lutte commençait entre les Allemands et les Russes. Marx avait toujours été antirusse et antislave, sauf quand il s'agissait de la Pologne, dont il souhaitait l'indépendance par haine de la Russie. Bakounine, lui, était patriote slave et même panslaviste et antiallemand : il disait que, depuis la Réforme, le champion du despotisme était l'Allemagne et non la Russie. « *La guerre aux Allemands est une œuvre bonne et indispensable.* » « *Il faut s'allier à l'Italie, à la Hongrie, etc., contre la Prusse et l'Allemagne.* » « *Il faut réaliser une vaste communauté panslave.* » Marx crut toujours que Bakounine était un agent payé de la propagande russe, idée d'ailleurs sans fondement.

Le congrès de Bâle de 1869 avait décidé que le congrès suivant se tiendrait à Paris en septembre 1870. Mais, le 19 juillet 1870, la guerre franco-allemande éclata. L'Europe fut étonnée, d'abord de l'écrasement rapide de l'armée française, puis de la prolongation de la lutte par le gouvernement de la Défense nationale. Un armistice fut conclu le 29 janvier 1871 ; les préliminaires de paix furent signés le 1er février. La guerre et la victoire allemande devaient bouleverser la politique des partis socialistes et décevoir l'espoir que tous mettaient en la révolution attendue.

---

1. En 1866, Marx écrit à Engels que le pacifisme et l'antimilitarisme des proudhoniens est une forme subtile de chauvinisme... Il raille souvent cette tendance des Français à être individualistes parce qu'ils se croient le « *peuple élu* ».

III. — *LA GUERRE FRANCO-ALLEMANDE ET LA COMMUNE DE PARIS*

1. *L'Internationale et la guerre.* — En juillet 1870, deux lassalliens avaient voté, au Reichstag, les subsides de guerre, tandis que deux membres de la Première Internationale, Bebel et Liebknecht, s'étaient abstenus, approuvés par Marx. Après la défaite de Sedan, le 2 septembre 1870, et la chute de Napoléon III, le 4 septembre, les socialistes allemands demandèrent la suspension de la guerre, car maintenant, disaient-ils, la guerre offensive commence et ils la répudient : *Manifeste de Brunschwick*, du 5 septembre 1870, auquel les deux représentants de l'Internationale adhérèrent. Des efforts furent faits pour provoquer une agitation générale ; ils aboutirent à un échec et les meneurs furent arrêtés.

Le *Manifeste de Brunschwick* fut composé à l'aide de documents envoyés par Marx, hostile à l'annexion de l'Alsace-Lorraine et partisan de la paix immédiate avec un gouvernement français républicain, dès qu'il serait constitué. Mais Marx déclara également que « *le centre de gravité du mouvement ouvrier est désormais passé de France en Allemagne, et il suffit de comparer le mouvement dans les deux pays depuis 1866, pour voir que la classe ouvrière allemande, tant au point de vue de la théorie qu'à celui de l'organisation, est supérieure à la classe ouvrière française* » (lettre à Engels, juillet 1870).

Bakounine se plaignit de l'écrasement de la France et vanta son socialisme vivant et réalisateur. « *Il faut sauver la France par l'anarchie* » (lettre ouverte de septembre 1870). « *Il faut que chaque commune se soulève et force l'armée allemande à capituler*[1]. » Bakounine tenta un coup de main à Lyon, en septembre 1870, pour provoquer un mouvement révolutionnaire[2]. Il échoua piteusement, mais peu après son échec, l'insurrection de Marseille et la Commune de Paris s'inspirèrent de ses idées.

2. *L'Internationale et la Commune de Paris.* — La garde nationale parisienne était sous les armes, énervée par la lutte soutenue pendant le siège. Au début de mars 1871, l'Assemblée nationale retira aux gardes nationaux leur solde de 1 fr. 50 par jour et décida la reprise du paiement des dettes, loyers et effets de commerce, suspendus pendant

---

[1]. Trotski conçut un plan analogue en 1918, au moment où il voulut repousser la paix de Brest-Litovsk.
[2]. Avant le 14 août, à Paris, Blanqui et ses amis, conseillés par Bakounine, avaient en vain tenté de prendre d'assaut une caserne de gendarmerie dans la Grande-Rue de La Villette.

le siège. Le 19 mars, le gouvernement envoya chercher les canons qui se trouvaient à Montmartre, où la garde nationale les avait traînés pour les soustraire aux Prussiens. Ce fut le commencement de l'insurrection, dirigée d'abord par un Comité central de la garde nationale, puis par une *Commune* de soixante-dix-huit membres, composée en majorité de blanquistes pénétrés des vieilles traditions révolutionnaires. Les troupes de la Commune tentèrent de marcher sur Versailles, où siégeait le gouvernement, mais elles échouèrent, et les « versaillais » firent un second siège de Paris. La lutte dura du 3 avril au 29 mai, et se termina au cours de la semaine sanglante, par une bataille des rues et un épouvantable massacre : 35 000 arrestations furent opérées, 13 000 condamnations prononcées, dont 7 000 à la déportation.

Au point de vue socialiste, le mouvement communard a peu d'intérêt. La Commune fixa le maximum des traitements à 6 000 francs et dicta la remise de trois mois de loyer et la restitution gratuite des objets de moins de 20 francs engagés au Mont-de-piété. Le socialiste Jourde et le proudhonien Beslay, le premier au ministère des Finances, le deuxième à la Banque de France, se conduisirent de façon très conservatrice et prudente.

Comme nous l'avons dit, c'est des idées de Bakounine que s'est inspirée la Commune lorsqu'elle a rédigé son programme. Abandonnant la formule jacobine de la suprématie de Paris, elle réclamait la liberté de toutes les communes de France. On constate ici l'adoption d'un langage encore plus bakouniniste que proudhonien, quoique Bakounine, rebuté par son échec de Lyon, soit resté sans relations avec les Parisiens.

Si la lutte entre Bakounine et Marx se poursuivit après l'échec de la Commune, Marx, qui avait d'abord désapprouvé le mouvement communard[1] n'en publia pas moins, le 30 mai 1871, une brochure, *La Guerre civile en France*, hommage à la Commune, qui a rallié à la France les masses ouvrières du monde entier. C'était une adresse aux ouvriers anglais, rédigée par Marx, que les militants pressaient de prendre position devant la Commune, à la demande du Conseil général de l'Internationale, Dans cette brochure, Marx reprend les idées communistes de Bakounine ; il parle de l'État, ce parasite qui paralyse et entrave l'évolution de la société. On est frappé, à cette époque, de l'étrange flottement de son jugement. Il méprise les révolutionnaires français, et marie ses filles à deux d'entre eux. Il raille les méthodes de la Commune, et lui rend hommage. Après la défaite de la Commune, il pouvait

---

1. Engels écrivait à son ami Sorge : « *L'Internationale n'a pas bougé un doigt pour faire la Commune* », tout en reconnaissant que celle-ci « *était indubitablement l'enfant spirituel de l'Internationale* » ; d'ailleurs un des chefs les plus énergiques de la Commune, Varlin, était secrétaire du Conseil fédéral parisien de l'Internationale.

soit critiquer ses actions, soit les glorifier. En 1871, il prit ce dernier parti et les glorifia dans un esprit bakouniniste.

3. *La lutte de Marx et de Bakounine et la fin de la Ire Internationale.* — À la suite de la Commune, une vague antirévolutionnaire et antisocialiste balaya l'Europe. Il en résulta l'impossibilité de réunir des congrès. Il n'y eut que de petites conférences, à Londres en 1871, à La Haye en 1872. À Londres, Marx qui présidait, renforça la thèse de l'action politique, en faisant voter que « *dans l'état militant de la classe ouvrière, son mouvement économique et son action politique sont indissolublement unis* ». Marx désirait concentrer l'organisation de l'Internationale ; Bakounine s'y opposa. Le congrès de Bâle avait décidé que le Conseil général de Londres pourrait dissoudre les sections. À Londres, en 1871, on interdit aux sections de prendre des noms spéciaux. Cette décision visait particulièrement la Fédération jurassienne bakouniniste. À La Haye, le Conseil général obtint le droit de dissoudre les fédérations. Mais l'Internationale s'effritait. Les ouvriers anglais, effrayés par la Commune, réclamèrent une fédération autonome, ce qu'on dut leur accorder. Au congrès de La Haye, les blanquistes, conduits par Vaillant, se retirèrent. Ils étaient d'accord avec Marx sur la nécessité de la centralisation, mais mécontents, comme la plupart des Français, de la timidité des Allemands, et de l'usage peu révolutionnaire que ceux-ci voulaient faire de l'unité une fois constituée[1]. Les bakouninistes se retirèrent également à la suite des décisions du congrès de La Haye qui avait exclu d'ailleurs Bakounine. Marx fit voter le transfert du siège de l'Internationale de Londres à New York, ce qui lui enlevait toute influence. Bref, Marx[2] accapara la Ire Internationale, mais la tua. Il ne restait autour de lui que des Allemands et quelques disciples. Tous les Latins l'avaient abandonné.

Le dernier congrès international se tint à Genève, en 1873.

Il est vrai que l'Internationale survécut jusqu'en 1877, mais c'était désormais une Internationale bakouniniste, qui préconisait la grève générale.

---

1. Marx lui-même estimait que Liebknecht ne s'occupait pas assez de l'« *affaire de l'Internationale* » en Allemagne.
2. Selon Engels qui, d'accord avec Marx, avait présenté cette motion de transfert du Congrès, Marx voulait éloigner l'Internationale de Londres, où elle serait devenue blanquiste, et aussi d'Europe où elle serait devenue bakouniniste. À cette occasion Mars démissionna du Conseil général et c'est la certitude de son départ qui valut à la motion d'Engels une majorité de 26 voix contre 23 ; les groupes proudhoniens de Belgique et de Hollande suivaient les bakouninistes de Suisse et de France et les bakouninistes convertissaient l'Italie et l'Espagne, qui commençaient à peine de s'industrialiser. En juin 1873, Engels écrit à Bebel : « *Si nous avions voulu nous montrer conciliants à La Haye, si nous avions cherché à dissimuler la scission... les sectaires, c'est-à-dire les bakouninistes, auraient eu une année de plus pour commettre au nom de l'Internationale des bêtises et des infamies encore beaucoup plus grandes.* »

Cette Internationale bakouniniste avait pour centre le Jura bernois (Fédération jurassienne) ; elle était forte en Italie (faisceau ouvrier de Bologne) qui employait les méthodes mazziniennes du coup de main sanglant. Le mouvement s'étendit en Espagne, qui devint républicaine en 1873. Le fédéralisme régional s'y combinait avec le fédéralisme bakouniniste. Le mouvement bakouniniste s'infiltra aussi dans le midi de la France. Jules Guesde, alors à Montpellier, était un bakouniniste convaincu. Dans la Belgique wallonne, pendant longtemps, les socialistes furent tous bakouninistes. Des assemblées autonomistes, qui n'étaient internationales que de nom, se tinrent à Bruxelles en 1874, à Berne en 1876, à Verviers en 1877. Le 9 septembre 1877 eut lieu, au congrès de Gand, une ultime tentative de réconciliation entre anarchistes et autoritaires. Elle échoua.

Ainsi ce fut un nouveau socialisme anarchisant qui triompha de 1870 à 1880 : il s'éteignit en 1880, et après cette date ne se perpétua que sous la forme d'école anarchiste. À la fin du XIXe siècle, le syndicalisme marquera une reprise du bakounisme. Mais en 1880 le bakouninisme a disparu en tant que mouvement de masse. Le marxisme prend sa revanche en créant des partis nationaux, qui finiront par se réunir en 1889 : ce sera la IIe Internationale.

Les fondateurs de la Ire Internationale ont commis une première erreur : partant de l'idée que la Révolution de 1848 avait été une révolution sociale, manquée parce qu'elle avait été l'œuvre de doctrinaires, d'idéalistes sans organisation prolétarienne derrière eux, ils ont voulu que le peuple fût organisé pour la prochaine révolution sociale, perpétuellement prêt à la transformation nécessaire de la société. C'est l'idée de la *Révolution en permanence*. Mais la révolution sociale ne s'est pas produite. Un autre mouvement est venu à la traverse : l'unité allemande.

Les fondateurs de la Ire Internationale ont commis une seconde erreur, tactique cette fois. Ils ont voulu que l'Internationale fût une Fédération d'organisations locales. Ces organisations n'existant pas, l'Internationale dut s'assigner pour tâche de les susciter. Elle réussit parfois, notamment en Espagne. Mais c'est dans son effort pour créer un mouvement unique et homogène pour toute l'Europe qu'elle échoua, tandis que le bakouninisme survécut, parce qu'il respectait mieux les différences nationales.

QUATRIÈME PARTIE

LA IIe INTERNATIONALE

CHAPITRE PREMIER

LA FORMATION DES PARTIS SOCIALISTES EN EUROPE

I. — *EN ALLEMAGNE : LA SOCIAL-DÉMOCRATIE ET LA RÉPUBLIQUE DE BISMARCK*[1]

La Ire Internationale comprenait des sections multiples qui relevaient directement du Conseil général, sans l'intermédiaire d'une centrale nationale. Cette tentative d'unification avait échoué : la IIe Internationale ne l'a pas reprise. À la suite de la disparition du bakouninisme, aux environs de 1880, de grands partis nationaux, d'inspiration marxiste, se sont formés. La IIe Internationale est née en 1889, de la fédération de ces partis nationaux. Nous étudierons donc, d'abord, *la formation des partis socialistes en Europe*. Nous commencerons par l'Allemagne : c'est en Allemagne, en effet, que s'organisa le premier grand parti socialiste national, en Allemagne aussi qu'en réponse à l'agitation social-démocrate, le gouvernement poussa le plus loin la tentative de socialisme d'État.

1. *Les origines intellectuelles du socialisme d'État : List et Rodbertus* — Le socialisme d'État remonte, en Allemagne, à une longue tradition ; tradition, d'abord, des gouvernements allemands, en particulier de la monarchie prussienne, caractérisée par la bureaucratie militaire et le collectivisme fiscal. Pour entretenir une armée égale en nombre, ou peu s'en faut, à l'armée autrichienne, avec une population six fois moindre, l'État exploitait un vaste domaine (10 % du territoire) agricole, forestier, minier, véritable exemple d'une partielle nationalisation du sol.

Tradition intellectuelle ensuite, celle des philosophes, Fichte, Hegel d'une part, celle des économistes de l'autre. Nous ne pouvons étudier ici la philosophie politique des classiques allemands. Qu'il nous suffise de rappeler *Der Geschlossene Handelsstaat (L'État commercial fermé)* de Fichte, où,

---

1. [Voir *Conférences rédigées dans les années 1900*, « Friedrich List et l'économie nationale », reproduite p. 317 ; « Origines du socialisme gouvernemental allemand », reproduite p. 429 ; « La formation du parti socialiste 1864-1891 », reproduite p. 447 ; « Le socialisme allemand », reproduite p. 453 .]

dès 1800, celui-ci, sans sacrifier l'individualisme moral, traçait le plan d'un système socialiste étatique de production et de répartition qu'il jugeait d'ailleurs irréalisable pour l'instant ; la *Rechtsphilosophie* (*philosophie du Droit*) de Hegel, dans laquelle l'individu est intégré à la collectivité, qui apparaît comme son essence et comme sa fin. Parmi les économistes, deux surtout eurent un rôle décisif dans la formation de la doctrine dont s'inspira Bismarck, ce sont Frédéric List et Rodbertus.

1° Né en 1789, *List*[1] fut, entre 1815 et 1825, tour à tour fonctionnaire, professeur d'université, membre des États de Würtemberg, condamné politique, réfugié en France, prisonnier d'État[2]. En 1825, il passa en Amérique où il étudia l'économie politique, non pas dans les livres mais dans les choses et où il fit fortune. Rentré en Allemagne en 1831, comme consul des États-Unis à Hambourg, puis à Leipzig, il prit part, comme écrivain propagandiste et organisateur, à la construction des premiers chemins de fer allemands. En 1837-40, il habita Paris et élabora son *Système national* qui parut en 1841 : c'est un plaidoyer éloquent en faveur du protectionnisme.

List combat l'*École*, c'est-à-dire l'économie politique anglaise ; au point de vue des *valeurs échangeables*, il oppose celui des *forces productives*. L'économie politique classique confond, selon lui, économie privée et économie publique, économie nationale et économie cosmopolite.

De même que l'économie classique, en affirmant le principe de l'identité d'intérêts, ne considère pas la divergence qui peut exister entre les intérêts des générations successives, de même elle ne considère pas les différences d'intelligence économique qui existent entre les nations. Établissez le libre-échange, dit-on, et tous les individus produiront dans tous les pays d'Europe ce qu'ils sont le plus aptes à produire. Mais cette aptitude à produire n'est pas quelque chose d'inné à l'individu ; elle suppose une longue période d'entraînement, de civilisation. Au point de vue de la valeur échangeable, il est commode de considérer le travail comme une quantité homogène, que chaque individu est disposé à produire indéfiniment. Au point de vue de la force productive, il est certain que le développement des facultés intellectuelles et morales accroît l'aptitude au travail. Par ce renversement de point de vue, List pense qu'il achève l'évolution historique de la spéculation économique depuis les physiocrates.

---

1. On retrouvera en annexe un chapitre rédigé par É. Halévy sur la doctrine de List. Annexe 1, p. 317.

2. Dès 1819, il était l'animateur d'une *Association générale des industriels et commerçants allemands*, fondée à Francfort, qui réclamait l'unité douanière de l'Allemagne, un *Zollverein*, ce que List trouva partiellement réalisé lors de son retour, quoique l'union douanière en 1834 se fit autour de la Prusse, et non de l'Autriche, comme l'aurait voulu List.

Le principal moyen pédagogique dont dispose l'homme d'État en matière industrielle, c'est la *protection,* non pas la protection universelle et absolue opposée au libre-échangisme universel et absolu, préconisé par Ricardo et ses disciples, mais celle où l'on applique une méthode historique, qui enseigne le relativisme des solutions. La thèse protectionniste n'est pas vraie pour tous les produits, et « *les peuples doivent changer de système à mesure qu'ils font des progrès* ». Le libre-échangisme est vrai en ce qui concerne les produits de l'agriculture parce que les différences de sol et de climat exercent, en ce cas, une influence prédominante. Au contraire, la libre importation des produits manufacturés, si elle est utile aux peuples chasseurs, aux peuples pasteurs, aux peuples nouvellement entrés dans la phase agricole, serait néfaste au peuple agricole qui sent s'éveiller en lui la *vocation* manufacturière. La protection devient pour lui une condition essentielle du progrès s'il ne veut pas que ses manufactures soient étouffées dans le berceau par la concurrence des manufactures adultes de la nation voisine : List cite le cas de la France, protectionniste après 1815 pour défendre son industrie contre la concurrence anglaise et avertie par l'expérience du traité Eden de 1786, qui avait submergé le marché français des tissus et produits manufacturés britanniques.

La nation autonome, augmentée d'un domaine colonial, développant en elle l'association la plus complète possible des forces productives comme moyen de réalisation, telle est l'idéal de List, initiateur de l'interventionnisme, initiateur de l'historisme.

2° *Rodbertus*[1] retourne contre l'économie politique classique la théorie de la division du travail. Interprétée de manière individualiste, cette théorie indique que, au lieu de produire tous les objets dont il a besoin, chaque individu se spécialise dans une certaine production et échange les produits dont il n'a pas besoin contre les produits du travail d'autrui dont il a besoin. À cette interprétation individualiste, Rodbertus oppose une interprétation communiste. Les individus sont associés pour travailler, chacun dans sa spécialité, sur une matière première qui ne leur appartient pas. Ils sont *Rohproduzenten (producteurs de produits bruts), Halbfabrikanten*

---

1. Né en 1805 à Greifswald, étudia à Göttingen et à Heidelberg, écrivit en 1837, *Die Forderung der arbeitenden Klassen* (*Les Revendications des classes travailleuses*) ; en 1842, *Zur Erkenntnis unserer Staatswirtschaftlichen Zustaende* (*Pour connaître notre situation économique*) ; en 1851-1852, *Trois lettres sociales* qui passent inaperçues et que Lassalle fera connaître en 1862 dans ses discours ; après 1870, des conservateurs à leur tour étudieront ses livres, tel Wagner qui le surnommera le *Ricardo du socialisme*. Rodbertus refusa d'entrer dans l'Association des travailleurs allemands, créée par Lassalle ; grand propriétaire libéral, il se rapprocha de plus en plus de la monarchie conservatrice. Pour lui, le parti socialiste devait renoncer à l'action politique et s'en tenir strictement aux réformes sociales.

(*producteurs de produits demi-finis*), enfin *Fabrikanten* (*producteurs de produits finis*), et transforment cette matière première successivement, jusqu'au moment où, produit fini, elle entre dans la circulation. Quel est donc le vrai caractère de ces différentes divisions ? La communauté de travail, en un mot, le communisme. Non pas, en vérité, un communisme juridique, mais un communisme effectif, non pas le communisme du produit, mais le communisme de la production. Ce qui ne veut pas dire qu'au communisme de la production ne vienne pas se surajouter le communisme du produit.

En effet, seule fait l'objet de la répartition la plus petite partie du produit total, celle qui apparaît au dernier terme de la production. Cette partie elle-même subit un double prélèvement : l'un au profit de la société en tant que telle, l'autre pour rétribuer les savants, les artistes nécessaires à la satisfaction des besoins nouveaux créés par la société elle-même. Donc, de la division du produit du travail il faut dire qu'elle est en fait, comme la division du travail, en grande partie communauté du travail, communisme.

La société économique, prise dans son essence, est non pas une division ou une concurrence, mais une association des tâches. D'où résultent pour l'économie politique trois grands problèmes à résoudre :

1° Adapter la production nationale au besoin national[1] ;

2° Maintenir la production nationale au niveau des moyens de production disponibles, donc des ressources existantes ;

3° Répartir le produit de façon que chacun reçoive le revenu qui convient.

Cette « *Science sociale* », *Gesellschaftswirtschaft*, c'est ce qu'on appelle aujourd'hui l'économie nationale, ou économie d'État. *Elle est essentiellement la doctrine du communisme économique.*

Comment ces trois problèmes sont-ils, bien ou mal, résolus dans la société actuelle ? Pour répondre à cette question, il suffit de considérer à qui est confiée la disposition des moyens de production : car ce sont ceux-là qui règlent évidemment la production. Or, sous le régime actuel, la propriété est déléguée à titre héréditaire à des individus. Les propriétaires du sol et des capitaux sont, par définition, des fonctionnaires à titre héréditaire, chargés de régler la production nationale (idée empruntée à Saint-Simon)[2]. Les économistes classiques commettent donc une erreur d'analyse quand ils parlent des lois naturelles de la distribution des richesses, ce qui impliquerait l'absence de toute institution juridique préalable. En fait, les économistes étudient ce qui se passe dans un monde où, le sol et le capital ayant été

---

1. C'est-à-dire l'adaptation de la production aux besoins, car actuellement la production est adaptée à la *demande effective*, qui se traduit par une offre de monnaie, et non au *besoin social*, c'est-à-dire aux besoins de tous.

2. Saint-Simon disait déjà que le régime actuel est dépourvu de direction et que l'« *administration économique est confiée à des propriétaires héréditaires* ».

l'objet d'appropriation juridique, la société est ensuite livrée à elle-même. Rodbertus revise, en se plaçant à ce point de vue, l'économie politique de Ricardo. Il retient les lois du salaire, mais il modifie celle de la rente foncière. Le fondement de la rente foncière n'est pas l'élément différentiel défini par Ricardo, mais le monopole juridique exercé par le propriétaire du sol. Le revenu foncier de même que le profit capitaliste constituent ce que Rodbertus appelle rente ou revenu sans travail. Quant au salaire, il diminue toujours en valeur à mesure que la productivité du travail augmente[1]. D'où une explication sismondiste des crises économiques, qui proviendraient d'une mauvaise organisation juridique de la société actuelle : les producteurs ne peuvent racheter les produits, car le prix de ceux-ci a augmenté plus vite que leurs salaires.

Quels sont les remèdes ? Rodbertus envisage l'intervention de l'État qui reprendrait le sol et le capital. La répartition se ferait conformément à la loi de la valeur-travail adoptée par Rodbertus. On fixerait une journée normale de travail variable selon les industries. Mais une telle conception apparaît à Rodbertus lui-même comme utopique, en raison de la force des préjugés contraires et de la nécessité d'une contrainte pour amener tous les hommes au travail. À défaut de ces réformes utopiques, Rodbertus conçoit des compromis : on fera en sorte que le salaire constitue perpétuellement une proportion fixe du produit total ; et l'État reprendra peu à peu les propriétés privées. On en confiera la direction à des organismes publics ou à des particuliers qui en seraient dignes[2].

Rodbertus n'est pas comme List, protectionniste ; il incline au cosmopolitisme : les nations ne peuvent pas plus s'isoler du genre humain que les individus de la nation. Mais son cosmopolitisme est impérialiste. Il montre dans ses études sur l'histoire économique de l'Antiquité comment l'Empire romain a détruit la libre concurrence des cités, fondé des organismes administratifs, transformé le commerce de l'alimentation, l'« annone », en service public. Cependant les moyens de communication étaient imparfaits, la productivité inférieure à ce qu'elle est aujourd'hui. Depuis trois siècles, avec des moyens d'action très supérieurs, les monarchies modernes recommencent l'œuvre de l'Empire romain. Aussi Rodbertus a-t-il aspiré à l'unité allemande par l'empire. Député du centre droit du *Landtag* en 1848, il travaillait à l'œuvre d'unification. En 1861, il reprit sa campagne. Partisan de Bismarck, il eut, lui aussi des relations personnelles avec Lassalle, comme nous l'avons vu déjà.

---

1. Idée popularisée par Lassalle dans sa formule « *la loi d'airain des salaires* ».
2. Rodbertus n'est pas favorable à l'abolition radicale de la propriété privée : il préfère que l'État agisse sur la deuxième cause du déséquilibre économique actuel, la liberté des échanges et des contrats.

2. *Débuts du socialisme d'État : le socialisme de la chaire.* — Aux théories de List et de Rodbertus il faut ajouter l'*historisme*, dont le *socialisme de la Chaire* fut comme un aboutissement politique[1].

L'historisme, réagissant contre l'absolutisme de l'école orthodoxe, réagit instinctivement aussi contre son cosmopolitisme, son non-interventionnisme. Cependant, pendant la première période de l'historisme (1843-1872) les conséquences politiques de la nouvelle orientation doctrinale n'apparurent guère. Le conflit entre ces historistes et leurs adversaires fut alors un conflit de méthode plutôt que de théorie : les historistes développent surtout l'idée de la relativité nécessaire, selon les époques, des principes de politique économique. Rodbertus détestait ce socialisme des professeurs, « *socialistes à l'eau sucrée* » disait-il ; il leur reprochait d'ériger en doctrine les mesures provisoires de compromis que les circonstances présentes exigeaient pour remédier au paupérisme et aux crises.

En 1872 se tint à Eisenach, sous la présidence de Roscher, une *Conferenz für Besprechung der sozialen Frage*, (*Cconférence pour discuter de la question sociale*). Une tendance générale à une certaine sorte de socialisme se révèle dans la constitution d'un *Verein für Sozialpolitik*, (*Union pour la politique sociale*), pour aider l'État à faire participer le peuple à tous les « *biens élevés de la civilisation* ». Dans l'appel de la nouvelle société, nous lisons :

> « *Il conviendra d'abord d'expliquer la condition des travailleurs et leurs relations avec ceux qui les emploient, de définir les besoins des groupements corporatifs, d'aider à la prospérité de leur développement et de favoriser toute solution qui concilie les parties rivales… Nous sommes convaincus que l'absolue liberté laissée à des intérêts individuels partiellement rivaux et inégalement puissants ne garantit pas le bien de la collectivité ; que tout au contraire les revendications des intérêts collectifs et de l'humanité doivent affirmer leur légitimité, même dans la vie économique, et que l'intervention réfléchie de l'État pour protéger les intérêts légitimes de tous les participants doit être aussi suscitée en temps opportun. Cette intervention de l'État, nous n'y voyons pas un expédient nécessaire, un mal inévitable, nous y voyons la réalisation de l'une des destinées les plus hautes de notre temps et de notre nation.* »

Dans ce socialisme professoral, appelé avec une nuance d'ironie[2] *Kathedersozialismus* (*socialisme de la chaire*), on discerne assez nettement

---

1. La revue de l'école historique, *Jahrbücher für Nationaloekonomie* (*Annales pour l'économie nationale*) qui paraît depuis 1863, est une revue universitaire, faite pour des économistes.
2. Rodbertus appelle le congrès de 1872 le « *marais d'Eisenach* », et les lois sociales demandées *des* « *cabrioles humanitaires* ».

deux orientations. Certains, Brentano, Schmoller, songeaient avant tout à une sorte d'organisation corporative de la classe ouvrière : législation du travail, constitution de tribunaux arbitraux entre patrons et ouvriers, etc. D'ailleurs Schmoller, le rédacteur du *Manifeste d'Eisenach*, n'est pas très favorable à l'étatisme : en 1879, il fut hostile à la reprise des chemins de fer prussiens par l'État. Au contraire, Rudolf Meyer et Adolf Wagner, représentaient les tenants d'un véritable socialisme d'État. Adolf Wagner, à l'université de Berlin, professait une doctrine qui semblait une adaptation de la doctrine de Rodbertus aux exigences de l'enseignement universitaire et de l'action politique immédiate. Éclectique, il proposait une sorte de compromis entre le système de la *Privatwirtschaft* (*économie privée*) et celui de la *Gemeinwirtschaft*, (*économie collective*). Le rôle de l'État est de satisfaire aux *Gemeinbedürfnisse* (*besoins collectifs*). Et ce rôle grandit peu à peu, car il traduit une loi historique – loi de l'extension croissante des interventions de l'État – qui veut que les fonctions publiques s'élargissent et tendent de plus en plus à prévenir et à organiser. Wagner multiplia les efforts pour démontrer la fausseté de la thèse de l'incapacité de l'État en tant qu'agent économique.

3. *Préoccupations socialistes des partis.* — En dehors du *Verein für Sozialpolitik* (*Union pour la politique sociale*), des préoccupations sociales, orientées vers une sorte de socialisme, se manifestaient à la même époque dans les programmes de plusieurs partis, d'abord dans celui du parti catholique, qui se donnait pour un parti populaire[1] ; son manifeste électoral du 20 juillet 1876 réclame « *le soutien des revendications justifiées de la classe ouvrière (Arbeiterstand) et le règlement de celles-ci par une loi sur les droits des travailleurs* ».

Au programme d'action sociale des catholiques, les protestants du parti évangélique chrétien social (antisémite) opposent leur propre programme, très voisin ; organisation corporative obligatoire, protection des travailleurs, repos dominical, journée normale de travail, hygiène, l'État patron modèle, impôts progressifs sur les successions, impôts sur le luxe.

Enfin, dans le parti des agrariens, plein de ressentiment contre l'aristocratie d'argent, qui s'enrichissait alors que les propriétaires fonciers s'appauvrissaient, on réclamait une réforme de l'impôt favorable à la propriété foncière, le protectionnisme, la reprise des chemins de fer par

---

1. *Entwurf zu einem politischen Programm für die Katholiken im Deutschen Reiche*, 1873) par von Ketteler (*Esquisse d'un programme politique pour les catholiques dans le Reich allemand*). Von Ketteler, archevêque de Mayence, s'inspirait d'ailleurs des corporations médiévales.

l'État, la réforme de la loi de 1870 sur les sociétés par actions, la révision de la réglementation des professions, le changement de la forme légale des contrats entre propriétaires et travailleurs agricoles, la modification des droits hypothécaires et du droit successoral.

Tous ces partis étaient donc, dans une certaine mesure, socialistes. Mais il s'agissait d'un socialisme conservateur. Contre le XIXe siècle libre-échangiste, on réclamait un régime corporatif adapté au nouvel état de la technique.

C'est dans cette atmosphère intellectuelle, dans ce milieu politique, que se situe la tentative de Bismarck pour répondre au socialisme révolutionnaire non par les seules mesures de répression mais aussi par des réformes.

4. *La social-démocratie.* — Dans l'histoire du socialisme allemand, à la fin du XIXe siècle, on peut distinguer trois périodes : la première, entre 1864 et 1875, fut remplie par la lutte entre lassalliens et marxistes et aboutit au congrès d'unification de Gotha. La seconde, entre 1875 et 1890, fut marquée avant tout par la lutte entre le parti socialiste et Bismarck. Après la chute de Bismarck, le parti socialiste, redevenu légal, accumula les succès électoraux et joua un grand rôle politique.

Nous avons étudié, dans un précédent chapitre, la formation des deux partis socialistes, celui de Lassalle, resté après la mort de celui-ci sous la direction de von Schweitzer et la *Sozialdemokratische Arbeiterpartei* (parti social-démocratique des travailleurs) de tendances internationalistes, fondé en 1869 et dominé par de vrais révolutionnaires, Liebknecht et Bebel.

La guerre de 1870-1871 eut des répercussions profondes sur ces partis, les antilassalliens étant hostiles à la guerre. L'unité de l'empire eut pour résultat de réaliser l'unité des partis socialistes, ce qui justifiait la doctrine de Lassalle. Mais inévitablement le parti socialiste unifié devint parti d'opposition à Bismarck, ce qui discrédita les lassalliens. Bebel et Liebknecht alors en prison – deux ans de prison pour haute trahison – furent considérés comme les chefs du nouveau parti socialiste. Von Schweitzer lui-même fut abandonné par les lassalliens.

Les deux anciens partis désignèrent chacun une commission de neuf membres : le congrès de Gotha (1875) réalisa l'unité sous le nom de *Sozialistischer Arbeiterverein* (*Union socialiste des travailleurs*). On conserva la constitution lassallienne, mais un comité fédératif (directoire de cinq membres), fut substitué au chef unique[1]. En ce qui concerne le programme, on proclamait que chaque individu a droit au produit intégral de son travail, on réclamait l'État populaire libre, on parlait de la *loi d'airain* des salaires, mais on soulignait le caractère national du parti et l'on réclamait

---

1. La social-démocratie eut une caisse alimentée par des cotisations élevées, un grand journal, le *Vorwärts*, et des congrès annuels réunissant des délégués locaux.

des coopératives subventionnées par l'État. Le programme était donc autant lassallien que marxiste.

Marx, en dépit du succès que représentait pour lui cette fusion des deux partis, critiqua aussi bien l'idée même de l'union que les conditions de l'accord. Quand il connut le programme de Liebknecht, il alla jusqu'à menacer de faire une déclaration publique pour s'en désolidariser, menace qu'après le congrès de Gotha il n'exécuta pas. Il considérait comme utopique l'idée des coopératives de production, il n'admettait pas la formule de la *loi d'airain*, il regardait comme réactionnaires tous les partis non socialistes. Sur deux autres points, il obtint satisfaction. On modifia la phrase finale du programme ; au lieu de « *dans la société capitaliste le produit du travail appartient entièrement aux travailleurs* », on écrivit, « *le produit du travail appartient à la société qui le répartit d'après les besoins* ». D'autre part, on remplaça la formule nationaliste par une formule internationaliste.

Le parti socialiste unifié remporta de rapides succès : en 1871, il n'avait eu que 102 000 voix et un député élu ; en 1877, il obtint 493 000 voix. En Allemagne, l'afflux de l'or français avait déclenché une hausse des prix, une fièvre d'entreprise et de spéculation, que suivit, en 1874, un krach, et la crise favorisa la propagande socialiste. Celle-ci inquiéta Bismarck, qui, en 1878, entreprit de réprimer l'action du parti socialiste. Bismarck, en politique intérieure, eut une carrière d'opportuniste. Il avait d'abord fait triompher, contre la bourgeoisie, les méthodes militaristes et autoritaires, cependant qu'il tendait la main aux ouvriers. Après la victoire, il introduisit en Allemagne, comme il l'avait fait en Prusse au lendemain de Sadowa, le suffrage universel, direct et secret. De 1866 à 1875, il gouverna avec le parti progressiste des nationaux-libéraux. Au point de vue économique, il se montra partisan du libre-échange, de la liberté des taux d'intérêt. Au point de vue ouvrier, il supprima les restes des corporations. Il introduisit aussi la liberté du mariage, la liberté d'établissement, la liberté de coalition. Enfin, il créa l'état-civil et le mariage civil. En même temps il tenta de mettre le clergé catholique sous le contrôle de l'État, ce qui était le cas du clergé réformé. Mais il se heurta à la résistance acharnée du parti catholique : ce fut le *Kulturkampf*. En 1878, Bismarck dut se résigner et céder. Dès 1877, le parti libéral se montra exigeant ; il réclama un ministère libéral homogène et responsable devant la Chambre. Par ailleurs, Bismarck tendait à revenir au protectionnisme pour assurer l'autonomie financière du Reich et renforcer le pouvoir central. Fatigué des luttes contre catholiques et libéraux, il prit en 1877-1878 un congé de quelques mois. Brusquement, à la suite de deux attentats contre Guillaume Ier, au printemps de 1878, il revint au pouvoir et donna un coup de barre à droite. Il gouverna désormais avec les conservateurs et obtint du Reichstag une loi d'exception contre les partis subversifs, en fait, contre les socialistes. Toute association qui visait au renversement de l'ordre politique et social actuel fut interdite, la police reçut pleins pouvoirs, les autorités locales furent autorisées à proclamer l'état de siège. Votée pour quatre ans, la loi fut renouvelée en 1882 et en 1886.

Elle ne réussit pas à éliminer le socialisme, mais elle supprima radicalement l'organisation du prolétariat allemand ; en particulier tous les syndicats disparurent, tous les journaux socialistes furent supprimés, plus de 2 000 militants furent expulsés ou emprisonnés. Au Reichstag cependant, des députés socialistes pouvaient encore prendre la parole. Pendant les périodes électorales, les partis conservèrent le droit de présenter des candidats et de tenir des réunions. Les socialistes se tournèrent vers l'action politique, puisque Bismarck ne leur laissait pas d'autre recours. Comme les mécontents joignaient leurs voix à celles des socialistes, ceux-ci firent des progrès rapides : de 493 000 voix en 1877, ils passèrent à 550 000 voix en 1884, 763 000 en 1887, 1 427 000 en 1890.

5. *Le socialisme bismarckien.* — Bismarck cependant combinait avec la répression une politique de socialisme d'État. Il voulut instaurer (surtout pour augmenter les impôts indirects) un monopole du tabac, qui fut repoussé en 1882, un monopole de l'alcool, repoussé également en 1886. En revanche il établit un impôt sur l'alcool (1877), un impôt sur le tabac (1879), et enfin, en 1881, un impôt sur les opérations de bourse.

Le 17 novembre 1881, le Message de l'Empereur indiquait que la guérison des maux sociaux ne se confondait pas avec la répression des excès social-démocrates, mais qu'il importait aussi de travailler au bien-être des ouvriers et il annonçait une loi sur l'assurance accidents et une réforme des caisses pour l'assurance maladie[1]. En s'appuyant sur les éléments catholiques et protestants favorables aux réformes sociales.

Bismarck réussit à créer une législation sociale plus avancée que celle de tous les autres pays d'Europe.

1° *La loi sur l'assurance maladie* fut votée en 1883. En 1875, deux lois avaient autorisé les ouvriers à fonder des caisses de secours libres qui, dans certaines conditions déterminées, pouvaient recevoir la personnalité juridique. D'autre part, des circonscriptions (*Gemeinden*) avaient été autorisées à fonder des caisses qui furent obligatoires pour l'étendue de la circonscription. La loi de 1883 généralisa ces dispositions : elle respecta les caisses existantes, permit d'en créer de nouvelles, et créa partout des caisses obligatoires pour quiconque ne payait pas de cotisation à une caisse libre. Cependant il s'agissait de *Kassenzwang* (*obligation*

---

[1]. C'est là, disait le message impérial, « *une tâche de politique conservatrice* ».

d'une caisse), mais non de *Zwangskasse* (*caisse obligatoire*). Bismarck n'avait pu introduire là une administration d'Empire. Pas davantage il n'obtint pour ces caisses le principe d'une triple contribution, du Reich, des patrons et des ouvriers : les cotisations incombèrent pour les deux tiers aux patrons, et pour un tiers à l'ouvrier. En cas de maladie, de toute invalidité inférieure ou égale à treize semaines, l'ouvrier recevait des soins gratuits et une indemnité quotidienne égale à la moitié du salaire régional.

2° *L'assurance accidents* fut votée en 1884. L'administration en devait être assurée par cinquante-sept sociétés professionnelles (*Berufsgenossenschaften – coopératives professionnelles*) dont vingt-quatre coextensives à l'Empire, gérées par trois patrons, sous le contrôle d'un *Reichsversicherungsamt* (*office d'assurance du Reich*). L'ouvrier recevait des soins médicaux à partir de la quatorzième semaine d'invalidité et une rente pour la durée de l'incapacité égale aux deux tiers du salaire (en cas d'incapacité totale). En cas de décès, la pension à la veuve, aux enfants, aux vieux parents, pouvait s'élever jusqu'à 60 % du salaire. Le coût de la réforme devait être entièrement supporté par les patrons.

3° *En 1889 enfin, fut organisée l'assurance vieillesse invalidité.* L'administration en fut confiée à des institutions provinciales, sous le contrôle d'un *Versicheningsamt* (*office d'assurances*). Le principe de la triple contribution (égale pour les patrons et les ouvriers plus un subside de l'État fixé à 30 marks par ouvrier) fut cette fois admis. Échelonnée en quatre classes, selon les salaires, la rente de vieillesse à 70 ans supposait trente années de cotisations, la rente d'invalidité, cinq années.

Les socialistes combattirent ces lois auxquelles ils reprochaient leur caractère patronal et bureaucratique ; ils réclamaient la protection des travailleurs dans l'usine (journée de 10 heures, salaire minimum). Or, Bismarck se refusait à intervenir dans la réglementation du travail. Ces lois de protection ouvrière proprement dite n'avaient pas pour Bismarck l'avantage de donner aux ouvriers des satisfactions pécuniaires et d'en faire par là des débiteurs reconnaissants du gouvernement. Mais la législation instituée n'en représente pas moins une grande victoire pour le chancelier et le socialisme d'État ; elle a servi de modèle au monde. L'Angleterre et la France l'ont imitée avec des retards allant jusqu'à un demi-siècle.

Bismarck se proposait sans doute d'atténuer, par ces mesures étatistes, le danger socialiste[1], en même temps qu'il se conformait à des conceptions très répandues dans les cercles universitaires. Bismarck parlait d'un *empire*

---

1. À propos de la loi de 1889, Bismarck dit dans un discours, le 18 mars :« *J'estime que c'est pour moi un avantage extraordinaire d'avoir 700 000 petits rentiers, précisément dans les classes, qui, sans cela, n'ont pas grand-chose à perdre et croient à tort qu'elles auraient beaucoup à gagner à un changement.* »

social. Ce qu'on appelle le « socialisme de la Chaire » apparaît comme la justification doctrinale de l'œuvre bismarckienne.

En février 1890, aux élections générales, vingt-quatre socialistes furent élus au lieu de onze. En apparence, les efforts de Bismarck aboutissaient à un échec : la politique sociale ne réussissait pas mieux que la répression. Bismarck demanda alors à Guillaume II des mesures réactionnaires : suppression du scrutin secret et, en cas de soulèvement contre ces mesures, droit de recourir à des moyens violents. Guillaume II ne voulut pas commencer son règne par un acte de despotisme ; il congédia Bismarck et ne renouvela pas la loi d'exception. Dès lors, le parti socialiste se développa au grand jour, cependant que la législation sociale s'élargissait.

6. *Les progrès social-démocrates.* — Libre de s'organiser, le parti acquit un nombre toujours plus grand de sièges et de voix. En 1893, 44 élus et 1 786 000 voix ; en 1898, 56 élus et 2 107 000 voix ; en 1903, 79 élus et plus de 3 millions de suffrages et en 1907, 3 258 000. Simultanément les syndicats, interdits par les lois d'exception, se développaient rapidement. À partir de 1892 se réunissent des congrès de syndicats à tendance socialiste. La diffusion en fut plus rapide et plus étendue qu'en Angleterre. Si on considère seulement les syndicats ouvriers (à l'exception des employés et des fonctionnaires) socialistes, chrétiens et neutres, les chiffres sont les suivants :

1904	1 000 000
1905	1 700 000
1912	4 245 000

En 1890, à Halle, le parti social-démocrate se donna une constitution ; en 1891, à Erfurt, un programme. Il maintint l'organisation de Lassalle : *Verein* unique avec fondés de pouvoir, conseil directeur électif et le *Vorwärts* comme organe officiel. Quant au programme, rédigé par Engels, il apparaît comme un abrégé du *Capital* : principe de la lutte des classes ; passage de la propriété individuelle à la propriété collective par l'intermédiaire de la concentration capitaliste ; philosophie d'universelle émancipation : l'émancipation du prolétariat sera celle du genre humain ; internationalisme : les intérêts des ouvriers sont les mêmes dans tous les pays capitalistes. La conception lassallienne des coopératives et du socialisme national disparaît ; en revanche le programme contient des revendications immédiates ; journée de huit heures, lois protectrices du travail, interdiction du travail des enfants au-dessous de 14 ans, repos hebdomadaire.

Le parti qui prit un nom nouveau, *Sozialdemokratische Partei Deutschlands* (*Parti social-démocrate d'Allemagne*), se donnait toujours pour révolutionnaire. Mais il admettait que la révolution se fît au terme d'une évolution normale : une action précipitée serait anti scientifique. Aussi les procédés de parti n'étaient-ils pas révolutionnaires. La majorité marxiste s'opposa toujours à l'emploi de la violence, moyen également réactionnaire et révolutionnaire. À Erfurt, Liebknecht identifia Bismarck avec la politique de force, qui finalement échoua. Le socialisme allemand, brutal dans l'affirmation, prudent dans l'application de son programme, fut essentiellement un parti légaliste.

Après le départ de Bismarck, la législation sociale s'appliqua à la réglementation du travail à l'intérieur de l'usine. Un rescrit impérial du 4 février 1890 proposa la convocation d'une conférence internationale pour la protection des travailleurs. Celle-ci se tint à Berlin, du 15 au 25 mars 1890. Dans un deuxième rescrit, on affirmait la nécessité de compléter l'assurance des travailleurs par une série de mesures pour la protection du travail. Le 29 juillet 1890 est promulguée une loi relative aux tribunaux industriels ; en 1891 et en 1900 des *Gewerbe-Ordnungen* (*réglementations de professions*). Le travail des femmes et des enfants est aussi réglementé, le travail dominical interdit, la journée de 11 heures condamnée par le Reichstag, mais faculté est donnée au conseil fédéral de définir pour telle industrie déterminée dans l'intérêt de l'hygiène et de la santé des travailleurs, une journée maximum. Le conseil fédéral usa de cette faculté pour la boulangerie en 1896, pour la confection et la lingerie en 1897, pour les moulins à blé en 1899, etc. Une loi sur le travail dans les mines fut adoptée en 1905.

Ainsi furent mises en pratique les formules du rescrit impérial : « *C'est un des devoirs du gouvernement de régler la durée et la nature du travail de telle sorte que la santé des ouvriers, les principes de la morale, les exigences économiques des travailleurs et leurs aspirations vers l'égalité devant la loi, soient sauvegardés.* »

La réplique bismarckienne n'avait pas arrêté les progrès du parti social-démocrate. Mais celui-ci, tout en restant verbalement révolutionnaire, s'était, au début du XIXe siècle, intégré pacifiquement dans *l'empire social allemand*.

II. — *LA FORMATION DES PARTIS SOCIALISTES EN ANGLETERRE*[1]

À l'époque où, sur le continent, se constituent les partis socialistes, on n'observe rien de pareil en Angleterre. Le fait s'explique aisément. Même pendant les années creuses qui s'étendent de 1848 à 1860, le mouvement

---

1. [Voir le polycopié de 1932, *L'Histoire du socialisme anglais*, Fascicule II, II - Le socialisme industriel, reproduit p. 500.]

ouvrier, syndical et corporatif, comme nous l'avons vu plus haut, n'a pas cessé de se développer en Grande-Bretagne. Or le socialisme, pour prospérer, doit conquérir les organisations ouvrières ; et celles-ci ne seront accessibles à la propagande socialiste que dans la mesure où elles éprouveront directement le besoin de joindre l'action politique au Parlement à l'action économique qu'elles exercent traditionnellement sur le marché du travail et dans l'usine.

Comme nous l'avons également vu dans un chapitre précédent[1] les *Trade-Unions* acceptaient la doctrine libérale du laissez-faire, et cherchaient exclusivement à agir sur le marché du travail[2]. L'apparition des idées socialistes dans les milieux syndicaux, après 1885, est un tournant dans l'histoire du trade-unionisme. Jusqu'à cette date, Karl Marx pouvait bien fonder sa Ire Internationale sur les chefs des syndicats anglais, si embourgeoisés, et en faire son armée de choc contre les proudhoniens français, et contre Bakounine : mais si les ouvriers anglais votaient docilement ses motions révolutionnaires et doctrinales, celles-ci, en réalité, les intéressaient peu ; ce qu'ils voulaient, c'était le statut légal de leurs organisations. Ce statut avait été obtenu en 1871 et 1875. Après cette victoire, les ouvriers pouvaient prêter quelque attention à de nouvelles doctrines d'action.

1. *Les premiers groupes marxistes.* — Le courant d'idées lancé par le journaliste Henry George[3] fut pour beaucoup dans la diffusion du socialisme parmi les masses syndicales ; le remarquable talent de vulgarisation de George leur fit voir pour la première fois la position privilégiée des propriétaires, à la ville comme à la campagne. À la vieille formule, si souvent à l'honneur chez les chartistes, du retour à la terre, se substitua rapidement l'idée de la nationalisation des terres. En 1879, au congrès des *Trade-Unions*, Adam Weiler, ancien membre de l'Internationale et ami de Karl Marx, opposait à une résolution pour l'établissement de la petite propriété paysanne un amendement réclamant la nationalisation du sol. C'est donc à propos de la question agraire que le socialisme marxiste pénétra dans les syndicats anglais. Le congrès rejeta l'amendement. Mais une motion pour la limitation de la journée de travail à 8 heures, présentée par le même Weiler, devint rapidement populaire à chaque congrès des *Trade-Unions* ; anti-étatistes au début, ceux-ci s'imprégnaient, consciemment ou non, de la doctrine socialiste marxiste.

En 1880, la *Fédération démocratique*, fondée par de jeunes radicaux pour rénover le programme du vieux parti de Gladstone, fit entrer, dans son

---

1. Voir 3e partie, chap. I, p. 155.
2. Voir 3e partie, chap. I, p. 156 *sq.*
3. Son livre *Progrès et Pauvreté* parut en 1879 : il y montrait que le fossé entre les riches, les propriétaires et les pauvres se creuse à mesure que la civilisation se perfectionne.

programme de neuf points, la nationalisation de la terre. La même année, le jeune radical Hyndman se déclarait, dans son livre *England for All* (*L'Angleterre pour tous*), disciple pur et simple de Karl Marx, et il exposait la thèse de la reprise (rendue fatale par l'évolution naturelle du capitalisme) de la totalité des fonds de production par l'État. Dans son livre, *Base historique du socialisme en Angleterre* (1883), il résumait les idées de Karl Marx sur le capitalisme britannique depuis le XVIe siècle, afin de les rendre accessibles aux ouvriers anglais. À partir de 1881, la fédération réorganisée par Hyndman s'appela la *Social-Democratic-Federation* (*Fédération sociale-démocratique*) ; elle compta parmi ses membres William Morris, disciple éminent de Ruskin ; Morris publia en 1890 un roman utopique, *News from Nowhere* (*Nouvelles de nulle part*), où il imaginait une Angleterre revenue à un système corporatif, débarrassée de toutes les laideurs du système industriel et couverte de cités-jardins pour les ouvriers : la philosophie marxiste, dans l'esprit des socialistes anglais, prenait aussitôt une tournure utopique et esthétique.

2. Le Nouvel Unionisme. — La *Fédération social-démocratique* contribua à répandre les idées socialistes, mais elle ne réussit jamais à faire élire un candidat au Parlement. Hyndman compta en vain sur le centenaire de la Révolution de 1789 pour commencer une agitation théâtrale qui aboutirait à l'écroulement révolutionnaire du capitalisme : son échec constant s'explique par l'impuissance radicale, en Angleterre, de tout mouvement socialiste qui ne s'appuie pas sur les syndicats.

Les idées socialistes devaient pourtant recevoir, grâce à la grande dépression économique, une impulsion nouvelle : après les crises prolongées de 1873 et 1883, la misère ouvrière fut particulièrement grave dans les industries en chômage ; brusquement apparurent des doutes quant à la toute-puissance de la philosophie du libre-échange : pouvait-elle résoudre le problème de la misère ? Les grandes enquêtes de cette époque sur le logement urbain, sur l'administration de l'Assistance publique, sur le problème du *sweating-system* aboutissaient à des conclusions sinistres. En 1887, Charles Booth ouvrait une vaste enquête sur la misère à Londres, et il établissait que plus d'un tiers des habitants de la ville vivaient au-dessous de la *poverty line*, du minimum vital. N'y avait-il pas, après tout, quelque chose de bon dans les méthodes qui avaient précédé le libre-échange ? La même pensée qui conduisait les conservateurs à faire renaître le protectionnisme, pour protéger les salaires nationaux contre la concurrence étrangère, poussait les radicaux à protéger ces salaires contre la pression patronale. Mais les syndicats doutaient alors de leurs forces : jusqu'ici ils avaient surtout réussi à grouper une minorité d'ouvriers qualifiés et à leur assurer des salaires privilégiés.

Les ouvriers non qualifiés s'organisèrent à leur tour en syndicats, luttèrent pour de meilleurs salaires, mais virent bientôt l'impuissance de leurs efforts, et leur désespoir se traduisit par des émeutes violentes. En 1886 et 1887, chômeurs et ouvriers manifestèrent tumultueusement sous l'influence de Hyndman et de John Burns. En 1888, une grève des ouvrières des fabriques d'allumettes, soutenue par des philanthropes et des intellectuels bourgeois, fut victorieuse, sans avoir eu à faire appel au fonds de réserve syndical. En mai 1889, les ouvriers du gaz remportèrent une victoire sensationnelle en obtenant la journée de 8 heures et une grosse augmentation de salaire. La même année, une grève des dockers, profession entièrement inorganisée, dirigée par Tom Mann et John Burns, réunit dans une souscription publique 50 000 livres, et reçut 30 000 livres des syndicats australiens : le cardinal Manning ayant offert son arbitrage, les dockers finirent par remporter, eux aussi, une éclatante victoire.

L'extrême importance de ce nouveau mouvement (*le Nouvel Unionisme*) se révéla au moment de la refonte syndicale qu'il ne tarda pas à entraîner. Les syndicats étaient alors des organisations disposant d'importants fonds de réserve, fonctionnant en temps normal comme une société de secours mutuels, et affectant les fonds à la grève en période de conflit industriel. La réaction contre la politique conservatrice de ces syndicats d'ouvriers qualifiés et privilégiés exprimait le ressentiment des ouvriers non qualifiés : « *La véritable politique syndicale d'agression*, écrivait Tom Mann en 1886, *semble entièrement perdue de vue ; en fait, le syndiqué d'aujourd'hui est un homme à l'intelligence pétrifiée, absolument apathique, quand, par sa politique, il ne joue pas directement le jeu du capitaliste qui l'exploite.* » « *Les syndicats*, déclarait John Burns, *ont cessé d'être des syndicats pour la défense des droits du travail, et ont dégénéré en simples institutions bourgeoises pour la réduction des impôts.* » Le nouveau syndicalisme, ayant adopté le principe de la petite cotisation pour les nouveaux adhérents, supprima les services de mutualité, et affecta ses fonds exclusivement à la grève : l'organisme de combat se substituait à l'organisme de conciliation. En 1890, ces syndicats nouveaux réunissaient déjà 200 000 membres.

Les vieux syndicats subirent vite leur influence : l'*Amalgamated Society of Engineers* (*Société unie des mécaniciens*), formée autrefois d'ouvriers qualifiés seulement, admit les ouvriers non qualifiés ; la *National Union of Miners* (*Syndicat national des mineurs*), très bourgeoise et libérale, fut peu à peu remplacée par la *Miners Federation* (*Fédération des mineurs*), avec un programme semi-socialiste de salaire minimum. Mais aucun parti socialiste doctrinal ne réussit à englober la majorité des syndicats. En 1895, la *Fédération social-démocratique* ne comptait encore que 5 000 membres. Les ouvriers versaient leurs cotisations à leurs syndicats, et non à un parti d'intellectuels. Un parti socialiste ouvrier ne pouvait se développer qu'autour du *Trade-Union Congress* ou Congrès des syndicats.

Le Congrès avait fondé, dès 1871, un comité parlementaire, chargé d'assurer la continuité des travaux entre les sessions et de surveiller le vote des lois ouvrières au Parlement : c'est sous son influence qu'avaient été votées les lois de 1871 et 1875-1876 sur les syndicats et le droit de grève. À partir des élections de 1874, on vit des représentants des *Trade-Unions* sur les bancs de la Chambre des communes, à côté des radicaux ; leurs revendications gardèrent d'abord un caractère tout bourgeois et conservateur, et leurs collègues du Parlement les respectèrent autant pour leur compétence sur les questions ouvrières que pour leur haute moralité. Ce sont eux qui indirectement contribuèrent à la législation sociale que les conservateurs durent inscrire à leur programme : logements ouvriers, protection et réglementation du travail, surtout la loi célèbre de 1897 sur les infirmités des travailleurs. Mais le mécontentement ouvrier devait vite aboutir à la fondation d'un parti appuyé sur le congrès syndical.

3. *Formation du parti travailliste.* — L'idée d'un parti des travailleurs fut exposée pour la première fois au congrès de Bradford, en 1888, par le mineur écossais Keir Hardie, autodidacte, révolutionnaire empreint de mysticisme ruskinien. En 1889, il fonda le *Scottish Labour Party* (*Parti écossais du travail*), après avoir échoué au Congrès des *Trade-Unions* dans ses efforts pour fonder un parti national.

Aux élections de 1892, le parti obtint trois sièges (Burns, Hardie et Joseph Arch, le fondateur des syndicats agricoles) ; il reçut les encouragements d'Engels, heureux de voir un parti purement ouvrier réussir là où Hyndman, intellectuel doctrinaire, avait échoué. Après les élections, cent vingt délégués des *Trade-Unions* se réunirent à Bradford, pour fonder l'*Independent Labour Party (ILP)* qui s'engagea à rompre avec les partis bourgeois et à n'accepter que des candidatures ouvrières. Certains délégués avaient demandé d'introduire le mot « socialiste » dans le nom du parti. Ben Tillett, l'un des chefs de la grève des dockers de 1889, déclara ne rien comprendre au bavardage des partis continentaux, et insista pour que le parti fût seulement « *ouvrier* » (*Labour*)[1] – étiquette qui avait le mérite appréciable de ne pas effaroucher outre mesure l'opinion publique. En réalité le programme du parti comportant d'importantes nationalisations du sol et des industries, fut purement socialiste ; et des motions socialistes furent votées, de plus en plus nombreuses, par le *Trade-Union Congress*.

---

1. Le *trade-unionisme* anglais, déclarait-on, voilà le meilleur socialisme, la meilleure politique ouvrière... Les socialistes du continent ne sont que des sots bavards et des perroquets.

Cependant la vague impérialiste balaya, aux élections générales de 1895, avec les libéraux tous les candidats du parti, qui n'obtint que 45 000 voix ; aussi les syndicats furent-ils pris de méfiance. Le congrès de Cardiff décida que, des deux organisations sur lesquelles était fondé le mouvement syndical – les *Trade-Unions*, représentés par les secrétaires, hommes d'affaires et conservateurs – et les *Trade-Councils*, où dominaient les éléments socialistes et politiciens, seuls les premiers seraient représentés aux Congrès futurs[1] ; le vote par nombre de membres représentés fut substitué au vote par tête de représentants, ce qui mit fin à la position avantageuse des petits syndicats ; enfin, seuls les membres effectifs du syndicat étaient admis au vote, mesure prise pour éliminer Keir Hardie. Le mouvement syndical, entraîné par le conservatisme des dernières années du XIXe siècle, revint peu à peu à l'embourgeoisement. Une apathie politique du peuple ouvrier succéda à dix ans de fermentation socialiste, apathie encouragée par l'habile politique sociale du gouvernement conservateur de Lord Salisbury.

> « *On voit la différence de l'évolution historique en Angleterre et en Allemagne. En Allemagne le mouvement syndical trouve en face de lui un parti socialiste à caractère strictement révolutionnaire et politique, organisé sur la base de la doctrine marxiste, hostile à l'idée syndicale. Il faut qu'il réussisse à pénétrer, comme du dehors, un parti et une doctrine hostiles. En Angleterre au contraire, l'idée socialiste rencontre un mouvement syndical organisé, sans doctrine, ou, dans la mesure où il en possède une, assez défiant à l'égard du collectivisme révolutionnaire. Il faut que l'idée socialiste réussisse à pénétrer, comme du dehors, cette organisation unioniste déjà existante. C'est du grand livre des Webb sur la* Démocratie industrielle *que cette pénétration est en quelque sorte datée. Comme Marx, et un peu avec la même méthode, les Webb y étudient la grande industrie moderne. Mais au lieu d'insister, comme Marx, sur l'opposition radicale d'intérêt entre les travailleurs et le patron tout-puissant, sur le despotisme du capital dans l'usine, ils insistent sur les institutions qui tendent, dès à présent, dans l'usine, à limiter la toute-puissance du capital, sur les traits démocratiques que présente déjà la grande industrie*[2]. »

Avant de suivre les progrès de l'idée socialiste dans les milieux syndicaux anglais, il nous faut donc étudier l'école fabienne.

---

1. Mais en 1899, le congrès de Plymouth vit un retour de l'attitude intransigeante : la majorité réaffirma sa volonté de rompre avec les partis bourgeois.
2. Note trouvée dans les papiers d'Élie Halévy.

4. *Importance de l'école fabienne*. — En 1881, l'Écossais Davidson, anarchiste et mystique tolstoïen, avait fondé la *Fellowship of the New Life* (*Société de la Vie Nouvelle*) pour « *reconstruire la société sur les bases les plus élevées* ». On trouva bientôt dans ce groupe des intellectuels plus réalistes, mais aussi très doctrinaires : Sidney Webb, fils d'un débitant de tabac et fonctionnaire au ministère des Colonies ; Bernard Shaw, homme de lettres, Irlandais protestant, et bientôt le romancier H. G. Wells devaient en être les plus brillants représentants. En 1884 fut fondée la *Société fabienne*. Frappés de l'influence que l'école du radicalisme philosophique avait exercée sur la vie publique, grâce à la seule diffusion des écrits de Bentham, les fabiens se proposaient de refaire, par la propagande intellectuelle, pour le socialisme, ce qui avait été fait au début du siècle pour le libéralisme[1].

Leur socialisme, si doctrinaire fût-il, était pourtant bien différent du socialisme marxiste. Alors que Marx avait montré comment l'évolution fatale vers le socialisme devait s'accomplir à travers les révolutions, les fabiens se firent les apôtres de l'évolution inévitable mais insensible vers le socialisme. D'où le qualificatif de *Fabiens* : comme Fabius Cunctator devant Annibal, il fallait *temporiser*, et ne frapper qu'au moment opportun. Leur étude de la société industrielle montrait comment le socialisme apparaît de lui-même dans les institutions économiques modernes.

En 1892, Miss Potter (plus tard Mrs. Sidney Webb) opposait, dans son livre *Le Mouvement corporatif en Grande-Bretagne*, le socialisme continental au socialisme britannique :

> « *Ce n'est pas le socialisme des ouvriers étrangers qui réclament une utopie anarchique à réaliser par une révolution sanglante, mais ce socialisme, spécifiquement anglais, ce socialisme qui se révèle dans les actes et non dans les mots, ce socialisme qui s'est, silencieusement, incorporé à la loi des fabriques, aux lois contre le* truck system, *aux lois sur les accidents du travail, la santé publique, les habitations ouvrières, l'instruction obligatoire, dans cette masse de législation bienfaisante qui force l'individu à se mettre au service et sous la protection de l'État*[2]. »

L'œuvre des deux Webb, historique et analytique, eut tout d'abord pour but de distinguer, dans l'organisation industrielle, les institutions ouvrières appelées à un avenir spécifiquement socialiste. Après avoir retracé dans

---

1. Ils agissent au moyen de tracts et de conférences ; au point de vue pratique cette propagande fut souvent affaiblie par leur manque d'accord : B. Shaw n'approuvait pas la théorie de S. Webb sur la rente et un recueil comme les *Fabian Essays* de 1889 montra l'importance des divergences individuelles.
2. B. Potter, *Le Mouvement corporatif*, Glasgow, 2ᵉ édition 1899, p. 16.

l'*Histoire du trade-unionisme* (1894) l'extension du mouvement syndical, les Webb, dans un ouvrage monumental (*Industrial Democracy*, 1897 – *La Démocratie industrielle*)[1] assignaient à la coopération et au syndicalisme leurs places respectives dans la société de demain. Nous avons étudié et nous étudierons ailleurs les problèmes du corporatisme. Nous n'envisagerons ici que les problèmes du syndicalisme.

Les Webb essaient de définir la structure, l'organisation politique, puis les méthodes et les buts des syndicats.

Les méthodes que les syndicats employaient pour atteindre leurs buts, les Webb les réduisent à trois principales. La méthode d'*assurance mutuelle*, tout d'abord : pendant longtemps, les syndicats avaient affecté leurs cotisations à des œuvres de secours mutuels, mais les secours de chômage et les secours de grève devinrent rapidement les plus importants, et les syndicats furent gérés au mépris des règles ordinaires de l'actuariat mutualiste. Pourtant les syndicats prospérèrent et se développèrent. C'est que l'essentiel, dans l'œuvre d'assurance syndicale, était le secours de chômage, le reste n'étant qu'un moyen d'attirer les adhérents. Le but du syndicalisme, but socialiste, était avant tout d'empêcher les chômeurs de faire concurrence aux travailleurs sur le marché et de permettre ainsi aux patrons d'abaisser les salaires.

La méthode du *marchandage collectif* (*collective bargaining*) vient en second lieu. La grève perlée (*strike in detail*) forçait indirectement l'attention patronale. Mais ce moyen ne pouvait s'appliquer aux grandes industries, où le nombre des ouvriers qualifiés était proportionnellement plus élevé, et où la méthode de négociation individuelle devait faire place au système collectif. Aux contrats de travail individuels se substituaient les conventions collectives, négociées entre les patrons et le bureau syndical, puis fonctionnant sous le contrôle de délégués ouvriers et sous l'arbitrage de bureaux de conciliation permanents.

Cependant deux problèmes d'exécution devaient être soigneusement distingués. S'agissait-il d'un litige de fait ? Il suffirait, pour le bureau de conciliation, d'examiner si l'accord signé avait été effectivement respecté. Mais s'il se posait une question de droit ? Aucune règle ne permettait au bureau de trancher le litige, autrement qu'en équité ; si la conciliation devenait impossible, on aboutirait aux grèves et aux *lock-out*, donc à un gaspillage inutile des forces syndicales, qui devaient réserver la grève pour les cas extrêmes seulement, et non les employer à des querelles perpétuelles.

Aussi les syndicats devaient-ils revenir à une troisième méthode : la *décision législative* (*législative enactment*). Les ouvriers, doublant leur action économique d'une action politique, travailleraient à agir sur l'opinion publique et sur l'opinion

---

1. En particulier cf. 3ᵉ partie, chap. I et II.

parlementaire, afin d'obtenir que des lois définissent, sur tel ou tel point, les conditions du travail. Les revendications du début du siècle avaient abouti, en 1834, aux premières lois sur le travail des femmes et des enfants. Abandonné provisoirement pour l'agitation directe, puis pour la conciliation industrielle, ce système avait été repris avec succès après 1867. Sans doute, les avantages obtenus par une attaque syndicale directe contre les employeurs étaient acquis plus rapidement que par la méthode législative : mais ils pouvaient aussi être perdus après quelque contre-offensive patronale ; tandis que la loi, si péniblement obtenue fût-elle, était du moins définitive. Selon les Webb, avec le progrès du syndicalisme, ces méthodes tendraient à se substituer l'une à l'autre ; les ouvriers syndiqués abandonneraient d'abord, comme moins efficace, la méthode de l'assurance mutuelle pour celle du marchandage collectif, puis cette dernière pour la méthode de la décision législative. De sorte que le syndicalisme aboutirait normalement, selon eux, à l'accroissement des fonctions et des pouvoirs de l'État, à une forme d'étatisme socialiste.

Mais par l'une ou l'autre de ces méthodes, quelle fin poursuivait le syndicalisme ? Il pouvait en poursuivre trois, qui avaient occupé successivement, au cours de l'évolution syndicale, une place prédominante dans les préoccupations des unionistes. *Limitation numérique* d'abord : avec un nombre légal d'apprentis, le patron se voyait obligé de prendre ses ouvriers dans les rangs des syndiqués. Système qui s'était vite révélé défectueux, puisqu'en limitant le choix du patron à un groupe d'ouvriers qui n'étaient pas nécessairement les meilleurs, il tendait à diminuer la production, et condamnait souvent, en outre, les patrons à conserver des machines périmées. Aussi les ouvriers y avaient-ils renoncé de plus en plus, pour revenir au système de la *règle commune (Common rule)* : le syndicat permettait au patron d'embaucher tels ouvriers qu'il voudrait, mais spécifiait qu'il aurait à les employer dans des conditions de travail convenues avec le syndicat. Ainsi la concurrence subsisterait, mais en changeant de forme, puisque le choix du patron serait entre les meilleurs ouvriers, et non entre ceux qui demanderaient le plus bas salaire. Ce système réussit, mais avec cet inconvénient, déjà constaté par Marx, de développer, par la suppression de tous les types intermédiaires, deux types industriels extrêmes : la grande industrie réglementée, et les industries non réglementées, où régnait le *sweating system*.

D'où la poursuite d'une troisième fin, en vue d'établir l'égalité des conditions pour les ouvriers de toutes les industries : l'établissement *d'un minimum national*, au-dessous duquel nul ouvrier ne pourrait être employé.

« *L'établissement d'un minimum national d'instruction, d'hygiène, de loisirs et de salaire, son application à toutes les conditions de l'emploi,*

> *son interprétation technique pour chaque branche particulière de l'industrie, et, surtout, sa mise en vigueur rigoureuse, au bénéfice du monde salarié tout entier, dans les industries les plus faibles, autant que dans celles plus capables de pourvoir elles-mêmes à leur protection*[1]. »

Les buts ainsi définis étaient ceux vers lesquels la société industrielle s'acheminait instinctivement et fatalement[2]. Mais alors que l'instrument corporatif n'avait rien d'étatiste et ne pouvait donc s'appliquer à certaines formes de la grande industrie moderne, soumises, comme les chemins de fer, à la gestion d'une administration publique, ou semi-publique, l'instrument syndical aboutirait de lui-même à l'étatisme. Et les Webb montraient comment, sans que le public y prit garde, le socialisme avait progressé dans les administrations municipales : par exemple, Joseph Chamberlain avait « municipalisé », à Birmingham, deux compagnies du gaz pour le plus grand bénéfice de la municipalité, et avait pu abaisser les prix à la consommation ; un programme de rachat des agglomérations insalubres devait aboutir à un service municipal d'habitation à bon marché. Le collectivisme ou socialisme municipal, qui progressait aussi à Londres, ne devait pas tarder à se généraliser jusqu'à l'État.

Aussi bien l'étatisme des Webb est-il un trait nouveau en Angleterre, même chez les socialistes. Pendant tout le XIXe siècle, la nation britannique avait appris à se méfier de l'État et s'était persuadée (surtout après la révolution continentale de 1848) que sa grandeur et sa prospérité étaient dues à l'individualisme et au laissez-faire. Owen, premier des socialistes, était anti-étatiste par excellence. Béatrice Potter, fille d'un grand administrateur des chemins de fer, avait d'abord pris en haine le prétendu *libéralisme* des dirigeants de la société, et c'est après son mariage avec Sidney Webb, que, comme son mari, elle mit sa confiance dans un étatisme de plus en plus effréné. Étatisme qui s'accompagnait, comme il est normal, d'une admiration marquée pour toute solution administrative des problèmes économiques. « *Ne pouvant introduire l'enseignement du socialisme à la nouvelle* School of Economics *de Londres, j'y ai introduit l'étude du droit administratif*, disait Sidney Webb, *car le droit administratif, c'est le collectivisme en germe.* »

Ce socialisme des Webb fut une réaction contre le libéralisme du XIXe siècle[3], beaucoup plus que contre le conservatisme, et, comme tous

---

1. *La Démocratie indust.*, p. 839.
2. Les Webb rejettent le dogme marxiste de la lutte des classes : le socialisme n'est pas la victoire du prolétariat sur la bourgeoisie mais l'épanouissement normal de l'idéal démocratique bourgeois.
3. Sydney Webb n'en a pas moins adopté et développé la théorie ricardienne de la rente, rejetant la théorie marxiste de la valeur travail.

les socialistes anglais, les Webb ne se défendirent pas d'un certain penchant pour les théories impérialistes. Ils eurent tendance, dans leurs premiers ouvrages, à diminuer l'importance de l'œuvre des libéraux dans l'histoire et à glorifier les *tories* dans leur lutte contre le capitalisme industriel. À l'époque de la guerre des Boers, les libéraux avancés, les travaillistes, qui commençaient à s'organiser en parti, prirent tous, par générosité, par amour de la liberté et du genre humain, la défense des Boers contre l'impérialisme britannique. Mais les Webb, ainsi que Bernard Shaw, firent bande à part. Ils furent impérialistes avec ostentation. L'indépendance des petites nations pouvait bien avoir du prix pour les tenants de l'individualisme libéral, mais non pour eux, précisément parce qu'ils étaient collectivistes. On pouvait alors entendre Sidney Webb expliquer que l'avenir était aux grandes nations, administratives, gouvernées par des bureaux et où l'ordre serait maintenu par des gendarmes.

Cependant les Webb, et l'école fabienne en général, étaient hostiles à tout parti politique. S'ils montrèrent comment le socialisme devait s'imposer progressivement du monde industriel à l'État, ils ne furent pour rien dans la naissance du nouveau *Labour Party*.

5. *Progrès du parti travailliste.* — Nous avons vu comment après l'échec électoral de 1895, les syndicats s'étaient détournés de l'action politique. Il a fallu l'offensive patronale, pour faire renaître l'action politique du parti du travail. Après plusieurs grèves, terminées par la victoire des employeurs et la constitution d'une organisation patronale, le *Conseil parlementaire des employeurs*, le congrès syndical de 1899, convoqua pour l'année suivante une conférence réunissant les délégués des organisations socialistes et des organisations syndicales qui décida de créer un *comité pour la représentation du travail* (*Labour Representation Committee*), composé de sept trade-unionistes, deux membres du parti indépendant du travail, deux membres de la Fédération social-démocratique et un fabien[1]. Le secrétaire du comité fut un certain John Ramsay MacDonald, dont on n'avait guère entendu parler jusque-là.

Trois cent soixante-quinze mille trade-unionistes adhérèrent au Comité par l'intermédiaire de leurs syndicats. Mais le monde des syndicats, embourgeoisé et conservateur, restait en immense majorité hostile ou indifférent à l'expérience. Il fallut un nouvel échec des organisations ouvrières pour secouer la léthargie des syndicats : la jurisprudence, qui jusque-là avait interprété les lois syndicales de 1871 et 1875 d'une manière favorable à

---

1. Ce comité était créé pour former un parti ouvrier parlementaire, qui aurait ses *whips*, sa politique particulière, ses réunions : on lui interdisait de s'allier à un autre parti.

l'irresponsabilité financière des syndicats en cas de dommages imputables à un de leurs membres, cessa en 1901 de protéger les unions, par le jugement de la *Taff Vale Railway Company* (*Compagnie des Chemins de fer de Taff Vale*), qui condamna *l'Amalgamated Railway Servants Society* à 23 000 livres de dommages-intérêts pour faits de grève.

La panique régna dans le public ouvrier, même chez les plus modérés, qui virent le danger couru par l'organisation des *Trade-Unions*. Menacé dans l'usine, devant les tribunaux, dans la presse, le trade-unionisme n'eut de refuge que dans l'action électorale et la représentation du travail. Le *Labour Représentation Committee* acquit une brusque popularité. En 1903, il remportait trois victoires éclatantes, à Clitheroe, où il faisait élire le trade-unioniste Shackleton, à Woolwich, où l'ouvrier Will Crook enlevait triomphalement un vieux fief conservateur, à Bernard Castle enfin, fief libéral, conquis par Arthur Henderson, candidat ouvrier modéré. Aux élections de 1906[1], cinquante-trois candidats ouvriers furent élus, vingt-neuf s'engagèrent à suivre les instructions du Comité et constituèrent le *Labour Party*, siégeant sur les bancs de l'opposition au nouveau gouvernement libéral : la première tâche du *Labour Party* fut de faire voter le projet de loi ouvrier, détruisant la jurisprudence de *Taff Vale* et affirmant l'irresponsabilité financière totale des syndicats pour les délits individuels de leurs membres[2]. C'était une retentissante démonstration de l'énorme influence des masses ouvrières, de l'efficacité de la méthode du parti qui rejetait la phraséologie doctrinale et révolutionnaire des socialistes du continent, mais qui représentait l'ensemble des *Trade-Unions* britanniques.

Les jeunes libéraux au pouvoir comprirent qu'il fallait devancer les représentants du travail, si on ne voulait pas laisser décliner le parti libéral : Winston Churchill, au *Board of Trade* et David Lloyd George à l'Échiquier, firent voter toute une série de lois sociales : loi sur la protection contre les risques de la vie ouvrière, appliquée à toutes les industries, en 1907, loi sur les accidents du travail, remaniée dans un sens favorable aux ouvriers ; loi des retraites pour la vieillesse (1908) attribuant une pension de 5 shillings par semaine à tout Anglais de plus de 70 ans, au-dessous d'un revenu minimum ; loi nationale d'assurances obligatoires (1911), contre les risques de maladie, maternité, invalidité et chômage, financées par une contribution tripartite (ouvrier, patron, État) ; lois sur la journée de travail dans les mines (1908), fixée à 8 heures, sur le salaire minimum dans les industries à domicile, prévoyant la constitution de comités paritaires des salaires (1909) ; sur le

---

1. Les adhérents au mouvement atteignirent cette année-là le nombre de 1 million.
2. Le même *Bill* permettait la propagande pacifique pour les grèves, le droit des syndicats à l'action politique et à la caisse électorale.

salaire minimum dans les mines (1912). Le budget de 1909, enfin, présenté par Lloyd George, introduisit une lourde progressivité dans les impôts fonciers, les impôts successoraux et les impôts sur le revenu pour faire face aux charges sociales nouvelles de l'État.

Pendant cette période d'intense activité législative du parti libéral au pouvoir, le parti travailliste joua un rôle très effacé : les syndicalistes qui le composaient se défiaient de l'imagination trop vive de leurs adversaires Churchill et Lloyd George. Ils étaient sans prestige, à un moment où ces hommes d'État énergiques relevaient celui du parti libéral. Pourtant, quelque bénéfice que les ouvriers retirassent des nouvelles lois, on ne peut dire qu'elles eussent pour effet de rendre le parti libéral plus populaire à leurs yeux. Les nouvelles lois avaient créé des quantités de postes administratifs ; nombre de ceux-ci furent confiés à des militants syndicalistes. L'attribution d'une indemnité parlementaire de 400 livres eut pour effet d'éloigner également les parlementaires travaillistes des milieux syndicaux. D'où, de la part des masses syndicales qui n'avaient d'autre ambition que d'améliorer leurs conditions de travail, une défiance, un mépris, qui allaient croissant à l'égard de la *politique* et de l'action au Parlement.

III. — *EN EUROPE OCCIDENTALE (SAUF L'ANGLETERRE) ET MÉRIDIONALE*[1]

À l'exemple du parti social-démocrate allemand et sous l'empire des mêmes circonstances, des partis socialistes se constituèrent dans les autres pays d'Europe, à partir de 1875. Dans les pays où l'influence de Bakounine n'avait pas été profonde, Suisse, Autriche, Hollande, pays scandinaves, cette création s'opéra rapidement. En Italie, en Espagne, en Belgique, où la pensée de Bakounine avait pénétré davantage, la rivalité entre anarchistes et marxistes dura longtemps et retarda la formation d'un parti socialiste unifié. Sans entrer dans le détail, nous rappellerons ici quelques dates essentielles.

1. *En France*. — En France, c'est à Jules Guesde qu'a été due la constitution du premier parti socialiste. D'abord rédacteur au journal *Les Droits de l'Homme*, de Montpellier, radical beaucoup plus que socialiste, il dut s'exiler en Suisse à la suite d'un article où il faisait l'éloge de la Commune. Il y subit des influences anarchistes. Mais la lecture du *Capital* en 1876 le convertit au marxisme ; il revint en France, marxiste convaincu.

---

1. [Voir les notes de cours des étudiants, ENS-Ulm, carton 8.]

C'était l'époque où les premiers congrès nationaux, réformistes et proudhoniens, se prononçaient contre toute ingérence des organisations ouvrières dans la vie politique, contre toute intervention de l'État, et voyaient dans la coopération le but essentiel de l'action ouvrière. Ces tendances qui s'étaient déjà manifestées au congrès de Paris de 1876, s'affirment plus nettement encore au congrès de Lyon, de 1878. Dès 1877, Jules Guesde dans son hebdomadaire *L'Égalité* fit campagne pour le socialisme marxiste. Il eut du succès, et bientôt renversa la situation : le congrès de Marseille, en octobre 1879, se prononça pour la constitution d'un parti ouvrier, à programme marxiste. Guesde se rendit alors à Londres et, après avoir conféré avec Marx, rédigea le « *programme élaboré en conformité des décisions du Congrès national* », dont les considérants sont de la plume de Marx lui-même[1]. Ce programme devient, au congrès du Havre de 1880, la *Charte du Parti des travailleurs socialistes de France*.

Mais ce parti n'avait pas le même esprit de discipline que la social-démocratie allemande ; il ne connaissait pas non plus les persécutions, qui inclinaient les socialistes allemands à s'unir. Non seulement certains éléments restèrent toujours en dehors du parti, mais encore des tendances différentes s'affirmèrent au sein même de celui-ci, aboutissant bientôt à des scissions successives, que Marx avait d'ailleurs prévues. Dès 1882, la séparation se fit au congrès de Saint-Étienne : on reprocha à Guesde de se soumettre « *à un homme qui vivait à Londres, sans être contrôlé par aucun parti* ».

Outre quelques individualités qui demeurèrent indépendantes (Benoît Malon, Millerand) une fraction importante des socialistes français échappa dès l'origine au parti de Jules Guesde : les blanquistes, irréductiblement hostiles au marxisme. Après la mort de Blanqui, se constitua en 1881 le *Comité révolutionnaire central*, qui entretint la tradition des journées d'insurrection et d'héroïsme révolutionnaire. Mais la crise boulangiste amena une scission parmi les blanquistes eux-mêmes. Une partie d'entre eux, à l'instigation de Rochefort, rallièrent Boulanger. Les autres, avec Vaillant, se déclarèrent attachés à la République tout en affirmant leur volonté révolutionnaire. En 1898, le Comité révolutionnaire central, qui avait déjà des députés au Parlement, se transforma en *Parti socialiste révolutionnaire*[2].

D'autre part, du *Parti ouvrier français* de Jules Guesde se détachèrent en 1882, à la fois pour des raisons de tendances et des raisons de personnes, les *possibilistes*, ainsi nommés en raison de leur intention exprimée « *de*

---

1. Guesde cependant, contre la volonté de Marx, tint à revendiquer un salaire minimum légal pour les ouvriers.
2. À ne pas confondre aver le *Parti ouvrier socialiste révolutionnaire* créé par Allemane en 1890, et dont il sera question plus loin.

fractionner le but idéal, d'immédiatiser quelques-unes des revendications pour les rendre possibles ». L'âme de la *Fédération des travailleurs socialistes de France*, titre officiel du nouveau parti, fut Paul Brousse. Mais le modérantisme, les tendances temporisatrices des possibilistes entraînèrent parmi ceux-ci une nouvelle scission et la constitution, en 1890, sous la direction d'Allemane, du *Parti ouvrier socialiste révolutionnaire*, partisan de la grève générale et internationale. C'est en effet le 1er mai 1890 que les partis ouvriers s'entendirent pour déclencher, dans toute l'Europe occidentale, une journée de chômage et de pétitions en faveur de la journée de 8 heures. Cette manifestation, essai de grève internationale, avait effrayé conservateurs et modérés : les broussistes s'en désolidarisèrent.

Toutefois, en réaction contre cette tendance à la désagrégation, les députés socialistes de toutes nuances formèrent en 1893 un groupe unique, l'*Union socialiste de la Chambre*, à laquelle adhérèrent aussi des socialistes jusqu'alors indépendants : Jaurès, Briand, Viviani, Millerand. Certains boulangistes à tendances socialistes, comme Maurice Barrès, y cherchèrent même leur place.

Mais cette unité, bien que limitée au groupe parlementaire, fut éphémère. L'entrée de Millerand dans le ministère Waldeck-Rousseau en 1899 causa la dislocation de l'*Union socialiste*, dont de nombreux membres étaient hostiles à la participation au gouvernement[1]. Cette intransigeance fut examinée au *Congrès général des organisations socialistes françaises*, réuni en décembre 1899 à Paris, qui groupait plus de 1 200 organisations politiques, syndicalistes et coopératives ; il ne réalisa entre ces diverses organisations qu'une unité apparente, destinée à disparaître au bout de quelques mois : en effet aux guesdistes s'opposèrent Briand, Viviani et Jaurès, qui firent accepter la participation ministérielle en raison des « circonstances exceptionnelles ». Les grèves multipliées ne firent qu'aggraver la scission entre modérés et révolutionnaires. La rupture fut consommée au congrès de Lyon en 1901, où l'action gouvernementale de Millerand fut séparée du socialisme, mais où blanquistes et communistes partirent avec bruit.

Il fallut attendre l'année 1905, après le congrès de l'Internationale d'Amsterdam de 1904[2], où avait été condamnée la participation ministérielle et affirmée la nécessité de l'unité socialiste pour que se constituât le *Parti socialiste unifié*, section française de l'Internationale ouvrière SFIO, dont l'âme, jusqu'en 1914, fut Jaurès. Cette unification donna un grand essor au

---

1. Les guesdistes condamnèrent Millerand dans un *Manifeste à la France révolutionnaire et socialiste* du 14 juillet 1899.
2. Une motion du Congrès condamne « *toute tentative four remplacer la lutte des classes par une politique de concessions à l'ordre établi* ».

parti, qui, aux élections de 1906, 1910 et 1914, recueillit respectivement 830 000, 1 100 000 et 1 400 000 voix, et vit sa représentation parlementaire passer à 59, 76 et 104 députés : les députés socialistes ne devaient voter ni le budget, ni les crédits militaires.

Si Jaurès a pu ainsi constituer et maintenir la cohésion du parti socialiste pendant toute cette période, c'est qu'il unissait en lui-même des tendances contradictoires : auteur d'une *Histoire socialiste de la Révolution française*, où il essayait d'interpréter celle-ci à la lumière du matérialisme historique, il était en même temps un philosophe idéaliste ; affirmant le dogme de la lutte des classes, il restait pourtant attaché à la vieille tradition républicaine ; il prétendait unir le socialisme à la tradition révolutionnaire de la bourgeoisie par une République ouverte aux réformes sociales.

2. *En Hollande et en Suède.* — C'est en 1894 que fut fondé en Hollande le parti social-démocrate. Le programme de Gotha avait été adopté en 1882[1], mais la lutte avec les anarchistes s'était poursuivie. En Suède, le premier représentant du parti social-démocrate, Branting, entra au Riksdag, en 1896. Il y demeura, pendant six ans, seul de son parti. En 1905, les social-démocrates étaient au nombre de treize, et à la fin de 1914, quatre-vingt-sept.

3. *En Autriche.* — En Autriche, la liberté d'association fut accordée en 1867. Les libéraux essayèrent de fonder une fédération des sociétés ouvrières, le *Selbsthilfe-Zentralverein* (*Union centrale des sociétés de secours*). Pour faire pièce aux libéraux, les lassalliens fondèrent un *Allgemeiner Arbeiterverein* (*Union générale des travailleurs*) auquel se rallia bientôt le *Zentralverein* (12 janvier 1808). En 1869, l'*Arbeiterverein* adopta le programme d'Eisenach qui en Allemagne avait réconcilié marxistes et lassalliens. Des difficultés se produisirent ensuite entre « radicaux » et « modérés ». Le terrorisme à la manière russe s'introduisit. À Vienne, en 1881-1884, plusieurs attentats anarchistes se succédèrent. Le 31 janvier 1884, le gouvernement promulgua une loi d'exception pour réprimer les mouvements séditieux. Le 11 décembre 1886, le docteur Adler fonda *Die Gleichheit* (*l'Égalité*) pour opérer la fusion des deux sections socialistes. Le 3 avril 1887, une réunion publique vota une motion réclamant « *la suppression immédiate du monopole, pour les possédants, du droit de vote politique, par l'introduction du droit de vote universel, égal et direct, considéré comme étant un des plus puissants moyens d'agitation et de propagande, sans se faire d'ailleurs aucune illusion sur la valeur du parlementarisme* ». Les 30 et 31 décembre 1888 et le 17 janvier 1889, se tint à Heinfeld le *Parteitag* (*Congrès du Parti*).

---

1. Cf. *supra*, 4ᵉ partie, chap. I.

Kautsky rédigea pour le parti social-démocrate autrichien, un programme marxiste révolutionnaire et anti-étatiste. L'organisation était centralisée et essentiellement allemande. Ce fut en 1899 seulement, au congrès de Brünn, qu'une organisation fédérale fut instituée avec six groupes nationaux (allemand, tchèque, polonais, italien, Slovène et ruthène).

4. *En Suisse*. — En Suisse, l'unité ouvrière s'est réalisée au congrès d'Aarau, en 1887 : 250 délégués y représentaient 110 000 ouvriers organisés, c'est-à-dire les cinq grandes fédérations, le *Grütli*, l'*Arbeiterverein* (*union des travailleurs*), la *Gewerkschaft* (*syndicat*), la *Fédération horlogère* et le *Gesellenverein* (*union des compagnons*). Un conseil fédéral (*Bundesrat*) fut élu, dont le secrétaire général était un proscrit allemand, Greulich, marxiste.

5. *En Italie*. — En Italie, Andreas Costa prit part à la formation du *Fascio Operaio* (*faisceau ouvrier*), à Bologne en 1871. Les 15 et 18 mars 1875, se tint un congrès fédéral italien. La circulaire fut rédigée par Costa : le but poursuivi était « *l'union spontanée des forces ouvrières dans l'anarchie et dans le collectivisme* ». Andreas Costa fut emprisonné en 1874, mis en liberté quand les gauches arrivèrent au pouvoir (1876), mais bientôt la répression recommença et Andreas Costa émigra en France. Il fut arrêté le 27 mars 1878 par le gouvernement français avec une quinzaine d'internationaux. Dans sa déclaration, on lit : « *Nous sommes collectivistes, nous sommes anarchistes. La propriété individuelle se transforma par le moyen de l'État en propriété collective, l'État disparaît. Il lui succède un nouvel organisme politique correspondant au nouveau principe économique, organisme qui n'est ni ne peut être l'État et que nous désignons du nom d'anarchie.* »

Pendant son séjour en France, Andreas Costa lut le *Capital*, dont la traduction française avait paru en 1875, et il fut gagné au marxisme. Amnistié en 1879, il écrivit le 27 juillet que « *la chose la plus importante à faire, c'est de reconstituer le parti socialiste révolutionnaire italien...* » Il fonda, en 1880, le parti ouvrier dont le programme, de tendance marxiste, parle de la révolution « *comme de l'anneau dernier d'une chaîne de développements économiques* ». Après la loi électorale de 1882, les socialistes s'intéressèrent à l'action politique légale : aux élections de 1882, ils eurent 50 000 voix et 4 députés. Le romantisme révolutionnaire semblait périmé : Mazzini était mort en 1872 et Garibaldi en 1882. En 1888, au congrès de Bologne, les intellectuels, Turati, Labriola, dont le journal *L'Avanti* devint célèbre, furent admis. Les anarchistes furent exclus, en 1891-1892, aux congrès de Milan et de Gênes : les réformistes l'emportèrent et constituèrent un parti actif.

6. *En Espagne*. — En Espagne le marxisme ne parvint jamais à refouler l'anarchisme. C'est en 1871 que Paul Lafargue, un des gendres de Marx, fonda la nouvelle fédération madrilène de l'Internationale ouvrière, qui fut mise en minorité par les bakouninistes. En 1879, le premier parti socialiste, *Partido socialista obrero*, fut constitué. En 1886, parut le journal *El Socialista* ; en 1888 un premier congrès se tint à Barcelone. Le programme réclamait : 1° la possession du pouvoir politique ; 2° la transformation de la propriété individuelle en propriété collective ; 3° une fédération économique donnant « *l'usufruit des instruments de travail aux collectivités ouvrières, garantissant à tous les membres le produit total de leur travail* ». En 1886, sous le nom d'*Union nationale des travailleurs (UNT)*, Iglesias organisa des syndicats où dominaient les tendances marxistes. Mais l'UNT ne parvint jamais à détruire les syndicats anarchistes, particulièrement en Catalogne. De son côté le gouvernement voulut montrer son intérêt pour la législation ouvrière et créa en 1903 *l'Institut de réformes sociales*.

7. *En Belgique*. — En Belgique, l'opposition des Wallons et des Flamands se combina avec celle des anarchistes et des marxistes pour entraver la formation d'un parti unifié. Van Beveren, ouvrier peintre, rapporta de Hollande à Gand la doctrine marxiste et essaya de fonder un parti belge. Devant la résistance des Wallons, les socialistes autoritaires flamands créèrent à eux seuls le *Parti ouvrier socialiste flamand* (1878) qui adopta le programme de Gotha. En avril 1885, un congrès ouvrier se tint à Bruxelles, qui proclama l'utilité de réunir en un seul parti toutes les organisations ouvrières du pays : *Parti ouvrier belge*. Programme et statut furent fixés au congrès d'Anvers.

Pour obtenir le suffrage universel, le POB eut recours à des méthodes qui relèvent de l'anarchisme ancien, à savoir la grève générale, ou du moins la menace de grève générale. Dès 1887 en effet, les frères Defuisseaux avaient réclamé la grève générale pour obtenir le suffrage universel, mais Alfred Defuisseaux avait été exclu du parti en mai 1887. On avait cependant décidé de réunir un congrès extraordinaire pour statuer sur la question. Au congrès extraordinaire de Mons, quarante-neuf partisans de Defuisseaux s'étaient retirés et avaient fondé le *Parti républicain socialiste*. Le reste du parti affirma que la grève était utile, mais devait être organisée. En 1891, le parti ouvrier accepta le principe de la grève si le gouvernement refusait la révision de la loi électorale. Une grève de 100 000 hommes éclata spontanément, le POB fut obligé de suivre. En 1892, le suffrage universel fut donc voté en Belgique, sous menace de grève générale.

IV. — *LA IIe INTERNATIONALE*[1]

1. *Origines françaises et anglaises.* — La constitution à peu près simultanée des partis socialistes dans les divers pays d'Europe fit naître rapidement la pensée de fédérer ces partis en une organisation internationale, en une IIe Internationale. Karl Marx devait naturellement y pousser : Allemand, vivant à Londres, il avait marié ses trois filles, l'une, à un Anglais, les deux autres à d'anciens communards français réfugiés en Angleterre et convertis au marxisme, Lafargue et Longuet. Il est toutefois remarquable de constater que l'initiative de la constitution de la IIe Internationale est venue d'éléments non marxistes ; c'est le congrès[2] ouvrier de Lyon de 1878, proudhonien et coopératiste, qui en France forma d'abord le projet d'une telle organisation (le Congrès fut interdit par le gouvernement) ; ensuite les *Trade-Unions* britanniques reprirent l'idée et cherchèrent à se rapprocher des groupements français non guesdistes. En 1883 et 1886, les syndicats français organisèrent des conférences ouvrières internationales. En 1888, une conférence internationale de ce genre, essentiellement syndicale et ouvrière, se tint à Londres. On y retrouva même des anarchistes, comme Tortellier, apôtre de la grève générale.

À Paris, en 1889, à l'occasion de l'Exposition universelle et du centenaire de la Révolution française, deux congrès internationaux socialistes se réunirent simultanément ; car des discussions empêchèrent la fusion en un seul congrès : l'un était possibiliste (congrès international ouvrier socialiste[3]) l'autre marxiste. Mais l'éclat de ce dernier auquel prirent part les représentants de vingt nations et parmi eux Bebel, Liebknecht, Anseele, W. Morris, Lavrov, Plekhanov[4], éclipsa celui de la réunion rivale. Sur le plan international comme à l'intérieur des différents pays, le marxisme dominait les organisations socialistes : c'est le congrès marxiste qui lança l'idée d'une propagande internationale pour la journée de 8 heures et, en cet honneur, le 1er mai 1890 fut, dans toute l'Europe occidentale, une journée chômée.

2. *Les premiers congrès 1891-1900.* — Dès 1891, le congrès de Bruxelles réunit en une assemblée unique les tenants des deux tendances. Ce congrès et ceux qui suivirent, congrès de Zurich en 1893, congrès de Londres en 1896,

---

1. [Voir les notes de cours des étudiants, ENS-Ulm, carton 8, et dossier de cours d'Élie Halévy, carton 7-2.]
2. En 1889, à Gand, le parti socialiste flamand tint un congrès international.
3. Cf. 4e partie, chap. I, p. 189.
4. Cf. *infra*, 4e partie, chap. III, p. 249 *sq*.

eurent pour principale préoccupation de définir l'orientation générale de l'Internationale ouvrière et des partis socialistes qui lui étaient affiliés.

À Bruxelles, en 1891, se réunirent 362 délégués, 187 belges et 175 étrangers (40 allemands, 60 français et 25 anglais). Les possibilistes français étaient affaiblis[1] par la scission des allemanistes partisans de la grève générale et des broussistes plus modérés ; les social-démocrates allemands, au contraire, fortifiés par la suppression des lois d'exception bismarckiennes. Sur l'organisation syndicale internationale, les déclarations restèrent ambiguës ; les Allemands expliquèrent que, dans l'état actuel de la législation allemande, une organisation syndicale internationale était impossible. La motion hollandaise, sur l'emploi à faire du parlementarisme et du suffrage universel pour le bénéfice du socialisme et de la classe ouvrière, fut retirée de l'ordre du jour, à la demande allemande. Dans une lettre à Sorge, du 4 septembre 1891, Fr. Engels écrivait : « *Le Congrès est après tout une brillante victoire pour nous.* »

Au congrès de Zurich, on donna au contraire la première place à l'action politique. D'après la résolution adoptée : « *par action politique on entend que les organisations de travailleurs cherchent autant que possible à employer ou à conquérir les droits politiques, et le mécanisme de la législation, pour amener ainsi le triomphe des intérêts du prolétariat et la conquête du pouvoir politique* ». Cette action politique ne peut s'exercer que par le groupement des travailleurs, dans chaque pays, en un parti distinct de tous les partis politiques bourgeois. Soutenue par Bebel, et malgré l'opposition des délégués français, une motion fut votée excluant tous les socialistes et révolutionnaires qui ne voulaient pas reconnaître la nécessité de l'action politique pour l'émancipation du prolétariat.

Le troisième Congrès qui se réunit à Londres le 27 juillet 1896, fut marqué par une vive lutte entre les Français antiparlementaires, et les partisans de l'action politique (Guesde, Jaurès). Ces derniers, favorables au maintien du règlement de Zurich, qui excluait les adversaires de l'action politique, furent mis en minorité au sein de la représentation française ; ils demandèrent alors à être considérés comme une section séparée ; ils obtinrent gain de cause et le règlement de Zurich fut maintenu.

3. *Les grands congrès et le problème de l'action politique.* — Dans le cadre de cette action politique, une question de tactique domina les débats des congrès de Paris (1900) et d'Amsterdam (1904) : la question de la collaboration avec les partis bourgeois et l'entrée des socialistes dans un gouvernement bourgeois, le problème de la *participation*, en

---

1. Cf *supra*, 4ᵉ partie, chap. I.

un mot, posé en France par la présence de Millerand dans le ministère Waldeck-Rousseau. Au congrès de Paris de 1900, une motion Guesde-Farri, condamnant la participation, fut écartée au profit d'une résolution Kautsky, plus nuancée et déclarant notamment : « ... *L'entrée d'un socialiste isolé dans un gouvernement bourgeois ne peut être considérée comme le commencement normal de la conquête du pouvoir politique, mais seulement comme un expédient forcé, transitoire et exceptionnel... En tout cas le Congrès est d'avis que même dans ces cas extrêmes, un socialiste doit quitter le ministère lorsque le parti organisé reconnaît que ce dernier donne des preuves évidentes de partialité dans la lutte entre le capital et le travail.* » La discussion prit une ampleur nouvelle au congrès d'Amsterdam. Auparavant, déjà le congrès de la social-démocratie allemande de Dresde avait, dans une résolution précise et énergique, condamné le réformisme et toutes ses conséquences, notamment la participation ministérielle. Guesdistes et blanquistes demandèrent l'adoption pure et simple de cette résolution par le congrès d'Amsterdam. Un amendement Adler-Vandervelde, en vue d'éviter une condamnation de l'attitude du parti socialiste français, essaya de maintenir la motion Kautsky adoptée en 1900. Mais cet amendement fut écarté par 21 voix contre 21, et c'est la résolution de Dresde que vota le congrès d'Amsterdam, par 25 voix contre 5 et 12 abstentions[1]. En même temps le Congrès adopta une motion invitant instamment les socialistes de chaque pays à se grouper en un parti unique. C'était une fois de plus une victoire de l'intransigeance et des marxistes orthodoxes.

En même temps les Congrès se préoccupaient de réaliser une organisation internationale permanente. En 1896 déjà, le congrès de Londres réclamait la création d'un *comité international permanent* avec un secrétaire responsable. Mais le comité restreint, chargé de formuler les propositions précises en vue de réaliser ce vœu, ne fut jamais nommé. L'idée fut reprise en 1900 au congrès de Paris, qui se prononça pour l'institution d'un bureau ou *secrétariat socialiste international*, ayant son siège à Bruxelles, et comptant d'un à trois représentants des partis socialistes de chaque pays (25 pays représentés). Cet organisme devait être d'abord un centre de renseignements ; il devait d'autre part prendre les mesures nécessaires pour favoriser l'action et l'organisation internationales du prolétariat de tous les pays, et préparer les Congrès. En outre, en 1904, le principe fut posé de la réunion d'une *commission socialiste* interparlementaire comptant deux délégués par pays et dont le siège varierait chaque année. La même

---

1. On condamna ainsi « *toute tentative pour remplacer la lutte des classes par une politique de concessions à l'ordre établi* ».

tendance à l'organisation se manifestait dans les groupements syndicaux qui créèrent en 1901 un secrétariat international des organisations centrales nationales, ayant son siège à Berlin, et destiné à se transformer plus tard en *Fédération syndicale internationale* ; de même les gouvernements se préoccupèrent de la protection internationale des travailleurs à la conférence internationale de Berlin (1890), au congrès international de Zurich pour la protection ouvrière (1897) et au congrès international de Paris pour la protection légale des travailleurs (1900).

4. *L'Internationale et le problème de la guerre.* — Dans les Congrès qui s'échelonnèrent de 1907 à 1914, congrès de Stuttgart (1907), congrès de Copenhague (1910), congrès extraordinaire de Bâle (1912), une question nouvelle occupa la première place : celle de l'attitude du socialisme en face du problème de la guerre et de la paix. Vaillant, Jaurès et surtout Hervé préconisent la résistance au militarisme et à la guerre par tous les moyens, jusqu'à et y compris la grève générale et l'insurrection.

À Stuttgart, en 1907, Hervé fit scandale et donna l'impression d'un agent provocateur. Il proposait « *d'inviter tous les citoyens à répondre à toute déclaration de guerre, de quelque côté qu'elle vienne, par la grève militaire et l'insurrection* ». Guesde, au contraire, rejetait toute action spéciale contre le militarisme, simple phénomène inhérent au capitalisme. « *C'est par la réduction du service militaire, poursuivie internationalement, par le refus simultané de tout crédit pour la guerre, la marine, et les colonies, et par l'armement général du peuple substitué à l'armée permanente, que pourront être conjurés ; dans la mesure du possible, les conflits internationaux.* » Quant à Vaillant et à Jaurès, ils ajoutèrent à la lutte contre le militarisme des formules en faveur de l'indépendance des nations et se déclarèrent partisans de « *tous les moyens, depuis l'intervention parlementaire, l'agitation publique, les manifestations populaires, jusqu'à la grève générale des ouvriers et l'insurrection* ». Bebel se rangea du côté de Guesde, et on adopta une motion de compromis qui recommandait aux socialistes de « *faire tous leurs efforts pour empêcher la guerre par tous les moyens qui leur paraissent les mieux appropriés et qui varient naturellement suivant l'acuité de la lutte des classes et la situation politique générale* ». Le congrès de Copenhague en 1910 maintint cette position et rejeta une motion de Vaillant et de Keir Hardie[1] en faveur de la grève générale « *surtout dans les industries qui fournissent à la guerre leurs instruments* ». Le congrès extraordinaire de Bâle, enfin, réuni à l'occasion de la guerre

---

1. Cf. *supra*, 4ᵉ partie, chap. I.

des Balkans en 1912, adopta un long manifeste. Mais celui-ci n'était pas plus précis[1].

Le congrès suivant devait se tenir à Bâle en août 1914. Dès le 25 juillet, Legien, que Jouhaux et Dumoulin rencontrèrent à Bruxelles, répondait par un silence obstiné à la question posée par ce dernier : « *Que feriez-vous en cas de guerre ?* » Le bureau socialiste international se réunit à Bruxelles les 29 et 30 juillet 1914. Le 29, dans une réunion publique, Haase, un des dirigeants du parti socialiste allemand, rendait l'Autriche responsable de la guerre et affirmait que le prolétariat allemand ne devait pas bouger, même si la Russie intervenait. Quelques jours plus tard, l'Europe entrait en guerre. La IIe Internationale avait *vécu*.

---

1. Les social-démocrates allemands répugnaient à prendre une position doctrinale sur la guerre. Cette mentalité est bien traduite par Kautsky qui disait en 1914 : « *l'Internationale n'est pas faite pour la guerre, mais pour le temps de paix* ».

CHAPITRE II

LE SOCIALISME ET L'ÉVOLUTION ÉCONOMIQUE

I. — *LE SOCIALISME ET LA CONCENTRATION CAPITALISTE*[1]

Le marxisme resta la doctrine officielle des partis socialistes continentaux, au moins jusqu'à la fin de 1914. Cependant les socialistes ne pouvaient pas ne pas confronter la doctrine avec les faits. De cette confrontation sortit, en Allemagne, la querelle dite du révisionnisme.

D'autre part, sur le continent et surtout en Angleterre, où l'emprise du marxisme n'a jamais été très profonde, des conceptions plus ou moins nouvelles se développèrent. Elles partirent de l'observation de la réalité et discernèrent, dans telles ou telles institutions, présentes déjà à l'intérieur de la société capitaliste, l'ébauche de la société future. Les Webb sont les représentants de ce socialisme empirique, fondé sur le coopératisme et le syndicalisme.

À partir des critiques formulées par l'Allemand Bernstein contre le marxisme, nous étudierons la concentration capitaliste et l'attitude prise par les socialistes à l'égard des problèmes posés par l'évolution économique. Nous analyserons ensuite les théories du coopératisme[2].

1. *En Allemagne, Bernstein et la critique du marxisme.* — Dans les dernières années du XIXe siècle et dans les premières années du XXe siècle, le parti social-démocrate, le plus important d'Europe par le chiffre de ses adhérents, la qualité de son organisation, le prestige de ses dirigeants, fut menacé d'un schisme. Le conflit fut en effet autant théorique que pratique. Bernstein, qui, face à la *Neue Zeit* (*L'Époque nouvelle*) de Kautsky, publiait une

---

1. [Voir *Les Conférences rédigées de 1900*, « La théorie marxiste et la concentration des capitaux », reproduite p. 381 ; « Agriculture », reproduite p. 291 ; « Industrie », reproduite p. 405 ; « Concentration industrielle et cartels », reproduite p. 398 ; « Le coopératisme », reproduite p. 417 ; ainsi que le polycopié de 1932, *L'Histoire du socialisme anglais*, reproduite p. 469]

2. Nous avons étudié ailleurs les théories du syndicalisme cf. 3e partie, chap. I, p. 155 *sq.* chap. III, p. 125. Annexe V, p. 359 *sq.*

revue sociale, les *Sozialistische Monatshefte* (*Cahiers mensuels socialistes*)[1] et qui était un des théoriciens les plus écoutés du parti, affirma la nécessité de soumettre à la révision la doctrine de la social-démocratie, le marxisme. Ce fut la tâche qu'il se proposa en publiant en 1899 *Die Voraussetzungen des Sozialismus* (*Les Postulats du socialisme*)[2].

Sa critique porta d'abord sur la théorie économique de Marx et, en particulier, sur la théorie de la valeur. Bernstein reprit contre cette théorie les arguments couramment utilisés à son époque. La plupart des économistes, sous l'influence des conceptions marginalistes, tenaient alors la théorie de la valeur travail pour dépassée, sous la forme que lui avait donnée l'école libérale classique, comme sous la forme qu'elle revêtait dans le *Capital*. Aussi bien, critique de cette école, Marx en était-il un disciple attardé.

Bernstein s'en prit aussi au matérialisme historique qu'il prétendit moins réfuter qu'interpréter largement. Il reconnaissait toute l'importance des faits économiques, mais se refusait à leur attribuer une influence exclusive sur le développement historique. Non seulement les autres phénomènes sociaux, politiques ou moraux, ont aussi leur efficacité, mais encore les idées ne doivent pas être tenues pour des reflets. Elles aussi sont susceptibles d'action. Et Bernstein voulut que le socialisme se justifiât par des impératifs éthiques autant que par un déterminisme historique, peut-être moins rigide que ne l'avait supposé Marx. Il fait du socialisme non une doctrine scientifique, ce que les faits ne permettent plus d'affirmer, mais une interprétation philosophique des luttes sociales, un *mouvement*, dit-il, ce qui n'est pas pour diminuer le socialisme, car Bernstein ajoutait « *le mouvement est tout, le but final n'est rien*[3] ».

Il contestait surtout la théorie de la lutte des classes. Il voyait dans cette théorie, d'après laquelle une lutte des classes de plus en plus violente aboutit en définitive au renversement de l'ordre social, le résultat de la rencontre, chez Marx, d'idées métaphysiques et de l'influence de traditions historiques françaises. Ce sont des idées abstraites, des idées métaphysiques, qui sont à la base de la pensée de Marx, idées inspirées de la notion hégélienne des contradictions constantes des forces comme des idées. Arrivé à Paris avec ce bagage théorique, Marx y rencontre, on le sait[4], à côté des socialistes pacifistes saint-simoniens, les blanquistes qui croyaient à une révolution réalisée par un coup de main violent. Or si Marx repousse la méthode blanquiste, l'idée d'une révolution politique violente n'en reste pas moins

---

1. La revue continua à paraître jusqu'en 1933. Elle fut supprimée par les nationaux-socialistes.
2. Livre traduit en français en 1900 sous le titre : *Socialisme théorique et Social-démocratie pratique*.
3. *Socialisme théorique*, p. 234.
4. Voir 2ᵉ partie, chap. I, p. 101 *sq*.

toujours partie intégrante de sa doctrine. D'ailleurs, des deux côtés, à la base de la dialectique de Hegel aussi bien que de la méthode blanquiste, on trouve une origine profonde, commune, la Révolution française.

Or, pour Bernstein, il serait profondément regrettable de chercher à réaliser la révolution sociale par les procédés employés en 1789. À cette dernière date en effet, la France était très peu industrialisée, elle était essentiellement paysanne, et la révolution a profité aux paysans, qu'elle a rendus propriétaires, beaucoup plus qu'aux ouvriers. Une révolution socialiste ne saurait utiliser les mêmes procédés : les tentatives faites en 1848 et 1871 ont abouti à des échecs sanglants. C'est une puérilité de penser avec Engels et Bebel qu'une révolution ainsi faite aboutira jamais. Les choses, économiquement, ne sont pas mûres. Il faut en revenir aux vues des saint-simoniens et de leurs disciples ; il faut introduire, au sein même de la société capitaliste, des germes de socialisme, afin de préparer les transformations futures.

Cette révision du marxisme est d'autant plus nécessaire, affirma Bernstein, que les faits infirment chaque jour davantage la doctrine marxiste : la théorie de la concentration capitaliste se révèle inexacte pour l'agriculture ; dans l'industrie même, la concentration ne prend pas l'allure dramatique prévue par Marx et se trouve en partie contrebalancée par l'apparition d'une nouvelle forme de propriété, la société par actions, qui répartit le capital en un grand nombre de mains ; enfin le développement des sociétés coopératives permet aux travailleurs d'améliorer sensiblement leur sort et remédie ainsi aux inconvénients d'une prolétarisation excessive.

Contre les critiques de Bernstein, Kautsky s'institua le défenseur officiel de l'orthodoxie marxiste et il obtint gain de cause devant le congrès du parti social-démocrate. Bernstein fut condamné dès 1899 ; la doctrine marxiste fut, à plusieurs reprises, solennellement réaffirmée. Bernstein n'en demeura pas moins dans le parti socialiste où ses idées exercèrent une influence certaine. Toute une école de socialistes se réclame du *révisionnisme*, socialisme réformiste, qui atténue la rigueur du matérialisme et du déterminisme marxistes et recommande une tactique progressive et non plus la violence révolutionnaire.

Nous laisserons de côté les discussions théoriques relatives à la philosophie économique ou historique de Marx, pour suivre les discussions relatives aux problèmes posés au mouvement socialiste par la réalité elle-même.

2. *L'agriculture et la concentration capitaliste marxiste*[1]. — La loi de l'accumulation, de la concentration des capitaux, s'applique-t-elle à l'agriculture ? Marx pense qu'elle vaut pour celle-ci comme pour l'industrie

---

1. [Voir *Les Conférences rédigées de 1900*, « Agriculture », reproduite p. 391.]

et le spectacle de l'évolution de la propriété foncière en Angleterre était fait pour lui inspirer cette manière de voir. Depuis le XVIᵉ siècle, la grande propriété se développait aux dépens de la petite, et ce mouvement ne paraissait pas près de se ralentir[1]. Sans même s'arrêter [consulter] aux statistiques, n'apparaît-il pas que, par le progrès de la science, la différence de nature qui semblait exister entre l'agriculture et l'industrie tend constamment à s'évanouir, que l'agriculture tend à devenir une industrie comme une autre, que nous assistons à une industrialisation progressive de l'agriculture ? Dans les coopératives de production agricole, le champ de blé devient l'appendice de la minoterie et de la boulangerie.

> « *La maison Nestlé... possède en Suisse deux grandes usines pour la fabrication du lait condensé et une usine pour la fabrication de la farine lactée. Cette dernière, établie à Vevey, travaille chaque jour* 100 000 *litres de lait, produit par* 12 000 *vaches, provenant de* 180 *villages. Cent quatre-vingts villages ont perdu leur autonomie économique et sont devenus des sujets de la maison Nestlé. Leurs habitants sont encore extérieurement propriétaires de leurs terres, mais ils ne sont plus de libres paysans*[2]. »

Le cartel du sucre, en Allemagne, est un syndicat de grands raffineurs, de sucriers, de producteurs de betteraves, qui ont adopté des méthodes scientifiques d'exploitation, à la fois industrielles et agricoles. Cette extension de la grande propriété expliquée par la transformation des méthodes de l'agriculture, n'est-elle pas la confirmation de la loi de la concentration des capitaux, appliquée aux choses de l'agriculture ? Ainsi raisonnait, après Marx, Karl Kautsky, le plus fidèle disciple du maître.

Malheureusement la statistique de la propriété foncière, depuis trente ans, ne confirme plus, selon Bernstein, les conclusions de Marx. Bernstein en dégagea les constatations suivantes : en Allemagne, en 1895, les deux tiers de la surface du sol sont occupés par des lots inférieurs à 20 hectares, un quart seulement par des lots d'une superficie dépassant 100 hectares ; et en Prusse même, la propriété paysanne comprend les trois quarts de la superficie rurale. En Hollande, de 1844 à 1893, la grande propriété a constamment reculé ; la petite propriété, de 5 à 10 hectares, a triplé. Un tiers de la superficie du sol cultivé en Belgique est cultivé par les propriétaires. Les trois quarts du sol français sont occupés par la propriété paysanne. En Angleterre, de 1885 à 1895, les propriétés occupant une surface de 2 à 120 hectares ont augmenté en nombre, et selon une progression d'autant plus forte que les propriétés

---

1. Voir la note à la 2ᵉ éd. du *Capital*, I, 643,7 : statistiques de 1851 à 1871.
2. Kautsky, 423 *Die Agrarfrage* (la question agraire), 1899 ; trad. fr. Milhaud et Polack, 1900, p. 123.

étaient plus petites ; les propriétés de plus de 120 hectares ont par contre diminué. Les statistiques montrent donc partout une diminution du nombre des grandes propriétés au profit des propriétés moyennes et petites.

Mais le développement même de la grande propriété, en admettant qu'il fût établi, ne suffirait pas à vérifier l'exactitude de la loi de concentration, dans l'agriculture. Ce qui importe en effet, c'est non la dimension de la propriété, mais la dimension de l'entreprise, et Marx fait à cet égard une confusion entre propriétés et exploitations. Rudolf Meyer, le disciple et l'ami de Rodbertus[1], constatant le développement de la grande propriété foncière en Poméranie, établit par exemple qu'en 1855, soixante-deux très riches propriétaires possédaient 229 biens, et en 1891, 485 biens ; en 1855, soixante-deux propriétaires fonciers assez riches possédaient 118 biens, et, en 1891, 203 biens. Le développement de la grande propriété ne traduit ainsi nullement une modification du nombre des exploitations ; or, si le caractère de l'exploitation ne s'est pas transformé, l'on ne saurait prétendre que la loi marxiste de l'accumulation des capitaux se trouve ainsi vérifiée.

En Angleterre, de même

> « *le propriétaire foncier n'est pas un capitaliste ; les premiers qui s'en aperçurent furent les seigneurs terriens anglais, qui furent privés, avant ceux du continent, des services féodaux de leurs vassaux, et furent obligés les premiers d'essayer l'exploitation capitaliste. Cet essai ne réussit pas : l'organisation du crédit n'était pas encore très développée. Ils se virent obligés, dès le XVe siècle, de partager leurs biens en fermes plus ou moins grandes et de les donner à des agriculteurs qui possédaient eux-mêmes les bêtes et les instruments nécessaires à l'exploitation du bien. Le bail à terme conclu avec un fermier capitaliste fut le moyen employé pour donner à l'agriculture le capital nécessaire*[2] ».

Un grand propriétaire anglais touche les fermages d'un nombre assez restreint de gros fermiers capitalistes ; un grand propriétaire irlandais loue directement sa terre à un grand nombre de petits travailleurs agricoles dont la condition ne présente aucun rapport avec de gros fermiers capitalistes ; un grand propriétaire écossais est un industriel enrichi, qui a exproprié des fermiers et des paysans sans nombre pour transformer leurs biens en vastes terrains de chasses : voilà trois cas économiques profondément différents au point de vue de l'accumulation capitaliste et qui ne présentent qu'un seul trait commun, la grande dimension de la propriété foncière.

---

1. Kautsky, *op. cit.*, p. 22.
2. Kautsky, *Q. Ar.* 127.

Le socialiste allemand E. David[1] s'est livré à une critique pénétrante de la théorie marxiste de la concentration capitaliste en tant qu'elle s'appliquait à l'agriculture. Le rapprochement effectué par Marx entre la production agricole et la production industrielle lui paraît purement articiel. Marx prétend trouver dans celle-là comme dans celle-ci les trois éléments de la production : le travail, l'instrument du travail, l'objet du travail. Mais c'est une construction absolument arbitraire que de qualifier la terre d'instrument du travail et la graine d'objet du travail. En réalité, industrie et agriculture sont deux formes très différentes d'activité humaine. Le travail agricole consiste à exploiter et à diriger les forces naturelles organiques ; le processus de la production agricole est essentiellement biologique, l'homme n'agissant en quelque sorte que par persuasion. Le processus industriel, au contraire, est avant tout mécanique ; la volonté humaine unit ou sépare à son gré des éléments matériels.

En examinant tour à tour les trois aspects de la concentration capitaliste – coopération, division du travail, machinisme – David montre que les effets en sont tout à fait différents dans la production agricole et dans la production industrielle.

Dans l'industrie, la coopération, au sens marxiste du mot, a pour avantage une économie de frais généraux et une intensification du travail : des ouvriers travaillant ensemble coûtent moins cher et produisent davantage. En agriculture, il en va tout autrement. Exception faite de périodes particulières, comme celle de la moisson, la concentration des terres aura pour conséquence de disperser les travailleurs sur une surface étendue et d'en rendre la surveillance plus difficile.

La division du travail, d'autre part, entraîne dans l'industrie une uniformité des fabrications de chacun en même temps qu'une rapidité plus grande de ces fabrications. Elle n'est pas possible, par contre, dans le monde agricole, parce que l'homme se borne à surveiller une évolution organique qui a ses lois à elle. Le travailleur agricole ne pourra que difficilement être spécialisé ; il se livrera successivement à toutes les catégories de travaux qu'appellent les différentes périodes de l'année.

Les effets du machinisme enfin ne sont pas les mêmes dans l'industrie et dans l'agriculture. Sans doute l'effet normal de la machine est-il partout d'éliminer un certain nombre d'ouvriers. Mais dans l'industrie l'accroissement de la demande des produits a été en général plus rapide que le progrès du machinisme : la diminution relative du nombre d'ouvriers nécessaire a été ainsi masquée par l'augmentation absolue du nombre des travailleurs employés. Au contraire, il ne s'est pas produit de tel accroissement de

---

1. *Sozialismus uni Landwirthschaft* (*Socialisme et agriculture*) (1903).

la demande pour l'agriculture européenne : celle-ci a pu faire face à la demande avec des machines plus perfectionnées et un personnel d'ouvriers décroissant en nombre absolu. Dans les villes anglaises on compte 50 ou 100 ouvriers pour un patron ; dans les campagnes, en Grande-Bretagne, un million et demi de travailleurs salariés pour un million de femmes et de fils de fermiers. De plus, dans l'agriculture, le machinisme ne permet pas en réalité d'augmenter la production, mais seulement de faire certaines opérations plus vite. Lorsque l'on veut intensifier la culture, l'on ne saurait y parvenir par l'emploi du machinisme et l'augmentation des dimensions de l'exploitation : il faut bien au contraire réduire ces dimensions et éliminer le plus souvent la machine.

Ainsi, tandis que l'industrie tend à se collectiviser, l'agriculture tend vers l'individualisme. Les marxistes ont prétendu alors chercher à concilier la théorie de la concentration des capitaux avec le développement des petites exploitations rurales en faisant valoir que les petits propriétaires fonciers ne peuvent pas vivre du seul produit de leur lopin de terre et sont, en grand nombre, les salariés de la grande propriété voisine[1]. D'une manière générale, les marxistes tendent à voir dans le petit propriétaire rural un prolétaire agricole. Mais la question se pose alors de savoir si le prolétaire rural est comparable au prolétaire urbain, si la doctrine socialiste peut lui être appliquée sans modification, ou si au contraire le programme socialiste ne doit pas être amendé et complété dans un sens favorable aux petits propriétaires ruraux. Laissons de côté les dissensions des théoriciens, et étudions l'attitude prise par les partis socialistes à l'égard des problèmes agraires dans les divers pays.

3. *Les problèmes agricoles et le programme des socialistes anglais*[2]. — Le parti socialiste, à mesure qu'il gagnait des voix dans les différents pays, se souciait davantage de ne pas rester le parti des prolétaires ouvriers et de gagner les petits agriculteurs. Comment donc faire entrer la protection de la petite propriété paysanne dans le cadre de la doctrine marxiste ?

Dès avant le marxisme s'était développé en Angleterre un nouveau socialisme agraire. Depuis le XVIe siècle, où avait pris fin la féodalité, et où s'était opérée l'expropriation des principaux monastères, la grande propriété foncière avait été souveraine en Grande-Bretagne : les lois de clôture, *enclosures* du XVIIIe siècle, qui avaient hâté l'avènement de la révolution industrielle en refoulant les habitants des campagnes vers les villes,

---

1. Kautsky, Q. Agr., 245.
2. [Voir le polycopié de 1932, *L'Histoire du socialisme anglais*, fascicule II, Le néo-socialisme, I. Le socialisme agraire, reproduit p. 496.]

avaient encore accentué, en face de la nouvelle concentration industrielle, la concentration foncière : en 1880, les deux tiers de l'Angleterre et du pays de Galles appartenaient à moins de 10 000 propriétaires ; les deux tiers de l'Écosse à 330, les deux tiers de l'Irlande à environ 2 000 propriétaires. Maîtres de la Chambre des lords par son essence même, de la Chambre des communes par leur influence dans les bourgs et comtés électoraux, de l'administration locale grâce à leur exercice traditionnel des fonctions de juge de paix, « *sheriffs* », les grands propriétaires avaient conservé jusqu'au milieu du XIXe siècle la prépondérance politique.

La réforme électorale de 1867, et surtout celle de 1884, révéla l'extrême disparité entre le régime politique désormais démocratique et le régime de la propriété encore aristocratique ; il devint alors facile de diriger la haine des ouvriers contre les grands propriétaires, et les capitaines d'industrie, inquiets de l'agitation ouvrière, se hâtèrent de profiter d'un si utile procédé de diversion. On employait couramment trois arguments : le chômage, dont l'industrie souffrait alors, devait être attribué, disait-on, à l'action des propriétaires, qui, en évinçant les petits et moyens tenanciers, les avaient refoulés vers les villes et avaient engorgé le marché du travail. L'argument était fort discutable en réalité. L'afflux de la main-d'œuvre n'était-il pas dû à l'attrait même des grandes villes, bien plutôt qu'à l'expulsion par les propriétaires ruraux ? Mais l'argument portait, et le suivant ne portait guère moins : si, dans les mines, les salaires étaient si bas, la faute en était au régime défectueux de la propriété minière, puisque l'exploitant devait payer au propriétaire un loyer (*royalty*) qui grevait d'autant le niveau des salaires. Enfin il était facile d'exciter le ressentiment des masses urbaines contre les quelques propriétaires, quelquefois maîtres de villes entières, auxquels elles devaient payer des loyers souvent fort élevés.

Les différents programmes d'imposition ou même de confiscation de la terre, qui alors se firent jour, devaient tous leur fondement économique à la pensée de Ricardo. En divisant les revenus humains en trois grandes catégories, rentes, profits et salaires, et en montrant que le montant de la rente était fixé exclusivement par des facteurs naturels[1], Ricardo avait en même temps établi l'opposition entre le salaire et le profit. Ceux-ci étaient tous deux soumis à la pression de la rente foncière, et variaient en raison inverse l'un de l'autre. Si Ricardo distinguait des classes dans sa théorie de la répartion, il déclarait que l'impôt devait être égal pour tous. Mais il reconnaissait qu'un impôt spécial sur le fermage n'aurait aucune incidence sur le prix du blé, puisque la rente foncière devait son existence à ce haut prix du blé, et à l'inégale fertilité des terres – « *un impôt sur la rente affecterait*

---

1. Cf. Ire partie, chap. I, p. 59 *sq.*

la rente seule : il tomberait entièrement sur les propriétaires et ne pourrait être rejeté sur les consommateurs[1] ». Cependant Ricardo prévoyait deux difficultés d'ordre pratique : comment le fisc pourrait-il discerner, dans l'ensemble des fermages payés au propriétaire foncier, l'élément abstrait de rente pure, mis en lumière par la théorie économique ? Et au cas où la terre eût été achetée récemment par un industriel avec son capital, ou par un travailleur avec ses économies, l'incidence de l'impôt nouveau ne serait-elle pas inique ? Aussi Ricardo concluait-il à l'égalité fiscale.

James Mill, disciple de Ricardo, avait donné aux idées de son maître une forme neuve dans ses *Éléments d'économie politique* dès 1821. Tout en approuvant le principe de l'impôt foncier, seul moyen de confisquer la rente, il pensait que les injustices appréhendées par Ricardo pourraient être évitées en recueillant le produit de l'accroissement futur de la rente foncière à la suite de l'accroissement de la production. Son fils John Stuart Mill devait reprendre ses idées dans la première édition de ses *Principes d'économie politique* (1848) ; puis, de plus en plus acquis aux idées socialistes, il devait admettre, dans les éditions suivantes, que l'État reprît à son profit tout l'accroissement futur de la rente foncière, accroissement non gagné par le travail du propriétaire (*unearned increment*)[2]. Cette taxation serait assise sur une évaluation cadastrale décennale, l'État reprenant l'accroissement du revenu lors de chaque révision, et disposant en outre de la faculté de rachat. C'est sous l'influence de ces idées que se fonda, en 1870, la *Land Tenure Reform Association* (*Association pour la réforme de la redevance foncière*).

Surgit alors un personnage fort différent, dont l'influence sur le socialisme agraire devait vite être considérable : Henry George, né en 1839, aux États-Unis, type parfait d'autodidacte, tour à tour matelot, ouvrier typographe, chercheur d'or et journaliste en Californie où il devait constater, pendant la crise agricole de 1871, les méfaits du régime de la grande propriété. Après avoir publié un premier tract de réforme foncière, *Our Land and Land Policy* (*Notre terre et la politique de la terre*), il étudia l'économie politique, et publia en 1879, *Progress and Poverty* (*Progrès et Pauvreté*), dont les éditions populaires successives devaient, en 1889, atteindre plus de 40 000 exemplaires. Il y dénonçait le monopole de la grande propriété ; mais il s'écartait des conclusions des économistes classiques : il repoussait le pessimisme de Malthus en affirmant que la richesse et les moyens de consommation pourraient augmenter au même rythme que la population. D'autre part, il niait l'opposition ricardienne entre les salaires et les profits : il y avait, non pas antagonisme, mais harmonie entre les intérêts des ouvriers et

---

1. *Principes d'économie politique et de l'impôt*, chap. X.
2. John Stuart Mill. *Principes d'économie politique*.

des industriels. Le seul coupable des crises et de la misère était le propriétaire foncier, non en vertu des conditions naturelles, mais du seul fait du monopole légal donné à la propriété foncière, car c'est lui qui reçoit la totalité des bénéfices issus de l'augmentation de la population et du perfectionnement de la technique de la production. Pour y remédier, il suffirait de reprendre toute la rente, non pas future seulement mais actuelle, par l'impôt foncier et cet impôt unique permettrait de supprimer les autres impôts tels que les droits protecteurs (Henry George était libre-échangiste) et l'impôt sur le capital. Ainsi supprimer la rente est aussi supprimer la misère et les crises.

En préconisant l'impôt unique, George se rapprochait donc des physiocrates ; mais pour ces derniers, la division en trois classes était providentielle : la classe des propriétaires fonciers qui devait avoir le privilège de payer l'impôt, aurait en même temps celui de gouverner l'État. George visait au contraire à détruire cette classe.

John Stuart Mill, après un voyage en France et revenant sur ses conceptions antérieures, s'était pris soudain d'un goût nouveau pour la petite propriété foncière. Alors que la mode anglaise était aux grandes entreprises, il voyait qu'en France tous les éléments de l'entreprise – rentes, profits et salaires – appartenaient au même homme, grâce à l'existence d'une classe de petits exploitants libres. La faveur nouvelle dont devait jouir la petite propriété en Angleterre procédait aussi de tendances radicales et individualistes, inverses de la doctrine socialiste. Ces deux tendances bientôt se firent sentir dans la législation du Royaume-Uni.

En 1880, le vieux Gladstone revenait au pouvoir : le grand chef libéral restait fidèle aux traditions individualistes de son parti ; mais à côté de lui siégeait le jeune Joseph Chamberlain, maire socialisant de Birmingham, qui demanda bientôt l'établissement de conseils de comté élus, pour se substituer à l'administration locale par la *gentry* ; leur fonction serait de doter les villes de demeures saines et à loyer modéré, et de donner aux agriculteurs des facilités pour l'achat de petites exploitations foncières. On voit reparaître dans ces mesures l'antithèse que nous avons déjà notée chez John Stuart Mill : l'opposition entre le socialisme d'État dérivé du socialisme municipal pratiqué par Chamberlain, et une tendance contraire, individualiste, favorable à une classe de petits propriétaires. Le plan serait financé par un impôt progressif sur le revenu et par un nouvel impôt sur la rente : Chamberlain incorpora ainsi pour la première fois la théorie de l'*Unearned increment* à un programme politique – programme qui devait d'ailleurs rester longtemps en souffrance[1].

---

1. Les libéraux avaient augmenté les pouvoirs des municipalités mais les conservateurs poursuivirent l'œuvre des libéraux : grande loi de 1888 qui mit dans les comtés des

En Irlande, par contre, l'influence effective du socialisme agraire sur la législation fut immédiate. Alors qu'en Angleterre les revenus se divisaient entre propriétaires, fermiers et salariés, l'Irlande ne connaissait que deux grandes classes : les propriétaires et les petits exploitants. Depuis 1851, ces derniers s'étaient ralliés progressivement au programme des « 3 F » : *Fixity of Tenure* (*stabilité du fermage*), assurant le fermier contre les renvois arbitraires ; *Fair Rent* (*rente équitable*), limitant le fermage à un taux raisonnable ; *Free Sale* (*vente libre*), permettant au fermier de vendre librement son droit à l'exploitation. Ce programme reçut un commencement d'application sous le gouvernement de Gladstone avec le *Land Act* (*loi agraire*) de 1871, lequel, en consacrant la fixité du contrat de fermage et le droit de vendre, fit déjà une infraction au principe de la liberté des contrats. L'agitation continua jusqu'à la formation de la *Land League* (*ligue agraire*) sous la direction de Michael Davitt en 1879. En 1881, une loi sanctionna enfin le programme des « 3 F » ; en établissant la dualité de la propriété foncière – le tenancier devenant désormais copropriétaire – c'était là une nouvelle brèche à la liberté des contrats : de 15 en 15 ans, le tenancier pourrait s'adresser à une commission arbitrale judiciaire pour la fixation du taux des fermages. Un élément du socialisme interventionniste apparaissait donc.

Cependant, en avril 1885, Gladstone introduisit aux Communes le premier *Home Rule Bill*, où le problème foncier reçut une solution bien différente, puisqu'on y avait prévu le rachat progressif des terres par les tenanciers, rachat financé par des avances de l'État. L'individualisme reprenait le pas sur le socialisme. Le projet fut rejeté, et entraîna Gladstone dans sa chute. Mais, après de nombreuses tentatives, la loi sur le régime foncier irlandais, finalement votée en 1903, consacra exactement le principe de 1885 : le rachat des terres était organisé et les tenanciers devenaient petits propriétaires. L'égalitarisme individualiste, issu des traditions du radicalisme, avait encore triomphé du nouveau socialisme agraire.

4. *Les problèmes agricoles et les socialistes continentaux*[1]. — Sur le continent, les socialistes appartenant aux partis organisés ont eux-mêmes tendu de plus en plus à s'écarter, sur le problème agraire, de l'orthodoxie marxiste. Les socialistes français depuis le congrès de Nantes (1894) ont affirmé leur volonté de protéger, contre l'usure et le fisc, les propriétaires cultivant eux-mêmes leur terre et aussi « *les fermiers et métayers qui,*

---

administrations élues. En 1894, les libéraux, revenus au pouvoir, étendent cette loi aux paroisses et aux petites villes.

1. [Voir *Les Conférences rédigées de 1900*, « Agriculture », reproduite p. 391, avec ici inversion de l'ordre de la démonstration.]

s'ils exploitent les journaliers, y sont contraints par l'exploitation dont ils sont eux-mêmes les victimes » ; la même déclaration qualifia d'*anarchiste* la théorie d'après laquelle il faut attendre de la misère étendue et intensifiée la transformation de l'ordre social, c'est-à-dire la théorie marxiste elle-même.

En Allemagne, le problème fut posé au congrès de Francfort de 1894, puis au congrès de Breslau de 1895. Vollmar, chef du socialisme bavarois, appartenant à une région de petite propriété paysanne, affirma la nécessité d'éclairer et de compléter le programme d Erfurt pour le rendre applicable au monde agricole. Il ne fallait pas se borner à une protection des ouvriers agricoles (*Landarbeiter-Schutz*), il fallait aussi organiser une protection des petits propriétaires (*Bauernschutz*).

Vollmar se heurta à une vive résistance de la part de Kautsky qui lui reprocha de vouloir prolonger l'agonie d'une classe appelée à disparaître, d'encourager et de développer le fanatisme de la propriété chez les paysans. Il repoussa énergiquement toute intervention de l'État susceptible d'augmenter la puissance de ce fanatisme. Kautsky obtint gain de cause. Sans doute reconnut-il que l'agriculture avait ses lois propres ; une commission fut chargée d'étudier ces lois, mais les choses en restèrent là. Le parti socialiste allemand, jusqu'en 1914, s'en tint officiellement au programme d'Erfurt, malgré les dissensions profondes que révèlent, sur cette question essentielle, la position de Vollmar et le livre d'Ed. David.

David, nous l'avons vu[1], base son système sur la constatation que le petit producteur paysan est exploité par une foule de capitalistes et surtout par les usuriers et les intermédiaires. Marx ne voit et n'attaque, dit David, qu'une seule forme de capitalisme, le capitalisme industriel, seul productif. Or, il existe à côté de celui-ci des formes stériles du capitalisme, le capitalisme commercial ou usuraire.

La solution de la question agraire doit par suite être cherchée dans la coopération. L'exemple a été donné à cet égard par le Danemark qui, grâce à la coopération, a pu conserver et développer son agriculture, maintenir la production de blé malgré l'invasion des blés américains et russes, et surtout exporter une quantité croissante d'un beurre excellent, le meilleur d'Europe. Il faut donc que les agriculteurs s'associent, fondent des coopératives d'achat et de vente, des abattoirs coopératifs, des coopératives de crédit, des coopératives de machines, etc., et l'État doit venir en aide à cet effort, accorder même des monopoles aux organismes coopératifs.

David affirme que c'est bien là une solution socialiste du problème agraire, car le résultat cherché est toujours, d'une part d'obtenir une masse

---

1. V. p., *supra*, p. 230.

de produits permettant à chacun de vivre dans l'abondance, d'autre part, d'augmenter suffisamment la productivité du travail pour éviter le surmenage.

À l'égard du monde agricole le problème social devrait donc, selon David, être résolu non en fonction de la théorie de la concentration capitaliste, mais par le maintien de la petite propriété et l'aménagement coopératif du travail.

Cette formule, qu'on la qualifie ou non de socialiste, est en tout cas fort éloignée du marxisme. Sans doute, le très petit propriétaire foncier peut-il apparaître, dans le monde agricole, comme l'équivalent du prolétaire urbain. Mais la situation économique, ou, si l'on veut, psychologique, des deux catégories de prolétaires est foncièrement différente. Le prolétaire urbain est dénué de toute espèce de propriété ; le capitalisme a détruit en lui la notion même de la propriété individuelle. Le prolétaire rural est un propriétaire : certes sa propriété peut être insuffisante à le faire vivre, elle lui donne en tout cas un premier fonds de subsistance, elle entretient chez lui un attachement sentimental – superstitieux peut-être, mais réel – à son lopin de terre. Dans l'industrie urbaine, le régime de l'échange a complètement, ou bien peu s'en faut, aboli les traces du régime antérieur où l'homme produisait pour son usage personnel et ne livrait à l'échange que l'excédent de son produit sur ses besoins ; dans l'agriculture, le régime capitaliste entretient, d'une façon permanente, avec des crises successives de hausses et de baisses, une classe d'hommes qui produisent de la valeur d'usage avant de produire de la valeur d'échange. Le socialisme, pour s'adresser aux prolétaires ruraux, petits propriétaires, pour les conquérir, doit modifier son langage ; la psychologie, comme les intérêts du travailleur des champs, ne sauraient être les mêmes que les passions et les intérêts du prolétaire urbain.

La doctrine marxiste, conçue d'après la seule considération de l'évolution industrielle, a dû se modifier et chercher des formules nouvelles pour s'étendre à l'agriculture.

II. — *LE SOCIALISME ET LA CONCENTRATION INDUSTRIELLE*[1]

La loi marxiste de la concentration capitaliste, d'après laquelle les grandes entreprises ne cessent de se développer au détriment des petites, dont les exploitants deviennent des salariés, des prolétaires, était-elle vérifiée par l'expérience, même dans l'industrie ? Si, à première vue, certaines constatations permettaient de le penser, un examen plus approfondi des caractères et de la portée de la concentration mit en défaut la thèse de Marx.

---

1. [Voir *Les Conférences rédigées de 1900*, leçons tronquées : « Concentration industrielle et Cartels » et « Industrie », reproduites p. 398-405.]

1. *Les faits qui confirment les théories marxistes.* — La concentration industrielle, à n'en pas douter, était l'un des caractères fondamentaux de la vie économique contemporaine et bien des traits vérifiaient les prévisions de Marx.

1° *L'entreprise sociale.* Marx expliquait par exemple que, les capitaux individuels ne suffisant plus à alimenter celles-ci, les entreprises individuelles feraient place de plus en plus à des sociétés par actions. L'expérience ici lui a donné raison.

2° *Le cartel.* Bien plus, il arriva souvent que les industriels, se voyant exposés à une crise grave, s'associassent pour s'assurer contre les risques qui les menaçaient : ainsi se constituèrent les cartels, dont les premiers apparurent en Allemagne vers 1860, et dont les principaux se développèrent surtout à partir de 1880, à cause de la crise qui sévit alors. En 1902, une enquête officielle révéla l'existence en Allemagne de 400 cartels. La convention constitutive du cartel peut avoir pour objet, soit la qualité des produits mis en vente par les industriels, soit le prix de vente de ces produits, soit la limitation de la quantité produite, soit une répartition géographique du marché, soit un contingentement des produits mis en vente, soit la création d'un bureau de vente centralisant les commandes et les livraisons.

3° *Le trust.* La forme essentiellement allemande du cartel reposa toujours sur une fédération d'industriels. Il n'en fut pas de même du trust américain qui correspondit à un stade de concentration plus poussé. Le trust a souvent été sans doute précédé d'une entente, mais celle-ci avait déjà pour but la fusion des entreprises en un organisme unique ; la langue courante donna d'ailleurs à ces ententes des dénominations caractéristiques : ce sont des « rings » (*cercles*), où le grand homme du trust renfermait ses concurrents, les « corners » (*coins*), où il les acculait, les « pools » (*mares*), où il les noyait. À chaque trust s'attacha le nom d'un homme, Rockefeller pour le pétrole, Pierpont Morgan pour l'acier, qui était généralement un banquier, un homme d'affaires.

Sous ces différentes formes, l'évolution industrielle sembla donc vérifier la concentration annoncée par Marx.

2. *Les faits qui infirment les théories marxistes.* — La réalité cependant montra de grandes différences entre la concentration industrielle telle qu'elle se produisit et le processus marxiste.

Marx, après Sismondi, estimait que c'était l'intensité croissante de la production qui rendait la concurrence chaque jour plus aiguë, et poussait ainsi les industriels, les capitalistes, à se détruire les uns les autres ; puis les progrès même de la concentration contribuaient à augmenter la production, à exciter la concurrence et la lutte. Or l'on a pu soutenir la thèse exactement inverse : le cartel se forma au moment où les capitalistes se rendirent compte des dangers de la concurrence, et précisément pour limiter la production. L'erreur de Marx a été ici de confondre accroissement du profit et accroissement de la production. Il est possible d'avoir un revenu net accru avec une production moindre. Et l'on a pu se demander si le vice de la société actuelle n'est pas d'être fondée, non sur la surproduction, mais sur la sous-production systématique : il y aurait là une sorte de sabotage voulu de la part des industriels, qui rejoindraient d'ailleurs la tendance analogue des organisations ouvrières à diminuer le travail et la production.

D'après Marx, la concentration industrielle, justement parce qu'elle entraînait une augmentation constante de la production, devait rendre les crises économiques de plus en plus fréquentes. L'expérience n'a pas vérifié cette prévision : les crises qui survenaient en moyenne tous les cinq ans aux environs de l'année 1840, ont eu tendance à s'espacer pour prendre une périodicité de 10 ans en moyenne à l'époque récente[1]. Ce résultat ne tient-il pas au fait que la concentration tend en réalité à une limitation de la production ? Si cela était exact, la concentration, à l'inverse de ce que pensait Marx, contribuerait à éliminer certains vices du régime économique, c'est-à-dire à une stabilisation croissante du monde industriel.

D'autre part, la concentration industrielle est, dans la pratique, très loin d'être synonyme de concentration des richesses. La preuve s'en trouve dans le fait que l'instrument de la concentration industrielle a été la société par actions qui fait appel aux capitaux d'une foule de petits actionnaires. En Angleterre, en 1900, trente-huit ans après la loi de 1862, qui avait donné une existence légale aux sociétés anonymes, les capitaux investis dans les entreprises revêtant cette forme s'élevaient à 27 milliards et demi de francs ; à la même époque les capitaux investis dans des entreprises de ce genre représentaient en France 10 milliards et demi, en Allemagne 7 milliards et demi. Et toutes les statistiques montrent à quel point les entreprises sont dispersées dans le public. À titre d'exemple, la société anglaise qui détenait le trust du fil à coudre comptait 6 000 détenteurs de parts de fondateurs, chacun ayant en moyenne un capital de 6 livres sterling, 4 500 porteurs d'actions, chacun ayant en moyenne 150 livres sterling de titres. 1 800 porteurs d'obligations, chacun en ayant en moyenne pour 215 livres sterling.

En vérité, dans beaucoup de ces affaires, le rôle essentiel est joué par un banquier. Pour Marx, banquiers, usuriers, commerçants, correspondaient à des formes antérieures du capitalisme, des formes précapitalistes, appelées à disparaître ; le capitalisme industriel devait prendre l'avantage sur le

---

1. Précisons qu'Élie Halévy envisage ici la situation du capitalisme au début du XXe siècle, au moment de la querelle du socialisme révisionniste.

capitalisme financier et commercial. Contrairement à ces prévisions, ce fut le banquier qui devint le maître de l'industrie, supplantant le *capitaine d'industrie*, type du capitaliste des années 1830-1840, qui dirigeait lui-même effectivement son industrie, son usine. Les saint-simoniens étaient donc plus proches que Marx de la réalité en annonçant la centralisation des affaires entre les mains des banquiers. Mais, si importante que soit la place des banquiers et des hommes d'affaires dans les entreprises modernes, la dispersion des richesses sous la forme des actions et des obligations n'en est pas moins certaine. Alors que d'après Marx, le nombre des capitalistes devait diminuer sans cesse, les capitalistes travaillant ainsi eux-mêmes à hâter la révolution sociale, en fait, la concentration industrielle a eu pour effet de répandre l'argent sortant des usines en une foule de mains. L'ennemi capitaliste étant devenu ainsi insaisissable et innombrable, la révolution spontanée, annoncée par Marx, ne pourra donc pas se produire.

S'il n'est pas douteux que la grande entreprise a accompli des progrès considérables, l'on peut se demander si ces progrès ont toujours correspondu à une diminution de l'importance de la petite et de la moyenne industrie. Une telle diminution a pu, en effet, ne pas être la conséquence nécessaire du développement des grandes entreprises.

Or la forme du trust ou du cartel, la forme de la grande entreprise, ne convient qu'à certaines activités : celles qui exigent de gros capitaux, celles qui aboutissent à des produits uniformes et permettent par suite le travail à la chaîne, celles dont les produits sont massifs et exigent de gros frais de transports, celles qui impliquent des dépenses très importantes, de publicité par exemple. Il y a beaucoup de branches où la moyenne et la petite industrie ont pu se maintenir, soit pour des raisons techniques (travail du cuir, du bois, des métaux, fabrication des petits objets), soit en raison de la nécessité pour les producteurs d'être proches du consommateur (boulangers, tailleurs, cordonniers, forgerons, toutes les industries de réparations et notamment de réparation des automobiles), soit enfin parce qu'il s'agit d'industries de luxe.

Les socialistes écartent volontiers ces constatations en faisant valoir que, lorsque la concentration est réalisée dans les industries clés, le résultat prévu par Marx est en réalité atteint, car ces industries tiennent toutes les autres sous leur dépendance. D'autre part dans bien des cas, disent-ils, la petite entreprise n'a que l'apparence de l'autonomie. Elle n'est souvent que la succursale occulte d'une grande affaire : tel est le cas en Angleterre de tous les débits de boissons.

Mais, si fondés que puissent être ces arguments, les petits producteurs ne sont néanmoins pas des prolétaires. En admettant même qu'ils soient dans certains cas des salariés, ils n'ont pas l'état d'esprit que Marx attribue aux prolétaires. Ils ont une âme de propriétaire, ce sont des petits bourgeois. Et il en va de même de toute la population d'employés, de techniciens, que l'on trouve dans les grandes entreprises. Ce ne sont pas des travailleurs qui vivent au jour le jour de leur salaire ; ils ont parfois une maison à eux, leurs femmes ne travaillent pas ; ils sont souvent propriétaires de valeurs mobilières. Une nouvelle hiérarchie s'est ainsi constituée au sein des grandes affaires, dont le personnel est loin d'être entièrement composé de prolétaires et comprend au contraire une large part d'éléments bourgeois. L'importance de ces éléments croît même avec les dimensions de l'entreprise, avec la complexité de son mécanisme technique et financier.

L'apparition et le développement de cette bourgeoisie nouvelle, comme le maintien des petites et moyennes entreprises, affirment ici encore l'opposition entre la doctrine marxiste et les faits. Ils ont contribué à orienter la doctrine socialiste dans des voies nouvelles.

III. — *LE SOCIALISME ET LA COOPÉRATION*[1]

De nombreux socialistes, défiants à l'égard des réformes sociales que pourrait réaliser l'État bourgeois, préfèrent compter, pour la réalisation d'une société collectiviste, sur le développement spontané, au sein de la société actuelle, des coopératives. Tel fut notamment le cas de Bernstein qui a gardé de la polémique qu'il soutint entre 1880 et 1889, contre le socialisme d'État bismarckien, de tenaces préventions contre l'étatisme. Il déclare dans ses *Postulats du socialisme et la tâche de la social-démocratie*[2] que, dans les cas innombrables où l'État ne pouvait intervenir, « *la question se ramène tout entière à la question de la puissance économique des coopératives* ». Il se forma ainsi, dans de nombreux pays d'Europe, une théorie socialiste de la *coopération*. Sans doute l'emploi du mot socialiste peut-il appeler ici des réserves : bien des coopératistes que nous qualifions de socialistes n'accepteraient sans doute pas cette dénomination. Mais c'est là surtout question de terminologie : si le socialisme implique l'idée d'une intervention violente et extérieure dans le jeu naturel des phénomènes économiques, les coopératistes ne sont pas socialistes ; si le socialisme implique seulement l'idée de l'élimination des profits, les coopératistes sont des socialistes.

L'histoire de l'idée coopérative au XIXe siècle a comporté trois périodes : la première, d'enthousiasme et d'indétermination théorique, va de 1825 à 1845 :

---

1. [Voir *Les Conférences rédigées de 1900*, « Le coopératisme », reproduite p. 417, avec des inversions dans l'ordre de la démonstration.]
2. *Die Voraussetzungen des Sozialismus und die Aufgabe der Sozialdemokratie*, 1899, (tr. fr. sous le titre : *Socialisme théorique et social-démocratie pratique*, 1900).

elle est dominée par la personnalité de Robert Owen ; la seconde, de réalisation pratique : l'on y voit se dresser deux types de coopératives, la coopérative de production et la coopérative de consommation, les socialistes étant favorables à la première, non à la seconde : cependant les coopératives de production avortent, et ce sont les coopératives de consommation qui prennent un développement considérable ; au cours de la troisième période, les socialistes abandonnent la cause perdue de la coopérative de production, ils réhabilitent la coopérative de consommation où ils voient le germe du collectivisme futur.

1. *Les débuts de la coopération.* — 1° Il a déjà été question de l'œuvre d'Owen et du mouvement coopératif en Angleterre[1]. Il nous reste à dire quelques mots des réalisations analogues en France et en Allemagne avant d'étudier le mouvement coopératif, ainsi que les théories du coopératisme à la fin du XIXe siècle.

2° En France, en 1831 déjà, le socialiste catholique Buchez, saint-simonien dissident, préconisa la constitution de coopératives de production par le groupement spontané des travailleurs. Les coopératives réaliseraient une organisation démocratique de la production : au lieu d'obéir au despotisme d'un patron, qui prélèverait pour lui la totalité des profits, les ouvriers distribueraient entre eux les profits, selon un principe qu'ils sont libres de fixer à leur gré dans chaque établissement. Ces coopératives se fondent en France en assez grand nombre sous la monarchie de Juillet. La formule en est très voisine de celle des ateliers sociaux préconisés par Louis Blanc, qui inspirera les Ateliers nationaux de la seconde République[2].

3° En Allemagne, le philanthrope Schulze-Delitzch suggéra, vers 1850, la création de coopératives d'achat des matières premières, de crédit et de vente en commun, permettant aux petits producteurs, par leur union, de résister à la concurrence de la grande industrie[3]. Huber, d'autre part, préconisa, pour permettre aux ouvriers de la grande industrie d'améliorer leur condition, la coopérative de consommation, sur le type de Rochdale, et Schulze-Delitzch se rallia à cette idée. Le but poursuivi par ces coopératistes était de diminuer les maux causés par la grande industrie, d'atténuer la lutte des classes, de faire subsister la petite industrie à côté de la grande, et de créer une aristocratie d'ouvriers relativement aisés.

De ces deux formules, coopérative de production et coopérative de consommation, la première est préconisée surtout par les écrivains à tendances

---

1. Cf., *supra*, 1re partie, chap. I, p. 59 ; IIIe partie, chap. I, p. 155, *sq.*
2. Cf., *supra*, 1re partie, chap. I, p. 96.
3. Malgré les railleries de Lassalle il réussit à fonder des milliers de coopératives de crédit, ce qui profita moins aux ouvriers qu'aux artisans, qui purent acheter ainsi des matières premières. Lassalle lui reprochait de repousser l'intervention du gouvernement.

socialistes, la seconde par les conservateurs. En effet la coopérative de consommation emploie des commis et des ouvriers dans ses magasins et ses ateliers, alors que la coopérative de production abolit le salariat, puisqu'elle fait des ouvriers leurs propres patrons.

2. *Les socialistes adoptent les coopératives de production.* — Cependant les socialistes n'ont pas, dès l'origine, adopté à l'égard de la coopération une attitude uniforme. Lassalle consacra la plus grande partie de sa *Lettre ouverte* de 1863 à la critique de Schulze-Delitzch. Il était vain, selon lui, d'aider à faire vivre la petite industrie ; celle-ci devait périr et il était inutile de prolonger son agonie. Il était d'autre part scientifiquement impossible d'améliorer le sort des ouvriers par la coopération, car, selon la loi d'airain des salaires, le salaire moyen des ouvriers resterait toujours strictement suffisant pour permettre à l'ouvrier de vivre et de procréer. Sans doute, si des ouvriers s'unissaient pour éliminer les bénéfices du commerçant intermédiaire, le procédé réussirait, s'il était appliqué partiellement, parce que, la majorité des ouvriers ignorant la coopération, le salaire ne changerait pas. Mais si la coopération se généralisait, elle cesserait de constituer un remède efficace à la misère, car les patrons abaisseraient les salaires dans la mesure exacte du montant correspondant au supplément de bien-être obtenu par la coopérative. Ce que les ouvriers auraient gagné d'un côté sur le marchand, ils le perdraient de l'autre sur l'industriel.

Mais si Lassalle repoussa l'idée de la coopérative de consommation, il se montra au contraire très favorable à la coopérative de production, qui pouvait, selon lui, résoudre le problème de la misère. Et comme les coopératives de production avaient généralement échoué faute de capitaux, il demanda que les fonds dont elles auraient besoin leur fussent fournis par l'État. Il suffirait de donner une dotation initiale, sous forme d'avance, dont les intérêts seraient consacrés chaque année à la création de nouvelles coopératives. Le système, se développant ainsi progressivement, finirait par se substituer complètement au régime de l'entreprise capitaliste[1].

---

1. « *100 millions de thalers à intérêt de 5 % constitueraient une dotation initiale beaucoup plus que suffisante : or c'est là une somme que l'État doit pouvoir se procurer par une opération de crédit très simple. Les intérêts, et les intérêts des intérêts, seraient affectés au même but. Ainsi, en sus des* 400 000 *ouvriers, représentant, avec leurs familles, deux millions de personnes qui profiteraient immédiatement de l'institution, le bénéfice en serait étendu chaque année à* 26 000 *ouvriers de plus. En outre, un grand nombre de coopératives auxiliaires sans dotation pourraient être fondées en vue de la vente à des coopératives déjà existantes ; le crédit qui leur serait nécessaire leur serait fourni par une* union de crédit *à laquelle toute coopérative subventionnée par l'État devrait obligatoirement s'affilier, de même qu'à une* union d'assurance *contre les pertes entraînées par les affaires* ». (Oppenheimer, *Die Siedlungsgenossenschaft*, 1896, p. 155.)

Karl Marx, par contre, a été peu favorable à cette conception. Il n'attendait pas la réalisation du socialisme d'une intervention actuelle de l'État, mais de l'évolution naturelle des choses, aboutissant à la crise finale. Mais il ne fut pas également hostile à la coopérative de consommation et à la coopérative de production. La première lui apparaissait comme « *un manteau destiné à couvrir les volontés réactionnaires des capitalistes* ». Il avouait par contre sa sympathie pour la coopérative de production, qui, se développant au sein de la société capitaliste, présentait l'intérêt de montrer, au même titre d'ailleurs que la société anonyme, que le capitalisme n'était pas nécessaire pour diriger l'entreprise industrielle : il suffisait en effet d'un gérant salarié, soit par les actionnaires extérieurs à l'entreprise, soit par les ouvriers eux-mêmes[1]. À partir de 1861, et tout en répétant que l'on ne saurait compter sur les coopératives de production pour réaliser une réforme de la société, Marx recommanda aux ouvriers de former des groupements de ce genre, et les motions des congrès de l'Internationale leur firent une place et leur fixèrent une mission[2].

3. *Succès des coopératives de consommation.* — En pratique, malgré les sympathies socialistes, les coopératives de production ne prirent qu'un développement médiocre, avortèrent ou dégénérèrent : on ne les verra prospères que dans des branches étrangères à la grande industrie, notamment dans l'agriculture. Les coopératives de consommation au contraire prirent une importance croissante. Et cette évolution se manifesta dans tous les pays.

En Angleterre[3], les coopératives de consommation se sont fédérées : elles ont un congrès national annuel. La société Rochdale a vu ses membres passer du nombre original de 24 à 6 000 en 1865, et à 11 000 en 1887, date à laquelle le capital social atteignait 8 202 500 francs. Dans certaines régions du nord-ouest de l'Angleterre, chaque individu fait en moyenne plus de 25 francs d'emplettes annuelles aux coopératives, dans un certain secteur

---

1. V. Mehring. *Geschichte der deutschen Sozialdemokratie* (*Histoire de la social-démocratie allemande*), 1898, chap. II. p. 124.

2. Le congrès de Genève (1866), donne aux coopératives de production pour mission de montrer que l'« *asservissement du travail par le capital dans un but de production, n'est pas inévitable ; mais les coopératives ne peuvent pas par elles-mêmes renverser la société capitaliste. Pour empêcher qu'elles ne dégénèrent en entreprises de profit, le congrès recommande aux sociétés coopératives de verser une partie de leur revenu global à un fonds de propagande et d'accorder à tous les ouvriers, actionnaires ou non, la même participation du profit ; à titre temporaire il admet l'allocation aux actionnaires d'un intérêt étroitement mesuré à leur participation à l'affaire* ». Le congrès d'Eisenach (1869) conseille, à titre de programme immédiat « *l'encouragement par l'État des sociétés coopératives et l'organisation d'un crédit d'État au profit des coopératives de production libres sous contrôle démocratique* ». Cf. V. Mehring, *op. cit.*, t. II, p. 195.

3. Cf. Mehring, *op. cit.*, t. V, p. 100 et 199.

la moyenne est même de 125 francs. Il y avait plus de 400 000 coopérateurs en 1874, plus d'un million et demi en 1899 (4,1 % de la population). Le *Wholesale*, magasin de gros, groupant 94 % des coopérateurs anglais, faisait en 1906 un chiffre d'affaires de 628 millions. Les coopératives, dans une large mesure, fabriquaient elles-mêmes les produits qu'elles vendaient : en 1907, sur 1 469 coopératives, 862 employaient des ouvriers à la fabrication de ces produits ; le *Wholesale* se vantait d'avoir à Leicester la plus grande fabrique de chaussures. Certaines fédérations de coopératives avaient même une flotte marchande et des domaines aux colonies. Ces 1 469 coopératives comptaient plus de deux millions d'associés et leur chiffre d'affaires annuel dépassait 1 700 millions de francs.

En Allemagne, les résultats, quoique plus modestes, n'en étaient pas moins considérables : la grande société coopérative de Breslau, la plus importante d'Allemagne, était peut-être la plus importante du monde entier par le nombre de ses adhérents : en 1891, elle comptait 31 214 membres, gérait 48 magasins, faisait 11 600 000 francs de vente.

4. *Les socialistes admettent les coopératives de consommation.* — Vers 1890 se produisit une évolution dans l'attitude des socialistes à l'égard de la coopération. Les socialistes abandonnèrent la coopérative de production au profit de la coopérative de consommation. Ce renversement peut s'expliquer dans une certaine mesure par la prétention du socialisme de démontrer qu'il est dans le sens de l'histoire, que le collectivisme est le résultat naturel de l'évolution sociale. Par leur insuccès même, les coopératives de production étaient condamnées. Les circonstances ont d'ailleurs aidé cette évolution, du fait que le parti socialiste belge s'était constitué autour d'une coopérative de consommation, le *Voornit* de Gand, fondé suivant la formule de Rochdale, mais dont une partie des bénéfices était consacrée à la propagande socialiste[1].

Ce mouvement nouveau se traduisit à la fois dans les faits et dans la doctrine. Dans les faits : des coopératives socialistes se créèrent en France, de même qu'en Allemagne, où a été fondée, en 1902, une fédération des coopératives de consommation dirigée par des socialistes ; en Angleterre aussi, où tous les membres actifs des coopératives de consommation appartiennent au *Labour Party.*

Dans la doctrine, la nouvelle théorie du coopératisme fut exprimée à quelques années d'intervalle en Angleterre par Mrs. Webb, en France, par Charles Gide et par l'École de Nîmes, en Allemagne par Oppenheimer.

---

1. Cette coopérative ou *Maison du peuple*, fondée en 1882, avec un capital de 700 francs, groupait en 1899 plus de 18 000 familles et possédait des immeubles valant plus de 2 millions.

Nous avons parlé déjà de l'école fabienne et de l'œuvre des Webb[1]. Ceux-ci se sont efforcés d'assigner à la coopération, aussi bien qu'aux syndicats, leur place dans la société de demain. Les coopératives de consommation pensaient avoir adopté une formule entièrement bourgeoise. En réalité, estimaient les Webb, elles se trompaient sur la portée véritable de leur mouvement.

Robert Owen avait voulu, en organisant la coopérative de production, échanger les produits au juste prix entre des communautés indépendantes de travailleurs : le socialisme était ainsi conçu comme la suppression du patronat et du salariat. Mais en face des coopératives de production devaient bientôt apparaître les coopératives de consommation : leurs membres, salariés de la grande industrie, acceptaient le régime industriel du salariat et ne cherchaient dans leur adhésion à la coopérative qu'à se procurer des denrées à bon compte grâce au système de la ristourne. Aussi semblait-il au public bourgeois que le mouvement coopérateur avait abandonné l'idéal socialiste de Robert Owen, qui restait encore vivant dans les coopératives de production, assez peu nombreuses, et fondées après le voyage à Paris des socialistes chrétiens.

Les Webb dénoncèrent l'illusion des coopératives de production : c'était précisément parce qu'elles n'étaient pas socialistes que leur mouvement végétait. Les coopératives de consommation, par contre, étaient, dans leur essence, malgré leur acceptation des cadres capitalistes, fondamentalement socialistes, et c'est pourquoi elles avaient si magnifiquement prospéré.

Dans la coopérative de production, en effet, les bonnes intentions des gérants importaient peu, puisque le mécanisme restait le même que celui de n'importe quelle autre entreprise capitaliste : la vente sur le marché pour l'acquisition d'un profit. Elle laissait donc subsister le problème de la surproduction que peut seule résoudre la coopérative de consommation ; les ateliers de cette dernière en effet ne produisent que sur la commande des consommateurs.

La coopérative de production ne résoudra pas davantage le problème du salariat.

Les membres de la coopérative de production, puisque celle-ci travaillait en vue d'un profit commercial, avaient intérêt à rester aussi peu nombreux que possible pour partager les bénéfices ; peu à peu ils s'annexaient de véritables salariés et la coopérative tournait à l'entreprise ordinaire. Au reste, les variations mêmes de l'activité des travailleurs au cours de l'année contribuaient à hâter cette évolution. En effet, si la coopérative recrutait des membres ouvriers nouveaux pendant la belle saison, les ouvriers, en période

---

1. Cf. *supra*, 4ᵉ partie, chap. I., p. 189 *sq*.

de morte saison, deviendraient les capitalistes oisifs du groupement. Si elle veut éviter cet inconvénient, elle est obligée d'embaucher des ouvriers qui seront des salariés ordinaires. C'est à cette deuxième solution que s'arrêtèrent les coopératives, mais cette solution accéléra ce qu'Oppenheimer appelle la « *dégénérescence de la coopérative de production* ».

À côté d'elles, les coopératives de consommateurs, sans chercher à substituer le juste prix au prix courant du marché, distribuaient en ristourne entre leurs membres la différence qui eût constitué, dans une entreprise commerciale ordinaire, le bénéfice de l'intermédiaire détaillant. Elles aboutissaient donc à l'expropriation du capitaliste, à l'élimination du profit dans le prix de l'objet, résultat essentiellement socialiste ; l'intérêt des coopérateurs était dès lors d'être aussi nombreux que possible, puisque la ristourne, calculée au *prorata* des achats, en serait d'autant plus forte. Le grand succès des coopératives de consommation s'explique par leur caractère socialiste, quoiqu'elles soient socialistes à leur insu.

Sans doute, ces institutions se sont-elles peu à peu annexées des ateliers de production, notamment des moulins et des boulangeries coopératives, ou encore des ateliers de fabrication de chaussures. Aussi eût-il été plus exact de parler de coopératives de consommateurs. Les ouvriers salariés, employés à la production, ne risquaient-ils pas dès lors, même chez les coopérateurs, de subir l'exploitation ordinaire du salariat ? Les Webb répondaient qu'il n'en était rien à condition d'utiliser les syndicats de manière véritablement socialiste. Ceux-ci, d'accord avec les coopérateurs, fixeraient la rémunération des salariés et leur assureraient des conditions normales de travail.

De l'union, du rapprochement croissant de la coopérative de consommation et du syndicat, les nouveaux socialistes attendaient la réalisation progressive et spontanée du régime collectiviste. Les membres de la coopérative étaient les membres d'une *république sociale*, qui réglait méthodiquement, selon les besoins de la consommation, l'ensemble de la production. Les membres du syndicat étaient les employés de la coopérative pour une branche définie de la production. L'ensemble des citoyens, groupés en syndicats, constituait le *pouvoir administratif* de la cité collectiviste, chaque syndicat faisant entendre, par la voix de ses représentants, les revendications économiques et professionnelles de ses membres. L'ensemble des citoyens, groupés en une vaste coopération de consommateurs, ou en une fédération de coopératives, formait le *pouvoir constitutif*, l'élément proprement démocratique. Et ainsi se trouverait résolu tout le problème de la réforme sociale.

Le socialisme coopératif apparaît à coup sûr très séduisant : il ne demande pas l'adhésion à une doctrine abstraite, il montre le développement effectif des coopératives et les avantages pratiques que celles-ci apportent. Il ne réclame pas l'intervention de l'État pour rétablir l'équilibre dans le monde économique ; il montre le collectivisme sortant du régime capitaliste, par voie d'évolution spontanée. Il appelle cependant certaines réserves.

Cette doctrine soulève d'abord des objections de principe, dont la plus importante, la plus grave, est que la coopération suppose l'existence du capitalisme et d'un régime de concurrence. Les coopérateurs en effet vendent au prix courant. S'il n'y a plus de capitalisme il n'y a plus de prix courant, et les méthodes actuelles de la coopération cessent d'être valables. Le même raisonnement vaudrait pour la détermination du salaire des travailleurs employés par les coopératives.

D'autre part, le progrès du coopératisme rencontra en fait une double limite, à la fois du côté du capitalisme et du côté des ouvriers. Du côté du capitalisme, les sociétés coopératives n'offrent aucun appât aux capitaux puisqu'elles rémunèrent ceux-ci au moyen d'un simple intérêt fixe (de là d'ailleurs le caractère socialiste de la coopérative, éliminant le profit). La coopérative ne peut donc réussir que si elle a besoin d'un très faible capital. Il lui serait toujours impossible d'acquérir de grandes entreprises, exigeant des mises de fonds considérables. Du côté des ouvriers, la coopérative de consommation se heurte à un obstacle grave, du fait qu'elle ne vend pas à crédit. Elle ne peut par suite toucher les ouvriers les plus pauvres, ceux précisément pour qui le problème social a le plus d'acuité. Elle creuse un fossé entre les ouvriers prévoyants et aisés et ceux qui vivent au jour le jour, entre l'élite qui achetait au comptant et le véritable prolétariat qui achetait à crédit.

Sans doute ne saurait-on nier l'importance considérable, même sous l'angle socialiste, de la coopération. C'est la seule expérience socialiste qui ait complètement réussi. Mais, d'une part, elle ne saurait s'étendre à l'ensemble du monde industriel, d'autre part, elle n'améliore pas sensiblement la situation sociale de ses membres. C'est un instrument de progrès, ce n'est pas un instrument de réforme sociale.

CHAPITRE III

LA RENAISSANCE DE L'EXTRÉMISME[1]

I. — *L'ANARCHISME ET LE SYNDICALISME RÉVOLUTIONNAIRE*

Il y aura toujours des révolutionnaires : au début du XXe siècle, les socialistes sont devenus plus modérés, mais l'extrémisme renaît. Le syndicalisme révolutionnaire et la révolution russe de 1905 sont les signes les plus frappants de cette renaissance de la violence.

1. *Le réformisme allemand et l'anarchisme terroriste.* — Bien que l'Allemagne, avant la guerre de 1914, eût pris la tête du progrès industriel, elle ne fut pas touchée par le nouvel esprit révolutionnaire. Certes, le parti social-démocrate gagnait toujours des suffrages aux élections. Il obtenait plus de 3 millions de voix en 1907. Les syndicats également voyaient grossir le chiffre de leurs adhérents et de leurs ressources, mais ni les syndicats ni le parti social-démocrate ne représentaient un danger pour l'ordre établi. Le parti réaffirmait, sans doute, son orthodoxie marxiste. Mais les électeurs, en majorité, étaient plus soucieux d'avantages immédiats que de la révolution future, inévitable d'ailleurs par l'évolution même de l'histoire.

D'autre part, la socialisation du capitalisme, dont Bismarck avait pris l'initiative, s'était accentuée. Des droits de douane protégeaient le marché intérieur, surtout agricole ; les employeurs étaient groupés en cartels comme les ouvriers en syndicats ; les coopératives avaient pris une large extension ; les assurances d'État avec caisses corporatives, patronales ou mixtes, protégeaient contre les risques d'accidents, de maladies, l'ensemble de la population travailleuse.

L'Allemagne, à la suite de la guerre de 1870, était très éloignée d'une conception libérale et individualiste de la société. Dans la société allemande, très organisée, l'individu était étroitement intégré dans le collectif. On peut donc parler de socialisme à condition d'entendre ce mot au sens large, et de rattacher ce socialisme à la tradition organisatrice, hiérarchique, étatique

---

1. [Voir ENS-Ulm, carton 8 : les notes de cours prises par les étudiants, et carton 6-1 et 6-3 : dossiers de cours.]

du socialisme et non à la tradition libérale et révolutionnaire. Aussi bien ce socialisme était-il l'œuvre non des social-démocrates, mais d'un État autoritaire.

Le syndicalisme révolutionnaire se développa surtout en France, pays économiquement et socialement moins avancé que l'Allemagne. Le parti socialiste français, qui, lui aussi, gagnait en influence parlementaire devenait plus modéré que jadis, à l'exemple de la section allemande de la IIe Internationale. Mais, dans les organisations ouvrières, l'ardeur révolutionnaire, qui semblait étouffée depuis l'échec de la Commune, se propagea de nouveau, avec les grandes grèves de 1886-1892 et la liberté syndicale accordée par deux lois de Jules Ferry en 1884 et en 1890.

Le syndicalisme révolutionnaire se rattache à une tradition socialiste puissante, celle de l'action économique opposée à l'action politique : Owen, Bakounine sont les deux théoriciens les plus représentatifs de cette tradition. En 1834, Owen organisait une fédération unique des syndicats, *The Grand National Consolidated Trade-Union*[1], avec un programme qui comprenait la journée de huit heures comme but, la grève générale comme moyen.

La même opposition entre action économique et action politique se retrouva en 1864, à l'intérieur de la Ire Internationale. Les marxistes combattirent les proudhoniens hostiles à l'action politique et l'emportèrent sur eux. Mais une nouvelle opposition se forma à l'intérieur de l'Internationale avec Bakounine, partisan d'une action purement économique, mais favorable aussi à l'emploi de moyens révolutionnaires[2].

Après l'échec de la Commune, les idées de Bakounine, loin de disparaître, se répandirent, surtout dans les pays latins, Italie, Espagne. Après la mort de Bakounine, les anarchistes, qui renoncèrent à l'action collective, adoptèrent une forme d'action nouvelle. Réduits à de petits groupes, ils étaient condamnés à l'utopie. Sous la direction de deux intellectuels, le prince Kropotkine disciple de Bakounine et le géographe français Élisée Reclus, ils oscillaient entre l'optimisme béat et l'action violente[3]. L'idéal était resté celui de Bakounine, celui du communisme libertaire : « *Que chacun prenne sur le tas ce dont il a besoin.* » La renonciation à toute organisation, la liberté complète, entraîneraient le bonheur et la richesse universels. Pour atteindre ce but, on se fiait à la propagande, et, en particulier, à la propagande par le fait, c'est-à-dire à l'attentat. Citons ces mots de Netchaïev, ancien ami de Bakounine, et l'un des promoteurs de cette propagande anarchiste : « *La*

---

1. Cf. *supra*, 1re partie, chap. III, p. 157.
2. Cf. *supra*, 3e partie, chap. III, p. 180 *sq*.
3. Plus violents étaient Jean Grave, et des journaux anarchistes comme *La Révolte*, *Le Libertaire*.

parole n'a de prix pour le révolutionnaire que si le fait la suit de près. Il nous faut faire irruption dans la vie du peuple par une série d'attentats désespérés, insensés, afin de lui donner foi en sa puissance, de l'éveiller, de l'unir et de le conduire au triomphe. » De même Paul Brousse, dans *L'Avant-Garde*, recommandait l'insurrection et l'attentat, « *non pour renverser la société existante, mais dans un but de propagande* ».

En Russie, de 1878 à 1887, le gouvernement eut à lutter contre les terroristes. En 1881, une bombe fut jetée sur le tsar et le tua. En France, entre 1892 et 1894, les attentats se multiplièrent : février-mars 1892, attentats de Ravachol, le 6 décembre 1893, Vaillant lança une bombe à la Chambre des députés, le 12 février 1894, Henry lança une autre bombe sur l'hôtel Terminus, enfin ce fut, le 24 juin 1894, l'assassinat de Carnot. En 1893 et 1894 le parlement français vota des lois contre les anarchistes. Ceux-ci subsistèrent, mais perdirent toute importance.

2. *L'idée de la grève générale.* — Une des théories que le mouvement anarchiste transmit au syndicalisme révolutionnaire fut celle de la grève générale qui figura après 1870 dans tous les programmes bakouninistes. Certes l'idée est plus ancienne : le congrès de Bruxelles de 1868 recommandait déjà la grève générale pour éviter la guerre, et le journal *L'Internationale*, de Bruxelles, en mars 1869, écrivait « *qu'une grève générale, avec les idées d'affranchissement qui règnent aujourd'hui, ne peut qu'aboutir à un grand cataclysme qui ferait faire peau neuve à la société*[1] ».

Reprise par les congrès de l'Internationale dominés par Bakounine (Genève, 1873), cette idée était combattue par les marxistes[2]. Engels écrivait avec mépris : « *... des socialistes français et, après eux, des socialistes belges, ont, depuis 1884, chevauché avec prédilection cette monture de parade.* » Précisément parce qu'elle touchait à l'opposition traditionnelle de l'action politique et de l'action économique, l'idée de grève générale, qui signifie la conquête des usines sans l'intervention des pouvoirs, joua un rôle important dans les conflits à l'intérieur du mouvement syndical français et entre les syndicats et le parti socialiste.

Nous avons vu, en France, la constitution du parti ouvrier de Guesde, d'orthodoxie marxiste, dès 1879[3]. Or, les syndicats professionnels avaient reçu, par la loi du 21 mars 1884, un statut légal. En 1887, au deuxième congrès de la Fédération des syndicats[4], les guesdistes s'introduisirent

---

1. Cité dans *Vie ouvrière*, 20 janvier 1910, p. 66.
2. Voir dans *Guillaume*, t. III, p. 152, l'article d'Engels contre Bakounine.
3. Cf. *supra*, 4ᵉ partie, chap. II, p. 225 *sq*.
4. Le premier Congrès datait de 1886 et s'était tenu à Lyon : on y ébaucha le premier organisme central : *Fédération nationale des syndicats et groupes corporatifs*.

dans l'organisation syndicale et tâchèrent d'y faire dominer l'idéologie marxiste. Ils étaient hostiles à la grève générale, puisque le véritable résultat à atteindre, à leurs yeux, était l'étatisation de l'industrie par l'action des pouvoirs publics.

La fin de l'année 1887 et l'année 1888 furent marquées par une certaine agitation ouvrière : grands meetings de la Chambre syndicale du bâtiment, grève générale des terrassiers de la Seine (31 juillet 1888). Le 15 août, dans une grande réunion publique, Tortellier préconisa la grève générale parisienne. Au troisième congrès de la Fédération nationale des syndicats (Bordeaux-Le Bouscat), la formule de la grève générale apparut brusquement. Les délégués furent saisis d'enthousiasme à cette idée, les débats furent rapides et sans ampleur. La motion votée s'exprimait ainsi : « *Le congrès déclare que seule la grève générale, c'est-à-dire la cessation complète du travail, ou la révolution, peut entraîner les travailleurs vers leur émancipation.* » Et les 14 et 15 août 1887, le congrès du parti ouvrier belge vota à son tour le principe de la grève générale, mais en vue d'obtenir le suffrage universel – tout en l'ajournant jusqu'au moment où elle serait suffisamment préparée. Aux États-Unis enfin, les anarchistes déclenchèrent, le 1er mai 1886, une grève pour les huit heures.

En 1891, le congrès dissident du *Parti ouvrier socialiste et révolutionnaire* ou allemaniste reprit, lui aussi, l'idée d'une grève générale *nationale et internationale*, qui pourrait peut-être « *précipiter le dénouement par la révolution sociale, but de nos efforts* ». Mais le parti ouvrier de Guesde condamna la grève générale « *parce qu'elle suppose ou exige, pour aboutir, un état d'esprit socialiste et d'organisation ouvrière auquel n'est pas arrivé le prolétariat* » et il se borna à préconiser une grève internationale des mineurs, « *la seule qui ne soit pas illusoire ou prématurée* » pour la journée de huit heures. À la suite du parti ouvrier guesdiste, qui continuait son œuvre de 1887, le quatrième congrès de la Fédération des syndicats, à Calais, en 1890, se borna, lui aussi, à demander, en vue d'obtenir la journée de huit heures, une grève internationale dès mineurs.

Le même conflit sur l'idée de la grève générale devait reprendre quelques années plus tard à l'intérieur du mouvement syndical. De 1887 à 1894, se fondèrent les bourses du travail (14 en 1892) qui sont des bureaux de placement ouvriers. Les anarchistes pénétrèrent dans les bourses et opposèrent leur formule économique et révolutionnaire à celle de Guesde. En 1892 eut lieu à Saint-Étienne le premier congrès de la *Fédération nationale des bourses* ; en même temps, à Marseille, celui des syndicats. Malgré la résistance des guesdistes et après une intervention de Briand, le congrès vota le principe de la grève générale et décida que le 1er mai devait être une date de consultation mondiale de tous les travailleurs sur le principe de la grève universelle.

3. *Organisation du syndicalisme révolutionnaire en France.* — Le deuxième congrès de la Fédération nationale des bourses du travail à Toulouse, en 1893, décida de convoquer un congrès corporatif réunissant les bourses et les syndicats. Ceux-ci refusèrent d'abord, mais acceptèrent après la fermeture de la bourse du travail par Ch. Dupuy en juillet[1] ; le congrès national se réunit à Paris et décida la fusion. Le deuxième congrès national corporatif était fixé pour 1894 à Nantes, où devait se réunir également la Fédération des syndicats. À Nantes encore, la même année, se tint le premier congrès du parti guesdiste qui condamna la grève, « *car instrument inégal et partiel de défense dans la présente société, la grève ne saurait être, à plus forte raison, même généralisée, l'outil de l'affranchissement ouvrier* ». Aussi, au sixième congrès de la Fédération des syndicats en septembre 1894, les guesdistes s'opposèrent-ils une fois de plus aux anarchisants (Briand) : cette fois le principe de la grève générale fut voté par 65 voix contre 37 et 9 abstentions. Il en résulta une scission. L'ancienne Fédération des syndicats, qui tint encore un congrès à Troyes, en 1895, se perdit ensuite dans le parti politique guesdiste. Une fédération, inspirée d'un esprit nouveau, prit au congrès de Limoges, en 1895, le nom de *Confédération générale du travail.*

Dans l'histoire de la CGT, quelques congrès particulièrement importants sont à signaler. Au congrès de Toulouse, en 1897, la nomenclature des organisations pouvant adhérer à la Confédération fut réduite ; les fédérations régionales et les unions locales, organismes assimilés aux bourses du travail, ne purent désormais y adhérer. D'autre part, le comité confédéral fut réorganisé et constitué par la réunion de deux sections, l'une composée des délégués des fédérations de métier et de syndicat, l'autre étant seulement le comité fédéral des bourses – qui devaient travailler indépendamment l'une de l'autre. En 1898, à Rennes, nouveau remaniement des statuts ; la Fédération des bourses du travail, déclarée autonome, était mise en dehors de la confédération. En 1902, au congrès de Nice, on décida de réunir tous les éléments directeurs de la classe ouvrière : dès lors on échelonna, hiérarchiquement, les bourses du travail et Fédérations nationales d'industrie, tout en gardant le syndicat comme élément de base. À Amiens, au congrès de décembre 1906-janvier 1907, le principe de la neutralité politique du syndicat fut proclamé[2] : « *La CGT groupe en dehors de toute politique, les travailleurs conscients de la lutte à mener pour la disparition du salariat et du patronat. Afin que le syndicalisme atteigne son maximum d'effet, l'action*

---

1. Le ministère Dupuy, allié à la droite, fit fermer la bourse du travail et dispersa les manifestants socialistes qui protestaient contre les boulangistes et les scandales de l'affaire de Panama.
2. Le congrès socialiste international d'Amsterdam, août 1904, avait demandé le respect de la *motion de Dresde* qui proclamait la *pure* doctrine socialiste, hostile à l'action politique.

économique doit s'exercer directement contre le patronat, ces organisations confédérées n'ayant pas, en tant que groupements syndicaux, à se préoccuper des partis et des sectes qui, en dehors et à côté, peuvent poursuivre en toute liberté la transformation sociale. » Ajoutons qu'à Limoges, en 1906, le parti socialiste unifié suivit la CGT et accepta pleinement la séparation de l'action politique et de l'action économique[1].

Voici quelques chiffres : en 1895, on comptait quarante bourses du travail et 420 000 ouvriers syndiqués ; en 1911, le nombre des bourses du travail approchait de cent cinquante ; celui des syndiqués dépassait le million.

La doctrine de la CGT était celle de l'action directe : action directe s'oppose à action indirecte. Si on élit un député avec mission d'obtenir une loi de 8 heures, c'est une action indirecte. L'action directe est celle que l'ouvrier exerce directement sur le patron dans l'usine. L'action directe peut être sans violence : c'est le cas du *contrat collectif* ; elle peut être essentiellement violente, c'est le cas du *sabotage*, de la destruction des machines ; elle peut être intermédiaire, équivoque, et c'est alors sous sa forme la plus typique, la grève ; cette dernière, en théorie, n'est pas violente, ce n'est qu'une abstention ; mais par des meetings, des discours, on engage les grévistes à user de violence contre les ouvriers réfractaires et les patrons.

La CGT ressemblait ainsi singulièrement au grand syndicat unitaire rêvé par Owen. Elle travaillait à grouper en une organisation unique tous les ouvriers de chaque nation et si possible, de tout le genre humain.

D'après les syndicalistes révolutionnaires, l'action économique a de grands avantages sur l'action politique. D'abord, il n'est pas nécessaire d'avoir recours à des députés, qui ne sont ni ouvriers, ni syndiqués et n'expriment pas les sentiments de la masse socialiste révolutionnaire. Ensuite l'action politique n'est pas active (on vote une fois tous les quatre ans) tandis que l'action économique est permanente, continue. Il faut instruire les ouvriers, leur apprendre le fonctionnement de l'usine : point n'est besoin que tous les ouvriers soient d'accord, il suffit qu'une minorité soit assez résolue et consciente pour entraîner tout le monde. Il faut être indifférent à tout – religion, politique, patrie – ne s'occuper que de l'usine. Le jour où l'on sera assez puissant pour s'emparer de l'usine, la CGT triomphera dans le monde entier[2].

Cependant les syndicalistes se réclamaient du matérialisme historique et de la lutte des classes. Bien plus, ils y trouvaient un argument en faveur de leur méthode : seuls les faits économiques, les rapports de production,

---

1. Jaurès se soumit à la *Charte d'Amiens*, mais Briand préféra se séparer de la SFIO.
2. Les rédacteurs de la *Charte d'Amiens*, Griffuelhes, Merrheim, Latapie et Pouget, insistaient sur la neutralité politique et religieuse des syndiqués et ils croyaient, que, après l'expropriation capitaliste, le syndicat serait la base de la nouvelle société.

comptent ; par conséquent n'est-il pas absurde d'user d'action politique, alors que la politique n'est qu'une apparence, un reflet ? Il importe de créer des formes nouvelles de la production : dans ce domaine, ce n'est pas le bulletin de vote, mais la grève générale, la violence, qui est féconde, créatrice.

Les hommes qui ont le plus contribué à la diffusion de ces idées sont Fernand Pelloutier, militant ouvrier qui créa les premières bourses du travail (*Histoire du syndicalisme*, 1902) et surtout Georges Sorel, penseur bourgeois qui resta isolé (*L'Avenir socialiste des syndicats*, 1897, et *Réflexions sur la violence*, 1909).

Cette doctrine exerça une profonde influence sur l'opinion populaire. Marx prétendait éliminer du socialisme l'utopie et fonder la doctrine sur la science. La lutte des classes est, selon lui, une donnée positive, la révolution sociale certaine comme un événement scientifiquement prévisible. Georges Sorel, s'inspire de Marx[1] mais aussi et surtout de Proudhon et de Bergson[2]. Le monde est en perpétuel mouvement et le devenir historique, qui est toujours d'ordre spirituel, se caractérise par la lutte et la guerre, c'est-à-dire avant tout, par l'héroïsme. Au contraire des doctrinaires pacifistes ou bourgeois, ou même de certains doctrinaires marxistes, Sorel ne croit pas à l'avènement d'un monde où tout se réduirait à des conflits et à des compromis d'intérêts. La violence et le fanatisme sont à la fois inévitables et indestructibles.

Le syndicalisme révolutionnaire a réveillé dans la classe ouvrière le sens de l'héroïsme, il a réveillé ou justifié le goût de la violence ; avec lui un idéal romantique reparaît. G. Sorel recommandait la grève générale surtout comme moyen de propagande et d'exaltation morale : c'est à ce titre qu'il la qualifiait de *mythe*. De même que le marxisme prolonge la tradition du positivisme scientifique, le syndicalisme révolutionnaire prolonge celle du romantisme : les deux grandes forces du XIXe siècle sont à l'œuvre dans le mouvement ouvrier[3].

---

1. Mais en le critiquant et il écrivit en 1908 *La Décomposition du marxisme*.
2. [Voir lettre d'Élie Halévy à Daniel Halévy, 31/12/1908 : « Berth et Sorel, quand ils parlent des "nouveaux aspects du socialisme" montrent qu'ils sont de mauvais érudits [...] La vraie tradition socialiste, owéniste, saint-simonienne, fouriériste, était autre. Tous, en révolte contre la tradition jacobine, déclaraient que l'évolution des formes de la production était indépendante des révolutions politiques, et d'importance supérieure. Sorel lui-même l'a dit quelquefois, quand, non sans raison, il s'est posé comme le véritable interprète de la philosophie marxiste. Il ne faudrait donc pas dire que Proudhon aurait seul compris le langage de Berth et de Sorel. Vers 1840, tous les socialistes, excepté les étatistes, auraient sympathisé avec eux », *in* Élie Halévy, *Correspondance, op. cit.*, p. 400.]
3. En France, l'agitation syndicale et ouvrière se poursuit au cours des années 1909-1911 : grèves violentes de Grenoble et Fougères en 1906, de Paris, Marseille, Le Havre, Dunkerque en 1907 et 1908, la grève des postiers en 1909, la grève célèbre des employés des chemins de fer du Nord en 1910, que la CGT fit appuyer par une grève générale de tous les réseaux, etc.

4. *Organisation du syndicalisme révolutionnaire en Angleterre*[1]. — La doctrine nouvelle se répandit hors de France, aux États-Unis, en Australie, où le parti socialiste au pouvoir menait, par la force des choses, la lutte contre les grèves. D'Australie, elle revint finalement en Angleterre. Ben Tillett et Tom Mann, célèbres en 1889 pour la part qu'ils avaient prise aux grèves révolutionnaires de Londres et oubliés depuis, parurent à nouveau sur la scène anglaise, armés de la doctrine qu'ils venaient de découvrir aux antipodes[2]. En juin 1911, une grève très violente des gens de mer s'étendit rapidement aux transports, aux dockers, puis, en avril, après une fusillade à Liverpool, aux cheminots : les *Unions* de cheminots adressèrent aux compagnies un ultimatum : reconnaissance officielle des syndicats ou grève générale. Ben Tillett à Londres, Tom Mann à Liverpool, devenaient de véritables dictateurs populaires, qui tenaient à leur discrétion le ravitaillement des deux plus grands ports d'Angleterre. Après des négociations difficiles, dirigées par Lloyd George, qui imposa l'arbitrage du gouvernement, la grève des chemins de fer prit fin, mais les compagnies avaient dû entrer en pourparlers avec les secrétaires des *Unions*. La fermentation ouvrière, à caractère parfois anarchique, se poursuivit, pour aboutir, en 1912, à une grève générale des mineurs, qui demandèrent un salaire minimum, ce que les compagnies minières refusèrent : on vota le principe de la grève générale et plus d'un million de mineurs abandonnèrent le travail. C'est à la suite de cette grève que devait être obtenue la loi fixant le principe du salaire minimum (8 avril 1912).

Mais le syndicalisme révolutionnaire, à tendance anarchiste, n'exerça jamais, en Angleterre, une grande influence sur l'action des syndicats. Tout au contraire, on vit naître, dans les milieux syndicaux, une doctrine modérée, le *socialisme de guilde*. Cette doctrine présentée dès 1906 par A. J. Penty, dans un livre, *The Restoration of the Guild system* (*Restauration du système de la guilde*) a été attribuée à l'influence du juriste allemand Gierke et de sa théorie corporatiste : il semble plutôt qu'elle n'était que la transposition de la doctrine libérale anti-autoritaire, ou encore du vieil esprit de *self government*, de discipline volontaire, dont les Anglais avaient été si fiers, et qui était assez fort encore pour servir de contrepoids à la fois aux excès de l'anarchie populaire et aux abus du pouvoir gouvernemental. Inspirée de

---

1. [Voir le polycopié de 1932, *L'histoire du socialisme anglais*, Fascicule II, « l'action syndicale à la veille de la guerre » et « le mouvement socialiste en Angleterre de 1912 à 1915 », reproduit p. 512.]

2. Le retour aux méthodes de violence s'explique aussi par la grande crise économique de 1908-1909, qui avait fait réapparaître la misère ouvrière : les statistiques montraient en 1909, en 1910, que l'Angleterre exportait moins de produits fabriqués et importait moins de matières premières ; le nombre des chômeurs quadrupla presque de 1900 à 1908.

Ruskin, ennemie du collectivisme et du socialisme administratif des Webb, la doctrine du *Guild Socialism* reconnaissait les bienfaits de la concurrence dans la mesure où elle apportait au marché des produits de qualité supérieure, et dénonçait le commercialisme, qui ne visait qu'à augmenter le profit du producteur en jetant sur le marché une quantité aussi grande que possible d'objets manufacturés. Il faudrait donc imaginer des formes industrielles, où se substituerait au contrôle du financier le contrôle de l'artisan, et une forme de société, où le point de vue du producteur se substituerait au point de vue du consommateur ; cependant, le contrôle nécessaire des consommateurs serait assuré par un Parlement de consommateurs, exerçant des fonctions non politiques (diplomatie, guerre). Ce serait quelque chose comme un retour au système des *Guildes*, des corporations du Moyen Âge. Socialisme conservateur, restaurateur au lieu d'être révolutionnaire, mais qui, par sa méfiance à l'égard de toute action politique et de toute domination de l'État administratif, n'était pas sans offrir certains traits communs avec le syndicalisme.

Enfin, l'organisation syndicale même subissait l'influence du syndicalisme continental : l'idée de substituer à la masse des petits syndicats de métier, condamnés à ne livrer au patronat qu'une stérile guerre d'escarmouches, un seul « syndicat d'industrie », groupant dans chaque industrie tous les syndicats de métier, séduisait en Angleterre beaucoup de jeunes trade-unionistes. Le congrès des *Trade-Unions*, en 1911 et 1912, se prononça pour la politique de fusion (*amalgamation*). On comptait déjà en mai 1912, quarante-sept syndicats groupant 403 000 ouvriers, qui travaillaient à se réduire à cinq par voie d'*amalgamation*. Mais, de là à faire du congrès des *Trade-Unions* un état-major national, dictant ses ordres comme la Confédération générale du travail en France, il y avait toute la différence qui sépare le socialisme anglais du socialisme autoritaire du continent.

En décembre 1913, les mineurs, les cheminots et les ouvriers du transport concluaient une alliance pour présenter simultanément leurs revendications au patronat, à l'expiration d'un contrat de courte durée. La *triple alliance industrielle* ainsi constituée ne représentait pas la majorité du prolétariat britannique, elle groupait cependant plus de deux millions d'ouvriers fédérés, capables de plonger l'industrie britannique dans le marasme et l'anarchie. Mais la guerre de 1914 devait soulever des questions nouvelles et infléchir le socialisme anglais vers d'autres problèmes d'action.

Cependant, les formes allemandes, françaises et anglaises du socialisme avaient beaucoup de points communs, car dans ces trois pays l'évolution industrielle était à peu près au même point, la classe ouvrière avait obtenu sans révolution violente des garanties réelles et les chefs socialistes participaient nécessairement, même sans le vouloir, à la vie politique de leur pays. Très tôt, les partis ouvriers d'Europe occidentale, conscients de la force qu'ils représentaient et de leur solidarité pensèrent à s'unir comme au temps de la Ire Internationale : le dogme de la lutte des classes et la méthode de la grève générale qui s'imposaient peu à peu à chaque parti socialiste national, entraînèrent ainsi la formation d'un organisme révolutionnaire international.

II. — L'AGITATION RÉVOLUTIONNAIRE RUSSE ET LE PARTI BOLCHEVISTE

Sans retracer toute l'histoire du socialisme russe, nous remonterons jusqu'aux années qui suivirent la mort de Nicolas Ier, en 1855, l'avènement d'Alexandre II et les défaites de Crimée. Aussi bien, les communistes russes, tout en marquant des différences entre leur socialisme authentique et les premiers mouvements révolutionnaires, se prétendent-ils les véritables héritiers et continuateurs des *narodniki* et des terroristes de cette époque.

Alexandre II réalisa un grand nombre de réformes sociales dont l'une, en particulier, était décisive : l'émancipation des serfs, et le rachat d'une partie des terres au profit des paysans (1858-1863). Les terres cultivées par ceux-ci étaient divisées en deux parties. L'une leur revenait individuellement, l'autre était confiée au *mir*, la communauté locale, qui distribuait la terre en lots aux chefs de famille pour une durée variable de 2 à 15 ans. L'État avançait les quatre cinquièmes de la somme, sous forme de bons d'indemnité payés aux nobles (2 milliards et demi). Le remboursement par les bénéficiaires devait s'opérer par une annuité de 6 % pendant quarante-neuf ans. La réforme était moins libérale ou socialisante que réactionnaire ; elle rappelle plutôt le collectivisme slave primitif.

1. *L'intelligenzia et le terrorisme sous Alexandre II.* — À cette époque, se manifestait une fermentation révolutionnaire dans les milieux de la bourgeoisie libérale russe et surtout dans l'*intelligenzia*. Les intellectuels voulaient aller au peuple (*narodniki*) ; mais la doctrine de ces révolutionnaires était spécifiquement russe. Ils tiennent le *mir* pour la solution du problème social, vainement cherchée par les Occidentaux et découverte par les Slaves. D'autre part, pour atteindre leur but, ils comptent sur le terrorisme. Herzen, Netchaïev, Bakounine sont les représentants de trois tendances : croisade vers le peuple, socialisme russe du *mir*, terrorisme. Herzen, émigré à Londres, où il publiait un grand journal, *Korokal* (*la cloche*), véritable organe de l'opposition russe, allia les conceptions slavophiles au socialisme occidental. Il fut le disciple de Proudhon plus que de Marx : la mission des Russes, révolutionnaires nés, est selon lui de substituer à l'état oppressif une

fédération de communes libres, basées sur le *mir*. Pour cela, il ne faut pas compter sur une Constitution, mais appeler les paysans à l'action directe, à la révolte. L'échec des mouvements révolutionnaires de 1863 discrédita Herzen et ce fut Bakounine qui devint alors le chef de l'opposition. Bakounine et son ami, l'étudiant nihiliste Netchaïev, reprirent l'idéal slavophile et proudhonien du *mir*, mais ils recommandèrent la révolte par tous les moyens. L'assassinat par Netchaïev d'un étudiant, Ivanev, scandalisa des scrupuleux. La plupart des intellectuels préférèrent à l'action physique l'action morale telle que la recommandait un mouvement fondé à Paris par un autre émigré, le professeur Lavrov, le populisme : il fallait instruire le peuple avant de le soulever et cette tâche éducatrice est le devoir même des intellectuels. Au printemps 1874, plus de 2 000 jeunes enthousiastes entreprirent d'*aller au peuple*. Mais cette croisade, dès 1877, ne leur apporta que des déboires ; par contre le gouvernement agit brutalement et fit beaucoup d'arrestations.

En 1876, Plekhanov fonda le groupement *Terre et Liberté*, dont le caractère socialiste était accentué ; une direction centrale, divisée en trois sections (intellectuelle, ouvrière et paysanne) puis, épaulée par un *groupe de désorganisation*, devait préparer la révolte. À la répression gouvernementale (procès contre l'intelligenzia du populisme), le mouvement répondit par le terrorisme. Le 4 janvier 1878, Vera Zassoulitch assassina le chef de la police Trepov, qui avait fouetté des étudiants. Elle fut acquittée triomphalement, mais un oukase du 8 août 1878 remit désormais aux tribunaux militaires le jugement des révolutionnaires. Le mouvement *Terre et Liberté* se décomposa en 1879 en deux groupes, l'un, *Norodnaia Voiya*, ou *Volonté du peuple*, représentait la tendance socialiste révolutionnaire et faisait de la terreur une arme de « *lutte active pour la liberté politique de tous et le régime parlementaire* » ; l'autre, *Tcherny Peredel*, le *Partage noir* ou *Partage général*, avec Plekhanov et Vera Zassoulitch, correspondait davantage au futur parti social-démocrate et voulait substituer la propagande sociale à la terreur. Le parti de la *Volonté du peuple* continua donc le terrorisme, organisé par son comité central, afin d'affoler le gouvernement, de le forcer à capituler et à donner la terre aux paysans : mais d'abord, et surtout, la liberté à la Russie (Constituante). La personne même du tyran est visée par le terrorisme : après plusieurs tentatives avortées, le tsar fut abattu par des bombes en mars 1881.

Alexandre III, dès 1894, par des procédés autocratiques, réussit à étouffer momentanément toute tentative révolutionnaire. Il persécuta les sectes religieuses, les juifs comme les étudiants, et multiplia ainsi les ennemis du régime. D'autre part, le principal ministre de Nicolas II, le comte de Witte, parvint par sa politique à créer une grande industrie, mais, du même coup développa un prolétariat industriel qui, désormais, fut le foyer du mouvement révolutionnaire. En 1895, de grandes grèves éclatèrent ; celle de 1896 arrêta le travail de 30 000 ouvriers en coton, qui réclamaient la journée de dix heures et demie. En 1899, il y eut conflit entre étudiants et autorités pour la liberté académique. En 1900, nouveaux conflits à Kiev et dans d'autres villes ; à Moscou plusieurs centaines d'ouvriers défilèrent, drapeau rouge déployé, avec les étudiants. De 1895 à 1900, il y avait eu deux cent vingt grèves.

Pendant le règne d'Alexandre III, le groupement de la *Volonté du peuple* déclina, bien qu'il se manifestât encore par des attentats contre l'Empereur – dans l'un de ceux-ci, furent impliquées quinze personnes, dont cinq furent condamnées à mort, et parmi elles un jeune homme de 19 ans, A. Oulianov, frère de Lénine. Quant au *Tcherny Peredel*, il n'a pas laissé de traces marquantes. La vigilance de la police et les mesures répressives prises par le gouvernement ne lui permirent pas, en effet, d'agir efficacement. Même l'imprimerie de *Terre et Liberté* qui, après la scission, était revenue au *Tcherny Peredel*, disparut bientôt. Après une série d'insuccès, Stefanovitch, Deutsch, Plekhanov et Vera Zassoulitch émigrèrent à l'étranger, où ils inspireront les premiers groupes marxistes.

2. *Les débuts du marxisme.* — La première tendance du socialisme russe réapparut dans le parti *social révolutionnaire* fondé en 1901 par Tchernov. Le programme restait le même : socialisation du sol pour répondre aux besoins du moujik et terrorisme, moralement et politiquement permis, comme complément de la révolution des masses, à condition qu'il fût dirigé par le parti. Trois ministres de l'Intérieur furent successivement assassinés, ainsi que le grand-duc Serge en 1905. Les campagnes étaient travaillées par une *Ligue agraire* organisée par le parti. Au début du siècle les socialistes révolutionnaires représentaient une force révolutionnaire authentique.

Sur ce socialisme, Marx d'abord méfiant, a changé d'avis[1]. Dans un appendice au tome I du *Capital*, écrit entre 1860 et 1867, il l'attaquait violemment ; il condamnait le *mir* et semblait manifester une certaine aversion à l'égard des Russes. Mais en 1882 Vera Zassoulitch traduisit en russe le *Manifeste communiste*. En une préface à cette traduction, Marx rendit alors hommage au terrorisme ; il expliqua qu'il avait décrit dans ses ouvrages l'évolution historique des pays occidentaux : ailleurs l'évolution

---

1. Marx se méfia toujours de la Russie « *pivot de la réaction* ». (Cf. *supra*, 3ᵉ partie, chap. III, p. 175.) Mais à la fin de sa vie, il s'y intéressa passionnément car les attentats terroristes lui avaient montré la capacité révolutionnaire du peuple russe ; à partir de l'échec de la Commune et de la Iʳᵉ Internationale, il ramassa sur la Russie une énorme documentation : à sa mort, en 1883, Engels trouva dans ses papiers deux mètres cubes de statistiques russes.

pouvait être différente, et d'autres moyens efficaces. Les Russes avaient le droit de s'appuyer sur l'institution nationale du *mir*[1].

Cependant l'influence marxiste gagnait du terrain et, en 1883, après l'échec du *Tcherny Peredel*, Vera Zassoulitch, Plekhanov et Axelrod fondèrent le groupe de l'*Émancipation du travail*, généralement reconnu comme le premier groupe social-démocrate russe. Ils se disaient *économistes* et critiquaient âprement leurs prédécesseurs, les populistes. Ce groupe propageait les idées socialistes en une série de brochures dont les plus connues sont celles de Plekhanov intitulées : *Le Socialisme et la lutte politique. Nos discordes.* Il fut constitué d'abord à l'étranger par des émigrés, mais, à partir de 1895, des groupes social-démocrates se formèrent en Russie : à Saint-Pétersbourg, le *Rabotchi* (*l'Ouvrier*) qui avait son journal dont le premier numéro, en janvier 1885, publiait des articles d'Axelrod et de Plekhanov. En 1890, sous la direction de Lénine, naissaient les premières *unions de libération de la classe ouvrière*. Au congrès international de Paris, en 1889, Lavrov expliqua les principes de ce mouvement. Il doutait de plus en plus de la possibilité d'une propagande parmi les paysans ; il croyait à la nécessité d'un développement préalable du capitalisme. Ce fut en 1898 que se tint pour la première fois à l'étranger (à Bruxelles) le congrès du *parti social-démocrate russe*. S'y retrouvaient les délégués de plusieurs grandes villes et de l'organisation social-démocratique juive de Lithuanie, Pologne, Russie. Beaucoup des meilleurs représentants de la social-démocratie, Lénine, Martov, manquaient, car dès 1895 ils s'étaient séparés de ces *marxistes légaux* qu'ils jugeaient trop pacifiques. Presque tous les délégués furent ensuite arrêtés.

À ce congrès figuraient donc surtout les marxistes légaux : Struve, Isgoeff, Tougan Baranovsky, à côté d'une minorité de social-démocrates véritablement révolutionnaires. Ce fut Struve qui rédigea le manifeste du congrès et prononça la phrase fameuse : « *Plus on va vers l'Orient et plus la bourgeoisie devient abjecte.* »

---

1. « *La tâche du* Manifeste communiste *était d'annoncer la déchéance inévitable et imminente de la propriété bourgeoise. Mais, en Russie, à côté d'un capitalisme qui se développe avec une hâte fébrile, à côté de la propriété foncière bourgeoise à peine constituée, nous trouvons un communisme rural de la terre qui occupe plus de la moitié du territoire. Maintenant, la communauté paysanne russe, le* mir, *où se trouve, dans une forme à vrai dire décomposée, la primitive communauté rurale du sol, permet-elle de passer directement à une forme de communisme supérieure de la propriété foncière ? Où bien, lui faudra-t-il subir d'abord la dissolution qui apparaît dans le développement historique de l'Occident ? Voilà la question. La seule réponse qu'on y puisse faire aujourd'hui est celle-ci : s'il arrive que la révolution russe donne le signal d'une révolution ouvrière en Occident, de façon que les deux révolutions se complètent, le communisme foncier de la Russie actuelle, le* mir *russe actuel pourra être le point de départ d'une évolution communiste.* »

La lutte entre *marxistes légaux* et *social-démocrates* commença bientôt. Dès 1900, Lénine et Plekhanov disaient, en analysant les célèbres remarques critiques de Struve : « *L'auteur défend certes le marxisme contre les narodnikis, mais il le fait de telle façon qu'il se trouvera demain de l'autre côté de la barricade.* » Le marxisme légal devient le *bernsteinisme économique* : en s'appuyant sur les livres de Bernstein, ses partisans recommandaient la tactique modérée ; soutenir les revendications de la classe ouvrière, action directe économique du prolétariat en vue d'améliorer sa situation grâce aux grèves, etc. Au contraire les social-démocrates, *politiciens*, sous la direction de Lénine, proclamaient la nécessité de l'action politique et la mission historique du prolétariat, appelé à renverser l'autocratie tsariste et à libérer ensuite la société universelle.

La lutte s'intensifia après 1900 lorsqu'un groupe, avec Lénine et Martov à sa tête, fonda un journal illégal, *L'Iskra* (*L'Étincelle*) qui répandit des mots d'ordre extrémistes intransigeants. Dans sa célèbre brochure, *Que faire ?* Lénine lança la formule : « *Avant de s'unir, il faut se diviser.* » Les révolutionnaires, dès ce moment, voulaient rompre avec les opportunistes. Les *Iskrovitzi* préparèrent le congrès suivant qui se tint à Londres en 1903. Ils y étaient sûrs de la majorité, puisqu'ils avaient auparavant exclu la plupart de leurs adversaires *économistes*. Struve avait quitté le parti et publié en 1902 ses *Problèmes de l'idéalisme*. Le congrès accentua la lutte révolutionnaire et, pour mener le combat, centralisa fortement le parti.

3. *Le conflit entre bolcheviks et mencheviks.* — Mais à peine la lutte contre les économistes était-elle terminée, qu'une querelle nouvelle s'éleva, celle des *mencheviks*, « *ceux qui voulaient le moins* », dont le chef était Martov, et des *bolcheviks*, « *ceux qui voulaient le plus* », conduits par Lénine. Cette scission correspondait à celle des *durs* et des *mous*, des extrémistes et des modérés. Mais elle porta à l'origine sur des points qui, à première vue, semblaient secondaires. Il s'agissait de l'organisation du parti et, en particulier, des conditions dans lesquelles les membres seraient admis. La motion Martov formulait ainsi les conditions d'admission : « *Est considéré comme membre du parti quiconque reconnaît son programme, soutient le parti par ses ressources matérielles et lui rend un concours personnel régulier sous la direction d'une de ses organisations.* » Lénine, lui, proposait la formule suivante : « *...quiconque reconnaît son programme et soutient le parti aussi bien par ses ressources matérielles que par sa participation personnelle à une des organisations du parti.* » Où est l'opposition, dira-t-on ? Voici. Martov voulait que toute personne travaillant sous le contrôle d'une des organisations du parti pût également appartenir au parti, ce qui aurait permis aux libéraux, aux intellectuels socialistes, d'entrer dans le

parti. Indirectement se trouvait indiqué là l'autre problème qui divisait les congressistes : les rapports avec l'opposition bourgeoise au régime tsariste. Les *mencheviks* acceptaient provisoirement un front commun ; les *bolcheviks* intransigeants refusaient toute collaboration avec ceux qui ne partageaient pas leur credo révolutionnaire. Les partisans de Lénine obtinrent une majorité d'une ou deux voix et furent appelés pour cette raison *bolcheviks*, c'est-à-dire majoritaires. Ce mot prit ensuite la signification d'extrémiste, de *maximalistes* par opposition aux modérés – les *mencheviks*, les *minimalistes*.

Les deux tendances étaient d'accord sur le programme, puisque celui-ci avait été rédigé par Martov, Lénine et Plekhanov. Il reprenait d'ailleurs dans ses grandes lignes celui de Plekhanov en 1884. Il était hostile au socialisme agraire de la tradition russe, soulignait que la Russie ne souffrait pas seulement de son centralisme, mais aussi de l'insuffisance de son développement économique. Faute de classe moyenne pour entreprendre la lutte contre l'absolutisme, c'était à l'*intelligenzia* socialiste d'entreprendre cette tâche, en s'appuyant sur la classe ouvrière qui se développerait à mesure que le capitalisme lui-même grandirait en Russie.

Au cours des années 1904-1905, le conflit des *mencheviks* et des *bolcheviks* s'aggrava. Il se révéla que, sur un point en apparence secondaire, se manifestait une opposition en réalité profonde, soit de doctrine, soit de tempérament, puisque, au moment de la révolution de 1905, de même qu'en 1914 et en 1917, la division en *mencheviks* et en *bolcheviks* se reproduisit (encore que certains individus aient passé d'un groupe à l'autre).

En 1905, Martov affirma « *qu'une révolution ouvrière était impossible en Russie et que seule la bourgeoisie libérale était capable de renverser l'autocratie* » (article de l'*Iskra*, dirigé par Martov, en janvier 1905). Les *bolcheviks* au contraire, affirmèrent que dès ce moment une troisième force existait, la classe ouvrière, et c'est pour cela qu'ils étaient partisans d'une action violente révolutionnaire. Cependant, en 1905, Lénine, lui aussi, écrivait que la révolution russe serait nécessairement une révolution bourgeoise, et que « *dans le meilleur cas, elle pourra réaliser une nouvelle répartition fondamentale de la propriété foncière au profit des paysans, établir le démocratisme conséquent et complet jusqu'à l'installation d'une république, arracher non seulement de la vie des campagnes mais aussi de la vie des usines tous les traits asiatiques et despotiques, et commencer à améliorer sérieusement la situation des ouvriers et leur train de vie.* » Il écrivait encore à cette date : « *C'est une pensée réactionnaire que de chercher le salut de la classe ouvrière dans toute autre chose que dans le développement massif du capitalisme.* »

Au cours de l'été 1905, deux congrès parallèles eurent lieu : troisième congrès des *bolcheviks* à Londres du 25 avril au 10 mai et la première conférence panrusse unifiée de *mencheviks* à Genève. Le congrès *bolchevik* proclama que la grève générale, organisée par toute la classe ouvrière, serait la plus puissante des armes du marxisme ; puis le parti éclaira les prolétaires sur le « *caractère anti-révolutionnaire et anti-prolétarien du mouvement démocratique bourgeois* », critiqua la création d'une *Douma* annoncée par le manifeste impérial du 17 août, et en septembre lança ce mot d'ordre « *organisons la Révolution* ».

4. *La révolution d'Octobre* 1905. — Pendant les vingt-cinq ans qui précédèrent la guerre mondiale, la Russie eut un grand homme d'État, le comte de Witte, qui était convaincu que la Russie serait incapable, politiquement, moralement et financièrement, de soutenir une guerre. En effet la guerre russo-japonaise (janvier 1904-septembre 1905) fut marquée par une première révolution à la fois libérale et sociale (révolte des paysans et des ouvriers). La capitulation de Port-Arthur est du 1er janvier 1905. Le dimanche 22 janvier, conduits par un agent provocateur, le pope Gapone, les ouvriers marchèrent sur le palais impérial ; la troupe tira, plusieurs centaines d'ouvriers furent tués. En représailles du « dimanche rouge », le mois suivant, le grand-duc Serge fut assassiné. Les désordres se multiplièrent, les grèves s'étendirent ; des *soviets* d'ouvriers furent créés à Saint-Pétersbourg par les *mencheviks*. D'ailleurs les *bolcheviks* y pénétrèrent. Des soulèvements militaires s'esquissèrent : le plus célèbre est la mutinerie des matelots du cuirassé *Potemkin*, en juillet, qui furent près de s'emparer d'Odessa.

En août 1905 le tsar, conseillé par Bouliguine, annonça une Constitution qui comportait une *Douma* d'État, purement consultative ; mais le mouvement révolutionnaire ne s'arrêta pas. La paix de Portsmouth fut signée le 1er septembre. En octobre, les social-démocrates (*mencheviks*) organisèrent une véritable grève révolutionnaire. Nicolas II rappela au pouvoir le comte de Witte. Par le manifeste du 30 octobre une constitution fut octroyée, qui prévoyait la liberté de pensée, de conscience, de parole, de réunion, d'association, une *Douma* avec des représentants de toutes les classes, pour ratifier les lois. Pendant deux mois les désordres sanglants continuèrent. De Witte, conseillé par Struve (l'ancien socialiste rédacteur du premier manifeste du premier congrès), réussit à éviter l'effusion de sang à Saint-Pétersbourg, malgré la grève générale déclenchée par le soviet social-démocrate et la mutinerie des marins de Kronstadt ; il ne put l'empêcher à Moscou, où le soviet déclara une grève générale pour venger l'arrestation du soviet de Pétersbourg ; dirigée par le brutal amiral Doubassov, de Pétersbourg, la répression fut affreuse. Au début de 1906, les tentatives révolutionnaires avaient définitivement échoué.

Socialistes révolutionnaires et social-démocrates ne prirent aucune part aux premières élections. Partisans du suffrage universel, hostiles à une *Douma* législative dans un empire autocratique et à une loi électorale trop étroite, ils boycottèrent cette première *Douma*. Celle-ci en fut affaiblie d'autant. Elle se heurta très rapidement au gouvernement parce qu'elle réclamait, entre autres réformes, les terres pour les paysans par l'expropriation des grands propriétaires, moyennant indemnités. La *Douma* fut dissoute dès qu'elle osa voter la loi d'expropriation, en juillet 1906.

Cette dissolution ouvrit l'ère de Stolypine qui gouverna pendant la deuxième et troisième *Douma* : gouvernement autoritaire en réalité, mais qui respectait certaines formes parlementaires, quoiqu'il ne craignît pas de modifier la loi électorale ce qui était inconstitutionnel, pour se débarrasser de ses adversaires. Stolypine s'appuya sur les *octobristes* contre les cadets, Constitutionnels démocrates partisans du suffrage universel et du parlementarisme. Il promulgua une série de réformes agraires diversement appréciées. Il organisa, par l'intermédiaire de la banque paysanne, la vente de certains biens de la Couronne ; il modifia le statut personnel du paysan : suppression, là où elle subsistait, de la responsabilité collective en matière d'impôts, droit pour le paysan de sortir et de faire sortir sa terre de la communauté. Ces réformes allaient contre le système du *mir* et établissaient le principe de la liberté individuelle. En 1911, près de un dixième des terres communes était passé à la propriété individuelle, près de un sixième des paysans communautaires avait adopté définitivement le nouveau mode d'appropriation.

Le 14 septembre 1911, Stolypine fut assassiné à l'Opéra de Kiev par un agent de la police secrète[1]. La nouvelle *Douma* (la quatrième) fut plus réactionnaire encore que les précédentes : les *octobristes* passèrent cette fois dans l'opposition, avec l'appui des *Cadets*. La tâche du gouvernement fut aidée par la prospérité industrielle, mais les grèves de caractère politique se multiplièrent et s'aggravèrent. Le 1er mai 1914, grève de 130 000 ouvriers à Saint-Pétersbourg. Les grèves continuèrent en juin-juillet ; des barricades s'élevèrent dans plusieurs quartiers de la capitale : les cosaques chargèrent les ouvriers.

5. *Décomposition des partis socialistes russes*, 1906-1914. — Nous avons vu que les social-démocrates et social-révolutionnaires avaient boycotté la première *Douma*. Cependant, à la seconde, siégèrent 51 social-

---

[1]. Stolypine était détesté autant des réactionnaires, qui lui reprochaient de morceler la grande propriété, que des socialistes, qui l'accusaient de satisfaire les paysans à bon compte, pour sauver le régime.

démocrates, 12 bolcheviks (Alexinski) et 39 mencheviks (Tseretelli) qui votèrent toujours ensemble[1], puis 31 socialistes révolutionnaires, tous *minimalistes* (Gorbounov) et 19 socialistes populistes (Korolenko) voisins des socialistes révolutionnaires. Les social-révolutionnaires boycottèrent la troisième et la quatrième *Douma*, mais les social-démocrates y participèrent : 20 seulement à la troisième, ils sont plus nombreux à la suivante.

Quant à l'évolution intérieure des deux groupes socialistes, elle fut marquée par une suite ininterrompue de querelles et de scissions. Suspendu après juin 1906, le terrorisme reprit après la dissolution de la première *Douma*. De plus, les expériences faites depuis 1905, en particulier la découverte d'agents provocateurs comme Azev, créèrent beaucoup d'incertitude dans le parti. Les scissions se multiplièrent (maximalistes, minimalistes, initiativistes). Pour ne pas vouloir renoncer à son intransigeance, le parti socialiste révolutionnaire tomba en pleine décadence.

Contre cette forme de socialisme spécifiquement russe, les social-démocrates, nous l'avons vu, étaient d'accord. Lénine, lui-même faisait l'éloge de la terreur jacobine. Les jacobins de la démocratie socialiste contemporaine, les bolcheviks, veulent, disait-il, que le peuple, c'est-à-dire le prolétariat et les paysans, liquident le compte de la monarchie et de l'aristocratie à la plébéienne, en annihilant impitoyablement les ennemis de la liberté. Lénine condamnait cependant le terrorisme qu'il tenait pour insuffisant. De son côté, dès 1889, Plekhanov disait : « *Tant que le mouvement se limite aux enthousiastes et aux étudiants, il peut bien faire courir des dangers à la sécurité personnelle des Tsars, mais non pas au tsarisme comme institution politique. Les social-démocrates se fient aux mouvements de masses.* »

Après la révolution de 1905, une tentative avait été faite à Stockholm en 1906 pour rétablir l'unité entre *mencheviks* et *bolcheviks*. On ne fut d'accord sur rien. Était-on en 1847 ou en 1849, à la veille de la révolution ou au lendemain d'une période révolutionnaire ? La révolution avortée de 1905 était-elle comparable à celle de 1848, autrement dit, annonçait-elle une stabilisation provisoire du régime établi ? Ou bien précédait-elle immédiatement une révolution victorieuse ? À la clôture du congrès, le parti, nominalement unifié, resta divisé : le parti bolchevik en sortit doublement illégal, par rapport au tsarisme et par rapport au comité central dominé par les mencheviks. Au congrès suivant, à Londres, en 1908, nouvelle bataille pendant un mois entier. Cette fois les bolcheviks l'emportèrent grâce à l'adhésion de la social-démocratie lettonne et de la social-démocratie polonaise. Le conflit

---

1. Après le brutal renvoi de la première *Douma*, tous les socialistes se liguèrent pour défendre cet embryon de Parlement qui gênait le tsar : leur mot d'ordre fut : *Épargnez la Douma.*

était entre *liquidateurs*, une partie des anciens mencheviks qui voulaient *liquider* le parti illégal et s'organiser dans le cadre de la constitution et les *bolcheviks* qui entendaient poursuivre l'action illégale.

À la conférence de Paris les liquidateurs étaient toujours en minorité mais ne changèrent pas leur ligne de conduite[1]. Ajoutons la querelle du groupe *V period* (en avant) auquel appartenaient Lounatcharski, Alexinski, Bogdanov, Pokrovski. Il s'agissait en apparence d'une querelle philosophique, conservation du matérialisme marxiste ou révision des bases philosophiques dans le sens du positivisme de Mach, mais en réalité des questions politiques se trouvaient en jeu du même coup.

Dans les années qui précédèrent la guerre, le mouvement socialiste russe semblait en pleine décomposition. Il était divisé en socialistes révolutionnaires et social-démocrates. Ceux-là se subdivisaient en deux ou trois groupes, ceux-ci en bolcheviks et mencheviks ; et ces deux derniers groupes enfin étaient encore partagés en diverses tendances[2]. Et pourtant, c'est une fraction du parti social-démocrate russe, marxiste et révolutionnaire, partisan de la violence, de l'action directe et de l'antipatriotisme qui va mener avec succès la première révolution socialiste d'Europe : les bolcheviks.

---

1. Mencheviks et bolcheviks se heurtaient aussi à propos de la neutralité des syndicats.
2. Dans la quatrième Douma siègent, hostiles les uns aux autres, 6 bolcheviks et 7 mencheviks. Ces derniers, à leur tour, se composent de liquidateurs et de fidèles au parti. Quant aux bolcheviks, ils sont léninistes ou otzovistes ou révocateurs. Ces derniers persistent à demander le boycottage de la Douma, d'où le nom que leur donne Lénine de mencheviks à rebours ; au contraire, les liquidateurs veulent supprimer l'ancien parti clandestin, avouer que la révolution ouvrière a été défaite, qu'ils possèdent un semblant de Constitution russe, que le parti ouvrier doit s'adapter à cette Constitution, s'organiser légalement et remanier le programme.

# CINQUIÈME PARTIE

L'APRÈS-GUERRE

CHAPITRE PREMIER

LE SOCIALISME PENDANT LA GUERRE[1]

1. *Les partis socialistes se rallient aux gouvernements.* — Sur la question de la guerre, qui depuis des années était tout à la fois attendue et redoutée, les socialistes, dans leurs congrès internationaux, se divisaient en deux groupes. Les uns, en général les modérés, assignaient au socialisme la mission d'empêcher la guerre ; à cette fin, ils acceptaient de s'allier avec les partis bourgeois et envisageaient la grève générale (que Gustave Hervé avait vainement demandée à Stuttgart). Les autres, les socialistes extrémistes, la social-démocratie allemande, soutenaient que la menace de guerre naissait inévitablement de la crise chronique du régime capitaliste. Pour écouler leurs produits, les capitalistes, en quête de marchés, se lançaient dans l'expansion coloniale, qui, à son tour, multipliait les causes de conflit. Du reste, une guerre fournirait aux prolétaires armés l'occasion de faire la révolution sociale. L'assassinat de Jaurès, le 31 juillet 1914, fut le symbole de la défaite des modérés. Dans le même temps, Gustave Hervé devenait un ardent patriote : ralliement, lui aussi, symbolique[2].

Du reste, la guerre ne surgit pas dans les pays industrialisés, où le capitalisme était le plus développé, mais dans les petits pays, d'économie arriérée, qui, au nom du principe des nationalités, aspiraient à une libération totale. Un grand historien, Albert Sorel, dès 1878, l'année du congrès de Berlin, avait écrit : « *Le jour où l'on croira résolue la question d'Orient, l'Europe verra se poser la question d'Autriche.* » En 1913, voici que se produisait l'effondrement de l'Empire ottoman ; le temps était venu pour la monarchie austro-hongroise de s'effondrer à son tour. La monarchie dualiste comprenait une majorité de races étrangères soumises au contrôle de deux races dominantes, l'allemande et la hongroise. Depuis longtemps déjà ces races soumises se montraient rétives, et, à partir du moment où

---

1. [Voir ENS-Ulm, fonds Élie Halévy, carton 6-1 : dossiers de cours, et carton 8 : notes des étudiants.]
2. Dans *L'Humanité*, le journal de Jaurès, Renaudel incitait les ouvriers à combattre pour *la dernière des guerres*.

le gouvernement autrichien en 1909 et le gouvernement hongrois en 1911 avaient accordé à leurs sujets le suffrage universel, les deux parlements de Vienne et de Budapest étaient devenus les pandémoniums de nationalités rivales. Maintenant que, par leur victoire dans la guerre des Balkans de 1913, les trois millions de Serbes émancipés venaient de doubler le territoire et la population de leur patrie, comment les cinq millions de Tchèques et les six millions de Slaves du Sud, encore assujettis à l'Autriche et à la Hongrie, n'auraient-ils pas rêvé de suivre pareil exemple ? Dans toutes les parties de l'Empire austro-hongrois, la révolte se propageait.

Aux premiers temps de la guerre, les sentiments révolutionnaires des classes laborieuses semblèrent avoir perdu toute puissance devant les appels instinctifs de la solidarité nationale. Dans tous les pays, les socialistes votèrent les crédits de guerre[1]. Vainement quelques chefs, isolés ou groupés, tentèrent de demeurer fidèles au principe doctrinal de la paix à tout prix. L'enthousiasme des masses eut vite fait de les balayer.

On peut dire d'ailleurs, en leur faveur, qu'ils ne renonçaient pas à leurs conceptions économiques en se ralliant à leur patrie. Car, avec la guerre, une certaine dose de socialisme pénétra la politique de toutes les nations belligérantes. La guerre moderne, en effet, n'est pas une guerre de condottières, mais de nations. Partout les gouvernements reconnurent qu'il était indispensable de contrôler l'ensemble des moyens de communication et de transport, le commerce d'importation et d'exportation, les mines et toutes les branches de la production qui étaient nécessaires à l'alimentation, à l'équipement, à l'armement des troupes. Les capitalistes restaient, il est vrai, à la tête de leurs entreprises et continuaient à réaliser des profits. Mais ceux-ci étaient réglementés par l'État qui en prélevait une part sous forme d'impôt. L'État fixait les salaires et dirigeait la monnaie.

Ce capitalisme d'État ressemblait d'autant plus au socialisme que les gouvernants, conscients de la force des organisations ouvrières, avaient fait appel avec succès aux chefs syndicaux pour organiser et intensifier le travail dans les usines de guerre. Certains socialistes nourrirent même la folle espérance que la guerre avait produit un miracle et qu'au jour de la paix, l'Europe pourrait bien découvrir qu'un régime permanent de socialisme d'État mêlé de syndicalisme se trouvait réalisé sans les horreurs d'une révolution, sinon sans les horreurs de la guerre. S'ils ne tombèrent pas tous dans de telles utopies, beaucoup de socialistes et de syndicalistes crurent

---

1. Dans tous les pays aussi, les gouvernements invoquèrent une guerre strictement défensive, l'Allemagne en particulier se prévalait de la mobilisation russe, la première en date. On ne peut guère citer que le parti socialiste serbe, qui refusa à la Shouptchina, de voter les crédits militaires, et le groupe bolchevik russe dont l'attitude d'ailleurs évolua ensuite.

tirer la leçon de l'expérience de guerre, en réclamant la nationalisation des grandes entreprises et le contrôle de la gestion des entreprises nationalisées par les syndicats ouvriers et les usagers.

2. *Mécontentement des socialistes : la IIIe Internationale suisse.*
— Pourtant la classe ouvrière et le parti socialiste ne furent pas longtemps unanimes dans leur volonté de collaboration avec les partis bourgeois. Partout, le prolétariat recommença à s'agiter. Les ouvriers étaient bien payés, mais assujettis à un régime de stricte discipline militaire, et quand ils se plaignaient, on leur donnait à entendre qu'en vertu d'accords signés par leurs chefs avec les dirigeants de chaque État, les membres des syndicats avaient renoncé au droit de grève. Les pacifistes intransigeants entrèrent en contact avec ces travailleurs mécontents, et là se reforma et grandit un mouvement révolutionnaire, dirigé à la fois contre le capitalisme et contre la guerre.

1° *En France*, pendant la première année de guerre, la participation au gouvernement de Jules Guesde et de Sembat (18 août 1914), puis d'Albert Thomas (22 mai 1915) ne suscita aucune opposition dans le groupe socialiste parlementaire. Mais bientôt une minorité se constitua à l'intérieur du parti qui reprit le mot d'ordre de paix et de lutte de classes. Cette tendance extrémiste acquit rapidement la majorité à Paris.

2° *En Angleterre*[1], le cas de conscience posé aux socialistes était aggravé du fait que leur pays avait eu à prendre la responsabilité de déclarer la guerre. Le parti travailliste fut en majorité partisan de la guerre et quand, en avril 1915, Asquith forma un ministère de coalition, Henderson y entra comme président du *Board of Education*. Lorsqu'en janvier 1916, Asquith établit la conscription, le *British Labour Party* passa au pacifisme, mais, comme le congrès des *Trade-Unions*, il s'en tint à une protestation de pure forme. En 1916, Lloyd George constitua son ministère en y appelant conservateurs et travaillistes. Henderson fut alors un des cinq membres du cabinet de guerre. Mais une double protestation s'éleva, d'une part du rang des intellectuels, constituant l'*Independent Labour Party*, avec à leur tête Ramsay MacDonald et Philip Snowden, d'autre part de la masse inférieure du prolétariat qui, mécontente de voir les chefs syndicaux s'allier aux grands magnats de l'industrie, fomenta des grèves. Ce fut le mouvement dit « *du rang et de la file* » (*rank and file*).

3° *En Allemagne*, le parti social-démocrate donna au moment de la déclaration de guerre l'impression d'une adhésion totale (109 votes pour, sur 110 votes socialistes). On devait apprendre plus tard qu'en délibération

---

1. [Cette partie s'inspire du polycopié *HSA* de 1932 ; Fascicule III, « le socialisme de guerre », reproduit p. 517.]

secrète du groupe socialiste, 14 membres, dont le président de groupe, Haase, s'étaient prononcés contre le vote des crédits de guerre. Cette opposition alla croissant. En décembre 1915, quarante-deux socialistes refusèrent de voter les crédits de guerre. Le 12 janvier 1916, Haase abandonna à Ebert la présidence du groupe social-démocrate. Une scission s'ensuivit dans le parti, scission qui précéda le schisme communiste et survécut à la guerre.

Des tentatives furent faites dès 1914 pour unir les mécontents des pays en guerre. À la fin de 1914, le bureau socialiste international se transporta à La Haye et voulut y rassembler un congrès pour rétablir le contact entre socialistes français, anglais et allemands. Les gouvernements firent échouer le projet. Indépendamment de la IIe Internationale, un certain nombre d'isolés se réunirent en Suisse, à Zimmerwald, en septembre 1915, puis à Kienthal, en avril 1916. Aucun Anglais n'était présent. Il y avait là quelques *heimatlos*, sans patrie, révolutionnaires, quelques Allemands, dont Ledebour, le Français Merrheim. Ledebour et Merrheim réclamèrent un ordre du jour qui fût un appel aux peuples, afin que ceux-ci obligent leurs gouvernements à conclure la paix. Ce pacifisme suscita l'ironie d'un révolutionnaire qui leur rappela la vieille thèse du socialisme révolutionnaire : « *La paix ! pourquoi parlez-vous de paix ? Vous n'aurez pas de paix avant d'avoir la révolution sociale. Rentrez chez vous, tant que vous êtes, et commencez la révolution.* » Peu de mois après, ce révolutionnaire rentra effectivement en Russie et fit la révolution. C'était Lénine[1].

3. *La révolution russe de 1917*. — En Russie, les crédits de guerre n'avaient pas été votés à l'unanimité. À mesure que la guerre durait, l'opposition s'aggravait, dans les campagnes, où le service militaire était impopulaire, dans les villes, où les vivres manquaient, dans l'armée, où les défaites et la désorganisation minaient le moral des soldats. Du 7 au 10 mars 1917 des grèves partielles, à Saint-Pétersbourg, dégénérèrent en tentatives de grève générale : près de 200 000 chômeurs défilèrent en criant « du pain », et les soldats chargés de mater les grévistes firent défection ; le soir du 10 mars, un conseil *soviet* des ouvriers et des soldats se constitua. Ce même jour, le gouvernement avait suspendu la *Douma*. Celle-ci passa outre et nomma un comité exécutif. Le 13 mars, l'armée prit parti pour la *Douma* contre le tsar : le 14 mars Nicolas II abdiqua, poussé par ses généraux qui voulaient sauver l'armée de la « décomposition ».

---

1. Auparavant, à Genève, il avait réussi à reconstituer une IIIe Internationale, basée sur le principe que la guerre impérialiste doit mener à la guerre civile, et, par conséquent, à la révolte et à la victoire du prolétariat. Il disait que chaque révolutionnaire doit souhaiter, dans chaque pays capitaliste, « *la défaite de son propre gouvernement* ».

La Révolution qui suivit fut conforme au plan syndicaliste et hervéiste, à la fois contre la guerre et contre le capitalisme, conduite par les conseils d'ouvriers et de soldats que le monde entier connaît aujourd'hui sous le nom de *soviets*.

Le premier gouvernement provisoire était en majorité bourgeois et modéré. Il était présidé par le prince Lvov ; Milioukov, un cadet, chargé du ministère des Affaires étrangères, voulait continuer la guerre. Le socialisme était représenté par Kerenski qui s'intitulait travailliste. Le parti social révolutionnaire russe avait en effet *boycotté* la Douma qui siégeait alors ; aussi les hommes de tendance social-démocrate qui voulurent entrer néanmoins à la Douma avaient-ils pris le nom de travaillistes.

À côté et en dehors du comité exécutif de la Douma, des comités ou *soviets* se constituèrent spontanément à l'intérieur et au front. Ils s'arrogèrent un droit de contrôle sur les chefs d'entreprise et les officiers. Le vrai maître du gouvernement fut le Soviet de Petrograd ; dès la fin mars il lança sa première ordonnance, qui déliait les soldats de toute obéissance envers leurs chefs. Au front, des soviets de régiments, de divisions s'étaient formés. Leur journal *La Pravda des tranchées* recommandait déjà la paix immédiate et la fraternisation avec les Allemands. En mai, Milioukov fut éliminé du comité et Kerenski en prit la direction avec le titre de ministre de la Guerre. En juin, les *soviets* tinrent un Congrès. Il comprit 285 socialistes révolutionnaires, 248 mencheviks et 105 bolcheviks, ceux-ci ayant à leur tête Lénine, revenu de Suisse depuis mai et Trotski, chef du soviet de Petrograd. Le Congrès exigea alors l'entrée des représentants des soviets dans le comité exécutif.

Kerenski essaya de maintenir la Russie dans les rangs des nations alliées, tout en proposant de réunir à Stockholm une Conférence internationale socialiste qui finît la guerre honorablement pour tous. Ce projet se heurta à l'hostilité des gouvernements en même temps qu'à celle des socialistes extrémistes et resta lettre morte. Au commencement de juillet, Kerenski décida de déclencher, sous la conduite du général Broussilov, une offensive contre l'Allemagne. Après quelques jours de succès en Bukovine où les habitants, Slaves étaient gagnés à la cause russe, l'offensive s'effondra.

Ce fut pour la Russie la fin de la guerre et le début d'une période d'extrême anarchie. Dans l'armée, où la peine de mort avait été abolie, le commandement appartenait en fait aux soviets. Le moment vint où ce régime, comme tous ses pareils, dut finir par quelque espèce de dictature. Un premier essai de coup d'État fut tenté par les militaires avec Kornilov ; il échoua. Les 6 et 7 novembre les bolcheviks du soviet de Petrograd, appliquant une remarquable technique du coup d'État, s'emparèrent du Télégraphe, de la Banque d'État, de l'état-major et conquirent ainsi le pouvoir. Dès le 8, Lénine prit ses deux premiers décrets, l'un supprimant la propriété foncière, l'autre ouvrant des pourparlers pour faire la paix. Le Comité central des soviets où les mencheviks dominaient protesta, mais le septième Congrès des soviets, réuni le 8 novembre, donna la majorité aux bolcheviks et nomma un nouveau comité central exécutif, à la tête duquel fut placé un Conseil des commissaires du peuple. Par le triomphe d'une minorité consciente s'établit pour la première fois la dictature du prolétariat.

On ne saurait exagérer les conséquences proches et lointaines de la prise du pouvoir par les bolcheviks. Sans parler des répercussions immédiates sur le déroulement de la guerre – libres à l'Est, les Allemands allaient désormais faire porter tout le poids de la guerre à l'Ouest – l'esprit révolutionnaire russe exerça une influence dissolvante sur le moral des nations alliées en favorisant le défaitisme des soldats et des travailleurs lassés par la durée du conflit. Les gouvernements français et anglais envoyèrent des socialistes en mission en Russie pour obtenir des socialistes russes, au nom de la solidarité démocratique, la fidélité à la cause de la coalition anti germanique. Mais il arriva que la volonté de guerre et de victoire s'affaiblit dans l'esprit de ces envoyés français et anglais ; ils devinrent convertis à la cause de la paix, quelques-uns d'entre eux même (les Français, sinon les Anglais) convertis à la cause du communisme bolchevik. D'ailleurs, l'Allemagne, tout comme la France et l'Angleterre, fut pénétrée par les influences bolcheviques : la seule différence est que cette action y fut plus directe et profonde qu'en Occident. Elle renforça la minorité social-démocrate opposée à la guerre et contribua à précipiter la révolution.

Après la guerre, la révolution russe rendit inévitable et permanente la division du mouvement socialiste. Non seulement l'organisation et la discipline imposées par la IIIe Internationale siégeant alors à Moscou écartèrent du parti communiste de nombreux militants du socialisme traditionnel individualiste, mais la Révolution russe, de même que la méthode révolutionnaire qui en avait assuré le succès, posa des problèmes doctrinaux à propos desquels les socialistes ne pouvaient manquer de se heurter.

Selon la doctrine marxiste, le communisme aurait dû être le terme de l'évolution capitaliste. Or, la révolution s'était produite en Russie, pays industriellement peu développé, par le fait de la guerre et non à cause de la crise économique. Il avait donc fallu, pour rendre compte de cet apparent paradoxe, reconnaître le rôle historique des minorités conscientes et des partis révolutionnaires. De plus, l'État nouveau ne pouvait prétendre être l'État communiste idéal, tel qu'il existera le jour où il n'y aura plus de classes. Des étapes intermédiaires allaient donc être nécessaires. Et, en attendant la réalisation du communisme, la dictature du prolétariat, dont le principe se trouve énoncé dans quelques passages de Marx et Engels, restait indispensable. Ainsi le parti communiste, qui avait toujours défendu un programme d'extrême liberté, n'hésita pas, quand il fut maître du pouvoir, à organiser la tyrannie derrière la façade démocratique. Tout État quel qu'il soit, est nécessairement au service d'une classe contre une autre classe. En attendant le temps où, les classes ayant disparu, l'État n'aura plus de raison d'être, il fallait que l'État fût et demeurât au service du prolétariat. Dans la tâche de construction socialiste, Lénine était partisan d'une tactique perpétuellement adaptée aux circonstances et aux possibilités : il acceptait les retraites comme les offensives brutales. « *Nous sommes*, disait-il, *les jeunes turcs de la Révolution, avec quelque chose de jésuite en plus.* » L'histoire intérieure du bolchevisme est celle de ces louvoiements.

La politique extérieure du bolchevisme, dominée par un problème analogue, comporte, elle aussi, des oscillations. Dans une première période, les chefs du bolchevisme, convaincus que le communisme dans un seul pays était impossible, s'efforcèrent de répandre la révolution russe dans les autres pays d'Europe. L'offensive militaire au service de leur impérialisme idéologique se brisa comme nous allons voir sur la résistance de l'armée polonaise, devant les murs de Varsovie. Depuis lors, la Russie communiste vécut en paix avec l'Europe ; elle continua à soutenir les partis affiliés à la IIIe Internationale et à aider les révolutionnaires de tous les pays, en particulier en Chine et en Espagne, mais le parti adopta le mot d'ordre du « *socialisme dans un seul pays* » (contre celui de la « *révolution permanente* ») et proclama sa volonté pacifique.

L'histoire du socialisme d'après guerre est, dans une large mesure, commandée par les vicissitudes de la politique soviétique et les diverses réactions nationales à cette politique.

CHAPITRE II

L'EXPÉRIENCE SOCIALISTE EN RUSSIE SOVIÉTIQUE[1]

On peut distinguer, dans l'évolution du communisme russe entre 1917 et 1936 trois périodes, celle du communisme de guerre et de la guerre civile, celle de la nouvelle politique économique, celle enfin, qui dure encore[2], des plans quinquennaux. Nous nous bornerons à marquer ici quelques faits essentiels de cette histoire.

1. *Le communisme de guerre.* — Pour écraser la résistance bourgeoise, Lénine usa systématiquement de l'anarchie. Dès le 8 novembre 1917, la socialisation des terres fut décrétée, mais le décret en posa seulement le principe. Lénine désirait laisser aux paysans la libre exploitation du sol, à condition qu'ils le cultivent eux-mêmes et payent une redevance à l'État. Les paysans quittèrent l'armée pour prendre possession de leurs terres ; 96 % des terres cultivables passèrent aux paysans.

Le 14 novembre, un autre oukase établit le contrôle ouvrier dans les usines : les capitalistes demeuraient propriétaires de leurs usines mais les ouvriers avaient le droit de faire appel contre eux à l'intervention de l'État. L'armée était en débandade et Lénine, probablement pour accroître encore le désordre, édicta la règle de l'élection des officiers par les soldats.

Dans ces circonstances, les négociations de paix avec l'Allemagne furent engagées le 4 janvier 1918 : Lénine avait cru que la paix pouvait se faire « *sans annexions ni indemnités* », comme l'avait demandé le congrès des soviets ; lui-même dans un mémoire du 28 décembre proposa une paix basée sur les droits des peuples à disposer d'eux-mêmes. Le 9 février, l'Allemagne exigea que la Finlande, la Pologne et les États baltes fussent détachés de la Russie, de même que les terres à blé de l'Ukraine. Trotski, chef de la délégation russe, voulut refuser ces conditions de paix qu'il jugeait honteuses. « *Pas de paix scélérate* », s'écria-t-il. Reprenant la théorie que Bakounine

---

1. [Voir ENS-Ulm, fonds Élie Halévy, carton 6-1 : dossiers de cours, et carton 8 : notes des étudiants.]
2. Ceci fut écrit vers 1936.

avait énoncée en 1870 pour la France, il voulait résister à l'Allemagne par l'anarchie : la Russie aurait refusé de signer la paix tout en cessant de faire la guerre, et elle aurait mis l'Allemagne au défi d'envahir un pays où tout était révolution. Le romantisme de Trotski se heurta au réalisme de Lénine, qui finit par convaincre la majorité du Comité central qui s'était d'abord prononcé contre lui. Au traité de Brest-Litowsk (3 mars 1918) la Russie abandonnait les provinces baltes et toute l'Ukraine, 26 % de sa population, 27 % de ses terres arables, 75 % de son charbon, 73 % de son fer. Elle payait en outre une indemnité de 6 milliards de marks.

À partir de février 1918, la nécessité de résister aux tentatives militaires anti soviétiques fit passer la Russie de l'anarchie systématique au communisme de guerre. Trotski fut l'âme de cette transformation.

Il réorganisa l'armée[1] en décrétant le service militaire obligatoire pour tous les Russes entre 18 et 40 ans, en rétablissant la peine de mort, en supprimant l'élection des officiers, en obligeant les officiers de l'ancienne armée à remplir leur rôle dans l'armée nouvelle en tant que spécialistes. Certains le firent d'ailleurs volontiers, considérant que la Russie était au-dessus de tout. Trotski lui-même, installé dans un train blindé, joua le rôle de général en chef.

Pour mettre fin à la lutte entre les villes qui réclamaient du blé et les paysans qui ne consentaient à le livrer que contre argent comptant, le gouvernement s'arrogea le droit de réquisitionner toutes les quantités de blé nécessaires à la subsistance des villes. La lutte contre les paysans riches fut organisée ; les paysans pauvres dénonçaient les réserves de blé cachées. On tenta, sans grand succès d'ailleurs, de supprimer les exploitations individuelles et de les remplacer par de grands domaines où les paysans travaillaient comme salariés du gouvernement. Dans les villes, on étatisa les usines qui employaient plus de cinq ouvriers avec des machines, ou plus de vingt ouvriers sans machines, et, par l'action de syndicats inféodés au parti communiste, on limita le droit de contrôle des ouvriers. Les coopératives de consommation furent étatisées et devinrent des magasins de distribution. Dès le 16 janvier 1918, par la *Déclaration des droits du peuple travailleur et exploité*, l'État s'emparait du sol, du sous-sol, des usines et des banques. L'État englobant toute l'activité productrice, son budget comprenait théoriquement en recettes la valeur de toute la production et en dépenses celle de toute la consommation. Ce régime permit de résister à toutes les attaques anti-soviétiques.

---

1. La déclaration du 16 janvier 1918 qui organise l'*armée rouge*, désarme aussi les *classes possédantes*. De plus, en novembre 1918, on créa une puissante police d'État avec les *Commissions extraordinaires pour combattre la contre-révolution*.

Dans le Sud, Denikine fut vaincu, et, le 8 février 1920, les armées soviétiques entrèrent à Odessa. En Sibérie, l'armée de l'amiral Koltchak fut battue et Koltchak lui-même fusillé le 7 février. Le 20 février, les soviets entrèrent à Arkangelsk.

2. *Échec de la révolution internationale.* — Lénine, à cette époque, estimait chimérique de tenter la révolution sociale dans un seul pays. Le 10 juillet 1918, il donna une constitution à la *République socialiste fédérative soviétique russe* : c'est une communauté socialiste, où le travail est obligatoire, où le suffrage universel est réduit par l'exclusion des propriétaires, rentiers, négociants, prêtres, aliénés et ennemis du régime, communauté qui a pour but d'instaurer le socialisme dans l'univers. Non seulement en 1923 encore, l'Union des républiques socialistes soviétiques était, en théorie, ouverte à tous les pays, mais, par la propagande et par la guerre, le parti bolchevique devait s'efforcer de répandre la révolution dans le monde.

Dès l'origine, la propagande du parti communiste avait su s'adapter à toutes les situations. C'est ainsi que, contre les grandes puissances coloniales, elle faisait appel aux sentiments nationalistes des indigènes. Une IIIe Internationale, dont le siège et les dirigeants étaient à Moscou, tâchait de noyauter les partis socialistes et de créer des partis communistes.

À ce moment, l'agitation sociale qui avait un peu partout suivi la guerre était loin encore d'être apaisée. La Hongrie avait été pendant quelques mois soumise à une dictature communiste. Des révoltes communistes s'étaient produites à Munich et à Vienne. En Italie, les ouvriers occupaient les usines ; en Angleterre, ils réclamaient la nationalisation des grandes entreprises ; en France, ils avaient obtenu la loi de huit heures sous la menace d'une grève générale.

Dans l'espoir de rallier l'Allemagne socialiste[1] à la Russie soviétique, le gouvernement bolcheviste lança une expédition contre la Pologne au cours de l'été 1920. L'offensive fut arrêtée par l'armée polonaise, que commandait Pilsudski, élu, depuis 1919, chef de l'État polonais, et que conseillait le général Weygand. Au lendemain de cet échec, Lénine, qui avait accepté à regret l'expédition contre la Pologne, se hâta de conclure la paix. Une fois vaincue en Russie du Sud, l'expédition Wrangel, et sa tentative de restauration monarchiste, le pouvoir renonça

---

1. La révolution de novembre 1918 à Berlin et la formation de *conseils d'ouvriers et de soldats* put faire croire à Lénine que l'Allemagne allait se donner aussi un régime soviétique. Mais dès 1919, la majorité des social-démocrates avec Kautsky s'allia à l'armée, réoccupa Berlin et se débarrassa des chefs communistes. Les partis de droite tentèrent alors de se débarrasser aussi des social-démocrates : en mars 1920, il y eut à Berlin un coup d'État militaire avec von Kapp, mais les ouvriers l'arrêtèrent en déclarant la grève générale.

momentanément à l'expansion et se consacra à la seule tâche de consolider la révolution.

3. *La NEP* — En février 1921, de violents mouvements de mécontentement se font jour dans les villes, puis dans les campagnes. À Moscou, à Petrograd, des ouvriers se révoltent : à Kronstadt, des marins, qui réclament la liberté politique, se mutinent. Trotski réprime toutes ces révoltes. Mais, dans les campagnes, les paysans qui, craignant le retour des grands propriétaires fonciers avaient jusqu'alors supporté toutes les exactions, s'insurgent à leur tour : ils refusent de livrer leur blé et c'est entre citadins et paysans la « *guerre pour le pain* ».

Pour faire face à ces émeutes, Trotski préconisait la mise en œuvre d'un communisme intégral. Lénine jugea préférable de faire des concessions provisoires aux capitalistes[1]. Il imposa une nouvelle politique économique, la *NEP* (mars 1921) qui rétablit la liberté des petits propriétaires, de la petite industrie et du petit commerce. Seuls les transports, le commerce extérieur et la grande industrie restèrent monopoles d'État.

Il fallait encourager la production du blé, non seulement pour nourrir les Russes, mais pour que la Russie puisse, comme avant la guerre, échanger du blé contre des produits industriels importés de l'étranger. La réquisition, qui décourageait les paysans de produire, fut supprimée et remplacée par un impôt en nature de 10 % du produit brut. La petite propriété paysanne individuelle fut consolidée. Les paysans riches furent autorisés à embaucher les ouvriers agricoles pour cultiver leurs terres. On distribua aux paysans des semences de blé et de pommes de terre.

Il fallait reconstituer l'industrie russe qui avait été complètement dévastée par la guerre et la révolution. On rendit la liberté au petit commerce et à la petite industrie (occupant moins de vingt ouvriers) ainsi qu'aux coopératives. Les entreprises étatisées cessèrent de relever directement de l'État ; tout en demeurant des services publics, elles reçurent une certaine autonomie, furent groupées en grands trusts qui eurent leurs budgets propres, achetèrent leurs matières premières, vendirent leurs produits et furent responsables de leur gestion. Pour se procurer à l'étranger les crédits nécessaires au relèvement industriel de la Russie, Lénine octroya aux capitalistes étrangers

---

1. Il commença par supprimer le contrôle ouvrier dans les usines, la journée de huit heures et interdit d'*imposer le socialisme aux paysans par la force*. Il jugeait que : « *Le capitalisme est un mal en comparaison du socialisme. Il est un bien en comparaison du Moyen Âge, de la petite production, du bureaucratisme qui accompagne nécessairement la multiplicité des petits producteurs. Dans la mesure où on ne peut réaliser la transition immédiate au socialisme, le capitalisme est inévitable sous forme de développement de la petite production et de l'échange.* » Paroles de Lénine au Xe Congrès du parti (*Information sociale*, 10 juillet 1921).

des *concessions* de diverses sortes. Certaines donnaient aux firmes étrangères, qui fournissaient le capital, le droit de garder tous les bénéfices de l'entreprise, compte tenu des impôts convenus ; le concessionnaire n'avait pas un droit de propriété sur l'entreprise ; il ne pouvait ni la vendre, ni la louer, ni l'hypothéquer ; il était seulement titulaire d'un bail d'une durée de six à douze ans. D'autres concessions stipulaient une participation de l'État soviétique à la gestion et aux bénéfices de l'entreprise créée par la firme étrangère.

Toute l'Europe crut à l'abandon du socialisme, alors qu'en réalité, ce n'était là qu'une retraite stratégique voulue par les dirigeants communistes, provisoire et partielle.

On avait rendu la liberté au commerce de détail, mais le développement de celui-ci fut en fait paralysé par l'extension prodigieuse des coopératives. Le commerce de gros resta soumis à un contrôle étroit. Enfin et surtout, le monopole du commerce extérieur et la propriété collective des entreprises industrielles[1] furent maintenus. Ce qui suffisait à limiter les concessions au capitalisme et à conserver les principes du communisme.

Grâce à cette *Nouvelle politique économique*, la production russe se rapprocha de son niveau d'avant guerre et même, dans certains secteurs (pétrole), le dépassa. Des difficultés surgissaient pourtant. La superficie des terres cultivées avait diminué à la suite du partage des grands domaines agricoles.

Les procédés de culture des *moujiks* avaient entraîné une baisse du rendement. Convenait-il de favoriser les paysans riches, les *koulaks*, et de leur permettre de reconstituer de grandes exploitations ? Et de même, à qui demanderait-on les nouveaux capitaux indispensables au développement de la production industrielle ?

Le 21 janvier 1924, Lénine mourut.

4. *Staline et le Premier plan quinquennal.* — Son successeur fut Rikov. À ses côtés Staline, secrétaire général du Parti communiste, parvint peu à peu, sans remplir de fonctions officielles, à être le véritable maître du parti et de l'État. Rikov et Staline envisageaient de nouvelles concessions à l'esprit capitaliste, Trotski, très populaire à cause de son rôle pendant la guerre civile, appuyé par Zinoviev et Kamenev, dénonça violemment les « *thermidoriens de la NEP* ». La discipline du parti et l'autorité du secrétaire général l'emportèrent sur la popularité de Trotski qui, contraint d'abord à démissionner en 1925, fut ensuite exclu du parti le 15 novembre 1927, déporté en Sibérie en 1928, définitivement expulsé, avec trois cents

---

1. Les capitaux privés n'occupaient que 4 % du total des ouvriers de l'industrie.

communistes environ, soupçonnés d'organisation trotskistes illégales, au début de 1929. Il se réfugia en Turquie, seul pays qui accepta alors d'héberger un tel proscrit.

Naguère partisan de la *NEP*, Staline, devenu tout-puissant, adopta une politique systématique de construction socialiste. Il apparut ainsi que les griefs invoqués contre Trotski s'adressaient moins au programme de celui-ci qu'à son indiscipline. La lutte avait été celle de deux hommes autant que celle de deux théories.

Un plan quinquennal pour intensifier la production industrielle et agricole fut établi. Sa mise en œuvre fut commencée en 1928. On annonçait alors qu'une fois ce premier plan réalisé la production industrielle serait triple et la production agricole double de celle d'avant guerre. De nouveaux plans succéderaient au premier, grâce auxquels, en 1943, la production serait vingt-huit fois supérieure à celle d'avant guerre et, quelques décennies plus tard, cent fois supérieure. La Russie jouirait alors d'une civilisation technique supérieure à celle des États-Unis. La journée de travail pourrait être réduite à six, puis à cinq heures ; les salaires seraient quadruplés, les logements huit fois plus spacieux, l'enseignement secondaire obligatoire pour tous.

L'idée d'un tel plan n'était pas entièrement nouvelle. Dès 1921, Lénine avait lancé un plan d'électrification et, en 1923, un plan quinquennal pour la réorganisation de l'industrie des métaux. Néanmoins la généralité du plan constituait une véritable nouveauté. Il englobait industries et agriculture, tenait compte de l'augmentation de la population et du nombre des salariés. Il devait assurer le développement harmonieux, équilibré, des divers secteurs de l'économie. À ce titre, il caractérisait bien le régime communiste qui prétend substituer à l'anarchie capitaliste un ordre rationnel.

Pour précipiter le développement industriel on importa des machines, achetées en Allemagne et aux États-Unis ; on fit venir de l'étranger des ingénieurs et des ouvriers spécialisés. Afin d'accélérer le rythme des investissements, on imposa à la population des restrictions sévères. Bientôt on lança le mot d'ordre du plan quinquennal à réaliser en quatre ans. Cet immense effort collectif, en dépit de déboires (baisse de qualité) donna des résultats d'une incontestable grandeur. Citons, par exemple, l'aménagement du cours du Dnieper, la construction d'une immense centrale électrique et d'une véritable cité industrielle destinée à utiliser l'énergie du fleuve.

La politique agraire s'orienta, elle aussi, à la fois vers une organisation collectiviste et un accroissement de production. D'une part, le gouvernement créa d'immenses exploitations directement soumises à l'État, les *sovkhozes* qui devaient exploiter en particulier les territoires encore incultes et fournir le blé nécessaire à l'exportation (afin d'obtenir les devises indispensables à l'achat des machines). D'autre part, on poussa les paysans à se grouper en exploitations collectives appelées *kolkhozes*, inspirées de l'ancien *mir* russe. On avait prévu que la collectivisation serait achevée au bout de cinq ans. Le zèle des autorités locales, jalouses de présenter des statistiques favorables, précipita le mouvement. Au bout d'un an, le régime des *kolkhozes* s'appliquait déjà à la moitié des terres, résultat qui avait été obtenu en persécutant les paysans riches et moyens, qui furent déportés par millions. La résistance à la bolchevisation forcée se manifesta par une réduction considérable du cheptel : les paysans préféraient abattre leurs bêtes plutôt que de les livrer à l'exploitation collective. Staline désavoua alors le zèle excessif de ses lieutenants, il interdit d'user de contrainte pour amener les paysans aux *kolkhozes*. De plus, on modifia le régime de répartition des produits à l'intérieur des exploitations collectives et on rendit à chaque famille le droit à une certaine propriété individuelle (carré de terre, deux ou trois vaches, quelques moutons et porcs).

Comment le régime soviétique, que tous les théoriciens libéraux jugeaient incapable de vivre plus de dix ans, a-t-il pu accomplir son œuvre ? Comment a-t-il pu s'établir, s'organiser, se renforcer ? Sans étudier le fonctionnement du système économique, marquons ici quelques conditions politiques du régime nouveau.

Le régime soviétique se maintient par la terreur. La terrible organisation policière du tsar Nicolas Ier, l'Okrana, a été reprise par les *soviets*. Ils créèrent en 1918, nous l'avons vu, la Tcheka, commission extraordinaire pour combattre la contre-révolution, la spéculation et le sabotage. Au moment de la NEP, la *Tcheka* très impopulaire fut remplacée par le *Guépéou, Administration politique d'État*[1]. Ces organismes disposaient non seulement de tous les pouvoirs de police mais du droit de juger et de condamner à mort. Le *Guépéou* a été supprimé en 1934. La commission de police des affaires intérieures, *Narkomvnoutdel*, qui lui a succédé a perdu théoriquement le pouvoir de juger tout en le conservant en fait.

Le peuple n'est pas dominé seulement par la terreur ; on fait appel aussi à son enthousiasme. On s'efforce de donner aux Russes le sentiment qu'ils travaillent à une œuvre unique au monde, œuvre de lutte contre la misère, contre le capitalisme et contre l'étranger. Cet enthousiasme se concrétise dans l'existence de corps spéciaux : brigades de choc, constituées d'ouvriers fanatiques (*ouderniki*) qu'on envoie travailler là où la réalisation du plan exige un effort exceptionnel, travailleurs du sabbat (*subomiki*) qui sacrifient leur jour de congé pour hâter l'achèvement de certains travaux. Le métro de Moscou a été ainsi construit par les « *hommes du samedi* ». Pour stimuler l'ardeur au travail, on créa des rivalités ; des concours sont organisés entre

---

1. Ce sont les trois initiales russes, G.P.U., de l'Administration Politique d'État.

équipes et entre usines. De plus en plus, on fait appel à l'intérêt personnel. Il existe une hiérarchie de salaires à sept ou huit étages dans les usines. Sans doute, nul ne peut-il critiquer le régime lui-même, mais chacun est encouragé à dénoncer les malversations et les malfaçons. La presse soviétique recueille ces critiques ; elle est à cet égard bien différente de la presse fasciste ou hitlérienne qui glorifie sans cesse l'œuvre du régime. La Commission du Plan (*goss-plan*) a pour rôle de provoquer la discussion du plan et d'encourager l'élaboration de contre-plans.

Le régime soviétique paraît avoir retenu le précepte de Fourier : « *Toutes les passions sont bonnes, il faut leur laisser libre cours selon un agencement bien formé.* »

Le paradoxe du régime est que sa base est démocratique. Selon la Constitution fédérale du 6 juillet 1923 tous les hommes et femmes âgés de 18 ans au moins participent à l'élection des soviets locaux, qui élisent à leur tour les gouvernements de districts et de province. Chaque année, un congrès des soviets élit un *comité central exécutif*, composé de deux Chambres ayant toutes deux l'initiative législative (*Soviet de l'Union et Soviet des Nationalités*) ; ce Comité central exécutif désigne à son tour le Conseil des commissaires du peuple, dix-huit véritables ministres, ayant toute la réalité du pouvoir exécutif.

Le caractère démocratique de la constitution de l'URSS est accentué par le droit donné aux électeurs de révoquer en tout temps leurs élus. Il est par contre profondément vicié par la publicité des votes, organisés à l'intérieur des usines, et l'interdiction de tout autre parti et de tout autre journal que le parti et les journaux communistes.

Les bolcheviks, selon le mot d'un historien russe, Milioukov, ont bâti sur la base solide du tsarisme, et ils se réclament à juste titre de Pierre le Grand, le tsar ouvrier, le tsar révolutionnaire : Lénine, tant qu'il vécut, ne voulut pas qu'on changeât le nom de Petrograd. Mais tandis que l'œuvre de Pierre le Grand ne lui survécut pas, celle de Lénine se poursuit après sa mort. Le parti communiste russe ressemble à un Pierre le Grand collectif, qui serait collectiviste : il travaille à moderniser, à industrialiser, occidentaliser la Russie – non seulement la Russie d'Europe mais la Russie d'Asie – par les mêmes méthodes de violence qu'employait déjà Pierre le Grand.

CHAPITRE III

LE SOCIALISME ET L'ITALIE FASCISTE[1]

La guerre de 1914 avait suscité en Italie une double opposition, celle des catholiques, hostiles à la guerre parce qu'elle était faite contre l'Autriche, dernière grande puissance catholique de l'Europe, celle des socialistes qui, neutralistes avant tout, s'opposèrent, au mois d'août et de septembre 1914, à la guerre contre la France, puis désapprouvèrent en 1915 l'entrée en guerre de l'Italie aux côtés de la France.

1. *Les troubles d'après guerre*. 1918-1922. — Le traité de Versailles ayant déçu les espoirs de l'Italie, les partis qui avaient été hostiles à la guerre puisèrent dans cette déception une force nouvelle. En 1919, un prêtre, Don Sturzo, fonda un nouveau parti, le *parti populaire italien*, qui associa les aspirations religieuses aux aspirations socialistes. La Confédération italienne des travailleurs, qui était catholique, compta bientôt 600 000 membres, et la Confédération générale du travail, qui était socialiste, 320 000.

Sous la pression des mécontents, les gouvernements Orlando, Nitti, etc., se succédèrent, sans parvenir à rester au pouvoir. Ce fut en vain que des concessions furent faites aux exigences populaires : journée de huit heures, assurance obligatoire contre l'invalidité et la vieillesse, assurance chômage. L'agitation persista.

Les ouvriers agricoles voulurent être régis par des contrats collectifs, réclamèrent des machines, tout en s'opposant aux réductions de main-d'œuvre qui résultaient de leur introduction. Ils réclamèrent le partage des grands domaines (*latifundia*) mal cultivés et parfois incultes. Des solutions législatives de la question agraire furent esquissées. Devançant ces réformes, les ouvriers agricoles, encouragés par les prêtres et le crucifix sur la poitrine, s'installèrent sur les terres, comme si elles étaient sans maître. En Sicile surtout, les troubles agraires furent graves.

---

1. [Voir ENS-Ulm, fonds Élie Halévy, carton 9-4 : dossiers de cours, et carton 8 : notes des étudiants.]

Même anarchie dans l'industrie. Les ouvriers réclamaient des contrats collectifs s'appliquant à l'ensemble du territoire et comportant des congés payés, des indemnités de renvoi, la création de commissions ouvrières associées à la gestion des entreprises. En 1920, les ouvriers métallurgistes de la vallée du Pô, soutenus par les syndicats socialistes et catholiques, présentèrent des revendications qui furent repoussées par le patronat. Les ouvriers firent alors la grève perlée : à mauvaise paye, mauvais travail. Les patrons répondirent par le *lock out*. En septembre 1920, les ouvriers occupèrent les usines, comme prélude à la nationalisation. Les soldats refusèrent de les en expulser. Au même moment, un corps expéditionnaire envoyé en Albanie se mettait en grève. C'est alors que Benito Mussolini entre en scène.

Mussolini, d'origine campagnarde, fils d'un forgeron de village, avait été instituteur, puis ouvrier mécanicien. Il avait, avant la guerre, adhéré au syndicalisme révolutionnaire tel qu'il était alors professé par la CGT française et par Georges Sorel. Fuyant son pays pour échapper à la prison, il s'était d'abord réfugié à Genève, d'où il avait été chassé à la demande du gouvernement italien. Il était alors venu à Paris et y avait vécu dans la misère. Il était rentré en Italie vers 1910 et avait dirigé le journal socialiste de la petite ville de Forli, il y avait mené campagne contre la guerre de colonisation en Tripolitaine, tant et si bien qu'il déclencha à Forli une grève générale. Puis le parti socialiste lui confia la direction du journal socialiste de Rome, l'*Avanti !*, auquel il avait donné un caractère nettement révolutionnaire[1].

Pendant la guerre, il avait pris la tête d'un petit groupe de socialistes dissidents, partisans d'une intervention italienne contre l'Allemagne et l'Autriche ; il avait alors fondé, avec l'aide du gouvernement français, un nouveau journal, le *Popolo d'Italia*.

Le 23 mars 1919, il avait formé les premiers *fasci italiani di combattimento* (*faisceaux italiens des combattants*) avec les anciens combattants. Le mot *fasci* est un vieux mot italien qui désigne un groupe armé de partisans. Il y avait eu en Italie, à Bologne surtout, après 1870, au temps de la Ire Internationale, des *fasci opérai*, ou faisceaux ouvriers, inspirés par l'idéal anarchiste de Bakounine. Les *fasci* créés par Mussolini avaient, au moment de leur constitution, un programme républicain et socialiste. Mussolini avait réclamé

---

1. [Voir lettre d'Élie Halévy à Louise Halévy, 28/07/1929 : « Pour le rôle révolutionnaire joué par Mussolini avant la guerre, tu n'as pas lieu d'accuser ton manque de mémoire ; car tu n'en as problablement jamais rien su. La plupart de mes auditeurs à Oxford [*Rhodes Lecture*, 1929] n'en savaient rien non plus ; et ont paru surpris autant que divertis quand ils ont vu, sur un signe de moi, le diable italien brusquement sortir de sa boîte », *in* Élie Halévy, *Correspondance, op. cit.*, p. 696.]

la suppression des sociétés anonymes, le remplacement des banques et des bourses par des organismes d'État, la création d'un impôt sur le capital, la révision des bénéfices de guerre, la confiscation des biens du clergé, la journée de huit heures et un parlement syndicaliste. En 1920, les socialistes se désolidarisèrent des grèves et des violences communistes : ils proclamèrent une *révolution légalissime* fondée sur la réorganisation de l'Italie, Les fascistes approuvèrent les socialistes. Les faits encouragèrent cette politique : lois agraires morcellant les *latifundia*, arrêt de l'inflation, le cours de la lire remontait, les grèves diminuaient. Mais cette renaissance était freinée par la persistance des troubles communistes.

Le gouvernement de Giolitti, ne pouvant compter sur l'armée pour combattre l'anarchie, avait donné des armes à Mussolini pour que ses fascistes puissent faire la police du pays. Giolitti demanda aux banques de soutenir financièrement Mussolini en tant qu'adversaire du communisme. Mussolini fit alors campagne contre les profiteurs de guerre et les parlementaires, incapables de rétablir l'ordre.

Les révolutionnaires furent vaincus aux élections du 15 mai 1921 (où seulement 32 fascistes furent élus cependant), mais les formations ministérielles continuant à se succéder rapidement, le gouvernement resta faible. En 1921 et 1922, les fascistes poursuivirent la lutte armée contre les communistes et s'en prirent aussi aux socialistes, syndicalistes, coopérateurs[1]. Ils envahirent les conseils communistes, détruisirent les coopératives agricoles.

2. *Le coup d'État de Mussolini.* — Le 24 octobre 1922, à Naples, un grand congrès réunit 40 000 fascistes. Ils étaient alors 400 000 dans tout le pays. Le 26 octobre, la marche sur Rome fut annoncée. Elle eut lieu le 27. Le roi proclama d'abord l'état de siège, puis le supprima, l'armée refusant d'intervenir, et offrit à Mussolini le titre de Premier ministre, qui lui fut confirmé par le Parlement. Le changement de régime avait été, comme en Russie, *l'œuvre d'un parti* et non de l'armée, mais tandis qu'en Russie, la dictature du parti communiste est occulte, en Italie le parti fasciste est incorporé à l'État. Il existe, à côté du Parlement, un grand conseil national fasciste de 50 membres, et, à côté de l'armée régulière, une milice fasciste. D'après la loi constitutionnelle de novembre 1928, le parti fasciste devenant un organe de l'État, le Grand Conseil fasciste « *coordonna toutes les activités du régime* ». Quant à la milice fasciste, elle avait été organisée dès le 1er février 1923 comme armée de protection *de la sécurité nationale* et, dès

---

1. Mussolini s'écrie dans un discours du 20 septembre 1922 : « *Il s'agit de démolir toute la superstructure démocratico-socialiste.* »

cette date, elle comprenait 300 000 hommes. Le parti fasciste gouverne donc l'État et affirme la prééminence de cet État fasciste sur toutes les personnes physiques ou morales. La monarchie est maintenue, les traditions religieuses[1] sont respectées dans la mesure où elles secondent les vues du parti fasciste. Cette conception totalitaire se réclame d'une certaine interprétation de la philosophie hégélienne.

Cet État fort prétendit tout d'abord pratiquer le libéralisme économique. C'était un paradoxe, celui-là même auquel tous les gouvernements conservateurs se sont heurtés. Le 21 juin 1921, Mussolini avait prononcé à la Chambre des députés un discours réactionnaire, anti démocratique, anti parlementaire, anti socialiste, qui réduisait à l'extrême la compétence de l'État, sans faire aucune place à des corporations. L'anti-étatisme prévalut effectivement au cours des premières années du fascisme. Il s'agissait alors de combattre les socialistes. On renonça à l'étatisation des assurances. Les téléphones furent cédés à des entreprises privées et il fut question de céder de même les chemins de fer.

3. *Évolution du fascisme : l'État corporatif.* — Cette tendance fut peu à peu supplantée par l'idée corporative, conforme à la conception hégélienne d'un État fort, dont la force est employée pour le bien du peuple et dans lequel s'intègrent toutes les activités nationales. La Corporation avait en Italie des racines déjà anciennes. Dès avant la guerre, Federzoni, s'inspirant de Charles Maurras et de Georges Sorel, avait prôné un nationalisme de droite, tandis que Corradini avait réclamé un nationalisme de gauche, qui s'appuyât sur la *nation prolétarienne*. Pendant la guerre, le gouvernement avait fait appel, comme en France, à la collaboration des états-majors syndicaux, mais ces états-majors étant hostiles à la guerre, le gouvernement n'avait pu collaborer qu'avec des éléments dissidents, groupés par Rossoni en une *Commission syndicale italienne*. Après la guerre, cette commission était devenue l'*Union nationale du travail* et avait groupé 500 000 membres. Répondant à l'appel de Mussolini, elle avait fait occuper par ses membres une usine dont les ouvriers étaient en grève et avait remplacé le drapeau rouge par le drapeau tricolore. En septembre 1922, le poète d'Annunzio avait proclamé à Fiume un État corporatif : adoptant une formule saint-simonienne, il avait décrété que la propriété est une fonction sociale. Tous les ouvriers et toutes les entreprises étaient groupés en dix corporations ayant à leur tête un « conseil *des très bons* ». D'Annunzio fut le prince de ce nouvel État jusqu'au jour où il fut chassé par les troupes régulières italiennes.

---

1. Mussolini poursuivit les démocrates chrétiens, mais réussit à obtenir du pape un concordat, en février 1929, après avoir redonné à ce dernier l'indépendance temporelle en constituant l'État pontifical, la minuscule Cité du Vatican.

En janvier 1922, à Bologne, un congrès fasciste avait envisagé la création de cinq corporations nationales fascistes[1] unies en une confédération générale. En octobre 1925, le pacte du palais Vidoni avait supprimé les syndicats socialistes et reconnu aux seuls syndicats fascistes le droit de représenter les ouvriers ; une confédération générale des industries nationales avait été constituée en face d'une confédération générale des syndicats fascistes. Une loi du 3 avril 1926, en donnant un statut légal aux syndicats, interdit la grève.

Mais, à cette époque, Mussolini croyait encore à la fécondité du capitalisme. Le changement de politique date du moment où, ayant renoncé à l'inflation et stabilisé la lire à un cours supérieur au franc, il se trouva avoir mis en difficultés graves l'industrie italienne. C'est pour sauver de la ruine la grande industrie et en même temps mettre fin à l'influence de Rossoni que Mussolini décida d'organiser un régime corporatif. Patrons et ouvriers seraient désormais empêchés de se grouper à leur guise et contraints d'appartenir à la corporation correspondant à leur branche d'industrie. Cette corporation serait chargée de surveiller et éventuellement de subventionner la production.

La première étape fut constituée par la loi du 21 avril 1927, qui promulgua une charte du travail en trente articles[2]. La loi du 20 mars 1930 institua, à côté du Parlement, un Conseil national des corporations, où étaient représentés, outre sept branches de la production, le parti fasciste et l'association générale fasciste des emplois publics.

Ce fut seulement la loi du 5 février 1934 qui constitua de façon complète le régime corporatif. Elle répartit toute l'industrie italienne en vingt-deux corporations. Huit d'entre elles groupent les industries dont la matière première est un produit de l'agriculture, et huit autres groupent des industries à cycles productifs exclusivement industriels. Les six dernières rassemblent les industries productrices de services (transports, banques). C'est le ministre des Corporations qui, théoriquement, préside les vingt-deux conseils d'administration. Il est prévu qu'un parlement corporatif remplacera le parlement politique.

Le *Duce* est le chef de tout le système. C'est lui qui préside le Conseil des corporations et c'est lui à qui l'initiative des mesures nouvelles appartient.

La réforme aboutit en théorie à une étatisation de toute l'industrie. Dans quel but ?

Selon les adversaires du régime, l'unique raison d'être du système est d'imposer aux ouvriers une discipline propre à préparer la guerre. Selon

---

1. Travail industriel, travail agricole, commerce, classes moyennes et intellectuelles, gens de mer.
2. Cette charte imposait aussi le travail à tous et la collaboration des classes.

Spirito et Fevel, au contraire, le corporatisme serait destiné à évoluer rapidement vers le socialisme, les ouvriers devenant peu à peu associés au patron dans l'exploitation industrielle.

Il est vrai aussi que la bourgeoisie italienne a pris le goût de l'action sociale et que la classe ouvrière bénéficie d'institutions telles que le *dopo lavoro* (*Après le travail*) qui, pour combattre la propagande antifasciste, occupe les loisirs des ouvriers.

Le fascisme suscite des acclamations populaires et il prétend y trouver comme un plébiscite renouvelé. Il organise l'enthousiasme. Mais, fondé sur la tyrannie, né de la guerre, il est conçu pour la guerre.

CHAPITRE IV

LE SOCIALISME ALLEMAND ET L'HITLÉRISME[1]

Avant la guerre, le syndicalisme ouvrier, le syndicalisme patronal et le socialisme d'État étaient plus développés en Allemagne qu'en aucun autre pays. L'Allemagne offrait donc un terrain particulièrement favorable aux expériences du socialisme de guerre. Walter Rathenau fut l'âme, en même temps que le chef de ce nouvel étatisme : 80 % des industries considérées comme industries de guerre furent étroitement surveillées et dirigées par l'État. Dans toute entreprise employant plus de cinquante ouvriers, un comité ouvrier fut institué, chargé d'assurer la collaboration des travailleurs et du patron. Cette organisation allait-elle disparaître avec la fin des hostilités ? Ou bien, au contraire, la révolution et la paix devaient-elles permettre à la social-démocratie de prolonger et d'amplifier ces réformes sociales ?

En fait, la social-démocratie, au cours des années troubles qui s'étendent de l'armistice au rétablissement de la monnaie, parvint seulement à créer une République démocratique bourgeoise et à liquider les conséquences les plus funestes de la défaite. Elle ne toucha pas à la structure de la société allemande. La crise économique de 1929, qui fut, dans l'Allemagne surindustrialisée, spécialement profonde, emporta, d'un coup, la constitution républicaine et les syndicats ouvriers, puis livra le Reich à la toute-puissance d'un prophète, voué à la restauration de la grandeur militaire et de la grandeur politique de l'Allemagne.

1. *La République de Weimar.* — En octobre 1918, à Kiel, quinze jours avant l'armistice, les équipages des navires et des sous-marins s'étaient mutinés et avaient refusé de combattre en haute mer la flotte anglaise. Des conseils de soldats, du même type que les *soviets* russes, s'étaient formés, et en moins d'une semaine le mouvement se propagea à travers toute l'Allemagne du Nord. Le parti social-démocrate, pour garder sa popularité, s'était associé à cette révolte, née en dehors de lui. Il menaçait de déclencher la grève

---

1. [Voir ENS-Ulm, fonds Élie Halévy, carton 7-3 : dossiers de cours, et carton 8 : notes des étudiants.]

générale si Guillaume II n'avait pas abdiqué le 8 novembre avant midi. Les hésitations de l'Empereur entraînèrent dans la débâcle la monarchie, qui aurait pu être sauvée si Guillaume II avait su se retirer à temps. Ce fut la révolution. Le 8 novembre, Munich proclama la République et, le 9, ce fut le tour de Berlin : Guillaume dut abdiquer[1]. Le nouveau régime débuta le 11 en acceptant sans conditions l'armistice imposé par les Alliés.

Le gouvernement provisoire comprenait six commissaires du peuple, trois social-démocrates, jusqu'alors partisans de la guerre, et trois socialistes indépendants qui, au lendemain de la révolution russe, avaient quitté le parti social-démocrate dans lequel ils étaient en minorité. Ce gouvernement provisoire était cependant présidé par un social-démocrate, Ebert. Il eut à faire face à l'éternel problème : devait-il, à l'exemple des jacobins de la Commune de Paris ou des communistes russes, s'affirmer comme une dictature ? Ou bien au contraire tenter de gouverner légalement ? Les modérés l'emportèrent : le 29 décembre, les trois commissaires indépendants démissionnèrent. Un des chefs les plus énergiques des social-démocrates, Noske, rétablit l'ordre à Berlin et en Bavière, avec l'aide des officiers : dès janvier 1919 les communistes étaient partout impuissants. Une constituante fut convoquée. Il y eut bien encore, dans les années suivantes, des troubles et des révoltes : mais la révolution était finie. La République de Weimar naquit quand une Assemblée nationale se réunit le 19 janvier 1919 à Weimar pour élaborer une Constitution. Celle-ci, terminée en juillet, renforçait l'unité nationale et établissait un pouvoir législatif fort, confié surtout à un Reichstag élu au suffrage universel.

Dès la réunion du premier Reichstag, le groupe des socialistes indépendants se scinda : une fraction, le groupe *Spartacus*, décida d'adhérer à la IIIe Internationale et constitua le parti des communistes allemands. L'autre fraction, la minorité, qui garda le nom d'Indépendants, rejoignit plus tard la social-démocratie. Celle-ci joua un rôle décisif dans la création et l'organisation du nouveau régime. Jusqu'en 1933, le groupe parlementaire de la social-démocratie fut un des plus nombreux au Reichstag.

Les social-démocrates exercèrent une action toujours modérée. Pratiquement, ils abandonnèrent la doctrine d'Erfurt (1891)[2] et pour réformer la société, ils ne comptaient plus sur les prolétaires révolutionnaires mais sur l'État. Leurs ambitions immédiates n'allaient pas au-delà d'une démocratie parlementaire qui intégrerait dans les institutions les organisations ouvrières.

---

1. Dès le 2 octobre, Guillaume II avait cédé au mécontentement et, abandonnant son attitude autoritaire, formé un véritable gouvernement parlementaire avec Max de Bade, qui avait vainement tenté de négocier avec les Alliés un armistice immédiat.
2. Cf. *supra*, 4e partie, chap. I, p. 189.

2. *Son œuvre socialiste.* — La social-démocratie avait fait insérer dans la constitution de Weimar (août 1919) une clause qui prévoyait la participation des ouvriers à la gestion des entreprises[1]. Des lois de 1921 et de 1922 instituèrent effectivement des comités d'usines (*Betriebsräte*) dans toute entreprise industrielle ou commerciale et dans toute administration occupant plus de vingt travailleurs. Mais les patrons résistèrent toujours aux prétentions de ces conseils qui ne participèrent jamais à la gestion des entreprises et n'eurent d'autre fonction que de contrôler l'application des règlements du travail.

Les plans de socialisation, développés au lendemain de la guerre, n'aboutirent pas davantage. Le travail du comité de socialisation fut consigné dans des rapports qui restèrent lettre morte. Deux conceptions s'opposaient, celle de la concentration horizontale, défendue par le socialiste Rathenau, celle de la concentration verticale, dont le grand industriel Hugo Stinnes était partisan. Dans l'ensemble, la conception de Stinnes l'emporta, mais il n'en résulta aucune socialisation de l'industrie[2]. Les cartels et les trusts contribuèrent à la rationalisation de l'industrie, mais ils furent si puissants que, théoriquement soumis au contrôle de l'État, ils semblaient souvent contrôler l'État bien plutôt qu'être contrôlés par lui.

Dans l'ordre économique, la crise de la guerre et de la révolution n'avait donc pas transformé l'Allemagne dans le sens du socialisme, elle avait seulement hâté l'évolution vers la concentration et l'étatisme. Dans l'ordre politique, la social-démocratie pouvait se réclamer d'une œuvre plus importante. La constitution de Weimar avait introduit en Allemagne le régime parlementaire ; des tentatives de restauration (Kapp à Berlin dès 1920) ou de coup d'État (putsch de Hitler à Munich en 1923) avaient été repoussées ; l'unité allemande avait survécu à l'effondrement de la dynastie prussienne et avait même été renforcée. Le plan Dawes avait mis fin à l'occupation de la Ruhr ; le plan Young, plus favorable à l'Allemagne, en réduisant les dettes de guerre, avait remplacé le plan Dawes et laissait

---

1. Article 165 de la Constitution de Weimar : « *Les ouvriers et employés sont appelés à collaborer en commun avec les employeurs et sur un pied d'égalité à la réglementation des conditions du travail ainsi qu'à l'ensemble du développement économique des forces de production. Les organisations patronales et ouvrières et les contrats qu'elles concluent sont reconnus... Les conseils ouvriers et économiques peuvent dans les domaines qui leur sont assignés être investis de pouvoirs de contrôle et d'administration.* »
2. Hugo Stinnes fut mis à la tête du *Conseil économique du Reich*, créé par la Constitution pour grouper les délégués de tous les organismes professionnels, comités ouvriers d'usines aussi bien que syndicats, et pourvu d'un rôle consultatif en matière de législation économique. Stinnes devint le maître de ce conseil et, dès octobre 1920, proposa de diviser l'Allemagne en régions économiques soumises à un Conseil d'administration formé par les grands industriels. Stinnes dirigea aussi officiellement les industries de la houille, de la potasse et de la métallurgie.

espérer une prochaine évacuation de la Rhénanie. Aux élections de 1928, la social-démocratie avait 152 députés au Reichstag contre 131 en 1924. Le national-socialisme n'avait que 12 élus. Mais la crise de 1929 devait montrer la fragilité de l'œuvre social-démocrate et du régime parlementaire, d'autant plus que son plus solide soutien, la classe moyenne, avait déjà été ruinée par l'inflation.

En apparence, cette crise, crise de surproduction semblable à celles qu'avaient décrites Sismondi et les théoriciens du socialisme, offrait une occasion favorable à l'application de la doctrine. À défaut des social-démocrates embourgeoisés, les communistes n'étaient-ils pas appelés à réaliser les réformes économiques décisives que les masses réclamaient ? En fait, le pouvoir n'échut ni aux socialistes ni aux communistes, mais aux nationaux-socialistes et à Hitler, alliés, pour un temps, aux conservateurs.

3. *Progrès et succès de Hitler.* — Mussolini est un politicien comparable à beaucoup d'autres politiciens des pays latins à régime parlementaire. Révolutionnaire dans sa jeunesse, hostile à la campagne de Lybie, il est devenu patriote et favorable à l'intervention aux côtés des Alliés en 1914 ; Hitler, au contraire, est un fanatique, un illuminé dont les convictions profondes n'ont jamais changé[1]. Il avait 25 ans en 1914. Autrichien, il s'était engagé le 3 août dans l'armée allemande. Blessé en 1916 à la bataille de la Somme, gazé en octobre 1918, il était à l'hôpital, les yeux brûlés, lorsqu'il avait appris la défaite et la révolution. Il avait pleuré sur *l'honneur allemand perdu*. Le 26 février 1920, il fondait à Munich le parti national-socialiste des ouvriers allemands (*national-sozialistische deutsche Arbeiter-partei*). Le putsch qu'il tenta en 1923, en compagnie de Ludendorf et de Goering, échoua misérablement : les conjurés se dispersèrent à la première salve des soldats de la *Reichswehr*[2].

---

1. [Texte rédigé par Élie Halévy, carton 7-3 : « Hitler donne au contraire l'impression d'un fanatique honnête, d'un homme qui n'a jamais varié. Les 25 points tirés à 500 000 exemplaires sont sur toutes les tables de la bourgeoisie allemande. Et pourtant, sous réserve des surprises que peut réserver l'avenir, le nationalisme hitlérien a totalement noyé son socialisme, et la même impression qu'en Italie d'une méthode qui consiste à trouver dans l'enthousiasme collectif le remède à la misère. Les juifs seuls ont été les boucs émissaires, contre eux seuls le programme a été appliqué dans son intégralité. Encore les chefs de banque ont-ils reçu l'ordre de boycotter toutes les maisons juives, de rester au lit dans leurs maisons. Combien plus intéressant au point de vue idéologique, combien plus audacieux non seulement pour les idées mais dans l'application de ces idées, le président Roosevelt. Mussolini, Hitler, en dépit de l'apparence novatrice de leur doctrine, ne sont que des conservateurs. Il est, lui, un novateur. »]

2. C'était l'armée organisée dès décembre 1918 par le social-démocrate Noske avec les officiers de l'ancienne armée impériale et qui avait réprimé les mouvements communistes de 1919.

Probablement Hitler avait-il compté, à tort, sur l'appui de l'armée. C'est dans la prison où il fut jeté après cette tentative qu'il écrivit *Mein Kampf* (*Mon Combat*).

Entre 1924 et 1930, le parti national-socialiste poursuivit sa propagande, sans grand succès. Le 4 mai 1924, il obtenait 1 918 000 voix et 32 sièges ; en décembre, il retombait à 907 000 voix et 14 sièges. Le 20 mai 1928, il n'avait plus que 12 élus. Mais en 1930, la crise économique sévissait, six millions de chômeurs entretenaient un désespoir collectif et une sorte d'agitation révolutionnaire. En septembre 1930, au lendemain de l'évacuation de la Rhénanie, les nationaux-socialistes obtenaient près de six millions et demi de suffrages et 107 sièges. Cet éclatant succès électoral frappa de stupeur l'Allemagne et le monde entier. On découvrait d'un coup le danger d'un *fascisme allemand.*

Instruit par sa première expérience, Hitler ne risqua pas de coup d'État, il proclama sa volonté de *légalité.* C'est par la propagande et par l'action parlementaire qu'il se faisait fort de s'emparer de l'État. Et alors commença l'étonnante aventure de la montée au pouvoir. D'élection en élection, le chiffre des voix se gonflait. Contre le maréchal Hindenburg, 15 millions d'électeurs votèrent pour l'ancien caporal. Gouverner sans le parti national-socialiste devenait de plus en plus difficile.

Chancelier depuis le 27 mars 1930, le catholique Brüning avait courageusement assumé des responsabilités impopulaires. La crise bancaire de juillet 1931 l'avait obligé à accentuer l'emprise de l'État sur l'économie, à contrôler les changes pour sauver la monnaie menacée par le retrait des capitaux étrangers. Il s'efforça, par des économies budgétaires et par la baisse des prix, de remédier à la crise. Cette politique de déflation, l'ampleur du chômage, accentuèrent le mécontentement contre le régime, qui semblait incapable de sortir l'Allemagne de sa tragique situation. Les social-démocrates soutenaient avec réticence le chancelier Brüning, sans proposer de véritable solution. La propagande des communistes rejoignait celle des hitlériens contre le régime de Weimar.

À Brüning, renvoyé par Hindenburg et victime de l'entourage réactionnaire du vieux Maréchal, succéda von Papen, qui arracha aux social-démocrates leur dernière position, le gouvernement de la Prusse, et procéda à de nouvelles élections. Pour la première fois depuis 1930, le parti national-socialiste perdit des voix (2 millions). Von Papen fut remplacé par le général von Schleicher. À la fin du mois de janvier 1933, Hindenburg refusa à von Schleicher la dissolution du Reichstag que lui réclamait celui-ci et il fit appel à Hitler. Von Papen, qui avait organisé le complot contre von Schleicher, devenait vice-chancelier. Hitler obtint le décret de dissolution qui avait été refusé au précédent chancelier. À la veille des élections, l'incendie du Reichstag fut le signal de la révolution. C'est alors que commença le régime de terreur et de tyrannie qui dure aujourd'hui encore[1].

4. *Le socialisme du régime hitlérien.* — Gottfried Feder avait rédigé le fameux programme du parti national-socialiste ouvrier allemand en 25 points. Le onzième point portait « *la suppression du revenu sans travail et l'affranchissement de la servitude de l'intérêt* ». On ne réclamait pas, à la manière des socialistes, la suppression du profit considéré comme le principe même de l'économie capitaliste, mais la suppression de l'intérêt considéré comme mode d'exploitation des agriculteurs, ouvriers, artisans, industriels, par le capitalisme bancaire. C'est à cette forme particulière de capitalisme que s'en prenait surtout la propagande nationale-socialiste – et à la tête des banques se trouvaient beaucoup de juifs. La petite bourgeoisie ruinée par la crise se sentait aux prises, d'un côté avec les banquiers juifs, de l'autre avec les prolétaires socialistes ou communistes, dont plusieurs chefs étaient juifs. L'antisémitisme, chronique dans la petite bourgeoisie allemande, devint un des articles de la foi hitlérienne.

L'expropriation des grands propriétaires fonciers, prévue dans le programme de 1920, avait fait place, en 1933, à une simple lutte contre les spéculateurs fonciers. L'originalité de la politique agraire pratiquée par le ministre de l'Agriculture Darré consista dans la création, à la campagne, de propriétés inaliénables. Cette propriété se trouvait ainsi protégée contre la main-mise des créanciers. À la mort du propriétaire, la terre était transmise tout entière à un seul des fils désigné par le père : 60 % des propriétés rurales sont soumises à ce régime. La classe des propriétaires fut de là sorte consolidée. Parallèlement, des mesures furent prises contre la dépopulation des campagnes : il fut interdit à toute personne travaillant le sol depuis cinq ans au moins d'aller travailler en ville. On réserva des propriétés rurales à des citadins et on incita d'anciens agriculteurs, venus habiter dans les villes, à retourner à la campagne.

Le programme initial comportait l'expropriation des grands magasins. On se contenta, en fait, d'interdire l'ouverture de nouveaux rayons et de nouveaux magasins à prix uniques. Pourtant on expropria certaines familles juives au nom de « *l'exploitation marxiste des travailleurs* ».

Dès 1934, le ministre de l'Économie réorganisa les groupes patronaux. Un double groupement, par région et par branche économique, était prévu. Dans le cadre du Reich, on établissait sept corporations correspondant à sept branches économiques. Le principe du *Führer* est appliqué à tous les échelons. L'entreprise prend un caractère hiérarchique, l'entrepreneur

---

1. 1936.

devient Führer. Les conseils d'entreprises sont devenus des conseils de confiance étroitement soumis à leur Führer. Le 15 juillet 1934, un Conseil général de l'économie était créé. Il comprenait 17 membres : 16 places étaient attribuées aux industriels, agriculteurs et commerçants, tandis que les ouvriers n'y avaient qu'un seul représentant.

Dans cette organisation, les ouvriers ne jouent donc à peu près aucun rôle. En revanche, dans le *Front du travail*, dirigé par le docteur Ley, ouvriers et patrons devaient se retrouver sur un pied d'absolue égalité. Pratiquement les ouvriers furent inscrits d'office dans le *Front du travail*. Une minorité de patrons seulement y entra. D'ailleurs le *Front du travail* n'a rien à voir dans la gestion des entreprises.

Quel est le sort fait à la classe ouvrière ? Le nombre des chômeurs est passé de cinq à moins de deux millions en 1935. Ce résultat est dû à la fois à la diminution naturelle du nombre des travailleurs, résultant des classes creuses, à la mise en œuvre de grands travaux, pour lesquels une dépense de six milliards de marks en cinq ans a été prévue, à l'organisation de camps de travail où le temps des travailleurs est partagé entre le travail, les sports, et l'entraînement militaire, et enfin à l'extrême développement des industries de guerre. À part les effets favorables de la résorption du chômage, la condition des ouvriers n'a pas été améliorée, les salaires nominaux ont été stabilisés, les prix ont légèrement monté, mais des avantages accessoires ont, il est vrai, été procurés aux ouvriers : quinze jours de vacances payées et organisation des loisirs sous forme de jeux (*La force par la joie*), d'exercices sportifs ou d'enseignements post scolaires, œuvres d'assistance diverses.

Le peuple supporte le régime. Il y est contraint par une terrible tyrannie, faite de terreur, de délation et d'espionnage. Il y est incité aussi par des parades et des fêtes. Une religion nouvelle apparaît, non pas matérialiste, mais païenne. Elle consiste en l'adoration d'un dieu de la race, dieu qui ressemble fort au dieu des juifs. Tandis que les soviets stimulent l'enthousiasme du peuple russe par une morale utilitaire, en lui disant : « *vous travaillez pour protéger le régime contre l'étranger, pour produire des machines qui, plus tard, vous procureront plus de biens, avec moins d'efforts* », les nationaux-socialistes célèbrent l'héroïsme, non comme un moyen, mais comme une fin en soi : glorifiant la patrie, ils sont prêts à tout lui sacrifier.

CHAPITRE V

L'ÉVOLUTION DU SOCIALISME EN ANGLETERRE[1]

L'histoire du travaillisme anglais depuis la fin de la guerre consiste en une série de violentes offensives, toutes repoussées par des contre-attaques très réussies de la part des conservateurs. Le travaillisme a subi depuis 1918 quatre grosses défaites.

1. *Les défaites des travaillistes.* — 1° Avant la guerre, il y avait moins de quatre travaillistes au Parlement, ils ne représentaient pas plus d'un demi-million d'électeurs. En 1918, les travaillistes obtinrent 2 174 000 voix et cinquante-sept représentants. Malgré ce succès électoral, les députés travaillistes ne furent pas les promoteurs de la première grande offensive du travail. Celle-ci fut menée surtout par les *Trade-Unions* qui réclamaient la nationalisation des chemins de fer, de l'électricité et des mines. La *triple alliance* des ouvriers des transports, des cheminots et des mineurs tenta de paralyser toute la vie économique et d'acculer les classes possédantes à la capitulation. Tout le monde croyait que la loi de huit heures serait votée à bref délai par le Parlement, qu'un salaire minimum serait fixé pour le pays tout entier, que non seulement les chemins de fer et les mines allaient être nationalisés mais encore que, par l'intermédiaire des *Whitley Councils*, le contrôle ouvrier serait établi dans presque toutes les industries anglaises.

Le gouvernement parut céder. Il nomma une commission composée de treize membres : six représentants ouvriers (trois ouvriers et trois intellectuels dont Sidney Webb), six représentants patronaux et comme président le juge Sankey. Les membres de cette commission se mirent d'accord pour recommander la journée de sept heures dans les mines. Celle-ci fut immédiatement votée par le Parlement. Quelques mois plus tard, le président de la commission ayant joint sa voix à celle des représentants ouvriers, la commission recommanda la nationalisation des mines. Mais Lloyd George déjoua si habilement les manœuvres des *Trade-Unions* qu'il

---

1. [Voir le polycopié de 1932, *L'Histoire du socialisme anglais*, fascicule III, « Le socialisme et l'après-guerre », fortement résumé et tronqué de sa conclusion, reproduit p. 517-543.]

réussit à écarter toute nationalisation. La réforme des transports se limita en fin de compte à une fusion des petits réseaux en cinq grandes compagnies.

2° Les ouvriers, battus sur le terrain syndical, reprirent la lutte sur le terrain politique. Aux élections de 1923, le parti conservateur n'obtint qu'une majorité relative à la Chambre des communes. Les travaillistes qui avaient 191 sièges l'emportèrent pour la première fois en nombre sur les libéraux et devinrent le principal parti d'opposition. Libéraux, conservateurs et unionistes s'entendirent pour mettre le pouvoir aux mains du *Labour Party* dont le *leader*, Mr. Ramsay MacDonald, devint Premier Ministre. La formation de ce ministère déchaîna une panique boursière : on craignit l'institution d'un impôt sur le capital. Mais Philip Snowden, devenu chancelier de l'Échiquier, pratiqua le plus orthodoxe des libéralismes.

Cependant MacDonald avait pris la direction des Affaires étrangères. Il obtint de la France l'évacuation de la Ruhr. C'était précisément pour cette tâche que conservateurs et libéraux lui avaient confié le pouvoir. Dès que la chose fut faite, comme MacDonald était sur le point de conclure une entente avec la Russie soviétique, et comme à Genève il avait, à la demande d'Édouard Herriot et de Paul Boncour, signé un protocole qui liait plus étroitement la Grande-Bretagne à la Société des Nations et garantissait à la France le secours britannique au cas où elle serait attaquée, conservateurs et libéraux renversèrent le gouvernement travailliste.

3° La troisième offensive se déroula sur le terrain syndical. En 1922 et 1923, les mines anglaises avaient connu une ère de prospérité. La grève des mines d'anthracite de Pensylvannie et la résistance passive des mineurs allemands de la Ruhr pendant l'occupation permettaient de maintenir très haut les prix des charbons anglais. Mais quand la grève de Pensylvannie prit fin et que les mineurs rhénans se remirent au travail, la concurrence s'intensifiant, le prix du charbon anglais tomba. Le chômage augmenta dans les mines. Les propriétaires demandèrent l'allongement de la journée de travail et la baisse des salaires. Les socialistes réclamèrent la reprise des droits tréfonciers par l'État, c'est-à-dire la nationalisation des mines, ou, tout au moins, la réorganisation de toutes les mines anglaises d'après un plan général. En 1925, le conflit parut imminent. Grâce à l'heureuse intervention de M. Stanley Baldwin, une rupture fut évitée pendant quelque temps ; mais, le 1er mai, la grève générale éclata. Elle engloba les mines, les transports, la presse. Elle ne dura guère plus d'une semaine. Mais la lutte désespérée des mineurs, abandonnés à eux-mêmes, se prolongea pendant presque sept mois. Ce fut pour les ouvriers une défaite complète. Non seulement les mineurs n'obtinrent rien de ce qu'ils demandaient, mais ils durent accepter des salaires réduits et l'abrogation de la loi de sept heures votée en 1919. Un an plus tard on vota une loi sur les *Trade-Unions* qui constituait une mesure extraordinairement réactionnaire :

1° toute grève de sympathie y était déclarée illégale ; 2° on défendait aux fonctionnaires de faire partie des syndicats affiliés au congrès des *Trade-Unions* ; 3° les *piquets de grève* étaient définis en termes très durs, plus durs qu'on ne l'avait jamais fait depuis 1871 ; 4° il était rendu difficile aux syndicats d'obtenir des souscriptions pour des fonds politiques. Le syndicalisme anglais ne s'est pas encore relevé de cette grave défaite.

4° Les élections de 1929 marquèrent le début de la quatrième offensive du socialisme anglais. Les travaillistes obtinrent 287 sièges et 8 400 000 voix, les conservateurs obtinrent 8 700 000 voix, mais seulement 260 sièges. Les libéraux avec 5 300 000 voix, n'obtinrent que 59 sièges.

Dans la nouvelle Chambre, les travaillistes avaient donc presque la majorité absolue ; MacDonald constitua alors son deuxième ministère travailliste. La crise mondiale survint quelques mois plus tard. Se superposant à l'état de dépression chronique dont l'Angleterre souffrait depuis presque dix ans, elle rendit la situation intolérable. Le nombre des chômeurs s'éleva de 1 250 000 en octobre 1929 à 2 millions en avril 1930 et à 2 606 000 en janvier 1931. Qu'allait faire le gouvernement travailliste pour parer à la crise ?

Avant les élections, les socialistes avaient trouvé plus facile d'ignorer la question du chômage. C'est Lloyd George, chef du parti libéral, qui les obligea à l'aborder en lançant au printemps 1929 l'idée d'un grand programme de travaux publics. Le gouvernement travailliste nomma un Comité présidé par J. H. Thomas, lord du Sceau privé et composé de George Lansbury, Tom Johnston et Sir Oswald Mosley, intellectuel socialiste. J. H. Thomas, avec l'inertie habituelle aux états-majors syndicaux, ne proposa rien. Oswald Mosley proposa (23 janvier 1930) l'abaissement de l'âge de la retraite des vieillards, le relèvement de l'âge jusqu'auquel le travail des enfants est interdit et un grand programme de travaux publics. Oswald Mosley, par son insistance à réclamer la mise en œuvre de remèdes, ne réussit qu'à se rendre impopulaire dans son parti, qui le désavoua (22 mai 1930). Dégoûté, il se détacha des socialistes, fonda le *New-Party* (*Nouveau parti*), puis le *parti fasciste anglais* (*British Union of Fascists*).

Le seul palliatif appliqué au chômage fut la mise en œuvre de plus en plus généreuse de l'assistance chômage. L'équilibre budgétaire fut de ce fait détruit. Philip Snowden dénonça véhémentement le danger d'un tel déséquilibre. En même temps, les répercussions sur la Place de Londres de la crise allemande mettaient en danger la monnaie britannique.

MacDonald trahit alors son parti et constitua, le 25 août 1931, avec Snowden et Thomas, un nouveau gouvernement où les conservateurs entrèrent et furent en majorité. Au mois d'août, la France et les États-Unis aidèrent en vain à soutenir le cours de la livre-sterling menacée. La Grande-Bretagne, le 21 septembre, dut abandonner l'étalon-or. Le 27 octobre 1931, de nouvelles élections donnèrent aux conservateurs 12 000 000 voix, aux travaillistes 6 700 000, aux libéraux 2 300 000. La coalition gouvernementale obtenait au total 554 sièges.

Le gouvernement national dirigea les fluctuations de la livre, rétablit l'équilibre budgétaire et prit des mesures protectionnistes. Une légère reprise de la vie économique entraîna une diminution d'un tiers du nombre des chômeurs. Aux élections du 14 novembre 1935, faites à l'époque de la crise d'Éthiopie, les conservateurs obtinrent 10 500 000 voix, les travaillistes 8 300 000, les libéraux 1 400 000.

Un certain malaise subsiste malgré une prospérité relative. Il existe encore un problème de chômage permanent. La politique des conservateurs a été empiriquement fort adroite. Elle ranime l'économie et rétablit l'équilibre financier. Mais elle ne satisfait pas pleinement les aspirations des masses.

Aussi, en Angleterre comme sur le continent, les plans de reconstruction sociale redeviennent à la mode.

2. *Les plans de reconstruction sociale.* — L'un d'eux a été propagé par le parti fasciste britannique dont le chef est Oswald Mosley et dont les membres portent des chemises noires, chantent le chant fasciste *Giovinezza* et professent un antisémitisme violent. Oswald Mosley réclame des mesures protectionnistes mais seulement en faveur des industries qui accordent des avantages sociaux à leurs ouvriers. Il concentre son hostilité, non contre les industriels, mais contre les financiers. Il propose la mise en œuvre de grands travaux publics. Il souhaite un gouvernement dictatorial, qui aurait conquis le pouvoir, non par un coup de force, mais en obtenant la majorité au Parlement. Ce parti a été méprisé par les conservateurs, mais les travaillistes ont redouté sa propagande dans les régions industrielles misérables, où l'exposé de son programme séduisant contrastait avec l'inertie des travaillistes et des conservateurs. Oswald Mosley lance de temps en temps un appel aux armes et organise une réunion monstre à Londres, puis rentre dans l'ombre.

Le planisme a fleuri à l'intérieur du parti travailliste. Il a eu pour promoteur Sir Stafford Cripps, socialiste intransigeant, partisan d'un programme précis. Un gouvernement travailliste ne doit pas, selon lui, avoir pour préoccupation dominante de durer. Il doit tenter l'application immédiate de son programme, même au risque d'être renversé. Sir Stafford Cripps demande que, dès son installation au gouvernement, le parti travailliste se fasse donner les pleins pouvoirs. Il en userait d'abord pour nationaliser la Banque d'Angleterre et les *Big Five* (*Les Cinq Grands*)[1]. Il se procurerait

---

1. On désigne ainsi en Angleterre les cinq principales banques : *Westminster Bank, National Provincial Bank, Midland Bank, Lloyd's Bank* et *Barclay's Bank.*

ainsi les ressources nécessaires pour financer les autres réformes sous la direction d'un *Investment Board* (*Bureau d'investissement*). Le programme de Cripps a été condamné par le congrès des *Trade-Unions* et par la conférence du parti travailliste. Au moment de l'affaire éthiopienne, Cripps a donné sa démission de membre du parti, son pacifisme intégral ne lui permettant pas d'approuver les sanctions contre l'Italie.

L'établissement d'un plan de réforme a été également tenté par Lloyd George au nom du parti libéral. Lloyd George, qui, en 1929, avait lancé un programme de lutte contre le chômage, rentra en lice au début de 1935. Il réclama alors une politique pacifiste, libre-échangiste, qui réserverait l'entente avec les États-Unis. Pour remédier au chômage, on créerait un *Development Council* et au sein du cabinet, un comité de cinq membres, analogue au Comité de guerre. De grands travaux devraient être immédiatement entrepris pour donner un travail temporaire aux chômeurs. Leur réembauchage durable devrait être obtenu grâce à une réorganisation systématique des industries, à la construction de logements ouvriers, à l'électrification des chemins de fer et à l'organisation du retour à la terre. Lloyd George tourna en ridicule ce que les conservateurs avaient fait. Au lieu d'une dépense de 2 millions de livres prévues par eux pour cette lutte contre la crise, Lloyd George voulait une dépense de 250 millions de livres, procurées par un emprunt à 3 %. À côté du budget ordinaire, dont l'équilibre serait maintenu, un budget de chômage serait institué, systématiquement en déséquilibre. Lloyd George attaqua la Banque d'Angleterre qu'il jugeait trop dévouée aux intérêts de la Cité ; son directeur et les sous-directeurs devraient, comme en France, être nommés par le gouvernement. Le gouvernement conservateur manœuvra habilement Lloyd George : il annonça l'électrification des chemins de fer, et ainsi détourna l'attention des attaques portées contre la Banque d'Angleterre. Il invita Lloyd George à venir discuter les autres parties de son plan des experts et le temps passé à discuter le fit tomber dans l'oubli. Aucun de ces projets n'exerça d'influence réelle sur l'évolution de l'économie ou de la politique anglaise.

Pendant que les partis politiques se disputent le pouvoir, la structure de la Grande-Bretagne se modifie. L'État accentue son rôle de providence. En 1925, des pensions ont été allouées aux vieillards, aux orphelins de moins de 14 ans et aux veuves. Pour les vieillards, l'âge de la retraite a été abaissé de 70 à 65 ans. L'assurance chômage est devenue une véritable assistance.

3. *Progrès de la concentration des entreprises.* — La concentration des entreprises, qui, avant la guerre, était moindre que Karl Marx ne l'avait prophétisée, s'est accentuée après la guerre. Les *Big Five* – les cinq grandes banques – ont absorbé un grand nombre de petites banques. En 1921, les réseaux de chemins de fer ont été réduits à cinq. Cette fusion d'ailleurs opérée

sous la contrainte de l'État. Une concentration obligatoire des mines a été organisée par le *Coal Mines Bill* de 1930 (*loi sur les mines de charbon*). Ce sont les libéraux qui demandèrent que cette loi, votée sous un ministère travailliste, comportât des mesures de coordination étatique.

La concentration a revêtu parfois des modalités curieuses : la loi de novembre 1926 sur l'électricité et la loi de 1933 sur les transports à Londres, ont concentré les entreprises sous l'autorité d'un *board* (bureau), doué d'une grande autonomie, qui administre librement, qui a son budget propre, et qui peut émettre des emprunts. Il n'est composé, ni de représentants des usagers, ni de représentants du gouvernement, mais de hautes personnalités, d'experts ou de gens de bon sens[1].

Dans d'autres domaines, ce sont les intéressés qui ont demandé à s'organiser entre eux. En 1931, une loi sur la vente des denrées agricoles avait créé l'*Agricultural Marketing Board* (*Bureau du marché agricole*) chargé d'organiser de façon rationnelle la distribution des produits alimentaires, frappés de droits protecteurs à partir de cette date[2]. En 1932-1933, à la demande des agriculteurs eux-mêmes, le ministre conservateur Elliot mit sur pied une corporation de la production agricole. Les Comités de marché constitués avec l'assentiment de la majorité des deux tiers des producteurs reçoivent le droit de percevoir des taxes sur les intéressés, d'émettre des emprunts, d'acheter et de vendre des produits.

La réorganisation de l'industrie cotonnière du Lancashire a été entreprise sous l'impulsion et avec le concours de la Banque d'Angleterre. Comme la production des fils de coton avait diminué de 40 % depuis 1913, un certain nombre de broches ont été supprimées.

Certaines tendances au corporatisme se manifestent donc en Angleterre, mais ce corporatisme partiel, limité, se constitue peu à peu, par l'évolution même de l'économie, et non, comme dans les régimes totalitaires, par la seule autorité de l'État.

---

1. Le *Central Electricity Board* (Bureau central de l'électricité) comprend un président et sept autres membres nommés par le ministère des Transports après consultation des intéressés, autorités locales, électricité, commerce, industries, transports, agriculture, travail, membres de la chambre de commerce. Les membres du *Board* ne doivent pas être actionnaires des compagnies d'électricité, ou des sociétés fabriquant des machines électriques. Une telle corporation ne pouvait par elle-même fabriquer de l'électricité, mais avait le droit de supprimer les stations existantes, de standardiser les fréquences, de créer des lignes de transports à haute tension, et de fixer d'après le coût de production le prix auquel l'électricité sera achetée à chaque usine.

2. [Note personnelle d'Élie Halévy.] « En 1931, l'*Addison Agricultural Marketing* permit à une majorité de producteurs d'obtenir des pouvoirs réglementaires en vue de la vente en commun de leurs denrées et de faire prévaloir leur volonté sur celle de la minorité. Ce fut un expédient pour éviter le protectionnisme ; il fut appliqué pour le houblon, mais en général ne provoqua aucun enthousiasme chez les intéressés, qui réclamèrent des droits protecteurs. »

CHAPITRE VI

L'ÉVOLUTION DU PARTI SOCIALISTE EN FRANCE[1]

En France, le rétablissement de la paix suscita parmi les intellectuels l'espérance d'un monde nouveau. Cette espérance ne dura pas plus de quelques mois. Quant aux masses, elles étaient préoccupées surtout par la menace du chômage que risquait de provoquer la démobilisation de six millions d'hommes. En fait, les démobilisés trouvèrent aisément à s'embaucher dans les industries auxquelles la reconstruction des régions dévastées offrait d'immenses débouchés.

Néanmoins, en France comme en Angleterre, la guerre fut suivie d'une période d'agitation sociale. L'intensité de la demande provoqua une hausse des prix que le mouvement des salaires suivit avec un certain retard. La réadaptation à l'existence pacifique, après les contraintes et les sacrifices de la guerre, après les illusions que l'on avait nourries sur la paix future, n'alla pas sans un mécontentement et des troubles qui se prolongèrent jusqu'en 1920.

1. *La scission entre socialistes, communistes et socialistes modérés.* — La CGT dirigea le mouvement des revendications ouvrières. Elle réclama la journée de huit heures : Clemenceau la fit accorder par la loi du 23 avril 1919, avant la grande manifestation des travailleurs, prévue pour le 1er mai. Des bagarres et des tentatives de pillage se produisirent pourtant le 1er mai, violemment réprimées par la police. Plusieurs grèves éclatèrent au cours des mois suivants pour obtenir l'application rapide de la loi de huit heures, la hausse des salaires, ou encore la cessation des hostilités contre la Russie soviétique. Mais en février 1920, la grève des chemins de fer échoua complètement grâce à 22 000 révocations ; et cet échec marqua la fin de l'agitation ouvrière.

Les communistes provoquèrent alors une scission au sein et des organisations ouvrières, et des organisations politiques.

---

1. [Voir ENS-Ulm, fonds Élie Halévy, carton 9-3 : dossiers de cours, et carton 8 : notes des étudiants.]

La CGT était forte. Elle avait un bon état-major et un million cinq cent mille adhérents. Son programme consistait dans la nationalisation industrielle et coïncidait avec celui du parti socialiste. Elle invoquait les progrès rapides de la concentration industrielle pendant la guerre pour justifier une concentration nationale des industries. Elle rejetait l'étatisme et préconisait l'organisation de chaque branche de la production en une grande entreprise autonome gérée par des représentants de l'État, d'ouvriers, de techniciens et d'usagers. Ce programme se concrétisait dans un certain nombre de plans, très étudiés, qui concernaient, entre autres branches, les mines et la métallurgie.

Les communistes jugèrent ce programme insuffisamment révolutionnaire et le combattirent à la conférence d'Orléans (août 1920). Mis en minorité, les communistes quittèrent la CGT. Ils formèrent la CGTU en juin 1922.

C'est la tendance révolutionnaire qui fut, au contraire, dominante dans le parti socialiste. À Strasbourg, au printemps 1920, puis à Tours, en décembre, une majorité de 3 000 mandats contre 1 000 vota l'affiliation à la *IIIe Internationale*. Mais si la majorité des sections de province était portée vers l'extrémisme, la tendance modérée l'emportait parmi les parlementaires socialistes. Une scission se produisit entre socialistes, communistes et socialistes modérés. Les communistes conservèrent le journal du parti : *L'Humanité*. Les modérés se constituèrent en un nouveau parti sous le nom de *SFIO* (*Section française de l'Internationale ouvrière*).

Léon Blum devint le chef du nouveau parti. Ancien élève de l'École normale supérieure, il était entré au Conseil d'État, auditeur d'abord, puis maître des requêtes. Lié avec Barrès dans sa jeunesse, il avait rompu avec lui au moment de l'affaire Dreyfus. Ami intime de Lucien Herr et de Jaurès, il avait adhéré au socialisme international. Mais, jusqu'à la guerre, il n'avait pas fait de politique active. Critique théâtral, auteur d'un ouvrage sur Stendhal et des *Nouvelles conversations de Goethe avec Eckermann*, il était sincèrement socialiste, mais un peu à la manière d'un homme de lettres. Après la mort de Jaurès, Marcel Sembat l'invita à prendre la direction du parti socialiste.

Il s'assigna la tâche de maintenir la tradition et de prolonger l'œuvre de Jaurès. Comme lui, révolutionnaire en doctrine, il voulut rester parlementaire dans l'action. Il réussit à être modéré, sans que les socialistes les plus avancés eussent à quitter le parti. Mais ce succès tactique, intérieur au parti socialiste, fut acquis aux dépens de l'union des gauches, ou plutôt du gouvernement des gauches. Si, en effet, alliés aux radicaux, les socialistes l'emportèrent aux élections de 1924 et de 1932, la coalition électorale des gauches ne résista pas plus de deux ans à l'épreuve du pouvoir. En 1926, en 1934, l'Union nationale devint la seule formation gouvernementale possible dans une Chambre élue sur un programme de gauche.

Aux élections de mai 1924, les socialistes obtinrent 101 sièges, les communistes 20. En 1928, les socialistes 101, les communistes 14. En 1932, les socialistes 146, les communistes 10, les communistes-socialistes 11.

2. *La révision du marxisme après 1933.* — L'avènement d'Hitler jeta la stupeur dans les rangs socialistes et communistes : le fascisme cessait d'apparaître comme une anomalie en Europe. L'effondrement de la social-démocratie allemande n'annonçait-elle pas l'expansion du fascisme dans l'Europe entière ?

Un certain nombre de socialistes se demandèrent alors s'ils ne devaient pas réviser leur doctrine, si le marxisme demeurait un guide sûr dans l'action. Même en conservant le principe d'une philosophie matérialiste de l'histoire, ne devait-on pas reconnaître que les faits contredisaient les prédictions de Marx ?

Marx avait prédit que la concentration industrielle développerait, en face de capitalistes de moins en moins nombreux et de plus en plus riches, un prolétariat toujours plus misérable dont les effectifs seraient grossis par les membres de la classe moyenne ruinée et qui serait l'instrument de la révolution marxiste. On pouvait croire, en effet, que la révolution allait puiser des forces nouvelles parmi les chômeurs que la crise multipliait en tous pays. Mais, en fait, la philosophie marxiste a paru aux chômeurs allemands trop absconse, trop fataliste, les remèdes proposés trop lointains et ils ont préféré suivre l'homme qui leur promettait une action immédiate et un salut proche.

L'espoir mis par les marxistes dans la classe moyenne prolétarisée se révélait également vain. Cette classe moyenne, menacée de ruine, ne subsistait pas moins en tant que classe, ayant la volonté de se maintenir distincte du prolétariat. L'idée d'une révolution libératrice, dont le premier effet serait de fondre toutes les classes dans le prolétariat, répugnait profondément à cette classe moyenne. Elle alla vers l'homme qui s'offrait à la protéger et à la restaurer. Chômeurs et bourgeois ruinés fournirent des troupes, non au marxisme, mais au national-socialisme.

La révision des thèses socialistes fut entreprise en France par Marcel Déat, dès 1931, dans ses *Perspectives socialistes*. Déat, Marquet et Montagnon, en 1933, réclamèrent du parti socialiste un programme qui permît de *gagner le fascisme de vitesse*. Le premier livre publié par le nouveau parti avait pour titre : *Ordre, autorité, nation.*

Cette nouvelle tendance s'inspirait de l'œuvre d'un socialiste belge, Henri de Man[1]. Celui-ci, formé par la culture allemande, avait été pendant quelque temps professeur d'économie sociale à Francfort. Il avait publié

---

1. *Pour un Plan d'Action. Cahiers de la Révolution constructive*, n° 1. En vente, Isard, 4, rue Franklin, Asnières (Seine).

après la guerre *Au-delà du marxisme* où il avait pris position contre le matérialisme et le fatalisme marxistes. Selon lui, le socialisme devait affirmer son caractère moral.

En Belgique, l'accord se fit entre De Man et Vandervelde, c'est-à-dire entre le socialiste de la nouvelle manière et la vieille équipe de militants. Le *POB* (*parti ouvrier belge*) adopta un certain nombre des idées de De Man. En France, le parti *SFIO* resta intransigeant. Ni sur la question de doctrine, ni sur la question de participation ministérielle, il ne fit des concessions au groupe Renaudel, Déat, Marquet. Trente parlementaires quittèrent alors le Parti, sans d'ailleurs l'affaiblir sensiblement.

Vers cette époque le parti socialiste concentra ses polémiques sur le capitalisme bancaire, il réclamait la nationalisation de la Banque de France et des grands établissements de crédit. Il prétendait obtenir ainsi du même coup une réforme du capitalisme et une remise en marche de l'économie. Des idées analogues apparaissent dans le programme de la CGT, du groupe Déat et même du parti radical.

Cet accord apparent de l'opinion et des partis politiques était en réalité illusoire. Les élections de 1932 avaient eu lieu sur la vieille formule *la République contre la réaction* sans qu'une entente véritable des gauches eût été conclue sur les mesures à prendre. Le conflit entre radicaux et socialistes en matière de finances publiques paralysa l'action gouvernementale entre 1932 et 1934. C'est dans ces circonstances, après une série de crises ministérielles, au moment où se développait le scandale Staviski, que survint la bagarre du 6 février 1934, qui bouleversa la politique française. Les radicaux acceptèrent alors de participer à un gouvernement d'union nationale, tandis qu'un mouvement de protestation républicaine s'amplifiait rapidement à travers le pays. Ce mouvement aboutit au *Front populaire* et aux élections de mai 1936.

Les communistes jouèrent alors un rôle de modération et d'unité. Ils imposèrent aux socialistes l'alliance avec les radicaux. Les communistes, en effet, pour qui la politique est affaire de tactique, avaient reconnu l'erreur commise par eux en Allemagne où ils avaient combattu la social-démocratie et fait ainsi le jeu de l'hitlérisme. Ce sont les communistes qui, en France, provoquèrent la concentration des gauches contre la réaction fasciste. Elle se réalisa sur le plan politique par la constitution du Rassemblement populaire, sur le plan syndical par le ralliement de la CGTU à la CGT et leur fusion (1935).

Le succès des gauches, en mai 1936, constitue tout à la fois le triomphe de la République contre la réaction et du socialisme contre le capitalisme. Le drame est que ni la République ne s'identifie au socialisme, ni la réaction au capitalisme ; il n'y a pas correspondance entre les termes des deux antithèses.

La France risque de connaître une période d'anarchie ou de fascisme.

3. *Ébauche d'un corporatisme.* — Il est pourtant plus probable que la synthèse s'opérera sous forme de corporatisme (au sens large du mot). C'est dans cette direction en effet que, derrière la façade des agitations politiques, les institutions sociales paraissent évoluer.

Sans doute n'y a-t-il nulle trace de corporatisme dans les lois nouvelles limitant le temps de travail ou créant les assurances sociales, non plus d'ailleurs que dans le régime de nationalisation industrielle qui a été appliqué à quelques entreprises, telles que les mines de potasse d'Alsace, l'usine d'azote synthétique de Toulouse, ou la Compagnie nationale du Rhône. Mais d'autres institutions ou législations constituent les premiers linéaments d'un régime corporatif.

Dès 1919, la CGT avait réclamé la création d'un Conseil national du travail. En janvier 1925, un décret instaura un Conseil national économique de quarante-sept membres titulaires, où les consommateurs étaient représentés à côté des producteurs. Ce décret avait été pris hâtivement et ses dispositions étaient médiocres. On doit pourtant à ce Conseil d'utiles suggestions qui ont contribué à résoudre la crise du logement. Un projet de réforme de ce Conseil fut établi en 1927 par Poincaré, un autre en 1933 par Paul Boncour. Une réforme fut enfin votée le 6 mars 1936. Le Conseil comprend désormais vingt sections professionnelles. Il peut se saisir d'office de tout projet, de toute proposition de loi, de tout problème présentant un intérêt économique national.

Plus symptomatiques encore sont les projets de lois sur les ententes industrielles. À la fin de 1934, M. Flandin, un mois après avoir proclamé le principe de la liberté économique, déposa un projet de loi qui, afin de réfréner la concurrence, donnait à certaines ententes industrielles force obligatoire pour tous. Cette mesure n'était pas, il est vrai, présentée comme l'ébauche d'un statut permanent de la production, mais comme un palliatif de crise. Voté par la Chambre, le projet de loi fut enterré par le Sénat.

Plus récemment, une loi du 22 mars 1936 a réglementé l'industrie et le commerce de la chaussure ; elle interdit l'ouverture de nouvelles usines ou de nouveaux magasins et limite l'extension des grandes maisons à succursales multiples. Des projets de loi ont prévu des mesures identiques pour les boulangeries et les salons de coiffure. Mais tandis que le projet Flandin sur boulangeries, etc., ont été votées ou projetées à la demande de grands industriels du Nord, les lois sur les chaussures, les boulangeries, etc... ont été votées ou projetées à la demande de petites gens, qui veulent être défendus contre le capitalisme géant. Ces projets sont l'expression, non d'une revendication prolétarienne, mais d'une revendication de la petite bourgeoisie. Ils sont conformes à la tendance du radicalisme alsacien ou du radical-socialisme français. Logiquement, socialistes et communistes y devraient être hostiles ; ils les votent pourtant. En France, la petite bourgeoisie n'a pas besoin d'un Hitler ou d'un Mussolini pour la défendre ; c'est elle qui commande au Parlement.

Le véritable inspirateur du socialisme français n'est pas Marx, mais l'individualiste Proudhon.

À son cours, É. Halévy n'a pas eu le temps de donner une conclusion. Il nous a paru pourtant que cette conclusion était à l'avance formulée dans la communication faite le 28 novembre 1936 à la Société de philosophie, sur L'Ère *des tyrannies. On nous permettra donc de reproduire ici quelques passages de cette communication et de la discussion qui suivit :*

« *Le socialisme depuis sa naissance au début du* XIXe *siècle, souffre d'une contradiction interne. D'une part, il est souvent présenté par ceux qui sont les adeptes de cette doctrine, comme l'aboutissement et l'achèvement de la Révolution de 1789, qui fut une révolution de la liberté, comme une libération du dernier asservissement qui subsiste après que tous les autres ont été détruits : l'asservissement du travail par le capital. Mais il est aussi, d'autre part, réaction contre l'individualisme et le libéralisme ; il nous propose une nouvelle organisation par la contrainte à la place des organisations périmées que la Révolution a détruites :*

« a) *Le socialisme, sous sa forme primitive, n'est ni libéral ni démocratique, il est organisateur et hiérarchique. Voir en particulier le socialisme saint-simonien ;*

« b) *La révolution socialiste de 1848 aboutit, par un double mouvement de réaction contre l'anarchie socialiste et de développement du principe organisateur que recèle le socialisme, au césarisme de 1851 (très influencé par le saint-simonisme) ;*

« c) *À l'origine du socialisme démocratique allemand, il y a Karl Marx, internationaliste, fondateur de l'Internationale, et qui aspire à un état définitif du genre humain qui sera d'anarchie en même temps que de communisme. Mais il y a aussi Ferdinand Lassalle, nationaliste en même temps que socialiste, inspirateur direct de la monarchie sociale de Bismarck.*

« *Ces remarques nous semblent trouver une confirmation sensationnelle dans l'évolution générale de la société européenne, depuis le début de la Grande Guerre et l'ouverture de ce que nous proposons d'appeler L'Ère des tyrannies.*

« ... *Quant aux pronostics à faire sur la durée des régimes tyranniques d'aujourd'hui... je suis pessimiste... me plaçant au point de vue de ceux qui aiment la paix et la liberté... L'idée d'un fédéralisme européen me semble bien peu vivante ; et l'espérance... d'un impérialisme qui, couvrant l'Europe entière, lui donnerait la paix à défaut de la liberté, semble complètement chimérique à l'heure actuelle. Je ne vois qu'une seule tyrannie où soit présent cet esprit d'universalité, sur laquelle on pourrait compter pour donner à l'Europe cette sorte de paix. Mais les tyrannies qui nous touchent de plus près – celle de Berlin, celle de Rome – sont étroitement nationalistes. Elles ne nous promettent que la guerre. Si elle éclate, la situation des démocraties sera tragique. Pourront-elles rester des démocraties parlementaires et libérales si elles veulent faire la guerre avec efficacité ? Ma thèse, que je vous dispense de m'entendre répéter, c'est qu'elles ne le pourront pas. Et le recommencement de la guerre consolidera l'idée TYRANNIQUE en Europe[1]. »*

---

1. On nous permettra de citer encore deux fragments de lettres, l'une datée de 1913, l'autre de 1934, où s'expriment les interrogations auxquelles Élie Halévy a cherché toute sa vie à donner réponse.
Élie Halévy à un élève : 20 septembre 1934.
« Mon cher ami, votre lettre de Moscou m'arrive *via* Évian. Je dis, lettre de Moscou. Est-ce bien vrai ? C'est tout juste si vous me parlez de la ville où vous habitez. Vous habitez, comme il convient à un homme de votre âge, le monde des idées. Et votre lettre ne fait que discuter des idées.
« À la question que vous me posez (peut-on être communiste sans accepter le matérialisme dialectique ?) rien n'est plus facile que de vous répondre, avec la certitude d'avoir raison. Vous avez le droit d'être communiste sans être un adepte du matérialisme dialectique. Blanqui l'était. Louis Blanc l'était ; et ni l'un ni l'autre ne connaissaient le matérialisme dialectique. Vous avez donc parfaitement le droit, même si vous répudiez le matérialisme dialectique, de dire que vous prenez le chemin du communisme. Seulement vous n'avez pas le droit de dire : « *Je prends le chemin du marxisme.* »
« C'est la seule question que vous me posez, il me semble ; la seule chose, à laquelle je doive répondre. Si vous devez cependant revenir en France *converti*, permettez-moi de vous demander en quoi et pourquoi. Est-ce parce que c'est l'attitude qui permettra à votre action sociale d'être plus féconde en résultats heureux ? Alors, convertissez-vous. Est-ce parce que c'est l'attitude qui, parce qu'elle est la plus intransigeante, est la mieux faite pour vous dégager de toute responsabilité à l'égard d'une société évidemment mal faite, et vous permet de protester sans cesse dans l'attente d'un bouleversement final, et de ne rien faire en attendant la venue hypothétique de ce bouleversement ? Alors, ne vous convertissez pas.
« Je vous conseillerais, après vous être exalté (comme je le comprends fort bien : je suis capable moi-même de cette exaltation) au spectacle *sublime, héroïque* de l'expérience soviétique, d'aller faire un stage chez les Scandinaves, ou simplement chez les Hollandais, et de voir ce qu'on peut faire pour le bien-être et la culture des classes populaires par le développement de certaines vertus secondaires, qui font défaut aux Français et dont ils peuvent aller chercher le secret sans faire le voyage de Moscou. »
Lettre d'Élie Halévy à C. Bouglé, 1er octobre 1913.
« Pour ce qui est de moi, je reconnais bien que le socialisme renferme le secret de l'avenir. Mais je ne déchiffre pas ce secret et je suis hors d'état de dire si le socialisme nous conduit à la république suisse universalisée ou au césarisme européen. »

ANNEXES

ANNEXE I[1]

FRIEDRICH LIST ET

L'ÉCONOMIE POLITIQUE NATIONALISTE

Nous sommes aux environs de 1840 : à un accès de chauvinisme français répond un accès de chauvinisme allemand ; le rêve de l'unité allemande se précise ; c'est l'année du *Rhin allemand* de Becker. En 1841, pose de la première pierre de la cathédrale de Cologne par le roi de Prusse, où assistent tous les princes allemands. Cette agitation nationale de caractère politique a été précédée d'une agitation de caractère économique pour l'unité douanière de l'Allemagne. En 1818, la Prusse unifie les tarifs douaniers de ses possessions éparses à travers l'Allemagne. En 1838, deux autres *Unions douanières* allemandes, se constituent (Bavière et Wurtemberg d'une part, Prusse et Hesse d'autre part). En 1833, ces trois Unions douanières déjà constituées (Prusse, Bavière et Wurtemberg – États du centre) fusionnent ; l'unité douanière allemande, *Zollverein*, est consommée, moins le Hanovre, le Brunswick, le Mecklembourg et les villes de la Hanse. En 1841, le *Système national d'économie politique*, de List paraît juste au moment du renouvellement du *Zollverein* de 1833, et des polémiques entre partisans du libre-échange et protectionnistes que suscitait ce renouvellement. En 1842, à la suite du congrès douanier, l'Allemagne devient protectionniste, comme le souhaitait List. […]

List avait vu en Amérique, en raccourci et côte à côte, tous les degrés de civilisation économique, depuis l'état sauvage où l'homme vit de chasse et de pêche jusqu'à la société industrielle la plus complexe. Il y assista à la lutte des manufacturiers protectionnistes du Nord et des agriculteurs producteurs de coton du Sud libre-échangistes, enfin au triomphe des protectionnistes, pour lesquels il avait pris parti. [Rentré en Allemagne (1831) il y vit réalisée l'unité douanière pour laquelle il avait combattu dès 1819 : aussitôt il se fit l'avocat énergique à la fois de l'unité allemande et du protectionnisme, qui devait favoriser celle-ci.]

---

1. Leçon rédigée par É. Halévy, vers 1903. Cf. *supra*, 4ᵉ partie, chap. I.

I. — *THÉORIE DES FORCES PRODUCTIVES* [...][1]

1. *Critique de l'économie politique classique.* — *La théorie des forces productives, opposée à la théorie des valeurs échangeables.* List se considère naturellement comme devant d'abord réfuter la théorie libérale, la scolastique (voir son expression l'« *École* », pour désigner les défenseurs de la doctrine), où tous les apologistes du libre-échangisme vont chercher des arguments tout faits : la doctrine d'Adam Smith. Nous la résumons brièvement. Je suis français. Je désire acheter une paire de bas. Le coût de production d'une paire de bas est en France de 1 franc, en Angleterre de 0 fr. 50. Mon intérêt est de me fournir de bas en Angleterre. Supprimez toutes les barrières douanières. Chaque individu se fournira là où il pourra se procurer les objets utiles au meilleur compte ; en d'autres termes, là où la nature des choses veut, dans l'intérêt général, que ces objets soient produits. C'est le point de vue de la valeur échangeable. List le critique en se fondant sur deux ordres d'arguments :

Il reproche à l'économie politique classique de confondre le point de vue de l'économie privée avec celui de l'économie publique, ou, ce qui revient au même, en affirmant le principe de l'identité des intérêts, de ne pas considérer la divergence qui peut exister entre les *intérêts des générations successives*. Empruntons à List l'exemple dont il se sert pour rendre sa pensée saisissable[2].

> *Si deux pères de famille, pareillement propriétaires, ayant chacun cinq fils, économisent chacun la même somme de* 1 000 *thalers (3 750 francs) par an ; l'un place ses épargnes et retient ses fils au travail manuel, tandis que l'autre emploie les siennes à faire de deux de ses fils des agriculteurs intelligents et à préparer les trois autres à des professions conformes à leurs aptitudes ; le premier agit suivant la théorie des valeurs, et le second d'après celle des forces productives. Au moment de sa mort, celui-là sera plus riche que celui-ci en valeurs échangeables, mais quant aux forces productives, ce sera tout le contraire... Toute dépense pour l'instruction de la jeunesse, pour l'observation de la justice, pour la défense du pays, etc., est une destruction de valeurs au profit de la force productive. La majeure partie de la consommation d'un pays a pour but l'éducation de la génération nouvelle, le soin de la force productive à venir.*

---

1. [Le titre original porte : « La théorie des forces productives opposée à la théorie des valeurs échangeables ».]
2. F. List, *Système national d'économie politique*, trad. fr. S. de Richelot, p. 245-246.

C'est reprocher, en d'autres termes, à l'École son *individualisme* intransigeant, qui ne fait pas entrer en ligne de compte, dans son calcul des intérêts collectifs, les intérêts futurs des individus, de la race, non encore existants.

D'autre part, dans l'économie publique, List reproche à l'École de ne pas distinguer entre les deux points de vue de l'économie nationale et de l'économie cosmopolite ; ou, en d'autres termes, de ne pas considérer les différences d'*intelligence* économique qui existent entre les diverses nations. Établissez le libre-échange et tous les individus produiront dans tous les pays d'Europe ce qu'ils sont le plus *aptes* à produire. Mais cette aptitude à produire n'est pas quelque chose d'inné à l'individu. Elle suppose une longue période d'entraînement, d'éducation, de civilisation. L'ouvrier anglais, le paysan polonais, le nègre africain sont tous capables de travail, mais non pas d'une même quantité, ni d'une même qualité de travail. Au point de vue de la valeur échangeable, il est commode de considérer le travail comme une quantité homogène que chaque individu est disposé à fournir indéfiniment dans la mesure où il en retire le bénéfice. Au point de vue de la force productive, on comprend mieux combien le développement des facultés intellectuelles et morales accroît l'aptitude au travail. En substituant au point de vue de la valeur échangeable, le point de vue de la force productive, List considère qu'il ne fait qu'achever l'évolution historique de la spéculation économique depuis les physiocrates. Les physiocrates ne reconnaissent comme productif, comme produisant une plus-value, que le seul travail de la terre : Adam Smith, mécontent du caractère scolastique de cette distinction, englobe dans le travail productif l'industrie avec l'agriculture ; J. B. Say, à son tour, se trouve

> « *dans l'alternative ou d'adopter, après Adam Smith, cette absurdité que les travaux intellectuels ne sont pas productifs, ou d'étendre la notion de la richesse nationale comme avait fait son prédécesseur, de l'appliquer à la force productive et de dire que la richesse nationale consiste, non dans la possession des valeurs échangeables, mais bien dans celle de la force productive, de même que la richesse d'un pêcheur consiste à posséder, non pas des poissons, mais la capacité et les moyens de continuer à prendre autant de poissons qu'il lui en faut*[1]. »

J.-B. Say accepte dès lors implicitement le point de vue de la force productive ; son frère Louis Say, le protectionniste, en qui List reconnaît un précurseur, l'accepte explicitement. L'erreur de l'École, et de la théorie des valeurs échangeables, c'est sur ce point, l'erreur matérialiste.

---

1. *Ibid.*, p. 476.

> « *Il n'existe pas*, écrit List, *de monde des richesses. La notion de monde implique quelque chose d'intellectuel et de vivant, fût-ce même la vie ou l'intelligence animale. Mais qui pourrait parler, par exemple, d'un monde minéral ? Ôtez l'esprit, et ce qui s'appelle richesse ne sera plus qu'une matière morte. Qu'est devenue la richesse de Tyr et de Carthage, ou la valeur des palais de Venise, depuis que l'esprit a disparu de ces masses de pierres ? Avec votre monde des richesses vous voulez faire exister la matière par elle-même et là réside toute votre erreur. Vous nous disséquez un cadavre, vous nous montrez la structure et les parties constitutives de ses membres ; mais de ces membres, refaire un corps, leur donner la vie, les mettre en mouvement, vous ne le pouvez pas : votre monde des richesses est une chimère*[1]. »

Entre l'économie privée et l'économie cosmopolite, List insère l'économie nationale ; à l'*individualisme* et au *matérialisme* de l'École il oppose un *nationalisme*.

> « *L'économie politique*, nous dit-il, *telle que nous l'entendons, ne se borne pas à enseigner comment les valeurs échangeables sont produites par les individus, distribuées entre eux et consommées par eux ; déclarons-lui que l'homme d'État veut et doit savoir quelque chose de plus, qu'il doit connaître comment les forces productives de toute une nation sont éveillées, accrues, protégées, comment elles sont diminuées, endormies ou même détruites, comment, au moyen des forces productives du pays, les ressources du pays peuvent être le plus efficacement employées à produire l'existence nationale, l'indépendance, la prospérité, la puissance, la civilisation et l'avenir de la nation*[2]. »

Mais le changement de théorie et de problème entraîne un changement de méthode.

II. — *L'APPLICATION DE LA MÉTHODE HISTORIQUE À L'ÉCONOMIE POLITIQUE*

Dès qu'on abandonne, en effet, la conception matérialiste de l'École, il ne saurait plus être question de comparer, en se plaçant au point de vue du marchand (l'économie politique d'Adam Smith, en dépit de la terminologie qu'elle a accréditée, constitue le vrai *mercantilisme*, la quantité

---

1. *Ibid.*, p. 73-74.
2. *Ibid.*, p. 480.

d'objets fabriqués apportés sur le marché et la quantité d'heures de travail qu'ils représentent ; il faut apprécier quel accroissement de production représente, pendant un avenir indéfini, le capital immatériel dont dispose la nation : mais toutes les facultés dont il est ici question, intellectuelles, morales, esthétiques, échappent à l'attention du comptable, elles relèvent de l'observation historique. Au point de vue déductif et abstrait, il faut substituer le point de vue historique : dans l'ouvrage de List le livre *théorique* est précédé par un premier livre intitulé : *Histoire*, où List étudie les leçons que l'on peut tirer du spectacle de la grandeur et de la décadence économique des États de l'Europe occidentale, depuis les villes italiennes du Moyen Âge jusqu'à l'Angleterre moderne. À la méthode de Ricardo il faut substituer celle de Montesquieu, que List cite sans cesse, « *celui qui mieux que personne avant lui et après lui a su comprendre les leçons que l'histoire donne au législateur et aux hommes d'État*[1] ». Quels sont donc les enseignements de l'histoire en ce qui concerne le développement des forces productives ?

1. [*Les quatre stades de civilisation.*] — L'histoire nous enseigne que toute société doit passer par quatre degrés successifs de civilisation : l'état sauvage et chasseur, l'état pastoral, l'état agricole, enfin l'état à la fois agricole et manufacturier. Chaque état marque, par rapport au précédent, un accroissement de capital et de forces productives. Dans le premier état l'homme peut obtenir, par voie d'échange, un capital d'arme à feu, de poudre, de plomb. Mais ce capital, il l'emploie nécessairement à détruire les richesses que la nature lui offre. S'il ne veut pas périr, il faut qu'il arrive au degré supérieur, que de chasseur il devienne pasteur, et que de la chasse il passe à l'élevage du bétail. Le bétail constitue dès lors la forme typique du capital. Mais l'accroissement de la population et, par suite, de la consommation, rend insuffisantes les subsistances que la nature offre spontanément au bétail. S'il ne veut pas périr, il faut que le peuple pasteur devienne agriculteur. De nouveau le capital matériel s'accroît, mais de nouveau la population s'accroît à un rythme plus rapide ; pour faire vivre un excédent de population, la nation agricole est obligée d'exporter des hommes, de sacrifier constamment des forces productives, ou de devenir manufacturière.

2. [*L'intervention de l'État.*] — Le problème pour l'homme d'État qui vise à développer les forces productives, est donc de favoriser le passage successif d'un degré à l'autre ; il doit se conformer au principe de l'éducation industrielle. Et le principal moyen *pédagogique* dont dispose l'homme d'État

---

1. *Ibid.*, p. 329.

en matière industrielle, c'est la protection, non pas la protection universelle et absolue opposée au libre-échangisme universel et absolu préconisé par Ricardo et ses disciples ; la méthode historique enseigne au contraire le *relativisme* des solutions. La thèse protectionniste n'est pas vraie de tous les produits ; et d'autre part « *les peuples doivent changer de système à mesure qu'ils font des progrès*[1] ». Effectivement le libre-échangisme est dans le vrai, pour ce qui concerne les produits de l'agriculture : et l'École se donne une partie trop facile lorsqu'elle démontre l'absurdité qu'il y aurait, par exemple, à vouloir forcer la culture de la vigne et la fabrication du vin en Écosse. Mais c'est qu'ici les différences de la nature du sol et du climat exercent une influence prédominante. Il coûtera toujours plus cher de produire du vin en Écosse que de le produire en Sicile, au Portugal ou dans le Languedoc. Et ce vin, produit à plus grands frais, sera toujours plus mauvais. Au contraire les frais supérieurs engagés pour protéger une manufacture sont passagers : il est possible de produire, aux mêmes frais, des cotonnades et des draps de même qualité en Angleterre, en France, en Allemagne. Il est absurde de parler des dispositions mécaniques supérieures du peuple anglais ; au XIIIe siècle le peuple anglais était le moins laborieux et le moins industrieux des peuples occidentaux. D'autre part, et pour qui examine les phases successives de l'évolution économique des peuples, le libre-échange, la libre importation des produits manufacturés de l'extérieur est utile aux peuples chasseurs, aux peuples pasteurs, aux peuples nouvellement entrés dans une phase agricole ; cette libre importation les enrichit et les instruit, travaille à leur éducation industrielle. Mais sitôt qu'un peuple agricole commence à faire des essais industriels, sent s'éveiller la « vocation » manufacturière, la protection devient pour lui une condition essentielle de progrès, s'il ne veut pas que ses manufactures soient étouffées dans le berceau par la concurrence des manufactures adultes de la nation voisine. C'est la leçon que nous donne l'histoire économique des nations européennes, et en particulier de l'Angleterre. List s'attache à démontrer que c'est par une politique constante de protection que l'Angleterre a créé sa suprématie industrielle et commerciale, l'emportant successivement sur la Hanse et la Hollande. Au XIVe siècle, elle cesse d'avoir besoin de la Hanse pour s'approvisionner de draps ; elle commence, par la protection de ses manufactures, à être maîtresse de son marché intérieur, puis, insensiblement, à exporter, jusqu'au jour où, par l'acte de navigation, mesure dont l'idée était empruntée à d'autres nations, telles que Venise et la Hanse elle-même, elle s'assure la prédominance du commerce maritime. Rien de scandaleux comme l'affirmation gratuite d'Adam Smith et de son École, selon laquelle

---

1. *Ibid.*, p. 218-222.

ce n'est pas *à cause de*, mais en *dépit de*, sa politique de protection et de prohibition que l'Angleterre est parvenue à la suprématie. On n'a jamais nié aussi audacieusement, et en se fondant sur des raisonnements généraux, une relation de cause à effet, manifestée comme évidente par l'histoire. D'ailleurs, à la politique de prohibition systématique a succédé, de 1792 à 1815, pendant vingt-cinq ans de guerre, un régime de prohibition spontanée, qui a complété la prépondérance industrielle de l'Angleterre. Désormais l'Angleterre avait pris une avance industrielle suffisante pour supporter un régime de libre-échange, pour avoir intérêt, surtout, à propager les idées libre-échangistes chez les autres peuples, afin de les inonder de ses produits.

3. [*Le libre-échange sert surtout l'Angleterre.*] — D'où la possibilité de fournir l'explication historique de la théorie cosmopolite. Elle constitue de la part des hommes politiques anglo-saxons, un machiavélisme conscient ; il s'agit pour eux « *de dissimuler la vraie politique de l'Angleterre à l'aide des expressions et des arguments cosmopolites imaginés par Adam Smith, de manière à empêcher les nations étrangères de l'imiter* ». « *C'est*, ajoute List, *une règle de prudence vulgaire, lorsqu'on est parvenu au faîte de la grandeur, de rejeter l'échelle avec laquelle on l'a atteint, afin d'ôter aux autres le moyen d'y monter après nous*[1]. » Les hommes politiques qui concluaient en 1786 le traité Eden avec la France obéissaient à la même préoccupation qu'en 1703, les auteurs du traité de Methuen avec le Portugal[2] ; dans l'un et dans l'autre cas, il fallait transformer une nation européenne en une annexe purement agricole de l'Angleterre industrielle. Mais dans le second cas, les hommes d'État avaient à leur disposition, pour justifier la signature du traité de commerce, la doctrine humanitaire d'Adam Smith.

« *Toujours cosmopolites et philanthropes en paroles, ils ont été constamment monopoleurs d'intention*[3]. » Avec l'éloquence du propagandiste populaire, List accumule les preuves à l'appui de cette thèse. Il rappelle les paroles imprudentes prononcées en 1815 par Brougham et Hume, demandant que l'on écrasât dans l'œuf les manufactures continentales[4]. Il interprète la politique étrangère de Canning et son entrevue infructueuse avec M. de Villèle, les deux missions du libre-échangiste Bowring d'abord en France, puis en Allemagne[5]. La thèse est forcée, mais seulement en ce sens

---

1. *Ibid.*, p. 490.
2. Le traité Eden faisait entrer presque en franchise en Angleterre les vins et produits agricoles français contre réciprocité en France pour les machines et tissus anglais ; le traité de Methuen avait déjà procédé de même pour les vins portugais.
3. F. List, *Système national d'économie politique, op. cit.* p. 110.
4. *Ibid.*, p. 192.
5. *Ibid.*, p. 503 *sq.*

que List explique par des motifs conscients ce qu'il vaut mieux expliquer par la suggestion inconsciente de mobiles intéressés. Il arrive trop souvent que nous adoptons une doctrine d'apparence humanitaire avec la conviction que notre adhésion est désintéressée, alors qu'en réalité la doctrine sert nos intérêts cachés.

III. — *LA NATION ÉCONOMIQUE NORMALE*

Ce devient donc un des objets essentiels de l'économie politique de définir les conditions d'existence de la *notion économique normale*. Ce qui la définit, c'est l'ensemble des conditions qui lui permettent d'avoir une existence autonome, de se suffire à elle-même, de réaliser l'*association des forces productives*, à son plus haut degré de perfection.

1. [*Conditions d'existence dans l'espace.*] — Dans l'espace d'abord, l'association de l'agriculture, de l'industrie et du commerce :

> « *À la place de la cité commerçante et manufacturière et de la province agricole, le plus souvent sans lien politique avec elle, on vit apparaître la nation, formant un ensemble harmonieux et complet en soi, dans laquelle d'une part, les dissonances qui avaient existé entre la monarchie, l'aristocratie féodale et la bourgeoisie se changèrent en un accord satisfaisant, et, de l'autre, l'agriculture, l'industrie manufacturière et le commerce entretinrent les plus intimes relations... Le pays à la fois agriculteur, manufacturier et commerçant est une ville qui embrasse toute une contrée, ou une campagne élevée au rang de ville*[1]. »

List s'attache donc à démontrer qu'il n'y a pas, comme porteraient à le faire croire en divers pays les querelles entre libre-échangistes, contradiction entre les intérêts de l'agriculture et ceux de l'industrie. Par sa théorie de la rente foncière il se propose de démontrer que la cause principale de l'accroissement de la rente foncière (et par suite de la valeur du sol, la rente capitalisée), ce n'est pas, comme le voulait Ricardo, la nécessité de recourir sans cesse à la culture de terrains de qualité inférieure, c'est le progrès des manufactures. Car : *a*) les manufactures créent une demande pour une plus grande variété et pour une plus grande quantité de produits ruraux ; *b*) la valeur de la rente se règle sur la masse des capitaux qui se trouvent dans le pays et sur les rapports entre l'offre et la demande du sol.

---

1. *Ibid.*, p. 458.

Or, « *l'abondance des capitaux que le commerce extérieur et intérieur réunit dans une nation manufacturière, le faible taux de l'intérêt et cette circonstance que, chez un peuple manufacturier et commerçant, un grand nombre d'individus enrichis cherchent constamment à placer dans la terre leur excédent de capital matériel, élèvent chez un pareil peuple le prix d'une même quantité de rente territoriale beaucoup au-dessus de ce qu'elle est dans un pays purement agricole*[1] » ; *c)* la contagion des procédés industriels transforme l'agriculture en industrie et en augmente le rendement. De même, il n'y a pas de contradiction entre les intérêts de l'industrie et de l'agriculture et ceux du commerce. Sans doute le commerce ne crée pas des marchandises, il n'est que l'intermédiaire des échanges entre les producteurs des diverses catégories ; son intérêt doit donc être subordonné à celui de la production agricole et manufacturière[2]. Sans doute aussi une politique de protection pourrait nuire, au moins pour un temps, au commerce extérieur de la nation. Mais l'École elle-même reconnaît que le commerce intérieur présente une importance dix fois égale à celle du commerce extérieur[3]. Or le développement de manufactures nationales peut avoir pour conséquence de décupler l'importance du commerce intérieur. Les dépenses faites pour assurer, par une politique de protection, le développement des manufactures commerciales, peuvent être comparées aux dépenses faites pour construire des voies de communication, des routes et des chemins de fer. Elles sont aussi utiles au commerce ; elles sont créatrices d'échanges entre la campagne et la ville, entre le paysan et le manufacturier.

2. [*Conditions d'existence dans le temps.*] — Dans la durée d'autre part, une loi, essentielle aussi, exige l'association des forces productives des différentes générations entre elles. Cette loi constitue ce que List appelle le *principe de conservation et de progrès*. Elle tient à ce fait de la solidarité des générations, qui est la base même de la théorie des forces productives. L'État exprime cette solidarité.

> « *Les dettes d'un État sont les lettres de change que la génération présente tire sur la génération future. Elles peuvent avoir été contractées dans l'intérêt particulier du présent, ou dans celui de l'avenir ou dans l'intérêt commun de l'un et de l'autre. C'est dans le premier cas seulement qu'elles sont condamnables. Mais chaque fois qu'il s'agit de la conservation*

---

1. *Ibid.*, p. 350.
2. *Ibid.*, p. 372.
3. *Ibid.*, p. 271.

et du développement de la nationalité, et que les dépenses nécessaires à cet effet excèdent les ressources de la génération présente, la dette rentre dans la dernière catégorie[1]. »

Déterminer les conditions qui garantissent aux forces productives d'une nation la cohésion et la stabilité nécessaires est cependant un problème que l'économiste ne peut éluder, puisqu'il s'agit de délimiter l'objet de ses efforts. Ces conditions sont, les unes politiques (institutions, etc.) les autres proprement *géographiques* : ce sont celles dont List s'occupe spécialement dans son ouvrage. Les circonstances expliquent pourquoi. Il traite la question des *dimensions* : une nation doit être assez grande pour qu'à l'intérieur de cette nation le régime de la libre concurrence ne soit pas compromis, que l'industrie ne tourne pas au monopole. Il traite donc aussi la question des *frontières*. Il convient, semble-t-il, qu'*un littoral maritime, des montagnes, la langue et l'origine*[2] soient de meilleures frontières que les fleuves. Pour qu'une nation, assez grande pour se suffire à elle-même quant à la production agricole et industrielle, soit maîtresse de son commerce extérieur, et capable d'organiser un système douanier efficace, il faut qu'elle possède son littoral maritime et l'embouchure de ses fleuves. Ces conditions manquent même à l'Allemagne économique, prélude de la future Allemagne nationale, qui vient de se constituer. Il faut que le littoral de la mer du Nord avec les villes de la Hanse, la Hollande, le Danemark, lui soient annexés[3]. Par quels procédés d'ailleurs un peuple peut-il s'assurer la possession d'« *un territoire bien arrondi*[4] » ? Les moyens sont multiples et le but à atteindre les légitime tous ; – une succession, comme pour l'Écosse – un achat comme pour la Floride et la Louisiane – une conquête comme pour l'Irlande : « *Il n'est pas permis de méconnaître*, écrit List dans un autre passage, *qu'un territoire bien arrondi est un des premiers besoins des nations, que le désir de satisfaire ce besoin est légitime, et que parfois même il peut justifier la guerre*[5]. » – Enfin, il y a encore comme moyen une association d'intérêts par voie de traités ; « *c'est par son association douanière que la nation allemande a acquis la jouissance d'un des plus importants attributs de la nationalité*[6] ». List détermine aussi la *situation géographique* des grandes nations ; c'est dans les pays de la zone tempérée que les nations se constituent, car ce sont celles

---

1. *Ibid.*, p. 410.
2. *Ibid.*, p. 529.
3. *Ibid.*, p. 286-268. Il voudrait cependant que la Hollande et le Danemark comprennent d'eux-mêmes cette nécessité et entrent librement dans la Confédération germanique.
4. *Ibid.*, p. 287.
5. *Ibid.*, p. 529-530.
6. *Ibid.*, p. 288.

« *dont le sol produit en meilleure qualité et aux plus bas prix les objets de première nécessité, et dont le climat se prête le mieux aux efforts du corps et de l'esprit[1]* ». Si donc les pays de la zone tempérée sont appelés à devenir des nations normales et autonomes, il ne reste aux pays de la zone torride que de devenir leurs annexes économiques, leurs colonies.

> « *Les importations des peuples de la zone tempérée consistent principalement en produits de la zone torride, tels que sucre, café, coton, tabac, thé, matières tinctoriales, cacao, épices, en articles désignés sous le nom de denrées coloniales. La grande masse de ces denrées est payée avec des objets manufacturés. Ce sont ces échanges qui expliquent surtout les progrès de l'industrie dans les pays manufacturiers de la zone tempérée et ceux de la civilisation et du travail dans les contrées de la zone torride. Ils constituent la division du travail et l'association des forces productives sur l'échelle la plus vaste ; il n'exista dans l'Antiquité rien de pareil à cet état de choses, qui est l'ouvrage des Hollandais et des Anglais[2].* »

[IV. — *INFLUENCE DE LIST*]

[1. *Le protectionnisme.*] — Comme idéal, la nation autonome, augmentée d'un domaine colonial, développant en elle l'association la plus complète possible des forces productives ; comme moyen de réalisation, le protectionnisme ; comme méthode pour fixer l'idéal et délimiter la protection, la méthode historique : telle est la doctrine de List. Pour caractériser List, on peut le comparer à son contemporain anglais, Richard Cobden. Il est le Cobden du protectionnisme ; comme Cobden, essentiellement un homme de prédication et de propagande. Mais tandis que Cobden, pour justifier la thèse libre-échangiste, trouvait derrière lui toute une doctrine bien assise, qu'il lui restait seulement à vulgariser, List était tenu d'inventer sa doctrine. D'où, sous la pression des circonstances, le caractère hâtif de ses improvisations théoriques. Par exemple, la théorie des quatre degrés successifs de la civilisation : elle ne présente pas le caractère universel et nécessaire que List semble vouloir lui attribuer ; telle nation, comme l'Angleterre, a été agricole et *commerciale* avant d'être manufacturière. Par exemple, encore, sa théorie de la rente foncière, qui ne contredit ni ne réfute la théorie de Ricardo. Par exemple, enfin, sa combinaison d'un libre-échangisme agraire

---

1. *Ibid.*, p. 272.
2. *Ibid.*, p. 377.

avec un protectionnisme industriel : elle est trop visiblement une réplique directe au libre-échangisme industriel combiné avec un protectionnisme agraire que pratiquaient pour l'instant les Anglais. Les propriétaires fonciers allemands avaient alors intérêt à exporter leur blé en Angleterre[1] ; les manufacturiers à lutter contre la concurrence anglaise. Aux uns et aux autres List apporte une doctrine de circonstance. Malgré tout List a été un initiateur. Sur quels points ?

2. *L'intervention de l'État.* — Initiateur de *l'interventionnisme*, d'abord. Il justifie l'intervention des gouvernements dans le mécanisme de l'échange international, réfute par suite à plusieurs reprises, avec esprit, le principe, familier à l'École, de l'identité des intérêts.

> « *Si l'individu*, écrit-il, *connaît et entend mieux que personne son propre intérêt, il ne sert pas toujours, par sa libre activité, les intérêts de la nation. Nous demanderons à ceux qui siègent dans les tribunaux s'il ne leur arrive pas souvent d'envoyer aux travaux forcés des individus pour excès d'imaginative et d'industrie ?*[2] » ; et ailleurs « *l'École... partout... veut exclure l'intervention de l'État ; partout l'individu doit être d'autant plus capable de produire que le gouvernement s'occupe moins de lui. D'après cette doctrine, en vérité, les sauvages devraient être les producteurs les plus actifs et les plus riches du globe, car nulle part l'individu n'est plus abandonné à lui-même, nulle part l'intervention du gouvernement n'est moins sensible que dans l'état sauvage. La statistique et l'histoire enseignent, au contraire, que l'action du pouvoir législatif et de l'administration devient partout plus nécessaire à mesure que l'économie de la nation se développe*[3] ».

Or cette dernière phrase ressemble de très près à une formule d'Ad. Wagner sur l'accroissement normal des fonctions de l'État, parallèlement aux progrès de la civilisation. On ne saurait cependant considérer List comme un précurseur du socialisme d'État, et cela parce que sa psychologie, et surtout sa théorie des fins, ressemble de trop près à celle de Fichte. Il ne s'inquiète nullement de préparer artificiellement une meilleure répartition des produits du travail humain, mais seulement d'assurer un accroissement de production. C'est en vue de cette fin seulement qu'il lui demande de développer le réseau des routes et des chemins de fer. Il parle des systèmes

---

[1]. Plus tard, après 1880, les propriétaires fonciers allemands seront protectionnistes, parce qu'ils se verront menacés par la concurrence étrangère.
[2]. *Ibid.*, p. 275.
[3]. *Ibid.*, p. 282-283.

socialistes, si nombreux en France à cette époque, sans aigreur, mais en insistant sur leur caractère utopique, sur l'urgence au contraire du problème national. Il admet le fait de la surproduction, mais il conclut que, si le fait a lieu, « *c'est une preuve que la nature n'a pas voulu que l'industrie, la civilisation, la richesse et la puissance fussent le partage exclusif d'un seul peuple, lorsqu'une portion considérable des terres susceptibles de culture n'est habitée que par des animaux sauvages, et que la plus grande partie de l'espèce humaine est plongée dans la barbarie, dans l'ignorance et dans la misère*[1] ». Bref, à la surproduction, il propose comme remède un agrandissement de la sphère de la consommation : la colonisation. Comme Adam Smith, il propose pour fin à la nation l'accroissement constant de la production : Ad. Wagner a raison de ne pas vouloir le considérer comme un précurseur.

3. *L'historisme.* — Il est aussi l'initiateur de *l'historisme*. Tous les *historistes*, depuis Hildebrand jusqu'à Schmoller nous le verrons plus loin, le tiennent pour tel et ils ont raison ; mais sa théorie des fins le fait sur ce point encore, plus proche d'Adam Smith qu'ils ne le seront tous. Les historistes insistent au contraire sur ce fait que l'homme ne poursuit pas seulement son intérêt personnel, qu'il poursuit aussi des fins nationales, esthétiques, religieuses, morales, que l'économie politique ne peut pas négliger, par un vain désir de devenir exacte en devenant étroite. List partage-t-il cet avis ? En vérité, on ne saurait le dire d'une façon absolue. Comparant entre eux les quatre degrés de civilisation, il semble dire parfois que chaque degré l'emporte sur le degré immédiatement inférieur sous le rapport moral.

> « *Une nation purement agricole*, écrit-il, *n'accomplira pas de progrès sensibles dans la culture morale, intellectuelle, sociale et politique : elle n'acquerra pas une grande puissance politique ; elle ne sera pas capable d'influer sur la civilisation et sur le progrès des peuples moins avancés ni de fonder des colonies*[2]. » Et encore : « *Les immenses avantages attachés à l'industrie manufacturière, et le haut degré de culture, de prospérité et d'indépendance qui caractérise les pays à la fois agriculteurs et manufacturiers, les empêchent de descendre au rang inférieur des peuples agriculteurs dépendants*[3]. »

Mais son idée dominante c'est que chaque degré l'emportera sur le degré inférieur en productivité : « *Une saine industrie manufacturière*

---

1. *Ibid.*, p. 236.
2. *Ibid.*, p. 291.
3. *Ibid.*, p. 295.

produisant en général la liberté et la civilisation, on peut dire que, d'un fonds d'oisiveté, de débauche et d'immoralité qu'était la rente, elle a fait un fonds de production intellectuelle, et que, par conséquent, elle transforme en villes productives les villes purement consommatrices[1]. »

Il arrive même à List de relever un passage d'Adam Smith, où, au mépris de sa propre doctrine, celui-ci reconnaît à l'acte de navigation ce mérite d'avoir, sinon enrichi l'Angleterre, du moins augmenté sa puissance : *or la puissance importe plus que la richesse*. Et List réplique : « *Il est vrai, la puissance importe plus que la richesse ; mais pourquoi cela ? Parce que la puissance est pour un pays une force qui procure de nouveaux moyens de production, parce que les forces productives résident dans l'arbre sur lequel croissent les richesses et que l'arbre qui porte le fruit a plus de prix que le fruit lui-même*[2]. » C'est-à-dire que, suivant List, la puissance nationale devant être accrue, les progrès en civilisation, en moralité, en culture, ne sont envisagés par lui que comme des moyens de production, comme utiles en vue de cette fin économique.

[4. *La valeur de l'idée nationale.*] — À quoi se ramène, en somme, la différence de point de vue entre List et Adam Smith ? Tous deux visent à la paix universelle : List affirme même qu'il se sépare sur ce point des anciens protectionnistes, des colbertistes, qui semblaient voir dans la nation une fin absolue, n'impliquant aucune fin supérieure, plus générale. Mais Adam Smith entrevoyait l'établissement possible de la grande *république commerciale*, de ce que List appelle avec ironie *la république une et indivisible des marchands* ; il appartenait à l'époque du cosmopolitisme révolutionnaire. List appartient à un autre temps ; il n'envisage la paix universelle que comme une fédération de nations, traitant sur le pied d'égalité. Les juristes du XVIIe siècle ont conçu le droit des gens comme s'organisant entre des nations identifiées à des personnalités juridiques, douées de droits égaux. Mais cette égalité restait une fiction : dans l'état actuel de l'Europe, il y a parmi les nations, suivant l'expression de List, *des monstres et des nains*. De cette fiction juridique, List veut que l'homme d'État travaille à faire une réalité économique. D'ailleurs chaque État pris en lui-même est l'image réduite de la république cosmopolite d'Adam Smith : il est soumis à la loi de la concurrence, les relations du capital et du travail n'y sont pas modifiées par l'intervention gouvernementale, le capital national exploite un domaine colonial. Et le jour où, par une patiente et habile *pédagogie* protectionniste, l'association des forces productives aura été, dans chaque

---

1. *Ibid.*, p. 316.
2. *Ibid.*, p. 153.

nation, portée à son plus haut degré de complexité – où, du même coup, conformément au vœu d'Adam Smith, la force productive du monde entier aura été portée à son maximum – ce jour-là le libre-échange pourra être établi, sans compromettre les intérêts économiques d'aucune nation, sans créer de monopole industriel au bénéfice d'aucune.

ANNEXE II

L'HISTORISME ALLEMAND[1]

Nous allons étudier la réaction de l'empirisme historique – en un seul mot, de l'historisme – contre le rationalisme de l'économie politique classique. Le sujet est immense, c'est tout l'enseignement universitaire de l'économie politique en Allemagne pendant la seconde moitié du siècle. Nous nous bornerons à donner quelques points de repère pour *jalonner* le sujet.

I. – *VICES QUE L'HISTORISME DÉCOUVRE DANS L'ÉCONOMIE POLITIQUE CLASSIQUE*

1. *Confusion de l'abstrait et du concret*, ou croyance à la possibilité d'appliquer immédiatement à l'explication du réel les formes de la pensée idéale. Par exemple, étant donné l'explication ricardienne de la rente foncière (théorie de la rente différentielle), les économistes classiques sont portés à croire que la théorie rend compte du montant du fermage payé par tel fermier particulier à son patron ; en réalité ce fermage peut comprendre un élément profit et beaucoup d'éléments dus à d'autres causes que la mise continue en culture des terres de qualité inférieure. Ce sont des exceptions à la règle générale dues à l'interférence d'autres lois, répondent les économistes classiques ; mais les exceptions peuvent être si nombreuses que la règle générale cesse de mériter le nom de règle.

2. *Confusion de la loi scientifique et de la loi morale*, de l'idéal scientifique et de l'idéal moral, de la loi et de la norme. Par exemple, il est possible et vraisemblable que la théorie de la valeur travail a dû son origine, au moins en partie, à une vague analogie juridique. *À chacun selon son travail*, cela résume la théorie de la valeur en échange, selon Smith et Ricardo, et c'est une formule courante de l'idée de justice. La nature est donc adéquate au droit (idées de *loi naturelle*, de *droit naturel*). Quelquefois, cependant, les

---

1. Leçon rédigée par É. Halévy vers 1903.

économistes classiques raisonnent autrement et, partant de ce principe que la nature est juste, en concluent à la nécessité de respecter comme juste telle distribution naturelle du revenu social qui, au premier abord, pourrait paraître injuste. Par exemple, selon les physiocrates, le propriétaire foncier prélève, sans travail, la plus-value du travail de l'agriculteur : l'existence d'une classe de propriétaires fonciers est donc juste puisque conforme à « l'ordre naturel », providentiel, des sociétés ; leur loisir, leur *oisiveté* économique est autorisée par la *loi naturelle*. De même la loi des salaires, telle que la développe Ricardo, aboutit logiquement, chez les socialistes, à la dénonciation de l'ordre social existant. Mais, il n'en est pas ainsi chez Ricardo, puisque l'ordre social actuel est le résultat du jeu des lois naturelles ; Ricardo écrit donc : « *Telles sont les lois par lesquelles les salaires sont réglés et par lesquelles le bonheur de la partie de beaucoup la plus considérable de la collectivité est gouvernée. Comme tous les autres contrats, les salaires doivent être laissés à la libre et équitable concurrence du marché et n'être jamais soumis à l'intervention de la législature.* » C'est un syllogisme incomplet, dont la mineure est évidemment : la loi naturelle est adéquate au droit. Cette mineure est implicitement contenue dans les deux adjectifs de la conclusion : *Fair and free*.

3. [*Réaction de la philosophie allemande.*] — Contre cette double confusion, inhérente à la méthode classique, la pensée allemande réagit. Les origines de cette réaction doivent être cherchées dans la philosophie allemande du début du siècle. Elle débute par une critique de la philosophie française ou anglo-française du XVIIIe siècle ; c'est-à-dire de la philosophie de l'entendement abstrait, qui croit à la possibilité d'épuiser la connaissance du réel avec des éléments abstraits. La théorie allemande affirme que l'entendement humain, avec ses catégories, n'est pas adéquat au réel. Il faudrait une énumération infinie d'attributs pour comprendre le sujet logique d'une proposition. Cela étant, il y a deux solutions de la contradiction qui est entre les formes de notre entendement et la chose en soi ; ou bien, la solution mystique, religieuse : dépasser les bornes de la pensée pour atteindre le réel par un acte de foi, par une intuition immédiate et plus que logique (Schelling) ; ou bien la solution dialectique : concevoir une forme de la pensée supérieure à la pensée abstraite, qui embrasse à la fois l'abstrait et le concret, l'idéal et le réel. Cette faculté supérieure, c'est selon Hegel, la raison dialectique : elle explique en vertu de quelle nécessité interne le réel développe la succession de ses formes et de ses attributs. L'histoire, science du progrès, est donc plus près du réel que les sciences abstraites, conçues sur le type cartésien et mathématique.

4. [*Réaction de la première école historique allemande.*] — De là vint la rénovation des sciences historiques en Allemagne ; sciences du droit (Savigny), science du langage (l'école de Göttingen). Gervinus trace dès 1836 le plan de la politique idéale fondée sur l'histoire.

> « *Il devra pour ce travail embrasser et parcourir le domaine de l'histoire dans toute son étendue ; il devra chercher à fonder la loi générale en partant des choses instables, provisoires, des retours et des particularités ; il devra, en partant de l'histoire finie des peuples, deviner l'histoire infinie de l'humanité... Sa science de l'État sera synonyme d'une philosophie de l'histoire et elle deviendra la base nécessaire d'une philosophie de l'humanité, ou, ce qui est la même chose, d'une philosophie des hommes*[1]. »

Gervinus se hâte d'ajouter que cet idéal ne sera pas de longtemps réalisé, que les matériaux recueillis n'y suffisent pas, que les tentatives faites, jusqu'à présent, pour constituer avec des documents insuffisants une philosophie intégrale de l'histoire sont « enfantines » : « *Une science (de la politique) qui doit reposer complètement sur l'empirisme ne se constituera que d'après les résultats de l'expérience.* » Il ajoute (et les termes qu'il emploie sont intéressants à relever car nous les retrouverons fréquemment chez les représentants de l'historisme économique) : « *Dans cette manière de procéder, la Politique est comparable à la Physiologie ou à la partie de celle-ci, qui, récemment, a été considérée comme étant l'histoire de la vie.* » C'est à Göttingen qu'étudie Wilhelm Roscher, né en 1817, et qui, en 1838, publie sa thèse *De Historiæ doctrina a pud Sophistas majores*, où il traite, fidèle à l'esprit de Gervinus, de l'utilité de l'histoire pour la politique. En 1842, il publie son *Leben, Werke und Zeitalter des Thucydides* (*La Vie, l'œuvre et l'époque de Thucydide*), où il étudie la valeur de son œuvre comme recueil d'observations sociales, politiques, économiques : « *Je veux citer d'abord*, écrira-t-il, quelques années plus tard, *le nom sublime de Thucydide, et je proclame, avec une reconnaissance respectueuse, que même au point de vue économique, je n'ai appris d'aucun moderne plus que je n'ai appris de lui.* » En 1843, Roscher publie son premier essai d'économie politique, *sur le luxe*, et la même année son fameux *Précis d'un cours sur l'économie politique d'après la méthode historique*. Il veut faire pour l'économie politique ce que la méthode de Savigny et d'Eichhorn a fait pour la jurisprudence. Hildebrand, disciple de Roscher, écrira, quelques années plus tard, qu'il veut faire une réforme pour la connaissance des aspects

---

1. Op. Menger, *Untersuchungen über die Méthode der Sozialwissenschaften und der Politischen Oekonomie insbesonders*, p. 217-218.

économiques de la vie d'un peuple semblable à celle dont la science du langage a fait l'expérience en ce siècle. Par un changement de méthode, il faut d'une science abstraite faire une science du réel, employer en économie politique la méthode *quantitative* de la *statistique*, la méthode *qualitative* de l'observation historique, enfin la méthode de *comparaison* ou *d'analogie*. Les lois obtenues par cette voie auront l'inconvénient d'être *empiriques*, simples constatations de simultanéités et de successions régulières ; elles ne diront pas, à la différence des lois *rationnelles* de Ricardo, le pourquoi de ces simultanéités et de ces successions. Nous constatons *que*, avec le progrès de la civilisation, le taux de l'intérêt baisse constamment ; l'économie politique de Ricardo essaie d'expliquer *pourquoi*. Mais, empruntées à l'observation du réel, elles auront l'avantage de pouvoir s'appliquer immédiatement à l'explication du réel. Par un changement *d'objet*, il faut d'une science statique, d'une science de l'immobile, faire une science dynamique, une science du progrès du développement[1]. Les lois statiques de l'économie politique classique expliquent comment, *étant données* certaines circonstances, psychologiques, technologiques, juridiques, certains phénomènes en résultent. Les lois d'évolution que la nouvelle économie politique cherche à déterminer, établissent quelles modifications doivent normalement subir, au cours de l'histoire, les circonstances que présupposent les lois statiques de l'ancienne économie politique[2]. Roscher, dans son livre sur Thucydide dit :

> « *Je considère la Politique comme la théorie tirée des lois d'évolution des États... Ces lois d'évolution, je pense les trouver par la comparaison des histoires de peuples qui me sont connues.* » Et dans son *Précis* de 1843 : « *L'historien veut une description de l'évolution et de la condition humaine qui corresponde le plus fidèlement possible à la vie réelle. Il a expliqué un fait, quand il a décrit les hommes par qui et pour qui ce fait a été exécuté*[3]. *L'économie politique est l'enseignement des lois d'évolution de l'économie nationale*[4]. » Et W. Roscher écrit en 1854 : « *Nous entendons par économie nationale, l'enseignement de la vie économique nationale, l'enseignement des lois d'évolution, de la vie économique nationale, des formes de vie économique de la nation (Philosophie de l'histoire économique nationale selon von Manigoldt)*[5]. »

---

1. Wagner, *Grundlegung*, 1875, p. 90.
2. Cf. Ch. Knies, *Die Politische Oekonomie vom Standpunkte der geschichtlichen Methode*, 1883, p. 31.
3. W. Roscher, *Grundriss zu Volesungen über die Staatswirtschaft nach geschichtlicher Methode*, p. 1.
4. *Ibid.*, p. 3.
5. W. Roscher, *Grundlagen der Nationalöknomie*, 1854, p. 16. Dès 1867, ce livre fut d'ailleurs traduit en français.

II. — [LES GRANDES THÈSES DE L'ÉCOLE HISTORIQUE]

Mais il y a plusieurs manières de chercher à constituer une philosophie de l'évolution, à déterminer des lois d'évolution.

1. [*Lois d'évolution économique nationale.*] — On distingue dans l'ensemble de l'humanité des groupes distincts, civilisations, peuples, nations. Ces groupes naissent, croissent, déclinent, meurent. On peut considérer qu'ils obéissent, tous et chacun, à des lois identiques de développement et déterminer des lois d'évolution économique nationale (Roscher). Roscher oppose la méthode *idéaliste* et la méthode *physiologique*, ou *historique*. L'idéaliste crée, par l'effort de sa pensée individuelle, ou croit créer, un idéal auquel il veut plier l'humanité. En réalité, il emprunte, toujours plus qu'il ne croit, aux opinions courantes du milieu social, du moment historique auquel il appartient. En droit, ce n'est pas ainsi que procède le médecin. Il ne part pas d'un être humain idéal, auquel il désirerait que tous les hommes ressemblassent : c'est de l'observation réelle du corps humain, qu'il tire sa définition de la santé. Il tient compte de la *solidarité* de tous les phénomènes biologiques, de la *réciprocité d'action* des divers phénomènes : de l'action du cœur dépend l'action du cerveau et *réciproquement* de l'action du cerveau, l'action du cœur. De même, l'économiste qui applique la méthode historique ne considère pas un phénomène économique comme constituant un groupe *indépendant* de phénomènes : l'économie politique d'une nation agit sur son droit, sa morale, sa politique, et *inversement* (cf. les juristes, les linguistes quand, pour la commodité du langage seulement, ils parlent d'un *développement autonome, Selbstentwicklung*, du droit et du langage). Le médecin ne croit pas qu'une même médecine convienne à tous les hommes ; il y a une médecine pour l'enfant, une médecine pour le vieillard, une médecine pour l'homme fait. Et cependant, fait observer Roscher :

> « *S'il y avait des habitants dans la lune, et que l'un d'eux, venu sur la terre, vît des enfants à côté d'adultes, sans avoir la connaissance du développement humain, ne devrait-il pas prendre pour un monstre le plus bel enfant, avec sa grosse tête, ses jambes et ses bras rabougris, son sexe inutile, privé de raison, etc. ?*[1] »

Il en est de même pour les peuples, en économie politique. Les différences d'aspect que présentent les peuples, envisagés au point de vue économique,

---

1. *Grundlagen der Nationalökonomie*, p. 76.

ne signifient pas que presque tous soient des monstres, à l'exception de quelques peuples typiques : ils sont tous différents et, cependant, tous soumis aux mêmes lois, ils sont parvenus à des stades différents d'un même développement. Selon leur degré de développement, une politique économique différente leur convient (et par exemple, il ne convient pas, comme l'avait vu List, d'appliquer à tous indistinctement le libre-échangisme). À l'*absolutisme* de la politique économique, la méthode physiologique et historique oppose le *relativisme* des solutions.

Le problème, donc, est, par la comparaison d'un certain nombre de civilisations indépendantes, de découvrir quelles lois d'évolution, communes à toutes, les régissent (*das Gleichartige in den Verschiedenen Volksentwicklungen als Entwicklungsgeist susammenzustellen – rassembler comme l'esprit de l'évolution, les similitudes des différentes évolutions nationales*). Ces lois d'évolution, Roscher les appelle encore *lois naturelles* (*Naturgesetze*). Son remarquable essai de 1849 (*Uber das Verhältnis der Nationalökonomie zum Klassischen Alterthume – Sur les rapports de l'économie nationale et de l'Antiquité classique*) permet de déterminer ce qu'il entend par ces lois naturelles d'évolution et de faire voir qu'il se sépare moins qu'il ne le croit de l'économie politique classique.

1° La civilisation gréco-romaine et la civilisation moderne, dont Roscher institue la comparaison méthodique, ont passé l'une et l'autre par trois phases économiques : la première où prédomine la *nature* (l'homme recueille, avec un peu ou point de travail, les dons de la nature), la seconde où prédomine le *travail*, la troisième où prédomine le *capital* (épargne des produits du travail antérieur, cause d'une économie progressive de travail). Or, ces trois éléments sont les trois facteurs de la production, reconnus par l'économie politique classique comme les facteurs élémentaires, éternels et essentiels de toute production. L'historisme de Roscher se borne à une transposition historique d'une théorie statique.

2° « *Il y a avantage pour le capitaliste à employer des travailleurs salariés, non des esclaves ; l'intérêt bien entendu le pousse à affranchir ses esclaves.* » C'est une *loi naturelle*, nous dit Roscher, qui a opéré dans le monde gréco-romain comme de nos jours, quoique d'une manière moins complète. Mais c'est là une loi statique qui, si elle est vraie, devrait opérer partout et toujours. Ce que Roscher semble vouloir dire c'est que, dans la mesure où le monde gréco-romain s'est développé, les individus y ont mieux compris leur intérêt et l'esclavage, s'il n'a pas disparu, y a du moins subi de nombreuses atténuations et a tendu à disparaître. L'idéal scientifique de l'économie politique classique représenterait donc, selon Roscher, l'état de maturité vers lequel tend normalement toute société économique : ainsi la *loi naturelle* de l'économie politique classique devient *loi d'évolution* dans l'historisme de Roscher. De même encore, la division de la valeur totale du produit du travail en salaire, profit, rente, est considérée par Roscher comme éternellement vraie, au même titre que la présence dans l'eau de proportions définies d'oxygène et d'hydrogène. Roscher constate que la pensée grecque n'a jamais opéré la distinction de la rente foncière ou du salaire du travail, faute d'un salariat. Bref, la société gréco-romaine a avorté avant de parvenir à ce point de développement, où se manifeste l'opération des *lois naturelles* de l'économie politique classique.

3° Mais ce développement lui-même obéit à une loi qui est essentiellement une loi d'évolution. Pourquoi la société gréco-romaine n'a-t-elle pas supprimé l'esclavage ? C'est que l'accroissement de la population n'a pas été suffisant, que la population n'a pas exercé cette pression sur les moyens de subsistance, qui exige le recours, pour stimuler la production, à des mobiles psychologiques plus forts que ceux qui agissent sur l'esclave. Explication *malthusienne*, empruntée à la théorie fondamentale de l'économie politique classique, et devenue ainsi une *loi d'évolution*.

L'*historisme* de Roscher, au moins dans la première période de sa carrière, semble avoir consisté surtout dans l'application à un grand nombre de cas historiques concrets des principes de Malthus et de Ricardo. Que l'on examine le premier volume de sa *Volkswirtschaftslehre* (*Leçons d'économie politique nationale*), paru en 1854 et consacré à l'examen des principes (*Grundlagen der Nationalökonomie – Principes d'économie nationale*), on verra combien Roscher respecte le plan traditionnel de l'économie politique orthodoxe, imaginé par Say, un peu modifié par James Mill (production – échange – distribution – consommation). Roscher est un disciple, très érudit sans doute, mais encore un disciple de Ricardo.

2. [*Critiques de B. Hildebrand et K. Knies.*] — C'est ce que lui reprochent, dans des ouvrages intéressants, où ils traitent de la question de méthode en économie politique, ses deux disciples B. Hildebrand (*Die Nazionalökonomie der Gegenwart und Zukunft*, 1846 – *L'Économie politique du présent et de l'avenir*), et K. Knies (*Die Politische Oekonomie vom Standpunkt der geschichtlichen Méthode*, 1853 – *L'Économie politique du point de vue de la méthode historique*). Knies reproche à Roscher de retenir en économie politique l'expression de *loi naturelle* ; il voit dans l'emploi économique de cette expression l'effet d'une confusion logique. Il y a des lois physiques qui sont éternellement les mêmes (forces productives du sol, de l'eau, de la vapeur...) et l'homme en exploite la régularité pour son bénéfice, mais « *les lois naturelles ici considérées ne sont pas des lois de l'économie humaine, ce sont des lois naturelles qui sont en activité partout et par suite aussi pour l'activité économique de l'homme ; il n'y a pas de lois naturelles de*

l'économie politique mais seulement des lois naturelles qui se manifestent dans l'économie politique[1] ». Le facteur proprement économique dans la production industrielle fondée sur la connaissance et l'exploitation des lois naturelles, c'est l'homme, par définition changeant et évoluant. Si Adam Smith a pu parler de lois naturelles en économie politique, c'est à condition de faire de l'homme une sorte de force de la nature, de grandeur et de direction constante. Et croire qu'il y a des lois constantes du développement des nations (List, Roscher lui-même), c'est tomber encore dans une illusion analogue. Il n'y a pas deux nations dont le développement ait le même point de départ géographique (climat et situation ethnographique) qui ne bénéficient pas du progrès déjà acquis par une civilisation antérieure (capitalisation intellectuelle), sur lesquelles le développement des nations voisines n'influe pas par intervalles, d'une manière violente ou pacifique. L'histoire ne se répète jamais ; elle ne procède pas par cycles ; la manière la plus réaliste de concevoir l'évolution de l'humanité, c'est de la concevoir comme une évolution unique.

> « *On établira*, écrit Knies[2], *une évolution économique à l'intérieur de la vie des peuples particuliers, à côté de l'évolution de la vie économique de la nation dans la vie historique de l'humanité : la première est limitée par le territoire vital des peuples qui* « *viennent et s'en vont* »*, la seconde continue sans arrêt son évolution : la première est pour elle-même un tout, mais reste une partie, un simple maillon de la seconde ; la première garde une physionomie particulière, à cause du caractère national des peuples, tandis que dans la seconde, avec la suite des époques, où les résultats de la vie de toutes les races et de tous les peuples passés ont porté leurs fruits, une base toujours plus élevée se bâtit, pour ceux, qui viendront plus tard.* »

Et c'est le tort de Roscher de s'être attaché à l'étude générale de l'évolution nationale en soi, négligeant comme insignifiante la différence de la nationalité et du moment. Hildebrand écrit de même[3] :

> « *La science de l'Économie nationale n'a pas à s'occuper (comme le fait la physiologie pour l'organisme animal et les autres branches de l'économie naturelle) des lois de la nature... Mais, se basant sur les variations des expériences de l'Économie nationale, elle doit déceler les progrès, déceler aussi le perfectionnement de l'espèce humaine*

---

1. Knies, *Pol Oek*, p. 237.
2. Cf. p. 268.
3. Bruno Hildebrand, *Jahrbücher fur Nazionalökonomie und Statistik*, 1863, t. I, p. 3 *sq.*

dans la vie économique de l'humanité. Sa tâche est de chercher à connaître le développement de l'Économie nationale, aussi bien pour les peuples particuliers que pour l'humanité tout entière, échelon par échelon ; et de découvrir ainsi les fondations et l'édifice de la culture économique actuelle, comme aussi la mission qui est réservée à la génération présente... l'anneau que le travail des hommes d'aujourd'hui doit ajouter à la chaîne de l'évolution sociale. »

Hildebrand avait déjà tracé dans sa *Nationalökonomie* le plan général d'une telle philosophie de l'histoire économique : *Naturwirtschaft (Économie naturelle), Geldwirtschaft (Économie monétaire), Kreditwirtschaft (Économie de crédit)*, telles en étaient les époques essentielles[1].

« *Ce qui, dans l'économie naturelle, est uni par des liens extérieurs, matériels, mais séparé par l'économie monétaire, l'économie de crédit le lie à nouveau par des liens spirituels et moraux. Elle octroie à la capacité de travail personnelle et à la valeur morale des hommes cette même propriété que possède le capital dans l'économie monétaire. En elle, le travailleur honnête et capable peut non seulement prélever partiellement le gain de son travail et le répartir équitablement entre les bonnes et les mauvaises périodes, mais encore il est en mesure, comme le possesseur d'un capital, d'entreprendre de grandes choses. En elle, la plus grande mobilité s'unit à la solidité intérieure et crée un nouvel ordre de la vie économique qui réunit l'avantage des deux époques d'évolution de l'économie antérieure.* »

Dans ce tableau on reconnaîtra, avec l'idée hégélienne d'un progrès par thèse, antithèse et synthèse, la reprise de la théorie des trois époques du développement national selon Roscher. Mais cette philosophie à vues d'ensemble est-elle conforme à l'esprit de l'historisme, qui devait nous ramener à l'expérience, au réel, au particulier ? Roscher en doute, et avec raison. Il ne connaît pas la possibilité de considérer, par-delà les évolutions particulières des nations prises isolément, l'évolution générale du genre humain ; il nous dit[2] :

« *Si quelqu'un pouvait regarder de haut l'histoire de l'humanité comme un tout dont les histoires nationales particulières ne formeraient que des secteurs, alors le développement des différentes phases de l'évolution de l'humanité lui présenterait tout naturellement une échelle qui lui*

---
1. Hildebrand. *Die Nationalökonomie der Gegenwart und Zukunft*, p. 278-279.
2. Roscher, *Grundl*, p. 28.

permettrait de répondre à des questions comme celle-ci ; en quoi, des peuples entiers sont-ils, d'une façon permanente, différents les uns des autres ? »

Mais cette vision totale, nul homme n'en est capable, et alors ?

« *Tant que nous ne saurons même pas si nous nous trouvons dans les premières, ou les dernières phases de l'histoire de l'humanité, toute construction d'une histoire universelle de l'humanité qui voudra cantonner les peuples et les époques, sera chimérique, et peu importera, en vérité, qu'elle soit basée sur des systèmes philosophiques, sur des projets socialistes, ou sur des parallèles scientifiques*[1]. »

3. [*La nouvelle école historique : G. Schmoller.*] — Du moment où l'historisme renonce soit à déterminer les lois générales du développement des nations, soit à déterminer les lois générales du développement intégral de l'humanité, il lui reste un troisième procédé pour atteindre son objet, et qui est d'étudier l'évolution historique de certains groupes de phénomènes historiques, considérés isolément. « *La différence*, écrit Schmoller, *qui sépare la nouvelle école historique de Roscher, c'est qu'elle est moins impatiente de généraliser... elle veut étudier d'abord le devenir des institutions économiques particulières, plutôt qu'étudier l'économie publique de l'économie universelle tout entière (der ganzen Volkswirtschaft und der universellen Wellwirtschaft).* » Bref, « *la monographie a de plus en plus tendu à occuper le premier plan de l'activité scientifique*[2] ». Sur ce point d'ailleurs, Roscher a été lui-même un initiateur : si Schmoller, dans le premier volume de sa *Volkswirtschaftslehre (Leçons d'économie politique*, 1904), qui correspond à ce que les Allemands appellent *allgemeine Volkswirtschaft (Économie politique générale)*, reste encore trop attaché à l'esprit de l'économie politique déductive, il n'en est pas ainsi dans les volumes II et III, consacrés à ce que la division allemande du domaine de la science économique appelle *l'économie spéciale* : l'économie rurale (*Nat. Oek des Ackerbaues*), et l'économie commerciale et industrielle (*Nat. Oek. des Handels und Gewerbfleisses*). Comme Schmoller nous en avertit lui-même, dans sa préface, il lui était impossible de « *suivre l'évolution de l'économie nationale agraire dans un récit historique simple* » ; la nature même de sa méthode lui interdisait d'ailleurs « *de tirer, par une déduction systématique tout le détail d'une proposition première* ». Il a

---

1. Cf. Roscher. *Ueber das Verhältnis der Nationalökonomie sum Klassischen Altertume*, p. 8-14.
2. Schmoller, *Volkswirtschaftslehre*, p. 48-49.

donc adopté un procédé qui consiste à « *suivre le développement historique de l'économie nationale agraire depuis sa première apparition jusqu'à sa pratique actuelle* ». Cette méthode de monographies de détail, appliquée par un grand nombre de chercheurs indépendants à un grand nombre de questions de détail, vient d'aboutir au grand ouvrage encore inachevé, *Grundriss der allgemeinen Volkswirtschaft*, 1901 (*Principes de l'économie politique générale*), où Gustav Schmoller vient de résumer trente-cinq ans d'enseignement économique. En voici le plan, profondément distinct du plan traditionnel anglo-français :

I. – *Manifestation caractéristique et éléments de l'économie politique :*
   La terre,
   La population,
   La technique.
II. – *L'organisation sociale ou la structure (c'est-à-dire la constitution) de l'économie politique : anatomie.*
III. – *Les mouvements qui se manifestent à l'intérieur de cette organisation (commerce, valeur de l'argent et fixation des prix, crédit, répartition des revenus) : physiologie.*
IV. – *Les résultats généraux de l'évolution historique, dont la constatation est extrêmement difficile, dont l'appréhension ne paraît aujourd'hui partiellement possible que sous la forme de considérations sur la philosophie de l'histoire.*

Le quatrième livre correspond donc à cette philosophie de l'histoire où Knies, Hildebrand, Roscher lui-même, voyaient l'objet suprême de la méthode historique : Schmoller n'y voit que la métaphysique de l'économie politique, conjectures hasardées, espérances vagues[1]. Le livre I correspond à l'ancien livre I de l'économie classique, consacré à définir les facteurs élémentaires de la production (sol, travail, capital) mais enrichi de tout l'acquis de la nouvelle géographie, de l'ethnographie, et de l'histoire de la technique. Le livre III correspond au livre de la *distribution*, mais il est inséparable, dans la pensée de Schmoller, du livre II ; de même que la physiologie n'est pas séparable de l'anatomie du corps humain, de même l'étude des phénomènes d'échange et de circulation n'est pas séparable de la structure anatomique des parties. Or, quel est l'analogue, dans les traités classiques, de ce livre d'*anatomie économique* ? Probablement le bref chapitre de la division du travail, considéré comme une conséquence de l'échange, et faisant donc partie

---

1. Schmoller dit même, *Grundriss*, t. II, p. 653, qu'il est impossible de savoir si l'évolution humaine se fait dans le sens du progrès.

du livre consacré à l'échange et à la distribution. Mais, loin que la division du travail soit le résultat nécessaire de l'échange, Schmoller considère que les formes de la division du travail, les groupements économiques (familiaux, territoriaux, industriels), dominent le monde de l'échange, définissent les individus qui se livrent aux échanges : par conséquent, on ne peut passer de la définition des facteurs de la production individuelle à l'examen des formes de l'échange entre individus, sans avoir étudié l'évolution historique (soumise ou non à une loi générale, peu importe, cela n'est pas nécessaire) de chacun de ces groupements, dans une série de monographies d'histoire économique.

III. — [IMPORTANCE DE L'ÉCOLE HISTORIQUE]

En résumé, quel est le rôle de l'école historique dans le développement de la pensée économique ?

Un rôle négatif d'abord. Elle a, non pas *anéanti*, mais *délimité* le domaine de la pensée déductive. Il suffit, pour s'en convaincre, de lire : *Untersuchungen über die Méthode der Socialwissenschaften und der Politischen Oekonomie insbesonders* (*Recherches sur la méthode des sciences et de l'économie politique en particulier*) de l'Autrichien Carl Menger, 1883. Carl Menger se propose de défendre contre les prétentions de l'École historique les droits de l'école déductive. Mais, combien, pour la défendre, il est conduit à en restreindre le champ d'action. Il admet que l'École classique a confondu *l'idéal scientifique* et *l'idéal moral* et il distingue, d'un côté, l'économie politique *théorique*, de l'autre l'économie politique *pratique* : l'une étudie ce qui est, l'autre définit ce qui doit être. Il admet que l'économie politique classique a trop cru à la possibilité d'appliquer immédiatement les cadres abstraits de la pensée à l'explication du réel ; il distingue les sciences économiques *historiques* qui étudient le particulier, l'individuel en tant que tel, et les sciences économiques *théoriques*, qui étudient l'universel, ne voyant dans le particulier qu'un exemple à l'appui, un cas, une application de la loi générale. Ce n'est pas tout : dans les sciences économiques théoriques, il opère une nouvelle distinction entre, d'une part la science *exacte*, celle qui procède, à la manière de Ricardo, par voie de synthèse déductive, en partant de données rigoureusement définies, et dont les propositions ne peuvent pas être fausses si les données sont admises, et s'il n'est pas commis, en cours de route, des fautes de raisonnement, et, d'autre part, les sciences *empiriques*, qui cherchent à dégager de l'observation du réel des *types* et des *lois générales*, lois empiriques, types approximatifs qui suggéreront, sans raison, ce qui arrive la plupart du temps. Bref, par une apologie de la méthode de Ricardo, la méthode de Ricardo est réduite à la sixième partie de ce qui, quatre-vingts ans plus tôt, passait pour constituer son domaine tout entier.

D'où un résultat positif de la méthode historique, et dont on pourra mesurer l'importance en lisant le livre de Schmoller, qui est justement d'avoir comblé ces cinq sixièmes du domaine total de l'économie politique, laissés intacts par la méthode de Ricardo dans la classification de Menger.

Mais cela admis, on doit faire des réserves, si l'on étudie le rôle joué par l'école historique, non dans l'accumulation, mais dans l'organisation des connaissances économiques.

a) L'historisme n'a pas contribué à la réforme de la théorie de la valeur. Impatients de ce qu'ils considéraient comme étant la stérilité de la méthode de Ricardo, les représentants de l'historisme étaient disposés à admettre, sans examen critique, que la théorie de Ricardo était *vraie* et *inutile*. Si cependant elle était *fausse* ? Cette question préjudicielle, l'historisme ne la soulève pas. C'est à la critique socialiste que revient le mérite d'avoir signalé les contradictions de la théorie de Ricardo et d'avoir provoqué la révision, chez les Autrichiens en particulier, et chez Menger, de cette théorie tout entière.

b) L'historisme n'a pas contribué à la réforme de la philosophie de l'histoire. En vérité, il aboutit à reconnaître que l'homme, avec les instruments de connaissance dont il dispose, est impuissant à en constituer une. Mais déclarer tout simplement que les divers éléments de la vie sociale, économiques, juridiques, politiques, moraux, religieux, exercent les uns sur les autres une action réciproque, c'est, en somme, un refus d'analyse et un refus d'explication. Il n'est pas sûr que, parmi ces divers facteurs, il n'en soit pas un dont l'influence soit prédominante, et qui exerce sur les autres une action proprement [profondément] causale. On invoque l'exemple de l'organisme vivant, où les fonctions exercent les unes sur les autres une action réciproque. Mais, parce que la société présente un certain nombre d'analogies avec un organisme vivant, ce n'est pas une raison pour que nécessairement la science sociale participe de cette infirmité de la science biologique. Le socialisme marxiste constitue une philosophie de l'histoire qui a séduit un grand nombre d'esprits, probablement parce qu'elle rendait compte d'un grand nombre de faits, au moins contemporains. Le matérialisme historique, par son triomphe absolu, ou par son influence relative, a plus contribué, peut-être, à l'organisation de notre savoir historique que l'érudition de l'École historique[1].

---

1. Fin manquante : « Ces deux observations marquent l'importance historique du socialisme marxiste, dont il nous reste maintenant à aborder l'étude. »

ANNEXE III

DEUX THÉORICIENS ANGLAIS DU SOCIALISME[1]

I. — *THOMAS CARLYLE*

1. *Le torysme démocratique.* — À l'origine du chartisme, on peut déceler des influences *réactionnaires* ; les ennemis du radicalisme de Bentham se recrutaient aussi bien auprès de Oastler et de Stephens, enfants perdus du parti *tory*, que chez le socialiste Owen ; les deux premiers, très violents, allaient jusqu'à appeler le peuple à l'insurrection armée ; ils s'élevaient à la fois contre la nouvelle loi des pauvres et contre le régime tyrannique des grandes usines, contribuant plus encore que O'Connor, à introduire dans le chartisme la phraséologie de la *force physique*, c'est-à-dire de la révolte. Ainsi, tout en adoptant, pour les besoins de la cause, la revendication du suffrage universel, Oastler, et surtout Stephens, faisaient le jeu de la démagogie *tory*. L'agitation chartiste trouvait par ailleurs au Parlement même un appui inattendu dans la personne du jeune Disraeli, ultra-*tory* excentrique, qui, seul avec Fielden et Attwood, avait protesté en 1839 contre une loi centralisatrice sur la police rurale. Les succès de ce jeune juif, né en 1804 d'une famille londonienne convertie au protestantisme lorsqu'il avait douze ans, avaient été littéraires avant d'être politiques ; mais la devise de son premier roman, *Vivian Grey* (1832) « *le monde est mon huître et je l'ouvrirai avec mon couteau* » laissait entrevoir des ambitions plus hautes. Battu aux élections de 1833 sur un programme de toryisme démocratique[2], il était élu en 1836, parlait en 1839 en faveur de la première pétition chartiste, et fondait la même année la ligue de la *Jeune Angleterre*, qui rêvait de faire revivre les principes qui avaient fait la grandeur de la vieille Angleterre. Réélu en 1841, il formait, à l'extrême droite de la Chambre des communes, une sorte d'hérésie *tory*, et devenait rapidement,

---

[1]. Leçon faite par É. Halévy, le 6 décembre 1932 et rédigée par Étienne Mantoux. [Cette leçon est en fait tirée du polycopié de *L'Histoire du socialisme anglais* de 1932, fascicule I, « Disraeli, Carlyle, Ruskin », reproduit p. 483. Son titre a été modifé pour exclure Disraeli, et son contenu légèrement adapté.]

[2]. Il défendait entre autres choses le scrutin secret.

contre Sir Robert Peel, le chef de la fraction du parti restée fidèle au protectionnisme. Il contribua beaucoup à la chute de Peel, provoquée par l'abolition des lois sur les blés. Ses romans sociaux *Coningsby* (1844) et *Sybil or the Two Nations* (*Sybil ou les deux nations*, 1845), traduisaient déjà l'influence que Carlyle commençait à exercer dans les milieux aristocratiques radicaux. Le sujet sublime de *Sybil*, histoire d'un aristocrate amoureux d'une fille d'ouvrier chartiste, peut nous paraître aujourd'hui, sur le plan littéraire, quelque peu ridicule ; il n'en reste pas moins que ces romans, en dévoilant l'existence, dans la nation, de deux nations, riches et pauvres, constituent encore un des meilleurs tableaux qui nous soient parvenus de l'État social de l'Angleterre à cette époque.

La conclusion politique éclatait d'elle-même : la doctrine utilitaire, qui ne voyait qu'harmonie entre les intérêts, et croyait ainsi parvenir à résoudre le conflit traditionnel entre la raison et la sensation, pouvait-elle recevoir un plus éclatant démenti ? Pouvait-on concevoir plus absurde psychologie ? « *Avait-il suffi de la raison pour assiéger Troie ?... pour entreprendre les croisades ?... pour susciter la Révolution française ?... L'homme n'est vraiment grand que lorsqu'il agit par passion, il ne devient irrésistible que sous l'empire de l'imagination. L'homme est fait pour adorer et pour obéir*[1]. » Le progrès de la civilisation doit donc mener naturellement à la monarchie pure. C'est parce que le rationalisme a transformé toute la vie sociale en un calcul d'intérêt matériel, que la société aboutit aujourd'hui à la lutte des partis et à la guerre des classes. « *Dans la lutte égoïste des fractions, deux grandes entités ont été effacées de l'histoire d'Angleterre : le Monarque et ta Multitude. De même que la puissance de la couronne s'est amoindrie, les privilèges du peuple ont disparu, de sorte que, finalement, le sceptre est devenu hochet, et le sujet est retombé au rang de serf*[2]. » Il fallait donc en finir avec le régime *vénitien* des oligarchies aristocratiques et bourgeoises, qui rivalisaient d'influence pour exploiter le pouvoir politique à leur profit, et revenir à une monarchie absolue, paternaliste et bienfaisante. Se réclamant de ses affinités raciales, Disraeli prétendait sauver la société industrielle occidentale par un régime autoritaire, et en lui apportant les mythes prestigieux et vagues de l'Orient. Dans *Sybil*, c'est un juif millionnaire qui développe ces théories.

2. *Le mysticisme de Carlyle*.— Carlyle, dont Disraeli avait fortement subi l'influence, voyait, lui aussi, dans l'aristocratie, l'élément le moins corrompu, le seul capable d'une alliance avec le peuple. Mais Carlyle

---

1. *Coningsby* (1884), p. 223.
2. *Sybil* (1884), p. 438.

n'éprouvait aucune sympathie pour son disciple. Tout l'éloignait de ce juif, type à ses yeux du dandy raffiné et de l'aventurier politique sans scrupules. Né en 1795, à Ecclefechan, village de 500 habitants, en Écosse, dans les *Highlands*, Thomas Carlyle était l'aîné des neuf enfants d'un entrepreneur de maçonnerie, qui nourrissait de grandes ambitions intellectuelles pour son fils dont il voulait faire un ministre presbytérien. C'est donc à l'université de Glasgow que s'imprimera dans sa pensée un premier trait, l'empreinte du puritanisme austère, qui découvre un véritable abîme entre le créateur et l'homme. Celui-ci, perdu par le péché originel, ne peut être sauvé que par la grâce, mystère qui dépasse absolument l'imagination humaine et que seule la foi permettra d'atteindre. Même après avoir perdu cette foi, et alors qu'il ne croira plus aux Écritures, Carlyle conservera ce pli sévère du mysticisme écossais.

Une profonde admiration pour la civilisation allemande, tel est le second trait fondamental de sa formation intellectuelle, conséquence encore de son éducation puritaine. Venu à Londres en 1822, alors qu'il avait perdu la foi, précepteur dans la famille Bullner, puis journaliste, il fut frappé de la persistance, en Allemagne, du sentiment religieux, que le XVIIIe siècle français n'avait pas réussi à ébranler[1]. Pour Hegel et Schelling (et même pour Goethe), l'erreur du XVIIIe siècle avait consisté à attribuer à l'entendement abstrait la faculté d'atteindre le réel ; sans doute en détruisant les préjugés et les superstitions, il avait fait œuvre utile, mais nullement constructive ; seule en effet la raison, en tant que faculté intuitive, était capable d'appréhender la réalité par-delà la limite de l'entendement humain.

On peut alors comprendre la répugnance de Carlyle devant les sciences sociales abstraites : la véritable science du réel ne pouvait être, à ses yeux, ni l'économie politique, « science sinistre[2] », ni même le droit, mais l'histoire, et, dans l'histoire, la biographie des grands caractères ; des grands hommes qui ont connu le réel, qui ont évité la science abstraite ; le genre humain, en leur obéissant, consent à subir leur ascendant, parce qu'il en sent la nécessité profonde. Aussi la Révolution française, avec l'abstraction pour principe et la destruction pour effet, devait nécessairement échouer, et le seul grand homme qu'elle ait produit, c'était précisément celui qui avait réussi à la renverser. Les conférences de Carlyle à Londres, *Heroes and Hero Worship* (1841) affirmaient que l'histoire se ramène au culte des héros.

---

1. Une lettre de Goethe, lue par hasard pendant qu'il était précepteur, changea toute sa vie, comme il le dit plus tard, et lui donna le culte de l'héroïsme. Son premier livre fut en 1823 la *Vie de Schiller*.
2. *Dismal Science* ; et Carlyle se moquait de l'*homo œconomicus* abstrait.

3. Le socialisme autoritaire de Carlyle. — Mais Carlyle est aussi un socialiste, et la première influence politique qu'il subit fut celle des saint-simoniens. L'un d'entre eux, le jeune Gustave d'Eichthal (ou Eichtal) qui, lui aussi, rapportait d'Allemagne un sentiment religieux, mais panthéiste cette fois, faisait en 1828 la connaissance de John Stuart Mill, et commençait à répandre en Grande-Bretagne la nouvelle idéologie française. En 1830, il faisait parvenir les œuvres de Saint-Simon à Carlyle qui, la même année, publiait dans l'*Edinburgh Review* un article où l'on pouvait retrouver l'essentiel de la construction saint-simonienne à travers l'histoire. Les périodes organiques, explique-t-il, où une foi commune permettait aux hommes de supporter les rapports de subordination et de contrainte sociale, étaient séparées par des périodes critiques et purement destructives. Pour Saint-Simon, le Moyen Âge avait constitué une magnifique période organique, sous la tutelle spirituelle des prêtres et le gouvernement des militaires. Au XVIIIe siècle, les métaphysiciens, au nom de la liberté de la pensée, avaient détruit le pouvoir spirituel, et les légistes, au nom du droit des hommes et de la liberté politique, avaient détruit le pouvoir temporel. Mais le XIXe siècle allait inaugurer une nouvelle période organique, caractérisée par l'action d'une élite de savants et de *capitaines d'industrie* (le terme est de Carlyle) commandant une armée fortement disciplinée de contremaîtres et d'ouvriers. Dans *Chartism* (*Le Chartisme*) (1839), œuvre du plus haut intérêt, et dans *Past and Present* (*Le Passé et le Présent*) (1843), qui sera son chef-d'œuvre, l'influence des saint-simoniens est encore très apparente ; or ces deux dates sont celles des deux grandes pétitions chartistes : Carlyle va les interpréter, pour en tirer la morale qui s'incorpore à sa doctrine métaphysique. Selon lui, les ouvriers qui réclament le suffrage universel sont, dans cette affaire, les dupes des radicaux et du benthamisme. Ce n'est pas un problème politique qui est en jeu, mais un problème social seulement : aussi Carlyle justifie-t-il l'assaut des masses misérables contre l'État, contre cet État, « anarchy plus constable », *l'anarchie avec le gendarme en plus*, qui, devant la détresse du pauvre, ne sait que fermer les portes du *workhouse* ou prêcher la restriction de la natalité. « *Il est de nos jours un phénomène qu'on pourrait qualifier de Radicalisme paralytique, qui, mesurant les profondeurs à l'aide de la Statistique, jette sa sonde philosophico-politico-économique dans le noir gouffre des souffrances humaines, et, lorsqu'il nous montre le fond de l'abîme en tire, en guise de consolation, cette conclusion pratique que l'homme n'y peut rien, si ce n'est de s'asseoir et de considérer d'un œil inquiet le temps qui s'écoule et le jeu des lois naturelles ! Et là-dessus, sans aller jusqu'à nous recommander le suicide, il prend froidement congé de nous... C'est une classe déraisonnable que celle qui crie : la paix ! la paix ! lorsqu'il n'y a point de paix. Mais que penser de celle qui crie : la paix ! la paix ! Ne vous ai-je donc pas dit qu'il n'y a point de paix ? Le Radicalisme paralytique... est assurément l'un des plus affligeants phénomènes qu'il soit donné à l'esprit humain de contempler*[1]. »

Cependant tout n'est pas à rejeter dans l'État du radicalisme ; l'amendement de 1834 à la loi des pauvres, si hérétique et condamnable soit-il, constitue déjà une demi-vérité. En déclarant : « *qui ne travaille pas, ne mange pas* », il proclame un principe éternel, et, en même temps, il établit les bases d'une forte bureaucratie au centre de la société. « *Nous louerons la Loi des Pauvres, comme le préliminaire à quelque obligation générale que les classes d'en haut doivent prendre à l'égard de celles d'en bas*[2]. » Avec le temps et le développement de cette administration, la vérité totale se fera jour, et le droit au travail, condition du droit à la vie, sera alors proclamé dans une société où l'État se verra assigner deux tâches fondamentales : l'enseignement général et l'émigration générale vers les pays neufs, pour remédier à l'excès de population. Le monde évolue donc vers un régime monarchique, aristocratique, tout à la fois mystique et paternaliste.

Dans *Past and Present* (*Le Passé et le Présent*) (1843), reprenant les sarcasmes dont les agitateurs continentaux avaient salué l'échec des mouvements de masses, Carlyle constatait encore que l'Angleterre n'était guère propre aux révolutions du type continental. Les ouvriers grévistes de Manchester avaient eu raison de ne pas faire de révolution : même si l'insurrection avait réussi, à quoi bon remplacer un gouvernement par un autre ? C'eût été traiter comme un problème de politique pure, ce qui constituait un vice organique de la société : magasins pleins et ventres vides, terres inoccupées et bras oisifs. Aucune réforme du gouvernement ne pourrait réaliser le programme que doit se proposer la masse des travailleurs, « *un juste salaire pour une juste journée de travail* » (*a fair wage for a fair day of work*). Or, dans le passé, le Moyen Âge, période organique, avait assuré aux serfs, en les attachant à la terre, une stabilité que les ouvriers de Manchester voyaient aujourd'hui sacrifiée à la liberté de l'industrie, entraînant l'éternelle mobilité de l'emploi ; ainsi s'était alors justifié le rôle de l'aristocratie foncière. Mais celle-ci, entretenue dans l'oisiveté par le protectionnisme et les lois sur les blés, avait voué à la ruine une forme de société qui maintenant s'effondrait devant la carence complète de l'État. La période qui s'ouvrait verrait sans doute succéder aux propriétaires fonciers les capitaines d'industrie, chefs d'une armée de producteurs, où l'intérêt des ouvriers serait lié à celui des patrons par des contrats à très longue durée : « *Vous ne louez pas les soldats*

---

1. Thomas Carlyle. *Essays*, vol. 6, *Chartism*, p. 175-176.
2. *Ibid.*, p. 123.

à la journée, mais à l'année... Permanence, persistance, sont les premières conditions de toute fécondité dans les actions humaines[1]. »

De cette société, où le despotisme sera librement consenti par la confiance des travailleurs, la liberté ne sera donc pas absente. « *La liberté, mais non pas celle du nomade et du singe, la liberté, mais la liberté de l'homme : nous devons l'avoir et nous l'aurons. Réconcilier la liberté avec le despotisme, est-ce là un tel mystère ? N'en savez-vous pas déjà le moyen ? C'est de rendre votre despotisme juste. Rigoureux, comme la destinée. Mais juste aussi, comme la destinée et ses lois. Les lois de Dieu ; tous y obéissent et n'obtiennent leur liberté qu'à ce prix*[2]. » Le socialisme hiérarchique des saint-simoniens reparaît ici sous forme mystique, sinon apocalyptique.

Aussi, malgré la dureté des critiques dont Carlyle accablait les grands propriétaires, Disraeli et les jeunes *tories* crurent avoir trouvé en lui leur prophète. Mais son presbytérianisme reprenant le dessus, il faisait, en 1847, de Cromwell un héros puritain : portrait trop flatteur au goût des *tories* pour qui Cromwell restait le fanatique, le régicide, le massacreur d'Irlande et d'Écosse. L'équivoque de la pensée de Carlyle se manifestera une fois encore lorsqu'en 1855, par un artifice subtil, il placera Frédéric II, élève (victime, dira Carlyle) du voltairianisme abhorré, au rang des héros reconstructeurs[3].

Malgré ces inconséquences, sa popularité fut longtemps considérable. Alors que le parti libéral devait demeurer inféodé à la liberté des échanges, et ennemi de tout accroissement de la puissance économique de l'État, les conservateurs, au contraire, adopteront du socialisme ce que Carlyle lui aura donné d'autoritaire, de corporatif, de féodal. Notons cependant, pour conclure, que dans l'histoire du peuple anglais, qui restera toujours foncièrement hostile à l'autoritarisme, le socialisme de Disraeli ne représentera guère qu'un épisode. Ce n'est pas de Disraeli que Carlyle aura été le prophète, c'est de Bismarck. Le protestantisme luthérien et le caporalisme politique des hobereaux prussiens était mieux fait pour plaire à ce Teuton par affinité, que la phraséologie pacifiste de l'aristocratie britannique. À la fin de sa vie, refusant la pairie que lui offrait Disraeli – devenu lord Beacons-field – Carlyle acceptait des mains du chancelier de l'Empire l'ordre du Mérite prussien.

Son influence sur le socialisme anglo-saxon ne fut donc guère durable. Car ce qui distingue essentiellement celui-ci du socialisme continental, c'est que, dans l'un, l'on sent partout l'influence libérale de Ruskin, alors que dans l'autre domine la tendance autoritaire de Karl Marx.

---

1. Thomas Carlyle. *Past and Present* (1894), p. 237.
2. *Ibid.*, p. 241-242.
3. À la fin de sa vie, son culte des héros glissa vers une sorte de racisme, comme le montre son admiration pour les Vikings, dont il se sentait le descendant : son dernier livre fut un essai sur les *Premiers rois de Norvège* (1875).

II. — JOHN RUSKIN

La filiation qu'on peut établir entre Ruskin et Carlyle laisse cependant subsister entre ces deux noms les années blanches de 1850 à 1860, période d'inertie du mouvement des idées socialistes, comme de l'agitation des masses. Alors que les ouvrages socialistes de Carlyle sont antérieurs à 1848 et contemporains du chartisme, ceux de Ruskin sont postérieurs à 1861. C'est par l'intermédiaire des socialistes chrétiens que l'influence de Carlyle rejoignit Ruskin.

1. *Le protestantisme social.* — Les plus importants sont Frederick Denison Maurice, né en 1805, et Charles Kingsley, né en 1819, tous deux *clergymen* anglicans ; leur protestantisme, très libéral, constituait ce qu'on appelait alors la *Broad Church* (l'*Église large*), par opposition à la *High Church* (*Haute Église*) catholisante, et à la *Low Church* (*Basse Église*), rigoureusement puritaine : leur libéralisme cherchait à écarter tout ce qui choque la raison dans le dogme chrétien. Les efforts de Maurice, inspiré des idées du poète Coleridge, pour rendre rationnelle la religion chrétienne, firent scandale (*Le Royaume du Christ*, 1842). Chassé de sa chaire en 1843, il se consacra à des ouvrages de théologie doctrinale. Charles Kingsley, qui attira l'un des premiers l'attention publique sur le *sweating system, Cheap Clothes and Nasty* – (*Vêtements bon marché et saleté, Tracts by Christian Socialists*, n° 2 – *Tracts écrits par des chrétiens socialistes*), publia ensuite surtout des romans, romans de critique théologique, romans sociaux (*Yeast*, 1848, *Alton Locke*, 1850[1]) et un roman encore populaire aujourd'hui sur les martyrs du fanatisme chrétien (*Hypatia*, 1853).

Leur opportunisme – puisqu'ils cherchent à démocratiser l'Église, que le principe soit bon ou mauvais – cache un conservatisme quasi réactionnaire, d'inspiration toute carlylienne : il faut rapprocher l'Église et la monarchie des ouvriers dans une alliance contre l'égoïste bourgeoisie industrielle.

Leur socialisme puise toutefois aussi à une source française. L'un des leurs, un juriste, Ludlow, venu à Paris en 1849, y fit la connaissance de Buchez, ancien saint-simonien, revenu au christianisme mais non pas détaché du socialisme et coopérateur. Il y avait alors en France un véritable essaim de coopératives que le coup d'État de 1851 devait faire disparaître. Il s'agissait de coopératives de production et non, comme le mouvement des Pionniers de Rochdale en Angleterre, de coopératives de consommation. Ludlow fut

---

[1]. Très populaire, ce fut peut-être le premier roman social : il raconte les souffrances d'un ouvrier tailleur, véritable martyr du *sweating system*.

frappé par le caractère religieux de ce mouvement, alors que le grand socialiste de l'époque, Owen, fondateur lui aussi de coopératives, était délibérément matérialiste et athée. En 1850, fut fondé le mouvement chrétien social, avec son journal *The Christian Socialist* (*Le socialiste chrétien*) : ces deux mots se trouvaient réunis pour la première fois. Jusqu'alors un socialiste était, par excellence, disciple d'Owen, donc un athée et un matérialiste[1].

L'opinion publique fut ainsi rassurée : en 1852, les socialistes chrétiens obtenaient du gouvernement le premier statut légal des coopératives. En 1853, Maurice et Kingsley fondaient à Londres une université ouvrière, *Working men's College* (*Collège des travailleurs*). En 1854, ils demandaient à John Ruskin d'y faire un cours d'esthétique. Sans doute étaient-ils déjà frappés de ce qu'il y avait de social dans sa doctrine ; mais ce sont eux qui le poussèrent à devenir ce qu'il n'était pas encore, un théoricien du socialisme. Ruskin accepta avec enthousiasme et, de 1854 à 1858, fit des cours réguliers, non d'esthétique mais de dessin.

2. *L'esthétisme de Ruskin.* — Né à Londres en 1819 d'un bourgeois écossais venu à Londres pour le commerce des vins et d'une mère écossaise aussi, d'origine très humble, Ruskin était le descendant d'une race forte, profondément pieuse et il reçut de sa mère, ambitieuse de savoir, de véritables leçons de Bible : il aura beau rompre plus tard avec le christianisme, il en restera toujours obsédé. Destiné par ses parents à devenir *clergyman*, il étudie à Oxford où il ne se plaît guère ; il travaille dans l'atelier d'un peintre, perd la foi, et devient critique d'art.

Turner achevait alors une vie glorieuse et passionnée au milieu de l'hostilité générale des peintres conservateurs : parti du paysage historique et inspiré par Claude Lorrain, il en était venu au paysage fantastique. Ruskin décide de rompre des lances pour lui.

Dans *Modern Painters* (*Les Peintres modernes*) (1843), il foule aux pieds l'art italien et fait commencer la grande peinture au XIXe siècle ; à cette date seulement, et en Angleterre, dit-il, on a compris que le but de l'art n'est pas de faire de l'effet mais de reproduire la nature telle qu'elle est, sans aucun élément humain. Ces idées, qu'il considérera plus tard comme des folies de jeunesse, expriment en réalité son système philosophique ; si le peintre doit se borner à copier, c'est que l'idée du beau s'identifie avec l'idée du vrai. Il faut comprendre les montagnes et les plantes pour pouvoir les reproduire, et le critique d'art consciencieux se met à étudier la géologie et la botanique.

---

[1]. Il est vrai qu'il s'agissait d'un socialisme très vague : Ch. Kingsley le définit ainsi : « *La devise du socialiste, c'est coopération, celle de l'anti-socialiste est compétition.* »

Ce réalisme cache un idéalisme profond : si la nature mérite d'être copiée, c'est qu'elle est imprégnée de divinité, c'est qu'elle est le visage de Dieu ; la copier, c'est refléter la divinité. L'utilité de l'homme, c'est d'être le témoin de la gloire de Dieu, et le peintre en est le témoin par excellence. Pour Ruskin, l'art théologique remplace donc l'art pour l'art.

Réalisme et idéalisme le rapprochent des préraphaélites comme Rossetti et Millais, qui feront scandale à l'exposition de 1851 : inquiet d'abord de ce qu'il croit découvrir en eux de catholicisant, il se fait leur théoricien lorsqu'il est rassuré sur leur protestantisme.

Pourtant, bien qu'à cette époque Ruskin se déclare disciple de Carlyle, lui dédie ses livres et devienne en quelque sorte son lieutenant, il existe une nuance assez marquée entre la religiosité de l'un et de l'autre. Tous deux se déclarent affranchis des croyances officielles. En 1851, Ruskin rompt avec le protestantisme orthodoxe, puis avec tout protestantisme et se proclame libre-penseur. Mais Carlyle, libre-penseur aussi, reste essentiellement calviniste. Il vit isolé du monde extérieur et exclusivement attentif au dialogue intérieur de la créature et du créateur. Tandis que Ruskin, plus près de saint François, adore Dieu dans la nature : si nous ne sentons pas la beauté de la nature, c'est l'effet de notre égoïsme ; il faut regarder Dieu travailler pour nous, plutôt que de nous efforcer de travailler pour Dieu. Le quiétisme de Ruskin est ce qui le sépare le plus de Carlyle et du goût de la prédication.

Ruskin donne l'impression d'être arrivé au socialisme par l'art. Le socialisme a différentes origines sentimentales : les uns y viennent par hédonisme et par utilitarisme, par révolte contre la misère ouvrière, d'autres par réaction contre l'immoralité scandaleuse de la société. Ruskin est surtout horrifié par la laideur de son époque : de telles conditions de vie, pour les patrons comme pour les ouvriers, sont contraires à la morale qui est à la base même de l'art. Que le but de la société soit, non de produire beaucoup mais de créer des œuvres d'art, c'est là sa préoccupation centrale. Prenant le Moyen Âge pour exemple, il réclame des patrons intéressés par l'art et non par l'argent, des ouvriers aimant leur travail et non des esclaves.

3. *Le socialisme de Ruskin.* — Dans deux conférences à Manchester[1], en 1857, il stigmatise les crimes des riches : ce sont ses premières déclarations révolutionnaires, et elles sont d'une grande violence, évoquant le sang ouvrier qui tache les dentelles des filles et des femmes d'une classe qui, tout

---

1. *A joy for Ever* (*Une joie pour toujours*), mais Ruskin, connu seulement comme critique d'art, ne fut pas pris au sérieux comme réformateur social. En 1860, il fait paraître le troisième et dernier volume des *Peintres modernes* et l'achève par une déclaration révolutionnaire stigmatisant le monde actuel et appelant la réforme sociale.

en affirmant qu'elle croit en Dieu, n'accorde à Dieu aucune place dans son explication et sa pratique du monde réel, fondé, d'après les économistes, sur l'égoïsme. À partir de cette date, chacun des titres de ses nombreux ouvrages est une énigme : *Unto this last* (*Jusqu'au dernier*) paru en 1860, *Munera pulveris* (1862) que deux magazines avaient refusé de publier à cause de sa violence et qu'il dédia quelques années plus tard à Carlyle, *Fors Clavigera*, pamphlets rédigés entre 1871 et 1880, sont des fulgurations de prophète. Comme Carlyle et Disraeli, Ruskin réfute la psychologie inhumaine de l'économie libérale : l'homme ne travaille pas seulement par obsession du gain ; une foule d'autres éléments passionnels le poussent.

C'est une usurpation de nom, chez les économistes, que d'appeler leur théorie économie *politique*, c'est-à-dire l'économie de la cité et de la société : il faudrait dire l'économie *mercantile*, celle qui enseigne aux individus le moyen de s'enrichir sans considérations sociales ; la théorie des économistes qui repose sur la valeur d'échange ne peut justifier ni le profit commercial ni le profit industriel.

Le profit commercial ? Si, d'après l'école de Ricardo, les objets s'échangent en proportion de la quantité de travail qu'ils contiennent, lorsqu'un ouvrier agricole et un ouvrier industriel échangent leurs produits, chacun gagnera ; mais il peut arriver que des individus s'offrent comme intermédiaires, afin de débarrasser l'industriel du souci de chercher des clients ; ils ne devraient recevoir pour cette tâche qu'un simple salaire, alors qu'en achetant au-dessous du prix réel et en vendant au-dessus, ils tirent un profit illégitime de leur exploitation de l'ignorance du public.

Le profit industriel ? Il naît du contrat du travail ; le profit du capitaliste est inversement proportionnel au salaire de l'ouvrier ; la tendance inévitable de l'employeur sera de mettre le travail aux enchères, et de le donner à l'ouvrier qui offrira le moindre prix. Loin de créer l'égalité, la théorie des économistes et du libéralisme concentre la richesse et crée la misère ; raillant Adam Smith, c'est la misère des nations et non la richesse des nations qu'il faudrait dire.

Aussi Ruskin veut-il fonder une nouvelle économie politique ; d'abord en renonçant à la conception de la valeur d'échange et en revenant à la valeur définie par l'utilité – non l'utilité naturelle, mais idéale – par tout ce qui sert au développement humain. S'élevant à une fantasmagorie mystico-étymologique, Ruskin élabore le concept de la valeur. « *Valor*, déclare-t-il, *vient de valere, qui signifie se bien porter, être fort dans la vie (valiant) et pour la vie (valuable). Le problème est de mettre le valiant en possession du valuable.* »

À cette théorie de la valeur s'ajoute une théorie de la rémunération du travail. Faut-il admettre la loi du marché ? Un grand nombre de travailleurs s'y rencontre avec un petit nombre de capitalistes et les premiers seront donc toujours condamnés à offrir leur force de travail (expression déjà marxiste) au rabais ? Mais en est-il vraiment ainsi ? Offre-t-on au médecin qui demande le moindre prix de vous soigner ? Non certes. Il y a des prix fixes pour tous les médecins et on choisit parmi eux le meilleur. De même pour l'armée ; avec une solde fixe, on choisit les meilleurs soldats, et non ceux qui demandent la moindre solde. Préoccupé comme Carlyle de la nécessité de la permanence dans les contrats, Ruskin veut substituer la notion du *traitement* fixe à celle du salaire variable et précaire ; comme Carlyle, il rêve d'une société hiérarchisée, presque militarisée, poursuivant le salut du genre humain en commençant par celui de la patrie : le salaire fixe, l'esprit de corps, l'amour du métier se substituant à la haine et aux conflits inévitables.

Dans deux conférences sur l'art[1], Ruskin en venant à parler du fer, déclarait dans son langage mystique : « *Le fer, c'est la charrue – il faut travailler pour vivre ; le fer, c'est la chaîne – nous ne sommes pas libres. Vous verrez en y réfléchissant que c'est la contrainte qui est honorable chez l'homme, et non la liberté. Il faut accepter les rapports sociaux et naturels de subordination et de commandement, accepter l'inégalité à condition qu'il y ait amour entre chefs et subordonnés, – enfin le fer, c'est le glaive.* » Loin de recommander la réduction des armements comme l'avait fait la réaction de pacifisme après la guerre de Crimée, Ruskin exalte l'armée, école d'idéalisme et instrument d'éducation populaire. Son socialisme moral, aristocratique, militaire, l'apparente donc bien à Carlyle.

De 1870 à 1877, il professe à Oxford un cours sur l'art. Sa raison commence à chanceler dangereusement en 1878 et, à partir de 1884, il sombrait peu à peu dans l'aliénation mentale[2]. C'est la date à laquelle il commence à mourir pour la pensée ; il mourra réellement en 1900. Avant de disparaître si tristement, il avait prôné le travail volontaire, et, pour donner l'exemple, il avait été jusqu'à aider à la réfection des routes[3].

Il dépensa toute sa fortune en œuvres sociales. Il organisa, en 1872, une imprimerie modèle en pleine campagne et en dehors de toutes les conditions de la production moderne : hygiène parfaite, absence de librairies intermédiaires, absence de réclame et de chasse au client, vente au juste prix. En 1877, il

---

1. *The Work of Iron in Nature* (*Le Travail du fer dans la nature*), *Art and Policy* (*Art et Politique*), Tunbridge Wells, 16 février 1858.
2. Il eut encore de longs moments de lucidité pendant lesquels il se remettait à écrire : ainsi il put publier en 1880 *La Bible d'Amiens*, et en 1886, les *Prœterita*, ses souvenirs d'enfance.
3. C'est aux étudiants d'Oxford qu'il voulut donner cet exemple : on put le voir tous les jours, près de la ville universitaire, creuser des tranchés et paver une route, avec quelques disciples. On sourit et Ruskin en souffrit.

avait fondé la Guilde de Saint-Georges, destinée à l'accumulation d'un capital pour fonder des colonies ouvrières modèles[1]. Alors que Carlyle, comme Saint-Simon, comptait sur le capitaine d'industrie pour être l'aristocrate du monde de demain, Ruskin restait étymologiquement *réactionnaire* comme Sismondi, et rêvait d'un retour à la petite industrie ; il réalisa d'ailleurs ce rêve en ressuscitant les industries réunies du filage et du tissage à la main dans le Westmoreland et l'île de Man où elles vivent encore[2]. À Sheffield, il fonda le *musée Ruskin*, réunissant des modèles d'art et de plantes pour l'éducation du goût du public[3]. Après 1880, son influence fut immense : au cours de cette période de réaction contre la grossièreté du goût victorien, sa pensée imprégna le socialisme anglais d'esthétique et de religion. Quiconque veut considérer le socialisme anglais comme une simple branche du marxisme montre son ignorance de Ruskin. Sa pensée exprime, mieux que toute autre, la différence profonde qui existe entre le socialisme anglais et le socialisme continental.

---

1. La Guilde avait aussi un but social, qui était triple : développer l'agriculture, réformer le travail industriel par la suppression des machines et la participation des ouvriers aux bénéfices, enfin généraliser l'éducation artistique et morale.

2. En 1876, deux disciples de Ruskin installèrent l'un à Laxey, dans l'île de Man, l'autre à Langdale, des usines de tissages de laine, où l'on employait rouets et quenouilles. Plus tard, à Keswick, dans le district des lacs, un autre disciple fonda un grand atelier de serrurerie d'art.

3. C'est en 1875 que Ruskin fonda ce musée, exposition permanente de dessins et objets d'art, où l'on donnait aussi des *cours* de dessin aux ouvriers. Dès 1871, il avait fondé à Londres une œuvre pour les logements ouvriers, qui inspira beaucoup de futures cités ouvrières, telles les *cités-jardins* de Port-Sunlight et Bournville, telle surtout la ville modèle de Hitchin fondée en 1902 près de Cambridge.

ANNEXE IV

MARXISME ET SYNDICALISME[1]

Le socialisme de Karl Marx tient dans sa théorie de la concentration des capitaux : son socialisme est donc essentiellement *révolutionnaire*. Le régime capitaliste renferme des contradictions internes qui vont s'aggravant jusqu'au point où elles feront éclater le système. Mais nous avons vu que, dans les limites mêmes où elle était vraie, la concentration des capitaux est contrecarrée par certaines actions compensatrices, qui, dès à présent, sous le régime capitaliste, aboutissent à l'amélioration de la condition des ouvriers. Ne peut-on pas étudier les phénomènes sociaux qui, aujourd'hui déjà, tendent à faire équilibre à cette disproportion prodigieuse de richesse, conséquence de la concentration capitaliste ? Voici le syndicat ouvrier (*trade-union, Gewerkschaft*), voici la coopérative, voici le grand service public, qui modifient profondément la distribution du revenu social. Ne peut-on, par une sorte de passage à la limite, supposer que ces diverses institutions se développent progressivement, tendent constamment à manger les institutions proprement capitalistes jusqu'à ce que, par leur élimination complète, on aboutisse à un collectivisme sorti du capitalisme actuel, non par voie de *révolution*, mais par voie *d'évolution* insensible ? Un néosocialisme *évolutionniste* tend à prendre la place du marxisme révolutionnaire.

1. *Marx et le syndicalisme anglais. [Syndicalisme]* — La valeur d'une marchandise se décompose en profit et en salaire. À valeur égale, le profit peut augmenter et le salaire baisser, ou inversement. Les patrons désirent l'augmentation du profit ; les ouvriers, l'augmentation du salaire. Pour rendre plus forte leur position stratégique vis-à-vis des patrons, les ouvriers sortent de leur isolement, se groupent, s'unissent en *syndicats*.

L'origine des syndicats est anglaise. C'est l'Angleterre qui a fourni à l'Europe le type classique du syndicat ouvrier, qui a enseigné à l'Europe les formes du libéralisme et du parlementarisme dans l'usine, comme elle lui

---

1. Leçon rédigée par É. Halévy vers 1903. [Les modifications du texte manuscrit figurent entre crochets.]

a enseigné les formes du libéralisme et du parlementarisme dans la société politique. Il est curieux de remarquer que les progrès du *syndicalisme* anglais sont parallèles au progrès des idées du *libéralisme* économique orthodoxe. En 1824, le ministre Huskisson attaque les lois sur les blés en établissant une échelle mobile des taxes et droits d'importation des céréales : en même temps il accorde la liberté de coalition ouvrière. En 1847, quand l'abolition des droits à l'entrée des céréales a été votée, on vote aussi la journée de dix heures pour les femmes et les enfants. Marx, qui, à ce moment même, va passer en Angleterre, pour y travailler vingt ans de suite à son *Capital*, a trop le sens historique pour ne pas être frappé de l'importance de ces faits. D'autre part, le préjugé de sa philosophie révolutionnaire de l'histoire lui interdit d'attacher une extrême importance aux avantages immédiats que pourrait obtenir la classe ouvrière en régime capitaliste. Son attitude, vis-à-vis de la législation des fabriques, est équivoque et en quelque sorte *double*.

D'un côté, il comprend l'importance historique du mouvement syndical, et y voit le produit naturel de la grande industrie :

> « *En Angleterre*, écrit-il en 1847, *les coalitions sont autorisées par un acte du Parlement et c'est le système économique qui a forcé le Parlement à donner cette autorisation, de par la loi. En 1825, lorsque sous le ministre Huskisson, le Parlement dut modifier la législature, pour la mettre de plus en plus d'accord avec un état de choses résultant de la libre concurrence, il lui fallut nécessairement abolir toutes les lois qui interdisaient les coalitions des ouvriers. Plus l'industrie moderne et la concurrence se développent, plus il y a des éléments qui provoquent et secondent les coalitions, et aussitôt que les coalitions sont devenues un fait économique, prenant de jour en jour plus de consistance, elles ne peuvent pas tarder à devenir un fait légal*[1]. »

Il explique le rôle que peuvent jouer les syndicats dans l'amélioration de la condition des ouvriers. Lorsque, sur 100 ouvriers précédemment employés, l'adoption d'un nouveau procédé mécanique en élimine cinquante, voici cent ouvriers qui demandent de l'ouvrage, alors que cinquante seulement sont nécessaires au patron, libre dès lors, par la concurrence que les ouvriers se font entre eux, d'abaisser les salaires. Supposez maintenant que les cent ouvriers soient syndiqués, et, occupés ou sans travail, refusent de se faire concurrence les uns aux autres, ils « *dérangent le pur jeu de la loi de l'offre et de la demande*[2] », et rendent l'abaissement du salaire impossible.

---

1. *Misère de la philosophie*, 1896, Paris, V. Giard, p. 237-238.
2. *Le Capital*, trad. fr. Molitor, 1924, t. IV, p. 109.

De même, Marx reconnaît l'importance, la nécessité historique de la législation des fabriques :

> « *Cette première réaction consciente et méthodique de la Société sur la forme naturelle de son progrès de production, est, comme nous l'avons vu, un produit tout aussi nécessaire de la grande industrie que les fils de coton, les machines automatiques et le télégraphe électrique*[1]. »

Dans la préface du *Capital*, il la cite en exemple à l'Europe entière :

> « *Le pays industriellement le plus avancé*, écrit-il, *ne fait que montrer au pays moins développé l'image de ce que sera son avenir*[2]. » Et écrit-il, « *là où la production capitaliste est tout à fait installée, chez nous par exemple dans les fabriques proprement dites, la situation est infiniment pire qu'en Angleterre, parce que le contre-poids des lois de fabrique manque*[3]. »

Le progrès du capitalisme prendra des formes plus brutales ou plus humaines selon le degré de développement de la classe ouvrière.

Et « *sans parler des raisons supérieures, les classes dirigeantes actuelles ont donc tout intérêt à faire disparaître tous les obstacles légalement contrôlables qui s'opposent à l'évolution de la classe ouvrière. C'est pour cette raison que, dans ce volume, j'ai fait une place si large à l'histoire, aux prescriptions et aux résultats de la législation ouvrière anglaise. Toute nation peut et doit se mettre à l'école des autres, lors même qu'une société a découvert la loi naturelle de son évolution – et notre but final n'est autre que de dévoiler la loi économique de l'évolution de la société moderne – elle ne peut ni ignorer de parti pris, ni supprimer par un effet de sa volonté les phases naturelles de son développement. Mais elle peut abréger et adoucir les douleurs de l'enfantement*[4] ».

L'organisation ouvrière, avait-il déjà écrit « *qui crée une classe prolétarienne, et, par suite, un parti politique prolétarien, à tout instant se brise à nouveau par la concurrence des ouvriers entre eux. Mais toujours aussi, elle se redresse plus forte, plus ferme, plus puissante. En tirant parti des dissentiments internes de la bourgeoisie, elle parvient à faire reconnaître de force, et par la loi, quelques-uns des intérêts des travailleurs. Ainsi*

---

1. *Ibid.*, t. III, p. 164.
2. *Ibid.*, t. I, première préface, p. LXXVII-LXXVIII.
3. *Ibid.*, t. I, première préface, p. LXXVIII : Marx compare l'Allemagne à l'Angleterre.
4. *Ibid.*, t. I, première préface, p. LXXIX.

pour la loi sur la journée de dix heures en Angleterre[1] ». La limitation de la journée de travail dans la grande industrie constitue déjà en soi-même un grand avantage. Marx insiste sur cet avantage additionnel qu'à côté et en marge de la grande industrie, se perpétuent l'industrie domestique et la manufacture, et que dans ces survivances économiques, non seulement les avantages de l'ancien régime ne se perpétuent pas, mais que les maux du nouveau régime se reproduisent avec aggravation : le petit patron est obligé de lutter, sans machines, contre la concurrence de la grande industrie ; il ne peut y parvenir qu'en payant des salaires démesurément bas pour des journées de travail démesurément longues. C'est le *sweating system* dont la réglementation uniforme, par l'État, du travail dans les fabriques, rend la prolongation impossible.

[2. *Valeur marxiste du syndicat : organisation de la classe ouvrière*]. — Mais cependant, il y a, dans le *Capital*, d'autres passages, et très nombreux, où Marx s'efforce d'atténuer l'importance historique de la législation anglaise des fabriques. Marx, dirions-nous volontiers, malgré le caractère en apparence paradoxal de cette affirmation, a trop foi dans le capitalisme, pour croire ou désirable ou possible, que le capitalisme puisse être contrarié dans sa marche par une intervention syndicale ou législative. Sans doute le capitalisme exploite, persécute, opprime l'ouvrier ; mais il enrichit l'humanité ; il rend incessamment le travail des ouvriers productif de plus de richesse. Ce qui fera la différence du communisme postcapitaliste avec le communisme antérieur à l'ère de l'échange, c'est qu'aux périodes primitives de son histoire, l'humanité était pauvre, misérable, esclave des forces de la nature, tandis qu'après la disparition du capitalisme, mais grâce à l'œuvre accomplie par lui, elle sera riche, libre, c'est-à-dire maîtresse des forces de la nature. Marx essaie donc de démontrer que l'effet de la législation des fabriques sera, non pas de ralentir, mais plutôt d'accélérer le progrès du capitalisme – par l'accroissement de la *densité* du travail. Car, premièrement, la capacité de travail de l'ouvrier est inversement proportionnelle au temps de travail ; deuxièmement, la substitution du paiement du salaire *aux pièces*, au paiement du salaire *au temps*, stimulera l'ouvrier à travailler davantage pendant le nombre d'heures limité où la loi l'autorise à travailler ; troisièmement, par l'accroissement de la *productivité* du travail : le patron invente des machines qui rendent le travail de l'ouvrier à la fois plus productif et moins coûteux (par la diminution du nombre d'ouvriers nécessaires, par l'avilissement de la qualité de travail nécessaire). Tel est donc le sens historique de la législation nouvelle.

---

1. *Le Manifeste communiste*, 1901, p. 35-36.

« *Tandis qu'elle impose dans les ateliers individuels l'uniformité, la régularité, l'ordre et l'économie, elle augmente, par l'énorme émulation que la limitation et la réglementation de la journée de travail impriment à la technique, l'anarchie et les catastrophes dans la production capitaliste en général, l'intensité du travail et la concurrence entre la machinerie et l'ouvrier. En faisant disparaître les sphères de la petite industrie et du travail à domicile, elle anéantit les derniers refuges des ouvriers en surnombre et par suite la soupape de sûreté de tout le mécanisme social. En même temps que les conditions matérielles et la combinaison sociale du procès de production, elle mûrit les contradictions et les antagonismes de sa forme capitaliste et, par conséquent, les éléments de formation d'une société nouvelle et les facteurs destructeurs de l'ancienne société*[1]. »

Quelle est donc, en fin de compte, l'utilité vraie des syndicats ? Est-ce d'obtenir un relèvement de salaires ? Une loi de protection du travail ? Tout cela n'empêche pas l'exploitation capitaliste de suivre son cours, les crises de se renouveler et de s'aggraver. Non, nous dit Marx, si parfois aujourd'hui les ouvriers remportent une victoire, cette victoire est *passagère*.

« *Le bénéfice véritable de ces luttes n'est pas celui qui donne le succès immédiat. Il consiste dans l'union qui se propage de plus en plus entre les ouvriers*[2]. » « *Le progrès de l'industrie que la bourgeoisie réalise sans le vouloir et sans pouvoir s'y opposer, remplace l'isolement des ouvriers, créé par la concurrence, par leur union révolutionnaire, créée par l'association.* » « *À mesure que diminue le nombre des grands capitalistes, qui accaparent et monopolisent tous les avantages de ce procès de transformation, on voit augmenter la misère, l'oppression, l'esclavage, la dégénérescence de la classe ouvrière, qui grossit sans cesse et qui a été dressée, unie, organisée, par le mécanisme même du procès de production capitaliste*[3]. »

Les associations ouvrières sont un moyen d'entretenir, de stimuler, de tenir prête pour le jour où s'écroulera le monde capitaliste, l'indignation ouvrière.

[3. *Développement du syndicalisme allemand.*] — Cependant, depuis le moment où le *Capital* a paru, le mouvement syndical en Angleterre, en

---

1. *Le Capital*, trad. fr. Molitor, t. III, p. 189-190.
2. *Le Manifeste communiste*, 1901, p. 35.
3. *Le Capital*, trad. Molitor, t. IV, p. 273-274.

Allemagne, n'a cessé de prendre une plus grande importance ; et, de ce *fait*, la *théorie* socialiste a bien dû tenir compte, en dépit des préventions marxistes.

L'histoire du mouvement syndical en Allemagne depuis trente ans est découpée en deux périodes par la loi d'exception de 1878. Avant 1878, l'hostilité invincible du socialisme intransigeant, soit des lassalliens, soit des marxistes, contrarie le mouvement. En 1868, Hirsch rapporta en Allemagne, d'un voyage d'études qu'il venait de faire en Angleterre, l'idée syndicale ; mais les syndicats qu'il organisa, inspirés par la philosophie des *trade-unions* anglais de 1860, essentiellement conservateurs et bourgeois, imposaient pour condition à leurs membres de ne pas être affiliés au parti socialiste : cette condition politique paralysa partiellement le progrès numérique des *Hirsch Dunckersche Gewerkvereine* : malgré une ascension constante, ils ne comptent aujourd'hui que 82 000 membres. Quant aux partis proprement socialistes, ils ne pouvaient résister au désir de s'emparer d'une arme de propagande aussi puissante que le syndicat ouvrier ; mais, hostiles à la méthode d'opportunité et d'action pacifique de ces syndicats, ils n'épousaient pas sans arrière-pensée cette idée nouvelle : Schweitzer, le successeur de Lassalle à la tête du parti fondé par lui, exprimait bien cette arrière-pensée, lorsqu'il déclarait avec ironie « *qu'il fonde des syndicats, non parce qu'ils pourraient améliorer la condition des travailleurs, mais parce que leur échec nécessaire accroît la haine des classes* ». Aussi les *Arbeiterschaften* des lassalliens, les *Gewerkschaften* des eisenachiens à tendances marxistes, traînèrent une existence pénible. De même les associations que les deux partis réunis essayèrent de former après leur réconciliation opérée au congrès de Gotha, en 1875. Quant à la tentative faite par York pour fonder une *Gewerkschaftunion* (*Union des syndicats*) de tous les ouvriers allemands, qui n'exclurait aucun parti, socialiste ou antisocialiste, elle reçut à peine un commencement d'exécution : York mourut dès 1875. Bref, en 1878, il y avait en tout 50 000 ouvriers allemands groupés et vingt-six syndicats, soit un et demi pour cent de la masse ouvrière totale. Les deux attentats contre la vie de l'empereur provoquèrent la loi d'exception de 1878 : brusquement la vie syndicale allemande fut anéantie. Tous les syndicats sans exception furent dissous, ou se désagrégèrent.

À partir de 1880, on perçoit cependant en Allemagne les signes d'une renaissance du syndicalisme. Le gouvernement impérial voulait doubler sa politique répressive du socialisme révolutionnaire, par une politique positive de réformes sociales, d'un socialisme d'État. Les économistes qui favorisaient ce mouvement et contribuaient à l'élaboration des trois grandes lois d'assurances ouvrières (accidents, maladie, vieillesse et invalidité – 1883-1889) étaient favorables à une consultation du prolétariat organisé : et la loi d'assurances maladies, en encourageant la formation de *Hilfskassen* (*caisses de secours*), soumises au contrôle impérial, encouragea directement, chez les ouvriers, l'esprit d'association. En 1885, les organisations syndicales avaient déjà dépassé le chiffre de 1878 : elles comptent 80 000 membres. Malgré la recrudescence de l'action publique contre les grèves en 1886, elles gagnèrent sans cesse des adhérents nouveaux[1]. En 1891, elles comptaient déjà près de 278 000 membres. C'est le moment où, à la suite de la *conférence* de Berlin (1890) et de l'*entrevue* d'Halberstadt (1891), les *Gewerkschaften*, au congrès d'Halberstadt, en 1892, se donnèrent une organisation fédérative avec gouvernement central. L'organisation se perfectionna aux deux congrès de Berlin (1896) et de Francfort (1899), en même temps qu'augmentait progressivement le nombre des ouvriers syndiqués : stationnaire ou déclinant jusqu'en 1895, il monta à 329 000 en 1896, 412 000 en 1897, près de 500 000 en 1898, près de 600 000 en 1899, et en 1900, 680 000. Le syndicalisme allemand put dès lors fièrement comparer son importance à celle du syndicalisme anglo-saxon. Il avait accompli ses progrès en dépit des résistances du parti socialiste organisé, inquiet de voir se développer, à ses côtés, tout un mouvement ouvrier.

---

1. Cf. *Le Mouvement socialiste*, 1er octobre 1901.

LES CONFÉRENCES RÉDIGÉES

DANS LES ANNÉES 1900

PRÉSENTATION

Les archives d'Élie Halévy s'avèrent particulièrement précieuses pour comprendre sa méthode de travail et restituer le travail de préparation de ses cours (et d'établissement de ses manuscrits). Dès 1957, à la mort de Florence Halévy, une partie conséquente du « vrac » conservé dans les tiroirs et les placards du bureau-bibliothèque d'Élie Halévy à la Maison Blanche de Sucy-en-Brie, a été remise à l'École normale supérieure de la rue d'Ulm, alma mater *du philosophe historien. Ces quelque 70 cartons rassemblent un ensemble disparate mais intact, car non soumis à des opérations d'élimination ou de classement, des dossiers de préparation des cours donnés à l'École libre. Ces dossiers, organisés par thème ou par cours, contiennent sur des feuilles volante des plans de cours (jusqu'à six pour une même question) lapidaires ou semi-rédigés, des notes de lectures (dont sont extraites les citations qui viendront agrémenter le cours), des notes de documentation (statistiques électorales, parlementaires, budgétaires, etc. ; notices biographiques) et de la documentation primaire (coupures de presse, brochures) : le tout est organisé par partie, rangé en fonction de la progression du cours, rarement accompagné de feuilles où figurent des propos liminaires, de transition ou de conclusion rédigés. La trame est ici ténue, la matière abondante.*

Dans ces dossiers figurent 16 conférences entièrement (ou peu s'en faut) rédigées de la main d'Élie Halévy, dont la date n'est pas mentionnée. Mais les plans de cours figurant dans les Livrets de l'étudiant *de l'École libre des sciences politiques, les écrits et la correspondance d'Élie Halévy[1], enfin le contenu couvert et l'approche adoptée pour traiter le sujet, laissent à penser que ces conférences ont été rédigées lors des premières années du cours (1902-1906) – en tout cas, durant la période précédant la Première Guerre mondiale ; rien ne dit qu'elles n'ont pas été recyclées les années suivantes[2].*

---

1. Voir les lettres d'Élie Halévy de l'automne 1901 à mai 1902 où il prépare et délivre son premier cours, *in* Élie Halévy, *Correspondance, op. cit.,* p. 309-321.

2. Les dossiers portent souvent la mention de plusieurs dates, ainsi : « La révolution bolchevique (mars 1922, mars 1924, mars 1926, mars 1930 – Deux plans » ou encore : « Les partis socialistes et la guerre (mars 1922, 1924, mars 1930, février 1934 et 1936 – 3 plans sur le socialisme et la guerre) », voir ENS-Ulm, fonds Élie Halévy, carton 6/1.]

*On comprend dès lors le dilemme posé aux éditeurs de l'*Histoire du socialisme européen *: d'un côté, des textes intégralement rédigés de la main du maître, écrits cohérents et authentiques ; de l'autre, des conférences anciennes, à défaut d'être datées, philosophiques et théoriques dans leur style, proto-marxistes et proto-socialistes dans leur propos. Le choix de l'équipe éditoriale en dit long sur les hésitations quant au sort à réserver à ces conférences rédigées. Trois conférences seront rejetées en annexe de l'édition de 1948 (« List et l'économie politique nationale », « L'historisme allemand », « Marxisme et syndicalisme »), avant d'être définitivement éliminées de l'édition de 1974, à l'exception de la dernière. Deux autres portant sur « La philosophie matérialiste de l'histoire » et « Le capital, la théorie de la valeur » seront intégrées « officiellement » au manuscrit, mentionnées comme telles en note de bas de page et accompagnées de précautions oratoires quant à la péremption du propos[1]. Enfin la totalité des autres conférences (dont les éditeurs avaient connaissance, comme en témoigne une note intitulée « Les leçons retrouvées » qui en dresse la liste, et surtout l'intensité de leur réutilisation) seront recyclées dans la version finale du manuscrit, mais de façon « anonyme », sans que la source soit jamais mentionnée, et de façon « sauvage », en tronçonnant le texte original de ou des conférences rédigées pour le répartir sur plusieurs chapitres et plusieurs paragraphes, en recomposant le propos, sans respecter l'ordre de la démonstration initiale, voire en l'inversant parfois, en réunissant deux extraits issus de deux conférences différentes dans une même sous-partie de chapitre.*

Nous reproduisons[2] ici – à l'exception des cinq conférences déjà publiées dans l'édition de 1948 [dont nous rétablissons le texte original entre crochets lorsqu'il a été marginalement, modifié] – l'intégralité des autres conférences rédigées, à la fois pour les mettre à disposition du lecteur et pour témoigner des opérations lourdes de montage du manuscrit – et de leurs effets, que nous analysons en introduction générale à cette première partie. L'éditorialisation est ici minimale : les conférences manuscrites ont été transcrites par nos soins ;

---

1. Note de bas de page introductive du chapitre II de la Première Partie, « La philosophie matérialiste de l'histoire » : « bien qu'il date de 1900 environ, bien qu'il ne corresponde peut-être pas au dernier état de la pensée de Halévy, bien qu'il soit certainement très différent du chapitre qu'Élie Halévy aurait écrit en 1937… »
   Note de bas de page introductive du chapitre III de la Première Partie, « Le capital. La théorie de la valeur » : « nous le reproduisons ici pour les mêmes raisons et sous les mêmes réserves. Plus encore que le précédent, ce chapitre est caractéristique de la *première manière*, si l'on peut dire, d'É. H. Cet exposé abstrait est d'un historien des doctrines philosophiques. Dans les dernières années, É. H. traitait le sujet d'une toute autre façon ».
2. Ludovic Frobert, le premier, a exhumé du fonds Élie Halévy conservé à la bibliothèque de l'ENS-Ulm et signalé l'existence de ces conférences rédigées dans plusieurs articles : « Le jeune Élie Halévy et Karl Marx », *op. cit.* ; « Élie Halévy's First Lectures on the History of European Socialism », *op. cit.*. Il a pour partie surestimé leur « caractère inédit », ces dernières ayant été largement (et anonymement) reproduites dans l'*Histoire du socialisme européen.*

nous reproduisons la mise en page, les soulignements (en italique), la langue d'origine des citations, ainsi que parfois le style télégraphique du manuscrit original. Seules les citations en langue étrangère font l'objet d'une traduction en notes de bas de page : Nicolas Patin a établi les traductions des textes allemands.

De même que leur date de rédaction, l'ordre des leçons n'est pas établi avec précision et a pu varier selon les années. Nous les avons présentées en respectant pour partie l'ordre chronologique, pour partie l'articulation logique, parfois suggérée dans les textes eux-mêmes, parfois simplement thématique[1].

Un double système de renvois, dans le texte princeps *de l'*Histoire du socialisme européen *et dans le texte annexe des* Conférences rédigées des années 1900 *permet de repérer les emprunts, également signalés dans le* Tableau des sources.

Carton 2/1 – Introduction, socialisme
Carton 7/4 – Friedrich List et l'économie nationale (voir texte princeps, *p. 317)*
Carton 7/4 – L'historisme (voir texte princeps, *p. 333)*
Carton 6/2 – Le marxisme. Théorie de la valeur (voir texte princeps, *p. 125)*
Carton 7/1 – La conception matérialiste de l'histoire (voir texte princeps, *p. 115)*
Carton 11/3 – La théorie marxiste de la concentration des capitaux
Carton 11/1 – Agriculture
Carton 7/2 – Industrie
Carton 7/1 – Concentration industrielle et cartels
Carton 1/3 – Syndicalisme
Carton 9/4 – Le coopératisme
Carton 6/2 – Origines du socialisme gouvernemental allemand
Carton ? – Socialisme de la Chaire, socialisme d'État
Carton 7/1 – Karl Marx et l'Internationale
Carton 7/2 – La formation du parti socialiste (allemand) 1864-1891
Carton 7/2 – Fragment leçon sur socialisme allemand
Carton 6/1 et 11/1 – Bibliographies

---

1. La correspondance d'Élie Halévy fournit quelques pistes, parfois contradictoires : lettre à Célestin Bouglé, 19/12/1901 : « Les onze leçons de mon cours avancent de front, tantôt l'une tantôt l'autre gagnant du terrain. Je reste sceptique sur l'universalisation du coopératisme, et je conclus au socialisme d'État. » Et lettre à Célestin Bouglé, 18/02/1904 : « plus que quatre leçons à faire, qui sont, en fait, des leçons de conclusion ; syndicats, coopératives, problème des trusts, question agraire, et finalement conclusion proprement dite », *in* Élie Halévy, *Correspondance, op. cit.*, p. 318 et p. 351.

INTRODUCTION

Évolution des doctrines économiques et sociales en Angleterre et en Allemagne dans la seconde moitié du XIXe. Principalement en Allemagne. Pourquoi ?

I – point de départ de l'évolution que nous étudions, doctrine initiale dont nous étudions les transformations : l'économie politique selon Smith et Ricardo. Ses caractères :

A/ Idéal individualiste : la société, une abstraction, une simple collection d'individus qui en constituent les seules *réalités*. Cf. : le nominalisme de David Hume, ami d'Adam Smith, et de James Mill, ami de Ricardo : l'idée générale est un nom, le fait particulier seul est réel. En matière sociale, le réel, c'est l'individu. Absurde en particulier de subordonner les intérêts individuels à l'intérêt national : l'intérêt national, une somme d'intérêts individuels. La nation, selon l'Américain Th. Cooper, est « une invention grammaticale, imaginée uniquement pour épargner des périphrases, une *non-entité*, quelque chose qui n'a d'existence que dans le cerveau des hommes politiques » (ap. List, *Sys. nat*, trad. Richelot, 1841). L'abandon des préoccupations nationales assurera seul, sur la terre, l'équilibre de tous les intérêts individuels, grâce à la division spontanée du travail universel qui s'effectuera lorsque chaque peuple s'adonnera au genre de culture et d'industrie commandée par le climat, la nature du sol et du sous-sol. Individualisme implique cosmopolitisme.

B/ méthode rationaliste. Les *données* se dérivent de l'idéal individualiste. Puisque l'individu est réalité absolue, il ne peut se proposer de fin en dehors de soi-même ; il est *purement égoïste*. Puisqu'il est réalité absolue, se suffisant à lui-même, non seulement il se propose son intérêt personnel pour fin exclusive, mais il est capable de l'atteindre ; il est parfaitement intelligent. Étant donnée une *pluralité* d'individus ainsi constitués, l'échange apparaît comme le moyen pour eux de réaliser simultanément leurs intérêts personnels : de l'échange résulte la division du travail et tout le mécanisme du monde commercial et industriel. Ajoutez l'idée de capitalisation, d'une accumulation de produits du travail passé non accumulés à mesure : on construit l'idée du profit et la loi de la baisse progressive des profits. Ajoutez l'idée de terre, douée de qualités de fertilité plus ou moins grande : on construit l'idée de la rente, et la loi de la hausse progressive de la rente foncière. Ajoutez l'idée de l'instinct sexuel, du besoin de reproduction, de l'accroissement de la population, on construit la loi du salaire, constamment maintenu à un *minimum*. Dans l'empirisme général des sciences sociales, la science économique paraît constituer une exception. Elle présente le caractère d'une science exacte, d'une géométrie, d'une mécanique rationnelle.

C/ Politique non interventionniste. Cela dérive de l'individualisme et du rationalisme de l'École. Rationalistes, ils sont intransigeants. Individualistes, ils sont anti-gouvernementaux. Non seulement, ils ne veulent pas que les gouvernements nationaux isolent les intérêts des individus de toute une nation par rapport à ceux des individus de toute une autre nation (anti-protectionnisme), mais ils ne veulent pas qu'à l'intérieur de chaque nation, le gouvernement se donne pour mission de protéger les intérêts d'une classe, présumée opprimée, contre ceux d'une autre classe, présumée oppressive. Ce sont les gouvernements, non les lois naturelles qui, selon la doctrine, sont par essence oppressifs. En Angleterre, la doctrine est employée principalement à réfuter le protectionnisme (Ricardo) ; en France, à réfuter le socialisme (Bastiat).

Il est à remarquer que la science économique présente, dès lors, parmi les autres sciences un caractère paradoxal. L'ambition de la science moderne, c'est, par la connaissance des lois des phénomènes, d'apprendre à modifier les phénomènes. Nous ne nous croyons pas dispensés de construire des parapets le long des précipices, ni d'élever des escaliers, ni de construire des ascenseurs, parce que tous les hommes tombent naturellement vers le centre de la terre. Au contraire, la science économique, selon Ricardo ou Bastiat, se borne à démontrer, le caractère harmonique des phénomènes économiques, pourvu que la science n'intervienne pas pour les modifier. C'est un retour à la conception antique, pythagoricienne (la science nous révèle l'harmonie des sphères), biblique (les Cieux racontent la gloire de Dieu). Caractère religieux de cette théorie : la nature est l'œuvre de Dieu ; il est impie de la part de l'homme de vouloir l'améliorer. Si les économistes se servent d'analogies, de métaphores, pour définir leur science, ils les empruntent à la science astronomique, nécessairement passive et contemplative :

« *Ne condamnons pas*, nous dit Bastiat (*Harmonies Économiques*, 1850, p. 50), *l'humanité avant d'en avoir étudié les lois, les forces, les énergies, les tendances. Depuis qu'il eut reconnu l'attraction, Newton ne prononçait plus le nom de Dieu sans se découvrir. Autant l'intelligence est au-dessus de la matière, autant le mode social est au-dessus de celui qu'admirait Newton* ».

La nouvelle doctrine devient rapidement populaire dans toute l'Europe occidentale. Elle y satisfait un besoin impérieux de liberté industrielle et commerciale. Son triomphe, préparé depuis 1814, est consommé par la conversion éclatante de Robert Peel au libre-échangisme. L'agitation en Angleterre a été menée par R. Cobden qui vient maintenant faire de la propagande libre-échangiste en France, en Belgique, en Espagne, en Italie. Il a pour adepte, en France, Bastiat, dont les *Harmonies économiques* parlent presque la langue du lyrisme religieux ; et Napoléon III va devenir le dernier adepte de la théorie. En Allemagne, la réaction romantique contre l'individualisme français et révolutionnaire semble d'abord laisser intact le domaine économique. À l'exception d'Adam Muller, tous les économistes allemands de l'époque, jusqu'en 1840, Kraus, Lotz, Rau, Hermann, sont des disciples plus ou moins orthodoxes d'Adam Smith. Une triple réaction cependant se dessine contre l'individualisme, contre le rationalisme et contre le non-interventionnisme de l'École, réaction dont le siège principal est l'Allemagne.

A/ Réaction nationaliste contre l'individualisme cosmopolite. Il se trouve des penseurs pour renverser exactement le point de vue des disciples de Ricardo. La société, la société nationale, dans sa complexité, est seule réelle : l'individu n'en est séparable que par abstraction, simple fiction logique analogue à l'atome des physiciens. La réaction contre l'internationalisme est sensible même en Angleterre. Mais elle se produit sous des influences allemandes : Carlyle est le disciple de Goethe et de Fichte. Et plus tard, avec le développement de l'impérialisme et de la philosophie de la race, l'Anglo-Saxon aime à croire que sa race a précisément le monopole intellectuel et moral de l'idée individualiste et libérale. La réaction est profonde surtout en Allemagne pour des raisons historiques : influence de la philosophie idéaliste de Hegel et Schelling, diamétralement opposée au nominalisme de Hume et James Mill ; préoccupation dominante alors chez les individus isolés, chez les petites collectivités éparses, de constituer l'Allemagne comme nation. En 1841, Friedrich List publie son *Système national d'économie politique*. L'économie politique des Anglais devient économie *nationale*.

B/ Réaction empiriste contre le rationalisme déductif. La nation, prise pour donnée irréductible, n'est pas susceptible comme l'individu des économistes, d'une définition abstraite et simple. Elle est un être infiniment complexe, qui plonge dans le passé obscur et, par l'autre côté, dans l'avenir plus obscur encore : chaque national a *d'ailleurs* son passé propre, sa destination propre, irréductible à la tradition et à la destination de chaque autre nation. C'est à l'expérience, avec les instruments perfectionnés dont elle est munie par la science moderne, par l'histoire, par les statistiques, à décrire cet ensemble complexe de phénomènes. Cette réaction empiriste se fait sentir même en Angleterre : faire une part à l'expérience dans la constitution de l'économie politique, c'est l'objet que se propose Stuart Mill dans son *Eco Pol* de 1847 : les lois de production sont universelles et éternelles, mais les lois de la distribution varient selon les temps et les lieux ; et c'est à l'expérience à déterminer ces variations. Mais, en dépit de tout, Stuart Mill reste profondément attaché à la tradition déductive et rationaliste de ceux qui ont été ses maîtres intellectuels. C'est en Allemagne que la réaction de l'empirisme économique est particulièrement marquée, donne son caractère propre à l'enseignement universitaire de l'économie politique (Roscher, Knies, Hildebrand). Cette tendance a été désignée sous le nom commode d'historisme.

C/ Réaction interventionniste contre le non-interventionnisme de l'École. Non seulement protectionnistes mais socialistes surtout. Ce qui est caractéristique dans l'argumentation des socialistes, c'est qu'elle se fonde sur l'argumentation même des fondateurs du libéralisme économique. Bastiat constate le fait, s'en alarme, et s'efforce de réviser tout le système ricardien, précisément pour le mettre à l'abri de la critique socialiste. Prenez la thèse physiocratique de la plus-value foncière. Elle attribue au propriétaire du sol un bénéfice qui n'est la rémunération d'aucun travail : pourquoi n'en pas déduire, au lieu de la thèse aristocratique des physiocrates, un communisme agraire ? Ricardo définit le fermage comme la différence entre les divers produits du travail sur des terres de fertilités diverses : pourquoi l'abandonner au propriétaire, n'en pas réclamer la confiscation par l'État au bénéfice de la collectivité ? L'idée apparaît déjà en germe chez le disciple immédiat de Ricardo, James Mill. Enfin, l'on chercherait vainement chez Ricardo un essai quelconque de justification des profits. C'est pourquoi, aussitôt après la publication du traité de Ricardo, on voit apparaître, en Angleterre, toute une école de Ricardiens socialistes qui s'emparent des formules de Ricardo pour critiquer le capitalisme. Bref, le jeu des lois naturelles produit une divergence, une contradiction nécessaire des intérêts économiques. La science économique avertit le législateur des points sur lesquels il convient de corriger une nature imparfaite, s'il veut réaliser l'intérêt du plus grand nombre.

II –

De ces trois réactions, c'est la réaction socialiste et interventionniste qui retiendra le plus longtemps notre attention. Nous sommes autorisés à procéder de la sorte par l'importance singulière du grand fait historique que constitue le socialisme. On peut dire que deux grands mouvements sont principalement à considérer dans l'histoire générale de l'Europe dans la seconde moitié du XIXe siècle : le socialisme et la colonisation – tous deux effets d'une même cause, le capitalisme. Le capitalisme a besoin de nouveaux débouchés pour écouler ses produits et de nouvelles terres à exploiter industriellement : d'où les colonies. Le capitalisme irrite à l'intérieur le nombre immense de ceux qui ne participent qu'indirectement, par les salaires, temporaires et précaires, de l'accroissement du capital social. D'où un mécontentement de la classe ouvrière, auquel le socialisme donne une forme doctrinale. Et l'immensité même de ce mouvement européen semble en rendre un examen sommaire presque impraticable : elle nous est rendue cependant praticable par cet autre fait historique qu'autour d'une doctrine unique, le marxisme, le mouvement socialiste est venu se cristalliser en quelque sorte. Il ne s'agit pas ici de se demander si vraiment le marxisme est une doctrine originale, s'il n'est pas fait de pièces empruntées un peu de tous côtés, si sa philosophie de l'histoire ne parle pas souvent la langue de la dialectique hégélienne, sa théorie de la valeur, la langue de l'économie politique de Ricardo, s'il n'a pas emprunté à Sismondi sa théorie de la surproduction et des crises, à Pecqueur sa théorie de la concentration industrielle… Tout cela prouve le caractère vraiment synthétique de la doctrine. En lui, sont absorbés, fondus, systématisés, tous les éléments discernables dans la fermentation d'idées antérieures. Nous sommes autorisés par l'histoire du socialisme moderne à l'étudier et à l'apprécier sous la forme doctrinale que lui a donné le marxisme.

Dans cette appréciation qui fera le principal objet, le plus intéressant, le plus utile de notre cours, nous abandonnerons expressément l'idée que l'humanité s'approche d'un état final, où elle aura trouvé une organisation économique et sociale d'une stabilité absolue. C'est là une des idées essentielles du marxisme.

« *L'histoire entière*, écrit Engels, *a été une histoire de luttes de classes… Enfin… cette lutte est parvenue maintenant à une phase où la classe exploitée et opprimée ne peut plus s'affranchir de la classe exploiteuse et oppressive, sans affranchir à tout jamais la société entière de toute exploitation, de toute oppression et de toute lutte de classes* » (préface, 1883, *Manifeste*). Et il ajoute : « *cette idée fondamentale est la propriété unique et exclusive de Marx.* »

Illusion explicable, non point par une, mais par plusieurs raisons. Elle est commune à toutes les religions qui se fondent ; toutes les religions nouvelles ont promis à leurs adhérents la venue prochaine du Messie, la fin prochaine d'un monde de misère ; avec les années seulement, par la force des choses, cette vision a reculé dans le lointain, pour reculer enfin dans un avenir indéfiniment éloigné. Le souvenir de la Révolution française peut avoir contribué à la former. Une commotion qui semblait avoir été subie semblait avoir assuré le triomphe définitif de la bourgeoisie sur l'aristocratie féodale : pourquoi ne pas prévoir une révolution future, prochaine, par laquelle le prolétariat remporterait sur la bourgeoisie une victoire également rapide et tout aussi définitive ? Autre raison : la tendance instinctive chez tout théoricien du progrès, à se placer d'emblée, et à placer du même coup ses contemporains au terme du progrès. Condorcet, lorsqu'il traçait son tableau du progrès de l'esprit humain, croyait arrivée, ou sur le point d'arriver, l'ère de liberté et d'égalité, terme du progrès : la menace de la guillotine n'ébranlait pas son invincible espoir. Auguste Comte formulant la loi des trois états, était convaincu que l'ère positive, succédant à l'ère théologique et à l'ère métaphysique, allait commencer, commençait avec lui pour la sociologie et pour la société moderne elle-même. Marx, de même, en affirmant l'avènement nécessaire du prolétariat sur la ruine du capitalisme, était naturellement à croire que cet avènement était proche, imminent. Enfin, si tant de théories générales du progrès ont été formées au XIXe siècle, cela tient à ce que les philosophes sociaux du XIXe se sont, pour la première fois depuis que l'humanité pense, placés dans leurs spéculations au point de vue du monde. L'idée de la division du travail était déjà chez Platon : elle fonde toute sa théorie de la République, mais il la réalise dans les limites de la cité grecque, Sparte ou Athènes, ou de cette cité idéale qui sera philosophique et intellectuelle comme Athènes, guerrière et virile comme Sparte. Adam Smith conçoit la division du travail comme d'autant plus parfaite qu'elle comprend un plus grand nombre d'individus, qu'elle tend à embrasser tout l'ensemble de l'humanité, grande république industrielle et commerciale. Le problème de la surproduction avait tourmenté déjà dans le monde antique, les politiques et les philosophes. Mais les uns et les autres posaient le problème au point de vue de la cité fermée et exclusive. Les politiques trouvaient une solution périodique du problème, dans la colonisation, *l'essaimage* de l'excédent de population. Platon demandait la limitation et la fixation rigoureuse, par le législateur philosophe, du nombre de citoyens de sa République. Malthus pose le problème au point de vue du monde, et compare l'accroissement dont est susceptible le nombre total d'individus humains existants avec celui dont est susceptible la totalité des subsistances disponibles à la surface de la terre. Il y avait eu des communistes dans la

Grèce antique, mais jamais ils n'avaient rêvé de résoudre la question sociale, si ce n'est pour la cité à laquelle ils appartenaient. Avec Marx, au contraire, le socialisme devient une solution d'un problème *mondial*. Ce caractère des systèmes du XIXe siècle en fait la grandeur et l'imprudence à la fois. La grandeur, parce qu'ils présenteront d'autant plus d'intérêt que le genre humain s'approchera de l'organisation intégrale, parce que aussi, du fait de leur existence elle-même, ils prouvent que cette organisation future entre déjà dans l'horizon des prévisions possibles – la faiblesse aussi, ou mieux, la témérité, parce qu'au début du XXe siècle, nous sentons l'éloignement du but, et nous sourions de chercher un but, qui, prochain, s'adresse avec plus d'efficacité à nos inclinations. Or l'élément apocalyptique et utopique du socialisme éliminé, que reste-t-il à en retenir ? Deux choses.

1/ une observation très attentive, empruntée à des écrivains très réalistes, des phénomènes de la société capitaliste au XIXe siècle. Donc, par cela même que les marxistes considèrent que la société collectiviste doit succéder immédiatement à la société capitaliste actuelle, et la définissent en des termes tels qu'elle doive résoudre les problèmes et les contradictions économiques de ce temps, on peut, abstraction faite de leurs généralisations trop hâtives, découvrir dans leur tableau du collectivisme, certains traits que présentera l'économie politique de l'Europe au cours du siècle qui commence. Quels traits ? Voilà la question qui nous occupera. Y répondre, c'est fournir une justification relative du socialisme sous la forme qu'il a revêtue au XIXe siècle : c'est définir les traces que ce grand mouvement historique aura laissées après lui dans la société européenne. Le moment est propice pour cette étude : le socialisme a déjà traversé deux phases, l'une d'élaboration doctrinale, en Angleterre et en France, avant Marx ; l'autre de fixation doctrinale depuis Karl Marx ; la phase de réalisation pratique commence, où le socialisme devra se plier aux exigences de l'opportunisme gouvernemental. En particulier, nous nous poserons le problème de savoir sous laquelle de ses deux formes le collectivisme est le plus susceptible d'une réalisation, non pas absolue, mais partielle et progressive, sous sa forme spontanée ou sous sa forme administrative, sous sa forme coopératiste ou sous sa forme étatiste.

2/ Nous opterons pour l'étatisme, et nous considérerons comme étant à retenir du socialisme la démonstration qu'un gouvernement des mondes économiques est nécessaire. L'école libérale était pénétrée d'une idée en somme très particulière, très singulière, très exceptionnelle, dont on peut déterminer les origines chez les écrivains anglais du XVIIIe siècle, l'idée anarchiste, l'idée d'une société spontanée ou naturelle, d'une *société sans gouvernement*. Bien plus, le socialisme semble avoir, en bien des points, hérité des préventions anti-gouvernementales de leurs grands adversaires. Égalitaires, ils se défient de la hiérarchie gouvernementale. Internationalistes, ils se défient des gouvernements nationaux et militaires. Hégéliens enfin, qui spéculent sur la condition finale du genre humain, ils conçoivent cette condition finale comme abolissant, dans une conciliation dernière, l'État et la société, le fonctionnaire et le citoyen : comment parler de fonctionnaires, là où tous les citoyens sont fonctionnaires ? Comment opposer l'État, ou le gouvernement et la société, là où les deux termes se ramènent à l'unité. Mais, au point de vue plus relativiste où nous nous plaçons, nous ne saurions comprendre, et justifier, le socialisme, que comme une usurpation progressive des droits de l'individu par ceux de l'État. C'est en Allemagne, la thèse du socialisme d'État, dont nous essaierons, pour conclure notre cours, de résumer les principes. Utopiques avec Rodbertus, il a pris sa forme la plus récente chez A. Wagner. Rodbertus veut démontrer que l'économie publique (*Volkswirtschaft*) doit se réduire à l'économie d'État (*Staatswirtschaft*). Le problème posé avec plus de circonspection, est de savoir dans quelle mesure, grandissante, l'économie publique doit s'absorber dans l'économie d'État.

LA THÉORIE MARXISTE DE

LA CONCENTRATION DES CAPITAUX[1]

Nous l'étudierons en elle-même et dans ses sources. Cette étude des sources de la théorie aura deux avantages.
- ces sources sont *françaises* : après les origines allemandes (Hegel) et anglaises (Ricardo) de la pensée de Karl Marx, nous en connaîtrons les origines françaises (Sismondi et Pecqueur)[2].
- Marx est essentiellement un lecteur, un assimilateur systématique : intéressant de voir comment, par son pouvoir d'analyse et d'élaboration, il fait siennes, assimile à son système les théories d'autrui.

I – Sismondi et Pecqueur

Tous les termes courants, dans la théorie marxiste de la concentration capitaliste, étaient déjà, entre 1830 et 1840, des termes courants du langage économique : les *Sismondistes*, avant les *Marxistes*, parlaient d'accumulation capitaliste, de concentration des fortunes, de surproduction, et des crises.

Sismondi visite l'Angleterre en 1818 : il constate une contradiction flagrante entre la théorie et les faits. Dans les faits, la grande industrie et la surproduction. Greniers pleins de blé, magasins remplis de cotonnades. Mais, devant ces greniers et ces magasins, le peuple meurt de faim. Dans son exaspération, il incendie les meules, brises les machines, qui, dans un équilibre mieux établi dans la production avec la consommation, devraient assurer son bien-être et sa prospérité. Cependant la théorie économique, chez Ricardo, qui adopte la thèse de J. -B. Say, démontre, mathématiquement,

---

1. Voir *Histoire du socialisme européen*, 1re partie, chap. I, p. 59 ; 2e partie, chap. IV, p. 139 ; 4e partie, chap. II, p. 225.
2. Voir Lettre à Célestin Bouglé, 05/01/1902, « Je lis Pecqueur. As-tu lu Pecqueur ? Tout ce que Marx a écrit sur la concentration capitaliste est copié chez Pecqueur. Le succès est un mystère. Car pourquoi le mérite de la théorie revient-il et reviendra-t-il toujours à Karl Marx ? », *in* Élie Halévy, *Correspondance, op. cit.*, p. 318.

que l'offre doit toujours être égale à la demande, que toute surproduction est impossible. Pour mettre la théorie économique d'accord avec les faits, Sismondi écrit en 1820, les *Nouveaux principes d'économie politique ou de la richesse dans ses rapports avec la population*.

1°/ il affirme que la libre concurrence produit non pas, comme le voudraient les Ricardiens, l'harmonie des intérêts et l'égalité des conditions, mais la *concentration des fortunes*. Supposons qu'un producteur, un fabriquant de coton, par exemple, ait inventé un procédé lui permettant de produire à moins grands frais le produit habituel, qu'arrivera-t-il, selon l'École ? Il ne retirera, de cette économie sur les frais de production, qu'un bénéfice temporaire. Bien vite, la connaissance de son procédé se divulguera ; d'autres producteurs l'imiteront, adopteront son procédé et, pour tous, industriellement, le coût de production d'une part, d'autre part le prix de la marchandise s'abaissera. Suivant Sismondi, les choses se passeront autrement. Adopter le nouveau procédé, cela implique pour les fabricants, le sacrifice d'une masse de capital fixe, et aussi d'habitudes acquises (chez eux-mêmes et chez leurs ouvriers), sacrifice auquel ils se résigneront à la dernière extrémité. Il sera beaucoup plus facile, au contraire, à l'inventeur du procédé d'étendre l'application du procédé, d'agrandir son usine : c'est lui qui abaissera le prix de la marchandise, et, en offrant une quantité capable de satisfaire à une demande toujours plus étendue, ruinera ses concurrents. La concurrence, au lieu donc de rétablir finalement l'égalité entre lui et ses concurrents, finira par le rendre maître du marché : elle aboutit à la *concentration des fortunes* entre un nombre de mains de plus en plus petit, et à la *concentration des travaux*, dans un nombre de manufactures toujours plus grandes et plus restreintes. Production en grand, division du travail, machines, autant de procédés inventés par l'industrie pour rendre le travail productif.

2°/ Sismondi affirme que la concentration entraîne la surproduction et les crises. Diminuant le nombre des petits producteurs, des représentants de la classe moyenne, il ne laisse subsister dans la société qu'un nombre très petit d'individus très riches et un nombre très grand d'ouvriers vivant au jour le jour de leurs salaires. Mais, par la production en grand, ces ouvriers produisent à travail égal, une quantité toujours plus grande de produits, qui les achètera ? Les ouvriers ? Mais, par l'effet de la nouvelle distribution de la richesse sociale, ils sont de plus en plus pauvres : leur pouvoir d'achat diminue. Les patrons ? Mais, si les objets produits sont des objets de première nécessité, ils ne peuvent les consommer sans limites, étant très peu nombreux. Les objets de luxe sont seuls l'objet d'une consommation sans limite. Mais la caractéristique de la grande industrie, c'est justement de ne pas produire des objets de luxe, de produire des objets de qualité commune et d'utilité générale. Bref, l'effet de la grande industrie, c'est à la fois d'augmenter, dans la société, la faculté de production et de restreindre la faculté de consommation. La seule ressource des fabricants, pour écouler leurs produits, c'est de chercher des marchés étrangers, que n'ait point encore envahi le régime de la grande industrie. Après qu'un premier marché aura été saturé, ou bien que le régime de la grande industrie s'y étant implanté, il aura cessé de devenir un marché pour l'exportation, une nouvelle crise de surproduction se manifestera, en attendant la découverte d'un nouveau marché. Et, ainsi de suite, jusqu'au jour où, le monde tout entier se trouvant envahi par les produits de la grande industrie, l'absurdité radicale de tout le système apparaîtrait comme évident : de même que le caractère tout provisoire du remède qui consiste dans la recherche de marchés étrangers.

3°/ Le chef d'industrie a commencé par développer dans ses ateliers la production en grand, la division du travail, des machines, non pour appauvrir ses ouvriers, mais seulement pour ruiner ses rivaux en augmentant la force productive du travail de ses propres ouvriers. La rivalité est, d'abord, pendant la période de prospérité entre le patron et les ouvriers d'une usine, pris solidairement, et les patrons et les ouvriers des autres usines, pris encore solidairement. Vienne une période de dépression industrielle, et le capitaliste, obligé de réduire à la fois ses frais de production et sa production, découvre dans les procédés de la grande industrie, dans les machines en particulier, un moyen d'économiser sur la main-d'œuvre, de moins payer ou de congédier ses ouvriers, d'exploiter ceux-ci. Le dernier terme de la concurrence, c'est l'exploitation abusive des travailleurs salariés par l'industriel possesseur des machines.

4°/ Faut-il donc laisser le régime de la grande industrie développer toutes ses conséquences ? Et aboutir à la banqueroute, à la misère universelle. Mieux vaut prévenir cette banqueroute finale, revenir en arrière, au régime de la petite production, limiter la production. Les économistes ont démontré excellemment que toutes les tentatives faites par l'État pour intervenir dans les phénomènes économiques devaient avorter si l'État, en intervenant, se proposait d'accélérer la production. Mais, s'il se proposait, par son intervention, de ralentir la production, de faire obstacle à une production déréglée qui précède la demande, au lieu de la suivre, toutes les démonstrations des économistes ne se retourneraient-elles pas contre leur thèse ? La théorie sismondiste de la concentration des capitaux est pessimiste et réactionnaire.

Dix-huit ans plus tard, l'Académie des sciences morales et politiques décerne le prix qu'elle a proposé sur cette question : « *quelle peut être sur l'économie matérielle, sur la vie civile, sur l'état social et la puissance des nations, l'influence des forces motrices et des moyens de transport qui se propagent actuellement dans les deux mondes ?* » C'est le moment où la grande industrie gagne l'Europe tout entière, où se pose en particulier, pour l'Allemagne et pour la France, le problème de la construction des chemins de fer. Le prix est décerné à C. Pecqueur, qui publie, en 1839, le mémoire couronné sous le titre Économie sociale. Des intérêts du commerce, de l'industrie et de l'agriculture, et de la civilisation en général, sous l'influence des applications de la vapeur (machines fixes, chemins de fer, bateaux à vapeur etc.), avec cette épigraphe : « la vapeur est, à elle seule, une révolution mémorable. »

C'est par les machines que Pecqueur explique par leur cause profonde, ce qu'il appelle alternativement la *concentration* ou la *centralisation* industrielle.

« *Les machines font qu'une même quantité de richesses se crée avec infiniment moins de temps, de capitaux, de forces d'hommes ou d'animaux* ». *D'où leur infaillible succès. Et encore « Réunir, enrichir, et éclairer les hommes, tels sont les trois résultats les plus saillants et les plus immédiats de l'application des forces et des moyens économiques, dont nous avons maintenant à étudier les influences morales et sociales proprement dites.... Dans ces trois grands résultats, est comprise la presque totalité des influences morales et sociales de l'ordre le plus élevé : mais nous allons voir, en les analysant, qu'à leur tour, deux de ces trois faits sont réellement impliqués dans l'un d'eux, dans l'association, dans la réunion, dans la proximité incessante des hommes et des intérêts ».* [I-6 et I-297-9]

Considérées comme moyens de transport, les machines à vapeur diminuent les distances. Un seul centre industriel suffit à fournir une zone qui réclamait auparavant, dix, vingt, trente centres distincts. Considérées comme machines fixes, elles entraînent la réunion d'un nombre d'ouvriers toujours plus grand dans la même entreprise :

« *Quand le célèbre Watt*, écrit Pecqueur, *se propose l'invention d'une machine économique, dont l'emploi serait d'autant plus avantageux qu'elle opérerait sur une masse plus grande de matières premières, c'est comme s'il était dit : les hommes, pour l'utiliser, devront associer leurs capitaux et leur travail ; combiner leurs efforts ; se réunir en grand nombre sous le même toit ; et ils voudront l'utiliser ; car il y va de leur intérêt positif : et il suffit qu'une seule soit appliquée et fonctionne pour qu'aussitôt tous les producteurs suivent forcément l'exemple ; car je vais tuer le morcellement ; car la diminution des frais de production que je réalise permet de vendre à infiniment plus bas prix, les objets manufacturés ou produits par l'intermédiaire de ma machine ; et de faire une concurrence fatale aux petits producteurs qui la dédaigneraient, ou qui ne voudraient pas se réunir pour l'employer. C'est encore comme s'il était dit : je vais montrer aux hommes tous les avantages économiques de la production en grand ; de l'unité de direction ; de l'exploitation simultanée et sous un même toit, ou dans un même ensemble de bâtiments, vis-à-vis de plusieurs industries analogues, et principalement de toutes les branches d'une même industrie ; de sorte que, là même où mon mécanisme ne sera pas de rigueur, l'économie résultant de cette gestion et de cette production unitaire n'en soit pas moins infiniment supérieure au rendement du travail morcelé et solitaire, et des capitaux minimes de la petite industrie ».* [I-55-56]

Les machines sont essentiellement « associantes », « socialisantes », « agglomérantes ». Elles sont destinées à triompher sur toute la face du globe en raison de l'économie qu'elles réalisent sur les frais de production.

« *Donc, l'association, la réunion, la condensation des hommes dans la demeure la plus condensée elle-même, la plus commode et en même temps la plus saine ; celle des industries, des ateliers, sont l'état des choses vers lequel nous gravitons presque fatalement. C'est d'ailleurs celui vers lequel l'humanité s'avance depuis ses temps historiques ».*

Pecqueur est donc aussi optimiste que Sismondi était pessimiste. Sans doute, a-t-il trop étudié Sismondi ; il parle trop souvent son langage, pour méconnaître la réalité, la gravité des crises qui bouleversent le monde moderne. Mais ce n'est qu'un côté accidentel du monde de la grande industrie ; essentiellement, cet univers tend vers le bien.

« *Si*, écrit-il, *l'émancipation intellectuelle et politique conquise définitivement par les masses rendait impossible cette dépréciation de leurs bras, si les besoins nouveaux que cette émancipation a nécessairement occasionnés en elles se manifestaient avec toute l'universalité d'un fait providentiel et l'énergie qui caractérise tout ce qui a de l'avenir ; si des mouvements irréguliers venaient, sur toute la scène du monde européen, présager une série de perturbations périodiques dont nul ne sache l'issue et que tous redoutent, n'est-il pas flagrant que le nouveau développement donné à l'industrie par l'application générale des forces à vapeur, et l'agglomération, de jour en jour plus nombreuse, des populations laborieuses dans un même établissement et toutes les sympathiques communications qu'insinue le contact des sentiments, des idées et des passions, ne feraient qu'accélérer le dénouement quelconque, ou des désordres affreux, ou des accommodements, c'est-à-dire quelque combinaison qui assure à l'ouvrier une amélioration de son sort ? »*

Et Pecqueur aboutit à une sorte de socialisme éclectique. Reprise par l'État de tous les moyens de communications, des chemins de fer comme des routes et des canaux. Car, dit-il,

« *s'il arrivait que les particuliers fussent propriétaires des chemins de fer, ils seraient la grande maison du roulage de la contrée que les lignes traverseraient, et des lieux où elles aboutiraient : on ne peut pas supposer qu'on souffre qu'ils spéculent sur les produits, qu'ils achètent bon marché, et qu'il vendent cher, car il y aurait monopole flagrant. Les chemins de fer vulgarisés ne pourraient rester propriété privée de grosses compagnies, sans qu'il n'y ait dans l'avenir une féodalité agricole et industrielle bien caractérisée, sans que l'appropriation individuelle du sol ne devienne plus arbitraire et plus exceptionnelle encore que de nos jours : or tout le reste de cet écrit dira combien cette féodalité a de chances contre elle ; combien, à l'inverse, la tendance générale pousse à la socialisation des instruments de travail et des sources ou des conditions de toute richesse, à la moindre inégalité de ressources, et à une liberté plus réelle pour la multitude.* »

D'autre part, reconstitution d'une classe moyenne, sous le régime même de la concentration industrielle par le développement, l'extension de l'industrie tout entière, de compagnies par actions, et par petites actions. Resterait à résoudre, en dernier lieu, le problème des salariés : Pecqueur reconnaît que c'est le plus grave, mais il a confiance dans le progrès des mœurs, surtout dans les pays à civilisation démocratique et libérale, pour réaliser une hausse progressive des salaires, pour réaliser aussi divers systèmes de coopération, de participation aux bénéfices, qui relèveront constamment, au point de vue économique et moral, la classe ouvrière. En résumé, Pecqueur considère que la concentration industrielle tend normalement vers un état d'équilibre entre l'État, les associations libres de petits capitalistes, et les ouvriers salariés.

II – Karl Marx

Karl Marx s'empare de la théorie pessimiste de Sismondi et de la théorie optimiste de Pecqueur sur la concentration des capitaux ; il les fonde en un système unique et original.

Sur le point de départ de l'accumulation capitaliste, il se sépare de Sismondi. Nous avons vu déjà que, pour Marx [Voir *Kap* I, 391/371, où Marx reconnaît que, pour un temps, le capitaliste vend les marchandises au-dessus de leur valeur], la formation du premier capital ne pouvait s'expliquer, comme pour Sismondi, par le jeu pur et simple de l'échange : car, dans l'échange, une valeur équivalente s'échange toujours contre une valeur équivalente. Il s'explique à la condition seule qu'il existe une marchandise qui, après son achat, produise une valeur supérieure à son prix d'achat – ou encore, pendant le temps de sa location, produise une valeur supérieure à son prix de location. Cette marchandise, c'est la force de travail, l'énergie nerveuse et musculaire de l'ouvrier, dont le salaire représente le frais d'entretien pendant le temps qu'il travaille, et dont la manifestation, le travail effectivement dépensé, donne une valeur égale au profit du capitaliste, après défalcation du salaire. La formation de la première accumulation capitaliste implique qu'il existe des individus ne possédant pas d'instrument de travail, et obligés pour vivre, de louer leur corps, leur force de travail : elle suppose la séparation violente de l'ouvrier d'avec son instrument de travail. Cette séparation violente s'est effectuée en Europe à partir du XVIe siècle, et c'est la date de naissance du capitalisme. Marx raconte l'histoire de la manière dont cette expropriation s'est accomplie, particulièrement en Angleterre : comment les grands seigneurs féodaux, n'ayant plus besoin, après la dissolution de la féodalité, d'entretenir des suites nombreuses, et désireux en outre, en raison du développement de l'industrie drapière en Angleterre, de transformer leurs terres à blé en pâtures, détruisirent la petite propriété paysanne, refoulant ainsi dans les villes, trois siècles durant, une masse croissante de matière exploitable pour le capitaliste : l'exploitation de l'ouvrier par le capitaliste, telle est la première origine de la concentration des capitaux.

Reste maintenant à suivre les étapes de l'accumulation capitaliste. Expliquerons-nous immédiatement par l'invention des machines le progrès de cette accumulation ? Non, selon Marx, le machinisme constitue seulement une phase postérieure du capitalisme. Sismondi avait mieux analysé la complexité des phénomènes de l'accumulation capitaliste lorsqu'il écrivait :

« *L'accumulation des capitaux et la réduction du taux de l'intérêt déterminent presque toujours le fabricant à employer deux expédients, qui marchent ordinairement ensemble, la division du travail et les machines. Tous deux tendent à réduire son prix de fabrique, et par conséquent, à étendre son débit. La division du travail suppose que l'entreprise est faite sur une beaucoup plus grande échelle, puisque chaque ouvrier réduit à une seule opération trouve moyen de s'en occuper constamment ; elle exige donc plus de capital circulant ; d'autre part, la multiplication des machines qui remplacent ou abrègent le travail de l'homme, demande toujours un premier établissement coûteux, une première avance qui ne rentre qu'en détail : elle suppose donc aussi la possession de capitaux oisifs qu'on peut ôter au besoin présent, pour en fonder une sorte de rente perpétuelle.* » [Liv. IV, chap. VII]

« Production sur une grande échelle », ou encore « production en grand », division du travail, machines, tels sont donc, selon Sismondi, les procédés qu'emploie l'industriel pour *concentrer* l'industrie. Mais ces trois procédés, Sismondi les énumère en passant, les considère presque comme trois inventions simultanées. Marx les distingue comme trois moments, trois époques successives de l'histoire du capitalisme, et fonde sur une documentation abondante, recueillie en Angleterre, au « pays classique » de « l'économie politique et du capitalisme », cette histoire en trois phases de l'exploitation bourgeoise.

- La *coopération* simple, ou réunion sous un même toit d'un grand nombre d'ouvriers, augmente déjà, pour une série de raisons que Marx énumère, le rendement du travail : elle établit déjà le *despotisme* du capital sur les ouvriers, dont le travail devient déjà, par essence, obéissant et discipliné.
- La *division du travail*, dans la *manufacture*, aggrave la séparation des deux facteurs, par la dégradation morale qui résulte de la *spécialisation* de l'ouvrier : l'ouvrier cesse d'être un homme total pour devenir un *Theil Arbeiter*, simple outil inconscient de la fin de ses actes, dans la grande machine vivante que constitue l'ensemble des ouvriers de la manufacture.
- Vient enfin l'ère de la *grande industrie* caractérisée par l'invention des *machines*. La spécialisation passe de l'ouvrier à la machine, et l'ouvrier n'est plus que l'appendice de la machine : chargé de la surveillance des machines, sensiblement la même quel que soit le caractère de la machine. La machine permet au patron d'économiser constamment sur la main-d'œuvre, de diminuer constamment le nombre des ouvriers ; les ouvriers, ainsi congédiés, constituent une armée de sans-travail, utile au capitaliste, parce que, par leur concurrence, ils abaissent les salaires des ouvriers employés, *l'armée de réserve industrielle*, utile au capitaliste parce qu'elle est toujours sous sa main, pour les cas d'un subit accroissement de la demande : avec le machinisme, la *surproduction* devient un phénomène normal de la société capitaliste.

Jusqu'ici, c'est par l'exploitation, toujours plus intense et plus savante des ouvriers, que le capitaliste s'est enrichi. Son enrichissement est donc toujours limité par l'accroissement du capital total de la société ; et l'on conçoit que, si ce capital social augmente suffisamment, le nombre des capitalistes puisse croître avec l'accroissement des capitalistes. Mais un moment vient où le capitaliste désire un accroissement de son capital plus rapide que l'accroissement du capital total de la société. Il faut pour cela qu'il s'enrichisse aux dépens des autres capitalistes : Marx reprend ici, textuellement, la théorie sismondiste de l'absorption des petits capitaux par les gros capitaux, de la surproduction, des marchés étrangers et des crises. Mais, à cette absorption des petits capitaux par les gros, à cette « concentration », déjà employée par lui pour désigner la « concentration des travaux », il emprunte à Pecqueur le terme de « centralisation ». [K I, 590]

Tous les grands traits de ce tableau de l'accumulation capitaliste, Marx les emprunte à Sismondi, mais il renverse en quelque sorte l'ordre du récit de Sismondi. Le récit de Sismondi commence à la concurrence des capitalistes entre eux, continue par la description de la production en grand, s'achève par la théorie de l'exploitation de l'ouvrier par le machinisme. Marx calque Sismondi, mais le calque à l'envers. Le premier moteur de tout le mouvement, c'est l'exploitation, par le capitaliste, de l'ouvrier. La production en grand, la division du travail, les machines, ne sont que les procédés toujours plus raffinés de cette exploitation. La lutte engagée par les capitalistes pour se détruire les uns les autres n'est que le dernier période de la fièvre de l'accumulation capitaliste : quel est, enfin, le dernier terme, le point d'arrivée de cette évolution ? Marx adoptera-t-il l'optimisme de Pecqueur ou le pessimisme de Sismondi ? C'est ici le lieu d'appliquer sa méthode dialectique. Marx est à la fois aussi pessimiste que Sismondi et plus optimiste que Pecqueur.

Chaque moment de l'accumulation a son actif et son passif, son bon côté et son mauvais côté, son côté *positif* et son côté *négatif* : contradiction qui se renouvelle et s'aggrave sans cesse, jusqu'au jour de la catastrophe finale. La *coopération* inaugure le despotisme du capital dans l'atelier ; mais elle crée aussi la *réunion, l'agglomération* des ouvriers. Le capital imagine alors la *division du travail*, qui avilit l'ouvrier, le réduit au niveau d'un outil sans intelligence : mais la division du travail a ce côté positif de constituer, dans la manufacture, *l'organisation de la production* conforme au plan systématique et rationnel par opposition à l'anarchie de la production dans les sociétés. L'invention des machines crée une nouvelle anarchie, par *l'élimination* progressive de *l'ouvrier* au profit de l'instrument mécanique ; mais elle a cet avantage de *déspécialiser* l'ouvrier, de lui rendre de nouveau la possibilité de devenir un homme intégral. D'une façon plus générale, le capitalisme supprime, pour un nombre d'hommes toujours plus grand, la notion de propriété individuelle : d'autre part, chez un nombre d'hommes toujours plus petit, mais toujours plus riches, elle pousse à son dernier degré d'intensité la notion de propriété individuelle. Enfin la contradiction devient trop forte : les forces productives que le capitalisme a suscitées sont trop grandes pour être contenues dans les cadres qu'il leur impose : le capitalisme aboutit à la catastrophe finale prédite par Sismondi ; mais, par un mouvement de la dialectique de l'échange, dans cette destruction de la société capitaliste, tout le côté négatif disparaît : le côté positif subsiste : le communisme.

AGRICULTURE[1]

Pourquoi, d'abord, la loi de l'accumulation, de la concentration des capitaux, ne s'appliquerait-elle pas à l'agriculture comme à l'industrie ? Marx le pense et le spectacle de l'évolution de la propriété foncière en Angleterre est fait pour lui inspirer cette manière de voir.

Depuis le XVIe siècle, la grande propriété, la grande exploitation se développe aux dépens de la petite, et le mouvement ne tend pas à s'arrêter (voir la note de la deuxième édition du *Capital*, I, 643, 7 statistiques de 1851 à 1871). Sans même consulter les statistiques, n'apparaît-il que, par les progrès de la science, la différence de nature qui paraissait exister entre l'agriculture et l'industrie tend constamment à s'évanouir, que l'agriculture tend à devenir une industrie comme une autre, que nous assistons à *l'industrialisation* progressive de *l'agriculture*. Dans la coopération de production agricole, le champ de blé devient l'appendice de la minoterie, boulangerie.

> « *La maison Nestlé... possède en Suisse deux grandes usines pour la fabrication de lait condensé et une usine pour la fabrication de farine lactée. Cette dernière, établie à Vevey, travaille chaque jour 100 000 litres de lait, produit de 12 000 vaches, provenant de 180 villages. 180 villages ont perdu leur autonomie économique et sont devenus des sujets de la maison Nestlé. Leurs habitants sont encore, extérieurement, propriétaires de leur terre, mais ils ne sont plus de libres paysans.* »

Le cartel du sucre en Allemagne, est un syndicat de grands raffineurs, de sucriers, de producteurs de betterave, qui ont adopté des méthodes uniformément scientifiques d'exploitation industrielle et agricole. Extension de la grande propriété, expliquée par la transformation des méthodes de l'agriculture : double confirmation de la loi de la concentration des capitaux, appliquée aux choses de l'agriculture.

---

1. Voir *Histoire du socialisme européen*, 4e partie, chap. II, p. 227.

Malheureusement, la statistique de la propriété foncière, depuis trente ans, ne confirme pas les conclusions de Marx. Bernstein, socialiste, mais qui s'est attaché, par une critique minutieuse de la doctrine marxiste, à dissocier la cause du socialisme avec le marxisme orthodoxe, aboutit aux conclusions suivantes : en Allemagne, en 1895, les deux tiers de la superficie sont occupés par des lots inférieurs à 20 hectares ; un quart seulement, par des lots d'une superficie supérieure à 100 hectares. Et en Prusse, la propriété paysanne comprend les trois quarts de la superficie rurale. En Hollande, de 1884 à 1893, la grande propriété a reculé ; la petite propriété moyenne (entre 5 et 10 hectares) a triplé. Un tiers de la superficie du sol cultivé en Belgique est cultivé par les propriétaires. Les trois quarts du sol français sont occupés par la petite, moyenne et grande propriété paysanne. En Angleterre, de 1885 à 1895, toutes les propriétés occupant une surface intermédiaire entre 2 et 120 hectares ont augmenté en nombre et selon une progression d'autant plus forte que les propriétés étaient plus petites ; et les propriétés de plus de 120 hectares ont diminué en nombre. Les statistiques tendraient donc, à faire voir, un peu plus tard, une diminution du nombre des grandes propriétés, au bénéfice des propriétés petites et moyennes. Mais ce n'est pas tout ; et l'accroissement de la grande propriété ne doit pas être pris pour mesure de l'agrandissement de l'exploitation. Rudolf Meyer, constatant l'accroissement de la propriété foncière en Poméranie, établit par exemple, qu'en 1855, 62 très riches propriétaires nobles possédaient 229 biens, et, en 1891, 485 biens ; en 1855, 62 propriétaires fonciers nobles assez riches possédaient 118 propriétés, et, en 1891, 203 propriétés. Mais si, le nombre de propriétaires diminuant, le nombre des exploitations sur lesquelles ils prélèvent un revenu n'a pas changé, on ne saurait dire qu'il y a eu modification dans le caractère de l'exploitation, ce qui pourtant est une condition essentielle pour que s'applique la loi marxiste de l'accumulation des capitaux. En Angleterre, de même,

> « *le propriétaire foncier n'est pas un capitaliste : les premiers qui s'en aperçurent furent les seigneurs terriens anglais, qui furent privés, avant ceux du continent, des services féodaux de leurs vassaux et furent obligés les premiers d'essayer l'exploitation capitaliste. Cet essai ne réussit pas : l'organisation du crédit n'était pas encore assez développée. Ils se virent obligés dès le XVe siècle de partager leurs biens en fermes plus ou moins grandes et de les donner à des agriculteurs qui possédaient eux-mêmes les bêtes et les instruments nécessaires à l'exploitation du bien. Le bail à ferme conclu avec un fermier capitaliste fut le moyen employé pour donner à l'agriculture le capital nécessaire* » Kautsky, *Q.A*, 127.

Un grand propriétaire anglais touche les fermages d'un nombre assez restreint de gros fermiers capitalistes. Un grand propriétaire irlandais loue directement sa terre à un nombre extrêmement grand de petits travailleurs agricoles, dont la condition ne présente aucun rapport avec celle d'un capitaliste. Un grand propriétaire écossais est un industriel enrichi qui a exproprié des fermiers et des paysans sans nombre pour transformer leurs terres en vastes terrains de chasse. Voilà trois cas économiques profondément différents, au point de vue de l'accumulation capitaliste, et qui présentent ce trait commun : la grandeur de la propriété foncière.

Soit, répondent cependant les marxistes, grande propriété foncière et accumulation du capital agricole ne sont pas des termes synonymes, mais alors, et réciproquement, il ne faut pas dire que le développement de la propriété moyenne et petite soit une réfutation de la thèse marxiste. Pour ce qui est de la propriété moyenne, d'abord, on comprend mal cette proposition de Marx : « *une plus grande avance des capitaux par arpent, par suite aussi une concentration accélérée des exploitations, fut une condition fondamentale de l'application de la nouvelle méthode* ». Mais si, par concentration, nous entendons ici une concentration non des capitaux, mais des superficies du sol, on voit mal la liaison des deux idées. Plus justement, Karl Marx fait observer ailleurs quelconque :

> « *Andererseits ermöglicht sie [Die Kooperation], verhältnismäßig zur Stufenleiter der Produktion, räumliche Verengung des Produktionsgebiets. Diese Beschränkung der Raumsphäre der Arbeit bei gleichzeitiger Ausdehnung ihrer Wirkungssphäre, wodurch eine Masse falscher Kosten (faux frais) erspart werden, entspringt aus der Konglomeration der Arbeiter, dem Zusammenrücken verschiedner Arbeitsprozesse und der Konzentration der Produktionsmittel*[1]. »

Et il cite en note ces remarques d'un économiste anglais :

> « *in the progress of culture, all, and perhaps more than all the capital and labour which once loosely occupied 500 acres, are now concentrated for the more complete tillage of 100. Relatively to the amount of capital and labour employed, space is concentrated, it is an enlarge sphere of*

---

1. Nous avons rétabli le texte originel de Marx en allemand ; « D'autre part, tout en développant l'échelle de la production, elle permet de rétrécir l'espace où le procès du travail s'exécute. Ce double effet, levier si puissant dans l'économie de faux frais, n'est dû qu'à l'agglomération des travailleurs, au rapprochement d'opérations diverses, mais connexes, et à la concentration des moyens de production », *in* Karl Marx, *Le Capital*, Livre 1, section 4, chap. 13 : Coopération.

production, as compared to the sphere of production formerly occupied or worked upon by one single, independent agent of production[1]. » (C. R Jones, *An Essay on the Distribution of Wealth on Rent*, London, 1831).

Le progrès de l'agriculture est intensif et non extensif : il se propose pour fin, non la production de blé sur des espaces de terre toujours plus vastes, mais la production, sur une étendue donnée, d'un nombre d'épis toujours plus grand, et, pour un nombre d'épis donné, d'un nombre de graines de blé toujours plus grand. Le développement de la propriété foncière moyenne peut très bien avoir pour cause un commencement de concentration capitaliste, peut très bien correspondre à cette première phase de la concentration des capitaux, qui précède la centralisation, l'expropriation des capitalistes les uns par les autres, qui se concilie avec l'augmentation du nombre de capitalistes.

Les marxistes vont plus loin et prétendent concilier la thèse de la concentration des capitaux avec l'accroissement de la petite, de la très petite propriété foncière. Kautsky a développé cette idée dans son ouvrage sur la *Question agraire*. Karl Marx avait, en 1850, dans la *Neueue Rheinische Zeitung* développé cette idée que, sous le régime du capitalisme et de l'échange, la grande propriété foncière obéissait à une loi d'expansion et de diminution alternatives.

La « *concentration de la propriété foncière en Angleterre, écrivait-il, a enlevé au sol des générations entières. Cette concentration à laquelle l'impôt sur le capital contribuerait assurément en précipitant la ruine des paysans, pousserait, en France, cette grande masse de paysans dans les villes, et rendrait ainsi la Révolution d'autant plus inévitable. Enfin, bien qu'en France le retour du morcellement à la concentration ait déjà commencé, en Angleterre la grande propriété foncière retourne à pas de géants à son émiettement antérieur, et montre ainsi, d'une façon indiscutable, que l'agriculture doit passer indéfiniment de la concentration à l'émiettement, et inversement, tant que subsistera l'organisation de la société bourgeoise.* »

---

[1]. « Le développement de l'agriculture implique que tout, et peut-être plus que tout le capital et le travail qui étaient mobilisés de façon extensive pour cultiver 500 acres, sont maintenant concentrés pour le labour plus complet et productif d'une 100. En rapport avec la masse du capital et du travail mobilisés, l'espace est concentré ; c'est une zone de production plus vaste, comparée à la sphère de production occupée et mise en valeur auparavant par un seul agent indépendant de production », *in* Richard Jones, *An Essay on the Distribution of Wealth and Rent*, Londres, 1831.

Kautsky s'efforce d'établir que les petits propriétaires fonciers ne vivent pas du produit insuffisant de leur lopin de terre, qu'ils sont, pour le très grand nombre, les salariés de la grande propriété voisine.

« *D'après le recensement de 1895*, écrit-il, *sur le chiffre total des agriculteurs indépendants 502 000, soit 20 %, ont un métier accessoire ; 717 000 exploitations rurales appartiennent à des salariés agricoles, 791 000 à des salariés industriels ; 704 000 à des industriels autonomes. Des 5 600 000 propriétaires d'exploitations agricoles, 2 millions seulement, c'est-à-dire 37 %, sont des agriculteurs indépendants sans métier accessoire ; des 3 236 000 propriétaires d'exploitations agricoles de moins de 2 hectares, il n'y en a que 417 000, c'est-à-dire 13 % ; 147 000 de ces petites exploitations appartiennent à des agriculteurs indépendants qui ont un métier accessoire, 690 000 appartiennent à des salariés agricoles, 743 000 à des salariés industriels, et 534 000 à des artisans indépendants.* »

Que se passe-t-il donc ? L'ère capitaliste commence, en agriculture, par l'expropriation des petits propriétaires. Ceux-ci émigrent alors vers les villes, où la grande industrie réclame des bras. Mais alors un moment critique survient, pour la grande exploitation rurale : en agrandissant le domaine exploité, elle se prive de bras pour le cultiver. Les besoins immenses de la grande culture créent dès lors une renaissance de la petite propriété. Bref, il n'y a pas contradiction entre la persistance de la petite propriété foncière et la loi de la concentration capitaliste. Le très petit propriétaire foncier est un prolétaire agricole.

À ces essais de justification de la doctrine marxiste, nous répondrons deux choses.

D'abord, il se peut que le très petit propriétaire foncier soit, dans le monde agricole, l'équivalent du prolétaire urbain. Que l'on remarque cependant combien la situation économique, ou si l'on veut, psychologique, des deux catégories de prolétaires est différente. Le prolétaire urbain est dénué de toute espèce de propriété ; le capitalisme a détruit en lui la notion même de propriété individuelle. Le prolétaire rural est un propriétaire, sans doute la propriété ne suffit pas à le faire vivre ; elle lui donne, en tout cas, un premier fonds de subsistance ; elle entretient avec lui un attachement sentimental, superstitieux peut-être, mais réel à son lopin de terre. Dans l'industrie urbaine, le régime de l'échange a complètement, ou bien peu s'en faut, aboli les traces du régime antérieur où l'homme produisait pour son usage personnel, et ne livrait à l'échange que l'excédent de son produit sur ses besoins ; dans l'agriculture, le régime capitaliste entretient, d'une façon permanente, avec des crises successives de hausse ou de baisse, une classe d'hommes qui produisent de la valeur d'usage avant de produire de la valeur d'échange. Le socialisme, pour s'adresser aux prolétaires ruraux, petits propriétaires, les conquérir à son parti, devra modifier son langage ; la psychologie, comme les intérêts, du travailleur salarié des champs, ne sauraient être les mêmes que les passions et les intérêts du prolétaire urbain.

En second lieu, même si nous admettons que le développement de la propriété moyenne se concilie avec un progrès de la concentration capitaliste, remarquons que les effets du machinisme ne sont pas les mêmes, en industrie et en agriculture. Sans doute l'effet normal de la machine est partout l'élimination d'un certain nombre d'ouvriers. Là où il fallait 100 ouvriers pour produire une certaine quantité de coton, il faudra, après adoption d'une machine, 50 ouvriers pour produire cette même quantité. Mais il est arrivé que le développement de l'industrie européenne a créé un accroissement de demande pour ces produits plus rapide encore que le progrès du machinisme. La diminution *relative* du nombre des ouvriers nécessaires a été constamment masquée, en conséquence, par l'accroissement *absolu* du nombre des ouvriers. Au contraire, l'agriculture européenne n'a pas eu à faire face à un pareil accroissement de la demande : elle a pu faire face à la demande avec des machines plus perfectionnées, et un personnel d'ouvriers absolument décroissant. Dans les villes, 50 ou 100 ouvriers pour un patron ; dans les campagnes (statistiques du Royaume-Uni, citées par Bernstein), un million et demi de travailleurs salariés pour un million de fermiers et fils de fermiers. Si donc on veut protéger les intérêts des salariés contre les patrons, il faut renoncer à compter ici sur une prépondérance numérique, constamment plus écrasante, des salariés par rapport aux capitalistes, comme le voudrait la théorie marxiste.

De cette difficulté qu'éprouve le communisme marxiste à s'adapter aux conditions d'existence du travailleur agricole, les programmes successifs du parti socialiste font foi. En Grande-Bretagne, là où le problème de la grande propriété foncière se présente avec le plus d'urgence, un socialisme agraire s'est constitué, très différent du socialisme marxiste, qui demande l'élimination, non du *profit* capitaliste, mais de la *rente* foncière ; et d'ailleurs ce socialisme n'a pas eu la force de constituer un mouvement politique aussi puissant qu'en Allemagne le socialisme marxiste. On qualifie de socialistes les lois agraires votées à plusieurs reprises par l'Angleterre pour l'Irlande ; mais, si elles autorisent une expropriation des détenteurs actuels du sol, elles autorisent cette expropriation au profit, non de la nation, mais des petits cultivateurs : elles visent à créer une classe de petits propriétaires fonciers : elles sont individualistes, bien plutôt que socialistes.

Sur le continent, les socialistes français, ont, depuis le Congrès de Nantes de 1894, abandonné l'orthodoxie marxiste, pris la protection [défense] contre l'usure et le fisc des « propriétaires cultivant eux-mêmes », étendu leur protection « aux fermiers et métayers, qui, *s'ils exploitent les journaliers*, y sont contraints par l'exploitation dont ils sont eux-mêmes les victimes » ; et qualifié « d'anarchiste » la théorie suivant laquelle il faut attendre « de la misère étendue et intensifiée la transformation de l'ordre social », c'est-à-dire la théorie marxiste elle-même.

En Allemagne, un programme analogue, préconisé surtout par les Bavarois, a été repoussé au Congrès de Bresles, mais rien ne frappe comme la vague de suggestions de Bernstein et Kautsky, lorsqu'ils cherchent à élaborer un plan de réformes agraires. Reconstitution des biens communaux, aux dépens des terrains de chasse de l'aristocratie foncière ? Mais ce retour, partiel, au communisme primitif, n'a rien à voir avec le retour, intégral, nécessaire, de la terre tout entière à tous les travailleurs, après achèvement de la période de concentration et de centralisation capitaliste. Protection de l'ouvrier des champs contre le petit fermier ou le petit propriétaire ? Mais, si l'on vise à cela en facilitant, par des mesures législatives, l'association, la coopération des travailleurs des champs, le péril est que ces réformes ne deviennent autant d'armes entre les mains des petits fermiers et des moyens exploitants. Ils sont trop nombreux, et les travailleurs qu'ils salarient relativement trop peu nombreux. On a l'impression que le collectivisme, dans ses tentations pour formuler un programme agraire, tourne toujours à un radicalisme agraire pure et simple.

Karl Marx écrit Kap I, p. 317 :

« *Die Grundlage aller entwickelten und durch Warenaustausch vermittelten Teilung der Arbeit ist die Scheidung von Stadt und Land. Man kann sagen, dass die ökonomische Geschichte der Gesellschaft sich in der Bewegung dieses Gegensatzes zusammenfasst, auf den wir jedoch hier nicht weiter eingehen*[1]. »

Dans cette opposition, il aperçoit une nouvelle contradiction du régime capitaliste, destiné comme les autres, à en précipiter la ruine. Mais, vraiment, la loi de la concentration capitaliste, s'appliquant, à la ville et à la campagne, dans les mêmes conditions, d'où proviendrait cette opposition économique,

---

1. Nous avons rétabli le texte originel de Marx : « Toute division du travail développée qui s'entretient par l'intermédiaire de l'échange des marchandises a pour base fondamentale la séparation de la ville et de la campagne. On peut dire que l'histoire économique de la société roule sur le mouvement de cette antithèse, à laquelle cependant nous ne nous arrêterons pas ici », *in* Karl Marx, *Le Capital*, Livre 1, section 4, chap. 14 : Division du travail et manufacture, 4.

elle-même de la ville et de la campagne ? De part et d'autre, nous aurions les mêmes usines, la même formation d'une classe peu nombreuse de gros capitalistes, la même prolétarisation des masses. La distinction de la ville et de la campagne signifie la distinction de certaines branches de l'activité humaine (industrielles) où la loi de la concentration trouve son application, et d'autres branches (agricoles) où elle ne s'applique pas, ou s'applique mal.

CONCENTRATION INDUSTRIELLE[1] – CARTELS

Commencer comme dans le cours de 1902.

Restrictions apportées par Bernstein à la thèse marxiste. Montrer que ces restrictions ne détruisent pas, à proprement parler, cette thèse. Selon le premier, les industries petites et moyennes, dont le nombre s'accroît, ne sont pourtant que les annexes des grandes entreprises, toujours plus puissantes : et si la thèse ne s'applique pas aux industries de luxe, elle reste vraie pour les industries de gros, *en gros*. Selon le deuxième, la thèse de la concentration industrielle n'est pas vraie, on démontre seulement que, grâce à la société par action, elle se concilie avec une dispersion simultanée des fortunes. Des cartels allemands.

I – Cartels : organisation et rôle économique

Définition de Philoppovich, adoptée par Grunzel : association d'entreprises économiques « en vue de la réglementation en commun de la production et de la distribution ». Voir classification de leurs formes *d'organisation*, chez Grunzel. La réglementation peut porter sur la qualité, sur le prix, sur les régions à fournir. Ou bien chaque maison du cartel vend elle-même ses produits, en s'engageant à respecter le contrat : contrôle d'une commission. Ou bien les maisons délèguent la vente à un comptoir central interposé entre elles et le public.

Origines :
Les crises de 1873 et de 1890. Désir d'éviter la surproduction ruineuse en fin de compte pour la majorité des producteurs.

Limites :
1- ne s'établissent comme institutions permanentes que 1/ dans les industries qui exigent beaucoup de capital ; 2/ dans celles où le produit est de nature uniforme et le travail présente le caractère d'une routine ; 3/ dans

---

1. Voir *Histoire du socialisme européen*, 4ᵉ partie, chap. II, p. 237.

celles où le produit est pesant et a besoin de grosses dépenses de transport ; 4/ dans celles où la réclame et les brevets impliquent de gros frais.

2- dans une branche déterminée, ne s'emparent jamais de toutes les entreprises, seulement dans les 8/10, les 9/10. Question controversée. Les, ou la, maisons de reste bénéficient-elles, sans en faire partie, des avantages du cartel, ou bien lui font-ils une concurrence réelle ou virtuelle, qui l'empêche d'abuser de son monopole ?

Progrès : les conditions

1/ sont celles qui tendent de plus en plus à devenir celles de toute l'industrie – comment l'institution du cartel tend à se protéger de proche en proche. Ce que les industries de transformation ont de plus sûr à faire pour se protéger contre les industries d'extraction fédérées, c'est de se fédérer à leur tour. Ou bien, si elles ne se fédèrent pas entre elles, l'une d'entre elles peut acheter une entreprise d'extraction non encore absorbée par le cartel et opère alors la concentration industrielle dans le sens vertical. En fait, extrême croissance du système en Allemagne. En 1902, selon les statistiques, de 300 à 450 syndicats de producteurs, et ce n'est pas seulement le nombre, c'est l'importance de ces cartels qui est à considérer : dans tel pays particulièrement avancé, comme le pays rhénano-westphalien, on peut dire que le système des cartels domine toute l'industrie. C'est Schmoller qui le déclare, dans l'enquête impériale de 1902 sur les cartels :

> « *Messieurs, quand je réfléchis à ce que j'entends depuis deux jours et si j'essaie de le formuler, je me dis : une grande partie de cette liberté de l'industrie et de la concurrence dont nous étions si fiers il y a trente ans s'est évanouie avec les cartels.* »

Il affirme cependant le rôle salutaire des cartels.

Avantages économiques des cartels

a) suppression des faux frais commerciaux : réclame, commis voyageurs

b) régularisation des prix : les cartels sont des institutions d'assurances mutuelles des *producteurs* contre la ruine éventuelle de la majorité d'entre eux par la minorité ; de garanties pour un *consommateur*, contre les brusques oscillations de prix qui résultent du régime de la libre concurrence. Différence entre le *trust* dictatorial et le *cartel* parlementaire. Rôle modérateur qu'auraient joué les cartels dans la crise de 1901-1902.

II – Inconvénients et remèdes

A/ En dépit de leurs prétentions, les cartels peuvent viser non à la régularisation, mais au relèvement des prix. Souffrances des consommateurs, c'est-à-dire des producteurs des branches non syndiquées qui ne peuvent relever leurs prix en proportion, et des ouvriers (grande masse des consommateurs) qui ne peuvent relever leur prix en conséquence. Le système des doubles prix pour l'intérieur et pour l'extérieur : comment les défenseurs des cartels le justifient à l'origine : comme un moyen accessoire de régulariser les prix, en écoulant à vil prix hors des frontières l'excès de la production ; comment ce procédé tend à devenir un procédé permanent pour s'enrichir par le commerce extérieur aux dépens des consommateurs indigènes : scandale en 1901-1902.

> « *Une grande partie de cette liberté de l'industrie et de la concurrence dont nous étions si fiers il y a trente ans s'est évanouie avec les cartels. S'il en est ainsi, de nouvelles conditions sociales se préparent aussi pour les ouvriers. Toute discussion de ces questions mettra toujours en parallèle l'organisation industrielle et l'organisation ouvrière. À ce point de vue, le fait de donner libre carrière au capital et aux entrepreneurs implique l'égalité de traitement pour les ouvriers. Une étude des conséquences sociales du cartel serait, à mon avis, à sa place dans notre enquête. Je croirais faillir à tout mon passé d'adepte de la politique socialiste, si je ne formulais au moins d'un mot cette requête.* » [Schmoller, Enquête 1902, Raff, 460]

Or, de quelles méthodes la société dispose-t-elle pour se défendre contre la ligue des producteurs ? Des trois méthodes que nous avons définies en analysant le nouveau socialisme : l'action syndicale, l'action coopérative, l'action politique.

1- *L'action syndicale*. Le bénéfice du patron, c'est la différence entre le prix de vente des produits et le salaire des ouvriers.

Gothein : enquête de 1902/3, Raffalovich p. 443, « *le cartel, s'il maintient ses prix de vente, baisse les salaires ouvriers. L'écart entre les prix de vente et les salaires est plus fort en 1903 qu'en 1898* ».

L'ouvrier peut donc défendre ses intérêts de consommateur, sans abaissement du prix de vente, par le relèvement du salaire. Puissance du syndicat ouvrier devant le syndicat patronal ? Question controversée. L'opinion généralement admise dans les congrès socialistes allemands, c'est que le syndicat ouvrier, fort devant des entreprises concurrentes, devient faible devant la fédération de ces entreprises (cf. Webb). Voir cependant s'il n'y a pas dans cette opinion un reste de défiance des politiciens à l'égard des syndicats. En fait, bonne harmonie dans deux syndicats de la région rhénane (Jenks, p. 245). Aux États-Unis où l'organisation politique du prolétariat est très faible, et l'organisation syndicale très forte au contraire, les ouvriers sont favorables au développement des trusts – Véritable objection à l'action syndicale : elle aboutit aux « alliances » de Birmingham, pactes entre le syndicat patronal et le syndicat ouvrier. Le premier s'engage à ne pas prendre d'ouvriers en dehors du syndicat ouvrier. Le second s'engage à ne jamais fournir d'ouvriers aux concurrents du syndicat patronal. Cela posé, patrons et ouvriers se mettent d'accord pour relever leurs salaires et leurs profits, dans cette industrie déterminée, au détriment du reste de la société.

2- *Action coopérative*. Voir les leçons précédentes. Les coopérateurs essaient, en tant que consommateurs, de prendre la direction de l'industrie, et de faire, à leur profit, en sens inverse de celui où elle se fait actuellement, la concentration industrielle. Cela est *utopique*. Mais les coopératives de consommation, dans les limites restreintes où elles existent actuellement n'en constituent pas moins un pouvoir modérateur par rapport aux cartels de producteurs. Deux ou trois cas où elles ont fait, en Allemagne, en Angleterre, obstacle à un accaparement des farines ? D'abord, elles sont une *concurrence* ; en second lieu, elles sont pour le public une indication du vrai prix des choses ; elles permettent au public de mesurer l'exploitation dont il est victime de la part des cartels.

3- *Action politique*

a) directe
I- Transformation par l'État des cartels en services publics (*Verstaatlichung*). Le régime du cartel des mines renforce l'argument socialiste en faveur de la nationalisation. Sans envisager la possibilité d'une expropriation progressive et finalement totale, l'État peut, en reprenant *certains services* ou *certaines entreprises*, exercer l'action régulatrice. Certains services : chemins de fer : coalition possible en Amérique, impossible en Allemagne. Certaines entreprises : par ses mines fiscales, l'État peut faire concurrence aux cartels miniers, et les empêcher de vendre trop cher.
II- Contrôle du projet autrichien en vue de l'inscription, facultative ou obligatoire, des cartels. L'État exerçant alors sur les cartels un droit de contrôle analogue à celui que l'État français exerce sur les chemins de fer. Quelques économistes demandent davantage.

Au *Juristentag* de Berlin, Landesberger (Vienne) a demandé que l'État exerçât un droit d'intervention :

> « *si les décisions des cartels sont de nature à hausser les prix des marchandises ou des services aux dépens des consommateurs, ou de faire baisser ceux de producteurs tiers ; si le rendement des impôts indirects et les facultés de consommation sont visiblement atteints ; si les cartels ont pour objet de faire modifier les salaires au détriment des ouvriers.* »
> « *An attorney of one of the prominent trusts said some little time ago that, in his judgement, the ultimate outcome of the combinations of capital would be that their profits would be restricted, either by governmental action or otherwise, to a normal rate of 5 or 6 percent, and that, after this profit was paid, the surplus arising from the savings of the combination would be divided between the labourer in high rates of wages and the consumer in low prices.... If the employer is to be closely restricted, it must doubtless be through legislation*[1]. » [Jenks, p. 189]

b) indirecte.
A/ protection du travail. Toute loi de protection du travail tend au relèvement du salaire, et indirectement à la baisse des profits
B/ droits de douanes :

> « *la législation douanière du Canada du 29 juillet 1899 permet au gouvernement de diminuer, le cas échéant, les droits sur un article dont les consommateurs indigènes sont exploités par des syndicats nationaux. Pour la première fois, en 1902, il a été fait emploi de cette faculté. Le droit sur le papier pour les journaux a été réduit de 25 à 15 %* (droit ad valorem) » [Raffalovitch, p. 265]

Propositions analogues en Europe
Autriche : « *Mr Reich a proposé de donner à l'autorité gouvernementale la faculté de suspendre le droit de douane ou de l'abaisser sur des marchandises dont la production ou la vente est syndiquée, aussi longtemps que les syndicats exploitent ou menacent l'intérêt d'autrui, d'accorder des tarifs spéciaux de transport pour les produits des syndicats, de favoriser les groupements de consommateurs.* »

---

1. « L'avocat d'un des Trusts les plus importants disait, il y a quelque temps, que, selon lui, le résultat ultime de la concentration du capital serait de finalement limiter les profits, par l'action du gouvernementale ou tout autre moyen, à un taux de 5-6 %, et, qu'une fois le profit engrangé, la plus-value issue des économies d'échelle induites par la concentration, serait divisée entre les travailleurs par des niveaux de salaires élevés et le consommateur par des prix bas ... S'il faut limiter le patron, ce ne peut être que par l'action de la législation » in Jeremiah Jenks, *The Trust Problem*, New York, McClure, Phillips and C°, 1900.

Allemagne : amendement socialiste dans le même sens, au nouveau tarif douanier.

B/ ce régime constitue une nouvelle « féodalité », syndicats patronaux, fédérés entre eux ; syndicats ouvriers, fédérés avec les syndicats patronaux ; arbitrages de l'État.

Péril : *immobilisation* de la société :

a) hérédité des positions : plus d'avancement pour les petits exploitants ? Remèdes possibles par l'intervention de l'État : lois sur l'héritage, enseignement technique.

b) arrêt du progrès technique avec la suppression de la concurrence. Mais le cartel n'est pas le trust : il y a concurrence entre des entreprises fédérées, qui porte non plus sur les prix mais sur la perfection technique de l'exploitation (et pas économique). Cf. La théorie fabienne de la concurrence entre ouvriers syndiqués.

Conclusion

Tendance de l'Allemagne vers un régime de concentration et de socialisation. Caractère *parlementaire* de ce régime : organisation des assemblées délibérantes beaucoup plus complexe que dans la simple démocratie politique.

Trois conceptions de la concentration industrielle :
- Sismondistes : tendance à un état de choses absurde. Nécessité de revenir en arrière, à la simplicité et à la médiocrité de l'ancien régime économique. Conception *pessimiste* de la concentration industrielle.
- Saint-Simonienne : tendance à un état de choses où l'association aura incité à l'antagonisme : concentration = organisation. (?) Conception *optimiste* de la concentration industrielle.
- Marxisme : combinaison d'éléments sismondistes et saint-simoniens. Conception révolutionnaire.

L'Allemagne industrielle en expansion (?) tend à donner raison aux saint-simonistes.

INDUSTRIE[1]

Il semble que l'application de la loi de la concentration capitaliste à l'industrie proprement dite comporte moins de restrictions : c'est à l'observation des phénomènes de l'évolution industrielle en Europe, et particulièrement en Angleterre, qu'elle a été empruntée, d'abord par Sismondi, ensuite par Marx. Elle a continué à se vérifier. Chaque fois que, dans une ville, nous voyons un grand magasin détruire par sa concurrence triomphante, tous les petits commerçants, obligés, soit à émigrer, soit à devenir les salariés de la grande entreprise ; chaque fois que nous entendons parler de la monopolisation de toute une industrie – pétrole ou acier – dans un pays tout entier, presque dans le monde entier, par des entreprises gigantesques, nous avons là comme autant de preuves tangibles, palpables de la vérité de la thèse marxiste. Les *Trusts* ont pris en Amérique un développement tel qu'ils ont paru, là bas, à toute une école, la forme formelle, définitive, de l'industrie moderne ; et il est intéressant de voir les représentants de cette tendance, parler textuellement pour définir le *trust* le langage de la théorie marxiste.

Cependant, même ici, la thèse comporte d'importantes restrictions.
1°/ le développement incontestable de la grande industrie se concilie avec un développement simultané de la petite et de la moyenne industries. Bernstein, dans le parti socialiste lui-même, l'affirme, et se fonde, pour l'affirmer sur des arguments statistiques (p. 59).

« *So stellt sich im Ganzen, trotz fortgesetzter Wandlungen in der Gruppirung der Industrien und der inneren Verfassung der Betriebe, das Bild heute so daß, als ob nicht der Großbetrieb beständig kleine und Mittelbetriebe aufsaugte, sondern als ob er lediglich neben ihnen aufkäme. Nur die Zwergbetriebe gehen absolut und relativ zurück. Was aber die Klein- und Mittelbetriebe anbetrifft, so nehmen auch sie zu, wie dies für*

---

1. Voir *Histoire du socialisme européen*, 4ᵉ partie, chap. II, p. 237.

Deutschland aus folgenden Zahlen der Gehilfenbetriebe hervorgeht. Es repräsentirten Arbeiter[1] » :

	1882	1895	Zunahmen
Kleinbetriebe (1-5 Personen)	2 457 950	3 056 318	24,3 %
Kmittelbetriebe (6-10 Personen)	500 099	833 409	66,60 %
Gr Mittelbetriebe (11-50 Personen)	891 623	1 640 848	81,8%

Il explique le fait statistique par la raison que les produits de la grande industrie, pour être mis à la portée de la petite consommation, ont besoin de petites entreprises intermédiaires. La substitution de la locution automobile (bicyclettes ; automobiles) à la locution hippomobile implique certainement une substitution de grandes entreprises industrielles à des industries plus petites ; mais elle n'implique pas la disparition, dans les bourgs et les villages, des maréchaux-ferrants et des charrons ; elle implique seulement leurs transformations : car il faudra toujours des ateliers d'égale importance pour la réparation des bicyclettes et des automobiles.

D'autre part, le développement de la production entraîne un développement de la consommation, non seulement en ce qui concerne la quantité des besoins à satisfaire, mais encore en ce qui concerne la variété des besoins. Or la multiplication des besoins entraîne le progrès des industries de luxe, destinées à satisfaire des besoins très variés, chacun de ces besoins restant limité en quantité.

2°/ Mais la théorie sismoniste et marxiste de la surproduction conteste précisément que l'accroissement de la production soit accompagné d'un accroissement de la consommation. Le vice du système capitaliste consiste, selon eux, précisément en ceci, qu'il rend le travail de plus en plus productif,

---

1. « C'est ainsi qu'aujourd'hui, malgré les changements continuels dans le groupement et les conditions intérieures des industries, la situation se représente comme suit : la grande industrie n'absorbe pas continuellement les petites et moyennes entreprises mais elle s'affirme et grandit à côté d'elles. Seules les entreprises minuscules diminuent absolument et relativement. Mais quant aux entreprises petites et moyennes, leur nombre s'accroît. Voici, pour l'Allemagne, la statistique des entreprises patronales. Il y avait des ouvriers dans : ... », *in* Edouard Bernstein, *Socialisme théorique et social démocratie pratique*, Paris, Stock, 1900, traduction d'Alexandre Cohen.

et, le rémunérant de plus en plus, rend les travailleurs de moins en moins capables d'absorber le produit de leur travail. Pour qu'effectivement le développement de la production capitaliste soit conciliable avec un progrès de la consommation, il faut que le capitalisme n'ait pas, comme le veulent Sismondi et Marx, détruit tous les intermédiaires entre le petit nombre des très riches et le nombre extrêmement grand des très misérables ; il faut qu'une classe moyenne ait trouvé moyen de se reconstituer dans le monde de la grande industrie centralisée. C'est ce qui arrive par le fait que la centralisation des capitaux peut avoir lieu non seulement par la destruction, mais encore par l'association des petits capitalistes : chaque entreprise n'est plus en ce second cas (envisagé par Marx, mais dont Marx ne paraît pas voir qu'il contredit sa théorie catastrophique) une monarchie absolue et despotique, mais une république, ou une monarchie constitutionnelle, où les citoyens sont un grand nombre de petits actionnaires. En Amérique, dans les *Trusts*, il semble que la forme despotique tende à prévaloir, et que les entreprises centralisées réussissent dans la mesure où le nombre aussi petit que possible de grands industriels a racheté la totalité ou la majorité des sociétés dont on se propose la fusion. Mais il n'en est pas de même des trusts anglais, ni des cartels allemands ; et la multiplication du nombre des actionnaires est un des faits saillants du monde économique moderne.

Statistiques allemandes, citées par Schmoller : en 1899, pour l'Empire allemand, 70 050 entreprises collectives ; et sur ces 70 050 entreprises, 55 239 sociétés ouvertes d'actionnaires avec 1,5 million d'intéressés.
Statistiques anglaises (Bernstein) : 1 million d'actionnaires, pour 21 223 sociétés par actions (1896) avec un capital de 22 290 000 marks.

Engels, dans son *Anti-Dühring*, admet le développement des sociétés par actions : il se borne à en conclure que le progrès du capitalisme sépare de plus en plus le capitaliste d'avec la direction de l'entreprise : l'actionnaire touche les revenus d'une industrie dirigée par des entrepreneurs salariés, à la manière d'un service d'État. Mais cet argument logique, moral, n'a rien à voir avec le point de vue historique auquel se place Marx. La question est de savoir si le nombre des individus intéressés au maintien du régime capitaliste tend à augmenter ou à décroître : mais le développement des sociétés par actions tend à le faire croître. Jaurès insiste – et ses considérations ne sont dénuées ni d'intérêt ni de justesse – sur la transformation profonde que le développement du système des sociétés par actions fait subir à la notion de propriété : à la place de l'idée de propriété fondée sur le type de la propriété foncière absolue, avec droit de gérer sans contrôle, d'user et d'abuser, nous avons l'idée du droit à jouir d'une portion du revenu d'une entreprise sur laquelle nous exerçons un contrôle fictif (actions), ou même sur laquelle nous renonçons à l'exercice de tout droit de contrôle (obligations) :

> « *Par la faculté illimitée d'échange, par sa mobilité infinie, le titre d'une entreprise particulière cesse d'être en effet attaché à cette entreprise particulière : il devient une sorte de délégation quantitativement déterminée, mais qualitativement indéterminée, sur l'ensemble de la richesse sociale. L'actionnaire, quelle que soit la désignation particulière de son titre, est au fond actionnaire d'une entreprise sociale unique et immense, dont les diverses sociétés anonymes ne sont que des sections communiquant les unes avec les autres, dont les diverses entreprises capitalistes ne sont que des formes immuables, indéfiniment convertibles les unes dans les autres. Il se crée ainsi, par l'évolution extrême de la propriété individuelle, un domaine capitaliste social, un collectivisme capitaliste qui fonctionne au profit d'une classe, mais qui est l'ébauche bourgeoise du communisme où nous tendons.* » [*Études socialistes* p. 268-269]

Mais la question est de savoir si cette évolution, au lieu de constituer une transition au collectivisme, ne constitue pas une réadaptation de l'ancienne classe moyenne à de nouvelles conditions d'existence. Au lieu de petits producteurs indépendants, nous avons les petits commanditaires de grandes entreprises capitalistes : Pecqueur avait aperçu cela ; et l'évolution du capitalisme semble lui donner raison contre Marx. De la diminution du nombre des entreprises industrielles, des « raisons sociales » capitalistes, on conclut à la diminution du nombre des capitalistes. C'est, fait observer spirituellement Bernstein, comme si l'on concluait à la diminution du nombre des prolétaires, de ce fait que nous rencontrons aujourd'hui un syndicat unique là où, auparavant, nous rencontrions un grand nombre de travailleurs isolés.

3°/ Et ce fait, auquel nous venons de faire allusion, la formation des syndicats, symétrique de la formation des industries centralisées, nous amène à parler de la troisième restriction que comporte la thèse marxiste de l'accumulation capitaliste. La concentration des capitaux s'accompagne dans le monde moderne, d'un mouvement inverse de concentration des forces ouvrières. On peut, sans doute, arguer de bien des faits pour prouver que la concentration industrielle avilit la condition de l'ouvrier, conformément à la lettre de la théorie marxiste. Elle rend plus facile la surveillance des ouvriers. En Amérique, par exemple, nous dit M. de Rousiers,

> « *les ouvriers se plaignent que la C° du* Standard Oil *étant presque la seule à raffiner, un ouvrier de raffinerie, qui a eu des difficultés avec*

elle, est exproprié de son métier. Il existe, assure-t-on, une blacklist, *liste noire, où sont inscrits tous les meneurs de grèves. Celui dont le nom est une fois placé sur cette liste ne peut plus trouver d'emploi. Le secrétaire de la* Central Labor Union *de Philadelphie me racontait l'histoire d'un ouvrier de sa connaissance, qui, pour tromper la surveillance, s'était embauché sous un faux nom dans une raffinerie de New York après avoir été chassé de celle de Philadelphie. Au bout de peu de jours, il remarqua qu'un inspecteur le dévisageait avec insistance, et le soir même le chef de l'usine le faisait appeler pour le mettre à la porte... En fait, les ouvriers des raffineries n'ont pas aux États-Unis une* trade union *assez forte pour traiter avec les patrons ».*

Le développement des machines rend inutile le travail qualifié et les grandes industries en profitent :

« *Le Trust du sucre entretient à New York un agent parlant un grand nombre de langues et chargé d'aller embaucher à leur débarquement les immigrants étrangers. Ceux-ci, peu au courant du taux américain des salaires, inquiets d'ailleurs de savoir s'ils trouveront un emploi, acceptent volontiers de travailler pour un dollar par jour, et si, quelque temps après, ils quittent la raffinerie pour un emploi plus lucratif, l'agent n'a qu'à retourner à l'arrivée du prochain paquebot pour les remplacer. En somme, des individus quelconques peuvent se transformer du jour au lendemain en ouvriers de raffinerie. C'est le triomphe du machinisme.* »

Mais, à ces faits, on peut opposer d'autres faits, probablement plus significatifs. Sismondi, malgré son pessimisme, l'avait déjà remarqué :

« *Quoique l'uniformité des opérations auxquelles se réduit toute l'activité des ouvriers dans une fabrique semble devoir nuire à leur intelligence, il est juste de dire cependant que, d'après les observations des meilleurs juges, en Angleterre, les ouvriers des manufactures sont supérieurs, en intelligence, en instruction et en moralité aux ouvriers des champs. Ils doivent ces avantages aux moyens nombreux d'instruction, qui, dans ce pays, ont été mis à la portée de toutes les classes du peuple. Vivant sans cesse ensemble, moins épuisés par la fatigue, et pouvant se livrer davantage à la conversation, les idées ont circulé plus rapidement entre eux ; dès qu'elles ont commencé à être excitées, l'émulation les a bientôt mis fort au-dessus des ouvriers de tout autre pays. Cet avantage moral est bien autrement important que l'accroissement de la richesse.* » [*Nouv. prin.*, Liv. IV, chap. VII, vol. 1, p. 399]

Partout où la grande industrie s'est établie, les ouvriers ont obtenu la liberté de coalition, l'ont employée à former des syndicats qui leur ont fourni les moyens de traiter avec leurs employeurs, sur un pied de plus grande équité. En Amérique, les chefs du mouvement socialiste sont loin d'être hostiles au développement des grands *Trusts* et plusieurs hésitent à encourager le mouvement de législation contre les *Trusts*. Ils ne sentent donc pas que le développement de la concentration capitaliste signifie pour eux une aggravation de misère.

Bernstein a donc, en résumé, raison d'écrire :

> « *Wenig der Zusammenbruch der modernen Gesellschaft vom Schwinden der Mittelglieder zwischen der Spitze und dem Boden der sozialen Pyramide abhängt, wenn er bedingt ist durch die Aufsaugung dieser Mittelglieder von den Extremen über und unter ihnen, dann ist er in England, Deutschland, Frankreich heute seiner Verwirklichung nicht näher wie zu irgend einer früheren Epoche im neunzehnten Jahrhundert*[1]. »

Et le nombre des socialistes est grand, qui consciemment ou inconsciemment, a, dès à présent, abandonné le point de vue marxiste. Il ne s'agit plus d'annoncer, pour une date plus ou moins prochaine, le cataclysme dialectique qui doit abîmer la société capitaliste, et de se borner à préparer le monde ouvrier, groupé en unions révolutionnaires pour le jour décisif qui doit venir, où les contradictions économiques créées par le monde capitaliste seront devenues *intenables*. Il s'agit, pour eux, dès à présent, d'imaginer des expédients propres à supprimer ou à diminuer le profit, au sein d'une société encore capitaliste. Syndicalisme, coopératisme, étatisme, telles sont les formes principales de ce socialisme partiel et opportuniste que nous étudierons dans nos trois dernières conférences.

---

1. Nous avons rétabli le texte originel de Bernstein : « Si l'effondrement de la société moderne dépend de la disparition des échelons moyens entre le sommet et la base de la pyramide sociale ; si cet effondrement a pour condition formelle l'absorption de ces échelons moyens par les extrêmes au-dessus et au-dessous d'eux, alors sa réalisation en Angleterre, en Allemagne et en France n'est pas, actuellement, plus proche qu'à une époque antérieure quelconque du XIXe siècle », *in* Edouard Bernstein, *Socialisme théorique, op. cit.*

LE SYNDICALISME[1]
(ANGLAIS COMPARÉ ALLEMAND)

Le moment arrive cependant où il ne peut plus méconnaître l'importance du mouvement syndical. Bernstein incarne ce moment de l'évolution du parti socialiste allemand. Mais que l'on fasse attention à la carrière de Bernstein. Converti en 1872 à un socialisme modéré, au socialisme de Dühring, de Lange, de Hochberg ; converti en 1878 à la doctrine marxiste par la lecture de l'*Anti-Dühring* ; il devient, en Suisse, à partir de 1880, le rédacteur en chef de l'organe officiel du parti socialiste allemand, le *Social Demokrat*. C'est en 1889 qu'il est expulsé de Suisse, avec les autres rédacteurs, passe à Londres, y découvre le mouvement syndical anglais, la naissance, au sein des syndicats anglais, d'un nouveau socialisme, qui n'est pas le marxisme. Une fois de plus, pour étudier l'histoire du nouveau syndicalisme nous sommes ramenés d'Allemagne en Angleterre.

Depuis 1878, un esprit nouveau pénètre les *trade unions* anglais ; on voit des motions en faveur de la nationalisation du sol, ou de la journée de huit heures, annuellement présentées aux Congrès, repoussées d'abord, puis adoptées, et devenant comme de style. En 1889, à la suite de la grande grève des dockers, il se constitue de nouveaux syndicats, recrutés parmi les ouvriers non qualifiés, dans les rangs de ceux qui avaient paru jusque-là rebelles à toute organisation : ouvriers des docks, ouvriers gaziers, ouvriers des chemins de fer. Ils accentuent le caractère socialiste du « Nouvel Unionisme ». Ce socialisme syndical trouve des doctrinaires dans l'école Fabienne, dont les principaux représentants sont M. et Mme Webb.

On voit la différence de l'évolution historique en Angleterre et en Allemagne. En Allemagne, le mouvement syndical trouve en face de lui un parti socialiste, à caractère strictement révolutionnaire et politique, organisé sur la base de la doctrine marxiste, hostile à l'idée syndicale. Il faut qu'il réussisse à pénétrer, comme de dehors, un parti et une doctrine hostiles. En Angleterre, au contraire, l'idée socialiste rencontre un mouvement syndical organisé sans doctrines, et, s'il avait une doctrine, assez défiant à l'égard du

---
[1]. Voir *Histoire du socialisme européen*, 4ᵉ partie, chap. I, , p. 189.

collectivisme révolutionnaire. Il faut que l'idée socialiste réussisse à pénétrer, comme du dehors, cette organisation unioniste déjà existante. C'est par le grand livre des Webb sur la *Démocratie industrielle* que cette pénétration est en quelque sorte datée. Le titre de l'ouvrage en définit le sens. Comme Marx, et un peu avec la même méthode, les Webb étudient la grande industrie moderne. Mais, au lieu d'insister, comme Marx, sur l'opposition radicale d'intérêts entre les travailleurs et le patron tout-puissant, sur le *despotisme* du capital dans *l'usine*, ils insistent sur les institutions économiques qui tendent dès à présent, dans l'usine, à limiter la toute-puissance du capital, sur les traits *démocratiques* que présente déjà la grande industrie. Ils étudient les syndicats, et par une analyse historique, essaient d'en définir la structure, l'organisation politique, puis les méthodes et les fins.

Les méthodes que le syndicat peut employer pour atteindre ses fins, les Webb les réduisent à trois méthodes principales.

- La méthode *d'assurance mutuelle*. Les ouvriers continuent à traiter individuellement avec le patron ; mais ils se savent soutenus par une organisation ouvrière qui les secourra en cas de chômage, ou d'accident.
- La méthode du *marchandage collectif*. Les patrons reconnaissent le syndicat comme organisation fonctionnant normalement, et fixent avec elle, et non directement avec les ouvriers, les conditions du travail.
- La méthode de la *décision législative*. Les ouvriers doublent leur action économique d'une action politique, travaillent à agir sur l'opinion publique et sur l'opinion parlementaire, afin d'obtenir que des lois définissent, sur tel ou tel point, les conditions de travail.

Selon les Webb, avec les progrès du syndicalisme, ces méthodes tendent à se substituer l'une à l'autre ; les ouvriers syndiqués abandonnent, comme moins efficace, la méthode de l'assurance mutuelle pour la méthode du marchandage collectif, et la méthode du marchandage collectif pour la méthode de la décision légale. De sorte que le syndicalisme aboutirait normalement, selon eux, à l'accroissement des fonctions et des pouvoirs de l'État, à une forme d'étatisme.

Mais, par l'une ou l'autre de ces *méthodes*, quelles *fins* poursuit le syndicalisme ? Il peut en poursuivre trois ; et ces trois fins ont occupé successivement, au cours de l'évolution syndicale, une place prépondérante dans les préoccupations des unionistes.

- *Limitation numérique* d'abord : les ouvriers veulent qu'il soit posé en principe que le patron ne pourra prendre d'ouvriers hors des rangs des ouvriers syndiqués (cf. Marx sur le rôle des syndicats). Méthode défectueuse, parce qu'en limitant le choix du patron à un

groupe d'ouvriers qui ne sont pas nécessairement les meilleurs, elle tend à diminuer la production. Méthode, en outre, de plus en plus inapplicable avec les progrès de la grande industrie : il est trop facile au patron de se procurer de la main-d'œuvre pour que les ouvriers puissent lui dicter la loi sur ce point.
- *Règles communes,* ensuite. Le syndicat permet au patron de prendre les ouvriers qu'il voudra, mais spécifie qu'il les emploiera dans les conditions de travail convenues avec le syndicat pour les ouvriers employés. Cette méthode réussit, mais elle a cet inconvénient – déjà constaté par Marx – de développer, par la suppression de tous les types intermédiaires, de deux types industriels extrêmes : la grande industrie réglementée et les industries non réglementées, où règne le *sweating system.*
- D'où la poursuite d'une troisième fin, en vue d'établir l'égalité des conditions pour les ouvriers de toutes les industries : l'établissement de certaines conditions *minima* au-dessous desquelles les ouvriers ne pourront pas être employés par aucun patron ; en d'autres termes, comme disent les Webb :

« *The establishment of a National Minimum of education, sanitation, leisure, and wages, its application to all the conditions of employment, its technical interpretation to fit the circumstances of each particular trade, and, above all, its vigorous enforcement, for the sake of the whole wage earning world, in the weak trades no less than in those more able to protect themselves.*[1] » [*Ind. Dem.,* p. 839]

En ce qui concerne l'éducation, en ce qui concerne l'hygiène (pour des raisons spéciales dont les Webb nous donnent une intéressante analyse), la théorie du minimum national est acceptée par l'opinion publique. En ce qui concerne la durée du travail pour les femmes et les enfants, elle l'est ; en ce qui concerne la durée du travail pour les adultes, elle tend à l'être, elle l'est dans certains États d'Australasie. Mais, ajoutent les Webb, si nous en venons à la quotité même des salaires :

« *We come.... to the paradox that the Doctrine of a Living-Wage, which has profoundly influenced Trade Union Policy and public opinion with regard*

---

1. « L'établissement d'un minimum national d'instruction, d'hygiène, de loisirs et de salaire, son application à toutes les conditions de l'emploi, son interprétation technique pour chaque branche particulière de l'industrie, et, surtout, sa mise en vigueur rigoureuse, au bénéfice du monde salarié tout entier, dans les industries les plus faibles, autant que dans celles plus capables de pourvoir elles-mêmes à leur protection. » Sidney et Béatrice Webb, *Industrial Democracy,* Londres, Longmans, Green & Co, 1897.

to all the other conditions of employment, finds least acceptance with regard to money wages. Our own impression is... that... any application of the Doctrine of a Living Wage is likely, for the present, to be only gradual and tentative[1]. » [*Ind. Dem.*, p. 594]

« *The proposition of a National Minimum of Wages – the enactment of a definite sum of earnings per week below which no employer should be allowed to hire any worker – has not yet been put forward by any considerable section of Trade Unionists, nor taken into consideration by any Home Secretary. [...] The object of the National Minimum being to secure the community against the evils of industrial parasitism, the minimum wage for a man or for a woman respectively would be determined by practical inquiry as to the cost of the food, clothing, and shelter physiologically necessary, according to national habit and custom, to prevent bodily deterioration. Such a minimum would be therefore low*[2]. »

Tel est, selon les Webb, le terme où tend normalement le développement du mouvement syndical : certaines tentatives n'ont-elles pas été faites déjà, à Melbourne, qui mèneraient la classe ouvrière australienne bien près du but ?

Nous avons emprunté à un auteur anglais l'analyse du syndicalisme, parce qu'un anglais seul l'a entreprise : il est à souhaiter que la même tâche soit entreprise à propos des syndicats français ou allemands. L'existence même de l'ouvrage des Webb rendrait la tâche plus facile : on en prendrait les résultats plus acquis, on verrait jusqu'à quel point l'histoire des syndicats continentaux, dans tel ou tel pays, les vérifie ou ne les vérifie pas, jusqu'à quel point par suite les syndicats continentaux sont la reproduction exacte du type anglais, ou en constituent des espèces différentes d'un genre commun. Remarquons bien cependant le caractère limité du « socialisme » syndicaliste : il s'agit de fixer le salaire, et de faire porter désormais sur le profit, non sur le salaire, toutes les variations des prix. Il ne s'agit donc pas de supprimer le

---

[1] « Venons-en au paradoxe que la doctrine du salaire minimum, qui a profondément influencé les syndicats et l'opinion publique concernant les autres conditions de travail, a été finalement moins acceptée concernant le montant des salaires. Notre impression est que toute application de la doctrine du salaire minimum est, pour l'instant, seulement graduelle et expérimentale », *in* Sidney et Béatrice Webb, *ibid*.

[2] « Le projet d'instaurer un salaire minimum national – soit une somme par semaine en-dessous de laquelle aucun employeur ne peut embaucher un travailleur – n'a encore été proposé par aucune section importante d'un syndicat, ni mis à l'ordre du jour par aucun ministre de l'Intérieur. [...] L'objet du salaire minimum devant être de protéger la société contre les dérives du parasitisme industriel, le salaire minimum d'un homme et d'une femme doit être déterminé à l'issue d'une enquête approfondie et concrète concernant le coût réel de la nourriture, des vêtements, du logement nécessaire à la survie, en tenant compte du contexte national. Ce minimum doit ainsi être peu important », *in* Sidney et Béatrice Webb, *ibid*.

profit, mais au contraire de prendre pour « donné » la relation du capitaliste au travailleur salarié afin d'améliorer la condition du salarié. Sans doute les Webb ont essayé de définir quelles fonctions conserverait le syndicat ouvrier dans une société d'où les profits du capital auraient été éliminés : mais ces fonctions, de leur propre aveu, diffèrent profondément des fonctions exercées par les syndicats dans la société actuelle. S'il est, dans le monde ouvrier, une institution qui tende à l'élimination du profit, ce n'est pas le syndicat ouvrier, c'est la coopérative. Nous passons à l'étude du coopératisme.

LE COOPÉRATISME[1]

Le syndicalisme, tel que nous l'avons défini, augmente le salaire au détriment du profit : il ne supprime pas le profit. Il ne constitue donc pas un socialisme intégral. Pour aboutir au collectivisme ou au communisme, il doit être complété par le coopératisme ou par l'étatisme. En d'autres termes, l'action des organisations syndicales en vue de relever les salaires, doit être complétée par le développement spontané, au sein de la société actuelle soit des coopératives, soit des services d'État.

Plusieurs socialistes, défiants à l'égard des réformes sociales que pourrait engager l'État bourgeois, préfèrent compter, pour la réalisation d'une société collectiviste sur le développement spontané, au sein de la société actuelle, des coopératives. Tel Bernstein. De la polémique qu'il soutint, au *Social Demokrat*, entre 1880 et 1889, contre le socialisme d'État bismarckien, il a gardé de tenaces préventions contre l'étatisme, et, dans ses *Voraussetzungen*, conclut que, dans les cas innombrables où l'État ne peut intervenir, « *la question se ramène tout entière à la question de la puissance économique des coopératives* ».

Il existe, à l'heure actuelle, dans les trois grands pays de l'Europe occidentale, une théorie socialiste de la coopération, sauf les réserves qu'implique ici l'emploi du mot socialiste. Plusieurs des coopératistes que nous appelons socialistes n'admettraient pas cette dénomination. Simple question de mots, peut-être. Si le socialisme implique l'idée d'une intervention violente et extérieure dans le jeu naturel des phénomènes économiques, les coopératistes ne sont pas des socialistes ; si le socialisme implique seulement l'idée de l'élimination du profit, les coopératistes sont des socialistes.

Trois périodes dans l'histoire de l'idée coopérative au XIXe siècle : la première, d'enthousiasme et d'indétermination théorique, de 1825 à 1845 (Robert Owen) ; la seconde, de réalisation pratique : deux types se dessinent : coopérative de consommation ; coopérative de production : les socialistes préconisent l'adoption du second type, par opposition au premier. Cependant

---

1. Voir *Histoire du socialisme européen*, 3e partie, chap. I, p. 156 et 4e partie, chap. II, p. 24.

les coopératives de production avortent, et ce sont les coopératives de consommation qui prennent un développement considérable ; la troisième, où les socialistes abandonnant la cause perdue de la coopérative de production réhabilitent la coopérative de consommation et y voient le véritable germe du collectivisme futur.

Première période.

Robert Owen, le premier, choqué des contradictions économiques de richesse et de misère qui se développent dans le monde de la grande industrie, s'adresse d'abord aux patrons pour les supprimer philanthropiquement, dans leurs usines, puis aux gouvernements pour les pallier législativement, puis aux ouvriers (à partir de 1825), pour les supprimer révolutionnairement : il s'empare alors, en particulier, de l'idée coopérative comme propre à créer le « nouveau monde moral ». Il cherche à en encourager la réalisation sous deux formes distinctes : d'abord de petites communautés autonomes produisant tout ce qu'il leur faut pour vivre, et consommant tous leurs produits ; conception contradictoire avec le monde économique moderne, avec la division du travail et la multiplication des besoins qu'il suppose – puis des associations produisant chacune des marchandises spéciales et portant l'excès de leur production sur leur consommation à un office central, l'*Equitable Labour Exchange*, où, évaluées en *heures de travail*, elles peuvent être échangées entre elles. Conception économique rudimentaire, fausse, qui conduit l'entreprise de Owen à la ruine.

Seconde période – 1845-1890.

En 1844, 28 ouvriers se réunissent à Rochdale, accumulent un capital de 700 f (£28), et fondent une boutique coopérative, d'après un principe nouveau : les denrées y sont vendues de meilleure qualité, mais au prix courant de la région. Mais, au bout du trimestre, la différence du prix de vente aux membres par rapport au prix d'achat au marchand en gros est distribuée entre les membres de la coopérative, au *pro ratio* de leurs dépenses. Avantage pratique de cette conception : la coopérative ainsi conçue devient comme une caisse d'épargne automatique : les membres épargnent en dépensant. Sens théorique qu'elle présente : elle élimine sur les prix le profit commercial. La somme qui aurait constitué le profit du détaillant, est redistribuée, après prélèvement de salaires modiques pour les trésoriers, comptables, etc., de l'association, distribuée sous forme de dividende aux consommateurs. Si le nombre de membres s'étend, le coopératisme pourra organiser un magasin de gros, et éliminer sur le prix le profit du marchand de gros. Si elle s'étend suffisamment, elle pourra s'annexer des ateliers de production, et éliminer le profit industriel, le restituer aux consommateurs. Donc, dans la coopérative de consommation, il peut y avoir production. La vraie dénomination qui lui conviendrait serait « coopérative de consommateurs », parce que les membres en font partie à titre de consommateurs et sont avantagés comme tels.

D'autre part, en France, dès 1831, le socialiste catholique Buchez a préconisé la coopérative de production. Un groupe d'ouvriers se réunit spontanément, organisant démocratiquement la production ; au lieu d'obéir au despotisme d'un patron qui prélève pour lui la totalité des profits, ils distribuent entre soi les profits, selon un principe qu'ils sont libres de fixer à leur gré dans chaque établissement. Ces associations se fondent en France en assez grand nombre sous la monarchie de Juillet ; en Angleterre, elles sont acclimatées (1849) par les socialistes chrétiens, ardents propagandistes de l'idée coopérative, Maurice, Ludlow, Neal.

De ces deux types, la coopérative de consommation est préconisée par les économistes conservateurs, la coopérative de production par les écrivains de tendances socialistes (par ex. Stuart Mill dans son *Eco. Pol*). Et, en effet, la coopérative de consommation emploie des commis et des ouvriers dans ses magasins et ses ateliers ; elle reproduit en soi le salariat. Au contraire, la coopérative de production abolit essentiellement le salariat, puisqu'elle fait des ouvriers leurs propres patrons. En Allemagne, la même opposition se produit entre les deux types de coopérative, et l'attitude des socialistes est le même par rapport aux coopératives des deux types.

Le philanthrope Schulze-Delitzch imagine vers 1850 des coopératives pour l'achat de matières premières, de crédit, de vente en commun, qui permettent aux petits producteurs, en s'unissant, de résister à la concurrence menaçante de la grande industrie. Victor Aimé Huber, vers la même époque, préconise, pour permettre aux ouvriers de la grande industrie d'améliorer leurs conditions, la coopérative de consommation, sur le type de Rochdale. Schulze-Delitzche accepte l'idée de Huber. Il s'agit, dans l'esprit des coopératistes tels que Schulze ou Huber, de diminuer les maux de la grande industrie, d'atténuer la lutte de classes, de faire subsister la petite industrie à côté de la grande, ou de créer une aristocratie d'ouvriers, relativement aisés.

Lassalle est, vers cette époque, l'organisateur du premier parti socialiste allemand ; et c'est à la critique de Schulze qu'il consacre la plus grande partie de sa *Lettre ouverte* de 1863. Aider à vivre la petite industrie ? Vains efforts. Elle doit périr : pourquoi prolonger inutilement son agonie. Améliorer le sort des ouvriers par la coopération ? Cela est scientifiquement impossible : la « loi d'airain » veut que le salaire moyen des ouvriers, à une époque donnée, soit strictement suffisant pour permettre à l'ouvrier de vivre et de procréer. Supposez que quelques ouvriers s'unissent en coopérative pour éliminer les bénéfices que réclame pour les fournir le marchand. Le procédé réussira tant qu'il sera appliqué partiellement, et que la majorité des ouvriers ignorant la coopérative, le salaire ne changera pas. Mais supposez que la coopération se généralise, elle cessera de constituer un remède efficace à la misère. Les patrons abaisseront les salaires, dans la mesure exacte où, avec l'ancien salaire, les ouvriers avaient obtenu, grâce à leur action coopérative, un supplément de bien-être. Ce qu'ils auront gagné d'un côté sur le marchand, ils le perdront de l'autre sur l'industriel.

C'est, au contraire, nous dit Lassalle, le coopératisme de production qui résoudra le problème de la misère. Mais les coopératives de production ont généralement échoué jusqu'ici faute de capital : c'est donc à l'État de leur fournir le capital qui leur fait défaut :

> « *100 Millionen Thaler zu 5 vom Hundert verzinsbar, sollten für den Anfang über und über genug sein, ein Summe, die der Staat durch eine höchst einfache Kreditoperation sollte aufbringen können. Die Zinsen res. Zinses zinsen sollten gleichfalls demselben Zwecke zu gute Kommen, und so konnte man sofort 400 000 Arbeiter, also 2 Millionen Familiengehörigen die Segnungen der Institution Zuganglich machen und jahlich von den Zinsen wiederum 26 000 neuen Arbeitern mindestens, ungerechnet den Umstand, dass sich eine ganze Anzalh von Hilfsarbeitergenossenschaften ganz ohne Geld mittel, nur mit der Sicherheit des Absatzes anschon fundierte andere auf eigenen Kredit hinwurden Bilden konnen, den ihnen ei Kreditverband beschoffen sollte, zu dem sich, ebenso wie zu einem Assekuragverband gegen geschaftliche Verluste, alle diese staatlich subventionierten Produkktivgenossenschaften schließlich verbinden sollten.* » [Oppenheimer, p. 155][1]

---

1. « 100 millions de thalers à intérêt de 5 % constitueraient une dotation initiale beaucoup plus que suffisante : or c'est là une somme que l'État doit pouvoir se procurer par une opération de crédit très simple. Les intérêts, et les intérêts des intérêts, seraient affectés au même but. Ainsi, en sus des 400 000 ouvriers, représentant, avec leurs familles, deux millions de personnes qui profiteraient immédiatement de l'institution, le bénéfice en serait étendu chaque année à 26 000 ouvriers de plus. En outre, un grand nombre de coopératives auxiliaires sans dotation pourraient être fondées en vue de la vente à des coopératives déjà existantes ; le crédit qui leur serait nécessaire leur serait fourni par une union de crédit à laquelle toute coopérative subventionnée par l'État devrait obligatoirement s'affilier, de même qu'à une union d'assurance contre les pertes entraînées par les affaires », *in* Franz Oppenheimer, *Die Siedlungsgenossenschaft*, Leipzig, Verlag von Dunder und Humblot, 1896, p. 155.

Le système des coopératives de production, se développant ainsi progressivement, finira par abolir le régime de l'entreprise capitaliste.

Marx n'a jamais été favorable au plan de Lassalle. Il n'attend pas la réalisation du socialisme d'une réforme entreprise dès maintenant par l'État, mais de l'évolution naturelle des choses aboutissant à la crise finale. Mais, comme Lassalle, il est délibérément hostile à la coopérative de consommation : il rappelle que l'idée coopérative, considérée jadis chez Owen comme utopique, « *dient sogar schon zum Deck-mantel reaktionärer Schwindeleien[1]* » [Kap I ; 263n]. Il avoue, d'autre part, au livre III du *Kapital*, ses sympathies pour les coopératives de production. Se développant au sein de la société capitaliste, elles présentent cet intérêt de démontrer, à côté des sociétés d'actionnaires, que le capitaliste n'est pas nécessaire pour diriger l'entreprise industrielle, qu'un gérant salarié, soit par des actionnaires extérieurs à l'entreprise, soit par des ouvriers eux-mêmes, suffit à la tâche. À partir de 1864, tout en avertissant que les coopératives de production ne sauraient effectuer une réforme totale de la société, il recommande aux ouvriers de former des groupements de ce genre. En 1864, lors de la fondation de l'Internationale, il écrit [Mehring II, p. 124]

« *Durch die Tat, statt der Gründe, haben sie bewiesen, dass Produktion in großem Maßstab und in Übereinstimmung mit den Geboten moderner Wissenschaft stattfinden kann ohne die Existenz einer Klasse von Unternehmern, die einer Klasse von Arbeitern zu tun gibt, dass die Arbeitsmittel, um Früchte zu tragen, nicht als Werkzeuge der Herrschaft über und der Ausbeutung gegen die Arbeitenden selbst monopolisiert zu werden brauchen, und dass Lohnarbeit, wie Sklavenarbeit, wie Leibeigenschaft, nur eine vorübergehende und untergeordnete Form ist, die, dem Untergange geweiht, verschwinden muss vor der assoziierten Arbeit, die ihre schwere Aufgabe mit williger Hand, leichtem Sinn und fröhlichem Herzen erfüllt[2].* »

Le congrès de Genève en 1866 donne aux coopératives de production pour mission :

---

1. « Servir de manteau pour couvrir des manœuvres réactionnaires. »
2. « Par les faits, et non par des arguments, elles ont montré que la production à grande échelle, et au niveau des exigences de la science moderne, peut avoir lieu sans qu'existe une classe d'entrepreneurs employant une classe d'ouvriers ; elles ont montré qu'il n'est pas nécessaire pour le succès de la production que les moyens de production soient monopolisés et servent d'instrument de domination et d'extorsion contre le travailleur lui-même ; elles ont montré que, comme le travail esclave, comme le travail serf, le travail salarié n'est qu'une forme transitoire et inférieure, qui, voué au déclin, est destinée à disparaître devant le travail associé qui exécute sa dure tâche avec entrain, l'esprit léger et le cœur joyeux », Karl Marx, « Adresse inaugurale à l'Association internationale des travailleurs », *in* Franz Mehring, *Histoire de la social-démocratie, op. cit.*, p. 193.

« *... zu zeigen dass die Unterjochung der Arbeit durch das Kapital für die Zwecke der Produktion überflüssig sei, aber sie vermöchten nicht durch sich selbst die kapitalistische Gesellschaft umzuwälzen. Um ihrer Entartung in bürgerliche Handelsgeschäfte vorzubeugen, empfahl der Kongress den kooperativgesellschaften, einen Teil ihres Gesamteinkommens in einen Fond für die Propaganda zu verwandeln, und allen von ihnen beschäftigten Arbeitern, gleichviel ob sie Aktionäre seien oder nicht den gleichen Anteil am Gewinne zu gewahren ; als bloß zeitweiliges Mittel gab er den Aktionären eine niedrig bemessene Verzinsung ihrer Geschäftsanteile zu* » [Mehring, II,195][1]

Le congrès d'Eisenach, en 1869, conseille, à titre de programme immédiat [Mehring, II, 275] (nachster Forderungen) :

« *... Staatliche Förderung des Genossenschaftswesens und Staatskredit für freie Produktivgenossenschaften unter demokratischer Garantie*[2]*...* »

Mais, en fait, et malgré les sympathies socialistes, les coopératives de production ne prenant qu'un développement médiocre, avortent ou dégénèrent ; les coopératives de consommation, au contraire, prennent une importance de plus en plus considérable. En Angleterre, en France, en Allemagne, la statistique donne sur ces points des résultats concordants. Les coopératives de production, en nombre insignifiant, ne conservant généralement d'une véritable coopérative que le nom, ne se rencontrant que dans les entreprises laissées intactes par la grande industrie. Au contraire : [Bernstein, *Voraus*, 98].

« *Gegenüber den kümmerlichen Zahlen, welche die Statistik der reinen Produktivgenossenschaften aufweist, nehmen sich die Zahlen*

---

1. « [À propos des sociétés coopératives, le Congrès se prononça dans le sens de l'*Adresse inaugurale* : leur grande valeur était de] démontrer que l'asservissement du travail par le capital était superflu pour les objectifs de production, mais elles n'étaient pas capables par elles-mêmes de renverser la société capitaliste. Pour éviter leur dégénérescence en affaires commerciales bourgeoises, le congrès recommandait aux sociétés coopératives de transformer une partie de leur revenu total en un fonds pour la propagande et de garantir à tous les ouvriers employés par elles, qu'ils soient actionnaires ou pas, la même part du bénéfice ; comme moyen purement temporaire, il concédait aux actionnaires un intérêt, à un taux bas, pour leur part dans l'affaire », *in* Franz Mehring, *Histoire de la social-démocratie, op. cit.*, p. 276.
2. « [Car en adoptant, sur demande de Karl Hirsch, parmi les « revendications immédiates » – qui toutes pouvaient déjà être obtenues sur le terrain de la société bourgeoise] – l'appui de l'État au système des coopératives et un crédit de l'État pour les libres coopératives de production sous garantie démocratique, [on masquait à nouveau le sens révolutionnaire des associations de production lassalliennes avec aide de l'État] », *in* Franz Mehring, *Histoire de la social-démocratie... op. cit.*, p. 370.

der Arbeiterkonsumgenossenschaften wie der Haushalt eines Weltreichs im Verhältnis zu dem eines Landstädtchens aus. Und die von Konsumgenossenschaften errichteten und für Rechnung solcher geleiteten Werkstätten produzieren schon jetzt mehr als das Hundertfache der Gütermenge, welche von reinen oder annähernd reinen Produktivgenossenschaften hergestellt wird[1]. »

En Angleterre, les coopératives ont passé à la phase de la fédération, ont leur parlement sous forme d'un congrès annuel. La société de Rochdale a passé, de ses 28 membres originels à 6 000 en 1865, à 11 000 en 1887 (avec un capital de 8 202 500 fcs). Dans certaines régions du nord-ouest de l'Angleterre, chaque individu fait en moyenne plus de 25 francs d'emplettes annuelles aux coopératives : dans cette région, une région plus étroite se dessine, où chaque individu fait en moyenne plus de 125 francs d'emplettes annuelles aux coopératives. Il y avait plus de 400 000 coopérateurs en 1874, plus d'un million et demi en 1898 (4,1 % de la population). En Allemagne, les résultats plus modestes n'en étaient pas moins considérables encore : la grande Société coopérative de Breslau, la plus importante du monde entier par le nombre d'adhérents : en 1891, 31 214 membres, 48 magasins, 11 600 000 francs de vente. Si les théories socialistes de la coopération étaient vraies, le fait prouvait qu'il était vain d'en tirer espoir pour une rénovation de la société.

Troisième période

C'est alors, vers 1890, que se produit une singulière évolution dans la théorie de la coopération. Les socialistes abandonnent la coopérative de production pour la coopérative de consommation. La chose se comprend si l'on tient compte des caractères du nouveau socialisme, essentiellement réaliste, et désireux, non de condamner l'histoire, mais au contraire de démontrer qu'il est dans le sens de l'histoire, et que le collectivisme est le résultat naturel de l'évolution sociale. L'avortement des coopératives de production en était donc la condamnation. Il fallait, si l'on voulait espérer trouver le collectivisme au terme du développement de la coopérative, le chercher au terme du développement de la forme *prospère* du coopératisme. D'autre part, un petit fait peut avoir son importance dans l'élaboration de

---

1. « En présence des chiffres pitoyables que donne la statistique des associations purement productives, les chiffres des sociétés ouvrières de consommation font l'impression du budget d'un grand empire comparé à celui d'une petite ville de province. Et des *ateliers* créés par des sociétés de consommation et conduits pour leur compte, fournissent déjà actuellement plus que le centuple de la masse de marchandises produites par les associations exclusivement, ou presque exclusivement, productives », in Edouard Bernstein, *Socialisme théorique, op. cit.*

la nouvelle théorie : le parti socialiste belge s'était constitué autour d'une coopérative de consommation : le *Voormit* de Gand. Cela ne voulait pas dire que la coopérative de consommation eût nécessairement un caractère socialiste. Le parti socialiste aurait pu prendre pour noyau une société de secours mutuel, une société de gymnastique, n'en serait pas davantage une association socialiste. Mais le fait peut avoir créé une association psychologique entre les deux idées. La théorie nouvelle, en fait, s'est exprimée à la fois dans les trois pays : Gide (école de Nîmes), Mrs Webb (école fabienne) – Oppenheimer.

Deux points dans la nouvelle théorie. C'est la coopérative de consommation, non la coopérative de production qui supprime a) le conflit d'intérêts entre les consommateurs et les producteurs ; b) le conflit d'intérêts entre le capital et le travail.

a) Conflit d'intérêt entre la production (vendre aussi cher que possible) et la consommation (acheter aussi bon que marché). La concurrence des coopératives de production ne résoudrait pas mieux le problème que la concurrence des entreprises capitalistes : toujours *surproduction*. Ou bien, si les diverses coopératives se fédéraient entre elles dans un ordre de production, ce serait toujours contre le consommateur : *monopole*. Au contraire, la coopérative de consommation subordonne la production aux besoins de la consommation : l'atelier de production ne produit que sur la commande des membres de la coopérative. Le problème de surproduction est résolu.

Remarquer que la théorie socialiste, ou prétendue telle, de la coopérative de production, a pour idéal la propriété, pour le travailleur, de son instrument de travail (la mine au mineur, la terre au paysan). Mais cet idéal n'est pas l'idéal communiste, ni même l'idéal collectiviste. La mine, la terre appartiennent au public. Les mineurs, les laboureurs, ne sont, ne doivent être, que les délégués du public à l'exploitation de la mine ou du fonds de terre : cela se réalise dans l'organisation de la coopérative de consommation. Les ouvriers de l'atelier de production sont les employés des membres consommateurs.

b) Mais, alors, il semble du moins que la coopérative de production résolve mieux que la coopérative de consommation le problème du salariat, puisqu'elle le supprime, et que celle-ci la conserve. Illusion !

1/ la coopérative de production ne peut pas supprimer d'une façon durable le salariat (Oppenheimer, loi de transformation de la coopérative de production). Preuve : elle ne peut, dans les périodes d'activité et de morte saison, employer le même nombre d'ouvriers. Que fera-t-elle des ouvriers additionnels qu'elle engage dans la bonne saison ? Ou bien elle les *salarie* : alors elle devient *société d'entrepreneurs*. Ou bien elle les agrège à la coopérative : mais alors, lorsque reviendra la période de la morte saison, ces ouvriers, qui cesseront de travailler, deviendront les actionnaires oisifs de la coopérative, devenue une *société par action*. En fonction, c'est la première hypothèse qui se réalise, car les membres de la coopérative de production, se répartissant entre eux les profits de l'entreprise, ont intérêt, à la différence des membres de la coopérative de consommation, à être aussi peu nombreux que possible.

[texte de Bernard Lavergne, *Coopérative de consommation*, p. 188-89]

2/ la coopérative de consommation résout le problème du salariat dans le sens du collectivisme, si l'on tient compte de l'existence des syndicats ouvriers, à côté des coopératives. Sans doute, selon l'observation de Lassalle, le membre de la coopérative est aussi le salarié d'un grand patron, qui pourrait faire baisser son salaire. Mais il est encore le membre d'un syndicat qui a fixé les conditions de rémunération du travail avec le patron, et réservé à l'ouvrier tout le bénéfice de l'association coopérative. Sans doute les coopérateurs emploient des ouvriers, contre lesquels ils pourraient se prévaloir de la loi d'airain, si ces ouvriers n'étaient pas syndiqués, et dans les *grandes entreprises* de coopération, ne pouvaient obtenir des conditions normales de travail.

De l'union, du rapprochement constant de ces deux institutions déjà existantes : la coopérative de consommation et le syndicat, les nouveaux socialistes attendent la réalisation progressive et spontanée du régime collectiviste. Les membres de la coopérative sont les membres d'un « état dans l'état » (Roscher, Weber), d'une « république sociale », qui règlent méthodiquement, selon les besoins de la consommation, la production industrielle intégrale. Les membres du syndicat sont les employés de la coopérative pour une branche définie de la production. L'ensemble des citoyens groupés en syndicats, constituent le *pouvoir administratif* de la cité collectiviste, chaque syndicat faisant entendre, par la voie de ses représentants, les revendications économiques ou professionnelles de ses membres. L'ensemble des citoyens, groupé en une vaste coopérative de consommation, ou en une « fédération de ces coopérations » constituera le *pouvoir constitutif*, l'élément proprement démocratique.

> *« At the present time, the 80 000 cooperators who own and govern, through their representatives, the two wholesale societies are undertaking the supply of their own needs – in an exactly similar manner that the inhabitants of enterprising and public spirited municipalities furnish*

their citizens with gas, water, markets, museums, parks, colleges or technical schools[1]. » (Porter, *Coop. Movt*, 1891)

Conclusion

On voit ce que présente de séduisant le socialisme coopératif. Il ne demande à ses adhérents l'adhésion à une doctrine abstraite : il leur montre le développement de fait des coopératives, et les avantages immédiats qu'ils trouveront à y adhérer. Il ne réclame pas l'intervention de l'État, avec les risques qu'elle comporte pour rétablir l'équilibre dans le monde économique ; il montre le collectivisme sortant du régime capitaliste par voie d'évolution spontanée. On doit cependant faire des réserves[2].

A/ Objection de principe.
a) Si actuellement, grâce à l'action des syndicats, les ouvriers sont mieux rémunérés dans l'entreprise coopérative que dans les entreprises patronales, il n'en est pas moins vrai que l'idée coopérative ne fournit pas de principe pour la définition et la graduation du salaire.

b) Il n'est pas certain que la coopérative de consommation, *au moins dans sa forme actuelle*, élimine radicalement le profit. Les ateliers de production de la coopérative sont fondés avec des capitaux qui rapportent des intérêts. Renaissance d'un nouveau capitalisme au sein du monde coopératif.

c) Et surtout, le coopératisme ne fournit pas de solution au problème de la rente foncière. Problème du sol : la coopérative loue ou achète le sol de ses magasins et ateliers à un propriétaire foncier qu'elle *enrichit*. Problème du logement : l'ouvrier, salarié, syndiqué et coopérateur, doit se loger : les syndicats ne peuvent pas empêcher le propriétaire du logement de hausser son loyer dans la mesure où l'ouvrier retire des bénéfices de l'action coopérative. Échec des *Baugenossenschaften*. Problème de l'exploitation foncière : en

---

1. « À présent, les 80 000 membres de coorporation, qui possèdent et dirigent, par leurs délégués, les deux sociétés grossistes, subviennent à leurs propres besoins – exactement de la même manière que les habitants des municipalités entreprenantes et tournées vers les services publics fournissent à leurs citoyens le gaz, l'eau, les marchés, les musées, les parcs, les écoles, collèges et lycées », in Béatrice Potter Webb, *The Cooperative Movement in Great-Britain*, Londres, Sonnenschein, 1899.
2. Voir Lettre d'Élie Halévy à Célestin Bouglé, 19/12/1901 : « Je reste sceptique sur l'universalisation du coopératisme et je conclus au socialisme d'État » et lettre du 23/05/1902 : « Je conclus à *l'État* ; ce n'est pas de ma faute, et puissent les libéraux et les libertaires ne pas m'en tenir rigueur ! Même les Anglais penchent en ce sens, et les Webb ont cessé d'être (s'ils ont jamais été) des socialistes révolutionnaire pour devenir des socialistes d'État », *in* Élie Halévy, *Correspondance, op. cit.*, p. 318 et p. 322.

fait, les coopératives de consommation n'ont jamais pu, en dépit de leurs aspirations, s'immiscer soit dans mines, soit dans fermes florissantes.

Le plan d'Oppenheimer : fonder des coopératives de production agraire, qui s'annexeront des coopératives de consommation, coopératives de production industrielle en même temps : la *Siedlungsgenossenschaft*. Objection de principe : c'est l'abandon de la méthode du nouveau socialisme,
« *Was den sozialdemokratischen Irrglauben zerstören kann, ist nicht Logik und Wissenschaft, sondern einzig und allein eine wirtschaftliche That!*[1] »

Mais la *Siedlungsgenossenschaft* n'est pas un fait économique. Elle est une conception *logique* de l'esprit. Le développement idéal que lui assigne Oppenheimer est inverse du développement *réel* des coopératives de consommation (de la consommation à l'entreprise commerciale ; de l'entreprise commerciale à l'entreprise industrielle ; de l'entreprise industrielle à l'entreprise agricole, comme dernière espérance). L'exemple de l'association owenite de Ralahine, et qui échoua au bout de trois années, parce que le propriétaire qui avait prêté son fonds de terre à l'expérience fit faillite, ne suffit pas. Du socialisme scientifique, nous revenons au socialisme utopique : des Webb nous revenons, par-delà Marx, jusqu'à Robert Owen.

B/ Limites de fait à l'extension indéfinie de la coopérative :
– sociales : elle ne s'adresse ni aux très riches, ni aux très pauvres (ceux pour qui la question sociale a le plus de gravité) ;
– locales : elle ne réussit ni dans les campagnes ni dans certaines grandes villes (elle réussit là même, suivant Oppenheimer, dans les centres moyens à populations industrielles – suivant Webb, dans les pays à syndicats) ;
– ethniques (les Celtes inaptes en Angleterre à la coopérative, suivant Webb).

C/ Médiocrité réelle du progrès des coopératives par rapport au progrès général de la richesse.

Même en Angleterre, terre classique de la coopération, les coopératives possèdent suivant Bernstein seulement la 400e partie, suivant Bernstein la 500e partie du capital national (sic). Par rapport au progrès des entreprises proprement capitalistes, qu'est-ce que le ½ milliard des coopératives à côté des 28 milliards des sociétés par action ? Par rapport au développement du socialisme d'État, le capital total des coopératives est moins important que le capital engagé dans les entreprises municipales de gaz. Les coopératistes

---

1. « Ce que les conceptions erronées des sociaux-démocrates peuvent parvenir à détruire, ce n'est ni la logique, ni la science, mais seulement et uniquement une réalité économique ! », in Franz Oppenheimer, *op. cit.*, p. 70.

eux-mêmes ne prétendent pas que les coopératives ne doivent pas laisser à l'État la direction d'un grand nombre d'entreprises (transports, routes, etc.). En fait, le développement des fonctions de l'État constitue actuellement un phénomène historique beaucoup plus important que le développement des coopératives : *l'étatisme* a donc une importance historique plus grande que le *coopératisme*.

ORIGINES DU SOCIALISME GOUVERNEMENTAL ALLEMAND[1]

I. Origines du socialisme gouvernemental allemand[2]

Elles sont dans les traditions mêmes des gouvernements allemands, en particulier de la monarchie prussienne, bureaucratie militaire et collectivisme fiscal. Pour entretenir une armée égale en nombre, ou peu s'en faut, à l'armée autrichienne, dans un pays de population six fois moindre, l'État prussien exploite un vaste domaine (10 % du territoire), agricole, forestier, minier. « Chambres de la guerre et des domaines ».

M. Sidney Webb, il y a un an, me disait que, ne pouvant faire entrer ouvertement le socialisme dans l'Université de Londres, il avait donné place à l'enseignement du droit administratif : car « *le droit administratif, c'est le collectivisme en germe* ». L'histoire du gouvernement prussien confirme cette vue : l'économie politique, telle qu'elle s'y enseigne à l'université, c'est l'art de faire valoir, d'exploiter productivement le domaine de l'État.

D'où l'importance de l'idée de l'État dans les doctrines :

1/ Les métaphysiciens : Fichte, Schelling, Hegel. L'individu existe par et pour l'État. Sens de cette théorie. Admettons que l'État existe pour les individus : qu'est-ce qui définit le bonheur, la destinée des individus ? Les fins idéales qu'ils poursuivent. Or ces fins idéales sont universelles : religion, art, science, philosophie ; elles ont leur forme visible dans l'État. L'idée de l'*organisme social* (Fichte : le *Vereinigungsvertrag*).

---

1. Voir *Histoire du socialisme européen*, 4ᵉ partie, chap. I, p. 189.
2. Voir Lettre d'Élie Halévy à Célestin Bouglé, 18/02/1904, « As-tu étudié l'Allemagne contemporaine ? Cela vous convertit au socialisme, en ce sens que, par tous les côtés, du côté patronal, du côté ouvrier, du côté bureaucratique, l'Allemagne se socialise visiblement, en ce sens qu'à tous les points de vue que je viens de dire, ses institutions tendent à devenir, d'une manière prépondérante, socialistes », *in* Élie Halévy, *Correspondance, op. cit.*, p. 351.

2/ Les économistes. Progrès économiques de l'Allemagne. Unions douanières. Chemins de fer. Premières grèves 1840-1845 : naissance de l'économie politique allemande. En 1841, *Système national de l'économie politique* de F. List ; en 1842, *Zur Erkenntnis unserer Staatswirtschaftlichen Zustände* de Rodbertus ; en 1843, *Grundriss zu Vorlesungen über die Staatswirtschaft nach geschichtlicher Methode* de Roscher ; en 1844, rencontre de Marx et d'Engels à Paris.

List : protectionnisme, et puis réhabilitation du rôle économique de l'État. Roscher : historisme, critique de la valeur absolue, universelle, éternelle, attribuée par les économistes classiques aux lois de l'échange libre : possibilité pour eux, les circonstances historiques venant à changer, d'adhérer à un socialisme de la chaire. *Rodbertus* fonde le socialisme d'État.

II. Rodbertus

Feuille volante avec information biographique :
Né en 1805, à Grifwald, petit fils de…, études à ….

A/ Doctrine économique

1/ Rodbertus retourne contre l'économie politique classique la théorie de la division du travail. Interprétation *individualiste* de cette théorie : au lieu de produire chacun pour soi tous les objets dont il a besoin, chaque individu se spécialise dans un mode de production spécial, et échange les produits dont il n'a pas besoin contre les produits du travail d'autrui, dont les autres n'ont pas besoin. À cette interprétation *individualiste*, Rodbertus oppose une interprétation *communiste* de la division du travail. Les individus qui produisent des spécialités n'échangent pas entre eux le produit de leur travail, ils sont associés pour travailler, chacun dans sa spécialité, sur une matière première qui ne leur appartient pas. « Rohproducentre », puis « Halbfabrikanten », enfin « Fabrikanten », la transforment successivement jusqu'au moment où elle entre en circulation. « Quel est donc le vrai caractère des ces différentes divisions ? » La *communauté* du travail. En un mot, *communisme*. Non pas à la vérité un communisme juridique, mais un communisme effectif, non pas le communisme du produit, mais le communisme de la production. Ce qui ne veut pas dire qu'au communisme de la production ne vienne se surajouter un communisme du produit. Nous venons de voir 1/ que c'est la plus petite partie du produit total, celle qui apparaît au dernier terme de la production, qui est l'objet d'une répartition ; 2/ de cette partie elle-même, une partie est attribuée à la société en tant que telle (l'État, la commune) ; 3/ la société crée des besoins nouveaux, scientifiques, artistiques, etc. Pour rétribuer les savants, les artistes, etc., nécessaire à la satisfaction de ces besoins, un prélèvement encore est nécessaire. Donc « même de la division du produit du travail (*Theilung des Erarbeiteten*), il faut dire qu'elle est, en fait (comme la division du travail, *Theilung der Arbeit*) une grande partie, communauté de travail, communisme.

Donc, la société existante constitue déjà en grande partie un *communisme de fait*. La société économique, prise dans son essence, est cela : non une division, une concurrence, mais une association des tâches.

Puis l'économie politique, a, dans ce monde économique, trois grands problèmes à résoudre :

1/ adapter la production nationale au besoin national,

2/ maintenir la production nationale au niveau des moyens de production disponibles,

3/ répartir le produit, de façon que chacun reçoive le revenu qui convient.

« *Cette science sociale (Gesellschaftswirtschaft), c'est ce qu'on appelle aujourd'hui l'économie nationale ou économie d'État. Elle est essentiellement la doctrine du communisme économique.* »

2/ Comment ces trois problèmes sont-ils, bien ou mal, résolus dans la société actuelle ? Pour répondre à cette question, il suffit de considérer à qui est confiée la disposition des moyens de production (sol et capital) : car ce sont ceux-là qui règlent évidemment la production. Or, sous le régime actuel, la propriété en est déléguée, à titre héréditaire, à des individus. Les propriétaires du sol et des capitaux sont, par définition, des fonctionnaires à titre héréditaire, chargés de régler la production nationale (Saint-Simon). Les économistes classiques commettent donc une erreur d'analyse quand ils parlent de « lois naturelles » de la distribution des richesses, qui impliqueraient l'absence de cette institution juridique préalable. Ce que les économistes étudient, c'est ce qui se passe dans un monde où le sol et le capital sont l'objet de l'appropriation juridique. La société est ensuite livrée à elle-même. Rodbertus révise, en se plaçant à ce point de vue, l'économie politique de Ricardo. Loi des salaires, retenue. Loi de la rente foncière, modifiée : l'élément fondamental de la rente foncière n'est pas l'élément différentiel défini par Ricardo, c'est l'effet du monopole juridique exercé par le propriétaire du sol sur l'exploitant. Revenu foncier + profit = ce que Rodbertus appelle la *rente* ou le revenu sans travail. Les deux éléments varient en raison inv. l'un de l'autre, le profit croissant proportionnellement par rapport au revenu foncier, ou réciproquement – *le salaire diminue toujours de valeur à moins que la productivité du travail augmente*. D'où l'explication sismondiste des crises économiques qui proviennent de la mauvaise organisation juridique de la société actuelle.

3/ Remède : l'« intervention », l'« immixtion » de l'État dans les relations économiques – la reprise par la société, par l'État du sol et du capital. Rétribution selon le travail : conformément à la loi classique, adoptée par Rodbertus, de la valeur travail. La journée normale de travail, variable selon l'industrie, le travail normal – d'un homme normal considéré dans chaque individu – : bons de travail.

Mais cette option est considérée par R. lui-même comme utopique : 1/ force des préjugés contraires, 2/ nécessité actuelle d'une contrainte pour contraindre les hommes au travail. Compromis possible : par la fixation des salaires à leur taux actuel, faire en sorte que le salaire constitue perpétuellement une proportion fixe du produit total.

B/ Doctrine politique.

La doctrine de Rodbertus est-elle, au sens propre du mot, un « nationalisme » ?

Rodbertus contre List : Il est libre-échangiste, penche au cosmopolitisme : les nations ne peuvent pas plus s'isoler du genre humain que les individus de la Nation. Mais son cosmopolitisme est impérialiste. Ses études sur l'histoire économique de l'Antiquité : comment l'Empire romain a détruit la libre concurrence des cités, des *gentes*, fondé des organismes administratifs, fini par transformer le commerce de l'alimentation en un service public. Cependant les moyens de communication étaient très imparfaits (la productivité très inférieure à ce qu'elle est aujourd'hui). Depuis trois siècles, avec les moyens d'action très supérieurs, les monarchies modernes recommencent l'œuvre de l'Empire romain. Aspiration de Rodbertus à l'unité allemande par l'empire. Son césarisme, son Bismarckisme, ses efforts, au centre droit du Landtag, en 1848, pour l'unité allemande. Nouvelle campagne en 1861. Point de rencontre et relations personnelles avec Ferdinand Lassalle. Avec Ferdinand Lassalle, la tradition du socialisme gouvernemental tend à prendre une forme révolutionnaire, et fournit un premier noyau à l'organisation politique du prolétariat allemand.

SOCIALISME DE LA CHAIRE, SOCIALISME D'ÉTAT[1]

I- [Partis conservateurs de réforme sociale]

L'Allemagne de 1866 à 1898 : Confédération de l'Allemagne du Nord et empire. Éclectisme du chancelier : démocratie (suffrage universel) ; absolutisme (droits du Parlement réduits au rejet des lois) ; libéralisme (parti national-libéral *Gewerbeordnung* de 1869 – après 1870, *Kulturkampf*, lois de laïcisation).

Les *Gründungsjahren* : les cinq milliards ; surproduction industrielle ; spéculation financière ; les sociétés par actions. Krack de Vienne de 1873 ; crise ; apparition des partis conservateurs de réforme sociale :

> a) Les agrariens : le XIXe siècle leur a conféré un droit absolu de propriété de leurs terres, sans charges féodales. Mais, avec la mobilisation de la terre, crise hypothécaire, déjà mise en lumière par Rodbertus. Rancune contre l'aristocratie d'argent, qui s'enrichit pendant qu'ils [s'appauvrissent], devient leurs créanciers, et finit par racheter leurs terres.

Congrès annuels des *Deutsche Landwirth*. En 1876, création du parti de la *Steuer und Wirtschaftsreformer* :

« ... *die Ideen und Grundsätze einer gemeinnützigen, auf christlicher Grundlage beruhenden Volkswirtschaft im Volke zu verbreiten und in der Gesetzgebung zum Ausdruck zu brigen*[2]... »

Réforme de l'impôt favorable à la propriété foncière *uberburdete*.

Février 1878. Protectionnisme, chemin de fer à l'État, réforme de la loi de juin 1870 sur les sociétés par action

« *Insbesondere sind Schutzmassregeln zu treffen gegen die sittlichen und wirtschaftlichen Gefahren, welche die unzureichende Verantwortlichkeit*

---

1. Voir *Histoire du socialisme européen*, 3e partie, chap. II, p. 163, et 4e partie, chap. I, p. 189.
2. « [répandre dans le peuple] les idées et principes d'une économie nationale, tournée vers l'intérêt général, construite sur des fondements chrétiens », *in* Statut der Vereinigung der Steuer und Wirtschaftsreformer, zit. W.v. Altrock, Agrar. Bewegung, HSt I, Jena 1924, traduction Nicolas Patin.

der Gründer und Vorstände nach sich zieht[1]. »

Révision de la *Gewerbeordnung* : change la forme légale de contrats entre propriétaires et travailleurs agraires ; soustraire la propriété foncière au droit romain et change la loi de l'hypothèque.

    b) Les catholiques : parti d'opposition qui se donne pour un parti populaire. Programme à tendances sociales.

- J. Schings, à Aix-la-Chapelle, *Christlich-soziale Blatter*
- Jorg, rédacteur en chef des *Historisch-politische Blätter* écrit en 1867 une histoire des partis de politique sociale
- Von Ketteler, 1873, « Entwurf zu einem politischen Programm für die Katholiken im Deutschen Reich ».

Réforme de l'impôt, chemin de fer d'État

« *Korporative Reorganisation des Arbeiterstandes und des Handwerkstandes. Gesetzlicher Schutz der Arbeiterkinder und der Arbeiterfrauen gegen die Ausbeutung der Geldmacht. Schutz der Arbeiterkraft durch Gesetze über Arbeitszeit und die Sonntagsruhe. Gesetzlicher Schutz der Gesundheit und Sittlichkeit der Arbeiter bzgl. Der Arbeitslokale. Aufstellung von Inspektoren zur Kontrolle der zum Schutz des Arbeiterstandes erlassenen Gesetze*[2]. »

Programme électoral du 20 juillet 1876 – « Unterstützung der berechtigten Forderungen des Arbeiterstands und deren Regel durch ein Gesetz über die Rechte des Arbeiters ».

    c) Les protestants, au programme d'action sociale des catholiques, opposent leur propre programme, très voisin. Le parti évangélique ou chrétien social. Stocker.

Tendances antisémites 1- pour raisons confessionnelles, 2- raisons économiques, grand rôle joué par trois Juifs dans les sociétés financières

---

1. « Il faut surtout adopter des mesures de protection contre les dangers moraux et économiques qu'amènent avec elle une responsabilité insuffisante des fondateurs et des comités directeurs », in Das wirthschafts- und sozialpolitische Programm des Vereins der Steuer- und Wirtschaftsreformer, 22/02/1876, traduction Nicolas Patin.
2. « Réorganisation corporative du prolétariat et de l'artisanat. Protection légale des fils d'ouvriers et des femmes d'ouvriers contre l'exploitation par le capital. Protection des forces de travails par une loi sur le temps de travail et le repos dominical. Protection légale de la santé et de la morale des ouvriers en ce qui concerne le lieu de travail. Mise en place d'inspecteurs pour contrôler l'application de ces lois sur la protection du prolétariat », traduction Nicolas Patin.

de 1870-74, 3- raisons politiques : importance des Juifs dans les deux fractions du parti libéral, bismarckiens et anti-bismarckiens (Bamberger, Lasker)

Influence dans socialisme d'État.
Journal hebdomadaire : le *Staats-Socialist*
Central-Verein für Social-Reform
Christlich sociale Arbeiterpartei. 1 700 membres à Berlin en 1878

Appel à la monarchie pour lutter contre la monarchie : Tendances absolutistes en politique

Programme :
A/ organisation corporative obligatoire, intégrale,
B/ protection des travailleurs (repos dominical, journée normale de travail, hygiène),
C/ l'État, patron modèle,
D/ impôt progressif, impôt sur le luxe, impôt progressif sur les successions.

Voir Pastor Rudolf Todt : *Der radicale deutsche Socialismus n. die christliche Gesselschaft*

Assurance en cas de maladie
Caisses existantes respectées. Faculté d'en créer de nouvelles et création de caisses là où il n'en existe pas ; une obligation de choisir une caisse ; obligation pour tous les entrepreneurs de verser 1/3, pour tous les ouvriers de verser les 2/3 (1883 86 89 92).
Jusqu'à 13 semaines

Assurance contre les accidents
Toutes les industries regroupées en 35 sociétés professionnelles *Berufsgenossenschaften*. Conseils élus. Secours : 2/3 du salaire ; rente de 60 % du salaire à la veuve, aux enfants, ou aux vieux parents de l'ouvrier décédé.
En 1893 : 5 200 000 ouvriers industriels ; 112 300 000 ouvriers agricoles ; 660 462 employés de l'État.

Enfin troisième loi : retour à l'esprit du projet de 1881
Assurance contre l'invalidité.
Institution d'assurance dans chaque capitale provinciale. Ouvriers divisés par catégories de salaires. Versements doublés par les patrons. L'État contribue 50 marks par an et par homme. Rente d'au moins 114 marks. Tout

vieillard pauvre de 70 ans, pourvu qu'il ait travaillé 1 410 semaines, assuré d'une retraite entre 106 et 191 marks.

1890, retraite de Bismarck. Congrès d'Erfurt.

d) Doctrine socialiste libérale

a) partis politiques sociaux
b) mouvement chrétien social. Origines anglaises.

Catholiques allemands. Mgr Ketteler : la question ouvrière et le christianisme :

« ... *d'après l'avis unanime des théologiens catholiques, le droit personnel de propriété n'est pas si étendu que l'on puisse le faire valoir à l'égard du prochain qui se trouve dans une nécessité extrême (in extrema necessitate). Sous aucun rapport, la religion et la théologie n'accordent à l'homme un droit absolu, illimité, parce qu'elles ne l'accordent pas non plus au propriétaire. Il est vrai que la théologie admet le droit personnel de propriété, mais Dieu seul est pour elle le propriétaire restreint, l'administrateur de par la loi de Dieu... Aussi l'État et les communes peuvent-ils prélever un impôt sur la propriété pour assurer l'existence de ceux qui n'ont pas les moyens de se procurer les ressources nécessaires pour pourvoir à leur existence. Mais, au-delà de cet impôt, le propriétaire ne peut être contraint à soulager la misère... Seulement les propriétaires devraient être tenus au nom de l'amour du prochain de donner leur superflu pour améliorer la situation des classes ouvrières, et les sommes spontanément offertes pourraient continuer à servir, comme par le passé, à la fondation d'établissements pour les ouvriers invalides (hôpitaux) ; avec le produit de semblables contributions, on pourrait également doter les associations ouvrières de production.* »

Cependant, 27 février 1871, discours du chanoine Moufang, demande à l'État des subsides en argent pour les associations de production, mais

« *Bien que le mouvement socialiste radical ait ses adeptes parmi les catholiques de l'Allemagne, bien que quelques-uns d'entre eux aient adhéré au programme encore inachevé, mi-réactionnaire, mi-radical du prince d'Isemburg, du Comte de Schulenburg et du baron de Fechenbach, le parti catholique allemand est resté fidèle à l'interprétation de Ketteler.* »

Campagne des *Historische politische Blätter* contre le projet de loi de 1881 :

« *L'Église ne peut pas* plus *soutenir les projets socialistes grandis à l'ombre de la chaire professorale ou dans les marais de la démocratie sociale, notamment les projets qui tendent à la suppression complète de la propriété personnelle pour la donner à l'État, à la commune ou à d'autres associations, les projets visant la restriction de la liberté de disposer du propriétaire, en faveur d'une association et au préjudice du propriétaire lui-même. L'Église ne prêtera jamais la main à une atteinte à la propriété personnelle, même si cette atteinte venait du gouvernement.* »

    c) Parti chrétien socialiste ouvrier : Stocker, 1877, s'est séparé de Todt. Pourtant beaucoup d'affinités avec le parti de la monarchie sociale.

Bref, dans tous ces partis, tendance à une sorte de socialisme, mais c'est un socialisme conservateur : contre le XIXe siècle, libéral individualiste, on réclame un régime féodal, corporatif, adapté à un nouvel état de la technique.

II- [Socialisme de la Chaire et historicisme]

Les doctrinaires du mouvement : rôle joué par les universitaires, dans l'histoire sociale de l'Allemagne au XIXe siècle – et en particulier à cette époque. Le Socialisme de la Chaire, comme développement de *l'historisme*.
L'historisme, réagissant contre *l'absolutisme* de l'École orthodoxe, réagit instinctivement aussi contre son *cosmopolitisme* et son *non-interventionnisme*.

Mais cela n'est pas visible pendant la première période de l'historisme (1843-1872), où le conflit entre les historistes et leurs adversaires est un conflit de méthodes plutôt que de théories.
Roscher, 1843, *Grundriss zu Vorlesungen über die Staatswirtschaft nach geschichtlicher Methode.* « *Die Staatswirtschaft ist die Lehre von den Entwicklung gesetzen der Volkswirtschaft* »
B. Hildebrand, 1848, *Die Nationalökonomie der Gegenwart und der Zukunft*
K. Knies, 1853 *Die Politische Ökonomie vom Standpunkt der geschichtlichen Methode*

Hildebrand fonde, en 1863, en face de la *Viertel Jahrschrift für Volkswirtschaft, Politik und Kulturgeschichte* de Faucher et Prince-Smith, les *Jahrbücher für Nationalökonomie und Statistik*.

2e période à partir de 1872

Konferenz zur Besprechung der Sozialen Frage à Eisenach. Présidée par Roscher. Tendance principale à une sorte de socialisme, se manifeste par la constitution d'un *Verein für Soziapolitik* en 1893 :

Appel : « *il conviendra d'abord d'expliquer la condition des travailleurs et leurs relations à ceux qui les emploient, de définir les besoins des groupements corporatifs, d'aider à la prospérité de leur développement, et de favoriser toute solution favorable à la conciliation des parties rivales... Nous sommes convaincus que l'absolue liberté laissée à des intérêts individuels partiellement rivaux et inégalement puissants ne garantit pas le bien de la collectivité, que, tout au contraire, les revendications des intérêts collectifs et de l'humanité doivent affirmer leur légitimité même dans la vie économique, et que l'intervention réfléchie de l'État pour protéger les intérêts légitimes de tous les participants doit être suscitée en temps opportun. Cette intervention de l'État, nous n'y voyons pas un expédient nécessaire, un mal inévitable, nous y voyons la réalisation de l'une des destinées les plus hautes de notre temps et de notre nation* ».

Polémique Treitschke-Schmoller : le Socialisme de la Chaire, sobriquet relevé par les professeurs. Dans ce socialisme professoral, deux tendances assez distinctes :

a) tendance à une organisation corporative de la classe ouvrière, à la constitution de tribunaux arbitraux entre patrons et ouvriers (Brentano-Schmoller). D'ailleurs, législation du travail. Pas de tendance très forte à l'étatisme. Schmoller hostile en 1899 à la reprise des chemins de fer prussiens par l'État.

b) le socialisme d'État : Adolf Wagner, Rudolf Meyer. Adolf Wagner dans les congrès agrariens : disciples de Rodbertus, cherchent à y faire pénétrer leurs doctrines. Wagner, compromis dans des spéculations financières et dénoncé par Lasker, disparaît. Rudolf Meyer tourna au démagogue. Wagner à l'université de Berlin. Sa doctrine : adaptation de la doctrine de Rodbertus aux exigences de l'enseignement universitaire et de l'action politique immédiate. Son éclectisme : compromis entre *privatwirtschaftliche* et le *gemeinwirtschaftliche System*. Reste de l'État : satisfaire aux *gemeinbedurfri*. Loi de l'extension croissante des fonctions de l'État ; loi de la prédominance croissante du principe préventif dans l'exercice de ces fonctions. Solution des questions particulières : exemples de la méthode dans le *Volkswirtschaft und Recht*

III- Le gouvernement Bismarck

Bismarck

Par la classe, un agrarien ; liaison avec Wagner dès 1874. 1876, retraite de Delbruck, projet du rachat des chemins de fer par l'Empire. Maladie de 1877 : conversion de Bismarck,

1/ au protectionnisme, assure à l'Empire un revenu indépendant des contributions matriculaires

2/ au socialisme. Le *Volkswirtschaftsrat* de 1880 ; le message impérial de 1881. Tactique contre les progressistes, qui, après avoir fait opposition aux lois d'exception contre les socialistes, se trouvent faire opposition aux lois d'assistance sociale de Bismarck : celui-ci les met dans une situation fausse. Lien avec sa politique financière : « *donnez-moi des ressources, par exemple le monopole du tabac, et je vous donnerai des lois d'assistance* ». Wagner appelle le monopole du tabac le « patrimoine des déshérités ».

Socialisme ? Communisme ? Si l'on veut, peu importe le nom. Socialisme *chrétien*, que Bismarck préfère appeler « christianisme pratique ». Socialisme *allemand*, par antithèse au libéralisme français, qui ne reconnaît pas le droit de l'ouvrier à l'assistance (Frédéric II, le roi de guerre). Cela spécifie :

15 mars 1884 : « *Man könnte ja sonst die Erfüllung von bestimmten Staatspflichten, wie es also unter anderen die Armenpflege im weitesten Sinne des Wortes ist, wie es die Schulpflicht und die Landesverteidigung sind – man könnte ja die Erfüllung aller dieser Staatspflichten mit mehr Recht Aktiengesellschaften überlassen und sich fragen, wer es am wohlfeilsten thut und wer es am wirksamsten thut. Ist die Fürsorge für den Bedürftigen in höherem Maße als die jetzige Armengesetzgebung es thut, eine Staatspflicht, dann muß der Staat sie auch in die Hand nehmen, er kann sich nicht damit trösten, daß eine Aktiengesellschaft das übernehmen wird. Es kommt dabei dasselbe zur Sprache, wie bei den Privateisenbahnen, denen das Verkehrsmonopol ganzer Provinzen in Ausbeutung gegeben wurde. [... Der Herr Abgeordnete hat es als etwas ganz Neues bezeichnet,] daß wir ein sozialistisches Element in der Gesetzgebung einführen wollten. Ich habe schon vorhin vorweg genommen, daß das sozialistische Element nichts Neues ist, und der Staat gar nicht ohne einen gewissen Sozialismus bestehen kann*[1]. »

---

1. « Autrement, on pourrait aussi bien laisser remplir certains devoirs de l'État, comme entre autres l'assistance publique, dans le sens le plus étendu de ce mot, comme aussi l'enseignement obligatoire et la défense du pays, on pourrait certainement à plus forte raison laisser remplir tous ces devoirs de l'État par des sociétés d'actionnaires, et se demander quelle est celle qui s'en acquitte au plus bas prix, et celle qui s'en acquitte le mieux. Si c'est un devoir pour l'État de prendre soin des nécessiteux dans une plus grande mesure que ne le fait la législation actuelle de l'assistance, l'État doit donc prendre aussi ce soin-là ; il ne peut le négliger, en se disant, par manière de consolation, qu'à sa place une société d'actionnaires le prendra. On parle sur ce sujet comme on ferait pour les chemins de fer privés, auxquels est donné à exploiter le monopole des transports de provinces entières [... M. le député considère comme quelque chose de tout à fait nouveau,] que nous voulions introduire dans la législation un élément socialiste. J'ai déjà répondu par avance que l'élément socialiste n'est rien de nouveau, et que l'État ne peut subsister sans un certain socialisme. » Discours du chancelier de l'Empire, prince de Bismarck devant le Reichstag, Séance du 15/03/1884, *in Les discours de M. le Prince de Bismarck*, vol. 11, éd. Richard Wilhelmi, Berlin, 1884, p. 74-75 et 80.

Enfin que faut-il faire ?

20 mars 1884 : « *Die Frage von Arbeitszeit und Lohnhöle ist durch staatliche Einwirkung überhaupt durch Gesetze aussordentlich schwierig zu losen* – ne pas tuer la poule aux œufs d'or – *Ich habe darüber auch nur sporadische lokale klagen gehört, der eigentliche Beschwerdepunkt des Arbeiters ist die Unsicherheit seine Existenz; er ist nicht sicher, dass er immer gesund ist, er sieht voraus, dass er einmal alt und arbeitsunfähig sein wird*[1]. »

a) projet de 1881 (accidents), bureaucratique : contribution d'1/3 par l'État. La contribution d'1/3 rejetée par le Reichstag. Le moment d'où l'assurance relevée de 4 à 13 semaines après l'accident – Projet abandonné

b) deux lois de 1883 et 1884, corporatives, pas de contribution de l'État.

---

1. « La question de la durée du travail et celle du taux des salaires, en réalité, sont extrêmment difficiles à résoudre par l'intervention de l'État, par la législation ; en établissant quelque règlement que ce soit, on court le risque d'empiéter gravement et inutilement sur la liberté personnelle, la liberté pour chacun de mettre à ses services le prix qu'il veut [Que l'on tue d'un coup la vache laitière ou la poule pondeuse, il en sera de même pour l'industrie – objet de cette discussion – parce qu'elle ne peut supporter la charge qu'on lui impose d'une courte durée de travail avec des salaires élevés ; et alors l'ouvrier en souffre tout autant que l'entrepreneur. Il y a donc là une limite forcément fixée, devant laquelle toute intervention législative doit s'arrêter.] Je n'ai d'ailleurs entendu sur ce sujet que des plaintes sporadiques, isolées, locales ; le véritable chef des plaintes de l'ouvrier, c'est l'incertitude de son existence ; l'ouvrier n'est pas sûr d'avoir toujours du travail, [il n'est pas sûr d'être toujours valide, et il prévoit qu'un jour il sera vieux et incapable de travailler] », Discours du chancelier de l'Empire, prince de Bismarck devant le Reichstag, Séance du 20/03/1884, *in Les discours de M. le Prince de Bismarck*, *op. cit.*, p. 115.

KARL MARX ET L'INTERNATIONALE[1]

Nous avons vu que le socialisme national allemand a lui-même puisé à des sources étrangères. Rodbertus, discipline de Sismondi et de Saint-Simon. Lassalle, discipline de Marx. Rôle de Marx dans l'élaboration du socialisme international et révolutionnaire : connaissance de toutes les doctrines, expérience immédiate de tous les milieux et mouvements révolutionnaires.

Son rôle dans l'Association internationale des travailleurs, qui aurait peut-être joué un grand rôle dans une révolution sociale aux environs de 1870 si la guerre franco-allemande n'était venue à la traverse et n'avait changé le cours des choses.

I – Éléments de l'Internationale

Elle se fonde à Londres, avec les éléments suivants.

1/ Les *Trade Unionistes* anglais. Leur force, leur solidarité, à partir de 1859 (grève des ouvriers du bâtiment à Londres). La junte. Objets pratiques : relèvement du salaire, amélioration des conditions de travail. Quel but ils poursuivent en travaillant à s'allier avec les ouvriers du Continent : établir l'égalité des salaires et des conditions de travail, afin que les ouvriers du continent ne leur fassent concurrence, avec leurs faibles salaires (crise industrielle de 1859, *nine hour movement*, le *strike committee*, devient le *trade council*).

2/ Les patriotes réfugiés, hongrois, polonais, italiens. Non socialistes, simplement démocrates et républicains. Principe des nationalités. Le jour où tous les peuples seront libres ? Tous les peuples seront frères. Meetings à Londres, sur les questions de Hongrie, d'Italie, du Schleswig Holstein, de Pologne. Mazzini à Londres. Il essaie de prendre la direction de l'Internationale.

---

1. Voir *Histoire du socialisme européen*, 2ᵉ partie, chap. I, p. 101 ; 3ᵉ partie, chap. III, p. 175.

3/ Les proudhoniens français. Ouvriers parisiens vers 1860 : dégoût de la politique et des politiciens. Mouvement coopératif. 500 000 f. de subvention de l'Empereur pour une caisse centrale en 1868. Liberté de coalition en 1864. Le *Manifeste des Soixante*, à l'occasion des élections complémentaires de 1864. Proudhon, tout en blâmant l'intervention des Soixante dans la politique active, tout en préconisant l'abstention absolue, oppose, dans sa *Capacité politique des classes ouvrières*, le « socialisme du Manifeste » au « socialisme du Luxembourg », le « mutuellisme » au communisme. Suppression de l'État. Dans les cas nécessaires (chemins de fer, canaux, mines), de grandes associations ouvrières ; pour le reste, des artisans, des paysans, possesseurs de leur instrument de travail ou de leur fonds de terre. Un système d'échange fera en sorte que nul de ces producteurs, associés ou isolés, ne pourra exploiter le reste de la société : *l'égal échange*, Tolain, Murat, Fribourg.

4/ Les théoriciens allemands du communisme. Marx, Engels, et leur groupe. Vie de Marx. À Paris en 1845, rencontre Engels, à Bruxelles, à Londres : fondation de la Fédération communiste 1847-1848 : le *Manifeste du communisme*. Pas de plan idéal d'une société communiste ; mais seulement la démonstration que la société bourgeoise est un communisme virtuel, qui, en vertu d'une nécessité économique [interne ...] notions qu'elle prétend avoir en garde contre le com [...] patrie, propriété, mariage. À Cologne, procès et acquittement. À Londres : travaux au British Museum. 1859, *Critique de l'économie politique* contre Proudhon. Il va s'emparer, grâce à la supériorité de son génie synthétique, de l'Internationale.

II – Histoire de l'Internationale

1- Élimination du *mazzinisme*
1862, voyage, aidé par Napoléon III, de délégués ouvriers à Exposition de Londres. Commencement d'entente. 1864, meeting de Saint James Hall (Pologne ?), apparaît un groupe français. Constitution d'une Association internationale des travailleurs. Conflit entre Mazzini et Marx. Mazzini veut une société de conspirateurs, secrète ou dictatoriale. Marx, une expression vivante du prolétariat européen, publique et libre. Marx l'emporte. Constitution de l'Internationale : le Conseil général (bureau anglais, correspondants pour les différents pays) les sections, les congrès.

2- Élimination du Proudhonisme
Un congrès projeté à Bruxelles pour 1865 n'a pas lieu (loi d'exception en Belgique, préparation insuffisante). Congrès de Genève en 1866 :

Proudhoniens prépondérants. Modération du programme : pas de déclaration anticapitaliste. Modération des débats : on demande la limitation de la journée de travail, la réglementation du travail des enfants. Blâme au Tsar laissé de côté sous l'influence des Proudhoniens. Ils subissent un premier échec quand le congrès décide de ne pas fermer l'association aux intellectuels (Marx).

Congrès de Lausanne en 1869 : premières déclarations communistes. Mais surtout, adhésion à l'action politique. Les Proudhoniens, débordés en France même. Gênés par le soupçon qui plane sur eux d'être patronnés par l'empereur contre le parti républicain (subsides en 1862, encouragements en 1864 avec arrière-pensée d'intervention en Pologne ?). Brouille de l'Internationale avec le gouvernement impérial. Les deux procès de 1868. Au premier procès, égards du Ministère Public pour les accusés, peines très légères. Puis le Bureau se reconstitue, avec des éléments nouveaux, communistes : nouveau procès, peines plus sévères.

Congrès de Bruxelles en 1868, de Bâle en 1869. Lutte des *mutuellistes* et des *collectivistes* (Tolain contre De Payne), et victoire des collectivistes.

Le congrès de Lausanne avait déjà déclaré que « *les efforts des nations doivent tendre à rendre l'État propriétaire des moyens de transport et de circulation, afin d'anéantir le puissant monopole des grandes compagnies, qui, en soumettant la classe ouvrière à des lois arbitraires, attaquent à la fois, et la dignité de l'homme, et la liberté individuelle* ».

Le congrès de Lausanne, timide encore cependant, jusqu'à ne pas admettre le programme de l'instruction publique obligatoire et gratuite : « *le congrès n'accorde à l'État que le droit de se substituer au père de famille alors que celui-ci est impuissant à remplir son devoir* ».

Le congrès de Bruxelles réclame pour la collectivité sociale 1/ les carrières, houillères et autres mines, 2/ le sol arable, 3/ les canaux, routes, voies télégraphiques, 4/ les forêts.

Pour les machines, cependant, rien de si catégorique. « *Le congrès déclare 1° que ce n'est que par les associations coopératives et par une organisation du crédit mutuel que le producteur peut arriver à la possession des machines ; 2° que néanmoins, dans l'état actuel, il y a lieu pour les travailleurs constitués en sociétés de résistance d'intervenir dans l'introduction des machines dans les ateliers, pour que cette introduction n'ait lieu qu'avec certaines garanties ou compensations pour l'ouvrier.* »

Le congrès de Bâle déclare « *que la société a le droit d'abolir la propriété individuelle du sol et de faire rentrer à la communauté* (54 oui, 4 non) ; *qu'il y a nécessité de faire rentrer le sol à la propriété collective* (53 oui, 4 non) ».

Question du droit d'héritage : Bakounine demande l'abolition ; De Payne fait observer que, dans une société collectiviste, la question ne se pose pas. Finalement réservée à un congrès ultérieur (*collectivisme*, quid, entre *communisme* et *mutuellisme* ?)

3- *Guerre franco-allemande : Commune et retraite des Trade Unions*

1870 : agitation politique en France. Grèves nombreuses, souvent sanglantes. Attitude de l'Internationale par rapport aux grèves, d'abord hostile, puis de plus en plus favorable. Troisième procès de l'Internationale en France (juin 1870). La guerre franco-allemande, guerre dynastique jusqu'au 4 septembre (protestation de l'Internationale). Les socialistes allemands demandent la suspension de la guerre après le 4 septembre (Manifeste de Brunswick), 5 septembre : efforts pour organiser une agitation générale. Échec : arrestation des meneurs par Falkenstein. La Commune de Paris, démagogique, non socialiste (quoique les chefs parisiens de l'Internationale y jouent un rôle). Marx désapprouve, prend cependant la défense de la Commune, dans *La Guerre civile en France*. Terreur générale qu'inspire maintenant l'Internationale. Retrait des *Trade Unions* anglais.

4- *Lutte des autoritaires marxistes contre les autonomistes bakounistes*

Conférence de Londres en 1871 ; congrès de La Haye en 1892. Désir de Marx de concentrer l'organisation de l'Internationale pour en faire un instrument de lutte plus puissant contre toutes les forces concentrées des classes conservatrices. Résistance de Bakounine. Sa vie : son apparition au Congrès de la paix et de la liberté en 1868 ; fonde l'Alliance internationale de la démocratie socialiste ; en avril 1870 provoque une scission dans le congrès romand, à La Chaux-de-Fonds. Communiste comme Marx, mais divergence de tactique : veut que les sections soient autonomes, et aient le droit d'agir isolément, par le terrorisme (anarchie). Congrès de La Haye : retraite des blanquistes (Vaillant), d'accord avec Marx sur la nécessité d'une autorité concentrée, mais mécontents, comme la plupart des Français, de la timidité révolutionnaire des Allemands, de l'usage peu révolutionnaire qu'ils veulent faire de cette unité une fois constituée. Pouvoir du Conseil général accru : droit de suspendre les sections, sauf appel au prochain Congrès. Retrait des Bakounistes. Mais Marx demande et obtient le transfert du Conseil Général à New York : c'est la fin de l'Internationale.

Bref, Marx a accaparé l'organisation, mais il l'a tuée. Il ne reste autour de lui que des Allemands, et quelques rares disciples. Tous les Latins l'ont abandonnée.

La Fédération Internationale du Jura : 15 septembre 1892 : congrès de Saint-Dimier ? ; les deux congrès de Genève du 1er et 8 septembre 1893. Puis assemblées autonomistes, qui ne sont internationales que de nom, à

Bruxelles en 1874, à Berne en 1876, à Verviers en 1877. Le 9 septembre 1877, tentative de réconciliation des anarchistes et des autoritaires au congrès de Gand. Échec final.

Conclusion. Double erreur de l'Internationale

A/ historique. Les fondateurs de l'Internationale sont partis de cette idée que la révolution de 1848 avait été une révolution sociale manquée, parce qu'elle avait été l'œuvre de doctrinaires, d'idéalistes, sans organisation prolétarienne derrière eux. Ils ont voulu que le peuple fût organisé pour la prochaine révolution sociale, perpétuellement prêt à la transformation nécessaire de la société (« la révolution en permanence »), mais la révolution sociale ne s'est pas produite. Un autre mouvement est venu à la traverse : *l'unité allemande*.

B/ tactique. Les fondateurs de l'Internationale avaient voulu que l'Internationale fût la concentration d'organisations locales, d'ailleurs autonomes et libres. Mais, ces organisations n'existant pas, l'Internationale doit s'assigner pour tâche de les susciter. Succès, notamment en Espagne. Mais l'Internationale se proposait la tâche impraticable de constituer *un parti ouvrier unique pour toute l'Europe*. Échec (Bakounisme !). Après la disparition de l'Internationale, il se constitue isolément des socialismes nationaux, qui viennent ensuite conférer (à partir de 1889) dans des Congrès internationaux. Conciliation de Lassalle et de Karl Marx.

Mais alors, en 1889, il apparaît que la doctrine marxiste, est, ou tend à devenir la doctrine courante des partis socialistes. Pourquoi.

LA FORMATION DU PARTI SOCIALISTE 1864-1891[1]

« *Die moderne Arbeiterbewegung ist frei von allen bürgerischen Romantik* » (Mehring, II, 408 – Le mouvement ouvrier contemporain s'est libéré de tout romantisme bourgeois)

I – De la mort de Lassalle en 1864 au congrès de Gotha

Marxisme et Lassallisme
1) Rivalité personnelle. Marx, déjà un vétéran du parti, ne peut voir, sans déplaisir, Lassalle devenir un demi-dieu pour les ouvriers allemand.
2) Nationalisme de Lassalle : le socialisme par l'unité allemande – Internationalisme de Marx. Au moment où Lassalle fonde l'*Allgemeiner Deutscher Arbeiterverein*, il organise l'Association internationale des travailleurs.
3) Bonapartisme de Lassalle : l'unité allemande par la Prusse et Bismarck. Il dirige tout l'effort de sa polémique contre la bourgeoisie progressiste – Républicanisme de Marx : haine sans réserve contre le système gouvernemental de Bismarck : le parti socialiste considéré comme l'aile gauche des partis démocratiques.
4) D'où la répartition régionale des éléments lassalliens et des éléments marxistes en Allemagne. Les Prussiens sont lassalliens : parce que tous les Prussiens, même ouvriers, désirent l'unité allemande par l'hégémonie prussienne. Les Allemands du Sud (Saxe, Thuringe, Franconie) sont marxistes : leur particularisme est anti-bismarckien. Accusations réciproques : Schweitzer, chef des Lassalliens, considéré par ses adversaires (sans fondement ?) comme un agent salarié de Bismarck. De l'autre côté, Bebel accusé de recevoir des subsides du roi de Hanovre ; Liebknecht, d'être payé par les progressistes de Saxe.

---

1. Voir *Histoire du socialisme européen*, 3e partie, chap. II, p. 163 et 4e partie, chap. I, p. 189.

Pas de réforme sociale possible, disent les lassalliens, *sans l'unité nationale*. *Pas d'unité nationale désirable*, répondent les autres, *qui ne sera pas réalisée contre les princes par une révolution démocratique et sociale*.

1864-69, constitution de deux partis adverses.
Mort de Lassalle, le 31 août 1864
Chronologie de l'*Allg Deutscherverein*
Présidence de Becker
15 décembre, le S*ozial-demokrat* (SD)
27 décembre 1864, assemblée de Dusseldorf
1er janvier 1865 : le SD à Schweitzer. Les articles sur Bismarck (mars 1865).
Rupture avec Marx et Engels, avances du ministère. Schweitzer en prison
30 novembre 1865, 2e assemblée à Francfort, Becker a démissionné.
Retraite de Fritzsche, le vice-président. Présidence donnée pour un an à Tolcke
27 juin 1866, 3e assemblée à Leipzig. Présidence de Perl
27 décembre 1866, 4e assemblée à Erfuhrt, rupture avec la comtesse qui fonde un *Verein* distinct
19 mai 1867, 5e assemblée à Brunswich, présidence de Von Schweitzer. C'est de là que date l'organisation du parti socialiste allemand d'aujourd'hui (invention du système de nominés par réunions publiques pour éviter les fédérations interdites.)

D'autre part, en Saxe, fusion progressive du parti démocratique et des groupements socialistes. Bebel et Liebknecht dans les *Arbeiterbildungvereine*
19 août 1866, *Landesversammlung der sächsischen Demokratie*. Chemnitz. Adhésion à la *Deutsche Volkspartei*. De là, le parti politique du progressisme socialiste d'aujourd'hui :
– généralisation du suffrage universel
– milice
– liberté de la presse, de réunion, d'association
– liberté communale
– jurys dans tribunaux
– séparation de l'École et de l'Église, de l'Église et de l'État
– réforme scolaire

Au point de vue socialiste :
Förderung und Unterstützg des Genossenschaften wesens, namentlich der Produktivgenossenschaften. [Promouvoir et soutenir les coopératives surtout de production]
1866, victoire de la Prusse, La confédération de l'Allemagne du Nord. Le suffrage universel. Von Schweitzer et Liebknecht au nouveau Parlement. Attitudes opposées : von Schweitzer accepte la situation créée par les victoires

de la Prusse, et joue un rôle actif dans les débats (*Gewerbeordnung*, 1869). Mais il est suspect de connivence avec Bismarck. Dès cette époque, avances de Bismarck aux ouvriers contre la bourgeoisie progressiste. 1864, enquête sur les associations ouvrières. 1865, Adolf Lothar Bucher agent de Bismarck, ancien ami de Lassalle, offre successivement à Marx, puis à Dühring de collaborer à *l'Amtliche Staatsanzeiger*. Wagner demande à Dühring en avril 1866 un mémoire sur la question sociale. Schweitzer emprisonné est remis en liberté. Aux élections, il assure, dans une circonscription, par son désistement, le triomphe de Bismarck

> 1867, élection du Wupperthal. Elberfeld Barmen
> 1er tour : Bismarck: 6 523 ; Forckenbeck : 6 123 ; Schweitzer : 4 668
> 2e tour : Bismarck : 10 106, Forckenbeck : 6 944

Schweitzer aux ouvriers socialistes :

> « *Bei dieser engeren Wahl, in welchen es zalt, zwischen dem prussichen ministerpräsidenten und dem präsidenten des prussischen Abgeordneten Hauses zu entscheiden, ist durch Eure Stimmen der Graf von Bismarck als Sieger aus der Wahlurne hervorgegangen. Vielleicht, Arbeiter, war Eure Abstimmung eine Huldigung, nicht zwar für den candidaten der conservativen Partei, wohl aber für den Minister, der aus eigenssen Antriebe ein Volksrecht Euch zurückgegeben, welches die liberale Opposition für Euch zu fordern so hartnackig vergessen hatte*[1]. »

Un peu plus tard, quand le *Verein* est dissous à Leipzig, Schweitzer en transfère le siège à Berlin, et n'est pas inquiété.

Liebknecht s'enferme, au contraire, dans une attitude intransigeante de protestation contre tous les actes, contre l'existence même du Parlement de la Confédération. Cf. la décision prise un peu plus tard, dans un congrès de son Parti, Stuttgart 1870 :

> « *Die Socialdemokratische Arbeiterpartei beteiligt sich an den Reichstags und Zollparlamentswahlen lediglich aus agitatorischen Gründen. Die Vertreter der Partei im Reichstag und ZollParlement haben, soweit so möglich, im Interesse der arbeitenden klasse zu wirken, sich aber im*

---

1. « C'est grâce à vos voix que dans cette élection serrée, dans laquelle il fallait trancher entre le ministre-président prussien et le président de la Chambre des députés de Prusse, le comte von Bismarck est sorti vainqueur des urnes. Ouvriers, ce vote n'était peut-être pas un hommage au candidat du parti conservateur, mais bien au ministre qui vous a redonné, de sa propre initiative, un droit national, que l'opposition libérale avait si obstinément oublié de réclamer », traduction Nicolas Patin.

großen ganzen negierend zu verhalten und jede Gelegenheit zu benutzen, die Verhandlungen beider korperschaften in ihrer ganzen Nichtigkeit zu entlarven[1]. » [Rudolf Meyer, I, p. 267]

Lui et ses amis travaillent à opposer au parti socialiste lassallien un autre parti socialiste.

1868, *Demokratisches Wochenblatt*

15 septembre 1868, Congrès des *Arbeiterbildungsverein* à Nuremberg. Inepte déclaration de principes, empruntée au programme de l'Internationale.

28 mars 1869, 8ᵉ assemblée générale à Elberfeld. Barmen : accusations qu'y viennent porter Bebel et Liebknecht contre Von Schweitzer, une minorité de scissionnaires.

7-9 avril 1869, Congrès d'Eisenach. Retraite des Lassaliens. Fondation du S*ozialdemokratische Arbeiterpartei.*

Le programme diffère peu du programme de Lassalle. *Staatsförderung* de coopératives de production avec des « garanties démocratiques ». Mais *organisation* non dictatoriale. Commission de cinq membres : Commission de contrôle de 11 membres ; les 16 membres nommés par le Congrès annuel. Le *Demo Wochenblatt*, organe officiel sous le nom de *Volksstaat*.

1870, guerre franco-allemande. Fusion des deux partis. L'unité de l'Empire fait l'unité du Parti. Lassalle avait donc raison ; mais comme le Parti est unifié contre les féodaux et les conservateurs, auteurs de l'unité impériale, et comme les lassalliens sont suspects de connivence avec ceux-ci, l'unité du Parti finit par se faire au profit des marxistes. Disparition de Schweitzer, qui, en 1871, donne sa démission de président, et, en 1872, est rayé du Parti comme traître. Bebel et Liebknecht deviennent les héros du Parti.

19 juillet 1870, Liebknecht et Bebel votent contre les crédits (s'abstiennent). Mais le *SD* dit :

« *Sieg Napoleons bedeutet Neiderlage der sozialistischen Arbeiter in Frankreich, bedeutet die Allmacht der bonapartistischen soldteska in Europa, bedeute vollständige Zerstuckerl Deutschlands*[2]. »

---

1. « Le parti ouvrier social-démocrate participe aux élections du Reichstag et du Parlement des douanes uniquement dans le but de créer de l'agitation. Les représentants du parti au Reichstag ou au Parlement des douanes ont pour rôle, autant que possible, de défendre les intérêts de la classe ouvrière, mais surtout de se comporter de manière négative, en utilisant toutes les occasions de dévoiler le caractère inutile et vain des débats de ces deux institutions », *in* Franz Mehring, *Histoire de la social-démocratie, op. cit.* Traduction Nicolas Patin.
2. « [Le *Social-Democrat* avait raison de dire :] Victoire de Napoléon signifie défaite des ouvriers socialistes en France, signifie toute-puissance de la soldatesque de Bonaparte

Schweitzer, Hasenclever et Fritzsche (qui n'a pas passé aux Eisenachiens) votent pour.

Les anciens Eisenachiens de la commission Brunswick mécontents du vote de Liebknecht et Bebel.

Attitude incertaine du *Volksstaat.*

24 juillet : 1er Manifeste de Brunswick : la guerre doit être soutenue par les travailleurs allemands tant qu'elle est défensive.

5 septembre : Manifeste de Brunswick

3 mars 1871 : élection aux Reichstag : 101 927 voix socialistes – 63 000 Lassalliens, 39 000 Eisenachiens. Bebel élu à Glauchau contre Schulze-Delitzsch.

24 mars, Schweitzer renonce à la présidence.

La Commune, 18 mars 1871

Discours de Bebel :

« *Seien Sie fest ubenzengt, das ganze europäische Proletariat und all, was noch ein Gefühl für Freiheit und Unabhängigkeit in der Brust tragt, sieht auf Paris. Und wenn auch im Augenblicke Paris unterdruckt ist, dann erinnere ich Sie daran, dass der Kampf in Paris nur eine kleines vorprostengefecht ist, dass die Hauptsache in Europa uns noch bevorsteht, und dass, ehe wenige Jahrzehnte vergehen, der Schlachtruf des Pariser Proletariats: Krieg dern Palästen, Friede den Hutten, Tod der Not und dem Mussiggange der Schlachtruf des gesammten europäischen Proletariats werden wird*[1]. »

---

en Europe, signifie morcellement complet de l'Allemagne », *in* Franz Mehring, *Histoire de la social-démocratie... op. cit.*, p. 395.

1. August Bebel, discours au Reichstag, 5 mai 1871, « soyez persuadés que tout le prolétariat européen et tous les hommes épris de liberté et d'indépendance ont le regard tourné vers Paris. Messieurs, si Paris est momentanément écrasé, je vous rappelle alors que la lutte de Paris n'aura été qu'un petit accrochage d'avant-poste, que la grande bataille nous attend encore en Europe, et que le cri de guerre du prolétariat parisien : "Guerre aux palais, paix dans les chaumières, mort à la misère et à l'oisiveté !", deviendra le cri de ralliement de tout le prolétariat d'Europe ».

FRAGMENT LEÇON SUR SOCIALISME ALLEMAND[1]

Juillet 1872, Bebel et Liebknecht condamnés par les jurés de Leipzig à deux ans de prison pour haute trahison.

Crise de 1870-74. Baisse de la valeur de l'argent (les 5 milliards). Hausse de la valeur des choses (en particulier hausse des loyers, *Wohnungsnot*). Donc baisse réelle des salaires. Puis spéculation, surproduction, crise.
Élection de 1874 : 351 670 voix (nombre égal de voix aux deux fractions) – 9 mandats
Poursuites judiciaires nombreuses : Tessendorff.

29 juin : fermeture de l'*All. Verein* – des syndicats lassalliens, des associations de femmes, de l'organisation berlinoise des Eisenachiens.
Nécessité de l'Union : Tölcke et Liebknecht.
1ᵉʳ janvier 1875, funérailles de York
14-15 février 1875, Gotha : 9 membres de chaque côté :
Lassalliens : Hasenclever, Hasselmann, Hartmannn, les deux Kapell [Otto et August], Reinders / Eisenachiens : Liebknecht, Motteler, Vahlteich, Geib, Ed Bernstein, « *ein junger Bankbeamter aus Berlin* » [un jeune employé de banque de Berlin], W.Bock, I Auer

Le congrès de Gotha fixe :
1/ l'organisation
Pas de dictature
Tous les *Partiebehorden* nommés par le Congrès à savoir
– la rédaction des deux organes
– un bureau de 5 membres (3 Lassalliens et 2 Eisenachiens)
– une commission de contrôle de 7 membres
– une commission de 18 membres
= *Sozialistische Arbeitspartei Deutschland*

---

1. Voir *Histoire du socialisme européen*, 3ᵉ partie, chap. II, p. 163 et 4ᵉ partie, chap. I, p. 189.

2/ Le programme
La critique de Marx, 5 mai 1875
a) Le projet de Lassalle. Absurde de croire que *l'État*, par *l'invention* d'un procédé particulier, puisse empêcher la concentration capitaliste de suivre son cours.
b) La « loi d'airain ». La « loi d'airain » a pour mérite d'être éternelle : on propose de s'en défaire. Même dans la société capitaliste, elle ne serait d'airain que si elle s'expliquait, comme chez ceux qui l'ont formulée les premiers, par la cause malthusienne de l'insuffisance des subsistances. Si elle s'explique par l'exploitation capitaliste, d'intensité variable, elle admet des variations de salaires.
c) La phrase sur la « masse révolutionnaire ». Il y a plusieurs espèces de capitalistes, d'intérêts différents, en particulier, les propriétaires fonciers et les industriels. Phrase digne du Marat de Berlin pour se rapprocher des propriétaires fonciers.
L'article est finalement modifié, renversé :

> « *Le parti des travailleurs socialistes allemands tout en prenant un cadre national d'action, a conscience du caractère international du mouvement ouvrier et se déclare prêt à toutes les obligations qui incombent aux travailleurs et dont le résultat doit être que la fraternité de tous les hommes devienne une réalité.* »

À un prétendu accord sur les principes, Marx préférerait un simple accord pour l'action. On passe outre. Programme politique (ultra-démocratique) et programme immédiat (« *Innerhalb der heutigen Gesellschaft* »)
1- toutes les mesures démocratiques possibles
2- impôt progressif sur le revenu
3- droit de coalition
4- journée normale de travail et repos du dimanche
5- interdiction du travail des enfants, protection du travail des femmes
6- lois de protection du travail, responsabilité en cas d'accidents
7- règlement du travail dans les prisons
8- liberté d'administration pour toutes les caisses de secours mutuels

Critique du texte primitif de l'article I :

> « *Le travail est la source de toute richesse et de toute culture ; et comme le travail utile n'est possible que dans la société et par la société, le produit du travail appartient intégralement et par droit égal à tous les membres de la société.* »

Il n'y a pas *droit* de l'individu au produit intégral de son travail. Le *droit* est l'expression de l'échange ; et dans le monde de l'échange, la force de travail est payée par le salaire à sa juste valeur. Devient :

« *et comme le travail, utile en général (allgemein nutzbringende Arbeit), n'est possible que par la société, le produit total du travail, étant donné l'obligation de tous d'y participer, appartient à la société, c'est-à-dire à tous ses membres, par droit égal, à chacun selon ses besoins raisonnables* ».

d) Marx trouve trop peu internationaliste l'article :

« *La classe ouvrière travaille à son affranchissement tout d'abord dans les cadres de l'État national actuel, sachant bien que le résultat nécessaire des efforts qui lui sont communs avec les travailleurs de tous les pays civilisés, sera la fraternité internationale des peuples.* »

II – Du congrès de Gotha au Congrès d'Erfurth

1877 : 480 000 voix
11 mai 1878, 1er attentat contre l'Empereur (Hödel)
20 mai, 1er projet de loi contre les socialistes
2 juin, attentat Nobiling
21 octobre : loi anti-socialiste.
« *Les associations qui, par des aspirations démocratiques sociales, socialistes ou communistes, visent au renversement de l'ordre politique et social actuel, doivent être interdites.* »
Police compétente pour l'interdiction et la dissolution des réunions.
Interdiction des écrits, suppression des journaux
La police est autorisée à saisir les journaux écrits interdits.
Petit état de siège.

Le résultat de cette loi est de fortifier le parti marxiste. Par la suppression radicale de l'organisation économique des travailleurs (syndicats : 26 comptant 50 000 membres en 1878), par le fait que les seules réunions permises pour les socialistes, ce sont les réunions électorales, et la seule tribune libre pour leurs chefs, c'est la tribune du Reichstag, le socialisme est contraint à devenir exclusivement un *parti politique des travailleurs*.

A/ 1878-1880. Le Parti se donne :

- Un *journal, der SozialDemokrat Internationales Organ der Sozialdemokratie deutscher Zunge*, Bernstein, afin de définir les principes à égale distance des anarchistes (Most, *Die Freiheit* à Londres) et des opportunistes (Hochberg, *Züricher Jahrbuch – Rückblicke auf die sozialistische Bewegung in Deutschland*)

- Et une organisation par un Congrès.
– essai de réconciliation avec Most, à Zurich, avorte
– Congrès de Wyden, 20-23 août 1880
56 délégués, seulement 3 « Socialrevolutionäre »
Modification du programme de Gotha
« *Von diesen Grundsatzen ausgehend erstrebt mit allen (et non plus mit allen gesetzlichen) Mitteln den freien Staat und die sozialistische Gesellschaft*[1]. »
Le SD reconnu organe officiel ; un Congrès au moins tous les trois ans.
Sympathie pour les nihilistes,
« *wem ihre durch die russischen Verhältnisse bedingte Taktik auch nicht für di deutschen Verhältnisse*[2]. »
Envoi de délégués à un *WeltKongress* convoqué pour 1881 en Belgique.
Collecte en Amérique
Exclusion de Hasselmann et de Most

B/ 1880-1882.

La politique sociale de Bismarck. Avances de Adolf Wagner et du pasteur Stocker aux socialistes aux élections de 1881, d'ailleurs, repoussées. Discours de Bismarck du 26 novembre 1884.

Les lois d'assurance-accidents et maladies. Les députés socialistes demandent que les frais de la première soient entièrement supportés par les patrons ; que les frais de la deuxième soient entièrement supportés par les ouvriers, maîtres en revanche de l'administration des caisses.

Mouvement syndical provoqué par les lois elles-mêmes
Renaissance en 1882 du mouvement syndical – 1er Lohnkämpf [lutte salariale] en 1880, Berliner Tischler
Mars 1882, *General Komite der Berliner Gewerkschaften* – agitation pour la protection légale des travailleurs.

---

1. « À partir de ces principes, aspirer par tous les moyens (et non plus par tous les moyens légaux) à un État libre et à la société socialiste. » Traduction Nicolas Patin.
2. « [Quelques résolutions définirent aussi la position internationale du parti. Le congrès exprima sa sympathie au combat de libération des nihilistes russes], même si leur tactique, déterminée par la situation russe n'était pas appropriée à la situation allemande, [et décidant d'envoyer des délégués au congrès mondial prévu par les socialistes belges pour 1881] », *in* Franz Mehring, *Histoire de la social-démocratie... op. cit.*, p. 560.

Les conservateurs sociaux espèrent s'emparer du mouvement. Mais
« *als die Konservative Partei die Jahreswende mit ihren Antrag auf Einfuhrg obligatorischer Arbeitsbucher ans Tageslicht kam*[1] »

Agitation hostile des ouvriers berlinois : deux réunions publiques à Berlin, suivies d'une centaine en Allemagne

15 février 1883, poursuite contre le *General Komité*

29 mars – 2 avril 1883, Congrès de Copenhague :

Organisation : la direction des prochaines élections confiées à la fraction parlementaire, avec droit de s'adjoindre des membres par cooptation, et de nommer un sous-comité. Elle devra publier un manifeste électoral et une brochure d'instruction.

1884-91 : Aux élections de 1884, le parti obtient 550 000 voix, 24 sièges : la fraction est maintenant autonome.

1885 : *Arbeiterschutzentwurf*

Journée de 10 heures pour les adultes, de 8 heures pour les enfants

Interdiction du travail du dimanche et des jours de fêtes

Du travail des enfants, des femmes

Du travail de nuit sauf exception

Paiement hebdomadaire des salaires

Salaire minimum

Système de surveillance des droits du travail par un *Reichsarbeitsamt, Arbeitsamter, Arbeitskammern und Schiedsgerich*. [Bureau du travail national, chambres du travail, tribunal arbitral)

Difficultés dues au nombre croissant d'adhérents : la conquête de la Bavière du Sud (Sourabe, Vieille Bavière) et la question des paysans.

Recrudescence de la persécution : 1886, 1889, le *Geheimbundsprocess*

Élections de 1887 : 763 000 voix, 12 sièges ; 1890 : 1 427 000 voix.

En mars 1890, congé de Bismarck, la loi d'exception n'est pas renouvelée.

En 1890, au congrès de la Halle, le parti se donne une organisation ; en 1891, au congrès d'Erfurt, un programme.

Halle – organisation

« *Die parteigenossen in den einzelnen ReichstagsWalhkreisen wählen in öffentlichen Versammlungen zur Wahrnehmung der Partei Interessen einen*

---

1. « ... la vérité du parti conservateur, au moment du passage à la nouvelle année, a éclaté à la lumière du jour, quand ils ont proposé l'instauration du livret ouvrier obligatoire ». Traduction Nicolas Patin.

oder mehrere Vertrauenmanner. Die Art der Wahl dieser Vertrauensmanner ist Sache der in den einzelner Kreisen wohnenden genossen[1] »

Prennent part au *Parteitag* annuel les délégués des Wahlkreisen [circonscriptions], pas plus de trois par circonscriptions (femmes)
Les membres de la fraction
Les membres de la direction
« *Die parteileitung besteht aus 12 Personen und zwar aus 2 Vorsitzenden, 2 Schriftfuhren, 1 Kassirer und 2 Kontrolleuren* » [la direction du parti se compose de 12 personnes, dont deux présidents, deux secrétaires, un trésorier, et deux contrôleurs]
Organe : le *Berliner Volksblatt* qui devient à partir de janvier 1891, le *Vormartz*.

Erfurt – déclaration de principes, conforme aux principes du marxisme : les deux discours de Liebknecht en 1890 et 1891. On tient compte des critiques de Marx en 1895.

Le programme économique porte sur les points suivants :
1/ législation du travail
– Journée de 8 heures
– Interdiction du travail des enfants
– Interdiction du travail de nuit, sauf exception
– Repos de 36 heures par semaine
– Interdiction du Truck-System [payement en nature]
2/ système général d'inspection du travail
3/ égalité devant la loi des travailleurs agricoles et industriels
4/ garantie du droit de coalition
5/ reprise de toute l'assurance ouvrière par l'État avec collaboration des ouvriers.

Progrès numériques du Parti.
Plus de deux millions de voix depuis 1898 ; près de 3 millions de voix en 1903.
Rester un parti de protestation révolutionnaire, va devenir un parti d'action opportuniste. Werner et de Vollmar – Kautsky et Bernstein.

---

1. « Les camarades du parti dans chaque circonscription législative élisent, lors d'une assemblée publique, un ou plusieurs délégués, pour la défense des intérêts du parti. La manière d'élire ces délégués est décidée dans chaque circonscription par les camarades qui y résident. » Traduction Nicolas Patin.

Plus profondément, la question de doctrine, le Marxisme, au sens étroit, ne dit rien sur le principe de distribution dans la société communiste future, se borne à en démontrer l'avènement nécessaire, par le fait que la société capitaliste tend sous nos yeux à un régime collectiviste de la production. Attitude à la longue trop révolutionnaire.

D'autre part, il se forme, à côté du groupement politique, des groupements économiques d'ouvriers. Syndicats, coopératives de consommation. S'il apparaissait que ces groupements introduisent déjà dans la société actuelle les germes d'une distribution communiste ? Possibilité alors d'un socialisme évolutionnaire.

LE POLYCOPIÉ DE 1932 SUR

L'HISTOIRE DU SOCIALISME ANGLAIS

DE 1815 À NOS JOURS

PRÉSENTATION

L'histoire du socialisme anglais de 1815 à nos jours *est une variante du grand cours professé par Élie Halévy à l'École libre des sciences politiques consacré à l'*Histoire des idées politiques et de l'esprit public en Angleterre au XIXe siècle, *ainsi que le mentionne le* Livret de l'étudiant *de 1932*[1]. *Publié par l'École libre et la Librairie des Facultés dans la collection « Droit et Politique », le texte, long de 84 pages, se présente comme un polycopié, divisé en fascicules et pourvu d'une bibliographie, d'une introduction et d'une conclusion. Sa rédaction – concise, voire elliptique dans son style, sommaire et entachée de quelques fautes et coquilles dans sa forme – laisse penser que le texte a été dactylographié à partir d'une saisie sténographique et qu'il n'a été relu que très rapidement par Élie Halévy.*

*Cette source n'est jamais mentionnée explicitement par les éditeurs de l'*Histoire du socialisme européen *; elle sert pourtant de trame aux chapitres anglais, établis par Étienne Mantoux. Ils en suivent le plan et en empruntent les développements et les exemples, quand ce n'est pas le « mot à mot ». Tout juste est-il fait mention en note, et encore pas systématiquement, de « leçon[s] faite[s] par Élie Halévy [en] 1932 et rédigée par Étienne Mantoux ». De même, la grande « satisfaction » exprimée par Raymond Aron concernant « les chapitres sur le socialisme anglais » est portée au compte de « la connaissance unique qu'Étienne Mantoux avait des choses britanniques*[2] *», et non de l'existence d'un manuscrit préexistant, conséquent par son volume et consistant intellectuellement.*

*Nous publions ici dans son intégralité, nonobstant les scories de forme et de style relatives à son format, ce polycopié, publié du vivant d'Élie Halévy et trace officielle et authentifiée d'un cours prononcé à l'École libre. Contrairement à l'*Histoire du socialisme européen, *le cours est ici complet et non remanié ; il présente, par sa rédaction elliptique, des fulgurances interprétatives. D'autre part, la confrontation de ce texte original et des passages choisis pour figurer dans l'*HSE *est particulièrement révélatrice des*

---

1. Une note mentionne : « *Le Professeur traitera l'histoire du socialisme anglais de 1815 à nos jours* ».
2. Raymond Aron, « Avant-propos » à l'édition de 1948, *op. cit.,* p. 9-10.

lourdes opérations de sélection, de composition, enfin de réécriture qu'ont opérées les éditeurs – dont les effets sont analysés en introduction générale.

Un double système de renvois, dans le texte princeps *de l'*Histoire du socialisme européen *et dans le texte annexe de* L'Histoire du socialisme anglais *permet de repérer les emprunts, également signalés dans le* Tableau des sources *(p. 30).*

LE POLYCOPIÉ DE 1932 SUR

L'HISTOIRE DU SOCIALISME ANGLAIS

DE 1815 À NOS JOURS

« D'après le cours professé par M. Élie Halévy, docteur ès-lettres, professeur à l'École libre des sciences politiques – polycopié de la collection « Droit et Politique », Paris, Librairie des Facultés, 1932-33. »

BIBLIOGRAPHIE

I

Généralités :
A. Métin. *Le Socialisme en Angleterre*, 1897 (un simple manuel, mais qui, bien que superficiel, peut être consulté avec fruit). – M. Berr. *Geschichte des Sozialismus in England*, 1913 (marxiste, solidement documenté. Trad. angl. 1919-1920).

Pour des histoires moins doctrinales du mouvement ouvrier anglais, v. George Howell. *Labour Legislation, Labour Movements and Labour Leaders*, 1902 (œuvre d'un vieux trade-unioniste non socialiste). – Sidney and Beatrice Webb. *The History of Trade Unionism*, 1re éd. 1896 (trad. fr. 1897) – G. D. H. Cole. *A short History of the British Working Class Movement*, 1789-1927 3 vol., 1925-1927 (socialiste).

Robert Owen : V. Son autobiographie intitulée *The Life Of Robert Owen*, written by himself, 1857 ; et les biographies allemande de Helene Simon, 1905, anglaise de Podmore, 1906, française d'Édouard Dolléans, 1907.

Sur les ricardiens égalitaires, v. Anton Menger, *Das Recht auf den vollen, Arbeitsertrag*, 1886, (trad. fr., 1900) ; et mon : *Thomas Hodgskin* 1902.

Mouvement chartiste :

Th. Frost. *Forty Year's Recollections*, 1880 ; W. Lovett. *Life and Struggles*, 1876 ; R. G. Gammage. *History of the Chartist Movement*, 1894 – J. Tildsley. *Die Entstchung und die ökonomischen Grundsätze der Chartistenbewegung*, 1898 ; Édouard Dolléans, *Le Chartisme*, 1915 ; Frank F. Rosenblatt, *The Chartist Movement in its Social and Economic Aspects*, 1916 ; Julius West. *A History of the Chartist Movement*, 1920.

Thomas Carlyle.

Ses deux ouvrages respectivement intitulés *Chartism* et *Past and Present* (Trad. fr., 1901, sous le titre : Cathédrales d'autrefois et Usines d'aujourd'hui).

John Ruskin.

Principaux ouvrages offrant un caractère social : *The Political Economy of Art*, 1857 ; *Unto This Last*, 1860 ; *Munera Pulveris* ; 1862-63 ; *Sesame and Lilies*, 1865 ; *The Crown of Wild Olive*, 1866 ; *Times and Tides*, 1867 ; *Fors Clavigera*, 1871-74 : Sur Ruskin, V. Jacques Bardoux. *John Ruskin* (1900).

Socialisme Chrétien.

Charles Kingsley. *Letters and Memories*, 2 vol., 1877. Frederick Denison Maurice. *Life and Letters*, 2 vol., 1884. L. Cazamian. *Le Roman Social en Angleterre*, 1904. – L. Brentano. *Die Christiche sociale Bewegung*, 1883.

Sur le mouvement ouvrier pendant le troisième quart du siècle.

v. outre Sidney and Beatrice Webb. *History of Trade Unionism*, 1896 (déjà cité), G. J. Holyoake. *History of Cooperation in England*, 1885 ; et Beatrice Potter (Mrs Webb). *The Cooperative Movement in Great Britain*, 1893.

II
RENAISSANCE DU SOCIALISME BRITANNIQUE À LA FIN DU XIXe SIÈCLE

A – *Le socialisme expropriateur de la propriété foncière*
Henry George, *Progress and Poverty*, 1879. Alfred Russel Wallace, *Land Nationalisation, its Necessity and its Aims*, 1882.

B – *Vers la formation du parti travailliste.*

V. outre les ouvrages généraux cités dans ma première bibliographie.

1°) *Les ouvrages doctrinaux* de H. M. Hyndman, *The Historical Basis of Socialism* 1883, et les ouvrages de S. et B. Webb (déjà cités), *The Cooperative Movement in Great Britain*, 1ère éd. 1893 ; *Industrial Democracy*, 1re éd. 1897.

2°) les **biographies** de H.M. Hyndman, *The Record of an Adventurous Life*, 1911 ; Beatrice Webb, *My Apprenticeship*, 1926 etc.... etc....

3°) **Les historiques** : Bernard Shaw, *The Fabian Society : What it has done and how it has done it*, 1892. J. R. MacDonald, *The History of the Independent Labour Party*, with notes for lecturers and class readers, s.d. – G. D. H. Cole, *A Short History of the British Working Class Movement*, vol. II (1848-1900), 1926 ; vol. III (1900-1917), 1927. – Godfrey Elton, '*England Arise' A Study of the Pioneering Days of the Labour Movement* 1931. A. W. Humphrey, *A History of Labour Représentation*, 1912.

Crise syndicale aux environs de 1900.

P. Mantoux et M. Alfassa, *La crise du Trade Unionisme*, 1903.

Et sur *le problème juridique des droits syndicaux*, H. E. Barrault, *Le droit d'association en Angleterre*, 1908 ; Jean Fouilland, *Allen v. Flood*, 1922. – René Hoffherr, *Le boycottage devant les cours anglaises*, 1901-1923, 1928. – P. Baratier, *L'autonomie syndicale et ses limites devant les cours anglaises*, 1928.

La question sociale à la veille de la grande guerre : législation sociale, agitation ouvrière, naissance du Guild socialism.

Ed. Guyot, *Le socialisme et l'évolution de l'Angleterre contemporaine* (1880-1911), 1913. – Charles Witney and James A. Little, *Industrial Welfare, The Aims and Claims of Capital and Labour* 1912. Lord Askwith, *Industrial Problems and Disputes*, 1920. – G. D. H. Cole, *The World of Labour, A Discussion of the Present and Future of Trade Unionism*, 1913. A. S. Penty, *The Restoration of the Gild System*, 1906. Hilaire Belloc, *The Service System*, 1912. A. R. Orage, *National Guilds, An Enquiry into the Wages System and the Way Out*, edited by – 1914 – auxquels on peut joindre les ouvrages parus pendant et après la guerre, de G. D. H. Cole, *Self Government in Industry*, 1918 ; *Social Theory*, 1920 ; *National Guilds and the State*, 1920.

Étatisme et syndicalisme de guerre.

V. dans la série britannique de l'Economic and Social History of the World War, publiée par la fondation Carnegie : G. D. H. Cole, *Workshop Organization Labour in the Coal-Mining Industry ; Trade Unionism and Munitions* ; Sir William Beveridge, *British Food Control*, etc.... etc.... –

auxquels on peut joindre G. D. H. Cole, *An Introduction to Trade Unionism, being a short study of the present position of Trade Unionism in Great Britain* 1918.

Après la guerre.
A – *Ouvrages de doctrine.*

Bertrand Russell, *Principles of Social Reconstruction* 1ère éd., 1916 ; Sidney and Beatrice Webb, *A Constitution for the Socialist Commonwealth of Great Britain*, 1920 ; R. H. Tawney, *The Acquisitive Society*, 1921 ; Bernard Shaw, *An Inteligent Woman's Guide to Socialism and Capitalism* 1928 – G. D. H. Cole, *The Next Ten Years in British Social and Economic Policy.*

B – *L'agitation syndicale.*

G. D. H. Cole, *Organised Labour, An introduction to Trade Unionism*, 1926 – Floris Dolattre, *L'Angleterre d'après Guerre et le Conflit Houillier*, 1931.

C – *Le parti travailliste.*

Jacques Bardoux, *L'expérience de 1924-1928*. Egon Wertheimer, *Das Antlitz der Britischen Arbeiterpartei,* 1929 ; et les divers ouvrages parus en 1932 immédiatement après la formation du ministère MacDonald d'union sacrée, Godfrey Elton, *Towards the New Labour Party* ; – Clifford Allen, *Labour's Future at Stake ;* Harold Laski, *The Crisis and The Constitution, 1931 and after ;* G. T. Garratt, *The Mugwumps and the Labour Party* ; – John Scanlan, *Decline and Fall of the Labour Party.*

FASCICULE I

LES ORIGINES – LA RÉVOLUTION INDUSTRIELLE – LES DOCTRINES

Il est difficile de déterminer la date à laquelle remonte le socialisme anglais. La même difficulté existe d'ailleurs pour le Socialisme en général, peut-on le faire commencer avec la Révolution française ? Il semble que non car le Socialisme répond à des problèmes posés par la Révolution industrielle. À la fin du XVIIIe siècle, il s'est produit en Angleterre une transformation dans les formes de la production, le machinisme commença à dominer dans l'industrie textile, la métallurgie se développa grâce à la houille et au coke. Dans le Nord de l'Angleterre, le fer, la machine, l'usine ont remplacé le bois, le métier, l'industrie domestique ; l'Angleterre est couverte de machines alors que la France ne possède encore que deux machines à vapeur.

Le Socialisme va donc se préoccuper des problèmes sociaux et économiques dus à la Révolution industrielle.

Cependant[1] Adam Smith en 1787 mentionne à peine le machinisme ; c'est plutôt l'échange qui l'intéresse, il ignore la révolution opérée par le machinisme. En 1793, William Godwin écrit un ouvrage qui eut un certain succès : *Enquête sur la Justice politique*. Ce livre est d'un communisme et d'un anarchisme absolus ; on peut négliger son influence qui ne fut importante que sur les idées sociales de Shelley et de quelques hommes de lettres isolés. Les masses ouvrières, elles, étaient dépourvues d'idéologie ; Godwin ignore d'ailleurs le problème de la diminution du travail par le machinisme, qui est le problème essentiel du Socialisme au XIXe siècle.

C'est en 1815 que ce problème se pose d'une façon aigue en Angleterre et dans le monde, c'est-à-dire immédiatement après les Traités de Paix. La guerre, qui avait été quasi permanente de 1792 à 1815, avait enrichi l'Angleterre et appauvri le Continent, très peu industrialisé à ce moment. La France, l'Allemagne, la Belgique sont très en retard sur l'Angleterre qui se trouvait alors en état d'augmenter constamment son industrie et de fournir ses alliés comme ses ennemis.

---

1. Voir *Histoire du socialisme européen*, Ire partie, chap. I, p. 59

En 1815, l'Angleterre espère un accroissement de sa prospérité ; ce fut le contraire qui devait se produire. On imita sur le continent l'Angleterre et on la concurrença. À cette époque l'Angleterre est accablée d'impôts, sa dette publique est d'autre part écrasante. En 1817 et 1819, elle connaît ses premières crises qui déconcertèrent les contemporains ; il n'y eut ni disette ni manque de subsistances : c'étaient des crises de sous-consommation. De violentes critiques furent dirigées contre le système capitaliste. Le Socialisme fut une réaction automatique contre certains procédés de la grande industrie.

Les économistes libéraux étaient les justificateurs du système attaqué par les socialistes : ce furent Adam Smith et Ricardo.

Certains prétendaient que les dernières crises étaient dues au brusque passage de la paix à la guerre. Une autre théorie élaborée par J. B. Say, dite "théorie des débouchés", base la société moderne sur l'échange : « tous les produits, dit-il, s'échangent toujours contre tous les produits », et par là il explique les crises anglaises par le manque de débouchés ; pour se procurer des débouchés nouveaux l'Angleterre devra donc abaisser les frontières douanières et supprimer les entraves des réglementations corporatives ; c'est là le seul remède aux crises de surproduction.

Cette théorie claire et solide fut soutenue par Ricardo, James Mill, J. B. Say : c'est une théorie optimiste, elle s'oppose au pessimisme des masses et de leurs meneurs.

Le Socialisme lui est un mouvement de masse, c'est une réponse spontanée aux désordres de la nouvelle société économique ; c'est d'autre part une tentative de réfutation de la théorie classique et optimiste des économistes libéraux.

Le Socialisme s'apparente cependant directement aux théories ricardiennes. Le travail de formation de l'Économie Politique commence en 1776 avec le livre célèbre d'Adam Smith et s'achève en 1815 avec l'Économie Politique de Ricardo. Cette science toute neuve a comme principes la description et la glorification de l'échange, basé sur la quantité d'heures de travail contenu dans l'objet échangé. Ce monde sera celui du bonheur, de l'égalité et de la justice.

Bientôt l'on se préoccupe de la distribution des richesses, ce n'est d'ailleurs que sur le tard qu'Adam Smith incorporera ces nouvelles idées à sa doctrine.

Jusqu'en 1764, il n'enseignait que les principes échangistes et commercialistes. À cette époque, il vint en France et y connut les Physiocrates qui commençaient à attirer l'attention sur la distribution des richesses entre les classes productrices d'une nation (Quesnay, Turgot donnaient une division naturelle de la société en plusieurs classes dont la principale était basée sur la culture de la terre) ; c'est par les Physiocrates que le mot de "classe" fut introduit dans le langage économique. A. Smith transforma et simplifia leur division ; il distingue trois classes : propriétaires ; capitalistes, ouvriers ; il analysa les notions de "rente foncière", "salaire", "profit". Il reconnaît que la distribution des richesses n'obéit à aucun facteur d'égalité ou de justice, et qu'elle n'est pas proportionnelle à la quantité de travail et à l'effort fourni.

Ce second aspect de la doctrine d'Adam Smith semble donc proche du Socialisme. Cependant les écrits d'Adam Smith et des Physiocrates ne sont nullement des écrits critiques, car ce sont tous des adeptes fanatiques de l'optimisme humanitaire du XVIIIe siècle.

Lorsqu'en 1792 éclate la Révolution française parait le livre de Malthus *Essai sur le principe de population*. Le père de Malthus était un adepte des théories optimistes du XVIIIe siècle. Malthus lui était plutôt réactionnaire et s'attacha à prouver que la nature elle-même dément l'optimisme du XVIIIe siècle. Sa formule d'un mathématisme absolu et âpre est devenue célèbre. C'est avec Malthus que s'introduit dans l'Économie politique un élément de pessimisme qu'il tâcha d'ailleurs lui-même d'atténuer en transformant sa théorie en doctrine préventive.

La caractéristique de l'œuvre de Ricardo est qu'elle est une sorte de révision de l'œuvre d'Adam Smith d'après le pessimisme malthusien. Sa théorie de la rente foncière est justifiée par l'idée d'infécondité croissante du sol : le propriétaire du sol le plus riche touche un revenu d'autant plus élevé, une "rente foncière" d'autant plus forte, que les nouvelles terres exploitées sont moins fertiles. Des théories identiques sont émises sur le salaire : le salaire devient la somme d'argent minimum nécessaire à la vie de la famille de l'ouvrier. Quant au profit, c'est la différence entre le prix de vente et le coût de production additionné ou salaire, et le profit croît donc en sens inverse du salaire, d'où lutte forcée entre patrons et ouvriers, et luttes de classes.

L'œuvre de Ricardo est assez paradoxale : certains de ses disciples en ont tiré de l'optimisme et même du quiétisme ; mais l'essence de sa doctrine est foncièrement pessimiste et constate un manque complet d'harmonie dans le monde. En 1848, l'économiste américain réactionnaire Carey appelle le livre de Ricardo *"manuel du démagogue"*.

Ricardo est avec Adam Smith le père du libéralisme économique, mais il est aussi celui du socialisme agraire et du socialisme industriel.

Le socialisme agraire ne devait se développer qu'en 1880. Le socialisme industriel eut une évolution plus rapide et qui nous intéressera plus particulièrement.

Vers 1815, un grand initiateur pratique et théorique se dresse pour opposer à l'économie politique libérale une nouvelle économie socialiste, c'est Robert Owen, le fondateur du mouvement coopératif en Angleterre.

ROBERT OWEN[1]

Né en 1771 dans le pays de Galles, 7ème fils d'un sellier, puis petit employé, il fit sa fortune dans le Lancashire, puis à Glasgow où il épousa la fille de son patron et devint un des plus grands industriels anglais du coton grâce à ses usines de New Lanarck.

En 1812, il publie un premier ouvrage *Vues nouvelles de la Société ou Essais sur la formation de l'esprit humain*. Il prétend que pour améliorer la condition humaine, il faut d'abord se rendre compte que l'homme n'est pas libre, qu'il est le produit absolu de son milieu. Pour améliorer l'homme, il faut donc commencer par changer son milieu et instaurer le règne du bonheur et de la vertu.

Robert Owen est d'ailleurs à ce moment conservateur, c'est un grand patron qui veut que les autres patrons l'imitent ; il demande l'amélioration des machines vivantes que sont les ouvriers.

Dans les usines de New Lanarck, il monte une vaste expérience sociale ; il fonde un économat, établit une journée fixe de 10 h. 1/2, la fixité des salaires ; il organise des écoles et des jeux pour les enfants auxquels il donne le temps et la possibilité de s'instruire. C'est le grand philanthrope du Nord, bien vu dans les milieux conservateurs malgré son athéisme (Alexandre I viendra lui rendre visite).

À ce moment, les libéraux réclament la suppression de l'*income-tax*. Le gouvernement lutte contre les idées de 1789 : une loi de 1799 s'élève contre les associations, puis une loi prohibe les coalitions ouvrières. Le protectionnisme était un facteur de renchérissement du coût de la vie. Le régime électoral était très oligarchique (division en comtés et en bourgs) et assez corrompu.

En 1817 et 1819 se constitue un parti nouveau, le parti radical, demandant une réforme radicale de la Constitution, l'établissement du suffrage universel, la réduction des impôts, la suppression du protectionnisme et des lois d'exception de 1799.

Cette agitation qui remplit les années 1815-1816-1817-1818-1819 se termine par le triomphe du gouvernement tory qui fait voter les "6 lois" aggravant les lois de 1799. C'est à ce moment qu'Owen se dresse seul et dédaignant les radicaux, avec un nouveau programme quasi socialiste. C'est plutôt un homme d'action qu'un doctrinaire, il oppose à l'optimisme libéral une double critique.

Tout d'abord, dans deux brochures de 1818 et de 1819, il critique le malthusianisme : par des chiffres et des statistiques inspirés par les faits de

---

1. Voir *Histoire du socialisme européen*, 4e partie, chap. I, p. 62

la révolution industrielle, il constate qu'en réalité il y a surproduction, la population augmente de 20 % et la production de 1 500 %.

L'ambition d'Owen est alors d'agir sur le plan national comme sur le plan international.

En Angleterre, il arrive à faire déposer par le père de Robert Peel un projet de loi limitant le travail des enfants dans les manufactures de coton. D'autre part, sur le plan international, les anciens alliés de l'Angleterre siégeant en 1818 à Aix-la-Chapelle, Owen demande aux puissances d'organiser une législation internationale pour la protection du travail et sa limitation. Il critique l'éloge de l'échange fait par les libéraux, car il constate la surproduction qui se fait dans des circonstances telles que la rémunération accordée aux ouvriers est insuffisante au rachat de toute la production.

L'Angleterre était à ce moment sous le régime de la loi des pauvres qui obligeait les indigents à travailler dans des *workhouses* ou leur fournissait des secours à domicile. Owen intervint dans ce domaine en demandant de faire dans ces *workhouses* des expériences socialistes ; on établira des colonies agricoles où les colons travailleront pour satisfaire leurs propres besoins ; il établit tout un plan chimérique de ce qu'il appelle "les villages de coopération et d'amitié".

Owen est ainsi le promoteur d'une sorte de socialisme étatiste.

Jusque-là les classes dirigeantes avaient été bien disposées en sa faveur parce qu'il semblait hostile à la démocratie. Mais en 1820, R. Owen, déçu par le silence des souverains, lance un appel aux ouvriers dans lequel il leur dit qu'ils ne devront plus compter que sur eux-mêmes pour améliorer leur condition ; il devient hostile à l'État et veut que les ouvriers créent eux-mêmes les colonies.

Il part en Amérique et fonde des colonies d'expérience à New Harmony dans l'Indiana et au Texas. Il jouit d'une liberté complète car il s'établit dans une zone désertique. Dans ces colonies, il n'y a ni propriété individuelle, ni religion, ni liens légaux en matière sexuelle. Puis il revient en Angleterre au moment où la prospérité y renaissait et prévint ses amis que cette prospérité était factice. En effet, à la folie des exportations succéda bientôt un engorgement des marchés. Les nouveaux États empruntèrent de l'argent à Londres et s'en servirent pour payer leurs créanciers anglais.

Une crise violente s'ensuivit en 1825 qui n'eut pas les effets politiques des crises précédentes ; les radicaux ne jouèrent aucun rôle, car les *tories* devenus modérés évoluaient vers un certain libre-échangisme. En 1824, une grande loi rendit aux ouvriers la liberté de coalition ; l'atmosphère se trouve alors détendue et l'agitation ouvrière de politique devint oweniste.

Au point de vue théorique *Thomas Hodgskin et William Thompson* publièrent, le premier : *Défense du travail contre les prétentions ou démonstration de l'improductivité du capital par rapport aux coalitions ouvrières*, le second : *Enquête sur la distribution des richesses*. Ces deux ouvrages devaient influencer grandement Karl Marx.

Les disciples de Robert Owen aboutissent au socialisme en partant de la doctrine de Ricardo qui fondait la valeur sur le travail. Ils proclamèrent le mythe de la productivité de la terre et du capital dont les profits ne sont que des tributs prélevés sur les salaires ouvriers.

Ricardo disait : « Le travail comme toute marchandise a son prix naturel... c'est ce qui est strictement nécessaire à la subsistance de l'ouvrier et de sa famille. »

Les disciples d'Owen proclament le scandale juridico-moral de semblables affirmations.

Pour lutter contre le profit capitaliste, ils fondent des coopératives (la première à Brighton en 1828) tout d'abord de consommation, puis de production. Les associés payent 5 % de plus que les prix de gros, ces 5 % fournissent un pécule, un fonds grâce auquel on ouvre des ateliers. Ces petites coopératives se multiplient et bientôt se pose le problème de l'écoulement de leurs produits, on crée alors le "bazar coopératif" où ces produits s'échangent.

Owen se défie d'abord de ce mouvement qui semble mesquin, mais bientôt il l'adopte et en 1833, à Gray's Inn, se fondent des *Labour Exchanges* où les produits s'échangent suivant le nombre moyen d'heures de travail contenu dans ce produit. La justice et le bonheur devaient régner grâce à ce mouvement coopératif qui fut d'ailleurs bien accueilli par les classes dirigeantes qui y voyaient un dérivatif au radicalisme. En 1830, il y avait 170 boutiques coopératives ; en 1832, de 4 à 500. Puis elles disparurent assez rapidement pour renaître plus tard.

Ce mouvement qui devait développer les idées économiques chez les ouvriers fut appelé par Owen "mouvement social" puis "Socialisme". Le mouvement s'effondra pour des raisons techniques et parce que l'intérêt se reporta bientôt vers les questions politiques. Elles renaîtront en 1830 avec la politique radicale qui s'orientera vers le socialisme démocratique : le *Chartisme*.

LES GRANDES LOIS SOCIALES[1]

C'est vers 1830 qu'apparaît le mot "*Socialiste*" ; un socialiste est celui qui se désintéresse de la politique et ne cherche à résoudre que la question sociale. Mais la *renaissance du radicalisme* va bientôt faire du tort au socialisme.

Après la mort de Canning, le parti *tory* lasse de nouveau le pays. En 1829, les catholiques s'émancipent, ce qui eut pour effet d'affaiblir le ministère.

Les *torys* extrémistes (Marlborough) demandent une réforme radicale du Parlement et presque le suffrage universel.

C'est à ce moment qu'éclate la révolution française de 1830.

Le ministère *tory* s'effondre et les *whigs* prennent le pouvoir. En 1832, on fait la réforme électorale. Ce ne fut cependant pas le suffrage universel ; les différences subsistent entre la campagne (comtés) et les villes (bourgs), on refit la carte des bourgs et l'on supprime les "bourgs pourris".

En France, Louis-Philippe avait abaissé le cens de 300 à 200 F : il y avait alors 160 000 électeurs pour une population de 30 000 000 h., soit 1 électeur pour 200 h.

En Angleterre, la réforme accorde le suffrage à 800 000 h. sur 24 000 000 habitants, soit 1 pour 30.

Les radicaux eux-mêmes (Bentham) obtinrent ce qu'ils espéraient, leur action fut prédominante.

RADICALISME PHILOSOPHIQUE[2]

Anti-religieux, leur but est "le bonheur sur la terre", et, selon la formule de Bentham et de ses disciples, "le plus grand bonheur du plus grand nombre".

En Économie Politique, la formule est : "*laisser-faire et laisser-passer*" ; il faut d'autre part réduire au minimum les fonctions d'État, l'on a foi dans les lois naturelles.

Bentham, lui, n'est pas un économiste mais surtout un juriste qui voulut réformer le droit civil et le droit pénal, or le Droit implique l'intervention de l'État qui récompense, punit et réalise l'harmonie des intérêts, et c'est là une tendance opposée à celle des économistes.

Les intérêts du plus grand nombre seront sauvegardés par le suffrage universel.

---

1. Voir *Histoire du socialisme européen*, 1re partie, chap. I, p. 69-70
2. *Ibid.*

De 1822 à 1832, Bentham élabore le *Code constitutionnel* qui parut après sa mort ; il veut donner à l'Angleterre une centralisation administrative. Il n'y aurait qu'une seule chambre élue par le suffrage universel.

L'État accordera ou refusera les subsides aux fonctionnaires répandus sur le territoire.

De nouveaux ministères seront créés : éducation nationale, hygiène, voies et communications, assistance publique.

ACTION DES RADICAUX SUR LE NOUVEAU PARLEMENT
(de fin 1832 au milieu de 1834)

Différentes lois furent élaborées dont deux célèbres :
a) la législation des fabriques de 1833,
b) la loi d'assistance publique de 1834 encore appelée "*New Poor Law*".

a) *Législation des fabriques* : K. Marx lui rend hommage : elle est la réaction automatique de société, c'est le pays industriel le plus développé qui donne l'exemple aux nouveaux pays industriels.

Cette législation trouve sa source dans la campagne qui fut menée par les grands patrons dont les plus connus étaient Robert Owen et son beau-père, Robert Dale, puis sir Robert Peel, le père du grand homme d'État, et dont les usines devaient leurs bénéfices, non à l'exploitation des ouvriers, mais à la perfection de leur organisation et de leurs machines.

D'autre part, une autre source de cette législation est le mouvement évangélique anglican encore appelé "weysleyianisme" du nom de son fondateur "Wesley", dont les adeptes étaient mi-laïques et mi-hommes d'église. Ces pieux chrétiens étaient scandalisés par la santé des femmes et des enfants qui travaillaient dans les usines et surtout par les effets moraux de leur promiscuité.

Une loi de 1802 permettait à l'État de louer à l'industrie le travail des enfants assistés, la journée de travail est fixée à 12 heures.

Cette loi ne fut pas appliquée.

Robert Peel poussé par Robert Owen fait voter en 1819 une loi plus complète que celle de 1802 : elle devait s'appliquer non seulement aux enfants assistés, mais à tous les enfants qui travaillent dans les manufactures de coton. Il n'y avait ni inspection ni contrôle. La portée de cette loi fut inexistante.

En 1820, il y eut une nouvelle crise ; peu après, il y eut dans les manufactures de drap du Yorkshire un grand mouvement pour étendre aux autres enfants les privilèges dont jouissaient les enfants des manufactures de coton.

On ne songeait pas encore à protéger le travail des adultes : l'adulte, disait-on, pouvait et devait se protéger lui-même.

Mais comme l'industrie ne pouvait se passer d'enfants pour qui l'on voulait fixer un maximum de 10 heures de travail, on pensa à étendre cette loi au travail des adultes par répercussion.

Sadler, un évangéliste, avait déjà déposé un projet de loi dans ce sens, mais il n'avait pas été réélu après la réforme ; aussi ce fut un autre évangéliste, *Lord Ashley*, qui reprit son *bill*. Il voulait interdire tout travail de nuit aux enfants âgés de moins de 15 ans et fixer un maximum de 10 heures à la journée de travail ; d'autre part, il voulait prohiber tout travail pour les enfants de moins de 9 ans.

Ce *bill* aboutit en 1832 : il limitait le travail des enfants et, par-là, celui des adultes.

Les Benthamistes auraient voulu l'instruction obligatoire pour tous les enfants, et c'est dans ce but qu'ils crurent bon d'utiliser les idées philanthropiques.

On protégea le travail des enfants jusqu'à l'âge de 13 ans.

Les Benthamistes demandèrent la journée de 8 heures qu'ils devaient obtenir en 1833.

La journée de 8 heures devient le maximum pour les enfants de moins de 13 ans dans le textile. L'instruction est obligatoire.

L'inspection des fabriques n'appartient plus aux juges de paix. L'Angleterre est divisée en 4 régions surveillées par 4 commissaires nommés par le gouvernement, et chargés de veiller à l'application de la loi de 1833.

En 1834, les patrons essayèrent de tourner la loi en instaurant dans leurs usines deux relais de 8 heures : dans ces deux relais, les adultes travaillaient souvent dans les deux équipes, par conséquent un total de 16 heures. Cet état de choses donna lieu à une agitation ouvrière et à un mouvement de protestation sous la direction de Robert Owen : on demande l'application de la loi de 8 heures aux adultes qui doivent refuser de travailler plus et, au besoin, se mettre en grève comme signe de protestation. Les ouvriers firent, comme on leur recommandait, la grève et obtinrent la réduction de la journée de travail à 8 heures.

En 1834, Robert Owen voudrait substituer au monde capitaliste l'organisation coopérative, mais ce fut sans succès.

La situation devait bientôt s'aggraver dans les campagnes. Les ouvriers agricoles s'agitèrent, et la guerre rurale recommença en 1834. La *Gentry* agricole réagit durement et fit déporter 6 agitateurs. Les troubles devaient reprendre au printemps suivant. On crut alors trouver la cause du malaise dans la mauvaise application de la loi des Pauvres "*Poor Law*".

La loi des Pauvres était une vieille institution anglaise du XVIIe siècle.

En 1601, la reine Elisabeth venait de faire supprimer les monastères catholiques. Or ces derniers donnaient aide et assistance à de nombreuses misères ; l'État dut à l'avenir les remplacer dans leur rôle charitable, c'est-à-dire fournir des secours aux malades et aux infirmes puis, à partir de 1722, aux chômeurs à condition qu'ils viennent chercher du travail dans les *workhouses* ; c'est là la reconnaissance du droit au travail.

Le nombre des *workhouses* devenant insuffisant, on dut organiser des secours à domicile, ce fut le droit à l'assistance *"out-door relief"*.

Le système devait se relâcher rapidement.

Cependant, chaque fois que les salaires descendent au-dessous d'un certain minimum, les ouvriers ont droit à l'allocation d'une certaine somme pour un minimum de vie.

La peur de l'émeute et de la révolte donne ainsi naissance au droit à l'assistance, puis au droit du travail, au droit à l'existence et au secours nécessaire. Les charges sont supportées par les propriétaires agricoles eux-mêmes qui se soucient peu de voir en Angleterre éclater une Révolution semblable à celle qui commença en France dans les campagnes.

Bentham et Malthus sont hostiles à cette politique sociale : ils craignent la surpopulation que les secours et l'assistance ne peuvent qu'encourager. Un économiste de leur école prétend même qu'il existe un fond de salaire dont chaque ouvrier reçoit sa part : augmenter cette part par charité, c'est diminuer la part des années à venir. On fonde une Commission chargée de la révision de la loi des Pauvres.

b) *New Poor law* (*1834*) : Cette révision condamna le principe du secours à domicile, ou pose le principe du *workhouse* obligatoire. Le salaire est calculé dans les *workhouses* de manière à être plus bas que le salaire minimum de l'ouvrier le plus misérable de la localité.

Eurent droit d'être soignés et hébergés dans les *workhouses* tous les ouvriers habitant la localité où le *workhouse* était établi. Cette disposition eut pour effet d'effrayer les localités ; aussi réduisit-on le droit à l'établissement à la localité de naissance. On divisa l'Angleterre en territoires de paroisses ayant chacune leur *workhouse* ; ces paroisses étaient groupées en unions de paroisses ayant un *workhouse* central chargé de la répartition des travailleurs et du droit de décider l'émigration. Dans chaque Union, il y avait un *Board of Guardians*, ces *guardians* étaient élus par les suffrages de tous les contribuables.

Peu à peu la réforme chère aux benthamistes se réalise et aboutit à une sorte de socialisme démocratique réel.

Les *torys* évangéliques protestèrent vivement, ainsi que les ultra-radicaux et que les masses agricoles.

Cependant cette loi si importante fut à peine discutée. Les *tories* la votèrent car elle soulageait la *gentry* du poids de l'impôt, mais ils savaient qu'elle était très mal vue. On vote la loi "en sourdine".

LE CHARTISME ET LE LIBRE ÉCHANGISME[1]

La loi sur les fabriques de 1833 demandait la protection des jeunes gens dans le travail jusqu'à l'âge de 27 ans. De 13 à 21 ans, les heures de travail furent augmentées ; les radicaux orthodoxes demandèrent l'instruction primaire obligatoire.

La loi d'Assistance publique de 1834 dite "loi des Pauvres" réorganise l'assistance publique ; on crée des bureaux de gardiens dans les unions de paroisse.

L'organisation démocratique de l'administration rendit impopulaire la centralisation.

À cette époque s'amorce un grand mouvement d'hostilité contre la loi des Pauvres, c'est "l'Anti-poor Law" et le gouvernement libéral.

En 1836, on réclame la journée de 10 heures. On traite les *workhouses* de bastilles et les trois commissaires [sont surnommés] : les trois rois ou les trois pachas de Somerset House.

On accuse les organisateurs d'avoir à dessein établi les *workhouses* loin des lieux de travail ; on critique la séparation dans les *workhouses* des femmes, des enfants et des hommes, et, d'autre part, le mélange des chômeurs honnêtes avec ceux qui ne le sont pas. Les orateurs de l'époque sont indignés et se servent tous d'une phraséologie violente qui va jusqu'à traiter les grandes fabriques de prisons.

L'extrême gauche demandait l'abrogation de la loi de 1834 votée pour cinq ans.

Les *Évangéliques*, pieux chrétiens et protestants dont les membres marquants sont *Oastler* et *Stephens*, s'opposent au régime de la grande manufacture et de la loi d'Assistance Publique. Leur langage est assez peu évangélique et leurs diatribes violente : ils parlent de « briques cimentées par le sang des enfants » etc. ... Ils sont réactionnaires et veulent le retour à l'Angleterre rurale et heureuse. On retrouve certaines de leurs tendances dans le livre célèbre de Charles Dickens : *Oliver Twist*.

Les radicaux orthodoxes s'alarment voyant disparaître leur popularité de 1832 ; ils cherchent une diversion et veulent ramener les ouvriers du

---

1. Voir *Histoire du socialisme européen*, 1re partie, chap. I, p. 73-76. Voir également l'article « Chartism », p. 807. »

socialisme au radicalisme. À cette époque, "Socialiste" est synonyme de "disciple de R. Owen" c'est-à-dire athée et coopératiste.

Ils cherchent à étendre le régime électoral et se réunissent à Londres pour élaborer le 8 mai 1837 une *Charte du peuple en 6 points* :
1) Suffrage universel.
2) Scrutin secret.
3) Paiement des *Members of Parliament*.
4) Suppression du cens d'éligibilité.
5) Égalité des circonscriptions électorales.
6) Élections générales annuelles.

À Leeds, Fergus O'Connor fonde un journal qu'il appelle *The Northern Star* ; il demande le suffrage universel mais pour établir des réformes sociales et lutter contre la loi de 1834. Il demande d'autre part la journée de 10 heures. La diversion à la loi des pauvres échoue donc.

De 1820 à 1830, Robert Owen s'est désintéressé de la politique. Vers 1840, une fusion de l'idée sociale et démocrate tente de s'opérer. Le Mouvement se heurte à des difficultés.

Les socialistes sont à nouveau obsédés par l'idée du retour à la terre. On pense même à lancer une souscription pour créer "l'Individualisme agraire".

À noter qu'à cette époque, les syndicats ne collaborent pas au commencement contre les fabriques ; les mécontents sont essentiellement les mineurs, les tisseurs, en un mot ceux qui ne travaillent pas dans les manufactures.

Les protestataires sont des réactionnaires contre les progrès de la machine.

Le mouvement chartiste s'étend sur 10 années : de 1837 à 1848 ; en 1839, 1842 et 1848 se produisent trois grandes crises au cours desquelles les Chartistes adressent au Parlement des pétitions pour la réforme électorale et d'autres réformes.

Ces pétitions étaient portées par des délégués élus par la province.

Ces délégués vinrent à s'imaginer qu'élus dans des meetings publics, ils représentaient des majorités plus importantes que les Membres du Parlement et, par conséquent, pouvaient les chasser et prendre leur place.

Dépités par leur insuccès, ils recourent à la grève générale qui, elle aussi, devait avorter.

La pétition de 1842, qui portait 3 300 000 signatures, est rejetée 6 ans plus tard. En février 1848, une minorité socialiste s'empare du pouvoir à Paris. En présence de ce succès, le mouvement chartiste voit luire de nouvelles espérances, provoque des émeutes en Écosse et à Manchester, puis constitue une nouvelle pétition.

L'Angleterre, qui a peur de la contagion du continent, est prise de panique. Les Chartistes se réunissent au Sud de la Tamise et marchent sur Londres. La troupe massée pour les recevoir est commandée par le vieux duc de Wellington. Un certain nombre de délégués atteint le Parlement avec la pétition. Lorsque l'on ouvre cette dernière, l'aventure tourne à la bouffonnerie, car, entre autres plaisanteries, y figuraient le nom de Wellington et de la reine Victoria.

Le chartisme, dont la doctrine était déjà si flottante, sombre alors dans le ridicule. En face de lui naît, avec des racines plus vives et plus profondes, le mouvement libre-échangiste qui devait si rapidement gagner du terrain.

Le programme libre-échangiste était celui des libéraux qui fondent en 1836 la célèbre *Anti-Corn Law Association*. Le centre du mouvement se trouve à Manchester ; à sa tête parait en 1838 Cobden. Il s'était fait connaître par deux brochures publiées en 1837 dans lesquelles il développait la théorie du libre-échange et du pacifisme intégral, et luttait contre l'idée de nation fermée en préconisant l'établissement d'une "République mercantile" unique.

L'*Anti-Corn Law Association* devait connaître rapidement un prodigieux succès et devenir la *League*.

Comme les Chartistes, ils font une propagande habile au moyen de délégations et de pétitions. À ce moment, les radicaux, qui viennent d'échouer dans leur essai de réforme politique, tâchent de détourner l'attention ouvrière sur la loi des céréales. Toute la lutte que les Chartistes mèneront de 1838 à 1848 ne sera pas en réalité dirigée contre l'État, mais contre le mouvement libre-échangiste sans cesse grandissant. La suprématie définitive de ce dernier sera la marque de la décadence chartiste et de la défaite du socialisme démocratique.

Les Libre-échangistes disent aux ouvriers : « *vous souffrez de ne pouvoir racheter le produit de votre travail avec les salaires qui vous sont alloués, le mal vient de ce que les prix sont trop élevés, il faut les faire baisser au moyen de la liberté des exportations, il faut adopter la formule "Laisser faire, laisser passer".* »

Par contre, les Chartistes répliquent : « *ouvriers, ne vous laissez pas mystifier par ces beaux discours ; si l'on abaisse le prix des céréales, vos salaires diminueront d'autant, car l'on vous donne juste ce qu'il faut pour ne pas mourir de faim* (c'est la future loi d'airain de Ferdinand Lassalle). »

Cobden se rendit alors compte que la politique du pain à bon marché pourrait desservir, il l'abandonne et cherche à obtenir d'autre façon le laisser passer. « *Voyez*, dit-il, *comme l'Angleterre regorge de produits manufacturés qu'elle ne peut écouler. La raison de cet état de choses, il faut la chercher dans les barrières douanières dressées par les autres pays contre l'Angleterre en représailles contre les droits de douane anglais qui frappent les céréales étrangères. La seule façon d'écouler ces produits, c'est de renverser la muraille douanière anglaise.* »

Cette doctrine, jointe à une habile action politique, devait triompher dès 1846 ; le Chartisme, qui sombre définitivement en 1848, essaya sans grand succès d'y survivre deux ans.

Le Chartisme fut loin cependant d'être sans influence. En effet, bien que la *New Poor Law* ait interdit le secours à domicile et forcé l'ouvrier assisté à aller au *workhouse*, bien souvent ces dispositions restèrent lettre morte ; le secours à domicile, s'il fut refusé aux adultes capables de travailler, fut cependant maintenu pour les infirmes et les chômeurs involontaires. Il y avait là une victoire partielle des chartistes.

D'autre part, la législation des fabriques qui faisait le nombre d'heures de travail ne disait pas à quel moment devait s'arrêter le travail ; aussi la loi fut souvent tournée par l'emploi de relais d'équipes empêchant tout contrôle efficace.

En 1844, le travail commence avec celui du 1er enfant et l'on décide que toutes les femmes tomberont sous le coup de la loi.

D'autre part, en 1847, la journée de travail est fixée à 10 heures comme le voulaient les Chartistes, au lieu de 12 heures.

Malgré ces quelques succès chartistes, la victoire définitive devait appartenir aux libre-échangistes.

Bien que ce fut un conservateur, sir Robert Peel devint le chef du nouveau gouvernement. Les libéraux proposèrent l'abolition de l'échelle mobile et de ne maintenir qu'un droit léger sur les céréales. Le projet fut rejeté par les conservateurs dont la majorité fut cependant bâtarde.

De 1842 à 1845, Robert Peel trace les grandes lignes du budget, il établit un impôt de 3 % sur le revenu et supprime par contre 750 droits de douane ou les diminue.

En 1845, la récolte des pommes de terre en Irlande fut compromise par la maladie. Cobden saisit l'occasion de la famine irlandaise pour faire aboutir la réforme. D'autre part, sir Robert Peel comprit qu'elle ne lésait en rien les intérêts des conservateurs. Les libéraux échouent cependant une première fois ; en 1846, on les rappelle au pouvoir, Peel fait voter un budget libre-échangiste et l'on *abolit les droits sur les blés.*

Après la révolution de 1848 en France, le socialisme semble décliner puis, en 1852, avec le rétablissement de l'Empire, il tombe en désuétude très prosaïquement, la bourgeoisie triomphe à nouveau. De même, en Angleterre, l'histoire du socialisme comporte à partir de 1848 quinze années blanches.

Nous profiterons de ces quinze années pour quitter l'histoire de l'évolution du socialisme et pour nous consacrer à l'étude de trois individualités : *Disraeli*, *Carlyle* et *Ruskin*.

DISRAELI – CARLYLE – RUSKIN[1]

DISRAELI

Disraeli est *né en 1804*, sa famille est israélite, son père était un littérateur connu. La position sociale de sa famille est assez élevée, elle fait en quelque sorte partie de l'aristocratie juive.

La vie de Disraeli fut ambitieuse, politique et littéraire.

En 1826, son ambition est à la fois *Vivian Gre*y et Canning, il dit à cette époque : « *Le monde est mon huître, je l'ouvrirai avec mon couteau.* »

En 1833, il pose sa candidature comme *tory*-démocrate et se fait *blackbouler*.

En 1835, il est élu en province. En 1839, il prend la parole aux Communes en faveur de la Charte. Puis il fonde le groupe de la "Jeune Angleterre" et rêve de remettre en pratique les principes qui ont fait la grandeur de la vieille Angleterre.

En 1841, il se fait élire comme conservateur, il fait bientôt partie des *torys* hérétiques et lutte contre Robert Peel, il est le chef de la faction protectionniste.

En *1844 et 1845*, il écrit deux romans sociaux : *Coningsby* et *Sybil*. Le premier est un roman psychologique, c'est le meilleur ; quant au second, c'est un livre ridicule et un feuilleton sublime ; ces deux livres ont un grand intérêt historique et il faut avoir lu *Sybil or the Two Nations*.

Dans sa doctrine, il reproche à la société moderne d'être fondée sur une psychologie fausse : la psychologie de l'intérêt de Bentham. La politique utilitaire croit aboutir à l'harmonie des intérêts automatique sans l'État. Il prétend cette politique absurde et pense que c'est la pression qui anime les hommes, et non la raison, la passion unie à l'imagination.

Le régime qu'il préconise, c'est la monarchie absolue, et non le régime "vénitien" oligarchique. Il veut, d'une part, le roi tout puissant et, d'autre part, le peuple, car la politique moderne n'aboutit qu'à la lutte des factions et des classes.

Dans *Sybil*, il place ses théories dans la bouche d'un juif millionnaire.

Toutes ses formules sont empruntées à Th. Carlyle, puritain écossais qui ne l'aimait guère parce qu'il était juif et dandy.

---

1. Voir *Histoire du socialisme européen*, Annexes, Annexe 3, p. 347.

CARLYLE

Carlyle n'appartient pas régulièrement à la période intermédiaire mais plus rigoureusement à la période 1815-48, à la période socialiste.

Carlyle est *né en 1795* en Écosse, dans un petit village des Highlands. Son père était un entrepreneur en maçonnerie, intelligent ; il ambitionnait pour son fils une haute situation, et il le pousse vers l'Université, il voudrait en faire un ministre de l'église presbytérienne d'Écosse.

Deux éléments prépondérants contribuèrent à la formation de la pensée de Carlyle ; tout d'abord l'élément puritain, qui crée un abîme entre Dieu et l'homme : l'homme doit trembler devant la puissance divine, il est incapable de faire lui-même son salut, il ne peut être sauvé que par le mystère de la grâce ; Dieu est un mystère transcendant. Bien qu'il perde la foi, Carlyle restera l'interprète du puritanisme écossais. Le deuxième élément est la pensée allemande.

Carlyle vint à Londres en 1822, alors qu'il a déjà perdu la foi et qu'il ne songe plus à devenir ministre protestant. Il apprend l'allemand, devient précepteur des Bullner, puis se consacre au journalisme. Il contribue à introduire en Angleterre la pensée allemande et Goethe.

Il garde malgré tout un assez vif sentiment religieux ; d'ailleurs Hegel, Schelling, Goethe ne sont pas athées et ne croient pas que l'homme et la société ne soient que des mécanismes démontables. Le XVIIIe siècle a détruit utilement certaines superstitions mais Carlyle veut fonder sur ses négations de solides affirmations. Il veut atteindre le réel par la raison, c'est-à-dire par-delà l'entendement.

La meilleure manière d'atteindre le réel, pense-t-il, est de se faire historien car l'on observe dans l'histoire, non pas les doctrines, mais ce qui est réel. On y voit que les grands hommes ne s'imposent pas par la force, mais par le consentement du genre humain qui a besoin de chefs parce qu'il a besoin d'obéir. Si la Révolution a échoué, c'est qu'elle était destructive et sans grands hommes. Toutes les théories de Carlyle se retrouvent dans son ouvrage sur la Révolution française et son livre célèbre, *Le Culte des Héros*.

La doctrine de Carlyle influencera les quelques rares Saint-Simoniens anglais.

En 1830, il publie dans la *Revue d'Édimbourg*, une série d'articles intitulée "Signe des Temps". Ces articles furent lus par Gustave d'Eichthal, alors jeune exalté, mystique, catholique puis plus tard Saint-Simonien. La philosophie de l'histoire des Saints-Simoniens oppose les époques organiques à foi commune et à organisation, aux époques critiques à simple valeur destructive et destinées à être remplacées par une nouvelle époque organique.

Le XVIIIᵉ siècle a été une période critique qui a succédé à la période organique du Moyen Âge. Le Moyen Âge était dirigé au spirituel par les prêtres et au temporel par les militaires. Au XVIIIᵉ siècle, les métaphysiciens ont détruit le pouvoir spirituel, et les légistes le pouvoir temporel.

Il convient alors de reconstruire. Le pouvoir temporel appartiendra aux chefs d'Industrie et le pouvoir spirituel aux savants.

En 1830, les saints-simoniens subordonnent ces deux pouvoirs à la direction des prêtres d'une religion nébuleuse. La nouvelle société ne connaîtra pas la propriété, il y aura une hiérarchie du travail dans laquelle chacun aura une fonction proportionnée à ses capacités. Ce sera le socialisme organisé.

Carlyle incorpore cette doctrine à sa doctrine métaphysique.

En *1839*, à la suite de la première pétition chartiste, il publie son livre *Le Chartisme*, œuvre du plus haut intérêt. Il s'élève contre l'idée utilitaire benthamique ainsi que contre la loi des pauvres : la question n'est pas pour lui politique, mais sociale ; il approuve la révolte des masses contre le radicalisme philosophique qu'il qualifie de "paralytique" parce qu'incapable de soulager la misère.

D'autre part, il approuve la disposition de la loi des pauvres : « *pas d'assistance sans travail* », ainsi que l'idée d'une organisation bureaucratique centralisée.

La loi des pauvres contient donc une part de justice et de vérité. Il ébauche en même temps une sorte de socialisme d'État, et demande encore que le gouvernement suive une politique sociale comportant l'instruction générale obligatoire et un système général d'émigration.

Son livre est assez faible, parfois grandiloquent, et verse souvent dans le radicalisme philosophique sans que Carlyle s'en doute.

En *1843*, Carlyle fait paraître, après la seconde poussée chartiste, un livre qui sera d'ailleurs son chef d'œuvre : *Past and Present*.

La préface du livre traite de la misère. Carlyle reconnaît que les ouvriers grévistes de Manchester ont eu raison de ne pas faire de révolution, car aucun gouvernement ne peut remédier au mal qui vient de la mauvaise structure de la société où la misère voisine avec la richesse. Il est difficile, dans l'État actuel, pour ne pas dire impossible, d'arriver au « *fair wage for a fair day-work* ».

À l'origine, les églises possédaient le 1/5 du sol ; les serfs vivaient heureux et non pas dans la misère ; la société était stable et l'aristocratie méritait la place qu'elle occupait.

Cette société s'est écroulée car l'aristocratie est devenue indigne et demandait aux travailleurs des droits trop élevés. L'avenir est au libre-échange. À la place de l'aristocratie foncière s'est installée celle des capitaines d'industrie qui est la classe dirigeante de l'avenir. À la liberté des contrats, d'où vient la misère ouvrière, succèdera bientôt la permanence des contrats qui unit les hommes.

Il prophétise une jonction d'intérêts entre patrons et ouvriers et cherche le point où, sous le contrôle ouvrier, l'ouvrier unira son intérêt à celui de son patron.

Les hommes du parti de Disraeli crurent voir en Carlyle un écrivain de leur nuance ; mais en 1847 il traçait un portrait de Cromwell extrêmement flatteur qui déçu les *torys* qui n'aimaient pas Cromwell.

En 1855, Carlyle entreprend une Vie de Frédéric II, roi de Prusse, or Frédéric II était un ami de Voltaire, donc un ami du XVIIIe siècle que Carlyle abhorre. Malgré cela, alors qu'il présente Voltaire en héros destructeur, par un artifice subtil, il fait de Frédéric II un reconstructeur, ce qui est manifestement faux.

Dans ces deux ouvrages Carlyle avait laissé tomber ses théories sociales.

Carlyle devait mourir en 1881 ; son influence fut considérable. Il contribua à populariser le socialisme chez les dirigeants. Le parti conservateur, au nom de l'idéal féodal, édifia une doctrine à moitié socialiste, alors que le parti libéral prit une position nettement anti-socialiste.

À proprement parler, Carlyle ne fut pas le prophète de Disraeli, mais celui de Bismarck. Il ne faut pas oublier en effet qu'il est profondément germanique. À la fin de sa vie, il refuse la Prairie et n'accepte que l'Ordre pour le mérite.

RUSKIN

Ruskin est aussi un socialiste hiérarchisant, mais il est beaucoup plus anglais que Carlyle.

Son influence sur le socialisme anglo-saxon est dominante, au même titre que celle de Karl Marx sur le socialisme continental.

Ses ouvrages sociaux sont en réalité postérieurs à 1860 et la filiation établie entre Carlyle et Ruskin ne doit pas faire croire qu'il appartient à la période antérieure, à la période d'inertie.

Vers 1838-40 s'était fondé un *Socialisme Chrétien* dont les chefs étaient Frederick Denison *Maurice* et Charles *Kingsley*, tous deux *clergymen* de l'Église d'Angleterre et appartenaient à la *Broad Church* par opposition à la *High Church* et à la *Low Church* ; leur but est de chercher à écarter tout ce qu'il y a de choquant dans le dogme chrétien. Ils publient des ouvrages de théologie, des romans théologiques puis sociaux en 1843.

Dès avant 1848, ils veulent sauver l'église de la décadence en la rapprochant du peuple, ils veulent la démocratiser.

Opportunistes et conservatistes, ils luttent contre la bourgeoisie manufacturière.

Pendant la Révolution française de 1848, un des leurs, Ludlow, vint à Paris et fit connaissance dans les milieux ouvriers de Buchez, fondateur d'un milieu socialisant et chrétien, ainsi que de coopératives de production. À cette époque, il y avait en France tout un essaim de coopératives florissantes qui devaient disparaître en 1851. Ludlow est enthousiasmé et croit voir en elles la solution de la question sociale, ainsi que Robert Owen lui-même quelques années auparavant. Les Socialistes chrétiens fondent alors des coopératives et un journal.

En 1852, ils obtiennent un statut légal pour leurs coopératives.

En 1853, ils créent un *Working men's College* pour les ouvriers.

En 1855, ils demandent à John Ruskin de faire dans ce collège un cours d'esthétique.

VIE ET DOCTRINES DE RUSKIN

Ruskin est *né à Londres en 1823*. Son père était écossais et faisait le commerce des vins, c'était un homme à la tête solide ; sa mère était la fille d'un cabaretier écossais, elle était pieuse et ambitieuse de savoir. Ruskin eut pendant toute sa jeunesse des leçons de Bible de 2 heures ; il eut beau rompre avec le christianisme, il devait en rester profondément marqué.

Destiné par ses parents à être *clergyman*, il alla à Oxford, puis, ayant perdu la foi après avoir travaillé dans l'atelier d'un peintre, il se décide pour être critique et théoricien d'art.

À cette époque, Turner dont la première manière était inspirée de Claude Lorrain, devint soudain un peintre excentrique que les critiques ne se lassèrent pas d'accabler ; Ruskin décida de rompre des lances pour lui.

Il publie en 1844 son livre *Modern Painters*, il foule aux pieds toute la peinture jusqu'au XIXe siècle. La vraie peinture commence à cette date et en Angleterre. Le but de l'art, dit-il, n'est pas de faire de l'effet mais de reproduire la nature avec véracité ; la nature du beau s'absorbe dans l'idée du vrai ; il étudie alors la géologie et la botanique pour mieux comprendre la nature.

En vérité, le réalisme de Ruskin masque un idéalisme très développé : si la nature mérite d'être copiée, c'est parce qu'elle est le visage de Dieu ; l'homme, dit-il, doit être le témoin de la gloire de Dieu, et le peintre est ce témoin par excellence. Ruskin veut presque "L'Art théologique".

En 1851, il se rapproche des pré-raphaélistes tels que Rossetti et Millais. Il hésite tout d'abord, les croyant catholiques ; puis, les sachant protestants, il se fait leur théoricien.

Bien que Ruskin se dise le lieutenant de Carlyle et qu'il lui dédie ses livres, il y a une nuance assez marquée dans leur religiosité. En 1851, Ruskin rompt définitivement avec le protestantisme et s'affirme libre-penseur. Carlyle n'en est peut-être pas très loin bien qu'il reste calviniste et se renferme dans le dialogue intérieur de la créature et du créateur, tandis que Ruskin, plus près de Saint-François, adore Dieu dans la nature. Carlyle et Ruskin ne se retrouvent que dans leur détachement des doctrines religieuses positives.

Ruskin donne l'impression d'être arrivé au socialisme par l'Art ; d'autres y arrivent choqués par l'immoralité de la misère ouvrière ; lui y arrive parce que la société est laide et anti-artiste. Ruskin donne comme exemple le Moyen Age et réclame des patrons intéressés par l'art, et non par l'argent, et des ouvriers aimant leur travail, et non des esclaves. Il veut refaire une société où patrons et ouvriers soient associés, et non opposés.

En 1857, à Manchester, dans deux conférences, il stigmatise avec violence les crimes des riches qui se disent religieux et ne sont qu'égoïstes.

À partir de cette époque, chacun des titres de ses nombreux ouvrages *Munera Pulvis* etc. sont des énigmes. Il procède par "fulgurations de prophète". La doctrine de Ruskin part de la critique de l'Économie Politique. L'économie libérale base l'activité humaine sur l'intérêt : comme Disraeli et Carlyle, Ruskin pense que c'est une erreur ; l'homme obéit à des mobiles émotionnels, la psychologie de l'économie politique est inhumaine, leur économie n'est pas politique mais mercantile.

Les économistes font reposer leur théorie sur celle de la valeur en échange. Si nous l'acceptons, dit Ruskin, comment justifier le profit commercial des intermédiaires ? D'autre part, dans le contrat de travail, le patron a pour but de grandir la différence entre le salaire payé à l'ouvrier et la valeur du travail produit, c'est ainsi qu'il se constitue un profit industriel.

Loin de créer l'égalité des conditions, l'économie libérale crée d'un côté la richesse et de l'autre la misère.

La théorie d'Adam Smith est la théorie de la Misère des Nations.

Aussi Ruskin veut fonder une nouvelle Économie Politique.

Il adopte la valeur-utilité et repousse la valeur d'échange : il se place au point de vue utilité dans le sens de "développement de l'être humain". Valoir, dit-il, vient de "valere" qui veut dire pour un homme : être fort, vaillant, et pour une chose : douée de valeur.

Le problème pour Ruskin est de mettre le "*valiant*" en possession du "*valuable*". Il ébauche une nouvelle théorie de la rémunération du travail, il veut substituer la notion de salaire fixe à celle de salaire variable et précaire, et reprend par-là l'idée de Carlyle dans *Past and Present* ; il recommande l'alliance entre ceux qui travaillent et ceux qui commandent.

Dans deux conférences sur l'art faites à Manchester, il dit dans son langage mystique : que le *"fer est la charrue"*, il faut travailler pour vivre – que le *"fer est la chaîne"*, les rapports entre les hommes sont des rapports de subordination, il faut accepter l'inégalité des conditions et conserver des relations d'amour – que le *"fer est le glaive"*, le rôle du soldat est louable parce qu'il se fait tuer ; de plus, l'armée est un moyen d'éduquer le peuple.

Ruskin se charge de propager les idées de Carlyle, de plus en plus replié sur lui-même.

De 1870 à 1877, il professe à Oxford un cours sur l'art. Sa raison commença à chanceler dangereusement vers 1880. *Il devait devenir complètement dément en 1884*, date à laquelle il est mort pour la pensée. Il ne devait réellement *mourir qu'en 1900*. Avant de terminer sa vie si tragiquement et si tristement, Ruskin avait prôné le travail volontaire, et pour donner l'exemple, avait été jusqu'à aider à la réfection des routes.

Il dépensa toute sa fortune en œuvres sociales. Il organisa une imprimerie modèle, dans laquelle l'hygiène était parfaite ; il n'y avait ni intermédiaires, ni réclame pour la vente ; la production était très belle et très soignée, on la vendait au juste prix. En 1877, il avait fondé la "Guilde de St Georges" pour la constitution de colonies de travail parfait. Alors que Carlyle comptait sur l'aristocratie, Ruskin met ses espoirs dans la petite industrie.

Il contribua à sauver de la ruine et à restaurer les tissages et filages à la main du Westmorland et de l'île de Man.

À Sheffield, on ouvre un musée Ruskin pour l'éducation du goût public.

De 1870 à 1880, l'influence de Ruskin sur le goût anglais a été immense : il a imprégné d'esthétique le socialisme anglais qui, par cela même, diffère quelque peu du socialisme continental.

FASCICULE II

MOUVEMENT COOPÉRATIF
ET
ACTION SYNDICALE
(1848-1914)

Nous avons étudié en quelque sorte jusqu'ici avec Carlyle et Ruskin, le socialisme aristocratique.

De 1848 à 1865, et même jusqu'aux approches de 1880, nous allons assister à de grands mouvements ouvriers, d'une part en faveur des coopératives et, d'autre part, en faveur du syndicalisme.

Avant l'avènement du chartisme, le premier mouvement de coopératives de production dont le but était l'échange au juste prix, avait été créé par Robert Owen. À cette époque, on appelait « socialiste » un anti-étatiste qui luttait contre le capitalisme et pour le coopératisme.

D'autre part, le mouvement syndicaliste était déjà né.

En 1834, Robert Owen suggère aux *Trade Unions* l'idée de fonder un vaste syndicat unique qui ferait une grève générale et fonderait des coopératives de production. Tous les efforts de Robert Owen furent vains et n'empêchèrent pas le coopératisme de s'affaiblir et de disparaître progressivement.

Le mouvement syndicaliste devait lui survivre et prendre une part assez active aux débuts du chartisme, pour l'abandonner, malgré cela, dans la suite.

Nous avons vu précédemment quel fut le sort du chartisme et comment il s'effondra dans le ridicule en 1848 ; en réalité il était déjà à demi-mort dès 1842.

RENAISSANCE DES MOUVEMENTS COOPÉRATIFS ET SYNDICALISTES[1]

Nous allons assister, après la Révolution de 1848, à une renaissance du mouvement coopératif et syndicaliste.

---

1. Voir *Histoire du socialisme européen*, 3ᵉ partie, chap. I, p. 155

I – MOUVEMENT COOPÉRATIF

Sa renaissance est à la fois intéressante et pittoresque. C'est au mois de décembre, à Rochdale, dans la rue du Crapaud, que 24 ouvriers réunis en un petit groupement décidèrent de créer une coopérative de vente de produits alimentaires. Ces ouvriers étaient des chartistes dégoûtés de la politique. Leur coopérative ouvrait à ses débuts deux fois par semaine, elle avait été prudemment montée sur un très petit pied : les vendeurs étaient les ouvriers eux-mêmes, ils n'étaient pas très rétribués. Le but de la coopérative était cependant assez ambitieux : l'argent gagné devait servir à créer des logements, des manufactures pour produire, enfin il devait encore servir à l'achat de terrains pour la fondation d'une colonie autonome idéale.

Ils avaient pris le nom de *Pionniers équitables de Rochdale*.

Certains traits séparaient les coopératives de Robert Owen de la coopérative des Pionniers équitables de Rochdale, et notamment la question des bénéfices.

Alors que Robert Owen ne voulait pas de bénéfices, les pionniers de Rochdale, qui estiment que c'est là une erreur, vendent leurs produits au prix courant et redistribuent en fin d'année les bénéfices aux affiliés ; la coopérative est alors une sorte de caisse d'épargne.

À l'origine, la coopérative de consommation avait seulement pour but de préparer dans l'avenir la coopérative de production ; mais l'idée primitive fut abandonnée et les coopératives de consommation se multiplièrent. Plus tard, on devait leur adjoindre des moulins, des boulangeries, etc. ... Des fédérations de coopératives se créèrent et devinrent si puissantes qu'elles fondèrent deux magasins de gros, l'un en 1863 et l'autre en 1868 : le nom anglais de ces magasins est *Wholesale*. C'est ainsi que se créa un vaste monde coopératif sortit par essaimage de la ruche unique de Rochdale.

II – L'ACTION SYNDICALE

Robert Owen avait eu en 1834 l'idée d'un vaste mouvement syndical unique pour toute l'Angleterre ; son rêve ne devait pas se réaliser.

Les ouvriers syndiqués abandonnèrent les utopies owenistes et se tournèrent vers la réalité.

Ce n'est vraiment qu'après 1844 que les syndicats, ayant dès lors une organisation stable, commencèrent à se développer et tout d'abord dans le Lancashire.

C'est en 1844 que se constitue une organisation de mineurs comprenant 100 000 membres avec leurs réunions et leurs délégués : c'est l'*Association des mineurs de Grande-Bretagne et d'Irlande.* Cette association est suffisamment riche pour s'attacher les services d'un avocat conseil qu'elle paye 1 000 livres sterling par an.

Son existence fut de courte durée, elle devait disparaître lors des grandes grèves de la même année 1844.

En 1845 est fondée *L'Association nationale des professions* ; elle comporte deux branches : une association pour la protection du travail et une association pour l'emploi des travailleurs.

La première branche était chargée de surveiller les conflits du travail et de conseiller les ouvriers ; elle devait aussi surveiller les travaux de la loi des fabriques, tâcher de réduire les grèves au minimum et de concilier autant que possible les intérêts des patrons et des ouvriers. On voit que les buts qu'elles se proposent sont essentiellement des buts sages et sensés, "terre à terre", comparés aux utopies qui les avaient précédés.

La seconde branche reste cependant inspirée des projets owenistes et prévoit en cas de grève la création de coopératives autonomes.

Le mouvement ouvrier devait encore se caractériser d'une façon plus forte par l'apparition d'un syndicat qui devait être célèbre sous le nom de *A.S.E.* ou encore *Amalgamation Society of Engineers* et la fondation d'un autre syndicat moins important, le *Carpenters' Society.*

Ces Syndicats se mirent en grève, les patrons répondirent par le *lock-out*. Assez puissants pour résister, les deux syndicats subsistèrent et devaient atteindre un grand développement aux environs de 1854. Le *lock-out* des patrons signifiait une déclaration de guerre aux ouvriers syndiqués et la volonté de leur résister sur la question de la journée de 9 heures.

Les résultats furent partagés grâce à la résistance syndicale.

Les chefs syndicaux ont une vue des choses nette et non utopique ; ils acceptent les formules de l'Économie libérale et les retournent contre leurs patrons. Ils appliquent au contrat de travail la loi de l'offre et de la demande, et, pour maintenir le taux des salaires, préconisent la réduction de l'offre ; pour ce faire, les *Trade-Unions* favorisent l'émigration, limitent le nombre d'ouvriers dans la corporation, et surtout le nombre des apprentis. Les ouvriers étant en nombre réduits pourront alors faire la loi aux patrons.

Les *cotisations* du syndicat sont de *1 shilling par semaine*, ce qui est relativement très élevé. Les cotisations sont versées à un fonds qui sert à créer des Sociétés de secours mutuel contre le chômage, la maladie, l'invalidité.

À la tête des ouvriers se trouve un état-major d'hommes capables et acharnés à défendre le travail des ouvriers ; en général, ce sont des radicaux, des démocrates qui, sans être socialistes, sont pour la liberté du peuple ; c'est sur eux que Karl Marx s'appuiera pour fonder la première Internationale. Leur but économique est de chercher à éloigner la concurrence étrangère.

Il se fonde des *Trade Councils* qui veillent sur les intérêts des corporations ouvrières.

En 1868, pour la première fois, les *Trade-Unions se réunissent en Congrès*. Dès lors, chaque année, au mois de septembre, nous assisterons à la réunion d'un congrès des *Trade Unions*.

Ce mouvement de classe est pour l'instant dépourvu de toute doctrine, mais il servira plus tard de base de départ à tout un mouvement socialiste.

Le Congrès eut pour raison d'être la crainte d'une répression possible de la part des patrons inquiets de l'agitation syndicale.

C'est vers cette époque qu'éclate, pour la première fois depuis la Révolution de 1848, un *conflit ouvrier-patronal* d'importance. Pour en mieux saisir toutes les phases, il est nécessaire de faire un rapide retour en arrière dans l'étude de la législation ouvrière depuis 1800.

CONFLIT OUVRIER-PATRONAL[1]

Au début du siècle, en 1800, par réaction contre les exigences naissantes des ouvriers, une loi avait été votée interdisant la coalition ouvrière sous peine d'un emprisonnement de trois mois et, après la décision d'un seul juge de paix, cette décision était sans appel.

Cette loi draconienne fut en réalité inefficace, car il y eu un grand nombre de coalitions secrètes et, par-là, plus dangereuses que si elles avaient été connues.

En 1824, une nouvelle loi vint adoucir la précédente : elle accordait la liberté de coalition pour les questions d'heures de travail à fournir et de salaires. Il n'y avait délit punissable qu'en *cas de violences*. L'on reconnaissait aux ouvriers le droit de persuader leurs camarades à faire la grève, pourvu que cette persuasion se fasse sans violences. Lorsque la violence était exercée, le coupable était punissable de deux mois de prison sur la décision de deux juges de paix.

Mais, en 1825, un amendement nouveau vient restreindre les libéralités de la loi de 1824 : à la restriction de "violence", on ajoute *"molestation et obstruction"* ; la peine est portée à 3 mois de prison avec la faculté de faire appel moyennant le versement d'une caution. La liberté de coalition, comme on le voit, a été donnée en Angleterre bien avant qu'on ne l'accorde en France. Elle équivaut à une liberté d'entente pour faire la grève. On fonde à cette époque des syndicats permanents qui possèdent d'énormes fonds de réserve, mais ces fonds ne sont pas légaux ; par conséquent, si quelque

---

[1]. Voir *Histoire du socialisme européen*, 3ᵉ partie, chap. I, p. 159

difficulté (comme la fuite d'un caissier) se présente, comment résoudre la question ?

En 1852, on donne le statut légal aux *Friendly Societies*.

En 1867, les patrons s'inquiètent de la puissance croissante des syndicats. Aussi une nouvelle série de mesures est-elle prise pour entraver leur développement.

Les patrons multiplient les *lock-out* et déclarent qu'ils ne reprendront les ouvriers que si ces derniers donnent leur démission du syndicat.

Puis la presse dénonce des violences commises à Sheffield contre des ouvriers non syndiqués et accuse les syndicats de sabotage et de tentatives criminelles au moyen de bombes. La campagne de presse prenant un tour menaçant, les chefs des syndicats eux-mêmes demandent que l'on fasse une enquête.

Une troisième série de mesures de répression est prise par les juges. En 1867, avait été rendue une décision qui rendait très précaire la situation financière des syndicats. Puis, au cours de la même année, un syndicat ayant des démêlés avec un caissier infidèle, eut à lui intenter un procès au cours duquel ils justifièrent leurs fonds de réserve en invoquant le statut légal de la loi de 1852.

Les juges déclarent illégal ce fonds, et le tribunal d'appel confirme leur décision et déclare qu'en général tous les *Trade Unions* sont illégaux comme agissant « *in restraint of trade* ».

Dans l'enquête sur les agissements des syndicats, ces derniers avaient été représentés par deux intellectuels : *Hughes*, socialiste chrétien, et *Harrison*, positiviste et disciple d'Auguste Comte.

On constata en premier lieu que les accusations de violences n'atteignaient que des syndicats du vieux type. Devant cet échec, les patrons critiquèrent alors les méthodes mutualistes des nouveaux syndicats.

Au point de vue légal, on en vint à tolérer l'état de choses.

La minorité fit adopter les deux propositions suivantes :

1) L'acte de violence exercé en temps de grève doit être assimilé à l'acte de violence exercé en temps normal.

2) Le délit collectif n'est considéré comme criminel que si le même acte considéré comme acte individuel était reconnu criminel.

Quant à la question de la personnalité civile à donner aux syndicats, Harrison et Hughes conseillent de ne pas demander la déclaration de légalité mais de faire décréter la *"non-illégalité"*, et de faire admettre les syndicats comme *clubs* – cela pour éviter dans l'avenir les poursuites patronales.

En 1871, une loi est votée donnant le demi-statut légal aux syndicats et la faculté de se défendre contre un caissier indélicat ou des attaques patronales. Cependant, peu après, on vote une loi qui restreint le droit de faire la grève, on déclare illégal le fait de suivre avec insistance une personne et de surveiller son domicile dans le but de faire de la persuasion pacifique.

Les ouvriers répondirent à ces mesures par une agitation dirigée contre le ministère libéral. Aussi, aux élections de 1874, les conservateurs se servent-ils habilement des évènements dans leur programme électoral.

C'est alors *Disraeli*, toujours fidèle à ses rêves d'impérialisme et de socialisme d'État, qui prend le pouvoir.

En 1875 et 1876, il fait voter trois lois au sujet de la question syndicale.

Le terme répréhensif de "*molestation*" disparaît ; la prison est remplacée par l'amendement. D'autre part, le simple fait d'être dans la maison ou près de la maison dans laquelle une personne travaille n'est plus considéré comme un délit de '*persuasion pacifique*', celle-ci est donc en fait légalisée.

De plus, dans le conflit du travail, aucun acte ne sera dit de "*conspiration criminelle*", si commis par un seul homme, il n'avait pas été considéré comme tel.

L'avènement de Disraeli favorise donc les syndicats. Tout en pouvant poursuivre leurs employés, leur responsabilité financière est nulle et les ouvriers ne peuvent, s'ils ont commis un délit, les poursuivre en réparation.

LE NÉO-SOCIALISME DE 1880

Les lois de 1871 et de 1875 ayant donné un statut très favorable aux syndicats, ceux-ci, en possession d'une forte organisation, vont pouvoir mener la lutte des classes.

La classe ouvrière est mûre pour le néo-socialisme de 1880.

Ce renouveau du socialisme apparaît tout d'abord sous la forme agraire.

I – LE SOCIALISME AGRAIRE[1]

Depuis le XVIe siècle, date où prend fin la féodalité et où s'opère l'expropriation des monastères, la grande propriété est souveraine en Angleterre, sa concentration est de beaucoup supérieure à celle de l'industrie.

C'est ainsi que les deux tiers de l'Angleterre et du Pays de Galles appartiennent à moins de 10 000 propriétaires ; les deux tiers de l'Écosse à 340 propriétaires ; les deux tiers de l'Irlande à environ 2 000.

Maîtres à la Chambre des Communes, dans la Justice, et dans l'Administration locale par l'exercice de la fonction de juge de paix, leur

---

1. Voir *Histoire du socialisme européen*, 4e partie, chap. II, p. 231

puissance est considérable. Mais les choses devaient changer après les réformes de 1867 et surtout de 1884. Les capitaines d'industrie, inquiets de l'agitation ouvrière, détournent leurs revendications vers les *landlords* en tenant aux ouvriers le langage suivant : « *ce sont les* landlords *qui, en expulsant les petits propriétaires de leurs terres, ont créé le chômage des villes* » ; l'argument habile devait porter ses fruits.

Un autre argument était le suivant : « *Si le régime des mines est défectueux, la faute en est aux* landlords. *En effet, l'exploitant de la mine doit payer au propriétaire de la surface, le* landlord, *une taxe très lourde appelée* royalty *qui grève d'autant les salaires.* »

Troisième argument : « *La plupart du temps, les villes sont la propriété des* landlords *qui exploitent ouvriers, bourgeois et industriels.* »

Pour mieux comprendre la portée de ces arguments et, en général, la pensée économique de cette époque, il est nécessaire d'en revenir à l'étude de quelques théories de Ricardo.

DE QUELQUES THÉORIES ÉCONOMIQUES

D'après Ricardo, la distribution des profits du travail se fait dans l'ordre suivant :
1) rente, fermage,
2) profit du capital,
3) salaire.

Ce qui fait, dit-il, que la terre rapporte une *rente*, c'est que le genre humain proliférant et la terre étant limitée, on met en culture des terres de moins en moins fertiles. Sur la catégorie de terres la moins fertile, il n'y a pas de rente mais simplement la rémunération du capital et du travail ; or, les autres terres plus fertiles coûtent moins cher à exploiter et, comme leurs produits se vendant à un prix tel qu'il soit suffisamment rémunérateur pour les terres les moins fertiles, la différence des prix de revient de production constitue en faveur des terres les plus fertiles une « rente obtenue sans travail » et qui croîtra sans cesse à mesure que l'on exploitera de nouvelles terres. Le *salaire* est la quantité fixe d'argent qui est strictement nécessaire à la vie de l'ouvrier.

Le profit du capital est en raison inverse du salaire, il est égal au bénéfice brut déduction fait du salaire.

C'est de cette opposition entre salaire et profit du capital que naît la lutte de classes. Le socialisme agraire, qui est basé sur la théorie de la rente, est contenu dans le livre *Théorie de l'Économie Politique et de l'Impôt* ; il y est dit que l'impôt doit être égal pour tous, mais qu'un impôt spécial devra atteindre le fermage ou rente, sans toutefois influer sur le prix du blé ; mais, à cela, il y a deux difficultés pratiques :

1) Le fermage réel comprend plus que la rente foncière que le fermage pur.

2) La terre rentière représente pour une part le placement des économies du travailleur.

En 1821, James Mill, disciple de Ricardo, donne une forme neuve à ses réflexions en leur donnant le cadre forgé par J. B. Say (1801). Il réclame l'impôt des rentiers mais, réfléchissant qu'il serait dangereux pour l'État d'avoir trop d'argent, il reprend sa théorie autrement.

Frapper les fermages, c'est commettre de nombreuses injustices, mais n'y a-t-il pas un moyen, si la société double sa rente, de faire reprendre par l'État tout ou partie de ces bénéfices acquis sans travail ? Or, dit-il, le développement de la production arrive à doubler la rente ; aussi l'impôt atteindra indirectement la rente en frappant l'augmentation de production.

Son fils, Stuart Mill, devait reprendre ses idées dans la 1ère édition de son ouvrage de 1847. La Révolution de 1848 ramène Stuart Mill au socialisme dont il s'était un peu écarté : il admet que l'État reprenne à son profit l'accroissement de la rente foncière qu'il appelle « *in earned increasement* ».

Il propose l'établissement d'un cadastre de la propriété foncière donnant en même temps son revenu ; le cadastre serait révisé tous les dix ans et l'accroissement du revenu deviendrait la propriété de l'État, qui aurait en outre la faculté de rachat au prix initial.

En 1870, se fonde la *Land Tenure Reform Association* qui, sous une forme plus utopique, avec Henry George, américain, tour à tour chercheur d'or et journaliste, publie en 1871 un pamphlet, *Our land and Land Policy* lors de la crise australienne, et, en 1879, un autre opuscule célèbre, *Progress and Misery*. Il dénoua le monopole de la grande propriété mais réfute en même temps le pessimisme de Malthus, et le principe de Ricardo comme quoi salaires et profits du capital sont inverses. Le seul coupable des crises et de la misère, dit-il, c'est le propriétaire foncier dont l'existence est due à une erreur de législation ; pour y remédier, il faut supprimer la propriété foncière et, pour cela, commencer par reprendre la rente obtenue sans travail, ce sera là le seul impôt.

Henry George, en préconisant l'impôt foncier unique, se rapproche des théories physiocrates avec, cependant, la différence qu'il vise à la disparition des propriétaires fonciers, que les disciples de Quesnay mettaient au faîte de la société.

En 1881, Henry George voyage en Irlande ; en 1882, 1883 et 1889, il parcourt l'Angleterre. Il remporte une grosse popularité.

C'est à cette époque qu'Alfred Russell Wallace, né en 1882, ingénieur, naturaliste, ayant voyagé en Amérique et en Malaisie, inventeur avec Darwin de la Théorie de la "sélection naturelle", écrit des articles sur la nationalisation du sol (1880) puis, en 1881, des articles sur la fondation de sociétés pour la nationalisation du sol.

ACTION DE LA LÉGISLATION DU SOL DANS LE ROYAUME-UNI

A) *En Angleterre*. – Stuart Mill revenant sur ses conceptions antérieures prend goût à la petite propriété foncière, car il considère comme excellent que la classe laborieuse devienne propriétaire du sol. Cependant, cette idée nouvelle chevauche avec l'autre : elle est "radicaliste individualiste, ce qui est le contraire du socialisme".

Disraeli était venu au pouvoir en 1874, il succédait à Gladstone, il y restera 6 ans. En 1880, *la majorité libérale* revient avec Gladstone, individualiste *tory*. À la tête du gouvernement était aussi J. Chamberlain, maire socialiste de Birmingham. Au point de vue de l'organisation locale, leur programme est de créer dans les contrées des conseils élus par la population dont le but serait de créer dans les villes des demeures saines et bon marché, et de favoriser la petite propriété foncière.

L'on retrouve dans ces mesures la même antithèse que chez Stuart Mill, à savoir une mesure qui s'apparente au Socialisme d'État et une autre qui lui est contraire. Enfin l'impôt sera progressif et non plus proportionnel ; de plus, il y aura un nouvel impôt sur la rente.

B) *En Irlande*. – Alors qu'en Angleterre les profits étaient répartis comme suit :
1) Rente du propriétaire
2) Profit du fermier
3) Salaire de l'ouvrier agricole.

En Irlande, il en est autrement :
1) Rente du propriétaire
2) Profit du petit exploitant.

ces derniers, très mécontents du régime, avaient élaboré ce que l'on appelait *le programme des 3 F*
a) Fixity of tenure
b) Fair rent
c) Free sale

La *Fixity of tenure* assurait le fermier qu'il ne serait pas expulsé.
Le *Fair rent* assurait le fermier que le fermage ne serait pas relevé.
Le *Free sale* lui permettait de vendre son droit à l'exploitation.

Ce programme fut appliqué en partie en 1870 sous le gouvernement de Gladstone qui sanctionna la *Fixity of tenure* et le *Free sale*.
Cependant l'agitation continua à augmenter.
En 1879, se forme la *Land League* avec *Michael Davitt*.
En 1881, une loi agraire sanctionne enfin le programme des 3 F : de 15 en 15 ans, le taux des fermages sera fixé par une commission.
En 1885, *Gladstone avec le Home Rule* introduit la possibilité de rachat de la terre par le tenancier. Même après sa chute, les Conservateurs Unionistes devaient reprendre cette idée dans les grandes lois de 1885-1891-1896-1903.

II – LE SOCIALISME INDUSTRIEL[1]

Concentrer la haine des ouvriers uniquement sur les propriétaires fonciers était exagéré, aussi le Socialisme industriel va bientôt renaître. Toute l'influence de Karl Marx va se faire sentir en Angleterre où il passa la moitié de sa vie.
Comme on l'a vu, en 1871, les syndicats avaient en fait été reconnus par les tribunaux.
Dans les années qui suivent 1876, surgissent dans les congrès des motions socialistes soutenues par Adam Weiler, et qui demandent la nationalisation du sol.
En 1878, la notion pour la limitation légale de la journée de travail à huit heures devient classique dans les congrès.
C'est vers cette époque que se fonde un premier parti socialiste. En 1881, naît un mouvement démocratique visant à
1) la nationalisation du sol
2) l'autonomie de l'Irlande.

En 1880, Hyndman avait publié son livre *England for All* dédié indirectement à Karl Marx ; c'est la thèse de la reprise du fonds de production.
En 1883, il publie la *Base historique du Socialisme en Angleterre*.
C'est à ce moment qu'est fondée la Social-Démocratie dont fait partie un disciple direct de Ruskin : William Morris. C'est un poète dont la doctrine esthétique a pour base la haine de la laideur de la société actuelle. L'on trouve à ses côtés un dessinateur de talent, Walter Cram. William Morris écrit *Nouvelles de nulle part* : c'est la thèse de deux classes : l'une pauvre qui croît sans cesse en nombre, et l'autre riche qui, de plus en plus, se raréfie.
Le groupe se prépare à commémorer la Révolution française.

---

1. Voir *Histoire du socialisme européen*, 4ᵉ partie, chap. I, p. 201

Jules Guesde organise à cette époque en France un congrès de protestation contre la réunion d'un congrès possibiliste. Il obtient la collaboration des marxistes anglais et allemands.

Après la grande vague de prospérité née en 1848, un arrêt se produit ; les années 1878 et 1879 sont marquées par la crise.

Puis un mieux se produit et, de 1879 à 1883, le tonnage maritime double, mais la nouvelle crise de 1883 a vite fait de le réduire de moitié.

Le doute commence à s'infiltrer dans le libre-échange.

De grandes enquêtes sont faites sur la misère et Charles Booth en particulier établit ce qu'il appelle la *Poverty line* et constate qu'1/3 de la population de Londres se trouve au-dessous de cette « ligne de pauvreté » !

Du côté conservateur, on allègue que le patron non protégé ne peut élever les salaires. Du côté ouvrier, on prétend que l'ouvrier ne peut les laisser réduire. La crise aggrave le chômage.

Les syndicats eux-mêmes, très appauvris, doutent de leurs forces.

Les chômeurs s'agitent, et, de février 1886 à novembre 1887, de véritables émeutes ont lieu, au cours desquelles Hyndman et John Barus sont arrêtés. En 1889, ils sont relâchés et reprennent la lutte, et l'on est obligé d'interdire les meetings à Trafalgar Square.

Puis les ouvriers non qualifiés se mettent eux-aussi en mouvement. Les ouvrières en allumettes, soutenues par des philanthropes intellectuels, se mettent en grève.

En 1889, les ouvriers du gaz se mettent en grève pour la journée de huit heures.

Les dockers suivent aussi le mouvement et ouvrent une souscription qui recueille plus de *50 000 livres sterling*.

Manning leur offre son appui.

Cette agitation a deux conséquences pour les syndicats. Tout d'abord, une refonte totale, et la formation de syndicats nouveaux pour les ouvriers du gaz, les dockers et les ouvriers non qualifiés. Auparavant, leur fonds de secours mutuel et de grève était alimenté par de lourdes cotisations. Les nouveaux syndicats ont de faibles cotisations, et leurs fonds sont uniquement réservés à la lutte et à la grève.

En 1890, 200 000 ouvriers y sont affiliés.

Les vieux syndicats sont gagnés, et le syndicat de la mécanique *Amalgamation Society of Engineers*, qui craint les nouvelles machines, admet des ouvriers non qualifiés.

Chez les mineurs, autrefois bourgeois et modérés, l'union nationale se défait pour une nouvelle union qui compte, en 1890, 20 000 membres.

La Fédération sociale démocratique en 1895 n'a cependant que

5 000 membres et, durant ses 11 ans, n'aura pas pris un *Member of Parliament*. Apte et révolutionnaire, elle ne plaît pas aux ouvriers pratiques et non doctrinaires.

C'est du côté du Congrès des *Trade Unions* qu'un parti socialiste pouvait se développer ; il s'intéressait d'ailleurs à la politique et avait un comité parlementaire s'intéressant au vote des lois sociales.

À partir des élections de 1874, on voit des *M.P.* des *Trade Unions* ; au début bourgeois et modérés, le parti ouvrier syndical les rend plus hardis. On crée un fonds parlementaire destiné à la lutte électorale.

En 1888, à Bradford, l'idée vient avec le mineur écossais, autodidacte mystique, Keir Hardie. Il n'est pas écouté ; il fonde un parti ouvrier écossais qui inspirera d'autres partis en Angleterre.

En 1892, 4 élus ouvriers avec programme indépendant. Ce parti reçoit la bénédiction de Engels, le collaborateur de Karl Marx.

Après les élections, 120 délégués forment à Bradford un parti appelé *Socialist Labour Party* mais Ben Tillett se lève et ne veut pas du mot "socialist". Ce *labour Party* n'est pas celui d'aujourd'hui.

En 1894, le parti a 21 candidats mais gros échecs aux élections. À ce moment, réaction sur les tendances nouvelles, le vieux syndicalisme renaît au Congrès de Cardiff qui empêche les *Trade Councils* d'envoyer des délégués au Congrès, puis institue le vote au *prorata* des ouvriers du syndicat, et non par tête de délégué comme auparavant.

On élimine Keir Hardie du Congrès comme trop dangereux.

Grandes grèves des mineurs et des mécaniciens durant toute cette période. Pendant la "stagnation" paraît *Démocratie Industrielle* de Mme S. Webb ; paraît aussi *Histoire du Trade Unionisme* de Sydney Webb, son mari.

La Société Fabienne. En 1881, se crée la *Camaraderie de la vie nouvelle*, fondée par l'écossais Davidson. D'où sortirent les fondateurs de la Société Fabienne en 1884 : S. Webb, d'humble origine, et G. B. Shaw, Irlandais protestant. Ce groupe se réduit à un but de propagande intellectuelle : ils veulent, comme Bentham, exercer l'influence par la littérature ; ils seront des Socialistes Philosophiques.

Ils critiquent la théorie marxiste de la *"valeur-travail"* Ils prônent la *"valeur marginale"*. Ils veulent saper le marxisme et fonder un nouveau socialisme. Ils analysent la rente foncière et différentielle. Ils veulent plutôt frapper l'attention d'une élite par leurs théories économiques.

Leur grande différence avec K. Marx, c'est qu'ils ne sont pas révolutionnaires mais évolutionnistes ; ils croient à l'avènement socialiste, mais sans révolutions violentes et insensiblement, alors que K. Marx croit au triomphe par la force.

Leur nom est emprunté à *Fabius Cunctator* : on temporise, on attend le moment où il faudra frapper, le moment qui sera le bon.

Ils étudient le coopératisme, et le disent socialiste et non bourgeois. Ils étudient le syndicalisme, et le disent socialiste et non bourgeois. Sans le savoir, ils luttent pour l'expropriation du patron.

Vers 1892-93-94 : Faillite du parti libéral et des jeunes partis ouvriers. Naissance d'un grand parti conservateur.

Cependant, la Société fabienne, littéraire, peu étendue, répand le socialisme en Angleterre dans toutes les classes. Leur idée est l'évolution vers le collectionnisme.

En 1892, *Le Mouvement coopératif en Angleterre* de Béatrice Potter (la future Mme Webb).

En 1927, *Démocratie industrielle*, Sydney and B. Webb.

Leur thèse est que les coopérateurs, qui se croient bourgeois avec leur "ristourne", que les syndiqués, qui se croient bourgeois et modérés et croient accepter le salariat et le capitalisme, sont en réalité, sans le savoir, socialistes.

ŒUVRES DES FABIENS[1]

I – COOPÉRATION

Les disciples d'Owen rêvaient de coopératives de production unies entre elles par l'échange égalitaire des divers produits. Cela, c'est le socialisme même, et son berceau.

À partir de 1840 et en face, se dressent les coopératives de consommation ; elles acceptent la production capitaliste, et ne s'occupent que d'avoir à bon compte leurs achats : "avec ristourne". Il semble alors que l'idéal socialiste d'Owen est abandonné.

En 1850, des socialistes chrétiens vont à Paris, y voient l'œuvre de Buchez et essayent de la réaliser en Angleterre.

Les Webb disent :

1) Les coopératives de production ne sont pas socialistes, mais individualistes et ne progressent pas.

2) Les coopératives de consommation ne sont pas bourgeoises mais socialistes, et c'est pourquoi elles progressent.

B. Potter étudie la coopérative de production. On produit et on vend en commun, on se partage les bénéfices, le triomphe est qu'il n'y a pas de patron. En réalité, il y a l'idée individualiste de vente et de profit, qui

---

1. Voir *Histoire du socialisme européen*, 4ᵉ partie, chap. I, p. 207

détermine l'envie de rester peu nombreux et au besoin de payer des ouvriers pour aider à la tâche les coopérateurs de la première heure embourgeoisés. Ces coopérateurs, individualistes pour le profit, ont végété dans le nombre parce que "individualistes".

Coopératives de consommation. Les coopérateurs se vendent à eux-mêmes. Mais suivant le principe rochdalien, on ne cherche pas « *le juste prix* » mais « *le prix courant* ». À la fin de l'année, il y a un bénéfice qui aurait été celui du détaillant capitaliste ; on a donc, en remboursant la ristourne, exproprié le capitaliste et éliminé le *profit dans la vente.*

L'intérêt sera d'avoir le plus possible d'adhérents et, par là, on éliminera le profit auquel les Webb ont déclaré la guerre. L'institution, par son mécanisme même, est socialiste et réussit par-là même. Ces coopérateurs s'étendent et créent des magasins de gros qui éliminent alors le profit du "grossiste". Puis, on en arrive à la production et on élimine le *profit du producteur* en créant des coopératives sur le plan non-individualiste.

Aussi, sans que l'on s'en doute, l'Angleterre évolue vers une République collectiviste, but final que se proposent Sydney Webb et ses disciples.

Mais la coopérative emploie des salariés et l'on retombe dans le vice capitaliste. Mais ces ouvriers n'ont qu'à se syndiquer, disent les Webb, et capital et travail seront enfin conciliés et non plus opposés.

L'argument final est une échappatoire plus ou moins habile.

II – SYNDICATS

Industrial Democracy ou *Democratie Industrielle* : 1897. La caractéristique des grands syndicats est qu'ils ne sont pas "de lutte" mais de "secours mutuel : *mutual insurance*".

Les secours : Il y a d'abord
des secours en cas de maladie
des secours en cas d'accidents du travail
des retraites
des frais de funérailles payés par le syndicat
des secours de chômage, volontaire ou involontaire
payés grâce à de fortes cotisations.

Or, ces syndicats sont établis au mépris de toutes les règles actuarienes, c'est le secours chômage qui prime, les autres secours ne sont pas une « fin en soi », mais un moyen d'attraction des ouvriers pour obtenir leur adhésion au syndicat.

Le secours chômage est destiné à empêcher les patrons d'abaisser les salaires, en supprimant la concurrence ouvrière.

Mais cette méthode est trop indirecte pour suffire : on recourra à la *"grève perlée"* : *"strike in detail"* : les ouvriers disparaissent pour toucher le secours chômage, le patron alors abdique car les nouveaux doivent apprendre le métier qualifié, ce qui est long. C'est le *"collective bargaining"* ou *marchandage* collectif du travail. Au bout d'un certain temps, cela donne naissance à la création de "bureaux de conciliation" ou, dans les mines, à des "délégués mineurs".

Mais cette méthode a des difficultés ; il y a des cas où les bureaux réussissent, mais d'autres où les ouvriers invoquent d'autres questions de droit échappant aux règles ; on recourt alors à un arbitre ; le plus souvent, on aboutit au *lock-out* ou à la grève. Mais c'est là une faute et un gaspillage de temps. Il vaut mieux de grands syndicats ne faisant que les grèves nécessaires, que des syndicats instituant la *"guérilla perpétuelle"*.

Mais il faut même éviter les grèves et, pour cela, recourir à la "décision législative". C'est une méthode à laquelle les syndicats ont constamment à recourir en demandant la loi des fabriques. Un temps délaissée, cette méthode est reprise en 1867.

Les avantages obtenus par les syndicats seuls peuvent disparaître, tandis que la loi, plus difficile à obtenir, est plus difficile à détruire et plus difficile à tourner que le règlement syndical.

Il faut donc une intervention croissante de l'État.

On demandera à la loi de protéger, par deux procédés distincts, les syndicats.

1) *Limitation numérique du nombre des ouvriers.*
2) *Méthode de la règle commune.*

1) Limitation d'apprentis pour nombre d'ouvriers occupés, recrutement chez les apprentis seulement. C'est le vieux régime corporatif, il a ses avantages mais des inconvénients sur la machine.

2) On ne s'inquiète pas du nombre d'ouvriers, mais on donne un niveau de salaires et d'heures de travail. La concurrence changera d'orientation, on cherchera le meilleur ouvrier, d'où amélioration du travail.

Ce sera donc la limitation des droits de l'homme au *"minimum national"* de salaires, heures de travail, hygiène, éducation.

Sous la forme coopérative, rien d'Étatiste, mais elle comporte une limite à l'extension : par exemple pour les chemins de fer. Aussi il faut recourir au syndicalisme étatiste qui tend à gagner du terrain, sans qu'on le veuille, dans le régime municipal. C'est le « *socialisme municipal* » pratiqué par

J. Chamberlain qui municipalise les compagnies du gaz qui rapportèrent alors de gros bénéfices ; il constitue un service municipal des eaux qui, lui, n'aura pas de profits. Il rachète les *slums*, crée la *Corporation Street* et loue des terrains pour 75 ans qui, dans 15 ans, reviendront à la municipalité.

Ce collectivisme municipal contribue lui-aussi à établir l'Étatisme.

Le caractère des Fabiens est temporisateur et surtout Étatiste : jusque-là, l'Angleterre avait eu horreur de l'Étatisme.

Cette tendance à l'Étatisme date surtout du mariage des Webb. B. Potter, fille d'un administrateur des chemins de fer libéral et capitaliste, prend ces idées en haine et tend toujours à diminuer l'œuvre des libéraux et à augmenter celle des *torys* socialistes. Ces idées sont, en 1895, tentantes, avec la ruine du parti libéral qui coïncide avec ses publications.

On est hostile à fonder un parti politique indépendant : le congrès seul sera indépendant et ne sera qu'un parti "corporatif" indépendant formant des vœux à obtenir par l'un ou l'autre parti.

Les Webb n'ont donc eu aucun rôle dans la formation du futur "Parti du Travail" : "Labour Party".

TENTATIVE DE FONDATION D'UN PARTI SOCIALISTE[1]

Il y a comme on l'a vu, vers 1889, deux tentatives de fondation d'un parti socialiste. D'abord la *Fédération* de Hyndman, puis le *Parti indépendant du Travail*. Ce dernier a des succès en 1892 mais débâcle en 1895.

Il y a à la fois stagnation industrielle et stagnation sociale. La Société fabienne avait démontré une évolution sûre vers le socialisme. Ils mettent après 1895 leurs espoirs dans quelques membres du parti unioniste. On pense que l'Angleterre suivra l'exemple du socialisme d'État de Bismarck.

On pense à J. Chamberlain. On peut croire qu'il suivrait le plan Webb. Quand, en 1890, passe le *bill* sur *Workmen Compensation Bill*, Chamberlain le soutient et on vote la loi en 1897.

On pose en principe que l'ouvrier a toujours droit à une indemnité dans le cas d'accident du travail.

Mais Chamberlain devait désappointer les socialisants. Il avait à son programme une retraite de vieillesse, mais, à cause de son inertie, on enterre ce projet. Ministre des Colonies, il se lance dans l'impérialisme et vise à un fédéralisme et à un régime douanier général. Hostilité contre la France et la Russie. Abandon de réformes coûteuses à l'intérieur.

---

1. Voir *Histoire du socialisme européen*, 4ᵉ partie, chap. I, p. 203.

En février 1900, la Fédération ouvrière de 120 délégués cherche à fonder un groupe sans titre effrayant ayant pour but d'avoir des députés, c'est le "*comité pour la représentation du travail*".
Composition du comité :
7 furent ouvriers syndiqués
2 de la Fédération Hyndman
2 Parti indépendant du travail
1 Fabien.
Ils ont 350 000 ouvriers ; le chef est MacDonald, il a 34 ans, prolétaire intellectuel, fils d'une paysanne écossaise. On présente 14 candidats : 2 victoires.

Au Congrès syndical, on se tient à l'abri de la politique Le président du Congrès sera désormais celui du comité parlementaire, son rôle sera d'écarter les motions trop révolutionnaires.

NOUVELLES LOIS SYNDICALES

En 1901, la face des choses change. En 1871, avec les libéraux, en 1875 avec les conservateurs, on avait accordé des privilèges aux syndicats.

1) Immunité financière des syndicats, mais ils n'eurent pas la personnalité civile, ils ne pouvaient ester en justice et on ne pouvait les rendre responsables en cas de grèves.

2) La loi de 1875 règle le droit de grève et le droit de *picketing*, c'est-à-dire le droit d'empêcher les ouvriers de travailler de façon pacifique, mais il n'y a pas loin de là à l'intimidation. Aucun fait de grève n'est le fait de poursuites criminelles si commis par plusieurs ; dans le cas où il aurait été commis par un seul, il n'avait pas été puni criminellement.

En 1901, il y eut une grève dans la *Taff Vale Railway Company*. Le syndicat s'y opposait, on la fit quand même, il y eut des cas de *picketing*.
La compagnie intente "au civil" un procès au syndicat :
En 1re instance : la compagnie gagne le procès
En 2e instance : la compagnie perd le procès
Devant la Chambre des Lords : la compagnie gagne le procès.

Le syndicat est condamné à 28 000 £ de dommages et intérêts. En août 1901, la Chambre des Lords rend un nouvel arrêt : un boucher de Belfast emploie des non-syndiqués, le syndicat le met à l'index et interdit aux bouchers de se fournir chez le boucher en gros. Celui-ci boycotté se plaint, et la Chambre des Lords, en 1901, lui donne raison.

La panique règne alors dans les rangs ouvriers touchés à "la caisse".

Pour le *picketing*, il était facile de faire une nouvelle loi, mais pour la non-responsabilité financière, c'est plus délicat.

Certains ministres suggèrent la protection des syndicats de secours mutuel très menacés ; on propose de scinder les fonds de secours mutuel et de grève, mais les buts du syndicat l'empêchent d'accepter.

Aussi le "Comité Parlementaire" devient très populaire.

En février 1903, il se réunit et compte alors 700 000 membres. À Newcastle, la guerre Boer finie, on donne au comité sa constitution fixe. On fixe la cotisation à 1 pence par mois. De plus, on convient d'allouer 200 livres par an aux candidats élus. Liste de 9 candidats.

3 élections partielles eurent lieu et révélèrent la force ouvrière.

1) Août 1902, dans le Lancashire à Clitheroe, fileur secrétaire libéral, tisseur secrétaire conservateur.

Les mineurs veulent faire élire Snowden, mais le Comité demande le retrait de sa candidature pour un candidat ouvrier, Shackleton, sans passé politique.

2) À Woolwich, milieu patriotique et conservateur, on élit l'amiral Lord Charles Beresford, mais celui-ci reprend du service et un ouvrier est élu par 5 000 voix contre le conservateur.

3) Dans le Yorkshire, à Bernard Castle, fief libéral, Arthur Henderson, modérantiste ouvrier et corporatif, est élu ; le libéral est même battu par le conservateur !

À partir de 1904, les socialistes eurent moins de succès, car les libéraux veulent le libre échange ; les socialistes votent pour eux.

En 1906, le Comité Représentatif du Travail présente 51 candidats et leur paye 1/4 des dépenses électorales.

Les libéraux (400) triomphent. Le Comité Représentatif du Travail a 29 élus qui se groupent en "Labour Party" qui compte, en plus, 14 mineurs. Il y a donc 43/675 députés travaillistes et ouvriers au Parlement ; ils représentent les vœux de toute la masse ouvrière, ce que les autres députés doivent prendre en considération.

2 projets de lois :

1) Irresponsabilité financière des syndicats : ce projet est aisément voté à la majorité.

2) Commission Royale de 5 membres, dont S. Webb est président. Enquête sur les *Trade Disputes* : ses conclusions sont de déclarer légale la persuasion pacifique et de rendre impossible les poursuites civiles du syndicat. Restait le cas de responsabilité du syndicat, on pense à lui donner une constitution qui la limiterait, et à donner au syndicat la forme corporative pour le contrat du travail.

Le Parlement se réunit et dépose un projet de loi pour le vote des conclusions de la Commission d'enquête. On impose aux syndicats des comités exécutifs qui sont responsables dans le cas où ils donnent des ordres aux ouvriers.

Les ouvriers se soulèvent et veulent l'irresponsabilité absolue du syndicat. Projet de loi ouvrier demandant l'irresponsabilité absolue du syndicat. Le Premier ministre, bonhomme, Campbell-Bannerman, dit que ce projet est meilleur que le projet gouvernemental.

Conservateurs et unionistes capitulent aux Communes et aux Lords, par peur des ouvriers.

Succès retentissant, les ouvriers prennent conscience de leur force.

DE 1906 À 1914

On assiste donc à la victoire du monde ouvrier sur le monde bourgeois. De 1906 à 1914, les libéraux sont au pouvoir. De grosses questions sont soulevées à propos du monopole de l'Instruction religieuse pour l'Église Anglicane. Question de réforme électorale.

Le parti libéral se rend compte que les ouvriers ne s'intéressent qu'aux questions sociales.

C. Bannerman est remplacé par Asquith à la tête du gouvernement. À ses côtés, aux finances, Lloyd George, au commerce W. Churchill. Le 1er est de basse origine, le 2e un cadet de grande famille ayant guerroyé en Afrique.

Tous les deux veulent un programme social imaginatif pour dépasser le parti du Travail.

Les délégués des syndicats sont lourds et conservateurs, et l'on veut les éblouir par des promesses d'action sociale.

On étudiera les réalisations sociales du parti libéral de 1908 à 1914.

LES RÉALISATIONS SOCIALES[1]

En 1er lieu, groupe de lois d'assurances contre les risques de la vie ouvrière, du type des lois de Bismarck.

A) *ACCIDENTS DU TRAVAIL*. En 1897, les unionistes avaient fait voter le *Workmen's Compensation Act* (3 ans de salaire à la veuve). Bismarck avait voulu obliger les patrons à fonder des caisses patronales.

La loi anglaise pose l'obligation au patron d'indemniser ; elle est limitée à la grosse industrie et, en 1900, aux agriculteurs. On ne crée pas de caisses.

---

1. Voir *Histoire du socialisme européen*, 4e partie, chap. I, p. 212.

La loi de 1907 est universelle et passe de 7 à 13 millions d'ouvriers ; pas de contrats en dehors de la loi. Maladies industrielles spécifiées.

B) *RETRAITES POUR LA VIEILLESSE* (1908) *Old Age Pension Act*. On s'inspire du modèle de la Nouvelle Zélande donné en 1898, donnant 7 shillings à partir de 65 ans aux personnes n'ayant pas 1 Livre par semaine pour vivre.

Le *Trade Union* demande 5 shillings par semaine au-delà de 60 ans et Lloyd George demande 5 shillings par semaine au-delà de 70 ans pour tous ceux n'ayant pas 26 Livres par an de revenu. On pose le principe du droit à l'assistance à partir de 65 ans.

National Insurance Act (1911) porte sur la maladie et l'invalidité. Bismarck, en 1889, avait obtenu le principe de la triple cotisation.
Lloyd George obtint :
4 pence ouvrier (cotisation de)
3 pence employeur (cotisation de)
2 pence État (cotisation de)
Les fonds sont gérés par des sociétés approuvées.

Assistance médicale, accouchements, tuberculose, etc. En cas de maladie chronique, assurance invalidité de 5 shillings par semaine. Appliquée en juillet 1912 à 15 250 000 ouvriers.

Mais on aborde le problème du chômage. En 1902-1903-1904, crise suivant la prospérité de 1900. En 1902, on vote la loi sur *Labour Bureaux Legislation*, cherchant à placer les ouvriers et, si impossibilité, dans des exploitations agricoles.

La crise se résorbe. Mais, en 1907, elle reprend de plus belle. Le Parti du Travail introduit le *Right to work*. Le *Labour Exchange Act* de 1909 organise des bureaux de placement pour les chômeurs, avec *clearing houses* de district et à Londres. On cherche à mieux organiser le marché du Travail.

W. Churchill prévoit le secours-chômage appliqué en 1911. La Mécanique, les Navires, Voitures, Bâtiments se voient appliquer la triple cotisation :
2 p 1/2   patrons
2 p 1/2   ouvriers
5 p   État.

Le secours est de 7 shillings par semaine après 7 jours de chômage et pendant 15 semaines : c'est une expérience qui s'applique à 2 500 000 ouvriers. De grosses réserves se forment dans la prospérité.

Les lois nouvelles sont votées :
a) limitant le travail des adultes.

b) fixant un salaire minimum légal.

Elle s'applique d'abord au *sweating system* des ateliers de couture de l'*East London*. Il y avait eu déjà une enquête entraînant des dispositions dans les lois des fabriques concernant les *domestic factories*. La tâche des inspecteurs du Travail était impossible.

Aux approches de 1906, nouveau scandale du *sweating système*.

W. Churchill se sert du modèle de l'état australien de Victoria qui, en 1896, avait institué des comités paritaires d'ouvriers et de patrons chargés de fixer les salaires dans les industries menacées de *sweating*. En 1909, le *Trade Boards Act* étend ce principe à l'Angleterre et à 200 000 ouvriers dont 140 000 femmes. En 1913, à 200 000 ouvriers nouveaux.

b) *Les Mines* : Dans l'industrie des Mines, l'État intervient aussi, intimidé par les ouvriers. En 1908, le *Coal Mines Regulation Act* établit la journée de 8 heures, mais commençant au fond de la mine.

Mais on parla d'abaisser alors les salaires. Une nouvelle crise se produit. Dans la crise, les patrons ont gain de cause. Mais la prospérité revenant, les discussions reprennent.

On prétend que, selon les filons, le travail est dur ou facile. 10 000 mineurs gallois chôment 1 an.

Enfin un salaire général est fixé avec au minimum 5 shillings pour les adultes et 2 shillings pour les mineurs.

Asquith refuse d'inscrire ce minimum. Grève de 2 millions d'ouvriers qui dure 2 mois.

Asquith enlève le vote du *bill* de "commission paritaire" pour la fixation d'un minimum de salaire légal.

Au référendum ouvrier, on veut la grève mais la majorité étant faible, ils capitulent.

c) *Question agraire* : On aborde la question agraire :

En Irlande, les conservateurs avaient conservé le rachat de la terre et, par-là, l'individualisme.

En 1907, les libéraux consacrent le principe à nouveau.

En Écosse, on cherchait à fixer les fermages, ce système plus socialiste est appliqué et voté en 1911.

En Angleterre, rachat de terre par les autorités locales et louage à des locataires. On veut supprimer la propriété. On permet aux ouvriers la location de jardins potagers près des villes.

En 1909, Lloyd George dépose un *grand budget révolutionnaire*. On veut une forte politique sociale et navale. Les ressources toucheront les capitalistes agraires.

Il introduit trois impôts destinés à grandir :

1) 20 % sur l'accroissement de la valeur de la terre entre deux transports.

2) 10 % sur l'accroissement de la valeur d'un loyer foncier constaté au moment d'une nouvelle location.

3) 1/2 penny sur la valeur du sol et sous-sol non occupé.

En 1913, Lloyd George se rend compte qu'il faut aborder la question de la terre. Il veut régénérer les campagnes anglaises, force de l'Angleterre.

Enquête sur la situation de la terre anglaise. Commission d'Enquête. Elle demande l'application du programme libéral de 1882, et fait intervenir la loi dans la fixation des salaires. On pense à créer un *Ministère des Terres* chargé de cultiver les terres en friche et de régler les salaires.

Le programme n'aboutit pas à cause de la guerre et de l'indifférence des ouvriers. Les agriculteurs peu nombreux veulent surtout une hausse des salaires.

Le syndicalisme révolutionnaire prend naissance.

L'ACTION SYNDICALE À LA VEILLE DE LA GUERRE[1]

Les nouvelles lois furent obtenues beaucoup plus par la pression des masses électorales, que par le parti parlementaire travailliste, qui, à part R. MacDonald et Snowden, est composé de secrétaires de syndicats très positifs.

Le parti libéral en *1910* perd *200 sièges.*

Les travaillistes perdent aussi 5 sièges, ils restent stagnants. Les résultats de ces élections se trouvent dans la jurisprudence qui va suivre. En 1906, les patrons avaient été battus.

Par une innovation de 1900, on avait formé un fonds politique. Les patrons demandent si le fonds politique est légal.

La décision Osborne de 1909 déclare le fonds illégal.

Aux élections de 1910, les ouvriers n'aident plus les *M.P.* travaillistes qui sont alors aidés par les libéraux.

Mais, en 1912, le fonds politique est légitimé. Malgré cela, le parti n'est pas revigoré. En 1912, le budget décide d'octroyer 400 Livres aux *M.P.* Les députés travaillistes ne sont plus alors sous la dépendance du syndicat. On fonde des *Labour Exchanges* dont les postes ne sont pas mis au concours mais dont les fonctionnaires sont nommés par le Gouvernement. Il y a une

---

1. Voir *Histoire du socialisme européen*, 4ᵉ partie, chap. III, p. 256.

fermentation ouvrière qui se tourne contre "le parti travailliste", parlementaire, accusé de "tiédeur et de sympathies libérales".

Hyndman fonde le *parti social démocratique*.

Le Syndicalisme révolutionnaire, d'origine française : il faut renouveler la lutte contre le Socialisme étatiste de Karl Marx par l'anarchie de Bakounine.

Les anarchistes envahissent syndicats et coopératives et fondent la doctrine du syndicat révolutionnaire. À l'action indirecte ou parlementaire, ils opposent l'*action directe.*

Le député, même ouvrier, perd le contact avec la classe et est perdu pour la Révolution.

L'action directe, c'est l'action syndicale, la lutte directe contre le patron par la grève pour avoir un contrôle de l'usine.

Ensuite fonder la C.G.T. qui, dans une grève générale, balaiera patrons et politiciens. La C.G.T. sera alors la société future.

Aux approches de 1910, ces idées gagnent les U.S.A., chez les ouvriers persécutés par les ouvriers qualifiés anglo-saxons.

C'est le parti des *Industrial workers of the world*. Leur projet est de former "*One big Union*". Puis ces idées gagnent l'Australie, alors socialiste.

Tom Mann et Ben Tillett découvrent ce syndicalisme et rentrent en Angleterre le propager.

L'histoire socialiste sera celle des grèves. Elle commence aux docks chez les "débardeurs". Vers 1908, Ben Tillett veut réorganiser leur syndicat et T. Mann va chez "les gens de mer".

En 1910, T. Mann groupe en fédération les syndicats du transport.

En 1910, Congrès international du Transport à Copenhague fixant une grève internationale qui n'eut lieu qu'en Angleterre.

La grève est très violente et, après un mois 1/2, les patrons élèvent les salaires. Mais les cheminots se mettant en grève, les dockers sympathisent avec eux.

Les Bureaux de conciliation avaient été organisés dans les chemins de fer par Lloyd George.

De 1907 à 1910, les syndicats pour recourir aux bureaux dépensèrent 25 000 livres.

Les vieux secrétaires sont limogés.

J. H. Thomas (aujourd'hui conservateur) est secrétaire d'un syndicat. À Londres et à Liverpool, T. Mann et Ben Tillett sont des dictateurs populaires.

À la suite des *émeutes de Liverpool*, les cheminots font un ultimatum de 24 heures aux patrons qu'Asquith promet d'aider.

Le 18 août, la grève commence, c'est la *pleine crise d'Agadir* et l'on craint la guerre. La Chambre des Communes vote le renforcement des pouvoirs du gouvernement en cas de guerre, la Russie se désolidarise d'avec l'Angleterre et la France.

Lloyd George se sert du péril de guerre pour la conciliation et promet aux ouvriers une commission d'enquête pour reconnaître le syndicat des cheminots. Mais, en octobre, la commission ne reconnaîtra pas le syndicat ; par contre, les patrons relèvent les salaires, les tarifs ayant été relevés.

À ces grèves, succède celle des mineurs, qui aboutit à la fondation de bureaux paritaires pour la fixation des salaires.

Le mouvement gréviste s'endort. Mais en Irlande et en Afrique du Sud, la question sociale se dresse.

Des grèves contre le patronat ont lieu. Des grèves de Johannesburg, émeutes, police brutale, sac de la ville. Larkin et Conolly revenant d'U.S.A. ameutent l'Irlande et Dublin.

LE MOUVEMENT SOCIALISTE EN ANGLETERRE DE 1912 À 1915[1]

1) Doctrinal "guild-socialism"
2) Réorganisation syndicale.

A) A. J. Penty publie *Restauration of the Guild System* inspiré de Ruskin et pas révolutionnaire.

La concurrence est bienfaisante et émulatrice ; le malfaisant, c'est le commercialisme qui produit mal et bon marché.

Projet de revenir aux petites coopératives produisant bien et peu. O. Gierke écrit *Théories politiques au Moyen Âge*. La société est un agglomérat d'associations et parmi celles-ci "l'association d'État" qui ne doit pas dépasser les autres.

G. D. H. Cole établit la doctrine du *Guild Socialism*. On ne peut se passer de l'État, mais il ne peut tout faire ; on dressera alors une Organisation syndicale avec un Parlement économique, mais en face du parlement de la production, il y aura un parlement des consommateurs. C'est la division des pouvoirs.

B) Pendant ce temps-là, dans les syndicats, les agitateurs ne sont pas comme ceux des autres pays. Leurs fins sont beaucoup plus réalistes. Leur but est une réforme syndicale. On ne fera pas des syndicats de métier mais d'industrie.

En 1910, triomphe avec le Syndicat du Transport de T. Mann.

---

1. Voir *Histoire du socialisme européen*, 4ᵉ partie, chap. III, p. 256.

En 1912, triomphe avec l'amalgamation des syndicats des chemins de fer. 47 syndicats se concentrent en 5 grands syndicats.

Les syndicalistes s'appellent *Industrial Unionists* par opposition aux *Craft Unionists*.

Ce congrès des *Trade Unions* était une assemblée, alors que la C.G.T. française était la tête des syndicats français. En Angleterre, on croit impossible la fondation d'une C.G.T.

Cependant, en 1913, les grévistes de Dublin demandent la grève de sympathie en Angleterre.

Un ouvrier demande « *l'union des mineurs, cheminots, ouvriers du transport* », pour un programme commun de grève devant intimider la nation entière.

61 délégués se réunissent représentant

300 000 mineurs

800 000 cheminots

150 000 transporteurs.

Ils signent un accord le 4 juin 1914 pour paralyser en même temps les 3 catégories des patrons.

Or, en décembre 1914, se terminent les contrats et l'on craint une grève générale.

Mais la guerre éclate, un nouvel ordre de choses commence.

FASCICULE III

ÉTATISME DE GUERRE ET D'APRÈS GUERRE
(1914-1932)

LE SOCIALISME DE GUERRE[1]

L'Angleterre déclare la guerre à l'Allemagne le 4 août 1914.

Quelle fut l'attitude de la classe ouvrière ? Les chefs prirent parti pour la guerre, ainsi que le congrès syndical.

Cependant certains groupes politiques, dont les Fabiens, s'en désintéressent et l'*Indépendant Labour Party* avec Snowden et MacDonald sont contre et se trouvent mélangés avec les révolutionnaires.

En France, Jouhaux et Hervé sont pour la guerre.

En Angleterre, Ben Tillett et Tom Mann prennent aussi parti pour la guerre.

Hyndman forme le *British Socialism Party* avant la guerre, il demande la conscription et est pour la guerre.

Les premiers efforts de ces socialistes sont pour parer au chômage que l'on redoute.

Au contraire, le travail abonde et l'on manque de main d'œuvre.

L'État prend des mesures extraordinaires et monopolise l'armurerie, les mines, les industries de guerre, les chemins de fer et rationne la Nation.

Pour les mines, ce fut dur et on n'aboutit qu'en 1917.

On répartit les produits à 80 % pour l'État et 20 % pour les particuliers.

L'Étatisation devient une syndicalisation de l'industrie.

Pour le coton du Yorkshire et la laine du Lancashire, on constitue des *Boards of Control* :

33 membres   11 du ministère de la Guerre
                  11 patrons
                  11 représentants ouvriers

Il décide la quantité réservée aux civils.

C'est l'Étatisme, plus le syndicalisme.

---

1. Voir *Histoire du socialisme européen*, 4e partie, chap. III, p. 256 et 5e partie, chap. I, p. 273.

Le Socialisme de guilde prévoyait cet idéal, il semblait se réaliser.

En février 1915 : "*Comité de la production*"
Le 1ᵉʳ rapport propose l'interdiction de la grève. On déclare le comité : "*Cour arbitrale*".

On propose la suspension des règles et coutumes syndicales. Or le syndicat avait organisé très complètement le travail.

Les règles étaient très précises : il y avait de véritables corporations, on voulait le moins possible d'ouvriers non qualifiés. Or la machine, d'après Karl Marx, se substitue à eux.

Aussi avait-on fixé le nombre d'ouvriers qualifiés que le patron devait employer.

Ces règles ne pouvaient durer en temps de guerre :
– Travail aux pièces
– Travail des femmes

Aussi, on fait la dilution des ouvriers qualifiés.

En mars, Lloyd George obtint la suspension des règles avec certaines compensations. Enthousiaste.

1915 – ministère des Munitions avec Lloyd George.

Une première loi donne force de loi à l'Accord de la Trésorerie :
1) pas de grèves,
2) établissements contrôlés par l'État avec profits limités,
3) suspension des règles syndicales,
4) certificats de congé (l'ouvrier était donc embrigadé – peines de prison).

Mécontentement ouvrier.

2ᵉ loi supprime la prison, simplifie l'arbitrage mais laisse les certificats de congé. Les ouvriers peu satisfaits se révoltent contre les états-majors syndicaux. Grèves locales gênant le gouvernement.

L'État veut rendre plus rigoureuse la discipline et intensifier la production.

Décembre 1916 – coup d'état : Lloyd George qui devient Premier ministre. Son cabinet est constitué par des conservateurs et des travaillistes.

Il y a un cabinet de guerre avec A. Henderson.

En janvier 1917, on constitue le *Service National* concentrant le travail de guerre. Toutes les Industries collaborent à la guerre.

On veut augmenter le rendement, mais on a besoin d'ouvriers qualifiés au front et l'on augmente la dilution avec les non qualifiés.

C'est le *Comb-out* (peignage en dehors).

Lloyd George songe à faire un état national et socialiste, il songe à l'union patriotique des classes, à une sorte de fascisme.

Mais la révolution russe éclate :

Les grèves de "Mai" se produisent contre le certificat de congé, le contrôle militaire (à rapprocher des mutineries françaises et allemandes).

On nomme une commission d'enquêtes.

Churchill devient ministre des Munitions et l'on remanie le *bill* des munitions, on arrête la dilution, on retire le certificat de congé, mais seulement dans le groupe des industries de munition.

C'est un délit pour le patron d'offrir des salaires plus hauts à des ouvriers occupés ailleurs.

Caporetto, la paix de Brest-Litovsk, et le dur cap d'Amiens, entraînent un remous patriotique qui dissipe l'agitation ouvrière.

Puis elle reprend avec la question de *l'embargo* tendant à embrigader de façon occulte l'ouvrier.

En août 1918, on nomme un Comité qui condamne la pratique et un comité paritaire doit l'étudier :

Grève des Tramways et des autobus : 1 victoire

Grève de 20 000 mineurs : 1/2 victoire

Grève des *policemen* : 1/2 victoire

Grève des filateurs

Grève des cheminots

Grève des ouvriers de la mécanique sur la Clyde

Au Congrès de	Manchester en	1913 :	2 232 000 ouvr.
		1914 :	pas de congrès
	Bristol	1915 :	2 482 000 ouvr.
	Birmingham	1916 :	2 858 000 ouvr.
	Blackpool[1]	1917 :	3 082 000 ouvr.
	Bristol[2]	1918 :	4 514 000 ouvr.

Le 3 juin 1917 à Leeds, conférence de l'*Indépendant Labour Party* et du *British Socialism Party* et des autres syndicats demandant la paix immédiate et des comités d'ouvriers et de soldats ; Kerenski qui voulait maintenir la guerre et qui se sent traqué réunit à *Stockholm* une conférence socialiste pour la paix.

Le syndicat des gens de mer refuse de faire naviguer les délégués anglais. Henderson et MacDonald vont à Paris.

Lloyd George chasse Henderson.

Réorganisation du Parti du travail, qui aboutit en août 1918. On permit d'en être membre sans passer par les branches fédérées.

La base, de fédérale, devient territoriale.

---

1. L'*Indépendant Labour Party* profite du mécontentement.
2. Le *British Socialism Party* se rallie à lui et chasse Hyndman de son sein.

Le *Labour Party* s'affranchit du Gouvernement.
Pendant ce temps, Lloyd George continue sa politique.
Une loi accorde le suffrage universel aux femmes et aux hommes.
Une loi sur l'éducation prolonge la scolarité jusqu'à 16 ans.
En 1916, avant Lloyd George, on s'était occupé de mesures de *reconstruction* et certains pensaient en profiter pour réorganiser la société. Mars 1916 : Commission dont une branche étudie les rapports entre patrons et ouvriers avec Whitley. Il propose l'établissement de *Joint Industrial Councils* constitués par des représentants du patronat et des syndicats ouvriers, chargés de rétablir les règles syndicales et de parfaire leur collaboration pour les recherches et l'instruction professionnelle.

Il y avait :
1 Conseil National
"n" *Districts* avec "n" conseils
"n" *Works' Committees*
on répondait aux vœux des *shops stewards*, mais, pour certaines branches ayant des ouvriers non organisés, Whitley prévoyait l'organisation des *Trade Boards* de 1909.

Sur ces deux points, Whitley remporte un succès

En janvier	1918 :	Conseil de la Poterie
En mai	1918 :	Conseil du Bâtiment
En avril	1919 :	31 *Trade Boards*, avec 2 millions d'ouvr.
		22 *Trade Boards*, en formation avec 1 million.

Avant l'armistice, on vote un *Trade Board Act* qui reforme celui de 1909.
En octobre 1918 : 13 *Trade Boards* avec 1 million d'ouvriers.
En octobre 1919 : 11 *Trade Boards* nouveaux avec 375 000 ouvriers en plus.

Pour se maintenir au pouvoir, il allait falloir plus que jamais faire une politique des ouvriers, une politique sociale.

LE SOCIALISME ET L'APRÈS GUERRE[1]

Les ouvriers accusent de trahir leurs intérêts leurs états-majors syndicaux. Des *Whitley Committees* avaient été créés en grand nombre, ainsi que des *Work Committees*.

11 Novembre – Armistice :

---

1. Voir *Histoire du socialisme européen*, 5ᵉ partie, chap. V, p. 301. Voir également « Enquête sur le syndicalisme et le socialisme anglais en 1919 », p. 765.

La classe ouvrière espère que la réforme va continuer à s'opérer ; elle dispose de forces considérables pour l'action directe : la grève.

La forme syndicale est en :

1913 : de 4 135 000 ouvriers syndiqués dont 2 632 000 ont des délégués au Congrès syndical.

1918 : de 6 593 000 ouvriers syndiqués dont 4 532 000 ont des délégués au Congrès syndical.

1919 : de 7 926 000 dont 5 284 000 représentés

1920 : de 8 334 000 dont 6 500 000 représentés

Labour Party :
en 1910 : 2 élections générales :
- a) 78 candidats présentés
  40 élus
  507 000 voix recueillis
- b) 56 candidats présentés
  41 élus
  371 000 voix recueillies

en 1914 : (pas d'élections)
en 1918 :

Conservateurs unionistes	338 élus avec 3 484 000 voix
Libéraux de coalition	136 élus avec 1 446 000 voix
parti Asquith	9 élus avec 1 298 000 voix
Labour Party	57 élus avec 2 174 000 voix

Mais entre janvier 1910 et 1918, il y avait eu une loi électorale et les électeurs passaient de 8 à 18 millions, d'où renforcement du *Labour Party*.

LA SÉRIE D'OFFENSIVES SYNDICALES ET POLITIQUES

Dans l'avenir, il y aura une série d'offensives syndicales ou politiques.

En 1919, révolution syndicale.

En 1924, offensive politique, le gouvernement travailliste reste 9 mois au pouvoir.

En 1926, grève syndicale suivi par la loi réactionnaire de 1927.

En 1929, deuxième ministère travailliste qui s'effondre en 1931.

Au lendemain de l'armistice, l'effervescence syndicale continue avec ses grèves. Il y avait une triple alliance des transports, du rail et des mines depuis 1914 ; la guerre retarda son action bien qu'elle fut constituée entièrement en 1915. Pendant la guerre, ils sont à la tête du mouvement ouvrier et intimident le gouvernement.

Triple programme :
Cheminots : journée de 8 heures, nationalisation du rail.
Transport : semaine de 4 heures.
Mineurs : journée de 6 heures, nationalisation des mines.
Tous les trois veulent une *hausse des salaires.*

LA RECONSTRUCTION

La demande de reconstruction a deux significations :

A – au sens étroit : revenir à l'état d'avant-guerre :
1°) plan de démobilisation pour empêcher le chômage et établi suivant les professions ; ce plan échoue devant l'insurrection des soldats,
2°) en 1919, retour aux coutumes syndicales d'avant-guerre,
3°) mesures d'assistance-chômage qui, en 1911, s'appliquent à 2 millions 1/2 d'hommes. Pendant la guerre, on l'étend à 1 million 1/2 en plus.
À la fin de 1918, on passe de l'assurance à l'assistance chômage et l'on crée :
"*L'out-of-work donation*" : c'est un don gratuit, le *dole* auquel l'ouvrier ne contribue pas.
29 shillings par semaine pour les soldats
20 shillings par semaine pour les civils pendant les six mois, puis prolongé peu après de six autres mois.

B – *au sens large* – La guerre a prouvé que l'État peut assumer plus de fonctions et que les syndicats ont une grande force.
1) Le 21 novembre 1918 : Loi sur la réglementation des salaires, qui ne doivent pas être diminués pendant 5 mois.
2) D'autre part, les ouvriers demandent la semaine de 44 heures, ce qui, en réalité, est une demande d'augmentation de salaires, car les heures supplémentaires seraient surpayées. Échec de la classe ouvrière qui n'obtient que 48h.
3) *Nationalisation* : un 1er projet de loi veut un ministère des voies et communications (ch. de fer, tramways, canaux, rivières, docks, jetées, électricité ; pendant deux ans, le régime de guerre est maintenu et l'étatisation est permise au gouvernement. Dans l'examen de la loi, on rejette l'électricité) ; qui aura un régime à part mais étatisé.

Un autre projet concerne et impose, dans le délai de trois mois, le plan de logement des classes ouvrières qui sera payé par le contribuable.

Ce que l'on entend par nationalisation, c'est « l'Étatisation syndicat ». Mais les patrons pensent que l'organisation de comités puritains désintéresse l'ouvrier de l'Étatisation.

Lloyd George encourage ouvriers et patrons de façon assez équivoque. On réunit la *Joint Industrial Conference* qui prévoit un parlement industriel paritaire, une cour arbitrale et législative. Les socialistes de guilde y voient la future réalisation de leur rêve.

LE PROBLÈME DES MINES

Mais les mineurs restent à part. La question des mines se pose le 27 février.

Les mineurs ne sont pas représentés à la Conférence et votent la grève par 617 000 voix contre 100 000 avec l'espérance que la Triple Alliance, pour obtenir leurs revendications, se mettra aussi en grève.

On institue une commission royale d'enquête chargée de les examiner mais les ouvriers demandent que, sur 12 membres, six soient ouvriers ou théoriciens, avec Sydney Webb comme président.

Le 20 mars, la commission obtient la journée de 7 h. et l'augmentation de salaires, avec la journée de 6 h. en perspective.

Mais pour la nationalisation : patrons et ouvriers sont d'accord sur un point : la suppression du *Royalty*, droit à payer au propriétaire de la surface.

A – POINT DE VUE OUVRIER

1) Nationalisation et contrôle mixte de l'exploitation avec un ministère des Mines et un Conseil des mines de 10 membres.

2) La division de l'Angleterre en deux districts avec deux comités et des *Pitt-committees*.

B – POINT DE VUE PATRONAL

Cinq patrons ont un programme négatif et proposent seulement des comités paritaires. L'un propose un programme original, c'est Sir Arthur Duckham : il attire l'attention sur la dispersion de l'industrie minière en Angleterre. Il y avait avant 1914 :

1 400 entreprises pour

2 500 puits de mine

Cela, dit-il, tient à la législation des mines.

L'inconvénient est : frais généraux qui interdisent la production rationnelle et à bon marché et nécessité des intermédiaires.

Son système est : fusion sous le contrôle de l'État ; corporation des patrons, usagers, gouvernement ; obligations à 4 %.

Donc entreprises autonomes contrôlées par l'État et les ouvriers.

Les socialistes obtiennent 6 voix, les patrons 5 + 1. Tout dépend donc du Président, le juge Sankey, qui propose une nationalisation qui ne diffère de celle des socialistes que par :

a) comités paritaires sans action
b) 14 districts
c) conseils composés pour :

1/3 d'ouvriers

1/3 de directeurs techniques

1/3 de consommateurs

Par 7 voix contre 6 voix, on adopte le projet Sankey : nationalisation des mines et contrôle ouvrier.

La Nationalisation semble donc en bonne voie de réalisation. Lloyd George allait-il tenir ses promesses ?

LA RÉACTION CONTRE LE SOCIALISME DE GUERRE

De l'été 1919 à l'automne 1922, la politique de Lloyd George va être en réaction contre le socialisme de guerre.

Cependant, pour le chômage, une nouvelle législation vient en vigueur. On avait accordé l'assistance aux *out-of-work*. Pendant ces trois années, il y eut six lois aboutissant à la grande loi de 1922 réglant le chômage.

Tous les ouvriers sont assurés (12 millions) ; les cotisations ouvrières et patronales ainsi que l'allocation de l'État sont relevées.

Le *benefit* de l'ouvrier passe de 7 à 15 shillings.

On accorde aux ouvriers des *assistances pour charge de famille*. On touchait pendant 15 semaines, et 6 semaines après la dernière cotisation versée.

Pour remédier à la fin des 15 semaines, on donnait la *dole*. L'État fait des avances à la Caisse nationale du chômage.

Mais sur les autres points il y a réaction contre le Socialisme de guerre :

A – *Les Mines* : en juin 1919, la commission Sankey s'était ralliée à la nationalisation des mines et au contrôle ouvrier.

Le 18 août 1919, Lloyd George expose dans un discours sa politique. Il se déclare « *non lié* » par le rapport de la Commission et le critique en faisant observer que deux membres de la commission avaient été témoins, donc majorité viciée. D'autre part, le projet Sankey visait surtout les grèves et les six membres ouvriers n'acceptaient pas le projet sur ce point.

Or Sir Arthur Duckham avait fait remarquer le danger du morcellement. Aussi Lloyd George propose la fusion sous la direction de l'État et la fondation de *Whitley Councils*.

Le conflit fut long entre patrons, État, et ouvriers. Les ouvriers font appel au Congrès *Trade Union* qui se prononce pour la nationalisation.

Les délégués sont éconduits par Lloyd George.

Le 9 décembre : Congrès spécial qui préfère la propagande à la grève.

Les mineurs votent la grève.

Un deuxième Congrès spécial s'oppose à la grève.

Le gouvernement, par une loi, prolonge jusqu'en août 1921 le régime de contrôle de guerre qui était supprimable avant cette date.

Il fonde des *Whitley Councils*.

On prévoit la création d'un fonds pour améliorations sociales.

La nationalisation du sous-sol est abandonnée.

Les ouvriers vaincus se le tiennent pour dit, et se rabattent sur la question des salaires.

Une première grève en octobre 1920 avec la rentrée de la Triple Alliance industrielle. *Grève de Sympathie*.

Les ouvriers obtiennent un relèvement des salaires, et on vote le *Emergency Powers Act de 1920*, autorisant l'État à déclarer l'état de siège et à réprimer la grève.

En fin 1921, la fin du régime des mines arrive. Le 31 mars 1921, le contrôle cesse et on revient à l'industrie privée. Les patrons déclarent qu'ils abaisseront les salaires. Grève générale des ruines en réponse.

Événements dramatiques L'état-major mineur voulait un salaire uniforme. Les patrons refusent. Les ouvriers réclament le « pool de guerre » des profits avec un minimum légal des salaires.

Le gouvernement se prépare à la grève de la triple alliance et forme 80 000 h. pour se défendre contre elle.

La grève de sympathie est fixée au 12 avril puis au 14 (*Black Friday*) où un comité parlementaire avec un délégué patronal et un délégué mineur consent à l'abolition du *pool* mais avec un redressement des salaires.

Les mineurs seuls se mettent en grève, mais capitulent rapidement.

Ils acceptent l'abaissement des salaires et des *Whitley councils*. Mais les Compagnies refusent les *Whitley councils*.

À part le *Mines Department* et la journée de 7 heures, c'est le régime d'avant-guerre qui est remis en vigueur.

B – *Les chemins de fer* : On propose en 1919 le *bill* d'Étatisation, mais le ministère des Transports perd le droit de nationaliser. Seuls deux *boards* sont institués pour les salaires. Négociations sur le *bill* réglant les chemins de fer. En 1920, on propose de concentrer les lignes et de faire un moyen terme entre l'initiative privée et l'étatisation.

Sur les Grands Réseaux – contrôle ouvrier

Le 3 mai 1921, en pleine grève des mineurs, le syndicat des chemins de fer signe un traité avec les chemins de fer : on renonce à l'étatisation, aux délégués ouvriers, mais on se contente des deux *Boards* et des *Whitley Councils*. Thomas obtient des relèvements de salaires – C'est très bourgeois, c'est la reculade et, en fait, la capitulation.

En 1919, on avait fait un Parlement du travail, le Ministère avait promis la loi de 8 heures et une enquête sur le salaire minimum légal pour toute l'Angleterre – C'est abandonné.

En 1918, on avait voté des *Trade-Boards* et on avait étendu la loi de 1909 – en 1922, rapport préconisant le retour à la loi de 1909 intégrale.

La commission Geddes en 1922 demande des économies sur la politique sociale. Les compagnies autonomes électriques ne sont pas mises à exécution.

En 1919, on avait voté le *Housing-Act* et on l'avait trop appliqué ; en 1922, on arrête les constructions ouvrières ; en 1918, une loi d'éducation publique avait porté l'âge jusqu'à 16 ans, on ramène l'âge à 14 ans en 1922.

C'est la reculade générale et l'effondrement des promesses de Lloyd George.

Le 19 octobre 1922, le secrétaire des mineurs veut voir Lloyd George, mais celui-ci, trois quarts d'heure avant, avait donné sa démission, abandonné par les conservateurs. Il avait accordé l'autonomie législative à l'Irlande, la possibilité des droits de douane pour elle contre l'Angleterre, une armée et une marine autonomes.

Sa chute vint sur une question de politique étrangère, où Lloyd George n'a que des échecs. Malgré cela, la population était pour lui ; sa chute fut l'œuvre de la politique de guerre au Proche-Orient contre la Turquie, guerre dans laquelle il voulait sans succès entraîner les *Dominions*.

Ce fut la goutte d'eau qui fit déborder le vase.

Les conservateurs se réunissent et Stanley Baldwin réclame la fin de la coalition avec Lloyd George.

Ce dernier déclare qu'il se libère et qu'il a « le glaive dans la main » (Il ne pourfendra cependant personne).

Élections générales de 1922

En 1918 :	Unionistes (conservateurs)	3 484 000 voix
	Libéraux de coalition	1 446 000 voix
	Libéraux orthodoxes	1 298 000 voix
	Labour Party	2 574 000 voix
En 1922 :	Conservateurs	5 500 000 voix
	Libéraux de coalition et orthodoxes	4 190 000 voix
	Labour Party	4 241 000 voix

Les votants ont augmenté ; il y a moins d'abstentions ; et d'autre part il y a très peu d'élections non contestées ; et la concurrente entraîne l'accroissement des votes.

Le parti libéral est composé de divers éléments :
1) des orthodoxes : Asquith et Grey
2) des excentriques pacifistes
3) des libéraux de coalition
a) des hommes d'affaires
b) le groupe Lloyd George

Les libéraux sont aidés par les orthodoxes et les coalitionnistes, ils sont donc très disparates. Le progrès du *Labour Party* est formidable.

Cependant, il y a une baisse des forces syndicales :

	Syndiqués	Ouvriers représentés au Congrès
En 1920 :	8 334 000	6 505 000
En 1921 :	6 622 000	6 418 000
En 1922 :	5 614 000	5 129 000

ÉLECTIONS DE NOVEMBRE 1922

Conservateurs	5 500 000	347 sièges
Libéraux	4 189 000	117 sièges
Trade Unionistes	4 241 000	142 sièges

Les Conservateurs prennent le pouvoir.

À l'Intérieur, avec Bonar Law, on ne fait rien.

À l'Extérieur, on opère un rapprochement franco-anglais mais échec – mauvaise posture pour le règlement des dettes américaines. Mort de Bonar Law.

Stanley Baldwin lui succède. Riche, industriel, oxfordien, et patriote.

En septembre 1923, conférence impériale à Londres. St. Baldwin propose un programme de préférence coloniale. Le programme est approuvé.

Après un an, on dissout la Chambre des Communes. Nouvelles élections sur programme protectionniste.

ÉLECTIONS DE 1923

Unionistes	5 539 000	255 sièges
Libéraux	4 311 000	158 sièges
Trade-Unionistes	4 438 000	191 sièges

L'AVÈNEMENT DU PARTI TRAVAILLISTE

Les Conservateurs perdent la majorité absolue.
En 1924, les travaillistes et les libéraux ont la majorité, on fait appel à un ministère travailliste.
Quel était ce parti ?

À l'origine, c'est une fédération politique socialiste avec un fonds électoral. En 1918, réorganisation avec des candidatures posées dans chaque circonscription dont la constitution devient territoriale. Adhésions individuelles au parti. Le parti reste fédéral : trois groupes.

1) *fabien* : en dehors des partis avant la guerre, mais qui s'est rallié au *Labour Party* pendant la guerre,

2) *Congrès Syndical* : diffère des partis ouvriers d'Europe. Composé : bourgeois conservateurs et non utopiques, patriotes, coalisés en 1916 avec les conservateurs et, de 1918 à 1922, parti sans éclat avec comme chef Clynes.

3) *Indépendant Labour Party* : Avant la guerre, on trouvait au *Labour Party* une allure timide et prosaïque. En 1909, MacDonald et Snowden démissionnent du bureau. Pendant la guerre, il refuse la guerre ; il représente seul l'opposition à la guerre et, par-là, attire tous les pacifistes.

Philippe Snowden, jacobin, y est à sa place comme anti-ploutocrate, pacifiste et germanophile.

Ramsay MacDonald est aussi pacifiste et, en 1918, préside la conférence des Comités de soldats et d'ouvriers.

Il intrigue contre le parti de Clynes.

PREMIER MINISTÈRE TRAVAILLISTE

En 1922, il devient chef du parti.

MacDonald est appelé par le Roi en janvier 1924 et il constitue un ministère de 44 membres (20 membres ont un portefeuille et 24 n'en ont pas), avec 10 ouvriers mineurs et un état-major bourgeois : Lord Parmoor, Lord Chelmsford (Amirauté) Lord Haldane et l'avocat Patrick Hastings, Snowden aux Finances, MacDonald aux Affaires Étrangères.

MacDonald préfère au titre "*socialiste*" celui de "*Travailliste*".

Les collègues sont apprivoisés à l'intérieur par l'aristocratie qui les invite partout. On plaisante un peu Thomas et Whitley. En général, on les invite à tour de bras. La tasse de thé est une arme puissante.

Mais les capitaux prennent peur et filent vers l'Amérique.

Des grèves ouvrières éclatent.

Snowden aux Finances voit trois façons de rétablir l'équilibre budgétaire.
a) *Conservatrice* : Alléger l'impôt direct et mettre des droits budgétaires
b) *Socialiste* : Entreprendre des dépenses sociales à couvrir par l'alourdissement de l'impôt direct
c) *Libérale* : Ne pas alourdir l'impôt direct et développer les échanges.

Le budget fut libéral orthodoxe : on n'augmenta pas l'impôt direct (4 sh. 6 pence par Livre) ; on garda les préférences coloniales ; on supprima 1/3 % des droits McKenna ; on supprime les droits sur le thé, le café, le cacao.

L'excédent est réduit à 12 millions de Livres Sterling.

Cependant, sur un point, il augmente les dépenses : c'est le point militaire (cinq croiseurs nouveaux).

Réduction générale des dépenses.

Il compte sur l'amélioration économique.

Dépenses sociales :

Problème du chômage : chiffres depuis 1920

Novembre 1910	494 000 chômeurs
Février 1921	1 125 000 chômeurs
Juin 1921	2 000 000 chômeurs
Septembre 1922	1 500 000 chômeurs
Septembre 1923	1 190 000 chômeurs

Comment le réduire comme on l'avait promis ?

Le programme était : prévenir le chômage par des travaux publics :

routes, électrification obligatoire, barrage de la Severn, travaux municipaux, chemins de fer.

Whitley dépose le projet de construction de maisons ouvrières arrêté par Lloyd George. Il est voté en août 1924.

On prévoit en 55 ans avec 1 milliard 373 000 000 de Livres la construction de 2 500 000 maisons.

Extension de la loi des retraites ouvrières. Échec.

Lois d'assurances chômage :
1) Augmentation de l'allocation :
    15 à 18 shillings pour les hommes
    12 à 16 shillings pour les femmes
2) Extension des cas : à la grève lorsque l'ouvrier la subit involontairement.
3) De 26 semaines à 41 par an
4) Le *"gap"*, c'est-à-dire l'espace entre l'assurance et l'assistance, est supprimé.
30 juin : 1 000 000 chômeurs.
30 juin : 1 247 000, à la chute du gouvernement travailliste.

Il tombe sur la *politique étrangère :*
À ce moment, il est question de *reconnaître la Russie soviétique* mais les socialistes d'Europe détestent les communistes russes, bien qu'ils soient tenus de rétablir les relations.

MacDonald, le 1er février 1923, reconnaît *de jure* les soviets ; un ambassadeur Rakovsky vient à Londres.

Le 7 août, un traité de commerce et navigation est signé ; un traité général : rétablissant les conventions anglo-russes et étudiant la question des dettes.

Pour la dette russe, on fit une distinction : tout en maintenant la répudiation des dettes, on répudie les titres antérieurs à 1921 et les titres de 1914 à l'avènement du gouvernement russe.

Indemnités pour les propriétés nationalisées.

Le traité stipule que l'emprunt russe sera garanti par l'Angleterre.

À peine connus les termes du traité, le scandale éclate. 26 Chambres de Commerce protestent contre MacDonald. Lloyd George l'attaque et, le 7 août, on déclare que MacDonald a rompu avec les Soviets, puis signé le traité malgré tout. MacDonald répond par un discours très faible.

Mais ce n'est que sur un incident qu'il tombe.

Il y a en Angleterre un parti communiste, avec un membre au Parlement ; il a un journal dirigé par J. Ross Campbell, *L'Hebdomadaire des Ouvriers* ; il fait un appel à la rébellion dans l'armée.

On arrête Campbell, on le poursuit, puis le Ministère Public abandonne les poursuites.

Quand le Parlement se réunit en octobre, une motion de censure conservatrice, une motion d'enquête libérale est acceptée par 364 voix contre 118.
Dissolution.

Élections nouvelles : La police surprend une pièce, « appel de Zinovieff au peuple » pour l'agitation contre les Travaillistes travaillant contre les ouvriers. Donc élections défavorables aux Travaillistes – Le Ministère n'avait plus aucune utilité et devait tomber.

Les conservateurs ne voyaient en lui que le moyen d'intimider la France. Snowden et MacDonald ont en face Herriot : ils obtiennent alors le plan Dawes et l'évacuation de la Rhénanie. Cependant, à Genève, on cherchait à renforcer la S.D.N. et à rendre plus rigoureuse sa procédure. Une commission, présidée par Lord Cecil, établit le *Traité d'Assistance Mutuelle* ; MacDonald refuse de la signer.

À la session annuelle de la S.D.N., MacDonald a peu de succès ; au contraire Herriot est acclamé ; alors il y laisse Henderson et Lord Parmoor qui ratifient un Protocole semblable au Traité ci-dessus.

MacDonald est pris au piège.

On le renverse et le Protocole tombe. Il en est, en réalité, très satisfait.

ÉLECTIONS DE 1924 :
– Unionistes   8 080 000 voix   409 sièges
– Libéraux   2 939 000 voix   39 sièges
– Travaillistes   5 089 000 voix   151 sièges
L'arbitrage libéral disparaît

L'on a étudié l'historique du 1er ministère travailliste, ministère de minorité MacDonald.

Au point de vue extérieur, il avait donné satisfaction.

Une majorité conservatrice arrive alors au pouvoir. Ils ont une majorité de 200 voix au Parlement.
Politique – Elle est avec Stanley Baldwin
Finances – *Churchill*

Budget protectionniste, qui rétablit les droits abandonnés par Snowden ; au point de vue militaire, il renforce les dépenses navales.

Pour amadouer l'électorat ouvrier, projets sociaux (étatisme des P.T.T. et de la T.S.F.).

Assurances sociales pour 15 millions d'individus.

Le Ministère se trouve pris dans la crise de 1925/1926 qui se termine par la défaite ouvrière.

2ᵉ GRANDE OFFENSIVE SYNDICALE

C'est au problème minier que vient s'achopper le ministère conservateur. En 1921, Lloyd George avait résilié ses promesses. En 1922 et 1923, pas d'acuité car prospérité charbonnière, en effet :

En 1922 : grève minière américaine,

En 1923 : résistance passive de la Rhur,

En 1921 : les salaires étaient réglés par districts avec les patrons. Salaire de base égal à 20 % du salaire d'avant-guerre, plus partage des bénéfices : 83 % pour les ouvriers et 17 % pour les patrons.

En 1925, on relève le salaire de base à 33 %.

Les exportations passent de 78 millions de tonnes à 50 millions de tonnes ; 500 mines ferment leurs puits.

Les 3/4 des mines travaillent à perte ;

40 000 chômeurs.

Propositions pour des patrons : Le contrat révisé devient :

pas de salaire de base

87 % des bénéfices pour les salaires,

13 % pour le capital

Retour à la journée de 8 heures, au lieu de 7 heures.

Les ouvriers crient contre la journée de 8 heures et la suppression du salaire de base.

Ils accusent la mauvaise exploitation, la dispersion, et le *royalty*.

Les ouvriers croient à l'offensive patronale, profitant des conservateurs. Aussi le 20 juillet 1925 se fonde la *Workers' Association* de neuf grandes branches pour la grève générale.

Le 1ᵉʳ août, aboutissent les contrats. Comme on a peur de la grève, le 31 juillet, on accorde le *statu quo* des salaires jusqu'en mai 1926, et l'enquête d'une Royal Commission avec Sir Herbert Samuel comme président.

En septembre : résolutions révolutionnaires du Congrès *Trade-Union*, on devait renouveler le Conseil général du Congrès ; on réélit 2 modérés dont J. H. Thomas. Plus tard, à Liverpool, on chasse les communistes du parti.

D'autre part, chez les patrons, ligue civique : *Organisation for the maintenance of supplies* – Sir W. J. Hicks poursuit les communistes. Les difficultés s'aggravent en mars 1925, avec le rapport de la Royal Commission qui préconise :

1°) Le rachat par l'État des *Royalties*

2°) La fermeture des mines improductives
3°) La fusion des entreprises
4°) L'amélioration des recherches
5°) L'amélioration des ventes (sans intermédiaires)

Pour les salaires :
1°) Suppression des subsides d'État
2°) Révision des salaires : accords par districts, à soumettre à des accords nationaux.

Les ouvriers s'y opposent : « *Pas une minute de plus, pas un penny de moins* ». On écarte les propositions de la Commission.

Semaines très critiques :
Le 1er mai : expiration des délais : les conservateurs ne redoutent pas trop la lutte, mais MacDonald la redoute. Les négociations sont en cours mais ne sont pas achevées quand se produit l'incident du *Daily Mail* : article que les typographes refusent d'imprimer. Le gouvernement brise les ponts.

Grève générale d'intimidation pour les patrons
1) grève des mineurs
2) grève des transports, chemins de fer
3) grève des imprimeurs.

Les automobiles réduisent la grève des transports à néant ; quant à la grève des imprimeurs, ce fut une grosse maladresse car les grévistes se privent de leurs journaux.

Le gouvernement, par la T.S.F. et la *British Gazette* tirée à 2 000 000 d'exemplaires, donne au pays les nouvelles ; elle est organisée dans les bureaux du *Morning Post*.

Le 6 mai, Sir John Simon déclare que la grève sans préavis est illégale ; le 11 mai, le syndicat des gens de mer poursuit ses membres qui n'ont pas suivi son ordre pour faire la grève ; le juge Astbury lui donne raison.

Sir H. Samuel propose la reprise des négociations, des subsides et du rapport de la Commission, avec la révision des salaires par un bureau des Salaires paritaires.

Les Mineurs refusent, bien que le Congrès des *Trade Unions* soit réduit et déclare close le 12 mai 1926 la grève.

Les Mines sont réduites à leurs seules forces, leur grève allait durer longtemps cependant.

La corporation compte 1 000 000 d'ouvriers, avec comme chef le modéré H. Smith et le communiste Cook.

Le gouvernement propose une mesure transactionnelle : 3 000 000 livres de subsides pour les salaires, pendant les négociations devant aboutir à la réduction des salaires de 10 %.

Les mineurs refusent et les compagnies de même.

Le 15 juin, Stanley Baldwin fait voter la loi de 8 heures, au lieu de 7 heures ; on déclare que, pendant 5 années, on aurait le droit de faire des contrats de 8 heures comme de 7 heures (la journée commence au fond de la mine et y cesse).

Les mineurs protestent, mais certains ouvriers affamés obviennent par-là à la réduction des salaires.

La lutte continue :

Interventions du corps épiscopal

Interventions du gouvernement

Interventions des mineurs.

Les mineurs ont capitulé sur les 8 heures de la journée de travail. Mais ils se heurtent au gouvernement pour les subsides.

Les employeurs veulent l'accord local, et non l'accord national.

En octobre, forte reprise du travail, car les salaires ne baissent pas (1/5 des ouvriers retravaillent).

Les délégués de la Fédération des mineurs continuent la lutte avec les subsides des Soviets.

Ils appellent au secours le congrès des *Trade Unions* et un fonds de grève de 1 penny par semaine est obligatoire. Le Congrès l'accorde, mais il est facultatif et non obligatoire.

Grave question de l'inondation des mines en cas de grève.

Les *Safety Men* jusque-là sont chargés de pomper l'eau qui s'infiltre dans la mine ; ils avaient continué leur travail, on leur commande de le cesser. Pas d'obéissance de leur part.

Ils demandent aux transports de grever les importations de charbon. Pas de succès non plus.

En novembre, 1/3 d'ouvriers ont repris le travail.

Le 18, 620 000 contre 286 000 conseillent aux districts la reprise des négociations.

Donc, défaite lamentable des syndicats de mineurs.

Résultats de la grève

Il y eut   147 000 journées perdues
                 75 000 000 livres perdues

Extraction perdue à moitié

Les exportations tombent à 30 000 000 de livres.

L'Indice de base était en   1913 de 100 %

Production minière   1923 de 87 %
                      1926 de 67 %

Coût de la vie :   1913 de 100 %
                   1923 de 67 %
                   1926 de 79 %

Ce qui frappe, ce fut l'inaction des deux états-majors : de Baldwin et de MacDonald, tous deux modérés.

Ce fut une lutte de classes.

Conclusion, l'année suivante :

En 1926, on est revenu sur l'accord de 1921.

En 1927, on revient sur l'accord de 1914.

1927, *Trade Unions-Bill* :

Deux décisions nouvelles :

1) *Limitation du droit de grève* : la grève de sympathie est déclarée illégale (3 mois de prison ou 2 ans (Cour de justice).

2) *Limitation du droit syndical* : Interdiction des syndicats de fonctionnaires liés à une organisation politique de façon directe ou indirecte.

En 1912, une loi permettait aux syndicats des fonds politiques avec autorisation de refuser d'y verser.

De 1912 à 1926, la clause est restée lettre morte : aussi, en 1926, il est illégal de forcer à payer une cotisation, l'ouvrier doit dire « oui » avant que le syndicat la perçoive.

On réduit le droit de *picketing* – Il est illégal de débaucher des ouvriers en faisant usage de la masse et de menaces. L'intimidation par le nombre est prohibée ainsi que la menace d'un dommage : boycottage, mise en quarantaine, coups et blessures.

Le *Bill* fut voté, le pays l'accepta avec atonie, ce qui est stupéfiant. Les mineurs essayent sans succès de faire de l'obstruction.

229 voix contre 64, en 2e lecture voté *aux Communes*

315 voix contre 139, en 3e lecture voté *aux Communes*

S. John Simon se prononce pour ; le gouvernement Lloyd George se prononce contre le Gouvernement avec fougue.

Le Ministère conservateur reste au pouvoir jusqu'en mai 1929. Activité très restreinte.

La politique intérieure n'a rien de réactionnaire. L'âge pour le vote des femmes passe de 30 à 21 ans.

Résistance aux exigences ouvrières.

Limitation de l'assistance chômage.

Loi de 1927 : « *pour obtenir le secours, il faut prouver que l'on a honnêtement cherché du travail et que l'on n'en a pas trouvé.* »

À la fin de 1928, le fonds d'assurance de chômage va atteindre la limite de 30 millions de Livres qu'il ne doit pas dépasser. Le fonds monte à 40 millions.

C'est à peu près toute l'œuvre.

Maintien du million de chômeurs.

Le Mécontentement a pour cause la politique extérieure – l'intimité entre la France et Austen Chamberlain contre les États-Unis et l'Allemagne. Il s'agissait d'un accord naval. C'est sur cette question que MacDonald fait la campagne électorale.

Son programme de socialiste est opportuniste et temporisateur. Il s'intéresse à la politique extérieure et à la paix. Les questions sociales l'ennuient.

Lloyd George lance le programme de lutte contre le chômage.
1) Revivifier l'agriculture – Retour à la terre.
2) Travaux publics financés par des avances.

Il faut donner du travail et non des aumônes ; ce plan ferait travailler 500 000 hommes et coûterait 100 000 000 de livres tout en enrichissant la Nation.

MacDonald est furieux de ce programme et du procédé électoral, il déclare que seul le Parti du Travail peut guérir le chômage à la longue.

Plan de travaux publics – il élève la scolarité – abaisse l'âge pour les retraites de vieillesse.

IIe MINISTÈRE TRAVAILLISTE

ÉLECTIONS DE 1929 :
1927 :   Unionistes   8 656 473   260 sièges
           Libéraux   5 308 510   59 sièges
           Travaillistes 8 389 512   287 sièges

Il y a eu 6 000 000 électeurs femmes de plus (22 millions de voix).

Les libéraux apparaissent comme les arbitres.

Lloyd George veut exploiter la situation mais il n'est pas le maître du parti ; il doit compter avec Sir John Simon et la gauche.

MacDonald : ne prend pas cette fois les Affaires étrangères, il est Premier ministre.

Snowden : Finances.

Henderson : Affaires étrangères, avec un sous-ministère.

On accueille Lloyd George en chantant le Drapeau rouge. Salut au roi dans l'incognito. Pas de ministres révolutionnaires dans le gouvernement.

Succès de MacDonald avec les U.S.A. et Hoover : il va aux U.S.A. et gagne le cœur des foules. Accords navals favorables à l'Angleterre.

Pour la question sociale :
Pour les mines : la loi de 1926, de 8 heures, va expirer ; projet réduisant la journée non à 7 heures mais à 7 heures 1/2.

Votée avec l'appui des libéraux qui font sentir leur force, et rendent le *bill* plus réorganisateur en faisant ajouter : « la fusion des mines » imposée par l'État.

Loi modifiée encore par les Lords : 90 heures par quinzaine.

Après cela, peu de choses nouvelles.

Le budget Snowden voté en 1930 est très orthodoxe et remporte peu de succès chez les financiers. Il n'y a plus d'excédents et la situation est mauvaise. Déficit de 42 000 000 de Livres. Snowden refuse le protectionnisme et même abandonne les droits établis par Winston Churchill.

Impôts nouveaux (sur la bière), sur les riches qui sont furieux. La loi de 1927 contre les syndicats est révisée mais on attend avant de s'y décider (vers 1931).

On supprime la disposition déclarant illégale « la grève de solidarité ». Elle n'est illégale que si le tribunal le déclare expressément.

1) Amendement libéral pour que l'on déclare illégale la grève portant atteinte à la communauté : il est adopté, mais remet plus rigoureuse la loi de 1927.

2) Projet de Sir Charles Trevelyan qui élève la scolarité de 14 à 15 ans, il est rejeté par les Lords.

Donc, double échec dans la politique sociale.

Le Chômage : devait être la cause de la chute du ministère.
Le Ministère fonde un comité du chômage avec J. H. Thomas (Lord du Sceau Privé) avec trois membres :
1) Lansbury
2) Johnston
3) Sir Oswald Mosley, aristocrate jeté à fond dans le travaillisme et adulé par les masses.

Expériences malheureuses de Thomas :
Il va au Canada pour des accords commerciaux (débouchés) : il échoue car il faudrait mettre des droits de douane. Alors il veut faire des travaux publics et se heurte à Snowden l'économe.

Aggravation de la situation économique. Le chômage augmente. La crise américaine entraîne la crise anglaise.

Le chômage :
En août 1930 : 2 000 000 chômeurs
En janvier 1931 : 2 600 000 chômeurs
et l'on reprochait l'inertie conservatrice contre les 1 000 000 de chômages.

Mosley et Lloyd George talonnent.

Mosley démissionne et porte devant le Parti son plan mais le Parti l'abandonne.

Mais dans la réélection de la Commission du Parti, Mosley est élu contre Thomas qui devient ministre des Dominions à sa grande joie.

En décembre 1930, programme Mosley de Travaux Publics financés par des avances de l'État. Retour au protectionnisme et développement du marché intérieur. Programme révolutionnaire comme celui de Lloyd George, avec la différence que Lloyd George veut le libre-échange.

Les frais de chômage croissent. Les restrictions sont reportées en 1932. La Contribution de l'État passe des 2/5 à la ½ : elle est alors égale à celles des patrons et des ouvriers réunies. On rend plus facile le bénéfice de la loi. En 1931, Snowden a un trou de 37 000 000 de Livres au budget. Il n'a que des expédients d'une année.

Cri d'alarme – Il pousse au sacrifice et à l'accord des partis.

Panique : Les libéraux nomment une commission d'enquête qui, en juillet 1931, évalue le déficit à 120 000 000 de livres, prône les économies, les réductions de salaire et de l'assistance chômage.

Le Vent est à l'Union Sacrée :

Le 1ᵉʳ août, le stock de la Banque est si bas qu'on a recours à la Banque de France et au *Federal Reserve Board*.

Entrevue MacDonald – Lord Rothermere.

Situation critique de la Trésorerie.

L'emprunt de 80 000 000 de Livres est accordé à la condition que l'équilibre budgétaire soit rétabli et que la réduction de l'assurance chômage soit faite.

Le ministère refuse.

Le 23 août, MacDonald veut démissionner.

Baldwin reprenant le pouvoir ne pouvait que faire la dissolution.

La seule chose était l'Union et l'abandon des projets socialistes, préconisés à midi le 24 août, sans doute par le Roi.

Comité d'Union pour rétablir la situation.

Budget pour rétablir la situation – Économies et suspensions de l'amortissement.

L'*Economies-Bill* : donne plein pouvoir au Gouvernement ayant une majorité de 60 voix.

Abandon de l'étalon-or. Situation sauvée. Les industriels sont assez satisfaits.

La question se pose à nouveau de prononcer la dissolution. Lloyd George qui sent qu'elle serait sa mort n'en veut pas et dit qu'elle ramènerait le protectionnisme.

Or tout le monde veut revenir au protectionnisme.

ÉLECTIONS DU 27 OCTOBRE 1931 :
Unionistes :   11 926 537 voix   471 sièges
Libéraux   nationaux   809 102 voix   45 sièges
             purs   1 405 102 voix   33 sièges
             indépendants   104 106 voix   4 sièges
             Total : des libéraux 2 320 310
Travaillistes
             nationaux   343 353 voix   13 sièges
             orthodoxes   6 648 023 voix   52 sièges

69 % des électeurs ont balayé les 4/5 de l'opposition.

Effondrement travailliste moral et numérique (mais apparent, comme on le verra par la suite).

LES CONSÉQUENCES DE L'UNION SACRÉE

I – PARTI TRAVAILLISTE

Quelles ont été les conséquences du gouvernement de coalition sur le Socialisme Anglais ?

Cette rupture de MacDonald avec le *Labour Party* l'a consolidé et fortifié ; il reviendra un jour plus socialiste qu'avant.

MacDonald, Snowden et Thomas lui ont rendu un grand service : ils n'avaient pas attendu 1931 pour trahir le Parti.

C'était un soulagement et un débarras.

Les élections n'étaient pas un fiasco (6 millions de voix).

Le 10 novembre, conférence entre délégués du Parti et des syndicats pour la coopération. Action commune entre ouvriers syndiqués, travaillistes et coopérateurs.

Cette union en 1932 élabore un programme nouveau.

Jusque-là :
1) 1919 – programme Webb
2) 1928 – Le travail et la nation

À la conférence d'octobre 1932 : quatre rapports :
1) monétaire, bancaire, financier (reprise par l'État de la Banque d'Angleterre et fondation d'un *National Investment Board* chargé d'approuver ou non les emprunts),
2) foncier : plan agricole,
3) organisation des transports : réglementation en attendant la nationalisation (terre, air, mer) intégrale, en attendant le *National Transport Board.*
4) réorganisation de l'électricité.

Mais : 1°) il y avait un hiatus entre le programme et l'application.

Le 6 octobre, on flétrit les traîtres et on cherche à rendre impossible leur rentrée au Parti, ainsi que de nouvelles trahisons.

En cas de retour au pouvoir, création du bureau chargé de fixer la politique. Sir Charles Frevelyan introduit la motion suivant : « En cas de retour, législation socialiste » ; on vote contre Henderson qui est plus modéré.

Cependant les Socialistes ne sont pas très opposés à la politique des dirigeants car MacDonald est tombé, non sur la question du protectionnisme, mais sur la politique électorale.

Les syndicats sont plus intéressés par la question des salaires que par la politique. Ils pensent ne réussir que par l'action syndicale. Le Parti travailliste est basé sur le syndicat et s'écroule chaque fois qu'il s'en écarte.

Les syndicats sont bourgeois, modérés. Ils sont capitalistes et leurs vues sur la solution de la crise sont, au fond, celles de MacDonald : on ne l'a combattu que pour la forme.

II – PARTI LIBÉRAL

Bien diminué. Cependant, il garde de l'influence par ses chefs et par la tradition. La thèse c'est le pacifisme, le libre-échange, et l'Angleterre avant tout.

Lloyd George défend le libre-échange, bien qu'il ait tout fait pour le discréditer.

J. M. Keynes, en 1931, en vient à préconiser comme moyen fiscal le protectionnisme.

Au point de vue social, en 1928 : programme social rédigé par Lloyd George, Samuel Simon (directeurs) et écrit par Keynes sous le titre de :

Britain Industrial Futur.

La thèse est que les doctrines socialistes et individualistes sont mortes, il faut les dépasser.

La liberté a perdu du terrain sans qu'on en souffre. On tend à supprimer propriété et initiative individuelle. Il faut lier le contrôle de l'État à la libre-concurrence.

Pour les Postes, ils voudraient un service public autonome, indépendant de l'État et de la politique, comme du capital privé. Tous les avantages de l'étatisme et du privé réunis.

De même pour les Chemins de fer.

De même pour les Mines.

Tel est leur plan général.

Réticences sur le contrôle ouvrier qu'ils ne souhaitent pas dans la gestion de l'affaire mais dans le contrôle du travail et des salaires par les *Trade-Boards* et les *Whitley Councils*.

L'esprit de la thèse est en réalité socialiste, bien que les libéraux ne veuillent pas entrer dans le Parti travailliste.

Le Parti libéral a un moyen intellectuel très fort et socialiste, bien qu'il ne veuille pas devenir travailliste.

C'est eux qui ont inspiré les Travaillistes depuis 1928 et les ont même « activés ».

Les travaillistes empruntent aux formules libérales de Keynes. Le fossé qui les sépare est uniquement psychologique. Il y a une foule sans état-major, et un état-major sans troupes.

Ils ne fusionnent pas parce que :

1°) les cadres travaillistes ont peur des libéraux : trop intelligents,

2°) les libéraux ont peur des travaillistes : trop bêtes.

III – PARTI CONSERVATEUR UNIONISTE

En 1919, une grande commission s'était attaquée aux problèmes des mines. Le Duc de Northumberland et le marquis de Londonderry se posent carrément contre le socialisme et, comme patrons miniers, veulent l'individualisme.

Lord Eustace Percy dit que les conservateurs doivent s'opposer de toutes leurs forces au collectivisme.

MAIS :

Le parti conservateur est celui de l'armée et de la Marine, le parti de la hiérarchie organisée : en réalité, il s'oppose à l'individualité.

D'autre part, il est protectionniste, donc encore anti-individualiste.

L'esprit du Parti est au fond celui de *Socialisme d'État*. Sir Oswald Mosley le voit bien : qu'on le veuille ou non, les conservateurs doivent être un parti d'action sociale contre l'individualisme démocratique : « *On n'a de choix qu'entre la destruction communiste et la construction de l'État corporatif.* » Le temps de l'individualisme est passé.

Les Conservateurs avaient fait voter *les lois sociales* intéressant 15 millions d'hommes et coûtant 15 millions de livres avec le principe de la Triple cotisation. Ils abaissaient la retraite de vieillesse de 70 à 65 ans.

D'autre part l'*Electricity Bill* avait formé le *Central Electricity Board* chargé d'organiser partout la force et lumière, et avec pouvoirs illimités. Ainsi donc, ce groupe n'est pas capitaliste (pas d'actions aux membres) et pas dépendant de l'État.

De même pour le *Broadcasting*. Avant, une compagnie avait le monopole jusqu'en 1926. Aussi on a fait une "Corporation" publique, dirigée par des autocrates bien payés (président : 3 000 livres) sans actions, donc pas capitalistes et indépendants de l'État. Elle est alimentée par une taxe sur les appareils de T.S.F.

Après la grève de 1926, la politique sociale des conservateurs a décru. Cependant, c'est encore à eux qu'incombe la centralisation et la fusion des mines. C'est le cas pour le comté de Fife et le comté de Camock qui, cependant, s'abstiennent de fusionner, mais dernièrement on les y force obligatoirement sur les plans du gouvernement.

Paradoxe : Les libéraux poussent les travaillistes qui, tombés, laissent l'application aux conservateurs. Le collectivisme s'infiltre par les libéraux et les conservateurs ; eux ne font rien.

CONCLUSION DU COURS

1) *1ʳᵉ période industrielle* : surproduction et misère des ouvriers dénoncée par R. Owen qui propose la coopérative produisant pour son usage propre.
Aboutit à la grève de 1834 et s'effondre.
Chartisme puis : La Bourgeoisie libre échangiste triomphe ; Carlyle et Ruskin seuls maintiennent la tradition.

2) *Renaissance nouvelle* : Les doctrinaires peu nombreux sont les Webb. Action politique par le Parti du travail qui triomphe après la guerre.

3) *Crise* analogue à celle du 19ème siècle, mais mondiale cette fois ; une fois de plus surproduction et misère ouvrière.
Les uns expliquent cela par la faute de la guerre : ce sont les pacifistes libre-échangistes qui disent que la guerre, en excitant les nationalismes, a créé le protectionnisme.

En réalité, la guerre aurait dû amener une sous-production ; de plus, le protectionnisme est l'effet, et non la cause de la crise.

La vraie explication est l'explication socialiste : incapacité des ouvriers pour racheter les produits sans cesse plus nombreux grâce à la guerre, qui a sur-industrialisé le monde et accéléré le processus de la production.

Mais alors, pourquoi les Socialistes ne sont-ils pas au pouvoir, puisque leur thèse est juste ? Puissance croissante dans l'idée et impuissance dans l'action, tel est, semble-t-il, le lot du Socialisme ; *il y a là tout un problème qui reste encore à résoudre.*

ANNEXE I

THOMAS HODGSKIN, **1903**

PRÉSENTATION

Paru en 1903, alors qu'Élie Halévy travaille à son grand ouvrage consacré à la Formation du radicalisme philosophique[1] *(1901-1904), Thomas Hodgskin s'apparente à un appendice à ses travaux sur la nébuleuse radicale*[2]. *Après Bentham et Mill, les deux principaux « héros » de la* Formation, *Élie Halévy lève le voile sur Thomas Hodgskin, « un penseur oublié, original cependant et intéressant par lui-même » en raison de sa position de passeur entre la philosophie politique et l'économie politique – chemin qu'Élie Halévy emprunte à cette même époque dans son parcours intellectuel – et de pont entre la pensée des* XVIIe *et* XVIIIe *siècles et celle du* XIXe *siècle. C'est donc à un* political economist, *lointain héritier de Locke et de Hume, disciple indiscipliné de Place, de Mill et de Bentham, virulent critique de Malthus, de Smith et de Ricardo, proto-socialiste et précurseur méconnu de Marx, qu'Élie Halévy consacre une étude pionnière*[3].

Le Thomas Hodgskin *proposé par Élie Halévy n'est à proprement parler ni une biographie en bonne et due forme, ni une édition critique de sources, ni un essai, mais un étonnant mélange des trois genres, soit un texte hybride et non identifié. L'ouvrage constitue, à ce titre, un témoignage précoce de la méthode de travail halévienne.*

Pour rendre justice à la pensée originale de Thomas Hodgskin, Élie Halévy entreprend d'abord de dresser la liste des sources disponibles : il répertorie les ouvrages et opuscules épuisés de Hodgskin, identifie les articles publiés anonymement par ce dernier dans les journaux et les revues où il

---

1. Élie Halévy, *La jeunesse de Bentham* et *L'évolution de la doctrine utilitaire* (1901) et *Le radicalisme philosophique* (1904), voir la réédition de *La formation du radicalisme philosophique*, Paris, PUF, 1995, sous la direction de Monique Canto-Sperber.
2. Voir lettre à Célestin Bouglé, 23/05/1902 : « J'achève de me documenter sur Bentham, avec qui j'espère avoir réglé mes comptes avant janvier prochain. Je recueille des notes pour une notice sur Thomas Hodgskin, un socialiste anarchiste dont l'étude est intéressante non seulement pour la connaissance des sources, mais encore pour la *critique*, de la théorie marxiste de la valeur », *in* Élie Halévy, *Correspondance, op. cit.*, p. 322.
3. Voir également la présentation de l'ouvrage par Ludovic Frobert, *Élie Halévy, République et économie 1896-1914*, Lille, Presses universitaire du Septentrion, 2003.

a officié, rassemble et compulse la correspondance inédite, conservée par sa famille et par ses correspondants, à l'instar de Francis Place dont les archives se trouvent à la British Library. *Le* Thomas Hodgskin *s'apparente donc en premier lieu à une édition commentée de sources par un Élie Halévy philologue et historien, qui établit la bibliographie des œuvres complètes de Hodgskin et met à disposition des morceaux choisis. Mais Élie Halévy ne se contente pas d'éditer, il se pose également en lecteur critique, attentif à ne pas trahir la pensée originale de Thomas Hodgskin, en confrontant les textes de ce dernier sous forme de longues citations, et sa propre interprétation sous forme de longs commentaires. Ce savant montage, entrelacement du texte original et du paratexte interprétatif, n'en est pas moins construit et organisé, à la fois autour d'un récit biographique et en vue d'une démonstration.*

La biographie est en effet le second genre auquel emprunte Thomas Hodgskin *et son recours obéit également à un parti pris scientifique récurrent chez Élie Halévy, toujours soucieux de restituer les conditions matérielles et sociales, personnelles et psychologiques de production des savoirs et des œuvres. Organisé en trois chapitres chronologiques, sobrement titrés au moyen de dates (1787-1823 ; 1823-1832 ; 1832-1869), l'ouvrage croise l'élaboration de la pensée de Thomas Hodgskin et les éléments biographiques que constituent les expériences personnelles et professionnelles ; les voyages, les rencontres et les réseaux de sociabilité ; les contraintes familiales et les choix librement consentis. Le genre biographique n'est ici mobilisé que pour mieux contextualiser les prises de position théoriques de Hodgskin et pour mieux rendre compte d'inflexions qui pourraient, sans mise en perspective chronologique, apparaître comme incohérentes et contradictoires.*

Le commentaire d'Élie Halévy à proprement parler relève, quant à lui, de l'essai d'histoire intellectuelle et d'histoire des idées. Thomas Hodgskin *n'est que le sujet-prétexte à un exercice qu'Élie Halévy affectionne particulièrement : l'établissement de généalogies intellectuelles et le dévoilement de filiations idéologiques méconnues et/ou volontairement tues et dissimulées, parce qu'elles cadrent mal avec le « grand récit », cohérent et linéaire, présentiste et dominant, de l'histoire de la pensée occidentale. En s'intéressant à un personnage secondaire, voire mineur, et à une pensée disqualifiée parce qu'inclassable et hétérodoxe, Élie Halévy recompose le champ des possibles, déconstruit les clivages rigides et les labels apposés* a posteriori *sur des œuvres et des penseurs pour restituer l'espace intellectuel étudié dans toute sa fluidité et sa complexité, et mettre au jour des influences insoupçonnées et inavouables.*

Hodgskin témoigne en effet à lui tout seul de l'indétermination du champ intellectuel de l'entre-deux-siècles en cours de structuration. À défaut de se couler dans des « catégories » établies et d'appartenir à une « école », Thomas Hodgskin a en effet été successivement et/ou simultanément qualifié par ses contemporains puis par ses commentateurs-biographes – tous postérieurs à l'étude pionnière d'Élie Halévy – de disciple de la pensée utilitaire ET de naturaliste déiste ; de socialiste ricardien[1] ET de socialiste smithien[2] ; de socialiste utopique[3] ET de socialiste scientifique ; d'individualiste libertaire ET de précurseur de Marx[4] ; d'anticapitaliste ET de libre-échangiste intégral ; de naturaliste déiste[5] ET de matérialiste historique[6]...

Incohérente et confuse alors, la pensée de Thomas Hodgskin ? Élie Halévy – bien que lui-même influencé par l'appropriation marxiste du personnage et par sa propre obsession généalogique – récuse ce constat surdéterminé par des règlements de compte anciens et par un siècle de « mise en ordre » et de « mise en cohérence » de l'histoire de la pensée politique, économique et sociale anglaise. Retrouver la lettre et l'esprit de la doctrine de Thomas Hodgskin par le retour aux textes, prendre au sérieux son discours en dépit des tentatives de récupération et de disqualification, tenter d'expliquer ses apparentes contradictions en mobilisant le fil chronologique et le fil

---

1. Anton Menger, *The Right to the Whole Produce of Labour*, Londres, Macmillan [1886], 1899, préface par Professor Foxwell. Esther Lowenthal, *The Ricardian Socialists*, New York, Longman, Green, 1911. Werner Stark, *The Ideal Foundations of Economic Thought: Three Essays on the Philosophy of Economics,* Fairfield, Conn., Kelley, [1943] 1976. E. K. Hunt, « Value Theory in the Writings of the Classical Economists, Thomas Hodgskin and Karl Marx », *HOPE*, 9.3, 1977, p. 322-345 et « The Relation of the Ricardian Socialists to Ricardo and Marx », *Science & Society*, 44/2, 1980, p. 177-198. Samuel Hollander, « The Post-Ricardian Dissension: A Case Study of Economics and Ideology », *Oxford Economic, Papers*, 32/3, 1980, p. 370-410. Andrea Ginzburg, « Ricardian Socialism », in vol. 4 of *The New Palgrave: A Dictionary of Economics*. Edited by J. Eatwell, M. Milgate, and P. Newman, London, Macmillan,1987.

2. Noel W. Thompson, *The People's Science: The Popular Political Economy of Exploitation and Crisis, 1816-34,* Cambridge, CUP, 1984, et « Hodgskin, Thomas (1787-1869) », in *The New Palgrave: A Dictionary of Economics*, vol. 2., *op. cit.* Gregory Claeys, *Machinery, Money and the Millennium: From Moral Economy to Socialism, 1815-1860*, Princeton, Princeton University Press, 1987. William Stafford, *Socialism, Radicalism and Nostalgia: Social Criticism in Britain, 1775-1830*. Cambridge, CUP, 1987. John Saville, *The British State and the Chartist Movement*. Cambridge, CUP, 1987.

3. J. E. King, "Utopian or Scientific? A Reconsideration of the Ricardian Socialists", *HOPE*, 15/3, 1983, p. 345-373.

4. Sidney and Beatrice Webb, *The History of Trade Unionism*, London, Longman, Green, 1911. E.P. Thompson *The Making of the English Working Class*, New York, Random House,1963.

5. David Stack, *Nature and Artifice: The Life and Thought of Thomas Hodgskin, 1787-1869*, Rochester, N.Y., Boydell & Brewer. 1998.

6. Voir Élie Halévy lui-même.

contextuel, s'avère une opération cruciale pour comprendre – par-delà la personne et l'œuvre de Hodgskin – des phénomènes intellectuels et historiques autrement plus importants et souvent difficilement explicables – à l'instar, par exemple, de « l'échec » et des divisions du chartisme, ou de la porosité entre mouvement chartiste et mouvement libre-échangiste dans les années 1830-1840.

Ainsi Thomas Hodgskin est-il effectivement à la fois un disciple de Bentham, de Mill et de Place par son optimisme historique, sa foi dans le progrès et sa croyance dans les pouvoirs de l'opinion publique ET un critique virulent de la philosophie juridique et politique des radicaux philosophiques, par son individualisme naturaliste hérité de Hume et Locke, par sa méfiance envers les institutions (en premier lieu, l'État) héritée de Godwin et par son rejet de toute action réformiste législatrice ou éducative. Son positionnement ne fait d'ailleurs que refléter la tension (pour ne pas dire, la contradiction) inhérente à la pensée radicale entre les principes de « liberté » et d'« autorité », qui a produit tant les courants des philosophes législateurs que des économistes libéraux. Ni socialiste ricardien, ni socialiste smithien, Thomas Hodgskin oppose à l'économie politique orthodoxe une Popular Political Economy[1] *– qui récuse le pessimisme démographique d'un Malthus, le fétichisme de la division du travail et de la théorie de l'échange d'Adam Smith, autant qu'il dénonce les contradictions du système de David Ricardo (théorie de la rente différentielle, de la valeur, du capital, du profit, de la distribution des richesses, loi de la décroissance des profits sont systématiquement réfutées). C'est à ce titre que Marx lui empruntera des éléments de sa théorie de la valeur et de sa théorie de la connaissance et de l'idéologie (dévoilement de l'origine artificielle de la propriété[2], de l'appropriation injustifiée de la plus-value produite par la force de travail par le capital et le profit[3], du rôle conservateur et oppresseur de l'État, enfin prise de conscience de la lutte entre capital et travail). Mais Marx s'en éloignera sur deux plans au moins – et pas des moindres – en complexifiant l'opposition intemporelle entre Nature et Artifice, lois naturelles et lois sociales, élaborée par Thomas Hodgskin, et en historicisant les « stades de l'évolution » en fonction de régimes économiques (matérialisme historique). Surtout Marx conclura à la nécessité de la Révolution, là où Hodgskin cale, pour confier à la main invisible du Progrès un hypothétique retour à l'état de Nature.*

---

1. Thomas Hodgskin, *Popular Political Economy* (1827).
2. Thomas Hodgskin, *The Natural and Artificial Right of Property Contrasted* (1832).
3. Thomas Hodgskin, *Labour Defended against the Claims of Capital* (1823).

Homme-carrefour à la croisée des influences, butte-témoin des hésitations doctrinaires qui caractérisent le radicalisme politique, comme plus tard le chartisme, voire le travaillisme, passeur entre les configurations mentales des XVIIe*, XVIII*[e] *et XIX*[e] *siècles, Thomas Hodgskin est un condensé de la vitalité et de l'inventivité de la pensée anglaise de l'entre-deux-siècles qui explore le champ des possibles qui s'offre alors aux aventuriers intellectuels.*

Se refusant à attribuer une interprétation univoque à la pensée polysémique hodgskinienne – travers dans lequel tomberont bien des biographes après lui – et à simplifier la complexité du champ intellectuel et doctrinaire dans lequel ce dernier évolue, Élie Halévy est alors triplement précurseur, de par son approche moderne d'une histoire intellectuelle externaliste et alternative, de par sa méthode solidement adossée aux sources, et enfin de par le choix original et pionnier de son objet d'étude « disqualifié ».

Ce second ouvrage d'Élie Halévy historien-philosophe n'a pourtant pas eu la réception qu'il méritait. Signalé mais peu recensé en France, il reçoit une critique goguenarde du Journal des économistes[1] qui se félicite de compter un nouvel économiste libéral dans ses rangs en la personne de Thomas Hodgskin. En Grande-Bretagne, le livre n'est traduit qu'en 1956 et les rares critiques[2] rendent alors principalement hommage au talent de découvreur de l'historien français, sans s'attarder sur la méthode employée ni sur les conclusions, se contentant le plus souvent de reproduire les travers dévalorisants et classificatoires de leurs prédécesseurs concernant Thomas Hodgskin : ce présocialisme critique et polymorphe est décidément trop exotique et trop singulier pour figurer en bonne part dans l'histoire bien ordonnée des doctrines anglaises.

---

1. H. Bouet, « Thomas Hodgskin (1787-1869), par Élie Halévy », *Journal des économistes*, t. LV, 5e série, juillet-septembre 1903, p. 451-453.

2. Par exemple, Alexander Gray, « Élie Halévy, *Thomas Hodgskin*, translated by A. J. Taylor, London, Benn, 1956 », in *The English Historical Review*, Vol. 72, n° 284 (Jul. 1957), p. 564-565. T. W. Hutchison, « Thomas Hodgskin. By Élie Halévy », *Economica*, New Series, Vol. 24, n° 93 (Feb. 1957), p. 88-89.

THOMAS HODGSKIN

(1787-1869)

Paris, Société nouvelle de librairie d'édition, 1903

[SOMMAIRE]

AVANT-PROPOS

CHAPITRE PREMIER (1787-1823). — Enfance. — Années de navigation. — L'*Essay on Naval Discipline* (1813). — Voyage sur le continent : les *Travels in the North of Germany* (1820). — Séjour à Édimbourg et correspondance avec Francis Place (1819-1822)

CHAPITRE II (1823-1832). — Le *Mechanics' Magazine*. — Le Mechanics' Institute. — *Labour Defended against the Claims of Capital* (1825). — *Popular Political Economy* (1827). — *The Natural and Artificial Right of Property contrasted* (1832)

CHAPITRE III (1832-1869). — Les années de journalisme. — La collaboration à l'*Economist*. — Les deux conférences de 1857

CONCLUSION

BIBLIOGRAPHIE

AVANT-PROPOS

« Le disciple illustre de Thomas Hodgskin, Karl Marx[1]... » : ainsi s'expriment Mr. et Mrs. Webb dans leur *Histoire du trade unionisme*. Mais Karl Marx a eu tant de maîtres, et si divers, que l'on veut savoir sur quels points, et dans quelle mesure, il a subi l'influence de Hodgskin. Notre étude contribuera, peut-être, à élucider cette question, en même temps qu'elle fera connaître un penseur oublié, original cependant et intéressant par lui même. Nous nous bornerons, pour raconter l'histoire des idées sociales et économiques de Thomas Hodgskin, à présenter le recueil, aussi bien ordonné que possible, des citations nécessaires, empruntées à des lettres inédites, à des opuscules épuisés, à des articles anonymes égarés dans des revues vieilles de cinquante ans. Miss Mary D. Hodgskin nous a fourni des éclaircissements sur plusieurs points obscurs de la biographie de son père ; M. Pierre Muret, agrégé de l'Université, a bien voulu faire, pour nous, au *British Museum*, quelques recherches complémentaires.

---

1. *History of Trade Unionism*, 1896 ; p. 147.

CHAPITRE PREMIER

(1787-1823).

Enfance. — Années de navigation. — L'*Essay on Naval Discipline* (1813). — Voyage sur le continent : les *Travels in the North of Germany* (1820). — Séjour à Édimbourg et correspondance avec Francis Place (1819-1822).

Thomas Hodgskin naquit le 12 décembre 1787, à Chatham, près de Londres, où son père exerçait les fonctions de *storekeeper*, de commissaire aux vivres, dans les docks de l'Amirauté. Entre un père égoïste, vaniteux, dépensier, qui, avec un traitement annuel de sept cents livres sterling, finit par réduire sa famille à la misère, et une mère qui, pendant trente années, lutta patiemment, mais en vain, pour dissimuler le gaspillage et l'inconduite du chef de la famille, Thomas, ses frères et ses sœurs, eurent une enfance sans plaisirs et sans joies[1]. Il avait d'ailleurs douze ans à peine lorsque son père, abrégeant son éducation, décida de se débarrasser de lui et, profitant de l'influence que lui donnait sa position à l'Amirauté, l'embarqua comme cadet à bord d'un bâtiment de guerre. Thomas Hodgskin navigua pendant une dizaine d'années, croisant dans la Méditerranée, sur les côtes d'Afrique, où il put observer, chez les peuples sauvages de la région, les formes rudimentaires de l'échange[2], dans les mers du Nord, où nous le voyons se distinguer, en 1807, lors de l'expédition de Copenhague. Il lisait le plus qu'il pouvait ; mais les livres qu'il lisait étaient choisis, nous dit-il, sans méthode, à la manière des marins[3].

> La réflexion devrait suivre l'acquisition des connaissances ; mais j'ai commencé à réfléchir aux heures de faction nocturne, sur le pont solitaire, sur le vaste Océan, en face des scènes de la nature les plus sauvages et

---

1. Hodgskin à Francis Place, lettre non datée, Paris, juillet 1816 (lettre communiquée par Miss Hodgskin).
2. *Popular Political Economy*, p. 153.
3. *Essay on Naval Discipline*, p. xxiv.

les plus paisibles, dans le calme plat des tropiques, dans les tempêtes d'hiver, avant d'avoir accumulé des matériaux en suffisance[1].

Il n'éprouvait ni sympathie intellectuelle pour les camarades parmi lesquels la volonté paternelle l'avait jeté, ni goût pour le métier qui lui avait été imposé. La discipline du bord ne convenait ni à son tempérament ni aux principes qu'il avait adoptés déjà. « *J'avais décidé*, nous dit-il, *d'opposer à l'oppression, toutes les fois qu'elle me blesserait, une résistance énergique.* » Longtemps, cependant, il continue d'obéir à contrecœur, par lâcheté, par habitude. Un jour, enfin, il éclate. « *Je me plaignis*, écrit-il, *à un commandant, d'une injustice dont il s'était rendu coupable envers moi, dans les termes que méritait, à mon sens, l'injustice commise : il m'avait injustement interdit tout espoir d'avancer par mon mérite, ce qui revenait à m'interdire tout espoir*[2]. » Par son incartade, Thomas Hodgskin aggrave son cas. Il est mis en non-activité, à la demi-solde. À peine âgé de vingt-cinq ans, les circonstances ont déjà fait de lui « *un homme mécontent et désappointé*[3] ».

> L'absurdité des lois et des coutumes de la marine m'a fait un mal profond. J'en ai une opinion si absolument mauvaise que, sentant sur ce point comme beaucoup d'autres, je n'éprouve pas de honte à en avoir subi la flétrissure. Si elles ne m'avaient coûté la bonne opinion de la société, qui se fonde trop généralement sur le succès ; si elles ne m'avaient coûté, en partie, l'estime de mes amis ; si elles ne m'avaient complètement fermé, avec la carrière maritime, où ma vie entière s'était écoulée, tout accès à la réputation et à la fortune, je n'aurais pas souffert du châtiment. C'est un devoir pour moi d'essayer de les modifier en agissant sur l'opinion publique[4].

Il s'acquitte de ce devoir lorsqu'il publie, en 1813, un *Essai sur la discipline navale*[5], où il consigne les résultats des expériences de sa vie de marin. Il se donne, dans cet ouvrage, pour le disciple de Locke[6], de Paley[7], de Malthus[8] : n'est-on pas fondé à croire qu'il a subi aussi l'influence de Godwin, bien qu'il ne le cite jamais ? Il est chrétien, mais il se pose aussi en adversaire des idées innées[9], en utilitaire, en individualiste.

---

1. Hodgskin à Francis Place, Paris, 21 mars 1816 (communiquée par Miss Hodgskin).
2. *Nav. Disc.*, p. XIII.
3. *Nav. Disc.*, p. XIV.
4. *Nav. Disc.*, p. X-XI.
5. *An Essay on Naval Discipline*. — Voir le titre complet à la *Bibliographie*.
6. *Nav. Disc.*, p. 18.
7. P. 166.
8. P. 99.
9. P. 74.

Se soumettre patiemment à l'oppression parce qu'elle vient d'un supérieur est un vice ; ... surmonter cette crainte du supérieur et y résister, est une vertu. C'est là que doivent me conduire mes raisonnements, soit que je prenne l'utilité pour fin obligatoire de mes devoirs moraux, soit que je m'adresse à cette religion qui me dit de faire la justice et d'aimer la pitié : la forme la plus sacrée de la justice, c'est la justice qu'un homme se doit à lui-même ; s'en acquitter pleinement, c'est la façon d'agir qui se trouvera, en fin de compte, le plus compatible avec l'intérêt et le bien réel de la société. Une telle conduite peut déplaire à un maître avide, à un supérieur jaloux, mais elle est rigoureusement d'accord avec cette utilité qui est la fin de la moralité ; elle est vertueuse et demeurera toujours vertueuse, tant que la vertu consistera à bien agir, selon l'étendue des connaissances de celui qui agit, dans l'espoir de jouir du bonheur éternel[1].

L'expérience lui a enseigné que « *les hommes ont partout été créés semblables ; que leur bienfaisant Auteur a donné à tous les hommes le même entendement et les mêmes passions*[2] ». Si cependant ils diffèrent les uns des autres, c'est en raison de circonstances indépendantes des individus eux-mêmes. Pourquoi, de tous les peuples de la terre, le peuple anglais est-il le plus heureux et le plus vertueux ? Parce qu'il est mieux gouverné que les autres ou, plus exactement, parce qu'il est moins gouverné. Pourquoi les hommes qui servent dans la marine anglaise ont-ils des tares qui les distinguent du reste de la nation[3] ? C'est qu'ils sont soumis à un régime d'exception, tyrannique et arbitraire. Ce régime doit être réformé. Qu'on modifie le système barbare par lequel on les recrute actuellement ; qu'on abolisse la presse ; que l'on fasse des engagements à court terme. Mais, alors, trouvera-t-on le nombre d'hommes nécessaire ? Qu'on améliore la solde en se réglant sur le salaire normal du travail : « *le salaire est bon quand il permet au travailleur d'élever une famille, d'avoir le nécessaire et un peu de superflu*[4] ». Que, d'autre part, on porte, s'il le faut, des lois somptuaires. Comment oser dire que les bras manquent, alors que la domesticité des riches est si nombreuse[5] ? La propriété exerce une « *influence injuste et néfaste* » : car « *elle enlève d'une façon absolue (quand même ce serait dans une proportion très faible) au journalier pour donner au bourgeois oisif*[6] ». On pourrait donc, en cas de besoin extrême, interdire d'entretenir plus de deux domestiques, sauf pour

---

1. P. XII-XIII. — Cf. p. XIV, 168.
2. *Nav. Disc.*, p. X.
3. Chapitres V et VI.
4. P. 187.
5. *Nav. Disc.*, p. 102.
6. P. 173.

les travaux agricoles et industriels[1]. Surtout, que l'on prenne garde à ne pas abuser, contre les marins, des lois pénales. L'amour de la gloire est plus fort que la crainte de la mort. Il a plus d'influence qu'un million de lois pénales. Le droit de punir constitue, sous la forme absolue qu'il revêt dans la marine, une sorte d'usurpation sur la Providence[2].

> La grande autorité de l'opinion publique nous enseigne que l'on ne saurait prendre trop soin d'éviter la promulgation de lois pénales ; elle nous enseigne que l'humanité deviendra beaucoup meilleure si l'on se forme d'elle une opinion meilleure[3].

S'il faut des peines, que du moins ces peines soient définies par des lois constantes et non plus par le caprice discrétionnaire d'un officier, et que les cours martiales prennent pour modèle les tribunaux anglais, qui « *ne punissent pas l'innocent ni ne laissent échapper le coupable*[4] ». Langage peu révolutionnaire : l'indignation qui fit de Hodgskin un écrivain n'en est pas moins un accès de colère antigouvernementale, un désir de protester, dans un cas défini, contre l'iniquité des règlements et des lois. Lui-même le confesse, un peu plus tard, sous une forme plaisante, dans une lettre intime.

> Tous les visionnaires, depuis Mme Kruedener jusqu'à Mr. Owen et à Thomas Hodgskin, nourris de leurs seules pensées, et que l'excentricité même de leurs opinions empêche de confronter ces opinions avec celles de leurs semblables, sont des gens pleins de confiance, ignorant tout en dehors du petit cercle de leurs idées ; ils prennent chaque commencement de passion ou de pensée pour une immuable vérité. Vous devez savoir que mes opinions sont nées de la passion. J'étais en colère d'avoir été puni, alors que je croyais remplir mon devoir d'honnête homme et de bon citoyen ; mon devoir, je m'en aperçus, était d'être non pas cela, mais un bon esclave patient. La colère me fit lire des livres sur la matière, et c'est en vain que je cherchai, et cherche encore, dans les ouvrages des auteurs célèbres, une justification du droit de punir. Le résultat a été un système d'opinions que je puis, en somme, pour autant que j'aie lu, considérer comme m'étant propre[5].

C'est vers cette époque qu'il fit la connaissance de Francis Place, le maître-tailleur de Charing-Cross, l'agitateur politique de Westminster, l'ami

---

1. P. 192.
2. P. 42.
3. P. 16.
4. *Nav. Disc.*, p. 134.
5. Hodgskin à Francis Place. Dresde, fin de 1817 (communiquée par Miss Hodgskin).

de Bentham et de James Mill, l'ami aussi de William Godwin, alors vieilli, couvert de dettes et méprisé : l'*Essai sur la discipline navale* peut avoir attiré sur Hodgskin l'attention des radicaux de Londres. Francis Place nous le décrit tel qu'il le connut alors, « *d'une tournure d'esprit plutôt triste, singulièrement modeste et discret, excitable, mais plus porté, dans ses moments d'excitation, à la gaîté qu'à la colère. Il avait un tour d'esprit spéculatif et soutenait, comme il fait encore, certaines thèses psychologiques très curieuses*[1] », celles, sans doute, sur lesquelles il fonde ce système antigouvernemental, « anarchiste », dont nous avons vu l'origine. Il est triste, parce qu'il se sent dévoyé, sans carrière, et dépourvu de l'esprit pratique nécessaire pour en trouver une. Le voici, pour l'instant, à Édimbourg, occupé à mettre ses idées philosophiques au clair, et à écrire tout un traité sur « l'esprit[2] ». Quelle est alors sa philosophie ? Les lettres qu'il écrira, un peu plus tard, à Francis Place, permettent de le deviner. Contre l'utilitarisme benthamique, qui réduit tous les actes vertueux à des calculs explicites de la prudence individuelle, il prend la défense des sentiments moraux, mêlés sans doute de préjugés et d'erreurs, mais qui expriment toute l'expérience de l'espèce et sont nécessaires pour agir avant que l'on puisse savoir et prévoir. Contre l'athéisme benthamique, il affirme l'existence de Dieu, non pas le Dieu des prêtres et des persécuteurs, mais l'uniformité providentielle des lois de la nature.

> Les perceptions que nous appelons la matière sont constamment accompagnées par les signes de l'uniformité des lois qui la régissent, par les signes d'un pouvoir qui produit, détruit, conserve et recrée. Nous nous fondons sur des signes seulement pour conclure à l'existence de l'esprit de nos semblables. C'est sur des signes que je me fonde pour conclure, pareillement, à l'existence d'un *esprit* ou d'une *conscience* constamment associés à la matière. Un autre mot pour désigner cet esprit, c'est *Dieu*. Ou encore, la *Matière, Dieu* et la *Nature* m'apparaissent comme trois mots presque synonymes, le premier et le dernier servant à exprimer la continuité de nos perceptions, tandis que le terme du milieu exprime les signes de la puissance bienveillante et uniforme dont elles sont accompagnées. Voilà mon Dieu, c'est aussi le Dieu de Berkeley, et c'est le Dieu de l'écrivain sacré qui a dit qu'en lui nous vivons, nous nous mouvons et nous avons notre être[3].

Et c'est enfin sur cette croyance à l'existence d'une harmonie naturelle et providentielle qu'il se fonde pour réfuter la philosophie pénale de Bentham, pour nier le droit de punir :

---

1. *Brit. Mus.* add. mss. 27.791, f. 268. Le récit de Place renferme des inexactitudes.
2. Place à Mill, 20 juillet 1815, *Brit. Mus.*, add. mss. 33.152, f. 141.
3. Hodgskin à Place, Paris, 18 février 1816 (communiquée par Miss Hodgskin).

> Votre ami Mr. Bentham devrait, je crois, récrire le début de son *Traité*, et, adoptant l'opinion de Berkeley, selon laquelle les sensations de chaque individu sont tout ce qui lui est connu, conclure avec moi que *peine* et *crime* sont des expressions presque synonymes, différant seulement en ceci que le second s'applique à l'action, le premier à son résultat, et qu'il est absurde et injuste d'ajouter une peine nouvelle, alors que les impressions sensibles subies par chaque individu sont la mesure précise, et la seule, du crime qu'il a commis[1].

Le manuscrit du traité « *sur l'esprit* » est apporté à Place ; mais Francis Place ne trouve pas d'éditeur. Comment Hodgskin va-t-il gagner, comment va-t-il remplir sa vie ? Depuis la publication de son pamphlet, sa carrière militaire est brisée : il restera, jusqu'à sa mort, un officier en demi-solde, lieutenant d'abord, puis commandant. Que devenir alors ? Se faire médecin ? Mais il faudrait savoir le latin ; et d'ailleurs les sciences de nomenclature lui répugnent. Se faire avocat ? Il faudrait n'avoir pas le sentiment de la justice. Il comprend qu'il aurait besoin de faire son éducation manquée, et que, d'autre part, il n'est plus assez jeune pour cela. C'est alors qu'il forme un nouveau projet, suggéré probablement par Place, qui vient d'envoyer son fils à Paris, et songe lui-même, avec James Mill, à s'en aller faire un séjour sur le continent. Il profitera du retour de la paix pour entreprendre, à travers l'Europe, une enquête philosophique, à la manière d'Arthur Young ; il ira étudier, dans les pays du continent, les « *causes des habitudes* » des peuples et l'influence qu'exerce, sur le caractère des nations, la diversité des formes de gouvernement[2]. Il obtient un congé de l'Amirauté et se met en route au mois de juillet 1815.

Il passe de longs mois à Paris, mais, toujours timide et réservé à l'excès, ne se sert pas de J.-B. Say, à qui il a été recommandé, pour étendre le cercle de ses relations. Il est trop anglais pour sympathiser avec le génie des peuples étrangers : il est déconcerté par la gaîté française, où il est tenté de voir une perpétuelle affectation, scandalisé par la liberté des propos et des mœurs, puis, brusquement, lorsqu'il pénètre dans un intérieur, étonné par la simplicité et le sérieux de la vie de famille. Il est trop méditatif, surtout, pour être bon observateur. Il reçoit d'ailleurs de mauvaises nouvelles de sa famille, réduite à accepter de Francis Place des secours d'argent. Il s'attriste, il s'ennuie, mais il continue à préciser sa philosophie antilégislative. Il dénonce incessamment le système gouvernemental à la française, la police,

---

1. Hodgskin à Place, Rome, 5 février 1817 (communiquée par Miss Hodgskin).
2. Place à Hodgskin, 22 novembre 1815, *Brit. Mus.* add. mss. 35.152, f. 184.

l'instruction publique, les académies. Il répudie de même – il en avertit Place – le système d'Owen, où il rencontre encore « *des règlements, des lois et ce qu'on appelle l'ordre* ».

> Son système [...] suppose des maîtres et des serviteurs, quelqu'un pour gouverner et quelqu'un pour obéir, et fonctionnerait très bien dans une partie de la société, pendant que ces lois mêmes dont il dénonce la rigueur subsistent pour façonner les esprits des uns à la soumission et protéger les autres dans l'exercice du commandement. Je suppose que la société soit généralement composée de maîtres manufacturiers et de serviteurs, et qu'il n'y ait pas de lois pour protéger les maîtres si ce n'est celles qui résultent de la raison collective. Les serviteurs, voyant qu'ils sont aussi utiles aux maîtres que le capital des maîtres est utile à eux-mêmes, que chacun des deux termes est nécessaire à la réussite de l'entreprise commune, exigeraient l'égalité des privilèges et des profits : la première loi de cette société consisterait probablement à abolir cette distinction entre maîtres et serviteurs qui remplit le plan de Mr. Owen et existe aujourd'hui en raison de ces lois mêmes, dont les effets sont si néfastes[1].

Déjà, en raison de ses opinions sociales sur la distribution artificielle de la richesse, il se sépare du malthusianisme de Place et des autres Benthamites : il reproche à Gray, dans son ouvrage *sur la Population*, de confondre deux choses : la quantité d'individus oisifs et la quantité de travail.

> Nos dépenses ont été, depuis trente ans, énormes ; pendant cette période, le système s'est généralisé, dans le pays, de payer les hommes selon leur travail, et non plus selon le nombre d'heures de travail ; la conséquence en est que beaucoup plus de travail a été fait par le même nombre d'hommes ; en conséquence, plus de marchandises ont été produites. Si, pendant cette période, le pays a gagné en richesse, telle en a été la cause immédiate ; M. Gray a tort de confondre avec elle la cause éloignée : l'énorme dépense faite pour entretenir des individus oisifs, dépense qui entraîne, dans une certaine mesure, une augmentation de travail. La condition des travailleurs a fini par devenir assez misérable pour attirer l'attention du législateur et prouve que les oppressions qui les ont contraints de produire davantage et accroissent ainsi la population, ont ajouté de la sorte à la misère des masses[2].

---

1. Hodgskin à Place, Paris, 20 août 1816 (communiquée par Miss Hodgskin).
2. Hodgskin à Place, Paris, 1816 (non datée. Probablement juillet. Communiquée par Miss Hodgskin).

En septembre, il quitte Paris et gagne l'Italie, faisant la route à pied. Il constate, en passant, la misère du paysan français, après vingt ans de troubles et de guerres ; la misère, plus grande encore, du paysan italien. Il séjourne quelque temps à Florence, pousse jusqu'à Rome, revient au Nord visiter la vallée du Pô et le Tyrol. Mais il s'ennuie en Italie comme en France. Il y trouve trop d'églises, monuments de la superstition méridionale ; trop d'œuvres d'art, auxquelles il avoue ne rien comprendre et dont il finit par avoir « *mal au cœur*[1] » ; et, d'autre part, trop peu d'hommes qui sachent s'intéresser aux questions vraiment humaines, aux choses de la politique. Toujours à pied, il traverse le Saint-Bernard dans la neige et passe en Suisse.

Il visite la Suisse, descend le Danube jusqu'à Vienne en radeau, traverse la Bohême, parcourt la Saxe et le Brandebourg. Il a décidé maintenant, sur le conseil de Place, d'écrire le récit de son voyage dans l'Allemagne du Nord ; et les longues lettres qu'il écrit à Place ne sont plus que des notes détaillées, toutes prêtes pour la rédaction future de son livre. Arrivé à Hanovre, en juillet 1818, il délimite encore l'objet de son travail et, muni d'un questionnaire que Bentham a dicté pour lui à James Mill[2], entreprend une enquête sur le gouvernement, la religion, le commerce, l'agriculture du royaume où il habite. Puis il revient en Angleterre, passant par les bords du Rhin ; son voyage finit mal : il prend froid, se couche en arrivant à Francfort, se remet à peine quand, ayant descendu le Rhin en bateau, il arrive à Amsterdam. Mais sa doctrine économique vient d'accomplir un nouveau progrès : il a lu l'article de la *Revue d'Édimbourg* où McCulloch recommande à l'attention publique les *Principes*, nouvellement parus, de Ricardo ; et il a tout de suite aperçu quel parti il pouvait tirer des théories de Ricardo et sur quels points aussi il se séparait de lui. Il approuve Ricardo de voir dans la quantité de travail la source unique de la valeur ; mais, s'il en est ainsi, dit-il,

> Je ne vois pas de cause naturelle pour que le *capital*, qui consiste purement dans l'épargne du travail et qui, par lui-même, ne produit rien, soit considéré comme affectant le prix réel si celui-ci doit toujours être considéré comme mesuré exactement par la quantité de travail. Le capital [doit être] considéré comme consistant, soit dans une quantité des choses que les hommes désirent, soit dans la disposition de ces choses. L'argent est une de ces choses qui produit un prix artificiel au lieu d'un prix réel. Ses profits sont purement et simplement une portion du produit du travail, que le capitaliste, sans autre droit que celui que

---

1. Hodgskin à Place, Florence, 12 janvier 1817 (communiquée par Miss Hodgskin).
2. Le questionnaire se trouve *Brit. Mus.* add. mss. 33.153, f. 3 *sq*.

les lois lui confèrent, prend pour lui-même. Ce qu'il prête n'est jamais rien de plus que le pouvoir de disposer des denrées nécessaires à la subsistance du travailleur, pendant qu'il produit assez pour remplacer ce qu'il a consommé pendant le temps de la production et pour laisser un surplus au capitaliste[1].

Quelques jours plus tard, il se demande pourquoi la Frise est, à son gré, mal cultivée ; et il en trouve deux raisons : les dépenses plus fortes du gouvernement, et, surtout, l'accumulation capitaliste.

Le capital, comme moyen de production, ne peut consister que dans les instruments et objets de première nécessité que le travailleur emploie et consomme pendant qu'il produit ; — une accumulation de ces objets entre les mains du travailleur en abaisse le prix et abaisse également le prix de ce qui est produit pendant qu'ils sont consommés. Mais une accumulation de l'argent qui représente ces objets ou même de ces objets eux-mêmes entre les mains d'autres que les travailleurs, fait tout renchérir. Les personnes en question, les capitalistes, sans produire, non seulement prélèvent un intérêt sur la personne qui travaille le sol, mais encore cette même accumulation permet qu'un intérêt soit exigé de tous les autres travailleurs qui emploient ce capital. Le cultivateur doit payer encore, outre le prix réel, l'intérêt que d'autres travailleurs payent sur tous les articles que lui, cultivateur, consomme ... Je ne veux pas dire qu'une plus grande quantité de travail sera requise pour produire, mais que tout homme qui produit doit donner une plus forte proportion de ses productions pour les objets que son propre travail ne produit pas. [...] Je suis favorable à cette économie qui épargne aujourd'hui afin que demain ne soit pas sans nourriture, mais jamais en moi la raison ni le sentiment n'ont été favorables à cette accumulation, qui, commençant trop généralement par la parcimonie et l'injustice, m'apparaît comme un des plus puissants moyens d'accomplir l'injustice et d'encourager, de la part du petit nombre, un prodigieux gaspillage, qui aboutit à l'oppression du grand nombre. Je suis hostile à ces doctrines des économistes politiques qui louent l'accumulation du capital. Elles confèrent une sorte de raison à cette recherche de la richesse, qui est actuellement le fléau de l'univers, elles encouragent les riches à se faire encore plus riches, au prix de toutes sortes d'exactions, en les persuadant que leurs accumulations favorisent l'industrie et la richesse générales[2].

---

1. Hodgskin à Place, Amsterdam, 25 septembre 1818 (communiquée par Miss Hodgskin).
2. Hodgskin à Place, Amsterdam, 12 octobre 1818 (communiquée par Miss Hodgskin).

Enfin, après trois ans d'absence, en novembre 1818, Thomas Hodgskin arrive à Londres. Il se dérobe aux instances de Bentham et de ses fidèles, qui voudraient le faire venir à Ford Abbey, dans la résidence d'été du grand réformateur, défendre et soumettre à la discussion sa philosophie d'ennemi des lois[1]. Il part pour Édimbourg, où il retrouve une jeune Allemande dont il s'était épris à Hanovre et qui sera la compagne intelligente et courageuse des cinquante années qui lui restent à vivre[2]. Sans délai, à peine marié, il se met à l'œuvre. En janvier 1820, paraissent ses *Voyages dans le Nord de l'Allemagne*[3] ; on y sent le progrès accompli par sa pensée — progrès en précision, progrès en dogmatisme aussi — pendant six ans de voyages et de réflexions.

Hodgskin a vu se propager, pendant qu'il parcourait les routes d'Allemagne, l'agitation libérale, d'inspiration française, mais peut-être encore davantage anglaise, contre le régime de la Sainte-Alliance. Voyageant à pied, il n'a fréquenté ni hommes d'État, ni diplomates, ni généraux, mais il a causé avec des commis-voyageurs, des ouvriers, des paysans ; il n'a pas connu ceux qui font les lois, mais ceux qui les subissent, ceux qui paient les impôts et les amendes. Il a compati aux souffrances de ces Allemands « très gouvernés[4] » ; il a vu dans l'Allemagne l'exemple typique d'un pays « où l'on gouverne trop, quoique avec de bonnes intentions »[5]. Hodgskin glissera donc, dans ses récits de voyage, toutes les anecdotes que l'éditeur exigera, pour rendre l'ouvrage amusant[6]. Il donnera, sur l'Allemagne du Nord, et particulièrement sur le Hanovre, où règne le roi d'Angleterre, sur le commerce et l'industrie, sur les lettres et la philosophie, une abondance de renseignements intéressants, nouveaux pour un public qui, depuis vingt ans, a presque oublié l'existence d'une civilisation continentale. Mais, surtout, il accompagnera ses récits et ses renseignements d'une sorte de commentaire perpétuel, qui consistera dans une critique réfléchie des notions de gouvernement et de loi.

Dire : gouvernement, c'est dire : nation, c'est-à-dire frontière factice, multiplicité inutile de règlements souvent contradictoires. Que de gouvernements en Allemagne ! Et cependant, partout, les hommes sont semblables : pourquoi les séparer les uns des autres par des divisions imaginaires ? « *Il leur suffirait d'expulser leurs maîtres divers pour sentir que leur intérêt est partout le même.* » Faudrait-il donc appeler de ses vœux la venue d'un conquérant, absorbant dans l'unité d'un empire tant de petites

---

1. Hodgskin à Place, Deptford, 8 nov. 1817, *Brit. Mus.* add., mss. 33.153, f. 52.
2. Place à Hodgskin, 8 sept. 1819 ; *Brit. Mus.*, add. mss. 33.153, f. 73.
3. *Travels in the North of Germany.* Voir le titre complet à la *Bibliographie*.
4. *Travels*, vol. I, p. 210.
5. Vol. I, p. 166.
6. Hodgskin à Place, 26 juillet 1819, *Brit. Mus.* add. mss. 33.153, f. 77.

nations rivales ? Hodgskin repousse l'hypothèse. Il compte sur le progrès général et spontané de la raison humaine, sur la fin du culte absurde, de la « *sotte vénération* » des grands hommes, sur la propagation insensible de ces sciences bienfaisantes « *dont les vérités ont été systématisées et incorporées à l'acquis de l'espèce par Smith, Say, Malthus, Paley, Bentham* ». Il ne veut pas de l'unité « *mécanique et quadrangulaire* » qui résulterait d'un despotisme universel et qui reproduirait, sur une plus grande échelle, les vices des gouvernements abolis[1]. L'infirmité du gouvernement d'un seul est géométriquement démontrable.

> Supposer que, lorsqu'une nation tout entière prend part à l'examen et à la confection des lois, elle ne sera pas mieux organisée que lorsque les lois sont faites par un seul, c'est supposer que la sagesse de l'espèce tout entière est inférieure à la sagesse de la plus petite partie de cette espèce[2].

Et la substitution du régime parlementaire au gouvernement d'un seul n'arrangerait pas les choses : Hodgskin a visiblement, sur ce point, adopté la doctrine de Godwin. Des assemblées législatives ne garantissent pas des lois sages. Si, moyennant quelques abus supprimés, une nation devait accorder à son Parlement une confiance aveugle, elle se serait, purement et simplement, donné un nouveau maître. Ce qui fait l'excellence de la Constitution anglaise, ce n'est pas l'existence d'une Chambre des communes, c'est l'existence d'une opinion publique défiante, avertie par une presse libre et perpétuellement occupée au contrôle des actes du Parlement[3]. Que cette défiance vienne à disparaître, et la Chambre des communes, trop peu nombreuse pour ne pas subir l'influence de la Couronne, reproduira les vices du gouvernement d'un seul sous l'apparence trompeuse, et qui endort l'inquiétude populaire, du gouvernement de tous[4].

En fait, les gouvernements ne sont, en vertu de leur essence même, ni intéressés à bien gouverner, ni capables de bien gouverner. Que faut-il en conclure ? De cette faillite de la sagesse humaine, répond Hodgskin,

> Il résulte clairement que les limites en deçà desquelles il faut restreindre la puissance du gouvernement et au-delà desquelles elle devient pernicieuse sont encore absolument inconnues ; et, si l'on remarque d'ailleurs que la puissance d'une nation est en raison inverse de la puissance et de l'activité du gouvernement, ne sera-t-on pas presque tenté de tenir

---

1. *Travels*, vol. II, p. 204-205.
2. *Travels*, vol. II, p. 444.
3. Vol. I, p. 459 *sq.*
4. Vol. I, p. 465-466, 468.

l'opinion courante, suivant laquelle les gouvernements sont nécessaires et bienfaisants, pour un de ces préjugés universels, héritage des siècles d'ignorance et de barbarie, et dans lesquels une science plus étendue, une civilisation plus développée, révéleront autant d'erreurs funestes ?[1]

Si l'on admet, en effet, avec Adam Smith, que la société est soumise à l'opération de lois naturelles et nécessaires, ou bien les prescriptions de la loi positive seront contraires, ou bien elles seront conformes aux commandements de la nature. Il est évident que, dans le premier cas, elles sont nuisibles ; mais, dans le second cas, il peut sembler qu'elles sont seulement inutiles : en réalité elles sont nuisibles encore. D'une part, en effet, il faut rétribuer les fonctionnaires chargés de veiller à l'exécution des lois ; et cette rétribution dérange l'harmonie naturelle des intérêts. Pour prévenir le crime, on institue une police ; on prélève la rémunération des policiers sur le produit du travail national ; la police coûte d'autant plus cher que la profession est impopulaire et que le nombre des agents est accru. « *Le travailleur est réduit à la pauvreté ; l'inégalité de sa condition est encore augmentée ; d'où un nombre de crimes plus grand que n'en peut supprimer la police la mieux organisée*[2]. » D'autre part, passer de la constatation d'une loi de la nature à la promulgation d'une peine contre celui qui l'enfreint, c'est entretenir, dans l'intelligence des administrés, une confusion funeste d'idées.

Les auteurs des lois sur les corporations ont erré, comme errent presque tous les faiseurs de lois, pour n'avoir pas distingué deux choses, qui sont en elles-mêmes essentiellement distinctes. Ce sont une *ligne de conduite* que l'on *désire* voir suivre, et une *loi* pour imposer cette ligne de conduite. C'est une chose de dire qu'un homme doit accomplir un certain acte ; c'en est une autre de faire une loi pour lui imposer de l'accomplir, et de le punir s'il néglige de l'accomplir. [Il est, par exemple, désirable que l'on ne fabrique pas de fausse monnaie.] Mais ce sont deux choses parfaitement distinctes de faire une loi pour interdire aux hommes de fabriquer de faux billets de banque et de les condamner à être pendus s'ils sont pris sur le fait. Le résultat de cette manière de procéder, c'est d'encourager une ligne de conduite directement contraire à celle qu'on désire. L'expérience l'a prouvé ; et, lorsqu'on dit aux hommes qu'ils ne doivent pas accomplir une certaine action sous peine d'être pendus, on les persuade immédiatement qu'il y aura pour eux grand avantage à l'accomplir, pourvu qu'ils évitent d'être surpris[3].

---

1. *Travels*, vol. I, p. 417.
2. *Travels*, vol. I, p. 333.
3. *Travels*, vol. II, p. 179.

Les gouvernements allemands protègent les lettres et les sciences : ils ont tort. Sans doute le régime des universités allemandes est préférable à celui des universités anglaises, pour toujours soumises à des lois plusieurs fois séculaires, « gothiques » : les universités allemandes obéissent à l'impulsion capricieuse du souverain et de son ministre, qui, du moins, appartiennent à leur siècle et peuvent avoir, par accident, le goût des lumières[1]. Mais, en principe, tout enseignement d'État est conservateur et routinier[2]. Il coûte cher, en outre, et contredit les leçons de l'économie politique. Dans la mesure où les sciences et les arts sont utiles, ils sont l'objet d'une demande et trouvent, sur le marché, la rémunération qui leur est due ; et le fait même que bien des savants, bien des artistes, ne trouvent pas l'emploi de leurs talents, prouve, non qu'ils doivent être secourus, mais que l'offre, en ces matières, a été forcée au-delà de ce qu'exigeait la demande[3].

Les gouvernements allemands protègent l'industrie, règlent la distribution de la propriété foncière. Mais les pépinières d'État, les salines d'État, que Hodgskin a visitées, lui ont paru médiocrement prospères. Les lois du Hanovre sur la propriété foncière ont eu, Hodgskin le reconnaît, quelques bons effets : elles ont empêché l'émiettement, empêché aussi une concentration excessive des propriétés. Mais ces maux eux-mêmes, contre lesquels certaines lois peuvent avoir utilement réagi, proviennent, en dernière analyse, selon Hodgskin, d'autres lois : car les lois, œuvre des riches, ont pour fonction essentielle de protéger la richesse. « *Ne subvenir aux besoins d'aucun homme et laisser à chaque homme le produit de son propre travail, voilà quelle serait la meilleure loi agraire*[4] » ; et Hodgskin, non sans quelque apparence de paradoxe, oppose à l'exemple de l'Allemagne celui de l'Angleterre, où, à l'en croire « *la propriété foncière est restée entièrement libre* », où « *le possesseur est resté libre de disposer de son bien comme il a jugé à propos* », où, par suite, « *l'intérêt personnel a effectué un grand bien général, sans restriction ni prescription législative*[5] ».

Les gouvernements allemands ont voulu prévenir la misère par des règlements d'assistance publique : c'est toujours la même volonté absurde de substituer les prescriptions de la loi à celles de la nature. Hodgskin, qui déjà se détache de Malthus, continue à penser, en ceci, comme Malthus. On ne peut se marier entre pauvres, au Hanovre, qu'avec la permission du magistrat. On en conclut que tout mariage autorisé par le magistrat est légitime et sacré. En réalité, la misère qui en résultera, voilà la seule raison

---

1. Vol. II, p. 266-267.
2. Vol. II, p. 258.
3. *Travels*, vol. II, p. 278.
4. Vol. II, p. 86-87.
5. *Travels*, vol. II, p. 95.

naturelle pour laquelle il ne devrait pas être conclu ; et « *le magistrat, par la substitution de son autorisation à la raison naturelle, empêche les parties contractantes de connaître cette importante vérité*[1] ». Les classes gouvernantes, qui sont aussi les classes riches, ont la vanité de croire qu'il est en leur pouvoir, par des lois, de soulager la misère ; mais la loi, œuvre des riches, est, par essence, la cause de la misère ; comment pourrait-elle, sinon par accident, diminuer la misère ?

> Le propriétaire foncier et le capitaliste ne produisent rien. Le capital est le produit du travail, et le profit n'est rien qu'une portion de ce produit, impitoyablement extorquée contre la permission accordée au travailleur de consommer une partie de ce que lui-même a produit. Quand cela lui est accordé à titre d'aumône, s'il n'est pas opprimé, il est tout au moins insulté. Ceux qui s'imaginent être bienfaisants, parce qu'ils concèdent au travailleur une bribe de ce qu'ils lui ont extorqué, se paient d'un *cant* hypocrite, qui, même s'il est consacré par les lois, même s'il s'accorde avec les habitudes de la société, n'a jamais été surpassé par le *cant* des religions les plus absurdes. Par votre travail, vous mangerez votre pain ; voilà le langage de la sagesse divine, et celui qui ne gagne pas ce qu'il consomme par sa propre industrie, mange un pain dont la nature a fait la propriété d'un autre. Les pauvres sont la terreur des riches et le fléau de la société. Mais ceux qui vivent dans l'abondance n'ont guère le droit de se plaindre quand leur repos est troublé ; car c'est eux qui infligent la pauvreté à leurs semblables et, en même temps, leur enseignent à désirer la richesse. Les maux de la société ne sauraient trouver de remèdes dans des lois du Parlement. On paraît généralement supposer, parce que les riches font les lois, que les pauvres ont seulement besoin d'être réprimés et réformés. C'est une erreur. C'est la classe gouvernante de la société qui a besoin d'une réforme et qui mérite le plus de blâme pour les maux sociaux existants[2].

L'erreur allemande réside, en dernière analyse, dans une fausse conception de l'économie politique, entendue comme « *la connaissance des moyens de développer la prospérité du peuple, au moyen du gouvernement*[3] », alors qu'en réalité elle consiste dans la connaissance des lois naturelles, conformément auxquelles se réalise, sans intervention gouvernementale, l'intérêt général[4]. La conséquence de cette méprise, c'est que l'on rejette sur la nature la responsabilité des crimes dont les gouvernements et les lois

---

1. Vol. II, p. 99-100.
2. *Travels*, vol. II, p. 97-98.
3. *Travels*, vol. I, p. 414.
4. Vol. I, p. 467.

sont les véritables auteurs. Au lieu d'expliquer le crime et la misère par un état « artificiel » de la société, où une « *aristocratie de richesse* » exerce une influence peut-être aussi pernicieuse que celle de l'ancienne « *aristocratie de naissance* »[1], où « *celui qui produit tout ne reçoit presque rien, tandis que ceux qui ne produisent rien abondent en superfluités* », où « *l'industrie est l'esclave de la paresse et, par son association constante avec les idées de pauvreté et de mépris, est devenue plus détestée, plus abhorrée que le crime* »[2], on aime mieux faire retomber tout le mal sur l'industrie et le commerce. Cependant,

> le fait d'employer des espèces différentes de travail à la satisfaction de besoins différents ne peut jamais produire la pauvreté et la détresse. Et, dans l'intérêt de l'humanité, si l'on veut que nulle espèce d'industrie ne soit injustement discréditée, il faut livrer à la censure les règlements sociaux qui nous ont infligé tant de pauvreté et de détresse. Toutes les espèces diverses de travail productif doivent être bienfaisantes, mais la manière dont le produit du travail est distribué dans la société est distincte du travail lui-même et résulte des règlements sociaux. C'est pour avoir confondu ces deux choses, et avec la préoccupation sincère du bien-être national, que j'ai entendu plusieurs hommes intelligents, au Hanovre, exprimer le vœu de ne pas voir leur patrie devenir commerçante[3].

Mais, si la distribution actuelle de la propriété est à la fois (au fond, pour Hodgskin, les deux choses se ramènent à une seule) injuste et artificielle ; si elle est due à l'intervention législative « *d'un petit nombre d'individus séparés et distincts, agissant, en tant que gouvernement, au nom de la société entière*[4] », c'est une illusion de considérer le mouvement général de l'Europe vers l'émancipation industrielle et commerciale comme autre chose qu'une révolte irrésistible des lois de la nature contre les lois de l'homme. Ceux-là seuls, dans la société actuelle, ont raison de s'en alarmer,

> qui mettent tout leur bonheur à voir leurs besoins satisfaits par des esclaves impayés et tremblants. À leur point de vue, la moralité consiste dans l'acceptation paisible de la misère si elle est infligée conformément à la loi, et toute tentative faite par les hommes pour échapper à cette misère légitimement infligée est flétrie comme immorale[5].

---

1. Vol. II, p. 163.
2. Vol. I, p. 302.
3. *Travels*, vol. II, p. 111-112.
4. Vol. I. p. 292.
5. *Travels*, vol. II, p. 461-462.

Ceux-là seuls peuvent espérer entraver le mouvement, qui croient à l'action des causes accidentelles dans l'histoire.

> Les mœurs d'une nation ne peuvent être changées subitement ou détruites par un événement isolé. [...] Jamais événement miraculeux ne s'est produit ni ne peut se produire dans les démarches d'une nation tout entière. [...] Les lois morales de la nature sont aussi régulières et inaltérables que ses lois physiques. Le pouvoir qui gouverne le monde n'est pas un tyran sanguinaire qui fait ses délices, par des orages subits et inattendus, de ruiner les plus belles espérances de l'humanité. Des lois régulières sont établies dans le monde moral, et nous avons la faculté de les découvrir et de régler sur elles notre conduite assez bien pour pouvoir diminuer ou détruire le mal sous toutes ses formes[1].

Pendant que paraissent les *Voyages dans le Nord de l'Allemagne*, Hodgskin travaille à organiser son existence dans la grande ville intellectuelle, fière de ses grands hommes, de son Université, de ses Revues critiques, où, depuis un an, il s'est fixé. Il est en relations avec Constable, l'éditeur de la *Revue d'Édimbourg* ; avec Napier, le directeur du *Supplément* de l'*Encyclopédie britannique* ; avec McCulloch, le rédacteur en chef du *Scotsman*. Il cherche à gagner sa vie par des articles de revue : sa connaissance de la langue et de la civilisation allemandes ne doit-elle pas l'aider à trouver des occasions ? Sa femme, en même temps, apprend l'anglais et cherche à donner des leçons d'allemand. Il continue cependant — et jamais son travail ne fut plus fécond — ses recherches personnelles. Le point de départ de ses réflexions, c'est le radicalisme utilitaire. Depuis le moment où il a été conseillé et protégé par Francis Place, ses relations avec le groupe des amis de Bentham ont été étroites et constantes ; et, en fait, sur tous les points où les Benthamites défendent la cause du libéralisme, le radicalisme de Hodgskin ne diffère pas du leur. Il se félicite du progrès que fait, en Angleterre, l'idée du libre-échange. Il écrit à la suite d'une discussion à la Chambre des lords sur le commerce extérieur :

> La confession, faite des deux côtés, que notre législation a jusqu'ici été mauvaise et que, si les lois devenaient permanentes, les hommes conformeraient à elles leur conduite, m'a paru importante. Le premier aveu est un aveu d'insuffisance, et le second prouve que les hommes s'accommoderaient même des lois de la Nature si lord Liverpool voulait nous permettre de les suivre : rien n'offre plus de constance qu'elles

---

1. Vol. II, p. 465.

n'en ont, et rien qui ressemble à une *loi* n'est plus changeant que les règlements des deux Chambres[1].

Il applaudit à la campagne libre — échangiste que mène McCulloch dans la *Revue d'Édimbourg*[2]. « *Cela ne fait pas de doute* », écrit-il à Place,

> l'abolition de toutes les restrictions, quelles qu'elles soient, est le grand but à atteindre. Ce qu'il nous faut, c'est une législature destructive, dont la grande affaire soit d'en finir avec les lois promulguées par les précédentes[3].

Entre McCulloch, qu'il voit constamment, et Francis Place, avec lequel il est en correspondance, il sert d'intermédiaire, lorsque McCulloch, d'accord avec les radicaux de Westminster, commence à faire campagne en faveur de l'abolition de la loi sur les coalitions[4]. Avec les radicaux, il s'indigne contre la réaction régnante, proteste contre le massacre de Manchester, étonné seulement de voir que l'opposition libérale se préoccupe surtout de chercher si le massacre n'a pas été contraire aux lois.

> L'horrible violation des lois à Manchester semble n'avoir servi que de cri de guerre et de mot d'ordre pour les défendre. Quelque misère qu'elle ait produite, c'est notre misérable Constitution que l'on enjoint maintenant de défendre et de soutenir. Franchement, ces bêtises me font mal au cœur. Je voudrais connaître une loi, une seule loi, qui vaille qu'un honnête homme se donne du mal pour la défendre. Ce n'est pas la loi du Parlement, ni la loi des juges, ni les lois relatives au libre-échange, ou à la liberté de parler et d'écrire ; moi, je n'en connais pas une qui vaille la peine d'être soutenue, mais tout le monde semble croire qu'il vaut mieux être sabré par des hussards ou enfermé dans des Bastilles selon les règles que d'avoir confiance en ses semblables. Ils semblent croire qu'il vaut mieux être tondu selon les règles que de courir le plus léger risque de vivre selon la raison[5].

Dans un article qu'il porte au *Scotsman*, en janvier 1820, et que le *Scotsman* refuse, Hodgskin développe cette idée que la grande œuvre accomplie par les nouveaux philosophes, « *Adam Smith, Malthus, Bentham et tous les économistes politiques, et tous ceux qui ont écrit sur la législation*

---

1. Hodgskin à Place, 30 mai 1820, *Brit. Mus.* add. mss. 33.153, f. 159 verso.
2. Hodgskin à Place, 23 avril 1820, *Brit. Mus.* add. mss. 33.153, f. 137 verso.
3. Hodgskin à Place, 27 août 1819, *Brit. Mus.* add. mss. 33.153, f. 78 verso.
4. Hodgskin à Place, 1er septembre 1819, *Brit. Mus.* add. mss. 33.153, f. 79.
5. Hodgskin à Place, 2 sept. 1819, *Brit. Mus.* add. mss. 33.154, f. 82.

depuis un demi-siècle », c'est d'avoir discrédité les lois existantes et profondément modifié « l*es sentiments éprouvés par les peuples à l'égard des gouvernements* »[1]. Mais son anarchisme va plus loin que leur réformisme : il n'attaque pas les lois existantes en détail, mais toutes les lois sans exception ou, mieux encore, la notion même de loi.

La philosophie économique des Benthamites est antilégislative : pourquoi en est-il autrement de leur philosophie juridique ? C'est d'une façon absolue que la notion de loi positive est inconciliable avec l'existence de lois naturelles : voilà l'idée qui s'est emparée de l'esprit de Hodgskin dès ses premières réflexions, dès ses premières lectures. Mais, alors, comment expliquer l'existence, l'origine des lois positives ? Hodgskin étend à toutes les lois sans restriction l'explication, donnée par les Benthamites, de l'origine des lois mauvaises ou, comme ils disaient en leur langage, « *sinistres* ». Elles ont été faites par des oligarchies pour la défense de leurs intérêts particuliers contre l'intérêt de la masse des sujets. Hodgskin se livre donc à des recherches sur l'origine des lois, demandant à Place de le renseigner sur certains détails relatifs à l'antiquité biblique :

> Est-ce que toutes les nations de l'antiquité dont nous avons connaissance n'étaient pas composées de maîtres et d'esclaves ? Et les lois pénales ne peuvent-elles avoir pris naissance, n'ont-elles pas effectivement pris naissance dans un état social de ce genre ? Ne furent-elles pas créées principalement pour faire régner l'ordre parmi les esclaves[2] ?

Il se fait adresser par Francis Place les *Traités de législation* de Bentham[3], et réussit à faire passer, dans le *Magazine* que dirige Constable, un article sur le droit pénal, très modéré de ton, où il rend hommage à Bentham. Mais un second article, qui devait faire suite au premier, est refusé[4]. Pour un temps, Hodgskin cesse de s'intéresser à l'étude de ce problème fondamental.

Sur d'autres points, aussi bien, le benthamisme appelle la critique. En matière de droit constitutionnel, les radicaux utilitaires attaquent le régime monarchique et le régime aristocratique, mais c'est pour proposer un parlementarisme démocratique, où se trouvera garantie, par des procédés en quelque sorte mécaniques, l'harmonie des intérêts entre gouvernants et gouvernés. Hodgskin, qui a déjà prémuni les lecteurs de son *Voyage en Allemagne* contre la superstition du régime représentatif, est sceptique sur l'efficacité de ce mécanisme législatif. Un instant, il songe à entreprendre

---

1. Hodgskin à Place, 20 janv. 1820, *Brit. Mus.* add. mss. 35.153, f. 120 verso.
2. Hodgskin à Place, 8 février 1820, *Brit. Mus.* add. mss. 33.153, f. 124 verso.
3. 15 févr. 1820, *Brit. Mus.* add. mss. 33.153, f. 126 verso. Cf. 20 avril, f. 133.
4. 15 févr. 1820, *Brit. Mus.* add. mss. 33.153, f. 129.

une histoire critique de la législation parlementaire en Angleterre[1]. Puis James Mill, dans la publication de Napier, publie son fameux *Essai sur le gouvernement*, qui fixe le programme constitutionnel des benthamites ; et Hodgskin, dans une lettre à Place où il discute James Mill, oppose à l'idée d'un gouvernement démocratique l'idée d'une société sans gouvernement : si l'opinion publique fait toute la force d'une constitution, pourquoi l'opinion publique, sans mécanisme constitutionnel, ne pourrait-elle suffire à constituer une société stable ? Contre James Mill, il ressuscite la doctrine de Godwin.

> Il (Mr. Mill) postule la seule proposition que je serais disposé à contester, à savoir que l'objet du gouvernement (la protection de la propriété) est atteint quand un grand nombre d'hommes s'unissent et *délèguent à un petit nombre le pouvoir nécessaire pour les protéger tous*. Concédez-lui cela, et toute la suite de ses raisonnements est magistrale, elle fournit des arguments nouveaux et bons contre le mauvais gouvernement. Mais je ne suis pas disposé à lui concéder cela. L'expérience me dit que les hommes peuvent s'associer pour se protéger l'un l'autre sans délégation de pouvoir à un petit nombre. C'est ainsi qu'à présent le peuple, mû par un désir commun, s'est uni pour la protection de la reine et l'a en fait protégée contre le pouvoir d'un mauvais gouvernement sans délégation de pouvoir. Semblablement, je crois que l'on ne saurait postuler, en argumentant contre la démocratie, que le peuple doit être assemblé pour faire des lois.
>
> Dans l'état actuel de la société, il n'y a pas de raison pour cela. L'opinion d'un individu quelconque sur un sujet donné quelconque pourrait être connue en peu de mois, sans réunir la nation. Et cette transmission d'opinion serait assez rapide pour servir à la confection des lois. Je suis donc porté à me séparer de Mr. Mill sur cette partie de son sujet et à penser que, dans la mesure où il s'agit de *Législation*, « la collectivité en masse n'est pas mal adaptée aux fonctions du gouvernement ». Je crois que l'analogie d'une société de secours mutuels (*benefit club*) n'est pas complète. Car une société de secours mutuels, si je ne me trompe, ne fait que nommer des fonctionnaires, et ne permet ni à eux, ni au conseil d'administration, de faire des lois ; or cela est impliqué dans l'idée courante des pouvoirs gouvernementaux et semble être compté au nombre de ces pouvoirs par Mr. Mill. Si la législation n'est pas un des pouvoirs qu'il faut remettre au petit nombre, je n'ai presque pas d'objections à faire au système ; mais si elle l'est, alors le système paraît mal fondé, parce que les institutions de contrôle (*checks*) établies par le peuple, et à qui l'on attribue ensuite la fonction de faire en sorte que le gouvernement

---

1. Hodgskin à Place, 20 avril 1820, *Brit. Mus.* add. mss. 33.153, f. 133.

ait les mêmes intérêts que le peuple, pourraient certainement protéger le peuple sans intervention de ce gouvernement (ou du petit nombre des délégués) aussi bien qu'elles le protègent contre lui ou contre eux. Ou encore, le contrôle qui suppose qu'on laisse au peuple un pouvoir de déclarer ce qui est juste est, en vérité, l'essence de la législation, et non seulement ne doit pas, mais semble ne pouvoir pas, pendant que l'on conserve des contrôles, être délégué. Si l'on retient le pouvoir de légiférer sur ce point important, qui consiste à exercer un contrôle sur le petit nombre des délégués, je ne vois pas pourquoi on ne le conserverait pas sur tous les points, — je ne vois pas, en d'autres termes, de raison pour que le pouvoir de la législation ne soit pas exercé par la nation tout entière sans délégués aucuns. Le cas est différent cependant en ce qui concerne les deux branches de l'Administration et de la Justice. Elles doivent être confiées à des individus délégués, mais toutes deux probablement, considérées au point de vue national, seraient enfermées dans des limites beaucoup plus étroites que leurs limites actuelles, et très différentes. Je ne prétends pas dire, cependant, jusqu'à quel point, mais je suppose que les relations des nations entre elles, seule occasion où soit requise une administration nationale consistant en rois et en ministres, seraient très rares.

Mr. Mill semble avoir été quelque peu induit en erreur pour n'avoir pas pris garde à la vraie source des pouvoirs du gouvernement. Ils ne sont, bien entendu, rien de distinct de la richesse et des privilèges que l'opinion du peuple en faveur du gouvernement lui confère ou lui permet de s'approprier. Ou encore, le gouvernement n'a de pouvoir pour protéger la propriété que celui qu'il dérive de l'opinion. Si l'opinion est capable de *constituer*, de restreindre et de douer de pouvoirs définis, avec les variations de l'opinion, chaque gouvernement, je ne saurais dire pourquoi l'opinion ne pourrait, en première instance, protéger la propriété (c'est la fin pour laquelle le gouvernement est institué) sans l'intervention d'une machine aussi encombrante. Mais je n'en dirai pas davantage sur ce sujet. Si l'on accorde que la meilleure manière de protéger la propriété est, pour un grand nombre d'hommes, de déléguer à un petit nombre les pouvoirs administratif, judiciaire et législatif, si l'on suppose que le fait du gouvernement résulte nécessairement du désir qu'ont les hommes de s'approprier les *objets de désir*, alors l'article est excellent[1].

Mais ce n'est pas seulement la philosophie du droit pénal, ni la philosophie du droit public, c'est la philosophie économique elle-même, qui, chez les benthamites, ne satisfait pas Hodgskin. La littérature du parti radical s'est

---

1. Hodgskin à Place, 17 sept. 1820, *Brit. Mus.* add. mss. 33.153, f. 169 *sq.*

enrichie, pendant que Hodgskin voyageait en Italie et en Allemagne, du grand ouvrage de Ricardo, qui a défini une seconde fois et enrichi de traits nouveaux la doctrine d'Adam Smith ; or, Hodgskin croit devoir condamner les innovations de Ricardo parce qu'il y voit autant d'infractions au grand principe de la philosophie nouvelle, au principe de l'identité naturelle des intérêts. Adam Smith avait affirmé que, dans le monde de l'échange et de la division du travail, les lois naturelles de la production et de la distribution des richesses étaient harmoniques et bienfaisantes : cette harmonie naturelle ne pouvait être dérangée que par des accidents historiques, appropriation du sol ou accumulation du capital. Puis Malthus était venu, qui avait trouvé à la misère une cause indépendante de la volonté humaine dans l'accroissement, naturellement excessif, de la population, dans la désharmonie naturelle qui existe entre le nombre des consommateurs et la quantité des subsistances : la rente foncière, prélevée sur le produit du travailleur par le propriétaire du sol, lui était apparue comme un effet nécessaire de la stérilité relative et de la rareté du sol cultivable. Maintenant, Ricardo se donne pour tâche d'incorporer les théories de Malthus à un système intégral d'économie politique. Dans les lettres qu'il adresse à Place le néomalthusien, Hodgskin proteste contre le système de Ricardo, et réclame le retour à Adam Smith par l'élimination des éléments malthusiens que renferme la doctrine de Ricardo.

À l'instant même où Godwin, après vingt-cinq années de silence, réplique à l'ouvrage de Malthus, Hodgskin, à tant d'égards disciple de Godwin, conteste, lui aussi, le principe de population. Il attache, sans doute, à l'accroissement numérique du genre humain, la même importance que Malthus dans l'interprétation de l'histoire. Seulement, sa philosophie de l'histoire est optimiste au lieu d'être pessimiste. Si la multiplication du genre humain est un fait naturel, elle ne saurait être que bienfaisante : elle explique, à ses yeux, non plus la permanence de la misère, mais la civilisation elle-même, le progrès des hommes en connaissances et en bonheur. Il écrit un article

> pour montrer que l'humanité a gagné dans toutes les vertus de sobriété, de douceur, d'équité, d'indulgence, etc. etc. ; qu'elle a gagné en savoir et en industrie, en proportion exacte de l'augmentation du nombre des hommes ; que c'est là une admirable invention de la nature pour corriger la plupart des maux apparents de notre condition ; et que les affirmations de nos orateurs sacrés et de nos oracles du Parlement, selon qui une abondance d'hommes est une pépinière de vices et selon qui nos crimes sont dus non à un défaut de notre gouvernement, mais à nos grandes villes, visent seulement à nous inculquer la foi en la bienfaisance des prêtres et de lord Castlereagh.

Il me semble que l'article ne contenait rien que des faits et présentait, de notre condition naturelle, un tableau qui devrait être consolant pour tout le monde. On l'a refusé cependant comme trop politique. Je vois qu'on ne se préoccupe que de dire, en langage élégant, ce que les autres croient déjà. Et, comme je me suis toujours très peu soucié de l'élégance de la forme, comme j'ai toujours pensé autrement que ne pensaient les autres, je me trouve très mal fait pour le métier de scribe[1].

Une fois, deux fois, l'article est refusé. Le malthusianisme est devenu un des dogmes du parti libéral ; il n'est pas permis de le réfuter dans une publication whig ; et Hodgskin finit par communiquer à Francis Place, avec prière de le soumettre à Godwin, le résumé de son étude[2]. Ce résumé contient, sous une forme succincte et nette, tout l'antimalthusianisme de Hodgskin[3].

Sur l'influence morale d'un accroissement du nombre des hommes.

1° Si l'on admet que la population a une *tendance* à déborder la subsistance, ne devons-nous pas attribuer la misère, dont cette tendance peut avoir été jusqu'à présent la cause, à l'*ignorance* où était l'homme du fait que c'était là une loi de la nature, plutôt qu'à la loi elle-même ?

2° M. Malthus admet que, dans la mesure où la population s'est accrue — en Grande-Bretagne par exemple — la famine, la peste et tous les maux qui, selon lui, diminuent la population, sont devenus moindres. Comparez les souffrances d'un sauvage de la Nouvelle-Hollande avec celles d'un habitant de l'Angleterre. En Turquie, 31 habitants vivent sur un mille carré ; en Angleterre, 152. Dans le premier cas, la contagion et la famine font plus de victimes que dans le second. C'est donc l'ignorance, le mauvais gouvernement ou quelque autre cause qui produisent la famine et la mort ; ce n'est pas un excès de population ;

3° On a des raisons de croire que la malpropreté et l'inertie sont des causes de maladies, et il est incontestable qu'elles seraient plus grandes qu'elles ne sont, si la faim n'était un stimulant de l'effort ;

4° Quand on compare l'Amérique possédée par les Indiens à l'Amérique possédée par les Européens ; quand on compare la condition antérieure avec la condition actuelle des États-Unis, il est évident que ce n'est pas l'étendue superficielle du sol, mais le travail et l'ingéniosité qui produisent les aliments. Un petit nombre d'Indiens misérables mouraient de faim sur un continent immense ; un petit nombre d'hommes, auxquels étaient familiers le savoir et les arts de l'Europe, se sont multipliés graduellement

---

1. Hodgskin à Place, 20 janv. 1820, *Brit. Mus.* add. mss, 33.153, f. 121.
2. 30 mai 1820, *Brit. Mus.* add. mss, 33.153, f. 159.
3. *Brit. Mus.* add. mss. 33.153, f. 161 *sq.*

jusqu'à devenir une nation puissante et disposent d'une abondance de subsistances. L'ingéniosité et le savoir, bref, quelques qualités morales de l'homme, sont, par conséquent, le principal moyen de multiplication de la nourriture ;

5° Il doit y avoir eu un temps où la surface de l'Europe était dans le même rapport, quant à l'étendue, au nombre de ses habitants, que l'Amérique d'aujourd'hui ; mais il n'y a pas de période dans l'histoire de l'Europe où ses habitants aient multiplié aussi vite que les habitants de l'Amérique. Il nous faut donc chercher quelque cause autre qu'une insuffisance de territoire, — un mauvais gouvernement, par exemple, source d'ignorance et, d'une façon générale, l'ignorance — pour expliquer le lent accroissement de la population en Europe ;

6° C'est un fait que, toutes choses égales d'ailleurs, le *savoir* et l'*ingéniosité*, c'est-à-dire, bien entendu, les moyens de produire les aliments (v. 4), doivent être grands dans la mesure où le nombre des hommes est grand et doivent croître dans la mesure où croît le nombre des hommes. Les arts mécaniques fleurissent dans l'Angleterre, encombrée d'hommes ; les beaux-arts fleurissaient dans la Grèce encombrée ;

7° Les désirs se multiplient avec le nombre des hommes et avec leur industrie. Comparez le sauvage qui se chauffe au soleil avec un Européen lettré et riche ;

8° L'accroissement de savoir, qui suit un accroissement de population, accompagné d'un accroissement de moralité. — Voyez l'histoire de l'Europe, qui a crû en moralité à mesure que croissait le nombre de ses habitants. St-Barthélemy — Guerre des Paysans, etc. ;

9° Accroissement de moralité dû à un accroissement de population. La collision abat et apaise les passions. Le poids de la masse donne à ses opinions une force qui domine la volonté de chaque individu ;

10° L'homme civilisé est un être totalement différent d'un homme sauvage et ne connaît presque aucune des passions furieuses de celui-ci. On en tire cette hypothèse que toute passion peut être diminuée ou plutôt contenue jusqu'au niveau où l'opinion autorise l'indulgence ;

11° Conclusion. Un accroissement de population développe l'industrie, l'ingéniosité et le savoir ; il développe en conséquence aussi les moyens de produire l'alimentation. Le pouvoir du principe de peuplement peut donc être considéré comme le grand stimulant de l'effort et comme le grand moyen d'augmenter le bonheur de l'individu et de l'espèce.

Du principe malthusien de population dérive la loi malthusienne de la rente différentielle : elle implique que la rente foncière n'est pas un monopole factice, mais résulte nécessairement de l'opération des lois économiques naturelles. Il faut donc admettre, après cela, ou bien que la nature est injuste et qu'il appartient à la législation d'en corriger les imperfections (l'optimisme naturaliste de Hodgskin lui interdit d'accepter cette hypothèse), ou bien que la rente foncière et, par suite, l'existence d'une aristocratie de propriétaires, est juste, puisqu'elle est naturelle (les physiocrates l'avaient admis, mais Hodgskin est trop démocrate pour l'admettre). Il reste, pour échapper au dilemme, de rejeter la théorie : ce qui implique le rejet de tout le système ricardien. Car Ricardo, aggravant l'erreur de Malthus, non seulement adopte la théorie de la rente différentielle, mais en fait la base de toute une théorie nouvelle de la distribution des richesses. Il subordonne la loi des profits à la loi de la rente, en admettant que le taux moyen des profits est réglé par le profit du capital employé sur le plus pauvre des terrains cultivés, et que le profit est condamné à décroître indéfiniment par la nécessité où se trouve le genre humain de recourir à la culture de terrains sans cesse plus pauvres. Il subordonne la loi des salaires à la loi de la rente ; le salaire strictement nécessaire à l'entretien du travailleur et de sa famille, il l'appelle le salaire naturel, parce qu'il le considère comme naturellement maintenu à ce taux misérable par l'accroissement indéfini de la rente foncière. Toutes ces prétendues lois naturelles sont contestées par Thomas Hodgskin.

Il rejette la loi de la rente différentielle. Sans doute il est possible d'expliquer l'apparition de la rente et d'une classe de propriétaires par la différence de fertilité des terrains ; mais l'expérience seule peut nous dire si cette explication possible est conforme à la réalité. Ricardo et ses disciples dédaignent l'expérience ; cependant, selon Hodgskin, si l'on défalque des fermages actuels cet élément différentiel sur lequel insiste l'école malthusienne, il reste encore une somme énorme, égale peut-être à cette moitié des produits du sol exigée des anciens métayers. La rente différentielle est un élément négligeable de la rente réelle ; la rente foncière s'explique par ce fait historique qu'un petit nombre de conquérants, ayant occupé toute la surface du sol, ont été en mesure d'exiger, des cultivateurs de tous les terrains sans exception, une somme dont le montant a été limité par la nécessité seule de laisser les cultivateurs vivre et travailler.

Par suite, la théorie ricardienne du salaire naturel est fausse, elle aussi. Les premiers cultivateurs du sol de l'Europe ayant vécu en esclaves, leurs descendants, affranchis, ont conservé les habitudes de vie de leurs ancêtres ; ils ont continué à accepter, sous le nom de salaire, l'équivalent de ce que le maître abandonnait jadis à l'esclave : une coutume servile, perpétuée par la loi des hommes, à cela se réduit, en fin de compte, le prétendu salaire naturel des Ricardiens.

Fausse enfin, la prétendue loi de la décroissance naturelle des profits. Si la nature n'était pas contrariée dans ses opérations, le travail, aidé du capital, deviendrait sans cesse plus productif avec le progrès de l'ingéniosité humaine et des machines. S'il semble, cependant, qu'il le devienne de moins en moins, c'est que l'intervention des lois humaines masque l'opération des lois naturelles ; c'est que, dans la société actuelle, le travailleur ne reçoit pas tout le produit de son travail, sur lequel il voit prélever d'abord un profit et une rente. La théorie ricardienne de la valeur crée, sur ce point, une confusion d'idées ; et Ricardo a tort de vouloir, contre l'opinion plus sage d'Adam Smith, identifier la valeur échangeable au prix naturel[1]. Pour bien juger de la valeur échangeable, il faut considérer l'échange comme ayant lieu non pas entre les objets échangés, entre des valeurs abstraites, mais entre les individus qui sont les auteurs des produits échangés et les auteurs de l'échange. Or, dans le monde de l'échange, tel qu'il est réellement constitué, les producteurs peuvent occuper des positions économiques très diverses. Deux individus sont supposés fournir des quantités de travail égales ; mais l'un, propriétaire de sa terre et de son capital, reçoit tout le produit de son travail, tandis que l'autre doit, sur le produit d'une quantité de travail égale, rémunérer un propriétaire foncier et un capitaliste. Donc celui-ci, avec ce qui représente le produit final de son travail, à savoir son salaire, ne peut acheter qu'une partie de la valeur produite par l'autre, au prix d'une quantité égale de travail. Donc, enfin, pour les individus qui pratiquent l'échange, les produits ne s'échangent pas proportionnellement à la quantité du travail productif : pour que cela fût, il faudrait que toujours le salaire du travail fût égal au produit du travail. La rente et le profit sont, pour le travailleur, la cause artificielle du relèvement des prix ; et la misère du travailleur résulte non de l'opération des lois naturelles, mais de certaines institutions positives et de certains accidents historiques.

Dès le mois de juin 1819[2], Hodgskin soumet à Place le plan d'un ouvrage qui consisterait en observations critiques sur le système de Ricardo : Francis Place est trop ricardien pour ne pas détourner Hodgskin d'accomplir ce dessein. Mais, une fois débarrassé des soucis que lui cause l'impression de son livre, le problème de la rente attire de nouveau son attention : il le discute une première fois, dans une lettre assez brève, du 20 avril 1820[3], puis dans une seconde lettre, plus développée, du 28 mai[4], que nous reproduisons tout entière. Jusqu'ici inédite, elle marque avec précision le point de maturité où étaient parvenues, à cette date, les idées de Thomas Hodgskin. Bien documentée et raisonnée, malgré une rédaction rapide et parfois prolixe, elle est intéressante autant par son contenu que par la date où elle fut écrite,

---

1. Cf. Hodgskin à Place, 29 avril 1821, *Brit. Mus.* add. mss. 33.153, f. 198. Voir plus bas, chap. III, p. 150.
2. Le 4 juin. *Brit. Mus.* add. mss. 33.153, f. 67.
3. *Brit. Mus.* add. mss. 33.153, ff. 135, verso *sq.*
4. *Brit. Mus.* add. mss. 33.153, f. 142 *sq.*

moins de trois ans après la publication des *Principes de l'économie politique et de l'impôt*.

> Je vous suis très obligé, mon bon ami, de votre longue lettre du 23 mai que j'ai reçue avant-hier et qui m'a donné à réfléchir depuis qu'elle est arrivée. Je n'admets cependant pas encore la doctrine de la rente, et je voudrais, si vous avez la patience de lire mes remarques jusqu'au bout, vous expliquer plus longuement les motifs de mon dissentiment. Je suis heureux d'avoir une opportunité de discuter avec vous, sûr que, si, finalement, j'étais vaincu, la victoire serait à mon avantage.
> Je crois qu'il est ridicule généralement pour un homme de parler d'impartialité soit qu'il examine, soit qu'il discute les opinions d'une autre personne. Nous avons tous nos opinions préconçues que nous préférons en général aux opinions des autres, et nous n'approuvons ou ne condamnons celles-ci que dans la mesure où elles diffèrent des autres ou s'accordent avec elles. Je n'éprouve donc aucune hésitation à dire que les opinions de Mr. Ricardo me déplaisent parce qu'elles tendent à justifier la situation politique actuelle de la société et à mettre des limites à nos espérances de progrès futur.
> Elles ont le premier résultat en justifiant nos grands Léviathans fonciers dans leurs extorsions énormes. La *richesse* n'est qu'un autre nom du pouvoir politique, et, avec une aristocratie foncière telle que celle qui existe à présent, aucune espèce de démocratie n'est possible. Nous sommes tous les sujets de la Nature, et nous ne pouvons être heureux ou grands qu'en obéissant à ses lois ; mais si la Rente, telle qu'elle existe à présent, est, conformément à la théorie de Mr. Ricardo, le résultat naturel du progrès de la société, alors toute tentative pour nous affranchir de la domination d'une aristocratie riche doit, en fin de compte, échouer et n'avoir que des effets funestes. — Je suis un *démocrate* ; les doctrines de Mr. Ricardo sont le plus solide soutien que je connaisse, dans l'ordre théorique, de l'aristocratie, et c'est pourquoi elles me déplaisent. Telle est la source d'un de mes préjugés contre elles : je l'ai honnêtement et ouvertement confessé.
> Les opinions de Mr. Ricardo imposent des limites à notre espérance d'un progrès futur du genre humain, d'une manière encore plus définie que les opinions de Mr. Malthus elles-mêmes. C'est, en effet, l'opinion de Mr. Ricardo que le taux de tous les profits est déterminé, en dernière instance, par le taux du profit qu'obtient le capital employé sur le sol, que celui-ci diminue constamment, en raison de la nécessité d'avoir recours à des terrains plus pauvres, et qu'il y a un point limité par l'intérêt naturel du capital, et dont la plupart des sociétés européennes ne sont pas très éloignées, où le progrès doit s'arrêter. J'ai toujours supposé,

en me fondant sur le progrès que les hommes ont fait jusqu'ici, qu'il nous est impossible de limiter leur progrès futur. C'est exactement ce que font les doctrines de Mr. Ricardo, et elles le font en s'appuyant sur des raisons naturelles ; et parce qu'elles s'opposent ainsi à cet autre de mes préjugés, elles me déplaisent beaucoup. Vous ayant donc montré sur quoi se fonde mon préjugé contre elles, je vais essayer de le justifier par des raisonnements et des faits.

Je ne nie pas, en premier lieu, qu'il puisse y avoir, entre des sols différents, une différence qui rende le produit de quelques-uns plus grand que celui des autres, — que la nécessité d'avoir recours à ces terrains de qualité pire ait accru la rente dans les temps modernes, — et que les doctrines de Mr. Ricardo expliquent d'une façon très heureuse le grand accroissement de la Rente dans ce dernier demi-siècle. Mais je nie que la Rente ait eu son origine dans cette différence des terrains et que la Rente qui se paie aujourd'hui ne soit *rien que* la différence entre le produit de quantités égales de capital employées sur des terrains de pouvoirs productifs différents. Car Adam Smith a dit, et a dit avec vérité, que les hommes paient une rente pour des étangs poissonneux, pour des rivières, pour la récolte du varech et pour des landes nues. Ou encore, ce qui revient au même, ils paient quelques monopoleurs pour obtenir la permission de pêcher dans des rivières, de récolter le varech sur la plage, ou de cultiver ce qui est, sans travail, un désert nu. Incontestablement, une Rente plus grande se paie pour un bon terrain que pour un mauvais terrain, mais ce que, maintenant, on *appelle* Rente est plus grand que la différence entre le produit des bons et des mauvais terrains d'une somme largement égale, peut-être, à cette moitié du produit que les anciens propriétaires fonciers de l'Europe arrachaient à leurs esclaves.

J'avais déjà eu l'attention attirée, avant votre communication, par ce qu'on rapporte des sables du Norfolk, rendus fertiles par le travail et qui maintenant paient une rente, et sur ce fait, joint à plusieurs autres du même genre, — la totalité de la Hollande, par exemple, et toute la plaine de Lombardie, ont été rendues, comme le Norfolk, fertiles par le travail — on peut fonder les objections les plus fortes contre toute la théorie de Mr. Ricardo sur la Rente et sur la chute des profits *naturels* avec le progrès de la société. Cela prouve clairement, comme vous dites, que *quelques terres* qui paient une rente n'ont pas de *pouvoirs originels* et *indestructibles*, mais je suis disposé à étendre cette observation à toute *terre*, à affirmer que c'est le *travail humain* qui rend un sol quelconque productif, et que c'est en conséquence du fait que les propriétaires fonciers ont originellement monopolisé le travail de leurs esclaves qu'une rente se paie aujourd'hui en Europe. Nous savons que les *pouvoirs* du *sol* dans l'Amérique du Nord et en Nouvelle-Hollande étaient pratiquement nuls avant d'avoir été appelés à l'existence par le travail et l'ingéniosité des

Européens. Ils n'épargnaient pas, au petit nombre de sauvages, errants sur d'immenses espaces, les misères du besoin. Indépendamment du travail humain, il n'y a pas de pouvoirs originels indestructibles du sol. Une ingéniosité semblable à celle qui rendit productifs les sables du Norfolk a rendu productifs les marais de Hollande et le sable de Lombardie. Et la même ingéniosité pourrait en ce moment, si la chose était faisable sans demander la permission des rois et des propriétaires qui monopolisent le sol de l'Allemagne, rendre tous les sables et tous les marécages de la Moravie, de la Prusse et du Hanovre, probablement tout aussi productifs que les anciens sables mouvants du Norfolk. Les sols que l'on appelle aujourd'hui détestables entre tous peuvent, par quelques améliorations ou altérations dans le mode de culture, être rendus aussi productifs que ceux qu'on appelle aujourd'hui les meilleurs. Par exemple l'introduction des moutons a fait payer aux hautes terres d'Écosse des rentes beaucoup plus hautes qu'auparavant. Mais personne n'a pu employer une partie du territoire auparavant désert de Lord Breadalbane à cette fin, sans lui payer une *rente*. Et il a pris garde d'augmenter cette rente toutes les fois que le fermier a tiré de la terre un parti suffisant pour tenter une autre personne de suggérer à *My Lord* qu'il pourrait tirer de son sable une rente plus haute. Ces améliorations nous montrent que la Rente, quoiqu'elle puisse être augmentée par quelques diversités de sol, n'a pas été originellement et n'est pas à présent entièrement payée pour quelques pouvoirs indestructibles du sol.

Vous ne dites pas si, oui ou non, vous admettez le fait que la plus grande partie de l'Europe a été cultivée par des *esclaves*. C'est ce qui me semble constituer, dans notre enquête, un fait d'importance fondamentale. J'ai donc consulté l'*Angleterre* de Hume, le *Charles-Quint* de Robertson, l'*Historical View* de Millar, les *Sketches of Man* de Kames, Adam Smith, etc. etc., et tous s'accordent à dire que presque toute l'Europe a été autrefois cultivée par des *hommes liges*. Je tiens donc pour un fait établi que toute la société européenne a été divisée autrefois en maîtres ou propriétaires fonciers et esclaves. Depuis cette période primitive, une autre classe a surgi, d'hommes qui, possédant un capital et de l'ingéniosité, ne possèdent pas toute l'autorité des lords et ne sont pas aussi abjects que les esclaves. Cette classe a tiré son origine moins des lois que du progrès naturel de la société, et, avec le temps, n'étaient les règlements du gouvernement, les lois de primogéniture, etc., etc., elle absorberait entièrement les deux autres classes, et nous aurions dans le monde une démocratie d'êtres humains éclairés et bien pourvus. Laissons de côté cette classe nombreuse et dont le nombre s'accroît, nous trouvons encore dans la société les descendants des propriétaires fonciers et les descendants des esclaves. Les premiers sont l'aristocratie foncière, les seconds sont les *travailleurs* et les *ouvriers manuels* de la société. Nous savons que l'aristocratie a toujours tenu dans ses mains le pouvoir *politique* du pays et que les *Statutes for Labourers* et autres lois ont toujours maintenu le salaire du travail presque au niveau du minimum de subsistance. Hall, d'une façon topique, demande, dans ses *Voyages au Canada et en Amérique*, si ce serait améliorer la condition d'un esclave de l'affranchir, tout en l'obligeant à se contenter, sous le nom d'homme libre, tant que le monopole du sol resterait aux maîtres, de la plus petite mesure de subsistance. Et, dans une autre partie de son travail, il répond à cette question en disant que, là où la plus grande partie de la collectivité est dans un état d'esclavage, ce qui est donné aux esclaves deviendra, si on les fait libres, la mesure du salaire de leur travail d'hommes libres. Je tiens cette remarque pour vraie, et que le salaire du travail, dans la société européenne d'aujourd'hui, doit être considéré comme la récompense donnée par les maîtres aux esclaves. Voilà trois faits très importants, liés les uns avec les autres, et relatifs à la somme actuellement payée sous le nom de rente : 1° le sol de l'Europe a été autrefois cultivé par des esclaves, une grande partie du produit de leur travail allant à ceux qui les employaient, aux propriétaires fonciers ; 2° ces classes d'hommes se sont toujours rencontrées dans la société européenne, et 3° le salaire du travail est à présent et a toujours été en Europe déterminé par la rémunération antérieurement donnée aux esclaves. C'est un fait incontesté que la *terre* et, avec elle, tous les moyens de subsistance, ont été occupés et monopolisés par un petit nombre d'individus dans tous les États d'Europe. Et leurs descendants ou les personnes qui ont acheté leurs droits continuent, encore aujourd'hui, à monopoliser la terre. — Ils ont obligé les habitants de leurs districts à leur livrer une certaine portion de blé, qui, avec le temps, a fini par être commuée en argent et constitue à présent la somme qui se paie comme rente. Que les rentes en argent ne soient qu'une commutation de services personnels, c'est ce que je tiens pour certain. Supposez qu'un homme lige, par une excessive parcimonie, ou bien en flattant les vices de son seigneur, reçoive de lui une portion de terre qu'il monopolise, il recevrait en vérité une partie du pouvoir de son seigneur sur le travail du reste des esclaves qui y demeuraient, sur l'espace qu'il avait reçu, ou bien son seigneur lui donnerait au moins sa liberté et le produit de son travail. Supposez qu'un homme, par le commerce, en voyageant, ou de toute autre manière, acquière un capital considérable et, à son retour dans son pays natal, se trouve en état d'acheter à un de ceux qui monopolisent le sol une partie de son domaine, ne lui achèterait-il pas le pouvoir que ce monopole confère sur le travail de l'homme-lige qui habitait le domaine ? Et si lui, n'ayant pas la conscience d'une *naissance noble*, ne pouvait posséder tout le pouvoir que ce fait donnait à son prédécesseur et déliait les *hommes liges* de l'obligation du service personnel, ne seraient-ils pas encore, tout le reste de la terre étant monopolisé, obligés de travailler pour lui à ses conditions ou de mourir de faim ? Et si, par la suite, il louait une grande partie de sa terre, la somme à lui payée sous le nom de rente ne serait-elle pas en réalité le prix d'une part de son privilège d'extorquer une portion du travail des hommes-liges ? Supposez qu'un fermier écossais — la chose, en vérité, est arrivée — loue une certaine quantité de terre à un noble polonais ou russe, quelle que fût son ingéniosité, il n'en pourrait, avec son propre travail, cultiver qu'une petite portion. Mais, en s'aidant du travail des paysans que le seigneur lui accorderait au taux de 6 d. par jour et par tête, il pourrait cultiver toute une contrée, et la rente qu'il serait alors en état de payer serait bien plus en proportion du nombre d'hommes qu'il emploierait, comparé à leur produit absolu, que de l'étendue de la surface à laquelle s'appliquerait son travail. Et, soit en lui louant, soit en lui vendant ce territoire, le noble ne ferait en vérité que lui vendre ou lui louer non pas le *pouvoir* originel et *indestructible* du sol, mais son pouvoir sur le travail des esclaves qui l'habitaient. L'origine de la rente qui se paie actuellement est la suivante. Un petit nombre d'hommes firent la conquête d'autres hommes et monopolisèrent tout le sol du pays. D'abord ils employèrent et nourrirent leurs esclaves, et s'approprièrent le produit de leur travail. Puis ils vendirent ou échangèrent ce pouvoir sur leurs esclaves à d'autres personnes, qui remirent aux esclaves l'obligation du service personnel, mais les contraignirent encore à travailler aux conditions des propriétaires fonciers. C'est pour la portion de ce *pouvoir* sur une terre *déjà appropriée* que la rente se paie en Europe. On ne saurait affirmer positivement, mais je suis disposé à croire qu'aucune espèce de rente n'eût jamais existé s'il n'y avait jamais eu d'*esclaves*. On ne peut tirer argument, contre cette hypothèse, de l'état de l'Amérique du Nord, parce qu'un grand nombre de *travailleurs* de ce pays sont les descendants des esclaves d'Europe et sont presque aussi dépendants de ceux qui déjà possèdent le sol et le capital que s'ils vivaient en Europe. L'Amérique, en fait, souffre, comme l'Europe, du vice de l'état primitif de la société dans ce dernier pays, aussi bien qu'elle bénéficie de ce que contenaient de bon ses connaissances et ses institutions.

Si la description que nous donne Mr. Ricardo de l'origine de la rente est vraie, si jamais elle ne dépasse la différence entre le produit des bonnes et des mauvaises terres, alors la rente ne peut jamais relever le prix. Il a surmonté toutes les difficultés de cette partie du sujet par sa définition, *peu libérale*, je crois, du prix du travail. Adam Smith était beaucoup plus juste. Mr. Ricardo a trouvé le travail rémunéré dans notre société comme si le travailleur était un esclave, et a admis que telle était sa condition naturelle. Si l'origine que j'ai assignée à la rente est exacte, la rente relève le prix de toutes choses et entrave le progrès que nous pourrions effectuer en faisant passer la charrue sur des déserts, et sur d'autres terres à présent incultes, non seulement en raison de la somme qu'il faut payer aux propriétaires fonciers pour avoir la permission de mettre ces espaces déserts en culture, mais encore parce qu'elle relève, pour la personne qui pourrait les cultiver, le prix de tout ce qu'il consomme, tandis que leur produit est en voie de se préparer à la consommation.

Mr. Ricardo a considérablement embrouillé cette partie de son sujet en *supposant* que les acheteurs, ou la société qui paie les prix, diffèrent des trois grandes classes, propriétaires fonciers, capitalistes et travailleurs, entre lesquelles il divise le produit du sol. Toutes les considérations politiques et économiques nous obligent cependant à considérer la collectivité tout entière comme composée de ces trois classes, et, quoique Adam Smith ne soit pas resté uniformément fidèle à cette division, cependant tout ce qu'il dit de l'action de la rente et des profits sur la hausse des prix implique évidemment qu'il suppose la société composée de ces trois classes. En fait, lui et Mr. Ricardo font payer le *prix réel naturel* de toutes choses par le travail, et, par suite, il est évident que tout ce qui diminue la *valeur* du travail, tout ce qui en rend une plus grande quantité nécessaire pour obtenir une égale quantité d'un objet quelconque en relève le *prix*. Tout prix se paie en travail. Or, la rente est une partie du produit du travail ; et, bien entendu, si le travailleur désire obtenir pour son usage personnel une quantité du produit égale à la quantité obtenue, qu'il a partagée avec le seigneur, il faut qu'il double, triple, il faut, actuellement, qu'il multiplie bien des fois son travail pour l'obtenir. Donc la rente relève le prix, de tout le montant de la rente. Le profit, étant pareillement une diminution, pour le travailleur, de la valeur de son produit, relève, pour le travailleur, le prix de toutes les choses dans lesquelles il entre. C'est en ce sens qu'Adam Smith dit de la rente et du profit qu'ils relèvent le prix, et, si l'on considère que le produit total est réparti entre ces deux éléments, plus le salaire, ou encore entre les trois classes ci-dessus mentionnées, jamais vérité ne fut plus évidente. Il est parfaitement clair que la rente et le profit ne peuvent relever la quantité de travail nécessaire pour obtenir un produit de la nature, mais ils en relèvent le prix, pour le travailleur, de tout leur montant. C'est pourquoi, dans la mesure où la rente et le profit croissent, la rémunération du travail décroît graduellement, ou encore le prix auquel le travailleur doit acheter les produits décroît graduellement. De sorte que, partout où il y a des rentes élevées, et de grands capitaux sur lesquels de grands profits sont payés, le travailleur n'aura jamais plus de la quantité strictement nécessaire à la conservation de son existence. Et j'ai peur, mon bon ami, que nous devions vainement compter sur une amélioration permanente de la condition politique de la société tant que la partie industrieuse de cette société, ceux qui paient tous les prix naturels, ceux qui achètent tout à la nature avec leur peine, sont condamnés à une pauvreté et à une dégradation sans espoir, et tant que le prix de toutes choses est, pour eux, si énormément haut qu'ils ne s'en peuvent procurer que la plus infime portion. La rente et le profit n'entrent pas dans le prix si la théorie de Mr. Ricardo sur l'origine de la rente est vraie et si l'on suppose que les *acheteurs* sont autres que les travailleurs, s'ils sont, par exemple, les capitalistes ou les propriétaires fonciers. Mais ils entrent dans le prix et en constituent la plus grande partie, si l'origine que j'ai assignée à la rente est exacte, et si les acheteurs doivent être considérés comme des travailleurs, et non comme des capitalistes ou des propriétaires fonciers. Je tiens que ces deux manières de considérer les acheteurs, soit comme distincts de cette classe, soit comme des travailleurs, sont le fondement de la différence qui existe entre les opinions d'Adam Smith et de Mr. Ricardo sur la question de savoir si la rente et les profits n'entrent pas dans le *prix*. Une autre source de cette différence semble consister dans l'absence d'une distinction précise entre le *prix naturel* et la *valeur échangeable*. Le prix naturel est mesuré par la quantité de travail nécessaire pour produire un objet. Sa valeur échangeable, ce qu'un autre est disposé ou obligé à donner pour cet objet une fois produit, peut être ou n'être pas égal à la quantité de travail employée à sa production. Mr. Ricardo a commis, je crois, une erreur en supposant ces deux choses égales. Elles ne le sont pas, ou bien le salaire du travail serait toujours égal au produit du travail. Il faut, par exemple, une certaine portion de travail pour produire un *quarter* de blé. Ce *quarter* de blé, cependant, quand il est produit et possédé par un homme qui est en même temps propriétaire foncier et fermier, s'échange à présent contre une quantité prodigieusement plus grande qu'il n'en coûte de le produire. Il y a donc une grande différence entre le prix naturel réel et la valeur échangeable, et c'est en ne faisant pas attention à cela que Mr. Ricardo a été, je crois, entraîné à de graves erreurs relatives à la décroissance du profit dans un état progressif de la société.

J'ai déjà dit plus haut quelle était son opinion à ce sujet ; et vous verrez à quel point elle est dénuée de fondement si vous réfléchissez un instant au *prix naturel réel* du produit brut actuellement et à son *prix naturel réel* il y a un ou deux siècles, c'est-à-dire à la quantité de travail aujourd'hui et autrefois nécessaire pour obtenir de la nature un produit. Par des perfectionnements apportés à l'agriculture et aux machines, on ne saurait douter que moins de travail est requis pour produire des quantités égales de blé en Angleterre ou dans un pays quelconque, maintenant soumis à la culture, qu'il n'en fallait il y a deux ou trois siècles. Ce n'est pas seulement dans la mesure où les machines et l'ingéniosité ont été directement appliquées à l'agriculture que le coût de production a été diminué, mais dans la mesure où ses applications ont, de mille manières différentes, diminué le coût de production de tous ces instruments et de tous ces produits qui, ou bien aident la production, ou bien sont consommés par le travailleur pendant qu'il est employé à l'œuvre de production. C'est ainsi que les améliorations qui permettent aux hommes de fabriquer les charrues, les bas, les vêtements à meilleur marché, ou d'amener les denrées alimentaires à meilleur marché d'un pays étranger, permettent aux hommes engagés dans le travail de production de produire à moins de frais, parce que ce qu'ils consomment, pendant qu'ils produisent, coûte moins. Que tel est le vrai état de choses, c'est ce que prouve le fait que les travailleurs productifs entretiennent à présent une armée de travailleurs improductifs de toute espèce, alors que, dans les périodes primitives de la société, chaque homme était obligé de travailler pour avoir de quoi vivre. En d'autres termes, une quantité de capital aujourd'hui employée à l'œuvre de production est restituée après avoir subi une multiplication beaucoup plus forte qu'une quantité égale de capital il y a plusieurs siècles ; ou encore, là où le travail d'un sauvage produit à peine assez pour sa subsistance, le travail d'un paysan européen intelligent entretient au moins douze personnes. Le profit naturel du capital ne peut signifier que la valeur qui résulte de l'emploi du capital dans l'œuvre de production. Et, s'il est vrai qu'une valeur plus grande résulte du capital actuellement employé dans l'œuvre de production, ou encore que ce capital restitue une valeur plus grande qu'une quantité égale de capital employée à la même œuvre il y a trois siècles, c'est donc que le profit naturel du capital a augmenté, et nous pouvons espérer qu'il continuera à augmenter. Je tiens pour un fait clair que le produit brut s'obtient maintenant dans notre pays à un prix naturel moindre, ou avec une dépense moindre de travail humain, qu'il ne s'obtient en Pologne ou qu'il ne s'obtenait dans notre pays il y a quelques siècles ; sans quoi, où est l'avantage de ce que nous appelons des améliorations ? Mais sa valeur échangeable, augmentée, comme je suis prêt à le prouver, de tout le montant de la rente et des profits, est, cependant, plus grande en Grande-Bretagne qu'en Pologne. Mr. Ricardo me semble avoir confondu, dans toutes ses spéculations, le prix naturel réel et la valeur échangeable. Le premier est exactement mesuré par la quantité de travail nécessaire pour obtenir de la nature un produit ; le second, au contraire, c'est la quantité de travail augmentée du montant de la rente et des profits. Le prix naturel réel d'un *quarter* de blé, c'est tout le travail, aussi bien celui de l'homme qui fabrique la charrue, ou la charrette, ou cultive le sol, que tout autre travail nécessaire à la production. Sa valeur échangeable, cependant, doit être assez grande pour payer les profits de tous les capitalistes et toute la rente sur l'un quelconque des objets employés, d'une manière ou d'une autre, à la production. Si nous regardons le travail comme la mesure du prix naturel, nous voyons du coup dans quelles proportions l'ingéniosité augmentante et continuellement augmentante de l'humanité a diminué et diminue continuellement — en opposition directe à la théorie de Mr. Ricardo — le prix naturel de tous les objets. Le capital ne peut être considéré comme consistant en autre chose qu'en machines, aliments, etc., et, dans la mesure où le capital employé ou consommé par un homme ingénieux ou industrieux produit plus que le capital consommé ou employé par un ignorant ou un paresseux, le capital de l'habitant ingénieux et industrieux de l'Europe moderne doit lui revenir avec un accroissement plus grand que le capital de barbares ignorants et paresseux. C'est pourquoi les profits naturels du capital croissent constamment avec l'ingéniosité de notre espèce. Le travail et l'ingéniosité de l'homme, beaucoup plus que les pouvoirs du sol, sont ce qui produit la nourriture ; or, l'ingéniosité, certainement, et, je suis disposé aussi à le croire, l'industrie, augmentent avec le nombre croissant des hommes. Donc, à moins que l'on ne puisse fixer quelques limites à l'accroissement de nos connaissances et de notre ingéniosité, il est impossible de limiter les profits naturels du capital sur la production de la nourriture.

J'ai conscience que les doctrines de Mr. Ricardo supposent qu'il n'existe pas de restrictions, mais il suppose que les rentes actuellement perçues, si ce n'est dans la mesure où elles sont accrues par nos restrictions à l'importation du blé, sont les rentes naturelles et justes. Bien entendu, la prohibition augmente les rentes, mais la somme à laquelle elles tomberaient s'il n'y avait ni prohibition, ni monopole d'aucune espèce, serait encore assurément bien supérieure à la simple différence qui existe entre le produit des pires et des meilleurs sols en culture. Il a convenu à Mr. Ricardo d'établir que le *prix naturel du travail* est ce qui évite au travailleur de mourir de faim (v. chap. V) ; que les profits du capital sont presque égaux dans tous les emplois — ce qui est vrai — ; après quoi, il considère la *rente* comme la somme qui demeure, une fois les salaires du travailleur esclave et le profit du capitaliste payés. C'est là la rente moderne, mais elle est un peu supérieure à la différence du produit des terres bonnes et mauvaises.

Je ne crois pas avoir jamais vu un livre plus vide de faits que celui de Mr. Ricardo, et qui, en même temps, ait exercé autant d'action. Il me semble, à moi, qu'il repose tout entier sur des définitions arbitraires et des postulats étranges. Les deux premières phrases du livre[1] sont radicalement fausses. Les circonstances qui y sont décrites ont indubitablement une merveilleuse influence sur la quantité totale du produit, mais la manière dont le produit est distribué dépendra entièrement et exclusivement des

---

1. Les deux premières phrases de la préface, visiblement, où il est traité de la distribution nécessaire entre les trois classes : propriétaires fonciers, capitalistes, travailleurs.

règlements politiques. Il n'y a pas de circonstances de *sol*, de *capital*, ni d'ingéniosité, qui feront que la distribution de la richesse soit la même dans ceux des États-Unis d'Amérique où l'esclavage est inconnu, et dans notre empire de l'Inde. Sa définition de la valeur est fausse. Le travail est la mesure du prix, et, quoique la valeur échangeable ne puisse jamais être moins qu'égale au paiement du travailleur, elle peut être, et elle est supérieure à celle-ci à presque tous les degrés concevables. Selon sa propre définition, les *pouvoirs indestructibles* du sol, qui ne sont pas du travail, ont une valeur échangeable très considérable. Son explication de la manière dont le capital fixe tend à abaisser le prix de tous les objets où il entre, est ce que je tiens pour la meilleure et seule bonne partie de son livre[1]. Il ne peut nier que l'impôt relève le *prix*, et cependant, selon sa définition, il ne le doit pas, car, pas plus que la rente ou la dîme, il n'augmente la quantité de travail nécessaire pour amener le produit brut au marché. Je puis avoir eu, en lisant son livre, des préjugés contre lui. Je crois en avoir eus. Mais j'ai beau tenir tout le compte qu'on voudra de mes préjugés, le livre me paraît toujours n'être fondé sur aucune espèce de faits, en contredire beaucoup et n'avoir pas beaucoup d'autre mérite que celui d'une déconcertante subtilité.

Vous n'êtes pas d'accord avec Mr. Ricardo sur la valeur, mais je n'entends pas exactement ce que vous entendez par l'usage du capital[2]. J'aimerais être éclairé là-dessus. Les profits n'accroissent pas le travail nécessaire pour amener un objet au marché, mais ils en relèvent le prix pour le travailleur et la valeur échangeable pour toute personne qui n'est pas un capitaliste. Et l'on ne saurait douter que la quantité de capital existant dans la société et la manière dont il est distribué auront une influence décisive sur la valeur échangeable. Je crois avec vous qu'il pourrait se produire des circonstances où un homme tirerait plus d'une bonne terre qu'un autre d'une mauvaise terre et bénéficierait ainsi d'une *rente*, mais, quoique un tel état de choses puisse avoir créé une race de propriétaires fonciers, je prétends que ceux qui existent actuellement sont les héritiers d'un pouvoir exercé sur des esclaves et non les simples possesseurs d'un espace de terre plus fertile. En consultant l'*Amérique* de Robertson, j'y vois qu'une portion du produit des mines était réservée au roi : voilà la rente. Toutes les mines d'Europe et tous les métaux précieux furent, à l'origine, revendiqués par les souverains, et nul ne pouvait les exploiter, ni ramasser de l'or, sans les payer. Une rente est donc payée sur tous les métaux précieux. Si vous supposez que l'on découvre quelques mines plus productives ou quelque meilleur procédé d'exploitation d'une mine particulière, alors une seconde rente peut apparaître au bénéfice du

---

1. *Principles*, chap. I, sect. IV.
2. Allusion à une lettre de Place, que nous ne possédons pas.

propriétaire ou de l'exploitant. Les métaux tirés des mines continueront à payer la rente au roi, mais celui qui possède la mine la plus riche ou qui a découvert la méthode la plus aisée d'obtenir le métal — en supposant toujours la quantité totale seulement égale à la demande — aura aussi une rente, ou bien une somme restera dans sa possession, plus grande que celle qui est en la possession des exploitants des autres mines. Tel est précisément le cas pour les terres à blé et, plus simplement, pour tous les produits. Une rente, acquittée en blé ou en espèces, fut payée par le travailleur au seigneur pour toute la terre qui était susceptible d'être cultivée. Mais les avantages de situation, la fertilité de la terre, de nouvelles inventions agricoles ajoutèrent une seconde, une troisième, et même une quatrième rente aux exigences primitives du seigneur. Cette nouvelle rente peut être juste et avoir eu sa source dans la nature même du sol ; mais la première, qui est probablement la plus forte, est injuste et est probablement le résultat de l'esclavage.

C'est ainsi que, malgré l'ostentation avec laquelle les disciples de Bentham se donnent pour des logiciens exacts, Hodgskin, le premier, découvre l'incohérence réelle de leur doctrine. Tantôt, ils tiennent que l'harmonie des intérêts se réalise par l'opération des lois de la nature ; tantôt, ils voient, dans la réalisation de cette harmonie, la tâche de la loi positive. Dans l'économie politique des utilitaires, Hodgskin retrouve, entre l'optimisme d'Adam Smith et le pessimisme de Ricardo, la même contradiction : l'énergie même avec laquelle il croit, en économie politique, avec Adam Smith, à l'existence de lois naturelles, bienfaisantes et harmoniques, est le mobile qui le détermine à critiquer les prétendues lois naturelles de Ricardo, du moment où il a vu en elles des causes de misère et de désharmonie. Pour l'instant, il fait porter le principal effort de sa critique sur le rôle assigné par Ricardo à la terre dans la production de la richesse, sur la place accordée par lui à la rente foncière dans la distribution des richesses. Sur le capital et le profit, il est moins net. Il semble croire à l'existence d'un « profit naturel » ; il semble conclure, de l'accroissement de production du travail, à l'accroissement de productivité du capital. Déjà, cependant, il considère indistinctement la rente et le profit comme deux effets d'une même cause historique, de ce qu'on pourrait appeler, en termes marxistes, la séparation du travailleur et des instruments de travail. Déjà, dans son *Voyage en Allemagne*, il paraissait confondre, sous la dénomination de profit, les bénéfices du capitaliste et du propriétaire foncier. Déjà, dans les lettres qu'il adressait d'Amsterdam à Francis Place, il avait commencé d'appliquer aux notions ricardiennes de capital et de profit les mêmes procédés d'analyse qu'il applique, en 1820, à la notion de rente différentielle.

En attendant, la vie lui devient dure et le travail difficile. Son livre ne lui rapporte pas un *penny* ; les Revues ne veulent pas de ses articles ; sa femme et lui ne trouvent plus d'élèves. Il songe à traduire des livres étrangers, la *Géographie* de Malte-Brun, une *Histoire de Prusse*, une *Histoire de la Hanse* : mais il faudrait un éditeur. Il songe à une place de bibliothécaire, mais il faudrait savoir le grec. Enfin, sa femme tombe malade[1], et, pendant qu'elle va se remettre à Deptford, chez le père de Hodgskin, il reste seul à Édimbourg, de plus en plus sombre et découragé. Voilà longtemps que, de Londres, Place lui prodigue les exhortations et les conseils, lui reproche trop de discrétion et de timidité. « *Je sais un peu d'allemand...* » lui écrit Hodgskin. Pourquoi, réplique Place, vous déprécier ainsi ? Vous savez beaucoup d'allemand : tirez parti de vos connaissances. « *Je mène une vie d'ermite...* » écrit Hodgskin. Et c'est, réplique Place, ce qu'il ne faudrait pas : « *Si j'étais votre maître, je vous ferais mener une vie de chien pour vous punir.... Eh ! Mon garçon, si j'avais vécu en ermite, je continuerais à coudre des culottes pour ouvriers, en mourant de faim dans un galetas, ou une cave, ou un workhouse. Mêlez-vous au monde tant que vous pourrez et apprenez-y chaque jour quelque chose*[2]. » Mais Hodgskin persiste à s'isoler dans le mépris universel de tous, des *whigs* comme des *tories*, des journalistes comme des parlementaires. C'est cependant le journalisme qui va lui fournir, à la fin, un moyen d'existence. Place lui suggère de venir à Londres essayer — sans doute au *Morning Chronicle*, dont le directeur Black est l'ami de James Mill — du métier de *reporter* parlementaire. Hodgskin va s'exercer, en conséquence, à écouter, pour les rédiger ensuite sur ses notes, des sermons, des cours universitaires[3]. Il réussit, à son gré, assez mal, et se décourage encore ; d'ailleurs, il ne sait pas le latin : que deviendra-t-il quand les orateurs feront des citations classiques ? Ses lettres à Place deviennent, de jour en jour, plus désespérées et plus anxieuses. Il ne veut pas, il ne peut pas rester à Édimbourg ; il craint, si on l'y laisse, de perdre « *tout courage, toute faculté de faire effort*[4] ». Mrs. Hodgskin écrit à Place, de Deptford, des lettres également inquiètes : elle a peur pour le moral de son mari ; elle ne peut endurer la vie qui lui est faite chez son beau-père[5]. Enfin, par l'entremise de James Mill, Hodgskin obtient, au *Morning Chronicle*, la place désirée. À la fin de 1822 ou au début de 1823, il arrive à Londres ; il est tiré de la misère.

---

1. Hodgskin à Place, 4 janv. 1822, *Brit. Mus.*, 33.153, f. 203.
2. 8 sept. 1819, *Brit. Mus.* add. mss. 33.153, f. 73.
3. 28 mars 1822, *Brit. Mus.* add. mss. 33.153, f. 204.
4. 15 avril 1822, *Brit. Mus.* add. mss. 33.153, f. 207.
5. 2 et 19 mai, *ibid.*, ff. 209, 210, 211.

CHAPITRE II

(1823-1832)

Le *Mechanics' Magazine*. — Le Mechanics' Institute. — *Labour defended against the claims of Capital* (1825). — *Popular Political Economy* (1827). — *The Natural and Artificial Right of Property contrasted* (1832).

En 1824, le Parlement, par une loi mémorable, accorde aux ouvriers anglais la liberté de coalition. Mais Hodgskin, qui assiste en qualité de *reporter*, à tous les débats des Communes, sait ce qu'il faut penser du libéralisme parlementaire, en ces temps de réformes répétées[1] : le Parlement, chaque fois qu'il semble octroyer au peuple anglais une liberté de plus, ne fait que déguiser, sous un cérémonial pompeux, la nécessité où il se trouve de céder à la pression irrésistible de l'opinion publique. Dans la discussion de la loi de 1824, ce sont les disciples de Bentham et de Ricardo qui assument la mission de traduire, sous une forme explicite, les aspirations, les exigences de l'opinion ; mais eux-mêmes sont poussés par une masse ouvrière qui compte sur la nouvelle loi, sur les associations dont elle permettra la formation, pour éliminer les capitalistes et restituer aux travailleurs, pris individuellement ou en corps, la jouissance de ce que leur travail a produit. Hodgskin, dès 1823, sans se laisser absorber par son métier de journaliste, est au *Défense du Travail contre les exigences du Capital*[2], que publient, en 1825, les éditeurs du *Mechanics' Magazine*. Pour propager cette critique de la théorie ricardienne de la production, il compte sur les *Mechanics' Institutes*, dont les membres

> ne se soucieront point des recherches curieuses du géologue ou des minutieuses classifications du botaniste ; mais certainement ils tiendront à apprendre pourquoi eux seuls, entre toutes les classes, ont toujours été plongés dans la pauvreté et la détresse. [...] Il n'y a pas de Sainte-

---

1. *Nat. and art. r. of Prop.*, p. 110.
2. *Labour defended*, etc. Pour le titre complet, voir la *Bibliographie*.

Alliance qui puisse réprimer l'insurrection paisible par laquelle le savoir renversera tout ce qui n'est pas fondé sur la justice et la vérité[1].

En fait, nous le voyons bientôt rompre avec Robertson, quitter la rédaction du *Mechanics'Magazine*, et, par un singulier retour, devenir l'intime de Birkbeck : « l'ami du docteur Birkbeck », « l'homme du docteur »[2], telles sont les expressions ironiques dont l'accablera désormais le *Mechanics'Magazine*. À l'*Institute*, il demande et obtient, en 1825, la permission de faire un cours d'économie politique. Francis Place, toujours influent, proteste, et l'expérience n'est pas renouvelée : deux nouvelles séries de conférences traitent de philosophie de l'histoire et de psychologie[3]. Mais les conférences de 1815, développées et accentuées, deviennent, en 1827, le premier volume d'une *Économie politique populaire*[4], c'est-à-dire non pas du tout vulgarisée, mise à la portée des intelligences populaires, mais conçue au point de vue des intérêts du peuple[5] : *économie politique ouvrière*, pourrait-on dire aujourd'hui, ou *prolétarienne*.

Comme dans ses lettres à Place d'il y a sept ans, il demande le retour à Adam Smith. Il se refuse à incorporer, avec J.-B. Say et les écrivains postérieurs, la consommation au nombre des sujets dont traite l'économie politique[6]. Il critique la conception nouvelle de la science économique, conçue comme une science abstraite de la mesure des valeurs. Il proteste même contre la dénomination courante de la science : Adam Smith n'avait pas donné le nom d'économie politique à ses recherches sur la production et la distribution naturelle des richesses ; il avait, tout au contraire, critiqué les systèmes existants d'économie politique, « *montrant, en fait, que la*

---

1. *Labour defended*, p. 31.
2. *Mechanics'Magazine*, n° 331, 12 décembre 1829.
3. Place à Birkbeck. 11 juin 1825, *Brit. Mus.* add. mss. 27.823, f. 369. Hodgskin fit une série de conférence vers septembre ou octobre 1826 (*Mechanics'Magazine*, 25 novembre 1826), et une autre, « *On Mind* », en janvier 1828 (*Mechanics'Magazine*, 9 février 1828). Il fit en tout trois cours (*Daily News*, 27 oct. 1856), « *On Political Economy, on general Grammar and on the Progress of Society* » (*Daily News*, 14 janvier 1859).
4. *Popular Political Economy, Four Lectures delivered at the London Mechanics'Institution*, by Thomas Hodgskin, formerly honorary secretary to the Institution, London, 1827. Les quatre conférences avaient pour titre (*Pop. Pol. Ec.*, p. XVII) : The Influence of Knowledge ; Division of Labour ; Trade ; Money and Prices. Voici la table des chapitres du livre : Introduction. Object and Scope of Political Economy. Book I. Natural Circumstances which Influence the Productive Power of Labour. — Chap. I. Mental and Bodily Labour. Productive Labour. — Chap. II. Influence of Observation and Knowledge. — Chap. III. Natural Laws which regulate the Progress of Society and Knowledge. — Chap. IV. Influence of the Division of Labour. — Chap. V. Causes which give rise to, and limit, Division of Labour. — Chap. VI. Territorial Division of Labour. Limit to Division of Labour from the Nature of Employments. — Chap. VII. Trade. — Chap. VIII. Money. — Chap. IX. Prices. — Chap. X. Effects of the Accumulation of Capital.
5. P. XIX.
6. *Pop. Pol. Ec.*, p. 6.

science qui prétendait, sous ce nom, ajouter à la richesse du peuple par l'organe du gouvernement, n'avait et ne pouvait avoir d'existence[1] ». Enfin, beaucoup plus nettement que l'école de Ricardo, Adam Smith, parmi « *les circonstances qui influent sur le pouvoir productif du travail et déterminent la distribution de ses produits* », avait su distinguer deux ordres de causes. D'abord, les *circonstances naturelles*,

> lois qui ne dépendent et ne dérivent pas du gouvernement — telles que les passions et les facultés de l'homme, les lois de son existence animale et les relations qui existent entre lui et le monde extérieur[2].

Elles ne sont pas l'œuvre de l'homme qui doit seulement s'attacher à ne pas les violer, et peut y parvenir : car ces lois — dont la statistique nous prouve la fixité, qui « *sont aussi permanentes et vérifiables que n'importe quelles autres lois du monde matériel* » — peuvent être l'objet d'une science. — En second lieu, les *règlements sociaux*,

> qui dépendent ou tirent leur origine des gouvernements, — telles ces lois permanentes qui approprient le sol d'un pays ou qui lui confèrent une Constitution, en établissant une diversité de rangs parmi ses habitants, aussi bien que les lois qui réglementent le commerce et les lois administratives[3].

Mais

> il ne peut y avoir une science des règlements d'un gouvernement quelconque, ou de tous les gouvernements, car ces règlements varient sans loi assignable tant eux-mêmes que par rapport aux circonstances, toujours changeantes, du peuple pour lequel ils sont faits. Il peut y avoir science des principes naturels sur lesquels les législateurs doivent régler leur conduite, mais il ne peut pas y avoir une science de leurs décrets[4].

Distinguer entre les lois naturelles et les règlements sociaux, ou, plus précisément, empêcher que l'on ne prenne soit pour des facteurs essentiels de la production, soit pour des formes naturelles de la distribution, de simples formes accidentelles de la distribution : après Ricardo, la tâche reste encore à remplir, selon Hodgskin, en économie politique.

---

1. P. 36 *sq*. Cf. p. 3. Cf. *Economist*, 12 décembre 1846, p. 1622.
2. *Pop. Pol. Ec.*, p. 23.
3. P. 23.
4. P. 36.

Dans la terre, dans le capital, dans le travail, on est tenté de voir trois facteurs indépendants de la production. Est-il vrai, d'abord, que la terre soit une cause de la richesse des nations ? Dans la *Défense du travail*, Hodgskin invoque la théorie de la rente différentielle (si sévèrement critiquée par lui cinq ans plus tôt) pour se dispenser d'examiner la question de la terre[1] : cette théorie ne revient-elle pas à prouver, selon l'observation de James Mill, que la rente foncière n'est pas un élément du coût de production ? Pourtant, la théorie de la rente différentielle implique, elle-même, que la terre a une fertilité propre, que cette fertilité varie avec le climat, la situation géographique, la nature du sol ; elle implique que les facultés naturelles du sol avantagent les uns aux dépens des autres. Dans son *Économie politique populaire*, Hodgskin s'efforce de réduire, autant qu'il peut, l'importance de ces avantages naturels. Ne voyons-nous pas, sur un même sol, sous un même climat, une nation passer du dernier degré de misère au plus haut degré de prospérité, et réciproquement ? Que l'on songe à l'histoire de l'Amérique du Nord et des empires d'Asie : sur la même terre, le « pouvoir productif » des individus a subi de prodigieuses variations. D'où il faut conclure

> que nous pouvons tout de suite éliminer de nos recherches toutes les circonstances physiques et toutes les choses matérielles qui, sans être inhérentes à l'homme lui-même et sans être créées par le travail, sont en général censées exercer la plus forte influence sur la prospérité de l'espèce. Le climat et la situation, malgré leur influence apparente, exercent en réalité un si faible degré d'action, et leurs effets particuliers dépendent de causes si peu connues de nous, qu'ils sont à présent inappréciables,. [...] La terre ne rentre pas plus dans les limites de la science que la mer ou que l'air. [...] La fertilité du sol exerce sans doute une influence. [...] Mais cette influence est si insignifiante, comparée aux effets du travail dirigé par le savoir, qu'on peut la négliger[2].

Mais alors, si le travail est la seule cause de la valeur, comment expliquer que la terre ait, en fait, une valeur échangeable[3] ? Hodgskin ne peut élucider ce paradoxe apparent avant d'avoir, sur un second point, débarrassé la théorie de la production naturelle des éléments étrangers qui l'encombrent, et discuté, après le rôle de la terre, le rôle du capital dans la production de la richesse. De part et d'autre, l'erreur de l'économie politique vulgaire est la même : elle confond, avec l'ordre social naturel, un état de civilisation qui est artificiel et profondément troublé ; du fait que, dans la société actuelle,

---

1. *Lab. def.*, p. 6.
2. *Pop. Pol. Ec.*, p. 15, 16, 19.
3. *Pop. Pol. Ec.*, p. 4.

le propriétaire foncier tire de sa terre une rente, et le capitaliste de son capital un profit, elle conclut que la rente est le produit naturel de la terre, et le profit le produit naturel du capital.

> Détournant les yeux de l'HOMME lui-même, en vue de justifier l'ordre actuel de la société, fondé sur la propriété ou la possession, et sur l'oppression actuelle du travailleur, qui forme malheureusement une partie de ces possessions, — tous les effets glorieux [qui sont dus au travail] ont été [...] attribués au capital fixe et circulant ; l'habileté et l'art du travailleur sont restés inaperçus, et on l'a avili pendant que l'œuvre de ses mains devenait l'objet d'un culte[1].

Piercy Ravenstone avait déjà voulu dissiper cette illusion, ce « fétichisme », comme dira Marx, et Hodgskin écrit à son tour :

> On est presque tenté de croire que le capital est une sorte de mot cabalistique, analogue aux mots d'Église et d'État, et à tous ces termes généraux inventés par ceux qui tondent les autres hommes, afin de dissimuler la main qui les tond. C'est une sorte d'idole devant laquelle on invite les hommes à se prosterner, pendant que le prêtre rusé, derrière l'autel, profanant le Dieu qu'il prétend servir [...], tend la main pour recevoir et s'approprier les offrandes qu'il réclame au nom de la religion[2].

La destruction de cette idole, la critique de cette illusion verbale, deux fois entreprise, dans la *Défense du travail* et dans l'*Économie politique populaire*, constitue la thèse fondamentale de la doctrine économique de Hodgskin.

Les économistes, depuis Adam Smith, distinguent le capital fixe et le capital circulant : McCulloch, dans le *Supplément* de l'Encyclopédie Britannique, vient d'en réviser la définition. Le capital circulant comprend « *tous les aliments et autres objets applicables à la subsistance humaine* » ; le capital fixe comprend « *tous les instruments, toutes les machines qui assistent ou peuvent assister la production* ». Hodgskin accepte la double définition et prétend que le profit ne peut pas exprimer la productivité réelle de cette chose, qui serait le capital, fixe ou circulant.

Le travailleur, pendant qu'il travaille, avant l'achèvement du produit, a besoin de subsister. Faut-il donc qu'il existe, d'abord, un capital circulant, somme de provisions accumulées à l'avance, visibles et palpables, nécessaires

---

1. *Lab. def.*, p. 19.
2. *Lab. def.*, p. 16-17.

à sa subsistance[1] ? C'est ainsi que les économistes sont portés à le considérer. Mais tout leur raisonnement se fonde sur ce postulat, inspiré par les analogies de la vie agricole, que « ce qui est *annuellement* produit est *annuellement* consommé » : alors, le produit de chaque récolte serait le capital sur lequel vivraient, pendant un an, les laboureurs, les semeurs, les moissonneurs de la récolte suivante, et ainsi de suite à l'infini. Or, tel n'est pas le cas. Beaucoup de cycles économiques sont plus rapides : si les cultivateurs achèvent en un an le produit de leur travail, ils vivent de pain au jour le jour ; et le boulanger ne cuit le pain qu'au jour le jour, escomptant pour être remboursé de ses avances quotidiennes, le produit annuel du travail du cultivateur. Inversement, il existe un grand nombre d'opérations économiques dont l'achèvement demande plus, et beaucoup plus, qu'une année : au travailleur qui se trouve engagé dans ces opérations, le producteur de blé et de vin avance le produit annuel de son travail, dans l'attente du jour où lui sera fait, en bloc, le paiement de ses récoltes annuelles sur le produit d'un travail de productivité moins rapide. Le fait que le capitaliste doit, pour être prêt à payer ses ouvriers, accumuler une certaine quantité d'argent monnayé, est de nature, peut-être, à fortifier l'illusion ; mais le salaire réel de l'ouvrier consiste dans ce qu'il achète avec son argent, non dans l'argent qu'il touche, et l'invention du papier-monnaie ne tend-elle pas à dissiper l'illusion que l'existence d'un capital argent avait fait naître ?

> Du jour où le possesseur d'un simple morceau de parchemin reçut un revenu annuel en morceaux de papier contre lesquels il obtint tout ce qui était nécessaire à son usage et à sa consommation ; du jour où, en n'abandonnant pas tous les morceaux de papier, il se trouva plus riche à la fin de l'année qu'au commencement, ou se trouva des titres, l'année suivante, à recevoir un nombre encore plus grand de morceaux de papier, obtenant une faculté de commander une quantité plus grande encore du produit du travail ; il devint démonstrativement évident que le capital n'était pas une chose épargnée et que le capitaliste individuel ne devenait pas riche par une épargne positive et matérielle, mais par une action qui lui permettait, conformément à un usage conventionnel, d'obtenir une plus grande portion du produit du travail des autres hommes[2].

Que voulons-nous dire, en somme, lorsque nous disons d'un homme qu'il possède un capital circulant ? Simplement qu'il possède le pouvoir de commander au travail de quelque autre homme. Quelle est d'ailleurs l'origine de ce pouvoir ? Comment en a-t-il pris conscience ? Sans réflexion, par habitude.

---

1. *Lab. def.*, p. 8 *sq. Pop. Pol. Ec.*, p. 247 *sq.*
2. *Pop. Pol. Ec.*, p. 248.

Comme nous attendons que le soleil se lèvera demain, de même nous attendons que les hommes, dans tous les temps à venir, obéiront à l'impulsion des mêmes mobiles auxquels ils ont obéi dans le passé. Si nous poussons plus loin nos investigations, tout ce que nous pouvons apprendre, c'est qu'il existe d'autres hommes, occupés à préparer les choses dont nous avons besoin, pendant que nous préparons celles dont ils ont besoin. Peut-être cette conviction se laisse-t-elle ramener, en dernière analyse, au fait que nous savons que d'*autres hommes* existent et travaillent, jamais à une conviction ou à une connaissance, qu'il existe un stock de marchandises accumulées[1].

D'autres hommes travaillent pendant que je travaille : ce « travail coexistant[2] » est la véritable cause des effets qu'on attribue, sous le nom de capital circulant, à une accumulation de matière.

Reste le capital fixe[3] : outils, machines, constructions, autant d'ingrédients nécessaires de la production, et dont la réalité matérielle semble indéniable. Hodgskin, dans son *Économie politique populaire*, où il insiste principalement sur cette seconde forme du capital, reconnaît que le capital fixe fournit à la thèse capitaliste son plus solide argument. Mais il faut considérer deux choses. En premier lieu, ce capital est l'œuvre d'un travail antérieur. Comment, dès lors, considérer à la fois, sans absurdité, le capital comme un effet et comme une cause du travail, comme le produit et comme la limite de l'industrie ? Sans doute, l'ouvrier qui a fabriqué l'outil, la machine, la maison, mérite un salaire : mais l'hypothèse est qu'il l'a déjà reçu et que le profit du capitaliste est exigé par le capitaliste en sus de ce salaire. Sans doute aussi, l'inventeur de l'instrument de travail mérite une rémunération. Mais combien rarement l'obtient-il ! Et quelle disproportion entre le salaire effectivement touché par l'inventeur et les profits réguliers et perpétuels du capital une fois créé ! — En second lieu, le capital fixe ne produit la valeur prélevée par le capitaliste à titre de profit que dans la mesure où il est utilisé par un travail actuel. Le profit, nous dit l'apologiste du capital, est la rémunération de l'épargne : mais, si le capital fixe, une fois créé, reste entassé dans des magasins, il se détruit lentement et, en attendant, ne rapporte rien : l'épargne n'est productive que si épargner signifie avancer le capital — le prêter ou le donner — à un travailleur qui l'exploitera. Or, ce travailleur mérite un salaire assurément : mais ce salaire ne constitue

---

1. *Lab. def.*, p. 11.
2. *Lab. def.*, p. 8, 33.
3. *Lab. def.*, p. 14 *sq.* ; *Pop. Pol. Ec.*, p. 244 *sq.*

pas le profit du capital dont nous cherchons la justification. Une route constitue un capital fixe, et suppose, pour les réparations, des avances répétées de capital circulant.

> Mais ni le capital circulant ni le capital fixe ne donnent de profit aux fabricants de la route s'il n'y a personne pour voyager sur la route, ou pour continuer à utiliser leur travail. La route facilite la marche du voyageur, et, dans la mesure exacte où les hommes voyagent sur elle, le travail qui a été employé à la route devient productif et utile. On comprend aisément pourquoi ces deux espèces de travail doivent être payées, pourquoi le constructeur de la route doit recevoir quelques-uns des avantages dont bénéficie seul le passant qui utilise la route ; mais je ne comprends pas pourquoi tous ces bénéfices devraient aller à la *route* elle-même et être appropriés par une classe d'hommes, qui ne le créent ni ne l'utilisent, sous le nom de profit pour leur capital[1].

Ne suffirait-il pas, d'ailleurs, pour comprendre combien sont faibles les plaidoyers courants en faveur du capital, de constater que les deux formes de capital veulent être rémunérées au même taux, malgré la différence des fonctions qu'elles remplissent, l'industrie productive d'une nation variant selon la *quantité* du capital circulant et la *qualité* du capital fixe ?

> Dire qu'il y a dans les salaires et dans les instruments un même pouvoir productif, parce que le capitaliste obtient un profit sur les uns et les autres, c'est, à mon sens, une sottise extraordinaire. Intentionnelle, elle mériterait notre réprobation la plus sévère, car son effet est de justifier l'appropriation par le capitaliste de cette grande part qui lui échoit actuellement sur le produit annuel. Elle assigne purement et simplement à sa *propriété*, soit qu'il l'emploie à payer des salaires, soit qu'elle consiste en instruments utiles, tout ce vaste secours que prêtent au travail le savoir et l'adresse, réalisés sous forme de machines[2].

À sa *propriété*, c'est-à-dire au privilège qui lui est accordé, par les lois de la société à laquelle il appartient, de prélever une portion du produit du travail. De ce qu'il y a séparation du profit et du salaire, de ce que les profits, ainsi prélevés, constituent enfin, par leur accumulation, un capital, comment conclure, sans absurdité, que le capital joue un rôle dans la production de la richesse ? La théorie de la distribution actuelle des richesses, considérée par les ricardiens comme naturelle, a besoin d'être révisée.

---

1. *Lab. def.*, p. 16-17.
2. *Pop. Pol. Ec.*, p. 249-250 ; cf. *Lab. def.*, p. 19-20.

Le prétendu salaire naturel des ricardiens, Hodgskin le définit, comme en 1820, la quantité de produits nécessaire à l'entretien d'un esclave. La nature, pour donner à l'homme un objet donné, exige de lui une certaine quantité de travail : prix réel, ou naturel, de l'objet. Le capitaliste, pour abandonner le même objet au travailleur, exige de lui, en sus de la quantité exigée par la nature, une quantité de travail encore plus grande.

> Les travailleurs reçoivent seulement, et de tout temps ont seulement reçu, ce qui est nécessaire à leur subsistance ; les propriétaires fonciers reçoivent le surproduit (*surplus produce*) des terres les plus fertiles, et tout le reste du produit total du travail, dans ce pays-ci comme dans les autres, va au capitaliste sous le nom de profit pour l'emploi de son capital[1].

Les exigences du capitalisme faussent les lois naturelles de la production, font du salaire une quantité fixe, quelle que soit la productivité du travail, et font, par suite, du profit une quantité indéfiniment croissante, puisque les ricardiens ont raison de dire que le profit et le salaire varient en raison inverse l'un de l'autre. Actuellement le travailleur achète six pence la miche de pain que la nature lui donnerait contre un penny. Instituez le libre-échange, il y aura hausse des profits, et voilà tout.

> Qu'il y ait ou non des lois sur les blés, il faut que le capitaliste permette aux travailleurs de subsister, et, tant que ses exigences seront tenues pour légitimes et respectées, il ne leur en accordera pas davantage. Bref, le travailleur donnera toujours à peu près la même quantité de travail au capitaliste pour une miche de pain, que cette miche soit le produit d'une heure ou d'un jour de travail. Lorsqu'on sait la vaste influence que les capitalistes exercent dans la société, on n'est pas surpris des anathèmes qui ont dernièrement été lancés contre les lois sur les blés, ni du silence qui a été observé sur leurs propres extorsions, plus fortes et, pour le travailleur, plus funestes[2].

Il ne faut pas parler d'une loi naturelle de la baisse des profits. Il n'y a pas de profit naturel : comment y aurait-il une loi naturelle des profits ? Ce qui est vrai, c'est que les exigences des capitalistes sont indéfinies : on sait le calcul de Price évaluant la somme fantastique que devrait rapporter, au bout de dix-huit siècles, un penny placé à 5 % le jour de la naissance du Christ. Ces prétentions, étant démesurées, doivent nécessairement être tenues en échec par la nature : car il faut bien, enfin, que les capitalistes

---

1. *Lab. def.*, p. 6.
2. *Lab. def.*, p. 22.

laissent vivre les travailleurs dont ils vivent. Cette limite imposée par la nature à l'accumulation des profits, c'est ce que les capitalistes appellent la baisse des profits.

Il ne faut, en tout cas, imputer ni la misère des ouvriers, ni la prétendue baisse des profits, à l'enrichissement progressif et fatal des propriétaires du sol. Les capitalistes mystifient le public lorsqu'ils essaient de donner le change sur la situation respective des propriétaires fonciers et d'eux-mêmes. Les capitalistes sont les plus forts : après avoir prélevé sur les travailleurs tout ce qui, du produit de leur travail, n'est pas nécessaire à leur subsistance, ils égalisent entre eux les profits par l'abandon qu'ils font, aux propriétaires du sol, des différences de profit dues aux différences de fertilité du sol. Hodgskin revient donc à la définition de la rente proposée par Ricardo : ce qui n'implique pas nécessairement une révolution de sa pensée, subie depuis 1820. Il admettrait encore, comme en 1820, que le propriétaire foncier, lors de la première appropriation du sol, prélevait tout le surproduit à titre de rente : mais, dans la suite, avec le progrès de la richesse mobilière, tout ce qui, du produit du travail, ne va pas au travailleur, tend à devenir profit, sauf ce résidu différentiel, ce reste des dépouilles, qui constitue excellemment la définition actuelle du fermage. Entre le propriétaire foncier et le capitaliste, il s'est produit un renversement des positions, non aperçu par l'économie politique de Ricardo. À présent, comme l'écrira Hodgskin quelques années plus tard,

> toute la richesse de la société va d'abord aux mains du capitaliste, et même la plus grande partie du sol a été achetée par lui ; il paie au propriétaire foncier sa rente, au travailleur son salaire, au percepteur de l'impôt et de la dîme ce qu'il réclame, et conserve pour lui-même une grande part, la plus grande en vérité, et continuellement augmentante, du produit annuel du travail. On peut dire aujourd'hui du capitaliste qu'il est le premier possesseur de toute la richesse de la collectivité[1].

Les capitalistes mystifient encore le public lorsqu'ils entretiennent une confusion entre le profit du capital et le salaire dû au travail de direction de l'industrie. Ce salaire lui-même, s'il est justifié, si les ouvriers manuels ont trop souvent le tort d'en méconnaître la légitimité, les capitalistes, de leur côté, l'estiment à plus haut prix qu'il ne convient : car, d'une part, le travail mental et le travail manuel sont également nécessaires à la production, et, d'autre part, le travail manuel implique lui-même un élément mental, dont l'importance augmente avec le progrès de l'industrie. Il y a là comme un

---

1. *Nat. and. art. r. of Prop.*, p. 96. Cité par Marx, *Kapital*, I, 3ᵉ éd., p. 715 ; trad. fr., p. 335.

double préjugé, qui se dissipera par le progrès naturel des lumières ; c'est un préjugé qui

> rend et rendra longtemps difficile, même aux travailleurs, de répartir avec justice la récompense sociale, le salaire, de chaque travailleur individuel. Nul homme d'État ne peut venir à bout de cela, et les travailleurs ne doivent permettre à aucun homme d'État d'y intervenir. Le travail est à eux, le produit du travail doit être à eux, et eux seuls doivent décider combien chacun mérite de recevoir sur ce qui a été produit par tous[1].

Ce qu'il faut, c'est que, par les institutions d'enseignement populaire, les ouvriers travaillent sans cesse à intellectualiser le travail ; qu'ils s'attachent à diminuer, comme il convient dans le siècle des machines, la distance qui sépare le travail physique du travail mental ; et puis que, groupés en *Trade-Unions*, ils réussissent à faire baisser les profits du patron jusqu'au point où ils représenteront le juste salaire de son travail de surveillant et de directeur.

Les capitalistes, en résumé, mystifient le public lorsque, dans la misère, effet de l'appropriation des profits, ils veulent faire voir l'opération normale des lois de la nature. Le nombre des hommes croît sans limite ; la quantité de terre disponible est limitée absolument ; comment, dans ces conditions, la misère serait-elle évitable ? Voilà le fond du pessimisme malthusien ; mais on sait que Hodgskin tient pour une interprétation optimiste du principe de population.

> À mesure que le monde devient vieux et que les hommes croissent et multiplient, il y a une tendance constante, naturelle et nécessaire, à un accroissement de leur savoir et, par suite, de leur pouvoir productif[2].

La condition nécessaire et suffisante du progrès en richesse et en bonheur, c'est la division du travail : elle ne peut avoir, quoi qu'en disent certains économistes, d'effets immoraux ou dégradants. L'ouvrier des champs, le seul peut-être qui, à lui tout seul, achève un produit, est-il moins dégradé que l'ouvrier fabricant d'épingles ?

> La dépendance que l'on dénonce et que l'on déplore, c'est la dépendance de la pauvreté et de l'esclavage, et non la dépendance mutuelle qu'occasionne la division du travail. [...] Ce n'est pas une partie, mais la totalité de la misère attribuée par Storck et par d'autres à la division du travail,

---

1. *Lab. def.*, p. 26.
2. *Pop. Pol. Ec.*, p. 95 ; Cf. p. 125-126 : cité par Karl Marx, *Kapital*. l. I, 3ᵉ éd., p. 317 ; trad. fr., p. 153.

qui a pour cause des règlements vexatoires. Si je vois clair dans cette question compliquée, je dirais que la division du travail est un admirable moyen pour chaque personne de *connaître* toutes choses ; tandis que, pour pouvoir subsister, elle n'a besoin d'accomplir qu'une petite partie de la production sociale[1].

Mais quelles sont les causes de la division du travail elle-même ? C'est d'abord la science et l'invention des machines : or, la science progresse à mesure que la population s'accroît sur un espace donné, et que les échanges d'idées se multiplient, en conséquence, entre les individus. C'est, ensuite, l'étendue du marché : mais ce qui fait l'étendue du marché, c'est le nombre des individus qui demandent le produit, — c'est, en d'autres termes, dans une société naturelle, le nombre des travailleurs.

> La marchandise produite par un travailleur [...] constitue, en réalité et en dernier ressort, le marché des marchandises que produisent les autres travailleurs ; eux et les produits de leur travail jouent les uns par rapport aux autres le rôle de marché. Mais toutes les marchandises, étant le produit du travail, doivent être abondantes dans la mesure où les travailleurs se multiplient, ou encore dans la mesure où leur pouvoir productif augmente. L'étendue du marché signifie, par conséquent, soit le nombre des travailleurs, soit leur pouvoir productif, et plutôt ceci que cela, car les besoins de chacun sont limités ; par suite, à moins d'un accroissement numérique de la population, il n'y aurait ni raison ni moyen d'augmenter la production. Si c'est là une interprétation exacte de la phrase « étendue du marché », nous faisons reculer à l'infini cette limite à la division du travail. Elle est coextensive au nombre des travailleurs qui communiquent les uns avec les autres, et il nous est impossible de prévoir ou d'assigner à ce nombre une limite concevable[2].

Si l'étendue du marché limite la division du travail, c'est dans une société où les riches sont les seuls demandeurs effectifs des produits, où une distribution artificielle de la richesse diminue la puissance d'achat des travailleurs, trop pauvres pour acheter les produits, tandis que les riches sont trop peu nombreux pour les absorber. En ce sens le capital, ou plus exactement le capitalisme, limite l'industrie.

---

1. *Pop. Pol. Ec.*, p. 138-139. Le passage pessimiste emprunté par Karl Marx (*Kap.* I, 3ᵉ éd., p. 319-320 ; trad. fr., p. 154) au *Labour defended,* p. 25, risque de tromper sur la véritable pensée de Hodgskin.
2. *Pop. Pol. Ec.*, p. 116.

Écartez le capitaliste, l'intermédiaire oppressif qui dévore le produit du travail et empêche le travailleur de connaître les lois naturelles d'où dépendent son existence et son bonheur, — éliminez ces règlements sociaux en vertu desquels ceux qui produisent tout n'ont la permission de posséder que peu de chose, ou rien — et il est clair que le *capital*, ou le *pouvoir d'employer du travail*, et le *travail coexistant* sont une seule et même chose ; que le *capital productif* et le *travail pénétré d'intelligence* sont une seule et même chose ; en conséquence, que le capital et une population laborieuse sont deux termes rigoureusement synonymes[1].

La cause de la misère est donc artificielle, non naturelle.

C'est l'accumulation du capital qui, dans l'état actuel de la société, entrave la production et, par conséquent, le progrès de la population, la division du travail, l'accroissement du savoir et de la richesse nationale[2].

Bref, et pour résumer la théorie de la production chez Hodgskin, ni la terre ni le capital ne sont des facteurs de la production. La productivité du travail est en raison directe du nombre, de l'activité et de l'intelligence des travailleurs : « *toute richesse est produite par du travail* ». Or, il semble bien que cette loi naturelle de la production implique une loi naturelle de la distribution des richesses. Tandis que la théorie économique, qui donne un rôle à la terre dans la production de la richesse, engendre l'esprit de conquête et d'usurpation, la loi naturelle de la production, est au contraire, nous dit Hodgskin,

la seule base assurée sur laquelle le législateur puisse fonder un droit de propriété, — en admettant qu'il soit en aucune façon appelé à *fonder* ce qui existe naturellement — c'est elle qui nous conduit à une distribution juste[3].

Quelle est cette loi naturelle de la distribution ? Celle même que Ricardo avait formulée :

Des quantités différentes de travail sont *naturellement* nécessaires ; on rencontre *naturellement* des degrés différents de difficulté à se procurer toutes les marchandises, et ces différentes quantités de travail, ces différents degrés de difficulté établissent dans nos esprits une relation

---

1. *Lab. def.*, p. 33.
2. *Pop. Pol. Ec.*, p. 246.
3. *Pop. Pol Ec.*, p. 20.

naturelle de valeur entre toutes les marchandises, [...] relation qui peut varier, mais qui n'en existe pas moins, en tout temps, en tous lieux, indépendamment de toutes les lois humaines[1].

Hodgskin ajoute seulement, meilleur logicien que les disciples de Ricardo :

> Le raisonnement serait faux, assurément, si je devais comprendre le travail, le créateur de toute richesse, comme ils commettent la grave erreur de le faire, sous la rubrique de marchandises[2].

Mais, comme les économistes orthodoxes, et contre l'opinion de ceux qui, vers cette époque, en Angleterre, avec Attwood par exemple, préconisent l'institution d'une monnaie symbolique, il tient l'invention et le choix de la monnaie métallique pour conforme aux lois de la nature et n'impliquant aucune injustice. Avec les économistes orthodoxes et contre Robert Owen, il tient encore pour légitime le profit commercial.

> Même dans les établissements de Mr. Owen, où les marchands au détail sont regardés comme un mal, et rejetés comme un fléau, il faut qu'il y ait quelqu'un pour s'occuper des aliments et des vêtements et les distribuer parmi les habitants de ses parallélogrammes, entre les membres de ses communautés coopératives. Les marchands au détail remplissent, pour la société en général, les mêmes fonctions que les « quartiers-maîtres » accomplissent pour les soldats et les « boursiers » pour les marins : il faut bien que ces fonctions soient accomplies par quelqu'un pour les élèves de Mr. Owen. Ils ne sont désignés pour ce poste que par la nature, mais sont tout aussi utiles que s'ils agissaient sous la direction de Mr. Owen ou par commission royale[3].

Sans doute les commissaires du système d'Owen reçoivent un traitement, alors que les marchands prélèvent un profit ; mais

> s'ils étaient payés par un traitement ou des salaires, quel intérêt pourraient-ils avoir à prendre soin du stock collectif ?

Aussi bien, les deux disciples de Ricardo, James Mill et McCulloch, au même instant que Hodgskin, ne viennent-ils pas d'essayer de résoudre le capital en travail ? Le profit, disent-ils, est un élément de la valeur ;

---

1. *Pop. Pol. Ec.*, p. 186.
2. Cf. *Pop. Pol. Ec.*, p. 186 : Le travail, mesure unique de la valeur [...] créateur de toute richesse, n'est pas une marchandise (cité par Marx, *Kap.* I, 3ᵉ éd., p. 499 ; trad. fr. p. 232).
3. *Pop. Pol. Ec.*, p. 150-151.

donc il représente un travail, il est le salaire d'un travail ; donc il est juste. — Le profit, réplique Hodgskin, est une partie de la valeur, soustraite par le capitaliste au producteur de la valeur ; donc cette partie de la valeur, qui deviendra le profit, ne le deviendra qu'en cessant d'être le salaire d'un travail ; donc le profit est injuste. — Il faut distinguer, répliquent McCulloch et James Mill, entre les deux formes du travail, immédiat et accumulé : le profit est le salaire du travail accumulé. — Mais alors, réplique Hodgskin à son tour, s'il faut définir le capital comme travail accumulé, le capital n'est donc pas une masse matérielle, un stock entassé dans un magasin : il consiste dans cette dextérité acquise, dans cette science infuse dont le *skilled labour* est pénétré ; de toutes les opérations productives, la plus importante est assurément l'éducation de la jeunesse, l'enseignement des arts de la production ; et, ajoute Hodgskin,

> si je suis particulièrement désireux d'attirer l'attention du lecteur sur cette opération productive, c'est que [...] tous les effets généralement attribués au capital circulant dérivent de l'*accumulation et de l'approvisionnement du « skilled labour »* et que cette très importante opération s'accomplit, en ce qui concerne la grande masse des travailleurs, sans aucun *capital circulant*[1].

Ainsi, même quand ils veulent justifier le profit, les ricardiens admettent plus ou moins confusément que, toute valeur étant produite par du travail, tout revenu est naturellement la récompense d'un travail. C'est le fondement commun à leurs spéculations et à celles de Hodgskin : celui-ci est, en somme, aussi rapproché de Ricardo qu'il est rapproché de Malthus, et, comme sa philosophie de l'histoire est une sorte de malthusianisme optimiste, de même son économie politique constitue un ricardianisme égalitaire.

Cependant, si la loi naturelle de la production conduit à la loi naturelle de la distribution, les deux lois n'en sont pas moins distinctes ; et Hodgskin ne se contente pas, comme y avait trop souvent été portée l'école d'Adam Smith, de tenir la loi naturelle de la distribution, définition de la justice, pour une proposition évidente, qui se passe de démonstration.

> Quand nous aurons décidé si le capital a droit à ce qu'il réclame du travail, nous n'aurons fait qu'un pas vers la solution du problème des salaires légitimes du travail. Les autres parties de mon enquête seront, j'en ai l'espoir, abordées par un de mes compagnons de travail[2].

---

1. *Lab. def.*, p. 13. Cf. *Pop. Pol. Ec.*, p. 125 : Le travail facile est de l'habileté transmise (cité par Marx, *Kap.*, livre I, p. 303. Trad. fr., p. 148).
2. *Lab. def.*, p. 5.

Et William Thompson, en 1824, dans son *Labour Rewarded*, qui paraît précédé d'une épigraphe empruntée à Hodgskin, essaie de remplir le programme tracé par celui-ci. Dans son *Économie politique populaire*, Hodgskin avertit encore le lecteur qu'il ne traitera pas de la sécurité de la propriété.

> Elle est un objet à atteindre par des règlements sociaux, quoique la propriété elle-même, ou le droit d'un homme au libre emploi de son esprit et de ses membres et à l'appropriation de tout ce qu'il crée par son propre travail, soit l'œuvre des lois naturelles, et je n'en dirai pas un mot : car il est nécessaire, avant de discuter les effets de la sécurité de la propriété, d'avoir une définition rigoureuse du droit de propriété et de bien s'accorder sur ce qui le fonde[1].

Hodgskin se trouve ainsi ramené par ses spéculations économiques, simple incident dans l'histoire de sa pensée, au problème fondamental qui, depuis plus de quinze ans, le préoccupe : il reprend ses recherches de philosophie du droit, sur l'essence du droit naturel et le rapport du droit naturel au droit positif. En 1829, lorsque Brougham, en demandant la réforme de l'organisation judiciaire, se fait au Parlement l'interprète de la philosophie de Bentham, Hodgskin lui répond par une série de lettres ouvertes, qui contiennent, avec une critique de la théorie benthamique du droit, sa propre théorie du droit naturel. Il ne les fait pas paraître tout de suite ; mais, deux ans plus tard, la « Société pour la diffusion des connaissances utiles » consacre une de ses brochures de vulgarisation économique à réfuter les « dangereuses » théories du *Labour Defended* et du *Popular Political Economy*. La brochure est de Charles Knight : Hodgskin l'attribue à Brougham, le directeur de la société, l'homme dont il déteste l'influence au *Mechanics' Institute*. Il écrit une dernière lettre ouverte à lord Brougham, chancelier d'Angleterre, et la publie avec les autres, pour établir, comme dit le titre, « le contraste entre le droit artificiel et le droit naturel de propriété[2] », pour formuler, en face de la doctrine de Bentham et de James Mill, au moment même où,

---

1. *Pop. Pol. Ec.*, p. 236.
2. *The Natural and Artificial Right of Property Contrasted*, a series of letters, addressed without permission, to H. Brougham, esq. M.P.F.R.S. (now the Lord Chancellor). By the author of *Labour Defended against the Claims of Capital*, London, 1832. — Lettre I. Introductory. — Letter II. The natural right of property illustrated. — Letter III. The legal right of property. — Letter IV. On the right of property in land — Letter V. The legal right of property is undergoing subversion by the natural right of property. — Lettre VI. The lawmaker does not establish rights : he only copies usages. — Lettre VII. Real guarantee of the right of property. — Lettre VIII. Evils of the artificial right of property. — Postscript. To Lord Brougham and Vaux, lord high chancellor of England.

dans la Réforme de 1832, les radicaux orthodoxes voient un triomphe de leur propagande, la philosophie originale du droit sur laquelle il fonde son radicalisme hétérodoxe et anarchiste.

Toute théorie sociale repose sur une base philosophique ; et la vraie philosophie, selon Hodgskin, c'est ce réalisme dont les penseurs anglais, depuis le XVIIe siècle, entretiennent la tradition.

> Il me paraît que les principes directeurs de la philosophie de Lord Bacon et de Locke [...] principes selon lesquels « l'homme est le simple interprète de la Nature », et « toute notre connaissance du monde extérieur nous vient par l'intermédiaire des sens, » ou encore « est une copie de ce monde » ; — il me paraît, dis-je, que ces principes, bien qu'ils aient été négligés par les écrivains qui ont traité de la législation et du progrès de la civilisation, jettent une lumière vive et régulière sur un grand nombre de phénomènes sociaux. Les déductions que nous pouvons tirer de ces principes [...] prouvent que le législateur n'a pu créer et établir, ni même modifier, en quelque mesure, un droit de propriété. Comme le philosophe, il est au mieux un interprète incorrect de la nature. [...] Me conformant strictement aux grands principes enseignés par Bacon et Locke, j'affirme que les auteurs des lois n'ont fait que mettre le sceau de leur autorité aux droits établis ou aux injustices pratiquées par l'humanité[1].

Cette idée maîtresse de la philosophie de Bacon et de Locke a déjà été appliquée par les économistes à l'interprétation des phénomènes sociaux, et Dugald Stewart, le professeur et l'ami de Brougham, avait lui-même, avec beaucoup de précision, donné pour tâche à l'homme d'État de découvrir « *quelle forme de société est parfaitement agréable à la nature et à la justice* », et « *quelle est la transformation de l'ordre social vers laquelle les affaires humaines tendent spontanément*[2] ». Ces vérités, dont on a reconnu la fécondité, non seulement en philosophie, mais encore en économie politique, pourquoi faut-il donc qu'elles soient encore méconnues des législateurs parlementaires ? Pourquoi faut-il qu'au lieu de reconnaître l'existence d'un droit naturel, indépendant de leurs décrets, ils n'abolissent certaines lois que pour en établir de nouvelles ? Pourquoi faut-il que Bentham et ses fidèles, parmi lesquels Brougham lui-même, favorisent l'illusion législative, et ne condamnent les lois existantes que pour leur substituer tout un code nouveau, conforme à leur système ?

Considérons en particulier le droit de propriété, dont Hodgskin vient de constater l'importance en économie politique, et qui, selon

---

1. *Nat. et art. r. of Prop.*, p. 106.
2. P. 4.

sa constitution légale, modifie si profondément la distribution des richesses[1]. « Les philosophes de Westminster[2] », ceux qui légifèrent au Parlement et suivent les leçons de Bentham, veulent que le gouvernement crée le droit de propriété. Bentham, dans les *Traités de législation*, James Mill, dans l'*Essai sur le gouvernement*, se refusent à admettre qu'il existe des droits naturels ; avant l'existence des lois, il pouvait être utile, nous disent-ils, et paraître désirable qu'il existât des droits : mais c'est la loi qui conféra plus tard à ces droits l'existence actuelle. Hodgskin condamne catégoriquement cette manière d'entendre l'idée de loi.

> Messieurs Bentham et Mill, tous deux avides d'exercer le pouvoir de la législation, le représentent comme une divinité bienfaisante, qui subjugue nos passions et nos inclinations naturellement mauvaises (ils adoptent la doctrine des prêtres, suivant qui les inclinations et les passions des hommes sont naturellement mauvaises), — qui tient l'ambition en échec, veille à l'exécution de la justice et encourage la vertu. Délicieuses caractéristiques ! Dont le seul défaut est d'être contredites par chaque page de l'histoire. [...] Si le principe est vrai dans un cas, il doit l'être universellement ; et, selon ce principe, les parents n'ont pas le droit d'être aimés et respectés par leurs enfants, les nouveau-nés n'ont pas le droit de se nourrir au sein de leurs mères, avant que le législateur, — voyant, calculant à l'avance les bénéfices immenses qu'il y a pour l'espèce humaine à établir la longue liste des droits et des devoirs [...] les eût établis par ses décrets [...]. À moi, le système semble aussi pernicieux qu'il est absurde. Les doctrines ne s'en accordent que trop bien avec la pratique des législateurs... Elles élèvent la législation au-dessus de nos prises et la mettent à l'abri de la censure. L'homme, naturellement dénué de droits, peut être soumis à des expériences, emprisonné, expatrié, ou même exterminé, comme il plaît au législateur.... La doctrine du droit divin des rois, chez Filmer, était bienveillante et raisonnable à côté de cette assertion monstrueuse que « tout droit est factice et existe par la volonté seule du législateur[3] ».

La philosophie de Locke était bien différente[4]. Suivant Locke, l'esprit est le reflet des choses ; la loi, œuvre de l'esprit, peut donc bien enregistrer l'existence d'un droit naturel : elle ne saurait en aucune façon être considérée comme donnant naissance au droit. La nature donne à chaque homme le

---

1. P. 12.
2. P. 16-21.
3. P. 19, 20, 21.
4. P. 61.

pouvoir de travailler ; elle donne à chaque travail sa rémunération ; elle crée ainsi le droit — naturel, non légal — de propriété.

> C'est la nature, non le législateur, qui crée l'homme avec ses besoins et associe à ceux-ci le pouvoir de les satisfaire. Le sentiment désagréable de la faim peut, avec justesse, être appelé un ordre ou un conseil de travailler. La nature donne en outre à chaque individu le produit de son travail ; et les dons séparés qu'elle fait ainsi — le poisson, par exemple, qu'elle donne à celui qui jette l'hameçon et surveille la ligne — ne peuvent davantage être confondus avec ceux qu'elle donne à un autre, que les besoins distincts et séparés qu'ils sont faits pour gratifier[1].

La psychologie nous montre comment nous prenons d'abord, naturellement, conscience de notre individualité physique, qui constitue notre première propriété ; puis comment « *nous sommes portés à étendre ces idées, de nos mains et de nos autres membres, aux choses que les mains saisissent, façonnent et créent, ou que les jambes poursuivent et atteignent* », et aux conséquences immatérielles de nos actes : car, « *en fait, les objets matériels ne sont recherchés que pour le plaisir immatériel qu'ils confèrent*[2] ». Et si Dieu, ou la nature (« *j'emploie*, nous dit Hodgskin, *ces deux termes comme synonymes*[3] ») a fondé sur cette base le droit de propriété, il a fourni du même coup à l'homme les moyens nécessaires à le défendre. D'une part, « *la même force, la même adresse, qui permet à un homme de prendre plus de gibier ou de poisson, et de créer plus de richesse que son voisin moins habile ou plus faible, lui permettra de défendre ce qu'il aura acquis*[4] ». D'autre part, « *les hommes ont été créés pratiquement égaux en facultés et en intelligence*[5] », de sorte qu'il sera toujours plus difficile à un homme de prendre de force à un autre ce que celui-ci a déjà produit que de produire cet objet pour son propre usage.

Les nouvelles découvertes de l'économie politique ont fortifié la thèse de Locke. On a reconnu l'importance que présente, dans l'histoire de la civilisation, l'accroissement numérique de la population : or, cet accroissement produit, entre autres effets, selon Hodgskin, celui de fortifier sans cesse le respect du droit naturel de propriété, à mesure que, l'aspect de la société se modifiant, ce droit naturel lui-même varie.

---

1. P. 27.
2. P. 29.
3. P. 30.
4. P. 30-31.
5. P. 30.

À mesure que l'humanité se multiplie, l'influence morale de la masse sur les individus est augmentée, et chacun, sentant l'impossibilité de résister au grand nombre, se soumet humblement à la voix générale et se sent par suite enclin à respecter le droit de propriété, qui est reconnu par tous[1].

La théorie de Locke rendait difficile de justifier la propriété du sol ; mais il a été démontré

qu'il n'y a d'autre richesse dans le monde que celle qui est créée par le travail, et continuellement renouvelée par lui. Ce principe, universellement reconnu aujourd'hui, fait apparaître le droit de propriété comme plus absolu et plus défini qu'il n'était dans la conception de Locke, parce que le droit de posséder le sol est seulement en fait le droit de posséder ce que produit le travail, agricole ou autre[2].

On pouvait se demander enfin si la loi continuait à se vérifier dans une société civilisée, où nul individu peut-être n'achève à lui tout seul la fabrication d'un objet. Mais il apparaît qu'elle reste vraie si l'on considère

que les parts respectives de deux personnes occupées à produire un objet, tel que, par exemple, du coton, sont fixées entre elles par voie de contrat ou de marchandage, le tisserand achetant le fil au fileur, comme le fileur achète la matière brute au marchand de coton en gros. Si on soulève la question de savoir quelle est la part de deux ou plusieurs ouvriers occupés au même ouvrage, et quels sont respectivement leurs salaires, je répondrai que cela aussi est arrangé par les intéressés eux-mêmes, et n'est maintenant en aucun cas l'objet d'une décision législative[3].

Hodgskin déclare expressément qu'il repousse le communisme de Robert Owen, des saint-simoniens, des Moraves ; il le tient pour contraire à l'expérience, condamné par la nature elle-même. S'il critique le droit de propriété tel qu'il est aujourd'hui constitué, ce n'est que pour mieux défendre la propriété naturelle.

L'emploi des choses, comme leur fabrication, doit être individuel et non collectif, égoïste et non général. [...] C'est le droit de chaque individu de posséder pour son utilité séparée et égoïste tout ce qu'il peut fabriquer [...][4].

---

1. P. 40.
2. P. 35.
3. P. 35, note.
4. P. 41, 35.

Vouloir recourir à la loi pour définir la propriété,

> c'est intervenir à contre sens entre notre idée d'individualité et les effets naturels de la conduite humaine qui en sont les récompenses et les peines ordonnées et appropriées. [...] Comme la nature donne au travail tout ce qu'elle produit, — comme nous étendons l'idée d'individualité personnelle à ce qui est produit par chaque individu — non seulement un droit de propriété est établi par la nature, mais la nature trouve les moyens de nous faire connaître l'existence de ce droit. Il est aussi impossible aux hommes de n'avoir pas la notion d'un droit de propriété qu'il leur est impossible d'être sans l'idée d'identité personnelle. Lorsque l'une ou l'autre est complètement absente, l'homme est fou[1].

La Nature, pourrait-on dire, est individualiste : l'individualisme est, aux yeux de Hodgskin, d'institution divine ou naturelle.

Considérons d'ailleurs les lois, considérons leur essence et leur origine, et nous nous convaincrons de leur impuissance à produire ou favoriser le bien général.

Le législateur prétend travailler « *à conserver l'ordre social, à promouvoir le bien public* ». Mais « *le bien public est inconnu aux facultés humaines* ». L'ordre social, « *dépendance réciproque de tous ceux qui contribuent à la subsistance et au bien-être de la société* », obéit à des lois dont l'opération « *devance tous les plans conçus par le législateur pour les régler ou les conserver* ». C'est dans le temps que s'écoule la vie des sociétés ; et pour quel temps le législateur promulgue-t-il ses lois ? Ce ne saurait être ni pour le passé, ni pour le présent, ligne sans épaisseur, simple négation du passé et de l'avenir. C'est donc pour l'avenir. Mais nous sommes impuissants à deviner l'avenir.

> La marche du passé peut projeter son ombre en avant, de manière à nous laisser savoir en gros que la société continuera à croître, comme elle s'est accrue dans le passé, en nombre, en richesse et en savoir ; mais quelle forme prendra cet accroissement, quelle sera la rapidité de ce progrès, et quelles relations nouvelles il suscitera entre les individus et les nations, — quelles professions nouvelles, quels arts nouveaux peuvent surgir, — quelles habitudes, quelles mœurs, quelles coutumes, quelles opinions nouvelles seront formées, quelle sera la figure exacte de la société, jusqu'aux dernières nuances du tableau — toutes ces choses auxquelles les lois doivent s'adapter, il est impossible qu'elles soient connues ; il suffit de les examiner pour faire voir au genre humain

---

1. P. 42, 30.

sous son vrai jour tout le travail législatif, — dérision de ses intérêts, imposture dont son intelligence est la victime[1].

Tout ce que le législateur peut faire, c'est d'enfermer cet avenir inconnaissable dans les formes du passé qu'il connaît. Toute législation est donc, par essence, conservatrice et routinière : elle ne peut ni prévoir, ni désirer les transformations du genre humain. C'est ici la critique de Godwin qui est reprise par Hodgskin.

En fait, les lois, considérées dans leur origine, ont été l'œuvre de ceux qui, les premiers, accaparèrent le pouvoir, « *hommes qui n'avaient de profession que la guerre et ne connaissaient de métiers que le vol et le pillage* » : leurs descendants exercent aujourd'hui encore le pouvoir. C'est, après la théorie de Godwin, la théorie de Paine ; mais Hodgskin la renouvelle et la précise, par l'examen auquel il se livre, de l'origine des lois actuelles sur la propriété. Le droit de propriété foncière obéit, avec le progrès du genre humain, à une loi naturelle d'évolution : chaque individu a besoin, pour vivre, d'une moindre étendue de sol chez un peuple de pasteurs que chez un peuple de chasseurs, chez un peuple d'agriculteurs que chez un peuple de pasteurs, dans une nation industrielle que dans une nation de simples agriculteurs[2]. Or, il est venu un moment où le monde civilisé a été envahi par des hordes barbares, qui n'avaient pas dépassé le niveau mental des peuples pasteurs : elles apportèrent avec elles des notions, surannées par rapport au monde qu'elles envahissaient, sur la quantité de terre nécessaire à faire vivre un homme, et s'approprièrent, en se conformant à leurs notions propres, le sol des nations conquises[3]. D'où l'opposition, aujourd'hui encore fondamentale sous des formes diverses, dans tout le monde occidental, entre le *droit naturel* et le *droit légal* ou *artificiel* de propriété.

> Les personnes qui s'approprièrent ainsi le sol de l'Europe, le firent par droit de conquête. [...] Le pouvoir ainsi acquis, les privilèges ainsi établis, furent la base de l'édifice actuel, *politique* et *légal*, non social, de l'Europe. [...] Les conquérants et leurs descendants ont été les auteurs des lois. [...] La loi [...] est un ensemble de règles et de pratiques posées et établies, en partie par le législateur, en partie par la coutume, en partie par les juges, appuyé et mis en vigueur par tout le pouvoir du gouvernement, et visant, pour ce qui concerne notre sujet, à garantir l'appropriation de tout le produit annuel du travail. Nominalement, on dit que ces règles et ces pratiques ont pour objet de garantir la propriété,

---

1. P. 10.
2. P. 63-67.
3. P. 69-70.

d'approprier la dîme, et de procurer un revenu au gouvernement ; en réalité, elles sont faites pour approprier aux auteurs des lois le produit de ceux qui cultivent le sol, préparent les vêtements ou distribuent ce qui est produit entre les classes et les sociétés différentes. Voilà la loi[1].

Le gouvernement, en d'autres termes, est l'instrument de domination économique des propriétaires fonciers, qui protègent leur bien par des lois conçues à cet effet ; des prêtres, qui prêchent l'obéissance aux lois, et reçoivent en échange « *une part de la législation et du produit annuel du travail* » ; des capitalistes enfin, qui sont les alliés constants du gouvernement, de l'Église et des propriétaires fonciers. Les capitalistes, sans doute, constituent une classe plus malaisée à délimiter que les autres, parce que les capitalistes sont très souvent aussi des travailleurs, mais certainement « *en tant que tels* », ils n'ont « *pas de droit naturel à la large part du produit annuel que la loi leur garantit* ». Comment dès lors compter sur le fonctionnaire et le soldat pour réprimer le crime, le vol, dont ils sont, historiquement, les premiers auteurs ? Des lois pénales, élaborées pour défendre un droit artificiel de propriété, sont impuissantes à nous le faire respecter.

> Elles infligent de la souffrance, mais elles ne produisent pas l'amendement et n'exercent pas d'action salutaire. Ce qui est généralement bienfaisant, ce que la Nature commande, n'a pas besoin d'être imposé par la loi ; ce qui est fait pour le bénéfice d'une secte ou d'une classe et n'est pas conforme aux commandements de la nature, voilà ce que les hommes cherchent à maintenir par la terreur et la douleur[2].

La vraie fin de la loi, c'est « *la défense du pouvoir du législateur* ». Cela n'est-il pas avoué par cette philosophie étrange, qui demande explicitement le sacrifice des individus, seuls réels, à la société, à l'État, à la loi[3] ?

Heureusement, si les lois humaines sont impuissantes pour le bien, elles sont encore impuissantes pour le mal. Si vraiment il existe des « lois de la nature », des « décrets de la nature », pouvons-nous, sans paradoxe, dire que ces décrets peuvent être violés ? En réalité, répond Hodgskin,

> nous pouvons enfreindre les lois physiques, mais non pas impunément. Dans le monde matériel et dans le monde moral, les commandements de la nature ne nous sont connus que par l'intermédiaire de nos plaisirs et de nos peines. Si notre tête porte contre un poteau, elle nous avertit, par

---

1. P. 72-73, 46-47.
2. P. 158.
3. P. 45-46.

la douleur, que le poteau est plus dur que notre crâne, et nous ordonne de faire usage de nos yeux. [...] En examinant la question de la propriété, nous verrons aussi que la misère a pour cause, en grande partie, notre opposition au droit naturel de propriété. La Nature nous prémunit contre cette opposition par la douleur, comme elle nous avertit de respecter les lois de la gravitation[1].

Donc, les sociétés prospèrent dans la mesure où elles obéissent aux lois de la nature. Donc, à la longue, les lois naturelles doivent triompher. Qu'est-ce que la loi prise en soi ? Un morceau de parchemin. Quelle en est l'efficacité, abstraction faite de l'opinion publique, qui en assure l'exécution ? La loi n'existe, n'est, en définitive, constituée que par la tolérance du public. Supprimez la loi, l'opinion suffit à garantir le respect des droits.

> Faites un instant abstraction du *statute-book*, du législateur et du juge, et regardez la société : vous verrez que la plupart des droits, droits des hommes et des femmes, des voisins et des amis, des parents et des enfants, des simples connaissances et même de ceux qui vivent à l'état d'hostilité, — car eux aussi ont des droits —, vous verrez, dis-je, que la plupart de nos droits domestiques et civils, les plus chers et les meilleurs, ne sont garantis par aucune loi et n'ont d'autre sûreté que le respect mutuel de l'homme pour l'homme et les sentiments moraux des individus[2].

Supposez, au contraire, que la loi, non supportée par l'opinion, est l'œuvre du pouvoir arbitraire d'un législateur ; elle est caduque.

> Le législateur individuel achève bientôt sa carrière ; son successeur a ses caprices propres et ne se soucie pas d'employer son pouvoir militaire à imposer l'exécution d'un caprice de son prédécesseur[3].

Mais l'opinion, qui commande au législateur, obéit elle-même à des « circonstances physiques », à des lois de la nature. En fait,

> lorsque nous voyons le grand nombre de lois restrictives de l'industrie et le grand nombre de lois faites pour lever le revenu du gouvernement, la rente du propriétaire foncier, la dîme du prêtre et le profit du capitaliste, nous sommes plus étonnés de voir que l'industrie a survécu aux charges immenses qu'on lui impose, que nous ne le sommes de voir quelques

---

1. P. 59.
2. P. 136.
3. P. 116.

> voleurs choisissant de vivre ouvertement par le pillage, au risque d'être punis par les lois, plutôt que de mener une vie de travail rémunéré. Que les hommes travaillent encore, voilà qui contredit merveilleusement la vile assertion des législateurs, — je dis vile, parce qu'elle est faite à une fin vile —, suivant laquelle les hommes ont une aversion naturelle pour le travail[1].

Si nous voulons donc écrire l'histoire des sociétés, n'écrivons pas l'histoire des lois positives : car le progrès de la société s'est accompli selon une loi naturelle, malgré les gouvernements ; mais faisons porter nos recherches sur « *quelques-unes des grandes altérations sociales, dont elles sont les copies imparfaites*[2] ». Malgré la loi, la propriété foncière s'est subdivisée, les revenus du clergé, les revenus du gouvernement ont diminué. Le progrès du capitalisme a été le grand fait de l'histoire moderne.

> Le capitaliste fut à l'origine un travailleur, ou le descendant d'un vilain, et il obtint un profit sur ce qu'il savait épargner du produit de son propre travail, après avoir arraché sa liberté à ses maîtres, parce qu'il fut alors capable de leur faire respecter son droit à jouir du produit de sa propre industrie. Mais ce qu'il reçut alors, et reçoit encore, sous le nom de profit, est une portion de la richesse annuellement créée par le travail. En fait, le capitaliste a obtenu la totalité du pouvoir du propriétaire foncier, et son droit d'avoir un profit est un droit de recevoir une portion de ce qui a été produit par le travail des esclaves de son propriétaire foncier[3].

Mouvement naturel, dans la mesure où il a eu pour cause, d'abord le respect du droit naturel de propriété, puis l'accroissement du nombre et de la richesse des esclaves émancipés. Mouvement qui a déjoué tous les efforts législatifs faits pour le réprimer et le ralentir : que l'on songe, notamment, aux lois sur l'usure. Maintenant, par la continuation du même progrès, un âge nouveau va succéder à l'âge du capitalisme.

> Nous voyons, par un effet du respect qu'inspire le droit naturel de propriété, qu'une grande classe moyenne, complètement émancipée de ce servage et de ce dénûment que la loi tentait de perpétuer en fixant à la fois le taux des salaires et de l'intérêt, s'est développée dans toutes les parties de l'Europe, unissant, dans la personne de ceux qui la composent, le double caractère du travailleur et du capitaliste. Le nombre de ceux-là

---

1. P. 54.
2. P. 115.
3. P. 98.

augmente rapidement, et nous pouvons espérer, dans la mesure où les belles inventions de l'art prendront peu à peu la place du travail manuel simple, que, réduisant la société tout entière à être composée d'hommes égaux et libres, ils feront peu à peu disparaître tout ce qui subsiste encore d'esclavage et d'oppression[1].

Cette société future, fondée sur le respect du droit naturel de propriété, faut-il la décrire ? Ceux-là jugent possible d'en tracer le tableau, qui croient à l'efficacité de la législation, qui considèrent le progrès comme l'œuvre mécanique, raisonnée, préconçue, d'un système de lois. Quant à moi, déclare Hodgskin,

> si défectueux que soit notre système actuel, je ne suis pas tenu de donner des règles à ce que nul individu ne comprend ni ne peut comprendre, à la *Société* elle-même. Car elle est en voie de progrès, ou, si l'on veut, elle n'est pas encore créée tout entière, tous ses phénomènes ne s'étant pas encore manifestés à notre entendement : je ne suis pas tenu, si mauvaise que soit la législation actuelle, de suggérer une législation qui peut-être serait meilleure. La société est un phénomène naturel, et j'étudie les lois de la société comme j'étudierais les lois qui règlent le cours des saisons. Supposer que le pouvoir de les diriger a été remis entre nos mains a été taxé de folie par un de nos plus grands moralistes. À ceux qui, de siècle en siècle, ont vainement essayé de régler la société et d'en déterminer le cours, qui, sans prévoir aucun des grands changements qui se sont produits relativement aux droits de la personne et au droit de propriété, ont été peu à peu contraints de conformer leur législation aux circonstances sociales, j'abandonne bien volontiers, puisqu'ils savent prévoir la condition future de la société, la tâche de former des projets et de prescrire des lois pour son bien-être. Je ne vise qu'à vérifier des lois naturelles ; puis, voyant qu'il y a conflit entre elles et la législation, je rejette celle-ci, confiant le bien-être de la société, que je ne comprends pas, à la même Puissance bienveillante qui, annulant dans le passé les décrets du législateur, a toujours établi et préservé l'ordre, et conduit l'humanité si loin dans la carrière glorieuse que nous espérons, à en juger par les changements passés, qu'elle a encore à parcourir[2].

---

1. P. 101.
2. P. 160-161.

CHAPITRE III

(1832-1869)

Les années de journalisme. — La collaboration à l'*Economist*.
— Les deux conférences de 1857.

Au moment où Hodgskin publie ses lettres à Lord Brougham, la Réforme électorale de 1832 est consommée : Hodgskin en apprécie l'importance, mais ne la considère pas comme définitive. La question véritable qui est au fond de toutes les autres, c'est la question du droit de propriété.

> Le progrès de l'humanité, l'amour général de la liberté, et la haine générale de l'oppression empêchent l'existence, dans l'Europe entière, de toute cruauté odieuse et révoltante ; mais l'avarice et le gaspillage sont toujours sans frein ; et la bataille, l'ignoble bataille, se livre seulement pour savoir qui aura le plus de richesse. [...] Pour apporter un soulagement à la détresse, il n'y a que deux choses que l'on puisse faire : il faut, ou bien que la quantité de richesse soit augmentée, ou bien qu'elle soit mieux et différemment distribuée. [...] Comme les changements politiques n'ont pas produit et ne peuvent produire les bénéfices qu'on attend, les hommes se dégoûteront nécessairement de modifications politiques qui ne produisent pas de bien ; ils s'informeront des sources du mal et des moyens de les tarir. Il faudra donc qu'ils remontent à la grande source du mal, l'opposition du droit légal et du droit artificiel de propriété[1].

Non seulement le *Reform Act* n'a pas résolu le problème, mais peut-être va-t-il en aggraver l'acuité ; car l'expérience prouve que tout changement de gouvernement empire la situation économique des nations, provoque des crises, appesantit les charges, est une cause de misère et de déception[2].

À la faveur de ce mécontentement, Hodgskin a trouvé des disciples. « *Tous ceux*, nous dit Francis Place, *que les promesses et les prédictions de Robert Owen avaient déçus se trouvèrent prêts à tomber dans le piège de*

---

1. *Nat. and art. r. of Prop.*, p. 14, 172-173, 170-171.
2. *Nat. and art. r. of Prop.*, p. 171-172.

Mr. Thomas Hodgskin, qui, par ses conférences et ses publications, persuada des milliers d'hommes que tout le produit du travail appartenait de droit au producteur individuel[1]. » Au *Mechanics'Institute* de Londres, où un « *auditoire nombreux et attentif* [2] » écoute ses leçons, il est devenu un conseiller influent du docteur Birkbeck ; à la grande colère de James Mill[3] et des benthamites, il a pris le même ascendant sur Black, le directeur du *Morning Chronicle*, dont il inspire la politique. Les défenseurs du capitalisme s'émeuvent, et le réfutent : tel Samuel Read, en 1829, dans ses *Fondements naturels du droit de propriété et de vente*[4]. Quelques membres des coopératives de Robert Owen ont lu, sans doute, en Amérique, sa *Défense du travail* ; et, en 1830, Thomas Cooper, l'économiste américain, dans la seconde édition de ses *Leçons d'économie politique*, prend ce livre pour texte de sa réfutation des nouvelles tendances, de ce qu'il appelle la doctrine des « économistes ouvriers » (*mechanic political economists*)[5]. En 1831, Charles Knight, dont la violence exaspère Hodgskin, prémunit les classes populaires, auxquelles il adresse ses ouvrages de vulgarisation, contre les périls du nouvel enseignement. « *Ces doctrines peuvent bien commencer dans la salle de conférences ; elles y semblent inoffensives en tant que propositions abstraites, mais elles aboutissent à la folie, à la frénésie, au tumulte, — au pillage, au feu et au sang*[6]. » Hodgskin va-t-il, encouragé par ce succès et par ces attaques elles-mêmes continuer ses recherches d'économie politique et devenir le doctrinaire du socialisme anglais naissant ? Mais ses recherches sur la production et la distribution des richesses ne sont, il nous en avertit en 1832, qu'un « *épisode d'un plus grand ouvrage sur le droit criminel* ».

> Les législateurs ignorent toujours les premiers éléments de la législation criminelle ; et la réponse correcte et philosophique qu'appelle la question « Qu'est-ce que le crime ? » renverse d'un coup tout l'édifice théorique des peines légales. En partant de principes qui ne sont pas énoncés ici, l'auteur s'est convaincu que tout le travail législatif, si ce n'est dans la mesure où il consiste à graduellement et pacifiquement abroger toutes les lois existantes, est une imposture criante[7].

---

1. Add. Mss. *Brit. Mus.*, 27, 791 f. 263.
2. *Pop. Pol. Ec.*, p. VIII.
3. Mill à Brougham, 3 septembre 1832 ; Bain, *Life of James Mill*, p. 364.
4. *Natural Grounds of Right to Vendible Property*, 1829, p. XXXI et p. 127-128. C'est sans doute le nom de Read qui est mal orthographié Reid, *Nat. and art. right of Prop.*, p. 171.
5. *Lectures*, 2ᵉ éd., 1830, chap. XXXI, en particulier p. 349, 351, 352.
6. *The Rights of Industry*, addressed to the Working Men of the United Kingdom, by the Author of *The Results of Machinery*. II. Capital and Labour, p. 152-153. Voir aussi p. 56, 57, 58, 208.
7. *Nat. and art. r. of Prop.*, p. 1.

Hodgskin va-t-il donc achever ce grand ouvrage sur les idées de loi et de peine, qu'il médite depuis tant d'années ? En fait, Hodgskin, père maintenant de sept enfants, obligé de travailler pour faire vivre toute cette famille, disparaît, après 1832, dans l'obscurité du journalisme anonyme. Il écrit non seulement au *Morning Chronicle*, mais au *Daily News*, au *Courier*, puis au *Sun* ; tous les huit jours, pendant de longues années, et jusqu'à sa mort, il envoie un article au *Brighton Guardian* ; il est un des rédacteurs de l'*Illustrated London News* ; il collabore, pendant longtemps, avec Thomas Hansard, à la publication des comptes rendus parlementaires. Malgré ce que ces tâches ont d'absorbant, il prend part, en qualité de conférencier populaire, à l'agitation « chartiste » pour l'établissement du suffrage universel. Mais sans doute les violences des chartistes, comme aussi leurs appels à l'intervention de l'État en matière de législation sociale, le dégoûtent du radicalisme révolutionnaire et socialiste et le rallient, avec tant d'autres, au parti de Cobden et à l'agitation libre-échangiste. C'est le moment où nous le voyons, en 1846, entrer à l'*Economist*, nouvellement fondé par Wilson : de nouveau, sinon par le livre, du moins par des articles médités, il va pouvoir faire œuvre de théoricien et de philosophe social.

Chargé d'analyser les ouvrages nouveaux de science sociale et d'économie politique, il continue à affirmer que l'économie politique, avec ses démonstrations rigoureuses et ses conclusions optimistes, mérite seule, parmi les prétendues sciences de l'homme, le nom de science,

> tout le reste n'étant que tradition, tâtonnement, pétition de principe, caprice, usurpation, opportunisme ; il n'y a de science en politique que l'économie politique[1].

Politique, ou plutôt *sociale* : la première épithète fait contre sens lorsqu'il s'agit de désigner une science qui précisément postule la non-intervention des hommes politiques dans les phénomènes sociaux[2]. « *Qu'il n'existe ni ne peut exister une science de la politique* », c'est le thème développé par Hodgskin dans l'étude qu'il consacre, en 1852[3], au traité de Cornwall Lewis « sur les méthodes de raisonnement et d'observation en politique ». La politique est une routine, qui change sans cesse, mais dont on ne peut dire qu'elle fasse des progrès parallèles au progrès de la société, dont on peut raconter l'histoire, mais dont on ne peut faire la théorie.

---

1. 7 avril 1855, p. 370-371.
2. 12 décembre 1846, p. 1621-1622.
3. 27 novembre 1852, p. 1326-1327.

> Le gouvernement est manifestement analogue à tous les arts que les hommes commencent instinctivement et empiriquement, à ces arts qui conduisent plus tard aux sciences de l'agriculture, de la navigation, de la métallurgie, etc. Mais les sciences en question concernent plutôt les propriétés des terrains et les lois de la vie végétale, la conformation de la terre et les mouvements des corps célestes sur lesquels se guident les vaisseaux, les propriétés des métaux, du feu et des fluides ; ce ne sont pas des sciences de toutes les pratiques grossières que l'on peut avoir appliquées à mettre le sol en culture, à employer la voile ou la rame pour se déplacer, à fondre ou forger les métaux. Si l'on fait abstraction des procédés employés de tout temps par les hommes dans la pratique de ces arts, procédés dont il n'y a pas de science qui se distingue de leur histoire, il y a, dans tous les arts qui donnent naissance à la science, une matière distincte de l'homme lui-même. En politique, il y a seulement l'homme, ses arts et ses procédés ; autant de sujets qui, si on les considère exclusivement comme distincts de la science de la nature humaine, ne peuvent devenir la matière d'une science séparée. Il y a une science de la production et de la distribution des richesses ; mais c'est une science qui, comme les sciences de la navigation et de l'agriculture, concerne des objets matériels distincts de l'homme. Cette science a beau être liée, par des rapports étroits, aux arts, aux mobiles, à l'existence de l'homme ; elle n'est pas exclusivement bornée, cependant, à ces arts, aux procédés pratiques qu'il emploie, ou à son existence ; elle a une matière visible et tangible en laquelle le travail s'incorpore, et qui devient la richesse, distincte de l'homme lui-même.

En outre, et surtout, peut-on, sans se contredire, affirmer à la fois que la science politique implique la notion de nationalité et que le progrès du genre humain tend à effacer les nationalités ? La politique perdrait donc son objet propre, au fur et à mesure des progrès que ferait la civilisation.

> La politique repose tout entière, comme dit Mr. Lewis, sur la nationalité. Son essence, c'est que chaque peuple souverain ait un gouvernement à lui. [...] Or, le progrès de la société, sinon le progrès politique, a consisté, depuis le commencement de l'histoire, à étendre continuellement les limites de la nationalité, — à incorporer les tribus dans les communautés, les communautés dans les nations, jusqu'au moment où une seule nation en a absorbé plusieurs. Il y a donc eu annihilation graduelle, naturelle, et nécessaire, de cette circonstance spéciale, de ce principe, sur lequel toute politique est fondée. [...] Il est possible, quoique la chose soit douteuse, que la nature humaine ait été différente à des époques différentes ; mais la base de la politique est évanouissante. Il n'y a de

science que du permanent ; puisque la nationalité n'est pas permanente [...] il ne peut y avoir de science politique. — Il peut être vrai, comme dit Mr. Lewis, que la *science* de l'économie politique se rapporte aux relations des hommes qui vivent en société politique et ne puisse se rapporter qu'à eux si les hommes, depuis les débuts de l'histoire, ont toujours vécu en société politique. Mais il peut, en même temps, être vrai que les principes de la science de la production de la richesse soient absolument contraires, comme nous savons qu'ils le sont en bien des cas, aux pratiques de la science politique, et, loin de lui être subordonnés, soient peut-être destinés à l'abolir.

L'historien ne devra donc pas expliquer le progrès social par les interventions, accidentelles et incohérentes, des législateurs et des sages. Seule, la « présomption des classes lettrées » attribue à l'influence des penseurs et des philosophes le progrès de l'Europe moderne[1].

C'est sans le secours direct d'une science quelconque, mentale ou autre, que, depuis le temps de Locke, l'*esprit* ou la société a échappé à une multitude de préjugés et s'est développé en tous sens. Avec le temps et par le temps, l'*esprit* s'agrandit ou se développe. Les découvertes scientifiques et les arts qui sont fondés sur elles ne sont l'œuvre ni du hasard ni des desseins de l'homme ; elles sont un développement régulier et progressif que nulle direction imprimée par l'entendement humain ne pouvait produire, — quelle que puisse être l'efficacité des attentions prises à cet égard pour rendre les individus bons, instruits et sages[2].

Hodgskin ne veut pas que l'État, par un système d'instruction gouvernementale, assume la tâche de diriger ou d'accélérer le progrès ; il mène campagne, en 1847 et 1848, contre l'*Education Bill*, que soutient Macaulay[3], oppose à Macaulay les principes de sa propre philosophie de l'histoire. Macaulay n'a-t-il pas nié que les grandes révolutions d'Angleterre puissent avoir été produites « *par une réglementation législative ou par l'emploi de la force physique* » ? Macaulay a eu tort seulement de considérer les causes générales, en histoire, comme des causes d'ordre moral et religieux : si l'Angleterre s'est plus vite civilisée et émancipée que les nations du continent, c'est simplement parce que la population, enfermée dans les limites d'une île, y est devenue de bonne heure plus dense que dans le reste

---

1. 21 octobre 1848, p. 1190.
2. 16 septembre 1854, p. 1021.
3. 20 mars 1847, p. 323-324 ; 24 avril 1847, p. 462-464 ; 1er mai 1847, p. 492-464 ; 30 décembre 1848, p. 1471-1473.

de l'Europe. Bref, parmi les facteurs de l'histoire, celui dont l'action est prédominante, ce n'est ni le facteur politique ou juridique, ni le facteur normal ou religieux, c'est le facteur économique ; la philosophie de l'histoire, chez Hodgskin, ce qu'il appelle « *l'histoire de la civilisation* », ou « *l'histoire naturelle de l'homme considéré comme un animal progressif* », constitue, au sens propre du mot, un matérialisme historique, excellemment défini par Hodgskin lorsqu'il félicite Thiers d'avoir bien observé

> que le fait de la propriété existait à l'origine de la société, avant que l'idée de propriété fût formée. En d'autres termes, le fait que la propriété est un droit précéda l'opinion qu'elle devait être garantie et conservée. On peut donc affirmer que des transformations de fait, subies par la propriété, devront, à toutes les époques futures, précéder toutes les opinions politiques et toutes les transformations qui s'y trouvent liées. Cette hypothèse concorde avec ce fait général que toutes les connaissances de l'homme, politiques et autres, et, en dernière analyse, toutes les opinions de l'homme sont corrigées par les faits du monde matériel et, par suite, se modèlent sur eux. L'esprit, à son plus haut degré de perfection, est une exacte réflexion de la nature extérieure. Par conséquent, à la longue, la nature extérieure, dont l'homme doit savoir respecter les lois pour vivre, donnera leur figure et leur direction à toutes ses opinions[1].

Mais, si Hodgskin tient l'économie politique pour la véritable science de la société, celle qui nous donne la clef de la philosophie de l'histoire, il reste l'adversaire déterminé de l'économie politique de Ricardo. Lorsque McCulloch publie, en 1846, l'édition complète des œuvres de son maître, Hodgskin regrette que McCulloch ait mal rempli sa tâche d'éditeur en n'essayant pas de déterminer impartialement

> quelle part de la réputation de Ricardo est purement éphémère et s'explique très simplement par des circonstances extérieures ; quelle part, au contraire, est la conséquence durable des découvertes importantes qu'il fit et incorpora à son grand ouvrage.

Et Hodgskin, reprenant[2] le travail de critique négligé par McCulloch, reproche à Ricardo d'avoir, grâce à son incontestable compétence en matière de banque et de finances, obtenu, comme économiste, un crédit qu'il ne méritait pas ; d'avoir observé les phénomènes économiques, entre 1815 et 1820, à une époque de crise où ils ne présentaient pas un caractère normal ;

---

1. 30 décembre 1848, p. 1480-1481.
2. 28 novembre 1846, p. 1556-1558.

il lui adresse, une fois de plus, toutes ses anciennes critiques.

Ricardo a obscurci, alors qu'il prétendait l'éclaircir, la théorie de la valeur telle que l'avait définie Adam Smith :

> En un sens, la manière dont Smith a varié dans l'expression verbale de son principe sert mieux à expliquer certains phénomènes sociaux que la rigidité avec laquelle Mr. Ricardo en respecte la lettre. Si l'on substitue, dans la doctrine de Smith, le mot *travailleur* au mot *travail*, elle représente plus exactement ce qui se passe réellement dans la société que la doctrine de Mr. Ricardo, assez peu intéressante en somme, puisqu'elle concerne exclusivement les *variations, dans l'échange, de la valeur des marchandises*, et ne tient pas compte de l'échange entre les différentes classes, travailleurs, capitalistes, propriétaires fonciers, que Smith se proposait en partie d'expliquer. En admettant qu'il y ait chez Ricardo plus d'exactitude verbale ou logique, elle n'a été obtenue, nous le craignons, que parce que Ricardo a complètement exclu de sa science ces importantes relations du travailleur aux autres classes, que Smith discutait réellement, au prix d'un changement dans sa terminologie.

En ce qui concerne les salaires, Ricardo admet que les différentes espèces de travail sont l'objet d'estimations différentes ; puis il passe outre, pour ne plus envisager que les variations quantitatives du travail ; et cependant,

> cette différence d'estimation est précisément la chose dont se plaint un paysan lorsqu'il nous dit qu'il gagne seulement sept shillings par jour, pendant qu'un Ministre, un Maréchal, un Archevêque, ou l'homme qui surveille d'autres travailleurs, gagne autant ou trois fois autant de livres sterling par jour. [...] Nous disons qu'il faut être aveugle sur ce qui se passe dans la société, pour ne pas sentir que les *inégalités de rémunération*, les degrés relatifs d'estimation où sont tenus les différents genres de travail, et conséquemment les différents taux des salaires, sont une des questions brûlantes du jour ; l'ouvrage qui, tout en prétendant traiter de la plus grande des sciences sociales, néglige systématiquement ce sujet, laisse de côté un problème qu'Adam Smith avait discuté et qui, par son intérêt, écrase tous les autres.

Il reprend, sans la modifier, son ancienne théorie du capital, l'oppose, en 1854, à Morrison, auteur d'un *Essai sur les relations du capital avec le travail*[1] ; à Rickards, auteur d'un livre sur *La Population et le Capital*[2] ; à

---

1. 29 avril 1854, p. 458-459.
2. 18 nov. 1854, p. 1269-1270.

Charles Knight, qui vient de remanier et de publier sous un nouveau titre l'ouvrage dans lequel il avait, en 1832, malmené Hodgskin[1].

> Il est contradictoire de dire que le capital est le résultat du travail, et que le capital doit précéder toute production. [...] L'industrie, dit-on, est limitée par le capital. [...] En quel sens ? Ce n'est pas par la valeur ni par la quantité du capital ; car la première dépend de l'habileté des travailleurs, et la seconde de leur énergie. L'épargne d'un noble russe et celle d'un industriel anglais peuvent être également de 10 000 quarters de blé, et l'industrie qu'entretiendra chaque quantité de 10 000 quarters sera manifestement très différente en valeur et en quantité. [...] Le fait que le capital est employé, ou rapidement restitué, dépend d'un sentiment : le fonds consiste en ce qu'un homme fait crédit à un autre, croit qu'il y aura une production future pour le payer de ses peines, plutôt qu'il ne consiste en marchandises actuellement existantes ; mais, à coup sûr, sans qu'il existe un atome de capital en plus ou en moins, les classes laborieuses peuvent trouver du travail abondant et des salaires élevés, ou bien être vouées à l'inaction et à la faim. Si Mr. Morrison avait étudié davantage l'homme et ses mobiles — les relations immatérielles des êtres humains plutôt que les relations des choses matérielles — son livre eût été plus profond. [...] L'homme est l'unique agent productif. [...] Toute la science de l'économie politique concerne l'homme et l'industrie, non ses produits.

Enfin, la théorie de la rente différentielle est caduque. Hodgskin félicite Carey[2] d'avoir, en la critiquant, ajouté une tentative

> aux nombreuses tentatives qui se font aujourd'hui, de tous côtés et en des sens divers, pour montrer que le gouvernement de la société est dirigé par des lois plus hautes que celles de la législation humaine [...], pour établir l'autorité de la nature.

Sans doute, les arguments de Carey ne portent pas toujours. Démontrer que l'homme cultive les terres légères avant les terres lourdes, ce n'est pas démontrer qu'il commence par la culture des terres moins fertiles : les terres légères sont d'abord, au point de vue strictement économique où se place Ricardo, les terres les plus fertiles. Mais Carey a ce mérite d'opposer des faits tirés de l'histoire économique des États-Unis au très petit nombre de faits qui avaient frappé l'imagination de Ricardo, « *plus pénétrant*

---

1. 30 décembre 1854, p. 1453-1454. — V. encore une lettre qu'il adresse, le 23 janvier 1858, au *Morning Chronicle*, sous le titre « *Trade without capital* ».
2. 28 octobre 1848, p. 1227-1228.

qu'instruit ». À une époque où il y avait accroissement très rapide de la population sur un sol fermé,

> il conclut, de la rapide augmentation de la rente qui se produisait alors, à l'origine de la rente et l'expliqua par l'existence de plusieurs degrés de fertilité du sol et par l'occupation du sol le plus fertile avant les autres, alors que l'histoire nous y montre un effet de la conquête et de l'oppression.

Au fond, le pessimisme de Ricardo n'est-il pas surprenant, à une époque où les énergies productives du monde civilisé subissaient un développement prodigieux ?

> La conclusion qu'avec le progrès de la société le sol fournit un revenu constamment moindre au capital et au travail [...] contredit, en fait, le principe propre de Mr. Ricardo — à savoir que le travail paie tout le coût. Il a contribué à dissiper les doutes et les anomalies qui l'enveloppaient, et, depuis lui, on a constamment et généralement admis que le travail est la source unique de la valeur, la source unique de la production, le paiement de tous les coûts et le dernier régulateur du prix. [...] M. Ricardo fait constamment allusion aux perfectionnements de la culture et aux découvertes techniques comme tendant, par intervalles, à compenser la chute des profits ; mais ces perfectionnements, où il voit des exceptions à la règle, sont, en fait, la règle, et constituent la grande loi de la population et de la production. L'homme devient habile dans la mesure où l'espèce devient nombreuse.

La théorie de la rente différentielle n'est-elle pas d'ailleurs, trente années après sa découverte, si démodée qu'il ne vaut pas la peine de la discuter ?

> Quoiqu'il n'existe pas de réfutation accréditée, en termes exprès, des erreurs de Ricardo, la société les a dépassées (*has lived them down*), et personne, si ce n'est quelques purs écrivains, ne s'inquiète plus de ce que Malthus dit de la population ni Ricardo de la rente[1].

La décadence même de l'orthodoxie fondée par Ricardo semble, en effet, propre à donner confiance à Hodgskin en ses doctrines propres ; Stuart Mill vient, dans son grand ouvrage, de distinguer, un peu comme Hodgskin l'avait fait lui-même, entre les lois naturelles et les lois humaines, celles, en particulier, qui prétendent définir le droit de propriété, dont l'influence

---

1. 18 novembre 1854, p. 1269.

s'exerce sur les phénomènes économiques[1]. Stuart Mill a peut-être seulement manqué de sens historique, et son livre aurait, selon Hodgskin, plus de valeur

> si ses longues dissertations sur la tenure foncière étaient nettement rapprochées des conditions sociales particulières, qui rendent, en ce qui concerne la propriété foncière, tolérable et justifiable en un temps ce qui est intolérable et monstrueusement injuste et funeste en un autre. L'appropriation originelle du sol, par exemple, il y a un grand nombre de siècles, fut alors un mal supportable ; mais l'influence qu'elle exerce sur la condition présente de l'Irlande n'est évidemment que destructive.

Et il faut regretter également que Stuart Mill, esclave probablement des préjugés législatifs chers à l'école de Bentham, après avoir admis l'existence de lois naturelles de la production, ait tenu la distribution de la richesse pour absolument arbitraire, dépendante du législateur et des coutumes qu'il peut lui arriver d'établir.

> En réalité, tous les hommes peuvent agir mal, mais ils ne peuvent éviter les conséquences de leurs actions : d'où il suit qu'il y a un juste et un injuste lorsqu'il s'agit de la distribution de la richesse aussi bien que lorsqu'il s'agit de protéger ou de prendre la vie humaine, et qu'une nation ne peut pas davantage décréter la distribution de la richesse qui lui plaît, ou protéger par la force la distribution qu'elle décrète, qu'elle ne peut négliger de cultiver ses champs ou ravager le territoire d'une autre nation et commettre toutes sortes d'atrocités, sans violer les lois morales.

Si les prétendues lois naturelles de la distribution des richesses, formulées par l'école de Ricardo, doivent être réfutées, c'est précisément parce que, tendant à imputer à la nature le mal économique et, par suite, le mal social tout entier, elles nient la véritable loi de la justice naturelle.

Est-ce à dire que, depuis 1832, la pensée de Hodgskin n'ait pas varié ? En fait, elle a subi d'incontestables variations, mais dont l'importance sera diversement appréciée, selon le point de vue où l'on se place dans l'interprétation de sa philosophie ; Hodgskin continue[2] d'affirmer que le droit de propriété, « *tel qu'il est légalement constitué, n'est pas incapable d'amélioration* », et que « *la distribution de la richesse est le problème social du jour, qui réclame une solution* », mais il ne veut pas « *d'une grande altération de la propriété, à plus forte raison d'un système communiste ou socialiste, pour supprimer la distribution actuelle* ». Si l'on songe que

---

1. 27 mai 1848, p. 603-604.
2. 26 mai 1849, p. 584.

Hodgskin a été des premiers à fournir aux socialistes anglais une doctrine économique, on trouvera la variation grave ; on la trouvera moins grave si l'on considère que Hodgskin a toujours combattu, pour des raisons de principe, toute intervention du gouvernement et de la loi dans la distribution des richesses, critiquant les revenus du propriétaire foncier et du capitaliste précisément parce qu'il attribuait à ces revenus une origine législative et gouvernementale.

Hodgskin trouve injuste et néfaste dans ses effets la constitution actuelle du droit de propriété foncière. Mais jamais il n'aurait pu, sans violer le principe, individualiste et anarchiste, de sa philosophie sociale, demander au gouvernement d'intervenir, soit pour rendre collective la propriété du sol, soit pour la réduire, de force, à ses dimensions naturelles. En 1851, paraît la *Statique sociale* de Herbert Spencer, et Hodgskin salue avec enthousiasme[1] un livre qui « *se distingue par ses sentiments généreux et la vigueur du raisonnement et fera époque dans la littérature de la morale scientifique* ». En fait, lorsqu'on retrouve, contre la théorie benthamique du droit, sur la définition du droit naturel, de très frappantes analogies entre le livre de Spencer et les lettres ouvertes adressées en 1832 par Hodgskin à lord Brougham, lorsque d'ailleurs on voit Spencer vivre, plusieurs années de suite, à l'*Economist*, en contact quotidien avec Hodgskin, lui rendre visite, lui demander des conseils, emprunter des livres à sa bibliothèque, n'est-on pas en droit de croire à la possibilité d'une influence directe exercée par Hodgskin sur Spencer ? Mais Spencer incline vers une sorte de communisme agraire ; et, sur ce point, Hodgskin se sépare de lui. C'est confondre le droit de l'individu à l'usage de ses facultés avec le droit à l'usage du sol ; c'est ne pas tenir compte du fait qu'avec le progrès des arts un nombre toujours plus grand d'individus peut travailler et recevoir le produit de son travail sans participer à la propriété du sol ; c'est retirer aux individus le droit de propriété pour le donner à la société, alors que « *les sociétés n'ont d'autres droits que l'agrégat des droits des individus* » ; c'est oublier que les droits n'existent que par le consentement de l'opinion ; que, par suite, si l'opinion consent à l'appropriation individuelle du sol, c'est qu'elle croit y voir un bien social. Enfin

> donner le sol au public et faire payer l'usage de la terre à ceux qui la cultivent, ce serait soustraire en fait aux cultivateurs une partie du produit de leur travail, — car c'est une erreur de supposer que le sol produit quelque chose — et la conférer à d'autres hommes, ou, ce qui revient au même, au public. Ce serait une violation de la propriété et, pour l'industrie,

---

1. 8 février 1851, p. 19-151.

une terrible entrave. La persistance de certains préjugés inspirés par le *landlordisme*, peut expliquer l'erreur où l'écrivain tombe sur ce point. Il accepte, croyons-nous, sans s'en rendre compte, la notion que la rente actuellement payée pour la jouissance du sol est la représentation et l'équivalent du capital engagé dans le sol par les générations successives et de la conquête injuste dont les possesseurs originels furent auteurs. Mais le sol de l'Angleterre n'a pas cessé d'être tout entier acheté et racheté. Le sol, nous le répétons, pas plus que l'Océan ou l'atmosphère, ne produit rien pour la satisfaction des besoins humains. En général, il doit être défriché avant de pouvoir être exploité. Ce qu'on appelle, habituellement, le produit du sol, c'est le produit du travail appliqué au sol ; et prélever le produit du travail individuel appliqué au sol, ou une partie de ce produit, pour en faire présent au public, c'est violer le droit à la propriété du travail ou de ses produits.

Or, vingt ans plus tôt, Hodgskin n'aurait pas taxé de « préjugé » l'opinion suivant laquelle la rente exprimerait un ancien droit légal, le droit de la force et de la conquête. Mais une phrase, écrite à la légère, n'empêche pas que le développement, pris dans son ensemble, soit conforme aux principes de la philosophie économique de Hodgskin : si vraiment le travail seul, à l'exclusion des qualités naturelles du sol, est la cause réelle et la mesure de la valeur, l'État, pas plus que le propriétaire, ne saurait prélever une partie du produit du travail du cultivateur. Hodgskin ne se sépare pas des simples radicaux, de Cobden ou de Bright, lorsqu'il se borne à préconiser la suppression, en matière de propriété foncière, d'une législation surannée, et la libération du sol, dont une multitude de lois entravent l'achat et la vente ; lorsqu'il applaudit à l'*Encumbered Estates Act* irlandais[1], et demande, dans un siècle de libre-échange universel, l'établissement d'un libre-échange foncier[2]. Mais il reste fidèle à ses principes lorsqu'il borne les obligations du législateur à cette tâche négative : car il a été démontré, et par Hodgskin lui-même,

> que les portions selon lesquelles la terre doit être répartie entre les individus […] n'est rien que l'État puisse fixer à l'avance, parce que cela dépend à chaque instant du chiffre de la population pour un espace donné, ainsi que du savoir et de l'habileté des hommes, état de choses dont l'État, comme tout groupement d'hommes, doit rester ignorant, tant qu'il n'existe pas effectivement[3].

---

1. *Our chief crime : cause and cure*, 1857 ; p. 11-13.
2. 13 déc. 1856, p. 1371.
3. 20 janvier 1849, p. 72-73.

Restent les bénéfices du capitalisme : ne semble-t-il pas que Hodgskin, en vieillissant, leur soit devenu très indulgent ? En 1815, il s'était fondé, dans sa critique du capital, sur la loi, énoncée par Ricardo, de la variation inverse des profits et des salaires : c'est maintenant un des reproches qu'il adresse à Ricardo,

> de mettre en opposition le salaire du travailleur et le profit du capitaliste, et de regarder celui-ci comme un prélèvement fait sur l'autre. Ce sont là des erreurs funestes. Nous savons parfaitement bien aujourd'hui [...] que les capitalistes et les travailleurs peuvent, les uns et les autres, obtenir davantage et être mieux pourvus, par le progrès du pouvoir productif[1].

En 1825, il comptait sur les coalitions ouvrières pour protéger les intérêts des salariés contre les exigences des capitalistes ; maintenant, il condamne en bloc

> l'intervention entre le capital et le travail des communistes, des socialistes et des ouvriers coalisés (toutes ces interventions sont mauvaises). [...] Le principe qui commande d'observer les lois naturelles, et de ne pas intervenir dans leur opération, s'adresse autant aux gouvernements qu'aux communistes, aux socialistes et aux ouvriers coalisés. En fait, la première intervention est la mère des autres[2].

Mais si ces expressions trahissent une évolution de sa pensée, ne trahissent-elles pas, plus encore, l'infirmité radicale de sa doctrine ? La justice et la nature veulent, nous dit Hodgskin, que chaque individu reçoive le produit intégral de son travail. Mais chaque individu sera-t-il tenu de consommer tout ce produit ? Ou bien d'exploiter lui-même le capital fixe que son travail aura produit en sus de la quantité de produit nécessaire à sa consommation ? Ou bien enfin sera-t-il libre d'avancer ce capital à d'autres travailleurs (Hodgskin semble admettre la légitimité de ces avances), et, dans ce dernier cas, faut-il admettre qu'un régime de parfaite liberté suffise, à la longue, pour assurer à chacun des deux contractants, le producteur et l'exploitant du capital, la part de salaire qui lui est due ? Mais le producteur du premier capital fixe n'est pas immortel : lui disparu, à qui revient le bénéfice de ses épargnes et de ses inventions ? À l'État ? La philosophie de Hodgskin lui interdit d'envisager cette hypothèse. Aux exploitants de son capital et de ses procédés ? Il faut donc que l'État intervienne pour limiter la liberté que

---

1. 28 novembre 1846, p. 1558.
2. 26 avril 1854, p. 458-459.

pourrait revendiquer le producteur de transmettre sa richesse par donation, héritage et testament. Ou bien, si cela n'est pas admis, il faut admettre la légitimité de cette transmission et, du même coup, de l'accumulation capitaliste. Hodgskin, qui ne veut pas de nouvelles lois contre l'usure, se borne à espérer que

> le progrès graduel de la société, par où le capital et le travail semblent de plus en plus se réunir dans les mêmes mains, est peut-être la solution la plus appropriée, la plus juste, la plus aisée, de la difficulté.

Il compte sur la multiplication des sociétés par actions, sur l'association des patrons et des ouvriers, et se rapproche singulièrement, par là, des simples radicaux[1]. C'est que, depuis 1832, les socialistes anglais sont devenus, ou bien des révolutionnaires qui croient préparer le règne de la justice par une révolution subite et violente et non par une évolution graduelle, ou bien des interventionnistes, réclamant, avec l'appui de certains *tories*, de nouvelles lois, de nouveaux règlements, pour les protéger contre les patrons. Le public s'est remis à considérer avec faveur

> la fausse notion qu'un ou deux grands esprits — un Louis Blanc, un Lamartine, un Lord Ashley — peuvent modeler la société, et que la société ne peut recevoir de secours que de l'action d'esprits comme ceux-là[2].

Et les noms choisis à titres d'exemples (deux révolutionnaires, un socialiste *tory*) sont caractéristiques : s'il faut choisir entre un libre-échangisme bourgeois et un interventionnisme ouvrier, Hodgskin ne peut s'arrêter au deuxième terme, qui lui paraît contradictoire. Il ne voit pas dans le libre-échangisme une panacée universelle, mais le premier pas dans l'application d'une méthode qui finira par guérir tous les maux sociaux. Il constate en 1854 l'accroissement du paupérisme, et il l'explique.

> Toutes les causes générales, quelles qu'elles soient, du paupérisme existent encore, et nous ne pouvons compter sur l'extinction même approximative du paupérisme tant qu'elles n'auront pas été écartées. Le libre-échange et les découvertes d'or, la nourriture à bon marché, l'accroissement rapide de travail, ont eu les effets les plus bienfaisants pour la diminution du paupérisme, mais ces influences ne sont plus capables de compenser l'influence néfaste qui cause le paupérisme en

---

1. 17 mars 1849, p. 303-304.
2. 21 octobre 1848, p. 1190-1191.

tous temps. […] L'investigation des causes du paupérisme général dans la société nous conduirait cependant bien loin ; bornons-nous à dire que le libre-échange était fait seulement pour en surmonter temporairement l'influence et qu'il nous faut, pour nous débarrasser complètement du paupérisme, une succession de mesures libre-échangistes, ou de mesures propres à écarter les obstacles que l'ignorance et la présomption ont, jusqu'ici, dressés sur la route de l'indépendance individuelle et du progrès social[1].

En 1855, Hodgskin cesse de donner à l'*Economist* des études critiques : ses vues d'économie politique théorique, trop excentriques encore, ont-elles fini par indisposer Wilson, le directeur de la Revue ? Mais il n'y a pas encore brouille entre Wilson et Hodgskin, qui, de novembre 1855 à avril 1857, poursuit, dans une série d'articles de fond, une campagne, depuis longtemps commencée, pour la réforme du droit pénal. C'est toujours, aux yeux de Hodgskin, le problème capital ; sur ce point, sa pensée n'a jamais été troublée par la moindre incertitude. — On est frappé de la multiplicité des crimes ; on est porté à croire que le nombre en augmente ; les réactionnaires, naturellement timides, rendent responsable de cet accroissement présumé de criminalité la nouvelle civilisation industrielle et commerciale. On dénonce la spéculation, mais

> sans spéculation nous n'aurions ni chemins de fer, ni docks, ni grandes compagnies. […] Quelques-uns des individus les plus utiles, les plus grands, les plus riches d'aujourd'hui — les Stephenson, les Peto, les Brassey, les Baring, les Thornton, les Rothschild — sont des spéculateurs[2].

On dénonce le désir de la richesse ; mais,

> ce désir bien analysé, on trouve qu'il se ramène, ou peu s'en faut, au désir du respect mutuel. En dehors de cela, la richesse se ramène à la nourriture, au vêtement et au chauffage. Le désir honnête de la richesse consiste à recevoir des services et des honneurs en échange de services et d'honneurs rendus. Il est une partie intégrante et nécessaire de la société ; sans lui, les hommes ne pourraient vivre en communauté[3].

On dénonce le commerce, mais

---

1. 18 février 1854, p. 170.
2. 1ᵉʳ mars 1856, p. 223.
3. *Our chief Crime*, 1857, p. 2.

> nous sommes tous des commerçants... et... le commerce ne consiste qu'en services mutuels par marché réciproque[1].

On dénonce la concurrence ; mais

> elle est le principe d'excellence et donne à chaque homme sa juste récompense[2].

On dénonce la civilisation elle-même,

> mais les traits caractéristiques des sauvages, de ceux qu'on découvre de nos jours, de ceux que l'antiquité connaissait, sont un parfait égoïsme, l'absence d'humanité et plus de ruse que d'honnêteté[3].

On s'en prend à la grande industrie, aux grandes villes : lord Grey voit, dans l'augmentation de la criminalité, « *la conséquence naturelle d'une densité croissante de population et de richesse* ». Mais

> que la population croisse en densité, c'est la conséquence naturelle et nécessaire des plus puissants instincts de notre espèce ; qu'elle se soit jusqu'ici accrue, c'est un fait certain ; qu'elle soit destinée à s'accroître par la suite, cela semble aussi certain qu'il est certain que le soleil continuera à se lever ; que tous les hommes s'efforcent de devenir riches, cela est également certain ; si, par conséquent, comme Lord Grey l'a établi et comme l'opinion publique l'admet, de l'accroissement de la population et de la richesse découle un accroissement de la criminalité, il est déraisonnable d'espérer qu'un système quelconque de lois pénales ou de maisons de correction peut arrêter le flot[4].

Après tant de déclamations confuses, la philosophie du droit pénal reste à constituer.

Hodgskin s'essaie à cette tâche ; ou, plus exactement, il vérifie ses préjugés, depuis longtemps fixés en ces matières, par des recherches statistiques approfondies. Dès le début de sa collaboration à l'*Economist*, il s'est chargé des articles de statistique morale sur le nombre des mariages et des naissances, sur le nombre des pauvres assistés, sur le nombre des crimes commis et des condamnations prononcées. Il connaît les difficultés de ces recherches. Les phénomènes sociaux sont complexes et les causes

---

1. *Our chief Crime*, 1857, p. 2, 1er mars 1856, p. 223.
2. *Our chief Crime*, 1857, p. 3.
3. *Ibid.*
4. 12 janvier 1856, p. 31-32.

continuent à se prolonger dans leurs effets longtemps après avoir cessé d'exister. On ne doit pas juger du nombre des crimes par le nombre des condamnations : il pourrait arriver qu'une nation très criminelle fût, en raison de son insensibilité morale elle-même, très peu sévère dans la répression du crime[1]. Les statistiques officielles sont, en outre, mal faites, et dépourvues de caractère scientifique. Hodgskin croit cependant pouvoir établir, par l'analyse approfondie et prolongée de ces statistiques, que la criminalité a pour cause la mauvaise distribution de la richesse, la misère ; que la misère elle-même a pour cause la violation des lois naturelles par la législation humaine ; que l'on ne saurait donc compter sur la législation pénale pour combattre la criminalité, effet indirect de la législation économique et, qui plus est, effet direct de la législation pénale.

La criminalité, dit-on, a augmenté. Mais les statistiques criminelles, mieux faites, mettraient en lumière le fait que tous les délits n'ont pas subi l'augmentation dont on se plaint. Le nombre des crimes contre la personne est resté stationnaire, s'il n'a pas effectivement diminué ; ce sont les crimes contre la propriété qui sont devenus plus fréquents. Encore les statistiques ne peuvent-elles pas nous fournir de renseignements exacts sur l'augmentation de ce second ordre de délits : comment dire, sur le nombre des crimes actuellement commis contre la personne, combien sont dus à l'instinct de vengeance, combien à l'esprit de lucre et au désir de s'enrichir ? Est-ce donc que la législation pénale a été plus habile à atteindre les crimes contre la personne qu'elle ne l'a été à atteindre les délits contre la propriété ? En aucune façon ; mais c'est que, parmi les droits de l'individu, le droit à la vie est plus facile à définir que le droit de propriété. Plus compréhensible, il est plutôt respecté et garanti par l'opinion publique, sans contrôle législatif ou gouvernemental. Car le droit de propriété est complexe, il est changeant. C'est un droit social et,

> de même que l'individu ne naît pas adulte, mais est soumis à la croissance et possède, selon son âge, des droits différents et des devoirs différents, de même la société n'est pas créée adulte, mais croît à mesure que la population se multiplie, et, à mesure qu'elle croît, elle modifie les droits *sociaux*[2].

Les législateurs, les gouvernants, en prétendant fixer, immobiliser ce qui, en vertu de sa nature, change sans cesse, sont responsables en partie de l'augmentation du nombre des crimes contre la propriété.

---

1. 22 septembre 1849, p. 1058-1061.
2. *Our chief Crime*, 1857, p. 5 ; cf. 1er mars et 8 mars 1856, p. 223-253.

D'ailleurs, la statistique nous enseigne que l'accroissement du nombre des crimes contre la propriété n'a pas été, depuis le début du siècle, uniforme et constant. Hodgskin, avec des chiffres à l'appui, fait voir que, de 1802 à 1856, les oscillations de la criminalité ont suivi les oscillations de la richesse publique.

> Il y a une connexion étroite et intime entre la pauvreté et le crime, entre le défaut de prospérité et la multiplication des délits, entre le défaut de nourriture et le désordre social. [...] La misère et le crime s'accompagnent comme la substance et l'ombre, — comme le son et l'écho. Étant donnés, chez un peuple, le degré de prospérité commerciale et la quantité de bien-être honnêtement obtenu, l'expérience du passé nous permettrait de déterminer, avec une exactitude presque arithmétique, le taux de la criminalité existante à l'époque[1].

La criminalité a pour cause non pas le désir de la richesse, mais l'impossibilité où ce désir se trouve d'obtenir sa satisfaction légitime par l'effet d'une mauvaise distribution des richesses. Le nombre des crimes a baissé chaque fois — vers 1825, vers 1843 — que l'application de la politique libre-échangiste a produit, en dépit de la phrase célèbre de Gladstone sur les dangers de la concentration des capitaux, une distribution plus égale des fortunes[2]. Il peut même être arrivé, dans ces années de baisse de la criminalité, que le nombre des crimes de violence soit resté stationnaire : mais cela n'infirme pas la thèse de Hodgskin ; car

> on n'attendait pas que le libre-échangisme amoindrirait la colère, la honte, la jalousie, la vengeance ou toute autre émotion de ce genre ; il ne faisait concurrence à aucune loi criminelle ; mais il visait à diminuer la misère, et avec elle les tentations de violer le droit de propriété : en conséquence, le nombre des délits contre la propriété a diminué[3].

À ces augmentations de la richesse publique, dues à l'émancipation de l'industrie nationale, a correspondu, d'ailleurs, une augmentation de population,

> preuve à l'appui de ce principe important, que le principe moral se développe dans la mesure où l'espèce se multiplie. [...] Ce principe est

---

1. 18 mai 1844, p. 811 ; 12 octobre 1844, p. 1299-1300.
2. 15 mars 1856, p. 280-281 ; 22 mars 1856, p. 306-308 ; 14 juin 1856, p. 645-646 ; 26 juillet 1856, p. 813-814.
3. 14 mai 1853, p. 534.

fécond en brillantes espérances pour l'avenir, puisqu'il nous conduit à croire que l'âge d'or de nos ancêtres était un simple idéal prophétique, qu'il appartiendra à nos descendants de réaliser[1].

Bref, pour supprimer le crime, il est nécessaire et suffisant de supprimer la misère ; et, pour supprimer la misère, il suffit de la laisser s'éliminer spontanément, après abrogation des lois qui prétendent protéger le commerce et l'industrie : par où se trouvent implicitement condamnés tous les procédés législatifs sur lesquels on compte pour devancer cette élimination graduelle et nécessaire du crime. Car toutes les raisons qui valent contre l'efficacité des lois économiques valent, *a fortiori*, contre l'efficacité de toutes les lois.

Dans presque tous les ordres de règlements commerciaux — la loi sur les céréales, par exemple, tout le tarif douanier, la loi fameuse de 1844, un des fruits les plus récents des délibérations paisibles du Parlement sous la direction du plus sûr de tous les hommes d'État du siècle —, le Parlement a échoué. Pourtant ces lois concernent toutes des objets matériels et mesurables, aliments, or, monnaie, vêtements, nombre d'habitants, etc. ; elles étaient toutes des lois modernes, faites à une époque où les sujets auxquels elles se rapportaient devaient être l'objet d'investigations nombreuses et étaient supposés parfaitement connus. Si donc les plus sages commettent de telles méprises alors qu'il s'agit de choses mesurables, n'est-on pas en droit de supposer que des lois et des règlements mis en vigueur il y a longtemps, alors que l'on ne pouvait se figurer, même en rêve, les conditions sociales d'aujourd'hui, ne sont pas les meilleurs moyens pour développer, dans le présent et l'avenir, la moralité et le bien-être publics[2] ?

Hodgskin reprend donc, une fois de plus, sa critique de la notion de loi. Les lois sont toujours coûteuses dans leur application ; elles produisent de la pauvreté, et la pauvreté est la cause du crime[3]. Elles sont immobiles dans une société qui se transforme à chaque instant. Elles sont rigides et elles s'appliquent à une matière infiniment variée[4]. Surtout elles entretiennent dans les esprits, par leur existence même, la confusion entre ce que la nature interdit et ce que la loi condamne, entre l'immoral et l'illégal, entre le droit naturel et le droit positif.

---

1. 20 juillet 1850, p. 786-787.
2. 17 novembre 1855, p. 1260-1261.
3. 7 juin 1856, p. 616-617.
4. 30 mars 1850, p. 339-340.

> Les notions que nous avons du crime et de la peine [...] sont en train d'acculer à d'extraordinaires contradictions ceux qui mènent la société, ceux qui aspirent à en diriger l'action globale, action distincte des actions isolées des individus, qui sont la cause de toute sa richesse. On commence par postuler que le crime, c'est ce qui est défendu ; et, sans s'inquiéter beaucoup de savoir ce qui est défendu ou quelles espèces particulières d'actions sont défendues, on conclut instinctivement que les actions qui blessent ceux qui agissent au nom de la société globale sont des crimes ; et, par suite, au lieu de veiller seulement à ce que les défenses de la nature soient respectées, un nombre immense d'actions — par exemple vendre ou boire un verre de bière à une heure déterminée, lorsqu'un homme a chaud ou soif — sont classées comme crimes et punies[1].

Par où s'explique l'immoralité manifeste des gens de loi : ayant pour métier de défendre la loi parce qu'elle est ancienne, parce qu'elle est loi, leur sens moral retarde toujours sur celui du reste des hommes, et en particulier des commerçants, qui créent, progressivement et insensiblement, la morale spontanée de la société naturelle[2]. Ceux qui font la loi, ce sont les riches.

> Notre jurisprudence pénale, dans la mesure où elle concerne la propriété, est une espèce de législation de classe[3].

Ceux qui l'ont créée, ce sont ceux qui, avant l'apparition de la richesse mobilière, détenaient le pouvoir : les propriétaires du sol, maîtres d'esclaves.

> Sur ce point comme sur tous les autres, les hommes ont commencé d'agir avant d'avoir acquis, ou pu acquérir, la connaissance des conséquences de leurs actions. Dans tous les États de l'Antiquité et du Moyen-Âge, l'esclavage régnait en Europe, et c'est dans cet état social que les principes de notre législation pénale furent adoptés ; c'est à lui qu'ils furent adaptés. À l'origine, les lois furent naturellement et nécessairement l'expression de la volonté arrogante des maîtres. [...] Alors [...] la simple force brutale — la vigueur d'un Hercule ou d'un Samson — était de toutes les qualités la plus admirée et la plus honorée. [...] Il était alors naturel que l'homme considérât cette qualité dominatrice comme le moyen d'obtenir le succès en toutes choses, et, s'il visait à atteindre une fin morale, c'était encore par les mêmes moyens physiques. La force brute fut incorporée à des lois, et, dans le monde moral comme dans le monde physique, on attendit d'heureux effets de l'emploi de la violence. [...]

---

1. 30 septembre 1854, p. 1065-1066. Cf. 27 mars 1852, p. 337-338.
2. 23 juin 1855 : p. 671-673. Cf. 15 septembre et 3 novembre 1855, p. 1011, 1204-1205.
3. 6 septembre 1856, p. 982.

En dépit de la longue expérience contraire que nous offre, en particulier, le spectacle de la vie domestique, en dépit de l'expérience des écoles et des universités, de la marine, des armées et des universités, expérience qui, à tous les degrés, tendait à nous convaincre que, de tous les moyens à employer pour atteindre un but moral, la violence était le pire, nous continuons à vénérer, dans le principe de la violence, le fondement de notre code actuel ; et nous demandons la sécurité, la vertu, la réforme des mœurs, aux violences que le code prescrit sous forme de peines : emprisonnements, déportations, pendaisons, fusillades. [...] Le principe de la violence, l'espoir de réaliser un progrès moral par l'emploi de la force physique, était à la base de toutes les persécutions religieuses, aujourd'hui si justement stigmatisées. Le même principe est encore la base de toute notre législation pénale[1].

Mais, après le triomphe du principe de la tolérance en matière religieuse, il est naturel et nécessaire que la ruine du principe de la violence soit un jour consommée par la disparition de toute espèce de législation pénale.

En détail, Hodgskin démontre la vanité des diverses pénalités imaginées pour prévenir le crime. Si la peine de mort a une efficacité, ce n'est pas celle que cherchait le législateur en l'instituant. Reprenant une théorie déjà formulée par lui-même, autrefois, dans son *Voyage en Allemagne*, Hodgskin distingue deux éléments dans la loi : d'une part, la déclaration solennelle de ce que la nature interdit, ou est supposée interdire, et, d'autre part, la menace d'une peine infligée par les agents du gouvernement, menace destinée à intimider ceux qui éprouvent une tentation réelle de commettre l'acte interdit. Avertir que telle action déterminée constitue un crime capital, c'est avertir tous les citoyens, tous ceux qui considèrent d'ailleurs leur décapitation comme infiniment invraisemblable et lointaine, que l'acte en question est tenu, par la société à laquelle il appartient, pour particulièrement détestable ; c'est inspirer, à l'égard de cet acte, une aversion exceptionnelle ; c'est détruire, chez quiconque craint la réprobation de ses semblables, la tentation de le commettre. Mais, pour les criminels professionnels, pour ceux qui sont tentés de commettre le crime, qui sont sur le point de le commettre, la crainte de la mort, que le législateur avait précisément le dessein d'inspirer, n'exerce qu'une influence insignifiante : la menace du châtiment n'est qu'un risque ajouté à tant d'autres, un charme de plus dans une vie de dangers et d'aventures. L'action éducative de la peine capitale est réelle, mais ce n'est pas dans la mesure où son action consiste non pas à supprimer le coupable ou à lui faire craindre sa suppression, c'est dans

---

1. 29 décembre 1855, p. 1428 ; 17 novembre 1855, p. 1261.

la mesure où elle le frappe d'infamie ou, mieux encore, l'avertit qu'il est frappé d'infamie par ses semblables[1].

> Avec la mort toute peine terrestre, tout châtiment prend fin. Il faut permettre au pécheur de vivre pour qu'il souffre et serve de leçon aux autres[2].

La peine de mort n'est-elle pas, d'ailleurs, déjà virtuellement abolie[3] ? Les jurys ne commencent-ils pas à éprouver des scrupules religieux lorsqu'ils se voient obligés par la loi d'en demander l'application ?

> Ce n'est pas à nous, ni à aucun homme, de préférer ce que notre imagination peut conjecturer de l'avenir aux prescriptions simples de la moralité. Nous devons tous essayer de bien agir, et puis nous fier, pour l'événement, à CELUI des mains de qui dépendent tous les événements de cette vie. [...] Le jury de Devizer et le public en général chérissent la croyance à l'immortalité, à des peines et des récompenses après la mort, et la trouvent incompatible avec l'infliction de la peine de mort : tôt ou tard, et, pour une part, en raison de cette incompatibilité, il faudra que l'on y renonce[4].

À défaut de la peine de mort, conservera-t-on ce que le droit anglais appelle les peines secondaires ? La prison ? La déportation ? La prison crée le récidiviste, le criminel professionnel, et le droit pénal moderne n'a pas encore découvert les procédés qui débarrasseront la société du criminel professionnel. C'est d'ailleurs une loi, en économie politique, qu'en subvenant à l'entretien d'une certaine classe d'hommes, on assure la reproduction constante, l'offre régulière de la classe d'hommes en question. Tout l'argent que coûtent à l'État la déportation et les prisons constitue une demande perpétuelle de criminels : d'où une offre correspondante. La prison est « *ce qui nourrit le crime*[5] ».

Mais la philanthropie moderne a imaginé, pour lutter contre la criminalité, des remèdes purement préventifs, des établissements pour la « réforme » des jeunes détenus, un système général d'éducation du peuple par l'État. Malheureusement, les *reformatories* n'atteignent pas leur but. On veut mettre les enfants en état de gagner, plus tard, honnêtement leur vie ;

---

1. 2 mai 1857, p. 475-476.
2. 17 mai 1856, p. 531-532 ; cf. 31 mai 1856, p. 587-588.
3. 29 janvier 1853, p. 114-115.
4. 18 août 1849, p. 909-910 ; cf. 26 janvier 1856, p. 84.
5. 10 mai 1856, p. 503-504 ; cf. 26 avril 1856, 25 sept. 1856, p. 1178.

et on leur impose, en attendant, une existence d'esclaves, radicalement différente de leur existence future d'hommes libres[1]. S'il s'agit d'élever paternellement les enfants, mieux valait s'adresser aux parents. — Mais ces parents élevaient mal leurs enfants. — C'est trop souvent parce qu'ils étaient misérables : voici qu'on les appauvrit encore, en demandant à la nation de subvenir, par l'impôt, à l'entretien des *reformatories*[2]. Quant à l'enseignement du peuple par l'État, on sait déjà que Hodgskin s'est déclaré hostile à ce procédé gouvernemental de moralisation des masses, coûteux et nuisible comme les autres. Si les statistiques prouvent, dans une certaine mesure, qu'il existe un rapport inverse entre le nombre des criminels et le développement de l'éducation, c'est qu'il s'agit de l'éducation privée. Mais le progrès de l'éducation privée, le fait que, spontanément, les parents sont disposés à donner plus d'argent pour l'éducation de leurs enfants, implique un accroissement général de la richesse et de la prévoyance populaires : et voilà la véritable cause de la diminution du nombre des crimes[3].

> Nous observons, depuis les origines de l'histoire, un progrès graduel du savoir, qui, se développant naturellement et nécessairement à mesure que la population augmente, amène avec soi la civilisation. Nous espérons, certainement, qu'à la fin, et à une date peu éloignée, ce progrès enseignera aux hommes à se passer de policiers, de soldats et de geôliers. Ce genre de progrès, nous le voyons partout, et peut-être toujours. L'éducation, qui enrégimente consciencieusement les hommes dans la stricte adhésion aux connaissances antérieurement acquises, qui les dresse à accepter les vues et servir les fins des éducateurs, nous en avons le spectacle au Paraguay. L'éducation, alors, est tout entière ténèbres et destruction ; — le progrès du savoir est tout entier lumière et vie. Mais ces deux choses différentes et opposées, lorsqu'elles se rapprochent l'une de l'autre et que l'éducation est employée à répandre une petite partie du savoir continuellement acquis, sont confondues par bien des gens, et regardées comme une seule et même chose ; alors les effets bienfaisants du progrès naturel du savoir sont attribués à des systèmes comme celui du Paraguay, systèmes faits pour l'entraver, sinon pour l'étouffer tout à fait[4].

Faudra-t-il, en conséquence, abolir toutes les lois, et puis compter sur la disparition, immédiate ou rapide, de tous les crimes ? Hodgskin ne va pas jusqu'à cet excès de simplisme. Si la disparition du régime de la loi est le

---

1. 29 déc. 1855, p. 1427-1428.
2. 6 sept. 1856, p. 981-982.
3. 12 avril 1856, p. 393-394.
4. 17 avril 1847, p. 438-440 ; cf. 10 avril, p. 410-411.

vrai remède contre le développement futur de la criminalité, encore existe-t-il actuellement des criminels, produits d'un état imparfait de civilisation. *Que faut-il faire de nos criminels ?* Au début de 1857, Hodgskin aborde le problème[1] pour le ramener à ses termes élémentaires. Il distingue entre deux classes de criminels : les uns, que l'on rencontre dans toutes les circonstances et chez tous les peuples ; les autres, qui existent seulement dans les sociétés les plus civilisées et les plus complexes ; — les premiers, coupables par accident ou par occasion, qui commettent les crimes de passion ; les autres, criminels professionnels,

> qui vivent par et dans le crime, qui s'y sont exercés dès l'enfance ou bien s'enrôlent constamment dans l'armée des criminels, dont la vocation et le métier est de transgresser et d'éluder la loi, pour qui la société est un ennemi à dépouiller, qui, en définitive, exercent une profession dans laquelle le vol qualifié (*petty larceny*) est le premier grade, le cambriolage ou la fabrication de fausse monnaie l'honneur suprême.

À propos de ceux-ci, les seuls que Hodgskin considérera, deux problèmes se posent encore : que faire des criminels quand nous avons mis la main sur eux ? Que faire de ceux que nous remettons en liberté, une fois leur condamnation purgée ? Sur ces deux points, Hodgskin se propose de définir les *principes*, puis d'examiner les *moyens* d'exécution.

Le 28 février, Hodgskin traite de la question des prisons[2]. Il réclame des prisons cellulaires, en l'absence desquelles les prisons sont les écoles du crime. Il critique la méthode qui consiste à infliger aux petits délinquants des emprisonnements répétés, mais très courts, qui finissent par ne plus agir sur l'imagination du coupable, et par devenir pour lui une habitude. Le 2 mai, il traite de la peine de mort[3]. Mais un article du 16 mai[4], qui contient un éloge sans réserves des *reformatories*, et dénonce l'« *humanitarisme faible et morbide, aujourd'hui à la mode* », n'est visiblement plus de Hodgskin. Wilson vient de rompre avec lui : sans doute il a trouvé ses articles trop doctrinaux pour une Revue d'informations commerciales et financières, et trop compromettants pour une Revue où les articles ne sont pas signés ; ou bien encore, plus simplement, les doctrines de Hodgskin lui ont déplu. Hodgskin se trouve réduit à faire appel directement au public et lance des invitations à deux conférences qu'il organisera, le 20 mai et le 3 juin, à Saint-Martin's Hall, pour exposer sa philosophie, toute négative, du droit pénal.

---

1. 31 janvier 1857 : *How to Get Rid of Our Criminals* p. 110-111.
2. *Liberated Criminals — How Crime is Fostered*, p. 222.
3. *The Bearing of Penal Laws on the Criminal Classes*, p. 475-476.
4. *Repression of Crime*, p. 532-533.

Au début de sa première conférence[1], Hodgskin introduit dans sa philosophie sociale un élément nouveau, qu'il semble avoir emprunté à Carlyle : ce facteur, c'est l'imitation.

> L'homme est né dans la société, comme il est né homme. Les lois ne créent pas la société. L'homme est grégaire comme le mouton ; et, comme l'abeille, il travaille en commun pour assurer sa subsistance propre et la subsistance de l'espèce[2].

L'imitation est un facteur dont l'*extension* est universelle.

> Dans cette condition de dépendance réciproque où sont les hommes, la société ne serait qu'une succession de conflits, où le frottement finirait par tout réduire en pièces, si les hommes n'étaient doués des moyens de se mouler l'un l'autre par une action réciproque et silencieuse ; de sorte que tous soient subordonnés à la fin commune, qui est de tendre au bien général[3].

L'imitation est un facteur dont l'*intensité* va sans cesse croissant.

> Dans le progrès de la société, l'éducation, le loisir, des carrières différentes, bornant nécessairement l'attention de chacun à des objets différents, tendent à mettre la variété dans les connaissances et la discordance dans les habitudes ; l'influence silencieuse de l'exemple est l'huile qui diminue et détruit le frottement des individus dissemblables et des classes dissemblables. Les procédés de l'un sont imités par un autre. Les jouissances sont continuellement égalisées. [...] Il y a tendance constante à retourner à l'égalité originelle de l'humanité et à la conserver toujours pendant que tous progressent[4].

L'influence imitative des classes supérieures sur les classes inférieures, voilà le thème que Hodgskin se propose de traiter ; par ce biais, il démontrera que ni la nature ni les classes gouvernées ne sont responsables de l'existence du crime, que les criminels sont « *le résultat inévitable d'un système erroné* ». *Que devons-nous faire de nos criminels ?* demandent les dirigeants ; Hodgskin répond : *Ne les créez pas.*

---

1. *What Shall We Do with Our Criminals ? Don't Create Them.* A lecture, delivered at St-Martin's Hall, May 20th, 1857.
2. P. 13-14.
3. P. 14.
4. P. 17.

Les classes supérieures ont exercé sur les classes inférieures cette influence salutaire de leur inspirer le goût du luxe, d'augmenter leurs besoins et, par suite, en fin de compte, d'améliorer leur condition. Elles ont encore, par leur exemple, discrédité les habitudes violentes et la pratique du meurtre. Mais, d'autre part, elles ont été, de tout temps, les classes gouvernantes ; et, contre les pratiques gouvernementales, cause et prototype du crime, Hodgskin, une fois de plus, dans sa deuxième conférence[1], reprend ses anciennes critiques. Le droit positif est la négation du droit naturel, du droit de propriété en particulier. La loi, voilà le premier crime. Que l'on considère la méthode de rémunération des fonctionnaires. Dans les bonnes et dans les mauvaises saisons, en temps de prospérité et en temps de crise, ils se sont mis à l'abri des accidents naturels. La nature donne à chacun le produit de son travail ou bien, dans le monde de l'échange, une valeur équivalente à la valeur de ce produit. Mais les gouvernants veulent avoir des revenus certains et fixes, quel que soit le produit de l'industrie[2]. Ils s'accordent en conséquence pour prélever ce qu'il leur plaît sur le produit annuel du travail social. Par eux,

> le droit *social* de propriété, *résultat inévitable de la vie sociale*, inférieur seulement en importance et en sainteté au droit à la vie, et indispensable pour assurer la subsistance de tous, finit par être mis sur le même rang qu'un cérémonial de cour et par être considéré par les chanceliers de l'Échiquier comme une chose qu'ils peuvent traiter à leur fantaisie à la façon d'une place de concierge dans un ministère[3].

D'où, par réaction, les utopies communistes, la négation du droit de propriété, l'assimilation de la propriété au vol. Mais ces deux erreurs contraires sont destinées à disparaître l'une et l'autre.

> Tous les besoins du peuple, physiques et spirituels, ne peuvent être satisfaits que par plus de liberté et moins d'impôts. Les principes annoncés en 1842, et auxquels on s'est depuis lors partiellement conformé dans la pratique avec un succès éclatant, doivent être introduits dans toutes les parties de la société. La concurrence illimitée, que la nature établit, doit être la règle de toutes nos transactions ; et c'est par les oscillations du marché, qui est action réciproque et libre, que doivent être réglés les traitements des fonctionnaires et le paiement du clergé, au même titre que le profit du boutiquier et le salaire du travailleur. La société ne peut rester unie si elle reste sous la domination de deux principes hostiles[4].

---

1. *Our Chief Crime : Cause and Cure.* — Second lecture, on *What Shall we do with Our Criminals* ? delivered at St-Martin's Hall, June 3, 1857.
2. P. 20.
3. P. 9.
4. P. 26.

Peu de monde assiste aux deux conférences ; parmi les assistants, plusieurs manifestent leur scandale. Hodgskin, en imprimant ses conférences, s'excuse du caractère nécessairement imparfait et sommaire qu'elles présentent et, dans un appendice, annonce son intention de les compléter

> en faisant voir que toute législation, y compris, naturellement, le gouvernement, est fondée sur de faux postulats. Il est occupé à préparer pour l'impression un ouvrage qui sera intitulé DÉMONSTRATION DE L'ABSURDITÉ DE LA LÉGISLATION. Pendant toute une longue existence, le sujet a occupé sa pensée et sa plume, et il se propose d'expliquer ses vues sous une forme didactique et systématique[1].

Mais Hodgskin ne publiera pas l'ouvrage annoncé. Le loisir, ou l'argent, ou la santé, ou le temps (il a près de soixante-dix ans) lui fera défaut. En janvier 1859, nous le voyons encore habitant le faubourg d'Islington, à Londres, et protestant contre la légende qui attribue à Brougham la fondation du *Mechanics'Institute*. En 1860, il marie sa plus jeune fille, le seul de ses sept enfants qui n'ait pas encore quitté la maison paternelle. Lui et sa femme abandonnent alors une maison trop vaste, située dans un quartier devenu trop populeux. Ils vont s'établir plus loin dans la banlieue, à Hounslow, puis à Feltham. Sans avoir complètement renoncé au journalisme, Hodgskin s'est affranchi de la nécessité d'écrire un article de journal par jour ; aidé à vivre par son fils, il passe quelques paisibles années de vieillesse, dans le repos de la campagne. Il meurt, le 21 août 1869, après quelques jours de maladie, à l'âge de quatre-vingt-deux ans. Il semble que ses compatriotes, ses confrères, aient oublié son existence : pas un journal ne publie, à Londres, une notice sur sa vie et ses œuvres.

---

1. P. 26, note.

CONCLUSION

Ainsi s'achève, dans l'oubli, l'histoire de cette carrière manquée. Pourquoi Hodgskin ne fit-il pas de ses facultés de penseur et d'écrivain l'usage qu'il aurait dû faire ? On peut en trouver la raison dans cette timidité, dans ce défaut de confiance en ses propres forces, dont il avait, jeune homme, tant souffert. On peut soupçonner aussi que les besognes du journalisme lui interdirent cette concentration de la pensée, nécessaire pour la rédaction d'un ouvrage d'économie politique, de droit pénal ou de philosophie de l'histoire. Il faut tenir compte encore des circonstances historiques. Dans les années qui suivirent 1832, il n'y avait pas demande pour un livre d'économie sociale doctrinale de la part d'une masse ouvrière insuffisamment éclairée. Les plus instruits parmi les ouvriers, sorte d'aristocratie parmi les travailleurs, s'accommodaient de l'enseignement des disciples orthodoxes de Ricardo. Aussi bien, lorsqu'il fallait en venir à tracer un programme d'action pratique et de réformes, le socialisme libertaire de Hodgskin différait-il beaucoup du libre-échangisme des ricardiens ? Vingt ou vingt-cinq ans plus tard, Hodgskin aurait pu, à la rigueur, développer la philosophie anarchiste de l'histoire et de la société que Spencer et Buckle allaient populariser en Angleterre. Mais il était vieux, Spencer et Buckle étaient jeunes ; c'est l'année même où paraît, avec un succès foudroyant, le premier volume de l'*Histoire de la civilisation*, que Hodgskin, chassé de l'*Economist*, disparaît dans la retraite.

Son rôle est important, néanmoins, dans l'histoire des idées, et nous ne connaissons peut-être pas d'exemple plus propre à laisser voir quelle utilité présente l'histoire de la filiation des doctrines pour la connaissance des doctrines elles-mêmes.

Le point de départ des spéculations de Hodgskin, c'est le radicalisme utilitaire ; mais, pour qui l'étudie au point de vue logique, le système de Bentham est un système équivoque : à demi autoritaire, à demi libertaire. Tantôt Bentham se fonde sur le principe de l'identité spontanée des intérêts pour affirmer que le gouvernement doit tendre à sa propre annihilation et pour demander qu'on abandonne la société à l'opération naturelle de ce principe bienfaisant. Tantôt il affirme qu'il appartient au gouvernement, par l'espoir des récompenses, et surtout par la crainte des peines, de créer artificiellement l'harmonie des intérêts individuels. Godwin avait déjà, en se fondant exclusivement sur le premier principe, développé l'idée d'une « société sans gouvernement ». Mais, lorsque Godwin écrivait, Bentham n'avait pas encore amalgamé les deux principes dans l'unité apparente d'un système, et les industriels, maîtres de l'Angleterre, n'avaient pas encore fait le succès d'une doctrine qui leur promettait l'abolition de toutes les entraves légales à l'esprit de spéculation commerciale, en même temps que la rédaction d'un code clair et efficace pour la répression des délits contre la propriété. Hodgskin ressuscite Godwin contre Bentham. Le premier, avant Herbert Spencer, il fonde une philosophie libre-échangiste sur la critique de la philosophie benthamique du droit. Alors que Carlyle, dans un mouvement de réaction passionnée contre les idées en cours, confond dans une même réprobation le benthamisme et le cobdenisme, Hodgskin aperçoit et met en lumière la contradiction des deux philosophies. Il ne peut admettre que le parti radical s'accommode d'une politique tantôt antigouvernementale et libérale, tantôt administrative et codifiante : « *la société ne saurait rester plus longtemps soumise au joug de deux principes hostiles* ».

Mais, si les idées de Hodgskin ont leur point de départ dans la philosophie de Bentham, c'est dans la philosophie de Karl Marx, on le sait, qu'elles vont se perdre ; et c'est sous leur forme marxiste qu'elles acquerront une universelle popularité. Karl Marx n'avait peut-être pas encore lu Hodgskin lorsqu'il publia la *Misère de la philosophie* ; cependant, sans compter que, dans cet ouvrage, il mentionne Thompson, disciple de Hodgskin, il nous avertit qu'il pourrait nommer bien d'autres économistes anglais à l'appui de sa thèse. Dans le *Capital*, il cite à plusieurs reprises les trois ouvrages de Hodgskin, aux passages les plus importants de sa théorie de la valeur. Qui sait même si, de 1850 à 1860, tous deux étant journalistes, tous deux habitant Londres, Hodgskin se trouvant, en outre, par sa femme, en relation avec la colonie allemande, ils ne se connurent pas personnellement ? — On ne saurait, dit Marx, admettre que le travail est cause et mesure de la valeur, et en même temps admettre avec Ricardo que le salaire est le prix du travail, ou en mesure la valeur ; car, si le travail mesure la valeur de toutes les marchandises, il n'est plus une marchandise ; le salaire représente la valeur non du travail, mais de l'ouvrier, source de travail, de la force de travail qui, pourvu que l'on prenne garde à en réparer la fatigue et l'usure, fournit toujours plus de valeur qu'elle n'en crée. — Que d'analogies avec la théorie de Hodgskin ! Ricardo, nous dit Hodgskin, reproche à Adam Smith d'avoir tour à tour défini la valeur par la quantité de travail nécessaire à produire la marchandise, et par la quantité de travail que la marchandise, une fois produite, est capable de commander sur le marché ; or, il est évident que l'on ne saurait, sans contradiction logique, considérer la quantité de travail comme mesurant la valeur des marchandises lorsqu'elles s'échangent les unes contre les autres, et le travail comme s'échangeant lui-même contre une marchandise ; car « *le travail n'est pas une marchandise* » ; mais, dans la seconde définition d'Adam Smith, « *substituez le mot travailleur au mot travail* », et alors peut-être exprime-t-elle mieux que la première définition, reprise par Ricardo, la réalité des phénomènes de l'échange, dans une société où plusieurs classes économiques existent et où le capitaliste est une personne distincte du travailleur, auquel il commande. — Mais, d'autre part, il y a des analogies, également frappantes, entre la philosophie sociale de Hodgskin et celle de Herbert Spencer, qui a été son ami et, peut-être, à certains égards, a subi l'influence de ses livres et de ses entretiens. Deux idées fondamentales, deux postulats, disons si l'on veut, pour employer une expression de Hodgskin, deux « préjugés », leur sont communs. Ces deux préjugés, que nous proposons d'appeler le préjugé anarchiste et le préjugé juridique, essayons de voir dans quelle mesure Karl Marx les désavoue, dans quelle mesure, cependant, il en subit l'influence. Ce sera peut-être le meilleur moyen de déterminer par quels liens, psychologiques et logiques, Karl Marx se rattache à la tradition anglaise, excellemment représentée, avant Spencer, par Thomas Hodgskin.

Le premier « préjugé » de Hodgskin, c'est, disons-nous, le préjugé anarchiste. Qu'il existe un droit naturel et que, s'il existe un droit naturel, la notion de droit positif est absurde ; voilà, sa vie durant, le thème fondamental, on serait tenté de dire le thème unique de toutes ses spéculations. Nous nous sommes attachés à conserver à l'anticapitalisme de Hodgskin la place subordonnée qu'il a toujours occupée, dans son système, par rapport à son anarchisme ; sa critique du capitalisme n'a été qu'un incident, un « épisode », dans la campagne incessante qu'il mène contre tous les privilèges gouvernementaux, contre toutes les oppressions légales. C'est dans la mesure où il croit qu'il existe des lois naturelles et justes de la distribution qu'il conteste les fausses lois naturelles, admises par l'école de Ricardo, causes d'injustice et de misère. Qu'est-ce donc que le capitalisme, véritable cause de l'injustice et de la misère ? Un accident historique, le résultat d'une conquête, qui ne peut déranger ni d'une manière très profonde ni d'une manière très durable l'équilibre naturel des phénomènes économiques. Les lois positives ne peuvent avoir qu'une action mauvaise, elles ne peuvent avoir qu'une action insignifiante sur les lois permanentes de la nature : voilà les deux thèses de l'anarchisme de Hodgskin.

Assurément Karl Marx n'accepte pas, pour sa part, la distinction, familière à l'école anglaise et fondamentale chez Hodgskin, de l'artificiel et du naturel. Il est d'accord avec Hodgskin pour critiquer les prétendues lois naturelles suivant lesquelles s'opérerait la distribution des richesses entre le propriétaire, le capitaliste et le salarié ; mais sa critique ne s'arrête pas devant la loi naturelle de l'échange, respectée par Hodgskin et sur laquelle il se fondait pour critiquer les lois de la distribution artificielle des richesses. Pour Karl Marx, la nature n'a pas créé de toute éternité des individus autonomes, et ne leur a pas enseigné comment ils devaient échanger les produits de leur travail respectif, prolongements de leur personnalité, de telle sorte que chacun reçût l'équivalent du produit intégral de son travail. Il n'y a rien de permanent dans la nature, et la seule loi à laquelle elle obéisse est une loi de changement. La société humaine a préexisté à l'échange ; c'est seulement à une époque définie, dans et par l'échange, que les individus sont devenus des êtres séparés, indépendants les uns des autres. Si plus tard le jeu primitif de l'échange a été progressivement altéré par l'appropriation du sol et l'accumulation capitaliste, c'est là un phénomène historique, naturel et nécessaire comme tout autre. Le régime capitaliste est condamné lui-même à périr : mais ce ne sera pas pour laisser reparaître de prétendues lois naturelles, dont les incohérences du régime actuel auraient un instant masqué l'opération. Lorsqu'il aura disparu, la distribution des richesses s'opérera suivant des règles imprévisibles aujourd'hui, mais qui différeront certainement autant de la distribution entre producteurs autonomes qu'elles pourront différer, par ailleurs, de la distribution actuelle.

Quelle que soit cependant la différence entre la philosophie marxiste de l'histoire et l'optimisme naturaliste de Hodgskin, des analogies profondes se laissent découvrir, soit que l'on considère la théorie marxiste de la valeur, soit que l'on considère la théorie marxiste du progrès, soit que l'on considère la manière dont Karl Marx se représente le but final vers lequel ce progrès nous achemine.

Karl Marx, dans sa théorie de la valeur, tient l'élément différentiel pour négligeable ; il considère la rente différentielle comme un simple prélèvement du propriétaire foncier sur le profit du capitaliste ; de même pour le profit commercial ; lui enfin, qui attache aux crises commerciales une telle importance dans sa philosophie de l'histoire, commence cependant par en démontrer l'impossibilité théorique, pour réintroduire plus tard seulement, et par un détour, les théories d'Owen et de Sismondi sur la surproduction et l'engorgement du marché. Pourquoi, sur tant de points, cette tendance à atténuer les imperfections de la distribution actuelle des richesses ? Pour le comprendre, il faut se reporter à Hodgskin ou, d'une façon plus générale, aux économistes égalitaires anglais. Hodgskin s'attache à diminuer l'importance de la rente différentielle, justifie expressément le profit commercial et nie le caractère normal des crises commerciales, parce que procéder autrement ce serait blasphémer contre la nature. Qui, demande Hodgskin en 1854, se préoccupe aujourd'hui de ce que Ricardo écrivit sur la rente ? C'est, pourtant, en se fondant sur la théorie de la rente différentielle, approfondie et universalisée, qu'un nouveau socialisme va surgir, quelques années plus tard, différent de la doctrine de Hodgskin, différent aussi, et pour les mêmes raisons, du collectivisme marxiste, — un socialisme fiscal et interventionniste. Le préjugé anarchiste interdisait à Hodgskin, avant tout examen, de le tenir pour légitime ; et, si l'on songe aux ressemblances qui existent entre la théorie de la valeur chez Hodgskin et la même théorie chez Karl Marx, on voit comment, par contre-coup, la pensée de Karl Marx a subi l'influence du préjugé anarchiste.

Cette loi de l'échange, que Karl Marx emprunte à Ricardo et à ses disciples, hétérodoxes ou orthodoxes, a d'ailleurs cessé pour lui d'être une loi éternelle ; la philosophie sociale de Marx est une philosophie de l'histoire ; mais, si nous cherchons quel est, dans son hypothèse, le facteur explicatif de l'histoire, il semble que nous voyions reparaître, chez Karl Marx, l'opposition, anglaise par son origine, entre la réalité naturelle et les artifices de l'esprit. Seule, nous dit Karl Marx, l'évolution économique est autonome ; elle commande l'évolution morale, l'évolution juridique, que les philosophies idéalistes avaient considérées comme indépendantes, comme suffisant à leur propre explication, et qui ne sont, en réalité, que le reflet de l'évolution économique. Or, l'école anglaise avait appris à Karl Marx à isoler ainsi l'évolution économique d'avec toutes les autres ; à définir un monde de la richesse, où des mobiles simples souffrent une évaluation quantitative, se matérialisent en quelque sorte sous forme de numéraire et de marchandises, monde à demi physique et qui obéit à des sortes de « lois de la nature » ; et Hodgskin, sur cette conception du monde économique, avait fondé, avant Karl Marx, une interprétation économique ou matérialiste de l'histoire. Marx a beau exprimer en termes hégéliens son matérialisme historique ; c'est Hume, maître de tous les économistes anglais et en particulier de Hodgskin, qui avait défini l'idée comme « la copie d'une impression ». L'origine de la philosophie marxiste de l'histoire est dans cet anarchisme économique, qui est un des préjugés fondamentaux de Hodgskin.

L'évolution économique aura un terme ; et ce terme, Karl Marx, dans le même langage et pour les mêmes raisons que Hodgskin, refuse de le définir : car l'esprit ne peut pas devancer la marche des choses, dont il est le reflet et la copie. Il est donc difficile de conjecturer même si, dans le régime collectiviste, l'État aura fini par absorber toutes les fonctions sociales, ou bien si nous assisterons à l'annihilation complète de l'État ; le plus exact serait peut-être de dire, en termes hégéliens, que nous assisterons à l'identification absolue de ces deux termes et, par suite, à la suppression simultanée de l'un et de l'autre. Cependant Marx, lorsqu'il parle de la chute, prochaine ou éloignée, du capitalisme, préfère indéniablement parler un langage anarchiste. Alors on ne demandera plus à l'individu, comme faisait Hegel, de se sacrifier ou de se subordonner à l'entité de l'État ; alors l'individu cessera d'être mystifié par les formes substantielles de l'économie politique bourgeoise, et de croire que la terre ou le capital reçoivent une part du produit de son travail par l'opération fatale des lois de la nature. Or, tout cela, c'est du Hodgskin. Quelque influence qu'ait pu exercer sur l'esprit de Karl Marx l'anarchisme néohégélien de Bruno Bauer et, sur l'esprit d'Engels, le radicalisme de Feuerbach, comment nier que cette influence ait été confirmée et fortifiée par l'influence des économistes anarchistes de Londres, de Hodgskin et de son disciple Thompson ?

Le second des « préjugés » inspirateurs de la philosophie sociale de Hodgskin, c'est ce que nous avons appelé le préjugé juridique. Les lois de la nature, nous dit Hodgskin, sont bienfaisantes et justes, parce qu'elles accordent à chacun le produit intégral de son travail. Ne voit-on pas, dès lors, quelle philosophie dure et triste se dissimule sous son optimisme apparent ? Il faut admettre que la justice condamne à mort le malade, l'infirme, le vieillard, du moment où leur vigueur naturelle leur fait défaut, et la philosophie de Hodgskin se rapproche, dès lors, étrangement de celle de Malthus. « *La nécessité*, nous dit-il, *est la mère de l'invention ; et l'existence continuelle de la nécessité ne peut s'expliquer que par l'accroissement continuel du peuple.* » Malthus se serait-il exprimé autrement ? — Mais Hodgskin insiste sur ce point que le résultat de la « nécessité », c'est l'invention et le progrès. — Mais, demanderons-nous à notre tour, n'est-ce pas une manière détournée de dire, avec Malthus, que l'invention et le progrès ont pour condition la « nécessité », la misère, et la misère « continuelle » ? — D'ailleurs, le droit de chacun au produit de son travail, est-ce autre chose que le droit de la force ? Et cela n'est-il pas implicitement avoué par Hodgskin ? Voulant démontrer que la nature elle-même nous enseigne le respect du travail d'autrui dans ses produits, il se fonde sur ce que la nature donne, à celui qui eut la force de produire, assez de force aussi pour défendre le produit de son travail. Le droit au produit intégral du travail, c'est le droit de la force pacifié et réglé. Le juriste admet que la lutte des égoïsmes deviendra légitime, à condition que les individus observent cette règle de ne pas dépenser directement leur force les uns contre les autres, mais de la dépenser directement contre la nature, et seulement d'une manière indirecte les uns contre les autres, dans la mesure où les uns se trouveront prendre l'avantage sur les autres. Après quoi, pour conclure que la nature est juste, il suffit de faire abstraction de tous les monopoles naturels, et de supposer que la nature confère le succès à quiconque, par un travail plus intense ou une ingéniosité plus grande, a le plus abaissé le coût de production. Ainsi se trouve substituée à la guerre ouverte et sans lois une lutte bien réglée, une concurrence ou, mieux encore, un concours ; mais, en dernière analyse, la guerre reste toujours la loi de la vie. Ou bien Hodgskin réintégrera dans sa psychologie les sentiments de famille, à titre de sentiments naturels : et c'est ce qu'il fait, se rapprochant ainsi davantage des économistes orthodoxes, mais il ne peut le faire sans violer le principe de sa philosophie du droit. Ou bien son système, qui consiste dans l'élimination de tout ce que la société actuelle contient d'éléments communistes, aboutit non pas au socialisme, mais au plus extrême individualisme.

Or, le principe suivant lequel chacun aurait droit à tout le produit de son travail n'est certainement pas le principe de la philosophie marxiste. Ou bien, nous dit Karl Marx, on peut réaliser cet idéal juridique par quelque institution gouvernementale, où chaque individu recevra, contre telle durée de travail fournie, telle quantité du produit du travail national. Mais c'est oublier que la théorie ricardienne de la valeur travail se réalise seulement dans et par l'échange libre, c'est favoriser le paresseux aux dépens de l'ouvrier industrieux, c'est aboutir à la diminution de la production et à l'appauvrissement du genre humain. Et jusqu'ici Karl Marx se trouve d'accord avec Hodgskin. Ou bien on compte que l'anomalie capitaliste s'éliminera d'elle-même, pour laisser enfin le jeu naturel de l'échange restituer à chacun toute la valeur produite par son travail. Mais c'est manquer de sens historique, oublier que le mécanisme de l'échange a naturellement produit l'accumulation capitaliste, et que, si le capitalisme disparaît à son tour, ce sera pour faire place à un nouveau régime, aussi différent de l'échangisme que du capitalisme lui-même. Et c'est ici que Marx se sépare de Hodgskin. — L'interprétation économique de l'histoire permet, d'ailleurs, d'expliquer la genèse de ce prétendu idéal juridique. Il est, comme tout idéal humain, le reflet d'une réalité économique. Les hommes, échangeant les marchandises proportionnellement aux quantités de travail qu'elles contiennent, ont traduit ce fait de la vie matérielle en théorie juridique. Que le régime de l'échange vienne à disparaître, et l'idéal juridique en question deviendra vide de sens, comme il deviendra vide d'objet. — Enfin, c'est seulement dans des limites restreintes, selon Marx, que les objets s'échangent les uns contre les autres, proportionnellement aux quantités de travail producteur. D'abord, il faut que l'homme fasse en quelque sorte violence à la nature pour réduire conventionnellement à un même dénominateur des qualités de travail diverses. C'est seulement avec le temps, avec le progrès des machines, que le travail tend à devenir une quantité naturellement homogène. Mais alors le régime capitaliste s'est développé, et, lorsque les capitalistes exigent des profits égaux pour des quantités égales de capital engagées dans des entreprises diverses, de nouveau la théorie de la valeur travail se trouve inapplicable à la rigueur.

Cependant, en dépit de cette dernière restriction, la théorie de la valeur travail est bien la théorie marxiste de la valeur. Cette théorie, Karl Marx l'a empruntée telle quelle à Ricardo ; et, sans doute, il se propose de réfuter Ricardo ; mais on sait quelle méthode essentiellement dialectique ou historique il applique à la réfutation des systèmes économiques. Il n'y a pas de théorie éternellement vraie, mais il n'y a pas non plus de théorie éternellement fausse. Le temps, successivement, consacre et condamne les systèmes : une théorie fausse, c'est une théorie qui a cessé d'être vraie, qui, reflet d'un certain ensemble de phénomènes économiques, est devenue vide de sens à dater du jour où la réalité sociale à laquelle elle correspondait, ruinée par des contradictions internes, a cessé d'exister. De sorte que, pour réfuter l'économie politique de Ricardo, Marx se croit tenu, d'abord, d'établir qu'elle est vraie du monde de l'échange, qu'elle est « *l'expression scientifique des rapports économiques de la société actuelle* ». Si, d'ailleurs, elle n'est jamais vraie que d'une manière approximative et imparfaite, c'est que le mécanisme de l'échange, constamment altéré par l'intervention d'éléments perturbateurs, ne tend à sa réalisation que pour retourner aussitôt au néant. Mais la question se pose, de savoir si nous sommes en droit d'attribuer à la théorie ricardienne même cette justification partielle. Elle est vraie, mais elle cessera d'être vraie : voilà ce que nous dit Karl Marx. Mais, si, par hasard, elle était fausse ? Déjà Ricardo doutait qu'elle fût l'expression exacte des phénomènes de l'échange. Vers 1825, elle aurait peut-être été réformée, en Angleterre, par Malthus, par Samuel Bailey, par d'autres encore, si un groupe organisé de disciples intransigeants, par l'activité de leur propagande, par le simplisme même de leur enseignement, n'avaient réussi à étouffer, autour de Ricardo, toutes les dissidences. Une autre cause contribuait à déterminer, cependant, le triomphe de la théorie : les adversaires démocrates de James Mill et de McCulloch, les premiers doctrinaires du prolétariat, au lieu de s'attaquer à la théorie ricardienne de la valeur, s'emparèrent du principe pour en tirer des conséquences nouvelles, et réfuter, en quelque sorte par l'absurde, l'économie politique de Ricardo. De là une sorte d'obsession universelle, dont Karl Marx, une vingtaine d'années plus tard, ne pouvait pas ne pas être la victime.

Mais, sur un point, l'enseignement des ricardiens égalitaires est précieux pour l'historien des doctrines ; car il nous renseigne, et lui seul nous renseigne, sur la véritable origine psychologique de la théorie en question. Que les marchandises s'échangent proportionnellement aux quantités de travail qu'elles ont coûtées, cela nous est donné par Adam Smith et par Ricardo pour un fait évident, sorte d'axiome ou de postulat d'une nouvelle géométrie ; et l'on ne saurait tenir pour une démonstration l'argumentation dialectique sur laquelle Marx semble vouloir fonder cette proposition. Mais Hodgskin, philosophe en même temps qu'économiste, en découvre chez Locke la source véritable ; si les hommes échangent leurs produits proportionnellement aux quantités de travail qu'elles leur ont coûtées, c'est dans la mesure où ils sentent indistinctement que chacun a naturellement droit au produit total de son travail. En d'autres termes, de la doctrine de Hodgskin, il ressort que la théorie classique de la valeur en échange est le reflet, non pas de la réalité économique actuelle, mais d'un idéal juridique préconçu. Si Karl Marx, dans une certaine mesure au moins, l'a faite sienne, n'a-t-il pas été la victime, à son insu, indirectement, et en dépit de ses efforts pour dissiper le préjugé juridique, de ce même préjugé juridique ? La théorie de Hodgskin, ainsi considérée, ne suffit pas à réfuter la philosophie économique de Karl Marx ; mais elle suffit, certainement, pour frapper de suspicion légitime l'appareil dialectique dont, chez Karl Marx, cette philosophie s'enveloppe.

ŒUVRES

1. *An Essay on Naval Discipline*, s*howing part of its evil effects on the minds of the officers and the minds of the men and on the community ; with an amended system by which Pressing may be immediately abolished*, by Lieut. Thomas Hodgskin, R.N. ; London, 1813.

2. *Travels in the North of Germany, describing the Present State of the Social and Political Institutions, the Agriculture, Manufactures, Commerce, Education, Arts and Manners in that Country, particularly in the Kingdom of Hannover*, by Thomas Hodgskin esq. in two volumes ; Edinburgh, 1820.

3. *Labour Defended against the Claims of Capital ; or, the improductiveness of capital proved with reference to the present combinations amongst journeymen*, by a labourer ; London, MDCCCXXV.

4. *Popular Political Economy*, four lectures delivered at the London Mechanics' Institution, by Thomas Hodgskin, formerly honorary secretary to the Institution. London, 1827.

5. *The Natural and Artificial Right of Property Contrasted*, a series of letters, addressed without permission, to H. Brougham, esq. M.P.F.R.S., etc. (now the Lord Chancellor), by the author of *Labour Defended against the Claims of Capital*, London, 1832.

6. *What Shall we Do with our Criminals ? Don't Create Them*. A lecture, delivered at St. Martin's Hall, may 20th 1857, by Thomas Hodgskin.

7. *Our Chief Crime : Cause and Cure*. Second lecture, on what shall we do with our criminals ? delivered at St. Martin's Hall, June 3, 1857.

8. Un certain nombre d'articles parus au cours de la première année (1823) du *Mechanics' Magazine* (30 août, programme. — 6 septembre et 4 octobre) sur les Spitafield Acts. — 11 et 25 octobre, fondation du Mechanics' Institute.

9. Une série d'articles parus, de 1844 à 1857, dans l'*Economist*, et dont voici la liste, avec des omissions possibles :

Année 1844, 12 octobre. — Connection between Poverty and Crime.
Année 1846. — *Articles de fond* : The Punishment of Death (16 et 23 mai). — Études critiques sur : les *Principles of Political Economy* de Ricardo, ed. MacCulloch (28 novembre) ; les *Outlines of Social Economy*, anonyme (12 décembre), et le *Progress of the Nation*, de Porter (19 décembre).
Année 1847. — *Articles de fond* : National systems of Education (20 mars) ; Shall the State educate the People ? (3 avril) ; Education and Crime

(10 et 17 avril) ; The Education Question. — Mr. Macaulay (24 avril). — Adam Smith rescued from Mr Macaulay (1er mai) ; What is to be Done with our Criminals ? (24 juillet).

Année 1848. — *Articles de fond* : Increase of Pauperism and Crime ; 17 juin : Presumption of the Literary Classes ; 21 octobre : Mr. Macaulay's Philosophy ; 30 décembre. — *Études critiques* sur : *the Rights of Industry*, par G. Poulett Scrope (29 avril). Les *Principles of Political Economy*, de Stuart Mill (27 mai) ; the *Past, the Present and the Future*, de Carey (28 octobre) ; *the History of Civilisation and Public Opinion*, de McKinnon (30 décembre).

Année 1849. — *Articles de fond* : Marriages and Abundance (26 mai) ; Punishment of Death (18 août). — *Études critiques* sur : *The Nature and the Office of the State*, par Andrew Coventry Dick (20 janvier) ; *Labour and other Capital*, par Edward Kellogg (17 mars) ; *Introduction to the Study of the Social Sciences*, par l'auteur des *Outlines of Social Economy* (26 mai) ; *John Howard and the Prison World of Europe*, par Hepworth Dixon (15 septembre) ; *Summary of the Moral Statistics of England and Wales*, par Joseph Fletcher (22 septembre).

Année 1850. — *Articles de fond* : Scarcity. — Marriages. Births (2 février) ; Education of the People (2 mars) ; Law and Justice (30 mars) ; National Education (18 mai) ; Criminal Returns (22 juin) ; Scarcity and Criminality — France and Germany (29 juin) ; Diminished Criminality (20 juillet) ; The Diffusion of Wealth (10 août).

Année 1851. — *Articles de fond* : Educational Schemes (24 mai) ; Pauperism and Free Trade (24 mai) ; Education, Pauperism and Crime (31 mai) ; Criminals in England and Wales, 1850 (9 août) ; Pauperism. — July Returns — Prosperity of the Country (16 août) ; Pauperism and Distress formerly and now (23 août) ; Increase of Population and Decrease of Criminality (13 septembre). — *Études critiques* sur : *Social Statics*, par Herbert Spencer (8 février) ; *Lectures on Social Science and the Organization of Labour*, par James Hole (1er mars) ; *Crime in England*, par Th. Plint (23 août) ; *A treatise on Political Economy*, par George Opdyke (22 novembre) ; *A treatise on the Rate of Wages*, par J.-R. McCulloch (27 décembre).

Année 1852. — *Articles de fond* : National Education (17 janvier) ; Education Question (7 février) ; The Protectionist Policy, Mr. Henley (13 mars) ; Decrease of Pauperism and Criminality (27 mars) ; The Punishment of Death (27 mars) ; Diminution of Crime and Pauperism (17 juillet) ; Marriages, Births and Deaths (31 juillet) ; Ireland — Improvement — Criminals — Paupers (21 août) ; Mr. Henley and Pauperism (2 octobre) ; Marriages, Births, and Deaths (6 novembre). — *Études critiques* sur :

Methods of Observation and Reasoning in Politics, par George Cornewall Lewis (27 novembre) ; *Money and Morals*, par John Lalor (17 juillet).

Année 1853. — Articles de fond : The Task of Government : the Disposal of our Criminal Population (29 janvier) ; Continual Decrease of Pauperism (5 mars) ; The Ministerial Plan of Education (3 avril) ; Crime in 1852 (14 mai) ; Pauperism. — Ireland and England (2 juillet) ; Reduction of Pauperism (24 septembre). — *Études critiques* sur : *Theory of Politics*, par R. Hildreth (20 août).

Année 1854. — Articles de fond : Increase of Pauperism (18 février) ; Further Increase of Pauperism (26 août) ; Too much Care taken of Criminals (30 septembre) ; Criminals. — England and Wales. Increased Criminality of Females (28 octobre) ; The Criminal Returns (4 novembre). — *Études critiques* sur : *An Essay on the Relations between Labour and Capital*, par Morrison (29 avril) ; les *Œuvres* de Locke, édition St-John (16 septembre) ; *Population and Capital*, par George K. Rickards (18 novembre) ; *Knowledge is Power*, par Charles Knight (30 décembre).

Année 1855. — Articles de fond : Increase of Pauperism (3 mars) ; Pauperism. — Emigration (19 mai) ; The Morality of Trade and of Law (23 juin) ; Pauperism. — Ireland (23 juin) ; Messrs Strahan and C° and their Defence (30 juin) ; Marriages, Births and Deaths, quarterly Returns (4 août) ; Pauperism (18 août) ; What shall we Endow ? (25 août) ; Committal of messrs Strahan, Paul, and Bates (15 septembre) ; Pauper Removals and Popular Emigration (29 septembre) ; The Conviction of Paul, Strahan, and Bates (3 novembre) ; Quarterly Return of Marriages (10 novembre) ; Methods of Moral Improvement (10 novembre) ; What Stands in the Way of Improvement ? (17 novembre) ; New Reformatories for Criminals (29 décembre). — *Études critiques* sur : *A Manual of Political Science*, par Humphreys (7 avril) ; *Natural Elements of Political Economy*, par Richard Jennings (23 juin).

Année 1856. — Articles de fond : Population, Wealth, Criminality (12 janvier) ; Murder and Punishment of Death (26 janvier) ; Invasions of Property (1er et 8 mars) ; Criminals — England and Wales (8 mars) ; Pauperism — Ireland (8 mars) ; Continued Increase of Pauperism (15 mars) ; Relations between Crime and Material Welfare (15 mars) ; Relations between Crime and the Distribution of Wealth (22 mars) ; The Sources of Crime — Drunkenness (29 mars) ; Report of Prison Inspectors (12 avril) ; Transportation (26 avril) ; What Feeds Crime ? (10 mai) ; Shall Executions be Public, Private, or Abolished (17 mai) ; Palmer, — a great culprit (31 mai) ; Expense of Pauperism (31 mai) ; The Philosophy of Legislation (7 juin) ; Marriages and Commitments

(14 juin) ; Criminality promoted by Distress (21 juin) ; Criminals. — Ireland. — 1855 (19 juillet) ; Criminality and Poverty in Ireland (26 juillet) ; Criminal Statistics (23 août) ; Decrease of Pauperism (23 août) ; The Proposed Reformatories (6 septembre) ; Transportation. — Report of the Committee (13 septembre) ; Ireland. — Census, Cultivation, etc. (13 septembre) ; What Feeds Crime (25 octobre) ; An admitted Effect of Reformatories (6 décembre) ; Criterion of Law Reform. Means of Determining Social Rights (13 décembre) ; Criminal Law Reform (20 décembre).

Année 1857. — *Articles de fond* : How to get rid of our Criminals (31 janvier) ; Liberated Criminals. How Crime is Fostered (28 février) ; The Bearing of Penal Laws on the Criminal Classes (2 mai).

10. Ses lettres (inédites) à Francis Place (1817-1823). Voir F. Place, *Private Correspondence*, vol. 11, 1817-1837. Brit. Mus. Add. Mss. 35, 153, ff. 52-215.

Sur Hodgskin, voir :
1. Les *Place Papers* du British Museum, — a) Private correspondence, vol. I, 1810-6 (Add. Mss. 35.152, ff. 141, 184, 195, 229), et vol. II, cité ci-dessus. — b). School Institutions, Add. Mss. 27.823. — Early History of the London Mechanics'Institution (1823-26), ff. 240 *sq.* — c). Political Narrative, vol. III. Add. Mss. 27,791. — Historical Sketch of the National Union of the Working Classes, to 31 dec. 1831, en particulier ff. 268-70 : renseignements biographiques sur Hodgskin.

2. Les ouvrages suivants, contemporains de Hodgskin : Samuel Read, *Natural Grounds of Right to Vendible Property*, 1829 ; Thomas Cooper, *Lectures on the Elements of Political Economy*, 2d ed. 1830 ; Charles Knight, *the Rights of Industry*, 1831 (trois réfutations). — John Lalor, *Money and Morals, a book for the times*. London, 1852 ; mention élogieuse de Hodgskin dans la préface, p. XXIV ; extraits du *Labour Defended*, en appendice.

3. Dans Menger, *Das Recht auf den vollen Arbeitsertrag in geschichtlicher Darstellung*, une simple mention du nom dans une note (2ᵉ éd. p. 52-3 note, — trad. fr. p. 74). Égaré par une inexactitude commise par Engels (*Kapital*, Buch II, Vorrede, p. XVII), Menger reproche à Marx d'avoir dans sa *Misère de la Philosophie*, écrit « Hopkins » pour « Hodgskin ». Mais Hopkins, l'auteur des *Economical Enquiries Relative to the Laws which regulate Rent, Profit, Wages, and the Value of Money* (London, 1822) est un écrivain socialiste, ou tout au moins présocialiste. — Dans la trad. angl. Tanner, voir : introduction and bibliography by H.S. Foxwell, p. LV *sq.* — V. encore Graham Wallas, *Life of Place*, 1898, et G. Godard, *George Birkbeck, the Pioneer of Popular Education*. London, 1884.

ANNEXE II

ARTICLES ET ÉCRITS SUR LE SOCIALISME EUROPÉEN

« L'INDIVIDUEL » ET LE « SOCIAL » : CRITIQUE DE VILFREDO PARETO – 1904

PRÉSENTATION

Inaugurés en 1900 à Paris, les Congrès internationaux de philosophie témoignent de l'institutionnalisation de la philosophie, non seulement comme discipline scolaire et universitaire mais comme activité collective, politique et sociale, non seulement dans l'arène nationale mais également dans l'espace international. Avec la Revue de métaphysique et de morale *(1893) et la Société française de philosophie (1900), les Congrès font partie de ce « système R2M » mis en place par de jeunes philosophes normaliens – Léon Brunschvicg, Élie Halévy, Xavier Léon entre autres – qui vise à refonder la philosophie et à animer un réseau intellectuel transdisciplinaire et transnational*[1]*.*

Le deuxième Congrès international de philosophie a lieu à Genève en septembre 1904 et la RMM *y consacre plus de 100 pages de son dernier numéro de l'année. Élie Halévy y fait le compte rendu de la quatrième séance générale, dédiée au thème de « l'individuel » et du « social » traité par Vilfredo Pareto, professeur à l'université de Lausanne. Après l'avoir interpellé lors de la discussion ayant suivi son exposé oral, Élie Halévy poursuit la polémique interrompue faute de temps dans les colonnes de la* RMM. *Nous présentons ici à la fois le* verbatim *de la IVe séance du Congrès dont les actes ont été publiés en 1905*[2] *et le compte rendu de la*

---

1. *Revue de métaphysique et de morale*, « Numéro spécial du centenaire. La fondation de la revue. Tables 1893-1992 », 1993, n° 1-2 (articles de Dominique Merllié, Christophe Prochasson, Louis Pinto, Jean-Louis Fabiani), notamment Christophe Prochasson, « Philosopher au XXe siècle : Xavier Léon et l'invention du "système R2M" ». Frédéric Worms (dir.), *Le Moment 1900 en philosophie*, op. cit. Stephan Soulié, *Les Philosophes en République. L'aventure intellectuelle de la* Revue de la métaphysique et de morale *et de la Société française de philosophie (1891-1914)*, préface de Christophe Prochasson, Rennes, PUR, 2009.

2. Ed. Claparède (dir.), *Congrès international de philosophie*, IIe Session tenue à Genève du 4 au 8 septembre *1904. Rapports et comptes rendus*, Genève, Henry Kündig Éditeur, 1905. Le texte intégral – intervention de Pareto et discussion – de la Session générale 4, figure aux pages 125-139.

même séance générale rédigé par Élie Halévy[1] et paru en 1904 dans la Revue de métaphysique et de morale[2].

Bien des clivages opposent l'économiste-sociologue libéral et le philosophe historien républicain, qu'il s'agisse d'identité disciplinaire, de méthode scientifique, ou de positionnement politique. Si en 1904 Élie Halévy ne se pense plus tout à fait, ni uniquement, comme un philosophe, il reste incontestablement le représentant de la communauté philosophique mise en cause par Vilfredo Pareto dans son exposé. Pareto y raille l'approche trop « théorique » des philosophes, basée sur des « hypothèses » et des « propositions » sans « le moindre fondement scientifique », de même qu'il rejette leur éthique « sentimentale », « euphémisme métaphysique » masquant les rapports de force et les conflits d'intérêt que lui-même s'emploie à analyser dans ses travaux[3]. L'économiste-sociologue s'en prend pêle-mêle à Platon, aux utilitaristes (Bentham, Mill père et fils) et à leur philosophie du « sacrifice » au nom du « vrai bonheur » et de « ce qui est utile à la société », aux philosophes des droits naturels et du contrat social (de Locke à Rousseau), aux philosophes de la raison et de l'éthique (Kant), enfin aux philosophes de la « solidarité » (Bourgeois, Durkheim) – récusant toute validité scientifique à leurs théories qu'il qualifie de « religion », c'est-à-dire d'idéologie. Pareto entend opposer à la « nébulosité » et à la « logomachie » philosophiques une démarche scientifique « faisant appel exclusivement aux faits et à leurs conséquences logiques ». Il prétend recourir à « l'observation », soit à la méthode expérimentalo-logique permettant selon lui de dégager des « uniformités », voire des « lois » – « objet exclus[if] de la science sociale ». L'opposition disciplinaire et méthodologique se double d'un désaccord politique, puisque Pareto s'attaque également dans son exposé aux fondements du libéralisme démocratique (le « droit divin des foules » ou la dictature de la « pseudo-majorité ») ; cela ne peut que choquer les convictions d'Élie Halévy, citoyen de la République française et héritier de la philosophie humaniste des Lumières et de son idéal émancipateur.

---

1. Voir également la présentation de ce compte rendu par Ludovic Frobert, *Élie Halévy, République et économie 1896-1914, op. cit.*
2. Élie Halévy, « L'individuel et le social », par V. Pareto (4ᵉ séance générale du Congrès de Genève), *Revue de métaphysique et de morale*, 12, 1904, p. 1103-1113.
3. Vilfredo Pareto, *Cours d'économie politique*, Lausanne, F. Rouge, 1896–1897 (2 vol.) ; Id., *Les Systèmes socialistes. Cours professé à l'université de Lausanne*, Paris, V. Giard et E. Brière, « Bibliothèque Internationale d'Économie Politique », 1902-1903 (2 vol.). Son *Traité d'économie politique* sera publié en 1906 (trad. fr. en 1909) et son *Traité de sociologie générale* en 1916 (trad. fr. en 1917).

Le compte rendu qu'Élie Halévy fait de la séance pour la Revue de métaphysique et de morale *est consacré pour un tiers à l'exposition de la communication de Vilfredo Pareto et pour deux tiers à ses propres objections et commentaires. Élie Halévy retourne d'abord contre Pareto le reproche que ce dernier avait adressé à la philosophie : Pareto manque de « netteté » et de « précision » et pêche par « l'obscurité » de ses propos, justement parce qu'il n'a pas appliqué la méthode philosophique de définition des notions – illustrée par exemple par le* Vocabulaire philosophique *édité par Lalande (cf.* infra, *p. 739). Élie Halévy conteste également la posture illusoire de « neutralité scientifique » dont se targue Pareto, et dévoile les fondements inavoués de la méthode et de la démonstration parétiennes, à savoir un parti pris méthodologique individualiste et un parti pris politique anti socialiste. Enfin, il regrette la réticence de son aîné à engager la discussion et à répondre aux objections. C'est donc à la fois sur le plan de l'*ethos *universitaire (consentir au débat critique), de la posture scientifique (objectivité* versus *partialité), de la méthode (philosophie classificatoire* versus *économie politique déductive), enfin du positionnement politique qu'Élie Halévy reprend poliment mais fermement Pareto.*

Le philosophe historien propose alors son propre traitement du thème de «l'individuel» et du «social». Pour ce faire, il mobilise l'approche philosophique afin de clarifier la démonstration et présente trois définitions de l'« individualisme » (méthodologique, éthique et politique). Il recourt à l'histoire intellectuelle afin d'identifier et de remettre en contexte les courants doctrinaires mis en cause. Surtout il s'attache à répondre aux critiques que Pareto adresse principalement à l'individualisme utilitariste, doctrine artificielle qui nierait la conflictualité des sociétés et affirmerait l'identité des intérêts du plus grand nombre, au prix du sacrifice de la liberté individuelle et de l'immolation des minorités sur l'autel des majorités. Élie Halévy, spécialiste de l'utilitarisme anglais, a déjà abordé dans un important ouvrage, La Formation du radicalisme philosophique[1], *les ambiguïtés de la doctrine utilitaire et a tenté d'en affronter, voire d'en dépasser, les incohérences. Lors de son intervention orale comme dans le compte rendu, Halévy rappelle d'abord que l'utilitarisme, loin d'être une logomachie abstraite, se voulait en son temps une réfutation des « fictions politiques » (théories des droits naturels de l'homme, du contrat social, de la séparation des pouvoirs) et s'en est distingué par sa méthode fondée sur l'observation empirique*

---

1. Élie Halévy, *La Formation du radicalisme philosophique* (1901 et 1904), Paris, PUF, 1995, sous la direction de Monique Canto-Sperber, avec la préface de Monique Canto-Sperber et les postfaces de Jean-Pierre Dupuy (t. 1), de Pierre Bouretz (t. 2), de Philippe Mongin (t. 3).

des comportements psychologiques des individus et sur le rationalisme calculateur. À ce titre, la méthode expérimentalo-déductive de Pareto emprunte directement à l'individualisme méthodologique, n'en déplaise à ce dernier qui récuse pareille filiation. Élie Halévy reproche ensuite à Pareto sa paresse intellectuelle quant à la question éthique et morale des fins. En philosophes engagés et en militants réformateurs, les utilitaristes ont tenté d'articuler les notions apparemment irréconciliables de l'individuel positif (Hume) et du collectif normatif (Beccaria), de l'individualisme hédoniste et du « plus grand bonheur du plus grand nombre », de l'égoïsme universel et de l'éthique de la maximisation de l'utilité. Ils ont imaginé pour ce faire la convertibilité des intérêts et des égoïsmes, ainsi que l'identité artificielle des intérêts par intervention du législateur ou de l'éducateur, érigeant le principe d'utilité en impératif éthique. Aussi les philosophes individualistes ont-ils accepté pragmatiquement le principe de l'intervention de l'État, mais toujours au nom du principe d'utilité. Quant à la critique politique de Pareto dénonçant la tyrannie démocratique du nombre – que d'aucuns appellent le despotisme démocratique –, Élie Halévy lui oppose la fausse « liberté » des individus, dans une société caractérisée par le conflit et la domination.

Ed. Claparède (dir.), Congrès international de philosophie, IIe Session tenue à Genève du 4 au 8 septembre 1904. Rapports et comptes rendus, Genève, Henry Kündig Éditeur, 1905.

Le texte intégral – communication de Pareto et discussion, dont l'intervention d'Élie Halévy – de la Session générale 4, y ont été publiés, p. 125-139. Nous les reproduisons ici.

COMMUNICATION DE VILFREDO PARETO

La signification de ces termes paraît évidente : mais un peu de réflexion suffit pour faire voir qu'en certains cas du moins ils manquent de précision. Ce n'est d'ailleurs pas un fait singulier, il se retrouve dans la plus grande partie de la terminologie de sciences sociales ; celle-ci correspond plus souvent à des sentiments qu'elle évoque, qu'à des réalités objectives. De là naît la nécessité d'une double recherche, pour les termes de ces sciences. D'une part il faut savoir à quelles réalités objectives ils peuvent correspondre, de l'autre il faut connaître les sentiments qu'ils servent à exprimer.

Le terme *individu* est précis ; il est à indiquer des êtres vivants considérés isolément. Le terme *société* est un peu vague : il désigne généralement un agrégat de ces individus, considérés ensemble ; mais plusieurs circonstances demandent à être fixées. D'abord l'extension de cet agrégat dans l'espace : il est rare que par la *société* l'on entende l'ensemble de tous les hommes vivants existant à un moment donné sur la terre ; on entend souvent l'ensemble des hommes constituant un État politique donné, mais sans que cela soit dit explicitement. Ensuite, il faut se rendre compte de l'extension dans le temps ; il est nécessaire d'expliquer si l'on entend parler de l'ensemble des hommes existant à un moment donné, ou bien de l'ensemble de ceux qui ont existé, qui existent, qui existeront, dans un laps de temps déterminé.

Les adjectifs *individuel* et *social* sont plus vagues que leurs substantifs. L'homme vivant en société, on peut dire, sous un certain point de vue, que tous ses caractères sont individuels, et en considérant le même phénomène sous un autre point de vue, on peut dire que tous les caractères de l'homme sont sociaux. En définitive, il n'existe aucun moyen sûr de séparer l'un de l'autre ces deux genres de caractères : et quand on croit pouvoir effectuer cette séparation, on se laisse entraîner par des considérations d'un ordre tout différent.

C'est une observation banale et bien souvent répétée qu'une société n'est pas une simple juxtaposition d'individus et que ceux-ci, par le seul fait qu'ils vivent en société acquièrent de nouveaux caractères. Si nous pouvions donc observer des hommes isolés et des hommes vivant en sociétés, nous aurions le moyen de connaître en quoi ils diffèrent et nous pourrions séparer l'individuel du social, mais le premier terme de cette comparaison nous fait entièrement défaut, et le second nous est seul commun.

Par rapport aux sentiments qu'ils évoquent, les termes *individuel* et *social* marquent très souvent une opposition entre deux parties de l'agrégat ; la première étant réputée se composer d'individus ; la seconde étant identifiée avec la *société*. La tendance moderne est en outre de voir dans une certaine majorité, ou pseudo-majorité, représentée d'une certaine manière, la société même. L'opposition entre l'individuel et le social devient alors l'opposition entre une certaine minorité et une certaine représentation d'une majorité plus ou moins réelle.

Si le terme *société* s'applique à des hommes vivant à un moment donné, sur un espace donné, il est impossible qu'il existe une opposition entre tous les individus dont se compose cette société et cette société même ; mais si le terme de société s'étend dans le temps et représente aussi les hommes qui sont encore à naître, il est fort possible qu'il existe une opposition d'intérêt entre tous les individus vivant à un moment donné et les intérêts des individus qui existeront.

Une espèce animale quelconque peut prospérer, en entendant par là que le nombre des individus de l'espèce augmente et que leur domaine s'étend, par deux moyens fort différents. Elle peut avoir une faible natalité et une mortalité plus faible encore ; ou bien une mortalité très élevée et une natalité encore plus forte. Ce second moyen est évidemment moins favorable que le premier aux individus vivant à un moment donné. C'est grâce à ce second moyen que plusieurs espèces d'insectes triomphent dans la lutte contre l'homme, et c'est en le considérant qu'on a pu dire que bien souvent l'individu est sacrifié à l'espèce. De même, pour la race humaine, il existe certainement des choses pour lesquelles les intérêts des générations présentes et ceux des générations futures sont d'accord, et d'autres choses pour lesquelles ces intérêts sont en opposition. En ce sens, on peut donc trouver des oppositions entre les intérêts des hommes vivant à un moment donné et les intérêts de la *société*.

Il est aussi possible, si l'on adopte le premier sens du terme *société* qu'une opposition existe entre les intérêts d'une partie et les intérêts d'une autre partie de cette société. Cela aura même lieu très généralement ; les individus composant une société ont certains intérêts communs et certains intérêts contraires.

Supposons, par exemple, qu'une société donnée possède une certaine somme de richesse, répartie d'une certaine manière. La règle selon laquelle s'opère cette répartition ne change pas tandis que la somme totale de richesse augmente ; en ce cas chaque individu recevra plus qu'il n'avait, et tous auront intérêt à ce que cette somme totale de richesse augmente. Mais si la règle de répartition change, deux phénomènes différents peuvent avoir lieu : 1er/ Avec la nouvelle répartition chaque individu reçoit plus qu'il n'avait avant. Ce cas est semblable au précédent, et tous les individus auront intérêt à ce que l'augmentation supposée de richesse se produise ; 2e/ Les uns reçoivent plus, les autres moins, qu'ils n'avaient avant. En ce cas, il y a évidemment opposition de leurs intérêts par rapport à l'augmentation du total de la richesse.

Non seulement la richesse est loin de constituer le seul intérêt que peuvent avoir les hommes, mais même si nous nous bornons à tenir compte de la richesse, la somme absolue qu'en possède chaque homme ne représente pas entièrement ses intérêts, et il y a lieu de prendre en considération l'importance relative des sommes possédées par chaque individu. Ainsi il se peut que, même dans le cas où chaque individu dont se compose la société voit sa richesse augmenter, il se produise une opposition d'intérêt. Certains individus recevant chacun une part minime de l'augmentation de la richesse peuvent préférer ne pas la recevoir pourvu que d'autres soient privés de la part considérable qu'ils auraient à toucher.

Les hommes dont se compose une société ont donc très généralement certains intérêts qui sont en opposition. Le fait est certain, quelles qu'en soient d'ailleurs les causes ; la moindre observation suffit pour le connaître, et c'est seulement lorsque le sentiment nous entraîne à prendre nos désirs pour des réalités que nous pouvons nier l'existence de ce fait.

On suppose, mais à vrai dire ce n'est là qu'une hypothèse, que l'identité des intérêts des individus est réalisée dans les sociétés d'insectes, grâce au développement de l'instinct qui fait que chaque individu trouve son plaisir à exécuter ce qui contribue au bien de tous. Il n'y a rien d'absurde à supposer qu'un tel état de choses, ou du moins un état approchant, pourrait exister pour les sociétés humaines ; notre ignorance de leurs lois physiologiques étend énormément le domaine de ce que nous considérons comme des possibilités : mais il faut bien constater que ni les sociétés humaines du passé, ni celles du présent ne nous présentent des faits semblables.

De tout temps, des théoriciens ont fait des tentatives pour nier, faire disparaître, ou du moins atténuer, l'opposition des intérêts des différentes parties de l'agrégat social. En général, ces tentatives reposent sur un raisonnement en cercle. On suppose ce qui est en question, en établissant que le *vrai bonheur* d'un individu consiste à faire ce qui est utile à la « société », et partant de là, on déclare que tout individu qui agit différemment ne recherche qu'un *faux bonheur* et qu'il faut l'empêcher de nuire ainsi aux autres et à lui-même. Depuis Platon, des raisonnements semblables nous ont été servis sous toutes les formes ; une doctrine moderne, dite de la *solidarité* ne fait que les renouveler, assez gauchement, du reste.

Des personnes observent que l'*unité* morale, intellectuelle, religieuse de la société est chose fort désirable ; mais ces personnes entendent régulièrement que cette uniformité doit se réaliser par l'adoption de leurs idées : ainsi la proposition qu'ils énoncent n'est qu'un euphémisme pour exprimer qu'il faut obliger tout le monde à penser comme eux.

L'opposition entre une partie et l'autre des individus composant une agrégation est souvent qualifiée d'opposition d'individus et de la « société ». Ainsi les personnes qui veulent réaliser *l'unité* morale, intellectuelle, religieuse de la société, se posent modestement en représentants de cette société et déclarent que ceux qui leur font opposition ne sont que des « individus perturbateurs ». Mais parmi ceux-ci, il en est qui leur rendent la pareille, car ils entendent eux aussi réaliser une *unité* de la société en imposant leurs conceptions aux « individus perturbateurs » qui ne les acceptent pas volontairement.

Une partie de l'agrégat recevant ainsi le nom d'*individus*, et l'autre celui de *société*, il s'agit de les distinguer. Actuellement on suppose qu'il suffit pour cela d'observer le nombre de personnes dont elles se composent : la minorité de l'agrégat doit se contenter du nom un peu décrié d'*individus*, la majorité a droit au titre honorable de *société*. Cette majorité ne se manifestant souvent que par des moyens plus ou moins indirects et compliqués peut d'ailleurs n'être qu'une pseudo majorité. Il n'est pas vrai, par exemple, que la majorité d'un parlement représente la majorité des électeurs. Ainsi, en Suisse, une loi votée à l'unanimité moins une voix par le Conseil national a été repoussée à une forte majorité par le référendum populaire.

À notre époque, on admet aussi assez généralement que les intérêts du plus petit nombre doivent être sacrifiés aux intérêts du plus grand nombre ; et cette proposition tend à devenir un article de foi, qu'on ne pourra plus nier sans danger ; un droit divin des foules se substitue au droit divin des rois ; l'un et l'autre n'ont d'ailleurs leur origine que dans le sentiment et n'ont pas le moindre fondement scientifique.

Il est bon de noter que les propositions que nous venons de citer et d'autres semblables ne s'appliquent qu'à une société constituant une nation politique : elles perdent toute valeur dans les rapports internationaux, sans que l'on sache au juste pourquoi. Des contradictions de ce genre sont caractéristiques pour les propositions ayant leur origine dans le sentiment.

Il faut encore noter que les propositions en question ne sont valables qu'en de certaines limites ; on n'admet pas, par exemple, que la majorité puisse réduire en esclavage la minorité. Ces limites demeurent indéterminées et fort vagues.

Des tentatives ont été faites pour sortir de cette indétermination. On a admis que *l'individu* avait des droits innés, naturels, que la *société* ne saurait enfreindre. Inutile d'ajouter que la difficulté qu'on voulait esquiver se retrouve entière lorsqu'on veut fixer quels sont ces droits. Toutes les théories qu'on a pu faire sur ce sujet n'ont abouti qu'à de pures logomachies. La conception du droit, née dans la société, et variable selon la constitution sociale, est absolument impuissante pour séparer l'individuel du social.

Une théorie qui eut un moment de vogue mais qui aujourd'hui est démodée est celle d'un contrat social qu'on trouverait à l'origine des sociétés. De la sorte, à un certain moment, la société aurait été formée par l'adhésion unanime des individus qui la composaient. Leurs descendants sont considérés comme leurs héritiers et on applique certaines conceptions qui dans nos sociétés s'attachent à l'héritage : on suppose que ces descendants ont hérité des dettes et des créances de leurs auteurs, en d'autres termes : de leurs devoirs et de leurs droits envers la « société ». Celle-ci, par analogie à ce qui a lieu pour les sociétés commerciales, est censée se trouver représentée par une certaine majorité. Mais l'analogie s'arrête, sans qu'on sache pourquoi, au moment de compter les voix ; il paraît qu'on doit les compter par tête, dans les sociétés humaines, tandis qu'on les compte par part d'intérêt dans les sociétés commerciales.

On observe dans la société que la mutuelle dépendance des individus va en augmentant et que les individus spécialisent de plus en plus leurs fonctions qui augmentent ainsi d'efficacité. Ce sont là deux manières différentes d'exprimer le même phénomène. Si on le considère sous la première forme que nous venons d'indiquer, on dira que le social tend à prévaloir sur l'individuel ; si on le considère sous la seconde forme, on dira que l'individuel tend à croître d'intensité par rapport au social. Mais si l'on veut raisonner avec précision, on évitera soigneusement ces manières de s'exprimer et l'on tâchera de n'employer que des termes correspondant à des réalités concrètes bien définies, ne laissant place à aucune ambiguïté ; et au lieu de rechercher les moyens d'agir sur les sentiments, on tâchera de découvrir les uniformités que présentent les faits de la société et d'exprimer le plus rigoureusement possible ces uniformités ou ces lois.

M. Pareto, avant que la discussion s'engage, ajoute quelques mots au rapport qui précède :

Le rapport que vous avez sous les yeux peut vous renseigner suffisamment sur le point de vue auquel je me suis placé pour traiter la question qui vous est soumise. Je n'abuserai donc pas de votre patience, et je serai très bref. Je désire seulement attirer votre attention sur quelques points accessoires.

D'abord, je vous prierai de ne voir dans ce rapport que les choses qui s'y trouvent explicitement. Les questions sociales sont généralement traitées sous l'empire du sentiment, de la passion, et en suivant une ligne qui aboutit à un but fixé d'avance. Quand on connaît le parti auquel appartient un auteur, on sait aussi, à peu près, quel est le but qu'il veut atteindre et quel est le chemin qui l'y conduira. Or ce parti nous est souvent révélé par une simple expression, par quelques mots, par un mode d'étudier les faits. Il est donc légitime de déduire, de ces indices, tout un ensemble de doctrines propres à l'auteur.

Je tiens à vous avertir que ce cas n'est pas le mien. Ce que j'avais à dire, je l'ai exprimé le plus clairement que j'ai pu, et mes théories ne vont pas au-delà de ce que j'affirme explicitement.

Ensuite, et comme conséquence de ce qui précède, je ferai remarquer que si j'ai traité la question principalement sous l'aspect scientifique, c'est-à-dire en faisant appel exclusivement aux faits et à leurs conséquences logiques : ce n'est pas que je méconnaisse le moins du monde l'influence du sentiment dans les actions humaines ; je lui fais au contraire une part que bien des personnes estimeront exagérée, car je crois que les actions humaines sont principalement déterminées par le sentiment, la passion, et l'intérêt, et seulement d'une façon très secondaire par le raisonnement. De même, il me semble d'après l'analyse des faits, que la seule manière vraiment efficace de persuader le plus grand nombre des hommes est d'agir sur leurs sentiments. Mais je me refuse à me tromper volontairement, et à induire les auteurs en erreur, en attribuant à ces moyens d'agir sur les sentiments un caractère expérimental et logique qui leur fait entièrement défaut. Et quand des passions, des aspirations sectaires, des intérêts plus ou moins avouables, se cachent sous des termes vagues, dénués d'un contenu expérimental, tels que les termes de *social* et *d'individuel*, je n'entends pas être dupe des mots, mais je cherche ce qu'ils représentent en réalité, et ce qui se cache sous les pseudo-raisonnements dans lesquels on en fait usage.

Il n'y a pas d'autres moyens d'arriver à connaître les uniformités que présentent les faits, c'est-à-dire leurs lois ; et c'est là exclusivement l'objet de la science sociale.

Discussion

[*Interventions non reproduites de M. W. M. Kozlowski et du professeur L. Stein*]

M. Halévy (Paris) – Je ne viens apporter ici ni des généralités métaphysiques comme M. Kozlowski, ni des généralités épistémologiques, comme M. le prof. Stein. Je veux m'inspirer de la méthode analytique, excellemment suivie tout à l'heure par M. le professeur Pareto, et lui demander de dire s'il ne reconnaît pas avec moi la nécessité de distinguer plusieurs acceptions courantes – trois acceptions fondamentales – du mot « individualisme ». Entre ces trois acceptions, le philosophe et le savant devront faire un choix et se restreindre, semble-t-il, à une seule, s'ils veulent parler un langage clair et distinct.

En premier lieu – et M. Pareto l'a très bien dit – l'individualisme est une méthode théorique pour étudier les phénomènes sociaux. Pouvons-nous, dans cette étude, prendre pour données premières des individus supposés distincts les uns des autres, égoïstes ou réfléchis, ou plus simplement (ce qui peut-être ne revient pas tout à fait au même), des individus constitués mentalement, tel que je m'apparais à moi-même par l'observation de ma propre conscience, puis supposer plusieurs de ces individus placés les uns en face des autres, et expliquer, déductivement, constructivement, comment ils doivent nécessairement réagir les uns sur les autres ? C'est une méthode dont on doit l'invention à la philosophie anglaise et française du XVIIIe siècle et dont l'application a produit toute l'économie politique, y compris je crois, les récents et remarquables travaux de M. Stein. Si nous l'acceptons, nous sommes, en un premier sens individualistes. Croyons-nous, au contraire, que la société est un être distinct, doué d'un certain nombre de qualités spécifiques inexplicables par la considération des individus qui la composent et qu'il appartient à l'observation directe et empirique de décrire, plutôt que d'expliquer le fait social dans ce qu'il a de spécifique ? C'est une méthode dont on trouverait sans doute l'origine dans la métaphysique allemande du XIXe siècle, mais qui a pris de nos jours une forme scientifique chez beaucoup de sociologues contemporains. Alors, quant à la méthode suivie, nous cessons d'être individualistes.

Mais voici un second sens du mot, absolument distinct du premier. L'individualisme n'est plus une méthode à suivre dans l'étude scientifique des phénomènes. C'est une doctrine des fins à poursuivre, dans l'organisation des sociétés. La société est-elle tenue pour un simple moyen en vue d'une fin supérieure qui est l'émancipation des individus ? Le but de toute société est-il considéré comme étant la production d'êtres capables de sentir, d'agir, de penser par eux-mêmes ? Celui qui accepte ces vues est, en un sens nouveau, distinct du premier, un individualiste. Croyons-nous au contraire, que l'individu n'est pas une fin en soi, qu'il n'a pas de valeur, si ce n'est par rapport à une fin supérieure à laquelle il collabore et que cette fin idéale prend, en quelques sorte, dans la société sa forme concrète ? Considérons-nous, en d'autres termes, que la société est une sorte de chef-d'œuvre collectif, et que les individus n'ont de prix moral que dans la mesure où ils collaborent à la confection de ce chef-d'œuvre. Nous cessons d'être individualistes, au deuxième sens du mot. Il ne s'agit plus ici de méthodologie, mais d'éthique, ou plus simplement, il ne s'agit plus d'une question de méthode, mais de fin. Ici intervient, selon M. Pareto, le sentiment. Cela n'est pas certain, et peut-être une méthode rationnelle est-elle applicable à la solution de ce nouveau problème. Nous nous bornons à constater, pour l'instant, l'existence de deux problèmes distincts.

Mais voici encore une troisième acception du terme, distincte des deux premières, et qui ne porte plus sur la considération de la méthode, ni sur celle des fins, mais sur la considération des moyens. Pour abréger et pour nous borner à un exemple, supposons admis que le but de la société soit l'émancipation des individus qui la composent. Quels seront les moyens à employer pour atteindre cette fin ? De deux choses l'une. Ou bien la société tendra, autant que possible, à s'abstenir d'intervenir dans les relations qui existent entre individus. C'est la thèse de ce libéralisme moderne, qui, depuis le XVIIIe siècle jusqu'à nos jours, est devenu comme classique, et voilà une troisième forme de l'individualisme. Ou bien la société – disons : l'État, si l'on veut, ou encore, la majorité des individus – doit intervenir et intervenir toujours davantage pour régler les relations juridiques et économiques des membres de la société pris individuellement. C'est la thèse du socialisme, c'est-à-dire d'une école qui, dans le cours du XIXe siècle a pris une importance croissante. Il n'y a plus d'individualisme quant aux moyens employés, mais il ne cesse pas nécessairement d'y avoir individualisme quant à la fin poursuivie. Marx demande, avec plus de rigueur que pas un, la gérance de la richesse publique par la collectivité, cela ne l'empêche pas d'être, au deuxième sens du mot, l'individualiste le plus intransigeant, le plus « anarchiste » qui ait existé[1].

Voilà donc, pour un seul terme, trois acceptions. Le service que nous demandons à M. Pareto de nous rendre, c'est de nous dire, d'abord, s'il admet la distinction de ces trois appréciations, et dès lors, en quel sens

---

1. [Voir la lettre d'Élie Halévy à Célestin Bouglé, 07/05/1895, *in* Élie Halévy, *Correspondance 1891-1937, op. cit.,* p. 156.]

il choisit d'entendre, précisément, chaque fois qu'il l'emploie, le mot d'« individualisme ».

M. Pareto : Je ne pouvais désirer de meilleures preuves de la vérité des propositions que je vous ai exposées, que les discours que vous venez d'entendre. J'avais dit dans mon rapport, j'ai répété tantôt, qu'en suivant la voie choisie par les auteurs de ces discours, on n'arrivait à découvrir aucune uniformité, aucune loi des faits sociaux. Eh bien ! cherchez en effet quelle uniformité, quelle loi des phénomènes sociaux se trouve dans ces discours et vous n'en trouverez pas !

[...]

Je dois m'arrêter un peu plus longuement sur le discours clair, net, et j'ose dire, lumineux, de M. Halévy. J'avoue qu'un tel adversaire n'est pas sans m'inspirer quelques craintes : mais, heureusement pour moi, le vague des doctrines qu'il défend ne lui permet pas de déployer toutes ses forces.

Tout d'abord, voyez se confirmer une des propositions que j'avais énoncées tantôt. M. Halévy veut lire entre les lignes de mon rapport ; il suppose que je suis un *individualiste*, et il me demande en quel sens précis j'emploie le mot « d'individualisme ».

Ma réponse sera simple. C'est justement parce que j'ignore quel est ce sens précis que je m'abstiens soigneusement de faire usage, dans des propositions scientifiques, du terme « d'individualisme ». J'ai écrit un long rapport, et je vous ai fait un discours, qui, je le crains, vous aura paru aussi long, pour tâcher de dissuader les personnes qui veulent raisonner rigoureusement de faire usage de ce terme et d'autres semblables, dont le sens est vague et mal déterminé.

Si l'heure n'était pas aussi avancée, je pourrais trouver dans le discours même de M. Halévy, de nouvelles preuves du danger de faire usage de ces termes. Il nous parle de l'« émancipation des individus ». Je voudrais bien savoir ce que c'est que cette « émancipation ». Il est des pays où les jacobins mettent en prison les gens pour les émanciper de la superstition religieuse. Je ne dispute jamais sur les termes, et suis prêt à admettre toute définition qu'on en veut donner. Je désire seulement qu'elle soit claire et précise : et je voudrais bien distinguer « l'émancipation » qui me conduit en prison, si je ne partage pas les passions de certains sectaires, de « l'émancipation » qui me permet de suivre les opinions que je préfère. Il me semble que ce sont là deux choses différentes.

Je ne sais où M. Halévy a trouvé que *toute* l'économie politique a été produite par l'étude « des individus constitués mentalement, tel que je m'apparais à moi-même par l'observation de ma propre conscience » ; mais je sais bien qu'une telle méthode n'est pas celle du *Cours d'économie politique* que j'ai publié ; et je sais aussi que c'est très explicitement que je l'ai réprouvée dans mes *Systèmes socialistes*. On pourrait même trouver que je vais à l'extrême opposé, car j'ai soutenu que c'est sans en avoir conscience que les hommes se laissent guider le plus souvent par le sentiment et l'intérêt. Le reproche de M. Halévy ne me touche donc pas, et il ne touche pas non plus la science que je professe ; que ceux auxquels il s'adresse y répondent.

Je suis d'accord avec M. Halévy pour reconnaître qu'au-dessous de ces termes de *social* et d'*individuel* que je crois fort vagues, peuvent se trouver : une méthode théorique pour étudier les faits sociaux ; une doctrine des *fins* à poursuivre (ces *fins* me semblent, comme l'émancipation, passablement nébuleuses) ; et enfin un moyen pour atteindre un certain but par rapport aux individus. Seulement, au lieu d'employer les euphémismes métaphysiques dont se sert M. Halévy, pour indiquer ce but, je préfère, parce que c'est plus clair, dire brutalement que ce but est fort souvent celui d'imposer certaines croyances, certains modes d'agir au prochain, et surtout de les dépouiller de ses biens. C'est là ce qu'on trouve fort souvent sous ces discours éthiquement nébuleux, et c'est là ce que je voulais énoncer clairement.

Élie Halévy, « L'individuel et le social », par V. Pareto (4ᵉ séance générale du congrès de Genève), **Revue de métaphysique et de morale,** *12, p. 1103-1113, 1904.*

Il faudra éviter, dans un prochain congrès, que le temps manque, comme il a souvent manqué au congrès de Genève, pour l'examen approfondi des questions proposées. À la séance générale de la section de « morale et sociologie », on voulait étudier dans leur opposition, les deux notions de « l'individuel » et du « social ». Or on disposait d'une heure et demie seulement. Encore le programme se trouvait-il allégé par la défection d'un des collaborateurs annoncés. Deux rapporteurs devaient prendre la parole sur le thème proposé : M. Vilfredo Pareto, professeur à l'université de Lausanne, et M. de Greef, membre de l'Académie royale, recteur de l'Université nouvelle à Bruxelles. M. de Greef, à la dernière heure, s'excusa. S'il avait pris la parole après M. Vilfredo Pareto, toute discussion eût été impossible, faute du temps nécessaire.

La communication de M. Vilfredo Pareto avait été, comme plusieurs autres, imprimée à l'avance et distribuée aux membres du Congrès. Facile à lire, intéressante, riche en vues de détail, elle nous avait paru, avant la séance, manquer de netteté dans les définitions et les conclusions. Voici comment l'on peut en résumer les thèses principales.

D'abord, M. Vilfredo Pareto s'efforce de définir les deux termes en question, l'*individu* et la *société*, ou, si l'on veut employer les deux adjectifs, « plus vagues que leurs substantifs », l'*individuel* et le *social*. « Le terme *individu*, nous dit-il d'abord, est précis ; il sert à indiquer des êtres vivants considérés isolément. Le terme *société* est un peu vague ; il désigne généralement un agrégat de ces individus, considérés ensemble ; mais plusieurs circonstances demandent à être fixées. D'abord l'extension de cet agrégat dans l'espace. Ensuite... l'extension dans le temps ». La notion précise et sur laquelle nous avons prise, ce serait donc la notion de l'« individu » ; la notion de « société » serait, au contraire, indéterminée et sans contours arrêtés. Ce serait donc par celle-là qu'il faudrait toujours essayer d'expliquer celle-ci. Mais M. Pareto continue : « C'est une observation banale et bien souvent répétée qu'une société n'est pas une simple juxtaposition d'individus, et que ceux-ci, par le seul fait qu'ils vivent en société, acquièrent de nouveaux caractères. Si nous pouvions donc observer des hommes isolés et des hommes vivant en sociétés, nous aurions le moyen de connaître en quoi ils diffèrent et nous pourrions séparer l'individuel du social, mais le premier terme de cette comparaison nous fait entièrement défaut, et le second nous est seul connu ». Bref, la société nous est maintenant donnée comme constituant la seule réalité saisissable : l'individu n'est rien qu'une fiction de l'esprit.

M. Vilfredo Pareto s'efforce ensuite d'établir qu'il existe, et de définir en quoi consistent certaines oppositions entre les intérêts des individus, dans l'intérieur d'une société. Considère-t-on la société comme « s'étendant dans le temps et représentant aussi les hommes qui sont encore à naître », il existe des oppositions d'intérêts entre tous les individus vivant à un moment donné et les intérêts des individus qui existeront dans l'avenir. Considère-t-on la société comme constituée exclusivement par la somme des individus vivants dans le moment actuel, visiblement ces individus ont des intérêts communs et des intérêts contraires : et M. Pareto donne des exemples de ces conflits d'intérêts empruntés à l'économie politique. Où tend cette démonstration ? À réfuter la thèse du « solidarisme », en vertu de laquelle l'identité des intérêts individuels serait, devrait être, ou pourrait devenir absolue. « En général, répond M. Pareto, ces tentatives reposent sur un raisonnement en cercle. On suppose ce qui est en question, en établissant que le *vrai bonheur* d'un individu consiste à faire ce qui est utile à la « société », et partant de là, on déclare que tout individu qui agit différemment ne recherche qu'un *faux bonheur* et qu'il faut l'empêcher de nuire ainsi aux autres et à lui-même. Depuis Platon, des raisonnements semblables nous ont été servis sous toutes les formes ; une doctrine moderne, dite de la *solidarité*, ne fait que les renouveler, assez gauchement du reste... » L'opposition des intérêts est un fait certain ; « et c'est seulement lorsque le sentiment nous entraîne à prendre nos désirs pour des réalités que nous pouvons nier l'existence de ce fait ».

M. Vilfredo Pareto termine enfin par l'examen rapide de certaines doctrines abstraites sur les rapports de l'individu avec la société : doctrine du droit de la majorité, doctrine des droits naturels, doctrine du contrat social. Il est sévère pour ces théories, qui « n'ont leur origine que dans le sentiment et n'ont pas le moindre fondement scientifique », qui aboutissent « à de pures logomachies ». Il conclut : « Si l'on veut raisonner avec précision on évitera soigneusement ces manières de s'exprimer et l'on tâchera de n'employer que des termes correspondant à des réalités concrètes bien définies, ne laissant place à aucune ambiguïté ; et au lieu de rechercher les moyens d'agir sur les sentiments, on tâchera de découvrir les uniformités que présentent les faits de la société et d'exprimer le plus rigoureusement possible ces uniformités et ces lois. »

M. Vilfredo Pareto, dans le commentaire oral de son travail, s'est précisément efforcé d'expliquer l'opposition établie par lui entre le point de vue du sentiment et celui de la science. Il n'est pas un ennemi du sentiment. Il veut seulement séparer des choses qui sont différentes, non les juger. Le sentiment est, avec l'intérêt, une des plus grandes forces qui agissent sur les hommes ; mais les conditions pour raisonner sur ces matières sont différentes des conditions nécessaires pour agir sur les hommes. Par exemple, la précision du langage, la rigueur dans la correspondance des termes avec la réalité, sont choses plutôt utiles, quant au sentiment. Le langage théologique que Dante parle dans son *Paradis* est rebutant peut-être pour le lecteur moderne. Inversement, nos discussions sur l'individuel et le social n'auraient pas intéressé Dante. C'est que, depuis six ou sept siècles, les sentiments humains ont changé. Mais le langage approprié à un mode d'action sur les hommes n'a rien à faire avec le langage que nous avons à employer pour étudier la réalité objective. L'erreur des philosophes français, renouvelée par les néojacobins, a été de vouloir juger les croyances sur leur contenu expérimental et sur la précision du langage employé pour les exprimer. En fait, la valeur d'une croyance, c'est son influence sur les hommes. Il faut se défier du dédain facile que les croyances nouvelles inspirent à l'égard des croyances anciennes. Or la doctrine de la solidarité, du social, doit prendre place, selon M. Pareto, parmi les croyances religieuses. Que deviendra cette religion nouvelle ? Dans quelques siècles, on en pourra juger. Le savant, pour l'instant, ne peut le deviner, et applique une autre méthode. Lorsque certaines abstractions s'offrent à lui, il se demande quelle utilité elles peuvent présenter pour nous faire comprendre les phénomènes sociaux, quelle est l'utilité des termes en question dans les sciences sociales. En ce qui concerne les nouvelles théories sociales, j'attends, déclare M. Pareto, pour dire oui, qu'elles apparaissent comme nécessaires pour découvrir des uniformités. En fait, le langage de la sociologie est, pour l'instant, un langage imprécis. Sans doute, le langage vulgaire présente, dans les débuts d'une science, une utilité incontestable : il accumule en soi le résultat d'un nombre immense d'expériences. Mais un jour vient où cet avantage est plus que compensé par l'imprécision des termes. Tous ceux auxquels ne correspond aucune réalité objective doivent être laissés de côté. Que l'on songe à l'histoire du terme et de la notion de « demande » en économie politique : ce terme vulgaire, qui était en apparence compris par tout le monde, a fini, faute de précision, par être rejeté du langage scientifique. Que l'on songe, de même, en sociologie, au mot « famille », si clair en apparence, et qui recouvre des phénomènes si complexes et si divers.

D'où la nécessité de prendre garde à l'emploi des termes d'« individu » et de « société ». L'« individu », voilà une notion exempte d'ambiguïté ; mais la notion de « société » est ambiguë. Les deux adjectifs « individuel », et « social » sont d'un emploi plus dangereux encore : où mettre le départ entre l'individuel et le social ? Mieux vaut, en fin de compte, laisser ces termes de côté, et recourir directement à l'expérience. Il en est autrement, M. Pareto le répète, au point de vue de l'action sur les hommes. Nous assistons à la naissance d'une nouvelle religion, d'une nouvelle théologie. Il y a des mots qui émeuvent les hommes, qui sont utiles pour les actions des hommes. Si l'on étudie les conditions de propagation de ces idées, si l'on tient compte de la grande base des actions humaines, de l'intérêt, qui apparaît souvent, sous une forme déguisée, dans les manières dont certaines classes d'hommes expriment certaines classes d'intérêts, si l'on aperçoit comment les idées ont souvent dissimulé des intérêts, alors la connaissance du passé aidera à comprendre le présent. Les termes de l'individuel et du social, des droits de l'individu et de l'État, s'emploient communément pour défendre des intérêts. On parle de solidarité, en réalité on défend les intérêts de sa classe. En analysant ainsi les mobiles secrets qui dictent aux solidaristes leur discours, je n'approuve ni ne blâme, nous dit pour conclure M. Pareto : car ils agissent en pleine bonne foi.

Une courte discussion s'est alors engagée.

M. Kozlowski, privat-docent à l'université de Genève, a présenté des considérations extrêmement générales. Il a voulu montrer que l'individualisme et le socialisme correspondaient comme à deux pôles de la pensée, et que l'on pouvait s'orienter par rapport à ces deux pôles dans l'étude de tous les domaines, et de toutes les époques de la pensée humaine. Il a essayé d'établir que la science analyse, distingue et sépare, que l'art au contraire unit dans un seul acte d'intuition, que la morale enfin fait l'unité des deux points de vue antithétiques de la science et de l'art. Il allait montrer comment la notion de l'amour et l'application de la méthode biologique étaient de nature à résoudre le grand problème ; mais l'heure avançait, et le président dut prier M. Kozlowski d'interrompre sa communication.

M. le prof Ludwig Stein (Berne) a ajouté des observations sur la vraie méthode à employer pour la solution du problème. Il ne faut pas considérer l'« individualisme » ni le « collectivisme » comme des absolus, mais comme des notions dont la valeur est relative. L'individualisme repose sur la notion stoïcienne de l'ἡγεμονιχὸν ; le collectivisme, sur la notion aristotélicienne du ζῷον πολιτιχὸν. Les deux notions valent dans la mesure de leur application aux choses, dans la mesure où elles sont *utiles* pour un temps et pour un besoin déterminés. Et M. Stein a terminé en rappelant quels sont les principes, auxquels il adhère, de la méthode empirio-critique, définie par Avenarius et par Mach.

Nous avons cru devoir intervenir alors, pour ramener l'attention de l'auditoire sur ce qui nous paraissait être l'objet précis du débat. Il s'agit des notions antithétiques de l'« individu » et de la « société », de l'« individuel » et du « social ». Le point de vue « individualiste » est le point de vue adopté par ceux qui, dans la théorie et la pratique, insistent sur la notion de l'« individuel » ; et nous pouvons appeler « anti-individualistes », faute d'un terme commun et précis propre à les désigner, tous ceux (sociologues, solidaristes, socialistes...) qui insistent sur la notion contraire. Or, l'individualisme lui-même ne constitue-t-il pas une notion complexe ? Ne se prend-il pas dans des acceptions si distinctes que l'on puisse fort bien être individualiste en un certain sens, sans l'être en plusieurs autres ? Nous avons proposé de distinguer trois acceptions fondamentales de ce vocable, et nous avons prié M. Pareto de vouloir bien éclairer l'auditoire et nous-mêmes, sur la question de savoir s'il accepte la distinction établie par nous entre les trois sens du mot, sur le sens précis où il entend, lorsqu'il l'emploie, le mot d'« individualisme », et sur la manière dont il résoudrait les trois problèmes qui correspondent aux trois sens du mot.

L'individualisme peut être, en premier lieu, entendu comme une *méthode* pour l'interprétation des phénomènes sociaux. Je puis, en matière de sociologie, prendre comme données initiales les individus, supposés absolument distincts les uns des autres, réfléchis et égoïstes, ou encore si l'on veut, supposés doués de la même constitution mentale que je puis découvrir en moi-même, par la simple observation de conscience. Je puis ensuite placer ces individus les uns en face des autres, deviner comment ils réagissent les uns sur les autres, et reconstruire ainsi, par voie de déduction ou de construction, l'ensemble des phénomènes sociaux. Voilà bien de l'individualisme : et telle est bien la méthode dont les philosophes anglais et français du XVIIIe siècle préconisaient l'application à la politique et à l'économie politique : méthode féconde, puisqu'elle a abouti à la constitution effective de l'économie politique, puisque M. Pareto lui-même, en tant qu'économiste, n'a fait qu'en étendre le champ d'application. Mais on peut concevoir, et on a essayé d'appliquer une autre méthode. On a pu affirmer que, dans les phénomènes sociaux, il y a quelque chose d'irréductible aux phénomènes de psychologie individuelle, et d'inexplicable par ceux-ci, que la société constitue un phénomène d'ensemble qui domine et déborde les individus. Conception dont l'origine se trouve sans doute dans la métaphysique allemande du commencement du XIXe siècle, mais qui a pris, chez les sociologues de nos jours, en Allemagne et en France, une forme scientifique : elle donne à la sociologie une forme non plus déductive, mais plutôt descriptive : l'observation y prend la place de l'explication. Ce sera, si l'on veut, le *sociologisme*, qui s'opposera à l'individualisme méthodologique.

Mais voici qu'un nouveau problème se pose. Il porte non plus sur la méthode à observer dans l'interprétation des phénomènes sociaux, mais sur la *fin* qu'il convient d'assigner à la société. La société n'est-elle qu'un moyen en vue d'une fin supérieure, à savoir l'émancipation de l'individu ? N'a-t-elle d'autre but que de produire le plus grand nombre possible d'individus autonomes, c'est-à-dire capables de sentir, d'agir, de penser par eux-mêmes ? Alors l'individualisme, en un second sens, est le vrai. Ou bien, au contraire, est-ce l'individu que l'on ne saurait considérer comme une fin en soi, et aux actions duquel on ne peut attribuer une valeur que dans la mesure où elles poursuivent une fin sociale ? La société doit-elle, en d'autres termes, être considérée comme une sorte de chef-d'œuvre collectif, et l'individu n'avoir un prix que dans la mesure où il prend part à la confection de ce chef-d'œuvre ? Il n'existe pas de nom pour cette attitude qui fait antithèse à l'individualisme moral. Mais on voit qu'il s'agit ici d'une acception nouvelle de l'individualisme et de son contraire : la question porte non plus sur la *méthodologie*, mais sur *l'éthique*.

Cessons maintenant de considérer soit la question de méthode, soit la question de fin, pour nous attacher à la considération des *moyens* ; cessons de nous occuper soit de méthodologie, soit d'éthique, pour traiter une question de *politique*. L'État, considéré comme représentant la collectivité, doit-il intervenir aussi peu que possible, dans les actions des individus ? Ne pas intervenir du tout si la chose est possible, et renfermer son intervention dans des limites étroitement définies, si l'intervention est nécessaire ? C'est la thèse du libéralisme classique, depuis plus d'un siècle : et cette défense des droits de « l'individu contre l'État », selon l'expression d'Herbert Spencer, constitue une troisième forme de l'individualisme. L'individualisme, ainsi défini, s'oppose au *socialisme*, qui demande, en matière économique, le contrôle par la majorité de tous les actes des individus, et la gérance, par la majorité ou par les délégués réguliers de la majorité, de tous les moyens de production. Mais c'est ici qu'apparaît la nécessité de ne pas confondre entre eux les différents sens du mot « individualisme ». On peut être socialiste, anti-individualiste au troisième sens du mot, et cependant rester individualiste, au deuxième sens par exemple. La thèse de la socialisation des instruments de travail n'a pas eu de défenseur plus intransigeant que Karl Marx : mais cette socialisation n'est, à l'en croire, qu'un moyen en vue d'une fin ; et cette fin, c'est l'émancipation la plus complète possible de tous les individus. Par sa doctrine des fins, Karl Marx est un individualiste « anarchiste »[1].

L'heure avançait. M. Pareto, avec beaucoup de promptitude et d'esprit, a clos la discussion. Il s'est défendu de vouloir être classé soit comme individualiste, soit comme collectiviste : « Je suis économiste, et j'emploie, dans chaque recherche particulière, la méthode la plus apte à me fournir des résultats scientifiques. » Il s'est demandé si vraiment il y avait trois sens, et pas davantage, du mot en discussion, et s'est défendu de vouloir jouer, en matière de langage, le rôle de grand inquisiteur : « Chacun de nous a le droit d'employer les termes au sens qu'il veut ; la seule chose nécessaire est de s'entendre avec soi-même ». Il s'est défendu, en dernier lieu, de vouloir traiter la deuxième question que nous lui avions posée, la question des fins que l'homme vivant en société doit poursuivre ; comme si elle était susceptible de recevoir une solution rationnelle. « Je ne discute pas là où il n'y a pas d'expérience. La question de fin est une question de sentiment. » Et la séance a été levée.

On peut se demander cependant si, sur les trois points dont nous avions traité brièvement, M. Vilfredo Pareto n'aurait pu, avec la compétence qui lui appartient, apporter, au risque de prolonger la séance, des réponses plus explicites.

M. Pareto a refusé de se laisser classer soit parmi les individualistes, soit parmi leurs adversaires. Il se borne, a-t-il dit, à appliquer une méthode. Mais l'individualisme est, dans un des sens du mot, une méthode. M. Pareto ne devait-il pas à ses auditeurs de définir sa méthode et de dire si, oui ou non, elle présente un caractère individualiste. En fait, et malgré les dénégations de l'auteur, nous persistons à affirmer le caractère individualiste de sa philosophie sociale. Dans son mémoire imprimé, dans sa communication orale, il serait aisé de montrer que les déclarations individualistes abondent : dans ses travaux d'économie politique, en dépit de ses efforts pour éliminer, autant que possible, tous les postulats, M. Pareto ne peut éviter de mettre en rapport les deux individus qui échangent leurs produits, l'individu qui offre et l'individu qui demande. M. Pareto veut une sociologie économique qui soit déductive et explicative : il ne pouvait donc en être autrement. Car, expliquer des phénomènes de psychologie collective, c'est en quelque sorte par définition les réduire à des phénomènes de psychologie individuelle. Que, d'ailleurs, dans les cas où nous ne réussissons pas à opérer cette réduction, nous devions nous résigner à l'emploi d'une méthode, proprement

---

1. *Ibidem.*

sociologique, d'observation et de description, nul ne le nie. Que l'on puisse, avec des phénomènes de psychologie individuelle diversement combinés, construire un nombre indéfini de sociétés possibles, mais parmi lesquelles un petit nombre seulement ne sont pas imaginaires, et que l'expérience soit utile pour nous avertir des combinaisons qui se trouvent être réelles, et sur lesquelles seule notre attention scientifique doit se porter pour en découvrir l'explication, nous l'accordons également. Mais le but est toujours l'explication, c'est-à-dire la réduction du collectif à l'individuel, et le but sera atteint lorsqu'on cessera de comprendre pourquoi le secours de l'expérience avait été indispensable, et pourquoi on n'avait pas deviné, en partant des principes, ce qu'on a en réalité constaté, avant de le réduire à ses principes. « On peut dire généralement, écrit Auguste Comte, que la science est essentiellement destinée à dispenser, autant que le comportent les divers phénomènes, de toute observation directe, en permettant de déduire du plus petit nombre de données immédiates le plus grand nombre possible de résultats. »

Après la question de méthode, on pouvait traiter la question de fin. M. Pareto a cru résoudre le problème par la distinction qu'il a établie entre le point de vue sentimental et le point de vue scientifique. Mais comment faut-il entendre cette distinction ? Le sentiment, est-ce la fantaisie, le choix arbitraire ? Et doit-on, si l'on veut procéder rationnellement, se désintéresser du but pratique de la science ? M. Pareto est loin sans doute de croire que la science économique n'a pas d'utilité pratique, et de chercher, dans l'étude des phénomènes sociaux, la simple satisfaction de sa curiosité intellectuelle. Ou bien le sentiment dont il parle, a-t-il, comme la foi des religions révélées, ses règles propres, différentes des règles de la méthode scientifique, mais qu'il faut cependant supposer réelles aussi ? Mais cette conception suppose elle-même une démonstration rationnelle, et d'ailleurs il ne semble pas que M. Pareto s'y rallie. Il nous fait voir, dans les mobiles sentimentaux par lesquels nous justifions nos actions, de simples professions de foi dont il faut se défier, des apparences superficielles qui recouvrent des intérêts individuels ou des intérêts de classe : M. Pareto serait donc un utilitaire, et finirait en conséquence, après avoir abandonné au sentiment la solution du problème moral, par se rallier à la moins sentimentale de toutes les philosophies morales. En vérité, toutes ces déclarations de M. Pareto restent obscures. Laissant de côté toute espèce de considérations métaphysiques, il est probable que, si l'on admet la nécessité de poser le problème moral, le problème du bien ou du désirable, on admet par là même la possibilité d'en fournir une solution rationnelle ; il est probable en outre que, dans la même hypothèse, cette solution devra présenter un caractère individualiste. Dans la mesure où nous posons le problème du désirable, il est nécessaire que nous prenions une conscience plus distincte de notre sensibilité et de notre activité individuelles et des droits dont le développement de notre individualité implique le respect nécessaire qu'à la notion du sacrifice irréfléchi se substituent, dans notre éthique, les notions du contrat et de l'échange. Il est impliqué, en outre, que nous sommes conscients et réfléchis, capables de raisonner sur nos actes et sur les choses : la culture de notre raison, comprise dans le développement de notre individualité, fait donc nécessairement partie de notre notion du désirable. La société cesse de nous apparaître comme une fusion sentimentale, dans laquelle s'abîment les personnalités des membres qui la composent, pour devenir une collaboration réfléchie des intelligences individuelles : d'où la nécessité de bien des rapports de coordination, et même de subordination. C'est ainsi qu'un individualisme rationnel apporte des limites à ce relâchement excessif du lien social, qui semblait devoir résulter de l'application radicale du principe individualiste. Telles sont, trop brièvement exposées les raisons pour lesquelles l'individualisme nous semble être le vrai, en éthique comme en méthodologie.

Un troisième problème subsiste enfin, auquel M. Pareto semble avoir évité volontairement de faire allusion : et c'est le problème de politique qui se pose lorsque nous voulons faire un choix entre l'« individualisme », entendu au troisième sens du mot, et le « socialisme ». M. Pareto cependant est un adversaire professionnel du socialisme, et il serait aisé de découvrir, soit dans son mémoire, soit dans son allocution, bien des déclarations où se décèle le souci de réfuter le socialisme. Or, c'est sur ce point, tout au contraire, que la thèse « individualiste » nous paraît le moins acceptable : il convient même de se demander si le vocable « individualisme » exprime d'une manière exacte, dans ce troisième cas, la réalité à laquelle il correspond. Supprimez l'intervention de l'État, et ce qui reste, ce ne sont pas des individus autonomes, ce sont des groupes, des « sociétés particulières », qui n'avaient pas besoin de la « société générale » pour subsister. Dans ces groupes, les individus se trouvent asservis et absorbés ; mais autant l'« individualiste », le « libéral », au sens courant de ces deux mots, est douloureusement choqué par ce qu'il y a de despotique dans les interventions gouvernementales, autant il reste insensible au despotisme que peut exercer le père ou l'époux dans sa famille, le patron dans son usine, le prêtre dans son église. De toutes les formes d'association que le sociologue étudie, l'État est celle dont l'individualisme, conçu comme une méthode, est le mieux fait pour nous donner l'intelligence ; et, si d'autre part on considère l'individualisme comme une doctrine des fins, il apparaît que le triomphe de l'individualisme ne peut point se passer du concours de l'État. L'État est, par essence, l'instrument de défense de tous les individus contre tous les groupes : on ne saurait donc, sans absurdité, sous prétexte de protéger la liberté des individus, ni réduire ses fonctions à rien, comme le veulent les anarchistes, ni les réduire à un minimum défini une fois pour toutes, comme le veulent les libéraux classiques. Dans la troisième acception du mot, l'individualisme n'est pas vrai ; ou, pour mieux dire, la troisième acception du mot est mauvaise, puisqu'elle repose sur une fausse antithèse entre l'individu et l'État.

Mais toutes ces considérations, que nous exposons ici trop brièvement, nous n'avions pas voulu les présenter dans la quatrième séance générale du Congrès. Nous regrettons seulement, puisque le temps manquait pour se mettre d'accord sur les choses, qu'on n'ait pas mis plus d'opiniâtreté et de précision à une tâche plus modeste et cependant fort utile : cette tâche consiste à se mettre d'accord sur le sens des mots dont on se sert pour désigner les choses.

LES PRINCIPES DE LA DISTRIBUTION

DES RICHESSES, 1906

PRÉSENTATION

Dans ce très long article[1] publié en 1906 par la Revue de métaphysique et de morale, *Élie Halévy prend position sur le terrain de l'économie politique qu'il a déjà abordé dans* La Formation du radicalisme philosophique *[1901 et 1904] consacré à l'analyse de l'utilitarisme, dans sa monographie du présocialiste* Thomas Hodgskin *publiée en 1903 (cf. p. 545), et dans son cours consacré aux doctrines économiques et sociales et au socialisme qu'il professe à l'École libre des sciences politiques depuis 1902. Il s'est également confronté en 1904 à l'économiste néoclassique Vilfredo Pareto à l'occasion du Congrès international de philosophie (cf. p. 665). Son intérêt pour l'« économie politique » dans les années 1900-1906 témoigne d'un glissement dans son itinéraire intellectuel, des rivages connus de la philosophie, sa discipline de formation, vers les nouveaux territoires de l'histoire, de l'économie, de la science politique et de la sociologie à travers l'observation concrète des sociétés passées et présentes. Le détour par l'économie politique représente une étape importante de son cheminement qui permet de comprendre l'articulation entre sa pensée théorique et son engagement pratique.*

Pour Élie Halévy, « deux points de vue distincts [...] fondamentaux et irréductibles » divisent les économistes. Alors que « tous les théoriciens de l'école dite libérale » ramènent tous les phénomènes économiques à la « théorie de l'échange », les « théoriciens du socialisme » les expliquent par « la théorie de la distribution des richesses ». Cette opposition lui paraît « essentielle », non seulement « au point de vue méthodologique » pour la connaissance des faits économiques et sociaux, mais également « au point de vue pratique » pour « l'orientation de notre action », car en découlent « deux définitions différentes de la justice ».

---

1. Voir également la présentation de l'article, reproduit *in-extenso*, par Ludovic Frobert, in *Élie Halévy, République et économie 1896-1914, op. cit.*

Dans la première partie de l'article, Élie Halévy se livre à une critique de l'économie politique classique en général, et des théories de « l'échange des produits » formulées par Ricardo et Böhm-Bawerk, en particulier. Il les réfute en s'inspirant largement des analyses de Marx. En réduisant toutes les relations économiques à l'échange de « valeurs égales » entre elles et en croyant que « le mécanisme de l'échange réalise spontanément l'équilibre des intérêts et le règne de la justice », les économistes libéraux font preuve de « préjugés méthodologiques » et de « préjugés moraux ».

« Préjugés méthodologiques » d'abord, car si l'économie politique classique, qui se présente comme une discipline scientifique, privilégie les échanges, c'est qu'ils sont des faits a priori *quantifiables et mesurables, où la « valeur est, en quelque sorte, ce qu'est l'énergie pour le physicien : la constante dont sa science a besoin ». Les économistes classiques recherchent donc des « lois naturelles », valables « universellement et éternellement », organisant « spontanément » les phénomènes économiques, sur le modèle des sciences physiques. Mais leurs raisonnements déductifs et abstraits se heurtent en premier lieu à des incohérences logiques. Ainsi Élie Halévy reprend les analyses de Marx, démontrant que le travail n'est pas une marchandise comme les autres : « en fin de compte, le travailleur reçoit moins que le produit de son travail ; le reste va au capitaliste » ; le salaire n'étant pas le prix du produit du travail mais seulement de la force de travail, le contrat de travail ne peut être réduit à un échange classique, car c'est « un contrat aux termes duquel les uns gagnent et les autres perdent ». Les théories libérales se heurtent également à la réalité historique et sociale : « L'échange a pour effet de produire une contradiction d'intérêts entre une classe de riches oisifs et de travailleurs misérables. »*

« Préjugés moraux » ensuite, car Élie Halévy assimile l'illusion de l'école libérale à une « croyance » scientiste, à une « foi » religieuse proprement aberrante puisqu'elle inverse les rapports entre réalité et sciences sociales, la réalité étant sommée de « se mettre au service de la science » – et non l'inverse. Seuls des préjugés idéologiques et politiques peuvent laisser penser que la « liberté économique » et la « libre concurrence » relèvent de « lois naturelles ». L'école libérale naturalise et éternise « l'organisation actuelle de la société économique » afin de justifier l'ordre social. La « théorie de l'échange » est donc une idéologie dissimulée sous le déguisement de la science et dotée à ce titre de la force de conviction d'une « religion ». Attentif aux conditions de production des savoirs, Élie Halévy ramène également cette doctrine à son historicité : la théorie de l'échange a été élaborée par des économistes anglais et écossais observant plus le capitalisme commercial de leur temps que le capitalisme industriel en voie de concentration.

La « théorie de l'échange », ainsi que toutes les autres théories explicatives de la « distribution des richesses », – reflets d'un rapport de force à un moment donné, ou encore, choix social et politique temporaire et changeant – doivent donc être replacées dans leur contexte historique, social et politique. Élie Halévy affirme que l'« échange », loin de relever d'une loi naturelle, « suppose tout un système d'institutions juridiques élaborées par la société humaine », à savoir la généralisation de la propriété privée, la création de marchés contrôlés et réglementés par l'Etat et la formation de classes sociales. « Le partage du produit entre le capital et le travail se fait selon des règles qui n'ont aucun rapport avec les règles de l'échange [...] et dont il appartient au capitaliste et aux travailleurs de se distribuer la valeur selon des principes qui ne sauraient rien avoir de fixe. » Aujourd'hui, « l'intérêt capitaliste est une forme anormale et injuste de l'échange [car il] constitue une forme d'exploitation des faibles par les forts. » Élie Halévy en conclut que « l'échange est un mode artificiel de distribution des richesses ».

Dans la deuxième partie de l'article, Élie Halévy expose « l'hypothèse diamétralement opposée » de « l'association des producteurs » selon laquelle le produit du travail doit et peut revenir, non à quelques capitalistes, mais « à la société tout entière ». Puisque la « propriété individuelle des capitaux n'est pas un droit fondamental et imprescriptible de la personne, mais une délégation sociale », la distribution des richesses peut être pensée comme le « résultat d'une série de conventions conclues entre les différentes classes associées pour la production et copropriétaires du fonds social ». Au principe actuel : « à chacun selon son travail », pourrait se substituer le principe futur : « à chacun ce dont il croit avoir besoin ». « Il semble, affirme Élie Halévy, que le régime du socialisme intégral soit bien près d'être réalisé » ou, en tout cas, que le processus de démocratisation de l'économie et de la société soit déjà engagé. À preuve, les premières remises en cause de la propriété privée par l'intervention de l'État (fiscalité sur les revenus et les successions, nationalisations) et par l'action des « syndicats » et des « corporations ouvrières » (fixation des salaires, contrôle de la gestion des usines). Tout est affaire de volonté générale : « La majorité des faibles sera plus forte que la minorité des forts. » « Un contre tous, le capitaliste est le plus faible, il doit céder. »

Mais alors pourquoi les travailleurs n'ont-ils pas déjà remis en cause la domination des capitalistes qu'ils ne font que contester ? Élie Halévy attribue cette passivité à la force conservatrice de l'idéologie : « ils ne cessent de croire au caractère fatal du système de distribution de richesses » et à la légitimité du régime économique actuel. Ils acceptent des « sacrifices » dans l'espoir de satisfaire « des besoins et plaisirs bien *réels » et consentent ainsi à leur propre domination et aliénation. En sociologue, Halévy évoque de façon très originale la « sidération mentale », la « terreur superstitieuse », le « mystère sacré » qui frappent les prolétaires soumis à « l'intensité des préjugés aristocratiques » et de l'idéologie dominante. « La société écrase l'imagination des pauvres. » Le fatalisme et l'acceptation de l'ordre social découlent à la fois de la toute-puissance d'un principe social (l'aristocratisme), du poids de la « coutume » (« le fait implique toujours, par son existence même, sa propre justification »), enfin d'un aveuglement lié à la difficile appréhension de la société comme un « ensemble de phénomènes si vastes et si complexes ». Telle est la puissance des « préjugés » qui rendent les hommes impuissants et aliénés. Contre l'économie politique, science de la fatalité et de la domination, Élie Halévy défend donc une conception militante des sciences sociales, outils d'émancipation, de dévoilement, et donc de transformation. Réformiste, il fait à sa manière acte de militantisme scientifique.*

Car Élie Halévy s'affirme résolument optimiste.

Économiquement, les besoins des classes laborieuses ne cessent de croître et l'intérêt même des capitalistes est de les satisfaire, car tous les économistes constatent la baisse tendancielle du taux de profit. « L'intérêt du capital baisse parce que les travailleurs réclament et obtiennent une part plus grande du produit. » Une nouvelle distribution des richesses, plus juste, plus générale, peut se réaliser progressivement sans « crise économique » ni « violence ». Halévy affirme que la distribution des richesses tend effectivement à s'équilibrer de manière à ce que chaque classe reçoive selon ses besoins reconnus légitimes par la majorité de la société. « Cette évolution, elle se produit sous nos yeux. »

De même, s'il y a bien, conclut Élie Halévy, deux principes de distribution des richesses et d'évolution des sociétés, l'un individualiste, l'autre socialiste, la démocratie politique rend possible à terme la démocratie économique et sociale. « Lorsque la majorité prend conscience du pouvoir dont elle dispose pour organiser à son profit la distribution de la richesse sociale, [...] c'est un régime démocratique et égalitaire qui se substitue à un régime aristocratique et hiérarchique. » Avec une inébranlable foi démocratique, Élie Halévy déclare que la démocratisation de la société industrielle capitaliste est possible car elle présente déjà en son sein des « traits démocratiques » (coopératives, services publics, entreprises municipales et nationalisées). Il faut donner « à ces germes le temps de se multiplier ».

Cet optimisme économique et cette foi démocratique l'empêchent de se réclamer du marxisme révolutionnaire dont il se dissocie à plusieurs titres. Élie Halévy ne déduit pas de l'analyse marxienne du rapport capital/travail une philosophie de l'histoire basée sur le principe inexorable de la lutte des classes. Il ne croit pas à la fatalité d'une « crise économique » inéluctable et repousse la voie de la « violence révolutionnaire ». Il condamne le « goût de l'émeute » et la « soif de vengeance » des « meneurs révolutionnaires » condamnés à l'« impuissance » et à la « stérilité ». Pour que les travailleurs ne subissent plus la domination de classe, il compte sur l'État qu'il conçoit comme un facteur d'émancipation (par la législation et par l'école), et non comme un instrument d'oppression aux mains des classes dirigeantes. Comme Jean Jaurès, Élie Halévy pense que la voie « lente » de « l'évolution transformative » est la seule possible et souhaitable. Refusant d'opposer « liberté », « démocratie » et « socialisme », il affirme que « la liberté universalisée, c'est la démocratie ; et [que] la démocratie universalisée, étendue du domaine politique au domaine économique, c'est le socialisme ». Le principal obstacle au socialisme résiderait encore, à ses yeux, dans « l'incapacité politique des classes ouvrières ». La guerre mondiale, la révolution russe et surtout les bouleversements d'après guerre viendront singulièrement ternir son optimisme et affiner son interprétation du socialisme.

Cet article confirme le tournant qu'il prend de la philosophie à l'histoire, de la critique des doctrines à une approche sociologique. C'est en frottant sa pensée à celle des autres qu'Élie Halévy fait advenir la sienne propre. L'article sera à son tour discuté et repris par l'économiste Charles Rist[1] et par le philosophe Alain.

---

1. Charles Rist, « Économie optimiste et économie scientifique », *Revue de métaphysique et de morale*, 1907, 15-5, p. 596-619.

« Les principes de la distribution des richesses »

Revue de métaphysique et de morale, 14, 1906, p. 594-595.

L'économiste, dans l'étude des phénomènes sociaux qui font l'objet spécial de ses études, peut se placer à deux points de vue distincts. Deux exemples feront comprendre en quoi ces deux points de vue consistent.

Voici une série d'entreprises économiques, agricoles ou industrielles, qui sont en relation les unes avec les autres. Un agriculteur élève des bestiaux. Un abatteur dépouille les bêtes que lui a vendues l'agriculteur, et en vend les peaux à son tour. Un tanneur prépare ces peaux et les vend, une fois prêtes pour l'utilisation industrielle, à un fabricant, qui en tire des chaussures. Un négociant entasse ces chaussures avant de les revendre aux détaillants, qui enfin les cèdent aux consommateurs. Après avoir passé par tant de mains, et pris tant de formes diverses, la marchandise est enfin entrée dans l'usage. Quelle est la nature des rapports qui existent entre ces divers individus dont le concours a été nécessaire pour la fabrication des chaussures ? Ils se considèrent comme indépendants les uns des autres, que dis-je ? comme hostiles les uns aux autres, et s'efforcent, lorsqu'ils achètent ou vendent un objet, d'obtenir chacun la plus grande somme d'avantages aux dépens de celui avec qui il traite. Suivant quelles lois s'opère l'*échange* des marchandises entre les producteurs industriels, considérés, à ce point de vue, exclusivement comme des commerçants ? En quoi consiste l'*équivalence*, en raison de laquelle chacun des deux individus qui prennent part à l'échange croit trouver son avantage à la cession de la marchandise qu'il détenait ? Les lois de l'échange sont-elles modifiées, et, si elles le sont, comment le sont-elles, lorsque intervient, entre les divers objets d'échange, une marchandise intermédiaire, la monnaie, dont l'unique usage est de représenter et de mesurer la valeur des objets qui s'échangent ? La circulation des richesses entre les divers individus qui, indépendamment les uns des autres, en produisent les diverses formes, — la théorie de l'échange — la définition de la valeur, voilà le premier objet de l'économie politique, un premier point de vue sur les phénomènes économiques.

Supposez maintenant que l'un des individus qui contribuent, par leur travail, à la fabrication des chaussures, ait l'idée de concentrer entre ses mains la direction de toutes les opérations qui aboutissent à la mise en vente de chaussures achevées. Supposez, par exemple, que le marchand en gros se rende maître des boutiques des détaillants, et que ces boutiques deviennent les succursales de son magasin, les détaillants ses salariés. Supposez qu'il acquière ensuite une fabrique de chaussures, puis, achetant lui-même le bétail aux agriculteurs, devienne son propre tanneur, et son propre abatteur. On peut enfin supposer qu'il achète de la terre, et élève lui-même le bétail dont ensuite il utilise les peaux. Alors, au lieu d'une série d'actes de vente séparés, il n'y aura plus qu'un acte de vente unique, à la fin du cycle d'opérations, dont un seul individu se trouve avoir pris maintenant la direction. La richesse que tant de collaborateurs divers, éleveurs, tanneurs, fabricants, détaillants, ont contribué à produire, comment va-t-elle être *distribuée* entre eux ? Selon des lois qui, évidemment, n'ont rien à voir avec les lois de l'échange. Car la théorie de l'échange a pour objet de définir ce qu'il y a d'égal, ou d'équivalent, dans deux marchandises qui, appartenant à deux individus distincts, changent ensuite de propriétaires, à la suite d'une convention librement consentie entre les deux individus en question. La théorie de la distribution des richesses a pour objet d'expliquer l'inégalité des parts entre lesquelles se distribue le produit du travail de plusieurs individus associés.

La théorie de la circulation des richesses, et de l'échange, d'une part, et, d'autre part, la théorie de la distribution des richesses, apparaissent donc comme constituant deux parties distinctes de la science économique. Est-il impossible cependant de concevoir que l'irréductibilité logique des deux théories soit apparente seulement, et que tous les phénomènes de l'économie politique soient réductibles à la forme, soit de l'échange, soit de la distribution ? Des tentatives ont été faites dans l'un et dans l'autre sens. Plus ou moins consciemment, tous les théoriciens de l'école dite libérale, ou « orthodoxe », penchent pour la première alternative, tous les théoriciens du socialisme, au contraire, penchent pour la seconde. Nous essaierons nous-même de montrer que, s'il est une de ces deux parties de la théorie économique qui doive être considérée comme fondamentale, et irréductible à l'autre, c'est la théorie de la distribution des richesses : il n'existe pas des lois naturelles de l'échange, par lesquelles soient, universellement et éternellement, gouvernés les phénomènes économiques ; ce sont la coutume et la législation qui définissent, diversement selon les temps et les lieux, les règles selon lesquelles, même dans l'échange, s'opère la répartition du produit entre des individus associés pour produire. Mais, cela une fois admis, faudra-t-il en conclure que la distinction couramment établie entre la théorie de l'« échange » et la théorie de la « distribution », devient absolument sans objet ? Nous essaierons de faire voir qu'elle répond à une distinction essentielle au point de vue méthodologique, pour l'organisation de nos connaissances, essentielle au point de vue pratique, pour l'orientation de notre action, entre deux modes de distribution des richesses. Ils reposent sur deux principes différents, obéissent à deux lois différentes d'évolution, conduisent à deux définitions différentes de la justice ; et, par rapport à ces deux principes, à ces deux lois de progrès, à ces deux notions de l'équité, il est possible de proposer un arrangement rationnel des phénomènes économiques, considérés dans leur ensemble.

I. L'ÉCHANGE DES PRODUITS

Il est visible, si l'on consulte les écrits des économistes de l'école classique, en Angleterre et sur le continent, au XVIIIe siècle et de nos jours, Richard Cobden ou Frédéric Bastiat, Adam Smith et Ricardo ou Karl Menger et von Böhm-Bawerk, que chez tous une même tendance se manifeste à considérer la relation d'échange comme le type de toutes les relations économiques, celle à laquelle il est ou désirable, ou possible, que toutes se laissent ramener, si l'on veut en avoir l'explication. Quelle est la nature de cette préoccupation, qui semble commune à tous ? C'est d'abord une préoccupation d'ordre théorique. Les phénomènes de l'échange sont, de tous les phénomènes économiques, ceux qui se prêtent le mieux à une expression quantitative : il serait, en conséquence, commode pour le savant de pouvoir interpréter le plus grand nombre possible de phénomènes économiques comme constituant des phénomènes d'échange. Dans l'acte d'échange, chaque contractant peut gagner de l'utilité, mais il cède toujours, par définition, une valeur égale contre une valeur égale. De sorte que la valeur est en quelque sorte, pour l'économiste, ce qu'est l'énergie pour le physicien : la constante dont sa science a besoin. Dans les intervalles qui séparent les actes d'échange, de la valeur peut bien se créer ; mais, dans le monde de l'échange en tant que tel, rien ne se crée et rien ne se perd en fait de valeur. Cette foi scientifique a fini par se transformer en foi pratique, cet idéal méthodologique en idéal politique. L'économiste aspire vers un état de société qui réponde d'aussi près que possible aux exigences méthodologiques de la science économique, telle qu'il la conçoit comme devant être constituée. Cournot a exprimé cette vue, non sans ingénuité : « *nous avons*, écrit-il, *des motifs de croire que les conditions qui rendent pour nous la science possible sont aussi les conditions qui, dans le plan de la nature, président à l'apparition des phénomènes dont la science s'occupe. Nous nous confirmerons ainsi dans l'opinion que le socialisme ne comporte que des applications partielles, toujours contenues par une force supérieure : tandis que le principe de la liberté économique (qui n'est, à le bien prendre, que le principe de la fatalité économique et qui, pour cette raison même, se prête aux conditions de la science) présidera, chez toutes les nations policées, à leur organisation intérieure comme à leurs rapports mutuels* ». Comme si la fin dernière du genre humain, c'était, non pas de mettre la science à son service, mais de se mettre au service de la science, non pas d'être heureux mais de faire, autant que possible, le bonheur des savants !

Il n'est pas exact de croire cependant que cette préoccupation d'ordre théorique a seule guidé les économistes dans leurs efforts répétés pour ramener tous les phénomènes économiques à la forme de l'échange. Les préjugés méthodologiques se confondent, dans leur esprit, avec des préjugés moraux ; et le mélange des uns avec les autres est si intime qu'il est difficile d'en opérer la distinction. Une société où toutes les relations d'homme à homme sont des relations d'échange n'est pas seulement considérée par les économistes classiques comme bonne et digne d'approbation, parce qu'elle réalise, aussi parfaitement que possible, les conditions de possibilité de la science économique, telle qu'ils la conçoivent. Elle est, immédiatement, considérée par eux comme bonne, parce que le mécanisme de l'échange réalise spontanément, à les en croire, l'équilibre des intérêts et le règne de la justice.

Un individu a produit, par son travail, un certain nombre d'objets. Des uns, il a besoin : il les consomme. Des autres, il n'a que faire. Cependant il est d'autres objets encore, dont il aurait besoin, et qui se trouvent lui manquer. Un autre individu se trouve placé, en même temps, dans la même situation économique. Mais il arrive que les objets qu'il a produits, et dont il n'a que faire, sont ceux dont le premier individu a besoin, et que les objets dont il manque sont ceux que le premier individu a produits sans en avoir l'emploi. Dans l'intérêt des deux parties, un échange s'effectuera. Selon quelle règle ? Il est clair que le premier individu n'aurait aucun intérêt à produire les objets dont il n'a pas besoin, s'il ne pouvait obtenir, en échange, d'autres objets, qui lui seront utiles, et dont la production lui aurait coûté une quantité de travail au moins égale. Le second individu raisonnant de même, il est clair que deux marchandises s'échangeront entre les deux producteurs proportionnellement à la quantité de travail qu'elles auront coûtée à chacun. La règle s'appliquera d'autant mieux que le marché sera plus étendu, et plus grand le nombre de ceux entre lesquels s'effectuera l'échange. Si, en effet, deux individus seulement étaient en présence, l'un pourrait abuser soit des besoins pressants, soit de l'ignorance de l'autre, et lui vendre le produit de son travail au-dessus du juste prix. Mais lorsque le nombre des vendeurs se multiplie, il arrive, par le fait de la concurrence qu'ils se font les uns aux autres, que le prix courant est le prix demandé par le moins exigeant des marchands, celui qui se rapproche le plus du juste prix. L'effet d'un régime de libre concurrence et d'échange universalisé, c'est que jamais, dans aucun acte d'échange, le vendeur ne soit avantagé ; et comme d'ailleurs l'acte d'échange crée, entre les deux parties contractantes, une relation de réciprocité, comme tout acheteur se trouve, en même temps, sous un autre rapport, être un vendeur, l'effet du régime que nous venons de dire, c'est que nul ne soit avantagé, que chacun reçoive, naturellement et nécessairement, une quantité de richesses proportionnée à la somme de travail qu'il a dépensée. Tout se passe, même dans la société dont les institutions sont les plus complexes, comme si l'individu était une sorte de Robinson Crusoé, isolé en face de la nature, et comme si la société tout entière, dont il est comme enveloppé, était une machine aux ressorts infiniment nombreux, mise à ses ordres, rendant son travail plus productif et lui permettant de satisfaire à meilleur compte ses besoins. Tout se passe en même temps comme si la société tout entière était un individu unique, capable, par la sagesse de ses décisions, de régler harmoniquement, entre tous les membres dont son organisme est composé, la distribution des richesses. Ce qui ne veut pas dire qu'il existe une sagesse centrale, une Providence sociale, sur la sagesse de laquelle il faille compter pour régler et entretenir l'équilibre : la théorie classique de l'échange est une des nombreuses théories qui ont été expérimentées, depuis deux siècles, pour expliquer tous les phénomènes d'équilibre et d'harmonie, toutes les apparences de finalité, par le concours mécanique de forces aveugles ou instinctives.

Mais la réalité totale des phénomènes économiques correspond-elle à ce schème abstrait ? On concevrait la chose comme à la rigueur possible, si la société agricole et industrielle se composait d'autant de producteurs indépendants qu'elle se compose d'individus, et si tous ces individus échangeaient les uns contre les autres une partie du produit de leur travail. On aperçoit plus difficilement la possibilité de faire rentrer tous les phénomènes dans le cadre de la théorie, si l'on observe qu'en réalité l'échange a lieu non pas entre un nombre indéfini de producteurs isolés, mais entre des entreprises, beaucoup moins nombreuses, qui comprennent chacune un nombre plus ou moins grand d'individus, soumis à des relations de subordination ou de coordination. Ces relations, intérieures aux groupes entre lesquels l'échange a lieu, sont assurément des relations économiques, en ce sens qu'elles attribuent à chacun des individus entre lesquelles elles existent une certaine quantité de richesses. Sont-ce cependant des relations d'échange ? En premier lieu, l'échange, tel que nous l'avons défini, suppose au moins deux individus apportant sur un marché des objets de consommation, des marchandises prêtes pour un certain usage déterminé. Mais voici, à l'intérieur de l'un des groupes entre lesquels l'échange s'effectue, un capitaliste qui avance, sous forme de salaire, une partie de son capital, à un ou plusieurs travailleurs. Si l'on définit un marché, sur lequel se débat, entre le capitaliste et le travailleur, le « prix du travail », on voit bien quelle marchandise est offerte par le capitaliste : mais le travailleur, quelle marchandise offre-t-il en retour ? En second lieu, ce qui, suivant la théorie que nous avons exposée tout à l'heure, se définit spontanément et mécaniquement dans l'échange, c'est l'équivalence, l'identité de valeur des deux objets qui sont cédés l'un contre l'autre. Or voici, pour reprendre notre exemple, un capitaliste qui, contre une valeur qu'il a, sous forme de salaire, cédée au travailleur, reçoit une valeur plus grande, à savoir le capital initial, plus une quantité additionnelle qui en constitue l'intérêt : nous nous trouverions donc, si vraiment toutes les relations économiques étaient des relations d'échange, en face d'une forme paradoxale de l'échange, au cours de laquelle il se créerait de la valeur. Les économistes, s'ils persistent à se placer à ce point de vue, se trouvent donc dans l'obligation d'affronter une tâche difficile. Dans ce contrat d'association, où l'apport du travailleur semble ne pas consister dans une marchandise, et d'où le capitaliste semble retirer un accroissement de valeur, il faut qu'ils réussissent à nous faire voir un échange de marchandises, tel que les deux marchandises échangées le soient à leur valeur.

Une première tentative a été faite pour opérer cette réduction du contrat de travail à la forme de l'échange par celui qui a été le véritable organisateur de l'économie politique déductive, par Ricardo. Les capitalistes, selon la théorie qu'il propose, apportent sur le marché un certain capital, qui va constituer leur offre, et ce qu'ils demandent en retour, c'est du travail. Du travail, voilà donc ce qu'offrent les travailleurs, en échange du salaire qu'ils vont être disposés à accepter. Mais ce travail est une marchandise, qui est susceptible d'augmenter ou de diminuer en quantité : le salaire, prix auquel les capitalistes l'achètent, baissera ou s'élèvera en conséquence. Il y a un niveau au-dessous duquel il ne pourra pas s'abaisser : c'est la valeur de la quantité *minima* de subsistances nécessaires pour assurer l'existence du travailleur. Et les choses sont ainsi constituées que le niveau des salaires ne pourra jamais s'élever sensiblement au-dessus de ce niveau inférieur : car les travailleurs sont des êtres vivants, qui ont la faculté de procréer et de multiplier. Si le niveau du salaire s'élève, le nombre des travailleurs augmentera, et la valeur de leur travail sera dépréciée d'autant. Il arrive d'ailleurs que le produit de leur travail a plus de valeur que n'en a leur travail lui-même : voilà pourquoi le capital porte intérêt. Mais il est nécessaire qu'il en soit ainsi, afin précisément que le salaire et le travail s'échangent l'un contre l'autre à leur valeur.

À peine énoncée par Ricardo et ses disciples immédiats, cette théorie souleva de nombreuses objections, qui se fondèrent sur la théorie même de l'échange, telle que la développaient les économistes classiques, les devanciers de Ricardo et Ricardo lui-même. Revenons encore une fois au mécanisme de l'échange. D'abord l'homme isolé travaille pour vivre. En échange d'une certaine quantité de travail, il obtient une certaine quantité de produit. La valeur du produit et la valeur du travail sont égales. Un autre homme isolé travaille de même pour vivre. Pour lui aussi le travail qu'il fournit mesure la valeur de ce que ce travail produit, de même qu'inversement c'est le produit de ce travail qui donne à ce travail son prix. L'un et l'autre s'aperçoivent qu'ils peuvent tous deux gagner à échanger l'un avec l'autre une partie de leurs produits. Ils effectuent, en conséquence, un échange, en vertu duquel chacun cède une partie du produit de son travail, à la condition d'obtenir en échange une valeur au moins égale. Que se passe-t-il, d'autre part, dans le contrat de travail ? Le capitaliste cède une certaine valeur, il avance un capital, il paie un salaire, et obtient en échange l'équivalent du salaire, plus l'intérêt du capital représenté par ce salaire. Il a reçu un produit dont la valeur était mesurée par une quantité de travail égale à celle dont son capital était le produit, plus un avantage additionnel, qui est pour lui la justification de l'opération à laquelle il s'est livré. Rien ne contredirait jusqu'ici les conditions de l'échange, si cet avantage devait être égal de part et d'autre, et ne constituait pas, pour le capitaliste, un accroissement d'utilité et de valeur, obtenue sans que, de son côté, le travailleur en participe. Quelle est, en effet, la situation du travailleur ? Il travaille, et son travail produit une certaine valeur ; mais, en fin de compte, il reçoit moins que le produit de son travail, ou que la valeur de ce travail. Le reste va au capitaliste. Bref, à l'état de nature, l'individu isolé reçoit tout le produit de son travail. L'état social, fondé sur la coutume de l'échange, devrait, aux termes de la théorie que nous étudions à présent, modifier l'état de choses primitif, en ce sens que la valeur du travail augmenterait, et que la valeur des produits baisserait, pour tous les hommes à la fois. Tous sans exception devraient, avec moins de travail, acheter plus de produits. Mais la théorie du contrat de salaire que nous discutons, et qui fait partie du même système, contredit cette hypothèse. C'est un contrat aux termes duquel les uns gagnent, et les autres perdent, ou tout au moins ne participent pas au gain des premiers. Il est contradictoire avec la définition de la valeur, qui fonde, chez Ricardo, la théorie de la circulation des richesses, que le travail vaille moins que son propre produit : c'est cependant ce qu'exige la définition du salaire normal, qui fait partie, chez ce même théoricien, de la théorie de la distribution des richesses. Consentez, pour un instant, à considérer, dans le contrat de salaire, le travail comme une marchandise. Vous ne pouvez alors considérer le contrat de salaire comme une forme normale de l'échange, à moins de considérer le travail comme une marchandise qui, normalement, ne se paie pas à sa valeur.

Il nous faut donc abandonner la théorie suivant laquelle le salaire est le prix auquel le travail se vend lorsqu'il se vend à sa valeur. Tous les produits qui entrent dans l'échange ont d'abord coûté du travail à leurs producteurs, avant d'entrer dans l'échange : ils ont valu la peine de les produire. C'est pourquoi, une fois entrés dans l'échange, la peine qu'ils ont coûtée, la somme de travail qu'il a fallu dépenser pour les produire, est la mesure de leur valeur. C'est pourquoi aussi ce travail ne peut être considéré par lui-même comme étant l'objet d'une offre sur le marché, et devenir susceptible de comparaison, au point de vue de la valeur, avec son propre produit. Des choses seules s'échangent contre des choses. La théorie de Ricardo est-elle susceptible d'une interprétation, ou d'une correction, qui permette de considérer le contrat de travail comme une forme normale de l'échange, et le salaire comme le prix non de ce quelque chose d'impondérable et d'immatériel qui est le travail, mais d'une réalité matérielle, qui puisse elle-même se comparer avec d'autres choses, sous le rapport de la quantité de travail qu'il en coûte, pour produire l'une et les autres ?

Cette correction, c'est Karl Marx qui a proposé de la faire ; et l'on voit difficilement ce que son ingénieuse théorie du salaire laisse à désirer, au point de vue de la rigueur logique, si l'on admet d'une part que la théorie ricardienne de la valeur est vraie, et d'autre part qu'il est nécessaire de donner à la relation qui existe entre un capitaliste et un travailleur la forme d'un échange commercial. La chose que le travailleur apporte sur le marché quand il offre de travailler moyennant salaire, il ne faut pas dire que c'est son travail, il faut dire que c'est sa capacité, ou sa force de travail : et ce simple changement d'écriture jette la lumière sur toute la théorie.

La capacité de travail de l'ouvrier est une chose qui s'use au fur et à mesure du travail fourni, et qui a besoin, en conséquence, d'être perpétuellement reconstituée. Les objets que l'ouvrier doit consommer pour réparer ses forces ont une valeur, que mesure, par hypothèse, la quantité de travail qu'il en a coûté pour les produire. D'autre part, la valeur de ces objets mesure évidemment la valeur de la force nerveuse et musculaire de l'ouvrier qu'ils servent à reproduire, à mesure qu'elle s'épuise. Donc, lorsque l'ouvrier salarié vend, pour une semaine, sa force de travail, le prix auquel il la vend, le salaire, doit avoir pour mesure exacte la quantité de travail nécessaire pour conserver sa puissance de travail intacte : telle en est bien la valeur naturelle. Il ne suffit pas, aussi bien, pour que la force de travail se vende à sa valeur naturelle, que le salaire serve seulement à entretenir les forces du travailleur lui-même, pendant le temps qu'il travaille. Il faut que la quantité d'énergie laborieuse que constitue la masse des travailleurs ne s'épuise pas, et ne diminue pas, avec la disparition de la génération actuelle. Il faut, en d'autres termes, que le salaire des travailleurs soit suffisant pour faire vivre non seulement ces travailleurs eux-mêmes, mais leurs femmes et leurs enfants, ceux-ci en nombre suffisant pour que la perpétuité de l'espèce soit assurée, sans accroissement ni diminution numérique. C'est la formule de Ricardo, énoncée avec plus d'exactitude. Elle revient à dire que le contrat de travail pourra être considéré comme une forme normale de l'échange, à condition que le producteur se considère lui-même comme un produit. À cette condition, en effet, le contrat d'échange est un contrat dans lequel une chose s'échange contre une chose, et dans lequel les deux choses qui font l'objet du troc s'échangent l'une contre l'autre à leur valeur.

Non seulement la théorie de Karl Marx présente cet avantage sur la théorie de Ricardo, qu'elle ne renferme pas cette contradiction logique qui avait été reprochée à celle-ci ; elle présente cet autre avantage qu'elle traduit très exactement, sous une forme abstraite, une réalité historique. Que les économistes classiques aient voulu ramener l'économie politique tout entière à une théorie des relations commerciales ou de l'échange, cela s'explique par le fait que presque tous ont été des Anglais ou les disciples des Anglais, et que l'Angleterre, pays classique de l'industrie moderne, est aussi le pays où le capitalisme industriel s'est développé par la transformation graduelle d'un régime de capitalisme commercial. D'abord le commerçant se borna à acheter, pour les expédier aux commissionnaires des grands ports, les tissus manufacturés dans les ateliers ruraux. Son bénéfice consistait alors exclusivement en profits commerciaux : il gagnait dans la mesure où, joueur habile, il connaissait, mieux que ses rivaux, mieux que les ouvriers auprès desquels il se fournissait, les oscillations du marché. Puis il se mit à fournir les matières premières qui leur étaient nécessaires aux fabricants dont il se chargeait ensuite d'écouler les produits : les tisserands de la campagne durent lui acheter la laine brute, pour lui revendre plus tard le produit ouvré. Ils restaient encore les propriétaires de leurs ateliers et de leurs métiers. Mais il réussit bientôt, en encourageant et en exploitant les grandes inventions mécaniques de la fin du siècle, à concentrer sous sa direction immédiate toute la population ouvrière, dans de vastes usines qui furent sa propriété, autour de machines énormes qui furent aussi sa propriété. L'expropriation du producteur était complète. Tout ce qu'il avait possédé jadis, laine brute, métiers, bâtiments, avait passé entre les mains du capitaliste, du commerçant devenu chef d'industrie. La relation qui existait entre lui et son patron avait changé d'une manière si insensible qu'une sorte d'échange continuait à s'effectuer entre eux, comme au temps où ils constituaient deux unités économiques indépendantes. Mais la matière de l'échange avait, dans l'intervalle, subi une métamorphose. Tout ce que le travailleur pouvait offrir au capitaliste, c'était son aptitude physique et morale au travail. Il n'avait plus rien à vendre, que lui-même.

La forme de l'échange subsistait : sur ce point Karl Marx tombe d'accord avec Ricardo. Mais il n'en tire pas la conclusion, comme firent les disciples orthodoxes de Ricardo, que par là le contrat de travail se trouve justifié. Il conclut, tout au contraire, à la condamnation du régime de l'échange. Il est démontrable, disent les apologistes de l'échange, que, dans l'acte d'échange, aucune des deux parties contractantes ne peut être désavantagée : il faut que, de part et d'autre, avant et après l'échange, tout soit égal au point de vue de la valeur ; il faut en même temps qu'il y ait après l'échange gain égal des deux côtés au point de vue de l'utilité. Mais voici une relation économique, qui doit être une relation d'échange, si vraiment toutes les notions économiques doivent se ramener à la notion d'échange comme à leur type, et telle cependant que l'une des parties engagées dans l'opération en retire une valeur supérieure à celle dont elle avait d'abord consenti le sacrifice. Faudra-il donc renoncer à faire rentrer toutes les relations économiques dans le cadre de la théorie de l'échange ? Cela n'est pas nécessaire, selon Karl Marx. Mais alors il faut admettre que la relation d'échange a pour effet, par le développement normal de ses conséquences, de détruire, après un temps, cette réciprocité d'intérêts qui semblait constituer la définition même de l'échange. L'échange a pour effet de produire une contradiction d'intérêts entre une classe de riches oisifs et de travailleurs misérables, une désharmonie économique, au lieu de l'harmonie universelle qui nous était promise.

Sans trahir Marx, ne peut-on pas aller encore un pas plus loin ? Se refuser à considérer l'échange, défini par Karl Marx, d'un certain salaire contre l'abandon d'une certaine quantité d'énergie nerveuse et musculaire, comme une forme normale de l'échange ? Considérer que cet « échange », non seulement provoque une contradiction de fait entre des intérêts de classe discordantes, mais encore implique, par lui-même, contradiction ? Ce ne serait pas une raison pour renoncer à se servir de cette conception du contrat de travail pour interpréter la réalité économique : que la théorie classique de l'échange, appliquée au salariat, soit contradictoire, elle n'en exprime que mieux, dirait Karl Marx, le caractère contradictoire du monde économique au milieu duquel nous vivons.

Essayons de mettre en lumière cette contradiction. La force de travail, nous dit-on, est une marchandise, qui présente ce caractère spécial de créer de la valeur, de rapporter plus qu'elle ne coûte. Elle est, en d'autres termes, une force de la nature, qu'il est permis à l'homme d'exploiter, de « faire valoir », à la manière d'un troupeau de moutons ou d'un champ de blé. C'est ainsi que les physiocrates considéraient la terre seule comme fournissant un excédent de valeur, et le travail agricole, en conséquence, comme le seul travail productif : le travail industriel, au contraire, était considéré par eux comme suffisant tout juste à produire la quantité de richesses nécessaire pour permettre au travailleur de continuer à vivre en travaillant. Mais, s'il était donné à un champ de blé de produire plus de richesse qu'il n'en coûtait pour le défoncer, le labourer, faire les semences et les moissons, à qui, dans l'hypothèse physiocratique, cet excédent de valeur devrait-il aller ? Non pas, c'est trop évident, au champ de blé lui-même, mais au propriétaire du champ de blé. Si donc maintenant il apparaît que c'est le travail humain qui est productif, et que l'homme est capable de multiplier en quelque sorte à l'infini la fécondité de la nature, la même question qui se posait au sujet du champ de blé va se poser au sujet du travailleur. Les forces du travailleur ont été réparées par un salaire suffisant pour le maintenir vivant et bien portant : l'excédent de valeur qu'elles ont créé, qui va en bénéficier ? Leur propriétaire évidemment. Il faut donc, pour que l'analogie soit exacte, que le capitaliste soit considéré, tant que le contrat de salaire reste en vigueur, comme le propriétaire du travailleur. L'hypothèse fondamentale de la théorie de l'échange, c'est que les parties contractantes sont deux personnes libres, qui apportent sur le marché des choses distinctes de leur personnalité. Nous n'observons ici rien de semblable. L'une des deux parties possède un capital, qui est le produit achevé d'un travail, une chose distincte de la personne qui la possède. Mais tout ce que l'autre partie peut offrir en échange, c'est de s'aliéner elle-même, et par suite d'abolir volontairement les seules conditions où un véritable échange puisse s'effectuer.

Tant que le contrat par lequel le capitaliste et le travailleur vont se lier n'est pas signé, l'hypothèse initiale est respectée, les formes au moins de la liberté sont observées : c'est entre deux personnes libres que se débattent les conditions du contrat. À peine le contrat est-il signé, qu'il n'y a pas plus une relation d'échange entre le capitaliste industriel et l'ouvrier qu'il n'en existe entre le capitaliste agriculteur et la terre qu'il exploite. Le contrat de travail, défini comme le définit Karl Marx, est donc, si l'on veut, un contrat d'échange, mais c'est un contrat dont la nature est anormale, hybride, ou absurde. Faut-il en conclure à l'« absurdité » de la société où de pareils contrats sont conclus ? Il vaut mieux se demander pourquoi l'on veut, à toute force, ramener le contrat de travail à la forme de l'échange. Est-ce parce qu'à l'origine du capitalisme industriel, il y avait échange effectif entre deux producteurs indépendants, deux capitalistes à vrai dire, le travailleur des campagnes et le commerçant des villes ? Mais c'est un état de choses qui a précisément cessé d'exister, à dater du jour où le travailleur s'est mis à travailler sur des machines dont il n'était plus propriétaire. « *On a vu, écrit Karl Marx, que la plus-value ne peut pas naître de la circulation. Il faut donc, pour que la plus-value apparaisse, qu'il se passe, à l'arrière-plan de la circulation, quelque chose qui ne se laisse pas apercevoir en elle.*

Mais la plus-value peut-elle naître d'ailleurs que de la circulation ? La circulation est la somme de toutes les relations mercantiles des possesseurs de marchandises. En dehors d'elle, il n'existe de relation qu'entre le possesseur de marchandises et sa propre marchandise[1]. » En d'autres termes, toutes les relations économiques sont des relations d'échange : voilà le préjugé. Pourquoi donc faut-il le tenir pour un postulat nécessaire de la science économique ?

La théorie ricardienne de la valeur, point de départ des spéculations que nous avons considérées jusqu'ici, a fini par se démoder : le discrédit de cette théorie ne s'explique-t-il pas, au moins en partie, par le fait que les écrivains de l'école socialiste avaient tiré un parti trop heureux des contradictions qu'elle impliquait, alors que la préoccupation des économistes orthodoxes, inventeurs de la théorie, était de justifier l'organisation actuelle de la société économique, considérée comme consistant en un réseau infiniment complexe de relations d'échange ? Une nouvelle théorie de la valeur a été élaborée, faite de fragments empruntés à la théorie de Ricardo, mais rangés dans un ordre nouveau, de manière à constituer un corps de doctrine plus cohérent. Et aussitôt une nouvelle théorie du contrat de travail a été proposée, telle qu'une fois de plus ce contrat apparaisse comme un contrat normal d'échange, en vertu duquel deux individus échangent deux marchandises à leur valeur : c'est à quoi vient aboutir la théorie de l'intérêt capitaliste proposée par M. de Böhm-Bawerk. Il est douteux que cette nouvelle théorie de l'intérêt, en dépit de son ingénieuse subtilité, réussisse jamais à obtenir un crédit analogue à celles qu'obtinrent les grandes doctrines classiques, la loi de Malthus, la théorie de la rente différentielle, ou la loi ricardienne de la valeur. Il convient cependant de la discuter brièvement, afin de montrer qu'elle a été inspirée beaucoup moins par l'observation directe des faits, que par la préoccupation, toujours renaissante chez les économistes, de ramener tous les phénomènes économiques à n'être que des phénomènes d'échange.

Dans le contrat de travail, si on accepte la théorie de Böhm-Bawerk, on cesse de considérer qu'un salaire s'échange contre une certaine quantité de force ouvrière. Le salaire est maintenant conçu comme s'échangeant contre le produit même du travail de l'ouvrier. Le salaire est un bien présent, le produit du travail de l'ouvrier un bien futur. Or un bien présent possède toujours, en tant que tel, plus de valeur qu'un bien futur : et voilà pourquoi le salaire de l'ouvrier n'est pas égal au produit total de son travail. Le capitaliste qui avance le salaire se dessaisit d'un bien présent contre la promesse d'un bien futur. Celui-ci subissant, en tant qu'il est seulement futur, une dépréciation par rapport à celui-là, le capitaliste exige

---

1. *Kapital*, Bd. I, p. 127-128.

une prime, qui s'appelle l'intérêt du capital, et qui mesure exactement le degré de cette dépréciation.

Entendons bien, d'ailleurs, en quoi cette dépréciation consiste. Il ne faut pas la confondre avec la conviction justifiée que la possession d'un bien futur est toujours incertaine. Un cultivateur fait tout ce qu'il est en lui, prend toutes les peines nécessaires, engage autant de capitaux qu'il le faut, pour avoir une bonne récolte. Mais il suffit d'une invasion d'insectes, d'une saison trop pluvieuse ou trop sèche, pour déjouer ses prévisions et rendre médiocre une opération économique qui aurait dû, sauf accident, être lucrative. D'où la nécessité, pour le capitaliste qui veut engager son capital dans une affaire, de s'assurer contre les risques qu'il court nécessairement par ce fait même : mais, de l'aveu général, cette prime d'assurance ne constitue pas l'intérêt vrai du capital. Si donc l'intérêt du capital, distinct de la prime d'assurance, doit s'expliquer par la dépréciation des bien futurs, il faut que cette dépréciation ait sa cause ailleurs que dans le caractère incertain des événements futurs : déjà Bentham, le fondateur de toute cette logique utilitaire, avait distingué, dans son arithmétique morale, entre la *proximité* et la *certitude* des plaisirs et des peines. Il le faut, disons-nous. Mais toute la question est de savoir si les faits vont se plier à l'exigence du théoricien. En réalité, pour qui s'en tient à la lettre de la théorie de Böhm-Bawerk, ou bien l'avenir apparaît comme subissant une dépréciation en raison de son incertitude, non de son éloignement ; ou bien l'échange d'un bien présent contre un bien futur se fait dans des conditions telles que l'une des deux parties se trouve lésée et exploitée par l'autre ; ou bien enfin la théorie apparaît comme une manière détournée et inexacte d'interpréter les phénomènes économiques, comme un effort singulièrement pénible pour dénaturer ce fait d'observation courante que le capitaliste détient des objets qui ont la propriété d'accroître le productivité du travail, et en profite pour ne céder aux travailleurs l'usage de ses capitaux que moyennant une part du produit de leur travail.

La dépréciation des biens futurs tient en premier lieu, selon Böhm-Bawerk, à ce que nos besoins changent avec le temps. Ce changement lui-même s'explique par une série de ruptures d'équilibre entre nos besoins et nos désirs. Deux cas sont à distinguer. Ou bien nos ressources sont destinées, dans l'avenir, à diminuer par rapport à nos désirs. Il semble en ce cas que la théorie soit en défaut : un même objet présentera plus de valeur pour moi dans l'avenir, quand mes ressources auront diminué, qu'il n'en présente aujourd'hui, quand mes ressources sont plus grandes. Mais il ne faut pas oublier, fait observer Böhm-Bawerk, que le bien présent est susceptible non seulement d'être immédiatement employé, mais encore d'être épargné, réservé pour l'avenir. Le bien présent reprend, à ce nouveau point de vue, de la valeur par rapport au bien futur : car « *on ne sait jamais si quelque circonstance imprévue, dans un avenir rapproché, ne peut donner naissance à quelque besoin plus urgent*[1] ». Seulement, s'il reprend de la valeur, c'est dans la mesure où il sert à nous assurer contre des risques futurs : de sorte que, de nouveau, l'incertitude de l'avenir est ce qui en cause la dépréciation. Ou bien nos ressources sont destinées, dans l'avenir, à s'accroître par rapport à nos besoins. Alors il est tout de suite évident que l'avenir subit une dépréciation par rapport au présent, et que nous serons disposés à échanger un bien futur contre un bien présent dont la valeur serait moindre si nous pouvions disposer du bien futur dès aujourd'hui. Mais aussi les échanges qui se produisent dans ces conditions, ne sont-il pas précisément ceux où le riche peut abuser du besoin pressant où peut se trouver l'autre partie contractante ? « *Un paysan qui a fait une mauvaise récolte, qui a subi un incendie, un artisan qui a subi de gros frais parce qu'il y a eu des maladies ou des morts dans sa famille, un travailleur qui meurt de faim ; tous ceux-là sont d'accord pour estimer le franc qu'ils reçoivent aujourd'hui, et qui les tire de l'extrême misère très au-dessus de la valeur d'un franc qu'ils toucheraient plus tard : la preuve en est dans la conditions usuraires auxquelles ils se soumettent afin d'avoir tout de suite de l'argent*[2]. » Nous avons expliqué du même coup le fait de l'intérêt et le fait de l'usure : la théorie nous donne-t-elle un moyen de distinguer entre les cas où il y a intérêt et ceux où il y a usure ?

Deuxième raison, pour laquelle, selon Böhm-Bawerk, un bien futur a moins de valeur, toutes choses égales d'ailleurs, qu'un bien présent : c'est que notre imagination estime naturellement l'avenir au-dessous de sa valeur, et Böhm-Bawerk en donne les raisons[3]. Cette tendance de notre imagination tient d'abord « à la brièveté et à l'incertitude de notre vie » : nous devons toujours prévoir le cas où nous mourrons avant d'avoir reçu le bien futur, en échange duquel nous nous dessaisissons d'un bien présent. Incertitude *subjective*, insiste Böhm-Bawerk, et il la distingue de cette incertitude *objective*, qui tient à l'intervention possible d'accidents capables de contrarier la production même du bien futur. Cependant il s'agit toujours d'une incertitude, dont les actuaires calculent le degré, comme de toute autre probabilité : l'avenir a toujours moins de valeur que le présent, non parce qu'il est éloigné, mais parce qu'il est incertain. La dépréciation des biens futurs tient, en outre, à la faiblesse de notre imagination, qui se représente l'avenir avec moins de vivacité que le présent. Mais alors, et si vraiment

---

1. Böhm-Bawerk, *Positive Theorie des Capitales*, 1re éd., 1888, liv. V, chap. II.
2. *Ibid.*
3. *Ibid.*, liv. V, chap. III.

cette débilité de nos facultés représentatives devait être considérée comme un facteur important dans l'explication du phénomène de l'intérêt, toute la psychologie de l'économie politique déductive serait sur ce point à refaire. Cette psychologie repose tout entière sur le postulat que les individus dont se compose la société économique sont tous de bons marchands, égoïstes et calculateurs exacts. Nous admettons ici pour un instant qu'ils sont au contraire de mauvais marchands, égoïstes sans doute, mais calculateurs maladroits. Qu'arrivera-t-il dans le cas, cité par Böhm-Bawerk, du sauvage qui vend la terre sur laquelle ses ancêtres ont vécu pour une barrique d'eau-de-vie ? Qu'arrivera-t-il dans le cas, également cité par Böhm-Bawerk, de l'ouvrier qui boit le dimanche toute sa paie du samedi, et se trouve, pour toute la semaine qui suit, sous la dépendance économique de celui qui l'emploie ? Si vraiment ce sont là des cas normaux d'intérêt, il faut donc dire que l'intérêt capitaliste est une forme anormale et injuste de l'échange : il constitue une exploitation des faibles par les forts, ou, pour faire entendre avec plus de précision de quelle faiblesse et de quelle force il s'agit ici, une exploitation des esprits faibles par les esprits forts.

Böhm-Bawerk n'attribue pas cependant, il est juste de le remarquer, à ces deux premières causes une influence décisive dans la formation de l'intérêt. S'il insiste sur elles, c'est sans doute afin de rendre plus familier au lecteur le rôle important que joue l'écoulement du temps dans notre estimation des valeurs : il reconnaît[1], en fin de compte, que les fluctuations de valeur qui sont dues à l'opération de ces causes, sont essentiellement « *irrégulières* », « *quelquefois fortes, quelquefois faibles, quelquefois en hausse, quelquefois en baisse* ». La divergence entre la valeur d'un bien présent et celle d'un bien futur s'explique encore par une troisième cause, dont l'action est « *constante et normale* », et voici en quoi elle consiste.

J'ai besoin d'eau ; je prends un seau, et je vais en quérir à une source lointaine. Je m'aperçois que je me livre à un travail pénible, et peu rémunérateur. J'imagine de construire un canal qui amène constamment l'eau de la source jusqu'à ma maison. J'ai employé beaucoup de temps à la construction du canal ; mais mon travail a gagné autant et plus en productivité. Bref, le travail est d'autant plus productif qu'il emploie, pour atteindre son objet, des méthodes plus détournées et qui demandent plus de temps : c'est ce que l'on exprime, selon Böhm-Bawerk, lorsqu'on dit que *le capital est productif*[2]. Et voilà du même coup l'explication de ce fait qu'un bien présent a plus de valeur qu'un bien futur. Supposez qu'un capital d'une valeur de cent francs me soit offert, et qu'il me soit donné de le recevoir aujourd'hui,

---
1. Böhm-Bawerk, *op. cit.*, liv. III, chap. X.
2. *Ibid.*, liv. I, chap. II ; liv. II, chap. III.

ou dans un an, ou dans deux ans, ou dans trois ans, ou dans quatre ans. Supposez que, dans chacune de ces hypothèses, j'emploie productivement mon capital, quelle sera ma situation économique au bout de cinq ans ? Ce capital de cent francs aura mis en œuvre la même quantité de travail, selon le cas, pendant cinq, quatre, trois, deux ans ou un an. Je serai donc d'autant plus riche, au bout des cinq années écoulées, que j'aurai reçu ce capital à une époque plus rapprochée de l'instant présent ; en d'autres termes encore, les cent francs auront plus de valeur pour moi si je les reçois aujourd'hui que si je les reçois dans un an, plus de valeur si je les reçois dans un an que si je les reçois dans deux, trois, quatre ou cinq années[1]. Nouvelle forme de la dépréciation des biens futurs. Voilà pourquoi le capital porte intérêt. Voilà pourquoi le capitaliste, quand il paie l'ouvrier, prélève, sur la valeur du produit futur de son travail, une « différence » proportionnelle au temps qui s'écoule entre le moment où le capital est avancé et le moment où le produit réalise une valeur sur un marché.

Théorie bien détournée, à tel point qu'elle semble inexacte. Le temps qu'il faut employer à la production d'une marchandise n'est ni la cause ni même la mesure de la productivité du travail. Ce n'est point parce qu'elles demandent plus de temps que certaines méthodes de travail sont plus productives que d'autres : c'est tout au contraire parce qu'elles sont plus productives que nous consentons, le cas échéant, à faire, pour les employer, un sacrifice de temps ; et si, en fin de compte, elles sont plus productives, c'est parce qu'elles consistent dans l'utilisation d'un capital, procédé technique, outil ou machine. Ce n'est pas davantage dans la mesure où elles demandent plus de temps qu'elles sont plus productives. Moins elles en demandent, et plus il y a avantage à les employer, de préférence à la méthode immédiate et directe : toutes les grandes inventions tendent à abréger le temps requis pour la fabrication des produits. Il faut plus de temps, sans doute pour construire les machines maintenant nécessaires à la fabrication des objets. Mais, d'une part, il faut de moins en moins de temps, à mesure que l'industrie progresse, pour construire les machines. Et, d'autre part, une fois le capital établi et la machine mise en marche, l'effet du machinisme est de réduire toujours l'intervalle de temps qui s'écoule entre le moment où le besoin apparaît et celui où il est satisfait. J'ai besoin d'eau ; il me faut du temps pour aller la prendre à la source, en attendant que j'aie creusé mon canal. Mais, une fois le canal creusé, il me suffit de me baisser chaque fois que j'ai besoin d'étancher ma soif : c'est l'eau qui maintenant vient jusqu'à moi, et vient immédiatement jusqu'à moi, chaque fois que j'ai envie de boire. Loin qu'il y ait allongement du cycle des opérations industrielles, n'est-il pas permis

---

1. Böhm-Bawerk, *op. cit.*, liv. V, chap. IV.

de dire qu'il y a tendance vers un état de choses où la production serait, en quelque sorte, instantanée, où le désir serait suivi, sans intervalle de temps, suivi de sa satisfaction[1] ? Bref, les objections abondent contre la théorie de Böhm-Bawerk. Mais il en est une qui nous paraît décisive, parce qu'elle réfute la théorie en l'expliquant, en faisant voir que la théorie tout entière est inspirée par une pensée de derrière la tête, par un préjugé doctrinal.

Pourquoi vouloir, en effet, que le travail seul soit productif, et s'ingénier à ne pas dire que le concours d'un capital en augmente la productivité ? C'est toujours la même préoccupation, commune à tant d'économistes en raison de la manière même dont ils ont conçu les principes de leur science, de ramener tous les phénomènes économiques, et en particulier le contrat de travail, à la forme de l'échange. L'échange consiste dans la correspondance exacte d'une offre et d'une demande, ou, plus exactement, de deux offres simultanées. Les objets qui sont offerts de part et d'autre – objet présent, déjà achevé, ou objet futur, seulement promis – doivent s'échanger dans des conditions telles qu'il y ait égalité entre la valeur de l'un et la valeur de l'autre. Dites, avec Böhm-Bawerk, que le travail seul est productif et que sa productivité s'accroît en raison directe de la durée que demande l'emploi de la méthode de travail considérée, on comprendra dès lors pourquoi nous devenons plus riches dans la mesure où nous agrandissons l'intervalle entre le moment où nous recevons un objet et le moment où nous nous décidons à jouir improductivement du produit de notre travail. Tout se ramène à une différence de temps : mieux vaut un bien présent qu'un bien futur, en raison directe du temps qui s'écoule entre la jouissance de l'un et la jouissance de l'autre. Et voilà pourquoi, lorsque le capitaliste paie à l'ouvrier un salaire dans l'espoir de vendre plus tard le produit du travail de cet ouvrier, il est juste et naturel que ce produit futur ait une valeur supérieure au salaire immédiatement touché par l'ouvrier.

Parlez, au contraire, le langage courant : dites que le capital, en tant que tel, est productif, qu'il augmente, par son concours, la productivité du travail, et que le capitaliste en avance une partie à des travailleurs, afin qu'il soit productivement employé. Alors le partage du produit se fera selon des règles qui n'ont ni ne peuvent avoir aucun rapport avec les règles de l'échange. Comment parler ici de deux marchandises qui s'échangent l'une contre l'autre, dans des conditions telles que la valeur de l'une soit égale à la valeur de l'autre ? Il y a ici une marchandise unique, produite par le concours d'un travail et d'un capital, et dont il appartient au capitaliste et aux travailleurs de se distribuer la valeur, selon des principes qui ne sauraient rien avoir de fixe. Ils peuvent convenir, s'il leur plaît, que le capitaliste recevra une valeur

---

1. Cf. J.-B. Clarke, *The Distribution of Wealth*, p. 131-132.

égale, supérieure ou même inférieure à celle qui représente la productivité du capital avancé. Ils peuvent convenir d'attribuer aux travailleurs des salaires égaux, ou inégaux, et dont l'inégalité pourra être ou très faible ou très grande. Ils sont maîtres de se donner les institutions qu'ils veulent ; et les lois de l'échange n'exercent sur ces institutions qu'une influence indirecte, dans la mesure où la grandeur de la part reçue par chacun dépend du prix auquel se vend sur un marché l'objet produit par leurs efforts combinés.

Il paraît impossible, en résumé, si les observations qui précèdent sont justifiées, de ramener le contrat de travail à la forme d'un contrat d'échange, conclu dans des conditions normales. Ou bien on essaie de dire que les deux marchandises échangées entre le capitaliste et le travailleur, ce sont d'une part le salaire et de l'autre le travail ou la capacité laborieuse du travailleur : on en vient alors nécessairement à considérer que le contrat de travail a pour effet d'abolir la liberté d'un des contractants, et, par suite, de détruire une des conditions d'existence d'un échange normal. Ou bien on essaie de dire que les deux marchandises échangées sont d'une part le salaire avancé par le capitaliste au travailleur, et d'autre part le produit manufacturé promis en retour par le travailleur au capitaliste : on ne peut, nous l'avons vu, faire correspondre la réalité à cette théorie sans recourir à des détours de langage, qui constituent souvent une complication inutile de la terminologie scientifique plutôt qu'ils ne fournissent une meilleure interprétation du réel. Et cependant, nous n'avons obtenu jusqu'ici que des présomptions, contre les tendances de l'économie politique classique. Nous avons discuté, l'une après l'autre, deux théories. Nous les avons, l'une et l'autre, jugées imparfaites. Qui sait si une troisième théorie ne sera pas bientôt inventée, capable de traduire en langage d'échange, et, par le même coup, de justifier tous les phénomènes de la distribution des richesses ? Pour démontrer que cela est impossible, il faut recourir à une méthode plus directe. Si l'on vise à démontrer que toutes les relations économiques sont des relations d'échange, c'est donc que l'on attribue à la notion d'échange un caractère privilégié. Elle seule, entre toutes, serait primitive et irréductible à l'analyse : et voilà pourquoi analyser une notion économique, ce serait toujours, en fin de compte, la réduire à cette notion première. Mais précisément il est faux de croire que l'échange soit une notion inanalysable, et que les lois de l'échange soient, en quelque sorte, antérieures à toutes les institutions juridiques, analogues, pour l'homme vivant en société, à ce que les lois de l'attraction moléculaire sont pour la nature inanimée. L'échange suppose tout un système d'institutions juridiques, élaborées par la société humaine en vue de fins déterminées. Loin que la distribution des richesses doive être considérée comme expliquée lorsque les formes en sont ramenées aux lois de l'échange, c'est au contraire l'échange qui est susceptible d'une explication et d'une réduction inverses : il constitue un mode de distribution artificielle des richesses.

Reprenons la théorie de l'échange. Pour que l'échange ait lieu, il faut que deux individus au moins se trouvent l'un en présence de l'autre, puis en viennent à se céder l'un à l'autre certaines marchandises, dont ils sont respectivement propriétaires : en d'autres termes, l'échange suppose une société composée de propriétaires indépendants. Mais quelle est la garantie de ce droit de propriété que des individus s'arrogent sur une portion des produits du travail collectif ? Elle est évidemment dans le consentement des membres, ou de la majorité des membres de la société considérée. Si la majorité des individus qui appartiennent à la même société que moi s'entend pour me dépouiller de ce que je considérais jusqu'alors comme ma propriété, à quel argument recourrai-je pour éviter cette expropriation ? Invoquerai-je mon droit ? Mais, pour persuader mes concitoyens de l'existence de ce droit, je ne puis le définir que comme se fondant sur l'intérêt qu'il y a pour les autres à ce que je conserve la libre jouissance de mes biens. Si je ne les persuade pas, quel recours me reste-t-il ? En m'expropriant, peut-être se trompent-ils sur l'utilité sociale de leur acte : mais enfin ils sont juges en dernier ressort. L'échange a pour condition première le consentement, exprès ou tacite, de la société à la possession, par les individus entre lesquels a lieu l'échange, d'un certain fonds : sol qu'ils occupent, capital dont ils héritent, objets que leur travail a produits. C'est ce consentement social qui « consacre » la possession, pour parler le langage mystique des juristes, qui transforme la possession en propriété.

La seconde condition de l'échange, c'est l'existence d'un régime de libre concurrence. Si deux individus seulement se trouvaient en présence, l'un pourrait voler l'autre, et lui vendre au-dessus de leur valeur les marchandises dont il dispose. C'est ce qui devient impossible lorsqu'il s'établit une concurrence entre plusieurs vendeurs, et d'autant plus impossible que le nombre des vendeurs entre lesquels s'établira la concurrence sera plus grand. Car, sur un même marché, il est impossible qu'il y ait deux prix pour deux objets de même nature, et le prix unique qui se trouvera établi sera celui qui aura été proposé par le moins exigeant des marchands. Mais, pour que cette égalisation des prix se produise, encore faut-il qu'il y ait un marché, en d'autres termes qu'il s'opère sur un seul point un assemblage de toutes les demandes et de toutes les offres. Alors, tous les marchands étant rassemblés devant eux, les acheteurs sauront bien vite quel est vraiment le prix minimum au-dessous duquel les marchands ne peuvent consentir à se défaire de leurs marchandises sans faire eux-mêmes une mauvaise affaire ; et la concentration des acheteurs, concentration de fait plutôt que syndicat formellement constitué, forcera les vendeurs à ne pas vendre au-dessus de ce prix. Mais ce marché, sur lequel vendeurs et acheteurs se rencontrent, c'est une institution politique : pour qu'il existe et qu'il soit effectivement le lieu de rencontre de tous ceux qui veulent échanger leurs produits, il faut des règlements, une police, bref une intervention de l'État. La libre concurrence économique suppose non pas, comme cela paraît à première vue, presque évident, la dispersion absolue des individus, mais au contraire leur concentration par un acte de l'autorité sociale.

Maintenant les marchandises s'échangent, et elles s'échangent à leur valeur. Quelle est cette valeur ? Les premiers théoriciens de l'échange voulaient mesurer cette valeur par la quantité de travail. Est-ce qu'ils cédaient, ce faisant, à des préoccupations théoriques ? On peut le soutenir : car, si vraiment la quantité de travail dépensé pour produire un objet mesurait la valeur de cet objet, et si, d'autre part, la quantité de travail était une grandeur homogène, il serait possible, connaissant le nombre d'heures de travail que la production d'un objet coûte, de prévoir quelle sera sur le marché la valeur de cet objet. Mais encore, et surtout, ils étaient sous l'empire de certaines préoccupations d'ordre pratique : il s'agissait pour eux, plus ou moins inconsciemment, de justifier l'ordre social qui se fonde sur l'échange, en démontrant que c'est un ordre de choses où chacun, comme paraît l'exiger la justice, reçoit en proportion de son travail. La preuve, c'est que, depuis l'abandon de la théorie selon laquelle le travail mesure la valeur, les économistes ont constamment essayé, sous l'empire des mêmes préoccupations, de démontrer que le mécanisme de l'échange a pour effet d'assigner spontanément aux individus le produit de leur travail, la juste rémunération de leurs peines. Théories contestables : mais elles présentent cet intérêt qu'elles expriment sinon une réalité, du moins un idéal et un désir, – le vœu qui a présidé, et qui préside encore à l'organisation juridique de l'échange.

Demandons-nous, en effet, ce qui se produit lorsqu'un individu manque de certains biens dont il éprouve le besoin. Si cet individu est plus fort que les individus qui l'entourent, il peut les attaquer et leur prendre, sans rien leur restituer en retour, tout ce qu'ils possèdent et dont ils ont besoin. Mais, si tel individu isolé est plus fort qu'un autre individu, ou même, par hypothèse, plus fort que n'importe quel autre individu pris isolément, il n'en est pas un seul qui soit plus fort que tous les autres individus pris ensemble. Supposons alors que les autres individus s'unissent entre eux pour résister aux exigences du plus fort, on ne pourra pas dire que la loi du plus fort ait cessé de s'appliquer : elle aura changé d'aspect seulement, et sera devenue la loi du nombre. La majorité des faibles, plus forte que la minorité des forts, imposera à cette minorité le respect de certaines institutions favorables, ou supposées favorables, à l'intérêt de la majorité. L'échange est une de ces institutions, et quel en est le sens ? Le droit du plus fort est-il aboli par l'organisation de l'échange ? Il est seulement régularisé, et utilisé de la même manière qu'on régularise le cours d'un torrent, pour en faire une rivière navigable. Qu'est-ce que le plus fort ? C'est le plus vigoureux, le plus intelligent, le plus laborieux. Il est, par les lois de l'échange, interdit à l'individu vigoureux, intelligent et laborieux, d'employer sa vigueur à dépouiller son voisin, son intelligence à le tromper, son travail à fabriquer les armes les mieux faites pour l'intimider, ou à combiner les procédés les mieux conçus pour le frauder. Il devra tourner exclusivement contre les forces de la nature animée et inanimée sa vigueur corporelle et les ressources de son esprit : à cette condition, tout ce qu'il aura arraché de richesse à la nature, il en pourra jouir librement, soit qu'il en fasse l'objet immédiat de sa consommation, soit qu'il en obtienne l'équivalent par l'échange. L'échange, pris en soi-même, si les règlements qui président à l'institution sont bien observés, ne lui apporte aucune richesse nouvelle : elle lui permet seulement de donner une forme plus utile à la richesse que la supériorité de sa force lui a permis d'acquérir directement, dans sa lutte avec les forces de la nature. La société y gagne, puisque les produits qui entrent dans la circulation sont plus variés ; les plus forts gardent toujours l'avantage, puisque, tirant plus du fonds de la nature auquel leur force s'applique, ils deviennent plus riches ; les plus faibles bénéficient de l'arrangement, puisque ce n'est pas à leurs dépens que maintenant les plus forts exercent leur force.

Il en est, si l'on veut, de l'échange comme de la guerre. La guerre ne consiste pas seulement, comme on paraît disposé à le croire, dans le triomphe de la force brutale, de la violence et du désordre. D'une part, elle suppose, à l'intérieur des groupes qu'elle met aux prises, des institutions juridiques, une police respectée, une discipline observée, une harmonie des intérêts. Un peuple est d'autant plus fort militairement, qu'il est plus en paix avec lui-même. Un peuple est d'autant plus fort, avec les progrès de l'art militaire, qu'il est capable d'organiser une administration plus compliquée de son armée et d'appliquer des inventions plus ingénieuses aux choses de la guerre, qu'il est, en d'autres termes, à la fois plus sage et plus savant. D'autre part la guerre suppose, entre les peuples qu'elle met aux prises, le respect de certaines règles : supprimez ces règles, et la guerre n'est plus la guerre, elle devient brigandage et rapine. La guerre suppose donc que ces deux peuples constituent, en un certain sens, une seule société, puisqu'ils sont capables de se soumettre à une réglementation commune. La guerre s'ouvre par une déclaration solennelle, elle se termine par une déclaration du même genre. Une fois ouvertes, les opérations prennent la forme d'une sorte de duel, où tous les coups ne sont pas permis ; et le droit de la guerre devient, de siècle en siècle, plus précis et plus compliqué. Depuis le traité de

Westphalie, aucune armée victorieuse n'a passé au fil de l'épée les habitants d'une ville européenne prise d'assaut ; et de plus en plus, les hostilités tendent à se limiter aux armées belligérantes, l'existence et l'activité économique du reste de la population demeurant, autant que possible, respectées. Enfin, les guerres deviennent plus rares, et les armements des grandes nations tendent de plus en plus à prendre la forme moins d'une préparation à la guerre que d'une assurance contre la guerre. Les plus forts l'emportent toujours. Mais ils respectent l'existence des plus faibles ; et le procédé dont ils usent pour intimider leurs rivaux consiste moins dans l'emploi que dans le déploiement de leurs forces. La guerre devient, à la limite, une sorte d'émulation pacifique entre les administrations militaires des grandes nations. Le langage indigné des pacifistes risque de nous faire perdre de vue ce fait essentiel que la guerre est déjà par elle-même un commencement d'organisation juridique des relations internationales, un phénomène de pacifisme.

La guerre, l'échange, sont des faits juridiques. Autant la guerre diffère du brigandage, autant la « concurrence économique », qui se réalise dans l'échange, diffère de la « concurrence vitale », dont le monde animal nous offre le spectacle. L'échange se définit par sa fin, qui est d'accorder à chacun des membres du corps social une part de richesses proportionnelle à sa productivité économique. Il suppose donc une série de réglementations, depuis celles qui, très rudimentaires, sont la condition d'existence de toute espèce d'échange, jusqu'à celles qui, plus ingénieuses et plus compliquées, tendent à faire coïncider de mieux en mieux les conditions réelles où les échanges s'effectuent avec la notion idéale de l'échange. L'échange exclut le rapt et la violence, évidemment : mais il est déjà plus difficile d'en éliminer la fraude, et d'empêcher que les plus intelligents emploient leur intelligence à abuser de la confiance de ceux avec qui ils traitent. Il faudra des règlements pour définir et prévenir la fraude. Ces règlements deviendront de plus en plus compliqués, à mesure que la fraude, pour les tourner, se fera plus ingénieuse. Il faudra enfin des règlements pour faire en sorte que, dans une société considérée comme fondée tout entière sur l'échange, le plus riche le devienne en raison de ses aptitudes personnelles, intelligence, vigueur physique et énergie, et non parce qu'il se trouve par hasard occuper un sol plus fertile, ou une situation plus favorable : ces différences accidentelles de circonstances, dont la nature fait bénéficier les uns aux dépens des autres, la société a le droit de faire, si elle peut, que le bénéfice en revienne non pas à quelques individus favorisés par le hasard, mais à la société tout entière. Tous ces règlements, au point de vue où nous nous plaçons, ont pour objet non de corriger les défauts inhérents à l'échange, considéré comme un phénomène naturel, mais au contraire de réaliser la perfection de l'échange, considéré comme un phénomène juridique. Car l'échange est un mode artificiel de distribution des richesses, voulu ou consenti par la majorité des membres de la société où il fonctionne ; et le conflit des forces économiques serait parfaitement réglé, selon les lois de l'échange, lorsque chacun se trouverait rémunéré selon son travail. Loin qu'il faille, pour faire de la bonne besogne économique, ramener l'association des producteurs à la forme d'un échange de produits, c'est au contraire l'échange des produits qu'il faut considérer comme impliquant, lui-même, en son fond, l'association des producteurs.

II. L'ASSOCIATION DES PRODUCTEURS

Nous prenons donc maintenant pour point de départ une hypothèse diamétralement opposée à celle dont nous étions partis tout à l'heure. Au lieu de supposer une série de producteurs indépendants, propriétaires absolus du capital qu'ils exploitent et du produit qu'ils obtiennent par leur travail, nous supposons une société d'individus qui se considèrent comme les copropriétaires d'un capital social. Cette hypothèse n'est pas une fiction : elle correspond à certains aspects, et peut-être les plus importants, de la réalité économique. Le langage courant employé par les hommes, alors même qu'ils prennent la défense du droit de propriété individuelle, prouve qu'ils ne se considèrent jamais comme pourvus d'un droit absolu de propriété sur telle ou telle portion du capital social. Quel est effectivement l'argument auquel recourent les propriétaires, pour répondre aux critiques du socialisme ? Ils s'efforcent de démontrer que l'appropriation individuelle des capitaux est utile. C'est donc qu'ils considèrent la propriété individuelle comme justifiée dans la mesure seulement où l'on peut faire voir qu'elle est utile à la société dont le propriétaire est un membre. Elle cesse donc d'apparaître comme un droit fondamental et imprescriptible de la personne, elle apparaît comme une délégation sociale : on accorde aux individus le droit d'abuser, à leur gré, d'une certaine portion du fonds social, parce que l'on croit, en fin de compte, que c'est la manière la plus sûre d'en obtenir le bon usage. Le raisonnement que l'on emploie est individualiste dans sa conclusion, il est socialiste dans ses prémisses.

Supposons en conséquence, une société d'individus qui travaillent sur un fonds considéré comme étant pour eux un objet de propriété collective. Ils créent, directement par leur travail ou indirectement par leur travail suivi d'une opération d'échange, une certaine valeur. Cette valeur, une fois créée, comment vont-ils la répartir entre eux ? Comme ils voudront. Le revenu de chaque copropriétaire sera son salaire, et le montant de ce salaire sera réglé par le principe suivant : à chacun ce dont il croit avoir besoin, et ce dont les autres croient qu'il a besoin pour l'accomplissement de sa fonction. Telle est du moins la thèse que nous nous proposons de soutenir ; et nous sommes obligés, pour la justifier, d'examiner tour à tour le principe sur lequel se règlent les traitements de deux classes distinctes. D'une part la classe des oisifs, qui touchent l'intérêt d'un capital, qui semblent, à première vue, se considérer comme les propriétaires absolus d'une portion du capital social, et dont le traitement ne paraît constituer la rémunération d'aucun travail. D'autre part la classe des travailleurs, qui, pour accomplir des tâches diverses, obtiennent des traitements divers. La distinction, sous cette forme tranchée, est assurément factice. Beaucoup de capitalistes travaillent, et beaucoup de travailleurs capitalisent. Il faudra donc chez l'individu, qui se présente à la fois sous l'aspect d'un capitaliste et d'un travailleur, distinguer deux individus idéaux, l'un qui capitalise, l'autre qui travaille. La distinction est nécessaire pour la commodité du discours.

Voici donc les capitalistes en face des travailleurs. Après débats, les capitalistes obtiennent un certain intérêt de leur capital, les travailleurs un certain salaire ; et, suivant la théorie courante, c'est la libre concurrence des capitalistes et des travailleurs qui fixe, d'une manière uniforme, le taux de l'intérêt et le niveau des salaires. Il semble d'ailleurs impossible, si on se place à ce point de vue, que les capitalistes ne soient pas singulièrement avantagés, lorsque seront fixées les clauses du contrat qui lie les travailleurs envers eux. Les travailleurs, ne possédant rien, sont obligés, sous peine de mort, d'accepter le minimum nécessaire à l'entretien de leur existence et à la conservation de l'espèce. Telle est bien la théorie classique du salaire.

Cependant la réalité est autre. Jamais, depuis que l'institution du salariat s'est généralisée, le niveau des salaires n'est tombé aussi bas. La preuve c'est que, même dans l'Angleterre d'il y a cinquante ou cent ans, dans le pays et à l'époque où, si l'on en croit Karl Marx, « *le capital célébrait ses orgies* », le salaire a toujours été assez élevé pour permettre une multiplication prodigieuse de la population. Ce qui constitue une réfutation directe de la théorie : car le salaire « naturel », tel que le définit Ricardo, devrait être tout juste suffisant à la conservation de l'espèce, sans accroissement ni diminution numériques. Les capitalistes ne sont pas si égoïstes et si impitoyables, qu'ils désirent réduire à ces extrémités, en connaissance de cause, la majorité de leurs semblables. En fait, il se trouve que souvent ils ignorent, et veulent ignorer la condition de misère ignominieuse de ceux dont ils exploitent le travail. Mais ils ne peuvent l'ignorer absolument, et, en admettant même qu'ils soient étrangers à toute espèce de solidarité morale en face de ces souffrances, il y a une solidarité de fait qui les empêche de se désintéresser tout à fait des maux subis par le prochain. Que les travailleurs soient trop mal logés, trop mal nourris, trop mal vêtus, c'est ce qui dérange, en quelque sorte, passé un certain point, l'esthétique des oisifs. Le spectacle est trop laid : s'ils ne peuvent le fuir, ils devront chercher un remède au mal. Que les conditions de l'hygiène soient trop mauvaises, dans les basses couches de la population, et voilà, étant donnée la propagation facile des épidémies au sein des grandes agglomérations urbaines, un danger réel pour la santé des riches. Enfin voici l'argument qui explique peut-être, d'une manière décisive, pourquoi les salaires se relèvent au-dessus du niveau inférieur où la théorie abstraite de la libre concurrence démontre qu'ils devraient se maintenir. Les capitalistes et les travailleurs constituent, par leur réunion, une seule société dans laquelle les capitalistes sont la minorité, et les travailleurs la majorité. Il faut donc admettre que, dans toute société, les travailleurs sont les plus forts, et font, s'ils le veulent, la loi aux capitalistes. La propriété de leur capital, et le bénéfice qu'ils en tirent, les capitalistes n'en sauraient jamais jouir que dans la mesure où y consent la majorité des membres de la société à laquelle ils appartiennent.

Supposons que le taux de l'intérêt, dans une société donnée, se trouve fixé à un certain niveau en raison de la quantité et de la productivité des capitaux engagés, et en raison aussi du nombre des ouvriers qui se font concurrence sur le marché du travail. Comment la théorie courante de la libre concurrence explique-t-elle qu'aucun capitaliste ne puisse obtenir, dans une entreprise particulière, un intérêt plus fort de son capital, qu'aucun groupement ouvrier ne puisse, dans une entreprise particulière, obtenir l'abaissement de l'intérêt du capitaliste au-dessous du niveau commun ? C'est, dit-on, que, dans le premier cas, les ouvriers quitteront l'usine, et s'en iront travailler ailleurs à meilleur compte. C'est que, dans le second cas, le capitaliste congédiera des ouvriers, sûr d'en trouver qui travailleront à plus bas prix. Des contrats non renouvelés, de nouveaux contrats conclus, la liberté de tous les intéressés demeurant pleine et entière : les postulats de la théorie sont respectés. Mais ne peut-on concevoir que les choses se passent autrement ?

Si le capitaliste renonce à obtenir, par l'abaissement du salaire de ses ouvriers, un intérêt plus fort que n'en obtient le capital engagé dans d'autres entreprises, n'est-ce pas qu'il redoute l'insurrection de ses ouvriers, pour le jour où le contrat par lequel on leur proposera de s'engager cessera de satisfaire leurs exigences ? Un contre tous, le capitaliste est le plus faible, et doit céder. Assurément, dans le cas contraire, lorsque les ouvriers exigent de lui un salaire qui ferait descendre au-dessous du niveau commun l'intérêt qu'il tire de son capital, il croit pouvoir résister, et résiste en effet. Mais n'est-ce pas qu'il s'appuie en ce cas sur l'avis de la majorité de ceux qui, dans la société considérée, vivent comme lui des intérêts de leurs capitaux, et, par suite, d'une manière indirecte, sur la volonté de la majorité ouvrière qui, dans toutes les autres entreprises, consent aux capitalistes, un certain revenu en échange de l'emploi de leurs capitaux ? Bref, l'hypothèse classique, c'est que, dans les débats qui s'engagent entre les patrons et les ouvriers, le droit de propriété reste inviolé. Les capitalistes sont supposés libres, sans restriction, de prêter aux producteurs, d'accumuler improductivement, ou de consommer les capitaux. Mais ce droit de propriété n'est inviolé que dans la mesure où ceux qui ne possèdent pas consentent à ne pas le violer. Ils sont la majorité, ils sont la force ; il est en leur pouvoir de l'abolir, ou tout au moins de le restreindre. Les propriétaires pourraient tirer tout le bénéfice de leur capital que suppose la théorie de la libre concurrence développée dans sa rigueur, s'ils n'étaient constamment retenus par la crainte de l'expropriation.

De cette expropriation des capitalistes, le socialisme fiscal nous donne la formule la plus superficielle à la fois et la plus aisément compréhensible. L'État politique, expression de la volonté de la majorité, peut reprendre, et essaie effectivement de reprendre, sous forme d'impôt, une partie des revenus excessifs que les capitalistes s'approprient aux dépens des travailleurs, impôt progressif sur le revenu ou sur le capital, impôt sur les successions, impôt sur les opérations de bourse, exonération des charges fiscales pour les plus pauvres, autant de procédés qui sont couramment appliqués. Mais il faut observer que l'action de l'État sur la distribution des richesses est nécessairement superficielle, et serait peut-être nulle si d'autres causes ne concouraient pas avec celle-là pour rendre plus égale la répartition de la richesse sociale. Pourquoi, en effet, si le capitaliste, une fois l'impôt payé, garde le droit de faire l'usage qu'il veut de son capital, n'essaierait-il pas de prendre sa revanche sur le travailleur, et de prélever sur lui de nouveau, par la réduction de son salaire, ce qu'il avait perdu d'abord, en payant plus d'impôt ? Si les choses ne se passent pas de la sorte, c'est que l'expropriation politique, ou fiscale, des capitalistes, n'est en somme qu'une des formes d'un mouvement général d'expropriation qui se poursuit insensiblement, en dehors des interventions de l'État et sous les formes les plus variées.

Voilà sans doute en quoi consiste la grosse erreur du socialisme contemporain, j'entends du socialisme constitué en parti politique. Il semble qu'il s'agisse pour lui presque uniquement, si nous ajoutons foi aux programmes, de conquérir les pouvoirs publics, et de nationaliser, d'étatiser le plus grand nombre possible d'industries privées. C'est un programme bien fait pour diminuer autant que possible la peine des meneurs du parti : ils peuvent remettre au jour lointain où commencera la nationalisation des industries le soin de savoir comment se fera, sur un plan nouveau, la gestion de ces industries. C'est un programme bien fait pour diminuer autant que possible la peine du parti tout entier : tout l'effort que l'on demande aux socialistes, c'est d'élire des représentants, avec mandat de réclamer la socialisation du régime industriel, et, en attendant le jour où elle sera effectuée, de se borner à critiquer sans relâche les abus du régime économique actuel. Cette restitution aux travailleurs du capital qu'ils exploitent, quelle difficulté ne présente-t-elle pas cependant ! Il ne s'agit pas de résoudre un problème agraire analogue à celui qui se posait, par exemple, en France, à la veille de la Révolution. Le paysan fut affranchi de lourdes charges, féodales ou fiscales, devint propriétaire où il n'était auparavant que tenancier. Mais, avant comme après la Révolution, il exploitait seul, avec les mêmes procédés, le morceau de terre sur lequel il acquérait seulement un titre de propriété plus complète. Ce n'est pas ainsi que se pose le problème de savoir comment le contrôle de la propriété des usines pourra être restitué aux ouvriers. « *Vous ne pouvez pas*, écrit excellemment Jaurès, *donner à chaque individu un lambeau de l'organisme industriel, vous ne pouvez pas couper en petits morceaux le réseau ferré de Marseille à Dunkerque et donner aux uns un tronçon de rail, aux autres un piston ou une cheminée de la locomotive, vous ne pouvez pas aujourd'hui dépecer, démembrer, désarticuler l'organisme de la grande industrie et de la grande production.* » Il faudra donc administrer corporativement l'industrie. Mais par quels moyens ?

Est-ce un corps législatif, expression du suffrage universel, qui déléguera à des fonctionnaires la direction des industries nationalisées ? Quelle sera la nature d'un contrôle exercé par tant de gens et de si loin ? Que peut un millier de petits actionnaires sur la marche de la grande compagnie à la direction de laquelle ils sont supposés participer ? Qu'arrivera-t-il donc lorsque quarante millions d'individus prétendront diriger solidairement dix industries géantes, et un millier de grandes entreprises ? La chose se conçoit si mal qu'il est à peine besoin d'envisager l'hypothèse où la démocratisation du régime industriel se serait produite sous cette forme : on ne saurait prévoir la transformation des industries privées en services d'État que pour certaines industries déterminées, dont le caractère est spécial et dont le nombre est limité. Conçoit-on un régime où la direction des usines appartiendrait aux corporations des ouvriers qui les exploitent ? Il serait à souhaiter que la chose fût possible, et que l'égoïsme même des ouvriers, groupés en corporations séparées, ne donnât pas naissance à de nouveaux vices d'organisation sociale, très analogues à ceux que l'on critique dans le régime actuel. Mais, d'autre part, l'éducation de la classe ouvrière est-elle assez avancée pour leur permettre même de former de semblables corporations ? Il ne le semble pas ; et la preuve, c'est que les salariés n'ont pas encore su prendre, dans la société actuelle, et sans l'intervention de l'État, une part plus grande à la direction de l'industrie.

Ils le pourraient s'ils le voulaient. Déjà, dans la mesure où ils savent le vouloir, ils le font. Ils emploient leur épargne à acquérir des coupons de rente, des obligations, de petites actions, des titres sur le revenu d'une partie du capital social. Ils deviennent donc les copropriétaires du capital que, par leur travail, ils exploitent ; ils commencent à opérer l'expropriation des oisifs ; une partie de l'intérêt capitaliste revient grossir, après un détour, le traitement des travailleurs. D'autre part, groupés en syndicats, ils prétendent exercer un contrôle sur la direction technique et commerciale des usines où ils travaillent. Ils fixent la grandeur absolue et relative des salaires, refusent de participer, passé un certain point, aux risques de l'entreprise, obtiennent de bénéficier de l'accroissement de productivité du capital. « *Nous examinons*, déclare un ouvrier du Lancashire, *les profits généraux de l'industrie, nous connaissons le prix d'achat du coton, nous savons chaque jour le prix de vente du fil, nous connaissons exactement la marge du profit, nous savons, à un centième de penny près, ce que coûte le magasinage ; le cours des actions est de notoriété publique ; nous savons qu'après avoir touché nos salaires et laissé le reste au patron, il n'a pas de quoi se vanter beaucoup*[1]. » Cet ouvrier dit-il vrai ? N'y a-t-il pas dans son langage, une exagération d'optimisme, comme il y a exagération de pessimisme dans la phraséologie des syndicalistes révolutionnaires ? Quoi qu'il en soit, ce sont ici des expressions bien propres à faire comprendre comment les ouvriers syndiqués entendent la solution de la question sociale par le progrès de l'action syndicale : car, si cet ouvrier dit vrai, il semble que, dans la région industrielle à laquelle il appartient, le patron ait pour ainsi dire renoncé à toucher l'intérêt de son capital, qu'il se contente du salaire auquel il a droit en tant que travailleur, puisqu'il dirige l'entreprise, et que cette direction constitue un travail. Il semble, en d'autres termes, qu'un régime de socialisme intégral soit bien près d'être réalisé.

Pourquoi s'en faut-il de beaucoup que cet état de choses soit général ? Pourquoi les capitalistes, dans la plus grande partie du monde industriel, continuent-ils à toucher un intérêt de leur capital ? Si les observations qui précèdent sont fondées, c'est parce que les ouvriers n'ont pas su s'organiser assez bien pour leur reprendre la jouissance de ce privilège économique. Mais encore, pourquoi ne l'ont-ils pas su ? C'est d'abord parce qu'ils ne l'ont pas voulu. Pour qu'ils s'organisent en syndicats, il faut qu'ils croient à la possibilité d'améliorer leur condition, il faut qu'ils cessent de croire au caractère fatal d'un système de distribution de richesses où il existe une classe oisive et riche, d'une part, et, de l'autre, une classe laborieuse et misérable. S'ils ne sont pas organisés, ou ne le sont que d'une manière imparfaite, c'est dans la mesure où ils tiennent pour légitime le régime économique actuel. En quoi donc consiste, pour la conscience moderne, dans la mesure où elle accepte l'ordre de choses existant, la légitimité de

---

1. D. Schloss, *Les Modes de rémunération du travail*, p. 209-210.

l'intérêt du capital, et des revenus des classes oisives ? Nous dirons qu'elle tient à ce que les hommes, au degré de civilisation intellectuelle où ils sont parvenus, se font une conception aristocratique de la société, et voici ce que nous entendons par là.

Ce qui, d'une manière absolument générale, fait le prix d'une société, aux yeux des individus qui la composent, ce sont les loisirs que l'organisation économique de cette société permet d'obtenir. La vie des hommes qui vivent en société perdrait toute valeur, si elle procurait à tous des plaisirs exactement équivalents aux peines qu'ils auraient prises pour se les procurer. Pour justifier les sacrifices consentis par chacun des individus, il faut qu'il y ait, en fin de compte, un excédant de plaisir, et par suite, une possibilité de loisir : il faut, en d'autres termes, que la société obtienne la faculté, après avoir travaillé, de se reposer en jouissant de ce que son travail a produit.

Mais cet excédent de plaisir, ce loisir, sera-t-il également distribué entre tous les membres du corps social ? Ce n'est pas la première forme, ce n'est pas la forme actuelle de la distribution des richesses. La société est un ensemble de phénomènes si vaste et si complexe qu'elle commence par écraser l'imagination humaine, et la frappe d'une sorte de terreur superstitieuse. Les relations sociales n'existent que par les hommes entre qui elles existent : ils croient n'exister que par elles. La société est leur œuvre, et ils en sont la fin : ils croient être l'œuvre de la société et n'exister d'autre part que pour elle. S'ils travaillent, ce n'est pas qu'ils sachent devoir travailler pour être plus riches et plus heureux, c'est parce qu'ils croient obéir à la volonté des institutions sociales, et comme à une sorte de commandement mystérieux et sacré. Il est, dès lors, compréhensible que la grande majorité des hommes, en raison de l'infirmité de leur nature mentale, s'accommodent d'un état de choses où il n'y aura pas pour eux de repos après le travail. On peut supposer que, pour une journée de travail social, la quantité voulue d'heures sera consacrée, d'une part, au travail, et, d'autre part, au repos. Mais il n'en sera pas de même pour chacun des individus, ou, plus exactement encore, pour chacune des classes qui composent la société considérée. Il y aura, d'un côté, une classe qui se reposera pour la société tout entière, et, de l'autre côté, une classe qui travaillera pour elle-même et pour ceux qui se reposent. Car ce principe social, auquel les individus attribuent une sorte d'existence indépendante, il faut bien que leur imagination lui donne un corps, l'incarne quelque part. On appelle aristocratie une classe qui incarne pour les autres classes le principe social, qui a reçu des autres classes le mandat de donner un prix à leur travail, et de cultiver, pour le compte de la société tout entière, le luxe, l'art, la science désintéressée. Du moment où une aristocratie s'est constituée, et s'est évidemment constituée par le consentement de la majorité qui la subit, il faut compter, au nombre des besoins de la classe laborieuse, le besoin d'obéir à un plus puissant, de le craindre, de l'admirer : il faut compter, au nombre de ses plaisirs, celui qui consiste à jouir du luxe que d'autres déploient, et dont elle n'est pas capable.

Besoins et plaisirs que l'on peut, selon ses préférences morales, approuver ou blâmer ; mais besoins et plaisirs réels, dont la réalité même explique et justifie tout à la fois le phénomène de l'intérêt. On n'insistera jamais suffisamment sur ce point que le fait implique toujours, par son existence même, sa propre justification. Quand ils touchent l'intérêt de leurs capitaux, les propriétaires reçoivent exactement le traitement dont ils croient avoir besoin et dont les autres croient qu'ils ont besoin, pour l'accomplissement de leur fonction sociale : la grandeur de cet intérêt mesure l'intensité des préjugés aristocratiques dans une société donnée, en d'autres termes l'intensité avec laquelle les membres de cette société croient à l'utilité sociale de l'existence d'une classe oisive, qui dépense, à son gré, en frais de luxe, les richesses que lui fournit le travail de la société tout entière. Notre théorie est donc plus optimiste, en un sens, que la théorie soi-disant optimiste des économistes orthodoxes. Leur idéal, à la fois théorique et pratique, c'est une société composée de producteurs indépendants, échangeant entre eux les produits de leurs industries respectives. Chacun, dans ce régime de libre concurrence que l'École suppose réalisé, se fournit chez le producteur qui lui vend au meilleur marché ses produits ; mais lui-même, que le mécanisme de l'échange constitue à la fois acheteur et vendeur dans un même acte indivisible, ne se défait de ses produits qu'à la condition de les vendre au meilleur marché possible. Quel nom faut-il donner alors à un état de société où chacun, naturellement et nécessairement, fournit un maximum de travail pour obtenir un minimum de rémunération ? C'est contre un pareil état de choses qu'il faudrait retourner le reproche adressé souvent par les économistes classiques à l'utopie communiste, de proposer comme idéal au genre humain un état d'universelle misère. Il en est tout autrement si l'on veut bien considérer avec nous la distribution des richesses comme résultant d'une série de conventions conclues entre les diverses classes associées pour la production, et copropriétaires du fonds social. Supposons alors qu'il soit possible de considérer la société économique à un point de vue purement statique, de l'immobiliser dans l'instant présent, de décider que, pour un temps, rien n'est changé ni à l'état de la technique, ni à la distribution des richesses, ni, si l'on peut ainsi dire, à la distribution des besoins, alors il faudra dire que la distribution des richesses réalise exactement le bonheur de tous les individus à tous les degrés de la hiérarchie sociale : elle remplit tous les désirs, elle satisfait tous les besoins.

Mais cette mentalité aristocratique, qui a caractérisé jusqu'à présent toutes les sociétés humaines, n'est pas, n'a jamais été immuable. Si d'ailleurs c'est par elle que s'explique la distribution actuelle des richesses entre capitalistes et travailleurs, il suffira donc qu'elle change, pour que la distribution des richesses doive, elle aussi, bientôt changer. Si les besoins d'une classe augmentent plus vite que ne diminuent ceux d'une autre, alors que ces deux classes se partagent la totalité du revenu social, le changement qui s'opérera dans la distribution des richesses ne pourra s'opérer sans une crise économique, une guerre sociale ; et une crise est toujours un mal. Même s'il doit s'établir en fin de compte un nouvel équilibre, plus équitable que le précédent, des besoins et des ressources, la violence de la crise aura causé momentanément des souffrances, mauvaises par elles-mêmes, et qu'il aurait mieux valu pouvoir éviter. La violence de la crise peut avoir, d'autre part, pour effet de déranger d'une manière durable l'organisation industrielle ; le mal qui résultera de l'appauvrissement général de la société peut compenser, et au-delà, le bien qui résultera d'une répartition plus égale des ressources. Mais il peut arriver aussi que les besoins d'une classe augmentent dans une mesure sensiblement égale à celle où diminuent les besoins de l'autre. Alors encore, il y aura transformation de la distribution des richesses : mais l'évolution sera lente et présentera un caractère normal. Cette évolution, elle se produit sous nos yeux. La preuve que les classes laborieuses se contentent moins de pourvoir aux besoins d'une aristocratie oisive et cultivée, qu'elles réclament constamment, et obtiennent insensiblement, une plus égale distribution, dans la société économique, du droit à l'oisiveté et à la culture, c'est que l'intérêt du capital diminue. Cette diminution du taux de l'intérêt, tous les économistes la constatent. Ils lui confèrent le caractère d'une loi économique. Mais quelle est celle, parmi les théories courantes, qui en fournit une explication satisfaisante ?

Invoquera-t-on, en dehors de toute théorie particulière sur la formation même de l'intérêt, le jeu de l'offre et de la demande ? Dira-t-on que, si l'intérêt du capital baisse, c'est en raison de la surabondance des capitaux offerts, par rapport à la demande des capitaux ? Nous n'insisterons pas sur le fait que cette théorie rencontra l'opposition des plus considérables parmi ceux qui organisèrent la théorie classique de l'économie politique. Il ne peut pas y avoir, en effet, si l'on se conforme à cette théorie, inégalité entre l'offre et la demande, surproduction de marchandises, et, en particulier, les capitaux étant considérés comme des marchandises mises en vente, surabondance ou surproduction de capitaux. Nous nous demanderons seulement si cette théorie répond à la réalité des faits. Elle y répondrait peut-être si les circonstances étaient telles qu'à une période de grande activité industrielle succédât une période de moins grande activité et de production diminuée : alors, les capitaux créés par l'industrie pendant la période précédente s'offriraient en abondance, mais trouveraient moins d'emploi, seraient moins demandés, et se loueraient en conséquence à meilleur marché. Mais la réalité est tout autre. Depuis cent ou cent cinquante ans, l'intérêt du capital a baissé : jamais cependant l'activité industrielle n'avait suivi un mouvement d'ascension aussi rapide. Le loyer de l'argent aurait dû constamment s'élever, au lieu de baisser, si la théorie que nous discutons était fondée.

Cherche-t-on alors à expliquer, par une théorie particulière, le fait même de l'intérêt, et à justifier l'intérêt en y montrant la rémunération d'un service ? Veut-on, par exemple, que le travailleur, en payant au capitaliste l'intérêt des capitaux qu'il lui avance, ne fasse que le récompenser d'avoir bien voulu employer productivement son capital, alors qu'il lui était loisible de le consommer improductivement ? Que l'intérêt du capital consiste, en d'autres termes, selon la formule consacrée, dans la rémunération de l'abstinence ? Théorie discutable en elle-même : si le capitaliste touche un intérêt de son capital, ce n'est pas, semble-t-il, pour le récompenser d'avoir utilisé industriellement ce capital, c'est pour lui permettre, à l'avenir, d'en consommer improductivement une partie plus grande. Comment, d'ailleurs, expliquera-t-on, si on accepte cette théorie, la baisse de l'intérêt ? Dira-t-on que l'abstinence, avec la marche du temps, devient de moins en moins méritoire ? En un sens, la réponse est plausible, mais à condition de ne pas l'entendre au sens où l'auraient entendue les inventeurs de la théorie. À mesure que des limites sont imposées, par la coutume et par la loi, au droit de propriété et au droit d'abus, la majorité, composée de non-propriétaires, ne se trouve plus au même degré dépendante de la bonne volonté des propriétaires, pour obtenir le droit de faire valoir le capital social. Ils paient cette faculté moins cher, dans la mesure où ils obtiennent la faculté de la faire respecter comme un droit. L'abstinence du capitaliste apparaît donc comme moins méritoire, mais c'est dans la mesure où le droit de propriété du capitaliste apparaît comme moins absolu.

Explique-t-on, en dernier lieu, le fait de l'intérêt par la productivité du capital ? Théorie, en un sens, très satisfaisante : elle explique pourquoi les propriétaires peuvent prélever un intérêt de leur capital, s'ils sont considérés comme les propriétaires de ce capital. Mais elle ne justifie pas ce droit de propriété lui-même ; et, d'autre part, elle n'explique pas pourquoi l'intérêt du capital diminue. Faudrait-il en effet, pour expliquer cette baisse de l'intérêt, admettre que la productivité du capital est soumise à une loi de diminution constante ? Cette loi trouve assurément à s'appliquer dans certains cas déterminés. Supposons que le concours d'un certain capital, dont la valeur sera, par exemple, d'un million, et d'une certaine quantité de travail, qui sera, par exemple, le travail de mille ouvriers, donne un certain produit. Supposons ensuite que, la quantité de capital restant la même, le nombre des ouvriers soit doublé, le produit ne sera pas double. Il est donc vrai de dire que le capital n'ajoutera pas à la productivité du travail en raison directe de la quantité de travail employée : l'accroissement de productivité sera constamment plus faible à mesure que la quantité additionnelle de travail sera plus forte. Mais est-ce bien ainsi que les choses se sont passées, depuis un siècle, alors que la loi de la baisse de l'intérêt était plus manifeste qu'elle ne fut jamais ? Non seulement la quantité de capital augmentait, mais des inventions nouvelles en ont incessamment changé la nature, et augmenté, à quantité égale, la productivité. Ce qui fait la valeur d'un objet, c'est l'utilité de cet objet, et en même temps sa rareté. Pour que la valeur des capitaux baissât, pour qu'ils trouvassent à se louer à meilleur marché, il faudrait qu'ils devinssent moins rares, en d'autres termes plus abondants par rapport à la demande, et moins utiles, en d'autres termes moins productifs à quantité égale. Mais c'est le contraire qui arrive : avec le progrès de l'industrie, ils deviennent de plus en plus recherchés et de plus en plus productifs. C'est par une autre cause que s'explique la décroissance du taux de l'intérêt. L'intérêt du capital baisse parce que les travailleurs réclament et obtiennent une part plus grande du produit.

C'est toujours le même sophisme ; et les théoriciens qui expliquent la formation de l'intérêt par la productivité du capital ont trop souvent pour objet moins d'expliquer que de justifier l'intérêt. N'est-il pas juste, pour qui se place au point de vue de l'échange, que chacun reçoive selon son travail, que chaque facteur de la production reçoive selon la part qu'il prend à l'accroissement du produit ? Au travailleur donc, selon la productivité de son travail. Au capital, selon sa productivité. Au capital ? Non, le capital, qui est une chose, ne peut, sans abus de langage, être considéré comme un producteur. Au capitaliste ? Mais le capitaliste n'est pas le capital producteur. Et quel intérêt d'ailleurs le travailleur pourrait-il trouver aux progrès du capitalisme et du machinisme, s'il devait continuer à toucher exactement le même salaire qu'il aurait touché, s'il avait travaillé sans l'assistance du capital et des machines ? S'il fait partie d'une société où les préjugés aristocratiques sont très forts, il obéira aux ordres des capitalistes, pour le plaisir d'obéir, et de savoir qu'il procure à une élite la faculté du loisir et du luxe. Mais qu'arrivera-t-il si la mentalité générale et sa propre mentalité se démocratisent, s'il perd le sens du respect et de l'obéissance ? Quand la distribution des besoins change, il faut que la distribution des richesses change aussi. Quand les travailleurs deviennent plus exigeants, il faut que les oisifs le deviennent moins. Il faut que la classe la plus nombreuse soit intéressée à l'accroissement de la productivité des capitaux, qu'elle reçoive *plus que le produit de son travail*, qu'elle obtienne, sur le produit total de l'industrie, une part croissante, et qui peut croître selon une loi plus rapide que l'accroissement même de la productivité du capital.

Nous avons étudié la manière dont s'opère la distribution des richesses entre la classe des capitalistes et celle des travailleurs. Nous avons vu qu'elle ne présente pas le caractère d'un échange : le capitaliste et le travailleur ne sont pas deux producteurs qui échangent des marchandises à leur valeur. La distribution des richesses tend à s'équilibrer, à chaque instant, de telle manière que chaque classe reçoive selon ses besoins, ou plus exactement encore, de telle manière que chacun reçoive selon les besoins qui sont reconnus légitimes par la majorité des membres de la société à laquelle il appartient. Si les besoins des deux classes sont inégaux, et si cette inégalité de besoins est tenue pour légitime par l'opinion publique, la distribution des richesses est inégale. Si ces mêmes besoins tendent à s'égaliser, la distribution des richesses devient plus égale : c'est ce qui arrive en fait, et voilà pourquoi l'intérêt du capital diminue. Mais nous n'avons pas abordé un second problème qui est de savoir comment la distribution des richesses se répartit entre les travailleurs eux-mêmes. Nous avons paru considérer, pour la commodité du discours, qu'il y avait un niveau commun des salaires, comme il y avait un niveau commun de l'intérêt, en d'autres termes, que tous les salaires étaient égaux. Cette hypothèse évidemment n'est pas conforme à la réalité. Comment donc, en vertu de quels principes, se fixe la hiérarchie des salaires ?

On peut recourir, pour expliquer l'inégalité des salaires, au mécanisme de l'échange et de la libre concurrence. Nous ne nous heurtons plus ici, en effet, au problème insoluble de réduire à la forme de l'échange la relation qui existe entre les oisifs, propriétaires d'un capital, et les travailleurs non propriétaires. Nous n'avons affaire qu'à des travailleurs ; et la somme dont ils doivent effectuer entre eux le partage, il se peut qu'elle soit, suivant le degré de civilisation où est parvenue la société dont ils font partie, inférieure, égale ou supérieure au produit de leur travail ; il n'en est pas moins vrai que, dans la société considérée, elle constitue *pour eux* le produit de leur travail. Rien n'empêche donc que nous nous considérions comme placés dans les conditions simplifiées où se placent les économistes de l'école classique, pour analyser le mécanisme de l'échange. Nous dirons, par exemple, que, chacun ayant produit une certaine valeur, en recevra, par voie d'échange, ou, si l'on veut, par une sorte de quasi-échange, l'équivalent. Nous pourrons dire encore que, chacun ayant apporté sur le marché une certaine capacité de travail, en vendra l'usage à sa valeur, qui sera mesurée par l'utilité et la rareté de ses capacités. Quel que soit celui de ces deux modes d'expression auquel nous aurons recours, nous aboutirons aux mêmes conclusions : chacun recevra un salaire égal pour un travail égal, chacun recevra selon son travail. C'est un principe de distribution des richesses dont nous avons plus haut reconnu l'importance. Il ne résulte pas de l'opération spontanée des lois de la nature : il suppose un système compliqué d'institutions juridiques. Il consiste dans une sorte de transaction entre le droit du plus fort et la loi du nombre. Il repose donc sur deux vérités de fait, la première que les forts ont, dans la lutte pour l'existence, l'avantage sur les faibles, la seconde que les forts sont plus faibles que la coalition des faibles, et doivent accepter le contrôle de la majorité sur leurs actes, dès qu'il a plu aux faibles de se concerter pour agir.

Nous ne voyons en conséquence rien d'absurde à ce que ce principe rende compte de l'inégalité des salaires. Nous demandons seulement si, en fait, il suffit à rendre compte des énormes inégalités qui se font actuellement observer, dans la distribution des richesses entre les travailleurs. Nous croyons que, si, par hypothèse, il agissait seul, les salaires se rapprocheraient, beaucoup plus qu'ils ne font aujourd'hui, de l'égalité absolue. Nous croyons que l'inégalité actuelle des salaires tient, pour une grande part, non pas à l'inégalité des capacités de travail exigées, mais à l'inégalité des besoins, due à la constitution aristocratique de la société : et c'est ce qui nous reste à montrer.

Chacun, nous dit-on, reçoit sur le produit du travail collectif une valeur proportionnée à son travail, ou à sa capacité de travail. Mais que faut-il entendre par ce « travail », par cette « capacité de travail », dont le salaire constitue la rémunération ?

Veut-on parler d'une qualité acquise, ou susceptible d'être acquise ? Il faut, par exemple, savoir lire, écrire et compter pour passer, dans la hiérarchie industrielle, du grade d'ouvrier à celui d'employé ; il faut avoir reçu un degré d'instruction supérieur pour devenir comptable ; un degré de plus encore pour devenir actuaire, ou ingénieur. L'instruction nécessaire pour préparer un employé, un comptable, un ingénieur, coûte un certain prix, et confère, par conséquent, une certaine valeur au travail de l'employé, du comptable, de l'ingénieur : il faut que tous trois se trouvent remboursés, dans le salaire de leur travail, des frais que leur instruction a rendus nécessaires. Mais il est facile de voir que cette inégalité de traitements n'a rien de naturel, ni d'immuable. Avec le progrès de la civilisation démocratique et la diffusion de l'instruction qui est une des formes de l'égalisation des conditions, la possession de ces aptitudes se trouve mise à la portée d'un nombre toujours plus grand d'individus. Devenant moins rares, elles constituent, pour ceux qui les possèdent, une force moins respectable, un privilège plus négligeable. Elles se déprécient sur le marché du travail : entre le salaire du travailleur intellectuel et le salaire du travailleur manuel, il y a tendance à l'égalisation. Pour que cette tendance se manifeste, il a suffi, comme on voit, que la distribution des besoins se soit modifiée dans la société, que la classe la plus pauvre ait éprouvé un besoin croissant d'instruction et de culture, et ait obtenu naturellement, puisqu'elle est la plus nombreuse et la plus forte, la satisfaction de ce besoin.

Veut-on, d'autre part, lorsqu'on prétend démontrer que l'inégalité des salaires se règle sur l'inégalité des aptitudes, parler de certaines aptitudes innées, qui ne sauraient s'acquérir par l'étude, que l'homme possède en naissant, et qu'il est libre d'exploiter à son gré, comme on exploite un monopole naturel, une mine riche en minerai, une terre fertile et bien située ? Ici même, il faut distinguer, selon qu'on veut parler d'une aptitude innée à fournir, purement et simplement, une plus grande quantité de travail brut, ou d'une aptitude innée à fournir un travail de qualité supérieure.

S'agit-il, en premier lieu, du travail brut, matériel, susceptible d'être évalué quantitativement soit d'après le nombre des heures et des journées passées à l'œuvre, soit d'après la quantité du produit, abstraction faite de la qualité ? Nous n'aborderons pas la question, extrêmement complexe, de savoir à quelles règles se conforme en fait, dans l'industrie moderne, la rémunération du travail. Nous n'examinerons pas non plus si, selon la thèse soutenue par certains écrivains socialistes, le salaire aux pièces n'est pas le plus favorable à l'ouvrier, puisqu'il lui permet d'être plus payé lorsque, pour une même quantité de travail, une machine plus parfaite fournit un produit plus considérable[1]. Nous ne nous demanderons pas si c'est au contraire le paiement à l'heure ou à la journée qui tend et doit tendre à se généraliser, les ouvriers considérant que le paiement à la tâche a pour effet voulu de surmener le travailleur, et de lui faire rendre la quantité *maxima* de travail dont il est susceptible jusqu'à l'épuisement de ses forces[2]. Nous supposerons adopté le système de rémunération le plus conforme à la théorie de la libre concurrence, et chaque ouvrier rémunéré selon son travail. Or, même dans cette hypothèse, les inégalités de traitement seront toujours bien faibles. Comparons la différence qui existe entre les salaires d'un directeur d'entreprise industrielle ou commerciale, d'un ambassadeur, d'un professeur, d'un contremaître, d'un ouvrier qualifié et d'un simple manœuvre avec la différence qui peut exister entre le salaire du mieux rétribué et du moins rétribué des manœuvres : comment ne pas admettre que, si jamais les différences entre les traitements des diverses fonctions n'excédaient celle-là, le régime de la distribution des richesses serait un régime d'égalitarisme, à bien peu de choses près, absolu ?

S'agit-il, en second lieu, du travail qualifié, l'expression étant entendue au sens le plus large, et servant à désigner toutes les formes de travail qui comportent l'exercice d'un talent personnel, ou d'un génie inné ? Il est

---

[1]. S. et B. Webb, *Industrial Democracy*, vol. I, p. 288 *sq*.
[2]. David Schloss, *Les Modes de rémunération du travail*, chap. VI (trad. Rist. p. 56 *sq*.).

possible que nous tenions ici la cause des plus grandes inégalités, et des inégalités les plus nécessaires, entre les traitements qui sont échus aux diverses fonctions de la société économique. Mais il semble bien aussi que ces inégalités soient renforcées par l'action d'autres causes, qui tiennent à ce fait que les institutions, les coutumes, les opinions de la société sont toutes profondément imprégnées d'aristocratisme.

Un individu possède, à un degré rare, des aptitudes utiles. En voilà assez pour donner une valeur à ces aptitudes. Mais quelle valeur ? La théorie de la libre concurrence permet de définir le maximum que cette valeur ne pourra dépasser, étant donné, d'une part, le nombre des individus qui possèdent ces aptitudes, et, d'autre part, le besoin que la société a de leurs services. Mais est-il nécessaire que cette valeur *maxima* soit, en fait, toujours réalisée ? Est-il nécessaire que l'individu veuille tirer de ses aptitudes toute la valeur dont elles sont susceptibles ? La psychologie utilitaire des économistes classiques le suppose, et admet qu'en règle générale tout individu vise à s'enrichir sans limite. Nous constatons cependant que les besoins des individus, ressort nécessaire pour mettre en jeu le mécanisme de l'échange, sont variables selon les races, selon les climats, selon les nations, selon les individus. Il y a un certain degré de richesse passé lequel un individu pense qu'il ne vaut plus la peine de travailler, mais qu'il est temps de se retirer, comme on dit, « après fortune faite » : mais le niveau auquel l'individu considère qu'il doit parvenir pour avoir fait fortune n'est pas le même pour un financier français et pour un financier anglais, pour un financier anglais et un financier américain. Il y a un certain degré de pauvreté auquel l'individu refuse de se soumettre, un certain salaire au-dessous duquel un ouvrier refuse de travailler : mais ce niveau n'est pas le même pour un ouvrier chinois de San Francisco, pour un ouvrier juif de l'*East-End* de Londres, et pour un ouvrier anglo-saxon. Or, il est certain que la constitution aristocratique de la société actuelle est de nature à rendre plus intense chez les individus le besoin de richesse, à faire, par conséquent, que les individus fassent rendre à leurs aptitudes toute la valeur qu'elles sont susceptibles de produire.

L'homme de génie, ou l'homme qui, plus simplement encore, est bien doué, a besoin de vivre, et la société a besoin qu'il vive, dans des conditions qui lui permettent de développer librement son génie, de manifester et de mettre en œuvre ses capacités. Il est bien vrai, d'ailleurs, que cette « liberté » qu'il réclame sera en un sens d'autant plus grande qu'il sera plus riche, économiquement plus puissant. Il y a cependant un degré de richesse qui paralyse, plus qu'il ne les stimule, les facultés laborieuses. La vraie raison pour laquelle, dans la société actuelle, il désire s'enrichir, autant qu'il peut, c'est qu'il existe une classe sociale dont les revenus ne sont le salaire d'aucun travail, si ce n'est de ce travail très spécial qui consiste à faire porter à la société ses fruits inutiles, à réaliser tout ce qu'elle peut donner en fait de beauté et de bonheur. L'homme de génie exploite ses dons afin de devenir un capitaliste à son tour, afin d'entrer à son tour dans l'aristocratie de la société à laquelle il appartient, non pas du tout, comme on le voit, en vue de travailler plus librement, mais en vue de devenir un de ceux pour qui les autres travaillent, et qui donnent un sens et une fin au travail des autres.

Ce n'est pas tout. En vertu de la constitution aristocratique de la société, les hommes ont pris l'habitude de travailler non point par une conscience claire de l'utilité de leur travail, non point parce qu'ils comprennent la nécessité de coordonner leurs tâches avec celles de leurs semblables, mais sous l'empire d'un sentiment mixte d'admiration et de crainte à l'égard de ceux qui, plus riches et plus puissants, semblent désignés par une sorte de fatalité naturelle pour représenter à leurs yeux l'autorité sociale. Pourquoi ceux-là sont-ils plus riches ? Pourquoi sont-ils plus puissants ? N'est-ce point en définitive par leur consentement, exprès ou tacite, à eux qui sont faibles et pauvres ? Ils ne se le demandent pas. S'ils se le demandaient, la richesse et la puissance de leurs maîtres diminueraient aussitôt. Mais peut-être que la richesse et la puissance de la société tout entière, et les faibles parcelles de richesse et de puissance qu'eux-mêmes détiennent, diminueraient du même coup, si vraiment ils ont subi, jusqu'au fond de leur être, l'empreinte des institutions sociales au milieu desquelles ils ont grandi, s'ils ont pris l'habitude de travailler pour d'autres que pour eux et sous une impulsion qui ne vient pas d'eux-mêmes. D'où un relèvement nécessaire, dans les rangs mêmes des salariés, de tous les salaires qui rémunèrent un travail de direction : il faut que le salaire des fonctions de commandement soit plus élevé que ne l'exige la rareté des aptitudes nécessaires pour l'exercice de ces fonctions, afin que ceux qui les exercent, par le fait qu'ils appartiendront à une classe sociale supérieure, puissent exercer, sur ceux à qui ils donneront des ordres, l'autorité indispensable. Cela est vrai de toutes les fonctions de commandement, même des plus humbles. Supposons que le salaire mensuel d'un contremaître soit de deux cents francs. Les candidats affluent. Le patron abaisse le salaire à cent quatre-vingts francs, à cent soixante francs, à cent quarante francs. Mais alors les ouvriers ne veulent plus obéir à un contrôleur moins payé que plusieurs d'entre eux. Le nombre des candidats diminuera ; le prix remontera, et se fixera, par exemple, à cent soixante francs. Ce n'est point parce que le métier était trop difficile en soi que le prix de cent quarante francs était trop bas. C'est parce que le prix de cent quarante francs était trop bas que le métier devenait trop difficile à ce prix. Complication imprévue du mécanisme de la libre concurrence. Dans tout salaire qui rémunère un travail de direction, il y aurait, si les observations qui précèdent sont exactes, une part qui servirait à payer, en quelque sorte, des « frais de représentation », qui constituerait un salaire de prestige.

Il semble bien que les faits justifient cette vue. Les fonctions de commandement proprement dites, les fonctions gouvernementales, ont été de moins en moins payées, non pas seulement d'une manière relative, en raison de la dépréciation de l'argent, mais d'une façon absolue, à mesure que les constitutions européennes se sont démocratisées : cela est vrai même des pays où les hautes fonctions sont restées le plus rémunérées, même de l'Angleterre, fidèle entre toutes les nations à ses traditions aristocratiques[1]. Dans l'ordre économique, la chose est sans doute moins sensible. L'énormité des grosses fortunes, acquises par la banque, le commerce et l'industrie, saute aux yeux. Elle est l'objet perpétuel des dénonciations populaires. Mais, dans la mesure où le régime industriel se démocratise, la même évolution se manifeste : les salaires qui rémunèrent le travail de direction diminuent. Les services d'État paient moins cher leurs administrateurs que ne font les industries privées. Les coopératives ouvrières paient moins cher les directeurs de leurs établissements de vente et de production que ne font les entreprises capitalistes[2]. Les syndicats ouvriers, d'autre part, réclament et obtiennent un droit de contrôle sur la répartition des revenus, dans l'établissement où ils travaillent : ils prétendent non seulement relever leurs propres salaires, mais prétendent, en outre, abaisser la rémunération de leurs contremaîtres, au point de la ramener presque au niveau de leurs propres salaires. Une société est démocratique dans la mesure où les gouvernés obéissent aux gouvernants, non parce qu'ils font du gouvernement l'objet de leur adoration, mais parce qu'ils savent que l'exécution des ordres du gouvernement est utile. Une société démocratique – société politique ou société économique – est appelée à réussir dans la mesure où ceux qui la composent n'ont pas besoin, pour savoir obéir, d'obéir à des idoles.

La démocratisation de la société a donc un double effet sur l'association des travailleurs, copropriétaires du fonds social. D'un côté, l'intérêt du capital, privilège aristocratique, s'abaisse : on peut admettre que, finalement, il tendrait à disparaître. D'un autre côté, l'inégalité entre les revenus que touchent les travailleurs, selon le degré de la hiérarchie industrielle auquel ils appartiennent, tend sans cesse aussi à diminuer. Diminuera-t-elle jusqu'à s'effacer complètement ? Non, sans doute, et le principe de la libre concurrence, dont nous avons plus haut défini la nature, maintiendra toujours quelque inégalité entre les traitements. Les hommes seront toutefois de moins en moins portés à considérer qu'il existe, naturellement et nécessairement,

---

1. Paul Leroy-Beaulieu, *Essai sur la répartition des richesses*, 2ᵉ éd., 1883, p. 349 *sq.*
2. B. Potter (Mrs. Webb), *The Cooperative Movement in Great Britain*, p. 214.

plusieurs classes d'hommes, chacun ayant des besoins différents, mais tendront de plus en plus à considérer que tous les hommes ont droit, sans exception, à la satisfaction de certains besoins normaux, sensiblement égaux chez tous. C'est en ce sens que les utopistes de 1848 avaient raison quand ils définissaient la justice par le principe de l'égalité des salaires, ou par le principe suivant lequel chacun reçoit selon ses besoins. Ils avaient tort de croire que l'on pût immédiatement faire vivre et faire prospérer, au sein d'une société dont la mentalité tout entière est aristocratique, de petites sociétés d'exception, où serait appliqué le principe de l'égalité des salaires. Ils avaient tort d'espérer qu'après une victoire révolutionnaire, remportée dans les rues d'une capitale, ils pourraient décréter, en un jour, pour une société dont toutes les habitudes mentales étaient contraires à ce bouleversement, la distribution de la richesse publique entre tous les citoyens selon les besoins normaux de chacun. Mais ils avaient raison de voir dans ce principe la définition de la limite idéale vers laquelle tend la société économique, considérée comme un groupement volontaire d'individus qui abdiquent leur liberté individuelle afin d'exploiter en commun le fonds social, et de satisfaire ainsi aux besoins de tous. Telle est, en beaucoup de ses traits essentiels, la société économique dont nous avons sous les yeux le spectacle. Si nous y constatons une grande inégalité des traitements, c'est que le genre humain se fait de la société une conception aristocratique, que les besoins des hommes sont en conséquence différents, et que la majorité, maîtresse de distribuer à son gré la richesse une fois créée, consent que cette distribution soit inégale. Mais le progrès des notions et des institutions démocratiques, en quoi consiste-t-il sinon dans l'égalisation progressive des besoins ? Tant que les besoins sont inégaux, il arrive, naturellement et justement, que les salaires soient inégaux. Dans la mesure où ils s'égalisent, il est inévitable et il est juste que les salaires aussi tendent à l'égalité.

* * *

Il convient donc, en résumé, de distinguer deux principes de la distribution des richesses, deux ordres de relations auxquelles les groupements économiques sont soumis, et, suivant l'ordre de relations que l'on considère, deux lois d'évolution de la société économique.

Entre deux individus supposés absolument indépendants l'un de l'autre, ou appartenant à des groupes séparés, il y a relation d'antagonisme, et, à l'origine, absence totale d'organisation. Le plus fort l'emporte, et, entre les deux adversaires, tous les moyens de lutte sont permis. Mais, peu à peu, les relations d'antagonisme s'organisent. La lutte devient soumise à des règles juridiques. Cela est vrai de la guerre, qui est un fait juridique, une réglementation de la haine. Cela est vrai de l'échange, qui est une organisation des antagonismes économiques. L'échange suppose l'institution d'un marché, et l'existence d'un marché suppose une série de conventions, tacites ou expresses, qui se trouvent devenir, avec le temps, de plus en plus rigoureuses et de plus en plus complexes. C'est toujours la force qui l'emporte, mais la force est définie à présent comme force de travail. La maxime : à chacun selon sa force, prend alors la forme : à chacun selon son travail. Un équilibre des forces s'établit, et tous se sentent, par une sorte d'instinct, portés à croire que le droit de la force, ainsi défini, constitue la définition même de la justice.

Entre deux individus qui font partie d'un même groupe, il y a relation d'association, et, à l'origine, absence totale d'organisation juridique. Par absence d'organisation juridique, nous entendons ici l'absence de règles consciemment édictées par les individus en vue de leur intérêt. Là, c'était la force qui régnait sans partage. Ici, c'est la coutume, plus tyrannique encore : car elle ne laisse jamais de répit. Mais peu à peu la coutume se réfléchit, et devient droit. Les règles de l'association sont soumises à la discussion par les membres de l'association, et sont modifiées lorsque, après discussion, la majorité des membres déclare une modification nécessaire. Le pouvoir appartenait toujours, effectivement, à la majorité ; mais, à présent, la majorité a pris conscience de son pouvoir. Elle cesse de subir la société, elle la fait. La formule constante à laquelle la distribution des richesses se conforme dans une association de producteurs, c'est : à chacun selon ses besoins. Mais les besoins humains changent sans cesse, soit qu'on les considère chacun en soi-même, soit qu'on les considère dans leurs relations réciproques. Lorsque la majorité prend conscience du pouvoir dont elle dispose pour organiser à son profit la distribution de la richesse sociale, c'est que les besoins de ceux qui la composent se sont accrus. Il faut donc que les besoins des classes oisives, qui avaient bénéficié jusqu'alors de la docilité et de la passivité des classes laborieuses, diminuent dans la même proportion. Les exigences de tous tendent vers un état d'égalité. Il est de plus en plus possible de définir les besoins normaux des individus, sensiblement égaux chez tous. La formule de la distribution des richesses devient : à chacun selon son besoin normal.

Ces deux mouvements peuvent, si l'on veut, être considérés comme suivant deux directions inverses. Dans le premier cas, c'est un régime de paix qui se substitue à un régime de guerre. Les individus sont donc absorbés par une réglementation précise, dans une seule société. Les obligations auxquelles ils sont soumis sont de plus en plus nombreuses. Ils consentent à une réduction progressive de la sphère où primitivement pouvait s'exercer leur liberté. Dans le second cas, c'est un régime démocratique et égalitaire qui se substitue à un régime aristocratique et hiérarchique. Les individus s'émancipent et se libèrent, dans la mesure où ils définissent de mieux en mieux leurs droits par rapport au groupe social où ils étaient d'abord comme noyés. Les deux mouvements tendent cependant vers une limite commune. La société finira par exercer, ou par croire qu'elle peut exercer légitimement, un contrôle absolu sur la distribution de la richesse. Mais rien n'empêche qu'elle l'exerce de manière à faire place au principe de l'échange et de la libre concurrence, et qu'elle accorde des rémunérations inégales à des aptitudes inégales. Aussi bien les inégalités qui résulteraient de l'application parfaite du principe : « à chacun selon son travail » seraient probablement insignifiantes, à côté des inégalités que consacre aujourd'hui la coutume, dans un régime où l'oisiveté est considérée comme le privilège légitime d'une minorité. Le jour où la conciliation des deux principes de la distribution des richesses serait trouvée, où chacun recevrait selon son besoin normal, et en outre selon son travail, on aurait découvert sans doute la formule de l'équilibre social, et la démocratie industrielle serait fondée.

Il ne faut pas, en conséquence, objecter au socialisme que la démocratisation de la société industrielle est impossible. Veut-on dire qu'elle est impossible logiquement, qu'elle implique contradiction ? Est-ce parce qu'elle suppose la société constituée tout entière en association ? Mais tel est déjà, en grande partie, le caractère de la société industrielle : pourquoi, dans toute autre hypothèse, vouloir parler d'une « société » ? Même la loi de la concurrence, qui isole les individus, implique un élément d'association ; car la concurrence a lieu entre des groupes, dont les membres sont des associés ; elle est soumise à des règles, qui supposent l'accord des divers groupes entre lesquels la concurrence a lieu. Est-ce alors dans l'organisation d'une association démocratique que réside l'impossibilité ? Faut-il que toute association, pour être solide, présente un caractère autocratique, ou aristocratique ? C'est oublier que, dans la société industrielle d'aujourd'hui, il y a déjà des traits démocratiques. Si la majorité est opprimée économiquement par la minorité, c'est qu'elle y consent. Elle subit la suprématie moins d'une aristocratie que de ses propres préjugés aristocratiques. Préjugés dont la décroissance est visible, et constitue la définition même du progrès social. Il faut éviter, en tout cas, de poser le problème comme il est trop souvent posé aujourd'hui, et établir une sorte d'antithèse entre la liberté et le socialisme, comme on faisait, il y a quarante ou cinquante ans, entre la liberté et la démocratie. La liberté universalisée, c'est la démocratie ; et la démocratie universalisée, étendue du domaine politique au domaine économique, il n'y a qu'un mot pour la désigner : c'est le socialisme.

Le débat entre les partisans et les adversaires de la démocratie sociale se déplacera donc ; mais il restera ouvert. La question qui se posera sera une question d'opportunité. Il faudra savoir dans quelle mesure, étant donnée, à l'heure actuelle, la constitution mentale du genre humain, la société industrielle est susceptible d'une démocratisation immédiate. Nous pensons que c'est dans une faible mesure. La vraie objection au socialisme, elle se tire de l'incapacité politique des classes ouvrières. Quel spectacle en effet nous offrent-elles trop souvent ? Des meneurs révolutionnaires, chez qui, lorsque nous n'avons pas affaire tout simplement à des politiciens cyniques, le goût de l'émeute semble prédominer sur le désir de réorganiser le régime industriel conformément à un plan rationnel : d'où le caractère verbal et utopique de leurs revendications. Une foule inerte, habituée à subir le joug, contente des conditions d'existence misérables qui lui sont faites, capable, un jour d'élection, d'élire un candidat révolutionnaire, capable, un jour d'émeute, de saccager une usine, mais qui semble par là manifester beaucoup moins son espoir de réformer la société que son désir de venger, par des actes violents, son impuissance et sa faiblesse. Comment s'étonner, dès lors, que l'attitude du théoricien reste indécise ? Il sait que, s'il est capable de définir le sens du mot « progrès », il ne peut pas grand'chose pour en accélérer la marche. S'il est réaliste, en d'autres termes s'il considère le présent comme existant par soi-même et se suffisant à soi-même, il sera frappé par la puissance du préjugé aristocratique dans les masses, convaincu, en conséquence, des nécessités auxquelles répond l'organisation aristocratique de la société économique : il se bornera à étudier quelles sont les qualités qui assurent, dans la concurrence, la réussite d'une entreprise, le succès d'un chef d'industrie, comme il étudierait les conditions de prospérité d'un grand empire, les aptitudes nécessaires pour faire un bon despote. Le monde change cependant ; l'avenir ne ressemble pas au présent. Si le théoricien est idéaliste, curieux en d'autres termes de deviner ce qui, dans le présent, prépare l'avenir, il cherchera, parmi les institutions économiques du temps présent, celles qui sont de nature à préparer une distribution plus égale des tâches et des richesses. Les syndicats, les coopératives, les entreprises industrielles administrées par les États ou les municipalités, sont, chez les nations industrielles les plus avancées, des institutions de ce genre, d'autant plus prospères que les nations où elles se développent sont parvenues elles-mêmes à un plus haut degré de prospérité économique. Laissez à ces germes le temps de se multiplier et de se diversifier. Essayez de deviner la loi de leurs progrès futurs. À la longue, un nouveau monde industriel en peut sortir.

VOCABULAIRE TECHNIQUE ET CRITIQUE DE LA PHILOSOPHIE

PRÉSENTATION

Témoin de l'ambition lexicographique du début du XXe siècle, le Vocabulaire technique et critique de la philosophie *dirigé par André Lalande prolonge les projets rationalistes et encyclopédiques du XVIIIe siècle et les conceptions scientistes propres au XIXe siècle[1]. Il emprunte tant aux efforts classificatoires des sciences exactes qu'aux avancées de la philologie et de la linguistique. Son format doit beaucoup à la* Nomenclature philosophique *(1899) de l'universitaire allemand Ferdinand Tönnies, dont certaines observations sont reprises dans le* Vocabulaire. *Son ambition est, à la manière des sciences de la nature, de fixer, d'ordonner et de réguler les concepts, les catégories et les nomenclatures philosophiques. Le* Vocabulaire *a également pour objectif disciplinaire d'unifier le champ des études philosophiques traversées par des points de vue et des interprétations parfois incompatibles, en dotant les universitaires d'une langue commune et consensuelle, spécialisée et professionnelle, propice à la « communication » et à la constitution d'une « communauté des philosophes »[2].*

Pour ce faire, le Vocabulaire technique et critique *pose d'emblée le travail philosophique comme une activité sociale, comme une entreprise collective, nécessitant une expertise professionnelle. Les membres de la* Société française de philosophie *fondée en 1901 se réunissent régulièrement entre 1902 et 1922 pour discuter, préciser, compléter les définitions proposées par André Lalande et ses collaborateurs, voire pour recommander l'ajout de nouvelles entrées dans le* Vocabulaire *ou dans son* Supplément[3]. *Publié*

---

1. Dan Savatovsky, « Le Vocabulaire philosophique de Lalande (1902-1923) : lexicographie spécialisée ou prototerminographie ? », *Langages* 2007/4, n° 168, p. 39-52.
2. André Lalande, *Vocabulaire technique et critique de la philosophie*, Paris, PUF, 1993 [1926], vol. 1, p. IX « Préface aux éditions précédentes » : « Mettre les philosophes d'accord – autant que possible – sur ce qu'ils entendent par les mots ».
3. *Ibid.*, p. XIX, « Avertissement de la deuxième édition » : « établir en première rédaction le texte de l'ouvrage par section d'une cinquantaine de pages en moyenne ; l'imprimer sous

en fascicules dans les Bulletins de la Société française de philosophie, *le* Vocabulaire *est enfin enrichi par les courriers des correspondants provinciaux et étrangers. Ce travail d'élaboration collective est présenté dans les préfaces des différentes éditions. Il est mis en scène par des procédés spécifiques de mise en page : le texte « principal » des* Définitions *A, B, C et de la* Critique *est complété par le sous-texte des* Observations *en bas de page ou en « rez-de-chaussée », qui restituent l'apport spécifique de chaque collaborateur et exposent les points de vue parfois divergents exprimés lors des débats.*

Œuvre polyphonique, le Vocabulaire *se présente comme un instrument de travail collectif qui mobilise à la fois l'étymologie et la sémantique, la génétique des mots et l'histoire des doctrines, la mise en perspective contextuelle et la géographie des circulations et des transferts, pour aboutir à des définitions philosophiques classificatoires. Interdisciplinaire dans sa démarche, il déploie plus largement encore tous les outils de la linguistique et de la philologie, de l'histoire et de la philosophie.*

Rien d'étonnant donc à ce qu'Élie Halévy, membre fondateur de la Revue de métaphysique et de morale *et de la Société française de philosophie, ait été associé à pareille entreprise, dont il défend publiquement la méthode et la visée – proprement philosophiques – face, par exemple, à Vilfredo Pareto lors du Congrès international de philosophie de 1904 (cf.* supra, *p. 665). Reprochant à son éminent collègue économiste ses confusions terminologiques, le philosophe Halévy martèle combien le travail scientifique nécessite de « parler un langage clair et distinct » et de « se mettre d'accord sur le sens des mots dont on se sert pour désigner les choses ».*

L'implication d'Élie Halévy dans la rédaction du Vocabulaire *est inégale dans le temps et variable dans ses modalités : présent lors de certaines séances mais absent à d'autres en fonction de son emploi du temps, plus engagé au début de l'entreprise qu'à sa fin, il intervient soit par la prise en*

---

la forme d'un « cahier d'épreuves » à grandes marges, de manière à permettre de l'annoter facilement ; le communiquer, en cet état, aux membres de la Société et à un certain nombre de correspondants français et étrangers qui s'intéressaient à cette entreprise ; recueillir et comparer leurs critiques, leurs additions, leurs observations ; conserver dans le texte définitif tout ce qui avait été admis sans conteste, ou du moins par la presque unanimité des lecteurs ; soumettre à la Société de philosophie, dans une ou deux séances annuelles, les points les plus litigieux, y provoquer une nouvelle discussion et, dans la mesure du possible, l'expression d'un jugement commun, – enfin collationner le tout, en tirer une rédaction définitive du texte, reproduire, sous forme de notes courantes au bas des pages, les opinions personnelles ou divergentes, les réflexions échangées en séance, les remarques complémentaires qui ne trouvaient pas leur place naturelle dans le corps même des articles ; – tel a été, dans ses grandes lignes, l'ordre suivi pour constituer cet ouvrage ».

charge d'une entrée, comme c'est le cas pour « économie politique », soit par l'influence qu'il exerce sur la rédaction d'autres comme « libéralisme » ou « socialisme », soit le plus souvent par des observations ponctuelles. Le recensement de ses contributions atteste de la diversité de ses centres d'intérêt. Philosophe de formation et de profession, il participe aux discussions consacrées aux notions les plus diverses telles que « idée », « idéal » et « idéalisme », « illusion », « magie », ou encore « métaphysique », « verbe », « définition » et « Dieu ». Intellectuel pluridisciplinaire, il s'intéresse aux définitions des courants des sciences sociales (« évolution », « positivisme »). Mais ses principaux apports portent sur l'« économie politique », dont il rédige la notice dédiée en 1906, et sur ses théories puisqu'il intervient fortement sur les entrées « libéralisme », « utilitariste », « marginale », « utopie », « matérialisme historique » et « collectivisme ».

Ses interventions font écho à la fois à son grand œuvre sur l'utilitarisme et La Formation du radicalisme philosophique[1] *(1901 et 1904), à son important article de 1906 consacré à la critique de l'économie politique et aux principes de la distribution des richesses[2], à son cours initié en 1902 à l'École libre des sciences politiques sur les doctrines politiques et sociales et le socialisme, enfin à son excellente connaissance des doctrines anglaises et autrichiennes néoclassiques et marginalistes.*

Les contributions d'Élie Halévy témoignent d'une extrême attention aux sources, d'une grande érudition bibliographique et d'un art maîtrisé de la citation (Comte, Leroux, Marx, Spencer, etc.). Elles témoignent également de sa méthode historienne, voire généalogique, et de son approche contextuelle des concepts et des doctrines, qu'il s'attache à dater et à mettre en perspective. Elles témoignent surtout de son intérêt pour le dialogue interdisciplinaire qu'il entame avec la sociologie (entrées : « magie » et « évolution »), avec l'économie (entrées : « libéralisme », « marginale », « socialisme », « collectivisme »), avec la science politique (entrée : « libéralisme », « matérialisme historique »).

Ses contributions révèlent enfin ses partis pris à la fois théoriques et politiques. Dans le texte princeps *de l'article « économie politique », Élie Halévy commence par critiquer la définition qu'en donne J.-B. Say comme « science des lois de la production, de la distribution et de la consommation*

---

1. Élie Halévy, *La Jeunesse de Bentham* et *L'Évolution de la doctrine utilitaire* (1901) et *Le Radicalisme philosophique* (1904), voir la réédition de *La formation du radicalisme philosophique*, Paris, PUF, 1995, sous la direction de Monique Canto-Sperber.
2. Élie Halévy, « Les principes de la distribution des richesses », *Revue de métaphysique et de morale* 14, p. 545-595, 1906, reproduit ici p. 689.

des richesses » car, pour lui, cette expression *« mal faite »* ne peut désigner que la *« connaissance des phénomènes »* déterminant la *« distribution des richesses »*. Si les écoles libérales (des physiocrates français du XVIIIe siècle jusqu'aux marginalistes néoclassiques) l'ont conçue comme une *« science déductive »* des *« lois économiques générales »* (l'échange, la concurrence), d'autres *« écoles rivales »*, dit-il, estiment que *« la distribution des richesses »* dépend à la fois des conditions technologiques et sociales de production et des conditions historiques et politiques de consommation. Les Observations résument ensuite le riche débat qu'il a initié avec des historiens et des économistes (François Simiand, Adolphe Landry, Otto Karmin).

La définition des concepts exige l'analyse de l'histoire et des usages des termes. Ainsi en va-t-il de son approche classificatoire du « socialisme » : « socialisme français » d'inspiration saint-simonienne et utopiste, « socialisme anglais » oweniste et coopératif, « socialisme allemand » étatiste et autoritaire, enfin « socialisme marxiste ». Élie Halévy cite souvent Karl Marx dans le Vocabulaire *et classe le marxisme dans la catégorie du « socialisme démocratique » en se référant au « caractère transitoire » du dirigisme étatique de la dictature du prolétariat. Ainsi s'explique son appréciation positive du « socialisme », par exemple lorsqu'il maintient la distinction entre collectivisme et communisme [entrée : « collectivisme »], ou, au contraire, quand il entend concilier intervention de l'État et libéralisme [entrée : « libéralisme »], voire faire de l'une la condition de l'autre.*

Le jeune Élie Halévy se pose, au gré des interventions distillées dans le Vocabulaire, *en ardent pourfendeur de l'école classique d'économie et en savant sympathisant des doctrines socialistes.*

Les contributions d'Élie Halévy au Vocabulaire technique et critique de la philosophie : économie politique, libéralisme, socialisme.

ÉCONOMIE POLITIQUE

Économie politique. D. *Volkswirtschaftslehre – Nationalökonomie*, plus employés par les contemporains ; quelquefois aussi *Politische Oekonomie* ;– E. *Political Economy, Economics* ; I. *Economia politica*.

Science ayant pour objet la connaissance des phénomènes, et (si la nature de ces phénomènes le comporte, ce qui est discuté) la détermination des lois qui concernent la distribution des richesses, ainsi que leur production et leur consommation, en tant que ces phénomènes sont liés à celui de la distribution. On appelle richesses, au sens technique de ce mot, tout ce qui est susceptible d'utilisation.

CRITIQUE
La définition classique, datant de J.-B. Say, est celle-ci : Science des lois de la production, de la distribution, et de la consommation des richesses. Presque tous les traités d'économie politique y ajoutent de plus une quatrième partie : la circulation des richesses. Mais :
    a. Cette dernière adjonction est inutile. La circulation est un cas particulier de la distribution, qui peut être considérée soit dans son état, soit dans ses changements. Il est vrai que la notion d'*échange* a joué un rôle capital dans la notion historique du domaine et de l'objet de la science économique. Mais cette importance est de plus en plus contestée (M. Simiand ne la croit pas justifiée ; en revanche, M. Landry et M. Karmin en prennent la défense. Voir ci-dessous).
    b. La *production* et la *consommation* ne sont économiques que par un certain côté. À les prendre dans leur totalité, elles impliquent un grand nombre de notions étrangères à l'économie politique, notions empruntées, pour ce qui est de la production, à la technologie, pour ce qui est de la consommation, à la physiologie, à l'ethnographie et à la science des mœurs. L'économie politique traite de la production et de la consommation ; mais c'est dans la mesure où elles sont en rapport avec la distribution, à titre de cause ou d'effet.

c. Nous avons dit : « connaissance des phénomènes *ou* détermination des lois », pour comprendre sous notre définition les méthodes très différentes qui sont préconisées, en économie politique, par les écoles rivales. Une école conçoit l'économie politique comme une science déductive, qui permet de reconstruire, à partir d'un nombre limité de notions simples, l'ensemble des phénomènes considérés (les physiocrates français au XVIIIe siècle ; Ricardo ; l'école autrichienne : K. Menger, Böhm-Bawerk. Quelques-uns des économistes de cette école ont essayé d'appliquer la méthode proprement mathématique, l'analyse, aux phénomènes qu'ils étudient : Cournot, Stanley Jevons, Walras, Pareto, Pantaleoni). – Une autre école, dans l'étude des phénomènes qui se rapportent à la distribution des richesses, ne croit pas à la possibilité de déterminer des relations nécessaires et universelles, et se borne à la description de relations qui sont différentes selon les temps et les lieux (*historisme* des économistes allemands : Roscher, et de nos jours, Schmoller).

2. L'expression « économie politique » est mal faite. Employée, semble-t-il, pour la première fois, par Antoine de Montchrétien (*Traicté de l'oeconomie politique*, 1615), elle signifie primitivement un art, non une science, l'art de bien gérer les finances de l'État. C'est encore en ce sens, ou dans un sens très voisin de celui-là, qu'Adam Smith l'emploie dans sa *Richesse des Nations* (livre IV, Introduction) ; et c'est le sens qui convient étymologiquement aux deux mots dont l'assemblage constitue l'expression considérée. « Politique » signifie « administratif ». « Économie » signifie l'art de bien conduire une maison, et par extension, l'art de bien disposer les diverses parties d'un tout en vue d'une fin conçue à l'avance. Ce sont les physiocrates français qui ont, les premiers, employé cette expression pour désigner une science théorique. Ils y furent amenés probablement par leur philosophie finaliste. Ils pensaient que la Providence, ou la Nature, disposait les phénomènes du monde économique en vue de l'harmonie des intérêts : l'« économie politique » se trouvait donc étudier des rapports de causalité, ou de nécessité, qui étaient en même temps des rapports de finalité ou d'harmonie. C'est aux physiocrates, peut-être par l'intermédiaire de Condorcet, que J.-B. Say emprunte sa définition. La définition de J.-B. Say adoptée ensuite par James Mill et McCulloch, disciples de Ricardo, devint classique.

Il ne suffit pas, pour améliorer l'expression, soit de remplacer par un autre adjectif, soit de supprimer purement et simplement, l'adjectif « politique ». Dira-t-on, par exemple, « économie sociale » ? Aujourd'hui, cette expression est assez couramment employée, en France et en Allemagne, pour désigner un ensemble assez confus de connaissances relatives à la condition matérielle et morale de la classe ouvrière, et aux moyens les plus propres à l'améliorer : ce n'est pas l'économie politique, ce n'est pas même une catégorie scientifique. Elle est prise en un sens plus précis par Walras, qui appelle *économie politique* l'étude des faits économiques, et *économie sociale* cette étude qui cherche à déterminer un idéal pour l'ordre économique, ainsi que les moyens propres à réaliser cet idéal. Voir ses *Éléments d'économie politique pure, Études d'économie politique appliquée, Études d'économie sociale*. Ces définitions ont été adoptées par Ch. Gide dans son *Traité d'économie sociale*.

— Dira-t-on « économie » tout court ? Ne discutons pas la racine du mot, mal choisie, mais qui a passé dans l'usage. Mais « l'économie » signifie plutôt l'objet de la science économique qu'il ne signifie cette science elle-même, plutôt *Volkswirtschaft* que *Volkswirtschaftslehre*. Le meilleur parti à prendre est, en fin de compte, de dire la *Science économique*, ou mieux encore l'*Économique*, par analogie avec la *Physique* et la *Mécanique*, comme les Anglais disent *Economics*, par analogie avec *Mathematics, Ethics* ou *Aesthetics*.

Rad. int. : Ekonomik.

Observations : sur **Économie politique**. — Article rédigé par M. E. Halévy et modifié d'après les observations de MM. Simiand, Landry, Tönnies, O. Karmin, Van Biéma.

1- *Sur la définition de l'économie politique.*

M. Halévy avait proposé d'abord de réduire cette définition à ceci : « connaissance des phénomènes concernant la distribution des richesses ». Sur quoi les observations suivantes ont été faites :

a) Le caractère plus nettement spécifique de l'étude en question ne suffit pas à prouver que les autres parties de l'économie politique soient seulement accessoires. J'invoque, sans aller chercher autre chose, la considération suivante : « *l'art*, qui se fonde sur la science économique, et qui est resté si longtemps étroitement uni à cette science, vise-t-il seulement à améliorer la distribution des richesses ? Ne vise-t-il pas aussi à en augmenter la quantité ? (**A. Landry**)

L'organisation de la production, considérée au point de vue uniquement économique, est un problème essentiel. D'autre part, la consommation, étant la fin que rendent possible la production et la distribution, doit avoir sa place dans la définition. (**Van Biéma**)

Il me paraît exact que, sinon tous les phénomènes de la production et de la consommation, du moins beaucoup d'entre eux sont, par un côté, technologiques, ou juridiques, ou éthiques, ou phénomènes de « civilisation » ; mais cela n'empêche pas qu'ils soient en même temps économiques. Ou plutôt, dans une même réalité concrète, plusieurs sciences sociales trouvent chacune un phénomène qui lui ressortit : ainsi l'électrolyse est un phénomène physique en un sens, et chimique en un autre. – Voir par exemple dans Stammler, *Wirtschaft und Recht* (p. 247, 599), une distinction du phénomène économique et du phénomène technologique dans la division du travail et autres exemples. L'économie politique ne traite pas des phénomènes de production et de consommation en tant qu'ils sont en rapport avec la distribution à titre de cause ou d'effet : elle en traite *en tant qu'ils sont économiques*.

En quoi un phénomène est-il économique ? Au lieu de définir ce caractère par la considération des « richesses » (terme classique dans la tradition française mais qui n'en est pas meilleur), il me paraîtrait préférable de suivre les économistes récents qui prennent comme notion centrale l'idée de satisfaction des besoins matériels. Par exemple, Gide, *Principes d'économie politique*, p. 7 de la 5ᵉ éd. : « l'Économie politique a pour objet les rapports des hommes vivant en société en tant que ces rapports tendent à la satisfaction de leurs besoins matériels », et, ajoute M. Gide (mais cette fin de phrase pourrait être retranchée comme attribuant d'avance à la conduite économique humaine un caractère finaliste qui demande à être établi *a posteriori*) « et au développement de leur bien-être » – Je ne dis pas d'ailleurs qu'une telle définition me paraîtrait avoir le caractère exact d'une définition de cet ordre, et peut-être devra-t-on chercher à déterminer ultérieurement d'autres caractères. (**F. Simiand.**)

b. Nous admettons entièrement la première partie de cette définition ; mais la définition de la richesse ne nous paraît pas acceptable. Si par *utilisation* on entend, comme on l'avait fait dans la première rédaction de cet article, « accumulation et consommation », il nous semble que la définition n'est pas complète : 1° elle omet le sol ; 2° elle ne tient pas compte des produits d'un genre unique (le Régent, la Joconde, etc.). Ce qui nous semble caractéristique d'une richesse, c'est son échangeabilité. Nous proposons donc de définir l'économie politique à peu près ainsi : « connaissance des phénomènes qui se rapportent à la distribution des richesses. On appelle richesse tout ce qui possède une valeur d'échange. » (**O. Karmin.**)

Les richesses sont des choses qui *peuvent faire l'objet d'échanges* (peu importe d'ailleurs que ces échanges soient ou non permis par les lois. Je sais bien qu'il y a une économie de l'homme isolé, de Robinson. Mais cette économie s'occupe de Robinson en tant qu'il se procure des aliments, des vêtements, non pas en tant qu'il acquiert la vertu ou la santé ; et le fondement de cette distinction est dans l'idée *d'échange* que Robinson pourrait faire de ses aliments, de ses vêtements s'il venait à rencontrer d'autres hommes (**A. Landry.**)

c. Le remplacement du mot « science » par le mot « connaissance » me semblerait tout à fait fâcheux. Il est, je crois, nettement inexact de considérer que l'école *dite* historique ne pense pas aboutir à des lois (voir la Préface du 2e volume du *Grundriss* de Schmoller, où il s'oppose lui-même autant aux historiens purs qu'aux économistes orthodoxes ; et le chapitre méthodologique de ce même précis [I, p. 99-111]. Sans doute les lois auxquelles les économistes arrivent ou peuvent arriver ne sont pas universelles en ce sens qu'elles exprimeraient la vie économique de tous les temps et de tous les pays ; ce sont des lois d'évolution et des lois relatives : mais apporter la notion d'évolution dans une matière à science expérimentale n'est pas renoncer à la science de cette matière ; tout au contraire. La distinction conforme à la division réelle des économistes serait plutôt une distinction entre la tendance à une science conceptuelle, idéologique d'une part, et la tendance à une science positive, expérimentale, d'autre part. Mais du reste, il est rare qu'aucune de ces deux tendances soit pure et soutenue jusqu'au bout dans aucune des écoles passées. (**F. Simiand.**)

Mêmes observations de l'abbé **Ackermann**.

Que l'économie politique soit scientifique – prétention très légitime – n'en fait pas pour cela une science : cf. ci-dessus, dans les observations sur *Chrématistique**, le texte d'Élie Halévy sur Sismondi. En fait, tous les économistes classiques, mise à part l'économie pure, pèsent constamment des avantages et des inconvénients. Adam Smith recherche les causes de la richesse des nations ; mais il discute aussi des cas d'opportunité économique des droits de douane. L'adage : « laissez faire, laissez passer » est à l'impératif, non à l'indicatif, et devrait être mis au ban de l'économie politique définie comme science. (**M. Marsal.**)

L'observation précédente appelle très justement l'attention sur le mélange des propositions constatives et de propositions axiologiques qu'on rencontre dans la plupart des ouvrages d'économie politique. Il est certainement sophistique de ne pas distinguer les unes des autres. Mais la distinction faite, le caractère axiologique des propositions, reconnu comme tel, ne me paraît pas les exclure d'un traitement scientifique. Sur la légitimité et la méthode des *sciences normatives*, voir *La Raison et les Normes*, chap. VI. (**A.L.**)

2- Sur l'histoire et l'usage du terme « Économie politique »

a. L'origine de cette expression doit être cherchée dans les écrits de l'École qui traitaient de l'« Économie » au sens d'Aristote et en distinguaient « l'économie politique ». (**F. Tönnies**)

« Économie sociale » est en effet assez vague dans l'acception actuelle. Peut-être y aurait-il intérêt à analyser davantage les notions réunies sous cette rubrique ; dans l'opposition qui est quelquefois faite entre « économie politique » et « économie sociale », on reconnaîtrait surtout, je crois, la distinction de deux faces des phénomènes économiques (production et distribution) et non la distinction de deux sciences. (**F. Simiand**)

b. *Économique* est acceptable. Ce serait d'ailleurs revenir à la langue d'Aristote, quoique le mot paraisse désigner chez lui un art, une manière d'agir, plutôt qu'une théorie ou une science. (**J. Lachelier.**)

Économique nous paraît très heureux. En suivant le conseil de M. Adrien Naville, nous l'employons depuis une année dans notre cours à l'université de Genève. (**O. Karmin.**)

COLLECTIVISME

Collectivisme (D. Kollektivismus ; E. Collectivism ; I. Colettivismo ; mais usité surtout en France).

A. Néologisme. Le terme a été créé au congrès de Bâle (1869) pour opposer au socialisme d'État, représenté par les marxistes, allemands surtout, le socialisme non étatiste, non centralisateur, représenté surtout par les délégués français, belges, suisses, etc. Il a été employé pour la première fois par le journal suisse *Le Progrès*, du Locle, daté du 18 septembre 1869.

B. Il a été détourné de ce sens spécial par des causes individuelles : Jules Guesde, d'abord affilié à l'école collectiviste du Jura-**A**, continua de désigner sa doctrine par le même nom, bien qu'il l'eût personnellement transformée considérablement dans le sens du marxisme. Et, par suite de l'influence exercée en France par sa propagande, le socialisme marxiste révolutionnaire y fut connu sous le nom de *collectivisme*.

C. Il en est résulté que le mot tend à se substituer dans le langage courant au terme socialisme, en le précisant et en le restreignant. Par opposition au socialisme au sens large (Leroux, Fourier, Owen, etc.), il s'applique à un régime social caractérisé au point de vue politique par le principe démocratique ; et au point de vue économique par le fait que la propriété des moyens et des instruments de production est collective, c'est-à-dire appartient soit à des sociétés de production, soit aux communes, soit même à l'État (malgré l'origine du mot). Voir Vandervelde, *Le Collectivisme et l'évolution économique*. Le caractère révolutionnaire, à son tour, en est effacé : c'est ainsi que dans son ouvrage *Le Socialisme réformiste français*, expressément consacré à marquer ce qui le sépare des révolutionnaires, A. Millerand se déclare collectiviste et définit le collectivisme par la substitution nécessaire et progressive de la propriété sociale (soit nationale, soit municipale) à la propriété capitaliste (p. 25-27).

CRITIQUE
Il y aurait lieu de distinguer : 1° le régime collectiviste ; 2° la doctrine suivant laquelle ce régime tend nécessairement, en fait, à se substituer au régime capitaliste ; 3° La doctrine suivant laquelle ce régime est supérieur, en droit, à la propriété capitaliste, soit au point du vue du bonheur, soit au point de vue de la justice.

Rad. int. : 1° Koleltivaj ; 2° Kolektivig ; 3° Kolektivism

OBSERVATIONS :
[...] Sur **Collectivisme** (Critique). – Il est fréquent chez les contemporains de trouver le mot *collectivisme* opposé au mot *communisme*. On entend alors par le premier la mise en commun et l'organisation des moyens et des instruments de production seulement ; par le second, la mise en commun des produits et des moyens de jouissance. La première doctrine concernerait alors les méthodes de production, la seconde les formules de répartition.
Cette opposition serait utile à conserver avec cette signification. (**É. Halévy. – M. Sembat. – C. Hémon.**)

ÉVOLUTION

Évolution
A. Développement d'un principe interne, qui, d'abord latent, s'actualise peu à peu, et finit par devenir manifeste. Voir le *Supplément*.
[...]
OBSERVATIONS : sur Évolution. – Le sens **A** a été ajouté d'après les observations d'Élie **Halévy** qui cite le texte suivant de Philarète Chasles : « La situation réelle des sociétés n'est pas la *révolution*, c'est-à-dire la ruine ; c'est l'*évolution*, c'est-à-dire le développement de leurs principes, la mise dehors de ce qu'elles portent dans leur sein. » *Études*, 1849, p. 260 : suit

une antithèse entre la société conçue comme un mécanisme et la société conçue comme un organisme. – Ph. Chasles, ajoute-t-il, est un angliciste qui, dans le volume même auquel nous empruntons cette citation se rallie, en opposition aux idées de Bentham, aux thèses soutenues par le philosophe métaphysicien Coleridge. De même H. Spencer, qui emprunte à Coleridge l'idée première de sa théorie de l'évolution et de sa théorie de l'organisme social. Cf. H. Spencer, *Autobiography*, vol. I, p. 350-351 ; – R. Berthelot, dans *Bulletin de la Soc. de phil.*, 1904, p. 93-95. Dans la *Statique sociale*, où d'ailleurs le mot *évolution* n'est employé qu'une fois (p. 142 : *the evolution of a new idea in our mind* – l'évolution d'une nouvelle idée dans notre esprit), telle est bien la conception que se fait Spencer de ce qu'il appelle encore le *progrès* : « *a development of man's latent capabilities under the action of favourable circumstances ; which favourable circumstances, mark, were certain, some time or other, to occur* (p. 415) *un développement des capacités latentes de l'homme sous l'action de circonstances favorables ; circonstances, remarquez-le, qui devaient certainement se produire un jour ou l'autre* ». – De ce premier sens dérive naturellement un second : développement sensible et continu. Il semble en effet naturel de penser qu'une crise révolutionnaire, dans le développement d'un être individuel, est due à l'action perturbatrice d'une cause extérieure ; le développement normal de l'être lorsqu'il est soustrait à cette action perturbatrice devant être un développement graduel et lent.

H. Spencer commence à employer avec précision le mot *evolution* dans son essai intitulé *Genesis of Science*, juillet 1854 (V. *Essays*, I, p. 185, 227), mais c'est seulement en 1857 (*Progress, its Law and Causes*, avril 1857 ; *Transcendental Physiology*, octobre 1857) que sa théorie se trouve constituée, en tant qu'elle définit l'évolution par le passage de l'homogène à l'hétérogène.

En octobre 1859, Darwin publie son *Origin of Species*, où le mot évolution n'est pas employé. Mais six mois plus tard, en mars 1860, H. Spencer imprime le prospectus de sa *Philosophie synthétique* qui contient une partie consacrée à la biologie. Les *Principes de biologie* commencent à paraître en 1864. Le succès des livres de H. Spencer explique que la terminologie du philosophe ait fini par s'appliquer à la théorie du savant, et que le mot *évolution* ait pris un nouveau sens, plus restreint que chez Spencer : la transformation d'une espèce vivante en une autre. Cette transformation, chez Darwin et Spencer, est d'abord considérée comme lente. Mais finalement, on entend par « évolution » la transformation, avec ou sans secousses brusques, d'une espèce vivante en une autre. (**É. Halévy.**)

LIBÉRALISME

Libéralisme, D. *Liberalismus* dans tous les sens ; *Freisinn*, surtout au sens C ; *Freiheitssinn* au sens D ; – E. *Liberalism* ; – I. *Liberalismo*.

A. Doctrine politique suivant laquelle il convient d'augmenter autant que possible l'indépendance du pouvoir législatif et du pouvoir judiciaire par rapport au pouvoir exécutif, et de donner aux citoyens le plus de garanties possibles contre l'arbitraire du gouvernement. Les *liberales* (premier emploi du terme) sont le parti espagnol qui, vers 1810, veut introduire en Espagne le parlementarisme du type anglais. – S'oppose à *autoritarisme*.
B. Doctrine politico-philosophique d'après laquelle l'unanimité religieuse n'est pas une condition nécessaire d'une bonne organisation sociale, et qui réclame pour tous les citoyens la « liberté de pensée ».
C. Doctrine économique suivant laquelle l'État ne doit exercer ni fonctions industrielles, ni fonctions commerciales, et ne doit pas intervenir dans les relations économiques qui existent entre les individus, les classes ou les nations. On dit souvent, en ce sens, *Libéralisme économique*. – S'oppose à Étatisme, ou même plus généralement à *Socialisme*.
D. Respect de l'indépendance d'autrui ; tolérance ; confiance dans les heureux effets de la liberté.

CRITIQUE
On voit par les distinctions précédentes combien ce terme est équivoque. L'usage accidentel qui en est fait de nos jours dans la désignation des partis ou des tendances politiques augmente encore la confusion. On désigne notamment sous ce même nom : 1° les doctrines qui considèrent comme un idéal l'accroissement de la liberté individuelle ; 2° les doctrines qui considèrent comme moyen essentiel de cette liberté, la diminution du rôle de l'État. Or, la seconde thèse, est absolument indépendante de la première ; ainsi, par exemple, la liberté de l'individu n'est pas moins restreinte par les associations de tout genre que par l'État, si celui-ci n'intervient pas pour en limiter la puissance.

Voir la série d'articles publiés en 1902-1903 sur le libéralisme par la *Revue de métaphysique et de morale* (Bouglé, Lanson, Lapie, Lyon, Jacob, Parodi) ; en particulier la distinction établie par Jacob entre ce qu'il nomme le *libéralisme empirique* et le *libéralisme rationnel* (*ibid.*, janvier 1903).

OBSERVATIONS : sur **Libéralisme**. – Nouvelle rédaction adoptée dans la séance du 7 juillet 1910 pour tenir compte des observations de MM. **Élie**

Halévy, René Berthelot, F. Mentré, C. Ranzoli, C. Hémon, L. Boisse.
Le texte des trois divisions A, B et C est dû presque entièrement à Élie Halévy ; la distinction mentionnée dans la *Critique* a été signalé par M. **René Berthelot**...

LIBERTÉ

OBSERVATIONS. Sur **Liberté**. – Article révisé et complété d'après les observations de MM. **Élie Halévy**, **J. Lachelier**, **A. Darlu**, **M. Bernès**, **L. Couturat**, **René Berthelot**, et d'après la discussion qui a eu lieu à la séance du 7 juillet 1910.

[...]
On peut définir la liberté, en un sens général, l'indépendance par rapport aux causes extérieures. Les *espèces* de ce *genre* sont la liberté physique, la liberté civile ou politique, la liberté psychologique, la liberté métaphysique. La liberté psychologique elle-même sera, soit liberté rationnelle (Leibniz, J. St. Mill), soit liberté d'indifférence, suivant que l'on considère la nature de l'âme comme étant *intelligence* ou *volonté*. Dans le premier cas, l'extérieur, le superficiel, ce sera l'instinct, la passion, etc. ; dans le second cas, ce sera le concept, le raisonnement abstrait, etc. Enfin je définirais la liberté métaphysique (soit spinoziste, soit kantienne) comme étant l'indépendance par rapport à un *ordre* de causes. (**É. Halévy.**)

MARGINALE

Marginale (Utilité, valeur) ; D. *Grenz* (*-nutzen*, *-wert*) ; E. *Marginal* (*Utility, Value*) ; I. *Marginale* (*Utilità, Valore*).

On dit aussi dans le même sens, *Utilité limite, utilité finale*.
Soit une chose utile et échangeable (laine, fer, blé, etc.), telle que le désir qu'on a d'en acquérir une quantité déterminée a. diminue à mesure qu'on en possède déjà davantage : l'*utilité marginale* de cette chose, pour un acquéreur donné, est par définition l'utilité du dernier élément égal à a. qu'il jugera à propos d'acquérir.
Ce terme dérive de l'usage proposé par Fawcett, de l'expression *margin of cultivation* (limite, bord de la culture), pour désigner, conformément à la théorie de Ricardo, le dernier élément de terre, de productivité donnée, dont le revenu, par suite de sa distance et des difficultés d'accès aux centres de

consommation, couvre juste les frais de culture. – Voir les *Observations*.

Il a été étendu à la théorie générale des valeurs, économiques ou non, par certains écrivains contemporains notamment par Ehrenfels (*System der Werttheorie*, I, § 25) ; il propose d'employer au sens général *Grenz-Frommen*, dont le *Grenz-nutzen* économique serait un cas particulier.

Rad. int. : Marjinal

OBSERVATIONS : sur **Marginal**. – 1° l'Expression *margin of cultivation* n'est employée ni chez Ricardo, ni chez James Mill, ni chez J. St. Mill. C'est l'économiste Fawcett qui, dans son *Manual of Political Economy* (1863), livre II, chap. III (*Rents as Determined by Competition*), propose expressément d'introduire ce terme nouveau dans le langage de l'économie politique : « *It will much assist clearness of conception, if we employ some technical language to describe the terms of Ricardo's theory / Il sera très utile, en vue de la clarté des idées, d'employer ici quelques expressions techniques pour représenter les termes de la théorie de Ricardo.* » – 2° L'adjectif *marginal* ne se rencontre pas chez Jevons (*Theory of Political Economy*, 3ᵉ éd., 1888), qui parle seulement du « final degree of utility » et emploie une fois seulement l'expression « terminal utility ». Je ne trouve pas davantage ce mot dans la 1ʳᵉ édition des *Éléments d'économie politique pure* (1874). Mais je trouve l'expression *marginal utility* dans les *Principles of Political Economy* de Marshall (1898), p. 168 ; et l'expression *productivités marginales* dans la 4ᵉ édition des *Éléments d'économie politique pure*, p. 371. – Il ne semble pas que l'expression *utilité marginale* appartienne à la langue de Walras. (**Élie Halévy.**)

MATÉRIALISME HISTORIQUE

Matérialisme historique. Terme crée par Engels pour désigner la doctrine de Karl Marx, d'après laquelle les faits économiques sont la base et la cause déterminante de tous les phénomènes historiques et sociaux.

« *Die Ökonomische Struktur der Gesellschaft ist die reale Basis worauf sich ein juristischer und politischer Überbau erhebt, und welcher bestimmte gesellschaftliche Bewusstseinsformen entsprechen... Die Produktions-weise des materiellen Lebens bedingt den sozialen, politischen und geistigen Lebensprocess überhaupt / La structure économique de la Société est la base réelle sur laquelle s'élève la superstructure juridique et politique, et à laquelle correspondent des formes déterminées de conscience sociale... Le mode de production de la vie matérielle conditionne l'ensemble de tous les processus de la vie sociale, politique et spirituelle.* » (Karl Marx, *Zur Kritik der politischen Oekonomie*, Préface, 1859).

OBSERVATIONS : sur **Matérialisme historique**. – Définition d'Engels : Marx a prouvé « ... *dass alle bisherige Geschichte die Geschichte von Klassenkämpfen war, dass diese einander bekämpfenden Klassen der Gesellschaft jedesmal Erzeugnisse sind der Produktions- und Verkehrs Verhältnisse, mit einem Wort, der ökonomischen Verhältnisse ihrer Epoche ; dass also die jedesmalige ökonomische Struktur der Gesellschaft die reale Grundlage bildet, aus der der gesammte Überbau der rechtlichen und politischen Einrichtungen sowie der religiösen, philosophischen und sonstigen Vorstellungsweisen eines jeden geschichtlichen Zeitabschnittes in letzter Instanz zu erklären sind. Hiermit war der Idealismus aus seinem letzten Zufluchtsort, aus der Geschichtsauffassung vertrieben, eine materialistische Geschichtsauffassung gegeben* / Que jusqu'à présent *toute* l'histoire a été l'histoire des luttes entre les classes, que ces classes sociales en lutte les unes avec les autres sont toujours le produit des relations de production et d'échange, en un mot des rapports économiques de leur époque ; et qu'ainsi, à chaque moment, la structure économique de la société constitue le fondement réel par lequel doivent s'expliquer en dernier ressort toute la superstructure des institutions juridiques et politiques, ainsi que des conceptions religieuses, philosophiques, et autres de toute période historique. Par là l'idéalisme a été chassé de son dernier refuge, la conception de l'histoire, et une conception matérialiste de l'histoire a été donnée. *Le retournement de la science par M. Eugène Dühring* ». (Fr. Engels, *Herrn Eugen Dühring's Umwälzung der Wissenschaft*, Einleitung, 3ᵉ éd., p. 12). – Communiqué par **Élie Halévy**, ainsi que la citation de Marx placé ci-dessus dans le texte même de l'article.

POSITIVISME

OBSERVATIONS : sur **Positivisme**. – Le premier emploi, à ma connaissance, du mot *positivisme*, a été fait dans l'école saint-simonienne : « Cette méthode est la vraie méthode scientifique ; c'est par son emploi, subordonné d'ailleurs à l'existence d'une conception générale, qu'une science prend le caractère d'exactitude et de *positivisme* qu'on paraît aujourd'hui attribuer exclusivement à l'emploi des balances ou des tables de logarithmes. » *De la religion saint-simonienne*. Aux élèves de l'École polytechnique. Extrait de l'*Exposition de la Doctrine*, 2ᵉ année (1830), p. 3. (Cf. l'observation précédente sur *positif*). Le mot est employé en un sens péjoratif par Guéroult, Système de M. Charles Fourier (*Globe*, 27 mars 1832) ; il classe Fourier au nombre de ceux qui « stigmatisés du titre de rêveurs par le positivisme du siècle, ont à peine trouvé grâce auprès de quelques esprits éclairés, avides de nouveauté et d'invention. » De même Fourier (*La Fausse Industrie*, 1835 ; vol. I, p. 409) : « longtemps la morale a prêché le mépris des richesses perfides ; le XIXe siècle est tout entier à l'agiotage et à la soif de l'or... Tel est l'heureux fruit de notre progrès en rationalisme et en *positivisme*. »

Appréciation de ce mot par Auguste Comte : « je suis charmé des bons renseignements que vous fournit notre jeune collègue, M. Blain, sur les chances prochaines du *positivisme* en Écosse. Au sujet de cette indispensable expression, spontanément présentée à chacun de nous, savez-vous que notre commune philosophie est vraiment la seule qui désigne enfin, dans l'usage universel, par une dénomination dogmatique, sans emprunter aucun nom d'auteur, comme on l'a toujours fait jusqu'ici depuis le platonisme jusqu'au fouriérisme ? » (**Élie Halévy.**)

SOCIALISME

Socialisme, D. *Sozialismus* ; E. *Socialism* ; I. *Socialismo*

Se dit de toute doctrine suivant laquelle on ne peut compter sur le libre jeu des initiatives et des intérêts individuels, en matière économique, pour assurer un ordre social satisfaisant, et qui juge possible et désirable de substituer à l'organisation dite « libérale » (voir *Libéralisme**, C) une organisation concertée aboutissant à des résultats non seulement plus équitables mais plus favorables au plein développement de la personne humaine.

« Nous appellerons *socialistes* les doctrines qui, au lieu de décrire uniquement les effets que l'état juridique établi produit dans la répartition, ont décrit encore ceux d'un état juridique futur et préférable, et qui, à la répartition présente des revenus, opposent ainsi un idéal de répartition dont elles se promettent qu'il abolira la misère. » Ch. Andler, *Les Origines du socialisme d'État en Allemagne*, p. 8, cf. p. 475, et voir ci-dessous les *Observations* complémentaires de Ch. Andler.

Cf. Les articles *Collectivisme**, *Communisme**, et *Solidarité**.

Dans l'ensemble très vaste des doctrines qu'on appelle de ce nom, il y a lieu de distinguer :

1°)
  – **a.** Le socialisme qui, tout en répudiant la doctrine de la libre concurrence, n'admet pas cependant que les pouvoirs publics exercent une contrainte sur l'individu en matière économique ; il croit que la question sociale peut être

résolue par la formation d'associations libres, où les contractants entrent et d'où ils sortent à leur gré. C'est à ce genre de doctrines que le mot, en Angleterre, a d'abord été appliqué (Doctrine économique de Robert Owen). Il comprend le mutuellisme proudhonien, le collectivisme* (au sens *primitif* de ce mot), le socialisme coopératif ou coopératisme contemporain, enfin le communisme anarchiste ;

– **b.** Le socialisme qui, pour réaliser et maintenir le nouvel ordre économique, compte sur l'action des pouvoirs publics et notamment de l'État : *Socialisme municipal* (qui peut être considéré comme intermédiaire entre le socialisme d'association et le socialisme d'État, d'autant qu'il comporte une possibilité d'association purement contractuelle entre plusieurs communes) ; *Socialisme d'État*, tel qu'il est défini, par exemple, dans le *Manifeste communiste* de Marx et Engels (1848), d'ailleurs à titre de mesure provisoire, mais indispensable pour révolutionner le régime de production : « Expropriation de la propriété foncière, affectation de la rente foncière aux dépenses de l'État ; ... centralisation du crédit aux mains de l'État ; ... centralisation des industries de transport aux mains de l'État ; multiplication des manufactures nationales, des instruments nationaux de production ; ... organisation d'armées industrielles, notamment en vue de l'agriculture ». *Manifeste*, § 53.

Sur la distinction du socialisme d'État démocratique et du socialisme d'État aristocratique, voir aux *Observations*.

Sur la distinction de l'État, pouvoir politique et bureaucratique, et de l'État, chef d'industrie, dans le socialisme d'État, voir Vandervelde, *Le Collectivisme et l'Évolution industrielle*, 2ᵉ partie, chap. III, § 2.

2°)

a. Le socialisme qui admet la possibilité d'établir le régime nouveau par des voies légales, sans violences ni révolution ; on l'appelle quelquefois *socialisme réformiste* ou évolutionniste ;

b. Le *socialisme révolutionnaire*, pour lequel ce nouveau régime économique ne peut être réalisé que par un coup de force des classes ouvrières, par la transformation violente des pouvoirs publics et des lois existantes.

3°)

a. Le *socialisme utopiste*, qui procède par la construction et la description aussi complète que possible de l'état social futur (p. ex. Th. More, Saint-Simon, Fourier) ;

b. Le *socialisme sans programme*, dit quelquefois *socialisme expérimental*, qui considère comme impossible de prévoir et de définir d'avance l'organisation économique qui résultera de la suppression du régime capitaliste. Telle est la position du marxisme contemporain, du syndicalisme de M. Georges Sorel, du socialisme anarchiste, etc.

Des positions intermédiaires existent, comme il est naturel, entre les extrêmes servant à définir ces diverses catégories.

« *Socialisme de la chaire* », mauvaise traduction de D. *Kathedersocialismus*, nom donné par plaisanterie aux membres du congrès d'Eisenach (1872), composé surtout d'universitaires et qui publia un manifeste contre l'économie politique libérale. Cette expression acceptée plus tard par ceux contre qui elle avait été d'abord dirigée, a désigné ensuite les théoriciens allemands du socialisme ayant pour organe le *Verein für Sozialpolitik*, et dont les doctrines sont, en général, favorables au socialisme d'État.

« *Socialisme associationniste* », expression proposée par MM. Gide et Rist (*Histoire des doctrines économiques*, p. 266), pour désigner toutes les doctrines suivant lesquelles « l'association libre peut suffire à donner la solution de toutes les questions sociales, pourvu qu'elle soit organisée d'après un plan préconçu – lequel varie d'ailleurs suivant les systèmes ». (Mais, dans le chapitre qu'ils intitulent ainsi, il font entrer seulement les doctrines d'Owen, de Fourier et de Louis Blanc, d'autres chapitres étant consacrés à Proudhon et aux doctrines plus récentes présentent ce même caractère.)

OBSERVATIONS : sur ***socialisme*** – Article remanié et complété d'après les observations d'**Élie Halévy** et de **Ch. Andler**.

Historique. – Le terme paraît avoir été créé d'une manière indépendante par deux écoles différentes, et d'ailleurs en deux sens différents : 1° En France, chez les saint-simoniens, parmi lesquels Pierre Leroux semble bien avoir été le premier à lui donner un sens précis et à en faire le nom d'une doctrine : il entendait par là l'excès opposé à l'individualisme, la théorie qui subordonne entièrement l'individu à la société (*Revue encyclopédique*, novembre 1833, tome LX, p. 106-114).

Voir au *Supplément*, à la fin du présent ouvrage, une note complémentaire sur cette question.

2° En Angleterre, dans l'École de Robert Owen. Il y devint usuel au cours des discussions de l'*Association of all classes of all nations*, fondée par Owen en 1835 (Th. Kirkup, art. Owen, dans l'*Encycl. Brit.*) – « il servait alors, nous a écrit Élie **Halévy,** à désigner la tendance extrêmement populaire de Robert Owen, suivant laquelle, par un libre essaimage d'associations coopératives, on pouvait arriver, sans le secours de l'État, en révolte contre l'État, à constituer un nouveau monde économique et moral. Je trouve le mot *Socialist*, sinon *Socialism*, dans un journal révolutionnaire de Londres, à la date du 24 août 1833. Le journal publie une lettre d'un correspondant qui signe *A Socialist*. Il faut donc admettre qu'à cette date le mot était déjà d'un usage suffisamment courant en Angleterre ».

En août 1836, novembre 1837 et avril 1838, Louis Reybaud publia dans la *Revue des deux mondes,* trois études intitulées *Socialistes modernes* (Les saint-simoniens ; Ch. Fourier, Robert Owen). Ces articles étaient écrits sur un ton de sympathie croissante ; l'auteur opposait à la stérilité de la doctrine jacobine, républicaine (écrasée en 1834 au cloître Saint-Merri et à Lyon) la fécondité de ces doctrines qui soulevaient des problèmes nouveaux, non plus politiques, mais économiques et moraux. Ces articles furent réunis et un volume intitulé *Études sur les réformateurs ou socialistes modernes* (1841). Repris dans l'intervalle par Blanqui (l'économiste), dans un cours professé au Conservatoire des Arts et Métiers, le mot, vers 1840, se trouve être devenu classique.

Voir au *Supplément* les réserves faites plus tard par Louis **Reybaud**.

– *Sur les différentes formes du socialisme.*
Le socialisme d'État comporte deux formes très distinctes :
a. Une forme démocratique : chartisme ; socialisme de Louis Blanc en 1848 ; marxisme d'aujourd'hui. Ce socialisme poursuit une fin politique : la démocratisation intégrale de l'État, afin que l'État, devenu émanation directe de la volonté populaire, soit en même temps, par une sorte de nécessité inhérente à son essence, le serviteur des intérêts populaires.
b. Une forme aristocratique (Hegel ; Carlyle ; Rodbertus ; le socialisme conservateur d'Adolf Wagner, qui depuis 1878, a inspiré la politique sociale de Bismarck). Le socialisme ainsi conçu a rompu tout lien avec l'individualisme anglo-français du XVIIIe siècle. L'individu n'existe que pour la réalisation de fins idéales et impersonnelles, art, science, religion, dont l'État est l'incarnation. Mais précisément parce que l'individu séparé de l'État est une abstraction, dans son incorporation à l'État, l'individu trouve la réalisation de ses droits véritables. Ce « socialisme d'État » constitue une sorte de paternalisme bureaucratique où l'individu, dans l'aliénation de son libre arbitre, trouve la garantie de son bonheur matériel et moral. (**E. Halévy.**)

Au-delà du socialisme aristocratique et du socialisme démocratique, on conçoit un socialisme pur, dégagé de ces survivances politiques, et qui en diffère essentiellement. La démocratie n'est qu'une doctrine négative, la défense de l'individu contre l'oppression collective (de la religion, du gouvernement, du capitalisme).

Cette défense, si nécessaire qu'elle soit, ne va qu'à la dissolution des pouvoirs malfaisants ; elle est seulement libératrice et destructive. Les idées de droit, de justice, d'égalité par lesquelles elle s'exprime, laissent les hommes dans un état d'antagonisme, de raidissement et de sécheresse qui n'est évidemment pas un idéal suffisant. Actuellement il est encore nécessaire de lutter pour garantir à tous les travailleurs la rémunération équitable que beaucoup d'entre eux n'obtiennent pas ; c'est pourquoi la majorité des systèmes soi-disant socialistes ont pour seul programme une réalisation de la démocratie à outrance. Mais le vrai socialisme demande tout autre chose : il croit possible d'atteindre un état de spontanéité, de confiance, de joie ; il ne réclame la liberté et l'égalité que pour atteindre à la fraternité. Il considère le travail non comme une valeur marchande qu'il faut faire payer à son juste prix, mais comme la participation volontaire à une œuvre collective, la transformation humaine des *choses*, l'adaptation de l'univers qui constitue toute la civilisation matérielle. Il conçoit le rapport normal de l'ouvrier et de son travail par analogie avec l'attitude de l'artiste et du savant.

Cette idée plus ou moins obscurément sentie explique la mentalité réelle de tous les socialistes sincères ; pour eux, l'adoption de cette doctrine est une sorte de conversion quasi religieuse, l'apparition d'une conception nouvelle de la vie et des rapports sociaux, toute différente des réclamations, même les plus légitimes, portant sur le droit au produit intégral du travail. **(Ch. Andler.)**

Supplément

Sur **Socialisme**. *Origine et sens primitif de ce terme*

Pierre Leroux a réclamé à plusieurs reprises la paternité de ce mot ; notamment dans une note ajoutée en 1850 à la réédition de son article « *Individualisme et socialisme* » (*Œuvres*, t. 1, p. 376) ; – voir plus loin ce texte [en note : l'article « De l'individualisme et du Socialisme », reproduit dans les *Œuvres* de Pierre Leroux, tome I (1859) y est donné comme ayant paru dans la *Revue encyclopédique*, tome LX, 1834 » (au lieu de 1833, dont le tome LX contient le dernier semestre). Ce qui ferait supposer que les derniers numéros de 1833 n'auraient paru qu'après leur date. – Dans la *Revue*, il était intitulé « De la philosophie sociale », du moins d'après la table des matières ; car à la première page, ce titre manque, il n'y a que le sous-titre : « le cours d'économie politique de M. Jules Leroux » ; mais le mot socialisme y est employé fréquemment, comme on le verra ci-dessous] ; et dans un passage de *La Grève de Samarez* (1863) : « c'est moi qui, le premier, me suis servi du mot *socialisme*. C'était du néologisme alors, un néologisme nécessaire : je forgeai ce mot par opposition à *individualisme*, qui commençait à avoir cours. Il y a de cela environ vingt-cinq ans. » (chap. XLII, t. 1, p. 255). Ce texte était cité dans l'épreuve de l'article *Socialisme**, et avait paru justifier l'attribution généralement faite de ce mot à Pierre Leroux. (Voir R. Berthelot, *Socialisme*, dans *La Grande Encyclopédie* ; Gide et Rist, *Histoire des doctrines économiques*, p. 301). Mais Élie **Halévy** nous a écrit que Leroux s'est probablement fait illusion : « il est, dit-il, un des nombreux saint-simoniens qui l'ont employé en passant, parce que c'était en effet un « néologisme nécessaire » : des hommes qui passaient leur temps à anathématiser « l'individualisme » pouvaient difficilement s'en passer ».

Le plus ancien texte de P. Leroux où j'ai retrouvé ce mot est l'article sur le *Cours d'économie politique* de Jules Leroux, dans la *Revue encyclopédique* de novembre 1833, tome LX. Pierre Leroux y fait (p. 106-114) un parallèle entre « l'individualisme » et le « socialisme » qu'il condamne tous deux également : l'un parce qu'il nie la société, qui est un être réel, l'autre parce qu'il aboutirait « à enterrer toute liberté, toute spontanéité, sous ce qu'il nomme l'organisation » (107). Le mot, répété à maintes reprises, et dont le sens est nettement défini, n'est cependant pas donné comme nouveau. – On le trouve antérieurement dans un article critique de X. Joncières sur *Les Feuilles d'automne* de V. Hugo (*Le Globe*, journal de la religion saint-simonienne, 13 février 1832, p. 176). Mais c'est au sens de sympathie universelle, de sentiment humanitaire, opposé à l'égoïsme d'un individu ou d'un petit groupe : « nous ne voulons pas sacrifier la *personnalité* au *socialisme*, pas plus que ce dernier à la personnalité. Si nous sentons le plaisir qu'il y a à vivre la vie générale, à tressaillir aux joies de ses semblables, à pleurer les pleurs de tous, nous comprenons aussi le bonheur de la famille, la poésie d'intérieur, la douceur qu'il y a d'être deux à rêver le même rêve... »

Les auteurs que nous avons cités plus haut, et qui admettent que P. Leroux a bien créé ce mot, disent qu'il l'a employé dès 1832, et renvoient au *Discours sur la situation actuelle de la société et de l'esprit humain.* Il est bien vrai que le second de ces discours, dans l'édition de 1850, oppose nettement « trois systèmes incomplets sur la souveraineté politique : l'*individualisme*, le *socialisme*, et la *révélation* » (*Œuvres*, t. 1, p. 121). Mais la note placée en tête dit seulement que « *le fonds de ce discours* parut en 1832 dans la *Revue encyclopédique*, cahier d'août ». On l'y trouve en effet, sous le titre « De la philosophie et du christianisme » ; mais le texte en question n'y figure pas : il ne date que de la publication de ces discours en un volume (1841) ; et le mot socialisme ne se rencontre pas dans le passage correspondant de la *Revue encyclopédique* : « il n'y a en politique, y est-il dit seulement, que deux systèmes, l'*association* et l'*individualisme* (t. LV, p. 319).

M. **Rapnouil**, professeur au Lycée français du Caire, nous a signalé que le mot se trouve, à la date du 23 novembre 1831, dans un article de la revue *Le Semeur*, article anonyme, mais qui est presque certainement d'Alexandre Vinet, et qui a pour titre « Catholicisme et protestantisme » : « on ne se sépare pas pour se séparer, dit-il, but contraire à toutes les indications naturelles et aux intentions visibles de la Providence. On se sépare pour se réunir : *l'individualisme doit ramener au socialisme*, le protestantisme au vrai catholicisme, la liberté à l'unité. Il y a deux erreurs : l'une des catholiques qui veulent l'être par anticipation, l'autre des protestants qui ne veulent pas devenir catholiques ; l'une, des partisans de l'unité sans la liberté ; l'autre des sectateurs de la liberté sans l'unité » (p. 92). Tout l'article est un vigoureux exposé de la convergence intellectuelle nécessaire pour qu'il y ait vérité, et de la justification de la pensée indépendante, qui n'est que le moyen indispensable pour aboutir au consentement unanime et sans contrainte, vrai but de la pensée.

Le même correspondant nous a également indiqué un article signé C. Pellarin, dans *La Réforme industrielle ou le Phalanstère*, hebdomadaire dirigé par Ch. Fourier, en date du 12 avril 1833. L'auteur, parlant d'une réunion qui devait avoir lieu à Nantes, écrit ceci : « nous pensons... que les socialistes et industrialistes proprement dits (c'est-à-dire les fouriéristes) y seront en majorité. Ceux-ci, et les derniers seuls, à bien dire... ont quelque chose d'immédiatement praticable à proposer ». *Ibid.*, p. 174 A, *ad finem*.

En somme, le mot a été en effet employé avant Pierre Leroux, et il est probable qu'il en a eu connaissance ; mais il semble bien cependant que, s'il ne l'a pas « forgé », il a été du moins le premier à en faire un usage systématique. Le sens qu'il lui donne est d'ailleurs, comme on l'a vu, différent de celui qu'il reçut quelques années plus tard, et qui a persisté. Lui-même s'en est plaint : « il est évident, dit-il, que dans tout cet écrit, il faut entendre par *socialisme* le socialisme tel que nous le définissons dans cet écrit même, c'est-à-dire l'exagération de l'idée d'association ou de société. Depuis quelques années, on s'est habitué à appeler socialistes tous les penseurs qui s'occupent de réformes sociales, tous ceux qui critiquent et réprouvent l'individualisme... et à ce titre, nous-même, qui avons toujours combattu le socialisme absolu, nous sommes aujourd'hui désignés comme socialiste. Nous sommes socialiste sans doute... si l'on veut entendre par socialiste la doctrine qui ne sacrifie aucun des termes de la formule Liberté, Fraternité, Égalité, Unité, mais qui les conciliera tous ». (Note ajoutée en 1847 à la réimpression de l'article « De l'individualisme et du socialisme », *Œuvres*, t. I, p. 376).

« Quand j'inventai le terme *Socialisme* pour l'opposer au terme *Individualisme* dit-il encore, je ne m'attendais pas que vingt ans plus tard ce terme serait employé pour désigner d'une façon générale la démocratie religieuse. Ce que j'attaquais sous ce nom, c'étaient les faux systèmes mis en avant par de prétendus disciples de Saint-Simon, et par de prétendus disciples de Rousseau, égarés à la suite de Robespierre et de Babœuf, sans parler de ceux qui amalgament à la fois Saint-Simon et Robespierre avec De Maistre et Bonald. » *Ibid.* (Note ajoutée à la précédente en 1850.)

Louis Reybaud, de son côté, a fini par repousser aussi le terme *socialiste*, qu'il avait contribué à populariser en France. Dans la 7ᵉ édition de ses *Études sur les réformateurs ou socialistes modernes* (2 vol. in-12, 1864) il écrit ceci : « À vingt-quatre ans de date, je donne aujourd'hui une nouvelle édition d'un ouvrage qui a été publié pour la première fois en 1840... Au début, et quand j'eus le triste honneur d'introduire dans notre langue le mot *socialiste*, j'étais loin de prévoir quel bruit et quelles luttes y seraient associés. » (Préface, t. I, p. I-II.) Il s'excuse presque de la sympathie qu'il a d'abord montrée pour ces doctrines. – « Les illusions de ce genre, dit-il ailleurs, sont devenues si contagieuses, et si générales de notre temps qu'elles ont mérité les honneurs d'un nom nouveau et désormais consacré ; c'est celui de *socialisme*, en d'autres termes l'art d'improviser des sociétés irréprochables » (t. II, p. 41. Chapitre d'abord publié sous forme d'article en 1843). Il oppose à cette croyance l'idée que les sociétés ne sont pas « un décor d'opéra », mais représentent « un ensemble de sentiments et d'intérêts que la volonté humaine ne peut changer à son gré. »

UTILITARISTE

Utilitariste, adj. Et subst., D. *Utilitarisch* (subst. *Utilitarier*) ; E. *Utilitarian* ; I. *Utilitaristo, Utilitarista*.

Se dit des partisans de l'utilitarisme en tant que doctrine philosophique (sens B ou C), et de cette doctrine elle-même : « les théories utilitaristes ».

CRITIQUE
Ce terme est encore peu usité en français, où l'on emploie plutôt en ce sens *utilitaire** ; mais il serait très souhaitable de l'employer de préférence à celui-ci, pour éviter l'équivoque entre l'esprit utilitaire au sens **A** (ce que Musset appelait « l'utilitairerie ») et les doctrines philosophiques de la morale fondées sur l'utilité.

Rad. int : Utilit ; Utilitarist

OBSERVATIONS : sur **Utilitariste.** – Article ajouté sur la proposition de **G. Beaulavon et É. Halévy**. Dans la première rédaction de l'article *Utilitaire*, j'avais mentionné *utilitarisme* comme un néologisme sans intérêt ; mais à la séance du 2 mars 1922, presque tous les membres présents ont été d'accord pour le recommander, en raison de l'équivoque entre le sens **A** et les sens **B** ou **C** d'*utilitaire** (**A.L.**)

UTOPIE

Observations : sur **Utopie**.

É. Halévy. – Cabet admettait que l'état décrit dans son *Voyage en Icarie* était irréalisable dans son ensemble, et c'est contre son gré qu'il s'est laissé entraîner à l'essai malheureux qui en fut fait en Amérique. De quelques-unes seulement des réformes ou des créations qu'il y décrit, il a cru qu'elles étaient actuellement possibles ou souhaitables. – On pourrait en dire autant sinon plus, du « programme minimum » des socialistes, formulé vers 1880, et dont J. Guesde disait lui-même qu'il n'était destiné qu'à satisfaire l'imagination des masses, sans qu'on pût aucunement prévoir, en réalité, comment s'organiserait en fait un État socialiste.

ENQUÊTE SUR LE SYNDICALISME ET

LE SOCIALISME ANGLAIS EN 1919

PRÉSENTATION

En novembre 1918, quelques jours seulement après l'armistice, Florence et Élie Halévy regagnent l'Angleterre après quatre ans d'absence. Leur séjour à Londres permet à Élie de se « remboîter » dans la vie civile, de renouer avec ses connaissances anglaises et de reprendre ses activités de recherche. Pendant cinq mois, il partage ainsi son temps entre la Library *du* British Museum *où il réunit le matériau nécessaire à la rédaction de son* Histoire du peuple anglais *interrompue par la guerre, et l'écriture d'articles d'actualité destinés à informer le public français[1] au sujet de la situation politique, économique et sociale anglaise d'après guerre. Les effets de la Grande Guerre sur l'État, l'économie, la société, l'opinion publique et les partis politiques retiennent son attention ; il observe avec le plus grand intérêt l'agitation sociale de l'année 1919 et la puissance du mouvement ouvrier anglais. Avant son retour en France, il programme des entretiens à Londres avec des leaders syndicaux et organise un ultime voyage (du 7 avril au 6 mai 1919) dans les docks et les « charbonnages du pays de Galles[2] » afin d'explorer « un des principaux foyers de la révolution actuelle[3] ».*

Le programme de cette enquête de terrain sur le syndicalisme anglais est intense et se décline, à Londres, en une série d'entretiens, et au pays de Galles, en des visites de ports, d'usines, de coopératives, d'universités, de centres d'éducation populaire et des rendez-vous, sur lettres de recommandation, « avec le secrétaire du syndicat des mineurs, [...] des patrons, des professeurs, des fonctionnaires[4] », des pasteurs, des émigrés français. De ses entrevues londoniennes et de son séjour gallois, Élie Halévy rapporte un journal de bord, des transcriptions d'entretiens, de la documentation et un sujet

---

1. Lettre à Louise Halévy, 13/12/1918, *in* Élie Halévy, *Correspondance et écrits de guerre 1914-1918*, Paris, Les Belles Lettres, 2016, p. 403.
2. Lettre à Xavier Léon, 19/03/1919, *in* Élie Halévy, *Correspondance, op. cit*, p. 442.
3. Lettre à Louise Halévy, 23/03/1919, *in* Élie Halévy, *Correspondance, op. cit*, p. 444.
4. Lettre à Louise Halévy, 30/03/1919, *in* Élie Halévy, *Correspondance, op. cit*, p. 445.

d'article portant sur la paix sociale en Angleterre et les Whitney Councils[1]. La correspondance permet de recomposer l'agenda des rendez-vous à Londres et l'itinéraire et l'emploi du temps des époux Halévy au pays de Galles : d'abord à Ebbw Vale et Pontypridd dans la Rhondda Valley (9-15 avril), les visites des mines et des hauts fourneaux avec leurs ouvriers et leurs syndicats ; puis à Cardiff (16-20 avril), les rencontres avec les universitaires et les mouvements d'éducation populaire ; enfin les enquêtes sur les docks et les coopératives (21 avril-6 mai) de Newport et Swansea, où Élie et Florence assistent au défilé du 1er mai, entre deux escapades au bord de la mer.

*Les notes et la documentation conservées dans ses archives témoignent de la méthode déployée par Élie Halévy à l'occasion de cette enquête de terrain où il s'improvise « observateur-participant ». Apprenti économiste, il est attentif à la productivité des mines, à la compétitivité du charbon et du fer gallois, au régime de propriété des compagnies et à la répartition de l'actionnariat au sein des entreprises de transformation. Démographe et psychologue, il se pose en observateur des mœurs locales et disserte sur les tempéraments et les relations anglo-galloises. Éducateur, il s'intéresse aux structures scolaires et universitaires ainsi qu'aux méthodes d'apprentissage et de formation continue qui caractérisent un système d'enseignement décentralisé contrastant avec la situation française. Sociologue des organisations, il se passionne pour les pratiques d'embauche, les rapports entre employeurs, ingénieurs et ouvriers, les arcanes de l'organisation syndicale, les mécanismes de régulation sociale (*Industrial Councils, Dispute Boards, Conciliation Wage Boards*) et les répertoires de l'action ouvrière. Historien social, il explique la conscience et la culture de la classe ouvrière (coopératives, écoles, éducation populaire, chorale, sport). Politiste, il observe les formes locales de la vie politique, associative et religieuse. Portraitiste et conteur, il restitue avec brio dans son journal de bord les décors et les situations, décrit les hommes, et transcrit en dialogues les propos recueillis lors de ses entretiens.*

Parti en pays de Galles à la recherche d'une potentielle « révolution bolchevique », Élie Halévy y constate certes une « fermentation ouvrière », caractérisée par la multiplication des grèves spontanées et des révoltes d'ateliers, mais n'y découvre que l'« absence d'un enthousiasme social

---

[1]. Élie Halévy, « La politique de paix sociale en Angleterre. Les "Whitley Councils" », *Revue d'économie politique* 33, 1919, p. 385-431, reproduit dans *L'Ère des tyrannies, op. cit.*, p. 150.

ou politique... » *Il s'interroge :* « Est-ce ici la flamme celtique ? » *Il s'étonne que les syndicats proposent des conférences sur la* « Bible et [le] bolchevisme », *que le défilé du 1ᵉʳ mai soit reporté au samedi 3 mai afin de n'entamer qu'une demi-journée de travail, ou encore qu'on qualifie de* « bolchevique révolutionnaire » *un homme qui attend de remporter la majorité aux élections pour faire la révolution ! Élie Halévy fait certes entrer sur la scène de l'histoire britannique un nouvel acteur : l'ouvrier, véritable* « roi du pays » *et* « personnage beaucoup plus important, dans le monde où nous vivons, que l'archevêque de Canterbury[1] ». *Mais il constate avec stupeur le* « conservatisme » *de la classe ouvrière, son* « bolchevisme atténué » *et le* « triomphe de la modération démocratique ». *En raison sans doute de l'influence* « des sectes protestantes toujours très forte » *(les* dissenters*) qui déteint sur les* « meneurs qui vont deux fois à la chapelle chaque dimanche ». *On retrouve là la théorie halévienne de l'influence modératrice de la religion en Grande-Bretagne. En raison également des divisions entre la base ouvrière et les représentants syndicaux,* « alliés du patronat contre l'insubordination ouvrière » *depuis la guerre.*

Devenu « enquêteur » *et parti au pays de Galles pour étudier la réception des nouvelles législations industrielles et sociales – rapport Sankey sur la nationalisation des mines et dispositif des* Whitley Councils *sur la conciliation et l'arbitrage –, Élie Halévy en revient avec la conviction de l'inutilité, voire de la non-pertinence du nouveau dispositif, comme il le soutiendra dans deux articles publiés en 1919 et 1922[2]. Inutiles, les* Whitley Councils *le sont par la mise en place avant et pendant la Grande Guerre de multiples dispositifs de négociation collective déjà opérationnels (*Wage Boards, Disputes Boards*) ; inutiles également par la représentativité limitée des appareils syndicaux dépassés par leur base radicalisée, ou encore par l'investissement alternatif des ouvriers dans la démocratie locale. Le rapport Sankey comme les* Whitley Councils *lui apparaissent également, au vu des appréciations portées par ses interlocuteurs, comme des contresens à plusieurs titres : d'une part, ils ne tiennent pas compte de la forte défiance de la classe ouvrière concernant l'implication de l'État dans les relations industrielles et sociales – qu'il s'agisse de négociations collectives ou de gestion directe d'entreprises à la suite de nationalisations – : le dirigisme et l'interventionnisme de l'État patron pendant la guerre ont laissé un mauvais souvenir. D'autre part, lorsque le rapport de force est favorable*

---

1. Lettre à Louise Halévy, 30/03/1919, in Élie Halévy, *Correspondance, op. cit*, p. 445.
2. Élie Halévy, « La politique de paix sociale en Angleterre. Les "Whitley Councils", *Revue d'économie politique*, juin 1919 ; et « État présent de la question sociale en Angleterre », *Revue politique et parlementaire*, juillet 1922.

aux ouvriers, comme c'est le cas chez les mineurs et chez les dockers, ces derniers préfèrent généralement la confrontation à la concertation : on ne peut donc nier la réalité de la lutte des classes...

Les textes ici retranscrits et reproduits sont conservés à l'ENS-Ulm, fonds Élie Halévy, carton 14-2.

Enquête sur le syndicalisme et le socialisme anglais : Londres et pays de Galles

18/03/1919, Londres
Entretien avec Alex Gossip, General Secretary, National
 Amalgamated Furnishing Trades' Association. [meubles]

Industrie du meuble – le syndicat date de 1865. Il a absorbé en 1902 le syndicat écossais. C'est *l'amalgamation* dont il est question dans le titre. Il a également absorbé un grand nombre de petits syndicats locaux. Il couvre actuellement toute l'étendue du R-U. 20 000 membres environ.

Beaucoup de grèves locales, avant la guerre. Une grève générale écossaise en 1898. Les patrons anglais en ont profité pour attirer les ouvriers grévistes, et l'industrie écossaise du meuble ne s'est pas relevée du coup qui lui a été porté par la grève générale de 1898. « *It is not what we looked for*, me dit Mr. Gossip, qui est écossais et a évidemment pris part à cette grève, *but we had to go on* » [*ce n'est pas ce à quoi nous nous attendions, mais il a bien fallu avancer*].

Un *Whitley Council* a été formé. C'est celui qui est désigné, sur la liste du 2 décembre, par la désignation « furniture ». L'*Interim Industrial Reconstruction Council* qui gouverne « Furniture, Warehousing and Removing » porte sur les déménageurs dont l'organisation syndicale est beaucoup plus lâche. Il y a un *National Council*, des *District Councils* en formation. Je lui demande s'il existe, ou si l'on songe à constituer, des *Workshops' Committees* [comités d'usines ou d'ateliers]. Ma question le prend visiblement au dépourvu. Ce n'est certainement pas, dans sa corporation, une question brûlante. Il se borne à m'expliquer qu'il y a, depuis longtemps, dans l'industrie du meuble, des *shop stewards* [représentants locaux], des *workshop delegates*. Élus par les ouvriers syndiqués de la maison, c'est eux qui récolent les membres pour le syndicat, perçoivent les cotisations, et souvent, en s'abouchant directement avec les patrons, rendent inutile le recours au bureau central du syndicat.

Mais il n'y a pas, dans la corporation, un mouvement organisé d'insurrection des *shop stewards* contre le bureau des syndicats, qui lui-même est de tendance assez révolutionnaire.

La corporation est « avancée ». Il y a longtemps que Gossip a pris part aux Congrès socialistes internationaux comme délégué de son syndicat. Et c'est l'amalgamation anglaise du meuble qui a pris l'initiative de l'organisation internationale des travailleurs du bois (*woodworkers*) dont le siège, avant la guerre, fut d'abord à Stuttgart, puis à Berlin. La conversation dévie ; et nous causons de ses relations internationales, avec les ouvriers de France et d'Allemagne. Il me parle avec admiration de l'organisation allemande. Il se rappelle un délégué français, au congrès corporatif de Copenhague, demandant que chaque syndicat national fût requis d'envoyer un rapport statistique complet sur les conditions de travail sur les conditions de l'industrie du meuble dans son pays. Un délégué réplique en exprimant, au milieu des... de l'auditoire, en expliquant son étonnement qu'une pareille proposition émanât d'un syndiqué français, car tout le monde savait que les syndicats français étaient incapables de fournir le travail demandé. À un autre congrès – à Stuttgart si je me rappelle bien, un congressiste français fit la joie de l'auditoire par un discours révolutionnaire : l'ouvrier français, c'était un *prancing galloping horse, whereas the English and the Germans plodded along like the oxen at the plough* [*un cheval lancé au galop et cabré, tandis que les Anglais et les Allemands avançaient laborieusement comme des bœufs attelés à une charrue*]. Ne croyez-vous pas, répliqua un Allemand, qu'il n'y aurait pas de mal à associer le labeur de nos bœufs avec la fougue de vos chevaux ? Le temps n'est pas si éloigné où les syndiqués français ne toléraient pas de *permanent officials*, à la tête de leurs corporations : le chef de syndicat devait travailler toute la journée, comme un simple ouvrier. Aucune arrogance patriotique, d'ailleurs dans les propos de M. Gossip. Si les Anglais ont pris les devants en matière d'organisation syndicale, c'est parce que le système des manufactures s'est développé d'abord en Angleterre. C'est un effet des circonstances, et non pas de soi-disant qualités inhérentes à la race.

Il y a donc un *Whitley Council* depuis l'année dernière, dans l'industrie du meuble. Mais Mr. Gossip ne manifeste aucun enthousiasme pour cette institution. Si on l'avait écouté, on n'en aurait pas formé. Mais le comité exécutif du syndicat, étant divisé sur la question, a soumis à la corporation, un « *unbiased statement* » [une motion impartiale] ; et la corporation, à une faible majorité, a voté en faveur de l'institution nouvelle. Maintenant qu'elle existe, il fera ce qu'il pourra, loyalement, pour qu'elle fonctionne d'une manière utile. Mais ses réserves persistent. J'ai cherché à connaître les raisons de sa défiance.

C'est d'abord l'argument socialiste classique. L'idée fondamentale du *Joint Industrial Council*, c'est une identité d'intérêts entre les employeurs et les ouvriers. Mais cette identité n'existe pas ; donc toute la politique des *Whitley Council*s est un pur [?].

J'insiste cependant. En admettant cette opposition d'intérêts entre le capitaliste et le salarié, et je suis disposé à admettre que sur bien des points elle est irréductible, faut-il dire qu'elle est absolue ? Qu'il n'y a pas des questions sur lesquelles patrons et ouvriers peuvent poursuivre des fins communes ? Il en convient, avec empressement. Il est très préoccupé, par exemple, du progrès technique, dans sa corporation. Il a suivi autrefois pendant de longues années, les cours des *London County Council Technical Schools*. Il faudrait relever le niveau de fabrication du meuble en Angleterre : et patrons et ouvriers syndiqués peuvent certainement se concerter en vue de la réalisation de cette fin.

J'insiste encore. Alors même qu'il y a opposition d'intérêts entre le patronat et le prolétariat, cette opposition d'intérêts ne peut-elle pas donner naissance à des négociations pacifiques ? – Bien entendu : il en a toujours été ainsi ; et il est désirable que cette pratique soit conservée. En ce moment même, le *Joint Industrial Council* tient des séances très fréquentes en vue de faire droit à de nouvelles revendications ouvrières : réduction de la journée de travail, avec relèvement proportionnel du prix du travail. – Avaient-ils, antérieurement à la constitution du *Whitley Council*, un *Wage Board*, un *Conciliation Board* ? Non – les *Whitley Council* ne vient-il donc pas, si j'ai bien compris son argumentation, combler une lacune ?

C'est alors que je comprends quelle est son objection de fond aux nouveaux conseils mixtes. Ils rapprochent les employeurs les uns des autres. Jusqu'à présent, dans l'industrie du meuble, les ouvriers étaient groupés, les patrons dispersés. L'avantage stratégique était du côté des ouvriers. L'État, par son intervention, a forcé les patrons à se grouper pour désigner leurs représentants dans les Conseils Mixtes ; il a donc amélioré leur position stratégique dans tout conflit avec les ouvriers. Il y a deux ordres de maisons dans l'industrie du meuble : les *wholesale dealer*s [grossistes] et les *retailers* [détaillants]. Les deuxièmes traitent, en général, leurs ouvriers d'une manière satisfaisante ; les ouvriers peuvent obtenir que leurs demandes soient écoutées. Dans les *wholesale firms*, au contraire, il y a beaucoup de surcating [?] Avant donc l'institution des *Industrial Councils*, des grèves partielles, ou des négociations partielles, étaient possibles ; et les ouvriers du meuble pouvaient gagner du terrain aux points de moindre résistance. Maintenant, il n'y a plus de possibilité que pour des mouvements globaux ; et sur toutes questions, chaque patron aura l'appui de tout le patronat. Déjà, depuis un an, bien des occasions ont été manquées d'obtenir satisfaction pour des revendications locales. Ils s'en rendent compte ; et Mr Gossip ne doute pas que, si l'on devait voter aujourd'hui, dans la corporation, sur la question de l'établissement d'un *Joint Council*, on ne trouverait plus la majorité – déjà bien faible – qu'on avait trouvé en 1917.

21/03/1919, Londres
Entretien avec M. Hoffmann, National Amalgamated Union of Shop Assistants, Warehousemen and Clerks [distribution]

Les bureaux sont très bien logés dans une maison (Dilke House) bâtie aux frais du syndicat. Le syndicat date de 1892. Il comptait, avant la guerre, 30 000 membres environ. La guerre lui a fait perdre beaucoup de membres anciens. Mais les gains ont été si considérables que l'on peut actuellement estimer à 100 000 le nombre des membres de la corporation. Il est ouvert aux salariés de tous rangs, et compte, par exemple, au nombre de ses membres, un *manager* qui touche £1 000 par an.

Cet homme parle bien, mais il parle trop. 24 heures après l'avoir écouté, beaucoup de choses qu'il m'a dites se sont envolées en fumée.

Deux groupes de syndicats ouvriers, diversement disposés à l'égard des *Whitley Councils*. Ceux qui sont hautement organisés : ils sont contre. Ils n'ont pas besoin de ce nouvel organisme. Ils s'adressent directement à l'État – cheminots, mineurs – et demandent la nationalisation. Ceux qui sont mal organisés : ils sont pour. Ils sentent que, par le fait de l'existence des *Whitley Councils*, leur organisation sera raffermie. Le *Whitley Council* est un appel à la syndicalisation.

Les patrons, de leur côté, sont partout favorables aux nouveaux conseils industriels. Ils y voient un moyen d'éluder le contrôle de l'État, par l'établissement d'un *Trade Board*, ou s'il y a un *Trade Board*, d'en compenser les inconvénients par une alliance corporative avec leurs ouvriers. Cette alliance prendra trop souvent la forme d'une entente contre le consommateur. Dans la poterie, dans le verre, les *Whitley Councils* existants sont imprégnés de protectionnisme.

Il n'y a pas encore de *Whitley Councils* chez les *Shop Assistants* : Mr. Hoffmann, partisan des *Whitley Councils*, ne croit pas qu'il puisse s'en constituer un avant quatre ou cinq ans. Ce qui est actuellement en question, pour tout le *distribution trade*, c'est l'établissement d'un *Trade Board*. Une réunion a eu lieu hier, au ministère. On y voyait, en face de l'*Amalgamated Union of Shop Assistants*, de la *Cooperative Employee's Union*, d'un ou deux autres syndicats, notamment de la *General Workers' Union*, dont certains membres, aux entreprises des docks, ont affaire à la distribution, des représentants bien disparates du patronat. À côté de Maple, de Selfridge, de Harrod, de Whiteley [*grands magasins*], on rencontrait les représentants de marchands ambulants de glaces à la crème, sous le nom philanthropique et pompeux de *Temperance Drink and Ice Cream Vendors Association*. Le syndicat des *shop assistants* demande un seul *board* pour tout le *trade*. Les patrons sont divisés : les épiciers, groupés dans une puissante fédération, demandent des *boards* de section. Les drapiers ou du moins le *National Drapers Chamber of Trade* sont disposés à accepter un *board* unique, dont la contribution acheminerait à la constitution ultérieure d'un *Industrial Council*. Remarquer la complexité du *Distribution Trade*. Telle maison, spécialisée dans le débit de la viande congelée, peut employer jusqu'à 700 ouvriers, tous employés à la même tâche. Telle autre, depuis Harrod jusqu'à l'épicerie du petit village, vend un peu de tout sous le même toit. Une grande commission d'études, comprenant vingt représentants du patronat, vingt représentants de la classe ouvrière, vient d'être nommée.

Par ailleurs, dans l'*Interim Industrial Council* ont été organisés dans certaines spécialités qui sont sur la frontière du *distributive trade*.

Par exemple

1° *Dress-making*. [*couture*] Beaucoup d'ouvrières, dans cette spécialité, si elles sont attachées à de grandes maisons, sont en même temps demoiselles de magasin. L'organisation a fait de grands progrès dans cette corporation depuis deux ou trois ans, et les conditions de travail ont subi une véritable révolution. Actuellement, journée de travail de 44 heures [*sic* : lire « semaine »]. Les patrons eux-mêmes ont poussé les ouvrières à l'organisation. La concurrence des unions de guerre était si forte, et les salaires qu'ils offraient étaient si avilis, qu'ils ne trouvaient plus de main-d'œuvre. Ils ont dû améliorer les conditions de travail afin de trouver du travail.

2° *Furniture Removal*. [*déménagement*] Cette corporation entre en contact avec de grands magasins, comme Maple's, Selfridge, et Whiteley's. Tous les salaires du temps de guerre ont été fixés par accord collectif. Les salaires ont été doublés, soit une hausse de 30 s. Les heures ont été limitées. Pour les salaires, il y a eu fixation, par district, d'un salaire minimum.

Mr Hoffmann me parle d'une députation mixte de patrons et d'ouvriers qui aurait été demander au ministère d'imposer l'acceptation de ces conditions aux patrons récalcitrants. Ce serait alors l'établissement d'un *Trade Board* ?

Ici donc l'organisation conduirait au *Trade Board*. Mais le phénomène inverse a été observé et le *Trade Board* a conduit à un progrès de l'organisation (exemple : *chain-making*).

Enfin, autre initiative qui constitue une demande collective des patrons et des ouvriers, semblable aux *Whitley Councils* : *Advisory Committees*, formés à Londres, pour l'éducation post scolaire des apprentis. On a obtenu à Londres, d'un certain nombre de patrons, l'envoi de tout ou partie de leurs apprentis, pendant 6 heures par semaine, prélevées sur leur temps de travail, de 14 à 16 ans : Debenhams envoie tous ses apprentis.

22/03/1919, Londres
Entretien avec William Banfield, General Secretary, Amalgamated Union of Operative Bakers, Confectioners, and Allied Workers [boulangers]

Le *Joint Industrial Council of the Bread Baking and Flour Confectionery Industry* [boulangers, patissiers] offre ce cas intéressant d'un *Council* qui est en voie de dissolution, moins d'un an après avoir été institué.

L'Union est vieille d'un demi-siècle environ. L'amalgamation a eu lieu en 1861, non pas entre diverses associations nationales de métiers, mais entre diverses associations locales qui groupaient déjà, avant l'amalgamation, les métiers groupés aujourd'hui dans le syndicat amalgamé. L'Union comprend actuellement environ 18 000 membres : à voir comment ses bureaux sont logés, on se rend compte qu'il ne s'agit pas d'un syndicat très considérable. À Manchester, à Liverpool, à Birmingham, à peu près tous les ouvriers de la corporation sont groupés dans la corporation. Mais il n'en est pas de même à Londres : il s'en faut de beaucoup. Dans les villages, les ouvriers, dispersés par petits groupes de deux à trois, sont impossibles à atteindre. L'Écosse a un syndicat spécial. L'*Amalgamated Union* ne couvre que l'Angleterre et le pays de Galles. Il semble que l'Irlande soit laissée en dehors : je n'ai pas songé à poser la question ; mais pas une seule fois au cours de la conversation, il n'a été fait allusion à l'Irlande.

Le syndiqué avec qui je m'entretiens est nettement favorable à l'institution nouvelle. Elle est favorable au développement de l'organisation patronale aussi bien que de l'organisation ouvrière. Il est partisan de l'une aussi bien que l'autre. Une forte organisation patronale est, sans doute, à certains égards, un ennemi redoutable quand on négocie avec elle. Mais une fois l'accord conclu, on est sûr qu'il sera respecté. C'est, comme je le lui fais observer et il en tombe d'accord avec moi, pour la même raison que les patrons commencent à être favorables à l'institution syndicale ouvrière, et ont, d'une manière générale, été très favorables à l'établissement des *Whitley Councils*.

En fait, me dit M. Banfield, « *we scored a point with the Whitley Councils* » [*on a marqué un point avec les Whitley Councils*]. Avant qu'ils fussent institués, l'association nationale des maîtres boulangers refusait d'examiner les conditions de travail : il n'y avait, dans la corporation, que des *Wages Boards* locaux. Une fois le *Council* institué, les représentants du syndicat patronal ont consenti à traiter sur ce point avec les représentants des syndicats ouvriers. Et un accord est intervenu qui a unifié, pour l'ensemble de l'Angleterre et du pays de Galles, le niveau des salaires dans la corporation, à raison de 2 l.st par semaine. Des *District Councils* seraient établis, qui prendraient la place, pour veiller au respect de l'accord, des *Conciliation Boards* antérieurement existants.

Je lui pose une question qui me trouve souvent. Le niveau des salaires, égal pour toute la nation, ne constituerait-il pas une inégalité aux dépens de certains ? Le coût de la vie n'est pas le même à Londres, et dans un village du pays de Galles : si, dans l'un et l'autre cas, l'ouvrier boulanger reçoit 3 l.st de salaire hebdomadaire, l'ouvrier gallois est avantagé par rapport à l'ouvrier londonien. Il me répond que la guerre a eu pour effet d'égaliser le coût de la vie dans toute l'étendue du royaume. Partout, même rationnement, même fixation des prix. Mais, en regardant le texte de l'accord qu'il m'a remis entre les mains, je vois que le problème n'est pas sans avoir embarrassé le rédacteur. Un double minimum de salaire est prévu, suivant qu'il s'agit d'une « aire industrielle » ou d'une « aire rurale » ; et ce sera au *Council* d'opérer la répartition de l'Angleterre en un nombre adéquat de régions qui seront les unes industrielles, les autres rurales. J'ai entre les mains les minutes de deux séances du Council, 12 nov. et 12 janv ; et je vois que cette répartition continue à être pour lui un sujet de préoccupation. Le Conseil est informé, le 12 janvier, que les patrons, à Taunton et à Weston-Super-Mare refusent d'accepter la décision du *District Council* qui classe ces deux localités comme étant « industrielles ». Le Conseil répond que le pourvoi n'est pas régulier ; que c'était par l'intermédiaire du *District Council*, et non directement, que la plainte devait les atteindre.

Cette petite question n'aura jamais été résolue, puisqu'au mois de février, les patrons ont provoqué la dissolution effective du Conseil. La plainte des patrons de Taunton et de Weston-Super-Mare laisse deviner que déjà, dans bien des endroits, les patrons se repentaient de la facilité, de l'optimisme, dont ils avaient d'abord fait preuve. Les *Whitley Councils*, commençaient-ils à dire, n'ont rien fait pour les patrons ; ils ont tout fait pour le Travail. Voici comment la querelle a éclaté.

1° Poursuivant la politique d'accords nationaux entre patrons et ouvriers, le syndicat, non content d'avoir obtenu un salaire minimum uniforme, demandait l'abolition du travail de nuit. Il avait élaboré tout un plan, qui permit aux ouvriers d'être affranchis de ce travail sans gêne pour le consommateur ; et il avait obtenu la ratification de son plan par le Conseil. Mais le syndicat patronal refuse de s'incliner devant la décision prise dans le Conseil par ses représentants. Que valent alors les décisions des *Councils* ? Rien, me déclare M. Banfied, si nous n'obtenons pas qu'elles aient force de loi. Et les ouvriers commencèrent à organiser une agitation en vue d'obtenir cette nouvelle réforme.

2° Il semble cependant que les patrons n'aient pas voulu rompre sur cette question. C'était trop manifestement déclarer la guerre aux ouvriers.

Mais ils étaient en instance pour demander une autorisation de relever le prix du pain ou de la farine : car le coût de production avait beaucoup augmenté depuis que le prix du pain avait été fixé en septembre 1917 ; et il est probable que, dans leur pensée, le relèvement des salaires n'était pas sans avoir contribué à cette hausse du coût de production. Le *Ministry of Food* refusa de faire droit à cette demande. Ils envisagèrent, en manière de protestation, de se mettre en grève : ils renoncèrent cependant à aggraver, par une menace aussi brutale, le malaise industriel ; mais ils décidèrent 1° de ne plus prendre part à aucune conférence avec aucun service ministériel ; 2° d'interdire à leurs représentants de siéger dorénavant soit dans le Conseil industriel soit dans les Conseils de District.

On ne peut pas dire que, par le fait de cette décision, le Conseil industriel ait été complétement détruit. Car ni le syndicat patronal écossais ni les sociétés coopératives de consommation n'ont retiré leurs membres. Mais il n'en subsiste que des ruines ; et, pour l'instant, M. Banfield ne voit pas d'issue à la crise.

Pourquoi, me demande-t-il, les patrons, au lieu de se retirer brutalement, n'ont-ils pas porté cette question elle-même devant le Conseil Industriel ? C'est, répond-il, qu'ils auraient été amenés par là à fournir aux représentants ouvriers tous les éléments du problème, à leur révéler les secrets de leur comptabilité, à établir dans l'industrie une espèce de *joint control*. De sorte qu'on saisit bien ici sur le vif les deux tendances contraires. Les patrons, se voyant condamnés, par les circonstances économiques, à perpétuellement relever le niveau des salaires, espèrent utiliser les *Whitley Councils*, en vue d'un relèvement parallèle de leurs profits : chaque industrie, gouvernée par son conseil mixte, sera une espèce de corporation fermée, à l'intérieur de laquelle patrons et ouvriers se mettront d'accord pour exploiter le public. Les ouvriers, de leur côté, voient dans les *Whitley Council*s le moyen d'obtenir ce que leur *Wages Boards*, leur *Conciliation Boards*, ne leur donnaient pas, une participation à la direction commerciale de l'entreprise. Ces deux tendances sont exclusives l'une de l'autre. Elles se contredisent l'une l'autre. C'est cette contradiction qui a provoqué la ruine du *Council* des boulangers. Premier exemple de la disparition d'un *Council*. Il faut tenir compte du fait que ce *Council* avait été un des premiers à se constituer.

Pas un mot sur la question des *work's committees* [conseil d'usine/d'atelier]. Il y a des extrémistes dans la corporation, mais ils ne sont pas gênants. Ce sont des jeunes gens ; et M. Banfied penserait comme eux s'il était plus jeune.

24/03/1919, LONDRES
ENTRETIEN AVEC F. BRAMLEY, TRADE UNION CONGRESS

Hostile aux *Whitley Councils* parce qu'il se défie des *shop stewards* [*représentants syndicaux locaux*] et des *Works Committes* [*comités d'usine/ d'atelier*], qui vont leur donner, par rapport à leurs *Trade-Unions*, une autonomie dangereuse, et que les patrons ont intérêt à favoriser. Toutes les questions relatives aux conditions de travail sont des questions compliquées, qui, dans l'intérêt de la classe ouvrière, doivent être examinées d'ensemble, par les *officials* du syndicat national. Ce sont les patrons qui ont intérêt à ignorer le syndicat et à régler ces questions chacun chez soi, avec ses ouvriers.

J'enregistre cette objection telle quelle. Mais elle m'étonne. Je ne l'ai entendue énoncer sous cette forme par personne. Je connais bien l'antipathie des syndicats à l'égard des *shop stewards* rebelles, mais c'est la première fois que j'entends présenter ceux-ci comme des alliés, presque conscients, du patron. Je pense qu'il s'agit d'un argument politique, destiné à perdre les *shop stewards* dans l'opinion de la classe ouvrière.

Je parcours avec lui la liste des *Joint Standing Industrial Councils*, mise à jour le 22 mars. Il ressort de cet examen rapide que ces *Councils* affectent en général des petites industries, laissant en dehors les grandes corporations.

Je lui demande pourquoi certaines restent divisées alors qu'elles pourraient s'unir. *Furniture* [meuble] avec *Building* [construction] par exemple. Il me répond en me donnant un tableau, fort instructif, de l'organisation des travailleurs du bois (*woodworkers*).

Liste (7 groupes) du tableau
1- *Amalgamated Union of Carpenters, Cabinet Markers, and Joiners*
2- *General Union of Carpenters and Joiners*
3- *Amalgamated Furnishing Trades Association* (qui comprend Cabinet Makers, Woodcarvers, Chair makers, french polishers, upholsterers, and some wood cutting machinists)
4- Wood cutting machinists (9 à 10 000 membres)
5- Coach makers, 2 Unions
6- Pattern makers, une Union
7- Wheelwrights (Union closely allied to coach-makers)

Tout cela pourrait rentrer dans les industries du bois – les *joiners*, les *furnishing workmen* rentrent dans le *Building*. Encore faut-il faire rentrer dans la catégorie de l'*Inside Furnishing* les *glass-workers* et les *stone-carvers*, et ajouter, pour compliquer les choses encore, que certains ouvriers sculptent alternativement la pierre et le bois.

La *Furnishing Trades Association* était seule affiliée à l'Association internationale des travailleurs du bois. La *General Union of Carpenters and Joiners* était sur le point de s'y affilier quand la guerre a éclaté.

Le bureau de cette association internationale était à Berlin. Mr. F. Bramley me donne des chiffres qui me font sentir quelle place importante Berlin avait prise au centre du mouvement corporatif. Je redemanderai les chiffres exacts que j'ai eu le tort de ne pas noter. En gros, il y avait 70 associations internationales, sur lesquelles 40 avaient leur siège à Berlin (ou en Allemagne ?) et 3 seulement en Angleterre.

Plusieurs des Conseils ont été formés dans de petites corporations auxquelles la guerre a conféré une prospérité artificielle et qui cherchent à se préserver de la ruine par un accord entre employeurs et ouvriers.

Packing Case Makings, fabrication de boîtes pour les munitions.

Road Transport. Mr. Bramley suppose qu'il s'agit de conducteurs de camions automobiles pour les besoins des industries de guerre, etc.

Tin Mining. Les mines d'étain de Cornouailles, en décadence avant la guerre : l'exploitation en était trop peu rémunératrice pour qu'elles puissent soutenir la concurrence étrangère. Elles ont ressuscité pendant la guerre. Elles demandent à être protégées, et à ne pas périr une seconde fois.

M. Bramley, catégoriquement, ne croit pas à l'avenir des *Whitley Councils*. Les fonctions nouvelles que l'on veut assigner aux représentants des *TU* ne rentrent pas dans leurs attributions. La fonction du *trade-union leader*, c'est de défendre les intérêts des ouvriers contre les patrons. Il est l'avocat des ouvriers : on pourrait aller jusqu'à dire qu'il n'a pas le droit de considérer, dans chaque cas, si les ouvriers ont « tort » ou « raison ». Il est leur plaideur attitré. Vouloir que, par-dessus le marché, il devienne, comme représentant de la classe ouvrière, l'associé du patron dans la gestion de ses affaires, c'est lui demander plus qu'il ne peut faire.

Il n'a pas le temps. Il est déjà surmené. Les ouvriers ne tolèrent pas de gros états-majors, et exigent de leurs chefs un service très dur.

Il sortirait de son rôle, et les ouvriers ne lui pardonneraient pas. Il serait fatalement amené, un jour ou l'autre, à expliquer aux ouvriers que leurs demandes ne sont pas raisonnables ; il cesserait donc d'être ce qu'il est, par essence, l'avocat de la classe ouvrière. Rôle difficile des syndiqués que les coopératives placent à la tête de leurs fabriques : ils sont condamnés, par leur situation, à parler à leurs ouvriers le langage de véritables patrons, quelle n'est pas leur impopularité !

Il est d'ailleurs chimérique de croire que les patrons s'accommoderont de cette collaboration. Bramley participe en ce moment aux travaux de l'*Industrial Conference*. Les patrons ne veulent pas admettre même le droit à l'accès aux syndicats pour ceux qui, à leur service, occupent ce qu'ils appellent la *position of confidentiality*, pour les caissiers [*trésoriers ou comptables*] par exemple, pour ceux qui connaissent les secrets de leur *trade*. On voit combien ils sont éloignés de révéler ces secrets aux représentants élus du syndicat.

Je lui fais observer que cependant, si les chemins de fer, les mines, sont nationalisés, il faudra bien aborder la question, et faire participer les ouvriers à la gestion des entreprises. Les ouvriers eux-mêmes le demanderont. Bramley en convient, mais prévoit bien des difficultés. Si, dans le Conseil de direction, les représentants des ouvriers tiennent compte des observations des représentants des consommateurs et des représentants du gouvernement, les ouvriers les considéreront comme des traîtres. Et visiblement Bramley considère qu'ils auront raison. J'ai l'impression, en l'écoutant, que le syndicalisme ouvrier, tel qu'il l'entend est une institution conservatrice du capitalisme. Le moi a besoin, pour se poser, d'un non-moi auquel il s'oppose. Le salariat, de même, d'un capitalisme. Que le capitalisme vienne à disparaître, et les syndicats, avec cette force de résistance à leurs revendications, perdront leur point d'appui. Ils tomberont en quelque sorte dans le vide. Je n'ai pas l'impression que Bramley, vivant dans l'atmosphère de la lutte de classes comme dans son élément, soit impatient de voir s'ouvrir l'ère du socialisme. Il sera, ce jour-là, sans carrière.

Note. Le *Daily Express* a lancé en 1900 l'idée d'un *Parliament* mi-partie patrons, mi-partie ouvriers. L'*Industrial Council* de 1911 (?) avait pour objet de mettre à l'étude la législation des accords syndicaux. Voir congrès syndicaux de Newport et de Manchester.

29/03/1919, Londres
Entretien avec Walter J. Baker, Parliamentary Secretary of Postal and Telegraph Clerks' Association [postes]

Le gouvernement, après avoir encouragé le patronat à former des *Whitley Councils* semble répugner à en former dans ses propres administrations.

Pour ce qui est des postes et télégraphes, la question est à l'étude. Les postiers ont élaboré un schéma. L'administration va, de son côté, donner sa réponse, d'ici une semaine. Le rapport ne sera pas vraisemblablement de nature à donner satisfaction aux postiers. L'administration est nettement hostile au projet. Il y a un an, le *Postmaster General*, causant de la chose avec le principal *Labour Leader* lui disait : « adopter votre projet, ce serait aller droit au *guild socialism* ». M. Baker n'en disconvient pas, et a toute confiance dans le succès final de ses démarches. Quand ? Nul ne saurait le dire, tout dépend de la tournure que vont prendre les choses après le rétablissement définitif de la paix.

Je demande quelques explications sur l'organisation syndicale dans les postes. Il y a deux grands syndicats : le *Postal and Telegraph Clerks Association*, celle dont il est le secrétaire parlementaire – elle date de 1881 – et la *Postmen Federation*. Elles vont bientôt être amalgamées, et compteront à elles deux environ 75 000 membres. Elles peuvent aspirer à un effectif de 100 000 membres. Mais il y a encore à tenir compte de 68 petits syndicats : le plus grand compte 7 000 membres ; d'autres n'ont pas plus d'une centaine de membres. Je demande s'il s'agit de petites sociétés locales. Pas nécessairement. Plusieurs sont des *craft societies*, limitées à une spécialité, et qui, bien que ne comptant pas plus de 120 à 130 membres, sont « nationales » par leur extension. Pour l'instant, le seul lien entre ces divers syndicats, grands et petits, c'est un *National Joint Committee*, qui les réunit presque tous, qui ne constitue pas une fédération au sens propre du mot, dont les membres ne collaborent que par l'effet d'un consentement mutuel. Pas de fonds régulièrement constitué : quand le *Committee* manque d'argent, le *Treasurer* fait appel aux diverses sociétés constituantes. Dans ce *Committee*, chaque syndicat dispose d'une voix, ce qui donne aux petites sociétés un avantage ridicule. Une proposition vient d'être faite qui consisterait, dans toute représentation collective des postiers, à accorder 6 voix aux deux grandes sociétés qui vont bientôt être amalgamées, et 4 à toutes les autres. Elles seraient encore traitées avec beaucoup de générosité, mais ne pourraient plus imposer leur volonté aux représentants des deux grandes sociétés.

Les syndicats de postiers ont eu des débuts difficiles. On ne reconnaissait pas aux employés des postes le droit de former des syndicats ; on envoyait des agents espionner leurs réunions, rapporter leurs discours. Il y a plusieurs années qu'ils ont obtenu le droit de faire des représentations sur toutes les questions, exception faite pour celles qui portent sur la discipline et sur l'avancement.

La guerre a provoqué, pour l'administration des postes comme pour tous les départements administratifs, la formation d'un *Arbitration Board*, ayant pour objet la fixation des salaires. Le *Board* se compose 1/ d'un président « impartial », Sir Wm. Collins, 2/ d'un représentant du travail, 3/ d'un représentant des employeurs. M. Baker ne croit pas au « président impartial ». Il reconnaît, cependant, que l'*Arbitration Board* a fonctionné à la satisfaction des intéressés. Mais que va-t-il arriver si, ce printemps, le *Board* décide de faire baisser les salaires en proportion de la baisse du coût de la vie ?

Voilà quel est, en ce qui concerne l'organisation future du *Whitley Council*, le schéma de l'association.

À la tête, un Conseil national. Il représentera les cinq « *departments* » ministériels ; deux employés par département, soit au total 10. Un problème se pose, quand il s'agit d'un département administratif, qui ne se pose pas quand il s'agit d'une industrie privée. Supposons que le Conseil décide d'une augmentation de salaires. Ce ne sont pas des « patrons », représentés au *Council*, qui feront les frais de l'augmentation des salaires. C'est le public, et le Trésor a le droit d'opposer son veto. Les ouvriers espèrent obtenir un développement du contrôle parlementaire, et la constitution de commissions parlementaires pour contrôler les dépenses de chaque ministère. En attendant, et tant que le Trésor conservera ses pouvoirs actuels, les ouvriers demandent qu'il soit représenté dans le *Council* du côté où siègent les représentants de l'administration. Pas de président impartial, il n'y a pas de président impartial. Pas de vote à la majorité : les représentants de l'administration feront toujours bloc, et, pour mettre les choses au mieux, empêcheront toujours une décision favorable aux ouvriers d'être prise. Mais deux présidents, et deux secrétaires, respectivement élus par les deux moitiés de l'assemblée, et ne pouvant prendre de décisions que par consentement mutuel.

Le pays postal étant divisé en un certain nombre de *survey areas*, chaque région constituera un district, et aura son conseil, où les représentants des employés seront au nombre de cinq. Mais tandis que les représentants des employés, au Conseil national devraient être élus au scrutin secret par la corporation tout entière (par le syndicat – mais pratiquement tous les employés des postes sont affiliés à un syndicat), cette méthode serait dangereuse quand on voudrait l'appliquer aux districts. Les districts, abandonnés à eux-mêmes, feraient de mauvais choix ; et par la suite l'administration tirerait argument de mauvais résultats de l'expérience pour travailler à ruiner les *Councils* dans l'opinion publique. On demandera aux « branches » en d'autres termes, aux centres syndicaux locaux de « nommer » des candidats : et sur la liste des candidats ainsi obtenue, c'est le comité exécutif central du syndicat qui fera le choix. Voilà les vues d'un *Trade Union Leader* : je voudrais savoir comment est prise, en bas, cette défiance à l'égard des électeurs ouvriers des districts.

Resteraient ensuite à constituer les *office committees*. Sur ce point, aucun plan n'a été élaboré, et pour cause. L'application souffrira toutes sortes de difficultés que, dès à présent, l'on prévoit, mais qui n'apparaîtront clairement qu'à l'usage. Quelles difficultés ? M. Baker me donne un exemple. Sans parler des bureaux de village, où il n'y a pas assez de personnel pour constituer un *committee*, il en est d'autres, un peu plus importants où le personnel dirigeant est constitué par un *postmaster*, assisté peut-être d'un *overseer*, qui n'est qu'un simple *foreman*, et qui souvent cumule des fonctions de travailleur avec ses fonctions de surveillant. L'administration n'aimerait pas à le mettre, dans le Conseil, du côté de l'administration, à bien des égards il faudrait le ranger plutôt dans la classe ouvrière. Comment constituer le côté administration du *local committee* ? On verra. Il faut compter sur le temps et la liberté.

Sur la situation en Angleterre, M. Baker est optimiste. Les traditions de l'Angleterre sont pacifiques. Jusqu'ici, il n'y a pas eu de <u>désordres</u>, au sens propre du mot.

Discrédit du Parlement. Tendance à ne pas permettre à un *Trade Union Oficial* de conserver ses fonctions s'il devient MP [Member of Parliament]. Smillis a dû renoncer à sa situation parlementaire pour rester chef de son syndicat. Il paraîtrait qu'une même pression s'exercerait sur les chefs de l'N.U.K.

10 et 11 avril 1919, Ebbw Vale,
Ebbw Vale Steel, Iron and Coal company

Elle fait partie du syndicat T. Benyon and C°. Mais je n'ai pas réussi à bien comprendre, par ma conversation avec un des ingénieurs locaux, quelle était la nature de ce syndicat. Il m'a dit qu'il croyait qu'il s'agissait d'un simple syndicat de vente. Était-ce ignorance feinte ? Mais je commence à connaître cette extraordinaire « stupidité » anglaise, qui a si bien réussi à la nation en politique comme en affaires. Il est parfaitement possible que le capitaine Browne, qui dirige la cokerie et le *by-products department* [*produits dérivés*] de l'entreprise d'Ebbw Vale, n'ait vraiment jamais eu la curiosité de savoir quelle était la nature du syndicat pour lequel il travaillait.

Domaine de la compagnie :

1/ À Trevil au Nord sur les hauts plateaux, *limestone quarriers.*

2/ Dans toute la vallée qui environne Ebbw Vale, et dans la vallée presque parallèle de Blaina et de Nantyglo, mines de charbon et de fer. Le fer était surtout extrait dans les couches supérieures, au sommet des collines qui dominent ces deux vallées. L'extraction a cessé d'être rémunératrice. Le minerai que l'on travaille ici avec le charbon local est espagnol. Bientôt il viendra du Northamptonshire, où la C° est en train d'aménager une nouvelle exploitation qui sera une exploitation modèle. Je me rends compte de l'avantage que présentera pour les hauts fourneaux d'Ebbw Vale cette nouvelle exploitation quand je constate que tous ces hauts-fourneaux chôment depuis quinze jours, ne produisent plus ni fer ni acier, le minerai espagnol ne vient pas.

3/ À Pontypridd et à Abersdare (?), on extrayait le fer il y a cinquante ans : on extrait encore le charbon ? Mais l'Ebbw Vale n'a que la propriété de ce domaine : l'exploitation est affermée à une autre compagnie.

4/ Abertillery, mines de charbon.
5/ À Pantypwdyn, *Tube Works*.
6/ À Newport, *Wharves*.

La Compagnie fabrique ses briques, sur place, et à si bon compte que, dans ce pays de montagnes où la pierre abonde, toutes les maisons sont bâties en briques.

Les mines du Northamptonshire donnent actuellement 500 tonnes de minerai par semaine. Elles donneront bientôt, quand elles seront en pleine exploitation, 12 000 tonnes. Elles ont été achetées au début de 1915, à la suite de négociations, qui avaient été ouvertes avant la guerre.

Charbon extrait ici : *steamless coal*, comme dans toute cette région du Monmouthshire

Moins riche en sous-produits que le charbon des *Midlands*. Voici les chiffres qui me sont donnés

Western Coal :	Midland Coal:
Benzol, 1 gallon per ton of coal carbonised	Benzol, 3 – 3,5 gallons per ton of coal carbonised
Sulfate of amm, 21	Sulfate of amm, 35 lb
Tar 2,4 percent	Tar 5 percent
= 4 gallons	= 9 gallons

Patrons et ouvriers. J'ai une entrevue, sous l'œil de deux ingénieurs de la compagnie, avec deux secrétaires locaux de syndicats. Les deux ingénieurs ont offert de se retirer, et de nous laisser causer librement. Ce sont les syndiqués qui ont dû insister pour que les ingénieurs assistent à la conversation. Les deux ouvriers étaient Mr Carter, agent, pour ce district de la *Blast Furnacemen of England* and *Wales Federation*, et Mr Griffiths, *second in command* du syndicat local des mineurs. L'agent en chef est à Londres, où de grosses questions se débattent entre les mineurs, le gouvernement, et les propriétaires d'usines.

Ces deux syndiqués, l'un vieux (le *Blast Furnacemen*), l'autre jeune, sont des modérés, indifférents et presque hostiles à la nationalisation des mines. Si elle doit avoir lieu, ils veulent que toutes précautions soient prises pour empêcher, par un contrôle rigoureux sur la gestion, que les ouvriers soient exploités comme le sont les employés des postes.

Je demande comment concilier la renommée révolutionnaire de l'ouvrier gallois avec la modération évidente des mineurs qui le représentent, soit au Parlement, soit à la tête de la Fédération des mineurs. Les explications qui me sont données sont exactement celles qui me seront données le lendemain à Pontypridd et que j'ai déjà résumées. Les petits groupes d'ouvriers organisés en loges, contre la masse ouvrière représentée par les agents de districts. Si le vote à Cardiff avait été un *card vote*, le résultat aurait été tout autre : mais on a voté à raison d'une voix par *lodge*, et c'est ce qui a tout faussé.

Cela dit, les deux syndiqués ont reconnu que le travail est dérangé, à Ebbw Vale, par de perpétuelles grèves, des grèves irrégulières le plus souvent, qui éclatent sans l'assentiment et quelquefois malgré la désapprobation formelle des chefs de syndicat. Mr Carter, au moment où je l'ai vu, venait de régler une affaire de ce genre. La grève (intéressant une trentaine d'ouvriers) avait éclaté sans l'aval du syndicat. Les grévistes avaient voulu négocier directement avec la Compagnie sans passer par l'intermédiaire du syndicat. La compagnie s'y est obstinément refusée ; et l'affaire s'est réglée, jeudi, à l'amiable entre Mr Carter et le représentant de la Compagnie – réglée, pour autant que j'ai pu comprendre, sur le dos des mineurs de la grève. C'est ainsi qu'à l'heure actuelle, après avoir lutté pendant tant et tant d'années pour obtenir d'être « reconnus », les syndicats ouvriers sont maintenant les alliés du patronat contre l'insubordination ouvrière.

Que pensent-ils donc les uns et les autres des *Joint Industrial Councils* ? Explosion générale de scepticisme, d'ironie. Et cependant, ici encore, quelque chose a été fait, ou est en voie d'être faite. Immédiatement après l'armistice, Mr Mills a suggéré la formation d'un *Joint Council* local, où siégeraient, en face des représentants du patronat un nombre égal de représentants de tous les syndicats qui groupent les ouvriers de la compagnie. Ce serait, si je comprends bien, un *Works Committee* sur une vaste échelle. Il n'aurait que des *advisory powers*. Une réunion a eu lieu vers Noël ; et c'est seulement une difficulté juridique, tenant aux statuts d'un des syndicats (l'*Iron and Steel Federation*) qui a empêché la chose d'aboutir. Rien ne dit qu'elle ne sera pas reprise. À Blaenavon, la même idée a été lancée.

Le Général qui commande à Newport demande au propriétaire de Ebbw Vale de l'aviser à temps quand il devra donner à ses soldats des instructions en vue d'une grève. On lui répond : « *donnez à vos troupes des instructions permanentes en vue de quatre grèves. Car il y a toujours en moyenne quatre grèves dans nos établissements* ».

À côté des cokeries s'élèvent d'énormes *bunkers*, des réservoirs à charbon. C'est la poche d'eau du chameau, qui permet à celui-ci de traverser le désert. On dispose ainsi toujours d'une réserve à charbon à verser dans les fours à coke : s'il y a grève, il y a quelque espoir que les fours pourront continuer à fonctionner jusqu'à la fin de la grève.

Pendant que nos syndiqués de nuance modérée me donnent leurs renseignements, ils ne me disent pas, et leurs employeurs qui assistent à l'entretien, ne me disent pas non plus qu'il y a *meeting*, à Ebbw Vale, des ouvriers de la fonderie. Ils protestent contre l'arrêt des fourneaux, accusent les patrons de cacher – Dieu sait pourquoi – du minerai de fer, et votent, pour finir, à l'unanimité, une résolution demandant la nationalisation de la fabrication de l'acier.

Politique locale – pas d'aristocratie locale. Il n'y a jamais eu de *squire* dans cette grosse agglomération ouvrière, née de la mine là où il y avait auparavant le désert et la montagne. Pas de clergé officiel : les *dissenters* sont en majorité écrasante, les 90 % de la population sur lesquels 70 % pratiquent leur religion. Il y a <u>environ</u> 30 chapelles, contre 3 églises anglicanes et une église catholique (dans le quartier irlandais).

Les *managers* de la *Company* : ils sont trois, sont la véritable aristocratie locale. Mais c'est une aristocratie qui n'a pas, et se résigne à n'avoir pas d'influence politique. Ces trois *managers* sont des Anglais, ne visent qu'à vivre en paix, au milieu de la population <u>étrangère</u> dont ils se trouvent entourés. Ils ont pour le Welche le mépris de l'homme silencieux pour l'homme qui parle, de l'homme immobile pour l'homme qui gesticule – ou agirait volontiers –, de l'homme du Nord pour l'homme du Midi, étant entendu qu'il s'agit ici de latitudes morales, non géographiques. Ils me frappent d'ailleurs par leur ignorance, leur insouciance à l'égard de ce qui se passe politiquement dans le monde. À moins qu'ils ne soient prêts, sans le dire, à devenir de simples fonctionnaires dans une industrie nationalisée et démocratisée, et ne plaident que pour la forme la cause du patronat, on a l'impression nette, en les écoutant, qu'on assiste à la décadence d'une classe.

Le MP, depuis de longues années, est T. Richards, un vieux mineur toujours réélu sans opposant, et qui le sera jusqu'à sa mort. La compagnie est en excellents termes avec lui. Un représentant ouvrier de nuances modérées, c'est encore la meilleure solution du problème politique pour un employeur d'aujourd'hui. Il est débarrassé de tout souci électoral ; les ouvriers n'emploient plus la grève, la grève industrielle, en vue de la conquête du pouvoir politique ; et le parlementaire ouvrier, désabusé par l'expérience, devient le meilleur allié du patronat pour la solution à l'amiable des questions dangereuses.

La conquête des pouvoirs publics est en voie de s'achever par la conquête des assemblées locales. Après quatre années de suppression de toute élection, on vient de procéder à la réélection des *Urban District Councils*, qui sont de véritables conseils municipaux. Avant les élections qui viennent d'avoir lieu, il y a trois jours, il y avait dans le *District Council* d'Ebbw Vale, 8 *trades-men* contre 7 *labour men* ; et déjà le *chairman* était un ouvrier. Il y aura désormais 15 *labour councillors* contre trois conseillers bourgeois (deux *trades men* et un *school master* en retraite).

11 avril 1919, Ebbw Vale,
M. Carter, district agent de la Federation of Blast Furnacemen of England and Wales.

Districts de l'*Iron and Steel Federation.*
Je sens, en l'écoutant, qu'il y a guerre ouverte entre cette *craft union* [*syndicat de métier*] et le grand syndicat qui voudrait absorber toute la métallurgie. Carter m'explique ce à quoi il s'oppose dans le *Iron & Steel Federation*. C'est sa constitution aristocratique. La constitution de *Blast Furnacemen* (il s'agit des hommes qui transforment le minerai de fer en *pig iron*) est strictement fédérale. Chaque district [5 districts : East, West, Midlands, Stafford, South West] élit un agent et un secrétaire ; et d'autre part, dans chaque district, les « branches » élisent chacune un délégué, et les délégués se réunissent trimestriellement en *council* (*quarterly council*). L'agent et secrétaire sont soumis au contrôle de ce conseil ; et il n'y a à la tête de la fédération que la réunion des agents de districts. Il est possible, d'ailleurs, qu'il y ait bientôt amalgamation.

12 avril 1919, Pontypridd
M. Ben Davis, Miner's Agent pour le district de Pontypridd

Pontypridd est une grosse agglomération, dans la Rhondda Valley, de 43 000 habitants. Mr Ben Davis représente environ 10 à 12 000 mineurs. Rendez-vous avait été arrangé entre lui et moi par Mr Batenon, clerk de Th. Richards à Cardiff. Je le trouve sur le seuil de son bureau, et nous nous dirigeons ensemble vers les bureaux des plus importants charbonnages de Pontypridd, la *Great Western Colliery C°*. Chemin faisant, nous causons.

Je lui demande de m'expliquer le mystère des dernières décisions prises par les mineurs gallois. Le comité exécutif pour l'ensemble de la Grande-Bretagne décidant de conseiller l'acceptation des conclusions du *Sankey Report*. La conférence de Cardiff refusant d'accéder à ce conseil, préconisant la non-acceptation et la grève. Les mineurs, au scrutin secret, mercredi et jeudi dernier, à une majorité écrasante dans tous les districts de South Wales votant pour l'acceptation. C'est que, me répond Mr Davies, les membres du comité exécutif sont des chefs responsables, qui représentent vraiment la masse des mineurs ; ceux qui se sont réunis à Cardiff représentent des minorités violentes. Dans le district de Pontypridd, Mr Davis est l'agent élu de plus de 10 000 mineurs. Mais, dans ce même district, dont il est le seul représentant, il y a quinze « branches » ou « loges » distinctes. Aux meetings de ces loges, n'assistent pas les mineurs sérieux ; sont alors élus les enthousiastes, les violents. Il arrive alors ce qu'il arrive dans les périodes d'agitation qui précédent une élection. On se grise de ses propres paroles ; on se persuade que tout le monde pense, sent comme vous pensez ; ou, à tout le moins, que tout le monde devrait penser, sentir comme vous pensez. Mais vient le jour de l'élection définitive. Ceux qui votent ce jour-là, ce n'est plus le public spécial et restreint des *meetings*, c'est tout le monde ; et le résultat est bien différent de celui qu'escomptaient les mineurs. Ce sont ces meneurs, les représentants des « loges » qui siégeaient à la conférence de Cardiff ; et il est probable qu'ils croyaient sincèrement représenter la majorité des mineurs gallois. Les résultats du vote de cette semaine ont prouvé qu'ils commettaient une lourde erreur.

Et puis, ces gens-là sont des pacifistes, ils ont fait tout ce qu'ils ont pu pour que la guerre fût perdue. Ils se vengent de leurs déboires. Tirade patriotique – et monarchique. Mr Ben Davies a passé treize ans aux États-Unis : il sait ce que vaut le régime républicain et n'en veut pas pour l'Angleterre. Il ne veut pas d'ailleurs qu'on confonde l'Empire britannique avec l'Empire allemand, ou autrichien ou russe. Le roi d'Angleterre n'est pas un autocrate ; il n'a ni le droit ni le pouvoir de « *dabble in politics* » [se mêler de politique]. À quoi sert-il alors ?

Mais voici que nous accostons un vieillard à barbe blanche, un des balayeurs de la ville. Botté, un balai à la main, il nettoie la chaussée. C'est, m'explique Mr Davies, un ancien mineur, qui fut en son temps un *district councillor*. Et Mr Davies explique au vieux balayeur, en lui parlant d'abord gallois, puis anglais, que je suis un gentleman français, venu ici, etc. etc. « Un Français s'écrit le balayeur, ah, quelle grande nation que la France ! La France est une république ! » Mr Davies coupant, et nous poursuivons notre promenade, sur ce rapide éclair de républicanisme populaire.

Les bureaux de la *Great Western Colliery C°*, au centre des charbonnages : quatre puits de ce côté de la ville ; trois de l'autre côté. La production est de 1 000 000 tonnes par an. La C° s'est tenue à l'écart des trois grands combinés qui se sont formés dans les charbonnages du South Wales.

Le domaine de la compagnie comprend :

1/ les mines comprises dans la vallée de la Rhondda, ceux d'ici, et celles qui sont situées plus bas dans la vallée, Maritime Pit et Pentyrch (dans ce dernier, on extrait surtout des *household coals*, pour le chauffage des maisons d'habitation)

2/ les mines de Llantwit : une nouvelle entreprise qui s'étend sur une superficie plus vaste que les mines déjà exploitées par la Great Western C°. Le charbon que l'on extrait ici est le charbon bitumineux et semi-bitumineux.

On fait du coke et des sous-produits dans les exploitations de la Great Western. Il y a déjà treize ans que l'on a cessé de négliger les sous-produits. C'est au « Maritime » que l'on fait l'extraction des sous-produits. À Pontypridd même, on se borne encore à faire du coke en négligeant les sous-produits, mais on est en train de créer des installations nouvelles pour l'extraction des sous-produits.

Aucune autre industrie à Pontypridd, si ce n'est une fabrique de chars en acier, pour l'Amirauté.

Pendant que M. Davies s'enferme avec le directeur, pour discuter quelque différend ouvrier, je cause avec l'un puis l'autre des ingénieurs de la C°. Mes impressions sont les mêmes, à peu près, qu'à Ebbw Vale la veille.

Région en fin de compte assez paisible, plus paisible à certains égards que la vallée de l'Ebbw. Le mois dernier, à Pontypridd, il n'y a pour ainsi dire pas eu de grève. On ne connaît pas ici ces grèves irrégulières, non approuvées par les meneurs du syndicat, qui disloquent constamment le monde du travail à Ebbw Vale. Le MP [*Member of Parliament*] n'est même pas un ouvrier. C'est un *Coalition Liberal* du nom de Lewis. Mais, d'autre part, j'ai l'impression que, pour ce qui est de la politique locale, le Travail règne en maître. Au *District Council* de Pontypridd, les ouvriers, sans avoir la majorité, étaient déjà, avant les dernières élections, assez nombreux et assez influents pour faire élire un *chairman* ouvrier : ils ont conquis la majorité aux dernières élections.

Et que font-ils ? Rien. Ils parlent, ils parlent, et ils dépensent ? Oui, mais sans bénéfice pour la communauté. Pontypridd n'a ni parc, ni bains publics. Les tramways, l'entreprise de gaz sont déficitaires et pourtant le gaz coûte ici 4s7,5d les milles pieds cubiques.

Le pays de Galles se vante cependant d'être en avance sur l'Angleterre pour tout ce qui concerne l'éducation populaire. En avance ? Dites en retard de vingt ans. Je sais pour avoir vu, me dit l'ingénieur qui m'interroge, ce qui se fait à Leeds, à Manchester. Ici rien. À Cardiff, une misérable école technique où l'on enseigne la sténographie, la comptabilité, et rien de plus. Aux mineurs ici, une seule école technique, l'école de Treforest. Elle est très bien organisée, mais elle est uniquement subventionnée par les *mineowners* qui paient 1d par tonne de charbon extraite pour subvenir à l'entretien de l'école. Aucune coopération des autorités locales.

Je demande pourquoi cette abstention des autorités locales. Ce refus de collaborer avec les capitalistes doit-il s'expliquer par des préventions socialistes ? Peut-être – Et j'en reviens à poser la question qui m'intéresse : Est-ce vrai que, par instinct et par tempérament, le mineur gallois est plus violent, plus révolutionnaire que le mineur du Staffordshire ou du Northumberland ? Est-ce ainsi qu'il faut expliquer que les luttes sociales aient été si intenses depuis quelques années ? – Oui, le Gallois est plus exalté, *more brainy*, plus cérébral que l'Anglais. Mais alors pourquoi ce respect des vieux chefs ouvriers, Brace, Malon, les autres, qui sont toujours élus sans opposants ? – C'est que l'exaltation galloise dure ce que dure l'espace d'un meeting : un jour de réunion publique, celui qui tient le discours le plus violent sera celui qui se fera le moins écouter. Il pourra par la suite changer le caractère de son discours, et, comme, Hartshorn, comme Stanton, devenir un ardent patriote : mais l'ardeur sera la même. – Vous devez avoir raison : mais celui qui vous écoute est un continental. Il ne peut s'empêcher de trouver que la différence de « température » est grande entre le bolchevisme russe, ou latin, et sa contrefaçon anglaise, ou même galloise. Vous m'avez dit tout à l'heure que le président de votre *District Council* était un bolchevique – oui, un bolchevique, un révolutionnaire – Mais par quels actes se traduit son bolchevisme ? Par quels actes de violence ? Car c'est la violence qui fait le bolchevisme – Il demande une révolution violente. Mais qu'attend-il pour la faire ? – D'avoir la majorité – Est-ce là ce que vous appelez la violence ? Et croyez-vous que le bolchevique attende d'avoir conquis la majorité pour assassiner un chef d'État ou essayer un coup d'État forcé ? Mon interlocuteur reconnaît que le bolchevisme gallois est un bolchevisme atténué.

Nous faisons, mon guide et moi, une promenade rapide dans les *surface works* des charbonnages. Puis nous rentrons dans le centre de la ville. Il m'explique qu'il est JP (*Justice of Peace*) depuis 1994 ; c'est donc un *cadi* qui se promène avec moi, causant avec l'un et l'autre de ses justiciables. Nous traversons le marché ; et il s'arrête, triomphant, à la devanture du drapier. Et bien ? Vous me disiez de donner ma démission après le vote de la conférence de Cardiff – je vous disais que, à votre place, je ne serais pas aussi patient que vous, et que je donnerais ma démission – Mais, en fin de compte, les mineurs sont avec moi. Qui avait raison ? Qui avait raison ? Puis, conversation avec le commissaire de police. M. Davis a forcé le *Bench* à faire abaisser de £4 à £1 l'amende dont avait été frappé un pauvre diable. Nouveau triomphe de la sagesse, de la modération démocratique.

Je reprends mon train. Je lui ai encore demandé son avis sur les *Industrial Councils*. Il en est résolument partisan. Pourtant la corporation des mineurs paraît hostile. Oh, mais ici c'est le Kaiser qui intervient. *Might is right*. La formule peut se défendre. Nous autres, mineurs, nous n'avons pas besoin de ces conseils mixtes. Nous sommes déjà suffisamment bien organisés pour être les plus forts, chaque fois que nous avons besoin de négocier avec les patrons – vous n'êtes donc partisan des *Joint Industrial Councils* que pour les corporations mal organisées – Et aussi pour celles qui, si bien organisées soient-elles, ne peuvent pas devenir aussi fortes que la corporation des mineurs, parce qu'elles n'ont pas, comme celle-ci, l'avantage de la concentration géographique.

16 avril 1919
J. Beynor

Le groupe de Ed Rhondda n'avait de cohérence que par la personnalité de Ed Rhondda qui était principal actionnaire de la plupart des sociétés minières depuis sa mort, on ne doit considérer comme ayant une même *sales' agency* que les sociétés suivantes :

Cambrian	986 000
Glamorgan	905 000
Britannic Merthyr	230 000
Cynon	180 000
Celtic	160 000
Imperial Navigation	915 000
	= 2 776 000

Prenons cependant le chiffre fort que donne le rapport : additionnons la production des trois groupes et des deux grands compagnies Powell Duffeyen et Ocean Cond, nous trouvons le total de :

7 355 000
2 450
4 810
4 000
2 250
= 20 865 000

Ou la production totale était, en 1917, de £41 624 799.
Aujourd'hui, elle est en chiffres ronds de £50 000 000.
Les gros syndicats et les grosses entreprises sont loin d'être la moitié des entreprises dans le South Wales. Beaucoup de très petites entreprises.
– La diminution de la production par ouvrier due à l'octroi de la journée de huit heures.

Je fais observer qu'elle n'a pas suivi immédiatement l'introduction de la journée de 8 heures

– À la mauvaise politique des syndicats ouvriers anglais qui vise la diminution de l'output.

Je fais observer qu'il n'y a rien là de propre aux syndicats anglais.

– Les syndicats américains ont d'autres conceptions. Et voyez l'énorme différence entre la production par homme en Angleterre et la production par hommes aux États-Unis.

Je fais observer que la [facilité / les facilities chap] [?] sont p.g et rendent compte de bien des choses. L'épaisseur des couches permet l'emploi de la machine.

Mr Beynor en convient, et renchérit.

– Ce n'est pas seulement une question de travail manuel contre la machine. Là même où les couches sont épaisses, dans le *South Wales*, on ne peut pas employer la machine. Il faut, à mesure qu'on extrait le charbon, faire d'importants travaux pour étayer la galerie dont on vient d'extraire le charbon. Ce *Dead Work* perd beaucoup de temps dans les charbonnages du pays de Galles.

Cette observation confirme des renseignements recueillis ailleurs, à Pontypridd, une seule *shift* [équipe] de 8 heures par jour pour extraire le charbon. Cela ne veut pas dire qu'il n'y ait pas deux ou trois *shifts* par jour. Mais, après 8 heures passées à extraire le charbon, le reste est consacré au travail de boisement. Il en est autrement au Northumberland.

N.B. Les difficultés n'expliquent pas pourquoi la production par homme a diminué depuis quatre ans, la nature du terrain restant la même. La responsabilité du syndicat ouvrier reste entière.

Chiffres donnés par la presse : salaires des mineurs : 30s par semaine. La moyenne est de 18s11d par jour. Mais on arrive exceptionnellement à des chiffres beaucoup plus considérables. À Newport Abercarn (en aval d'Ebbw Vale), dans le mois dernier (mars), le salaire quotidien moyen du collier a été de 45s.

16-17 Avril 1919
Prof Hetherington, Univ. College. Cardiff.
Percy Watkins, Welsh Health Insurance Commission.
F. E. Rees, Secondary Inspector, Glawvyen.

L'université. Il y a une université du pays de Galles, dont dépendent les *colleges* de North Wales (Bangor), Aberystwyth, et Cardiff. Il semble que Swansea doive bientôt avoir son *college*. Lampeter est un établissement réservé aux membres de l'Église anglicane. Il a d'abord été un simple séminaire, où s'enseignait seulement la théologie : il est devenu un véritable *College*, enseignant toutes choses à l'usage des laïques. L'université elle-même est présentée par un tout petit bâtiment, sur l'esplanade, où, l'un après l'autre, s'élèvent les bâtiments officiels de Cardiff, future capitale du pays de Galles émancipé. Un « *Registar* » y tient à jour le rôle des maîtres et des élèves. On n'y passe même pas des examens. La « capitale » du pays de Galles, située au centre des charbonnages qui font la richesse de la principauté, est trop hors de portée de Bangor. Les examens se passent, pour tous les collèges gallois, dans la ville anglaise de Shrewsbury, sur la frontière de la principauté, à égale distance du nord et du midi.

J'ai visité les bâtiments des collèges. Ils sont spacieux, et le seront encore bien davantage quand ils seront achevés : ils sont plus qu'à moitié incomplets, la guerre ayant arrêté les travaux. Ils sont luxueux et d'une belle architecture. Je ne dirai pas que le niveau des études corresponde à la beauté de l'installation : en raisonnant ainsi, on devrait dire que l'art dramatique anglais, dans les premières années du XXe siècle a atteint son apogée. Dans quel temps, dans quel pays, a-t-on vu théâtres plus luxueusement aménagés ? Mais aussi où a-t-on vu, quand a-t-on vu un théâtre plus inepte ?

600 étudiants environ : la moitié fréquentent la faculté des arts, les autres se répartissant en fractions à peu près égales, entre le droit, la médecine et la technologie. Huit fois sur dix, les étudiants sont enfants d'ouvriers, des boursiers qui viennent ici en sortant des écoles secondaires, étudiant deux ou trois ans. Les plus brillants pourront aller pousser plus avant leurs études à Oxford et à Cambridge. L'immense majorité s'en tient à ce qu'elle a appris à Cardiff. Ici se rencontrent les médecins, les avocats, les fonctionnaires, les ministres de la région. Je dis que les ministres, entre autres, passent par l'université. Mais l'enseignement de la théologie est exclu du programme des études.

Le professeur, écossais, que j'interroge, n'a pas l'air très impressionné par la valeur de ses étudiants. C'est un public très enfantin, d'esprit assez vif, de parole facile, mais à qui manque, si je l'en crois, la solidité écossaise. Un autre témoin, un gallois, est bien obligé de reconnaître que ces étudiants sont absolument dépourvus d'un enthousiasme social ou politique quelconque. Ils suivent leurs cours, et voilà tout. Est-ce ici la flamme celtique ?

Le Principal du Collège, qui a pris sa retraite il y a quelques mois, était un physicien de valeur. On lui reproche d'avoir été trop exclusivement un savant et de n'avoir pas pris suffisamment en considération la valeur sociale que doit offrir l'enseignement dans une Université. Il ne s'intéressait qu'aux questions de technologie, et le malheur est, qu'à ce point de vue, même sa carrière, en cet endroit, a été un échec. Il voulait avoir à l'Université un *mining department*, créer à Cardiff, au centre des plus importants charbonnages de la Grande-Bretagne, une école des mines modèle. Mais les *mine-owners* ont été mécontents de sa création, ont trouvé trop théorique l'enseignement qui s'y donnait, et ont fondé, à leurs frais, les uns à Treforest près de Pontypridd, dans le Glamorganshire, les autre à... dans le Monmouthshire, deux écoles indépendantes. Le but que l'on poursuit maintenant, et ce sera l'objet du futur Principal que de l'atteindre, sera de réabsorber ces deux écoles, et toutes les écoles techniques de la région dans un « *technological department* », soumis au contrôle mixte d'un *Board* où siégeraient des représentants de l'université, des *mine-owners*, et des autorités locales.

Le problème, pour cette université, comme pour toutes les universités provinciales, est d'obtenir l'argent des riches. Il semble qu'elle n'y réussisse que médiocrement. Nous venons de voir que les *mine-owners* donnent peu. Les parvenus du *Shipping* [armateurs] qui sont les vrais rois de Cardiff, qui se sont immensément enrichis depuis la guerre – on m'affirme qu'il s'est fait plus de dix fortunes de £1 000 000 qui viennent de donner à Cardiff ses deux représentants au Parlement –, ne donnent pas non plus ce qu'ils pourraient donner. Le *College* est suspect, passe pour infecté d'opinions démocratiques et socialistes. Il n'a pas, dans cette ville riche et sans culture, le prestige qu'il pourrait avoir des universités comme Bangor et d'Aberystwyth, qui sont toutes dans les villages où elles ont été bâties, sur le bord de la mer, en pleine nature, ont plus de prestige. Elles représentent, en pays de Galles, la tradition d'Oxford et de Cambridge. Aberystwyth, cette année, a plus d'étudiants que Cardiff.

En compensation, Cardiff, avec les autres *colleges* gallois, va bénéficier de la générosité accrue du gouvernement, qui a autorisé un 2d *rate* à affecter aux dépenses de l'enseignement supérieur, un second *rate* pour l'ensemble du pays de Galles représente £100 000.

Le pays de Galles se vante d'avoir un excellent système d'enseignement secondaire démocratique. Il a dépensé plus, à cet égard, que l'Angleterre. Dès 1889, il obtenait le vote d'une loi qui lui permettait de lever un demi de rate pour l'enseignement secondaire, ce ½ d. rate étant doublé par un *grant* égal du *Board of Education*. Lorsque la loi de 1902 a autorisé les conseils des comtés gallois aussi bien qu'anglais à établir, pour l'enseignement secondaire, un 2d *rate*, la disposition de la loi de 1889 n'a pas été abrogée : les comtés gallois ont donc eu la faculté de dépenser 3d, là où les comtés anglais avaient la faculté de dépenser 2d seulement. Il pourrait sembler que la loi de 1918 ait effacé toute différence entre les comtés anglais et les comtés gallois. Mais il n'en est pas tout à fait ainsi. Le *Grant* de ½ d subsiste toujours, doublant le premier ½ rate voté en guise de *rate*. Le pays de Galles garde donc aujourd'hui encore quelque avantage financier.

Remarquer, lorsqu'on parle du pays de Galles, qu'il constitue une unité démographiquement très mal équilibrée. En tout 2 250 000 habitants, sur lesquels 1 750 000 habitants accumulés dans le Sud-Est (Glamorshire, partie ouest du Monmouthshire, bordure sud orientale du Carmarthenshire). Un rate d'1d, rapporte au Glamorshire £16 000, au *County Borough* de Cardiff, qui est englobé dans le Glamorshire, £4 000, au Monmouthshire environ £7 000. Au pays de Galles pris dans son ensemble £50 000. En d'autres termes, pour chacun des autres comtés, £2 000 seulement.

C'est ce pays pauvre, agreste, à population clairsemée, qui est le véritable pays welche, avec sa langue, ses mœurs à part. Le comté riche, avec sa capitale Cardiff, est beaucoup moins gallois. Swansea, Newport, Cardiff, sont des villes où ont afflué des éléments de toute origine, anglais, irlandais, écossais. On y parle peu le gallois. Les églises non conformistes, dont l'ensemble constitue la vraie Église nationale du paysan gallois, n'y sont pas en majorité aussi écrasante qu'ailleurs. Il y a là peut-être une difficulté sérieuse à surmonter pour le rationalisme gallois. On éprouve à Cardiff, l'impression – illusoire, et qui est détruite dès qu'on pénètre dans les vallées du Glamorshire – que la culture galloise est une mystification des lettrés, la langue galloise, une langue morte que des enthousiastes essaient, par des moyens factices de ressusciter, comme le font d'autres patriotes pour la langue irlandaise de l'autre côté du canal de St-George.

Écoles secondaires – ou *Intermediate Schools* – voir sous l'enveloppe « *Wales Education* », le <u>schéma</u> qui m'a été communiqué.

En principe, les enfants paient. Mais une moitié des élèves sont des boursiers.

Remarquer l'extrême souplesse du régime administratif. À la tête de chaque école, un *board of School Governors*, dans les limites du schéma, a toute liberté pour élaborer le programme, et, dans les limites de la somme qui lui est allouée, pour fixer les traitements de tous les *teachers*. Seul le traitement du <u>Headmaster</u> échappe à la juridiction des *Governors*, est directement fixé par le *Education Committee* du *County Council*. Ce traitement est énorme : £580, si j'ai bien compris (chiffres à revoir...)

17 AVRIL 1919 NEWPORT
AXEL HETEHY, MANAGER BRITISH MANNESMANN TUBE COMPANY

Mr Axel Hetehy est le manager de la *British Mannesmann Tube C°*, dont Sir Hugh Bell est un directeur. Il a vu beaucoup de pays, travaillé en Italie, travaillé plusieurs années comme ouvrier à Chicago et en Californie. Très libéral, très philanthrope. Rien de pareil à l'esprit d'égoïsme et d'insouciance que j'ai observé chez deux ou trois *mine-owners* et leurs managers.

La *British Mannesmann Tube C°* a deux usines : celle-ci créée depuis la guerre, pour commandes gouvernementales, occupant 400 ouvriers ; l'autre à Landore près de Swansea, occupant 2 000 ouvriers. Celle-ci est une ancienne aciérie, la première où le procédé Siemens a été appliqué : on y emploie aujourd'hui encore des ouvriers qui ont la pratique de l'acier depuis ces premiers débuts.

Causes de la fermentation ouvrière. La hausse du coût de l'existence, la difficulté croissante à se loger. L'ouvrier s'aperçoit un jour qu'il ne peut plus acheter de fromage ; il grogne, et devient accessible à la prédication d'agitateurs qui réclament pour lui toute autre chose que du fromage. Vif mécontentement aussi pour les *liquor* restrictions : comment travailler sans bière ?

Mais aussi cause permanente : l'égalitarisme de l'ouvrier gallois. Le pays de Galles est un pays qui n'a pas connu la féodalité, le servage. On n'y observe pas ces habitudes d'obéissance aux autorités naturelles qui sont caractéristiques de l'Angleterre proprement dite, en dépit de tous les progrès accomplis par les idées et les institutions démocratiques.

Dans le Monmouthshire, il y a encore une aristocratie locale : lord Trodegan (un Morgan), sir Ivor Herbert. Mais le Monmouthshire, ce n'est pas encore le vrai pays de Galles. Pas d'aristocratie locale dans les comtés vraiment gallois. Lord Bute, enrichi par le port de Cardiff, dans son magnifique château fort restauré, est, en dépit de son titre de *Lord Lieutenant*, isolé et sans influence dans le comté. Le vrai roi du pays, c'était lord Rhondda, que jamais les lords n'ont appelé autrement que par le sobriquet qu'ils lui donnaient du temps où il était *plain* Mr Thomas. Sa place n'est remplie par personne. Baldwin est l'industriel qui tend à prendre le plus d'influence. Mais il est, lui aussi, un parvenu. De même ses acolytes, le Col. Wright, G. C. Davies ont été eux-mêmes des fondeurs ; Beck, un petit boutiquier. Il arrive constamment que des gens de rien creusent des trous dans les flancs d'une colline, à la recherche du charbon. Mr Hetehy me cite l'exemple d'un boucher, d'un drapier, d'un agent d'assurance, qui ont percé une mine près de Neath. Ils peuvent, par accident, devenir millionnaires.

Le sens du respect, en conséquence, n'existe pas chez l'ouvrier gallois. Pour le faire travailler, il faut ne pas prendre le ton du commandement, lui donner l'impression d'une libre coopération. Il est intelligent, d'esprit ouvert, et de plus en plus avide d'instruction. Il lit beaucoup, et lit de bons livres. Il aborde constamment le patron, pour peu que celui-ci sache causer avec lui, lui apportant des impressions, des idées, sur le fonctionnement des machines, sur la marche de la fabrique.

Est-il révolutionnaire ? Il y a des agités, – non pas des idéalistes, mais des « perroquets d'idéalisme », qui se font écouter parce que le Gallois aime les beaux discours.

Le succès de cette prédication révolutionnaire lui fait-il oublier le chemin de la chapelle ? Mr Hetehy ne le pense pas. Le mineur peut bien élire comme agent un révolutionnaire qui fait profession d'athéisme ; mais c'est, non pas à cause de ceci, c'est malgré ceci, et parce qu'on apprécie son dévouement aux intérêts corporatifs.

Mr Hetehy est optimiste. L'ouvrier tend de plus en plus à comprendre qu'une entente est possible entre le capital et le travail, chacun recevant sa part légitime, *its fair share*.

Comment conçoit-il cela ? Croit-il qu'il sera possible de faire participer directement l'ouvrier à la gestion de l'entreprise ? Directement non ; mais indirectement oui, si l'on fait de l'ouvrier un actionnaire. La C° avait formé ce projet, il y a deux ans, puis l'avait abandonné : elle n'avait pas voulu en prendre l'initiative de peur d'éveiller les défiances des ouvriers. Ce sont maintenant les ouvriers qui font la proposition, à laquelle, très probablement, il sera bientôt donné suite. Mr Hetehy pense que l'ouvrier a, au cours de ces dernières années, fait de très grands progrès dans la compréhension des affaires.

La C° a établi deux *Works'Committees* [comité d'usine], l'un à Newport, l'autre à Landore. C'est ce *Committee* qui, toutes les fois qu'une dispute n'a pas été réglée par les hommes et les contremaîtres, décide s'il y a lieu de le porter devant le *Conciliation Wages Board* ; s'il n'y a pas ici de décision, elle sera soumise à l'arbitrage. Il y a quelquefois deux ou trois meetings par semaine. Une fois par an, il y a réunion pour la *revision of the rates*. On peut se réunir deux ou trois fois par semaine pendant trois mois.

Cette institution date de 1904.

Il ne s'agit pas de *Welfare Work. Men don't like to be nursed.* [*de bonnes œuvres ; les gars n'aiment pas être babysittés*] Mais la C° encourage les ouvriers à organiser des clubs de toute espèce : sports, récréations, chant.

Tout le travail de *reinstatement* des hommes démobilisés a été fait par le *Works'Committee*, sur lequel la C° s'est déchargée de cette responsabilité. Pour chacun, la C° dressant une fiche : occupation antérieure, situation à l'armée, possibilité d'avancement. Dans deux cas seulement, il y a eu appel au *Wages Board*.

Grâce à cette institution, la C° n'a pas eu un seul *stoppage of work* depuis le début de la guerre. Les briquetiers ont bien fait grève une fois, mais les autres ouvriers ont fait leur travail à leur place, et le travail n'a pas été interrompu.

Les ouvriers ont appartenu primitivement à la *General Workers'Union*. La *Iron and Steel Workers' Federation* leur a enlevé tout le personnel.

C'est une fédération d'industrie. Mais l'ASE [*Amalgamated Society of Engineers*] fait bande à part. Esprit de classe très prononcé : les *engineers* se considérant comme des *tradesmen*, non comme des <u>ouvriers</u> : ils ont suivi un apprentissage. Le mouvement des *shop stewards* n'a rien changé à cela. Ils ont voulu prendre leur part au règlement des querelles à côté des *district secretaries*, puis ils ont prétendu se passer de la présence de ces secrétaires. Mais toujours le même esprit de classe par rapport aux autres corporations ouvrières.

Mr Hetehy n'est nullement hostile à cette révolte de l'atelier contre l'organisation centrale du syndicat. Il y a toutes sortes d'avantages à régler directement les querelles dans l'atelier entre patrons et ouvriers.

Port de Newport, le charbon à l'exportation, comme à Cardiff ; et comme à Cardiff, le minerai de fer à l'importation. Mais en outre, Newport est, beaucoup plus que Cardiff, un *general cargo port*, pour l'usage des Midlands. Newport, plus enfoncé dans les terres, fait face au port de Bristol qui est un *general cargo boat*.

SWANSEA, 22 AVRIL 1919
M. LE BARS

Français. Avant, vers 1894, a passé sa licence de langues vivantes, est venu ici pour y chercher une place dans les affaires. A fait dans une maison d'exportation la correspondance française. Il avait cependant inséré une annonce dans les journaux de Cardiff, s'offrant pour des leçons de français. Tous les soirs, de 7 à 11 h, il donnait des leçons de français, et gagnait, rien qu'à donner ses leçons, sans tenir compte de ce qu'il gagnait dans les affaires, autant qu'il aurait gagné comme professeur d'anglais dans un collège. Il est maintenant à la tête d'une maison d'exportation.

Onze enfants, d'une femme française. L'aîné a fait la guerre ; le dernier, qui m'ouvre la porte, a à peine sept ans. La guerre a diminué la petite colonie française de Swansea. Ils étaient 35 ; ils ne sont plus guère que 4 ou 5.

Swansea. Région de l'anthracite – Aciéries – Fabrication de fer-blanc. Depuis qu'on a étendu les limites du bourg, 170 000 habitants.

Les mines d'anthracite travaillent à perte. Une fois l'anthracite tirée des puits, il faut qu'elle subisse encore des travaux de concassage, de triage.

Avant d'avoir une quantité suffisante de telle espèce particulière d'anthracite pour l'exportation, il faut attendre longtemps : un temps perdu à attendre augmente les frais d'exploitation. 33 mines pour le Ceùet, dont 24 d'anthracite. 203 pour le Glamorshire. On se rend compte du peu d'importance de certaines exploitations, quand on sait que Mr Le Bars a besoin de l'extraction de 15 mines pour un seul chargement d'anthracite.]

Les mines, par ici, ne sont pas considérables. Une tentative de trust dans l'anthracite a échoué devant les résistances d'un des *mine-owners* qui demandait, pour céder sa mine au trust, un prix jugé exorbitant. Des mines sont exploitées par de petits boutiquiers de la ville, par des ouvriers mineurs qui se sont fait des idées sur la direction des filons ; et qui, les uns et les autres, aspirant à faire fortune comme *mine-owners*. Mais ils leur font subir les conditions des *landowners*. Ce morcellement infini de l'exploitation minière a de graves inconvénients. Chaque exploitation a ses wagons, qui ne travaillent que pour elle et font en conséquence entre les docks et les mines une foule de voyages inutiles. Les champs d'exploitation de chaque entreprise sont rigoureusement limités : le mineur est obligé de s'arrêter alors que le filon continue. S'il continue dans une région qui dépend d'une autre entreprise, il faudra que les ingénieurs et les ouvriers de cette autre entreprise fassent un grand voyage souterrain, en pure perte, pour atteindre le filon en question. Tous ces arguments militent en faveur de la nationalisation des mines. Ajoutez que les propriétaires des mines d'anthracite, en particulier, finissent par désirer le rachat de leurs exploitations : ils échapperont ainsi à la ruine.

Je lui dis que les mines d'Ebbw Vale ne m'ont pas édifié. Je les ai trouvées assez mal tenues, beaucoup plus mal que celles que j'avais vues jadis à Anzin. Il n'en est pas surpris : cela est général.

Il me parle d'Ebbw Vale comme d'un pays d'agitation. Je lui dis mon impression. Beaucoup d'instabilité, de nervosité. Mais pas de bolchevisme. Où trouver les bolcheviques ici ?? – C'est qu'ils se défient de vous, ne vous disent pas le fond de leurs pensées. Il cherchera pour moi un bolchevique.

Grève, en ce moment, dans les docks de Swansea. Grève du *General Cargo*. On charge encore du charbon. Mais tout le reste, au débarquement, chôme. Comment les ouvriers des transports ont peu à peu concentré dans leurs syndicats tous les ouvriers, puis les *tippers*, puis les pilotes. Quand ils ont donné l'ordre de grève, ils sont vraiment maîtres de tout immobiliser. Un vapeur, qui est venu de Caen chargé de minerai de fer, attend sans pouvoir être débarqué. Rien ne serait plus facile que de l'envoyer à Cardiff. Mais on ne trouve ni pilote pour le convoyer, ni éclusier pour le laisser passer.

La grève qui dure depuis samedi offre d'ailleurs le caractère d'un *lock-out* plutôt que d'une grève. Un certain nombre de docks avait fait grève. Les patrons ont déclaré que, si <u>tous</u> les ouvriers n'avaient pas repris le travail samedi matin, ils fermeraient tous les docks. C'est ce qui est arrivé. En ce moment, Ben Tillett essaie d'évoquer l'affaire à Londres. Les patrons refusent. Ils ne voient pas pourquoi, cette affaire, toute locale, serait réglée ailleurs qu'à Swansea. Les ouvriers de leur côté, sont en train de demander au tribunal de décider qu'ils ont droit à recevoir le secours de chômage.

Cette grève a éclaté au moment même où l'on établissait le nouvel horaire, récemment établi.

8/8 heures

Chaque jour, deux équipes, l'une travaille de 8 heures du matin à 5 heures de l'après-midi (moins une heure pour le repas). De 5h à 9pm, personne ne travaille. De 9pm à 6am, l'équipe de nuit (avec une heure d'intervalle, de 1am à 2am). Le samedi, quatre heures de travail (plus une heure supplémentaire de 12 à 13, *overtime*).

Les dockers auraient voulu la suppression du travail de nuit. Pour Swansea, on a obtenu que le travail de nuit fût maintenu, afin de ne pas immobiliser dans le port les wagons qui servent au transport de charbon.

Pendant la guerre, on travaillait jusqu'à 8 h du soir. À raison de 3s6d l'heure, s'il s'agissait de bateaux anglais ou alliés ; à raison de 5s, s'il s'agissait de bateaux neutres. Toute heure commencée valait un salaire d'une heure. Travail du dimanche pour l'amirauté, estimé, double *overtime*, à 7s l'heure.

Depuis 1919, il y a dans les docks un *Disputes Board*. Trois représentants des employeurs, à savoir respectivement des *shipowners* [armateurs], des *shipbuilders* [constructeurs] et des *coal exporters* [négociants de charbon]. Trois ouvriers : le secrétaire du syndicat local, un membre du comité du syndicat, l'inspecteur des mines. Plus un secrétaire. Les six membres nomment un président qui est un employeur. Le *Board* se réunit chaque jeudi. Quand il y a *dispute*, un inspecteur, nommé par les employeurs, est chargé d'éclaircir la question de fait. Il y a un *Central Trimming Board* à Cardiff. L'affaire peut finalement être portée à Londres.

Heureux effet de ce *board* : une seule grève des *trimmers* depuis 1915 (en 1918).

Salaire moyen d'un local trimmer : £6 à 7 par semaine.

Le contremaître que j'interroge se rappelle avoir payé jusqu'à £8 à un homme. Mais ce même homme peut fort bien, la même semaine, en avoir reçu d'ailleurs, s'être fait, peut-être £20 par semaine. Le salaire auquel aspire le docker actuellement, c'est une livre par jour, sept livres par semaine.

Cepping. Cérémonie pour le choix des ouvriers. Le contremaître range les ouvriers en rang autour de lui, met dans une boîte un certain nombre de boules portant des numéros. Un ouvrier tire au sort. S'il tire le n° 1, on le prend, puis compte à partir de lui de droite à gauche, chaque fois qu'on arrive à dix, on retient l'ouvrier. S'il tire le n° 2, 3, 4, c'est le premier, le second, le troisième ouvrier à sa gauche qui est le premier retenu, et ensuite, à partir de celui-là, chaque ouvrier de dix en dix.

Il semble qu'on ait essayé de compenser la diminution de travail qui résulte du nouvel horaire par une meilleure utilisation du travail pendant les heures de travail. Autrefois, ce travail en équipe de tant d'ouvriers pour le chargement et le déchargement d'un navire. Mais le chargement ou le déchargement d'un navire ne demande pas, à tous les stades, le même nombre d'ouvriers : beaucoup d'ouvriers étaient payés pour se croiser les bras, pendant que les camarades travaillent. Maintenant, on prend les ouvriers pour huit heures de travail effectif : ils ne sont pas affectés à un navire particulier, ils passent d'un navire à un autre suivant les besoins du travail.

25 avril 1919, Lowndes
Secretary Swansea Cooperation Society

Un Anglais, peu content des Gallois. Ce sont des réactionnaires. Ils cachent leur argent au lieu de le placer. Médiocre développement des coopératives galloises. Rien à Neath ! *Average Share Capital in England £16 per member* ; *in Wales £14*. La société de Swansea aurait 50 000 membres si nous étions en Angleterre ; elle en a 4 000. Et cependant, si nous comparons le niveau gallois au niveau français, le niveau gallois est élevé. Les coopérateurs de Swansea s'occupent de faire la conquête des corps élus. Au mois dernier, ils ont présenté et fait élire cinq membres au *Board of Guardians*. On n'a encore rien fait pour *le County Council*. Mais le président et cinq membres sont des coopérateurs, bien qu'ils n'aient pas été élus comme tels.

Section pédagogique : 2 ½ des profits sont détachés for *education purposes*, soit £150 l'an passé.
Childrens' Classes, from ten : les vendredis soir. Examen annuel. 25 diplômes délivrés l'an passé.
En hiver, le samedi soir, tous les 15 jours, le Cle organise une conférence dans le Hall. Public moyen : 150.
Un chœur depuis trois ans. A donné avec l'assistance d'artistes payés une première année le *Messie*, une deuxième année *Elijal*, va donner cette année le *Stabat Mater* de Mendelsohn.
Week End School de Mumbls, le programme joint.

03/05/1919, Swansea
Ivor Guynne, Welsh Plate and Sheet

En serait le secrétaire du côté des ouvriers. Pourtant mon répertoire donne le nom de Wm Pugh, Dock, Wharf & Riverside Workers' Union, Dockers Hall, Swansea.
Antérieurement un *Conciliation Board* remontant à 20 ans, et fonctionnant d'une manière parfaite, à la satisfaction des patrons et des ouvriers. Pendant 10 ans, résistance ouvrière, mais finalement les ouvriers ont été convertis.
Le *Tin Plate Trade* [industrie du fer-blanc] est concentré dans le Glamorgan, le Monmouthshire, et le Gosters. Donc *Council* essentiellement local. Pas lieu à une délimitation de districts. Le JTC (*Joint-Trade Council*) est un *district council*.
Je pose la question des *works' committees* [comité d'usine/d'atelier]. Mr Guynne se borne à me répondre qu'il n'y a pas eu ici de mouvement

comparable à ce que fut chez les engineers la révolte des *shop stewards* [représentants syndicaux locaux].

Le président est F. W. Gilbertson (?) propriétaire dans County Down, *tireplate work*. Beaucoup de maisons, de toutes dimensions, l'une employant jusqu'à 100 milles, d'autres n'en faisant fonctionner que 2. Extrême stabilité, guère de changement depuis trente ans. Pas de tendance à la formation d'un *trust*.

C'est l'organisation du *Board* du *Tin Plate* qui, si j'en crois M. Guynne, a servi de modèle lors des délibréations des *Whitley Committees*. Si le *Board* a toujours si bien fonctionné, cela tiendrait à ce qu'il est « *confined to only one area* ». M. Guynne insiste sur le fait que, dans le *trade*, les employers sont *good*.

Différence de constitution entre le JTC et le *Board* antérieurement existant. Le JTC ne s'occupe pas exclusivement de salaires et de conditions de travail comme le *board*. Quatre meetings annuels, tous les trois mois.

Le premier : *on wages* [sur les salaires] ; le second : *on problem how to improve trade, by improved machinery or by imporved methods of working* [sur l'amélioration de la productivité par l'utilisation de meilleures machines ou de méthodes de travail] ; le troisième : *on international tin commerce, on affecting trade* [sur le commerce international et ses effets sur l'industrie]. M. Guynne m'affirme qu'il n'y a pas ici d'ouvriers protectionnistes. Le quatrième : *educational*. Que faire pour l'éducation générale et technique de l'ouvrier ? *Scholarships* [bourses] pour le *Technical College* de Swansea.

En somme, le seul JTC rencontré jusqu'ici dont je puisse dire que la naissance a été *normale*. Il y avait un *board*, qui fonctionnait très bien ; on a créé le *Council* pour ajouter aux fonctions du *board*.

WALES – Notes diverses

County Borough of Swansea.
Sur 60 membres du *Council*, 24 *labour members* aux élections du 18 novembre. Antérieurement, 12 membres sur 40. Le changement tient surtout à ce qu'on a constitué un *Greater Swansea* par l'incorporation de plusieurs agglomérations voisines.

Je copie cette affiche lue sur un mur de Swansea :

> IBSA
> Free Lecturer [*conférence publique*]
> (Under auspices of International Bible Students Association)
> Sunday
> Mr. H. C. Thackerey
> Bolchevism and the Bible. [*le Bolchevisme et la Bible*]
> The World Wide Crisis and God's Way out of it
> [*La crise mondiale et la solution divine pour en sortir*]

La conférence sera donnée au *Dockers' Hall* et les dockers de Swansea s'enorgueillissent de leur grand homme, le secrétaire de la Fédération des transports, Robert Williams, l'ancien *coal trimmer* [mineur], actuellement un des principaux meneurs révolutionnaires du monde ouvrier anglais. Mais voilà l'enseignement qui se donne les dimanches au siège de son syndicat.

Je trouve l'influence des sectes protestantes toujours très forte dans les milieux industriels. D'abord les baptistes. Puis les indépendants. Puis les méthodistes de nuances diverses. Dans les ports, à population cosmopolite, l'Église anglicane (bientôt séparée de l'État) a gagné du terrain. Mais tout ce dont elle peut se vanter, c'est d'être la plus nombreuse des sectes. Elle n'atteint jamais le quart ou le cinquième de la population totale. Dans les vallées, à peine le dixième. L'afflux d'une population d'origine anglaise n'y change rien. La question qui se pose actuellement dans bien des locaux, c'est d'opérer un échange de locaux entre la *grande* chapelle, trop grande maintenant pour contenir ses fidèles, où l'on parle gallois, et la *petite* chapelle, trop petite maintenant, où l'on prêche en anglais. Mais la domination des chapelles n'est pas ébranlée.

Plus d'indifférence dogmatique qu'autrefois. Projets de réunion des églises. Ici, comme en matière industrielle, on est fatigué du régime de la concurrence. Plus d'indifférence morale aussi, peut-être. Un ministre baptiste me dit que la fibre morale est moins résistante qu'autrefois. Mais il s'agit d'une crise, peut-être passagère, d'apathie plutôt que d'une déclaration de guerre consciente à la foi et à la morale chrétienne. Noah Ablett, le marxiste de Merthyr Tydfil, est entouré d'un état-major de meneurs qui vont deux fois à la chapelle chaque dimanche. Il faut donc admettre qu'il prend les précautions nécessaires pour que sa propagande marxiste soit rigoureusement limitée au domaine économique, pour qu'elle n'entame pas le domaine de la foi.

J'ai cherché à joindre ce marxiste, ou ses camarades, mais je n'y ai pas réussi. Frank Hodge, de Londres, m'a recommandé à la *South Wales*

Miners' Federation où je me suis trouvé en face d'un respectable vieillard, libéral et conservateur, dont la vue la plus audacieuse consiste à espérer que Lloyd George devienne un jour le chef du *Labour Party* anglais. C'est par lui que j'ai été envoyé à Pontypridd, où j'ai trouvé Ben Davis, une espère de *tory* ouvrier ultra-patriote, royaliste, antiwilsonien et peu favorable à la nationalisation des mines.

J'ai essayé d'atteindre ces marxistes par les gens de la WEA [Workers' Educationnal Association]. Mais ici encore, rien à faire. Il n'y a pas de contact. Le *Central Labour College*, dont relève la propagande marxiste, a été fondé à Londres par Noah Ablett et ses amis gallois en révolte contre *Ruskin College* et le centre oxfordien d'où la WEA est partie. « *Ils travaillent sous terre*, m'a-t-on dit, *leur propagande est secrète : ils lisent Karl Marx au fond de la mine.* »

J'ai essayé de joindre le fameux Noah Ablett. Il était absent, ou s'est dérobé, n'a pas répondu à mes coups de téléphone, ni à mes lettres.

Un employeur m'a dit : « allez à Ammanford. C'est un centre de propagande marxiste. Il y a là un local, la *White House*, qui appartient au syndicat local des mineurs, où l'on enseigne la doctrine ». J'ai été. Le patron m'a introduit, par son manager, auprès d'un des deux *ckeckweighers* [peseurs] – Le premier nommé Davies, classé comme Bolchevique. Mais Davies n'a rien dit. Que pouvait-il dire en face d'un ami de son employeur ? Il n'y a rien ici à voir. Pas d'organisation révolutionnaire. Je devrais m'adresser à son frère, S. O. Favis, à Doulas. Je n'irai pas à Doulas. Mais je suis sceptique sur la gravité du mal révolutionnaire qui sévirait à Ammanford. Aux récentes élections pour le *District Council*, l'ILP [Independant Labour Party] a, pour six sièges, présenté six candidats. Pas un n'a été élu : ils ont tous été battus à une forte majorité : et il s'agit d'un district minier, où les mineurs constituent certainement la masse de l'électorat. Les élus, sauf peut-être un conservateur, ne se présentaient pas sur un programme de parti. Mais, s'il fallait considérer ces élections comme constituant un épisode de la lutte des classes, elles ont constitué une défaite pour la classe ouvrière. Les élus sont des *tradesmen* [commerçants et professions libérales], un *solicitor* [homme de loi], un *collier* [mineur] seulement. Aux dernières élections pour le *County Council*, un des deux *checkweighers* avec lesquels j'ai conversé s'est présenté. Il a été battu par un ministre baptiste. Voilà le succès de la propagande extrémiste auprès de la masse ouvrière.

On parle beaucoup à Londres du tempérament gallois, excitable, subversif. Je veux bien admettre qu'il y ait ici des menaces visibles pour un œil anglais. Moi-même, par instants, en me donnant beaucoup de mal, je discerne ces nuances. Mais la coloration générale est britannique. Il n'y a pas tant de différence entre un mineur ouvrier de Cardiff ou de Merthyr ou du Northumberland. Sur 43 *miners' agents* dans le South Wales, un seul bolchevique. Les vieux chefs du mouvement ouvrier Mabon, Brace, Richards, sont immuablement renvoyés au Parlement, sans même une ombre d'opposition extrémiste. Brace a été jadis un extrémiste à sa manière, paraît-il, et vers 1895, Mabon lui aurait intenté un procès pour diffamation. Brace l'accusait assez explicitement d'être aux gages des sociétés minières. Hartshorn est devenu un patriote, et, sous ce rapport, un modéré : les électeurs viennent de le renvoyer au Parlement comme représentant de Merthyr Tydfil, contre un extrémiste. À côté de lui, Winstance, un ultra, a été battu ; et Stand élu, un vrai déserteur qui, des confins de l'anarchisme, a passé dans les rangs du nouveau parti ouvrier nationaliste. Ces sauts même d'opinion, me dit-on, sont le fait d'un tempérament mobile et imaginatif. Je veux bien ? Mais en fin de compte, ces turbulents sont une extrême minorité. Sur 43 *miners' agents*, un seul bolchevique. Les autres extraordinairement tempérés, équilibrés, conservateurs.

J'ajoute que, lorsqu'on cause avec un Gallois, il refuse de mettre sur le compte du tempérament ethnique les saillies subversives de mineurs gallois. À Doulas, il y a un fort élément de travailleurs espagnols. Partant, le plus mauvais élément serait constitué par les immigrants du Somersetshire, des *agricultural laborers* incultes, illettrés, non encore adaptés au milieu syndical où ils pénètrent. Je donne ces indications pour ce qu'elles valent. Une chose certaine, c'est qu'il est impossible de considérer cette région comme ethniquement pure. Dans le Vale of Glamorgan, au nord-ouest de Cardiff, tout le monde parle anglais. Tous les cultivateurs ont quitté la campagne pour la mine, et ont été remplacés par des immigrants venus des environs de Bristol. Nous avons vu que, dans les vallées aussi, le Gallois reculait devant l'Anglais.

On rencontre donc, en foule, des gens qui sont nés ici, vivent sur le pays, mais sont toujours prêts à pester contre l'indigène. Je vois passer quelques ouvriers, à la face certes patibulaires, et je le dis à mon compagnon de route : il soupire « À qui le dites-vous ? Quand je prends un train à Paddington, et que je vois, autour de moi, sur le quai, toutes ces honnêtes figures anglaises, je songe que je vais bientôt trouver ici ces sales gueules galloises ».

À Ammanford, une seule équipe quotidienne pour l'extraction du charbon. Les deux autres équipes seulement pour l'entretien des galeries. Ce travail demande beaucoup de temps dans les mines galloises ; d'où accroissement du coût d'extraction. Il faut tenir compte de cela quand on considère *l'output* gallois et l'*output* américain.

La documentation rassemblée et conservée par Élie Halévy

Swansea & District Cooperative Society, Educational Department, A Week-End School, 1919.
Coupure de presse *Western Mail*.
The Monmouth Shire and South Wales Coal Owners' Association, *Annual Summary*, 1916-1917.
University Tutorial Classes Joint Committee. Bangor Summer School, Prospectus, 1916.
The Workers' Educational Association : Welsh District. *11th Annual Report 1917-1918*.
Memorandum by R. Evans (dactylographié) 7 pages, *Agriculture in Wales as a Career*.
Notes du *Times*, 19 mai 1837 sur *Poor Law Act*.
Easy Outlines of Economics, by Noah Ablett, published by the Plebs League « Agitate, Organize, Educate ». Janvier 1919.
Enveloppe Welsh Secondary Education : 1/ Report of the Chief Education Offical, Provision of Middle Schools, County Council 14/03/1918 2/ Leaflet, *The Education for the Majority*, by E. P. Hugues, Glamorgan County Council 3/ Scheme for the Administration of the funds applicable to the Intermediate and Technical Education of the inhabitants of the County of Glamorgan.
Coupures de presse.
South Wales, Industrial Unrest 1915, *Ann Reg*, 1915.

CHARTISME – 1921

PRÉSENTATION

Prenant prétexte, comme souvent, d'une recension bibliographique pour rédiger un article à part entière, Élie Halévy livre dans un article de la Quarterly Review, *la prestigieuse revue londonienne, son interprétation du chartisme, à la fois moment fondateur de l'histoire britannique et lieu de mémoire du mouvement social anglais.*

*Spécialiste de la philosophie utilitariste anglaise, à laquelle il a consacré sa thèse publiée en 1904 (*La Formation du radicalisme philosophique*), Élie Halévy s'est tourné vers « l'histoire politique, économique, morale et religieuse du pays » dans sa monumentale* Histoire du peuple anglais au XIXe siècle *dont le premier volume,* L'Angleterre en 1815, *paraît en 1912. Le deuxième tome,* La Crise du Reform Bill, 1815-1841, *dont la rédaction a été interrompue par la Grande Guerre, est publié en 1923. Le manuscrit inachevé du troisième tome,* Le Milieu du siècle 1841-1852, *sera publié à titre posthume en 1946. La césure entre les tomes 2 et 3 scinde artificiellement en deux parties son étude du mouvement chartiste (1832-1848). La rédaction de l'article « Chartism » de la* Quarterly Review, *paru en juillet 1921, est ainsi concomitante et complémentaire de la rédaction du tome 2 de l'*Histoire du peuple anglais.

Les deux textes ont été rédigés dans le contexte politique, économique et social de l'immédiat après-guerre. Aussi l'article « Chartism » porte-t-il moins sur le phénomène historique chartiste à proprement parler, que sur ses interprétations passées et présentes. Le choix de la recension historiographique témoigne de l'importance, toujours renouvelée, de la production scientifique dédiée au chartisme, mais surtout des réactions d'Élie Halévy face à cette avalanche éditoriale qui tend à figer l'interprétation du mouvement et à l'ériger en tradition. Il décrypte ici le métadiscours sur le chartisme comme objet d'études disputé et les « manières » de l'aborder, de le traiter, de l'interpréter.

Aussi Élie Halévy est-il particulièrement attentif à la position des auteurs, ainsi qu'au contexte de rédaction des ouvrages recensés, fidèle en cela à sa méthode d'objectivation des conditions de production du savoir. De même que les années 1850 avaient significativement constitué un moment clé de fixation de l'interprétation marxiste traditionnelle[1], de même l'immédiat après-guerre au Royaume-Uni, caractérisé par une exceptionnelle agitation sociale, un mouvement syndical très puissant et les progrès électoraux du parti travailliste, n'est pas un contexte « neutre » pour revisiter le phénomène chartiste. Élie Halévy met au jour les partis pris des auteurs, des préfaciers et des maîtres d'œuvre des ouvrages. Ainsi l'investissement dans l'entreprise éditoriale anglaise de Graham Wallas et de Richard Tawney, tous deux fabiens, tous deux professeurs de science politique et d'histoire économique à la London School of Economics and Political Science *fondée par les Webb, n'est pas anodin. De même, les partis pris des auteurs, qui se disent héritiers du chartisme et « socialistes », sont dévoilés. Élie Halévy n'aura de cesse de mettre en garde contre la surinterprétation du phénomène chartiste, qualifié de « socialiste » et intronisé « ancêtre » du mouvement ouvrier contemporain. L'anachronisme et le présentisme sont les deux principaux défauts de cette production d'après guerre qui fait du chartisme un lieu de mémoire plus qu'un objet d'histoire. L'historien Élie Halévy dénonce ces véritables « péchés capitaux » contre la méthode historique et leur oppose les armes de la longue durée, de la comparaison et des sources.*

Pour contrer l'interprétation anachronique qui assimile chartisme et socialisme, Élie Halévy mobilise la longue durée qui fait souvent défaut aux études monographiques et biographiques. Remontant le cours du temps jusqu'à l'amont du XVIIIe siècle et le descendant jusqu'à l'après-1850, Élie Halévy rapporte de son voyage chronologique des conclusions qui seront reprises par d'autres historiens après lui[2]. Plus que les prémisses du socialisme à venir, le chartisme témoigne des derniers feux du radicalisme politique du XVIIIe siècle dont il emprunte les revendications politiques, la référence idéologique à la Révolution française, les répertoires d'action (pétitions, grand rassemblement, Convention) et l'invocation fort peu classiste au « Peuple ». Loin de dénoncer la révolution industrielle et ses effets sociaux, les dirigeants chartistes s'opposent vigoureusement aux « marottes » et aux « absurdités » des idéologies socialistes (telles la dénonciation de

---

1. Friedrich Engels, *La Situation de la classe laborieuse en Angleterre*, 1845. Karl Marx, *La Lutte des classes en France 1848-1850*, 1850.
2. Gareth Stedman Jones, « Rethinking Chartism », *in* Id., *Languages of Class. Studies in English Working Class History 1832-1982*, Cambridge, CUP, 1983, p. 90-178.

la propriété privée et du salariat) et des revendications sociales concrètes (tels le rejet de la Poor Law, *la réduction du temps de travail, le salaire minimum, ou la mise en place d'une législation sociale protectrice). Ils restent fidèles en cela à l'idéologie radicale qui affirme que « le pouvoir politique est la cause ; la misère et les inégalités, les effets ». Les leaders chartistes, « individualistes démocratiques » et « conservateurs en matière économique », se rassemblent autour du vénérable programme politique radical dénonçant l'oligarchie politique et l'État corrompu, arbitraire et répressif, tandis qu'ils se divisent sur le plan économique entre conservateurs prônant le retour à la terre et à une société de petits paysans propriétaires, libéraux revendiquant l'abolition des* Corn Law *et le pain bon marché au nom de l'alliance entre producteurs et consommateurs, et socialistes convertis à l'économie politique. Pour Élie Halévy, le chartisme est un rejeton du XVIIIe siècle, en continuité avec l'amont, mais en rupture avec l'après-1850 et les mouvements socialistes de la fin du XIXe siècle. Adepte de la longue durée mais jouant subtilement avec les échelles du temps, Élie Halévy invite néanmoins à analyser l'événement dans ses « moments » et à en décomposer le déroulement conjoncturel. En distinguant les « prémices » de l'avant-1832, les moments « 1838 » et « 1839 », puis l'épisode de « 1842 » et le final de « 1848 », il analyse la complexité et l'évolution du phénomène : il n'existe pas un, mais des chartismes – et seule la prise en compte de ces glissements successifs permet une interprétation juste du phénomène pluriel et complexe.*

Pour contrer les analyses partiales des historiens contemporains, Élie Halévy en appelle également au respect des sources et à la prise en compte des propos des acteurs et des réactions des contemporains. Aussi reprend-t-il vertement Graham Wallas sur l'art difficile de la citation, et Richard Tawney, sur la délicate administration de la preuve. Car savoir « écouter » les acteurs sans se laisser distraire par les « bruits » contemporains, et « prendre au sérieux » leurs propos sans les surinterpréter, ne relève pas seulement de l'éthique de l'historien. Ne pas « entendre » le conservatisme social d'un O'Connell, la prise de distance avec le socialisme d'un Lovett ou le passéisme nostalgique d'un O'Connor, c'est tout simplement se priver des clés de compréhension de l'événement. Élie Halévy invite également, dans une démarche audacieuse d'histoire culturelle, à s'intéresser à la perception du mouvement par les contemporains. Cette « étude de la réception » n'est pas seulement prétexte à dénoncer les contresens des historiens, elle participe de l'analyse du phénomène lui-même. Elle permet de déplacer le regard et de changer de focale, en s'intéressant non pas aux seuls chartistes, mais à leurs principaux adversaires, la gentry, *la bourgeoisie et l'État anglais, également protagonistes de l'événement et dont les réactions, à la fois mesurées et réformatrices, ont largement contribué à infléchir le cours du chartisme. Fidèle à son tropisme comparatiste, Élie Halévy convoque également les observateurs étrangers à l'appui de sa thèse (le chartisme n'est pas un socialisme, de l'avis même des socialistes européens contemporains), et s'interroge également sur la spécificité britannique (pourquoi l'Angleterre échappe-t-elle avec constance aux vagues révolutionnaires ?).*

Remettre le chartisme dans son contexte – en le rattachant au XVIIIe siècle, aux révolutions atlantiques et au radicalisme politique, et non au XIXe siècle, à la révolution industrielle et au socialisme –, et prendre au sérieux ses revendications – politiques principalement – permet, selon Halévy, de mieux comprendre sa nature et, plus encore, les raisons de son « échec », sinon largement inexpliqué et inexplicable. De même qu'Élie Halévy ne voit pas dans le chartisme un mouvement social mais un phénomène politique, de même les causes de son déclin sont-elles plus politiques que sociales. Longtemps attribué aux divisions internes du chartisme par les tenants de « l'interprétation sociale » qui opposerait la direction (artisans et aristocratie ouvrière des ateliers) et la base (prolétaires), le déclin du chartisme tiendrait, pour Élie Halévy, bien plutôt de son incapacité à articuler un programme cohérent, à mesure que ses revendications politiques sont rendues caduques par les réformes concédées par la bourgeoisie et par l'État, alors que les revendications économiques et sociales les remplacent, renforçant à court terme l'aura du mouvement chartiste, tout en faisant éclater le consensus initial sur ses objectifs, entamant ainsi sa cohérence et sa crédibilité et contribuant à l'affaiblir sur le long terme.

Élie Halévy reviendra dans son Histoire du peuple anglais *sur le chartisme (1923 : t. 2, livre IV, chap. 2 ; et 1946 : t. 3, livre I, chap. 1 et 3 et livre II, chap. 2). Rédigés en même temps, l'article de la* Quarterly Review *publié 1921 et le tome 2 de l'*Histoire du peuple anglais *paru en 1923 présentent un parallélisme frappant, certains développements de l'article étant repris mot pour mot dans l'ouvrage. Parallélisme également dans le jugement sévère qu'Élie Halévy porte sur le chartisme : ce dernier est réduit à une révolte de la misère et de la faim, tandis qu'il est disqualifié par les dissensions et les incohérences de ses dirigeants. Mais* L'Histoire du peuple anglais *élargit nettement le cadre d'interprétation du phénomène chartiste, en le mettant en regard – bien plus que ne le fait l'article – avec le mouvement libre-échangiste de l'*Anti-Corn League *et en l'envisageant sous l'angle culturel. Ainsi Élie Halévy insiste-t-il sur les destins parallèles et opposés, mais toujours entrecroisés, de la cause chartiste et de la croisade libre-*

échangiste : parfois alliés, parfois concurrents, les deux courants ont apporté des réponses contrastées à une même question, et ont provoqué une véritable révolution silencieuse, ébranlant le vieux système aristocratique et foncier dans ses deux fondements politique et économique. Surtout Élie Halévy propose une interprétation culturelle des mouvements chartiste et libre-échangiste très novatrice. Décrivant les formes de la politisation chartiste – immenses rassemblements, défilés spectaculaires, réunions publiques, le tout agrémenté par des discours et des prises de parole, des rituels théâtraux ; mais également mouvement d'éducation populaire où les journaux et la presse non timbrée sont massivement diffusés ; mouvement associatif et coopératif financé par cotisation et appel à souscription – Élie Halévy met au jour le « caractère émotionnel du mouvement » destiné à « exalter et discipliner la sensibilité des foules ». Inspiré par la culture évangélique de Wesley, déjà mobilisé avec succès par Wilberforce lors de sa croisade anti-traite et anti-esclavage, le répertoire d'action des chartistes, imités en cela par les libre-échangistes, emprunte incontestablement à l'exaltation religieuse : sermons politiques, prédicateurs ambulants et missionnaires prosélytes, vocabulaire mystique... Élie Halévy applique ainsi sa thèse « méthodiste » – d'une influence modératrice, voire conservatrice, de l'évangélisme sur l'histoire anglaise – au chartisme. En soulignant l'effervescence politique et la vigueur de la politisation provoquées par le mouvement chartiste, en reconnaissant l'efficacité de cette « pressure from without » *sur le Parlement et les gouvernements poussés à la réforme, Élie Halévy rend un hommage indirect, culturel plus que politique, au chartisme qui a contribué à l'engagement quasi religieux des masses populaires en politique et a interrogé, par des réajustements intellectuels et doctrinaires permanents, la culture politique anglaise. Enfin, Élie Halévy clôt son histoire du chartisme sur la persistance d'un socialisme chrétien (teinté de torysme) et d'un socialisme coopérateur (teinté d'Owenisme), ombre portée indirecte et détournée du chartisme.*

« Chartism », *The Quaterly Review*,
vol. 236-468, juillet 1921, p. 62-75.

1- The Life of Francis Place, 1771-1854, by Graham Wallas, Revised Edition, Allen and Unwin, 1918.

2- Le Chartisme 1830-48, Par E. Dolléans, 2 vol., Paris, Floury, 1912-13.

3- Geschichte des Sozialismus in England, Von M. Beer, Stuttgart, Dietz, 1913. English Translation : *A History of British Socialism*. With an Introduction by R. H. Tawney, Two Vols. Bell, 1919-20.

4- The Chartist Movement in Its Social and Economic Aspects, by Frank Rosenblatt, NY, Columbia University, 1916.

5- The Decline of the Chartist Movement, by Preston William Slosson, NY, Columbia University, 1916.

6- The Chartist Movement, by the late Mark Hovell. Edited and completed, with a memoir by Professor T. F. Tout. Longmans, 1918.

7- A History of the Chartist Movement, by Julius West. With introductory memoir by J. C. Squire, Constable, 1920.

8- Life and Struggles of William Lovett, with an introduction by R. H. Tawney, Two Vols, Bell, 1920.

Il vient un temps où l'étude scientifique d'une période historique devient possible ; ce moment est venu pour le chartisme. M. Graham Wallas[1] a ouvert la voie, ayant été le premier à consulter les archives Place[2] conservées au British Museum et à y découvrir les 28 volumes de documentation réunis pour écrire l'histoire du chartisme. Puis ce fut le tour du Français M. Dolléans, dont l'histoire du chartisme peut être qualifiée d'œuvre « massive » et « confuse », certes pas toujours très précise et fiable, mais

---

1. Graham Wallas (1858-1932), universitaire, professeur de science politique à la *London School of Economics*, où il défend une approche empirique et psychologique basée sur des études concrètes des processus et du comportement politiques. Intellectuel fabien, il siège au London County Council et à son Comité d'éducation.

2. Francis Place (1771-1854), tailleur de son état, homme politique, benthamiste et représentant du radicalisme politique, ayant tenté de mobiliser la classe ouvrière au sein de la *London Corresponding Society* et artisan de la campagne en faveur de l'abolition (1824) de la législation répressive des *Combinaison Acts*. Ses archives, conservées au British Museum, rassemblent la documentation ayant servi à la rédaction de son ouvrage *Illustrations and Proofs of the Principle of Population* (1822) et constituent une source précieuse sur la vie politique des années 1790 à 1850.

offrant un très complet et vivant tableau des chefs révolutionnaires et des groupes et un très complet et vivant récit du mouvement dans son ensemble. Un Allemand, M. M. Beer, suivit de près le travail du Français, avec sa désormais fameuse *Histoire du socialisme en Angleterre,* poussive et limitée dans son traitement. L'absence d'allusion aux enseignements et à l'influence d'un Ruskin en est un bon exemple : sans doute n'y avait-il pas assez de marxisme dans la philosophie de Ruskin. Les qualités scientifiques de M. Beer sont néanmoins remarquablement illustrées au fil des neufs chapitres admirables qu'il consacre au chartisme. Trois Américains ont publié des ouvrages sur le chartisme en 1916, les Européens n'ayant pas à cette date le loisir de se consacrer à des sujets d'histoire ancienne. Non pas que les savants anglais aient négligé l'étude du chartisme. Deux d'entre eux y travaillaient activement lorsque la guerre a éclaté. Leurs livres inachevés ont finalement été publiés de façon posthume car les jeunes Mark Hovell et Julius West ont été tués au combat.

Mais tous ces livres – aussi utiles soient-ils, et nous pensons qu'ils sont effectivement d'une grande valeur – pâtissent, je le crains, des défauts communs au genre biographique et aux études monographiques. Ils ont été – si ce n'est tous, néanmoins pour la plupart d'entre eux – rédigés par des socialistes qui se considèrent comme les héritiers spirituels des dirigeants chartistes et ont pieusement proposé – et souvent surestimé, pour d'évidentes raisons – une interprétation socialiste du chartisme. D'autre part, les auteurs, plongés dans leur sujet d'études, ont souvent perdu de vue le contexte historique et ont accordé au chartisme plus d'importance qu'il n'en a eu dans l'histoire de son temps. Sir Spencer Walpole, un auteur libéral et large d'esprit, propose un récit plus fiable et plus honnête – par sa brièveté notamment – du chartisme, que la plupart des auteurs plus récents et plus spécialisés, parce qu'il écrit une histoire générale de l'Angleterre et qu'il la rédige à une époque où le socialisme n'est pas encore d'actualité. Ce n'est d'ailleurs pas un hasard si l'Angleterre, au début des années 1840, s'est convertie à l'influence et aux idées de Richard Cobden[1], plutôt qu'à la dictature de Feargus O'Connor[2]. N'oublions pas enfin que le chartisme n'inaugure pas un processus victorieux, mais qu'il se termine par un échec patent.

---

1. Richard Cobden (1804-1865), partisan de l'abolition des *Corn-Law* et du libre-échange (1846), animateur de la *Anti-Corn Law League,* puissant groupe de pression politique, et de l'École de Manchester, membre du Parlement : a converti les conservateurs britanniques (Peel) au libre-échange.

2. Feargus Edward O'Connor (1796-1855), juriste et homme politique irlandais, membre du Parlement, dirigeant radical et animateur du mouvement chartiste, fondateur et rédacteur du journal *The Northern Star* (1837). Emprisonné en 1841 pour délit de presse, ses méthodes et ses revendications divisent le mouvement chartiste.

Comment le chartisme a-t-il débuté ? Le meilleur récit des origines nous est donné par Francis Place, cité par Julius West (*op. cit.*, p. 79, 89) :

> « Trois ou quatre ans auparavant, écrit-il, de nombreux journaux s'étaient donné pour objectif, d'une part, de provoquer des insurrections contre la propriété privée qu'ils accusaient, sous le nom générique de capital, d'être la cause principale des bas salaires et de la dépression touchant le peuple, et d'autre part, de fomenter des révoltes anti-*Poor-Law*, présentée comme l'instrument des classes moyennes et supérieures, classes pilleuses, pour voler et maintenir dans l'ignorance la classe productive, qui, seule, avait droit à toutes les richesses et tous les services du pays... L'illusion oweniste faisait également des ravages. Comme chaque leader soumettait des revendications différentes, le peuple formait autant de « partis », mais tous étaient unis dans la croyance qu'un changement favorable allait avoir lieu... Mais certains des membres de la *Working Men's Association* n'étaient pas satisfaits de cet état de fait et souhaitaient adopter un programme commun pour mettre fin à ces absurdités ; ils ont ainsi mis à l'ordre du jour l'annualité du Parlement, le vote secret, le suffrage universel, etc. »

Le plan originel, par conséquent et selon l'un de ces auteurs, n'était pas de promouvoir le socialisme, mais bien de ramener les ouvriers égarés, du socialisme au radicalisme.

Les six parlementaires, ainsi que les six ouvriers membres de la *Working Men's Association*[1], désignés pour rédiger le programme du suffrage universel, étaient des benthamistes, menés par O'Connell[2]. Il était courant, il y a une cinquantaine d'années, d'attribuer à O'Connell l'invention du nom qui fut finalement donné à ce programme – la Charte du Peuple. Et, bien que cette paternité ait été depuis universellement récusée (aucun des auteurs des livres cités, sauf M. Roseblatt, n'y accordent foi, et la plupart ne prennent même pas la peine de la démentir), nous ne pensons pas que cette légende soit entièrement infondée. Si elle n'est pas juste factuellement, c'est une de ces légendes qui sont plus signifiantes que la vérité historique, car elle lie très justement les débuts du chartisme au nom de O'Connell. Ce dernier avait

---

1. Association ouvrière londonienne fondée en 1836 et dirigée par William Lovett, Francis Place et Henry Hetherington, élitiste dans son recrutement et proche du socialisme utopique de Robert Owen.

2. Daniel O'Connell (1775-1847), avocat et parlementaire, nationaliste irlandais et catholique, fondateur de la *Catholic Association* (1823) et militant de l'*Emancipation Act* permettant aux catholiques d'exercer des fonctions publiques (1829). Militant irlandais anti-union (*Union Act*, 1801) et fondateur de la *Repeal Association* (1840), il anime un mouvement de masse, vite dépassé par des groupes nationalistes indépendantistes plus radicaux.

cherché sans succès les années précédentes à exciter l'opinion publique contre la Chambre des lords. Il avait observé avec intérêt l'agitation anti-*Poor Law*[1], menée par des conservateurs comme Stephens et Oastler[2], devenir chaque jour plus bruyante et creuser un fossé entre les masses populaires et le parti libéral. En bon agitateur professionnel, il savait qu'il fallait choisir méticuleusement un cri de ralliement pour maintenir le peuple sur la bonne voie. Au printemps et à l'été 1837, il s'était ainsi rallié au nouveau mouvement parce qu'il savait que le suffrage universel ou la Charte du Peuple étaient des mots d'ordre très efficaces.

Que cela ait correspondu à l'état d'esprit des six parlementaires radicaux qui ont contribué à rédiger la Charte du Peuple, nos lecteurs sont prêts à en convenir, mais était-ce celui des six représentants ouvriers ? N'étaient-ils pas des révolutionnaires convaincus, qui pensaient que la Charte pourrait être utilisée à d'autres fins que celles envisagées par O'Connell et ses acolytes, et servir de pierre de fondation à une forme de socialisme démocratique ? Les spécialistes récents du chartisme, étant eux-mêmes des socialistes démocratiques, ont privilégié cette interprétation. Mais lisons sans parti pris l'autobiographie inestimable de William Lovett[3], dans la nouvelle édition de M. Tawney[4], et convenons si, après l'avoir lue, Lovett, leader de la *London Association* et auteur identifié de la Charte, n'était pas le parfait représentant des artisans et des ouvriers qualifiés qui, au tournant des années 1840, viraient à l'individualisme démocratique, ayant été dégoûtés des programmes révolutionnaires en tout genre visant l'abolition de la

---

1. Amendée en 1834 par les Libéraux d'inspiration benthamiste, la nouvelle *Poor Law* se veut une réponse à l'agitation rurale du début des années 1830. Dissuasive, elle multiplie les *workhouses* aux règlements sévères et encourage la mobilité de la population des zones rurales surpeuplées du sud vers les nouvelles agglomérations industrielles du nord. Bureaucratique, elle limite le *self government* aristocratique et local qui dominait jusqu'alors l'administration de l'assistance publique au profit d'une supervision étatique centralisée (fonctionnaires d'État et bureau londonien). Particulièrement impopulaire, elle cristallise la colère du peuple contre les *whigs* et le parti libéral.

2. Groupe des *Tory Radicals*, hostiles aux ministères *Whig* et au Premier Ministre conservateur Richard Peel, réunissant de fervents évangéliques, philanthropes paternalistes, antilibéraux réactionnaires, hostiles à la révolution industrielle, prônant le retour aux valeurs rurales, parmi lesquels Michael Sadler, Richard Oastler, Joseph Rayner Stephens. Ont milité en faveur de la loi des fabriques (Factory Bill, Ten-Hours Bill) et se sont violemment opposés à la *New Poor Law* de 1834, jugée centralisatrice et bureaucratique.

3. William Lovett (1800-1877), autodidacte et disciple du socialiste utopique Robert Owen, secrétaire de la *British Association for the Promotion of Cooperative Knowledge*. Lovett est un homme politique radical, fondateur de la *London Working Men's Association* et animateur du mouvement chartiste, rédacteur de la Charte.

4. Richard Tawney (1880-1962), universitaire, professeur d'histoire économique à la *London School of Economics*. Réformateur fabien, militant de Toynbee Hall et de l'éducation populaire pour adulte (Workers' Educational Association), membre du parti travailliste et conseiller-expert.

propriété privée. M. Graham Wallas parle du « socialisme de Lovett ». S'il est vrai que William Lovett a été un socialiste et un fervent disciple de Robert Owen[1], c'est justement parce qu'il était, en 1837, un owénite déçu qu'il devint chartiste. William Lovett, selon M. Tawney, est un « socialiste démocrate » : cette phrase de M. Tawney est malencontreusement placée au milieu d'un développement admirable consacré à la philosophie de William Lovett, où ne figure aucun signe caractéristique de « social-démocratie ». Si une croyance forte dans l'éducation populaire et dans la paix internationale suffit à qualifier quelqu'un de « social-démocrate », alors non seulement William Lovett mais également John Bright[2] sont social-démocrates. Il ne s'est certes pas agi d'une conversion soudaine, et William Lovett ne manque pas de se référer aux incontournables *credos* owéniens. Mais la foi n'y était plus, et le chartisme a représenté un moyen d'échapper au socialisme. Comme il l'a expressément écrit à Place en 1840 (Hovell, p. 204), il a demandé aux ouvriers londoniens « de renoncer à leurs marottes (*various hobbies*), à savoir la législation anti-*poor law*, la loi des fabriques, les lois sur la protection des salaires, et autres, pour mieux combattre ensemble pour la Charte ». Il est certain que Francis Place a dû se frotter les mains quand il a vu William Lovett et ses camarades se rendre à sa boutique de Charing Cross pour discuter du suffrage universel et des élections. Les fondateurs de la *London Working Men's Association*, peut-être même d'abord de manière inconsciente, rentraient dans les rangs de la démocratie politique pure et sans tâche.

Voilà pour la première période – ou devrions-nous dire, la phase préliminaire – du chartisme. Puis vint la deuxième phase, qui, très étrangement et à l'exception de l'ouvrage de M. Hovell, est passée pratiquement sous silence dans tous les autres livres. Alors que les fileurs de coton de Glasgow[3]

---

1. Robert Owen (1771-1858), industriel gallois du textile, réformateur social et philanthrope, théoricien du socialisme utopique qu'il met en pratique dans ses usines de Lanark en Écosse, puis dans la communauté de New Harmony en Indiana aux États-Unis. Inspirateur du mouvement coopératif ouvrier, par la mise en place de la *National Equitable Labour Exchange*, imité par les pionniers de Rochdale, ainsi que du mouvement syndicaliste, par exemple par la création du *Grand National Consolidated Trades Union* (1834), il élude les revendications politiques démocratiques et se dissocie du chartisme.
2. John Bright (1811-1889), réformateur social quaker et libéral. Animateur de la *Anti-Corn Law League*, opposé au protectionnisme et aux intérêts des propriétaires terriens, il est un fervent partisan du libre-échange et s'oppose à la guerre de Crimée pour des raisons éthiques et économiques. Proche des milieux industriels, il prône le *self-help* et s'oppose à la législation sociale (*factory legislation, trade-unions*).
3. Pour lutter contre les baisses de salaires, sous la pression du chômage, les fileurs de Glasgow se mettent en grève en avril 1837. La mort d'un ouvrier « briseur de grève » et la condamnation d'ouvriers grévistes à la déportation en Australie a contribué à mobiliser le Nord en faveur du chartisme.

étaient engagés dans une grève importante, un ouvrier s'est fait assassiner. Les grévistes furent accusés du crime par la rumeur ; et finalement dix-huit fileurs furent condamnés, non pas pour meurtre mais pour conspiration, à sept ans de déportation. Le procès et la sentence provoquèrent un double sursaut d'indignation – parmi la classe moyenne contre les procédés brutaux et tyranniques des syndicalistes, parmi la classe ouvrière contre ce qu'ils ont interprété comme une réaction *whig* contre le droit d'association. Au même moment, O'Connell se trouvait en délicatesse avec les syndicats de Dublin[1] ; et, bien qu'étant révolutionnaire par certains aspects, il restait, particulièrement en matière économique, un homme politique très conservateur. Il apparut comme l'allié et l'avocat des patrons contre la classe ouvrière, et fit, à la Chambre des communes, un réquisitoire très violent et en même temps très habile du syndicalisme. Et voilà un problème compliqué pour Lovett.

William Lovett, en tant que leader syndicaliste, fut interpellé par les fileurs de coton de Glasgow. Il ne pouvait néanmoins prendre fait et cause pour ces derniers sans rompre avec O'Connell ; et il ne pouvait rompre avec O'Connell sans mettre en danger la solide coalition de l'été 1837. Lui et ses associés de la *London Working Men's Association* sont finalement arrivés à un compromis : il fut suggéré – et accepté – de commanditer une enquête parlementaire sur les méfaits supposés des syndicats. Si les travailleurs anglais étaient innocents, pourquoi s'opposeraient-ils à une enquête impartiale ? Parce que, répondirent les révolutionnaires, une enquête conduite par une Chambre des communes non démocratique et corrompue ne saurait être impartiale. Feargus O'Connor, un démagogue irlandais en délicatesse avec O'Connell, et qui avait lancé quelques mois auparavant un journal, *The Northern Star*, fit alliance avec les ennemis de William Lovett, et devint le leader des chartistes du Nord, avec ses propres méthodes qui n'avaient rien à voir avec la ligne d'action *bourgeoise* de Lovett.

Ainsi furent lancés les grands rassemblements en plein air du Nord, sous la direction de Feargus O'Connor et avec l'aide des syndicats locaux. Ces défilés ordonnés de milliers de travailleurs étaient organisés par les syndicats ; leurs orchestres et leurs drapeaux étaient ceux des syndicats. Jamais le chartisme n'a eu autant de points communs avec le présent Travaillisme que durant l'été 1838 ; il a pris la forme d'une organisation politique fondée

---

1. Au départ favorable à un mouvement syndicaliste allié à la cause indépendantiste, O'Connell a pris, dans les années 1830, des positions conservatrices, tentant de limiter l'adhésion des travailleurs non qualifiés et des journaliers aux syndicats irlandais par l'augmentation des cotisations, d'entraver les relations entre mouvement ouvrier anglais et irlandais, et d'affaiblir les revendications économiques et sociales des syndicats, enfin d'inféoder le mouvement social au mouvement nationaliste – en raison de son conservatisme social (défense de la propriété privée).

par les syndicats. Mais un parti travailliste n'est pas nécessairement un parti socialiste. Les syndicalistes qui dirigeaient le mouvement revendiquaient une Chambre des communes plus démocratique, afin de contrer toute remise en cause du *Combinaison Act* de 1824 [droit d'association]. C'étaient généralement des travailleurs bien payés, l'aristocratie du monde du travail, qui ne se préoccupaient pas de questions sulfureuses comme l'abolition de la propriété privée, ni même du salariat.

Puis les choses ont à nouveau évolué. Nous entrons, alors que l'année 1838 touche à sa fin, dans la troisième phase de l'histoire du chartisme. Ces grands rassemblements étaient trop importants pour le syndicalisme de l'époque. Ils devinrent, de mois en mois, plus nombreux et plus revendicatifs. En novembre, des défilés nocturnes éclairés aux flambeaux interpellèrent la bourgeoisie anglaise qui s'interrogeait sur l'usage des torches : y aurait-il une flambée d'incendies volontaires dans le Nord industriel, sur le modèle des incendies ruraux des années 1830[1], mais à une échelle plus importante et avec des conséquences plus destructrices ? De fait, le mouvement avait échappé aux syndicats ; il était devenu le fait d'une masse inorganisée. Oastler et Stephens, les orateurs conservateurs, furent les premiers à s'opposer au chartisme, n'y voyant qu'une manœuvre politicienne d'O'Connell et de ses comparses ; mais, à présent qu'O'Connell était devenu à son tour l'ennemi du chartisme, on vit Oastler et Stephens participer aux rassemblements chartistes. Non qu'ils se fussent convertis à la démocratie politique, mais ils trouvaient dans les tribunes chartistes un public de plus de cent mille auditeurs, utile pour mener la charge contre la servitude de l'usine et la prison des *workhouses*. Aussi O'Connell était-il pris à son propre piège. Il avait conçu la Charte du Peuple comme un dérivatif à l'agitation anti-*poor law*. Or, un an à peine après son lancement, le chartisme était rien moins que l'ancienne agitation contre la *Poor-Law*, dotée d'un nouveau nom et bien plus dangereuse qu'elle ne l'avait jamais été.

Il est regrettable qu'aucune des études récentes sur le chartisme n'ait analysé ce dernier sous l'aspect de ses évolutions chronologiques et de son déploiement en phases successives. Cela aurait permis de montrer, bien plus précisément que dans cet article, comment le chartisme a été déserté d'abord

---

1. Swing Riots : mouvement de révolte des ouvriers agricoles des *Swing Counties* du sud et de l'est de l'Angleterre (Sussex, Hampshire, Suffolk, Norfolk, Berkshire, Oxfordshire, Buckinghamshire, Devon, Dorset, Cambridshire, Kent) contre les baisses de salaire et la mécanisation, alors que sévit la surpopulation rurale et que l'assistance publique se réduit (*poor-law*). Les mauvaises récoltes (1829-1830) et les hausses des prix se traduisent par des émeutes de la misère et de la faim, caractérisées par le déclenchement d'incendies volontaires et le bris de machines agricoles. La répression fut féroce et le vote d'un amendement à la *Poor Law* en 1834 constitue une réponse à cette agitation.

par O'Connell et les parlementaires radicaux, puis par les syndicats. Si l'on compare les rassemblements chartistes de 1839 à ceux de 1838 : le ton a changé, la discipline n'est plus ce qu'elle était, il semble évident que les syndicats se sont désengagés du mouvement. Que l'on étudie pourquoi le projet chartiste d'une grève nationale a échoué, on s'apercevra, de l'aveu même des chartistes, que c'est parce que les membres les plus favorisés des syndicats n'ont pas répondu à l'appel de leurs « frères en détresse » [Résolution du *General Council of the Convention*, 6 août 1839, Gammage, *History of the Chartist Movement*, p. 155]. Il est également regrettable qu'aucun de nos auteurs n'ait tenté de dresser une carte – géographique et sociale – du chartisme en 1839. Sans doute aurions-nous obtenu les résultats suivants : partout où la classe ouvrière était désorganisée, soit par décadence et désintégration, comme dans le cas des tisseurs à la main, soit par jeunesse et absence de maturité, comme dans le cas des mineurs, là et seulement là, le chartisme prévalut.

Étant révolutionnaires de tempérament, les travailleurs mécontents de 1839 étaient-ils pour autant socialistes ? Ils l'étaient – si l'on estime qu'il suffit, pour être qualifié de « socialiste », de réclamer des augmentations de salaires et une réduction du temps de travail, une banqueroute nationale, et une distribution à grande échelle des aides publiques. Mais il n'y avait ni doctrine élaborée, ni de programme d'action planifié sous-tendant le soulèvement chartiste. Ou plutôt, il y en avait un, mais strictement politique et limité à la réforme démocratique du Parlement. Les chartistes étaient affamés ; les rassemblements chartistes offraient des exutoires théâtraux à cette famine. En août 1838, le prix du blé commença à monter, et l'audience du chartisme augmenta ; quelques mois plus tard, il redescendit, et le chartisme reflua. Élias Regnault, un républicain français, dans sa préface de 1839 à la traduction du *Cathéchisme pour la réforme électorale* de Bentham, a défini très justement la différence entre l'état d'esprit de la plèbe parisienne et anglaise :

> Il y a loin, bien loin, de ces insurrections à tout ce qu'on pourrait leur comparer chez nous… La révolte à Birmingham, c'est le cri de l'estomac ; à Paris, c'est une excitation du cerveau.

Il y avait bien, parmi les dirigeants chartistes, un homme qui pourrait être qualifié de social-démocrate conscient. Bronterre O'Brien[1], disciple de

---

1. James Bronterre O'Brien (1805-1864), avocat et journaliste irlandais, homme politique radical et leader du mouvement chartiste. D'abord disciple de Cobbett, il se passionne pour la Révolution française, publie la traduction de l'*Histoire de la conspiration de Babœuf* par Buonarroti et une *Vie de Robespierre* hagiographique. Ses revendications (nationalisation

Robert Owen et partisan enthousiaste de la Révolution française, souhaitait expressément réussir la synthèse du socialisme de Robert Owen et du jacobinisme de Robespierre. Mais quelle était l'influence de ce très francophile Anglais ? À Londres, où le parti modéré de William Lovett dominait le mouvement chartiste, il était à la tête d'un tout petit groupe. D'autre part, il n'eut jamais aucune influence dans le Nord où Feargus O'Connor était tout-puissant. M. Graham Wallas surinterprète une phrase trompeuse de Bronterre : « si je ne me trompe pas, écrit-il dans le *Northern Star*, le 23 juin 1838, tous les socialistes intelligents se font radicaux, et tous les radicaux intelligents se font socialistes ». Mais la citation est un art difficile, et la phrase a été sortie de son contexte :

> « Pourquoi, s'exclame Bronterre dans le même article, ces deux groupes (les radicaux et les socialistes) ne font-ils pas preuve de respect mutuel ? Pourquoi ne font-ils pas cause commune, leurs intérêts étant identiques ? Et, s'ils ne peuvent accepter de penser ainsi, pourquoi ne pratiquent-ils pas la tolérance mutuelle ? »

Suit ensuite la phrase citée par M. Wallas, la question cruciale pour Bronterre étant d'évaluer le nombre des radicaux et des socialistes intelligents. « Le temps et l'exemple, poursuivait-il, vont sans aucun doute remédier au mal. » Vraiment ? Robert Owen, leader des socialistes, lança en 1839 dans les Midlands et dans le Nord une grande campagne de propagande antiradicale et antichartiste. Feargus O'Connor – le chef, le prince, le héros des chartistes, du début jusqu'à la fin du mouvement – fut un révolutionnaire, ennemi certes de l'usine et des *workhouses*, mais également un authentique individualiste irlandais, dont l'objectif était de ramener les ouvriers anglais au travail de la terre au sein de petites propriétés rurales indépendantes [1].

Nous avons brièvement fait le récit de la première révolte chartiste de 1838-1839. L'histoire ultérieure du chartisme n'est rien d'autre, comme le dit M. P. W. Slosson, que l'histoire de son déclin. Après que la première pétition nationale en faveur du suffrage universel a été présentée et rejetée en 1839, une nouvelle pétition nationale fut lancée en 1842[2] et échoua également, puis fut suivie d'une grève générale dans tous les districts

---

de la terre, paiement de la dette nationale par les propriétaires fonciers, prêts étatiques d'investissement industriel) et ses appels à la lutte armée en font un leader original.

1. Violemment opposé à l'abolition des *Corn Law*, O'Connor promeut une société de petits paysans-propriétaires et forme en 1846 une *Chartist Cooperative Land Compagny* pour acheter des terres par souscription : cinq domaines voient le jour, partagés en lotissements ; il lance un journal *The Labourer* (1847).

2. La première pétition chartiste réunit en 1839 plus de 1,2 million de signatures ; la deuxième pétition chartiste a été présentée au Parlement en mai 1842, signée par plus de

industriels de l'Angleterre, non coordonnée et dépourvue de programme. Mais personne ne pouvait nier que le chartisme en 1842 était sur le déclin, alors que la Ligue contre les Corn-Law gagnait chaque jour de nouveaux membres. En 1848, une troisième et dernière pétition nationale fut signée par les ouvriers anglais, mais ce fut un contrecoup de la révolution française de Février. Et, s'il y eut un jour de panique à Londres, le 10 avril, je dois dire, qu'au soir de cet après-midi fort calme où aucune insurrection armée ni aucun défilé pacifique prévu par les chartistes n'avaient eu lieu, chacun se sentit bien honteux d'avoir eu si peur le matin[1]. Seule la mobilisation chartiste de 1839 est digne d'attention.

En dépit de sa réalité et de son importance, a-t-elle pour autant sérieusement inquiété la *gentry* et la classe moyenne anglaise ? Quelques craintes se sont manifestées fin 1838 à l'occasion des défilés aux flambeaux, mais, même à cette occasion, seule une minorité s'est alarmée. Le gouvernement n'a pas perdu son sang-froid, a pris les mesures de maintien de l'ordre nécessaires, n'a pratiquement pas ordonné d'arrestations préventives et n'a pas tenté de limiter la liberté de la presse ou de réunion. Et, si certains parlementaires conservateurs, pour d'évidentes raisons tactiques, se sont plaints de la *nonchalance* supposée dangereuse des *Whig*, le ministère fut très largement soutenu par l'opinion publique, qui n'a jamais cru au péril chartiste. Un fouriériste français, de retour d'Angleterre après une enquête sur l'avenir de la démocratie et du socialisme, a été forcé de reconnaître de mauvais gré « la parfaite sécurité que professent de ce côté-là les classes supérieures et moyennes de ce pays », ajoutant quelques lignes plus bas cette remarque très parlante et caractéristique :

> Les Anglais pensent si peu comme moi à cet égard que, quand je prononçais devant l'un d'eux le mot de Chartistes : « Chartistes ? me répondait-on, qui est-ce qui s'occupe des Chartistes en Angleterre ? On ne parle de chartistes qu'en France. » [*La Phalange*, 15 août 1839, « Sur l'avenir révolutionnaire de l'Angleterre ».]

Thomas Carlyle[2], qui prenait le chartisme très au sérieux, croyant bien

---

3 millions de personnes, au plus fort de la crise économique caractérisée par un surcroît de chômage et des baisses des salaires.

1. En écho aux événements continentaux, le mouvement chartiste se mobilise et prévoit de porter la Pétition en défilé solennel au Parlement le 10 avril : la famille royale et la bourgeoisie quittèrent Londres ; des troupes furent appelées en renfort. La manifestation, numériquement faible, se disperse dans le calme avant d'atteindre Westminster.

2. Thomas Carlyle (1795-1881), historien et essayiste écossais, conservateur et chrétien, spécialiste de la Révolution française, mais également du chartisme auquel il consacre un

injustement que le mouvement signait la chute accélérée du libéralisme des classes moyennes et l'avènement d'un féodalisme ou d'un monarchisme social et paternaliste, s'est, de la même façon, indigné de l'apathie de l'opinion publique :

> « Lisez les débats du JO, ou la presse quotidienne, si vous n'avez rien d'autre à faire ! L'indécrottable sujet d'importance : si A ou B prendra le ministère, ainsi que les innombrables questions subsidiaires.... La question canadienne, irlandaise, jamaïcaine, l'affaire des dames de chambre de la Reine[1]... on y trouve toutes ces questions et tous ces sujets, à l'exception de ce dernier... » [*Chartism*, chap. I]

Mais, lorsque la question se posa : qui eut raison, de l'intellectuel en colère ou de l'homme de la rue indifférent ? L'homme de la rue évidemment, pour les raisons que je vais maintenant exposer.

Que nos lecteurs se rendent compte de l'incroyable docilité des foules chartistes. On peut certes chanter les louanges du général Napier pour avoir su gérer si efficacement le soulèvement chartiste du nord à l'été 1839. Mais les choses auraient-elles été si simples s'il avait eu affaire à des Irlandais, et non à des Anglais, ou encore à des insurgés français et non à des ouvriers affamés ? Les démonstrations de force chartistes, à la fois impressionnantes par leur nombre et totalement inoffensives, ont été moquées par les observateurs français contemporains :

> Les chartistes, écrit Louis Blanc, fondateur du socialisme démocratique français, ont formé l'avant-garde de la démocratie en Angleterre. Dans leurs meetings ils affectaient jusqu'aux formes extérieures de la démocratie française... Mais c'était pour le gros de la nation plutôt un spectacle qu'un symbole ; on venait écouter les orateurs pour passer le temps, et la circulation des voitures n'était pas même interrompue sur les places où ils se tenaient. [*Revue du Progrès*, vol. II, p. 249, 1839]

Henri Heine, l'homme de lettres franco-allemand, philosophe communiste et ami intime du jeune Karl Marx, avoua sa perplexité et son irritation

---

ouvrage (1840, *Chartism*).
1. Question canadienne : rapport Durham prônant la réunion des deux colonies du Haut-Canada (Ontario) et du Bas-Canada (Québec), Union Act de 1840 ; question irlandaise : après l'Emancipation Act (1829), la question de l'Union (Great Repeal) ; question jamaïcaine : après l'abolition de la traite en 1807, Wilberforce se mobilise en faveur de l'abolition de l'esclavage (1833) ; l'affaire des dames de chambre de la reine : les relations de la jeune reine Victoria (1837) et de son Premier Ministre conservateur Peel (1839) sont compliquées, lorsque ce dernier exige le renvoi des dames de compagnie de la reine, épouses de parlementaires libéraux.

(« saisi d'un singulier doute ») quand il vit qu'« une poignée d'hommes est suffisante pour disperser un bruyant meeting de cent mille Anglais » [*Lutèce*, xv, 29 juillet 1840]. Ou citons à nouveau Élias Regnault, anglophobe féroce comme il se doit de la part d'un démocrate français de l'époque, qui surestime la brutalité de la foule anglaise, mais qui, ayant reconnu son erreur, fait une critique très perspicace du chartisme :

> Tant que l'autorité reste inactive, c'est un torrent qui semble défier la digue ; mais qu'il se présente cinquante baïonnettes, ces bandes furieuses ne laissent d'autres traces de leur passage que les ruines qu'elles ont faites. Le Français marche à l'insurrection calme et silencieux. S'il pousse quelques cris, c'est en face du canon ; il tient en échec des régiments entiers ; et trois cents hommes disputent Paris à toute une armée. Ce contraste s'explique aisément ; on affronte la mort pour une conviction politique même erronée ; on ne se fait pas tuer pour un besoin matériel, même très puissant, parce que le besoin de la vie est encore plus puissant que le besoin de la faim. Aussi l'insurrection des chartistes est-elle destinée à finir comme les révoltes de la Jacquerie, tandis que la démocratie française gagne tous les jours du terrain, et déjà commande à l'avenir.

Voilà la raison première et très fondée du calme des classes moyennes anglaises face au premier soulèvement chartiste alors qu'il atteignait son point culminant. Mais plus encore, il faut expliquer pourquoi le chartisme a eu, l'un dans l'autre, un effet positif et rassurant sur la *gentry* et de la bourgeoisie anglaise.

Nous avons oublié, de nos jours, la peur qu'inspirait à cette époque le spectre d'un retour de la Révolution française. Les années de jacobinisme et de Terreur étaient encore dans toutes les mémoires ; l'époque de Napoléon, de Pitt, et de Robespierre n'était pas plus éloignée pour un Anglais des années 1840 que ne l'est pour nous celle de Bismarck, Gladstone ou Gambetta. Et de nombreux dirigeants politiques – le chancelier autrichien, le ministre des Affaires étrangères anglais, le roi de France – avaient participé aux grandes guerres européennes, sous – et même avant – l'Empire napoléonien. Après avoir imposé à la France un retour à ses frontières prérévolutionnaires et le rétablissement de son roi légitime, la principale crainte était de savoir combien de temps le peuple français mettrait avant de renverser le régime si artificiel de la Restauration. Et si une nouvelle Révolution française ne gagnerait pas alors toute l'Europe, Angleterre incluse. Il était alors vain d'expliquer que l'Angleterre n'était pas un pays centralisé comme la France, et qu'une foule révolutionnaire londonienne, prenant possession du siège du gouvernement, ne pourrait pas mettre à bas les institutions politiques de la Nation. Restait que les chefs révolutionnaires et la population mécontente de Londres effrayaient l'Angleterre industrielle et financière bien plus que ce n'était le cas en France. Que se passerait-il si une révolution inspirée du modèle jacobin éclatait dans Londres et renversait la Constitution ?

C'est cette même crainte qui a poussé la classe dirigeante à la réaction et à la répression en 1819 ; c'est cette même crainte qui l'a poussée à des concessions en 1832[1]. À cette date, la situation paraissait plus périlleuse que jamais. Une révolution avait eu lieu à Paris, et l'agitation française gagnait l'Angleterre. Wellington était renversé, et le nouveau ministère *whig* fut instauré dans une atmosphère révolutionnaire pseudo-française. Les orateurs londoniens portaient des bonnets phrygiens, des drapeaux tricolores flottant au-dessus des têtes. Le roi était injurié sur la place publique. Apsley House [résidence du duc de Wellington] était investie et saccagée par la foule. Les évêques ne durent leur vie qu'à la fuite. Autour de la capitale, une guerre rurale faisait rage, les paysans des *Home Counties* étant en relation avec les radicaux londoniens, en guerre contre le pasteur et le propriétaire terrien. Le vote du *Reform Bill* fut apparemment impuissant à calmer le mécontentement. Les clubs exerçaient une pression externe sur la Chambre des communes réformée. La guerre rurale, après quelques mois de répit, reprit de l'ampleur à l'hiver 1834, tandis que, pour la première fois dans l'histoire, les ouvriers envisageaient une grève générale. Le Parlement, effrayé, se contredit lui-même afin d'apaiser les radicaux londoniens et fit voter hâtivement un amendement à la Poor Law pour répondre à l'agitation rurale des Comtés du sud. Dans toutes les grandes villes, et plus encore à Londres, la lutte n'opposait plus les Libéraux et les Conservateurs, les Réformateurs et les Conservateurs, mais bien les Libéraux et les Radicaux.

En 1840, le contexte n'est plus le même. Aux élections législatives de 1837, les radicaux ont perdu des voix pour la première fois depuis 1832 ;

---

1. Après la Révolution française et les guerres napoléoniennes, le retour à la normale fut difficile en raison des grandes mutations économiques et sociales liées à la révolution démographique et aux prémices de la révolution industrielle : le luddisme bat son plein en 1811-1816 ; des émeutes éclatent à Londres (*Spa Fields Riots*) tandis que l'attentat contre le prince régent (1817) provoque une forte répression (suspension de l'*Habeas Corpus* et du droit de réunion et de presse). L'agitation à Manchester – à l'instar de la réunion non autorisée de Peterloo contre les augmentations d'impôts (1819) – subit la répression policière et judiciaire : les *Six Acts* de 1819 suspendent la liberté de réunion, d'association et de presse et donnent des pouvoirs de police élargis aux juges de paix. Au début des années 1830, l'agitation économique et sociale, rurale et urbaine, nécessite des concessions (loi des pauvres amendées en 1834, dans un sens plus strict), tandis que l'opinion publique se mobilise en faveur de l'extension du suffrage, accordée par les majorités libérales, lors de la réforme constitutionnelle de 1832 qui élargit le droit de vote et modifie la carte électorale, démocratise le gouvernement local et réduit les privilèges de l'Église.

Londres n'est plus un centre révolutionnaire comme en témoigne l'épisode chartiste qui suit les élections. Alors que de grands rassemblements ont eu lieu dans le Lancashire, le Yorkshire et les Midlands, la tentative des chartistes de faire de même à Londres a totalement échoué – à l'instar du maigre et ridicule *meeting* réuni à Palace Yard en septembre 1838. Et lorsque, quelque temps après, les délégués de la Convention chartiste se sont réunis à Londres, ils s'y sont sentis si mal à l'aise et si isolés qu'ils se sont transférés à Birmingham, centre plus propice à leurs activités de propagande et de mobilisation. Le jour même où, à Birmingham, ils ont lancé leur appel au peuple anglais, à Paris, Barbès et Blanqui occupaient avec une poignée d'insurgés plusieurs bâtiments officiels et tenaient durant plusieurs heures la police et l'armée en échec. Le *coup de main* de Barbès et de Blanqui échoua comme chacun sait, et les deux hommes furent jetés pour de nombreuses années en prison. Mais ce fut une caricature de la révolution de 1830 qui avait réussi et de la révolution qui devait réussir en 1848. Rien de ce genre n'arriva – ni d'ailleurs ne pouvait arriver – en Angleterre.

Il y eut des émeutes, des émeutes chartistes en 1839, mais elles se déroulèrent à Birmingham, puis, à plus grande distance encore de la capitale, dans la ville galloise de Newport. Ainsi l'opinion publique anglaise prit conscience que Londres était définitivement à l'abri de tout péril révolutionnaire jacobin ou pseudo-jacobin. Le chartisme n'était pas un phénomène londonien mais provincial, pas un phénomène sudiste mais nordiste. Comme mouvement politique (et gardons bien en tête que le programme chartiste était très explicitement un programme politique), le chartisme représente le reflux du grand soulèvement radical, lancé en 1817 et 1819, et qui a explosé en 1832. Comme mouvement social, le chartisme ne fut qu'une convulsion de ces troubles qui ont périodiquement touché le nord industriel, les derniers feux impuissants de ce qu'on appelait, dans le premier quart du siècle, le luddisme.

(Traduction Marie Scot)

JAMES MILL, 1933

PRÉSENTATION

Projet titanesque lancé en 1927 par dix associations professionnelles américaines de sciences sociales (anthropologie, économie, histoire, science politique, psychologie, sociologie, statistique, droit, travail social et éducation) avec le soutien des fondations philanthropiques Rockefeller, Carnegie et Russel Sage, l'Encyclopédie des science sociales (1930-1967) a pour objectif de proposer une synthèse exhaustive des savoirs en sciences sociales tout en confrontant les approches disciplinaires sur différents sujets.

*Cette ambition encyclopédique relève de l'approche positiviste et scientiste – caractérisée par l'accumulation empirique de faits, de statistiques, d'enquêtes de terrain – qui domine alors la politique scientifique des fondations américaines. Ces dernières encouragent également les entreprises de recherche collective et internationale (*Histoire mondiale des prix*, études de la conjoncture économique, études des relations internationales) afin de mettre en relation les communautés scientifiques des pays occidentaux et d'homogénéiser leurs pratiques et leurs objets de recherche. Les* social scientists, *réunis sous la direction d'Edwin Seligman*[1] *et d'Alvin Johnson*[2], *représentent la fine fleur de la science américaine et européenne – principalement anglophone. La sollicitation d'Élie Halévy (sans doute par le biais de ses amitiés anglaises et de sa fréquentation de la* London School of Economics*) témoigne de la reconnaissance dont il bénéficie dans les années 1930 au sein de la communauté scientifique anglo-américaine.*

Si Élie Halévy est sollicité pour rédiger l'entrée « James Mill », dédiée à l'un des pères fondateurs de l'utilitarisme, c'est qu'il a consacré à cette

---

1. Edwin Robert Seligman (1861-1939), économiste américain formé à *Columbia University* et en Allemagne, spécialiste de finances publiques. Fondateur de l'*American Economic Association* et de l'*American Association of University Professors*, ce professeur de Columbia fut également le rédacteur en chef de l'*Encyclopaedia of the Social Sciences*.
2. Alvin Saunders Johnson (1874-1971), économiste américain, professeur à la *Columbia University* ; rédacteur en chef adjoint du *Political Science Quarterly* (1902-1906) et du journal libéral *The New Republic*, cofondateur et directeur de la *New School for Social Research* de New York ouverte aux universitaires européens en exil.

doctrine trois volumes – La Jeunesse de Bentham *et* L'Évolution de la doctrine utilitaire *parus en 1901 et* le radicalisme philosophique *publié en 1904, tous trois traduits en anglais en 1928[1]. Son travail pionnier, devenu œuvre de référence, a contribué à constituer en objet d'étude le courant intellectuel et politique du radicalisme philosophique. Halévy en a retracé la genèse et le développement sur le temps long (1776-1850), en a identifié les auteurs et les acteurs, en a décliné les domaines d'applications (droit pénal et constitutionnel, économie, philosophie politique, philosophie morale), en restant toujours fidèle à la méthode historique, attentif à la chronologie et aux sources, et à l'approche génétique, soucieux de retracer les filiations, les emprunts, et les hybridations. Spécialiste français d'histoire et de philosophie anglaises, Élie Halévy a également saisi l'objet sous un angle comparatiste, en mettant en regard les deux voies, la française – abstraite et rationaliste des droits de l'Homme – et l'anglaise – psychologique et utilitariste des intérêts –, de la démocratie politique moderne. En étudiant le militantisme réformateur qui anime les tenants du benthamisme – dont James Mill est le parfait représentant, Élie Halévy a su mettre en lumière l'articulation entre philosophie, politique et économie politique, entre utilitarisme et radicalisme démocratique.*

C'est donc à ce personnage – injustement oublié, eu égard à son rôle d'ami de Jeremy Bentham, d'ordonnateur de la doctrine utilitaire en système, d'animateur du mouvement utilitariste et radical, enfin de père de John Stuart Mill – qu'Élie Halévy consacre un article biographique. L'intérêt qu'il lui accorde n'est pas anodin car James Mill apparaît comme un concentré des thèses d'Halévy sur l'utilitarisme et le libéralisme : il fait le pont entre la pensée juridique et philosophique de Bentham et son expression politique et militante ; il est le chaînon qui relie l'utilitarisme philosophique et l'économie politique d'Adam Smith, de Thomas Malthus et de David Ricardo ; il articule enfin utilitarisme et psychologie associationniste. James Mill est donc le nœud qui fait converger des doctrines a priori *inconciliables et célèbre les mariages inattendus et ambigus de l'utilitarisme et de la revendication démocratique, ou encore de l'utilitarisme et du libéralisme individualiste et libre-échangiste. Sur le plan méthodologique, l'article adopte une approche scientifique, fort peu hagiographique et partisane ; il déploie la méthode halévyenne du philosophe historien, attentif aux faits biographiques concrets (formation et vocation, sources de revenus et conditions matérielles d'exercice de la vocation, rencontres intellectuelles et*

---

1. Voir la réédition de *La Formation du radicalisme philosophique*, Paris, PUF, 1995, sous la direction de Monique Canto-Sperber.

réseaux) autant qu'aux doctrines et aux idées. D'ailleurs l'analyse proprement intellectuelle et philosophique n'y est ni abstraite ni théorique : Halévy, véritable généticien des courants intellectuels, traque les généalogies, les emprunts et les influences qui concourent à former « l'utilitarisme », conçu moins comme un corps homogène de théories et de concepts, que comme un corpus éditorial en cours d'enrichissement, un ensemble disparate de doctrines parfois contradictoires, et que comme une pratique politique et sociale à contextualiser.

« Mill, James (1773-1836) »,
E. Seligman, A. Johnson (eds.), in *Encyclopedia of the Social Sciences*, 1933, vol. 10, p. 480-481

Écrivain et philosophe britannique. Mill est le fils d'un cordonnier écossais, formé à l'université d'Édimbourg. Intronisé prêtre, il ne manifeste pas de vocation ferme et part à Londres en 1802 pour accompagner Sir John Stuart, député écossais. Après des années de lutte pour subvenir aux besoins de sa famille, comme essayiste et journaliste spécialisé dans les questions politiques et économiques, Mills finit par se faire une réputation. En 1808, il fait la connaissance de Jeremy Bentham, rencontre qui allait s'avérer cruciale pour les deux hommes. Les longs séjours que Mill effectua dans la maison de campagne de Bentham lui permirent d'achever sa volumineuse *History of the British India* (3 vol., Londres, 1817 ; 5e éd., 10 vol., 1856, VII-IX par H.H. Wilson), commencée en 1806. La renommée que lui valut la publication de cet ouvrage, le premier consacré à ce sujet, lui permit d'obtenir en 1819 un poste à la *India House* qu'il occupa toute sa vie. Mais l'amitié qui le liait à Bentham lui apporta bien davantage : il devint son bras droit et son propagandiste en chef, chargé de rédiger de nombreux articles et pamphlets et de nouer des contacts amicaux avec les leaders réformistes. Si Bentham a donné une doctrine à Mill, ce dernier l'a doté d'une école en retour.

Avant de rencontrer James Mill, Bentham n'était qu'un philanthrope raté. Comme réformateur juriste, il n'était connu qu'à l'étranger, grâce aux efforts de son éditeur suisse Dumont. Mill en fit un essayiste anglais et réorienta ses centres d'intérêts des questions juridiques et législatives vers la philosophie politique. Parallèlement, l'interprétation de la doctrine benthamienne selon Mill contribua à y intégrer les enseignements de Malthus et de Ricardo, dont il était particulièrement proche. C'est encouragé par Mill que Ricardo écrivit ses *Principes* (1817) ; et les *Éléments d'économie politique* de Mill (Londres, 1821 ; 3e éd. Londres 1826), réputés être le premier manuel anglais d'économie, proposent très largement une interprétation des thèses de Ricardo.

Capitale dans l'histoire sociale et politique anglaise fut la conversion de Bentham aux problèmes politiques, sous l'influence de Mill, et notamment à la promotion du suffrage universel dont il devint le principal champion. Cette conversion a permis la constitution d'un groupe puissant, d'une coterie de réformateurs, connus sous le nom de philosophes radicaux car leur radicalisme reposait consciemment sur un système intellectuel, lui-même assis sur le principe éthique de « l'utilité » et le principe psychologique de « l'association des idées ».

C'est pour clarifier la base psychologique et philosophique de la doctrine benthamienne de l'utilitarisme que James Mill publia son *Analysis of the Phenomena of the Human Mind* (2 vol., Londres, 1829 ; nouvelle éd. par J.Stuart Mill, 2 vol., 1869). Bien qu'inspirée des idées de Hobbes et de Hartley, la publication de cet ouvrage est considérée comme inaugurale de l'école contemporaine de la psychologie associationniste.

Passeur d'idées et de doctrines plus qu'authentique penseur lui-même, Mill fut un auteur lucide, doté d'une volonté de fer tout écossaise et d'une dévotion fanatique pour ce qu'il estimait être la vérité, qui a su réunir et animer l'un des groupes de réformateurs les plus efficaces et puissants que l'Europe moderne a connu. Il a également, par des années d'enseignement et de formation méthodiques et acharnés, éduqué son fils, John Stuart Mill, de façon à donner au monde un spécimen vivant de parfait benthamien – ce en quoi il a partiellement réussi.

À consulter : Bain, Alexander, *James Mill* (London, 1882) ; Morley, John, « The Life of James Mill », in *Fortnightly Review*, vol. XXXVII, 1882, p. 476-504 ; Halévy, Élie, *La Formation du radicalisme*, 3 vol. (Paris, 1901-1904), tr. M. Morris as *The Growth of Philosophic Radicalism* (London, 1928), p. 249-310 ; Stephen Leslie, *The English Utilitarians*, 3 vol. (London 1900) vol. II ; Cannan, Edwin, *History of the Theories of Production and Distribution* (3rd London, 1917) ; Mill, J. S., *Autobiography*, with introduction by H. J. Laski (new ed. London, 1924).

ANNEXE III

HALÉVY LECTEUR,

LES COMPTES RENDUS CRITIQUES SUR LE SOCIALISME

PRÉSENTATION

Halévy lecteur « global »

Lecteur insatiable, comme en témoignent l'inventaire de son impressionnante bibliothèque privée[1] et sa fréquentation assidue des bibliothèques parisiennes et londoniennes[2], Élie Halévy dévore indifféremment romans et recueils de poésie, biographies et mémoires, essais généralistes et littérature scientifique. Sa correspondance et sa bibliothèque témoignent de l'éclectisme où le porte sa curiosité : la philosophie et la littérature le passionnent autant que les « sciences sociales » au sens large (économie, histoire, sociologie, science politique, administration publique, doctrines politiques, économiques et sociales), de même que, plus rarement, les arides sciences dures (biologie, mathématique).

Lecteur polyglotte – il maitrise le grec et le latin, et pratique l'anglais, l'italien et l'allemand –, Élie Halévy est au fait de l'actualité éditoriale française et anglaise, allemande et italienne, américaine voire russe. Véritable intellectuel cosmopolite, non seulement par ses réseaux mais par sa culture livresque, il veille à confronter l'état des connaissances en fonction des contextes nationaux et bénéficie d'une appréhension globale qui fait souvent défaut aux auteurs qu'il recense. Plus encore, il se veut un passeur entre ses deux patries de cœur, la France et l'Angleterre, se faisant un devoir de porter à la connaissance du public français les productions anglaises d'histoire et d'actualité politique et diplomatique.

*Lecteur critique de la presse quotidienne et de revues intellectuelles, d'ouvrages généralistes et d'essais autant que de monographies spécialisées, Élie Halévy se distingue par son intérêt particulier pour les sources et les données brutes, notamment anglaises. Parcourant, sans être jamais rebuté, les volumes arides de la littérature parlementaire (*Journal officiel*, rapports parlementaires, publications des commissions) et de la documentation*

---

1. Voir le site de la médiathèque de Sucy-en-Brie. L'inventaire de la bibliothèque a été fait par N. Borg. http://www.infocom94.fr/web2/tramp2.exe/log_in?setting_key=sucy (consulté le 21/02/2013).

2. On retrouve, précieusement conservées dans ses archives, de nombreuses « fiches de commandes » de documents de la *British Library*.

ministérielle et administrative (statistiques électorales, statistiques économiques et sociales, budgets et comptes de la nation), il collectionne également le matériel de propagande et la documentation syndicale, associative et partisane (brochures, pamphlets, essais, programmes politiques et professions de foi, discours édités, littérature grise). Cet intérêt accordé aux sources primaires le rend attentif aux entreprises d'édition critique de sources qu'il se plaît à recenser ; cette connaissance méticuleuse des données – dont il juge de la qualité et de l'exhaustivité, autant que des méthodes de recueil et d'exploitation – en font un critique particulièrement averti. Lecteur-chercheur, Halévy se distingue ainsi par sa capacité à confronter, sur des sujets connus, l'archive et l'interprétation, et à souligner, sur d'autres moins familiers, les lacunes de la méthode.

Halévy recenseur

De la lecture à la recension, il n'y a qu'un pas qu'Élie Halévy franchit aisément, tant de manière informelle et spontanée, comme en témoigne sa correspondance qui rend fréquemment compte à ses proches de ses lectures du moment, que de manière officielle par la livraison de textes à des revues. Sa pratique critique est affermie par le rôle de grand ordonnateur des comptes rendus dans le Supplément *de la* Revue de métaphysique et de morale. *Cette fonction le contraint à suivre de près l'actualité éditoriale européenne, non seulement en philosophie pure mais également en philosophie morale, autant dire en « sciences sociales » ; elle lui impose de mobiliser et d'animer un réseau d'auteurs ; enfin, elle l'oblige à orienter et parfois réécrire les recensions des autres. Élie Halévy est ainsi impliqué à double titre dans l'exercice critique, intellectuellement comme auteur de recensions, et pratiquement comme maître d'œuvre d'une rubrique exigeante et formatrice autant que fastidieuse.*

Au regard de son appétit de lecture, les comptes rendus signés par Élie Halévy ne sont pas pléthoriques (moins d'une centaine d'ouvrages recensés pour une période d'activité professionnelle de 44 ans, soit une moyenne d'un peu plus de deux par an). Il faut cependant nuancer ce constat de rareté, en ne négligeant pas la pratique courante de non-signature des comptes rendus, en particulier au sein de la Revue de métaphysique et de morale – *ce qui explique sans doute le faible nombre de recensions philosophiques laissées par Élie Halévy. Il faut également évoquer le brouillage fréquent des genres recension et/ou article, caractéristique de l'écriture halévienne qui prend souvent prétexte d'une lecture pour rédiger un article à part entière. Enfin, l'établissement d'une bibliographie exhaustive de ses œuvres – exercice* auquel s'est livré Melvin Richter[1], aidé d'Henriette Guy-Loé – n'est pas sans défauts, notamment en matière de pointage des comptes rendus, plus nombreux et plus difficiles à repérer que les articles. Aussi le feuilletage des pages « recension » des revues offre-t-il encore quelques trouvailles.

Tout au long de sa vie professionnelle, Élie Halévy rédige des recensions en français et en anglais, qu'il livre à un nombre relativement restreint de revues et de périodiques. Les recensions philosophiques sont systématiquement proposées à la Revue de métaphysique et de morale pour d'évidentes raisons. Les recensions françaises, dédiées à des sujets « histoire et sciences sociales » et à des sujets d'actualité, sont toutes publiées dans la Revue des sciences politiques[2], périodique trimestriel publié par l'École libre des sciences politiques où Élie Halévy enseigne régulièrement à partir de 1898. À première vue, la fidélité à cette revue, destinée à accueillir les travaux des professeurs, élèves et anciens élèves de Sciences Po et à faire rayonner une institution à laquelle il n'est pas ouvertement attaché, est surprenante[3] : il y publie également un nombre non négligeable d'articles[4]. Ce positionnement éditorial s'explique néanmoins : si Élie Halévy, philosophe « patenté » (normalien, agrégé, docteur), peut légitimement publier dans les revues philosophiques, en revanche, son parcours d'historien-politiste « autodidacte » l'éloigne des revues « professionnelles » tant historiennes que sociologiques, dont il récuse d'ailleurs les comportements de chapelles. Aussi ses articles d'histoire, ses commentaires d'actualité et ses analyses du « temps présent » paraissent-ils plutôt dans des revues intellectuelles et généralistes (Revue de Paris refondée en 1894 par Louis Ganderax et Ernest Lavisse, Revue politique et parlementaire fondée en 1894 par Marcel Fournier, Revue du mois fondée en 1906 par Émile Borel). Mais c'est la Revue des sciences politiques, dédiée en 1911 à « l'étude du mouvement social contemporain et des questions politiques, agricoles, économiques,

---

1. Melvin Richter, « A Bibliography of Signed Works by Élie Halévy », *History and Theory*, vol. 7, *Bibliography of Works in the Philosophy of History 1962-1965*, 1967, p. 46-71.

2. Périodique publié dès 1886 sous le titre des *Annales de l'École libre des sciences politiques* sous la responsabilité d'Émile Boutmy, puis à partir de 1899 sous le titre d'*Annales des sciences politiques* sous la direction d'Achille Vialatte, puis en 1911 sous le titre de *Revue des sciences politiques* sous la direction de Maurice Escoffier (1911-1919) puis de Maurice Caudel (1920-1936), tous deux professeurs à l'École et significativement bibliothécaires en chef de la bibliothèque de Sciences Po.

3. Voir notamment la lettre d'Élie Halévy à Célestin Bouglé, 08/01/1902 : « Je ne lis jamais les *Annales des sciences politiques*, médiocre publication », *in* Élie Halévy, *Correspondance*, *op. cit.*, p. 320.

4. Quatre articles y paraissent. 1921 : « Comment Lord Palmerston passa grand homme » ; 1928 : « La politique du roi Edouard » ; 1932 : « La réforme de la marine anglaise et la politique navale britannique 1902-1907) » ; 1936 : « Palmerston et Guizot 1846-1848 ».

financières et coloniales[1] », *qui apparaît comme le support le plus propice et pratique à la publication de ses comptes rendus en français.*

Élie Halévy commence à publier des comptes rendus en anglais au milieu des années 1920, après la traduction et la publication en 1924 du premier volume de son Histoire du peuple anglais. *Ils portent uniquement sur des sujets anglais (histoire du XIX*[e] *siècle et histoire de la politique étrangère britannique). Il les destine très majoritairement au périodique* History, *publié à partir de 1912 par la* Historical Association *dédiée depuis 1906 à la promotion de l'enseignement de l'histoire, et, plus tardivement, à partir de 1933, à la très renommée et plus universitaire* English Historical Review *fondée en 1886.*

Les recensions d'Élie Halévy couvrent trois domaines : le jeune Élie se fait dans un premier temps les dents sur les ouvrages philosophiques (1893-1900), avant de consacrer son talent critique aux ouvrages dédiés à l'histoire du socialisme européen, à l'histoire politique anglaise et à l'histoire des relations internationales (principalement les causes de la Grande Guerre). Tout cela en cohérence avec sa propre trajectoire intellectuelle. Après la Grande Guerre, ses comptes rendus (tout comme ses articles) se répartissent en nombre quasi égal entre ces trois centres d'intérêts, avec de fréquents chevauchements (histoire du socialisme anglais/histoire diplomatique anglaise). Une petite quarantaine de recensions d'ouvrages portant sur les doctrines socialistes, l'histoire du mouvement social et/ou socialiste ou encore les expériences socialistes contemporaines (principalement anglaises et soviétiques) sont ici réunies et présentées.

Lectures et recensions consacrées à l'histoire du socialisme européen

Que nous apprennent les quarante-quatre recensions d'Élie Halévy consacrées au « socialisme européen » sur ses lectures et sur ses sources et, en miroir de sa propre pratique de recherche et d'exposition, sur les méthodes et les approches qu'il promeut et affectionne ?

Tropisme historique (plus que philosophique)

« Philosophe historien », passé de l'analyse théorique des doctrines à

---

1. Émile Levasseur, « Boutmy et l'École », *Annales des sciences politiques*, 15/03/1906, p. 159.

l'étude historique des faits politiques, économiques et sociaux, Élie Halévy consacre significativement la première recension de sa « série socialiste » à un ouvrage d'Aftalion portant sur les « idées socialistes » (1906) et ses derniers comptes rendus, au plan quinquennal et à la Russie soviétique (Grinko-Staline 1934-1935). Pour autant, même s'il privilégie la recension d'ouvrages historiques, de monographies spécialisées et d'essais d'actualité (26), il continue de manifester tout au long de sa vie un intérêt certain pour les doctrines socialistes (9), et notamment pour le marxisme et ses interprétations.

Tropisme contemporain

Historien, Élie Halévy traite des socialistes utopiques français et des radicaux britanniques, de l'histoire de la révolution industrielle et de l'histoire politique du XIXe siècle, autant qu'il s'intéresse à l'actualité sociale anglaise et à l'expérience soviétique. Fait remarquable, plus de vingt recensions – soit la moitié du corpus – portent sur des essais consacrés au « temps présent » et à l'après-Grande Guerre, parfois à la limite du commentaire journalistique et de la littérature de témoignage. Élie Halévy témoigne alors de sa capacité à mobiliser la longue durée et la comparaison historique pour apprécier les ouvrages, et à appliquer son esprit scientifique aux méthodologies d'enquête qu'il expose dans ses critiques des auteurs.

Tropisme européen – anglais et soviétique surtout

Intellectuel cosmopolite, Élie Halévy rédige ses comptes rendus « socialistes » en français et en anglais, principalement sur des sujets anglais (17) dans les années 1920 où l'actualité sociale britannique l'interpelle, puis sur des sujets « soviétiques » (12) à partir des années 1930 car l'édification du socialisme à marches forcées sous Staline l'interroge. Le socialisme français, utopique comme contemporain, ne fait l'objet que de cinq comptes rendus. Ce tropisme européen est renforcé par la nationalité des auteurs recensés – anglais, soviétiques et français mais également belges, américains ou italiens.

La bibliographie du cours qu'Élie Halévy consacre à l'histoire du socialisme à l'École libre des sciences politiques, témoigne plus encore de la remarquable connaissance de l'actualité éditoriale occidentale qu'il mobilise sur le sujet du « socialisme » : les littératures française, anglaise, américaine, belge, italienne, allemande, russe sont présentées et confrontées systématiquement.

Discours de la méthode

Les recensions critiques d'Élie Halévy permettent de définir, en creux, ce que le philosophe-historien juge être de bonnes méthodes de recherche et de sains procédés d'exposition.

Son obsession pour les « sources » et les données brutes explique que leur publication fasse l'objet de comptes rendus généralement élogieux (cf. l'édition de sources marxistes par Rjazanov ; la publication des cours de Durkheim ; l'édition des enquêtes sociales sur le chômage anglais ; les mémoires de Trotski ou mêmes les textes de propagande soviétique). Il valorise systématiquement le travail sur archives et la monographie basée sur des recherches de première main (Welbourne, Buckley) même si l'interprétation finale s'avère décevante, de même qu'il salue systématiquement la publication d'annexes et d'appendices permettant d'accéder aux données brutes.

L'impératif de neutralité est également énoncé clairement pour les ouvrages scientifiques et passe par l'objectivation systématique des positions des auteurs (cf. les CR élogieux consacrés aux ouvrages de Cole) et par l'explicitation des méthodes d'enquête (langues parlées dans le cas de Pierre Dominique ; sources et méthodologie dans la composition des corpus par Rjazanov). Élie Halévy traque les biais qui faussent l'analyse, à l'instar de l'illusion biographique (Trotski), de la partialité (Webb et Cohen), de l'absence de sources (Lazarevski), de l'anachronisme (Hammond, Coupland), de l'oubli volontaire (Pasquet), ou encore du nationalisme méthodologique (Isambert, Lair). A contrario, les essais d'actualité portant sur l'interprétation du marxisme (Aftalion, Philip, Deslinière, de Man, Michels, Déat,) font l'objet de recensions des thèses toujours honnêtes quoique teintées d'un scepticisme amusé.

Particulièrement intéressantes de la part d'un historien autodidacte sont les injonctions de « prendre au sérieux » son objet d'étude et de se déprendre de tout nationalisme méthodologique. Ainsi les auteurs pris en flagrant délit d'anachronisme par leur traitement ironique ou méprisant de l'évangélisme, vecteur crucial de la question sociale dans l'Angleterre des XVIIIe et XIXe siècles, sont-ils renvoyés à leurs postures antireligieuses et positivistes qui faussent leur appréhension du passé. Ainsi Élie Halévy est-il particulièrement allergique à l'antigermanisme et à l'antimarxisme, mais il épingle également des biais méthodologiques plus inconscients, par exemple l'ignorance de la production éditoriale étrangère sur un sujet, par incompétence linguistique ou simple manque de curiosité (Bramfeld).

Les recensions d'ouvrages consacrés à l'histoire des doctrines socialistes – et aux sciences sociales en général – sont particulièrement intéressantes *car elles entrent en résonnance avec le cours professé par Élie Halévy à l'École libre des sciences politiques et avec sa propre démarche scientifique. Ainsi le livre d'Isambert sur les « idées socialistes en France » pèche-t-il, de l'avis d'Élie, par son schématisme, sa juxtaposition de cas biographiques isolés, et son absence de prise en compte des filiations, des généalogies, des circulations et des influences réciproques.* A contrario, *Élie Halévy traque systématiquement dans son propre cours les échanges et les hybridations de concepts, de doctrines, de pratiques et de répertoires d'action qui s'opèrent dans le temps long des XVIIIe et XIXe siècles et dans l'espace européen, voire occidental. La publication des cours de Durkheim de 1895 donne lieu à un surprenant hommage, tant la démarche proposée par le maître de la sociologie française – l'étude du socialisme « non comme une doctrine abstraite... mais comme étant elle-même un fait dont on veut retrouver la genèse, un fait social », p. 876 – est proche de celle adoptée par le philosophe historien Halévy. Celui-ci rend un semblable et discret hommage aux jeunes « sciences sociales » dans les deux recensions consacrées en 1902 au* Rôle des sciences politiques *(Alix) et en 1936 au* Bilan de la sociologie française *(Bouglé). Dans ces deux textes pourtant très éloignés dans le temps, Élie Halévy moque la « prévention » et la « terreur instinctive » que provoque la sociologie – et, dans une moindre mesure, la science politique – chez les universitaires comme chez les intellectuels, et salue finalement, sans jamais leur prêter allégeance, leur capacité commune à tenter d'appréhender « globalement », théoriquement et factuellement, la complexité des phénomènes humains.*

1902

De l'organisation et du rôle des sciences politiques, par MM. Gabriel Alix, Léon Abrami, Georges Lecarpentier, Gaston Salaun et Robert Savary. *Revue des sciences politiques*, 17, p. 273-277.

Les *cinq* auteurs des rapports que nous avons sous les yeux traitent tous de l'enseignement des « sciences politiques » ; mais, dans l'incertitude actuelle du langage que parlent les sciences morales, ils ne s'entendent entre eux que d'une façon approximative, sur le sens de cette expression courante. Essayons, en nous aidant de leurs travaux, s'il nous sera possible d'apporter une précision nouvelle à la notion de « sciences politiques ».

M. Gabriel Alix, dans son rapport général, distingue entre la *science politique* et les *sciences politiques*. « *La science politique est la science de l'État, non de tel État en particulier, mais de l'État en général : c'est la philosophie politique* » (p. 595). « *Les sciences politiques étudient les applications des principes qui ont prévalu dans la science politique* » (p. 596). Essentiellement pratiques, tendant « à former des hommes d'action », elles comprennent « *les sciences politiques proprement dites et les sciences économiques* » mais elles ne comprennent pas « *les sciences sociales, ou la sociologie* », « *science de la structure des sociétés et de leur développement* », science purement théorique, et, d'ailleurs, science à peine formée, à peine existante. Encore convient-il de distinguer (p. 600-601) entre les sciences politiques et la morale, qui définit les fins à poursuivre, et non simplement les moyens de poursuivre des fins déjà posées. – En d'autres termes, ce n'est pas, croyons-nous, trahir la pensée de M. Alix, que de distinguer deux ordres de sciences : les sciences théoriques, qui constatent soit des lois, soit des faits ; et les sciences pratiques, qui, conformément à la connaissance des lois et des faits, déterminent comment nous devons agir à la poursuite d'une fin donnée, ou bien qui définissent quelles fins nous devons nous proposer de poursuivre. Les « sciences politiques », selon M. Alix, se distinguent des sciences de lois, des sciences de faits, et de la morale. Elles sont « la science politique appliquée ». Cette classification des sciences morales, qui se dégage du travail de M. Alix, est en somme satisfaisante. Peut-être M. Alix n'y est-il pas toujours resté suffisamment fidèle : lorsqu'il écrit qu'« *étudier les institutions politiques et économiques, dans les faits plus encore que dans les textes, les comparer entre elles, ou constater les différences ou* *les ressemblances, et rechercher les raisons de ces ressemblances et de ces différences à la lumière de l'histoire, faire ressortir l'esprit des lois, tel est l'objet des sciences politique*s » (p. 600), il tend de nouveau à confondre « les sciences politiques » avec « la science politique », science théorique fondée sur la connaissance des lois et des faits. Peut-être aussi le trouvera-t-on trop esclave de certaines préventions contre le mot, nouveau et mal fait, mais commode et devenu courant, de sociologie. « *Elle est,* dit-il, *encore en voie de formation.* » N'en peut-on dire autant de la « science politique », branche de la sociologie, et dont M. Alix reconnaît lui-même le caractère d'imperfection lorsqu'il hésite à lui donner le nom de « science », et l'appelle « la philosophie politique » (p. 593) ?

M. Georges Lecarpentier, licencié ès lettres, diplômé d'études supérieures d'histoire et géographie (*des rapports généraux des sciences politiques avec l'ensemble des sciences sociales*) constate l'inachèvement des sciences sociales, et part de là pour poser, ce nous semble, avec beaucoup de bonheur, le problème. « *Il appelle "sciences politiques" l'ensemble des connaissances qui servent à la direction générale de la politique et qui sont d'application dans les diverses administrations d'un État* » (p. 611) : elles sont l'art du fonctionnaire, considéré comme l'application des sciences sociales. Mais voici la difficulté. « *Si pour porter un jugement motivé sur les sociétés humaines nous devions attendre la fin du travail d'élaboration de la sociologie, ce jugement peut-être ne serait jamais porté. En tout cas nous serions encore loin du compte, car à l'heure actuelle les sociologues ne sont guère plus avancés qu'un historien analysant ses premiers documents* » (p. 603). Pourtant les hommes n'attendent pas, ne peuvent pas attendre, pour agir, pour juger, la constitution intégrale de la science sociale. C'est que les sciences politiques, « *comme toutes les sciences morales, exigent de ceux qui s'y livrent plus d'esprit de finesse que d'esprit géométrique, ce dont les mathématiciens profitent pour leur dénier tout caractère scientifique* » (p. 611). « *Seul, l'homme d'État digne de ce nom sentira ce que demandent les circonstances,* quid ferre recuscent, quid valeant *; s'il ne le sent pas d'instinct, l'étude la plus approfondie des sciences politiques ne le lui apprendra jamais : on naît avec le caractère et le génie d'un homme d'État, on ne les acquiert pas à force de travail* » (p. 612) ; « *l'action politique est affaire de tempérament et de mesure, d'art en un mot et non de science* » (p. 614). Les sciences politiques seront donc l'ensemble des connaissances utiles pour éclairer l'instinct inné de l'homme d'État, du fonctionnaire, dans un temps et un pays donnés. Quelles devront être ces connaissances, M. Lecarpentier nous le dit excellemment. Seulement, distinguer avec beaucoup de netteté la politique d'avec la sociologie, est-ce une raison pour juger avec une sévérité qui semble passionnée, la recherche sociologique ?

La sociologie ne s'est jamais donnée, même chez son fondateur, même chez Auguste Comte, pour « *une science qui part de l'idée préconçue que tous ceux qui ont travaillé avant elle se sont radicalement trompés* » (p. 608) : et, sans insister sur ce point, nous avons peur que l'opposition des « questions politiques » et des « questions sociales » ne présente que des analogies verbales avec l'opposition des « sciences politiques, et des « sciences sociales ».

Le rapport de M. Gaston Salaun, sur *les rapports plus particuliers des sciences politiques avec les sciences juridiques,* est moins net. « *L'enseignement des sciences politiques,* écrit M. Salaun (p. 631), *tel qu'il est donné dans les facultés de droit, a une tendance à s'élever au-dessus de lui-même et à devenir un enseignement de la science sociale, c'est-à-dire de la recherche des lois générales qui régissent les sociétés.* » En d'autres termes, de *pratique* qu'il devrait être, il tend à devenir purement *théorique.* Mais ce n'est pas là ce que M. Salaun veut dire : il lui reproche, au lieu de rester *pratique,* de tendre à *l'idéalisme moral* : « *il n'y a pas*, écrit-il, *en politique, de table rase, et ce n'est pas une cité idéale* » que nous avons à construire, ni un « contrat social » que nous avons à conclure. Mais c'est une faute de méthode qu'aucun sociologue contemporain ne commettrait, dont tous considéreraient, au contraire, l'étude de la sociologie comme propre à nous affranchir, de confondre un principe d'explication scientifique avec un idéal pratique, une loi physique ou psychologique avec une loi morale. « *Les sciences politiques,* écrit encore M. Salaun, *sont avant tout des sciences de faits et d'observation, les sciences juridiques des sciences de textes et de principes. À ne les envisager que d'ensemble, celles-ci sont surtout destinées à former des légistes, et celles-là surtout des praticiens ; or, pour le juge, suivant l'expression de Stuart Mill, la règle, une fois positivement connue, est définitive ; le législateur, au contraire, ou tout autre praticien doit se déterminer moins par des règles que par les raisons des règles.* » Cette opposition gagnerait, selon nous, à être définie avec plus de rigueur : le juge n'est pas le légiste, et le législateur n'est pas le praticien. Le législateur fait la loi ; le légiste l'enseigne, l'interprète, la discute ; le juge ou le praticien l'applique. Mais, au moment même où la loi est faite, les définitions juridiques sont grossières, abstraites, infiniment éloignées de la complexité des actes que la loi veut régir ; au moment où il s'agit d'appliquer la loi, celle-ci est déjà vieille, inopportune, difficile à adapter à un état social nouveau, imprévu. Le juge, le praticien devra, s'il veut répondre au vœu implicite du législateur, modifier la loi pour l'appliquer mieux aux faits. D'où la nécessité pour lui d'être non pas seulement juriste, mais encore et en outre sociologue, d'avoir étudié spéculativement, dans l'ordre social, les faits qui l'intéressent le plus, et leurs rapports mutuels.

Si les sciences politiques ne doivent pas être enseignées dans les facultés de droit, c'est, M. Salaun le reconnaît lui-même involontairement, parce que les professeurs de droit sont insuffisamment sociologues.

Les deux derniers rapports présentent cet inconvénient commun qu'ils ne définissent pas les « sciences politiques » dans les mêmes termes que les rapports précédents. Il y est question de « la valeur des principes qui dominent dans les sciences politiques ». *Sont-ils absolus et indépendants du temps et de l'espace*, demande M. Léon Abrami, *ou varient-ils au contraire de nation à nation et d'une époque à l'autre ? Doivent-ils être rattachés au point de vue utilitaire ou au point de vue idéaliste ?* demande M. Robert Savary, avocat à la cour d'appel, qui poursuit *l'application de ce critérium aux grandes questions actuellement à l'ordre du jour.* Ni l'un ni l'autre ne distinguent plus les « sciences politiques » d'avec les « sciences sociales » considérées en général ; et tous deux posent le problème de savoir quel est le rapport de la sociologie à la morale, de la science des lois à la science des fins. Dans un mémoire dont le style gagnerait à être moins prolixe, où les métaphores sociologiques empruntées aux sciences de la mécanique abstraite sont, à notre gré, trop nombreuses, M. Robert Savary s'attache à montrer comment les notions de *l'utile* et de *l'idéal,* opposées par les moralistes, se confondent dans la réalité des actions humaines, comment tout grand mouvement historique d'opinion peut-être dit, selon le point de vue, utilitaire ou idéaliste : telle la démocratie, tel l'impérialisme. M. Abrami se propose d'établir que les raisons pour lesquelles les sciences morales ne deviendront jamais des sciences exactes, c'est qu'elles traitent d'un objet toujours changeant, et que, d'autre part, la question de droit se pose toujours chez elles à côté de la question de fait. Après quoi M. Abrami essaie de nous montrer comment le *droit* sort du *fait,* par voie d'évolution nécessaire, et donne précisément pour objet aux sciences politiques l'étude de cette évolution des idées morales ; par où M. Abrami semble contredire son assertion première. Il revient à cette idée, entrevue par les cartésiens, plus nettement définie par les comtistes, que la condition d'existence d'une sociologie générale est la condition même d'existence d'une morale rationnelle, – l'unité du genre humain et l'unité de l'histoire du genre humain. Que, d'ailleurs, la constitution de cette science sociale intégrale, que l'élaboration de cette morale humanitaire, constituent, pour le savant et l'honnête homme d'aujourd'hui, des espérances lointaines, nous ne le contestons pas. Nous empruntons à M. Lecarpentier sa définition des « sciences politiques », précisément parce qu'elle nous paraît très étroite et, en quelque sorte, très opportuniste. Mais, parce qu'on distingue, et à juste titre, entre les sciences sociales et les sciences politiques, est-ce une raison pour manifester, à l'égard des sciences sociales, une sorte de défiance dédaigneuse ? Nous retenons les observations de la plupart des rapporteurs sur la nécessité de confier à une école libre l'enseignement des sciences politiques. Si cependant il ne s'agissait, pour le professeur de sciences politiques, que de former des administrateurs éclairés, on ne voit pas nettement pourquoi l'État ne pourrait assumer cette tâche, et reprendre l'idée, avortée en 1848, d'une « École d'administration ». Sans doute, il s'agit d'autre chose. Parmi les jeunes gens de vingt ans, beaucoup, assurément sont impatients de devenir ou fonctionnaires, ou professeurs, un examen ne signifiant guère pour eux que la voie d'accès à une carrière. Mais quelques-uns – et de ceux-ci pas plus que de ceux-là, une nation ne saurait se passer – sentent déjà s'éveiller en eux la vocation scientifique : une carrière, une position sociale, leur apparaît surtout comme une *licence* de travailler librement au progrès des connaissances humaines. Or l'État, dans toute son organisation pédagogique, est gêné par le système des examens professionnels : l'étudiant qui a passé ses examens devient maître pour en faire passer à son tour. Une école libre est moins assujettie à cette nécessité. Mieux qu'une école de gouvernement, elle est capable de résoudre le plus délicat et le plus grave des problèmes de la vie pratique : attacher l'homme au milieu immédiat où il se développe, et, dans la mesure nécessaire, l'en détacher. Mieux qu'une école de gouvernement, elle est maîtresse de donner à son enseignement une double orientation, pratique et scientifique, professionnelle et désintéressée, d'être à la fois un institut de haute culture administrative et de libre recherche spéculative, de produire à la fois des fonctionnaires et des savants.

1906

Isambert Gaston, *Les Idées socialistes en France de 1815 à 1848*, Revue des sciences politiques, 21, p. 407-409.

Gaston ISAMBERT, *Les Idées socialistes en France de 1815 à 1848 : le socialisme fondé sur la fraternité et l'union des classes.* 1 vol. in-8 de 426 p. (Bibliothèque de philosophie contemporaine), Paris, Alcan, 1905.

L'ouvrage de M. G. Isambert se lit avec facilité, avec plaisir, avec profit. C'est un livre qui nous manquait, et auquel ne peuvent suppléer les monographies, de plus en plus nombreuses, relatives tantôt à l'une, tantôt à l'autre des parties du sujet dont M. Isambert embrasse l'ensemble. On pourrait reprocher à la méthode d'exposition adoptée par M. Isambert un certain défaut de continuité. L'ouvrage se divise nécessairement en deux parties, séparées par la Révolution de 1830 ; et chaque partie se compose d'une série de chapitres consacrés chacun à un auteur, sans que M. Isambert se préoccupe suffisamment peut-être de marquer la filiation historique des doctrines. Voici Saint-Simon (chap. II) ; et puis « la famille saint-simonienne avant 1830 » (chap. III) ; et puis « Charles Fourier et l'harmonie phalanstérienne » (chap. IV) ; et puis « un économiste social, Sismondi » (chap. V). C'est bouleverser, pensons-nous, l'ordre véritable des matières. À peine Saint-Simon est-il mort, en 1825, que ses disciples commencent à transformer sa doctrine économique sous l'influence de Sismondi. Le *Producteur* cesse de paraître en 1825. Quand est publiée en 1829 *L'Exposition de la doctrine*, une autre influence est manifeste : et c'est l'influence de Fourier. On pourrait multiplier les preuves de cette influence, dont M. Hubert Bourgin a commencé de prouver la réalité, dans son récent ouvrage sur Fourier [*Fourier. Contribution à l'étude du socialisme français*, par Hubert Bourgin, ancien élève de l'École normale supérieure, docteur ès Lettres, Paris, 1905] : et comment contester, en particulier, que la théorie saint-simonienne de la féodalité industrielle ait son origine dans la formule, inventée vingt ans auparavant par Fourier, de la « féodalité commerciale ».

Mais, en réalité, M. Isambert ne se proposait pas de résoudre des problèmes de cet ordre. C'est chaque doctrine prise en elle-même qu'il se proposait d'analyser afin de démontrer une thèse : à savoir que le socialisme français, antérieur à 1848, s'oppose par des caractères très définis, au socialisme contemporain, d'inspiration allemande. « *Le socialisme doctrinaire français a un caractère de générosité humanitaire, fraternitaire, solidariste et fait appel à la* collaboration *des diverses* classes *de la société pour réaliser la réforme sociale…* » Presque tous ces penseurs ont jugé que la réforme sociale devait simplement se superposer à la réforme morale, et non point supplanter celle-ci : ils auraient considéré leurs projets comme irréalisables, s'ils n'avaient pas essayé de maîtriser d'abord les passions humaines et de les canaliser dans cette passion unique, l'amour du prochain. Quand les penseurs allemands ont fondé leurs doctrines, aux alentours de 1850, ils ont repris un assez grand nombre de théories formulées par les Français, mais ils les ont transformées, ils leur ont imprimé le caractère de matérialisme, de fatalisme, dont les études historiques et les règles politiques étaient alors empreintes en Allemagne… Ils ne se sont pas attachés à étudier la question morale, mais seulement la réforme économique. Leurs revendications ont été basées sur les prétendues lois universelles de « *lutte des individus pour la vie* », de « *lutte des classes pour la suprématie sociale. D'où le caractère violent et révolutionnaire de ces revendications* ». Qu'il y ait, dans ces observations, une part de vérité, nous l'accordons ; nous pensons qu'il faut néanmoins distinguer.

Pour les auteurs dont traite M. Isambert dans la première partie de son livre (1815-1830), il est certain que la notion de lutte de classe est absente de leurs écrits. Les saint-simoniens pensent que le régime « d'association » les sortira, par voie d'évolution insensible, de l'industrialisme moderne, et que les « chefs de l'industrie » seront les administrateurs du futur « régime social ». Fourier, dans son *Phalanstère*, rétribue non seulement le travail et le talent, mais encore le capital : « *le phalanstère*, dit très justement M. Isambert, *est une société en participation aux bénéfices* ». Encore M. Isambert est-il obligé de convenir que l'on ne saurait considérer Fourier comme un prédicateur de la réforme morale, puisqu'il se donne pour un adversaire déterminé de la notion même de morale. Fourier est un utilitaire qui prétend nous dispenser de lutter contre nos passions, et nous permettre au contraire de les satisfaire toutes, grâce à la perfection du mécanisme politico-économique dont il est l'inventeur. Quant à Sismondi, il constate la lutte des classes, y voit un effet déplorable de la concentration industrielle et des machines, et demande un retour en arrière, vers un régime des corporations de métiers. On peut voir en lui, comme dit M. Isambert, l'ancêtre des « socialistes chrétiens » et des « socialistes de la chaire ». Mais alors pourquoi ne voir dans le socialisme allemand contemporain que fatalisme et matérialisme ? S'il est un pays où les économistes ont essayé de faire pénétrer le principe chrétien dans l'organisation industrielle, et où ces économistes ont exercé une action décisive sur la législation de leur pays, ce pays-là, c'est l'Allemagne.

Vient alors, après 1830, et surtout après 1835, une nouvelle période dans l'histoire du socialisme français ; et sans doute, au cours de cette période, les représentants de ce que M. Isambert appelle le socialisme fraternitaire, ou solidarité, continuent de jouer un rôle important. Ce sont les anciens membres de la « famille saint-simonienne », Pierre Leroux, Buchez. Ce sont les fouriéristes, Victor Considérant et son groupe. Ce sont des conciliateurs et des éclectiques, comme Vidal et Pecqueur. C'est encore Cabet, l'auteur du *Voyage en Icarie*. Mais que dire de Proudhon ? Ce négateur systématique interloque visiblement M. Isambert, et l'amène à conclure que, « *si le socialisme actuel est généralement dénué de toute croyance religieuse ou simplement spiritualiste, Proudhon a peut-être une certaine responsabilité dans cette extension de l'esprit matérialiste* » (p. 349). Et ne fallait-il pas insister sur le fait que, pendant les années qui précèdent l'explosion de 1848, le socialisme français prend un nouvel aspect, devient démocratique, et commence à se fonder sur la notion de lutte de classes ? M. Isambert consacre un chapitre (p. 371 et suiv.) au « communisme révolutionnaire », au « babouvisme » et au « blanquisme ». Mais pourquoi ajouter que « *ce socialisme qui n'est ni fraternitaire, ni à base morale n'est qu'une exception parmi les autres formes du socialisme que nous venons d'étudier* », et s'excuser presque de le mentionner, « *pour faire*, écrit M. Isambert, œuvre impartiale d'historien* » (p. 373) ? Après la révolution républicaine, bourgeoise, anticléricale mais nullement socialiste, de 1830, après l'insurrection des ouvriers lyonnais en 1831, insurrection sociale où les agitateurs républicains ne jouent qu'un rôle insignifiant, une fusion s'accomplit entre l'idée socialiste, préconisée jusqu'alors seulement par des réformateurs pacifistes, et l'idée révolutionnaire. Le livre de Buonarroti sur la conspiration de Babœuf est étudié. Des sociétés secrètes se forment, « Société des familles », « Société des saisons » ; et toute cette agitation aboutit au coup de main du 12 mai 1839 sur la préfecture de police. C'est la date de naissance du blanquisme. La doctrine de Blanqui est, nous dit M. Isambert, « *une exception* ». Oui, comme le fouriérisme ou le saint-simonisme étaient des « exceptions » avant 1830. Il constituait une innovation : et Blanqui doit être considéré comme le véritable précurseur du socialisme matérialiste et révolutionnaire, dans la deuxième moitié du siècle. Louis Blanc, d'ailleurs, peut-il n'être pas considéré comme représentatif de l'époque où il commence d'écrire ? « *Il se garde avec soin*, écrit M. Isambert, *de l'utopie communiste* (p. 256) : *mais, si l'on entend par communisme la doctrine suivant laquelle la répartition des richesses doit s'accomplir suivant les besoins de chacun, Louis Blanc est un communiste, et sa doctrine s'oppose par là à celle des saint-simoniens ou des fouriéristes* » (cf. p. 264). « *Il est à regretter*, continue M. Isambert, *que Louis Blanc, tout modéré qu'il fût dans son analyse de l'égalitarisme, ait montré tant d'indulgence pour Robespierre et les hommes de 1793* » (p. 265). Mais, regrettable ou non, le fait est que Louis Blanc était un jacobin. Il visait au rétablissement en France du suffrage universel, même au prix d'une révolution, ensuite, grâce au suffrage universel, la conquête des pouvoirs publics, par la classe la plus nombreuse, et enfin la transformation radicale du régime actuel de la production, fondé aujourd'hui sur la concurrence et le capitalisme, par l'intervention systématique de l'État. Y a-t-il si loin de là à la politique socialiste, telle que l'entendent de nos jours les marxistes allemands ? En fait, Ferdinand Lassalle est un disciple de Louis Blanc, et l'organisation du parti social-démocrate est encore, à beaucoup d'égards, celle que lui donna Lassalle en 1862.

1914

Pasquet D., *Londres et les ouvriers de Londres*, Revue des sciences politiques, 32, p. 232-238.

D. Pasquet, *Londres et les ouvriers de Londres*, 1 vol. in-8°, de 762 p., Paris, Armand Colin, 1914.

Connaître l'Angleterre, c'est, pour bien des Français, avoir rendu une hâtive visite à cette vaste agglomération de maisons basses qui s'entassent autour de l'estuaire de la Tamise, sur le territoire de quatre ou cinq comtés. Plus de sept millions d'habitants, autant que la Suède, la Norvège, et le Danemark réunis. Tout autour une belle campagne dépeuplée, dont les habitants ont été sucés par la capitale. À l'ouest, une riche banlieue de villas et de jardins, qui s'étend jusqu'à Reading, à soixante milles de distance. Au centre, le Londres des palais, des grands parcs, des belles rues, des musées, celui que les touristes étudient. À l'est, derrière la Cité et le quartier des affaires, le Londres inconnu, l'immense Londres ouvrier, qui fait vivre par son travail le Londres aristocratique et bourgeois. C'est là qu'habite un prolétariat flegmatique, peu sanguinaire, ayant pour vices principaux la passion du jeu et l'ivrognerie silencieuse, triste, terne, médiocre en toutes choses ; là que vient s'insérer un prolétariat juif de cent vingt mille âmes, constituant, au milieu des faubourgs anglo-saxons, une grande ville hébraïco-polonaise, avec ses industries spéciales, ses superstitions, ses rites, son idiome. M. Pasquet, dans le beau volume qu'il nous apporte, veut nous faire connaître la foule des « ouvriers de Londres ».

À vrai dire, M. Pasquet ne prétend pas entreprendre, pour son propre compte, un travail d'enquête directe, comparable à celui qu'entreprit, il y a une vingtaine d'années, pour Londres même, M. Charles Booth, qu'entreprit plus récemment M. Rowntree pour la ville de York. Il eût fallu, pour mener à bien une pareille enquête, toute la vie d'un homme, aidé par une armée de collaborateurs en sous-ordre. Mais, précisément parce qu'il y a déjà sur ce sujet en Angleterre toute une littérature – enquêtes privées, rapports parlementaires, pamphlets de circonstance – il y avait à faire, sur cette masse énorme de renseignements non digérés, un travail d'élaboration. M. Pasquet aborde, et accomplit cette tâche. La belle bibliographie qui termine le livre nous est garante de l'étendue de ses recherches ; d'ailleurs, sa connaissance directe du milieu et des hommes est manifeste à travers tout l'ouvrage, qu'elle vivifie. Il ne faut pas dire que ce volume de plus de sept cents pages est long. Eu égard à la masse de faits contenus, il est bref. Il dispense de lectures infinies. Il éclaircit des bibliothèques.

Essayons de résumer l'essentiel du livre de M. Pasquet sans nous astreindre à suivre l'ordre des chapitres. La thèse fondamentale, c'est que la vie économique de Londres présente un caractère paradoxal. Londres est la capitale du pays le plus industrialisé du monde entier, et n'est pas cependant une ville de grande industrie. La population y a augmenté, au cours du siècle passé, dans la proportion de 373 % ; et cependant le nombre des ouvriers de grande industrie non seulement n'y a pas été augmentant, mais y a positivement décliné. À première vue, les statistiques ne confirment pas la thèse de M. Pasquet : elles nous disent qu'en 1901, l'industrie occupait à Londres 793 000 personnes, le commerce 424 900 personnes seulement. Mais

M. Pasquet sait interpréter cette statistique trompeuse. Si l'on défalque du total des ouvriers industriels les ouvriers du bâtiment et de l'alimentation, il reste 504 900 individus (23,8 % de la population laborieuse – parmi lesquels 224 200 ouvriers de l'habillement). Il faut, d'autre part, ajouter à la rubrique « commerce », tous les ouvriers des transports, et les manœuvres qui leur servent d'auxiliaires, soit 316 900 individus. Au total, pour le groupe, au sens propre du mot, commercial, 730 000 personnes, contre 504 900. Ainsi apparaît en pleine lumière l'aspect véritable de la grande ville. Londres est, d'une part, une ville de petits ateliers, où des ouvriers, achèvent, pour la consommation, des produits qui ont été amenés, en province, jusqu'à la dernière phase de fabrication. Londres est, d'autre part, suivant un témoignage qui est allemand et par conséquent peu suspect, « *sinon le centre du* trafic *mondial, du moins celui du* commerce *universel* » ; « *le seul endroit où l'on puisse envoyer en consignation, avec certitude de vente, n'importe quelle quantité de n'importe quelle marchandise* ». Transporter, convoyer, charger et décharger, embarquer et débarquer, faire circuler les marchandises, non produire au sens physique du mot, voilà l'occupation de l'immense majorité des ouvriers de la métropole. De ces ouvriers, quelle est la condition ?

Elle résulte de la nature même du travail auquel ils se livrent – manœuvres, dockers, déchargeurs des gares, porteurs des marchés. Travail facile, qui ne demande pour ainsi dire aucun apprentissage ; travail variable en quantité d'un mois à l'autre, presque d'un jour à l'autre. Par une analyse très détaillée et très nouvelle de l'organisation du travail aux docks de Londres, M. Pasquet montre en quoi consiste le plan de ce qu'on appelle le *casual labour*. La grande grève de 1889, la reprise par l'État de l'administration des docks en 1908, ont fait quelque chose, mais peu de chose, pour pallier un mal qui tient à la nature même. Le nombre des ouvriers qui demandent de l'ouvrage est double du nombre d'ouvriers qui sont en moyenne employés. D'où non seulement baisse des salaires, mais extrême « intermittence » du travail ; et tous les maux qui suivent nécessairement la création d'une « armée de réserve industrielle », suivant l'expression marxiste, d'une classe ouvrière à laquelle toute stabilité professionnelle, toute stabilité morale, font défaut. « *Le chômage*, écrit M. Pasquet, *est un phénomène normal de la vie économique de Londres... De 1905 à 1908, le tiers de ceux qui se sont fait inscrire comme chômeurs en Angleterre (Écosse et Irlande exceptées) s'est fait inscrire à Londres, et les dépenses du comité de Londres ont atteint 60 % des dépenses totales de l'Angleterre.* »

Mais, si l'on veut connaître, dans toute son étendue, la détresse ouvrière qui sévit à Londres, il ne faut pas connaître seulement le travail intermittent des docks, il faut connaître encore ce système d'organisation du travail qui est fameux sous le nom de *sweating system*. Il sévit dans la fabrication des boîtes en carton, des boîtes d'allumettes, dans la lingerie, dans la couture. Ici, les enquêtes sont surabondantes ; il restait à M. Pasquet d'éliminer les témoignages suspects, de dégager les résultats généraux. Ce sont des industries qui semblent, au premier abord, n'avoir rien en commun avec le travail rudimentaire d'un débardeur. Mais la division des tâches a décomposé la fabrication totale du produit en une série d'opérations élémentaires, dans chacune desquelles l'entrepreneur spécialise certains groupes d'ouvriers, et qui ne supposent, ici encore, aucun apprentissage. Tout nouveau venu peut être pris ; et il y a intérêt, pour les entrepreneurs, à encourager une affluence qui favorise la baisse des salaires. Il n'est pas besoin ici, comme sur les docks, de vigueur musculaire : de sorte que l'exploitation de la main-d'œuvre féminine s'ajoute à l'exploitation de la main-d'œuvre virile. Les ouvriers, les ouvrières, travaillent souvent en chambre, vivent isolés les uns des autres, n'ont pas même la ressource de l'organisation syndicale. Enfin l'immigration des Juifs polonais fournit au *sweating-system* une matière exploitable sans cesse renouvelée. L'ouvrier anglo-saxon accuse l'immigrant juif d'avilir les salaires ; l'ouvrier juif se plaint d'être exploité ; l'opinion accuse l'exploiteur lui-même, le petit *sweater*, d'être juif ; le petit *sweater* juif se plaint d'être lui-même un intermédiaire chétif, exploité par le patron du grand magasin de nouveautés. La « question sociale » se complique ici d'une « question juive ».

À tant de maux, quels remèdes ?

M. Pasquet énumère les différentes mesures qui ont été imaginées pour obvier au mal du *casual labour*. Assistance par le travail, appliquée d'abord dans un certain nombre de municipalités, puis généralisée et devenue l'objet d'une loi, le *Unemployed Workmen Act* de 1905. Organisation du placement par le *Labour Exchanges Act* de 1909. Organisation de l'assurance contre le chômage, en 1911. Mais toutes ces lois, conçues en vue de protéger contre le risque du chômage occasionnel des ouvriers régulièrement employés, négligent le caractère spécial de la misère à Londres, ville où c'est le chômage qui est en quelque sorte normal, où une masse énorme de travailleurs sont, suivant l'expression de M. Pasquet, « régulièrement irréguliers ». Et M. Pasquet étudie également ce qui a été fait pour la lutte contre le *Sweating Aliens Act* de 1905, loi « nationaliste » et *tory*, ayant pour objet d'enrayer l'immigration juive. *Trade Boards Act* de 1909, loi socialiste qui a, pour la première fois, introduit le principe du salaire minimum légal. Tentatives trop récentes pour qu'on ait le droit encore de les déclarer stériles : M. Pasquet reste cependant réservé et sceptique.

M. Pasquet analyse, avec la même attention, tout ce qui a été fait, tout ce que l'on a essayé de faire, pour alléger la misère de l'ouvrier de Londres considérée sous ses aspects les plus divers. Londres, ville toujours surpeuplée, l'est devenue toujours davantage au cours du dernière siècle. M. Pasquet décrit, avec toute leur abomination, les taudis, les *slums*, des faubourgs. Il explique tout ce que l'initiative privée d'abord, puis la législation ont tenté pour mieux loger l'ouvrier. Tentatives coûteuses, de plus en plus coûteuses, dont le bénéfice n'est peut-être pas proportionné à leur coût, qui sont peut-être presque stériles : l'ouvrier qui se loge dans les immeubles modèles n'est pas l'habitant du taudis qu'on vient de supprimer. Celui-ci émigre un peu plus loin, vers d'autres taudis ; et le mal qu'on voulait supprimer se trouve simplement déplacé. M. Pasquet a plus confiance, pour remédier au surpeuplement, dans le développement des communications – chemins de fer, tramways, autobus – avec la banlieue, qui, en étalant la capitale sur une surface toujours plus vaste, pourront décongestionner le centre. Il étudie tout ce que la charité privée, tout ce que la charité publique, font pour venir en aide aux pauvres. Il décrit l'activité philanthropique des associations charitables, nous fait visiter à sa suite une *workhouse* moderne, constate partout l'énorme effort qui se fait, et aussi l'énorme gaspillage d'argent, les doubles emplois, le défaut d'organisation. La « Société pour l'organisation de la charité » saura-t-elle mettre l'ordre dans les travaux concurrents et dispersés des sociétés philanthropiques ? Une législation nouvelle saura-t-elle mettre de l'ordre dans le chaos de l'Assistance publique londonienne : trente et une circonscriptions ayant chacune son organisation propre, ses méthodes propres, chevauchant parfois les unes sur les autres ? M. Pasquet veut l'espérer : on a l'impression qu'il demeure sceptique.

Et la raison profonde de ce scepticisme invincible, nous la devinons. M. Pasquet a perdu cet optimisme du libéral qui compte sur le travail indépendant, sur le *self-help* individuel, pour assurer, un jour à l'autre, à tous les producteurs, sinon la richesse, du moins une sorte d'aisance. D'autre part, il n'a pas réussi, semble-t-il, à s'assimiler le nouvel optimisme des écoles socialistes, qui comptent sur l'intervention de la sagesse publique pour réagir contre les désordres de la liberté. Il reste dans l'entre-deux, assez perplexe.

Ce résumé n'est pas, il ne vise pas à être complet. Nous avons, par exemple, passé sous silence les chapitres où M. Pasquet nous parle des organisations religieuses, des établissements d'éducation, de tout le travail administratif entrepris par le Conseil de Comté et les Conseils de Bourgs. Ce que nous avons voulu faire, c'était mettre en valeur, d'une part, la thèse centrale du livre, et d'autre part – y avons-nous réussi ? – donner l'impression de l'extrême richesse du détail. Marquons seulement, pour finir, l'étonnement que nous avons éprouvé en constatant une lacune dans cet ouvrage si complet. M. Pasquet nous parle abondamment de la condition économique de l'ouvrier de Londres, de tout ce qui a été fait, d'autre part, pour améliorer d'en haut cette condition ; mais des efforts faits par les ouvriers pour s'organiser librement, pour travailler par eux-mêmes au relèvement de leur niveau de vie, M. Pasquet ne nous dit rien, ou presque. Est-ce parce qu'il considère les organisations syndicales, dans la capitale, comme assez rudimentaires ? Il le laisse entendre à deux ou trois reprises, mais il n'en est pas moins obligé de reconnaître l'extrême importance de la grande grève des dockers, qui eut lieu il y a un quart de siècle. C'est alors que les ouvriers du port de Londres donnèrent, dans le monde syndical anglais, le signal d'une politique plus militante, introduisirent en Grande-Bretagne l'esprit révolutionnaire du socialisme continental. Puis l'idée socialiste fit de tels progrès qu'il parut à son tour devenir légalitaire, parlementaire, presque bourgeois. Alors contre ce socialisme embourgeoisé, c'est de nouveau le port de Londres qui donna le signal de la révolte. Ben Tillett organisa le syndicat des ouvriers du transport, prêchant l'action directe et la grève générale : c'est Londres qui est, en Angleterre, le foyer du syndicalisme révolutionnaire. Les *Trade-Unions* londoniennes sont assurément moins riches, moins organiques, que les grandes *trade-unions* du Lancashire et du Yorkshire : mais c'est justement pour cette raison, parce qu'elles n'ont pas de caisse à ménager, parce qu'elles sont composées d'ouvriers non qualifiés, condamnés la moitié de l'année au chômage, qu'elles sont animées d'un esprit de guerre ou de violence. Ainsi se trouve confirmé, par une preuve nouvelle, ce que M. Pasquet nous disait sur les caractères propres du prolétariat londonien. Cette preuve, pourquoi ne la trouve-t-on pas dans son livre ?

1923

1. Aftalion Albert, « *Les fondements du socialisme* », *Revue des sciences politiques*, 46, p. 309-310.
2. Cohen Joseph L., « *Insurance by Industry Examined* », *Revue des sciences politiques*, 46, p. 465.
3. Cole G.D.H., « *Workshop Organisation* », *Revue des sciences politiques,* 46, p. 624-625.
4. Welbourne, E., « *The Miners' Unions of Northumberland and Durham* », *Revue des sciences politiques*, 46, p. 623.
5. (No author), « *The Third Winter of Unemployment* », *Revue des sciences politiques*, 46, p. 624.

Albert AFTALION, professeur à la faculté de droit de l'université de Lille, *Les Fondements du socialisme. Étude critique*, Paris, Rivière, 1922, 1 vol. in-8, 310 p.

M. Aftalion, écartant l'examen de la doctrine marxiste, qu'il tient pour périmée, discute ce qu'il appelle « la théorie de l'exploitation », suivant laquelle le travailleur devrait recevoir et ne reçoit pas, sous forme de salaire, le produit de son travail. Il la réfute en se fondant sur les travaux de l'école autrichienne et J.-B. Clark : le salaire représente le produit du travail, le profit et la rente foncière, les services productifs du capital et de la terre. Mais est-ce une raison pour qu'ils soient appropriés par le capitaliste et le propriétaire foncier ? M. Aftalion ne le pense pas, et construit de toutes pièces « *une théorie socialiste compatible avec la doctrine moderne de la distribution : la théorie du surplus social ou de la spoliation par réclusion* ».

Suivant cette théorie, la société a le droit de s'approprier, dans l'intérêt général, les services productifs du capital et de la terre. Mais ce qu'elle a le droit de faire, a-t-elle le pouvoir de le faire ? A-t-elle intérêt à le faire ? M. Aftalion, après une patiente et consciencieuse discussion, aboutit sur ce point à des conclusions négatives : « *les iniquités dont le socialisme se rendra coupable résultent non de son essence, mais de son fonctionnement de fait* ». Non que la société ne puisse « *s'appuyer sur le droit qu'elle aurait d'exercer sa créance pour prendre en faveur des non possédants toutes les mesures qui paraîtront utiles. La renonciation à laquelle elle consent justifie la politique des réformes sociales* » (p. 229). Excellent ouvrage, beaucoup mieux fait que des discussions plus passionnées et moins subtiles, pour ébranler le dogmatisme des socialistes.

Joseph L. COHEN. *Insurance by Industry Examined*, Londres, P.S. King and Sons, 1923, 1 vol. in-8° de 120 p.

Un exposé, très clair, de toute la législation anglaise en matière d'assurance contre le chômage (1911-1921). Une défense du système actuellement en vigueur – défense plus partiale, nous semble-t-il, que ne l'était celle des auteurs du livre intitulé *the Third Winter of Unemployment*, que nous signalons ici-même. Un exposé des plans de réforme proposés. 1° Le système, corporatif et non bureaucratique de « l'assurance par l'industrie », chaque branche de la production s'astreignant à assurer ses ouvriers contre le chômage. M. J. L. Cohen montre, avec beaucoup de clarté (d'accord avec les hommes du *Labour Party*), les difficultés de mise en œuvre du système. 2° Le système de l'unification des diverses formes d'assurance sociale : l'assurance contre le chômage se trouverait absorbée dans ce système unique. Système Mac Curdy, Système Sigau (auquel, en somme, vont les sympathies de l'auteur, et qui est un système d'*assistance*, non d'*assurance*, sociale universelle). Le problème du chômage intéresse peu, à l'heure présente, le public français, pour des raisons dont nous n'avons qu'à nous réjouir. Mais M. J. L. Cohen finit par soulever, comme on vient de voir, dans le lucide petit livre un problème plus général qui nous intéresse ou devrait nous intéresser au premier chef.

The Third Winter of Unemployment. The Report of an Enquiry undertaken in the Autumn of 1922, London, P.S. King, and Sons, s. d., 1 vol. in-12 de VI-350 p.

Mieux vaudrait dire : sur le seuil du troisième hiver. Car l'enquête a été faite en automne. Première partie : le rapport proprement dit (p. 3-92). Deuxième partie : neuf enquêtes spéciales, portant sur neuf localités différentes (p. 95-325). Suivent divers appendices statistiques (p. 327-348). C'est, sur le problème du chômage anglais, un travail du plus haut intérêt. Il a été entrepris sur l'initiative non d'un département administratif mais d'un groupe de philanthropes qui ont fait tous les frais de l'enquête et de la publication du rapport.

Résultats obtenus. Étendue du mal : un cinquième au moins du travail national chôme. Un remède est-il possible ? Oui, dans la mesure où le mal tient à la dislocation du marché mondial, à l'instabilité des changes. Non, dans la mesure où les besoins de la guerre ont provoqué des déplacements anormaux de la population et de l'industrie, qu'il n'y a pas intérêt à maintenir. Tableaux minutieux de tous les remèdes temporaires essayés par le gouvernement central et les localités ; coût total : 80 000 000 livres (2 milliards de francs d'avant guerre, 5 milliards 600 millions de francs d'aujourd'hui) ; coût réel, pour la nation, au moins double. Efficacité des remèdes : ils ont empêché, *jusqu'à présent*, une aggravation de l'état sanitaire de la population ouvrière ; ils n'ont pas produit, *jusqu'à présent*, une démoralisation marquée de cette population elle-même. Et, si les secours distribués ont eu cette conséquence révolutionnaire, de relever le niveau des plus basses couches prolétariennes, sans empêcher la décadence de ce qu'on pourrait appeler la « classe moyenne » ouvrière, ils ont eu cet effet de paralyser la propagande communiste et de permettre à l'Angleterre de traverser sans troubles la plus grave crise de chômage qu'elle ait connue. Mais ce ne sont que des palliatifs. Le mal ne sera guéri, de l'avis de tous ceux qu'on a interrogés, que le jour seulement où l'économie européenne sera sortie du chaos, et la situation de l'Allemagne définitivement stabilisée.

G.-D. H. COLE. *Workshop Organisation*. Oxford, Clarendon Press, 1923, 1 vol. in-8 de X-186 p.

C'est la contribution qu'apporte, à l'Histoire économique et sociale de la guerre mondiale entreprise par la fondation Carnegie, le jeune et brillant et fécond doctrinaire du *Socialisme de Guilde*. L'ouvrage offre un aspect rigoureusement scientifique et objectif, avec, en appendice, une précieuse documentation empruntée aux archives de divers syndicats. Et certes il faut savoir gré à un doctrinaire socialiste d'avoir, avec autant de méthode et de clarté, démontré le rôle après tout insignifiant qu'ont joué dans toute l'agitation dont il nous raconte l'histoire en vue d'obtenir pour les ouvriers le contrôle des mines, les agitateurs marxistes ou syndicalistes d'avant ou d'après la Révolution russe de novembre 1917. On appelle *shop stewards*, les délégués ouvriers qui, au lieu d'être comme les secrétaires des syndicats, les représentants d'une certaine spécialité ouvrière à travers la nation tout entière, se font les représentants de tous les ouvriers d'une seule mine, peu importe si ces ouvriers appartiennent ou n'appartiennent pas à une seule spécialité. Ces *shop stewards* prirent brusquement une importance énorme, après que l'Angleterre fut entrée en guerre. Ils compensèrent, par leur activité, l'inertie systématique dont firent preuve les états-majors des grands syndicats, réconciliés avec le gouvernement et le patronat par le régime de l'union sacrée. D'ailleurs le gouvernement et le patronat eux-mêmes reconnurent la nécessité de négocier avec les *shop stewards* s'ils voulaient obtenir l'acquiescement des ouvriers des usines aux conditions nouvelles de travail que rendait nécessaire la mobilisation d'un nombre toujours plus grand d'ouvriers qualifiés. Voici maintenant la guerre finie, et l'industrie revenue aux conditions normales du temps de paix. Que reste-t-il d'une agitation sur laquelle les révolutionnaires avaient fondé tant d'espoir pour transformer d'une manière permanente l'organisation du travail dans les usines, *Workshop Organisation* ? Rien, ou presque. Le mouvement dont M. Cole nous raconte l'histoire non seulement n'offre qu'à un très faible degré un caractère idéologique, mais encore apparaît moins comme le prélude d'une révolution sociale que comme un épisode transitoire dans l'histoire des organisations syndicales.

E. Welbourne. *The Miners' Unions of Northumberland and Durham.* Cambridge University Press, 1923, 1 vol. in-12, de 321 p.

M. Welbourne raconte l'histoire des mineurs du nord de l'Angleterre depuis les temps primitifs : xviiie et même xviie siècle, mais surtout depuis le moment où, l'industrie minière faisant au xixe siècle de rapides progrès, nous assistons aux efforts spasmodiques, et d'abord malheureux, de la classe ouvrière pour s'organiser syndicalement. Enfin, aux approches de 1870, se fondent, dans les deux comtés du Nord, ces deux grandes *Trade-Unions*, longtemps fameuses pour leur puissance financière en même temps que pour leur esprit obstinément conservateur. L'histoire de M. Welbourne, fondée sur l'étude de la presse locale et des archives syndicales, nous fait pénétrer au cœur de ces curieuses régions, bien différentes de l'aristocratique Angleterre du Sud. Ici les sectes protestantes règnent. Les patrons sont des méthodistes, qui dépensent sans compter pour bâtir écoles et chapelles, mais souvent laissent leurs sous-ordres exploiter leurs ouvriers par le moyen de fraudes, dont M. Welbourne nous raconte la lamentable histoire. Les meneurs ouvriers sont des méthodistes aussi, bien qu'ils appartiennent à des sectes plus populaires que celle à laquelle s'affilient leurs maîtres : ce sont de pieux chrétiens en redingote, qui savent imposer au prolétariat le respect de leur prudente gravité. Jusqu'au jour où, vers la fin du siècle nous voyons surgir Tom Mann et les autres orateurs révolutionnaires de l'*Independent Labour Party*. John Wesley l'a emporté sur Voltaire. Va-t-il l'emporter sur Karl Marx ?

Le récit est souvent un peu monotone et terne, la chronologie un peu confuse. Mais c'est ici un précieux recueil d'innombrables petits faits significatifs. Il faut en recommander la lecture au chercheur qui, désirant connaître la géographie morale de l'Angleterre, et ne se contentant pas d'observer le relief de la surface, veut, par des sondages appropriés, pénétrer dans le sous-sol.

1924

1. Philip André, « *Guild-Socialisme et Trade-Unionisme* », Revue des sciences politiques, 47, p. 607.
2. Deslinières Lucien, « *Délivrons-nous du marxisme* », Revue des sciences politiques, 47, p. 607-608.
3. Coupland R., « *Wilberforce: a Narrative* », History, 9, p. 255-257
4. Hammond J. L. et Barbara, « *Lord Shaftesbury* », History, 9, p. 255-257.

André PHILIP, docteur en droit. *Guild-Socialisme et trade-unionisme. Quelques aspects nouveaux du mouvement ouvrier anglais*, Paris, les Presses Universitaires de France, 1923 ; 1 vol. in-8° de 420 p.

On appelle Guild-Socialisme, ou, pour parler un meilleur français, socialisme de Guild, une forme anglaise, modifiée et atténuée, du syndicalisme révolutionnaire français. Analyser cette doctrine, en déterminer les origines idéologiques, les variations, c'était une tâche suffisamment délicate. Mais le juvénile auteur du livre que voici prétend embrasser, et l'ensemble des crises ouvrières qui marquèrent la durée de la guerre, et l'ensemble des programmes de reconstruction qui suivirent l'armistice, et la crise de chômage, et la défaite ouvrière qui en fut l'effet. Tout cela constitue un répertoire, parfois un peu confus, mais qui pourra être consulté avec fruit. Vient la conclusion, qui est faite pour intéresser, étonner : elle est toute d'espérance, immédiatement après que l'auteur a constaté – en Angleterre – la faillite de son idéal ; de plus, au moment où l'utopie tend, sous l'impulsion de Moscou, à prendre la forme communiste plutôt que la forme syndicaliste, le jeune M. Philip reste obstinément attaché à l'idéologie syndicaliste, qui est chez lui profondément imprégnée d'esprit mystique, pessimiste, sorellien.

Lucien Deslinières. *Délivrons-nous du marxisme*, Paris, France Édition, 1923, 1 vol. in-8° de xxi-222 p.

M. Deslinières reproche au marxisme son fatalisme, son matérialisme, la manière dont il insiste exclusivement sur le principe de la lutte des classes, son refus obstiné à préparer l'avenir socialiste par des plans méthodiques, son vague même, et l'impuissance où se trouve le marxiste orthodoxe à mettre une pratique quelconque avec les principes énoncés par le maître. Tout cela dit au cours des sept premiers chapitres, l'ouvrage devient historique. M. Deslinières nous raconte l'histoire de ce qu'il appelle « la déviation syndicaliste » en France, du « socialisme marxiste en France » ou pour mieux dire en vérité des divers groupes, très peu marxistes en général, qui ont, depuis un demi-siècle, occupé la France et le monde par le bruit de leurs querelles intestines ; du « socialisme marxiste en Russie », pour finir. M. Deslinières, par la chaleur de ses convictions, gagne le cœur de ses lecteurs. Ne croyons pas d'ailleurs que cet âpre critique du marxisme soit un ennemi du socialisme. Vieux militant, auteur d'un *Projet de Code socialiste*, ayant vers la fin du xixe siècle fondé un comité d'études, dont Jaurès fut président, pour « la préparation organique du régime socialiste », M. Deslinière oppose aux formules destructives du communisme marxiste sa propre formule d'un « socialisme reconstructeur », qui s'inspire des vieilles méthodes françaises du socialisme prémarxiste. Il la développera dans un deuxième volume, suivi lui-même d'un troisième, où il exposera « *un système financier socialiste, fondé d'ailleurs sur la théorie de la valeur adoptée par Marx après d'autres économistes, qui ne présente aucun des inconvénients ni des dangers des systèmes financiers artificiels en vigueur dans les pays capitalistes, et résoudra aisément les difficultés insolubles au milieu desquelles ils se débattent, un système vraiment scientifique capable d'assurer la circulation dans des conditions parfaites et d'empêcher les crises périodiques qui la troublent ou la paralysent* » (p. 199). Nous attendons.

R. Coupland, *Wilberforce, a Narrative*. 1923, vi-528 p., Clarendon Press.
J. L. Hammond and Barbara Hammond, *Lord Shaftesbury,* 1923, x-313 p. Constable.

Celui qui a appris à aimer et à admirer l'Angleterre à l'époque où cette dernière revendiquait encore avec fierté son identité évangélique sera déconcerté de voir combien aujourd'hui les beautés froides de l'évangélisme laissent totalement indifférent l'esprit contemporain anglais. Non que l'Anglais contemporain nie ce que doivent à l'évangélisme la grandeur, et même si l'on me permet d'user d'un mot ringard de l'époque victorienne, la « vertu » de l'Angleterre contemporaine. Le principal éloge à adresser à ces deux ouvrages de qualité, portant sur deux grands Évangéliques du siècle passé, est justement que les auteurs ont souhaité explorer ce « complexe » très particulier de christianisme stoïque.

Le récit de M. R. Coupland traite principalement – on serait tenté de dire « simplement » – de l'histoire de l'abolition de la traite, puis de l'émancipation des esclaves, avec Wilberforce en personnage principal. Il en suit les hauts et les bas – les premiers progrès, le frein dû à la Révolution française, le long compagnonnage avec William Pitt, enfin la victoire obtenue grâce à la mort même de ce dernier et au triomphe politique de Fox. Puis vint le problème de la conversion des autres nations étrangères à la cause ; et, une fois ce problème résolu, en tout cas sur le papier des traités diplomatiques, la radicalisation de Wilberforce et sa revendication d'émancipation pure et simple. Sans doute M. Coupland a-t-il minimisé les désaccords entre Wilberforce et Canning sur cette question : nous pensons que le vieux Wilberforce avait moins de patience vis-à-vis de la politique temporisatrice de Canning – temporisation inévitable – que le jeune Wilberforce n'en avait avec celle de Pitt. Puis, à nouveau, le même *scenario* qu'en 1800 : grâce au triomphe politique des Libéraux, les Évangéliques obtiennent ce qu'ils n'ont pas pu obtenir des conservateurs, aussi libéraux fussent-ils. Et la libération de tous les esclaves anglais qui intervient théâtralement trois jours avant le décès de Wilberforce.

Telle est la trame du livre. Mais évidemment M. Coupland, toujours lucide et vif, nous livre un portrait exhaustif de cet homme politique indépendant, qui a fini par être considéré, bien que conservateur, comme étant au-dessus des partis, le « gardien de la conscience de la Nation ». Nous nous sentons obligés, sur ce point particulier, de plaider en faveur de Wilberforce contre M. Coupland lui-même. Que son soutien aux *Six Acts* [législation conservatrice et répressive de 1819] fut entier, nous ne le nions pas ; mais il n'était pas sans réserve, et plusieurs amendements doivent leur adoption à l'appui apporté aux libéraux par les conservateurs évangéliques.

Et M. Coupland passe systématiquement sous silence le zèle purement piétiste de Wilberforce. Piétisme « extravaguant et inefficace », écrit-il. C'est pourtant un fait que l'efficacité et la pratique concrète de la philanthropie de Wilberforce reposent sur son piétisme. Pourquoi ne pas le reconnaître courageusement et ne pas replacer la psychologie religieuse de Wilberforce au centre du tableau ? Au contraire, M. Coupland esquive constamment le sujet, comme par peur du ridicule, et se contente de louer la merveilleuse gaieté, l'absence d'amertume et de moralisme de Wilberforce. « *Seule la mort pouvait assécher la jeunesse de son esprit.* » Et effectivement, qui pourrait ne pas apprécier Wilberforce ? « *Quels que soient la classe ou le rang, le christianisme s'impose*, écrit Wilberforce, *et s'oppose à l'égoïsme de classe... permettant d'adoucir l'éclat de la richesse ou de modérer l'insolence du pouvoir, il rend les inégalités de l'ordre social moins insupportables aux classes inférieures, qui en retour se doivent d'*être diligentes, humbles, patientes, leur rappelant que leur destinée modeste leur a été imposée par Dieu. »

Cette philosophie sociale n'est pas, loin s'en faut, celle de M. et Mme Hammond, qui ont choisi pour sujet la vie de Lord Shaftesbury. Ce fut lors de l'élection intermédiaire de l'automne 1831 – et non pas, comme ils l'affirment par erreur, aux élections législatives de cette même année – que Shaftesbury (à l'époque, lord Ashley) devint membre de la Chambre des communes. Sa croisade en faveur des petits esclaves blancs des usines fut lancée quelques mois seulement avant que la croisade de Wilberforce en faveur des esclaves noirs de Jamaïque ne touchât à son but avec la victoire et le décès de Wilberforce. Contrairement à ce dernier, lui était un évangélique amer et triste, bigot et moraliste. Par quel hasard est-il tombé entre les mains des Hammond ? Eux, par contre, n'ont pas esquivé le sujet de l'évangélisme.

Le lecteur ne doit pas espérer trouver dans ce livre, pas plus que dans celui de M. Coupland, des éléments nouveaux provenant des papiers de famille ou de documents politiques inédits. Mr. et Mrs. Hammond ont lu la biographie de lord Shaftesbury écrite par Edwin Hodders, de même que M. Coupland a lu la vie de Wilberforce rédigée par ses fils. Ils ont parcouru la pile d'ouvrages consacrés à l'histoire sociale anglaise, les biographies, les romans contemporains, les débats et les rapports parlementaires. Leur objectif était, sans utiliser de matériaux inédits, d'écrire la vie de cet éminent victorien en y appliquant les grilles de lecture de l'époque postvictorienne.

M. et Mme Hammond nous racontent la vie de lord Shaftesbury, ses difficultés financières lorsque, étant seulement le jeune lord Ashley, son père lui refusait de l'argent, puis, plus tard lorsqu'il entra enfin en possession de sa fortune, les déconvenues dues aux malversations de son majordome, M. Waters. Ils racontent la carrière semi-politique, semi-philanthropique, qui aboutit à un échec et le porta vers une carrière purement philanthropique ; ils dressent le portrait de son esprit évangélique étroit, triste et rigide. Ils retracent, avec une vivacité jamais obtenue auparavant, l'histoire parlementaire des *Factory Acts* de 1833 à 1853, en la centrant sur sa personnalité. Il était nécessaire de contredire les interprétation partiales, conservatrices car antilibérales, pour le dire bassement, de M. et Mme Webb dans leur *Histoire du syndicalisme*. Ainsi le mouvement en faveur de la réduction du temps de travail n'appartient pas à un seul parti et fut le fait d'un mouvement souterrain transpartisan. Nous ne devons pas non plus être les otages, comme M. et Mme Hammond nous en préviennent avec raison, de la philosophie simplificatrice de Karl Marx, et expliquer le phénomène comme étant simplement le produit de la montée en puissance du monde du travail contre les partis installés. Les mouvements religieux ont joué un rôle majeur dans le processus, et M. et Mme Hammond font bien d'attirer notre attention sur le fait que la limitation de la durée du travail dans les usines, pour les femmes et les enfants, et indirectement pour tous les ouvriers, fut une victoire de l'évangélisme.

Mais les Hammond sont des socialistes libres-penseurs du vingtième siècle. Et, étonnement, le livre semble devoir être, du début à la fin, une caricature de l'évangélisme. Que lord Ashley, durant les années qui suivirent son élection de 1831 dans le Dorset, échoue à être le cadre dirigeant ou l'homme d'État conservateur qu'il aurait dû être : c'est parce que, de l'avis de M. et Mme Hammond, il était trop évangélique – ajoutant que « *l'homme se complaisait dans des postures héroïques, même si elles avaient pour prix de sacrifier ce qu'il avait à cœur d'obtenir – surtout un homme comme Ashley, qui avait tendance à faire de sa vie une tragédie, jouant son rôle avec une sombre satisfaction, avec pour tout public le Ciel et sa conscience* ». Tout en admirant la générosité de ses actes, ils ne manquent pas d'ajouter que « *spirituellement, il s'était fait un devoir d'égoïsme* ». Que, dînant chez des amis fortunés, il soupirait à la vue « *des livres sterling, qu'il réclamait sans jamais les obtenir pour financer des Ragged Schools… gaspillées dans chaque plat* ». Cela leur semble presque comique. D'autres, plus influencés par l'esprit libertin du XVIIIe siècle, prenaient la vie avec plus de légèreté. Et, écrivent-ils, « *ce n'est pas un hasard si les champions les plus efficaces des classes dominées dans le Parlement d'avant la réforme étaient des hommes du monde comme Henry Grey, Bennet, Whitbread, Fox, Sheridan et Lord Holland* ».

Devons-nous faire un choix ? Ou devons-nous admettre être aussi étonnés que les Hammond eux-mêmes ? Ils reconnaissent que « *aussi évangélique soit-il, Shaftesbury combinait à la fois la plus grande étroitesse intellectuelle et la plus grande compassion sociale. Si vous observiez son esprit en fonctionnement, vous en concluriez qu'il était aussi étroit que celui du père de M. Edmund Gosse, ou de l'un des baptistes de Mark Rutherford. Puis, à observer les objets de sa compassion, vous en concluriez qu'il était aussi libéral que Condorcet, ou Godwin, ou Lovett, et que tous les autres humanitaristes dont il abhorrait les doctrines* ». Lord Shaftesbury n'était pas un cas isolé : M. et Mme Hammond nous racontent comment, dans les années 1880, longtemps après que les partisans des « dix heures » l'avaient désavoué, lord Shaftesbury fut, pendant qu'il assistait à une réunion, ahuri de voir le mot et l'idée de socialisme resurgir et perdit absolument son sang-froid. Mais ils oublient de nous dire que l'homme qui jeta ce mot dangereux au milieu du meeting était [le pape des évangélistes], le révérend Hugh Price Hugues. Et nous voici confrontés à la terrible « complexité » de la civilisation anglaise du XIXe siècle. Une complexité très étrange assurément, si nous devions l'analyser en décomposant ses éléments logiques. Mais pourquoi faudrait-il introduire de la logique ? Trouvons-nous illogique que de l'oxygène et de l'hydrogène se combinent pour produire un élément aussi apparemment homogène que l'eau ? Et, d'autre part, si nous tenions absolument à parler de logique, l'amour du genre humain est-il un allié plus étroit, du point de vue logique, du scepticisme voltairien ou du dogme évangélique de la justification par la foi ? [Traduit de l'anglais par M. Scot]

1926

1. Cole G.D.H., « *Organised Labour: an Introduction to Trade Unionism* », *Revue des sciences politiques*, 49, p. 140-141.

G. D. H. COLE. *Organised Labour. An Introduction to Trade Unionism*, 1924, London George Allen and Unwin Limited and the Labour Publishing Company Limited, 1 vol. in-8 de 182 p.

Seconde édition, remaniée, de l'excellent ouvrage publié en 1918 par M. G.D.H. Cole sous le titre *An Introduction to Trade Unionism*. Le remaniement consiste surtout dans une mise à jour. La première édition avait été écrite en pleine période ascendante du *Trade-Unionisme* anglais. Le nombre des ouvriers syndiqués, qui dépassait le quatrième million en 1914, dépassait le chiffre de six millions et demi au cours de la dernière année de la guerre ; il allait dépasser le chiffre de huit millions en 1919, de huit millions et demi en 1920. Il était, en conséquence, naturel que la première édition du livre de G.D.H. Cole s'achevât par un véritable acte de foi syndicaliste.

« *Consciemment ou inconsciemment, les Trade Unions tendent vers un système fondamentalement différent du système capitaliste, en ce sens que sous ce nouveau système, le contrôle complet de l'industrie sera placé entre les mains des travailleurs eux-mêmes pour être administré dans l'intérêt de la communauté en connexion avec un État démocratique.* » On paraissait évoluer, en d'autres termes, vers le système du *Guild Socialism* dont M. Cole a été le principal théoricien. Aujourd'hui le ton a sensiblement changé. Au lieu de huit millions et demi d'ouvriers syndiqués en 1920, six millions et demi seulement en 1921, cinq et demi en 1922, tout juste cinq en 1923. Le syndicalisme anglais a souffert de la même crise industrielle, qui a amené tant d'électeurs nouveaux au travaillisme politique : et M. Cole, à la dernière page de sa deuxième édition, se borne, modestement, à demander une petite place pour l'expérience des « Guildes » dans la politique ouvrière. Est-ce à dire que cela fasse une différence profonde entre la première et la deuxième édition ? En aucune manière : en 1918 comme aujourd'hui, M. Cole procédait non en doctrinaire, mais en « sociologue » au meilleur sens du mot. Alors, comme aujourd'hui, il savait que le mouvement syndical britannique, à la différence de ce qui se passe dans la plupart des pays continentaux, n'a pas été créé par une organisation centrale ou sous l'inspiration d'une fin unique, mais s'est développé presque au hasard à travers une longue période, pour répondre à des besoins spéciaux et vaincre des difficultés immédiates. C'est en savant que M. Cole étudie le phénomène social du *Trade-Unionisme* britannique, avec beaucoup de sympathie critique assurément, mais en s'abstenant autant que possible de toute appréciation doctrinale. Il nous donne un guide du monde syndical anglais, une analyse de la structure, une analyse des fonctions, une liste des problèmes qui perpétuellement embarrassent la vie des syndicats. En tête, une brève bibliographie. En conclusion, quatorze excellents « Appendices statistiques ». Bref, instrument de travail indispensable pour qui veut connaître l'organisation de la vie ouvrière en Angleterre.

1927

1. Burns E.M., « *Wages and the State* », *Revue des sciences politiques*, 50, p. 470-471.

2. Cole G.D.H., « *A Short History of the British Working Class Movement* », *History*, 11, p. 351-352.

3. Hammond J.L. and Barbara, « *The Rise of Modern Industry* », *History*, 12, p. 173-174.

4. Rjazanov F., ed., « *Marx-Engels Archive* », *History*, 12, p. 279.

E.M. Burns. *Wages and the State. A Comparative Study of the Problems of State Wage Regulation*, Londres, P.S. King and Son, 1926, 1 vol. in-8 de ix-443 p.

On s'étonne que M. E.M. Burns ne fasse pas une seule allusion à Mr et Mrs Webb, qui firent tant à la fin du xixe siècle pour populariser l'idée du « Minimum National », et auxquels il semble bien avoir directement ou indirectement emprunté leur méthode de description sociologique. La matière de son travail, c'est la réglementation légale des salaires, dont il a peut-être tort de dire qu'elle tend à prévaloir dans l'ensemble du monde civilisé, mais qui certainement est un des traits caractéristiques du monde anglo-saxon d'aujourd'hui. M. E.M. Burns nous apporte un très complet et très utile répertoire de tout ce qui a été fait en ces matières. Non seulement il énumère, mais il classe. Il distingue trois méthodes : la méthode de la fixation du salaire minimum, la méthode des comités de salaires (*boards*), et la méthode de l'arbitrage. Il distingue trois principes auxquels on peut se référer en tous cas : le principe du salaire normal (*basic wage, living wage*), le principe du salaire équitable (*fair wages*), le principe du salaire que l'industrie envisagée peut supporter (*the wage the trade can bear*). Il compare ces méthodes, ces principes, dit ses préférences pour les uns ou pour les autres suivant les cas, employant pour le dire des procédés d'analyse extrêmement subtile. Tellement subtile que les conclusions du livre sont très flottantes (et sur ce point – est-ce un bien ? est-ce un mal ? – M. E.M. Burns ne fait pas penser aux Webb). On regrette un peu d'avoir à se contenter, pour finir, de phrases telles que la suivante : « *Cette étude, faite à grands traits, de la position où se trouvent des pays très éloignés les uns des autres, nous amène à penser que la réglementation légale des salaires est une institution dont la permanence mérite l'attention des économistes. On ne saurait le considérer comme une aberration passagère. Mais il n'est pas facile de former des jugements positifs à son égard* » (p. 416). Bonne bibliographie (p. 423-431).

G.D.H. Cole, *A Short History of the British Working Class Movement*, vol. I., 1789-1848. 1925, vi-192 p., Allen & Unwin and the Labour Publishing Co.

M. G.D.H. Cole distingue trois moments dans l'histoire du mouvement social anglais : une période de révolte, une période d'acclimatation au capitalisme, puis, pour finir, l'émergence du socialisme comme credo de ralliement d'un nombre croissant de travailleurs. Ce volume est consacré à la période révolutionnaire. Il remonte, par référence à la Révolution française, à 1789 : nous pensons d'ailleurs qu'il accorde trop d'importance à l'influence de cette dernière dans l'histoire sociale anglaise. Je doute qu'elle ait « *donné au radicalisme anglais une philosophie* » (p. 44). Lorsque vint le temps du radicalisme anglais, un quart de siècle après la Révolution, Tom Paine était tombé dans l'oubli ; l'agitation provoquée par le major Cartwright n'avait rien à voir avec le jacobinisme français, et, comme M. Cole le reconnaît lui-même, « *Bentham et ses disciples méprisaient les droits de l'homme* » (p. 96). Le mouvement social anglais, et peut-être le socialisme européen lui-même, remontent bien plutôt à la rvolution industrielle et à la réaction contre cette dernière. M. Cole fait un récit juste de ses premières années, commençant par le *Reform Bill*, puis remontant du *Reform Bill* au chartisme. Sans doute sa haine du libéralisme ne le rend-t-il pas objectif vis-à-vis de l'œuvre du Parlement réformé. Le *Factory Act* de 1833 est expédié en quelques lignes, comme un « *héritage remontant à avant la Réforme, qui aurait sans doute été adopté sous une forme identique,* Réforme ou pas » (p. 133). Mais nous attendons de M. Cole qu'il nous donne les raisons d'une affirmation si paradoxale. De même, il ne fait pas le lien entre la mise à l'ordre du jour et le vote du *Poor Law Amendment Bill* et l'effervescence rurale qui a pris fin avec le jugement répressif de Dorchester. Conséquence de l'ancienne *Poor Law*, le sud rural se caractérisait par la surpopulation tandis que le nord industriel manquait de main-d'œuvre. La nouvelle *Poor Law* fut un acte de mobilisation du travail, assurant un flux entre les bassins d'emploi débordants du Sud vers un Nord en manque. Le volume se termine par un chapitre utile, basé sur l'analyse fine des statistiques, qui traite des « *conditions des travailleurs dans la première moitié du* XIXe *siècle* ». Notre seul regret est que M. Cole n'ait pas distillé son contenu à l'ensemble de son ouvrage, le récit de la succession d'épisodes révolutionnaires ne donnant qu'à de rares occasions un aperçu des progrès constants et silencieux de la classe ouvrière. Mais ce sont de faibles critiques. Nous nous trouvons ici face à un excellent chapitre de l'Histoire du travail, dense et lucide. [Traduit par Marie Scot]

Marx-Engels Archiv (Band I, 549 p.)

Les *Marx-Engels Archiv*, bien que rédigées en allemand et publiées à Francfort (par la maison d'édition Verlagsgesellschaft MBH) est, comme nous en informe la page de garde, le périodique publié par l'Institut Marx-Engels de Moscou. Son sujet est, comme nous l'explique dans son introduction son rédacteur en chef, D. Rjazanov, « *l'histoire du marxisme en théorie et en pratique* » au XIXe siècle. Les contributeurs – tous russes, à l'exception d'un Britannique – se sont lancés dans le travail avec une véritable et remarquable érudition et exhaustivité. Les lecteurs anglais seront agréablement surpris d'apprendre que les travaux de M. et Mme Hammond sur *Village, Town and Skilled Labourer*, l'ouvrage de Mme Knowles sur *Industrial and Commercial Revolutions*, de même que les ouvrages de F. F. Rosenblatt, P.W. Slosson, M. Hovell et J. West sur le *Chartisme*, ont fait l'objet, parmi d'autres, de comptes rendus minutieux. Mais le joyau de ce numéro est certainement de rendre accessible, pour la première fois dans son intégralité, la première partie de *Deutsche Ideologo*, que l'on croyait avoir été « *abandonnée au jugement mordant des souris* ». Cet ouvrage écrit en collaboration par le jeune Marx et le jeune Engels, à Bruxelles, à l'automne 1845, avait pour objectif de définir pour eux-mêmes les principes de leur philosophie commune, ce qui allait devenir « *la conception matérialiste de l'histoire* ». [Traduit par M. Scot]

J. L. HAMMOND and Barbara HAMMOND, *The Rise* of *Modern Industry*. 1925, XI-280 p. Methuen.

La partie centrale de ce livre, la deuxième, consiste en une série de monographies traitant de la révolution des transports, de la destruction de la communauté paysanne et du village, de la destruction du protectionnisme industriel, de la machine à vapeur, de la révolution de l'acier, de la révolution de la poterie, de la révolution du coton. On peut sans doute regretter que le chapitre consacré au coton soit si court – bien que nous comprenions que M. et Mme Hammond aient été découragés à l'idée de traiter à nouveau un sujet abordé tant de fois par les historiens avant eux. Néanmoins, ils n'auraient pas dû oublier que leur ouvrage s'adressait « *au grand public, et non aux spécialistes* » (p. VII), et qu'il n'est pas inutile de rappeler au « lecteur lambda » que l'essor formidable de la prospérité industrielle britannique est lié au textile et au coton. Cette réserve mise à part, les monographies de M. et Mme Hammond sont excellentes. Celle consacrée à la machine à vapeur est un modèle de bonne méthode d'exposition. Celles sur la poterie, bien que les auteurs avouent ne pas s'appuyer sur un travail de première main comme ils l'ont fait dans les trois volumes de leur *British Labourer*, ont un air de quasi-nouveauté scientifique.

Dans la première partie du livre, la plus importante philosophiquement parlant, les auteurs tentent de définir les prémices et les origines de la révolution industrielle, et se focalisent presque exclusivement sur les causes commerciales. Le commerce mondial existait sous l'Empire romain, puis à nouveau lors des croisades et de la découverte de l'Amérique, mais c'était un commerce limité et destiné aux riches et aux puissants. La découverte des routes atlantiques a « causé ou constitué » une rupture de ce point de vue : le commerce répondant aux besoins de tous, « *il a fait naviguer des cargos populaires* » (p. 21). D'où la possibilité d'une production de masse, d'où le système de l'usine basé sur la force motrice de la machine. Pourquoi, de toutes les puissances atlantiques, du Portugal et de l'Espagne, de la France, de la Hollande, et de l'Angleterre, cette dernière l'a finalement emporté et est devenue la mère patrie de l'industrialisation contemporaine ? Deux chapitres très profonds et brillants l'expliquent. Nous sommes un peu surpris néanmoins du peu de cas fait à l'invention des machines et à l'essor d'une nouvelle philosophie du savoir, considéré comme devant être plus « utilitariste » que « métaphysique ». Nous souhaitons également attirer l'attention du lecteur, plus encore que ce n'est le cas, sur la conquête du monde par les anglophones. « *Lors de la révolution de 1688, il y avait environ 11 000 colons français en Amérique du Nord, soit 1/20ᵉ de la population française, qui était quatre fois supérieure à la population anglaise. Lors de la révolution américaine, les colons britanniques étaient 2 millions alors que la population anglaise ne passait pas la barre des 10 millions* » (p. 34). Mais pourquoi expliquer cela par la mauvaise administration coloniale française. L'administration coloniale espagnole était bien pire et cela n'empêchait pas les Espagnols de se répandre à travers le monde comme les Anglais. Si les Anglais l'ont fait plus que les Français, c'est que l'esprit d'aventure était plus fort chez eux. Mais l'historien suspend sa plume devant ces interprétations psychologiques.

La troisième partie du livre traite des conséquences sociales de l'industrialisation. Cette histoire déjà bien connue est ici renouvelée et vivifiée par une interprétation intéressante, bien que peut-être un peu tirée par les cheveux, concernant la réaction que le recours au travail forcé dans les colonies anglaises nord-américaines aurait produit sur les conditions de travail dans les usines de la métropole à la fin du XVIIIᵉ siècle.

Enfin, dans le dernier – et trop bref, à notre goût – chapitre, M. et Mme Hammond esquissent des solutions à la question sociale. Un nouveau système de société dont ils entraperçoivent les premiers linéaments dans la nouvelle administration publique (*new civil service*), la législation du travail (*factory laws*) et les syndicats (*Trade Unions*). Mais ce ne sont là que de très évanescentes ébauches ; et il y a loin du pouvoir syndical, aussi bénéfique soit-il par de multiples aspects, à la régulation ordonnée des corporations médiévales. Sans doute débordons-nous des limites d'une recension scientifique en exprimant le vœu que M. et Mme Hammond sortent eux-mêmes du strict récit historique pour nous faire part de leurs souhaits, de leurs espoirs et de leurs hypothèses quant au nouvel ordre industriel qui émerge du chaos du XIXᵉ siècle. [Traduit de l'anglais par M. Scot]

1928

1. Hirst F. W., and J. E. Allen, « *British War Budgets* », *Revue des sciences politiques*, 51, p. 136-137.
2. Boukharine N., « *La théorie du matérialisme historique ; Manuel populaire de sociologie marxiste* », *Revue des sciences politiques,* 51, p. 144-145. Plekhanov G. V., « *Les questions fondamentales du marxisme* », *Revue des sciences politiques*, 51, p. 144-145.
3. Buckley Jessie K., « *Joseph Parkes of Birmingham and the Part which he Played in Radical Reform Movements* », *1825-1845*, *History*, 12, p. 362-363.
4. Rjazanov F., ed., « *Historisch-Kritische Gesamtausgabe* », *History*, 13, p. 283.

F.-W. HIRST and J.-E. ALLEN. *British War Budgets*, London, Humphrey Milford, Oxford University Press; 1 vol. in-8° de XIV-495 p. New York, Yale University Press, 1926.

Nous disposions, pour l'histoire des finances publiques dans les temps modernes, des *Twenty Years of Financial Policy* de Sir Stafford H. Northcote, bref, lucide, réfléchi, qui porte sur les années 1842 à 1861 ; et des *British Budgets, 1887-1912*, de Bernard Mallet, un simple résumé, commode à consulter, bien que dépourvu de valeur critique. L'ouvrage de MM. F.W. Hirst et Allen, qui fait partie des *Publications of the Carnegie Endowment for International Peace*, met en quelque sorte à jour l'histoire du budget anglais ; aussi critique que l'était celui de Sir Stafford H. Northcote, mais infiniment plus riche en détails, empruntés principalement aux débats parlementaires. L'ouvrage ne prête pas à l'analyse. Bornons-nous à dire que M. Hirst est un gladstonien orthodoxe, un pacifiste intransigeant, qui veut du moins, si par malheur une guerre éclate, que les frais en soient, dans la plus large mesure, demandés à l'impôt (plutôt qu'à l'emprunt) et à l'impôt direct (en particulier à l'impôt sur le revenu). Il juge sévèrement les budgets de guerre de M. Lloyd George, qu'il considère comme ayant été beaucoup moins fidèle aux vrais principes que ne l'avaient été, aux temps des guerres contre la France révolutionnaire et impériale, Pitt et ses successeurs immédiats. Seuls trouvent grâce à ses yeux les troisième et quatrième budgets de guerre (septembre 1915, et 1916) dus à M. McKenna (malgré les concessions coupables de celui-ci au groupe protectionniste) et le sixième budget de guerre (deuxième budget de M. Bonar Law). Enfin vint M. Philip Snowden, chancelier de l'Échiquier dans le ministère MacDonald, et son budget qui fut moins une manifestation socialiste qu'un retour aux principes du radicalisme gladstonien. Et M. Hirst voudrait croire qu'avec lui l'ère des « budgets de guerre » a été close. Mais il est obligé de noter que M. Philip Snowden, chassé du pouvoir, a été remplacé par le moins pacifiste, le moins prudent, de tous les hommes d'État anglais. Et l'ouvrage se clôt, sans commentaire, sur la constatation de ce fait.

G.-V. PLEKHANOV. *Les Questions fondamentales du marxisme* (Bibliothèque marxiste n° 2), 1 vol. in-8° de 126 p. Paris, Éditions sociales internationales, s.d.

N. BOUKHARINE. *La Théorie du matérialisme historique. Manuel populaire de sociologie marxiste* (Bibliothèque marxiste n° 3), 1 vol. in-8° de 258 p., Paris, Éditions sociales internationales, 1927.

Le manuel de M. N. Boukharine est composé, nous dit-il, sur le modèle de son fameux *A.B.C. du Communisme*. C'est le résumé de discussions qu'il dirigea à l'université Sverdlov, où se réalisait, nous dit-il, « *un nouveau type d'hommes qui, tout en étudiant la philosophie, sont de garde la nuit, un fusil à la main, qui discutent les problèmes les plus abstraits et une heure après, coupent du bois ; qui travaillent dans les bibliothèques et passent ensuite de longues heures à travailler dans les mines* ». Ce manuel, qui vise à être populaire, est en réalité aride, scolastique, et d'une lecture difficile : il n'est fait pour réveiller l'attention d'un lecteur ouvrier que par le système, trop commode en vérité, qui consiste, pour réfuter une doctrine sociale, à y montrer un piège conscient tendu par la classe bourgeoise au prolétariat. Peut-être cependant les Français, si ignorants du marxisme (nous parlons ici des socialistes aussi bien que des antisocialistes), auront de l'intérêt à lire l'ouvrage de Boukharine pour comprendre l'énorme importance prise par cette doctrine dans le monde germanique et dans le monde slave, et la foule d'interprètes hétérodoxes qu'un disciple orthodoxe doit réfuter avant d'asseoir, dans son caractère véritable, la doctrine. Les hétérodoxes contre lesquels Boukharine s'acharne plus particulièrement sont ceux qui s'efforcent de spiritualiser le matérialisme historique, de le montrer conciliable avec telle ou telle forme du néokantisme ; il s'efforce, par contre (c'est la partie la plus originale, nous ne disons pas la moins contestable, de son livre) de ramener le « matérialisme économique » au matérialisme pur et simple, le matérialisme du XVIIIe siècle qui explique l'âme par le corps.

Nous ne sommes pas encouragés à lire l'autre ouvrage, le livre classique de Plekhanov sur *Les Questions fondamentales du marxisme* (1908) par ce qu'en dit Boukharine aux premières pages de son livre. « *Partiellement esquissé et difficilement compréhensible* » : et voilà Plekhanov fusillé. Nous n'en sommes pas moins disposés, après l'avoir lu, à en recommander la lecture, plutôt que de « la théorie du matérialisme historique ». Dans son explication successive des thèses fondamentales de la philosophie matérialiste de l'histoire (économisme historique, dialectique matérialiste et théorie de la lutte des classes), dans ce qu'il nous dit de la filiation entre la philosophie de Feuerbach et celle de Marx, dans bien des réflexions sur tel ou tel point de philosophie de l'histoire, il nous paraît plus instructif que Boukharine, plus lucide en même temps. Suivent deux intéressants fragments, le premier ayant pour titre : « Des bonds dans la Nature et dans l'histoire », et le second : « Dialectique et Logique ». Dans le premier (p. 92-93), cette vue d'avenir, que l'avenir est loin d'avoir vérifiée : « *En dépit de l'opinion de notre homme sur les bouleversements violents et les catastrophes politiques, nous dirons avec assurance qu'à l'heure actuelle, l'histoire prépare dans les pays avancés un bouleversement d'une importance exceptionnelle, dont on est fondé à présumer qu'il se produira par la violence.* » Et Plekhanov insistait et soulignait : « *C'est ainsi que le mouvement historique se déroule, non pas chez nous, mais en Occident.* »

Jessie K. Buckley, *Joseph Parkes of Birmingham and the part which he played in Radical Reform Movements*, 1825-1845, 1926, xiv-207 p. Methuen.

Miss Buckley nous livre ici une biographie, basée sur tous les documents et sur toutes les sources, manuscrites ou imprimées, qu'elle a récupérées, biographie traitant d'une figure certes mineure, mais d'un néanmoins très important personnage secondaire du mouvement démocratique au temps du premier *Reform Act*. Creevy l'avait dépeint comme « *un mélange de toutes les classes* – églises, chapelles et État ; également, *voire mieux, fait pour l'utilité, plus que n'importe quel autre homme qu'il connaissait* ». Un homme qui, du moment où l'agitation en faveur de la Réforme commença en 1830 et jusqu'à l'adoption finale du *Municipal Reform Act* de 1835, n'a jamais, de l'aveu de Miss Buckley, pris une semaine de repos. Le récit de ces années si agitées occupe la moitié environ de l'ouvrage de Miss Buckley. Bien que nous connaissions déjà le rôle important joué par Joseph Parkes en 1831 et 1832 – véritable intermédiaire entre lord Althorp et les magnats libéraux d'un côté et les radicaux de Birmingham de l'autre – elle a mis au jour un certain nombre de faits nouveaux et intéressants. Elle nous livre des informations encore plus inédites concernant la préparation et la mise en œuvre du *Municipal Reform Act*. Plus dignes d'intérêt encore, ses analyses sur l'organisation du parti libéral après la victoire de 1832, et la fondation de la *Reform Association*, qui tomba rapidement en sommeil et disparut, avant de renaître en 1861 sous le nom de *Liberal Registration Association*, et qui se transforma finalement en *National Liberal Federation*, le célèbre caucus de Chamberlain. Nous regrettons à la lecture le parti pris très « politique » du livre et aurions souhaité en savoir plus sur la vie familiale, la vie intellectuelle, religieuse et sociale de ce démocrate provincial si représentatif. Mais, tel quel, l'ouvrage est une contribution de grande valeur à l'histoire de la période. [Traduit de l'anglais par M. Scot]

Ces *Historisch-Kritishe Gesamtausgabe* des écrits et des lettres de Karl Marx et de Friedrich Engels (Francfort, Verlagsgesselschaft MBH) relèvent de la même entreprise éditoriale menée par D. Rjazanov que les *Marx-Engels Archiv*, dont nous avions rendu compte dans *History* (octobre 1927, p. 279). Une intéressante préface nous apprend tout ce qu'il y a à savoir sur les éditions passées des œuvres de Marx, nous présente l'architecture de cette nouvelle – et pour la première fois exhaustive – édition des œuvres intégrales. La première partie, en 17 volumes, rassemblera les œuvres philosophiques, économiques, historiques et politiques de Marx et d'Engels, à l'exception du *Capital*. La deuxième livraison sera dédiée au *Capital*. Nous y trouverons le texte intégral des derniers volumes, rédigés par Karl Marx, avant qu'ils ne soient révisés par Engels, ainsi qu'une masse importante (*eine grosse Masse*) de documents inédits portant sur des sujets économiques, rédigés par Marx pendant qu'il préparait son grand-œuvre. Ce qui explique que cette deuxième partie se déclinera en 13 volumes. Une troisième partie reproduira la correspondance de Karl Marx avec Engels (plus complète de 1/5e par rapport à l'édition de Bernstein), ainsi que la correspondance de Karl Marx et d'Engels avec leurs contemporains. Le volume 1 qui, pour être précis, n'est que la première moitié du volume 1, contient en 626 pages les premiers écrits de Karl Marx jusqu'en 1844. [Traduit de l'anglais par M. Scot]

1929

1. De Man Henri, « *Au-delà du marxisme* », *Revue des sciences politiques*, 52, p. 316-317.
2. Von Helmholtz-Phelan Anna A., « *The Social Philosophy of William Morris* », *Revue des sciences politiques*, 52, p. 317.
3. Mauduit, Roger, « *August Comte et la science économique* », *Revue des sciences politiques*, 52, p. 264.
4. Michels Robert, « *Die Verelendungstheorie* », *Revue des sciences politiques*, 52, p. 470-471.

5. Durkheim Émile, « *Le socialisme, sa définition, ses débuts. La doctrine de Saint-Simon* », *Revue des sciences politiques*, 52, p. 471.
6. Cole G.D.H., « *A Short History of the British Working Class Movement* », vol. II (1848-1900), vol. III (1900-1927), *History*, 14, p. 85-86.

Henri DE MAN, *Au-delà du Marxisme*, nouvelle édition, 1 vol in-8, Paris, Alcan, 1929, XVI-403 p.

Nous venons un peu tard pour signaler un livre qui, rédigé d'abord en allemand par un socialiste belge, a été traduit en français et a obtenu dans cette traduction un tel succès que voici déjà une seconde édition nécessaire. L'ouvrage, dont le détail, extrêmement riche, défie l'analyse, constitue un effort pour reprendre, avec plus d'ampleur, le travail déjà commencé il y a une trentaine d'années sur la doctrine marxiste par les « révisionnistes » allemands de l'école de Bernstein. Car de Man ne se borne pas à critiquer le simplisme de la doctrine, à le « réviser ». Il oppose point de vue à point de vue, et reproche à Karl Marx le matérialisme, l'« amoralisme » systématique de sa philosophie. Ce qui pousse le prolétariat à la révolte, ce n'est pas le fait brut de la misère (le prolétaire est, en fait, moins misérable aujourd'hui qu'il ne l'était au début de l'ère capitaliste), c'est le sentiment de l'injustice qui lui est faite, sentiment qui s'explique par l'héritage de tout un patrimoine d'idées principalement chrétiennes, antérieures au capitalisme : « *la grande tâche de notre époque, nous dit M. de Man citant Bertrand Russell, est moins la lutte de classes des travailleurs contre le capitalisme que la lutte de l'humanité contre la civilisation industrielle* » (p. 201). Comment assurer, dans cette lutte, le triomphe de l'humanité ? Ici le livre de M. de Man, digne d'éloges à tant d'égards, nous déçoit. Les conclusions en sont fuyantes. On voit bien que l'auteur est favorable à quelque régime, non révolutionnaire, de contrôle ouvrier. Mais cela n'est dit que par la voie d'allusions assez confuses. Sur un point seulement, il est catégorique. Il voudrait que les partis ouvriers concentrassent dorénavant leurs efforts sur la propagande pour la paix. Visiblement, ce qui l'a brouillé avec le marxisme, c'est l'impuissance de cette doctrine, en 1914, devant le fait de la guerre, pour cette raison même qu'elle est fondée sur le droit de la force. Mais alors, faut-il dire que nous sommes seulement au-delà du marxisme ? Ne peut-il pas dire que nous sommes au-delà du socialisme aussi ? M. de Man interloqua, un jour, un auditoire populaire, en terminant son discours par ce cri : « *le marxisme est mort : vive le socialisme !* » En vérité l'auditoire n'avait-il pas raison d'être interloqué ; et M. de Man n'aurait-il pas mieux exprimé sa pensée en disant : « *le marxisme est mort ; vive le Pacifisme* ! »

Anna von Helmholtz-Phelan, *The Social Philosophy of William Morris*, Durham (North Carolina), Duke University Press, 1927, in-8, 207 p.

Un bon résumé, en cinq chapitres, de la vie de William Morris, suit de près sa biographie par Mackail. Nous y voyons quelles préoccupations sociales animèrent ses travaux d'artiste, quand il rénovait l'art du mobilier, redécouvrait et réhabilitait les *Sagas* norvégiennes, s'efforçant de ramener la poésie anglaise à la pureté de ses origines saxonnes ; et comment ces préoccupations firent de lui, pendant les années quatre-vingt, un socialiste intégral, un révolutionnaire, un libertaire. Quelle était l'essence de son socialisme ? L'auteur nous le dit en trois chapitres, nous montre ce socialisme fondé sur une théorie du travail attrayant, seul fécond, seul producteur de beauté : car le socialisme de Morris est le socialisme d'un artiste, que révolte la « laideur » de la civilisation moderne, dans tous les sens du mot. Les conclusions sont modérées : l'auteur, qui sympathise avec bien des vues de Morris, et rend hommage à l'efficacité de sa prédication, compte sur un capitalisme éclairé, plutôt que sur une révolution nécessairement aveugle, pour en réaliser l'essentiel. Bibliographie. Index. Rien de bien neuf. P. 53-64, un résumé de l'histoire du socialisme européen, dont on se passerait bien et qui n'a pas même le mérite d'être toujours exact.

Roger Mauduit, *Auguste Comte et la science économique*, Paris, Alcan, 1929, 1 vol. in-8 de 292 p.

M. Roger Mauduit commence par nous raconter l'origine des idées d'Auguste Comte en ces matières, par nous dire ce qu'Auguste Comte connaissait de la science et de la littérature (ses connaissances étaient en vérité restreintes). Il résume en bons termes les critiques adressées par Auguste Comte à l'économie politique. Elle est métaphysique, elle est abstraite, elle préconise l'inaction. En bons termes également, il définit la position « positive » adoptée par Auguste Comte, à la fois anti-individualiste et anti-étatiste (nullement socialiste bien que l'emploi fréquent du mot « socialiste » par Auguste Comte risque de faire équivoque), sa théorie de la propriété, de la concentration nécessaire entre patrons, des relations hiérarchiques nécessaires entre patrons et ouvriers. Il est obligé de constater, en finissant, que l'influence directe exercée par les idées économiques d'Auguste Comte sur son temps, fut très faible. Si l'on devait adresser un reproche à M. Mauduit, c'est d'avoir voulu parcourir tout le champ des recherches économiques au XIXe siècle par rapport à Auguste Comte, au lieu de concentrer toute son attention sur son auteur. Le résultat, c'est que l'ouvrage, toujours clair et toujours raisonnable, est souvent, plus qu'on ne voudrait, élémentaire et superficiel.

Robert MICHELS, *Die Verelendungstheorie. Studien und Untersuchungen zur internationalen Dogmengeschichte der Volkswirtschaft*, Leipzig, Alfred Kröner, 1928, in-8, VIII-254 p.

M. Robert Michels, professeur à Bâle et à Turin, est-il suisse ou italien ? Il est européen, certainement ; et son livre témoigne d'une connaissance prodigieuse de toutes les littératures économiques d'Occident. C'est un répertoire de tout ce qui a été dit en France et en Angleterre, en Allemagne, en Italie, sur la misère, sur ses causes, sur l'espoir que l'avenir peut nous donner de la voir abolie, sur ce que Karl Marx doit à ses précurseurs, sur les limitations qu'il convient d'apporter à sa doctrine, et que les marxistes eux-mêmes y ont apportées. Sur un point, nous sommes déçus car nous savons que M. Michels est un ancien sorellien (converti, dit-on, non pas au communisme mais au fascisme). On ne trouve malheureusement rien ici des fulgurations auxquelles on s'attendrait chez un disciple de Georges Sorel.

Ce n'est ici qu'un répertoire, et la critique finale est pâle. Du moins le répertoire est-il complet, et bien classé.

Émile DURKHEIM, *Le Socialisme, sa définition, ses débuts. La doctrine saint-simonienne*, Paris, Alcan, 1928, in-8, XI-352 p.

Ce livre, reproduction d'un cours professé à la faculté des lettres de l'université de Bordeaux, de novembre 1895 à mai 1896, est important à plus d'un titre. D'abord, il marque le moment où tout un groupe d'universitaires – les uns contemporains de Jaurès comme Durkheim, les autres appartenant à la génération de leurs élèves – passèrent du radicalisme démocratique au socialisme. D'autre part, il constitue un effort original pour définir le socialisme par l'application de la méthode sociologique, non comme une doctrine abstraite que l'on considère en dehors du temps et de l'espace pour la confronter ensuite avec les faits, mais comme étant elle-même un fait dont on veut retrouver la genèse, un fait social plus difficile d'ailleurs à étudier que bien d'autres parce qu'il est tout récent, et n'a pas encore pris tout son développement. Ajoutons qu'un chapitre sur Sismondi, six chapitres sur Saint-Simon et l'école saint-simonienne étaient à leur date véritablement nouveaux. Même aujourd'hui que l'histoire des doctrines socialistes a fait tant de progrès, ils méritent encore d'être lus et médités.

G. D. H. Cole, *A Short History of the British Class Movement,* 1789-1928, vol. II, 1848-1900, 1926, VIII-211 p., vol. III, 1900-1927, 1927, VIII-237 p. Allen and Unwin.

Le premier volume de ce travail érudit et de qualité, que nous avions déjà recensé [*History*, 11, p. 351], s'arrêtait à l'échec du chartisme et à son incapacité à produire en Angleterre un mouvement comparable aux révolutions européennes de 1848. Le deuxième volume se termine avec la formation du *Labour Representation Committee*, l'ancêtre du parti travailliste, en février 1900. Quelles sont les principales caractéristiques de la période traitée ? La foi dans le libre-échange, l'absence d'idéaux socialistes dans l'opinion des travailleurs, et un syndicalisme orienté vers des revendications concrètes et immédiates. Les luttes pour la défense du syndicalisme et l'adoption des lois sociales de 1871 et 1875 sont relatées, ainsi que les années sombres de la dépression industrielle et la montée du socialisme au sein de la classe ouvrière organisée dans les dernières années du siècle. Bien qu'il n'y ait rien de bien neuf dans le récit des faits proposé par M. Cole, qui souhaiterait comprendre combien ses recherches ont enrichi notre connaissance détaillée du sujet n'a qu'à comparer ce qu'il nous apprend concernant l'essor des ingénieurs, des mineurs et des ouvriers du bâtiment au milieu du XIXe siècle, à ce que nous en savions à partir du classique *Histoire du syndicalisme* de M. et Mme Webb. Une nouvelle fois, le récit de M. Cole est plus subtil et objectif, lorsqu'il analyse les motifs qui ont animé les hommes d'État des deux grands partis et les ont poussés à faire adopter les *Trade Unions Bills* de 1871 et 1875, que celui des Webb, si passionnément hostiles aux libéraux qu'ils en sont par instant et presque consciemment proconservateurs.

Le troisième volume ouvre sur la naissance du *Labour Representation Committee*, fait le récit de la *Taff Vale Decision*, puis de la revanche du monde syndical contre cette dernière et de l'adoption du *Trade Disputes Bill* de 1906. Suivent les années agitées caractérisées par l'essor de l'esprit révolutionnaire au sein des syndicats, l'influence du syndicalisme français, la naissance du Socialisme de Guild, et la formation de la triple alliance des mineurs, des cheminots et des dockers. M. Cole traite un sujet qui n'avait été abordé jusqu'ici que par les Webb et par lui-même. Le chapitre consacré aux années de guerre est un court résumé de ses admirables monographies *Workshop Organisation* et *Labour in Transition*. L'analyse des années d'après guerre n'avait jamais encore été tentée, et nous en avons un récit lucide et objectif, jusqu'à l'adoption du *Trade Union Bill* de 1927, loi réactionnaire qui ramène la législation syndicale des années en arrière, avant 1906. Insistons sur la valeur particulière du compliment d'objectivité que nous faisons à

M. Cole. Car, M. Cole est un révolutionnaire, et, au sens le plus large du terme, un syndicaliste. Le récit qu'il nous livre dans son dernier volume est celui de l'essor et de l'échec du Socialisme de Guild britannique, et, *a contrario*, du progrès régulier et prosaïque du parti travailliste. Le parti pris de M. Cole n'est perceptible que dans de rares phrases distillées tout au long du livre, comme lorsqu'il qualifie Georges Lansbury d'« *unique figure véritablement authentique du mouvement ouvrier anglais d'aujourd'hui* », ou lorsqu'il parle de la grève générale de 1926 comme d'un « *essai mitigé des travailleurs britanniques de faire la révolution avec l'état d'esprit d'une amicale partie de cartes* » (p. 153), ou lorsqu'il nous confie, par ces mots, sa philosophie de son temps : « *les socialistes se sont rassurés, un temps, en prédisant l'inéluctable effondrement de la société capitaliste et l'instauration d'une république socialiste. Mais le capitalisme est toujours là, il a seulement décliné. Et les forces qui l'ont affaibli ont encore plus affaibli les travailleurs dans la perspective d'un assaut frontal contre lui* » (p. 151). [Traduit de l'anglais par M. Scot]

1930

Trotski Léon, « *Ma vie, essai autobiographique* », vol. I, *Revue des sciences politiques,* 53, p. 464-465.

Léon Trotski, *Ma vie. Essai autobiographique.* Traduit sur le manuscrit avec des notes par Maurice Parijanine, t. I, 1879-1905, s.d., 1 vol. in-16, de 271 p.

Les cent cinquante premières pages traitent des années d'enfance et d'adolescence. Nous y apprenons que Trotski est le fils d'un paysan juif, d'un paysan riche, un Koulak. Sur la vie d'un écolier à Odessa, sous le règne d'Alexandre III, Trotski nous donne des renseignements intéressants, et, semble-t-il, objectifs. Qu'il fût le meilleur élève de sa classe, nous sommes disposés à le croire : mais il ne se donne pas pour un enfant de génie : et, bien qu'il l'étale avec quelque complaisance sur certains de ses actes d'insubordination, il ne travaille pas à nous faire croire qu'il a été, dès le berceau, un grand révolutionnaire. Vient ensuite le récit des dix années qui vont de 1896 à 1905. Première apparition du marxisme en Russie. Première conspiration. Premier exil en Sibérie. Première évasion. Premiers rapports avec Lénine. Récit des conditions dans lesquelles a lieu, en 1903, la rupture entre mencheviks et bolcheviks. Trotski fut du côté des mencheviks ; mais on ne peut se défendre de trouver qu'il s'efforce d'atténuer, plus qu'il ne convient, la gravité des polémiques doctrinales qu'il soutint avec Lénine au cours des années qui suivirent. Le volume s'arrête sur le seuil de la première révolution russe, la révolution de 1905. C'est avec le prochain que nous quitterons véritablement le domaine de la petite histoire pour entrer dans la grande.

1931

1. Déat Marcel, « *Perspectives socialistes* », Revue des sciences politiques, 54, p. 307.
2. Trotski Léon, « *Ma vie, essai autobiographique* », vol. II and III, Revue des sciences politiques, 54, p. 150.

Marcel DÉAT, *Perspectives socialistes*, Paris, Librairie Valois, 1930, 1 vol. in-16 de 246 p.

M. Marcel Déat fut admis à l'École normale supérieure à cette heure tragique où la guerre mondiale éclata et Jaurès fut assassiné. Il sortit de l'École, comme Jaurès, avec le titre d'agrégé de philosophie. Comme Jaurès, il alla à la politique et, plus vite que Jaurès (ainsi le voulait la différence des temps), à la politique socialiste. Il est bien l'héritier de la tradition jaurésiste, avec cette nuance qu'il est champenois et non toulousain, et que le soleil du Midi n'illumine pas son style. Peu de connaissances historiques. Mais une aptitude remarquable, une aptitude de professeur, à manier l'idéologie des doctrines et des programmes dans un esprit d'optimisme et d'éclectisme. De sorte que son livre constitue la meilleure mise au point que nous connaissions d'une philosophie sociale capable de rallier tout à la fois, la droite, le centre et la gauche du parti socialiste unifié. Dans la troisième partie de son livre, celle qui intéressera davantage le lecteur curieux d'applications pratiques, M. Déat montre en trois chapitres comment doit opérer, comment s'opérera : 1° la socialisation de la puissance (contrôle de la gestion des entreprises capitalistes) : et voilà pour la droite ; 2° la socialisation du profit (la propriété, affirme M. Déat, ne subissant aucune atteinte) : et voilà pour le centre ; 3° la socialisation de la propriété : à la limite, d'ailleurs très lointaine, le socialisme rejoindra le communisme : la voie d'accès seule diffère. « Longue et dure bataille », écrit quelque part M. Déat. Vraiment, on le ne dirait pas : tant le cours de l'histoire paraît, à qui le lit, facile, paisible et uni.

Léon TROTSKI. *Ma Vie. Essai autobiographique*. Traduit sur le manuscrit avec des notes par Maurice Parijanine, t. II, 1905-octobre 1917, s.d., 1 vol. in-16 de 343 p.

Nous ne saurions dire de ces deux volumes le bien que nous disions tout récemment du premier volume. Les souvenirs d'enfance et d'adolescence étaient simples et directs, et portaient la marque de la franchise. Mais les réserves que nous faisions déjà sur ce que disait Trotski de son commencement d'activité révolutionnaire, il nous faut les faire avec plus d'énergie encore aujourd'hui. Nous lisons l'ouvrage d'un homme d'État disgracié, qui soutient une thèse. La thèse, c'est que la révolution bolchevik a eu deux grands hommes, Lénine et Trotski lui-même : c'est vrai. Que les chefs d'aujourd'hui ne sont que des « épigones » : c'est encore vrai. Que, malgré les bruits répandus par les épigones, l'entente a été toujours étroite entre Lénine et Trotski, c'est faux ; et il est tout juste vrai de dire que Lénine et Trotski ont eu la sagesse de constamment éviter la rupture. Mais les dissentiments étaient graves et l'effort que fait Trotski tout le long de son livre pour les dissimuler, diminue grandement la valeur historique de l'ouvrage. Nous défions le lecteur non averti de deviner, en lisant le deuxième volume, que jusqu'au mois d'août 1917, Trotski non seulement était un adversaire de Lénine, mais n'était pas même un bolchevik. Et nous défions le lecteur, même averti, de rien comprendre au récit, incroyablement embrouillé, des deux grandes querelles que Trotski eut avec Lénine (Lénine emportant chaque fois l'avantage), la première au sujet de la paix de Brest-Litovsk, la deuxième au sujet de la Nouvelle politique économique. Ces réserves faites, il est inutile de dire quel important document historique constitue, sur une foule de points de détail, l'autobiographie d'un tel homme.

1933

Brameld Theodore B.H., « *A Philosophical Approach to Communism* », *Revue des sciences politiques*, 56, p. 612.

Theodore B. H. BRAMELD, *A Philosophic Approach to Communism*, with a foreword by T. V. Smith, 1 vol. in-12 de IX-242 p., Chicago, The University of Chicago Press, 1933.

Cet ouvrage ne donne pas au lecteur exactement ce que le titre promet. Il ne s'agit pas ici d'économie politique, il ne s'agit pas des problèmes qui concernent la production et la distribution des richesses. Il s'agit du problème de l'action, du fatalisme dans ses rapports avec l'action. Il analyse, dans son introduction, chez les stoïciens, chez Spinoza, et chez l'école américaine moderne des instrumentalistes, ce qu'il appelle la notion d'« acquiescence », par rapport à l'individu par un côté, au monde par un autre. La notion ainsi obtenue, il l'applique à la philosophe de Karl Marx, d'Engels, de Lénine (mis par lui, comme doctrinaire, presque sur le même rang que les autres), et cherche à définir comment il y a, chez tous trois, acquiescence, en même temps activité, et finalement interaction, synthèse de l'une et de l'autre. L'ouvrage est instructif, pénétrant, subtil – presque trop subtil parfois, serait-on tenté de dire – et trop souvent écrit dans cette langue maniérée qu'affectent certains lettrés américains, et déconcertant pour le lecteur, qui connaît seulement l'anglais tel qu'on le parle à Londres. Il est d'ailleurs fondé sur une connaissance approfondie du sujet, comme en témoignent les notes mises en bas de chaque page et la riche bibliographie qui termine le volume. On observe cependant des lacunes dans les connaissances de M. Brameld. Il ne connaît visiblement Hegel que par les manuels, et ignore totalement la gauche hégélienne (qu'il faut distinguer du groupe de Feuerbach avec son chef Bruno Bauer, dont Marx était le disciple quand, en 1843, il débarqua à Paris). Il ne connaît d'ailleurs que l'allemand en dehors de sa langue maternelle. Il ignorerait donc totalement la contribution importante faite par la pensée italienne vers le début du XXe siècle, à l'intelligence tant de l'hégélianisme que du marxisme, si par hasard un ouvrage de l'époque (*Le Matérialisme historique* de Croce) ne se trouvait avoir été traduit en anglais. Et il ignore totalement l'interprétation du marxisme (pas toujours si éloignée de la sienne) qu'ont proposée Charles Andler dans son commentaire du *Manifeste communiste* et Georges Sorel dans une série d'ouvrages retentissants, dont l'importance historique n'est cependant pas négligeable.

1934

1. Staline J., « *Discours sur le plan quinquennal* », *Revue des sciences politiques*, 57, p. 149-150. Grinko G., « *Le plan quinquennal* », *Revue des sciences politiques*, 57, p. 149-150. Dominique Pierre, « *Oui, mais Moscou* », *Revue des sciences politiques,* 57, p. 149-150.

2. Maxwell Bertram W., « *The Soviet State. A Study of Bolshevik Rule* », *Revue des sciences politique*s, 57, p. 151.

J. Staline, *Discours sur le Plan quinqunenal.* Rapport politique au Comité central du XVIe Congrès du parti communiste russe du 28 mai 1930. Traduit du russe par N. Trouhanova Ignatieff, avec une préface de Georges Valois. Paris, Librairie Valois, 1930, 1 vol. in-12 de 319 p.

G. Grinko, *Le Plan quinquennal. L'édification du socialisme en URSS*, Paris, Bureau d'éditions, 132, faubourg Saint-Denis, 1930, 1 vol. in-12 de 428 p.

Pierre DOMINIQUE, *Oui mais Moscou...*, Enquête I. Paris, Librairie Valois, 1931, 1 vol in-12 de 319 p.

On sait en quoi consiste le « plan quinquennal » soviétique, inauguré en 1928 : il consiste (nous citons Grinko, p. 37) à « *rattraper et dépasser, au point de vue technique et économique, le niveau des pays de capitalisme avancé, et assurer par là le triomphe de l'économie socialiste dans sa concurrence historique avec l'économie capitaliste* ». L'ouvrage de Staline, l'ouvrage de Grinko sont deux livres de propagande officielle, deux tableaux triomphants des résultats obtenus après deux années d'industrialisation forcenée de la Russie tant rurale qu'urbaine. On est d'autant plus incapable de se défendre contre ce flot de statistiques optimistes que la presse des pays antisoviétiques, poussée par la crise mondiale, fait à l'industrialisme russe une réclame inattendue, en dénonçant les succès du dumping soviétique.

Nous voudrions cependant des témoignages qui n'émanent pas de membres du parti communiste. Le livre de M. Dominique nous donnera-t-il ce que nous cherchons ? M. Dominique est un médecin parisien, homme de lettres qui a voulu voir sur place (nous disons : voir, et non pas : écouter ; car il a l'honnêteté de nous avertir qu'il ne sait pas le russe), et qui d'ailleurs, en réaction contre les dénonciations à son gré trop passionnées, apporte à l'étude de son sujet (la civilisation soviétique tout entière, et non pas seulement le plan quinquennal), un esprit de compréhension et de sympathie systématique. Et nous serions tentés de dire : tant mieux. Car l'auteur est fort intelligent, et ses réserves, quant au succès final du plan quinquennal, n'en sont que plus significatives. Ce n'est pas lui qui nous présentera, avec Grinko, comme constituant une pièce essentielle du système « *l'encouragement économique de l'exploitation paysanne individuelle* », et il ne sous-estime pas le péril que peut faire courir à l'accomplissement du plan la résistance de l'individualisme paysan. Il attire aussi l'attention sur la gravité du problème monétaire (dont ni Staline ni Grinko ne soufflent mot) : si l'effondrement du rouble s'accentuait, le retour à la NEP s'imposerait, et Staline pourrait bien en prendre l'initiative, comme fit Lénine en 1921. Enfin il a raison d'évoquer tout le temps le souvenir de Pierre le Grand, le seul tsar dont les bolcheviks n'aient pas jeté les statues par terre : c'est un Pierre le Grand collectif, et collectiviste, qui domine la Russie et veut l'arracher par la violence à la routine d'une civilisation plus asiatique qu'européenne. Mais alors M. Dominique nous donne, qu'il le veuille ou non, l'impression d'un système trop artificiel pour être solide, trop exclusivement fondé sur les mobiles de la terreur et du fanatisme pour offrir un caractère de permanence. Il reste que, dans l'ordre industriel, les résultats acquis sont considérables et ont été obtenus avec une rapidité incroyable : voir, entre bien d'autres, les détails concordants donnés par MM. Grinko et Dominique sur les grands travaux du Dniepr. « *Des usines s'élèvent par milliers*, écrit M. Dominique, *des maisons jaillissent de toutes parts. Le sol des villes est bouleversé par les travaux. Voilà le fait. De cet acharnement il restera toujours quelque chose.* »

Bertram W. MAXWELL, *The Soviet State. A Study of Bolshevik Rule*, Topeka Kansas, Steves and Wayburr, 1934, 1 vol. in-8 de xv-383 p.

C'est ici un grand manuel de droit public soviétique. Dans une première partie, l'organisation administrative, judiciaire, politique de la République soviétique est analysée avec beaucoup de détail et de précision. Dans une deuxième partie, on nous définit les rapports du citoyen et de l'État, l'organisation de la police, ce que l'individu, les églises, les journaux possèdent ou ne possèdent pas de liberté. Certaines lacunes sautent aux yeux : pourquoi tout un chapitre sur les finances municipales, et rien sur les finances de l'État ? D'autre part, dans un pays de collectivisme intégral, les limites du droit public et du droit privé sont difficiles à tracer : voici un chapitre sur l'organisation de l'agriculture (mais alors, pourquoi rien sur l'organisation de l'industrie ?) ; en voici un sur la condition légale de la femme.

Dans une note, au sujet de la question de savoir dans quelle mesure, chez les soviets, le travail peut être considéré comme libre, l'auteur avoue son incapacité à résoudre le problème : les témoignages qu'il a recueillis étaient trop passionnés, dans un sens ou dans l'autre. « *La question*, explique-t-il, *devrait être étudiée par des hommes impartiaux, doués d'esprit scientifique, qui comprennent les idées des Soviets et les fins dernières qu'ils poursuivent.* » Et voilà, excellemment définie par l'auteur, son attitude en face du monde soviétique. Somme toute, utile ouvrage de référence.

1935

1. Carritt E. F., « *Morals and Politics. Theories of their Relation from Hobbes and Spinoza to Marx and Bosanquet* », Revue des sciences politiques, 58, p. 443.

2. Lair Maurice, « *Jaurès et l'Allemagne* », Revue des sciences politiques, 58, p. 150.

3. Marx Karl, « *Œuvres complètes. Le manifeste communiste* », Revue des sciences politiques, 58, p. 150.

4. Lazarevski Vladimir, « *La Russie sous l'uniforme bolchevique* », Revue des sciences politiques, 58, p. 150.

E.-F. CARRITT. *Morals and Politics. Theories of their Relation from Hobbes and Spinoza to Marx and Bosanquet*, Oxford at the Clarendon Press, 1935, 1 vol. in-12 de 216 p.

Qu'on ne s'attende pas à trouver ici une discussion des rapports entre la politique et la morale : auquel cas, le livre de M. E.-F. Carritt intéresserait directement les lecteurs de cette revue. Nous avons affaire ici, en réalité, à un ouvrage de philosophie pure et de dialectique abstraite ; il s'agit, étant accordé d'abord qu'il n'y a pas lieu de distinguer entre l'obligation politique et l'obligation morale, d'établir l'impossibilité de ramener cette obligation à un principe supérieur par lequel elle s'explique, « volonté générale » ou « contrat » – ce principe lui-même impliquant toujours quelque rapport à l'« intérêt » –, ou encore l'appel à la fatalité de quelque philosophie de l'histoire. Chez toute une série d'auteurs modernes, qui vont, en passant par Kant, de Locke à Hegel et à Karl Marx, M. E.-F. Carritt poursuit, avec une subtilité d'analyse que l'on pourrait parfois presque tenter de déclarer excessive, toutes les équivoques, toutes les confusions auxquelles ils se heurtent, et finit par conclure en citant Kant, que « *nous sommes inévitablement poussés à des conclusions désespérées si nous nions que de purs principes de droit et de justice ont une réalité objective et sont donc capables d'être suivis... Une théorie vraie de la politique doit commencer par rendre hommage à l'obligation morale.* »

Maurice LAIR, *Jaurès et l'Allemagne*, Paris, Librairie académique Perrin, 1935, 1 vol. in-16 de 294 p.

Disons pour commencer quelles réserves nous avons à faire sur le plan du livre de M. Lair. Ramener la guerre mondiale aux proportions d'un épisode dans le duel éternel qui se livre entre le génie germanique, qui est matérialiste, et l'âme latine, qui est idéaliste, et que la France incarne, c'est commettre une erreur. La guerre mondiale était bien autre chose ; l'Allemagne, patrie de tant de philosophes, de poètes, de musiciens, n'est pas, à travers les temps, si matérialiste que cela (et c'est sans doute par son idéalisme que le jeune Jaurès, agrégé de philosophie, se sentit d'abord attiré vers elle) : enfin nous avons eu, et nous aurons d'autres ennemis, parmi lesquels il en est contre qui, s'il faut une phraséologie pour vaincre, nous devrons recourir à d'autres phraséologies qu'à une phraséologie « latine ». En outre, pour avoir étudié la carrière de Jaurès sous l'angle particulier de ses relations avec l'Allemagne, M. Lair nous semble l'avoir rapetissée. Nous ne croyons point, par exemple, qu'il donne l'impression de la grandeur des années « dreyfusiennes » dans la biographie de Jaurès – quand, battu aux élections de 1898, débarrassé des exigences de la politicaillerie parlementaire, il exerça toute son influence, au-dessus du niveau de la politique, sur la jeunesse intellectuelle, et écrivit aussi sa grande *Histoire socialiste de la Révolution française*, sur laquelle M. Lair, à notre sens, passe trop rapidement, et qui a mérité l'admiration des historiens professionnels. Mais tout cela dit, il faut louer M. Lair d'avoir écrit un livre d'un intérêt poignant. Ayant toujours détesté la politique de Jaurès, la détestant encore, on le sent pris, pendant qu'il écrit, par ce mouvement de sympathie auquel n'ont pu se soustraire tous ceux qui l'ont approché. Politiquement, il ne l'aime pas ; humainement, il l'aime ; il arrive à excuser ses erreurs, à citer parfois sans commentaire tel fragment qui peut aujourd'hui apparaître prophétique. Et nous finissons par arriver, à la suite de M. Lair, au récit de la semaine critique au cours de laquelle Jaurès, toujours épris de synthèse et de conciliation, se trouve acculé à la nécessité de choisir, brutalement, entre la nation et l'internation. Comment eût-il choisi s'il eût vécu ? Nos conjectures concordent, en gros, avec celles que M. Lair aventure. Mais il ne s'agit que de conjectures, puisque la Providence, ne sachant comment continuer la pièce, a pris le parti auquel recourent tant de dramaturges dans l'embarras, de tout dénouer par un assassinat. Ces dernières pages sont vraiment belles.

Karl MARX, *Œuvres complètes. Le manifeste communiste*. Traduit d'après l'édition originale de février 1848 par J. Molitor. Avant-propos de Bracke (A.-M. Desrousseaux). Introduction historique de D. Rjazanov. Avec de nombreux documents inédits et 3 planches hors texte, Paris, Costes, 1834, 1 vol. In-16 de XIV-198 p.

Nous disposions de l'édition Andler, avec son brillant mais souvent aventureux commentaire. Si paradoxal que la chose puisse paraître à première vue, la présente édition, bien que certainement inspirée par une préoccupation de propagande communiste, est plus objective. Excellente introduction de Rjazanov, racontant la genèse de l'ouvrage. En appendice, une série de pièces contemporaines, très curieuses. À ceux qui sont désireux de connaître cet opuscule de cinquante pages, destiné, avec le temps, à exercer un si étrange prestige sur l'imagination du prolétariat européen, nous recommandons l'édition Molitor.

Vladimir LAZAREVSKI, *La Russie sous l'uniforme bolchevique*, Paris, édition Spes, 1 vol. in-12 de 255 p.

Un réquisitoire écrit sur documents par un émigré ; et comme les documents sont tous des extraits de la presse soviétique, on est d'abord enclin à juger favorablement l'ouvrage de M. Lazarevski. On ne peut cependant se défendre, en fermant le livre, de se demander comment, si la description de M. Lazarevski est exacte, le régime a pu durer dix-sept ans et peut sembler, en dépit des pronostics de M. Lazarevski, destiné à durer encore. C'est selon nous, que, pour comprendre pleinement un régime fondé sur le fanatisme, il faut comprendre de quels éléments se compose le fanatisme : la terreur, qui ne suffit pas, et la foi : un élément que M. Lazarevski a le tort de négliger complètement. Bref, un pareil ouvrage, écrit de loin sur pièces écrites, nous apprend moins que ne nous apprendrait le plus superficiel volume de « choses vues » par un journaliste sans préjugés.

1936

Bouglé C., « *Bilan de la sociologie française contemporaine* », Revue des sciences politiques, 59, p. 156.

Célestin BOUGLÉ, *Bilan de la sociologie française contemporaine*, Paris, Alcan, 1935, 1 vol. in-16 de vii-169 p.

Quiconque, depuis un quart de siècle et davantage, écrivant en France sur les questions sociales, est au sens large du mot un sociologue, sera heureux de parcourir les pages de ce livre. Il y verra qu'il a été étudié par le plus pénétrant des commentateurs. Il sentira que, grâce à ce commentateur, il a gagné un vaste public de lecteurs, et de lecteurs intelligents, non seulement en France mais hors de France. La sociologie durkheimienne est un fil conducteur qui permet à M. C. Bouglé d'ordonner, en en montrant l'unité et la signification profondes, les travaux de nos psychologues, de nos ethnographes, de nos géographes, de nos juristes, de nos économistes. Le chapitre de conclusion, très ferme dans sa modération, réconciliera peut-être avec le mot et l'idée de « sociologie » bien des gens à qui ils inspirent encore une sorte de terreur instinctive. Sans prétendre que la sociologie doive et puisse suppléer la morale, M. C. Bouglé pense que ses inductions sont « *génératrices d'un nombre appréciable de vertus, de la sincérité à la tolérance, fort précieuses à nos sociétés modernes* » et « *pourraient remédier, en matière de morale, à ce qu'on a appelé l'absolutisme primaire, en inoculant à l'esprit laïque une forte dose d'esprit positif* » (p. 167-168).

INDEX

Ablett, Noah : 802, 803, 805.
Abrami, Léon : 843, 846.
Ackermann, abbé : 747.
Adler, Victor : 216, 221.
Aftalion, Albert : 839, 840, 855, 856.
Alain, Emile Chartier : 19.
Albert, Alexandre Albert Martin, dit : 96.
Alexandre Ier (de Russie) : 62.
Alexandre II (de Russie) : 258.
Alexandre III (de Russie) : 259, 260, 878.
Alexinsky, Grégoire : 266, 267.
Alfassa, Maurice : 467.
Alix, Gabriel : 841, 843, 844.
Allemane, Jean : 214, 215.
Allen, Clifford : 467, 468.
Allen, John : 870.
Althorp Lord, John Charles Spencer : 872.
Andler, Charles : 10, 49, 112, 113, 118, 180, 755, 757, 759, 881, 885.
Angers, François-Albert : 9, 10.
Anseele, Édouard : 219.
Arago, François : 92.
Arch, Joseph : 205.
Aristote : 145, 748.
Aron, Raymond : 3, 4, 14, 17, 18, 35, 37, 41, 463.
Ashley, William : 27, 477, 634.
Askwith, George Ranken, Lord : 467.
Asquith, Herbert : 273, 509, 511, 513, 521, 527.
Astbury, John Meir : 533.
Attwood, Thomas : 347, 608.
Auer, Ignaz : 453.
Avenarius, Richard Ludwig : 683.
Axelrod, Pavel : 261.
Azev, Yevno : 266.

Babœuf, Gracchus : 9, 27, 28, 50, 52, 89, 761, 820, 850.
Bacon, Francis : 611.
Bade, Max de : 294.
Bailey, Samuel : 656.
Bakounine, Mikhaïl : 10, 12, 28, 53, 54, 106, 109, 180, 181, 182, 183, 184, 185, 202, 213, 250, 251, 258, 259, 279, 288, 443, 444, 513.
Baldwin, Stanley : 302, 526, 527, 531, 534, 535, 538.
Baratier, Paul : 467.
Barbès, Armand : 89, 826.
Bardoux, Jacques : 466, 468.
Barrault, Henry-Émile : 467.
Barrès, Maurice : 215, 308.
Barus, John : 501.
Bastiat, Frédéric : 374, 375, 376, 697.
Bauer, Bruno : 68, 104, 105, 109, 117, 118, 654, 881.
Bazard, Saint-Amand : 86, 87, 90.
Beaulavon, George : 762.
Bebel, August : 168, 183, 185, 196, 219, 220, 222, 227, 447, 448, 450, 451, 453.
Beccaria, Cesare : 668.
Becker, Bernhard : 448.
Becker, Nikolaus : 317.
Beer, Max : 813, 814.
Belloc, Hilaire : 467.
Bentham, Jeremy : 12, 20, 21, 51, 69, 70, 71, 72, 207, 347, 475, 476, 478, 483, 502, 547, 550, 561, 562, 564, 566, 567, 572, 573, 574, 592, 595, 610, 611, 612, 630, 649, 650, 666, 707, 741, 750, 820, 828, 831, 832, 867.
Bergson, Henri : 255.
Berkeley, George : 561, 562.

Bernès, Marcel : 752.
Bernstein, Eduard : 4, 10, 27, 225, 226, 227, 228, 241, 262, 392, 396, 397, 399, 405, 407, 408, 410, 411, 417, 427, 453, 455, 458, 873, 874.
Berr, Max : 465.
Berth, Édouard : 255.
Berthelot, René : 750, 752, 760.
Beslay, Charles : 184.
Beveridge, William : 467.
Birkbeck, George : 596, 622, 661.
Bismarck, Otto von : 11, 14, 28, 44, 54, 165, 167, 168, 170, 171, 175, 190, 193, 196, 197, 198, 199, 200, 201, 249, 313, 352, 436, 438, 439, 440, 447, 448, 449, 456, 457, 486, 506, 509, 510, 758, 824.
Black, John : 525, 593, 622.
Blanc, Louis : 27, 28, 54, 91, 92, 96, 97, 166, 167, 172, 181, 242, 314, 634, 757, 758, 823, 850.
Blanqui, Auguste : 28, 54, 89, 95, 107, 183, 214, 314, 826, 850.
Blum, Léon : 308.
Bock, Wilhelm : 453.
Bogdanov, Boris : 267.
Böhm-Bawerk, Eugen von : 27, 690, 697, 706, 707, 708, 709, 710, 711, 744.
Boisse, Louis : 752.
Bonald, Louis de : 85, 762.
Bonaparte, Louis-Napoléon. *Voir* Napoléon III.
Bonar Law, Andrew : 527, 870.
Boncour, Paul : 302, 311.
Booth, Charles : 203, 501, 851.
Borel, Émile : 837.
Bouglé, Célestin : 1, 2, 3, 4, 5, 9, 10, 12, 14, 17, 18, 21, 35, 39, 41, 80, 92, 102, 121, 137, 371, 381, 426, 429, 547, 676, 751, 837, 841, 886.
Boukharine, Nikolaï : 870, 871, 872.
Bouliguine : 264.
Bourgeois, Léon : 666.
Bourgin, Hubert : 848.
Boutmy, Émile : 1, 837, 838.
Brace, William : 789, 804.
Brameld, Theodore : 880, 881.
Branting, Karl Hjalmar : 216.

Bray, John Francis : 138.
Brentano, Franz : 195, 438.
Brentano, Lujo : 466.
Briand, Aristide : 215, 252, 253, 254.
Bright, John : 632, 817.
Bronterre O'Brien, James : 820, 821.
Brougham, Henry : 323, 610, 611, 621, 622, 631, 647, 658.
Brousse, Paul : 215, 251.
Broussilov, Alexeï : 275.
Brüning, Heinrich : 297.
Brunschvicg, Léon : 665.
Bucher, Adolf Lothar : 167, 449.
Buchez, Philippe : 90, 91, 97, 242, 353, 419, 487, 503, 849.
Buckle, Henry Thomas : 649.
Buckley, Jessy : 840, 870, 872.
Buonarroti, Philippe : 89, 820, 850.
Burns, Evelyn Mabel : 865, 866.
Burns, John : 204, 205.

Cabet, Étienne : 28, 114, 763, 849.
Campbell-Bannerman, Henry : 509.
Campbell, John Ross : 509, 530.
Canning, Georges : 69, 323, 475, 483, 861.
Carey, Henry Charles : 62, 471, 628, 659.
Carlyle, Thomas : 6, 12, 14, 33, 347, 348, 349, 350, 351, 352, 353, 355, 356, 357, 358, 375, 466, 482, 483, 484, 485, 486, 488, 489, 491, 542, 645, 650, 758, 822.
Carnot, Sady : 251.
Carritt, Edgar Frederick : 883, 884.
Cartwright Major, John : 867.
Castlereagh, Robert Stewart : 577.
Cavaignac, Eugène : 98.
Cazamian, Louis : 466.
Cecil Lord, Robert : 531.
César : 145.
Chamberlain, Austen : 536.
Chamberlain, Joseph : 210, 234, 499, 506, 873.
Charles II, d'Angleterre : 140.
Chasles, Philarète : 749.
Chelmsford Lord, Frederic John Napier Thesiger : 529.
Chemalé, Felix : 172.

Churchill, Winston : 212, 213, 509, 510, 511, 519, 531, 537.
Cicéron : 145.
Claparède, Édouard : 665, 669.
Clark, John Bates : 856.
Clemenceau, Georges : 307.
Clynes, John Robert : 528.
Cobden, Richard : 75, 327, 375, 481, 482, 623, 632, 697, 814.
Cohen, Joseph : 840, 855, 856, 857.
Cole, George Douglas Howard : 465, 467, 468, 514, 840, 855, 857, 858, 864, 865, 866, 867, 874, 877, 878.
Coleridge, Samuel Taylor : 353, 750.
Collins, Baron de Colins : 178.
Comte, Auguste : 83, 85, 161, 378, 495, 686, 741, 755, 845, 873, 875.
Condorcet, Nicolas de : 378, 744, 864.
Considérant, Victor : 93, 94, 95, 97, 849.
Constable, Archibald : 572, 574.
Cook, Arthur James : 533.
Cooper, Thomas : 373, 622, 661.
Cooper, William : 156.
Corbon, Claude Anthime : 97.
Cornewall Lewis, John : 623, 624, 625, 660.
Corradini, Enrico : 290.
Costa, Andreas : 217.
Coupland, Reginald : 840, 859, 861, 862.
Cournot, Antoine-Augustin : 697, 744.
Couturat, Louis : 752.
Cram, Walter : 500.
Cripps, Stafford : 304, 305.
Croce, Benedetto : 881.
Cromwell, Olivier : 140, 352, 486.
Crook, William : 212.

Dale, David : 70.
Dale, Robert : 476.
d'Annunzio, Gabriele : 290.
Dante : 681.
Darlu, Alphonse : 752.
Darré, Walter : 298.
Darwin, Charles : 116, 151, 498, 750.
David, Eduard : 51, 70, 103, 212, 230, 236, 237.
Davidson, Thomas : 207, 502.
Davitt, Michael : 235, 500.

Déat, Marcel : 309, 310, 840, 879.
Defuisseaux, Alfred et Léon : 218.
Delbrück, Max : 438.
Delessert, Gabriel : 107.
de Man, Henri : 309, 310, 358, 489, 584, 840, 873, 874.
Démocrite : 104.
Denikine, Anton : 281.
de Rousiers, Paul de : 408.
Deslinières, Lucien : 859, 860.
Deville, Georges : 49.
Dick, Andrew Coventry : 659.
Dickens, Charles : 479.
Disraeli, Benjamin : 6, 12, 14, 33, 161, 347, 348, 352, 356, 483, 486, 488, 496, 499.
Dixon, Hepworth : 659.
Dolattre, Floris : 468.
Dolléans, Édouard : 465, 466, 813.
Dominique, Pierre : 840, 881, 882, 883.
Doubassov, Fiodor : 264.
Duckham, Arthur : 523, 525.
Dühring, Eugen : 411, 449, 754.
Dumoulin, Georges : 223.
Dupuy, Charles : 253, 667.
Durkheim, Émile : 666, 840, 841, 874, 876.

Ebert, Friedrich : 274, 294.
Ehrenfels, Christian von : 753.
Eichhorn, Johann Gottfried : 335.
Eichthal, Gustave d' : 350, 484.
Elisabeth I, reine d'Angleterre : 71, 478.
Elton, Godfrey : 467, 468.
Enfantin, Barthélémy Prosper : 84, 85, 86, 87.
Engels, Friedrich : 65, 68, 75, 106, 108, 109, 110, 112, 113, 114, 115, 127, 163, 164, 168, 169, 177, 182, 183, 184, 185, 200, 205, 220, 227, 251, 260, 276, 377, 407, 430, 442, 448, 502, 654, 661, 753, 754, 756, 808, 865, 867, 868, 873, 881.
Épicure : 104.

Fabiani, Jean-Louis : 665.
Falkenstein, Maximilian Vogel von : 444.
Faucher, Julius : 437.
Fawcett, Henry : 752, 753.

Fechenbach, Friedrich Karl Konstantin von : 436.
Feder, Gottfried : 298.
Federzoni, Luigi : 290.
Ferry, Jules : 250.
Feuerbach, Ludwig : 68, 96, 104, 106, 110, 117, 118, 654, 872, 881.
Fichte, Johann Gottlieb : 8, 167, 189, 328, 375, 429.
Fielden, John : 347.
Flandin, Pierre-Étienne : 311.
Fletcher, Joseph : 659.
Flocon, Férdinand : 92.
Fouilland, Jean : 467.
Fourier, Charles : 27, 28, 49, 52, 53, 54, 92, 93, 94, 95, 111, 143, 286, 748, 754, 755, 756, 757, 758, 761, 848, 849.
Fournier, Marcel : 837.
Fox, Charles James : 861, 863.
Foxwell, Herbert : 549, 661.
Frédéric-Guillaume II (de Prusse) : 164.
Frédéric-Guillaume IV, de Prusse : 104.
Frédéric II, de Prusse : 104, 352, 439, 486.
Frevelyan sir, Charles : 540.
Fribourg, Édouard : 176, 442.
Fritzsche, Friedrich Wilhelm : 448, 451.
Frobert, Ludovic : 4, 9, 370, 547, 666, 689.
Frost, Thomas : 466.

Gambetta, Léon : 824.
Gammage, Robert George : 466, 820.
Ganderax, Louis : 837.
Gapone, Gueorgui : 264.
Garibaldi, Guiseppe : 164, 181, 217.
Garratt, Geoffrey : 468.
Geddes, Éric : 526.
Geib, August : 453.
George, Henry : 27, 134, 202, 233, 234, 466, 498.
Gervinus, Georg Gottfried : 335.
Gide, Charles : 94, 245, 424, 745, 746, 757, 760.
Gierke, Otton von : 256, 514.
Giolitti, Giovani : 289.
Gladstone, William : 202, 234, 235, 499, 500, 638, 824.
Godard, John G. : 661.

Godin, Jean-Baptiste : 94.
Godwin, William : 27, 28, 61, 469, 550, 558, 561, 567, 575, 577, 578, 616, 650, 864.
Gœring, Hermann : 296.
Goethe, Johann Wolfgang : 308, 349, 375, 484.
Gorbounov : 266.
Gosse, Edmund : 864.
Gracchus, Caïus : 50.
Grave, Jean : 250.
Gray, Alexander : 551.
Gray, John : 28, 138, 563.
Greef, Guillaume de : 679.
Greulich, Herman : 217.
Grey, Edouard : 347, 483, 527, 636.
Grey, Henry : 863.
Griffuelhes, Victor : 254.
Grinko, Grigori Fedorovytch : 839, 881, 882, 883.
Grün, Karl Theodor : 96, 110, 111.
Grunzel, Josef : 399.
Guesde, Jules : 186, 213, 214, 220, 221, 222, 251, 252, 273, 501, 748, 763.
Guillaume I (de Prusse) : 164, 197.
Guillaume II (de Prusse) : 200, 294.
Guillaume III, d'Angleterre : 140.
Guillaume IV, d'Angleterre : 69, 104.
Guizot, François : 96, 98, 106, 837.
Guyot, Édouard : 467.

Haase, Hugo : 223, 274.
Haldane Lord, Richard Burdon : 529.
Halévy, Daniel : 11, 88, 255.
Halévy, Florence : 3, 9, 10, 18, 35, 369.
Halévy, Louise (fille Bréguet) : 1, 288, 765, 767.
Halévy, Ludovic : 1.
Hall, Basil : 175, 442, 585, 644, 645, 646, 658.
Hammond, John Lawrence et Barbara : 840, 859, 861, 862, 863, 864, 865, 868, 869.
Hansard, Thomas : 623.
Hardie, Keir : 205, 206, 222, 502.
Harrison, Frederic : 161, 162, 495.
Hartley, David : 832.
Hartmannn, Georg : 453.

Hartshorn, Vernon : 789, 804.
Hasenclever, Wilhelm : 451, 453.
Hasselmann, Wilhelm : 453, 456.
Hastings, Patrick : 529.
Hatzfeldt von Sophie, comtesse : 448.
Hegel, Georg : 8, 14, 68, 95, 96, 102, 103, 104, 106, 108, 111, 115, 116, 117, 118, 119, 120, 128, 164, 167, 169, 189, 190, 227, 334, 349, 375, 381, 429, 484, 654, 758, 881, 884.
Heine, Heinrich : 105, 109, 163, 823.
Héligon, Jean-Pierre : 172.
Helmholtz-Phelan, Anna von : 873, 875.
Hémon, Camille : 749, 752.
Henderson, Arthur : 212, 273, 508, 518, 519, 531, 537, 540.
Henry, Émile : 251.
Héraclite : 102.
Hermann, Friedrich von : 375.
Herriot, Édouard : 302, 531.
Herr, Lucien : 308.
Hervé, Gustave : 222, 271, 517.
Herzen, Alexander : 258, 259.
Hetherington, Henry : 791, 815.
Hildebrand, Bruno : 329, 335, 339, 340, 341, 343, 376, 437.
Hindenburg, Paul von : 297.
Hirsch, Max : 364.
Hirst, Francis Wrigley : 870, 871.
Hitler, Adolf : 14, 295, 296, 297, 309, 312.
Hobbes, Thomas : 832, 884.
Hochberg, Karl : 411, 456.
Hodders, Edwin : 862.
Hödel, Max : 455.
Hodgskin, Thomas : 12, 19, 21, 28, 65, 66, 67, 68, 465, 474, 545, 547, 548, 549, 550, 551, 555, 557, 558, 560, 561, 562, 563, 564, 565, 566, 567, 569, 571, 572, 573, 574, 575, 576, 577, 578, 580, 581, 592, 593, 595, 596, 597, 598, 599, 601, 603, 604, 605, 606, 607, 608, 609, 610, 611, 612, 613, 614, 615, 616, 617, 620, 621, 622, 623, 625, 626, 628, 629, 630, 631, 632, 633, 634, 635, 636, 637, 638, 639, 641, 643, 644, 645, 646, 647, 649, 650, 651, 652, 653, 654, 655, 656, 657, 658, 661, 689.

Hoffherr, René : 467.
Hole, James : 659.
Holyoake, George Jacob : 156, 466.
Homère : 103.
Hovell, Mark : 813, 814, 817, 868.
Howard, John : 659.
Howarth, Charles : 156.
Howell, George : 465.
Huber, Victor-Aimé : 242, 419.
Hughes, Thomas : 161, 162, 495.
Hugo, Victor : 49, 181, 760.
Hume, David : 68, 323, 373, 375, 547, 550, 584, 653, 668.
Humphrey, Arthur Wilfried : 467.
Huskisson, William : 360.
Hutchison, Terence Wilmot : 551.
Hyndman, Henry : 203, 204, 205, 467, 500, 501, 506, 507, 513, 517, 519.

Iglesias Posse, Pablo : 218.
Isambert, Gaston : 12, 840, 841, 847, 848, 849, 850.
Isemburg, Prince d' : 436.

Jacob, Baptiste-Marie : 751.
Jaurès, Jean : 215, 216, 220, 222, 254, 271, 308, 407, 693, 721, 860, 876, 879, 883, 884, 885.
Jeanneney, Jean-Marcel : 4, 41, 45.
Jenks, Jeremiah : 402, 403.
Jevons, Stanley : 27, 744, 753.
Johnson, Alvin Saunders : 827.
Johnston, Tom : 303, 537.
Joncières, Xavier : 49, 760.
Jorg, Joseph-Edmund : 434.
Jouhaux, Léon : 223, 517.
Jourde, François : 184.
Joynson-Hicks, William : 532.

Kamenev, Lev : 283.
Kames Lord, Henry Home : 584.
Kant, Immanuel : 666, 884.
Kapell, Otto et August : 453.
Kapp, Wolfgang : 281, 295.
Karmin, Otto : 742, 743, 745, 746, 748.

Kautsky, Karl : 4, 168, 217, 221, 223, 225, 227, 228, 229, 231, 236, 281, 392, 394, 395, 397, 458.
Kellogg, Edward : 659.
Kerenski, Alexandre : 275, 519.
Ketteler, Mgr von : 168, 195, 434, 436.
Keynes, John Maynard : 14, 540, 541.
Kingsley, Charles : 353, 354, 466, 486.
Knies, Karl : 336, 339, 340, 343, 376, 437.
Knight, Charles : 610, 622, 628, 660, 661.
Knowles, Lilian : 868.
Koltchak, Alexandre : 281.
Köppen, Karl : 104.
Kornilov, Lavr : 275.
Korolenko, Vladimir : 266.
Kossuth, Lajos : 176.
Kraus, Christian J : 375.
Kropotkine, Pierre : 250.
Kruedener, Barbara Juliane von : 560.

Labriola, Antonio : 217.
Lachelier, Jules : 752.
Lafargue, Paul : 218, 219.
Lafayette, Gilbert du Motier de : 83.
Lair, Maurice : 840, 883, 884, 885.
Lalande, André : 19, 667, 739.
Lalor, John : 660, 661.
Lamartine, Alphonse de : 98, 634.
Landesberger, Julius : 403.
Landry, Adolphe : 742, 743, 745, 747.
Lange, Friedrich Albert : 411.
Lansbury, George : 303, 537, 878.
Lanson, Gustave : 751.
Lapie, Paul : 751.
Laplace, Pierre-Simon : 116.
Laroque, Pierre : 4, 41.
Lasker, Eduard : 435, 438.
Laski, Harold : 468, 832.
Lassalle, Ferdinand : 27, 28, 44, 75, 127, 128, 163, 164, 165, 166, 167, 168, 169, 181, 191, 193, 196, 200, 242, 243, 313, 364, 419, 420, 421, 425, 432, 441, 445, 447, 448, 449, 450, 454, 481, 850.
Latapie, Jean : 254.
Lavisse, Ernest : 837.
Lavrov, Piotr : 219, 259, 261.
Lazarevski, Vladimir : 840, 883, 885, 886.

Lecarpentier, Georges : 843, 844, 846.
Ledebour, Georg : 274.
Ledru-Rollin, Alexandre : 92, 98.
Legien, Carl : 223.
Leibniz : 752.
Lénine, Vladimir Ilitch Oulianov, dit : 260, 261, 262, 263, 266, 267, 274, 275, 277, 279, 280, 281, 282, 283, 284, 286, 878, 879, 880, 881, 882.
Léon, Xavier : 2, 180, 665, 765.
Leroux, Pierre : 49, 741, 748, 757, 759, 760, 761, 849.
Leroy-Beaulieu, Paul : 733.
Lévy-Bruhl, Lucien : 1.
Ley, Robert : 299.
Liebknecht, Karl : 168, 183, 185, 196, 197, 201, 219, 447, 448, 449, 450, 451, 453, 458.
Linné, Carl von : 116.
List, Friedrich : 8, 14, 27, 33, 36, 108, 121, 189, 190, 191, 193, 194, 317, 318, 319, 320, 321, 322, 323, 324, 325, 326, 327, 328, 329, 330, 338, 340, 370, 371, 373, 375, 430, 432.
Little, James : 467.
Lloyd George, David : 14, 212, 213, 256, 273, 301, 303, 305, 509, 510, 511, 512, 513, 514, 518, 519, 520, 523, 524, 525, 526, 527, 530, 532, 535, 536, 537, 538, 539, 540, 803, 870.
Locke, John : 353, 547, 550, 558, 611, 612, 613, 614, 625, 657, 660, 666, 884.
Longuet, Charles : 219.
Lorrain, Claude : 354, 487.
Lotz, J. Fr. E. : 375.
Louis-Napoléon. *Voir* Napoléon III.
Louis-Philippe : 69, 88, 106, 475.
Lounatcharski, Anatoli : 267.
Lovett, William : 466, 809, 813, 815, 816, 817, 818, 821, 864.
Lowenthal, Esther : 549.
Ludendorf, Éric von : 296.
Ludlow, John Malcolm : 353, 419, 487.
Lvov, Gueorgui : 275.

Mabon, William Abraham : 804.
Macaulay, Thomas Babington : 625, 659.

MacDonald, John Ramsay : 211, 273, 302, 303, 467, 468, 507, 512, 517, 519, 528, 529, 530, 531, 533, 535, 536, 537, 538, 539, 540, 870.
Mach, Ernst : 267, 683.
Mackail, John William : 875.
Maistre, Joseph de : 85, 762.
Mallet, Bernard : 870.
Malon, Benoît : 214.
Malte-Brun, Conrad : 593.
Malthus, Thomas : 61, 72, 146, 233, 339, 378, 471, 478, 498, 547, 550, 558, 567, 569, 573, 577, 578, 580, 582, 609, 629, 654, 656, 706, 828, 831.
Manning, Henry (cardinal) : 204, 501.
Mann, Tom : 204, 256, 513, 514, 517, 859.
Mantoux, Étienne : 3, 4, 5, 41, 347, 463.
Mantoux, Paul : 467.
Marie, Pierre : 97.
Marjolin, Robert : 4, 41.
Marquet, Adrien : 309, 310.
Marsal : 747.
Marshall, Alfred : 27, 753.
Martov, Julius : 261, 262, 263.
Marx, Karl : 4, 5, 9, 10, 11, 12, 14, 20, 27, 28, 29, 30, 44, 54, 65, 66, 67, 68, 69, 70, 80, 96, 101, 102, 104, 105, 106, 107, 108, 109, 110, 111, 112, 113, 114, 115, 116, 117, 118, 119, 120, 121, 122, 127, 128, 129, 130, 131, 132, 133, 134, 135, 136, 137, 138, 139, 140, 141, 142, 143, 144, 145, 146, 147, 148, 149, 150, 151, 155, 159, 162, 163, 164, 166, 167, 168, 169, 175, 177, 178, 179, 180, 181, 182, 183, 184, 185, 197, 202, 203, 206, 207, 209, 214, 218, 219, 226, 227, 228, 229, 230, 236, 237, 238, 239, 240, 244, 255, 258, 260, 276, 305, 309, 312, 313, 352, 359, 360, 361, 362, 363, 371, 377, 378, 379, 381, 386, 387, 388, 389, 391, 392, 393, 394, 397, 405, 407, 408, 412, 413, 421, 427, 430, 441, 442, 443, 444, 445, 447, 448, 449, 454, 455, 458, 474, 476, 486, 493, 500, 502, 513, 518, 547, 549, 550, 555, 599, 604, 605, 606, 608, 609, 650, 651, 652, 653, 654, 655, 656, 657, 661, 676, 684, 685, 690, 702, 703, 704, 705, 718, 741, 742, 753, 754, 756, 803, 808, 823, 859, 860, 863, 865, 867, 868, 872, 873, 874, 876, 881, 883, 884, 885.
Mauduit, Roger : 873, 875.
Maurice, Frederick Denison : 353, 354, 419, 466, 486.
Maurras, Charles : 290.
Maxwell, Bertram : 881, 883.
Mazzini, Guiseppe : 176, 177, 217, 441, 442.
McCulloch, John Ramsay : 138, 564, 572, 573, 599, 608, 609, 626, 656, 659, 744.
McKenna, Reginald : 529, 870.
McKinnon, William Alexander : 659.
Menger, Anton : 465.
Menger, Carl : 27, 335, 344, 345, 549, 661, 697, 744.
Mentré, François : 752.
Merllié, Dominique : 665.
Merrheim, Adolphe : 254, 274.
Métin, Albert : 465.
Meyer, Rudolf : 195, 229, 392, 438, 450.
Michel, Henry : 2.
Michels, Robert : 873, 876.
Milioukov, Pavel : 275, 286.
Millais, John Everett : 355, 487.
Millar, John : 584.
Millerand, Alexandre : 214, 215, 221, 749.
Mill, James : 12, 134, 138, 233, 339, 373, 375, 376, 470, 498, 547, 550, 561, 562, 564, 575, 576, 593, 598, 608, 609, 610, 612, 622, 656, 666, 744, 753, 827, 828, 831, 832.
Mill, John Stuart : 27, 181, 233, 234, 350, 376, 419, 498, 499, 629, 630, 659, 752, 753, 828, 832, 845.
Montagnon, Barthélemy : 309.
Montesquieu : 321.
More, Thomas : 756.
Morrison, Charles : 627, 628, 660.
Morris, William : 203, 219, 500, 832, 873, 875.
Mosley, Oswald : 303, 304, 537, 538, 541.
Most, Johann : 456.
Motteler, Julius : 453.
Moufang, Franz (chanoine) : 436.
Muller, Adam : 375.

Murat, André : 176, 442.
Mussolini, Benito : 14, 44, 288, 289, 290, 291, 296, 312.

Napier, Macvey : 572, 575.
Napoléon, Bonaparte : 51, 824.
Napoléon III : 98, 164, 171, 173, 175, 180, 183, 375, 442.
Naville, Adrien : 748.
Neal, John Mason : 419.
Netchaïev, Sergueï : 250, 258, 259.
Newton, Isaac : 83, 116, 374, 375.
Nicolas I (de Russie) : 258, 285.
Nicolas II (de Russie) : 259, 264, 274.
Nietzsche : 104.
Nitti, Francesco : 287.
Nobiling, Karl : 455.
Northcote sir, Stafford Henry : 870.
Noske, Gustav : 294, 296.

Oastler, Richard : 73, 347, 479, 816, 819.
O'Connell, Daniel : 809, 815, 816, 818, 819, 820.
O'Connor, Feargus : 73, 74, 159, 347, 480, 809, 814, 818, 821.
Opdyke, George : 659.
Oppenheimer, Franz : 243, 245, 247, 420, 424, 427.
Orage, Alfred Richard : 467.
Orlando, Vittorio : 287.
Owen, Robert : 27, 28, 30, 49, 52, 54, 59, 62, 63, 64, 65, 68, 70, 71, 73, 77, 79, 92, 111, 114, 155, 156, 157, 158, 159, 176, 210, 242, 246, 250, 254, 347, 354, 417, 418, 421, 427, 465, 471, 472, 473, 474, 476, 477, 480, 487, 491, 492, 503, 542, 560, 563, 608, 614, 621, 622, 652, 748, 756, 757, 758, 815, 816, 817, 821.

Paepe, César de : 178, 179, 180.
Paine, Thomas : 616, 867.
Paley, William : 558, 567.
Pantaleoni, Maffeo : 744.
Papen, Franz von : 297.
Pareto, Vilfredo : 11, 19, 21, 665, 666, 667, 668, 669, 673, 675, 676, 677, 679, 680, 681, 682, 683, 685, 686, 687, 689, 740, 744.
Parkes, Joseph : 870, 872.
Parmoor Lord, Charles Alfred Cripps : 529, 531.
Parodi, Dominique : 751.
Pasquet, Désiré : 840, 850, 851, 852, 853, 854, 855.
Pecqueur, Constantin : 10, 14, 80, 81, 82, 83, 97, 147, 149, 377, 381, 384, 385, 386, 388, 389, 408, 849.
Peel, Robert : 63, 70, 74, 76, 348, 375, 473, 476, 482, 483, 814, 816, 823.
Pelloutier, Fernand : 255.
Penty, Arthur : 256, 467, 514.
Percy Lord, Eustace : 541.
Pereire, frères Jacob et Isaac : 86.
Perl, August : 448.
Petty, William : 142.
Philip, André : 859, 860.
Pilsudski, Joseph : 281.
Pinto, Louis : 665.
Pitt, William : 523, 824, 861, 870.
Place, Francis : 159, 303, 547, 548, 550, 554, 557, 558, 560, 561, 562, 563, 564, 565, 566, 572, 573, 574, 575, 576, 577, 578, 581, 591, 592, 593, 596, 621, 661, 813, 815, 817.
Platon : 52, 102, 378, 666, 672, 680.
Plekhanov, Gueorgui Valentinovitch : 219, 259, 260, 261, 262, 263, 266, 870, 871, 872.
Plint, Thomas : 659.
Plutarque : 50.
Pokrovski, Michael : 267.
Potter, George : 178.
Pouget, Émile : 254.
Poulett Scrope, George : 659.
Prince Napoléon, Joseph (cousin de Napoléon III) : 171, 175.
Prince-Smith, John : 437.
Prochasson, Christophe : 665.
Proudhon, Pierre-Joseph : 10, 12, 27, 28, 53, 89, 92, 94, 95, 96, 98, 107, 109, 110, 111, 112, 118, 137, 138, 143, 170, 172, 176, 178, 182, 255, 258, 312, 442, 757, 849.

Quesnay, François : 60, 470, 498.

Raffalovitch, Arthur : 403.
Ranzoli, Cesare : 752.
Raspail, François : 98.
Rathenau, Walter : 293, 295.
Rau, Karl Heinrich : 375.
Ravenstone, Piercy : 599.
Read, Samuel : 622, 661.
Reclus, Élisée : 250.
Regnault, Élias : 820, 824.
Reinders, Emil : 453.
Renaudel, Pierre : 271, 310.
Reybaud, Louis : 49, 98, 758, 762.
Reynaud, Jean : 97.
Ricardo, David : 10, 12, 14, 27, 51, 60, 61, 62, 64, 65, 66, 67, 72, 75, 77, 108, 110, 111, 117, 127, 128, 129, 131, 132, 134, 136, 137, 138, 150, 152, 164, 166, 191, 193, 232, 233, 321, 322, 324, 327, 333, 334, 336, 339, 344, 345, 356, 373, 374, 375, 376, 377, 381, 431, 470, 471, 474, 497, 498, 547, 549, 550, 564, 577, 580, 581, 582, 583, 586, 587, 588, 589, 590, 591, 592, 595, 597, 604, 607, 608, 609, 626, 627, 628, 629, 630, 633, 649, 650, 651, 652, 653, 656, 658, 690, 697, 700, 701, 702, 703, 704, 706, 718, 744, 752, 753, 828, 831.
Richards, Thomas : 804.
Rickards, George Kettilby : 627, 660.
Rikov, Alexeï : 283.
Rist, Charles : 693, 730, 757, 760.
Rivaud, Albert : 1.
Rjazanov, David : 115, 840, 865, 867, 870, 873, 885.
Robertson, William : 584, 591, 596.
Roberts, William : 159.
Robespierre, Maximilien de : 50, 52, 88, 761, 762, 820, 821, 824, 850.
Rochefort, Henri : 214.
Rodbertus, Karl : 8, 27, 167, 189, 190, 191, 193, 194, 195, 229, 380, 430, 431, 432, 433, 438, 441, 758.
Rodrigues, Olinde : 83, 86.
Roosevelt, Franklin Delano : 14, 296.

Roscher, Wilhelm : 27, 194, 335, 336, 337, 338, 339, 340, 341, 342, 343, 376, 425, 430, 437, 744.
Rosenblatt, Frank : 466, 813, 868.
Rossetti, Dante Gabriel : 355, 487.
Rossoni, Edmondo : 290, 291.
Rothermere Lord, Harold Sidney Harmsworth : 538.
Rousseau, Jean-Jacques : 50, 89, 90, 103, 106, 221, 666, 761.
Rowntree, Benjamin Seebohm : 851.
Ruge, Arnold : 96, 105, 106.
Ruskin, John : 6, 12, 33, 203, 257, 347, 352, 353, 354, 355, 356, 357, 358, 466, 482, 486, 487, 488, 489, 491, 500, 514, 542, 803, 814.
Russell, Bertrand : 468, 874.
Rutherford, Mark : 864.

Sadler, Michael Thomas : 71, 477, 816.
Saint-Just, Louis Antoine de : 50.
Saint-Simon, Claude Henri de Rouvroy : 14, 27, 28, 52, 53, 54, 83, 84, 85, 86, 88, 95, 192, 350, 358, 431, 441, 756, 761, 762, 848, 874, 876.
Salaun, Gaston : 843, 845, 846.
Samuel Holt, Sir Herbert : 532, 533.
Sankey, John : 301, 524, 525, 767, 786.
Savary, Robert : 843, 846.
Savigny, Friedrich Carl von : 335.
Say, Jean-Baptiste : 60, 77, 138, 319, 339, 381, 470, 498, 562, 567, 596, 741, 743, 744.
Say, Louis : 319.
Scanlan, John : 468.
Schelling, Friedrich : 104, 108, 334, 349, 375, 429, 484.
Schings, Joseph : 434.
Schleicher, Kurt von : 297.
Schloss, David : 722, 730.
Schmoller, Gustav von : 9, 27, 195, 329, 342, 343, 344, 345, 400, 401, 407, 438, 744, 747.
Schulenburg, Friedrich-Werner von : 436.
Schulze-Delitzsch, Hermann : 165, 242, 243, 419, 451.

Schweitzer, Johann Baptist von : 168, 196, 364, 447, 448, 449, 450, 451.
Seligman, Edwin Robert : 827.
Sembat, Marcel : 273, 308, 749.
Senior, Nassau William : 72.
Shackleton, David James : 212, 508.
Shaftesbury Lord, Anthony Ashley-Cooper : 71, 859, 861, 862, 863, 864.
Shaw, Bernard : 207, 211, 467, 468, 502.
Shelley, Percy Bysshe : 469.
Simiand, François : 742, 743, 745, 746, 747, 748.
Simon, John Allsebrook Sir : 533, 535, 536, 540.
Sismondi, Jean de : 10, 14, 22, 44, 59, 77, 78, 79, 81, 83, 88, 95, 107, 120, 121, 147, 148, 149, 150, 238, 296, 358, 377, 381, 382, 385, 386, 387, 388, 389, 405, 407, 409, 441, 652, 747, 848, 849, 876.
Slosson, Preston William : 813, 821, 868.
Smith, Adam : 51, 52, 60, 61, 62, 66, 75, 77, 120, 127, 128, 130, 144, 152, 318, 319, 320, 322, 323, 329, 330, 331, 333, 340, 356, 373, 375, 378, 469, 470, 471, 488, 533, 547, 550, 567, 568, 573, 577, 581, 583, 584, 586, 587, 588, 592, 596, 597, 599, 609, 627, 650, 651, 656, 659, 697, 744, 747, 828.
Snowden, Philip : 273, 302, 303, 508, 512, 517, 528, 529, 531, 536, 537, 538, 539, 870, 871.
Sorel, Albert : 271.
Sorel, Georges : 44, 255, 288, 290, 757, 876, 881.
Sorge, Friedrich : 184, 220.
Soulié, Stéphane : 665.
Spencer, Herbert : 116, 631, 649, 650, 651, 659, 684, 741, 750, 814.
Spinoza : 880, 884.
Staël, Madame de : 77.
Staline, Joseph : 14, 283, 284, 285, 839, 881, 882.
Stammler, Rudolf : 746.
Stanton, Charles Butt : 789.
Stein, Lorenz von : 107.
Stein, Ludwig : 675, 682, 683.

Stephens, Joseph Rayner : 73, 347, 479, 816, 819.
Stewart, Dugald : 611.
Stinnes, Hugo : 295.
Stirner, Max : 104.
Stocker/Stoecker, Adolf : 434, 437, 456.
Stolypine, Piotr : 265.
Storck, Heinrich Friedrich von : 605.
Strauss, David Frédéric : 103, 104.
Struve, Gustav von : 261, 262, 264.
Sturzo, Luigi : 287.

Tawney, Richard : 468, 808, 809, 813, 816, 817.
Tchernov, Victor : 260.
Tessendorff, Hermann : 453.
Thierry, Augustin : 83, 84.
Thiers, Adolphe : 98, 626.
Thomas, Albert : 273.
Thomas, James Henry : 303, 513, 529, 532, 537, 538, 539.
Thompson, William : 28, 65, 68, 474, 549, 610, 650, 654.
Tildsley, John : 466.
Tillett, Ben : 205, 256, 502, 513, 517, 798, 855.
Tite Live : 50.
Todt, Rudolf : 435, 437.
Tolain, Henri : 170, 171, 172, 176, 179, 442, 443.
Tölcke, Karl Wilhelm : 453.
Tönnies, Ferdinand : 739, 745, 748.
Tortellier, Joseph : 219, 252.
Tougan Baranovsky, Mikhail : 261.
Treitschke, Heinrich von : 438.
Trevelyan, Charles : 537.
Trotski, Léon : 183, 275, 279, 280, 282, 283, 284, 840, 878, 879, 880.
Turati, Filippo : 217.
Turgot, Anne Robert Jacques de : 60, 470.
Turner, Joseph William : 354, 487.

Vahlteich, Julius : 453.
Vaillant, Édouard : 185, 214, 222, 251, 444.
Van Beveren, Edmond : 218.
Van Biéma, Émile : 745.
Vandervelde, Émile : 221, 310, 749, 756.

Varlin, Eugène : 178, 184.
Vaucher, Paul : 2, 3, 19.
Victoria, reine d'Angleterre : 74, 481, 823.
Vidal, François : 97, 849.
Villèle, Joseph de : 323.
Vinet, Alexandre : 760.
Virgile : 50.
Viviani, René : 215.
Vollmar, Georg von : 236, 458.
Voltaire : 90, 486, 859.

Wagner, Adolf : 9, 27, 191, 195, 328, 329, 336, 380, 438, 439, 449, 456, 758.
Waldeck-Rousseau, Pierre : 215.
Wallace, Alfred Russel : 466, 498.
Wallas, Graham : 146, 661, 808, 809, 813, 817, 821.
Walras, Léon : 744, 745, 753.
Webb, Sidney et Béatrice : 65, 206, 207, 208, 209, 210, 211, 225, 245, 246, 247, 257, 301, 402, 411, 412, 413, 414, 415, 424, 427, 429, 465, 466, 467, 468, 502, 503, 504, 506, 508, 523, 540, 542, 549, 555, 730, 733, 808, 840, 863, 866, 877.
Weber, Max : 425.
Weiler, Adam : 202, 500.
Weill, Georges : 49.
Welbourne, Edward : 840, 855, 858, 859.
Wellington, Arthur Wellesley : 74, 481, 825.
Wells, Herbert George : 207.
Wertheimer, Egon : 468.
Wesley, John : 476, 811, 859.
West, Julius : 466, 813, 814, 815, 868.
Westphalen, Johann Ludwig von : 102, 106.
Weygand, Maxime : 281.
Whitley, John Henry : 301, 520, 525, 526, 529, 530, 541, 766, 767.
Wilberforce, William : 811, 823, 859, 861, 862.
Williams, Robert : 802.
Wilson, James : 623, 635, 644.
Witney, Charles : 467.
Witte, Serge de : 259, 264.
Wolf, Luigi : 177.
Worms, Frédéric : 665.

York, Theodor : 185, 364, 453.

Young, Arthur : 562.

Zassoulitch, Véra : 259, 260, 261.
Zinoviev, Grigori : 283.

TABLE DES MATIÈRES

Préface. VII

Introduction. 1

Note sur la présente édition. 17

Remerciements 25

Livret de l'étudiant de l'École libre des sciences politiques : tableau des sommaires évolutifs du cours sur le Socialisme en Europe au XIXe siècle. 27

Tableau des sources utilisées dans le manuscrit *L'histoire du socialisme européen au XIXe siècle* 30

Histoire du socialisme européen

L'édition Gallimard de 1948. 35
Présentation. 35
Histoire du socialisme européen. 39

Les conférences rédigées dans les années 1900 367
Présentation. 369
Conférences rédigées dans les années 1900. 373

Le polycopié de 1932 sur *L'histoire du socialisme
   anglais de 1815 à nos jours*. 461
Présentation. 463
Le polycopié de 1932 sur L'histoire du socialisme
   anglais de 1815 à nos jours 465

Annexe I
Thomas Hodgskin, 1903

Présentation	547
Thomas Hodgskin	553

Annexe II
Articles et écrits sur le socialisme européen

« L'individuel » et le « social » : critique de Vilfredo Pareto – 1904	665
Présentation	665
« L'individuel » et le « social » : critique de Vilfredo Pareto – 1904	
Les principes de la distribution des richesses	689
Présentation	689
Les principes de la distribution des richesses	695
Vocabulaire technique et critique de la philosophie	739
Présentation	739
Les contributions d'Élie Halévy au Vocabulaire technique et critique de la philosophie	743
Enquête sur le syndicalisme et le socialisme anglais en 1919	765
Présentation	765
Enquête sur le syndicalisme et le socialisme anglais en 1919	769
Chartism – 1921	807
Présentation	807
Chartisme	813
James Mill	827
Présentation	827
James Mill (1773-1836)	831

Annexe III
Halévy lecteur, les comptes rendus critiques sur le socialisme

Présentation	835
Les comptes rendus critiques sur le socialisme	843
Index	887

*Ce volume,
le troisième des* Œuvres complètes *de Élie Halévy,
publié aux Éditions Les Belles Lettres,
a été achevé d'imprimer
en octobre 2016
sur les presses
de la Manufacture Imprimeur
52205 Langres*

*N° d'éditeur :8412
N° d'imprimeur : 160995
Dépôt légal : novembre 2016*